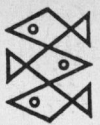

Robert K. Massie

Peter der Große

Sein Leben und seine Zeit

Aus dem Amerikanischen von
Johanna und Günter Woltmann-Zeitler

Fischer Taschenbuch Verlag

Transkription laut Duden, bis auf einige Ausnahmefälle bei Namen und Begriffen, deren Schreibweise in der Sekundärliteratur sich bereits anders eingebürgert hat.

9.–18. Tausend: November 1986

Ungekürzte Ausgabe
Veröffentlicht im Fischer Taschenbuch Verlag GmbH,
Frankfurt am Main, September 1984

Lizenzausgabe mit freundlicher Genehmigung
der Athenäum Verlag GmbH, Königstein/Ts.
Titel der amerikanischen Originalausgabe:
›Peter the Great. His Life and World‹
Erschienen bei Alfred A. Knopf, New York
© 1980 by Robert K. Massie
Copyright der deutschen Ausgabe:
© 1982 Athenäum Verlag GmbH, Königstein/Ts.
Umschlaggestaltung: Jan Buchholz/Reni Hinsch
Umschlagabbildung: Bildarchiv Preußischer Kulturbesitz
Gesamtherstellung: Clausen & Bosse, Leck
Printed in Germany
1980-ISBN-3-596-25632-1

Für Mary Kimball Todd,
James Madison Todd und
Robert Kinloch Massie

Inhalt

ERSTER TEIL

Das Moskowiterreich

1 Das Moskowiterreich

Rings um Moskau steigt das Land sanft hügelig am Ufer der Flüsse und Flüßchen empor, die sich silberglänzend durch die liebliche Landschaft winden. Hie und da liegen zwischen den Wiesen Teiche und Baumgruppen. Gelegentlich zeigt sich ein Dorf, überragt vom Zwiebelturm seiner Kirche. Leute gehen durch die Felder, auf schmalen Pfaden, die zu beiden Seiten von Unkraut überwuchert sind. Andere angeln am Flußufer, schwimmen oder liegen in der Sonne. Ein vertrautes Bild, wie es zum Leben in Rußland gehört – seit Jahrhunderten.

Wenn ein Reisender in der zweiten Hälfte des 17. Jahrhunderts von Westeuropa her durch diese Gegend fuhr, gelangte er an einen Aussichtspunkt, die »Sperlingsberge« genannt. Blickte er von dieser Anhöhe auf Moskau hinab, so sah er »die reichste und schönste Stadt der Welt« zu seinen Füßen liegen.[1] Hunderte von goldenen Kuppeln, gekrönt von einem Wald goldener Kreuze, schimmerten durch die Baumwipfel. Schien gar die Sonne auf all dieses Gold, dann mußte er vor dem blendenden Glanz die Augen schließen. Die weißen Kirchen unter den goldenen Kuppeln waren über eine Stadt verstreut, die damals so groß war wie London. In ihrer Mitte erhob sich auf einer kleinen Anhöhe der Kreml, das Herz und der Stolz Moskaus, mit den drei prachtvollen Kathedralen, dem mächtigen Glockenturm, den herrlichen Palästen, Kapellen und mit Hunderten anderer Gebäude. Von einer hohen, zinnenbekränzten Mauer umgeben, bildete der Kreml eine Stadt für sich. Im Sommer, ganz in Grün getaucht, sah Moskau wie ein riesiger Garten aus. Viele der größeren Wohnhäuser lagen in Obstgärten und Parks, und auf den unbebauten Streifen, die die Stadt durchzogen und als Feuerschneisen dienten, wuchsen üppig Gras, Büsche und Bäume. Die Stadt hatte ihre alten Mauern gesprengt und sich nach allen Seiten ausgedehnt. So waren zahlreiche blühende Vorstädte entstanden, mit Parks und Lustwäldchen. Noch weiter draußen zwischen Wiesen und wogenden Feldern, die sich bis zum Horizont erstreckten, umgaben Moskau in einem weiten Rund die Landsitze und Güter des Hochadels und golden überkuppelte Klöster mit weißen Mauern.

Hatte der Reisende die Stadtmauer Moskaus aus Lehm und Ziegeln passiert, umfing ihn sogleich das geschäftige Leben einer fleißigen Handelsstadt. In den Straßen drängten sich die Menschen: Geschäftsleute, Handwerker, Müßiggänger, heilige Mönche in Lumpen neben einfachen Arbeitern, Bauern, schwarzgewandeten Priestern und Soldaten in farbigen Kaftanen und gelben Stiefeln. Pferdekarren und Kutschen mußten sich durch den Strom von Menschen mühsam ihren Weg bahnen, doch teilte sich die Menge sofort, wenn ein dickbäuchiger, bärtiger Bojar zu Pferde daherkam, eine Kappe aus edlem Pelzwerk auf dem Kopf und den Leib in einen kostbaren pelzbesetzten Rock aus Samt oder steifem Brokat gehüllt. An den Straßenecken führten Musikanten, Akrobaten, Gaukler und Bärenführer ihre Künste vor. An den Kirchenportalen hockten scharenweise Bettler und baten um ein Almosen. Reisende wunderten sich wohl über die nackten Männer, die sie gelegentlich vor den Wirtshäusern sahen. Sie hatten das letzte Kleidungsstück versoffen. An Feiertagen lagen die Betrunkenen, Nackte wie Bekleidete, reihenweise auf den schmutzigen Straßen.

Am dichtesten war das Gewimmel auf dem Roten Platz. Heute ist der riesige Platz unter den phantastisch-bizarren, enggedrängten Türmen und Kuppeln der Basilius-Kathedrale und den hohen Kremlmauern eine gepflasterte Wüste, wo ehrfürchtige Stille herrscht. Im 17. Jahrhundert dagegen war hier ein lärmender Marktplatz. Holzklötze sorgten dafür, daß man nicht im Schmutz steckenblieb. Unmittelbar an der Kremlmauer, wo sich heute das Grab Lenins befindet, standen Holzhäuschen und kleinere Kapellen, und in jeden freien Winkel hatte man Verkaufsstände und Buden gezwängt. Vor dreihundert Jahren quoll der Rote Platz über vor Leben. Händler forderten die Kunden mit lauter Stimme auf, näherzutreten und die ausgestellten Waren zu besichtigen. Sie boten Samt und Brokat zum Kauf an, persisches und armenisches Silber, Bronze, Messing- und Kupfergeschirr, Eisenwaren, Leder- und Töpferwaren, dazu unzählige Gegenstände aus Holz und auf Tischen und in Körben Berge von Melonen, Äpfeln, Birnen, Kirschen, Pflaumen, Karotten, Gurken, Zwiebeln, Knoblauch und daumendicken Spargel. Hausierer und Männer mit Schubkarren erzwangen sich drohend und jammernd einen Weg durch die Menge. Piroggenverkäufer boten ihre Fleischpastetchen auf Brettern feil, die sie um den Hals gehängt trugen. Ungerührt von dem Trubel ringsum gingen Schneider und Goldschmiede im Freien ihrem Gewerbe nach. Barbiere schnitten ihren Kunden auf der Straße das Haar. Es wurde nicht etwa weggekehrt, sondern blieb auf dem filzigen Schmutzteppich liegen, der jahrzehntealt war. Auf einem Trödelmarkt konnte man alte Kleider und Möbel und allerlei Kram erstehen. Hügelabwärts, zur Moskwa hin, wurden frischgefangene lebende Fische verkauft. Am Flußufer, nahe der neuen steinernen Brücke, hatten die Wäscherinnen ihren Platz. Zur Mittagszeit wurde es still auf dem Markt. Die Läden und Stände schlossen, die Straßen leerten sich. Die Leute aßen zu Mittag, und das Mittagessen war die Hauptmahlzeit, für die man sich Zeit ließ. Danach machte jeder ein Nickerchen; auch Kaufleute und Straßenverkäufer streckten sich vor ihren Geschäften und Ständen aus, um ein wenig zu schlafen. Kam die Abenddämmerung und schossen die Schwalben über die Zinnen der Kremlmauer, dann ging man daran, alles für die Nacht zu sichern. Die Geschäfte wurden mit schweren Läden verschlossen, auf den Hausdächern saßen Wächter, und bissige Hunde an langen Ketten streiften umher. Von den ehrbaren Bürgern wagte sich kaum einer nachts auf die Straßen. Dort trieb sich jetzt allerlei bewaffnetes Gesindel umher, das sich in der Dunkelheit mit Gewalt holen wollte, was es tagsüber durch Betteln nicht eingenommen hatte. Jede Nacht wurden in Moskau mehrere Morde begangen. Und wenn der Anlaß dafür meist nur ein gewöhnlicher

Raub war, so wagte doch niemand, dem Überfallenen zu Hilfe zu kommen, weil man wußte, wie brutal die Diebe vorgingen. Oft fürchteten sich die erschreckten Bürger sogar, zur Tür oder zum Fenster hinauszuschauen, um zu sehen, weshalb jemand um Hilfe rief. Am nächsten Morgen brachte die Polizei regelmäßig die auf den Straßen aufgefundenen Leichen an einen Platz, wo die Leute nach vermißten Verwandten suchen konnten. Tote, um die sich keiner kümmerte, wurden in einem Gemeinschaftsgrab beigesetzt.

In den siebziger Jahren des 16. Jahrhunderts war Moskau eine Stadt aus Holz. Alle Häuser, die besseren wie die schlechteren, waren im Blockbau errichtet. Diese ungewöhnliche Bauweise und die herrlich geschnitzten und bemalten Erker und Giebel verliehen allen Gebäuden eine fremdartige Schönheit, wie sie in den europäischen Hauptstädten mit ihren gleichförmigen Steinbauten unbekannt war. Sogar beim Straßenbau verwendete man Holz: unbehauene Baumstämme und Planken. Im Sommer war dieser hölzerne Belag dick mit Staub bedeckt, während des Tauwetters im Frühling aber und wenn die Herbstregen einsetzten, versank er im Schlamm, so daß er weder begangen noch befahren werden konnte. »Die Herbstregen machten die Straßen für Wagen und Pferde unpassierbar«, klagte ein orthodoxer Patriarch aus dem Heiligen Land, der Moskau besuchte. »Wir konnten das Haus nicht verlassen, um auf den Markt zu gehen, denn Schlamm und Lehm waren so tief, daß wir bis über den Kopf darin versunken wären. Die Lebensmittel wurden sehr teuer, da vom Land nichts hereingebracht werden konnte. Alle Menschen, an erster Stelle wir selbst, beteten zu Gott, er möge es frieren lassen.«[2]

Für eine aus Holz erbaute Stadt war eine Feuersbrunst natürlich die schlimmste aller Gefahren. Wenn im Winter in jedem Haus die primitiven Öfen glühten oder die Sommerhitze das Holz zundertrocken werden ließ, genügte schon ein einziger Funke, um eine Brandkatastrophe auszulösen. Die Flammen sprangen von einem Dach zum anderen und legten in kurzer Zeit eine Straße in Schutt und Asche. In den Jahren 1571, 1611, 1626 und 1671 zerstörten große Brände ganze Stadtviertel Moskaus, so daß mitten in der Stadt große, leere Flächen entstanden. Katastrophen solchen Ausmaßes waren zwar selten, doch brennende Häuser und Leute, die in rasender Eile ein paar Gebäude einrissen, um eine Ausbreitung des Feuers zu verhindern, waren damals ein gewohnter Anblick. In einer Stadt mit hölzernen Bauwerken ist stets Holz für Reparaturen oder für Neubauten zur Hand. Zwischen den Häusern Moskaus, manchmal auch dahinter oder zum Schutz vor Dieben eingezäunt, waren Tausende von Baumstämmen gestapelt. In einem Stadtteil gab es einen riesigen Holzmarkt mit zahllosen bereits zurechtgeschnittenen Baumstämmen, aus denen sich Holzhäuser in jeder Größe erstellen ließen. Ein Käufer brauchte nur seine Wünsche zu äußern, und in kürzester Zeit wurde ihm das Holz, genau abgezählt und markiert, auf den Bauplatz geliefert und dort zusammengefügt. Die Ritzen zwischen den Balken stopfte man mit Moos aus, das Haus wurde mit Brettern gedeckt – und schon konnte der neue Eigentümer einziehen. Die größten Baumstämme hob man jedoch für einen anderen Zweck auf. Sie wurden in Stücke von 1,80 Meter Länge zersägt, mit der Axt ausgehöhlt und mit einem Deckel versehen. So entstanden Särge.

Auf einem Hügel, vierzig Meter über der Moskwa, beherrschte der Kreml mit seinen Türmen, Kuppeln und Zinnen die Stadt. Auf russisch bedeutet »Kreml« soviel wie Festung, und der Kreml in Moskau war ja eine mächtige Zitadelle. Zwei Flüsse und ein tiefer Graben zogen sich an seinen gewaltigen Mauern entlang. Diese bis zu fünf Meter dicken Mauer waren zwanzig Meter hoch und mehr als zwei Kilometer lang. Sie umschlossen ein dreieckiges Gelände von etwa achtundzwanzig Hektar. Zwanzig wuchtige Türme, jeder selbst eine Festung und für unbezwinglich gehalten, dienten der Verstärkung der Mauer. Doch der Kreml war nicht uneinnehmbar. Wohl konnte man seine Besatzung nicht im Kampf besiegen; aber man konnte sie aushungern und dadurch zur Kapitulation zwingen. Aber auch das dauerte seine Zeit. Eine Belagerung zu Beginn des 17. Jahrhunderts hatte sich immerhin zwei Jahre lang hingezogen. Ironie der Weltgeschichte: damals waren Russen die Belagerer und Polen die Verteidiger, Anhänger des falschen Dmitri oder Demetrius, der Ansprüche auf den russischen Thron erhob und vorübergehend die Macht an sich gerissen hatte. Als der Kreml schließlich fiel, töteten die Russen Dmitri, verbrannten seinen Leichnam, luden eine Kanone auf der Kremlmauer mit seiner Asche und feuerten sie in Richtung Polen ab.

In friedlicheren Zeitläuften hatte der Kreml zwei Herren: einen weltlichen, den Zaren, und einen geistlichen, den Patriarchen. Beide lebten in der Festung und herrschten von dort aus über ihr Reich. Im Kremlbereich drängten sich um große Plätze Regierungs- und Gerichtsgebäude, Kasernen, Bäckereien, Waschhäuser und Ställe, dazu Paläste und mehr als vierzig Kirchen und Kapellen des Patriarchats der russisch-orthodoxen Kirche. Im Mittelpunkt des Kreml, auf der Kuppe des Hügels um einen weiten Platz, stehen vier herrliche Gebäude – drei prachtvolle Kathedralen und ein majestätischer, hoch emporragender Glockenturm –, die noch heute als das Herz Rußlands gelten. Zwei Kathedralen sowie die Kremlmauer und viele ihrer Türme wurden von italienischen Baumeistern errichtet.

Die größte und älteste der Kremlkirchen, die Uspenski-Sobor, die Mariä-Himmelfahrts-Kathedrale, war vom 15. bis zum 20. Jahrhundert die Krönungskirche der russischen Zaren. Die Uspenski-Kathedrale wurde von 1475 bis 1479 von Aristotele Fieravanti aus Bologna in Stein ausgeführt (der ursprüngliche Bau war aus Holz gewesen). Fieravanti hatte, bevor er mit dem Bau begann, die Kathedralen der alten russischen Städte Wladimir, Jaroslawl, Rostow und Nowgorod studiert. So zeigt die Uspenski-Kathedrale charakteristisch russische Merkmale. Der Innenraum ist allerdings weit größer, als dies bisher bei russischen Kirchen üblich war. Lediglich vier riesige Rundsäulen tragen die Zentralkuppel mit Zwiebeldach und die vier kleineren

Nebenkuppeln. Es fehlt das unübersichtliche Gewirr von Stützmauern und Strebepfeilern, das man bisher für unerläßlich gehalten hatte. Das Gewölbe gewann dadurch eine Luftigkeit, das Kirchenschiff eine Weiträumigkeit, wie sie in Rußland bisher unbekannt gewesen waren.

Gegenüber der Uspenski-Kathedrale liegt die Erzengel-Michael-Kathedrale mit den Grabstätten vieler russischer Zaren. Die aus dem 14. Jahrhundert stammende Kirche wurde 1505 von dem Mailänder Alvesio Novi umgebaut. Sie weist mehr Verwandtschaft mit zeitgleichen italienischen Bauten auf als die beiden anderen Kremlkathedralen. Die Seitenkapellen beherbergen die sterblichen Überreste einer Anzahl Zaren. An den Wänden reihen sich die Sarkophage weiterer Zaren. Inmitten eines kleinen Raums stehen die steinernen Särge Iwans des Schrecklichen und seiner beiden Söhne. Die letzten Zaren, die in dieser Kathedrale ihre Ruhestätte fanden, waren Zar Alexei, der Vater Peters des Großen, und zwei seiner Söhne, Fjodor III. und Iwan V. Peter der Große, der dritte Sohn des Zaren Alexei, erbaute später in einer neuen Stadt an der Ostsee als Grabstätte für sich und alle noch folgenden Romanows eine neue Kathedrale.[3]

Die kleinste der drei Kremlkathedralen, die Blagoweschtschenski-Sobor oder Mariä-Verkündigungs-Kathedrale mit ihren neun Türmen und drei Portalen, wurde als einzige von russischen Baumeistern errichtet. Sie stammten aus Pleskau, das berühmt war für seine Steinmetzen. Die Kathedrale diente den Zaren häufig als Privatkapelle. Die Ikonostase ist geschmückt mit Ikonen von zwei der berühmtesten Maler des damaligen Rußland: Theophanes dem Griechen aus Byzanz und seinem russischen Schüler Andrei Rubljow.

An der Ostseite des Platzes überragten drei aus Ziegeln erbaute, weißgetünchte Glockentürme die Kathedralen: der Turm Iwan der Große, der Turm des Marco Bono und der des Patriarchen Filaret. In dem zweiundachtzig Meter hohen Turm Iwan der Große hingen unter der Kuppel reihenweise Glocken aus Silber, Kupfer, Bronze und Eisen. Die größte wog einunddreißig Tonnen. Sie riefen die Gläubigen zur Frühmesse oder zur Vesper, erinnerten an Fasten- und Feiertage, beklagten die Toten, sangen vor Freude über eine Hochzeit, warnten schrill vor dem Feuer oder jubelten stolz über einen Sieg. Bisweilen läuteten sie die ganze Nacht hindurch. Fremde konnten dadurch in Verwirrung geraten; die Russen aber liebten ihre Glocken. An Feiertagen kam das niedere Volk in Massen zu den Türmen und wechselte sich ab beim Ziehen der Glockenseile. Die Glocken des Kreml erklangen meist als erste, dann folgten die »vierzig mal vierzig« Kirchen Moskaus, und nach kurzer Zeit wogten die Klangwellen über der ganzen Stadt. Es war, als »erbebte die Erde unter den brausenden Schwingungen«[4], berichtet ein tief beeindruckter Besucher.

Italienische Baumeister errichteten nicht nur die Kremlkathedralen, sondern auch Profanbauten. Bereits 1487 hatte Iwan III. den ersten steinernen Palast im Kreml erbauen lassen, den sogenannten Facettenpalast. Er erhielt seinen

Namen von den grauen Quadern der Außenmauern, die in der Art geschliffener Edelsteine behauen waren. Sehr ungewöhnlich ist der riesige Thronsaal, dessen Gewölbebogen von einer einzigen mächtigen Säule in der Mitte des Raums ausgehen. Hoch oben an der Decke befindet sich ein Fensterchen, durch welches die in klösterlicher Abgeschiedenheit lebenden Frauen der Zarenfamilie in den Saal hineinspähen konnten, wenn Empfänge zu Ehren ausländischer Diplomaten oder andere Feierlichkeiten stattfanden.

Da der Facettenpalast in erster Linie Staatsakten vorbehalten war, ließ Iwan III. im Jahre 1499 einen weiteren Palast errichten, der der Zarenfamilie als Wohnsitz dienen sollte. Dieser fünfgeschossige Bau, der Terem-Palast, enthielt ein Wabengefüge niedriger, gewölbter Wohnräume für den Zaren und für die vielen weiblichen Mitglieder der kaiserlichen Familie – Ehefrauen, Witwen, Schwestern, Töchter. Im 16. und zu Beginn des 17. Jahrhunderts erlitt der Palast bei Bränden schwere Schäden, doch die beiden ersten Romanow-Zaren, Michail und sein Sohn Alexei, unternahmen große Anstrengungen, ihn wiederherzustellen. Alexei verwandte besondere Mühe darauf, das vierte Geschoß als seinen persönlichen Wohnbereich herzurichten. Die fünf wichtigsten Räume – Vorzimmer, Thronsaal (bekannt als Goldener Saal), Arbeitszimmer, Schlafzimmer und Privatkapelle – verkleidete man mit Holz, damit sich die Feuchtigkeit nicht an den Ziegel- und Steinwänden niederschlagen konnte. Über die Holzvertäfelung kamen bestickte Seidenbehänge, Wandteppiche aus Wolle oder Leder mit Szenen aus dem Alten und Neuen Testament. Die Deckenwölbungen schmückten Arabesken und Darstellungen von Pflanzen und Märchenvögeln in leuchtenden Farben und verschwenderisch mit Silber und Gold eingelegt. Die Einrichtung der Privaträume des Zaren war zum Teil traditionell, zum Teil entsprach sie dem Zeitgeschmack. Es gab noch die alten geschnitzten Bänke und Truhen aus Eichenholz und die glattpolierten hölzernen Tische sowie Tische aus Ebenholz, dazu Uhren, Spiegel, Porträts und Bücherschränke mit theologischen und geschichtlichen Werken. Ein Fenster im Arbeitszimmer des Zaren wurde das »Fenster der Bittsteller« genannt. Von dort aus konnte ein kleiner Kasten auf den Platz vor dem Palast hinuntergelassen werden. War er mit Bittschriften und Beschwerden gefüllt, zog man ihn hoch, und der Herrscher befaßte sich mit den Klagen seiner Untertanen. Das Schlafzimmer war mit venezianischem Samt bespannt. Die vier Pfosten des Himmelbetts waren mit Schnitzereien versehen. Vorhänge und Betthimmel bestanden aus Seide und Brokat. Pelz- und Daunendecken sowie unzählige Kissen sollten vor der eisigen Luft schützen, die im Winter durch Fenster und Türritzen strich. Sämtliche Räume wurden zudem erwärmt – und geschmückt – von riesigen Öfen aus farbig glasierten Kacheln.

Der größte Nachteil dieser herrlichen Räume war ihr Mangel an Licht. Kaum ein Sonnenstrahl drang durch die schmalen Doppelfenster aus verbleitem Marienglas. So brannten auch im Sommer tagsüber flackernde Kerzen in den Alkoven und entlang der Wände.

Im dritten Viertel des 17. Jahrhunderts bewohnte der zweite Zar der Romanow-Dynastie, »Alexei Michailowitsch, der Großherr, Zar und Großfürst von Groß-, Klein- und Weißrußland und Selbstherrscher« die kaiserlichen Gemächer. Fern und unnahbar, war diese erlauchte Persönlichkeit von einer nahezu göttlichen Aura umgeben. Hatte man die Russen doch von Kindheit an gelehrt, ihren Herrscher als gottähnliches Wesen zu betrachten. Ihre Sprichwörter brachten diese Einstellung zum Ausdruck. »Nur Gott und der Zar wissen es«, »Die eine Sonne scheint am Himmel, der russische Zar auf Erden«, »Durch Gott und den Zaren ist Rußland stark«, »Es ist sehr hoch hinauf zu Gott; es ist ein sehr weiter Weg bis zum Zaren«.

In einem anderen Sprichwort: »Der Herrscher ist der Vater, die Erde die Mutter«, vereinigten sich die Gefühle der russischen Bevölkerung für den Zaren wie für ihr Land. Das Land, die Erde, das Mutterland, »rodina«, war weiblich. Doch man sah das Land nicht als unberührtes Mädchen, sondern als reife Frau und fruchtbare Mutter in ihrer Zeitlosigkeit. Alle Russen fühlten sich als ihre Kinder. Das russische Land war, wenn man will, schon lange vor dem Kommunismus Eigentum aller. Es gehörte dem Zaren als dem Vater, zugleich aber auch dem Volk, seiner Familie. Der Zar hatte wohl die Verfügungsgewalt – er konnte weite Gebiete an adelige Günstlinge verschenken –, dennoch blieb es Gemeineigentum der Familie, nämlich der Nation. Wurde das Land bedroht, dann waren alle bereit, dafür ihr Leben zu opfern.

Zu der Vorstellung, das Volk sei eine einzige große Familie, gehörte ganz selbstverständlich das Bild des Zaren als Vater, »Batuschka«. Seine Herrschaft war autokratisch und patriarchalisch. Er sprach seine Untertanen als seine Kinder an und hatte dieselbe unumschränkte Macht über sie wie ein leiblicher Vater über seine Kinder. Daher war es für das russische Volk auch unvorstellbar, daß die Allmacht des Zaren eingeschränkt werden könne – »denn wie kann die Autorität eines Vaters beschränkt werden außer durch Gott?« Wenn der Zar befahl, gehorchten seine Untertanen wie die Kinder, ohne nach Gründen zu fragen. Zuweilen war die Ehrerbietung gegenüber dem Zaren blanker Byzantinismus. Russische Adelige, die den Zaren begrüßten oder Gunsterweise von ihm empfingen, warfen sich vor ihm nieder und berührten den Boden mit der Stirn. Wenn Artemon Matwejew, des Zaren oberster Minister und enger Vertrauter, seinen kaiserlichen Herrn ansprach, begann er seine Rede mit den Worten: »Wir flehen Euch demütig an, wir, Eure Sklaven, Artemuschka Matwejew und sein Sohn Adruschka, die elende Kreatur. Vor dem erhabenen Thron Eurer Kaiserlichen Majestät neigen wir unser Antlitz zur Erde ...«[5] Wenn man den Zaren ansprach, mußte dies mit sämtlichen offiziellen Titeln geschehen. Wurde auch nur ein einziger ausgelassen, so galt dies bereits als Akt persönlicher Mißachtung, der fast einem Verrat gleichkam. Die Worte des Zaren dagegen waren sakrosankt. Ein Engländer, Dr. Samuel Collins, der etwa neun Jahre am Hof als Leibarzt von Zar Alexei gelebt hatte, berichtete: »Der Todesstrafe verfällt, wer verrät, was im Palast des Herrschers gesprochen wird.«[6]

In Wirklichkeit war dieser Halbgott, dem so viele Titel zustanden und der eine Krone trug »aus erbsengroßen Diamanten, zu glitzernden Trauben zusammengefügt«[7] sowie einen kaiserlichen Mantel, der mit Smaragden, Perlen und Gold bestickt war, ein verhältnismäßig bescheidener Mann. Zeitgenossen bezeichneten ihn als den ruhigsten, freundlichsten und frömmsten aller Zaren. Als er 1645, im Alter von sechzehn Jahren, seinem Vater auf dem Thron folgte, nannte man ihn bereits »den jungen Mönch«. Im Mannesalter war er höher gewachsen als die meisten Russen, nämlich etwa einen Meter achtzig groß, wohlgebaut, wenn auch zur Korpulenz neigend. Das rundliche Gesicht umgab hellbraunes Haar. Der Schnurrbart und der wallende Vollbart waren ebenfalls braun, wie auch die Augen, die sowohl Zorn als auch Liebe und religiöse Demut auszudrücken vermochten. »Seine Majestät ist eine stattliche Erscheinung, etwa zwei Monate älter als König Karl II.«, schilderte ihn sein Arzt Collins.[8] Sein Herr sei »streng in seinen Strafen, aber sehr besorgt um die Liebe seiner Untertanen«, heißt es an anderer Stelle. »Als er einmal von einem Ausländer bedrängt wurde, auf Fahnenflucht die Todesstrafe zu setzen, antwortete er, es wäre hart, das zu tun, denn Gott habe nicht allen Menschen gleicherweise Mut gegeben.«[9]

Wenn Alexei auch der Zar war, so glich sein Leben im Kreml eher dem eines Mönchs. Um vier Uhr morgens schlug er seine Zobeldecke zurück und verließ in Hemd und Unterhose das Bett. Er zog sich an und ging sogleich in die nahe bei seinem Schlafzimmer gelegene Kapelle, wo er zwanzig Minuten betete und in Andachtsbüchern las. Wenn er die Ikonen geküßt und sich mit Weihwasser besprengt hatte, verließ er die Kapelle und sandte einen Kammerherrn zur Zarin, um ihr einen guten Morgen zu wünschen und sich nach ihrer Gesundheit zu erkundigen. Einige Minuten später ging er dann selbst in das Zimmer seiner Gemahlin, wo man gemeinsam die Morgengebete sprach und die Frühmesse hörte.

Inzwischen hatten sich Bojaren, Regierungsbeamte und Sekretäre in einem Vorzimmer versammelt, um dort die Ankunft des Herrschers zu erwarten. Sobald sie »die leuchtenden Augen des Zaren«[10] sahen, begannen sie sich bis zum Boden zu verneigen, manche bis zu dreißigmal, aus Dankbarkeit für die ihnen erwiesenen Gnaden. Alexei hörte sich die Berichte und Bittgesuche an. Dann, gegen neun Uhr, besuchten alle eine zweistündige Messe. Während dieses Gottesdienstes unterhielt sich der Zar jedoch weiterhin mit den Bojaren, führte die Regierungsgeschäfte und erteilte Anweisungen. Alexei versäumte niemals einen Gottesdienst. »Wenn er sich wohl befindet, so geht er hin«, berichtete Dr. Collins. »Ist er krank, kommt das heilige Amt zu ihm in sein Zimmer. An Fasttagen nimmt er an den Mitternachtsgebeten, den alten Vigilien der Kirche, teil. Da steht er vier, fünf oder sechs Stunden hintereinander und wirft sich auf den Boden, manchmal tausendmal und an großen Festtagen fünfzehnhundertmal.«[11] Nach der Morgenmesse widmete sich der Zar, zusammen mit den Bojaren und Sekretären, ausschließlich der Regierungsarbeit, bis die Zeit des Mittagsmahls herankam. Er aß allein an einem Tisch, der höher stand als die längs der Wände aufgestellten Tische der Bojaren. Der Zar wurde von ausgewählten Bojaren bedient, die seine Speisen vorkosteten und an seinem Wein nippten, bevor sie ihm den Kelch reichten. Die Mahlzeiten waren sehr üppig. An Festtagen kam es vor, daß bis zu siebzig Gerichte aufgetragen wurden. Zu den Vorspeisen, den »Sakuski«, gehörten rohes Gemüse, insbesondere Gurken, Salzfisch, Speck und ungezählte Piroggen, die manchmal mit Ei, Fisch, Reis oder Kohl und Kräutern anstatt mit Fleisch gefüllt waren. Dann kamen die Suppen und die Braten von Rind-, Hammel- und Schweinefleisch, gewürzt mit Zwiebeln, Knoblauch, Safran und Pfeffer. Dazwischen gab es Wildbret oder Fisch, wie Lachs, Stör und Sterlet. Zum Dessert wurden Kuchen, Käse, eingemachtes oder frisches Obst gereicht. Dabei pflegte man Wodka, Bier oder ein milderes Getränk, den Kwaß, zu trinken, der aus vergorenem Schwarzbrot hergestellt und mit Himbeeren, Kirschen oder anderen Früchten versetzt wurde.

Der Zar berührte jedoch kaum eine der üppigen Speisen, die ihm angeboten wurden. Statt dessen ließ er sie den Bojaren servieren, um ihnen auf diese Weise seine besondere Gunst zu bezeugen. Alexei war von der Anspruchslosigkeit eines Mönchs. Er aß nur einfaches Roggenbrot und trank dazu leichten Wein oder Bier, dem vielleicht eine Prise Zimt beigefügt wurde. Zimt war damals, wie Dr. Collins berichtete, das »kaiserliche Aroma«. Weiter heißt es bei Collins: »Während der großen Fasten ißt er nur dreimal wöchentlich, nämlich dienstags, sonnabends, sonntags. Denn an den übrigen Tagen nimmt er nur ein Stück grobes Brot und Salz, eingemachte Pilze oder Gurken und trinkt einen Becher Dünnbier. Er ißt nur zweimal während der großen Fasten Fisch und beobachtet das Fasten sieben Wochen hintereinander ... In fine beobachtet kein Mönch die kanonischen Stunden sorgfältiger als er die Fasten. Man darf sagen, er fastet beinahe acht Monate von zwölfen ...«[12]

Nach dem Mittagsmahl schlief der Zar drei Stunden. Zur Vesperzeit besuchte er noch einmal die Kirche, wo er – wie am Vormittag – wiederum nicht nur betete, sondern während des Gottesdienstes mit seinen Bojaren auch Staatsangelegenheiten besprach. Das Abendessen und den Rest des Tages verbrachte er entweder im Kreise seiner Familie oder in Gesellschaft enger Freunde, mit denen er sich beim Puffspiel oder beim Schach vergnügte. Besonders liebte er es, wenn vorgelesen oder Geschichten erzählt wurden. Er bevorzugte Werke über Kirchengeschichte, Heiligenviten oder Abhandlungen über religiöse Dogmen. Ebenso viel Vergnügen bereiteten ihm aber die Berichte russischer Gesandter aus dem Ausland oder die Erzählungen einfacher Pilger und Wanderer, die man in den Palast gebracht hatte, damit sie den Zaren unterhielten. In der wärmeren Jahreszeit verließ Alexei den Kreml und besuchte seine Güter außerhalb Moskaus. Auf einem dieser Güter, Preobraschenskoje an der Jausa, einem kleinen Nebenfluß der Moskwa, unterhielt er eine Falknerei für die von ihm besonders geliebte Beizjagd. Im Laufe der Jahre hatte sich der leidenschaftliche Jäger dort einen Falkenhof mit zweihundert Falknern, dreitausend Jagdfalken und hunderttausend Tauben eingerichtet.

Die meiste Zeit verbrachte Zar Alexei jedoch im Gebet und bei der Arbeit. Es kam ihm nie in den Sinn, sein ihm von Gott gewährtes Recht zu herrschen in Frage zu stellen. Seiner Meinung nach waren er und alle anderen Monarchen von Gott auserwählt und nur Gott allein verantwortlich.[13] An nächster Stelle nach dem Zaren kam der Adel, und hier wieder nahmen die Bojaren den höchsten Rang ein. Sie entstammten den alten Fürstengeschlechtern mit erblichem Landbesitz. Meistens allerdings wandten die Russen den Titel »Bojar« für alle Adeligen und hohen Staatsbeamten an. Danach folgte die niedrige Aristokratie, der der Landbesitz vom Zaren als Lohn für geleistete Dienste verliehen worden war. Schließlich, nach einer kleinen Mittelschicht aus Kaufleuten, Handwerkern und anderen Stadtbewohnern, folgten, als breite Basis der Pyramide, die Bauern und Leibeigenen, die die große Masse des russischen Volkes bildeten. Ihre Lebensbedingungen und ihre Methoden der Landbearbeitung glichen annähernd denen der Leibeigenen im mittelalterlichen Europa.

Die eigentliche Verwaltungsarbeit und die Ausführung der kaiserlichen Befehle geschah durch dreißig bis vierzig Ämter, die »Prikasi«. Ihre Tätigkeit war im allgemeinen unzulänglich, ihre Kompetenzen überschnitten sich, sie kosteten viel Geld, waren korrupt und schwer zu überwachen – kurzum, es handelte sich um eine Bürokratie, die recht planlos arbeitete und von niemandem wirklich kontrolliert werden konnte.

So regierte Zar Alexei von den dämmrigen, weihrauchduftenden Gemächern und Kapellen des Kreml aus das größte Reich der Erde. Weite Ebenen, endlose dunkle Wälder und riesige Wüsten- und Tundragebiete erstreckten sich von Polen bis zum Pazifik. Nur flache Gebirgsrücken und sanft gewellte Hügel unterbrachen gelegentlich die unendliche Weite des Horizonts. Natürliche Barrieren bildeten lediglich die Flüsse. Allerdings wurden sie schon in ältester Zeit als Wasserstraßen genutzt, so daß sie nicht nur trennten, sondern auch verbanden. Im Raum um Moskau liegt das Quellgebiet von fünf großen Flüssen: Der Dnjepr, der Don und die mächtige Wolga fließen nach Süden ins Schwarze und ins Kaspische Meer; die westliche Dwina – oder Düna – mündet in die Ostsee, die nördliche ins Weiße Meer.

Das weite russische Land war jahrhundertelang nur dünn besiedelt. Als Peter gegen Ende der Regierungszeit Alexeis geboren wurde, zählte die Bevölkerung von ganz Rußland nur etwa acht Millionen Menschen. Ungefähr ebensoviel Einwohner hatte damals Rußlands westlicher Nachbar Polen, der um ein Vielfaches kleiner war. Die russische Bevölkerung war zwar größer als die Schwedens (weniger als zwei Millionen) oder Englands (etwas mehr als fünf Millionen), aber sie war nur weniger als halb so groß wie die Frankreichs (neunzehn Millionen). Nur ein Bruchteil der russischen Bevölkerung lebte in den alten russischen Städten – Nischni-Nowgorod, Moskau, Nowgorod, Pleskau, Wologda, Archangelsk, Jaroslawl, Rostow, Wladimir, Susdal,

Twer (heute Kalinin) und Tula – und in den vor nicht allzulanger Zeit eingegliederten Städten Kiew, Smolensk, Kasan und Astrachan. Die überwiegende Mehrzahl der Russen war Landbewohner und rackerte sich ab, um der Erde, dem Wald und dem Wasser ihren bescheidenen Lebensunterhalt abzuringen.

Wohl war das Reich des Zaren Alexei von riesiger Ausdehnung, seine Grenzen jedoch waren unsicher und ständig gefährdet. Im Osten hatten die Moskowiter zwar unter Iwan dem Schrecklichen und seinen Nachfolgern das Gebiet der mittleren Wolga und das Khanat Kasan erobert und das russische Reich dadurch bis nach Astrachan und an das Kaspische Meer ausgedehnt. Auch der Ural war überquert worden: die riesigen, fast menschenleeren Gebiete Sibiriens unterstanden inzwischen überwiegend der Herrschaft des Zaren. Russische Siedler waren sogar bis an den nördlichen Pazifik vorgedrungen und hatten in jener rauhen Gegend eine Anzahl Dörfer errichtet. Nach einem Zusammenstoß mit der kriegerischen Mandschu-Dynastie in China waren sie jedoch gezwungen worden, ihre Vorposten am Amur wieder aufzugeben.

Im Westen und im Süden war Rußland von Feinden umgeben, die alles daran setzten, daß der Riese im Binnenland eingeschlossen blieb und keinen Zugang zum Meer erhielt. Schweden, damals Herr der Ostsee, wachte eifersüchtig über diesen Weg nach Westen. Westlich von Rußland befand sich das katholische Polen, der alte Feind des orthodoxen Zarenreichs. Erst vor nicht langer Zeit hatte Zar Alexei die Stadt Smolensk von den Polen zurückerobert. Dabei lag diese russische Festung nur zweihundertfünfzig Kilometer von Moskau entfernt.

Erst gegen Ende seiner Regierungszeit gewann Alexei das goldene Kiew von Polen zurück, Kiew, »die Mutter der russischen Städte« und die Wiege des russischen Christentums. In Kiew und in den fruchtbaren Gebieten östlich und westlich des Dnjepr lebten seit langer Zeit die orthodoxen Kosaken. Diese waren ursprünglich Vagabunden und Freibeuter, die vor den beschwerlichen Lebensbedingungen im moskowitischen Rußland geflohen waren. Zunächst formten sie sich zu uneinheitlichen Reiterbanden. Später wurden sie Siedler, die in der gesamten oberen Ukraine Dörfer und Städte gründeten und sich von dort allmählich nach Süden ausbreiteten. Aber diese Grenze verlief immer noch rund sechshundert Kilometer nördlich der Küste des Schwarzen Meeres.

Das Land dazwischen, die berühmte Schwarze-Erde-Steppe der unteren Ukraine, war leer. Hier wuchs das Gras so hoch, daß manchmal nur Kopf und Schultern eines Mannes zu sehen waren, wenn dieser auf seinem Pferd durch die Steppe ritt. Zur Zeit Alexeis war die Steppe das Jagd- und Weidegebiet der Krimtataren. Diese waren slawische Nachkommen der alten mongolischen Eroberer und spätere Vasallen des türkischen Sultans, die in ihren Dörfern an den Gebirgshängen und in den Tälern der Krimhalbinsel lebten. Jedes Jahr im Frühjahr und Sommer trieben die Tataren ihr Vieh und ihre

Pferde hinunter in die ukrainische Grassteppe. Oft genug bewaffneten sie sich mit Bogen, Pfeilen und Krummsäbeln und ritten nach Norden, um russische und ukrainische Dörfer zu überfallen und zu plündern. Dabei erstürmten sie nicht selten die hölzernen Palisaden einer Stadt. Die gesamte Bevölkerung wurde in die Sklaverei verschleppt. Diese massiven Raubzüge, die alljährlich Tausende russischer Sklaven auf die türkischen Sklavenmärkte brachten, verfolgten die Zaren im Kreml mit Angst und Sorge. Aber was hätte man gegen sie unternehmen sollen? Tatsächlich hatten die Tataren zweimal, in den Jahren 1382 und 1571, Moskau selbst geplündert und in Brand gesteckt.

Jenseits der massiven weißen Kremlmauern, jenseits der goldenen und blauen Zwiebeltürme und der Holzhäuser Moskaus erstreckten sich weite Felder und riesige Wälder, das wahre und ewige Rußland. Seit Jahrhunderten bedeutet der Wald alles, der tiefe, reiche jungfräuliche Wald, mit Dimensionen eines Ozeans. Sein Birken- und Föhrenholz, seine Beerensträucher, sein Moos und seine sanften Farne waren für den Menschen unentbehrlich. Aus dem Wald kamen die Baumstämme für sein Haus und das Brennholz, das Moos für die Abdichtung seiner Hauswände, die Rinde für seine Schuhe, der Pelz für seine Kleidung, das Wachs für seine Kerzen und Fleisch, süßer Honig, Wildbeeren und Pilze für seine Mahlzeiten. Während der meisten Zeit des Jahres erschallte in den Wäldern das Schlagen der Äxte; an heißen Sommertagen suchten Männer, Frauen und Kinder unter den dunklen Baumstämmen Pilze, oder sie streiften durch das hohe Gras mit seinen vielen Blumen, um wilde Himbeeren und rote und schwarze Johannisbeeren zu sammeln.

Die Russen sind ein Volk, das für das Gemeinschaftsleben geschaffen ist. In Urzeiten waren sie in Stammesverbänden organisiert und lebten in Siedlungen, die sie in Waldlichtungen, am Rand von kleinen Seen oder an den Ufern langsam dahinziehender Flüsse errichteten. Rußland war übersät mit solchen Siedlungen: wie verloren am Ende einer staubigen Straße, waren sie umgeben von Weide- und Wiesenland, eine Ansammlung einfacher Holzhäuser, im Zentrum eine Kirche, deren Zwiebelturm die Gebete der Dorfbewohner zum Himmel weiterzuleiten schien. In den meisten Häusern gab es nur einen einzigen Raum ohne Kamin. Der Rauch, der vom Feuer im Herd aufstieg, suchte sich selbst seinen Weg nach draußen, so gut er konnte, oft durch die Ritzen in den Wänden, was wiederum zur Folge hatte, daß jeder und alles im Haus rußgeschwärzt war. Auch deshalb stellten öffentliche Bäder in Rußland eine verbreitete Einrichtung dar. Selbst das kleinste Dorf hatte sein dampfendes Badehaus, das Männer und Frauen gemeinsam benutzten, in dem sie sich gegenseitig abschrubbten und aus dem sie anschließend sogar im Winter nach draußen liefen, um ihre erhitzten nackten Körper abzukühlen und zu trocknen.

Wenn sich der russische Bauer anzog, nachdem er zuvor seinen Bart und sein

Haar gekämmt hatte, streifte er sich ein Hemd aus grobem Stoff über, das ihm unter die Taille reichte und dort mit einer Schnur zusammengehalten wurde. Seine Hosen waren weit und locker und wurden in Stiefel gestopft, sofern er welche besaß, oder, was weitaus öfter vorkam, in hohe, gamaschenähnliche Gebilde aus Tuch, die er mit starken Bändern oberhalb der Fußknöchel befestigte. »Ihr Haar ist bis zu den Ohren geschnitten, und sie bedecken ihre Köpfe im Winter und sogar im Sommer mit einer Pelzmütze«, schrieb ein westlicher Besucher. »Ihre Bärte lassen sie jedoch ungestutzt wachsen... Ihre Schuhe werden mit Bast zugebunden. Um ihren Hals tragen sie, vom Tag ihrer Taufe an, ein Kreuz sowie ihre Geldbörse, wenn sie auch die kleinen Münzen meistens, falls es nicht zu viele sind, im Mund aufbewahren. Sobald sie welche bekommen, als Geschenk oder als Bezahlung, stecken sie sie in den Mund, um sie unter der Zunge festzuhalten.«[15]

Wenige Völker auf der Welt leben in solcher Harmonie mit der Natur wie die Russen. Im Norden des Landes bricht der Winter früh ein, im September beginnt bereits um vier Uhr nachmittags die Dämmerung, und ein Schneeregen setzt ein. Schnell kommt der Frost, und schon im Oktober fällt der erste Schnee. Binnen kurzem verschwindet dann alles unter einer großen, weißen Decke: Erde, Flüsse, Straßen, Felder, Bäume und Häuser. Die Natur gewinnt um diese Zeit nicht nur eine majestätische, sondern auch eine erschreckende Allmacht. Die Landschaft wird zu einem weiten weißen Meer mit emporsteigenden und wieder abfallenden Wellen aus Hügeln und Tälern. An Tagen, an denen der Himmel grau ist, fällt es schwer zu erkennen, auch wenn man die Augen anstrengt, wo Erde und Himmel ineinander übergehen. An hellen Tagen, wenn der Himmel in prächtigem Azurblau erstrahlt, blendet das Sonnenlicht. Millionen Diamanten, in denen sich die Sonnenstrahlen brechen, scheinen über den Schnee ausgestreut zu sein.

Nach hundertsechzig Wintertagen dauert der Frühling nur ein paar Wochen. Zuerst kracht und birst das Eis auf Flüssen und Seen. An Land führt die Schneeschmelze Unmengen von Schlammassen mit sich, durch die sich Mensch und Tier nur hindurchkämpfen können. Aber jeden Tag weicht der schmutzige Schnee zurück, und bald erscheint das erste zarte Gras. Wälder und Wiesen werden grün und erwachen zu neuem Leben. Die Vögel, Lerchen und Schwalben, finden sich wieder ein.

In Rußland wird die Wiederkehr des Frühlings mit einer Freude begrüßt, die in klimatisch gemäßigteren Ländern unvorstellbar ist. Wenn die ersten Strahlen der Frühlingssonne das Gras auf den Wiesen und die Gesichter der Bauern berühren, wenn die Tage länger werden und die Erde sich überall neu belebt, drängt das glückliche Gefühl der Erneuerung und Befreiung die Menschen dazu, Lieder zu singen und Feste zu feiern. Am 1. Mai, dem Feiertag der Wiedergeburt und der Fruchtbarkeit, tanzen die Menschen und wandern in den Wäldern. Und während die jungen Leute ausgelassen sind, danken die Älteren Gott dafür, daß sie die Herrlichkeit der Welt erneut erleben dürfen.

Der Frühling rast mit Schnelligkeit in den Sommer hinein. Da bildet sich drückende Hitze, aber da ist auch die Schönheit eines unendlichen Himmels und die Ruhe des weiten welligen Landes, das sich sanft bis zum Horizont hinstreckt. Da ist die Frische des frühen Morgens, die Kühle des Schattens der Birkenwäldchen längs der Flüsse, die milde Luft und der warme Wind in den Nächten. Im Juni taucht die Sonne nur für wenige Stunden hinter der Horizontlinie unter, und das Rot des Sonnenuntergangs wechselt schnell mit dem zarten Blau-Rosa der Morgenröte.

Rußland ist ein Land mit rauhem Klima, aber nur wenige Menschen können sich dem starken Reiz, der von ihm ausgeht, entziehen. Kein Russe findet irgendwo anders auf Erden Frieden für seine Seele.

2   Peters Kindheit

Als Zar Alexei vierzig Jahre alt war, im März 1669, starb seine erste Frau, die Zarin Maria Miloslawskaja. Sie starb bei der Erfüllung ihrer wichtigsten Aufgabe, den Bestand der Dynastie zu sichern. Marias Tod rief tiefe Trauer hervor, und dies nicht nur bei ihrem Ehemann, sondern auch bei ihren zahlreichen Verwandten, deren Macht bei Hofe auf der Ehe Marias mit dem Zaren beruht hatte. Jetzt war dies alles vorbei, und die Miloslawskis blickten durch die Tränen für ihre verschiedene Schwester und Nichte verängstigt und beunruhigt in die Zukunft.

Die unsichere Lage wurde noch dadurch verschlimmert, daß Maria trotz aller Anstrengungen keinesfalls hatte sicherstellen können, daß ein Miloslawski Thronfolger sein würde. Dabei hatte sie während ihrer einundzwanzigjährigen Ehe mit Alexei – sie war vier Jahre älter als ihr Mann – dreizehn Kinder, fünf Söhne und acht Töchter, geboren, bevor sie bei der Geburt des vierzehnten Kindes starb. Keiner der Söhne Marias besaß jedoch eine hinreichend kräftige Gesundheit; vier Söhne überlebten die Mutter, ein halbes Jahr später aber waren bereits zwei von ihnen gestorben, darunter der sechzehnjährige Thronerbe, der nach seinem Vater Alexei hieß. Der Zar hatte so, nach dem Tod seiner Frau, nur noch zwei Söhne aus der Miloslawski-Ehe, Söhne, deren Zukunftsaussichten nicht gerade günstig waren. Fjodor, damals zehn Jahre alt, war schwächlich, und Iwan, drei Jahre alt, war halb blind und hatte einen Sprachfehler. Wenn auch diese beiden Söhne vor ihrem Vater oder auch nur bald nach ihm sterben würden, wäre die Thronfolge offen. Mit Ausnahme der Miloslawskis hoffte ganz Rußland, daß Alexei schnell eine neue Frau finden würde.

Wenn der Zar eine neue Zarin auswählte, verstand es sich von selbst, daß seine Wahl auf eine Tochter des russischen Adels und nicht auf eine ausländische Prinzessin fallen mußte. Die Heirat zwischen Dynastien zur Förderung und Sicherung staatlicher Interessen war im 17. Jahrhundert zwar in den meisten Teilen Europas üblich, in Rußland aber vermied und verabscheute man diese Methode. Russische Zaren wählten Russinnen zu Ehegefährtinnen, oder genauer, ein orthodoxer Zar konnte nur eine orthodoxe Zarin erwählen. Die russische Kirche, der Adel, die Kaufleute und die Masse des einfachen russischen Volkes wären über eine ausländische Prinzessin entsetzt gewesen, in deren Gefolge katholische Priester oder protestantische Pastoren eine Gefahr für den reinen orthodoxen Glauben in Rußland bedeutet hätte. Diese Einstellung bewirkte einerseits die Isolierung Rußlands von den ausländischen Nationen und andererseits förderte sie die größte Eifersucht und schärfste Konkurrenz unter jenen russischen Adelsfamilien, die eine Tochter als mögliche Anwärterin für den Zarenthron hatten.

Innerhalb eines Jahres nach dem Tod von Maria Miloslawskaja hatte Alexei die Nachfolgerin gefunden. Niedergeschlagen und einsam wie er war, hatte er häufig die Abende im Hause seines Freundes und Ministers Artemon Matwejew verbracht. Matwejew war für das Rußland des 17. Jahrhunderts ein ungewöhnlicher Mann. Er entstammte nicht der obersten Adelsschicht, sondern war aufgrund seiner persönlichen Verdienste an die Macht gekommen. Er war stark an wissenschaftlichen Themen interessiert und ein Bewunderer der westlichen Kultur. Bei den regelmäßigen Empfängen, die er in seinem Haus für diejenigen Ausländer gab, die in Moskau lebten oder die die Stadt besuchten, befragte er seine Gäste jeweils sehr eingehend über die Politik, Kunst und Wissenschaft ihrer Heimatländer. Tatsächlich hatte er in der »Deutschen Siedlung« seine eigene Frau, Mary Hamilton, gefunden. In dieser Vorstadt von Moskau mußten alle Ausländer leben. Mary Hamilton war die Tochter eines schottischen Royalisten, der nach der Enthauptung Karls I. von England und nach dem Sieg Cromwells aus Großbritannien geflohen war.

In Moskau führten Matwejew und seine Frau ein Leben, das dem der modernen Europäer des 17. Jahrhunderts so weit wie möglich ähnelte. Neben den Ikonen hingen Bilder und Spiegel an den Wänden ihres Hauses, und in ihren Schränken, die mit Intarsien geschmückt waren, konnte man orientalisches Porzellan und Spieluhren bewundern. Matwejew studierte Algebra und beschäftigte sich aus Liebhaberei mit chemischen Experimenten in seinem eigenen Laboratorium. In seinem kleinen Privattheater wurden Konzerte gegeben und Schauspiele aufgeführt. Traditionsbewußte Russen empfanden das Verhalten von Matwejews Frau als schockierend. Sie trug westeuropäische Kleider und Hauben und lehnte es ab, sich in ein oberes Stockwerk im Haus ihres Ehemanns zurückzuziehen, wie es die meisten Moskauer Frauen taten. Mary Hamilton mischte sich frei unter die Gäste des Hauses, saß mit ihnen zu Tisch und nahm sogar manchmal an ihrer Unterhaltung teil.

Bei einem dieser unkonventionellen Abende in Gesellschaft der ungewöhnlichen Mary Hamilton fiel das Auge des Witwers Zar Alexei auf eine zweite bemerkenswerte Frau im Hause Matwejew: Natalja Naryschkina. Sie war damals neunzehn Jahre alt, eine große und gutaussehende junge Frau mit schwarzen Augen und langen Wimpern. Ihr Vater, Kirill Naryschkin, ein verhältnismäßig unbekannter Landadeliger tatarischen Ursprungs, lebte in der Provinz Tarus, weit entfernt von Moskau. Um seiner Tochter ein besseres Leben als das der Landadeligen zu ermöglichen, hatte Naryschkin seinen Freund Matwejew überredet, Natalja als seine Pflegetochter aufzunehmen und sie in der kultivierten und freiheitlichen Atmosphäre großzuziehen, die für das Haus des Ministers in Moskau typisch war. Natalja hatte diese Gelegenheit zu nutzen gewußt. Für ein russisches Mädchen war sie sehr gebildet; als aufmerksame Assistentin ihrer Pflegemutter hatte sie gelernt, wie man männliche Gäste empfängt und bewirtet.

Eines Abends, als der Zar anwesend war, betrat Natalja zusammen mit Mary Hamilton das Wohnzimmer, um Wodka, Kaviar und geräucherten Fisch zu servieren. Alexei starrte sie an, ihm fielen ihr blühendes Aussehen, ihre schwarzen, mandelförmigen Augen und ihr heiteres, aber bescheidenes Benehmen auf. Als sie ihm gegenüberstand und auf seine Fragen antwortete, war er sowohl von ihrer ehrerbietigen Haltung als auch von ihrem gesunden Menschenverstand tief beeindruckt.

Als Alexei an jenem Abend Matwejews Haus verließ, wirkte er heiter. Bevor er sich verabschiedete, fragte er Matwejew, ob er für die reizende junge Frau einen Ehemann suche. Matwejew gab eine bejahende Antwort, meinte jedoch, da weder Nataljas Vater noch er selbst reich seien, würde die Mitgift klein ausfallen, weshalb zweifellos nur wenige Bewerber zu erwarten seien. Der Zar erklärte, es gäbe sicher noch einige Männer, die die guten Eigenschaften einer Frau höher bewerteten als ihr Vermögen, und er versprach seinem Minister, einen Ehemann für Natalja zu besorgen.

Kurze Zeit später fragte der Zar Matwejew, ob er bei seiner Suche schon Erfolg gehabt habe.[1]

»Nein, allergnädigster Herr«, antwortete Matwejew, »das liegt mir immer im Sinne, wenn sich nur so bald eine Gelegenheit ergeben möchte, als ich wünsche. Noch habe ich nichts Anständiges für sie gefunden, ich zweifle auch, daß es so bald geschehen möchte; denn obgleich viele von unseren jungen Edelleuten zu mir kommen und meine hübsche Pflegetochter öfters sehen, so macht doch keiner Miene, sie zu heiraten.«

»Gut«, sprach der Zar, »es wird vielleicht nicht nötig sein. Ich habe dir versprochen, mich selbst auch um einen guten Bräutigam für sie zu bemühen, es ist mir geglückt, einen ausfindig zu machen, mit dem sie vermutlich recht wohl zufrieden und glücklich sein wird. Den Mann kenne ich, er ist ein sehr ehrlicher, braver Mann, der Verdienste hat und so begütert ist, daß er nach ihrem Vermögen und ihrer Mitgift nicht fragen wird; er liebt sie, will sie heiraten und glücklich machen. Sie kennt ihn auch, wenn er sich auch bisher nicht hat anmerken lassen, daß er Lust hätte, sie zu heiraten. Ich denke auch, sie werde ihm, wenn er um sie anhalten wird, das Jawort nicht versagen.«

Matwejew versicherte daraufhin, daß Natalja natürlich jeden Mann annehmen werde, den »Euer Majestät ... zu ihrem Bräutigam vorgeschlagen habe. Indessen wird sie doch immer wissen wollen, wer er sei, wenn sie das Jawort geben soll, und das dünkt mir auch ganz billig zu sein.« – »Nun, wohlan denn«, sagte der Zar, »so wisse und sage ihr, daß ich, ich selbst, der Mann sei, der sie zu heiraten sich entschlossen habe.«

Matwejew war zutiefst betroffen über die Bedeutung dieser Erklärung und warf sich zu Füßen seines Herrschers. Er erkannte sogleich die glänzenden Aussichten und unermeßlichen Gefahren in Alexeis Entscheidung. Würde sein Mündel in den Rang der Zarin erhoben, würde das seinen eigenen Erfolg besiegeln. Nataljas Verwandte und Freunde würden fortan anstelle der Miloslawskis eine führende Rolle am Hof spielen. Dies wiederum hätte die gefährliche Feindschaft der Miloslawskis und die Eifersucht vieler mächtiger Bojarenfamilien zur Folge, denen bereits jetzt seine Rolle als Favorit des Zaren verdächtig erschien. Wenn die Wahl irgendwie bekannt würde und die Heirat dann am Ende doch nicht zustande käme, wäre Matwejew ruiniert. Während ihm diese Gedanken durch den Kopf gingen, bat Matwejew den Zaren, er möge sich, auch wenn er seine Wahl bereits endgültig getroffen habe, dennoch dem traditionellen Verfahren unterziehen und seine Braut öffentlich aus einer Schar versammelter Kandidatinnen auswählen. Zu einer solchen Zeremonie, die ihr Vorbild am Hof von Byzanz gehabt hatte, mußten sich Frauen im heiratsfähigen Alter aus allen Teilen Rußlands im Kreml versammeln, damit der Zar sie begutachten konnte. Eigentlich sollten diese Frauen aus jeder Schicht der russischen Gesellschaft stammen, auch aus der der Leibeigenen; in der Praxis aber kam es nie vor, daß ein derartiges Märchen wahr wurde. Es war noch nie der Fall eingetreten, daß ein Zar, unsterblich verliebt, ein schönes leibeigenes Mädchen zu seiner Zarin gemacht hatte. Es war jedoch durchaus üblich, in diesem Kreis auch die Töchter des niederen Adels aufzunehmen; so war Natalja Naryschkina aufgrund ihrer Herkunft durchaus standesgemäß. Bei Hofe wurden die verschüchterten Mädchen einer strengen Prüfung unterzogen, bei der festgestellt werden sollte, ob sie noch Jungfrauen waren. Wenn das der Fall war, wurden sie in den Kremlpalast bestellt, wo der Zar durch Lächeln oder Zunicken zu erkennen gab, wen er auserkoren hatte.

Ein Spiel, bei dem es um den höchsten Preis geht, schließt auch hohe Risiken ein. Eben in diesem Jahrhundert hatte es schlimme Beispiele dafür gegeben, wie weit ehrgeizige Familien gehen konnten, um zu verhindern, daß ein Mädchen aus einer anderen Familie die neue Zarin wurde. Im Jahre 1616 hatte Maria Chlopfa, die Auserwählte des neunzehnjährigen Michail Romanow, der damals bei Hofe tonangebenden Saltikow-Familie so mißfallen, daß sie ihr Drogen verabreichten und sie in diesem Zustand Michail vorstellten. Dem Zaren wurde eingeredet, das Mädchen sei unheilbar krank. Schließlich wurden Maria und ihre gesamte Familie nach Sibirien verbannt, als Strafe dafür, daß das Mädchen gewagt hatte, sich als mögliche Braut für den Zaren anzubieten. Alexei selbst hatte im Jahre 1647, im Alter von achtzehn Jahren,

Euphemia Wsewoloschska erwählt, die seine erste Frau werden sollte. Aber als diese für einen offiziellen Anlaß zurechtgemacht wurde, hatten ihr die Hofdamen das Haar so straff gezogen, daß sie in Gegenwart Alexeis in Ohnmacht fiel. Die Hofärzte waren dazu überredet worden, sie als Epileptikerin zu erklären. Auch Euphemia und ihre Angehörigen wurden nach Sibirien geschickt. Maria Miloslawskaja war Alexeis zweite Wahl gewesen.

Nun zeichneten sich für Natalja Naryschkina und Matwejew, der hinter ihr stand, ähnliche Gefahren ab. Die Miloslawskis wußten, daß ihr Einfluß zurückgehen würde, wenn Natalja auf den Thron käme. Dieser Umschwung würde nicht nur die männlichen Mitglieder der Familie betreffen, die allesamt hohe Regierungsämter innehatten und große Macht ausübten, sondern auch die Frauen der Miloslawskis. Alle kaiserlichen Prinzessinnen, die Töchter des Zaren Alexei, waren Miloslawskis und schätzten keineswegs die Aussicht auf eine neue Zarin, die zudem jünger als einige von ihnen selbst war.

Natalja und Matwejew hatten dennoch keine Wahl: Alexei war entschlossen. Es wurde bekanntgegeben, daß am 1. Februar 1670 die Voruntersuchung der Kandidatinnen stattfinden werde, und Natalja Naryschkina sollte sich dazu einfinden. Eine zweite Inspektion durch den Zaren selbst war für den 28. April vorgesehen. Aber schon kurz nach der ersten Versammlung kamen Gerüchte in Umlauf, daß Natalja Naryschkina vom Zaren bereits auserwählt worden sei. Nun bereitete man den unvermeidlichen Gegenschlag vor. Vier Tage vor dem entscheidenden Termin, dem Tag der offiziellen Entscheidung des Zaren, wurden im Kreml anonyme Briefe aufgefunden, die Matwejew beschuldigten, er habe den Zaren mit Zauberkräutern dazu gebracht, sich für sein Mündel zu interessieren. Eine Untersuchung des Falles war erforderlich, und die Heirat wurde um neun Monate verschoben. Aber die Vorwürfe gegen Matwejew waren nicht haltbar, und schließlich fand zur Freude der meisten Russen und zum Leidwesen der Miloslawskis die Heirat am 1. Februar 1671 statt.

Vom Tag ihrer Hochzeit an war für jedermann erkennbar, daß der einundvierzigjährige Zar in seine schöne, schwarzhaarige junge Frau sehr verliebt war. Er wünschte sie beständig an seiner Seite und nahm sie immer mit, wohin er auch ging. Im Verlauf des ersten Frühlings und Sommers nach ihrer Hochzeit zogen die Jungvermählten glücklich von einem der rund um Moskau gelegenen Sommerpaläste zum nächsten, so auch nach Preobraschenskoje. Bei Hofe sorgte die neue Zarin bald für Wandel. Natalja liebte Musik und Theater. Zu Beginn seiner Regierungszeit hatte Alexei eine Verordnung erlassen, die seinen Untertanen aufs strengste verbot, zu tanzen, Theaterstücke aufzuführen, bei Hochzeitsfesten zu singen, Musik zu machen oder durch so verderbliche und verruchte Praktiken wie Wortspiele, Possenspiele oder Zaubereien die menschliche Seele ins Verderben zu locken. »Wer gegen die erste und die zweite Vorschrift verstößt, soll mit Ruten geschlagen werden; wer gegen die dritte und vierte Vorschrift verstößt, soll in die fernen Siedlungen am äußeren Rande des Landes verbannt werden.«[2] Doch als

Alexei Natalja heiratete, spielte während des Hochzeitsbanketts ein Orchester, und die neue polyphonische Musik aus dem Westen mischte sich mit dem Unisonogesang eines russischen Chores. Bald wurde das Theater unter kaiserlichen Schutz gestellt. Um seiner jungen Frau zu gefallen, unterstützte der Zar sogar fortan das Schreiben von Theaterstücken, und er ließ in einem ehemaligen Bojarenhaus, innerhalb der Kremlmauern, eine Bühne und eine Zuschauerhalle errichten; ein anderes Theater wurde beim Sommersitz Preobraschenskoje gebaut. Matwejew beauftragte Johannes Gregory, den lutherischen Pastor der Ausländervorstadt, Schauspieler auszusuchen und Stücke einzustudieren. Am 17. Oktober 1672 konnte das erste Stück, ein biblisches Drama, mit einer Besetzung von sechzig Personen – die meisten waren Ausländer – in Anwesenheit des Zaren und der Zarin aufgeführt werden. Die Aufführung dauerte zehn Stunden, und der Zar blieb die ganze Zeit anwesend. Bald folgten vier weitere Spiele und zwei Ballettaufführungen.

Alexeis Freude war übergroß, als er im Herbst 1671 erfuhr, daß die Zarin schwanger war. Vater und Mutter beteten um einen Sohn. Endlich war es soweit: Am 30. Mai 1672 wurde Natalja um ein Uhr morgens von einem kräftigen, gesunden Jungen entbunden. Das Kind, das wie die Mutter dunkle Augen und einen tatarischen Einschlag hatte, wurde Peter genannt. Entsprechend dem alten russischen Brauch des »Maßnehmens« wurde damals auf ein Brett ein Bild des Namenspatrons, des Apostels Petrus, in Lebensgröße des Kindes gemalt. Dieses Bild war nun neunundvierzig Zentimeter lang und achteinhalb Zentimeter breit.

Ganz Moskau freute sich, als die große Glocke im Turm Iwan der Große am Kremlplatz die Geburt des neuen Zarewitsch verkündete. Boten ritten aus, um die gute Nachricht in andere russische Städte zu bringen, und besondere Botschafter wurden an die europäischen Höfe entsandt. Von der weißen Kremlmauer aus schossen die Kanonen drei Tage lang Salut, während die Glocken der 1600 Kirchen der Stadt ununterbrochen läuteten. Alexei war überglücklich und ließ einen öffentlichen Dankgottesdienst in der Uspenski-Kathedrale abhalten. Danach erhob Alexei Kirill Naryschkin, Nataljas Vater, sowie Matwejew, den Pflegevater seiner Frau, in den Stand eines Bojaren. Bei den Feierlichkeiten reichte er an seine Gäste selbst Wodka und Wein.

Peter wurde im Alter von vier Wochen, am 29. Juni, dem Feiertag des heiligen Petrus, getauft. Das Kind wurde über einen mit Weihwasser besprengten Weg in einer Wiege auf Rädern zur Kirche gefahren; Fjodor Naryschkin, der älteste Bruder der Zarin, hielt es über den Taufstein, und der Beichtvater Alexeis taufte es. Am nächsten Tag wurden Delegationen der Bojaren, der Kaufleute und anderer Bürger Moskaus, die mit ihren Gratulationsgeschenken in den Kreml strömten, zu einem Festmahl geladen. In ihren Privatgemächern oberhalb des Festsaals gab Natalja einen gesonderten Empfang für die Frauen und Töchter der Bojaren, denen sie zum Abschied Teller mit Süßigkeiten überreichte.

Kurze Zeit danach wurde Peter, die Hauptperson all dieser Feierlichkeiten, von seinem kleinen Gefolge in seine Privaträume gebracht – eine Amme – »eine gute und reinliche Frau mit süßer und gesunder Milch«[3], eine Gouvernante und eine Gruppe von Zwergen, die den Zarenkindern als Diener und Spielgefährten zugewiesen waren. Als Peter zwei Jahre alt war, zogen er und sein Gefolge, zu dem inzwischen vierzehn adelige Frauen gehörten, in eine größere Wohnung innerhalb des Kremlpalastes um. An den Wänden seiner Zimmer hingen dunkelrote Stoffe, die Möbel waren karmesinrot gepolstert und mit goldenen und hellblauen Verzierungen bestickt. Peters Kleidung – Miniaturkaftane, Hemden, Jacken, Strümpfe und Mützen – wurde aus Seide, Satin und Samt geschneidert, mit Silber und Gold bestickt, mit Knöpfen und Quasten aus Perlen und Smaragden versehen.

Eine zärtlich liebende Mutter, ein stolzer Vater und ein glücklicher Matwejew trugen das ihre dazu bei, um das Kind mit Gaben zu überhäufen. Peters Kinderzimmer war bald überfüllt mit den ausgefallensten Spielsachen. In einer Ecke stand ein holzgeschnitztes Pferd mit einem Ledersattel, der mit silbernen Nägeln beschlagen, und einem Zaumzeug, das mit Smaragden geschmückt war. Auf einem Tisch in der Nähe des Fensters lag ein von sechs Ikonenmalern illustriertes Buch. Spieldosen und ein kleines elegantes Klavichord mit Kupfersaiten waren aus Deutschland eingeführt worden. Die frühesten Kinderspiele Peters waren jedoch militärischer Art. Er spielte mit Zimbeln und Trommeln; auf seinen Tischen und Stühlen und über den Fußboden verstreut lagen Spielzeugsoldaten und Festungswerke, kleine Piken, Schwerter, Arkebusen und Pistolen. Gleich neben seinem Bett bewahrte der Knabe sein kostbarstes, von Matwejew erhaltenes Spielzeug auf, der es wiederum von einem Ausländer erworben hatte: ein Schiffsmodell.

Peter war ein intelligentes, lebhaftes und lautes Kind, das schnell heranwuchs. Die meisten Kinder können etwa mit einem Jahr gehen; Peter lief bereits im Alter von sieben Monaten. Sein Vater nahm oft den Zarewitsch zu seinen Ausflügen rund um Moskau und in die kaiserlichen Villen außerhalb der Hauptstadt mit. Manchmal fuhren die beiden gemeinsam nach Preobraschenskoje, wo es inzwischen ein Sommertheater gab. Dieser ruhige Ort an den Ufern der Jausa, der nur wenig entfernt von der Deutschen Siedlung lag, war Nataljas Lieblingsaufenthalt. Aber noch häufiger fuhr der Zar mit seinem Sohn zum architektonischen Wunderwerk, das während seiner Regierungszeit entstanden war, zum riesigen Palast von Kolomenskoje.

Dieses großartige Gebäude war ganz aus Holz errichtet und wurde von russischen Zeitgenossen als das achte Weltwunder bezeichnet. Von einem Steilufer blickte es herunter auf die Schleife der Moskwa. Es war ein exotisches Durcheinander von schindelbedeckten Zwiebeltürmen, Zeltdächern, pyramidenartigen steilen Türmen, hufeisenförmigen Gewölben, Vestibülen, mit Gittern geschmückten Treppenaufgängen, Balkonen, Veranden, Arkaden, Höfen und Eingängen. Ein separates dreistöckiges Gebäude mit zwei spitzen Türmen diente als Wohnung für Peter und dessen Halbbruder Iwan. Obwohl der Palast von außen wie ein seltsames Konglomerat aus verschiedenen Elementen alter russischer Architektur aussah, verfügte er über viele moderne Einrichtungen. Da gab es Bäder nicht nur für die Mitglieder der Zarenfamilie, sondern auch für die Bediensteten (das Schloß von Versailles, das etwa um die gleiche Zeit erbaut worden ist, besaß damals weder Bäder noch Toiletten). Die Holzwände des Kolomenskoje-Palastes waren von dreitausend Fenstern aus Glimmerscheiben durchbrochen, und das Licht konnte ungehindert in seine zweihundertsiebzig in modernem westlichen Stil dekorierten Räume eindringen. Heitere Fresken schmückten die Decken, Spiegel und Samtvorhänge hingen an den Wänden, dazwischen gab es Porträts von Julius Cäsar und Alexander dem Großen. Wenn Alexei seine Besucher empfing, saß er auf dem mit Diamanten geschmückten, silbernen Thron, der von zwei riesigen bronzenen Löwen flankiert war. Wenn der Zar einen Hebel bewegte, rollten die Löwen die Augen und öffneten ihre Rachen, worauf ein rauhes, blechernes Gebrüll ertönte.[4]

Natalja zog den weniger formellen Tagesablauf in diesen Sommerpälasten in der Vorstadt dem Leben im Kreml vor. Da sie die stickige Luft in der geschlossenen Karosse haßte, lüftete sie die Vorhänge in aller Öffentlichkeit. Manchmal fuhr sie in einer offenen Kutsche aufs Land hinaus und von dort wieder zurück, einmal sogar gemeinsam mit ihrem Mann und ihrem Kind. Weil Natalja dort leichter den Empfängen zusehen konnte, lud Alexei die ausländischen Gesandten häufiger nach Kolomenskoje als in den Kreml. Im Jahr 1675 verlangsamte sich deshalb der feierliche Umzug anläßlich der Ankunft des österreichischen Gesandten absichtlich vor dem Fenster, an dem die Zarin saß. Als der österreichische Diplomat wartete, dem Zaren vorgestellt zu werden, bekam er flüchtig Peter zu sehen: »Die Tür ging plötzlich auf, und man sah einen Augenblick lang einen dreijährigen lockenköpfigen Jungen an der Hand seiner Mutter.«[5]

Später, noch im gleichen Jahr, sah man Peter regelmäßig in der Öffentlichkeit. Alexei hatte einige große vergoldete Hofkutschen angeschafft, wie diejenigen der anderen Monarchen Europas. Matwejew ließ darauf eine Miniaturkopie einer dieser Kutschen für Peter anfertigen. Diese kleine Kutsche, »die mit Goldornamenten verziert war und von vier Zwergponys gezogen wurde, während vier Zwerge an beiden Seiten des Gefährts und ein fünfter hinter ihm herritten«[6], wurde zu einer großen Attraktion bei Staatsanlässen.

Alexeis Ehe mit Natalja Naryschkina dauerte insgesamt fünf Jahre. Es wurde noch eine Tochter, Natalja, geboren; das dritte Kind, wiederum ein Mädchen, starb bald nach der Geburt. Bei Hofe waren die Auswirkungen dieser Ehe unübersehbar. Der Geist der strengen, fast übertriebenen Religiosität der früheren Jahre Alexeis wich einer neuen entspannteren Atmosphäre und einer größeren Aufnahmebereitschaft für westliche Vorstellungen und Erfindungen. Der Zar lebte wieder auf und fand Freude am Leben. Seine letzten Lebensjahre waren seine glücklichsten.

Zum Fest der Heiligen Drei Könige im Januar 1676 nahm der damals siebenundvierzigjährige Zar Alexei an der Segnung des Wassers der Moskwa teil.
Während der langen Zeremonie bei eiskalter Winterluft zog er sich eine Er-
kältung zu. Nach ein paar Tagen verließ er mitten in einer Aufführung das
Kremltheater und legte sich ins Bett. Zunächst schien seine Erkrankung
nicht gefährlich zu sein, doch dann verschlechterte sich sein Zustand zuse-
hends, und zehn Tage später, am 8. Februar, starb der Zar.
Damit hörte das unbeschwerte Dasein Peters auf. Jetzt war er der potentielle
störende Abkömmling der zweiten Frau seines verstorbenen Vaters. Thronfolger war der fünfzehnjährige Fjodor, der älteste überlebende Sohn Maria
Miloslawskajas. Obwohl Fjodor nie gesund gewesen war, hatte ihn Alexei
1674 formell für großjährig erklärt, ihn als seinen Erben benannt und ihn als
solchen seinen Untertanen und den ausländischen Gesandten vorgestellt. Es
war jedoch nicht anzunehmen, daß der gesundheitlich stark angegriffene
Fjodor einmal die Nachkommenschaft seines Vaters antreten würde.
Nun war aber Fjodor in der Tat Zar geworden, und das große Pendel der
Macht war wieder von den Naryschkins zu den Miloslawskis zurückge-
schwungen. Fjodors Beine waren so angeschwollen, daß er zum Ort seiner
Krönung getragen werden mußte. Triumphierend nahmen die Miloslawskis
wieder ihre früheren Machtpositionen ein. Fjodor selbst trug sich nicht mit
bösen Absichten gegen seine Stiefmutter Natalja oder seinen Halbbruder Peter, aber er war erst fünfzehn Jahre alt und konnte sich dem Einfluß seiner
Verwandten nicht gänzlich entziehen.
An der Spitze dieses Clans stand Fjodors Onkel Iwan Miloslawski, der sein
Amt als Gouverneur von Astrachan aufgegeben hatte, um Matwejew als
obersten Minister abzulösen. Man erwartete, daß Matwejew, der Fürspre-
cher der Naryschkins, nun auf irgendeinen entlegenen Posten verbannt
wurde. Damit wäre die Verschickung Miloslawskis nach Astrachan vergolten
gewesen. So war die Zarin Natalja zwar betrübt, aber doch gefaßt, als man
ihren Pflegevater zum Gouverneur von Werkoture, einer Provinz im nord-
westlichen Teil des unendlich großen Sibiriens jenseits des Urals ernannte.
Sie war jedoch erschüttert und entsetzt, als sie erfuhr, daß Iwan Miloslawski
eine neue Anordnung erlassen hatte, als Matwejew bereits auf dem Weg zu
seinem neuen Posten war: Matwejew sollte verhaftet und als Staatsgefangener nach Pustozersk, einer weit abgelegenen Stadt nördlich des Polarkreises,
gebracht werden. (Aus Furcht vor seinem mächtigen Rivalen hatte Iwan Miloslawski sogar versucht, Matwejew zum Tode verurteilen zu lassen, indem
er ihn beschuldigte, Diebstahl am Staatsvermögen begangen, Zauberei betrieben und einen Giftanschlag auf Zar Alexei verübt zu haben. Iwan Miloslawski hatte den jungen Fjodor hart bedrängt, der neue Zar hatte das Todesurteil abgelehnt, und Miloslawski mußte sich mit der Verhaftung Matwejews
zufriedengeben.)
Nachdem sie ihres mächtigen Fürsprechers beraubt und auch die anderen
Stützen ihrer Partei aus ihren Ämtern vertrieben worden waren, verschwan-

den Natalja und ihre beiden Kinder bald aus der Öffentlichkeit. Anfangs fürchtete die Zarin um die Sicherheit ihrer Kinder; ihr Sohn, der dreieinhalbjährige Peter, blieb ja weiterhin die Hoffnung der Naryschkin-Anhänger. Aber mit der Zeit ließ Nataljas Furcht nach; das Leben eines Zarewitschs galt immer noch als unantastbar, und Zar Fjodor brachte seiner Stiefmutter und seinen Halbgeschwistern Freundlichkeit und Sympathie entgegen. Natalja und ihre Kinder lebten zurückgezogen in ihren Privatgemächern im Kreml, wo Peter eine für damalige Verhältnisse vorbildliche Erziehung zuteil wurde.

Zu jener Zeit waren in Rußland die meisten Menschen, auch die Angehörigen des niederen Adels und des Klerus, Analphabeten. Selten umfaßte die Ausbildung des Hochadels mehr als Lesen, Schreiben und oberflächliche Kenntnisse in Geschichte und Geographie. Der Unterricht in Grammatik, Mathematik und Fremdsprachen war den Gelehrten der Theologie vorbehalten. Es gab Ausnahmen: zwei Kinder des Zaren Alexei, Fjodor und seine Schwester Sofia, waren berühmten theologischen Gelehrten aus Kiew anvertraut worden. Beide hatten eine gründliche klassische Bildung erhalten und konnten Latein und Polnisch, die Fremdsprachen, die ein wirklich gebildeter Russe im 17. Jahrhundert beherrschte.

Im Alter von drei Jahren hatte Peter eine Fibel bekommen, um das Alphabet zu erlernen. Als er fünf Jahre alt war, meinte Zar Fjodor, sein Halbbruder und Pate, zu Natalja: »Es wird Zeit, Herrin, daß man den Taufsohn lernen läßt.«[7] Nikita Sotow, ein Geistlicher, der im Steueramt arbeitete, wurde zu Peters Hauslehrer bestimmt. Sotow, ein liebenswürdiger, gebildeter Mann, der die Bibel gut kannte, aber kein Gelehrter war, war vollkommen überwältigt, als er erfuhr, daß er für diese Aufgabe auserwählt worden war. »Ich weiß, daß du ein gerechtes Leben führst und in der Heiligen Schrift bewandert bist«, sagte die Zarin, »ich vertraue dir meinen einzigen Sohn an.« Daraufhin warf sich Sotow zu Boden. Er brach in Tränen aus und rief: »Unwürdig bin ich, Zarinmutter, ein solches Kleinod zu empfangen.«[8] Die Zarin hieß ihn mit freundlichen Worten aufstehen und erwiderte nur, Peters Unterrichtsstunden sollten bereits am nächsten Tag beginnen. Um Sotow zu ermutigen, wies ihm Fjodor eine Suite im Kreml zu und erhob ihn in den Rang eines niederen Adeligen, während ihn die Zarin neu einkleidete und der Patriarch ihm hundert Rubel schenkte. Am folgenden Morgen gab Sotow in Anwesenheit des Zaren und Patriarchen Peter seinen ersten Unterricht. Die neuen Schulbücher wurden mit Weihwasser besprengt und Sotow verbeugte sich tief vor seinem kleinen Schüler. Sotow begann seinen Unterricht mit dem Alphabet und unterwies ihn in der Bibel. Er brachte seinem Zögling, der eine große musikalische Begabung hatte, auch russische Litaneien bei. Als später Peter durchs Land reiste und an Gottesdiensten teilnahm, pflegte er zum Chor hinaufzugehen und mit fester Stimme mitzusingen.

Sotows Aufgabe war lediglich, Peter das Lesen und Schreiben beizubringen, dabei mußte er aber feststellen, daß sich sein Schüler für weit mehr Dinge interessierte. Peter bedrängte seinen Lehrer immer wieder, ihm Anekdoten aus der russischen Geschichte, über Schlachten und Helden der Vergangenheit, zu erzählen. Als Sotow die Begeisterung des Knaben bei Natalja zur Sprache brachte, beauftragte diese Meistergraveure des Zeugamtes mit der Herstellung von Büchern, die farbige Zeichnungen von fremden Städten und Palästen, Segelschiffen, Waffen und historischen Ereignissen enthalten sollten. Peter stand auch ein riesengroßer Globus, der aus Westeuropa stammte und Zar Alexei gehörte, zu Studienzwecken zur Verfügung. Europa, Afrika und die Ostküste Nordamerikas waren auf diesem Globus exakt eingezeichnet, sogar Chesapeake Bay, Long Island und Cape God, aber weiter westlich wurden die Linien ungenauer. Kalifornien zum Beispiel war vom übrigen Kontinent getrennt.

Sotow gelang es, Peters Zuneigung zu gewinnen. Die Kritiken blieben jedoch nicht aus. Ihm wurde vorgeworfen, daß die Erziehung, die er seinem Schüler zuteil werden ließ, einem künftigen Zaren nicht angemessen sei. Doch ist dem entgegenzuhalten, daß Peter damals in der Thronfolge hinter seinen beiden Halbbrüdern Fjodor und Iwan stand. Und wenn seine Erziehung auch weniger klassisch als die Fjodors und Sofias war, so übertraf sie doch die des russischen Durchschnittsadeligen um ein Vielfaches. Peter war kein Gelehrter, aber ungewöhnlich offen und neugierig, und Sotow regte diese Neugierde an.

Während der sechsjährigen Herrschaft Fjodors III. (1676–1682) verlief Peters Leben ohne einschneidende Ereignisse. Fjodor hatte große Ähnlichkeit mit seinem Vater – er war mild, nachsichtig und intelligent. Er setzte eine bedeutsame Reform durch, die Abschaffung des mittelalterlichen Systems der Rangordnung, nach dem Adelige nur solche Staatsämter oder militärische Kommandos annehmen durften, die ihrem Rang entsprachen. Um diesen Rang nachweisen zu können, bewahrte jeder Bojare eifersüchtig die Urkunden, in denen die Ränge seiner Familien verzeichnet waren. Es wurde dadurch unmöglich, fähige Männer in Schlüsselpositionen zu setzen. Im 17. Jahrhundert waren die Zaren gezwungen, das Recht der Rangordnung zeitweise außer Kraft zu setzen, um überhaupt eine Armee ins Feld schicken zu können. So durften in Kriegszeiten Befehlsstellen »ohne Vorrecht« zugeteilt werden.

Fjodor ernannte eine Kommission, die die endgültige Abschaffung der Rangordnung empfahl; dann berief er eine Versammlung von Bojaren und Geistlichen ein und drängte auf die Abschaffung des alten Rechts zugunsten des Wohlergehens des Staates. Der Patriarch unterstützte ihn dabei leidenschaftlich. Die Bojaren, die nicht auf ihre geheiligten Privilegien verzichten wollten, stimmten schließlich widerwillig zu. Vorsorglich ordnete Fjodor an, alle Familiendokumente, Dienstbücher und andere Urkunden, die als Beleg für ein früheres Vorrecht oder einen entsprechenden Rang galten, abzuliefern. Vor den Augen des Zaren, des Patriarchen und der gesamten Bojarenversammlung wurden diese Dokumente zu Bündeln gepackt, in einen Innenhof des Kremlpalastes gebracht und dort verbrannt. Fjodor entschied, daß von nun an Ämter und Stellungen nur aufgrund eines Verdienstes und nicht mehr aufgrund von Geburt verteilt werden sollten – ein Prinzip, das Peter später auch seiner eigenen Militär- und Zivilverwaltung zugrunde legen sollte. (Es war eine Ironie der Geschichte, daß viele Bojaren, die sahen, wie ihre alten Privilegien in Rauch aufgingen, insgeheim Fjodor und die Miloslawskis verfluchten und an den jungen Peter als potentiellen Retter des alten Systems dachten.)

Obwohl Fjodor zweimal heiratete, starb er ohne Erben. Seine erste Frau starb mit dem Neugeborenen im Kindbett. Daraufhin bedrängten die Miloslawskis Fjodor, so schnell wie möglich wieder zu heiraten. Obwohl die Ärzte ihn vor den Anstrengungen einer neuen Ehe warnten, willigte er ein, weil er sich in ein schönes, äußerst temperamentvolles vierzehnjähriges Mädchen, Martha Apraxina, verliebt hatte, die eine Patentochter Matwejews war. Als Bedingung für ihre Einwilligung in die Ehe forderte sie, daß der gefangene Staatsmann begnadigt und ihm sein Eigentum zurückerstattet werde. Fjodor willigte ein, aber bevor der Pate wieder in Moskau eintreffen konnte, um der Braut zu gratulieren, war der Zar, zweieinhalb Monate nach seiner Hochzeit, bereits tot.

Seit Michail Romanows Thronbesteigung im Jahre 1613 übernahm jeweils der älteste Sohn die Nachfolge – auf Michail war Alexei und auf diesen Fjodor gefolgt. In beiden Fällen hatte der Zar seinen ältesten Sohn feierlich dem Volk vorgestellt und ihn offiziell zum Thronerben bestimmt. Aber jetzt war Fjodor gestorben, ohne einen Sohn hinterlassen oder einen Erben benannt zu haben. Die beiden überlebenden Thronanwärter waren Fjodors sechzehnjähriger Bruder Iwan und sein zehnjähriger Halbbruder Peter. Normalerweise hätte die Wahl eindeutig auf Iwan fallen müssen. Iwan war sechs Jahre älter als Peter und zudem der Sohn der ersten Frau Alexeis. Aber Iwan war fast blind, lahm und hatte einen Sprachfehler, während Peter lebhaft, gesund und recht groß für sein Alter war. Die meisten Bojaren waren gegen Iwan Miloslawski und zogen Matwejew vor, der unter der nominellen Regentschaft der Zarin Natalja die Herrschaft ausüben würde, wenn die Wahl auf Peter fiele.

Zu einer Entscheidung kam es, unmittelbar nachdem die Bojaren ein letztes Mal von Zar Fjodor III. Abschied genommen hatten. Einer nach dem anderen schritten sie an dem Lager vorbei, auf dem der tote Zar aufgebahrt war, und blieben kurz stehen, um die kalte weiße Hand zu küssen. Dann betraten der Patriarch Joachim und seine Bischöfe den überfüllten Raum, und Joachim stellte die Frage: »Welcher der beiden Prinzen soll Zar werden?«[9] Es entzündeten sich bittere Auseinandersetzungen. Einige unterstützten die Miloslawskis und behaupteten, Iwan habe den größeren Anspruch; andere bestanden darauf, daß es unvernünftig und lächerlich sei, die Herrschaft über den russischen Staat weiterhin von einem Krankenbett aus zu führen. Der Streit der beiden Parteien wurde immer heftiger, und plötzlich vernahm man den Ruf: »Laßt das Volk entscheiden!«

Im Prinzip war damit gemeint, daß der Zar durch ein »Zemski Sobor«, eine Versammlung von Adeligen, Kaufleuten und Stadtbewohnern aus allen Teilen Rußlands, gewählt werden sollte. Eine solche Territorialversammlung hatte 1613 den ersten Romanow, den sechzehnjährigen Michail, überredet, den Thron zu übernehmen, und eine Territorialversammlung war es auch gewesen, die die Nachfolge Alexeis bestätigt hatte. Aber jetzt hätte es Wochen gedauert, bis ein »Zemski Sobor« hätte einberufen werden können. Deshalb war in diesem Augenblick mit dem Ausdruck »das Volk« die vor den Palastfenstern versammelte Menge der Moskauer gemeint.

Die Glocken im Turm Iwan der Große läuteten, und der Patriarch, die Bischöfe und die Bojaren traten vor das Portal oben an der Roten Treppe [10], die aus dem Palast auf den Kathedralenplatz hinabführte. Sie schauten auf die Menge hinunter, und der Patriarch rief laut: »Zar Fjodor Alexejewitsch gesegneten Angedenkens ist tot. Er hinterläßt als seine Erben nur seine beiden Brüder, den Zarewitsch Iwan Alexejewitsch und den Zarewitsch Peter Alexejewitsch. Welchem der beiden Prinzen wollt ihr die Herrschaft anvertrauen?« Laute Rufe forderten: »Peter Alexejewitsch«, ein paar Stimmen verlangten »Iwan Alexejewitsch«, aber die Zurufe für Peter wurden immer stärker und übertönten die anderen. Der Patriarch dankte und segnete die Menge. Die Wahl war getroffen.

Drinnen im Palast wartete der neugewählte zehnjährige Herrscher. Sein kurzes, lockiges Haar umrahmte sein rundes, gebräuntes Gesicht mit den großen schwarzen Augen, den vollen Lippen und einer Warze auf der rechten Wange. Peter errötete vor Befangenheit, als der Patriarch auf ihn zuging und zu sprechen begann. Das Kirchenoberhaupt gab ihm offiziell den Tod des Zaren und seine Wahl bekannt und fuhr dann fort: »Im Namen des ganzen Volkes, das dem orthodoxen Glauben treu ist, bitte ich Euch, unser Zar zu sein.« Peter lehnte zuerst mit der Begründung ab, er sei noch zu jung für diese Verantwortung. Der Patriarch bestand jedoch auf seinem Ersuchen: »Herr, verwerft unsere Bitte nicht!« Da schwieg Peter, während er noch tiefer errötete. Minuten vergingen. Erst allmählich verstanden die Menschen im Saal, daß sein Schweigen Einwilligung bedeutete.

Die Krise war vorüber; Peter war nun der neue Zar, seine Mutter würde die nominelle Regentschaft übernehmen und Matwejew die Herrschaft ausüben. Das glaubte jeder am Ende jenes tumultartigen Tages; allerdings hatte niemand mit der Zarewna Sofia gerechnet.

3 »Ein Mädchen von großer Intelligenz«

In der Idealvorstellung hatte die russische Frau ein hübsches Gesicht, kastanienbraunes Haar und eine üppige Figur, die nicht in Korsetts gezwängt war. Westlichen Besuchern, die von Versailles, St. James und Wien her an den Anblick geschnürter Taillen gewöhnt waren, kamen russische Frauen unförmig vor.

Auf ihre äußere Erscheinung legten sie jedoch großen Wert. Sie kleideten sich in lange, fließende, leuchtend bunte Sarafane, die mit Goldschnüren bestickt waren; wallende lange Ärmel fielen von den Schultern herab und wurden am Handgelenk von funkelnden Armbändern zusammengehalten. Die Gewänder, die man über den Sarafanen trug, waren aus Samt, Taft oder Brokat. Mädchen trugen ihr Haar in einem einzigen langen Zopf und schmückten es mit einem Kranz Blumen oder einem farbigen Band. Verheiratete Frauen gingen niemals ohne Kopfbedeckung. Zu Hause trugen sie eine Stoffhaube; wenn sie das Haus verließen, banden sie ein Kopftuch um oder setzten eine kostbare Pelzmütze auf. Sie bemalten ihre Wangen mit roter Farbe, um ihre Schönheit hervorzuheben, und trugen die hübschesten Ohrringe und den wertvollsten Schmuck, den ihre Ehemänner sich leisten konnten.

Leider traten Frauen ab einer gewissen Rangstufe kaum in der Öffentlichkeit auf, denn gemäß der aus Byzanz überlieferten Vorstellung wurden Frauen als naive, hilflose, nicht übermäßig intelligente Wesen angesehen, ohne moralischen Verantwortungssinn, mit leidenschaftlichem Hang zur Promiskuität. Die puritanische Vorstellung, daß schon in jedem kleinen Mädchen das Böse lauere, beeinflußte die russischen Menschen bereits seit ihrer Kindheit. In guten Familien durften Kinder verschiedenen Geschlechts niemals miteinander spielen – die Jungen sollten vor dem Bösen bewahrt werden. Die heranwachsenden Töchter hielt man hinter Schloß und Riegel und unterrichtete sie im Gebet, in Gehorsam und in Handarbeiten, besonders im Sticken. In einem Lied heißt es von den russischen Mädchen jener Zeit, daß sie »hinter dreißig versperrten Türen sitzen, so daß weder der Wind durch ihr Haar wehen noch die Sonne ihre Wangen bräunen noch ein netter junger Mann sie verführen kann«. So also warteten sie, unwissend, unaufgeklärt und unberührt, bis der Tag kam, an dem sie einem Ehemann anvertraut wurden.

Gewöhnlich wurde ein Mädchen schon in der frühen Pubertät einem Mann versprochen, den sie nie zuvor gesehen hatte. Sie lernte ihn erst kennen, wenn ihr Vater, der Bräutigam und der Vater des Bräutigams ihre Hochzeit endgültig festgelegt hatten. Die Verhandlungen zogen sich aber oft in die Länge, weil man sich über die Höhe der Mitgift und die Garantien für die Jungfräulichkeit der Braut einigen mußte. Sollte der Bräutigam später behaupten, das Mädchen habe bereits voreheliche Erfahrungen gemacht, so konnte er die Ehe für ungültig erklären und die Mitgift zurückgeben. Um einen solch aufwendigen Rechtsstreit zu vermeiden, war es also besser, sich vorher sorgfältig zu informieren. Wenn sich alle einig waren, wurde die junge Tochter, das Gesicht hinter einem Schleier aus Leinen versteckt, vom Vater dem zukünftigen Ehemann vorgestellt. Der Vater nahm dann eine kleine Peitsche, schlug seiner Tochter damit leicht auf den Rücken und erklärte: »Sieh, du Liebling unter den Töchtern, dieser letzte Schlag gemahnt dich an die väterliche Gewalt, unter deren Zucht du bisher gelebt hast, jetzt wirst du aus meiner Hand entlassen; bedenke, daß du nicht so sehr der Gewalt entronnen als in eine andere übergegangen bist. Wenn du deinem Gatten nicht den Willen tust, wie du es schuldig bist, wird er es dich statt meiner merken lassen.«[1] Daraufhin übergab der Vater dem Bräutigam die Peitsche, der, entsprechend dem Brauch, äußerte, »daß er die Peitsche nicht für nötig erachte«. Er nahm sie aber gleichwohl als ein Geschenk seines Schwiegervaters an und band sie sich an seinem Leibriemen fest.

Am Hochzeitsabend wurde die Braut, zusammen mit der Aussteuer und dem Hochzeitsbett, von ihrer Mutter in das Haus des Bräutigams gefahren. Tief verschleiert nahm die Braut an der Hochzeitszeremonie teil, schwor beim Austausch der Ringe die Treue und fiel dann zu Füßen ihres Ehemannes, wobei sie als Geste der Unterwerfung mit ihrer Stirn dessen Schuhe berühren mußte. Der Bräutigam bedeckte nun ihren Kopf mit dem Saum seines Mantels, wodurch er seine Verpflichtung anerkannte, dieses demütige Geschöpf unterstützen und schützen zu wollen. Später, während die Gäste sich zur Tafel begaben, gingen die Jungverheirateten sogleich ins Bett. Zwei Stunden standen ihnen zur Verfügung, dann wurden die Türen des Hochzeitszimmers aufgerissen, und die Gäste scharten sich um das Paar, um zu erfahren, ob der Ehemann die ihm Anvertraute noch unberührt vorgefunden habe. Wenn dies der Fall war, überhäufte man das Paar mit Gratulationen und führte es zu einem süß duftenden Kräuterbad und danach in den Bankettsaal, damit es sich zu dem Fest geselle.

Die junge Frau besaß keinerlei Vorrechte. Zu ihren Aufgaben gehörte es, sich um das Haus zu kümmern, Kinder zu gebären und für das Wohlergehen des Mannes zu sorgen. Wenn sie ausreichend begabt war, durfte sie über die Leibeigenen gebieten; wenn nicht, übernahmen diese bei Abwesenheit des Hausherrn selbst die Führung des gesamten Haushalts, ohne die Frau des Hauses zu befragen. Wenn ihr Mann einen wichtigen Gast im Hause hatte, durfte sie in ihren schönsten Festtagsgewändern vor dem Essen erscheinen und auf einem silbernen Tablett einen Willkommenstrunk servieren. Sie stand dann vor dem Gast, verbeugte sich, überreichte den Trunk und bot beide Wangen zum Kuß, um sich sogleich wieder wortlos zurückzuziehen. Brachte sie ein Kind zur Welt, kamen alle, die ihren Mann fürchteten oder um seine Gunst bemüht waren, zur Gratulation. Sie überreichten dabei dem Ehemann ein Goldstück für das Neugeborene. Waren die Goldstücke zahlreich und groß, hatte der Ehemann allen Grund, mit seiner ausgezeichneten Frau zufrieden zu sein.

Wenn der Mann mit seiner Frau nicht zufrieden war, hatte er die Möglichkeit, sie zu züchtigen. Wenn nur eine leichte Strafe notwendig war, konnte er sie schlagen. Der *Domostroi*, der Kodex für die Haushaltsführung, den ein Mönch namens Silvester 1556 verfaßt hatte, diente den Oberhäuptern der russischen Familien als Leitfaden für die verschiedensten häuslichen Angelegenheiten, wie dem Konservieren von Pilzen bis hin zur Züchtigung von Ehefrauen. In bezug auf letzteres empfahl er, »ungehorsame Frauen streng, jedoch nicht zornerfüllt auszupeitschen«. Sogar eine gute Frau sollte von ihrem Mann belehrt werden, »indem er von Zeit zu Zeit die Peitsche gebraucht, wobei er aber freundlich bleibt, niemand anderen zusehen läßt, vorsichtig vorgeht und Fausthiebe vermeidet, welche blaue Flecken verursachen«[2]. In den unteren Gesellschaftsschichten pflegten russische Männer ihre Frauen auch bei den geringsten Anlässen zu schlagen. »Einige von diesen Barbaren hängen ihre Frauen an den Haaren auf und peitschen sie ganz nackt«, schrieb Dr. Collins.[3] Manchmal starben die Frauen an den Folgen der Züchtigungen; dann waren die Männer frei und konnten wieder heiraten. Allerdings blieb es nicht aus, daß einige Frauen, die bis zur Unerträglichkeit gequält wurden, zurückschlugen und ihre Männer umbrachten. Das geschah jedoch selten, da man aufgrund eines zu Anfang der Regierungszeit Alexeis erlassenen Gesetzes gegen solche Verbrecherinnen äußerst grausam vorging: Wurde eine Frau des Mordes an ihrem Ehemann für schuldig befunden, so wurde sie lebendig bis zum Hals in die Erde eingegraben, so daß sie langsam und jämmerlich zugrunde ging.

Wenn jedoch ein Mann eine Frau nicht einmal für wert befand, sie zu schlagen, oder wenn er sich in eine andere Frau verliebte, konnte er von der Scheidung Gebrauch machen. Ein Ehemann orthodoxen Glaubens steckte dann seine Frau in ein Kloster, wo ihr das Haar abgeschnitten wurde und sie ein langes schwarzes Kleid mit weiten Ärmeln und einer Kapuze bekam. Für die Außenwelt galt sie als tot. Sie mußte den Rest ihres Lebens zusammen mit all den anderen Frauen verbringen, die entweder bereits als junge Mädchen gezwungen worden waren, in ein Kloster einzutreten, weil habgierige Verwandte vermeiden wollten, ein Vermögen teilen oder eine Mitgift zahlen zu müssen, oder ihren Männern einfach weggelaufen waren, weil sie deren Behandlung nicht mehr ertragen konnten.

Sobald seine Frau »tot« war, durfte ein Mann wieder heiraten, wenn auch diese Freiheit nicht unbegrenzt war. Die orthodoxe Kirche gestattete einem Mann insgesamt drei Eheschließungen. So fühlte sich ein Mann, der sich seiner beiden ersten Frauen mit Gewalt entledigt hatte, wahrscheinlich verpflichtet, die dritte vorsichtiger zu behandeln.

Die gesellschaftliche Verachtung der Frauen hatte grausame Folgen für die russischen Männer des 17. Jahrhunderts. Ein echtes Familienleben gab es nicht, das intellektuelle Leben stagnierte, die rohesten Sitten herrschten vor, und die Männer fanden nur Ablenkung im Alkohol.

Es gab jedoch auch Ausnahmen. In einigen Häusern hatten Frauen sogar eine Schlüsselposition, wenn sie auch nur im Hintergrund blieben; manchmal beherrschten starke Frauen ihre schwachen Männer. Je niedriger die gesellschaftliche Stellung einer Frau war, um so gleichberechtigter war sie. In den unteren Schichten, wo das Leben ein Kampf um die bloße Existenz war, konnten die Frauen nicht wie nutzlose Geschöpfe behandelt werden; sie genossen zwar nicht dieselben Rechte wie die Männer, aber sie lebten Seite an Seite mit ihnen, badeten mit ihnen und liefen mit ihnen völlig nackt durch den Schnee. An endlosen Winterabenden gesellten sie sich beim Essen und Trinken zu den Männern und saßen um den Herd eng zusammengedrängt. Sie ließen sich von dem, der gerade neben ihnen saß, umarmen, lachten, kreischten und schliefen zuletzt trunken ein. Wenn ein Ehemann seine Frau schlug, konnte er später wieder mit ihrem Wohlwollen rechnen. »Ja, er schlägt mich, aber dann fällt er mit Tränen in den Augen auf die Knie und bittet mich um Vergebung ...«, erklärten manche Frauen.

In der Hierarchie stand an der Spitze der Frauen die Zariza, die Frau des Zaren. Ihr Leben war zwar bequemer als das der Frauen von niederem Stand, dennoch waren sie nicht unabhängiger als sie. Innerhalb des Palastes leitete sie den Haushalt, kümmerte sich um ihre Garderobe und überprüfte die ihres Mannes und die der Kinder. Im allgemeinen konnte die Zarin selbst geschickt mit der Nadel umgehen; sie bestickte Roben für den Zaren und Meßgewänder, darüber hinaus überwachte sie die Arbeit zahlreicher Näherinnen. Auch gehörte es zu ihren Pflichten, die Armen großzügig zu beschenken und die Hochzeiten der zahlreichen jungen Frauen, die zum Haushalt gehörten, zu beaufsichtigen und die Mitgift bereitzustellen. Ebenso wie der Zar verbrachte auch sie viel Zeit in der Kirche. Aber trotz all ihrer Pflichten hatte die Zarin viel Muße in ihrem Leben. Um sich die Zeit zu vertreiben, spielte sie Karten, hörte sich Geschichten und Lieder an, lachte über die Clownerien der Zwerge, die hellrosa Kostüme, rote Lederstiefel und grüne Kappen trugen. Am Ende des Tages, nach der Abendandacht, wurde die Zarin dazu aufgefordert, ihren Mann zu besuchen.

Man kann darüber streiten, ob die Ehe für die russische Frau des 17. Jahrhunderts eine wünschenswerte Einrichtung war oder nicht. Unmittelbar nach der Zariza kamen in der Rangordnung die Schwestern und Töchter des Zaren. Diese Prinzessinnen, Zarewnas genannt, durften niemals einen Mann unter ihrem eigenen Rang oder einen Ausländer heiraten, der als Ungläubiger oder Häretiker galt. Deshalb waren sie von Geburt an dazu verurteilt, ihr ganzes Leben in der Dunkelheit des Terem zu verbringen, jener Frauengemächer, die in einem großen russischen Haus gewöhnlich im obersten Stockwerk lagen. Dort verbrachten sie ihre Zeit mit Gebeten und Sticken, mit Klatsch und Langeweile, ohne je das Glück einer Liebesbeziehung zu erfahren. Die Welt nahm von ihrer Existenz nur bei ihrer Geburt oder ihrem Tod Notiz.

Mit Ausnahme ihrer engsten männlichen Verwandten, des Patriarchen und einiger ausgewählter Priester warf niemals ein Mann einen Blick auf diese kaiserlichen Einsiedlerinnen. Der Terem selbst war eine ausschließlich weibliche Welt. Wenn eine Zarewna krank war, wurden die Fensterläden geschlossen und die Vorhänge zugezogen; mußte ein Arzt ihr den Puls fühlen oder sie untersuchen, geschah dies ausnahmslos durch eine dünne Gaze hindurch, so daß seine Finger die nackte weibliche Haut nicht berühren konnten. Frühmorgens oder spät nachts gingen die Zarewnas in die Kirche, eilten durch enge Korridore und geheime Gänge des Palastes. In den Kathedralen oder Kapellen standen sie, abgeschirmt hinter roten Seidenvorhängen, in einer dunklen Ecke des Chores, um den männlichen Blicken zu entgehen. Bei Staatsprozessionen gingen sie hinter den wehenden seidenen Wänden geschlossener Baldachine einher. Verließen sie einmal den Kreml zu einer Pilgerfahrt, geschah dies in eigens für diesen Zweck angefertigten hellroten geschlossenen Kutschen oder Schlitten, die Zellen auf Rädern glichen; sie wurden dabei von Hofdamen und von Männern auf Pferden begleitet, die die Straßen frei machten.

Der Terem hätte auch Sofias Welt werden sollen. Im Jahr 1657 geboren, verlebte sie dort ihre frühe Kindheit zusammen mit einem Dutzend Prinzessinnen – Schwestern, Tanten und Töchtern des Zaren Alexei –, die alle hinter den kleinen Fenstern des Palastes eingeschlossen waren. Sie war die dritte der acht Töchter von Alexei und Maria Miloslawskaja und eines der sechs Kinder, die überlebten. Wie ihre Schwestern sollte sie eine Grundausbildung genießen und ihr Leben in anonymer Abgeschiedenheit verbringen.
Sofia hatte jedoch außerordentliche Fähigkeiten. Sie verfügte über die Intelligenz, den Ehrgeiz und die Entschlossenheit, die ihren schwächlichen Brüdern fehlte.
Schon als Kind gelang es Sofia, ihren Vater dazu zu überreden, die Tradition des Terem zu brechen und ihr zu gestatten, an den Unterrichtsstunden ihres vier Jahre jüngeren Bruders Fjodor teilzunehmen. Ihr Erzieher war der hervorragende Gelehrte Simeon Polozki der Kiewer Akademie, ein Mönch polnischer Abstammung. Polozki sah in Sofia »ein Mädchen von großer Intelligenz und höchst feinem Verstand, das einen durch und durch männlichen Geist besaß« [4]. Gemeinsam mit einem jüngeren Mönch, Silvester Medwedew, unterrichtete Polozki seine Schülerin in den Fächern Theologie, Latein, Polnisch und Geschichte. Sie lernte Gedichte und Dramen kennen und spielte sogar selbst in religiösen Spielen mit. Auch Medwedew war der Ansicht, daß die Zarewna eine Schülerin von »erstaunlicher Intelligenz und Urteilskraft« sei.
Als ihr Vater starb und ihr fünfzehnjähriger Bruder Fjodor Zar wurde, war Sofia neunzehn Jahre alt. Schon bald nach der Krönung Fjodors begann sie, aus dem Terem auszubrechen. Während seiner Regentschaft nahm sie immer häufiger an Sitzungen des Bojarenrates teil. Ihr Onkel Iwan Miloslawski und der erste Minister, Fürst Wassili Golizyn, ließen sie an Besprechungen und Entscheidungen teilnehmen. So reifte ihre politische Meinung und ihre Ur-

teilskraft heran. Mehr und mehr begriff sie, daß ihre geistigen Fähigkeiten und ihre Willensstärke denen der Männer, die sie umgaben, sehr wohl entsprachen, daß sie diesen sogar oft überlegen war und es keinen Grund dafür gab, sie von der höchsten Macht auszuschließen, sah man davon ab, daß es in Rußland bislang Tradition war, daß der Autokrat ein Mann sein mußte.

Die letzte Woche, die Fjodor lebte, verbrachte Sofia an seinem Bett als Trösterin und Vertraute und wurde in die Staatsangelegenheiten eingeweiht. Fjodors Tod und die Tatsache, daß unvorhergesehen ihr Halbbruder Peter und nicht ihr Bruder Iwan auf den Thron gehoben wurde, waren schwere Schicksalsschläge für Sofia. Besonders traf sie auch die Aussicht auf eine Wiedereinsetzung der Naryschkins bei Hofe und damit auf das Ende ihrer eigenen Sonderstellung als Miloslawski-Prinzessin. Sicher würde sie nun wieder weniger Kontakt zu hohen Offizieren haben, wie zum Beispiel zu Wassili Golizyn, den sie sehr bewunderte. Schlimmer noch, weil sie und die Zarin Natalja sich nicht ausstehen konnten, war es sogar möglich, daß sie in den Terem zurückgeschickt würde.

Verzweifelt suchte Sofia nach einer anderen Lösung. Sie eilte zum Patriarchen und beklagte sich über die schnelle Wahl Peters. »Diese Wahl ist ungerecht«, protestierte sie. »Peter ist jung und ungestüm, Iwan dagegen ist bereits volljährig. *Er* muß der Zar sein.« Joachim erwiderte ihr, daß die Entscheidung nicht mehr geändert werden könne. »Aber laßt doch wenigstens beide herrschen«, bat Sofia. »Nein«, entschied der Patriarch, »eine geteilte Herrschaft wirkt zerstörerisch. Nur einer soll Zar sein. So ist es Gott wohlgefällig.«[5] Im Augenblick mußte sich Sofia zurückziehen. Ein paar Tage später jedoch, bei der Beerdigung Fjodors, gab sie ihren Gefühlen öffentlich Ausdruck. In Begleitung seiner Mutter folgte Peter der Bahre auf ihrem Wege zur Kathedrale. Während beide dahinschritten, hörte Natalja plötzlich Lärm hinter sich. Sie drehte sich um und sah, daß Sofia ohne den Baldachin, der traditionsgemäß eine Zarentochter vor der Öffentlichkeit verbarg, der Prozession folgte. In aller Öffentlichkeit und nur zum Teil verschleiert weinte sie auf theatralische Weise und rief die Menschen dazu auf, Zeugen ihres Leids zu sein.

Sofias Vorgehen war beispiellos, und in der Kathedrale, innerhalb der riesigen Menschenmenge stehend, sann Natalja auf Rache. Während des langen Trauergottesdienstes nahm sie Peter bei der Hand und ging mit ihm aus der Kirche. Sie erklärte dazu später, ihr Sohn sei erschöpft und hungrig gewesen, aber die Miloslawskis waren empört. Die Situation wurde durch Nataljas arroganten jüngeren Bruder Iwan Naryschkin verschlimmert, der erst kürzlich wieder an den Hof zurückgerufen worden war. »Tote«, so erklärte er mit Bezug auf den ganzen Miloslawski-Clan, »sollen von Toten begraben werden.«[6]

Als Sofia die Kathedrale verließ, gab sie ihrem Schmerz, der sich jetzt mit hemmungsloser Wut mischte, noch einmal Ausdruck: »Seht, wie unser Bruder, Zar Fjodor, plötzlich aus dieser Welt geschieden ist. Seine Feinde haben ihn vergiftet. Habt Mitleid mit uns Waisen. Wir haben keinen Vater, keine Mutter, keinen Bruder. Unser ältester Bruder Iwan ist nicht zum Zar gewählt worden. Wenn wir deshalb leiden sollen, laßt uns in andere Länder gehen und dort leben, wo christliche Könige herrschen.«[7]

4   Der Aufstand der Strelitzen

Bis Ende des 17. Jahrhunderts hatten die Strelitzen, jene bärtigen, bewaffneten Fußsoldaten, Pikoniere und Musketiere, die den Kreml bewachten und als die ersten Berufssoldaten bezeichnet werden können, die Macht in Rußland. Sie waren durch Eid verpflichtet, »die Regierung« in Krisenzeiten zu beschützen, wobei sie oft Schwierigkeiten hatten zu entscheiden, bei wem die legitime Regierungsgewalt lag. Die Strelitzen wußten niemals genau, wer ihr eigentlicher Herr war, sie waren aber immer bereit, jeden anzugreifen, der ihre eigene privilegierte Stellung in Frage stellte. Iwan der Schreckliche hatte diese Regimenter ins Leben gerufen, um mit einer Kerntruppe von Berufssoldaten das schwerfällige russische Feudalheer der früheren moskowitischen Herrscher zu verstärken. Die alte Armee bestand aus Schwadronen berittener Adeliger und einer Horde bewaffneter Bauern und wurde im Frühling einberufen und im Herbst wieder nach Hause geschickt. Diese »Sommersoldaten«, untrainiert und undiszipliniert, griffen nach der Musterung zu Speer und Axt, je nachdem, was sie gerade zur Hand hatten. Gewöhnlich schnitten sie gegen ihre besser ausgerüsteten Feinde im Westen, die Polen oder die Schweden, schlecht ab.

Bei Wachen oder bei Paraden boten die Strelitzen allerdings einen farbenprächtigen Anblick. Jedes Regiment besaß seine eigenen leuchtenden Farben: einen Kaftan oder langen Mantel in Blau, Grün oder Kirschrot, eine pelzbesetzte Mütze in der gleichen Farbe. Die bis zum Knie reichenden Hosen steckten in gelben Stiefeln, die an der Zehenspitze nach oben gebogen waren. Um den Kaftan trug jeder Soldat einen schwarzen Ledergürtel geschnallt, an dem ein Schwert hing. In der einen Hand hielt er eine Muskete oder eine Arkebuse, in der anderen eine Hellebarde oder eine scharfe Streitaxt.

Die meisten Strelitzen waren einfache Russen, die wie ihre Vorfahren lebten, den Zaren und den Patriarchen verehrten, Neuerungen haßten und sich allen Reformen widersetzten. Sowohl Offiziere als auch einfache Soldaten waren gegenüber den Ausländern mißtrauisch und voller Vorurteile. Die Ausländer wurden mit der Aufgabe betraut, das russische Heer in neuer Kriegstechnik zu unterweisen. Von Politik verstanden die Strelitzen nichts, doch wenn sie der Meinung waren, das Land weiche vom traditionellen Weg ab, fühlten sie sich verpflichtet, zur Wahrung der Ordnung in die Staatsangelegenheiten einzugreifen.

In Friedenszeiten hatten sie nicht viel zu tun. Einige wenige Regimenter waren an den polnischen und tatarischen Grenzen stationiert, ihr Standquartier hatten sie aber in Moskau, wo die Soldaten mit ihren Familien in eigenen Stadtvierteln in der Nähe des Kreml lebten. Um 1682 zählten die Strelitzen 22 000 Mann – eingeteilt in zweiundzwanzig Regimenter zu je tausend Mann. Sie genossen mehrere Privilegien: Der Zar ließ für sie schöne Holzhäuser bauen, versorgte sie mit Nahrung, Kleidung und Sold. Dafür dienten sie als Wachsoldaten im Kreml und an den Toren der Stadt. Wenn der Zar durch Moskau fuhr, säumten die Strelitzen seinen Weg; wenn er die Stadt verließ, bildeten sie seine Eskorte. Um auf den Straßen für Ordnung zu sorgen, bedienten sie sich kleiner Peitschen. Wenn in der Stadt Feuer ausbrach, wurden sie auch zu Feuerwehrleuten.

Da die Strelitzen viel Zeit zur Verfügung hatten, widmeten sie sich immer mehr dem Handelsgewerbe. Einige von ihnen eröffneten Geschäfte und wurden reich, da sie als Berufssoldaten auf ihre Einkünfte keine Steuern bezahlen mußten. Die Mitgliedschaft in den Regimentern wurde immer begehrter, die Dienstverpflichtung schließlich zu einem Privileg, das man vererben konnte. Sobald ein Junge alt genug war, wurde er in das Regiment seines Vaters aufgenommen. Je reicher die Strelitzen wurden, um so weniger gingen sie ihren ursprünglichen soldatischen Pflichten nach. Ein Strelitze mit einem gutgehenden Geschäft war eher bereit, Schmiergelder zu zahlen, als eine anstrengende militärische Aufgabe zu erfüllen. Nicht zuletzt profitierten die Offiziere dieser Truppe auch von dem großen Arbeitskräftepotential, das ihnen unterstellt war. Einige übertrugen unbeschäftigten Musketieren Dienstbotenfunktionen, andere ließen sie ihre Häuser bauen oder ihre Gärten herrichten. Und manchmal kam es sogar vor, daß Offiziere den Lohn der Soldaten unterschlugen. Die formellen Beschwerden der Soldaten wurden von der Regierung gewöhnlich ignoriert und die Bittsteller bestraft.

Das hatte sich auch im Mai 1682 zugetragen, als Zar Fjodor auf dem Sterbebett lag. Das Gribojedow-Regiment reichte eine Petition ein, in der es Oberst Semjon Gribojedow beschuldigte, er behalte die Hälfte des Regimentslohns zurück und zwinge zudem seine Soldaten, während der Osterwoche beim Bau eines Hauses mitzuarbeiten, das er sich gerade außerhalb Moskaus errichtete. Daraufhin befahl Fürst Juri Dolgoruki, der Kommandeur der Strelitzen, den Soldaten, der die Petition überbrachte, wegen Insubordination auszupeitschen. Als der Bittsteller zur Auspeitschung geführt wurde, kam er an einer Gruppe seiner Regimentskameraden vorbei. »Brüder«, rief er, »warum gebt ihr mich auf? Ich habe die Bittschrift auf euren Befehl und für euch überbracht!«[1] Die aufgerüttelten Strelitzen fielen über die Wächter her und befreiten den Gefangenen.

Dieser Vorfall versetzte schließlich das ganze Strelitzenviertel in Aufruhr. Siebzehn Regimenter beschuldigten unmittelbar darauf ihre Obristen der

Unterschlagung oder Mißhandlung und verlangten deren Bestrafung. Die unerfahrene Regierung der Regentin Natalja, die gerade erst die Geschäfte übernommen hatte, mußte sich mit dieser Krise herumschlagen, wurde aber schlecht mit ihr fertig. Viele Bojaren aus den ältesten Familien Rußlands – die Dolgorukis, Repnind, Romodanowskis, Scheremetews, Scheins, Kurakins und Urusows – hatten sich hinter Peter und seine Mutter gestellt, aber keiner von ihnen wußte, wie man die Strelitzen besänftigen konnte. Aus Verzweiflung schließlich opferte Natalja die Obristen, um die Situation zu entschärfen. Ohne Gerichtsverfahren ließ die Regentin sie unter Anerkennung ihres Ranges verhaften mit der Auflage, ihren Besitz und ihr Vermögen unter den Soldaten zu verteilen. Zwei der Obristen, darunter Semjon Gribojedow, sollten öffentlich ausgepeitscht werden, während zwölf weitere wegen weniger schwerer Vergehen mit Stöcken, den sogenannten batogi, geschlagen wurden. »Schlagt sie härter«, brüllten die rauhen Gesellen, bis ihre Offiziere ohnmächtig wurden. Dann brummten sie voller Genugtuung: »Sie haben genug bekommen, laßt sie gehen!«[2]

Einer meuternden Soldateska zu erlauben, ihre eigenen Offiziere zu schlagen, war eine gefährliche Methode, um die Disziplin wiederherzustellen. Für den Augenblick waren die Strelitzen zwar zufriedengestellt, aber in Wirklichkeit waren sie durch das neue Machtgefühl, das man ihnen vermittelt hatte, sie seien dazu berechtigt und sogar verpflichtet, den Staat von seinen Feinden zu befreien, noch gefährlicher geworden. Sie glaubten zu wissen, wer diese Feinde seien: die Bojaren und die Naryschkins. Es ging das Gerücht um, Zar Fjodor sei nicht, wie man offiziell verkündet hatte, eines natürlichen Todes gestorben, sondern mit dem Einverständnis der Bojaren und der Naryschkins von ausländischen Ärzten vergiftet worden. Dieselben Feinde sollten Iwan, den rechtmäßigen Erben, zugunsten Peters beiseitegeschoben haben. Nun, da ihr diabolisches Vorhaben Erfolg gehabt hatte, würden die Ausländer im Heer und in der Regierung an die Macht gelangen. Die orthodoxe Religion würde an Ansehen verlieren, und jene gläubigen Verteidiger der alten Werte im Moskowiterreich, die Strelitzen, würden schrecklich bestraft werden.

Derartige Gerüchte verstärkten die traditionellen Vorurteile der Strelitzen gegen die Herrschenden. Bei der Übernahme der Regentschaft hatte Natalja all ihren Verwandten, den Naryschkins, einen höheren Rang zugewiesen, ihren arroganten dreiundzwanzigjährigen Bruder Iwan hatte sie sogar zu einem Bojaren erhoben. Ein neues Gerücht kam jetzt in Umlauf: Iwan Naryschkin hatte die Zarewna Sofia grob zu Boden gestoßen, die Zarenkrone ergriffen und sie auf sein eigenes Haupt gesetzt mit der Erklärung, sie stehe ihm besser als allen anderen.

Aber all diese Gerüchte hatten einen Zweck. Wer stand hinter den Aufstachelungen der Strelitzen? Einer der Hetzer war Iwan Miloslawski, der allergrößte Anstrengungen unternahm, Peter, Natalja und die Naryschkins zu stürzen. Nachdem er während der früheren Periode der Naryschkin-Herrschaft vom Hofe verbannt worden war, hatte er sich später gerächt, indem er Matwejew für sechs Jahre ans Nördliche Eismeer verbannte. Jetzt war Matwejew auf dem Wege zurück nach Moskau, um dort als wichtigster Berater der neuen Regentin – Natalja Naryschkina – eingesetzt zu werden. Iwan Miloslawski wußte, was er von dieser erneuten Machtverschiebung zu erwarten hatte. Auch Fürst Iwan Chowanski, ein eitler, aufdringlicher Mann, dessen ehrgeizige Pläne immer wieder an seiner eigenen Unfähgkeit scheiterten, hatte sich gegen die Naryschkins verschworen. Nachdem er seines Postens als Gouverneur von Pskow enthoben worden war, rief ihn Zar Alexei zu sich, der zu ihm sagte: »Jedermann nennt dich einen Narren.«[3] Chowanski, keineswegs von dieser Wertschätzung begeistert, wurde von den Miloslawskis mit dem Versprechen eines hohen Amtes geködert, sie in ihrer Angelegenheit jetzt aktiv zu unterstützen.

Zu der Verschwörung gehörte auch Prinz Wassili Golizyn, ein begeisterter Anhänger westlicher Anschauungen. Während der Herrschaft Fjodors hatte Golizyn auf Reformen gedrängt. Er war es gewesen, der die Heeresreform und die Abschaffung der Rangordnung vorgeschlagen hatte, weswegen er sich den Haß der Bojaren zugezogen hatte. Da die Bojaren nun Natalja und die Naryschkins unterstützten, sah sich Golizyn unvermittelt auf der Seite der Miloslawskis.

Iwan Miloslawski, Iwan Chowanski und Wassili Golizyn hatten wohl einen Grund, die Strelitzen aufzuwiegeln, aber im Fall einer erfolgreichen Revolte wäre keiner in der Lage gewesen, Rußland zu regieren. Nur Sofia war die Vertraute des Zaren Fjodor gewesen und imstande, die Regentschaft zu übernehmen, wenn der junge Iwan den Thron bestieg. Ihr drohte jedoch die völlige Abgeschiedenheit in einem Kloster oder im Terem und der Ausschluß von jeglichem politischen Geschehen. Aber sie war mit besonderen Gaben ausgestattet und hatte den Mut, einen Zaren stürzen zu wollen. Obwohl man das genaue Ausmaß ihrer Beteiligung an der Verschwörung und an den entsetzlichen Ereignissen, die folgten, nicht kennt, spricht vieles dafür, daß Sofia die Verschwörung anzettelte.

Inzwischen wartete die völlig ahnungslose Natalja im Kreml sehnsüchtig auf die Rückkehr Matwejews. Gleich an dem Tag, an dem Peter zum Zaren gewählt worden war, hatte sie Boten ausgesandt, die ihn eilig nach Moskau zurückholen sollten. Er machte sich auch sofort auf den Rückweg, aber seine Ankunft verzögerte sich, denn seine Reise wurde zu einem Triumphzug, da jede Stadt Dankgottesdienste und Feste für den rehabilitierten Staatsmann veranstaltete. Am Abend des 11. Mai schließlich, nach sechs Jahren Exil, kam Matwejew wieder in Moskau an. Natalja empfing ihn und stellte ihn dem zehnjährigen Zaren vor. Natalja war überzeugt davon, daß Matwejew trotz seines Alters aufgrund seiner Erfahrung und des Prestiges, das er sowohl bei den Bojaren als auch bei den Strelitzen genoß, in der Lage sein würde, bald wieder Ordnung und Frieden im Lande herzustellen.

Drei Tage lang blieb dieser Eindruck erhalten: Bojaren, Kaufleute und ausländische Freunde aus der Deutschen Vorstadt drängten sich in Matwejews Haus und hießen ihn willkommen. Auch die Strelitzen, die sich an ihn als einen ehrenwerten früheren Kommandeur erinnerten, schickten Delegationen von den Regimentern, um ihm Ehren zu erweisen. Sogar Mitglieder der Miloslawski-Familie machten ihre Aufwartung, mit Ausnahme Iwan Miloslawski, der sich wegen Krankheit entschuldigte.

Tränen des Glücks rannen Matwejew über das Gesicht. Er konnte die Lage noch nicht überblicken und unterschätzte die bevorstehende Gefahr. Sofia und ihre Partei ruhten keinen Augenblick, und auch bei den Strelitzen-Regimentern glimmte der Funke der Revolte weiter, während Matwejew und Natalja im Kreml sich in ihrem Glück sonnten und nicht bemerkten, wie die Spannung stieg. Baron van Keller, der holländische Gesandte, schrieb:»Die Unzufriedenheit der Strelitzen hält weiter an. Alle öffentlichen Angelegenheiten sind zum Stillstand gelangt. Man befürchtet großes Unglück, und das nicht ohne Grund, denn die Macht der Strelitzen ist groß, und man kann ihnen keinen Widerstand entgegensetzen.«

Am 15. Mai galoppierten um neun Uhr morgens zwei Reiter, Alexander Miloslawski und Peter Tolstoi, beide engste Vertraute Sofias, in das Strelitzenviertel und verkündeten:»Die Naryschkins haben den Zarewitsch Iwan ermordet! Auf zum Kreml! Die Naryschkins werden die ganze Zarenfamilie töten. Zu den Waffen! Bestraft die Verräter!«[4]

Im Strelitzen-Quartier brach der Aufruhr los. Glocken läuteten Sturm, Kriegstrommeln wurden geschlagen. Männer in Kaftanen griffen zu den Waffen, schnallten ihre Schwerter um, packten ihre Hellebarden, Lanzen und Musketen und versammelten sich auf den Straßen, um in die Schlacht zu ziehen. Einige der Musketiere hackten die langen Griffe ihrer Lanzen und Hellebarden ab, um im Nahkampf rascher zuschlagen zu können. Unter Trommelwirbel entrollten sie ihre breiten Regimentsbanner, die mit Bildern der Heiligen Jungfrau bestickt waren, und marschierten durch die Straßen in Richtung Kreml. Als sie heranrückten, eilten erschreckte Bürger davon. »Wir ziehen in den Kreml, um die Verräter und die Mörder der Zarenfamilie zu töten!«[5] riefen die Soldaten den Leuten zu.

Unterdessen verlief im Kreml alles wie gewohnt. Niemand ahnte, was in der Stadt vorging, noch von dem Unheil, das sich bereits näherte. Die großen Tore der Zitadelle waren weit geöffnet, nur hie und da standen einige Wachen verstreut. Gerade war eine Sitzung des Bojarenrats zu Ende gegangen, und die Bojaren saßen ruhig in ihren Zimmern und in den öffentlichen Sälen des Palastes, oder sie spazierten herum und unterhielten sich, während sie auf das Mittagessen warteten. Matwejew hatte soeben das Beratungszimmer verlassen und wollte zur Treppe hinübergehen, die zu den Privaträumen des Zaren führte, als er Fürst Fjodor Urusow völlig außer Atem auf sich zurennen sah.

Urusow gab keuchend seine Nachricht kund:»Die Strelitzen haben sich erhoben! Sie marschieren durch die Stadt in Richtung Kreml!« Überrascht und beunruhigt kehrte Matwejew sogleich in den Palast zurück, um Natalja zu warnen; er ließ sofort den Patriarchen kommen, befahl, die Kremltore zu schließen und erteilte die Anweisung, daß die Soldaten des diensttuenden Strelitzen-Regiments, des Stremjani-Regiments, die Mauern besetzen und sich bereithalten sollten, Peter, seine Familie und die Regierung zu verteidigen.

Kaum hatte Matwejew zu sprechen aufgehört, als nacheinander drei Boten eintrafen, von denen jeder schlimmere Nachrichten brachte als sein Vorgänger. Der erste verkündete, daß die Strelitzen sich bereits den Kremlmauern näherten; der zweite wies darauf hin, daß die Tore nicht so schnell geschlossen werden konnten; der dritte teilte mit, daß die Strelitzen sich bereits innerhalb des Kremls befanden. Während der letzte noch sprach, drangen bereits Hunderte rebellischer Musketiere durch die offenen Kremltore herein, stürmten den Hügel hinauf und erreichten den Kathedralenplatz vor dem Facetten-Palast. Die Soldaten des Stremjani-Regiments gaben ihre Posten auf und schlossen sich den revoltierenden Regimentern an.

Oben auf dem Kremlhügel drängten sich die Strelitzen auf dem Platz zusammen, der von den drei Kathedralen und dem Glockenturm Iwan der Große eingesäumt war. Vor der Roten Treppe, die von diesem Platz aus in den Palast hineinführte, sammelten sie sich und riefen: »Wo ist der Zarewitsch Iwan? Gebt uns die Naryschkins und Matwejew heraus! Tod den Verrätern!« Im Bankettsaal des Palastes versammelten sich die erschreckten Bojaren des Staatsrats, die die Ursache dieses heftigen Ansturms noch nicht kannten. Fürst Tscherkassi, Fürst Golizyn und Fürst Scheremetew wurden dazu bestimmt, hinauszugehen und zu fragen, was die Strelitzen wollten. Aus deren Zurufen wurde ihnen klar: »Wir wollen die Verräter bestrafen! Sie haben den Zarewitsch getötet, und sie werden die ganze Zarenfamilie ermorden! Überlaßt uns die Naryschkins und die anderen Verräter!«[6] Die Delegation begriff, daß der Aufruhr teilweise auf einem Irrtum beruhte, und kehrte in den Bankettsaal zurück, um Matwejew die Nachricht zu überbringen. Dieser ging zu Natalja und riet ihr, es gebe nur einen einzigen Weg, die Soldaten zu beruhigen: Man müsse ihnen zeigen, daß der Zarewitsch noch am Leben und die ganze Zarenfamilie vereint sei. Er bat, sie möge Peter und Iwan an die Hand nehmen, mit beiden oben auf die Rote Treppe treten und sie den Strelitzen zeigen.

Für Natalja war es eine schreckliche Aufgabe, sich mit ihren Söhnen den brüllenden, bewaffneten Männern zu zeigen, die das Blut ihrer Familie forderten. Doch sie hatte keine Wahl. Sie nahm Peter und Iwan an die Hand und trat durch das Portal hinaus bis oben an die Treppe. Hinter ihr standen der Patriarch und die Bojaren. Als die Strelitzen die Zarin mit den beiden Knaben sahen, verstummte ihr Geschrei, und ein verwirrtes Gemurmel erfüllte den Platz. Natalja erhob ihre Stimme und verkündete laut: »Hier ist Zar Peter Alexejewitsch, und hier ist der Zarewitsch Iwan Alexejewitsch.

Gott sei Dank sind sie beide gesund, und kein Verräter hat ihnen irgendein Leid zugefügt. Es gibt keine Verräter im Palast. Ihr seid getäuscht worden.«[7]

Von neuem ertönte lautes Geschrei unter den Strelitzen. Diesmal stritten die Soldaten untereinander. Einige stiegen die Treppe hinauf oder kletterten auf Leitern, die sie an das Portal gelehnt hatten. Von dort konnten sie sich vergewissern, daß Iwan wirklich am Leben war.

»Bist du wirklich Iwan Alexejewitsch?« fragten sie den bemitleidenswerten Knaben. »Ja«, stammelte er mit fast unverständlicher Stimme. »Bist du wirklich Iwan«, fragten sie noch einmal. »Ja, ich bin Iwan«, antwortete der Zarewitsch zum zweitenmal. Peter, der knapp einen Meter von den Strelitzen entfernt stand, sagte kein Wort. Obgleich die Hand seiner Mutter zitterte, blieb er unbeweglich stehen, blickte ruhig vor sich hin und gab kein Zeichen der Furcht zu erkennen.

Nach dieser Gegenüberstellung zogen sich die Strelitzen wieder von der Treppe zurück. Man hatte sie also tatsächlich getäuscht – Iwan war nicht ermordet worden. Die Naryschkin-Zarin, deren Familie ihn ermordet haben sollte, hielt seine Hand. Da gab es nichts zu rächen; all ihre glorreichen patriotischen Gefühle schienen töricht und fehl am Platz zu sein. Einige Strelitzen, die sich nicht davon abbringen lassen wollten, aus privaten Gründen Rache an gewissen eingebildeten Bojaren zu üben, begannen die Namen ihrer Feinde zu rufen; die meisten aber standen still und blickten verwirrt die drei Personen unter dem Portal an.

Natalja blieb noch kurz stehen und sah auf das Meer von Lanzen und Hellebarden hinab. Dann kehrte sie um und führte die beiden Knaben wieder in den Palast zurück. Sobald sie verschwunden war, ging Matwejew auf den oberen Treppenabsatz hinaus. Unter Zar Alexei war er als Kommandeur der Strelitzen sehr beliebt gewesen, und viele Männer waren ihm noch wohlgesinnt. Ruhig und selbstsicher begann er mit väterlichem Wohlwollen zu ihnen zu sprechen. Er erinnerte sie an ihre loyalen Dienste in der Vergangenheit, an ihren Ruf als Verteidiger des Zaren, an ihre Siege auf dem Schlachtfeld. Ohne sie zu verurteilen, mehr besorgt als zornig, fragte er sie, wie es dazu kam, daß sie ihren guten Ruf durch diesen aufrührerischen Tumult aufs Spiel setzten. Er erklärte nachdrücklich, es gebe für sie keinen Anlaß, die Zarenfamilie zu beschützen, die, wie sie gerade mit eigenen Augen gesehen hätten, unversehrt sei. Es gebe auch keinen Grund, irgend jemand mit Mord oder Gewalt zu drohen. Matwejew riet den Soldaten mit fester Stimme, in ihre Quartiere zurückzukehren und um Vergebung für ihr Verhalten zu bitten. Er versprach auch, man werde entsprechende Petitionen annehmen und den Aufstand als übermäßigen und unnötigen Ausdruck von Loyalität gegenüber der Zarenfamilie erklären.

Diese freundlichen Worte verfehlten ihren Eindruck auf die Strelitzen nicht; diejenigen, die ganz vorne standen, lauschten aufmerksam und nickten zustimmend. Weiter hinten gab es noch laute Gegenstimmen, andere wiederum schrien um Ruhe, um Matwejews Rede ebenfalls hören zu können. Allmählich beruhigte sich die erregte Menge.

Nach Matwejew sprach auch der Patriarch, nannte die Strelitzen seine Kinder, tadelte sie mit freundlichen Worten wegen ihres Verhaltens und schlug ebenfalls vor, sie sollten auseinandergehen und Abbitte leisten. Auch diese Worte wirkten besänftigend; alsbald ging Matwejew wieder in den Palast zurück, um der höchst beunruhigten Zarin die gute Nachricht zu bringen. Das erwies sich jedoch als falsch.

Unmittelbar nachdem Matwejew weggegangen war, erschien Fürst Michail Dolgoruki, der Sohn des Kommandeurs der Strelitzen, oben auf der Roten Treppe. Das aufrührerische Verhalten der Soldaten hatte ihn in höchste Wut versetzt. Mit gröbsten Worten beschimpfte er die Männer und befahl ihnen unter Androhung strengster Strafen, in ihre Quartiere zurückzukehren.

Augenblicklich schlug die Stimmung um, und ein Wutgeschrei erhob sich. Den erzürnten Strelitzen wurde wieder bewußt, warum sie auf den Kreml marschiert waren: Die Naryschkins sollten bestraft, verhaßte Bojaren wie Dolgoruki vernichtet werden. In Scharen stürzten die außer sich geratenen Männer über die Treppe hinauf zu ihrem Kommandeur. Sie faßten ihn an seinem Gewand, hoben ihn hoch über ihre Köpfe und warfen ihn dann über die Balustrade hinunter auf die Lanzenspitzen ihrer Kameraden. Der Beifall der Menge brandete auf: »Reißt ihn in Stücke!« Innerhalb weniger Sekunden wurde Dolgoruki in Stücke gerissen, ringsherum war alles mit Blut bespritzt. Dieses Gemetzel entfesselte einen barbarischen Aufruhr. Ihre scharf geschliffenen Waffen schwingend und nach mehr Blut lechzend, stürmte die tobende Meute der Strelitzen über die Rote Treppe in den Palast hinein. Ihr nächstes Opfer war Matwejew. Er stand in einem Vorzimmer zum Bankettsaal und sprach mit Natalja, die ihre Söhne noch an der Hand hielt. Beim Anblick der auf Matwejew anstürmenden Strelitzen ließ sie die Hände ihrer Kinder los und warf ihre Arme instinktiv um Matwejew, um ihn zu beschützen. Die Strelitzen stießen Peter und Iwan beiseite, rissen den alten Mann von Natalja los und stießen sie derb beiseite. Fürst Tscherkassi sprang ein, um Matwejew zu befreien, aber auch er wurde überwältigt. Matwejew wurde aus dem Zimmer gezerrt und zum Balkon am Ende der Roten Treppe geschleppt. Dort hoben ihn die Strelitzen mit Triumphgeschrei in die Luft empor und schleuderten ihn auf die aufgerichteten Lanzen. Sekunden später wurde der engste Freund und erste Minister von Peters Vater, Pflegevater und Vertrauter und wichtigster Helfer von Peters Mutter genauso wie Dolgoruki in Stücke gerissen.

Unbehindert rannten nun die Strelitzen im Kreml durch die offiziellen Räume und die Privatgemächer, durch Kirchen, Küchen und sogar durch die Klosetts und schrien nach dem Blut der Naryschkins und der Bojaren. Die erschreckten Bojaren bangten um ihr Leben und ergriffen die Flucht. Der Patriarch entwich in die Himmelfahrts-Kathedrale. Nur Natalja, Peter und Iwan blieben zurück, zusammengekauert in einer Ecke des Bankettsaals.

Für die meisten gab es kein Entkommen. Die Strelitzen schlugen Türen ein, sahen unter Betten und hinter Altären nach, stießen mit ihren Lanzen in jede dunkle Ecke, in der sich ein Mensch hätte verstecken können. Diejenigen, die sie aufstöberten, wurden zur Roten Treppe geschleift und über die Balustrade geworfen. Die Leichen zerrte man vom Kreml hinunter, durch das Spasskitor hinaus auf den Roten Platz, wo man sie auf eine immer höher wachsende Pyramide verstümmelter Körper warf. Mit der scharfen Klinge der Säbel an ihrer Kehle wurden die Hofzwerge genötigt, die Naryschkins aufzusuchen. Einer der Brüder Nataljas, Afanansi Naryschkin, hatte sich in der Auferstehungskirche hinter dem Altar versteckt. Ein Zwerg, der eine Schar Strelitzen anführte, wies auf ihn, und er wurde an den Haaren bis vor die Treppe der Kanzel gezerrt, wo man ihn in Stücke riß. Der geheime Staatsrat und Leiter der Außenpolitik des Zaren, Iwanow, dessen Sohn Wassili und zwei Obristen wurden in der Vorhalle zwischen dem Bankettsaal und der Mariä-Verkündigung-Kathedrale hingemordet. Der hochbetagte Bojar Romodanowski wurde zwischen dem Palast des Patriarchen und dem Mirakel-Kloster aufgegriffen, an seinem Bart zum Kathedralenplatz hingeschleift, wo man ihn in die Höhe hob und in die Lanzenspitzen der Strelitzen schleuderte.

Von dem Platz vor dem Kremlpalast brachte man immer mehr Leichen und verstümmelte Glieder, in denen oft noch Schwerter und Lanzen steckten, zum Roten Platz hinaus. Die gräßlichen Transporte wurden von höhnischen Rufen begleitet: »Hier kommt der Bojare Artemon Sergejewitsch Matwejew! ... Hier kommt ein geheimer Staatsrat. Macht ihm Platz!«[8] Als der abscheuliche Berg mit den Toten vor der Basilius-Kathedrale immer höher wurde, schrien sie der zuschauenden Menschenmenge zu: »Diese Bojaren liebten es, sich selbst zu erhöhen! Jetzt haben sie ihren gerechten Lohn.«

Erst als die Nacht hereinbrach, legten die Strelitzen eine Pause ein. Da es im Kreml für sie keinen Platz zum Schlafen gab, strömten die meisten wieder zurück durch die Stadt in ihre eigenen Quartiere. Trotz des Blutvergießens war dieser Tag für sie nur teilweise ein Erfolg gewesen. Sie hatten nur einen Naryschkin, Nataljas Bruder Afanansi, aufgestöbert und getötet. Es war ihnen jedoch nicht gelungen, Nataljas Bruder Iwan zu fassen, gegen den sich ihr Haß am meisten richtete. Darum postierten sie schwer bewaffnete Wachen an allen Kremltoren, um dessen Fluchtversuche zu vereiteln, und schworen, am nächsten Tag zurückzukommen und die Suche fortzusetzen.

Die im Kreml zurückgebliebenen Angehörigen der Zarenfamilie verbrachten eine Nacht des Schreckens. Kirill Naryschkin, Nataljas Vater, Iwan Naryschkin und drei jüngere Brüder der Zarin hielten im Zimmer von Peters achtjähriger Schwester Natalja Wache, wo sie sich schon den ganzen Tag verborgen gehalten hatten.

In der Morgendämmerung marschierten die Strelitzen wieder unter Trommelschlag in den Kreml ein. Sie suchten noch immer nach Iwan Naryschkin, den zwei ausländischen Ärzten, die angeblich den Zaren Fjodor vergiftet hatten, und anderen »Verrätern«. Sie betraten das Haus des Patriarchen am Kathedralenplatz, suchten im Keller und unter den Betten, bedrohten die Diener mit ihren Lanzen und verlangten, den Patriarchen selbst zu sehen. Joachim erschien daraufhin in vollem Ornat und erklärte den Strelitzen, in seinem Haus könne man keine Verräter finden. Wenn sie unbedingt jemanden töten wollten, dann sollten sie ihn selbst töten.

Und so ging die Suche weiter, die Strelitzen setzten ihre Jagd im Kreml fort, aber ihre Opfer, die Naryschkins, blieben unentdeckt. Nachdem Nataljas Vater, drei seiner Söhne und der jüngste Sohn Matwejews zwei Tage lang in den dunklen Schränken im Schlafzimmer von Peters kleiner Schwester verbracht hatten, wechselten sie in die Wohnung der Zariza Martha Apraxina, der Witwe Zar Fjodors, über. Dort schnitt sich Iwan Naryschkin das lange Haar ab, und dann folgte die Gruppe einer alten Dienstmagd in einen dunklen unterirdischen Vorratsraum hinunter. Als die alte Frau die Tür verriegeln wollte, lehnte Matwejews Sohn ab: »Wenn du die Tür verschließt, werden die Strelitzen erst recht Verdacht schöpfen, die Tür aufbrechen, uns finden und töten.« Die Flüchtlinge verdunkelten also den Raum so gut wie möglich und kauerten sich in die dunkelste Ecke, die Tür jedoch ließen sie offen. »Wir hatten uns kaum dort verborgen«, berichtete Matwejews Sohn später, »als einige Strelitzen vorbeikamen und sich schnell überall umsahen. Ein paar von ihnen sahen auch durch die offene Tür hinein, stießen mit ihren Lanzen sogar in den dunklen Ecken des Raumes herum, zogen dann aber schnell wieder ab, wobei einer meinte: ›Offensichtlich sind unsere Leute schon hier gewesen.‹«[9]

Als die Strelitzen am dritten Tag noch einmal in den Kreml zurückkamen, zeigten sie sich entschlossen, nicht länger zu warten. Ihre Anführer stiegen die Rote Treppe hinauf und überbrachten ein Ultimatum: Wenn Iwan Naryschkin nicht sofort ausgeliefert würde, wollten sie jeden Bojaren im Palast töten. Sie ließen keinen Zweifel darüber aufkommen, daß die Zarenfamilie selbst in Gefahr sei.

Nun nahm Sofia die Sache in die Hand. An der Spitze der verängstigten Bojaren suchte sie Natalja auf und erklärte ihr bestimmt: »Dein Bruder wird den Strelitzen nicht entkommen. Es ist auch nicht gerecht, daß wir seinetwegen zugrunde gehen. Es gibt keinen Ausweg. Um unser aller Leben zu retten, mußt du deinen Bruder aufgeben.«[10]

Es war ein tragischer Augenblick für Natalja. Sie hatte gesehen, wie Matwejew fortgeschleppt und hingemetzelt wurde. Jetzt wurde sie dazu aufgefordert, ihren Bruder dem gleichen schrecklichen Tod zu überantworten. Natalja blieb aber keine andere Wahl. Sie befahl den Dienern, ihren Bruder zu ihr zu bringen. Dieser willigte tapfer in ihre Entscheidung ein. Natalja führte ihn in eine Kapelle des Palastes, wo er die Heilige Kommunion und die Sterbesakramente empfing. Weinend überreichte sie ihm dann eine Ikone der Muttergottes, die er in seinen Händen halten sollte, wenn er den Strelitzen entgegentrat.

Inzwischen gerieten die Bojaren angesichts der zunehmenden Drohungen der ungeduldigen Soldaten in Verzweiflung. Warum zögerte Iwan Naryschkin? Jeden Augenblick konnten die Strelitzen ihre Drohungen wahrmachen. Der bejahrte Fürst Jakob Odojewski ging zur weinenden Natalja und zu Iwan und sagte sanft, aber verängstigt: »Wie lange, meine Herrin, wollt Ihr Euren Bruder noch zurückhalten? Ihr müßt ihn doch aufgeben. Geht schnell, Iwan Kirillowitsch, und laßt uns nicht alle um Euretwillen töten.«[11]

Hinter Natalja ging Iwan Naryschkin mit der Ikone zu der Tür, hinter der die Strelitzen warteten. Als er erschien, stießen sie ein wildes Triumphgeschrei aus und stürzten ihm entgegen. Vor den Augen seiner Schwester ergriffen sie ihr Opfer und begannen auf ihn einzuschlagen. Iwan wurde an den Füßen die Rote Treppe hinuntergeschleift, über den Vorplatz des Palastes und in einen Raum gezerrt, wo er mehrere Stunden gefoltert wurde. Sie versuchten, ihn während der Agonie zum Geständnis zu bringen, er habe Zar Fjodor ermordet und eine Verschwörung angezettelt, um selbst den Thron besteigen zu können. Iwan stöhnte aber nur vor Schmerz und ließ kein Wort verlauten. Dann wurde Dr. van Gaden, der angeblich Fjodor vergiftet hatte, hereingebracht. Unter der Folter versprach er, Komplizen zu nennen, aber als man seine Worte niederschrieb, begriffen die Strelitzen, in welchem Zustand er sich befand, und riefen: »Was nützt es, auf ihn zu hören? Zerreißt das Papier!«[12] und sie gaben endlich auf.

Die Hand- und Fußgelenke von Iwan Naryschkin waren zerschlagen, Hände und Füße hingen völlig verdreht herunter. Zusammen mit Dr. van Gaden wurde er zum Roten Platz geschleift, auf Lanzenspitzen in die Höhe gehoben und so der Menge ein letztes Mal präsentiert. Nachdem man sie wieder auf die Erde heruntergelassen hatte, hackte man ihnen Hände und Füße mit Äxten ab, schlug den Rest ihrer Körper in Stücke und trampelte in einer letzten Orgie des Hasses die verstümmelten Leichen zu einem blutigen Brei.

Das Gemetzel war vorüber. Ein letztes Mal versammelten sich die Strelitzen vor der Roten Treppe. Zufrieden, daß sie die »Vergiftung« von Zar Fjodor gerächt, die Verschwörung Iwan Naryschkins niedergeschlagen und alle Männer, die sie für Verräter hielten, getötet hatten, wollten sie jetzt ihre Loyalität gegenüber dem Thron erklären. Vom Kathedralenplatz her riefen sie: »Nun sind wir zufrieden. Eure Majestät der Zar soll mit den anderen Verrätern machen, was er für gut erachtet. Wir sind bereit, unser Leben für den Zaren, die Zarin, den Zarewitsch und die Zarewnas zu opfern.«[13]

Die Ruhe kehrte schnell wieder ein. Es wurde nun gestattet, die Leichen, die seit dem ersten Tag des Massakers auf dem Roten Platz lagen, zu bestatten. Matwejews treuer Diener wagte sich dorthin und sammelte alles, was er von dem verstümmelten Körper seines Herrn finden konnte, sorgfältig in einem Tuch. Er wusch die Überreste, bettete sie auf Kissen und trug sie in die Pfarrkirche Sankt Nikolaus, wo sie bestattet wurden.

Die übrigen Naryschkins blieben am Leben. Drei Brüder Nataljas waren als

Bauern verkleidet aus dem Kreml entwichen. Der Vater der Zarin, Kirill Naryschkin, mußte auf Wunsch der Strelitzen seinen Kopf kahl scheren und die Gelübde eines Mönches ablegen. Als Pater Zyprian wurde er in ein Kloster, das vierhundert Meilen nördlich von Moskau lag, geschickt.

Die Strelitzen hatten auch die Forderung erhoben, daß der rückständige Sold von zwanzig Rubel pro Mann nun gezahlt werden sollte. Man einigte sich auf einen Kompromiß von zehn Rubel pro Mann. Die erfoderliche Geldsumme kam aus den versteigerten Besitztümern von Matwejew, Iwan Naryschkin sowie der ermordeten Bojaren. Zudem schmolz man viele Silberteller aus dem Kremlpalast ein, und man erhob eine allgemeine Steuer.

Außerdem verlangten die Strelitzen Straffreiheit für ihre Taten. Auf dem Roten Platz sollte sogar eine Triumphsäule errichtet werden, an der die Namen all ihrer Opfer eingraviert und diese als Verbrecher bezeichnet werden sollten. Wiederum wagten die Regierenden nicht, diese Forderung abzulehnen, und die Säule wurde schnell errichtet.

Schließlich griff man zu einer List, um sie wieder unter Kontrolle zu halten: Die Strelitzen wurden feierlich zu Palastwachen ernannt. Jeden Tag wurden jeweils zwei Regimenter in den Kreml gerufen, wo man sie im Bankettsaal und in den Korridoren des Palastes als Helden feierte. Sofia rühmte die Ergebenheit und Treue der Soldaten gegenüber dem Thron, mischte sich unter sie und überreichte ihnen Becher mit Wodka.

So kam Sofia an die Macht. Nun gab es keine Opposition mehr; Matwejew war tot, Natalja war durch das tragische Schicksal, das ihre Familie erfahren hatte, völlig niedergedrückt, Peter war erst zehn Jahre alt. Er war aber immer noch Zar, und mit zunehmendem Alter würde er zweifellos seinen Anspruch auf die Macht geltend machen; die Naryschkins würden dann wieder an Einfluß gewinnen, so daß sich der Sieg der Miloslawskis am Ende nur als vorübergehend herausstellen sollte. Darum hatte sich Sofia einen wohldurchdachten Plan zurechtgelegt. Am 23. Mai verlangten die Strelitzen auf Betreiben von Sofias Helfershelfern eine Veränderung in der Besetzung des russischen Throns. In einer Petition an Chowanski, den Sofia zum neuen Strelitzen-Kommandeur ernannt hatte, wurde behauptet, es sei bei Peters Wahl zum Zaren in gewisser Weise illegal zugegangen. Peter sei der Sohn der zweiten Frau, während Iwan, der Sohn der ersten Frau und der ältere der beiden Knaben, beiseite gedrängt worden sei. Peter sollte jedoch nicht entthront werden, er war der Sohn eines Zaren, war immerhin gewählt und dann vom Patriarchen zum Zaren ausgerufen worden. Die Strelitzen verlangten, daß Peter und Iwan gemeinsam herrschen sollten. Wenn diese Petition nicht erfüllt würde, so drohten sie, wollten sie den Kreml erneut angreifen.

Der Patriarch, die Erzbischöfe und die überlebenden Bojaren versammelten sich im Facetten-Palast, um über die neue Strelitzenforderung zu beraten, denn sie hatten in der Tat keine Wahl: sie konnten sich den Strelitzen nicht entgegenstellen. Außerdem, so wurde argumentiert, könnte es vielleicht sogar von Vorteil sein, zwei Zaren zu haben: Während der eine in den Krieg zöge, könnte der andere den Staat regieren. Es wurde also formell beschlossen, daß Iwan und Peter gemeinsam regieren sollten. Die Glocken des Turms Iwan der Große läuteten, und in der Himmelfahrts-Kathedrale wurde für ein langes Leben der beiden orthodoxen Zaren Iwan Alexejewitsch und Peter Alexejewitsch gebetet. Iwans Name wurde dabei zuerst genannt, da er der Ältere war.

Iwan selbst war durch diese Entscheidung jedoch sehr beunruhigt. Infolge seiner Sprach- und Sehbehinderung nahm er nur ungern an Staatsgeschäften teil. Er ließ Sofia wissen, daß er ein stilles und friedliches Leben vorzöge; unter ihrem Druck willigte er dann doch ein, zusammen mit seinem Halbbruder auch gelegentlich in der Ratsversammlung zu erscheinen. Die Bevölkerung, in deren Namen die Strelitzen die Neuregelung angeblich durchgesetzt hatten, war vom Gang der Dinge überrascht. Einige lachten laut bei der Vorstellung, Iwan – dessen körperliche Schwächen allgemein bekannt waren – sei nun Zar.

Es gab noch eine letzte, entscheidende Frage: Bis zur Volljährigkeit beider Knaben mußte ein anderer den Staat regieren. Wer aber? Zwei Tage später, am 29. Mai, erschien eine weitere Delegation der Strelitzen mit einer letzten Forderung: Wegen der Minderjährigkeit und Unerfahrenheit der beiden Zaren solle die Zarewna Sofia Regentin werden. Patriarch und Bojaren willigten rasch ein. Noch am selben Tag wurde per Dekret verkündet, die Zarewna Sofia Alexejewna sei als Regentin an die Stelle der Zariza Natalja getreten.

So übernahm Sofia die Führung des russischen Staates. Sie füllte somit die Lücke, die sie selbst und ihre Helfershelfer verursacht hatten. Man hätte in der Tat keinen besseren als Sofia für dieses Amt vorsehen können. Kein männlicher Romanow war alt genug, um die Regierung zu übernehmen, und Sofia überragte alle anderen Prinzessinnen an Begabung, Wissen und Willensstärke. Sie hatte gezeigt, daß sie einen Strelitzenaufstand sowohl anzuzetteln als auch zu unterdrücken vermochte. Die Soldaten, die Regierung und sogar die russische Bevölkerung schauten nun zu ihr auf. In den darauffolgenden sieben Jahren wurde Rußland von dieser außerordentlichen Frau regiert.

Um ihre Position zu festigen, ließ Sofia die neu geschaffene Machtstruktur umgehend zur Institution erheben. Am 6. Juli, nur dreizehn Tage nach dem Ausbruch des Strelitzen-Aufstands, fand die doppelte Krönung der beiden Zaren Iwan und Peter statt. Diese eiligst arrangierte Zeremonie war ein Kuriosum ohne Beispiel nicht nur in der Geschichte Rußlands, sondern auch in der europäischen Monarchie. Die Feierlichkeit begann um fünf Uhr morgens, als Peter und Iwan, in langen, perlenbestickten Gewändern aus Goldbrokat zum Morgengebet in eine Kapelle des Palastes schritten. Von dort aus gingen sie in den Bankettsaal, wo sie feierlich mehrere Gefolgsleute Sofias, darunter auch Iwan Chowanski und zwei Miloslawskis, in einen höheren Rang erhoben.

Die feierliche Krönungsprozession bewegte sich sodann aus dem Portal hinaus und die Rote Treppe hinunter, wobei beide Knaben – der zehnjährige Peter war bereits größer als der humpelnde sechzehnjährige Iwan – Seite an Seite gingen. Priester besprengten den Weg, den Peter und Iwan durch die dichte Menge über den Kathedralenplatz zum Portal der Himmelfahrts-Kathedrale zurücklegten, mit Weihwasser; dort begrüßte der Patriarch mit einer leuchtenden, perlenbestickten Robe aus Goldbrokat die beiden Zaren und streckte ihnen sein Kreuz zum Kuß entgegen. Innen erglühte die Kathedrale im Licht, das durch die Fenster in den hohen Kuppeln hereindrang, und im Schein von Hunderten flackernder Kerzen, der von Tausenden von Juwelen widergespiegelt wurde.

In der Mitte der Kathedrale, direkt unter dem riesengroßen Bildnis Christi mit der segnenden Hand, stand auf einem Podest ein zweisitziger Thron, der mit karmesinrotem Stoff überzogen war. In der kurzen Zeit war es unmöglich gewesen, zwei vollkommen gleiche Thronsessel anzufertigen, weswegen man den Silberthron von Zar Alexei durch einen Stab in der Mitte geteilt hatte. Hinter diesem Thronsitz verbarg ein Vorhang ein kleines Versteck für einen Souffleur, der den beiden Knaben während der Zeremonie durch ein kleines Loch die notwendigen Anweisungen und Antworten zuflüstern konnte.

Die eigentliche Krönungszeremonie begann, als die beiden Zaren sich der Ikonostase näherten und die heiligen Reliquien und die Ikonen küßten. Der Patriarch forderte sie sodann auf, ihren Glauben zu bekennen, und beide antworteten: »Ich gehöre dem heiligen orthodoxen russischen Glauben an.« Dann leitete eine Reihe langer Gebete und Hymnen den Höhepunkt der Feier ein: Die goldene Krone von Monomach wurde auf den Kopf beider Zaren gesetzt.

Diese alte, zobelgesäumte Krone war vermutlich im 12. Jahrhundert von einem byzantinischen Kaiser, Wladimir Monomach, dem Großfürsten von Kiew übergeben worden, und sie war bisher bei den Krönungsfeierlichkeiten aller Großfürsten von Moskau und später, nachdem Iwan IV. den neuen Titel des Zaren angenommen hatte, auch bei der Krönung aller Zaren Rußlands benutzt worden.[14]

Zunächst wurde Iwan die Krone aufgesetzt, danach Peter, anschließend wieder Iwan; eine Nachbildung, die man eigens für Peter angefertigt hatte, setzte man dem jüngeren Zaren auf. Am Ende des Gotteshauses küßten die neuen Herrscher noch einmal das Kreuz, die heiligen Reliquien und die Ikonen, bevor sie in der Prozession zur Erzengel-Michael-Kathedrale schritten, um dort den Gräbern der früheren Zaren Ehre zu erweisen. Schließlich ging es zur Mariä-Verkündigungs-Kathedrale und von dort aus zurück zum Bankettsaal.

Schnell und verwirrend waren die Ereignisse aufeinandergefolgt: ein Zar war gestorben; ein zehnjähriger Junge, das minderjährige Kind von dessen zweiter Frau, war zu seinem Nachfolger gewählt worden; eine blutrünstige Militärrevolte hatte diese Wahl außer Kraft gesetzt und den jungen Zaren und dessen Mutter mit dem Blut seiner eigenen Familie bespritzt; später war dieser Knabe gemeinsam mit seinem schwächeren älteren Halbbruder mit großem Prunk gekrönt worden.

Den Aufstand der Strelitzen sollte Peter sein Leben lang nicht vergessen. Im Herzen trug er fortan einen unversöhnlichen Haß, denn er hatte gesehen, wie der rasende, disziplinlose Soldatenhaufen in wildem Aufruhr durch den Kreml stürmte; wie die Staatsmänner und Adeligen aus ihren Privaträumen herausgezerrt und massakriert wurden; wie Moskau, der Kreml, die Zarenfamilie und die Zaren selbst der Willkür ungebildeter, aufrührerischer Soldaten ausgesetzt waren.

Der Aufstand trug auch dazu bei, daß in Peter ein Widerwille gegen den Kreml entstand, diesen Palast mit seinen düsteren Sälen und den unzähligen, nur von flackernden Kerzen erhellten winzigen Wohnungen. Diese Abneigung schloß jedoch seine Bewohner aus, die bärtigen Priester und Bojaren, die bemitleidenswerten, abgesonderten Frauen. Peters Haß weitete sich aus auf Moskau, die Hauptstadt der Zaren, und die orthodoxe Kirche mit ihrem Traditionalismus. Er haßte den Pomp und das Zeremoniell des alten Rußland, die es zwar erlaubten, ihn als »Gott am nächsten« zu bezeichnen, die aber weder ihn noch seine Mutter zu beschützen vermochten, als sich die Strelitzen gegen sie erhoben.

Unter Sofias Regentschaft verließ Peter Moskau. Jahre danach erst, als Herrscher Rußlands, setzte er seinen Fuß wieder auf Moskauer Boden, entzog der Stadt schließlich sogar ihren Rang als Hauptstadt und ließ sie durch eine neue, an der Ostsee erbaute, ersetzen.[15]

5   Die große Kirchenspaltung

Sofia war jetzt Regentin und mußte sofort ihre Regierungsfähigkeit unter Beweis stellen. Die Strelitzen, mit deren Hilfe sie an die Macht gekommen war, gingen in Moskau herum wie die Herren und erwarteten, daß jede ihrer Forderungen unverzüglich erfüllt würde. Die Altgläubigen, jene orthodoxen Christen, die sich von der offiziellen Staatskirche getrennt hatten, hofften, der Einfluß der Strelitzen auf die Regierung würde die Rückkehr zur alten Religion mit sich bringen und eine Wiederbelebung des traditionellen Liturgierituals zur Folge haben, das zwei Jahrzehnte zuvor von der Kirchenführung verworfen und mit staatlicher Gewalt unterdrückt worden war. Sofia aber sah wie ihr Vater Alexei und ihr Bruder Fjodor in den Altgläubigen lediglich Häretiker und Rebellen. Da jedoch andererseits viele Strelitzen – einschließlich des neuen Kommandeurs Fürst Iwan Chowanski – leidenschaftlich dem alten Glauben anhingen, sah es mitunter so aus, als könnte es diesen beiden Kräften gelingen, dem unerfahrenen Regime ihren Willen aufzuzwingen.

Sofia meisterte diese Aufgabe mit Mut und Geschicklichkeit. Sie empfing die Führer der Altgläubigen im Bankettsaal des Kreml. Von ihrem Thron aus diskutierte sie zuerst mit ihnen, schrie sie dann nieder und schickte sie fort. In Abteilungen von je einer Hundertschaft ließ sie die Strelitzen antreten, bestach die Soldaten mit Geld und Versprechungen und bewirtete sie selbst mit Wein und Bier. Mit diesem Vorgehen brachte sie die Strelitzen davon ab, weiterhin den abtrünnigen Klerus zu unterstützen. Kaum aber hatte sie die Soldaten auf ihrer Seite, ließ Sofia die Führer der Altgläubigen verhaften, einen von ihnen exekutieren, die anderen ins Exil schicken. Auch Fürst Chowanski wurde verhaftet, der Rebellion beschuldigt und hingerichtet.

Diesmal hatte Sofia gesiegt, jedoch war der Kampf zwischen den Altgläubigen und den führenden Mächten in Kirche und Staat noch nicht beendet. Er dauerte nicht nur ihre Regentschaft und die Herrschaft Peters über an, sondern zog sich noch bis zum Ende der Kaiserdynastie hin. Dieser Kampf hatte seine Wurzeln in den tiefreligiösen Gefühlen des Volkes und ging in die Geschichte Rußlands und seiner Kirche als die große Kirchenspaltung ein.

Dem Charakter des russischen Volkes scheint eine besondere Empfänglichkeit christlichen Idealen gegenüber eigen zu sein. Der Russe ist ein überwiegend frommer, mitfühlender und demütiger Mensch, für den der Glaube mehr bedeutet als der Verstand, und dessen Leben von übernatürlichen Kräften beherrscht wird, seien sie nun göttlicher, okkulter oder sogar autokratischer Natur. Der Russe fühlt sich weniger als der pragmatische Westeuropäer dazu gedrängt, die Dinge zu hinterfragen. Unglücksfälle geschehen – er nimmt sie hin; Befehle werden erlassen – er gehorcht. Dabei handelt es sich allerdings um etwas anderes als Schicksalsergebenheit. Dieses Verhalten erklärt sich vielmehr aus einem Gespür für die natürlichen Rhythmen des Lebens. Der Russe ist kontemplativ, mystisch und schwärmerisch. Aus Beobachtung und Meditation ist ihm ein Verständnis für das Leiden und den Tod erwachsen, das seinem Leben einen Sinn gibt, so wie ihn Christus verstanden hat.

Zur Zeit Peters hatte ein gläubiger Russe sein Leben nach einem strengen Reglement auszurichten. Sein Kalender war angefüllt mit Gedenktagen an Heilige und mit unzähligen Riten und Fasten. Die Andachten in der Kirche oder vor den Ikonen seines Hauses begleitete der Gläubige mit endlosen Bekreuzigungen und Kniefällen. Bevor ein Mann mit einer Frau schlief, nahm er das Kruzifix von ihrem Hals und verdeckte alle Ikonen im Raum. Auch während der kältesten Winterzeit ging ein Ehepaar nach dem Geschlechtsverkehr nicht in die Kirche, bevor es gebadet hatte. Diebe unterbrachen ihr frevelhaftes Tun vor Ikonen, verneigten sich und baten um Vergebung und Schutz. In diesen Dingen durfte es keine Versäumnisse geben; denn was hier auf dem Spiel stand, übertraf alles andere an Wichtigkeit.

Absolute Genauigkeit gegenüber den religiösen Vorschriften garantierte ewiges Leben.

Während zwei Jahrhunderten Mongolenherrschaft war die Kirche zum Mittelpunkt des russischen Lebens und seiner Kultur geworden. Ungezählte Klöster wurden gegründet, insbesondere in den abgeschiedenen Wäldern des Nordens. Die Mongolen-Khane behinderten keine dieser Aktivitäten, da sie sich traditionsgemäß wenig um die religiösen Praktiken ihrer Vasallen kümmerten, solange ihnen die geforderten Steuern und Tribute zuflossen. 1589 wurde das erste Patriarchat von Moskau gegründet, und die endgültige Trennung der russischen Kirche vom Primat Konstantinopels war damit vollzogen.

Moskau und Rußland hatten ihre Unabhängigkeit erreicht – und ihre Isolation. Im Norden sah sich die russische Kirche jetzt den lutherischen Schweden gegenüber, im Westen den katholischen Polen und im Süden den islamischen Türken und Tataren. Sie nahm nun die abwehrende Haltung eines fremdenfeindlichen Traditionalismus an. Jegliche Veränderung galt als verabscheuungswürdig, gewaltige Energien wurden aufgewendet, um fremde Einflüsse und häretisches Gedankengut fernzuhalten. Während Westeuropa die Zeit der Renaissance und der Reformation durchlief und sich schließlich der Aufklärung öffnete, blieben Rußland und seine Kirche »rein« – versteinert in ihrer mittelalterlichen Vergangenheit.

Gegen Mitte des 17. Jahrhunderts – zwanzig Jahre vor der Geburt Peters – begann sich die Last dieser kulturellen Rückständigkeit auf die russische Gesellschaft auszuwirken. Trotz des Widerstands der Kirche kamen jetzt Ausländer nach Rußland und brachten neue Ideen und Techniken in Kriegführung, Handel, Wissenschaft und Technik mit. Unvermeidlich schlichen sich auf anderen Gebieten neue Gedanken und Vorstellungen ein. Die russische Kirche reagierte mißtrauisch und aufgeschreckt und mit solch extremer Feindseligkeit, daß sich vorsichtige Ausländer häufig gezwungen sahen, den Schutz des Zaren zu erbitten. Allerdings hatte der geistige Gärungsprozeß schon vorher eingesetzt. Die Russen selbst und sogar einige Vertreter der Kirche begannen, mit Unbehagen und Skepsis ihre starre Orthodoxie zu betrachten. Die Problematik trat klar zutage: die Kirche war mit sich selbst zerstritten, und außerdem forderte sie den Zaren heraus. Jede dieser Auseinandersetzung bedeutete schon für sich ein großes Unglück, beide Konflikte aber zusammengenommen führten unvermeidlich zu einer Katastrophe: zur großen Spaltung, von der sich die russisch-orthodoxe Kirche nicht mehr erholen sollte.

Auf persönlicher Ebene nahm diese Auseinandersetzung zeitweise dramatische Formen zwischen dem Zaren Alexei und zwei außerordentlichen Kirchenführern, dem rücksichtslosen, mit eiserner Willenskraft ausgestatteten Patriarchen Nikon und dem fanatischen Fundamentalisten, Erzpriester Awwakum, an. Ironischerweise war Zar Alexei der frömmste aller russischen

Zaren und hatte einem Mann der Kirche – Nikon – mehr Macht als irgendein Zar vor oder nach ihm zugestanden. Doch bereits vor dem Ende seiner Regierungszeit war die russische Kirche auf verhängnisvolle Weise gespalten und geschwächt, und Nikon wurde in einer kalten steinernen Zelle in Ketten gelegt.

Noch mehr Ironie lag im Konflikt zwischen Nikon und Awwakum. Beide Männer waren einfacher Herkunft und stammten aus den Waldgebieten des nördlichen Rußland. Beide stiegen rasch innerhalb der kirchlichen Hierarchie auf, kamen zwischen 1640 und 1650 nach Moskau und wurden Freunde. Beide sahen sie in der Läuterung der russischen Kirche ihr Lebensziel, waren jedoch in ihrer Vorstellung darüber völlig verschiedener Meinung. Jeder von ihnen ein leidenschaftlicher Kämpfer seiner Überzeugungen, entwickelten sie sich zu großen Kontrahenten. Schließlich kamen beide fast gleichzeitig zu Fall, bevor sich die Macht des Staates wieder gefestigt hatte. Noch im Exil glaubte jeder von ihnen, nur er sei der auserwählte Diener seines Herrn, sie hatten Visionen und vollbrachten wundersame Heilungen. Der eine starb auf dem Scheiterhaufen, der andere auf der Wanderschaft, auf einer abgelegenen Straße.

Nikon, der grobschlächtige Sohn eines russischen Bauern aus dem Gebiet jenseits der Wolga, ursprünglich zum weltlichen Priester des »weißen« Klerus geweiht, war verheiratet, trennte sich jedoch später von seiner Frau und wurde Mönch. Kurz nach seiner Ankunft als Archimandrit, als Abt des Neuen Erlöserklosters, in Moskau, wurde der einen Meter fünfundneunzig große Mönch dem jungen Zaren Alexei vorgestellt. Dieser war von Nikons starker Persönlichkeit so sehr beeindruckt, daß er ihn bald regelmäßig jeden Freitag zu sich bestellte. 1649 wurde Nikon Metropolit von Nowgorod, einem der ältesten und mächtigsten Patriarchensitze Rußlands. Als dann 1652 der Patriarch von Moskau starb, bat Alexei Nikon, dessen Nachfolge anzutreten.

Nikon willigte jedoch erst ein, nachdem der dreiundzwanzigjährige Zar sich vor ihm auf die Knie geworfen und ihn unter Tränen um diese Gunst gebeten hatte. Nikon stellte außerdem zwei Bedingungen. Er verlangte als erstes, daß Alexei seine Führung akzeptieren müsse, »als Euren ersten Hirten und Vater in allem, was ich Euch über Dogma, Disziplin und Gebräuche lehren werde«[1]. Als zweites forderte er, der Zar möge ihn bei allen zukünftigen Bemühungen, die russisch-orthodoxe Kirche zu reformieren, unterstützen. Alexei leistete einen Eid auf alle seine Versprechen, und Nikon übernahm den Thron, entschlossen, ein großangelegtes Reformprogramm durchzuführen. Er wollte den Klerus von der Trunksucht und anderen Lastern befreien, die Kirche in ihrer Macht vor den Staat stellen und dann, an der Spitze dieser geläuterten und mächtigen russischen Kirche, seine Vorherrschaft der gesamten orthodoxen Glaubenswelt gegenüber geltend machen. Als erstes versuchte er, die Liturgie und das entsprechende Ritual zu ändern, an die sich Millionen von Russen bei ihren Andachten hielten. Zu diesem Zweck wollte er die heiligen Bücher und gedruckten Liturgien von den vielen Änderungen, Abweichungen und Irrtümern, die sich während jahrhundertelangen Gebrauchs eingeschlichen hatten, »säubern« lassen, so daß sie von nun an mit der Lehre der griechischen Kirche übereinstimmten. Alle alten, unkorrigierten Bücher sollten vernichtet werden. Die Änderungen an Liturgie und Ritual riefen einen Sturm der Entrüstung hervor. Für fromme Russen war es nämlich bis dahin von entscheidender Wichtigkeit, wie viele Hallelujas an bestimmten Stellen des Gottesdienstes gesungen wurden oder wie viele geweihte Hostien beim Offertorium oder auf dem Altar vorhanden sein mußten; dann wie der Name Jesu zu buchstabieren sei (anstelle »Isus« nun »Iisus«) und ob man sich, wie kurz zuvor beschlossen, mit drei Fingern bekreuzigen mußte (was die Dreieinigkeit symbolisierte) oder wie herkömmlich nur mit zwei (die Doppelnatur Christi versinnbildlichend). Wenn man in der Überzeugung lebte, diese Welt sei nur eine Vorbereitung auf das jenseitige Leben, und die persönliche Erlösung hänge davon ab, wie gewissenhaft man das kirchliche Ritual eingehalten habe, dann konnten diese Änderungen für einen Gläubigen nur bedeuten, die Ewigkeit in der Hölle statt im Himmel verbringen zu müssen. Die Fundamentalisten unter dem Klerus griffen außerdem die Höherstellung der Lehre und Praxis der griechischen Kirche vor der russischen an. Da Moskau nach Konstantinopel das dritte Rom und der russisch-orthodoxe Glaube zum einzig wahren geworden war, sah man nicht ein, sich der griechischen Kirche zu unterwerfen.

1655 suchte und erhielt Nikon Unterstützung außerhalb Rußlands. Er lud Makarius, den Patriarchen von Antiochia, nach Moskau ein, und der syrische Kirchenmann nahm die lange beschwerliche Reise, begleitet von seinem Sohn und Sekretär, Paulus von Aleppo, auf sich. Paulus führte ein Tagebuch über diese Reise, aus dem uns Aufschlußreiches über die Person Nikons und Alexeis überliefert ist.[2] Makarius und sein Sohn trafen im Januar 1655 in Moskau ein und wurden von dem russischen Patriarchen, »einer majestätisch wirkenden Persönlichkeit«, empfangen. »Nikon war«, wie Paulus berichtete, »gekleidet in eine Mandia aus grünem Samt, auf die Figuren aus rotem Samt aufgenäht waren und in deren Mitte Cherubime aus Gold und Perlen prangten. Auf seinem Kopf saß eine weiße Latia aus Damast, die ein goldener Bogen überragte, auf dem sich wiederum ein Kreuz aus Juwelen und Perlen erhob. Außerdem waren an der Krone, über seinen Augen, Cherubime aus Perlen angebracht; die Kanten der Latia waren mit Gold eingefaßt und mit Perlen besetzt.«[3]

Von Anfang an waren die Reisenden gleichermaßen von der Frömmigkeit und der respektvollen Demut des jungen Zaren wie von der dominierenden Erhabenheit des orthodoxen Patriarchen beeindruckt. Alexei hatte es sich zur Gewohnheit gemacht, die Feste der wichtigsten Heiligen in den ihnen geweihten Kirchen zu Fuß aufzusuchen, also nicht die Kutsche zu benutzen. Auch die Art, wie der Zar seinen Glauben praktizierte, hat Paulus beobachtet: »Vom Beginn der Messe bis zu ihrem Ende steht er da mit unbedecktem

Haupt, verbeugt sich ununterbrochen, berührt den Boden mit der Stirn und klagt und weint vor der Ikone des Heiligen; und dies in Gegenwart der ganzen Kirchengemeinde.«[4] Einmal begleitete Alexei Makarius auf einem Besuch zu einem Kloster, das dreißig Meilen von Moskau entfernt lag. »Dort nahm der Zar unseren Herrn [Makarius] an dessen Arm und führte ihn in ein Hospital, damit er die Gelähmten und Kranken segnen und für sie beten möge. Als wir den Ort betraten, war es einigen von uns wegen des fauligen, ekligen Geruchs nicht möglich zu verweilen, noch ertrugen wir den Anblick der heimgesuchten Hospitalinsassen. Der Zar aber dachte nur an seinen Wunsch, unser Herr möge bei diesen Menschen beten und sie segnen. Und nachdem der Patriarch jeden einzelnen gesegnet hatte, folgte ihm der Zar und küßte Kopf, Mund und Hände der Kranken, vom ersten bis zum letzten. Solche Heiligkeit und Demut erschien uns wie ein Wunder, während wir nichts anderes wünschten, als diesen Ort schnellstens wieder verlassen zu können.«[5]

Makarius bestärkte Nikon in seinem Vorhaben zur Änderung von Ritus und Liturgie. Auf einer Kirchensynode, die Nikon in der Passionszeit des Jahres 1655 einberufen hatte, legte er vor seinen Glaubensbrüdern die Irrtümer der russischen Kirche dar. Wiederholt bat er dabei Makarius, sein Urteil zu bestätigen. Dieser unterstützte Nikon in allen Punkten, und der russische Klerus war, ob überzeugt oder nicht, in aller Öffentlichkeit gezwungen, zuzustimmen.

Wie andere selbstherrliche Monarchen – denn einen solchen hatte die Zeit aus ihm gemacht – war Nikon ein großer Bauherr. Als Metropolit von Nowgorod gründete er viele Klöster oder baute alte um. In Moskau errichtete er innerhalb des Kreml mit den vom Zaren zur Verfügung gestellten Baumaterialien einen prachtvollen neuen Patriarchenpalast. Er besaß sieben Säle, breite Balkone, große Fenster, bequeme Wohnräume, drei private Kapellen und eine umfangreiche Bibliothek mit Büchern in Russisch, Slawonisch, Polnisch und anderen Sprachen. In einem dieser Säle dinierte Nikon erhöht von den anderen Geistlichen auf einem Podest, so wie der Zar umgeben von seinen Bojaren speiste. Das größte von Nikon errichtete Bauwerk ist das Auferstehungskloster, bekannt als »das Neue Jerusalem«, etwa dreißig Meilen westlich von Moskau an der Istra gelegen. Der Patriarch wünschte sich Entsprechungen zur Heiligen Stadt: Das Kloster wurde auf dem »Hügel von Golgatha« errichtet, der Flußabschnitt in der Nähe in Jordan umgetauft, und die Kathedrale im Zentrum des Klosters ließ er der Grabeskirche nachbauen, die in Jerusalem das Heilige Grab beherbergt. Beim Bau dieser Kathedrale war Nikon verschwenderisch: die Kuppel hatte eine Höhe von fast sechzig Metern, es gab siebenundzwanzig Kapellen, einen Glockenturm, eine hohe Ziegelmauer, vergoldete Tore und Dutzende anderer Gebäude. Nikon drückte in der Architektur das aus, was er auch auf andere Weise bekundete: daß Moskau für ihn das wahre Neue Jerusalem darstellte.

Nikon, ein strenger Verfechter von Disziplin bei Volk und Klerus, verbot das Fluchen, Kartenspielen, die sexuelle Freizügigkeit und das Trinken. Darüber hinaus verlangte er, daß jeder gläubige Russe vier Stunden am Tag in der Kirche verbringe. Auch gegen den auf Abwege geratenen Klerus war er unerbittlich. Paulus von Aleppo berichtete: »Nikons Janutscharen gehen beständig in der Stadt herum, und wenn sie einem Priester oder einem Mönch im Zustand der Trunkenheit begegnen, wird dieser ins Gefängnis geworfen. Wir sahen das Gefängnis voll von solchen Leuten in dem jämmerlichsten Zustand, wundgerieben von schweren Ketten, mit Holzpflöcken an Hälsen und Beinen. Wenn ein Mitglied des höheren Klerus oder ein Superior eines Klosters ein Verbrechen begangen hat, wird er in Eisen gelegt und muß Tag und Nacht für die Bäckerei Mehl sieben, bis sein Strafmaß erfüllt ist. Während früher die Klöster in Sibirien leer standen, hat sie dieser Patriarch mit hohen Ordensleuten und Klerikern sowie mit zügellosen und erbärmlichen Mönchen gefüllt. Jüngst ist der Patriarch so weit gegangen, daß er den Hohen Verwalter des Klosters von Troize seiner Würde beraubte, obwohl dieser, nach dem Zaren und dem Patriarchen, in der Reihenfolge der höchsten Würdenträger des Reiches an dritter Stelle steht. Nikon hat ihn dazu verurteilt, im Kloster von Siewsk Korn zu mahlen, weil er Bestechungsgelder von den Reichen genommen hatte. Aufgrund seiner Strenge wird Patriarch Nikon von allen gefürchtet; sein Wort ist maßgebend.«[6]

Sechs Jahre lang war Nikon der wirkliche Herrscher Rußlands. Er teilte nicht nur mit dem Zaren den Titel »Großer Herrscher«, sondern übte auch oft in weltlichen Angelegenheiten politische Macht aus. Als Alexei Moskau verließ, um einen Feldzug gegen Polen zu führen, ließ er Nikon als Regenten zurück und ordnete an, daß »keine Angelegenheit, ob groß oder klein, ohne seinen Rat beschlossen werden solle«. Mit dieser Autorität ausgestattet, versuchte Nikon alles, die Oberhoheit der Kirche auf Kosten des Staates zu vergrößern. Innerhalb des Kreml trat er prunkvoller auf als der Zar, und nicht nur der Klerus und das gemeine Volk, sondern auch der hohe Adel Rußlands stand unter seinem Einfluß.

Paulus von Aleppo beschrieb den gebieterischen Umgang Nikons mit Alexeis Staatsministern: »Wenn der Staatsrat im Beratungszimmer zusammentrat und die Glocke des Patriarchen das Zeichen dafür gab, daß alle ihre Plätze einnehmen sollten, mußten diejenigen Amtsträger, die zu spät kamen, draußen vor der Tür und dort oft in unerträglicher Kälte warten, bis der Patriarch endlich die Anweisung gab, sie hereinzulassen. Wenn sie dann eintreten durften, pflegte Patriarch Nikon die Ikonen umzudrehen, während sich alle Staatsmänner barhäuptig vor ihm bis auf den Boden hinab verbeugten. Sie hielten ihre Köpfe unbedeckt, bis er den Saal wieder verließ. Jedem einzelnen teilte er in jeder Angelegenheit seine persönliche Entscheidung mit, jedem befahl er, wie er handeln mußte.« Die Wahrheit war, so schloß Paulus, daß »die Großen des Reiches keine Angst vor dem Zaren haben; viel eher und in viel höherem Maße fürchten sie den Patriarchen«[7].

Eine Zeitlang herrschte Nikon unbehelligt, es schien, als ob ihm die Ausübung der Macht selbst Macht verleihe. Aber dieser Augenschein trog. Die tatsächliche Macht lag immer noch beim Zaren. Solange sich der Patriarch seiner Ergebenheit und Unterstützung gewiß sein konnte, vermochte sich ihm niemand zu widersetzen. Aber die Zahl seiner Feinde nahm ständig zu, und sie setzten alles daran, beim Zaren Eifersucht und Mißtrauen zu erwecken.

Mit der Zeit häuften sich die Anzeichen für Spannungen zwischen Nikon und Alexei. Als Makarius und Paulus Moskau verlassen hatten, um die Heimreise nach Antiochia anzutreten, wurden sie unterwegs von einem Kurier des Zaren eingeholt, der Makarius aufforderte, noch einmal zurückzukehren. Auf ihrem Weg nach Moskau begegneten sie einer Gruppe griechischer Kaufleute, die ihnen berichteten, der Zar und der Patriarch hätten sich am Karfreitag in der Kirche öffentlich über einen Punkt des Zeremoniells gestritten. Alexei hätte den Patriarchen zornig einen »dummen Clown« genannt, worauf Nikon erwidert habe: »Ich bin dein geistiger Vater. Warum schmähst du mich also?« Darauf soll Alexei geantwortet haben: »Nicht du bist mein geistiger Vater, sondern der heilige Patriarch von Antiochia, und ich werde ihn zurückbringen lassen.«[8] Makarius gelang es für eine Weile, die Kluft zwischen Zar und Patriarch zu schließen.

Im Sommer 1658 war jedoch Nikons Stellung erneut stark geschwächt. Als der Zar ihn zu übergehen begann, versuchte Nikon seinerseits, auf Alexei Druck auszuüben. An einem Gottesdienst in der Himmelfahrtskathedrale nahm er als einfacher Mönch teil. verließ anschließend Moskau und zog sich in das Neu-Jerusalem-Kloster zurück. Er erklärte, er werde von dort nicht eher zurückkehren, bis der Zar ihm sein Vertrauen ausgesprochen habe. Doch Nikon hatte sich verrechnet. Der Zar, inzwischen neunundzwanzig Jahre alt, war nicht unglücklich darüber, den herrschsüchtigen Patriarchen losgeworden zu sein. Er ließ den verblüfften Nikon nicht nur zwei Jahre lang in seinem Kloster warten, nach Ablauf dieser Zeit berief er sogar eine Synode ein, auf der er den Patriarchen beschuldigte, »eigenwillig den höchst erhabenen Patriarchenthron von Groß-Rußland verlassen und damit auch seine Gefolgschaft im Stich gelassen zu haben, wodurch Verwirrung und Streitigkeiten heraufbeschworen wurden.«[9] Im Oktober 1660 erklärte diese Synode, »daß der Patriarch durch sein Verhalten gezeigt hätte, auf sein Amt verzichten zu wollen, und deswegen aufgehört habe, Patriarch zu sein«. Nikon verwarf die Entscheidung der Synode und begründete seinen Einspruch ausgiebig mit Zitaten aus der Heiligen Schrift. Alexei setzte die orthodoxen Patriarchen von Jerusalem, Konstantinopel, Antiochia und Alexandria sowohl von der Beschuldigung Nikons als auch dessen Erwiderung in Kenntnis und bat sie inständig, nach Moskau zu kommen, »um den Prozeß des Expatriarchen Nikon zu überprüfen und zu bestätigen, der die Verwaltung des Patriarchats schlecht ausgeübt habe«[10]. Zwei der Patriarchen, Pasius von Alexandria und Makarius von Antiochia, willigten mit ihrer Reise ein, erreichten Moskau allerdings erst im Jahre 1666. Im Dezember jenes Jahres wurde dann das Gerichtsverfahren gegen Nikon einberufen, bei dem die beiden ausländischen Patriarchen einer Synode von dreizehn Metropoliten, neun Erzbischöfen, fünf Bischöfen und zweiunddreißig Archimandriten vorstanden.

Die Verhandlung fand in einem Saal des von Nikon erbauten Patriarchenpalastes statt. Nikon wurde beschuldigt, die Kirche über den Staat erhoben, auf unrechtmäßige Weise Bischöfe abgesetzt und »durch sein unbotmäßiges Verlassen des Patriarchenstuhls die Kirche neun Jahre lang verwaist gelassen zu haben«. Nikon verteidigte sich mit dem Argument, daß sein Amt höher stehe als das des weltlichen Herrschers. Die Synode verwarf jedoch diese Ansicht und bestätigte erneut das traditionelle Machtverhältnis: Der Zar stand über allen seinen Untertanen, auch über dem Klerus und dem Patriarchen, ausgenommen in Angelegenheiten der Kirchenlehre. Gleichzeitig aber unterstützte und bestätigte die Synode Nikons Änderungen am Ritual und der Liturgie. Nikon selbst wurde ins Exil geschickt. Bis kurz vor seinem Tode lebte er als Mönch in einem weit abgelegenen Kloster in einer winzigen Zelle, zu der eine gewundene Treppe hinaufführte, die so eng war, daß kaum ein Mensch sie passieren konnte. Seine Schlafstelle bestand aus einem Granitblock, auf dem geschnittene Binsen lagen. Zur Kasteiung trug er eine schwere Eisenplatte auf der Brust. Arme und Beine waren in Ketten gelegt.

Mit der Zeit nahm der Zorn Alexeis ab. Er machte die Entscheidung der Synode zwar nicht rückgängig, doch schrieb er an Nikon und bat um seinen Segen. Er schickte ihm Nahrungsmittel und nach der Geburt seines Sohnes einen Zobelmantel in dessen Namen. Nikon verbrachte seine letzten Lebensjahre als Wunderheiler: er soll in einem Zeitraum von drei Jahren hundertzweiunddreißig solcher Heilungen vollbracht haben. Nach dem Tode Alexeis versuchte der junge Zar Fjodor, Nikon seine Freundschaft anzubieten. Als es im Jahr 1681 hieß, der bejahrte Mönch liege im Sterben, gewährte er ihm eine teilweise Begnadigung und erlaubte ihm, in sein Neu-Jerusalem-Kloster zurückzukehren. Im August 1681 starb Nikon auf dem Weg dorthin. Fjodor erhielt von den vier Patriarchen der Ostkirche Briefe, in denen Nikon posthum rehabilitiert und ihm der Titel des Patriarchen wieder zugesprochen wurde.

Nikons Vermächtnis war genau das Gegenteil von dem, was er beabsichtigt hatte. Niemals wieder verfügte ein Patriarch über so viel Macht, die russische Kirche blieb seitdem vollkommen dem Staat untergeordnet. Nikons Nachfolger, der neue Patriarch Joachim, verstand die ihm zugewiesene Rolle sehr wohl. Er gelobte dem Zaren: »Mein Herrscher, ich kenne weder den alten noch den neuen Glauben, aber was immer der Herrscher anordnet, will ich befolgen; ich will ihm in jeder Hinsicht gehorsam sein.«[11]

Die religiösen Unruhen in Rußland befanden sich nach Nikons Absetzung erst in ihren Anfängen. Dieselbe Synode, die den Patriarchen verurteilt hatte, weil er die kirchliche Macht über die des Zaren hatte stellen wollen, befand seine Reform in Liturgie und Ritual für gut. Das Volk und der niedrige Klerus aber lehnten diese Entscheidung empört ab und weigerten sich, sie anzunehmen. Diese Menschen hatten die Praktiken ihrer Völker übernommen, und man hatte sie gelehrt, daß ihr Glaube der einzig wahre sei. Für sie lag der Weg ins Jenseits in der Einhaltung tradierter religiöser Riten, jegliches Erdenleid war der ewigen Verdammnis ihrer Seelen vorzuziehen. Diese Gottesdienständerungen waren für sie das Werk von Ausländern. Hatte nicht Nikon verkündet: »Ich bin ein Russe, der Sohn eines Russen, aber mein Glaube und meine Religion sind griechisch?«[12] Die Fremden brachten sowieso Teufelswerk ins Land: Tabak (»verzaubertes Gras«), Theater und Instrumentalmusik.[13] Jetzt versuchten sie, kühner als je zuvor, die russische Kirche von innen her zu zersetzen. Es ging das Gerücht, daß Nikons Neu-Jerusalem-Kloster mit Moslems, Katholiken und Juden bevölkert sei, die eifrig die heiligen russischen Bücher umschrieben. Und es wurde sogar davon gesprochen, daß Nikon (manche sagten auch Alexei) jener Antichrist sei, dessen Herrschaft das Ende der Welt ankündige. Im wesentlichen wünschte sich der einfache Russe die Religion, die ein früherer Fundamentalist gepredigt hatte: »Du einfaches, unwissendes und demütiges Rußland, stehe treu zu dem schlichten, naiven Evangelium, in dem das ewige Leben begründet ist.«[14]

Die Folge von Nikons Versuch einer Kirchenreform war dann – selbst nach seinem Tod – ein Aufbegehren im ganzen Land. Tausende weigerten sich, die Reformen anzunehmen; man nannte sie Altgläubige und Schismatiker. Da der Staat die Kirchenreform unterstützte, weitete sich der anfänglich nur gegen die Kirche gerichtete Aufruhr zunehmend auch auf den Staat aus. Schließlich verweigerten die Altgläubigen den Gehorsam beiden Autoritäten gegenüber; weder das Einwirken der Kirche, noch die Unterdrückung durch die Regierung konnte ihre Überzeugung erschüttern.

Um der Herrschaft des Antichrist und der Verfolgung durch den Staat zu entgehen, flohen die Bewohner ganzer Dörfer an die Wolga, den Don, die Küsten des Weißen Meeres und hinter den Ural. Hier errichteten sie in den Wäldern oder an weit abgelegenen Flußufern neue Siedlungen und erduldeten das harte Leben der Pioniere, um ihrem Glauben treu bleiben zu können.

Manche von ihnen waren manchmal nicht weit genug geflohen, und wenn Soldaten des Zaren sie dann aufspürten, erklärten sie sich eher dazu bereit, in den reinigenden Flammen den Tod zu finden, als auf die Tradition ihrer Väter zu verzichten. Kinder hörte man sagen: »Wir werden auf dem Scheiterhaufen verbrannt werden. Aber in der anderen Welt tragen wir kleine rote Stiefel und Hemden, die mit Gold bestickt sind. Man wird uns so viel Honig, Nüsse und Äpfel geben, wie wir wünschen. Wir wollen uns deshalb nicht vor

dem Antichrist verbeugen.«[15] Einige Gemeinden, des Wartens müde geworden, fanden sich – Männer, Frauen und Kinder – in ihren aus Holz erbauten
Kirchen zusammen, verriegelten die Türen und brannten unter Absingen der
alten Liturgien die Gebäude über ihren Häuptern nieder. Im hohen Norden
war es den Mönchen des mächtigen Soloweszki-Klosters gelungen, die Soldaten einer Garnison auf ihre Seite zu ziehen, so daß sie sich mit militärischer
Macht für den alten Glauben einzusetzen vermochten. Gemeinsam überstanden sie eine achtjährige Belagerung und wehrten jede Gewalt ab, die die
Moskauer Regierung gegen sie anzuwenden versuchte.

Die eindrucksvollste und hervorragendste Persönlichkeit unter den Altgläubigen war der Protopope Awwakum. Heldenmütig, leidenschaftlich und fa-
natisch wie er war, besaß er nicht nur die notwendige psychische, sondern
auch die physische Kraft, den Anforderungen seines puritanischen Glaubens
gewachsen zu sein und allen weltlichen Anfechtungen zu widerstehen.

Awwakum war der temperamentvollste und leidenschaftlichste Prediger seiner Zeit. Wenn er in Moskau sprach, strömten die Menschen zusammen.
Unter den damals führenden Kirchenmännern war er derjenige, der sich
durch Nikons Reformen am stärksten herausgefordert fühlte. Aufs schärfste
verurteilte er jede Reform und jeden Kompromiß und denunzierte Nikon als
einen Häretiker und ein Werkzeug des Satans. Gegen die realistische Darstellung der Heiligen Familie auf neueren Ikonen wetterte er mit den Worten: »Da malen sie nun das Abbild Emmanuels, des Heilands, mit pausbäcki-
gem Gesicht und roten Lippen, lockigem Haar, dicken Muskeln und wulsti-
gen Fingern, ebenso mit dicken Schenkeln und ganz wie einen Deutschen fett
und dickbäuchig hingestellt; es fehlt ihm nur noch der Säbel an den prallen
Hüften. Und all diese Schändlichkeiten wurden von diesem schmutzigen
Schurken Nikon erfunden.«[16]

1652 verbannte Nikon seinen früheren Freund Awwakum nach Tobolsk in
Sibirien. Neun Jahre später, als der Patriarch selbst in Ungnade gefallen war,
überredeten einflußreiche Freunde Awwakums in Moskau den Zaren, den
Priester zurückzurufen und ihn wieder in einer Kirche des Kreml einzusetzen. Eine Zeitlang war Alexei dann auch ein oft gesehener und aufmerksamer Zuhörer in der Gemeinde Awwakums. Er sprach von diesem Priester
sogar als von einem »Engel Gottes«. Aber Awwakums hartnäckiger Funda-
mentalismus wurde ihm bald lästig. Provozierend hatte Awwakum verkündet, daß neugeborene Kinder mehr von Gott wüßten als all die Gelehrten der
griechischen Kirche; auch meinte er, daß alle, die die häretischen Reformen
Nikons angenommen hatten, noch einmal getauft werden müßten, um das
ewige Heil erlangen zu können. Diese Ausfälle führten zu einer zweiten Verbannung Awwakums, diesmal in das weit abgelegene Pustozersk an der Küste des Nördlichen Eismeers. Aber auch an diesem abgelegenen Ort behielt
er seine Stellung als Führer der Altgläubigen. Wenn er ihnen auch nicht mehr
predigen konnte, so schrieb er seinen Anhängern doch höchst ausführliche
Briefe. Er ermahnte sie, den alten Glauben zu bewahren, keinen Kompro-

miß einzugehen, die Verfolger herauszufordern und Leid und Märtyrertum am Beispiel Christi demütig zu ertragen. »Wenn Ihr Euren Leib verbrennt«, schrieb er, »vertraut Ihr Eure Seele Gott an. Lauft und springt in die Flammen. Sprecht: ›Teufel, hier ist mein Leib. Nimm und verschling ihn; meine Seele kannst du nicht bekommen.‹«[17]

Die letzte Herausforderung Awwakums führte dazu, daß auch ihm ein solcher Feuertod bevorstand. Aus dem Exil schrieb er dem jungen Zaren Fjodor, daß Christus ihm in einer Vision erschienen sei und ihm offenbart habe, daß sich Fjodors verstorbener Vater, Zar Alexei, in der Hölle befinde und dort Qualen erleide, weil er den Reformen Nikons zugestimmt habe. Fjodors Antwort bestand in der Verurteilung Awwakums, bei lebendigem Leibe verbrannt zu werden. Im April 1682 erlitt Awwakum das lang ersehnte Martyrium. Auf dem Marktplatz von Pustozersk band man ihn auf einen Scheiterhaufen. Er bekreuzigte sich ein letztes Mal mit zwei Fingern und rief freudig in die Menge: »Ihr entsetzt euch nur so lange vor dem Scheiterhaufen, bis ihr auf ihn gebunden seid; seid ihr einmal dort, umarmt ihn, und alles wird vergessen sein. Ihr werdet Christus erblicken, bevor das Feuer euch ergriffen hat, und eure Seele wird, befreit aus dem Kerker des Leibes, zum Himmel emporfliegen wie ein glücklicher Vogel.«[18]

Im ganzen Land bewirkte der Tod Awwakums, daß Tausende seiner Anhänger seinem Beispiel folgten. In der Zeit von 1684 bis 1690 erlitten zwanzigtausend Altgläubige freiwillig den Flammentod.

Ebenso wie Alexeis und Fjodors Regierung schien auch die Sofias der Vorstellung von der Herrschaft des Antichrist zu entsprechen. Sie ging sogar noch härter als ihr Vater oder Bruder gegen Schismatiker vor. Die Verwaltung in den Provinzen wurden angewiesen, dem Metropoliten so viele Soldaten wie nötig zur Verfügung zu stellen, um die jeweils staatlich anerkannte Religion durchzusetzen. Wer nicht in die Kirche ging, wurde verhört, der Häresie Verdächtige folterte man, und wer Schismatiker bei sich aufnahm, verlor sein ganzes Vermögen und mußte ins Exil gehen. Doch trotz dieser strengen Bestrafung behielten die Altgläubigen ihren starken Einfluß und waren nicht einzuschüchtern.

Nicht alle wurden sie Opfer der Verfolgung oder verbrannten sich selbst. Diejenigen, die sich in die Wälder des Nordens geflüchtet hatten, besiedelten dort neues Land, ähnlich jenen protestantischen Sektierern, die etwa zur gleichen Zeit Europa verließen, um in Neuengland religiöse Gemeinschaften zu gründen. Sich selbst versorgend, lebten die Altgläubigen in ihrer neuen Heimat von gemeinsamem Ackerbau und Fischfang und legten damit das Fundament zum Wohlstand ihrer Nachkommenschaft. Eine Generation später, zur Zeit Peters, erkannte man sie bereits als befähigte und fleißige Landarbeiter an. Auch Peter schätzte solche Eigenschaften und wies seine Beamten an, sie unbehelligt zu lassen.

Am stärksten hatte die etablierte Kirche und damit das Volk unter der großen Kirchenspaltung zu leiden. Die Reformen Nikons hatten zum Ziel, die

Kirche zu läutern und sie auf eine Führungsrolle vorzubereiten, statt dessen aber hatten sie sie zerrüttet. Die beiden großen Antagonisten, Nikon und Awwakum, und die zwei Parteien, die Reformer und die Altgläubigen, kämpften erbittert gegeneinander, schwächten die Autorität der Kirche, entfremdeten ihre Mitglieder einander und brachten es schließlich soweit, daß die Kirche für immer der weltlichen Macht untergeordnet blieb. Als Peter an die Macht kam, fand er sie im selben Zustand wie Nikon vor: desorganisiert, lethargisch, korrupt, ignorant und abergläubisch. In seinem Bemühen, die Kirche wieder ihrer ursprünglichen Aufgabe zuzuführen, hatte Peter zwei entscheidende Vorteile Nikon gegenüber: Seine Macht war größer und seine Reformen mußten von niemandem gebilligt werden. Zudem hatte er sich auch weniger hohe Ziele gesetzt. Niemals griff er wie Nikon in Fragen der Liturgie, des Rituals oder der Kirchenlehre ein. Er verstärkte zwar die Autorität der etablierten Kirche gegenüber den Schismatikern, doch wurde dadurch die religiöse Spaltung nicht weiter vertieft.

6   Peters Spiele

Unter Sofias Regentschaft gab es bestimmte Zeremonien, die nur in Anwesenheit Peters und Iwans stattfanden. So mußten sie wichtige Dokumente mit ihrer Unterschrift versehen und bei religiösen Festen, Staatsbanketten und offiziellen Empfängen für ausländische Gesandte anwesend sein. 1683 – Peter war damals elf Jahre alt – empfingen die beiden Zaren gemeinsam den Gesandten König Karls XII. von Schweden. Der Sekretär des Gesandten, Engelbert Kampfer, schilderte die Szene später folgendermaßen[1]:
»Die beiden Majestäten saßen ... auf einem silbernen Thron, ähnlich einem Bischofsstuhl, der ein wenig erhöht stand und rot bezogen war ... Sie trugen Roben aus silbernem Stoff, in den rote und weiße Blüten hineingewebt waren. Statt Zepter hielten sie lange goldene Stäbe in ihrer rechten Hand, deren Enden wie Bischofsstäbe gebogen waren. Darauf glitzerten, wie auf dem Brustharnisch ihrer Roben und auf ihren Kappen, weiße, grüne und sonstige kostbare Edelsteine. Der ältere von beiden zog mehrmals seine Kappe über die Augen herunter, während er zu Boden schaute und fast unbeweglich dasaß. Der jüngere hatte ein frisches und offenes Gesicht, und das Blut schoß ihm in die Wangen, so oft irgend jemand mit ihm sprach. Er blickte immer wieder um sich. Seine große Schönheit und sein lebhaftes Verhalten – das die russischen Magnaten manchmal in Verwirrung brachte – beeindruckten uns so stark, daß wir gern mit ihm gelacht und frei gesprochen hätten, wenn er ein gewöhnlicher junger Mann und nicht eine kaiserliche Persönlichkeit gewesen wäre. Der ältere von beiden war siebzehn, der jüngere sechzehn Jahre alt.[2] Als der schwedische Gesandte seine Beglaubigungsschreiben übergab, erho-

ben sich beide von ihren Plätzen ... aber Iwan, der ältere, reichte zur falschen Zeit seine Hand zum Kuß, da er nicht verstand, worum es ging. Peter war andererseits so ungeduldig, daß er den Sekretären nicht die notwendige Zeit ließ, ihn und seinen Bruder von ihren Sitzen zu heben und ihre Köpfe zu berühren. Er sprang plötzlich auf, legte die Hand an seine Kappe und stellte sogleich die übliche Frage: ›Befindet sich Seine Königliche Majestät Karl von Schweden bei guter Gesundheit?‹ Er mußte zurückgehalten werden, bis der ältere Bruder sprechen konnte.«

Iwan war genau das Gegenteil von seinem Halbbruder. Als Peter 1684 an Masern erkrankt war, konnte der österreichische Gesandte nur von Iwan empfangen werden, der, von zwei Dienern gestützt, auf Fragen mit kaum hörbarer Stimme antwortete. Als General Patrick Gordon, ein Schotte in russischem Militärdienst, in Anwesenheit von Sofia und Wassili Golizyn bei Hof empfangen wurde, stierte Iwan die ganze Zeit zu Boden.

Solange Sofia regierte, waren Peters Beziehungen zu Iwan immer ausgezeichnet, obwohl sie sich nur bei offiziellen Gelegenheiten sahen. »Die natürliche Zuneigung und das Einverständnis zwischen den beiden Herren ist sogar noch besser als früher«, schrieb van Keller 1683.[3] Natürlich machten sich Sofia und die Miloslawskis Sorgen um Iwan. Ihre Macht lag in ihm begründet, und von ihm hing ihre Zukunft ab. Sein Leben war möglicherweise kurz, und wenn er ohne Erben blieb, wären sie wieder aus der Thronfolge ausgeschlossen. Deshalb beschloß Sofia, Iwan müsse trotz seiner geistigen Zurückgebliebenheit und seiner Seh- und Sprachschwierigkeiten heiraten und versuchen, ein Kind zu zeugen. Iwan beugte sich diesem Wunsch und nahm Praskowaja Saltikowa, die lebhafte Tochter einer angesehenen Familie, zur Frau. Sie bekamen eine Tochter.

Diese Entwicklung stimmte die Naryschkins, die sich sonst schadenfroh an Iwans Gebrechen erfreuten, niedergeschlagen. Peter war noch zu jung, um sich zu verheiraten. Es blieb ihnen nur zu warten und Sofias Herrschaft zu ertragen.

Das politische Exil der Naryschkins gereichte Peter persönlich nur zum Vorteil. Sofias Staatsstreich und der Ausschluß der Verwandten und Parteigänger Peters von der Macht hatte ihn von allen – außer gelegentlichen – offiziellen Pflichten befreit. Er durfte frei und unbeschwert und von keinem Zeremoniell belastet auf dem Lande aufwachsen. Nur kurze Zeit nach der Strelitzen-Rebellion war die Zarin Natalja mit ihrem Sohn und ihrer Tochter noch im Kreml geblieben. Doch von dort vertrieb sie die unter Sofias Macht immer bedrückender werdende Atmosphäre. Natalja trauerte über den gewaltsamen Tod Matwejews und ihres Bruders Iwan und war verbittert. Sie war auf der Hut vor neuen Intrigen Sofias gegen sie und ihre Kinder. Es gab jedoch nur wenig Gefahr von dieser Seite, meist ignorierte Sofia ihre Stiefmutter. Natalja erhielt eine kleine Rente, die sehr gering war und nicht zum Leben reichte. So war sie gezwungen, den Patriarchen oder andere Mitglieder des Klerus um Geld zu bitten.

Natalja verbrachte nun immer öfter ihre Zeit in Zar Alexeis Lieblingsvilla und Jagdhaus in Preobraschenskoje an der Jausa, etwa fünf Kilometer nordöstlich von Moskau. Von Alexeis riesiger Falknerei stammten noch unzählige Ställe und Hunderte von Brutkörben für die Falken und deren Beute, die Tauben. Das Haus selbst, ein verschachtelter Holzbau mit roten Vorhängen an den Fenstern, war nicht sehr groß, aber umgeben von grünen Wiesen und kleinen Wäldchen. Von einem Hügel aus konnte Peter auf das Wiesenland ringsum, auf die Gersten- und Haferfelder, auf einen sich silbern schlängelnden Fluß und auf kleine Dörfer mit weißen Kirchen hinabsehen.

Hier, in den Feldern und Wäldern von Preobraschenskoje und an den Ufern der Jausa, durfte er sein Schulzimmer vergessen und sich ganz seinen Spielen hingeben. Sein beliebtestes war schon von frühester Kindheit an das Kriegsspiel. Während der Herrschaft Fjodors hatte man für ihn einen kleinen Paradeplatz im Kreml angelegt, auf dem er seine Spielkameraden drillen konnte. Jetzt, in der offenen Weite von Preobraschenskoje gab es unendlich viel Platz für dieses ihn faszinierende Spiel. Anders als die meisten seiner kriegspielenden Altersgenossen konnte sich Peter aus dem Arsenal der Regierung eine entsprechende Ausrüstung beschaffen. Im Januar 1683 bestellte er beispielsweise Uniformen, Fahnen und zwei hölzerne Kanonen mit eisernen Kanonenrohren, die auf Rädern montiert waren, damit sie von Pferden gezogen werden konnten. An seinem elften Geburtstag im Juni 1683 ersetzte man Peter die hölzernen Kanonen durch eine echte Kanone, mit der er dann unter der Aufsicht von Artilleristen Salutschüsse abfeuern durfte. Er liebte dieses Spiel so sehr, daß nun fast täglich Boten ins Arsenal kamen und nach mehr Pulver verlangten. Im Mai 1685, als Peter fast dreizehn war, bestellte er sechzehn Paar Pistolen, sechzehn Karabiner mit Schulterriemen und Messingbeschlägen und kurz danach noch dreiundzwanzig weitere Karabiner und sechzehn Musketen.

Nach Vollendung des vierzehnten Lebensjahrs waren Peter und seine Mutter für dauernd nach Preobraschenskoje umgezogen. Seine Vorliebe für Kriegsspiele hatten den Sommersitz in ein Kriegslager verwandelt. Peters erste »Soldaten« rekrutierten sich aus jener kleinen Gruppe von Spielkameraden, die man ihm im Alter von fünf Jahren zuwies. Es waren Knaben aus Bojarenfamilien, für den Prinzen als persönliches Gefolge junger Adliger gedacht. Sie übernahmen die Rollen der Kammerdiener und des Stallmeisters und wurden seine Freunde. Später kamen zu seiner Mannschaft noch einige Leute aus der großen, jetzt weitgehend untätigen Dienerschaft seines Vaters Alexei und seines Bruders Fjodor. Ganze Scharen von Gefolgsleuten, vor allem ehemalige Falkner, blieben im Dienst des Hofes ohne Beschäftigung. Obwohl keiner mehr die Falknerei ausübte, erhielten alle diese einst im Dienst des Zaren stehenden Leute weiterhin ihren Lohn und Unterhalt. Peter beschloß also, einige von ihnen in seinem »Spiel« zu beschäftigen.

Peters Gefolgschaft vergrößerte sich. Junge Adlige baten um Aufnahme, teils auf eigenen Wunsch, teils aber auch auf Drängen ihrer Väter hin, die darum bemüht waren, die Gunst des jungen Zaren zu erlangen. Auch Knaben aus anderen Gesellschaftsschichten fanden Aufnahme: Söhne von Geistlichen, Stallmeistern, Stallknechten und sogar von Leibeigenen im Dienste der Adligen wurden so den Bojarensöhnen zur Seite gestellt. Insgesamt waren dreihundert solcher Knaben und junger Männer auf dem Anwesen von Preobraschenskoje eingezogen. Sie lebten in Kasernen, exerzierten wie echte Soldaten, sprachen deren Sprache und erhielten einen Sold. Aus dieser Ansammlung junger Adliger und Stallburschen ging schließlich das stolze Preobraschensker Regiment hervor. Bis zur Revolution im Jahr 1917 war dieses Regiment der russischen Kaisergarde das erste und einzige, deren Befehlshaber immer der Zar selbst blieb.

Bald waren alle verfügbaren Quartiere des kleinen Dorfes Preobraschenskoje belegt – und Peters Knabenarmee vergrößerte sich weiter. Man errichtete neue Kasernen in dem nicht weit entfernten Dorf Semenowskoje; mit der Zeit entwickelte sich die dort stationierte Kompanie zum Semenowsker Regiment, zum zweiten Regiment der russischen Kaisergarde. Jedes dieser Spielregimenter zählte dreihundert Soldaten und war in Infanterie, Kavallerie und Artillerie gegliedert – ganz wie das reguläre Heer. Kasernen, Stabsgebäude und Ställe wurden erbaut, immer mehr Geschirre und Munitionswagen von der Ausrüstung der regulären berittenen Artillerie abgezogen. Fünf Querpfeifen und zehn Trommler mußten ihre Regimenter verlassen, um bei Peters Spielen mit Pfeife und Trommel das Tempo anzugeben. Uniformen im westlichen Stil wurden entworfen und angefertigt: schwarze Stiefel, ein schwarzer Dreispitz, Kniehosen und ein weiter, breitärmeliger Mantel, der bis zu den Knien herabreichte, in Dunkelgrün für das Preobraschensker und in einem kräftigen Blau für das Semenowsker Regiment. Militärische Ränge wurden verteilt für Stabs- und Unteroffiziere, Feldwebel, Nachschub- und Verwaltungsstäbe und sogar für eine Zahlstelle. Und all diese Posten wurden mit Knaben und Jugendlichen besetzt. Sie lebten unter strenger militärischer Disziplin und mußten sich einer harten Ausbildung unterziehen. Rund um ihre Kasernen stellten sie Wachtposten auf; sie hielten Manöver ab, bei denen sie wie ihre Vorbilder zu langen Märschen aufbrachen, nachts kampierten, Schützengräben aushuben und Patrouillen gingen.

Statt den Rang eines Obersten einzunehmen, diente Peter im Preobraschensker Regiment als Trommler – und er spielte sein geliebtes Instrument mit großer Begeisterung. Gelegentlich beförderte er sich selbst zum Artilleristen oder Kanonier, so daß er die Waffe abfeuern konnte, die am meisten Lärm und am meisten Schaden verursachte. Aber bei allem ließ er nicht zu, daß in der Kaserne oder auf dem Feld Unterschiede zwischen ihm und anderen gemacht wurden. Er erfüllte die gleichen Pflichten, stand, wenn die Reihe an ihn kam, Wache, schlief im selben Zelt und aß das gleiche wie seine Kameraden. Auch beim Bau von Verschanzungen arbeitete Peter, keine Arbeit war ihm zuviel, und bei der Parade des Regiments ordnete er sich ebenfalls in Reih und Glied ein, nur durch seine Größe von den anderen unterschieden.

Aus dieser Zeit stammt Peters Weigerung – die für sein ganzes Leben charakteristisch werden sollte –, einen übergeordneten Rang in irgendeiner russischen Militär- oder Marineorganisation einzunehmen. Wenn er später mit seiner Armee marschierte oder seiner Flotte segelte, tat er es immer als untergeordneter Kommandeur. Er ließ sich als Knabe vom Trommler zum Kanonier befördern, vom Artillerieunteroffizier zum Feldwebel und später bis hinauf zum General, oder in der Flotte bis zum Konteradmiral und schließlich zum Vizeadmiral; dies aber nur, wenn er der Meinung war, daß er durch seine Fähigkeiten und sein Verdienst die Beförderung verdiente. Seine Überzeugung war, daß, wer den Soldatenberuf erlernen wolle, dies von Grund auf tun müsse. Wenn der Zar so handelte, würde kein Adliger es wagen, einen hohen Rang nur seines Titels wegen zu beanspruchen.

Je älter Peter wurde, desto komplizierter legte er seine Spiele an. Um die Errichtung und Verteidigung von Festungen sowie deren Erstürmung zu üben, arbeiteten die jugendlichen Soldaten 1685 fast ein ganzes Jahr an der Errichtung eines kleinen Forts aus Erde und Holz am Jausaufer bei Preobraschenskoje. Sofort nach Fertigstellung des Baus bombardierte Peter es mit Mörsern und Kanonen, um zu sehen, ob er es zerstören könne. Im Laufe der Zeit erstand aus dem wiedererrichteten Fort eine kleine befestigte Stadt namens Preßburg, mit eigener Garnison, Verwaltung und eigenem Gerichtshof. Es wurde sogar ein Schauspiel aufgeführt, »König von Preßburg«. Den König spielte ein Kamerad Peters, Peter übernahm eine Untertanenrolle. Für die Errichtung und Zerstörung der Festung benötigte Peter allerdings professionellen Rat. Das erforderliche technische Wissen kam von ausländischen Offizieren aus der Deutschen Vorstadt, die mit der Zeit als Offiziere in die Knabenregimenter übernommen wurden. Anfang 1690, als man die beiden Kompanien offiziell zum Preobraschensker und Semenowsker Garderegiment umformte, stellten die Ausländer beinahe alle Obristen, Majore und Oberleutnants, nur die Feldwebel und die einfachen Soldaten waren Russen.

Die Vermutung, Peters Knabenregimenter könnten eines Tages eine Macht darstellen, der es gelänge, Sofia zu stürzen, war falsch. Sofia besaß volle Kenntnis von dem, was in Preobraschenskoje vor sich ging, und wenn sie an eine Bedrohung geglaubt hätte, wären Peters Bitten um Waffenlieferungen aus dem Arsenal des Kreml gewiß nicht erfüllt worden. Solange die zwanzigtausend Strelitzen in der Hauptstadt loyal zu ihr standen, ging von den sechshundert Knaben in Peters Regimentern keine Gefahr für sie aus. Sofia kommandierte leihweise Strelitzen-Regimenter an Peter ab, die an den Übungen teilnahmen. Doch 1687, als sich Peter gerade für eine großangelegte Feldübung vorbereitete, plante Sofia ihren ersten Feldzug gegen die Krimtataren. Die Strelitzen, regulären Soldaten und ausländischen Offiziere, die man an Peter ausgeliehen hatte, erhielten Befehl zur Rückkehr: Peters Manöver wurde abgesagt.

Damals gab es nichts, was Peter nicht interessierte. Er bat um eine Uhr für das Speisezimmer, um eine Christusstatue, einen Kalmückensattel, einen großen Globus und einen dressierten Affen. Er wollte wissen, wie Dinge funktionierten, er liebte den Anblick von Werkzeugen und wie sie sich anfühlten; er beobachtete, wie sie gebraucht wurden. Mit Leidenschaft machte er sich daran, Holz zu schnitzen, Steine zu behauen oder Eisen zu gießen. Im Alter von zwölf Jahren wünschte er sich eine Tischlerbank, und er beherrschte meisterhaft den Gebrauch von Äxten, Meißeln, Hämmern und Nägeln. Er wurde Steinmetz. Er erlernte den schwierigen Umgang mit einer Drehbank und wurde ein ausgezeichneter Drechsler von Holz, später auch von Elfenbein. Er erlernte das Setzen von Buchstaben, das Buchbinden und das Handwerk des Schmieds.

So unbeschwert Peters Knabenzeit in Preobraschenskoje auch war, sie hatte jedoch auch nicht zu übersehende Nachteile. Als er den Kreml verließ, mußte er sich sowohl von den Hauslehrern, die bereits Fjodor und Sofia unterrichtet hatten, als auch von den Bräuchen und Traditionen einer herkömmlichen Zarenerziehung trennen. Ihm selbst lag mehr die Beschäftigung mit Musketen und Kanonen als mit Papier und Feder. Peters Handschrift, sein Lesen und seine Kenntnisse in Grammatik machten kaum Fortschritte. Er las nur wenige Bücher und erlernte keine Fremdsprache, mit Ausnahme einiger Brocken Holländisch und Deutsch, die er in der Deutschen Vorstadt und auf seinen Reisen im Ausland auffing. Theologie und Philosophie waren ihm fremd. Ihm fehlte die disziplinierte Schulung des Geistes.

Peters Erziehung, spontan und von Neugier gelenkt, eine Mischung aus Nützlichem und Unnützem, bestimmte jedoch den Weg, den er für sich persönlich und als Monarch einschlagen sollte. Vieles von dem, was ihm zu Ruhm verhalf, wäre vielleicht nie eingetreten, hätte man Peter im Kreml und nicht in Preobraschenskoje erzogen.

Typisch für seinen enthusiastischen Bildungshunger war beispielsweise sein Interesse für Sextanten. Als 1687 Fürst Dolgoruki zu einer diplomatischen Mission nach Frankreich aufbrach, bat Peter ihn, das Instrument, »mit dem Entfernung und Raum gemessen werden können, ohne daß man sich von der Stelle bewegt«, das ihm gestohlen worden war, von seiner Reise mitzubringen. Bei seiner Rückkehr nach Moskau im Jahre 1688 holte Dolgoruki einen Sextanten aus Metall und Holz aus einer Kiste hervor. Da keiner sich im Gebrauch auskannte, suchte man in der Deutschen Vorstadt nach einem Fachmann. Dort fand sich ein älterer holländischer Kaufmann namens Franz Timmerman, der im Umgang mit Sextanten vertraut war und die Entfernung zum nächsten Haus berechnen konnte. Um die Richtigkeit der Angaben zu überprüfen, mußte ein Diener die Strecke abschreiten. Seine Maße stimmten fast genau mit denen Timmermans überein. Daraufhin bat Peter, darin unterwiesen zu werden. Timmermann willigte unter der Bedingung ein, daß sein Schüler zunächst Arithmetik- und Geometrieunterricht erhalten müsse. Angespornt durch den Wunsch, den Sextanten benutzen zu können, befaßte sich nun Peter intensiv mit Arithmetik, Geometrie und Ballistik. Dadurch erwachte in ihm auch das Interesse für andere Gebiete, wie beispielsweise Geographie. Auf dem großen Globus seines Vaters studierte er eifrig die Grenzen Rußlands, Europas und der Neuen Welt.

Timmerman hatte zwanzig Jahre in Rußland gelebt und kannte nicht die jüngste technische Entwicklung in Westeuropa, aber für Peter war er ein wichtiger Ratgeber und Freund. Er konnte dem neugierigen Jungen viele Fragen beantworten. Gemeinsam durchstreiften sie die ländliche Umgebung von Moskau. Auf einem dieser Ausflüge im Juni 1688 hatte Peter ein Erlebnis, das für ihn und Rußland von großer Bedeutung sein sollte. In der Nähe des Dorfes Isamilowo entdeckte er hinter dem Hauptgebäude eines höfischen Anwesens ein Lagerhaus, das mit Trödel angefüllt und seit Jahren verschlossen war. Das erregte Peters Neugier. Im Dämmerlicht fiel sein Blick auf ein großes, vermodertes Schiff, das kieloben in einer Ecke des Schuppens lag, etwa sechs Meter lang und zwei Meter breit. Es war nicht das erste Schiff, das Peter sah, denn er kannte sowohl die schwerfälligen Schleppkähne, mit denen in Rußland Güter auf den Flüssen transportiert wurden, als auch die kleinen Boote, die man für Vergnügungsfahrten in Preobraschenskoje benutzte. Diese Boote waren meist Flußschiffe. Schleppkähne mit flachem Boden und viereckigem Heck wurden mit Rudern oder Seilen voranbewegt und von Menschen oder Tieren ans Ufer gezogen. Das Schiff aber, das er nun entdeckt hatte, unterschied sich wesentlich von den ihm bisher bekannten. Die Form seines Rumpfes, sein schwerer Kiel, sein spitzer Bug schienen nicht für die Flußschiffahrt gebaut. Timmerman hielt Peter davor zurück, das Schiff sogleich auszuprobieren, da es zuerst fahrtüchtig gemacht werden mußte. Mast und Segel wurden beschafft. Timmerman fand die Unterstützung eines anderen Holländers, Karsten Brant, der 1660 nach Rußland gekommen war, um für Zar Alexei ein für das Kaspische Meer geeignetes Schiff zu bauen. Brant, der als Zimmermann in der Deutschen Vorstadt lebte, kam nach Isamilowo und machte sich an die Arbeit. Er wechselte vermoderte Holzteile aus, versah den Schiffsboden mit neuen Bohlen und teerte sie, setzte einen Mast und brachte Segel, Falleinen und Schoten an. Schließlich wurde das Schiff auf Gleitrollen zur Jausa transportiert und zu Wasser gelassen. Dann setzte Brant die Segel und steuerte nicht nur mit, sondern auch gegen den Wind. Peter war begeistert und wollte mit an Bord. Er sprang ins Boot, übernahm die Ruderpinne und begann unter Brants Anweisung mit dem Wind zu segeln. »... und es machte mir ein überaus großes Vergnügen ...«[4], schrieb der Zar Jahre später über diese Episode im Vorwort zu seinem Seereglement.[5]

Seither nutzte Peter jeden Tag zum Segeln. Da der Wind auf dem schmalen Fluß aber zu schwach war, lief das Schiff ständig auf Grund. Der nächstgelegene Pleschtschejewosee mit einer Breite von etwa vierzehn Kilometern lag bei Pereslawl, etwa hundertvierzig Kilometer nordöstlich von Moskau. Aber Peter durfte sich ohne wichtigen Anlaß nicht zu weit von der Hauptstadt entfernen. Anläßlich des Juni-Fests im Dreifaltigkeits-Kloster bat Peter seine Mutter um die Erlaubnis, dort an den Feierlichkeiten teilnehmen zu dürfen. Natalja willigte ein. Nach dem Gottesdienst ging Peter in den Wald in Richtung Pereslawl. Er hatte es zuvor schon arrangiert, daß Timmerman und Brant ihn begleiteten.

Peter faßte bald darauf den Plan, am Pleschtschejewosee Schiffe bauen zu lassen. Dazu genügten aber nicht nur kurze Abstecher ohne Erlaubnis dorthin. Er hätte längere Zeit am Ort bleiben müssen. Peter kehrte also nach Moskau zurück und bestürmte seine Mutter. Natalja erlaubte es, bestand aber darauf, daß er bis zur offiziellen Feier seines Namenstages in Moskau bleiben müsse. Danach eilten Peter, Brant und noch ein anderer holländischer Schiffsbauer namens Kort zurück an den Pleschtschejewosee. Als Werftgelände wählen sie einen Platz am Ostufer des Sees, nicht weit von der Straße Moskau–Jaroslawl. Sie begannen dort Hütten und einen Anlegeplatz zu bauen. Holz wurde geschlagen, abgelagert und zurechtgeschnitten. Unter Anleitung der Holländer wurde von morgens bis abends gearbeitet. Sie legten insgesamt fünf Schiffe auf Kiel – zwei kleine Fregatten und drei Segler. Im September, als Peter für den Winter nach Moskau zurückkehren mußte, waren die Schiffsgerippe zwar ziemlich gewachsen, aber kein einziges Schiff war fertiggestellt. Er ging nur ungern und bat die holländischen Schiffsbauer, zu bleiben und dafür zu sorgen, daß alle Schiffe im Frühling zu Wasser gelassen werden könnten.

Der Zufall wollte es, daß Peters Persönlichkeit und Leben durch die Entdeckung des alten Schiffs und die ersten Segelübungen auf der Jausa bestimmt wurden: seine Leidenschaft für das Meer und der starke Wunsch, vom Westen zu lernen, waren geweckt. Als er dann selbst die Macht übernahm, wandte er sein ganzes Interesse dem Meer zu, zuerst nach Süden, zum Schwarzen Meer, dann nach Nordwesten zur Ostsee. Das war ungewöhnlich, aber auch unvermeidlich, denn die Macht und Größe eines Volkes hängt immer auch von seiner Seemacht ab. Bemerkenswert im Falle Rußlands ist, daß der Anstoß zu dieser Entwicklung von den Träumen eines halbwüchsigen Knaben ausging.

Ende 1688 war Peter sechzehneinhalb Jahre alt und kein Knabe mehr. Sein Körper war entwickelt und der eines Mannes, ob er in einer Brokatrobe auf dem Thron saß oder in Arbeitskleidung Gräben aushob, Seile spannte und Nägel einschlug, während er mit Zimmerleuten und Soldaten technische Gespräche führte. In einer Zeit, in der die Lebenserwartung eines Menschen noch ziemlich niedrig lag und Generation auf Generation folgte, war es nicht ungewöhnlich, daß Männer schon mit sechzehn Jahren Vater wurden. Dies galt ganz besonders für Prinzen, deren erste und wichtigste Aufgabe darin bestand, die Nachfolge zu gewährleisten. Auch Peters Zeit war gekommen, sich zu verheiraten und einen Sohn zu zeugen. Seine Mutter beschäftigte sich sehr mit diesem Gedanken, und im Augenblick machte sogar Sofia keine Einwände. Es ging letztlich nicht nur um die Frage Naryschkin oder Miloslawski, es war eine Frage der gesicherten Erbfolge der Romanows. Die Zarewna konnte sich nicht verheiraten, und Zar Iwan hatte bisher nur Töchter in die Welt gesetzt.

Natalja wollte aber noch aus anderen Gründen ihren Sohn so bald wie möglich verheiraten. Sein wachsendes Interesse an Ausländern beunruhigte sie, es übertraf bei weitem alles, was sie in der vom Westen beeinflußten Atmosphäre im Hause Matwejews oder durch die zunehmende Liberalisierung am Hof in den letzten Lebensjahren Zar Alexeis kannte. Peter verbrachte viele Stunden mit diesen Holländern, die ihn wie einen Lehrling, aber nicht wie ihren Herrscher behandelten. Sie hatten ihm das Trinken und das Pfeifenrauchen beigebracht und ihn ausländischen Mädchen vorgestellt, die sich ganz anders verhielten als die in der Abgeschlossenheit lebenden Töchter des russischen Adels. Darüber hinaus war Natalja ernstlich um Peters Sicherheit besorgt. Seine Sportarten, wie Kanonen abfeuern oder Segeln, waren gefährlich. Er konnte sich durch häufige Abwesenheit ihrer Kontrolle entziehen, mit nicht für ihn geeigneten Leuten verkehren und so sein Leben gefährden. Eine Frau sollte all das ändern, ein schönes russisches Mädchen, scheu, bescheiden und liebevoll. Es würde ihn ablenken und davon abhalten, über die Felder zu laufen und in Flüssen und Seen sein Leben aufs Spiel zu setzen. Eine gute Frau könnte Peter vom übermütigen Burschen zum ernsthaften Mann verwandeln und, wenn das Glück es wollte, auch bald zum Vater machen.

Peter fügte sich dem Wunsch seiner Mutter ohne Widerspruch, aber nicht aus Einsicht, sondern eher aus Desinteresse. Er war mit allem einverstanden, überließ die Einladung der zur Wahl stehenden Mädchen in den Kreml und deren Eignungsprüfung seiner Mutter. Er ließ sich die für ihn ausgewählte junge Frau vorstellen und akzeptierte sie als seine Gattin. So kam Peter ohne Schwierigkeiten zu einer Frau und Rußland zu einer neuen Zarin.

Das Mädchen hieß Jewdokija Lopuchina und war zwanzig Jahre alt – drei Jahre älter als Peter. Es hieß, sie sei hübsch gewesen, wenn auch kein Porträt von ihr aus diesen Jahren erhalten geblieben ist. Sie war zurückhaltend und voller Respekt, stammte aus einer angesehenen alten, konservativen russischen Familie, deren Ursprung bis ins 15. Jahrhundert zurückreichte und die durch Eheschließungen mit den Golizyns, Kurakins und Rodomanowskis verwandt war. Jewdokija war außerdem streng gläubig, fast völlig ungebildet und hatte eine Scheu vor allem Fremdländischen. Zudem glaubte sie, sie müsse, um ihrem Mann zu gefallen, nur dessen erste Sklavin sein. Hoffnungsvoll, aber hilflos stand sie neben ihrem strahlenden Bräutigam, als sie am 27. Januar 1689 seine Frau wurde.

Auch für eine Zeit, in der Ehen von den Eltern beschlossen wurden, war diese Heirat eine Katastrophe. Welche physische Reife Peter inzwischen auch erlangt haben mochte, seine Begeisterung galt noch immer den neuen Entdeckungen, und noch immer interessierte ihn mehr die Funktion von Dingen als das Verhalten von Menschen. Von zur Ehe gezwungenen Siebzehnjährigen, gleich aus welcher Epoche, kann man nicht erwarten, daß sie all das, wofür sie sich interessieren, der Häuslichkeit willen aufgeben. Und ganz gewiß war Jewdokija schlecht darauf vorbereitet, bei Peter ein solches Wunder zu vollbringen. Bescheiden, konventionell erzogen, kaum mehr als ein scheues Kind, vom Rang ihres Ehemanns überwältigt, nur darauf bedacht, ihm zu gefallen, ohne zu wissen wie – so wäre sie eine musterhafte Zarin für einen traditionellen moskowitischen Zaren geworden. Sie versuchte zu geben, was sie geben konnte, aber der geniale Impetus ihres Mannes und seine jungenhafte Wildheit verwirrten sie, und seine rauhe männliche Umgebung erfüllte sie mit Schrecken. Sie war bereit, sich bei den großen Staatszeremonien an seiner Seite zu zeigen, nicht aber beim Bau eines Schiffes. Ihre Abneigung gegen Ausländer wuchs. Man hatte ihr gesagt, Ausländer seien böse Menschen, und jetzt mußte sie erleben, wie sie ihr den Ehemann nahmen. Es gab kein Thema, über das sie sich mit ihm unterhalten konnte, da sie nichts über Zimmerhandwerk und Takelagen wußte. Ihn langweilte von Anfang an ihre Gesellschaft, bald auch das geschlechtliche Beisammensein; bald war ihr Anblick ihm unerträglich. Aber sie waren verheiratet und mußten miteinander schlafen, und innerhalb von zwei Jahren kamen zwei Söhne zur Welt. Der Erstgeborene war der Zarewitsch Alexei, der in Peters Leben noch eine tragische Rolle spielen sollte. Der zweite Sohn, Alexander genannt, starb sieben Monate nach seiner Geburt. Zu dieser Zeit, kaum drei Jahre nach der Hochzeit, war Peter seiner Frau so sehr entfremdet und ihr gegenüber so gefühllos geworden, daß er sogar der Beerdigung des Kindes fernblieb.

Im Frühling 1689, nur wenige Wochen nach seiner Hochzeit, beobachtete Peter ungeduldig das Brechen des Eises auf der Jausa bei Preobraschenskoje. Er versuchte alles, um von Frau, Mutter und sonstigen Verantwortlichkeiten loszukommen und an den Pleschtschejowesee zu gelangen. Anfang April war es endlich soweit. Er platzte schier vor Neugierde, ob Brant und Kort mit ihrer Arbeit vorangekommen waren. Fast alle Schiffe waren fertiggestellt und für den Stapellauf bereit. Es fehlten nur noch Taue für die Takelage der Segel. Noch am selben Tag bat er seine Mutter in einem überschwenglichen Brief um die benötigten Seile, wobei er geschickt zu verstehen gab, daß er um so schneller zurückkehren könne, je eher die Seile bei ihm einträfen.
Natalja war wütend. Sie schickte ihm keine Seile, sondern ordnete unverzüglich Peters Rückkehr nach Moskau an, um an einem Gedächtnisgottesdienst für den verstorbenen Zaren Fjodor teilzunehmen; seine Abwesenheit wäre als eine böse Mißachtung des Gedenkens an seinen Bruder zu verstehen. Peter war untröstlich bei dem Gedanken, seine Schiffe verlassen zu müssen.

Er versuchte noch einmal, sich dem Befehl seiner Mutter zu widersetzen. Der folgende Brief ist eine Mischung aus erzwungener Fröhlichkeit und schlauer Ausrede[6]: »Meiner höchstgeliebten Mutter, Frau Zarin Natalja Kirillowna, Euer unwerter Sohn, Petruschka, wünscht sehr zu erfahren, wie es Euch geht. Was Eure Befehle an mich betrifft, nach Moskau zurückzukehren, so bin ich bereit; nur ist hier noch viel Arbeit zu tun, und der Mann, den Ihr mir hergeschickt habt, hat dies selbst gesehen und wird Euch Genaueres darüber berichten. Wir sind dank Eurer Fürbitten bei bester Gesundheit. In bezug auf mein Kommen habe ich ausführlich an Lew Kirillowitsch [Nataljas Bruder] geschrieben, er wird Euch davon berichten. Und ich muß mich demütig in Euren Willen ergeben. Amen!«

Natalja war allerdings unnachgiebig: Peter hatte zu kommen. Am Tag vor dem Gedächtnisgottesdienst erschien er dann auch, konnte aber erst einen Monat später wieder entfliehen. In der Zwischenzeit war Kort gestorben. Peter führte mit Brant und den anderen Schiffsbauern die letzten Arbeiten zur Fertigstellung der Schiffe aus. Bald danach schrieb er wieder an seine Mutter und ließ den Brief durch den Bojaren Tichon Streschnew überbringen, den Natalja nach Pereslawl geschickt hatte, um zu erkunden, was dort vor sich ging.

In diesem Frühling schrieb Peter insgesamt fünf Briefe aus Pereslawl an seine Mutter, aber keinen einzigen an seine Frau. Er erwähnte sie nicht einmal in den Briefen an Natalja, was diese durchaus hinnahm. Im kleinen Schloß von Preobraschenskoje, in dem Ehefrau und Schwiegermutter residierten, gab es bereits Spannungen. Natalja, die dieses Mädchen für Peter ausgewählt hatte, erkannte bald dessen Grenzen; sie verachtete ihre Schwiegertochter und machte sich Peters Abneigung zu eigen. Nur Jewdokija selbst, die sich an diesem Ort sehr verlassen fühlte, gab sich noch in rührender Weise der Hoffnung hin, Peter würde bald nach Hause kommen und mit ihr in Harmonie zusammenleben. Sie schrieb ihm, er möge sich an seine Frau erinnern und ihr ein Zeichen von Liebe und Zärtlichkeit übermitteln.

Schließlich erhielt Peter wiederum den Befehl, zu einer öffentlichen Zeremonie nach Moskau zurückzukehren; und wieder verließ er seine Schiffe nur höchst ungern. In der Hauptstadt angekommen, bestand seine Mutter auf seinem Bleiben.

Eine politische Krise zog herauf: Mitglieder der Bojarenaristokratie, die sich um Peter und seine Mutter geschart hatten, bereiteten sich auf einen Sturz der Regierung Sofias vor. Nach sieben Jahren unangreifbarer Machtausübung begann Sofias Herrschaft zu wanken. Sie hatte zwei Feldzüge mit verheerenden Folgen geführt und versuchte jetzt, ihren Liebhaber Wassili Golizyn, den Kommandeur der geschlagenen Armee, vom Volk als siegreichen Helden feiern zu lassen. Hier war sie zu weit gegangen, und Peters Anhänger sahen darin das baldige Ende der Herrschaft Sofias. Peter mußte allerdings in Reichweite bleiben und in majestätischer Aufmachung für jedermann sichtbar sein. In Arbeitskleidung auf einem Baumstamm an einer Schiffswerft sitzend, noch dazu zwei Tagesreisen von Moskau entfernt, würde er immer der Knabe bleiben, den Sofia kannte: ein ungehobelter Bursche, dessen ausgefallene Vorlieben sie mit nachsichtigem Amüsement, aber auch mit Verachtung betrachtete.

7 Sofias Regentschaft

Sofia war fünfundzwanzig, als sie Regentin wurde, und erst zweiunddreißig, als sie Titel und Amt wieder verlor. Ein Porträt zeigt sie als braunäugige, mollige, aber nicht unattraktive junge Frau mit einem runden Gesicht, rosa Wangen, aschblondem Haar, einem langgestreckten Kinn und einem klassisch geformten Mund. Auf dem Kopf trägt sie eine kleine Krone mit einem aus Kugeln gebildeten Kreuz; über ihren Schultern liegt eine rote, pelzbesetzte Robe. Die Authentizität dieses Porträts ist nie in Frage gestellt worden, und es dient im allgemeinen sowohl den westlichen als auch den sowjetischen Gelehrten zur Beschreibung Sofias. Dennoch ist dieses Bildnis unzureichend. Es könnte das Porträt irgendeiner nicht allzu schönen jungen Frau sein; es enthüllt aber nichts von der leidenschaftlichen Energie und Entschlossenheit, die Sofia während des Strelitzen-Aufstands und ihrer siebenjährigen Herrschaft über Rußland bewies.

Der französische Diplomat De Neuville, der 1689 von Marquis de Béthune, dem französischen Gesandten in Polen, nach Moskau geschickt worden war, lieferte hingegen eine der ungalantesten Schilderungen Sofias: »Ihr Geist und ihre großen Fähigkeiten stehen in krassem Gegensatz zu ihrer Häßlichkeit. Sie ist ungeheuer dick, hat einen Kopf so groß wie ein Scheffel, Haare im Gesicht und Geschwüre an den Beinen, und sie ist mindestens vierzig Jahre alt. Im gleichen Maße, wie ihre Gestalt breit, kurz und grobschlächtig ist, zeigt sich ihr Geist als klug, scharfsinnig, unvoreingenommen und voller Berechnung. Und obwohl sie nie Machiavelli gelesen noch irgend etwas über ihn gehört hat, schien sie alle seine Maximen wie selbstverständlich zu verfolgen.«[1]

Wäre Sofia wirklich so häßlich gewesen, hätten auch andere Zeitgenossen dies wohl bestimmt erwähnt. Und es spricht noch eine weitere Tatsache gegen die Objektivität dieses Berichts. De Neuville hielt sich erst gegen Ende von Sofias Regentschaft in Moskau auf. Zu diesem Zeitpunkt strebte Sofia danach, sich auf die Seite Österreichs, des Feindes Frankreichs, zu stellen, und zwar in einem Krieg gegen das Osmanische Reich, das mit Frankreich insgeheim verbündet war. De Neuville irrte sich auch stark in bezug auf Sofias Alter – er machte sie um acht Jahre älter; aber vielleicht resultierte dies auch aus seinem Ressentiment als Franzose. Sicher ist jedenfalls, daß De

Neuville zumindest in einem Punkt ausschließlich seiner Phantasie gefolgt ist: Er hat bestimmt nie Sofias Beine gesehen. Was jedoch auch immer seine Motive gewesen sein mögen, sein Ziel hat dieser Franzose erreicht: Seine Darstellung wird immer das Bild, das man sich von der Regentin macht, beeinträchtigen.

Als Sofia 1682 Regentin wurde, führte sie ihre persönlichen Statthalter schnellstens in ihre Ämter ein. Ihr Onkel Iwan Miloslawski blieb bis zu seinem Tod ihr führender Berater. Eine zweite Stütze für sie war Fjodor Schaklowiti, der neue Strelitzen-Kommandeur, dem es gelang, den Respekt der ruhelosen Soldaten zu gewinnen und in den Moskauer Regimentern wieder eine zuverlässige Disziplin einzuführen. Schaklowiti stammte aus der Ukraine, war bäuerlicher Herkunft und kaum gebildet, aber er war Sofia ergeben und achtete darauf, daß alle ihre Befehle ausgeführt wurden. Im Verlauf ihrer Regentschaft machte sie ihn zum Sekretär des Bojarenrats, dessen Mitglieder ihn wegen seiner niedrigen Herkunft besonders haßten. Sofia holte sich auch Rat vom gelehrten Mönch Silvester Medwedew, den sie seit frühester Jugend kannte, als sie noch im Terem lebte. Medwedew war ein eifriger Schüler von Sofias Hauslehrer Simeon Polozki gewesen und galt als der gelehrteste Theologe Rußlands.

Miloslawski, Schaklowiti und Medwedew waren einflußreich, aber die wichtigste Figur während der Zeit von Sofias Regentschaft war Fürst Wassili Wassiljewitsch Golizyn – ihr Ratgeber, ihr erster Minister, ihr rechter Arm, ihr Tröster und schließlich ihr Liebhaber. Golizyn, der aus einem der ältesten russischen Adelshäuser stammte, war in seinem Geschmack und in seinen Vorstellungen noch stärker westlich und revolutionär eingestellt als Artemon Matwejew. Als erfahrener Staatsmann und Soldat, als Verehrer der Künste und kosmopolitischer Visionär war Golizyn vielleicht der gebildetste Mann, den Rußland bisher hervorgebracht hatte. Er war im Jahre 1643 geboren und hatte eine Ausbildung erhalten, die diejenige übertraf, die für den russischen Adel damals üblich war. Er lernte Latein, Griechisch und Polnisch und studierte Theologie und Geschichte.

Golizyn lebte wie ein Grandseigneur westlichen Vorbilds in Moskau in seinem großen Steinpalast, der ein Dach aus schweren Messingplatten hatte. Besucher, die die übliche primitive russische Einrichtung erwarteten, waren von der Pracht überwältigt: geschnitzte Decken, Marmorstatuen, Kristallglas, wertvolle Steine und Silberbesteck, bemaltes Glas, Musikinstrumente, mathematische und astronomische Geräte, vergoldete Stühle und Ebenholztische mit Elfenbeinintarsien. An den Wänden hingen Gobelins, venezianische Spiegel und deutsche Landkarten in vergoldeten Rahmen. Das Haus konnte sich einer Bibliothek lateinischer, polnischer und deutscher Bücher sowie einer Bildergalerie rühmen, in der die Porträts aller russischen Zaren und zahlreicher regierender Monarchen Westeuropas hingen. Die Gesellschaft von Ausländern war für ihn besonders anregend. Er war ständiger Besucher in der Deutschen Vorstadt, wo er regelmäßig mit General Patrick Gordon, dem schottischen Militärberater, speiste, der ihn bei seinen Bemühungen um eine Reform der Armee unterstützt hatte. Golizyns Haus in Moskau wurde ein beliebter Treffpunkt für ausländische Reisende, Diplomaten und Kaufleute. Sogar Jesuiten, denen die meisten Russen aus dem Weg gingen, waren bei ihm willkommen. Ein französischer Besucher war beeindruckt von der Fürsorglichkeit, mit der ihm Golizyn einmal freundlich riet, das Glas Wodka nicht zu trinken, das ihm als Willkommenstrunk bei seiner Ankunft gereicht worden war. Ausländern würde gewöhnlich dieses Getränk nicht bekommen, meinte er. Während der gemütlichen, auf lateinisch geführten Unterhaltung nach dem Essen reichten die Themen von den Vorzügen neuer Feuerwaffen und Geschosse bis hin zur europäischen Politik.

Golizyn bewunderte Frankreich und Ludwig XIV. leidenschaftlich; er legte Wert darauf, daß sein Sohn ständig ein Miniaturbild des Sonnenkönigs bei sich trug. Und gegenüber De Neuville offenbarte er seine Hoffnungen und Träume. Er sprach von weiteren Heeresreformen, von einer geplanten Handelsstraße quer durch Sibirien, von der Notwendigkeit ständiger Beziehungen zum Westen, von seinem Wunsch, daß Russen an westlichen Universitäten studieren sollten, und er diskutierte über Fragen der Geldstabilität, der Glaubensfreiheit und sogar der Befreiung der Leibeigenen. Wenn Golizyn sprach, wurden seine Visionen immer gewaltiger. Er träumte davon, »die Wüsten zu bevölkern, die Bettler reich zu machen, Wilde in kultivierte Menschen, Feiglinge in Helden und Hütten von Schafhirten in Paläste aus Stein zu verwandeln«[2].

Sofia war diesem ungewöhnlichen Mann im Alter von vierundzwanzig Jahren begegnet, auf dem Höhepunkt ihrer Rebellion gegen den Terem. Golizyn war damals neununddreißig, hatte blaue Augen, trug einen sauber gestutzten Van-Dyck-Bart und einen eleganten, pelzgesäumten Umhang. Unter den konventionellen moskowitischen Bojaren mit ihren langen Bärten und schweren Kaftanen sah er aus wie ein gerade aus England kommender eleganter Earl. Bei Sofias Intelligenz, ihrer Lernbegierigkeit und ihrem Ehrgeiz war es nur natürlich, daß sie in Golizyn die Personifizierung eines Ideals sah, von dem sie unwiderstehlich angezogen wurde.

Golizyn hatte eine Frau und erwachsene Kinder, aber das spielte für Sofia keine Rolle. Wie sie bei der Ergreifung der Macht alle Vorsicht in den Wind schlug, kannte sie auch in der Liebe kein Risiko. Mit Golizyn wollte sie Macht und Liebe teilen, gemeinsam mit ihm wollte sie herrschen: Er sollte seine neuen Ideen mit Hilfe ihrer Autorität verwirklichen. Nach ihrer Nominierung zur Regentin berief sie Golizyn zum Leiter der Außenpolitik. Zwei Jahre später übertrug sie ihm sogar als seltene Auszeichnung das Amt eines Bewahrers des großen Staatssiegels.

In den ersten Jahren ihrer Regentschaft war Sofias Rolle schwierig. De facto regierte sie zwar den Staat, versteckte sich und ihre Entschlüsse aber hinter den Regierungsämtern Golizyns und ließ sich in der Öffentlichkeit durch die beiden jungen Zaren vertreten, das Volk bekam sie selten zu sehen. In Dokumenten wurde sie nur als »höchst orthodoxe Prinzessin, die Schwester ihrer Majestäten« benannt. Wenn sie in der Öffentlichkeit erschien, dann getrennt von ihren Brüdern, aber doch in einer Art und Weise, in der sie schließlich als gleichrangig mit diesen anzusehen war. Ein Beispiel dafür bot die Verabschiedung der schwedischen Gesandten, die zur Bestätigung des Friedensvertrages zwischen Rußland und Schweden in Moskau weilten. Am Morgen jenes Tages, an dem dieser Vertrag durch den Eid der jungen Zaren rechtskräftig wurde, lud man die Gesandten ein, Gäste der Zeremonie zu sein. Die Schweden trafen in den Hofkutschen ein, Fürst Golizyn begrüßte und geleitete sie zwischen Reihen rotgekleideter Strelitzen über die rote Treppe in den Bankettsaal, wo Peter und Iwan schon auf ihrem Doppelthron saßen. Auf den Bänken entlang der Wände des Saals saßen die Bojaren und Staatsbeamten. Die Zaren und die Gesandten tauschten die formellen Begrüßungsworte aus und gelobten sich den Frieden. Dann standen Peter und Iwan auf, nahmen ihre Kronen vom Kopf und gingen zu einem Tisch, auf dem die Bibel und das Dokument des Friedensvertrages lagen. Dort versprachen sie, wobei sie Gott als Zeugen anriefen, daß Rußland niemals den Vertrag brechen und Schweden angreifen werde. Die beiden Zaren küßten die Heilige Schrift, und Golizyn überreichte den Gesandten ein Exemplar des Vertrages.

Damit war die offizielle Zeremonie beendet. Die eigentliche Abschiedsaudienz erfolgte später am selben Tag. Noch einmal wurden die Gesandten durch die Reihen der Strelitzen geführt. Am Eingang zum Goldenen Saal verkündeten zwei Zeremonienmeister, daß die große Herrin, die edle Zarewna, Großfürstin Sofia Alexejewna, Kaiserliche Hoheit von Groß-, Klein- und Weißrußland bereit sei, sie zu empfangen. Die Gesandten verneigten sich und betraten den Saal. Sofia saß auf dem Diamantenthron, den der Schah von Persien einst ihrem Vater geschenkt hatte. Sie trug eine Robe aus silbernem Brokat, von Goldstickerei übersät, mit Zobel eingesäumt und mit einem Überwurf aus feinster Spitze bedeckt. Auf ihrem Kopf saß eine Perlenkrone. Ihr Gefolge – die Frauen der Bojaren und zwei Zwerginnen – weilte in ihrer Nähe. Vor dem Thron standen Wassili Golizyn und Iwan Miloslawski. Sofia winkte die Schweden zu sich und unterhielt sich einige Minuten mit ihnen. Sie küßten ihr die Hand, und die Zarewna verabschiedete sie. Dann ließ sie ihnen mit der Geste eines russischen Autokraten Gerichte von ihrem eigenen Tisch servieren.

Golizyn rühmte sich, unter der Regentschaft Sofias eine Regierung auszuüben, »die sich auf Gerechtigkeit und auf allgemeine Zustimmung gründete«. Und die Bevölkerung Moskaus schien zufrieden zu sein. An Feiertagen flanierte sie in Scharen durch die öffentlichen Gärten und an den Flußufern entlang. Beim Adel machte sich ein starker polnischer Einfluß bemerkbar; polnische Handschuhe, Pelzmützen und Seife waren gefragt.

Stolz begannen viele Russen, ihre Genealogien aufzuzeichnen und sich Familienwappen anzuschaffen. Sofia widmete sich ihren geistigen Interessen und schrieb auf russisch Verse und sogar Theaterstücke, von denen einige im Kreml aufgeführt wurden.

Das Bild Moskaus und auch das Verhalten der Menschen veränderte sich allmählich. Golizyn interessierte sich für Architektur und konnte seinen Einfluß bei den in Moskau neu zu errichtenden Gebäuden geltend machen. Im Herbst 1688 war die Staatskasse zeitweise nicht in der Lage, die Gehälter der ausländischen Offiziere zu bezahlen, denn jeder verfügbare Rubel war Moskauer Bürgern als Darlehen zum Aufbau ihrer von den Flammen zerstörten Häuser gegeben worden. Zur Bekämpfung des Feuers wurde angeordnet, die Holzdächer mit Erde zu bedecken. Golizyn drängte die Russen, Steine als Baumaterial zu verwenden. Während seiner Regierung ordnete er an, alle neuen öffentlichen Gebäude sowie eine Brücke über die Moskwa in Stein zu erbauen.

Aber Theateraufführungen im Kreml, polnische Handschuhe und Steingebäude in Moskau bedeuteten noch keine wirkliche Gesellschaftsreform. Im Lauf der Jahre hatte das Regime Mühe, die Ordnung im Hause aufrechtzuerhalten. Die großen Träume Golizyns blieben unverwirklicht. Im Heer kam es unter der Führung ausländischer Offiziere scheinbar zu Verbesserungen, aber im Tatarenfeldzug scheiterte die russische Armee erbärmlich. Auch die Besiedlung weitabliegender sibirischer Provinzen kam zum Stillstand. Rußlands Handel blieb in ausländischen Händen, und die Verbesserung der Situation der Leibeigenen kam außerhalb Golizyns elegantem Salon niemals zur Sprache. Eine große Leistung konnte die Regierung jedoch auf dem Gebiet der auswärtigen Politik vorweisen. Von Anfang an hatten sich Sofia und Golizyn für eine Politik des friedlichen Zusammenlebens mit ihren Nachbarstaaten entschlossen. Dabei befanden sich immer große Teile einstmals russischen Territoriums in fremder Hand: Die Schweden hielten die Südküste des Finnischen Meerbusens, die Polen Weißrußland und Litauen besetzt. Sofia und Golizyn aber fochten die Okkupation nicht an. Die Zarewna schickte vielmehr Botschaften nach Stockholm, Warschau, Kopenhagen und Wien, in denen sie die Bereitschaft Rußlands bekundete, den Status quo zu akzeptieren und alle bestehenden Verträge einzuhalten.

König Karl XI. in Stockholm war hocherfreut zu erfahren, daß die Zaren Iwan und Peter keinen Versuch unternehmen würden, die russischen Ostseeprovinzen, die 1661 im Frieden von Kardis von Zar Alexei an Schweden abgetreten worden waren, zurückzuerobern. In Warschau dagegen war die Situation komplizierter. Polen und Russen hatten zwei Jahrhunderte lang gegeneinander Krieg geführt, aus dem Polen meist als Sieger hervorging. Polnische Armeen waren tief nach Rußland vorgedrungen, polnische Soldaten hatten den Kreml besetzt, ein polnischer Zar wurde sogar auf den russischen Thron gesetzt. Der letzte Krieg zwischen den beiden Nationen hatte nach zwölfjährigen Kämpfen 1667 mit einem Waffenstillstand geendet. Ent-

sprechend seinen Bedingungen errichtete Zar Alexei bei Smolensk die West-
grenze Rußlands und übte Hoheitsrechte über die Ukraine östlich des
Dnjepr aus. Ferner durfte er die alte Stadt Kiew behalten, allerdings nur für
zwei Jahre, danach mußte sie an Polen zurückgegeben werden.

Der Waffenstillstand wurde eingehalten, aber Alexei und nach ihm sein Sohn
Fjodor waren nicht bereit, Kiew aufzugeben. Die Stadt hatte eine allzu große
Bedeutung: sie war eine der ältesten Städte Rußlands, orthodox und die
Hauptstadt der Ukraine. Der Gedanke, Kiew an das katholische Polen zurückzugeben, war äußerst schmerzlich und völlig undenkbar. Bei den Verhandlungen über Kiew wich Moskau aus und schob eine Entscheidung hinaus, während Polen sich umgekehrt hartnäckig weigerte, seinen Anspruch
aufzugeben. So sahen die Beziehungen aus, als Sofias Friedensvorschläge in
Warschau eintrafen.

In der Zwischenzeit aber war Polen in einer neuen Krise. Es führte zusammen mit Österreich Krieg gegen das Osmanische Reich. Im Jahr 1683, zwölf
Monate nach der Thronbesteigung Peters, erreichte die osmanische Invasion
in Europa ihren Höhepunkt, als die türkischen Armeen Wien belagerten.
Der König von Polen, Jan Sobieski, führte die christlichen Armeen vor den
Stadtmauern Wiens zum Sieg. Die Türken zogen sich die Donau hinunter
zurück, aber der Krieg ging weiter. Polen und auch Österreich bemühten sich
um russischen Beistand. 1685 wurden die Polen von den Türken vernichtend
geschlagen, und im darauffolgenden Frühjahr traf eine beeindruckende polnische Delegation mit 1000 Mann und 1500 Pferden in Moskau ein, um eine
russisch-polnische Allianz einzugehen. Golizyn bereitete den Polen einen
glanzvollen Empfang. Sie wurden von besonderen Strelitzen-Abteilungen
durch die Straßen geführt und vom höchsten russischen Adel bewirtet. Nach
längeren zähen Verhandlungen erreichten beide Seiten um einen hohen Preis
ihr Ziel. Polen trat Kiew formell an Rußland ab und gab damit seinen Anspruch auf die Stadt für immer auf. Für Rußland, Sofia und Golizyn war dies
der größte Erfolg während ihrer Regentschaft. Die russische Verhandlungs-
abordnung unter Führung Golizyns wurde großzügig belohnt: mit Lob, Geschenken, Leibeigenen und Ländereien; die beiden Zaren selbst reichten
ihnen Pokale zum Trunk. In Warschau dagegen war König Jan Sobieski untröstlich über den endgültigen Verlust Kiews; als er dem Vertrag zustimmte,
weinte er. Aber auch Rußland hatte seinen Tribut zu zollen: Sofia hatte nämlich eingewilligt, dem Osmanischen Reich den Krieg zu erklären und einen
Vasallen des Sultans, den Khan der Krimtataren, anzugreifen. Zum ersten
Mal in der Geschichte Rußlands war Moskau jetzt im Kampf gegen einen
äußeren Gegner die Koalition mit einer europäischen Macht eingegangen.[3]
Der Krieg mit den Türken bedeutete für Rußland eine abrupte Änderung der
Außenpolitik.[4] Zuvor hatte es nämlich nie Feindseligkeiten zwischen dem
Sultan und dem Zaren gegeben und die Beziehungen zwischen Moskau und
Konstantinopel waren immer so freundschaftlich gewesen, daß russeische
Gesandte an der Hohen Pforte (Palast und Amtssitz des Großwesirs) mit

größerem Respekt behandelt wurden als Vertreter anderer Mächte. Außerdem hatte das Osmanische Reich noch immer eine ernstzunehmende politische Machtstellung. Der Großwesir Kara Mustapha war zwar vor Wien geschlagen worden, und die Janitscharen hatten sich entlang der Donau zurückziehen müssen, aber das Reich des Sultans war so riesig und seine Armee so groß, daß Sofia ihn ungern herausforderte. Bevor Sofia und Golizyn den Vertrag mit Polen unterzeichneten, riefen sie wiederholt nach General Gordon, einem Schotten, um dessen Meinung über Größe und Zustand des osmanischen Heeres und das militärische Risiko, das sie eingingen, zu erfahren. Feierlich erklärte der erfahrene Soldat, daß er den Zeitpunkt für einen Krieg äußerst günstig einschätze. Sofia und Golizyn sollten nicht die Türken, sondern deren Vasallen, die Krimtataren, angreifen. Die Fucht der Russen vor diesen moslemischen Nachfahren der Mongolen war tief verwurzelt. Jahr für Jahr verließen tatarische Reiter ihr Stammland auf der Krim, um über das Weideland der ukrainischen Steppe nordwärts zu reiten. In kleinen Gruppen oder größeren Verbänden überfielen sie dort die Kosakensiedlungen oder die russischen Städte, um sie zu plündern und zu verwüsten.

1662 eroberten Tataren die Stadt Putiwl und verschleppten die 20000 Einwohner in die Sklaverei. Gegen Ende des 17. Jahrhunderts waren türkische Sklavenmärkte mit russischen Menschen geradezu überfüllt. In jedem Hafen des östlichen Mittelmeers konnte man russische Männer in den Galeeren angekettet sehen, und russische Knaben waren ein willkommenes Geschenk des Krim-Khans an den Sultan. Die Anzahl der russischen Sklaven im Reich des Sultans war so groß, daß man spöttisch fragte, ob es in Rußland überhaupt noch Einwohner gäbe.

Es schien aussichtslos, diese verheerenden Tatarenüberfälle zu verhindern. Das Grenzgebiet war zu weitläufig, die russischen Verteidigungsmöglichkeiten zu gering, und das Ziel der Tatarenangriffe konnte man nicht vorausahnen – an Beweglichkeit kam ihnen sowieso niemand gleich. Dem Zaren blieb nur, jährlich ein sogenanntes Schutzgeld an den Khan zu entrichten, das dieser als Tribut bezeichnete, von den Russen aber als Geschenk umschrieben wurde, den Überfällen jedoch kein Ende setzte. Obwohl Moskau weit weg lag und man in der Hauptstadt die Überfälle im Süden eher als Störung denn als Aggression empfand, stellten sie nichtsdestoweniger einen Angriff auf die nationale Ehre dar. Entsprechend den Vertragsbedingungen mit Polen sollte Moskau nun versuchen, die Tatarenüberfälle in deren Ansätzen zu ersticken. Trotz Gordons Optimismus war man sich über die Schwierigkeiten eines solchen Feldzuges einig. Bachtschissarai, die Hauptstadt des Khans im Gebirgsland der Krim, lag etwa 1600 Kilometer von Moskau entfernt. Um dorthin zu gelangen, mußte das Heer nach Süden durch die ganze Weite der ukrainischen Steppe marschieren, den Isthmus von Perekop, das Tor zur Krimhalbinsel, überqueren und dann noch das Ödland der nördlichen Krim hinter sich bringen. Viele Bojaren, die als Offiziere in der Armee dienten, zeigten keinerlei Begeisterung für ein derartiges Vorhaben. Außerdem hegten sie auch Argwohn gegenüber dem Vertrag mit Polen. Die meisten fürchteten den langen, gefahrvollen Marsch. Andere wiederum waren nur deswegen gegen den Feldzug, weil Golizyn ihn vorgeschlagen hatte. Fürst Boris Dolgoruki und Fürst Juri Schtscherbatow drohten, sie und ihr militärisches Gefolge würden aus Protest gegen den Vertrag mit Polen, gegen den Feldzug und gegen Golizyn selbst in Schwarz erscheinen.

Allen Widerständen zum Trotz mobilisierte Rußland den Herbst und Winter über seine Armee. Rekruten wurden gemustert, Sondersteuern erhoben, Tausende von Pferden, Ochsen und Wagen eingezogen und ein Oberbefehlshaber ernannt. Zu seinem Entsetzen war die Wahl auf Wassili Golizyn gefallen. Er hatte zwar eine geringe militärische Erfahrung, begriff sich aber in der Hauptsache als Staatsmann und nicht als militärischer Oberbefehlshaber. Er hätte es bei weitem vorgezogen, in Moskau bleiben, die Regierungskontrolle behalten und ein Auge auf seine zahlreichen Feinde werfen zu können. Aber seine Gegner argumentierten lautstark, daß ein Minister, der sich für den Angriff gegen die Tataren entschieden hatte, auch den Feldzug anführen müsse. Golizyn war gezwungen einzuwilligen. Im Mai 1687 marschierten 100 000 russische Soldaten in Richtung Süden über die Straße nach Orel und Poltawa. Golizyn ließ nur langsam vorrücken; er befürchtete, die mobile Tatarenkavallerie könnte um seine Kolonnen herumreiten und sie von hinten angreifen. Am 13. Juni lagerte Golizyn am unteren Dnjepr, zweihundertvierzehn Kilometer nördlich von Perekop. Es war noch immer nichts von den Tataren zu sehen, nicht einmal Kundschafter des Khans hatten sich blicken lassen. Aber Golizyns Soldaten entdeckten etwas Schlimmeres: Rauch entlang des Horizonts. Die Tataren brannten die Steppe nieder, um den Last- und Zugtieren der Russen das Futter zu vernichten. Wo das Feuer gewütet hatte, blieb nur karges Land voll schwelender schwarzer Stoppeln zurück. Manchmal bedrohten die Flammen auch das russische Heer, hüllten Mensch und Tier in Rauch und brachten den schwerfälligen Gepäckzug in Gefahr. So heimgesucht, stolperte die russische Armee mehr voran, als daß sie marschierte, bis sich Golizyn hundert Kilometer von Perekop zum Rückzug entschloß. Von der Hitze und Trockenheit des Sommers geplagt und geschwächt durch Hunger wankte sie heimwärts. In seinem Rapport für Moskau beschrieb Golizyn die Kampagne allerdings als Erfolg. Er erklärte, der Khan sei durch den Vormarsch der russischen Truppen so erschrocken, daß er geflohen sei und sich in den abgelegenen Bergfestungen der Krim versteckt hielte. Am späten Abend des 14. September traf Golizyn wieder in Moskau ein, wo er als Held gefeiert wurde. Am nächsten Morgen durfte er der Regentin und den beiden Zaren die Hände küssen. Sofia verkündete öffentlich den Sieg ihres Favoriten, überhäufte ihn mit Lob und belohnte ihn großzügig mit Geld und Gütern. Seine Offiziere erhielten kleinere Goldmedaillen mit den Porträts Sofias und der beiden Zaren. Insgesamt war Golizyn vier Monate unterwegs gewesen, hatte 45 000 Mann verloren und kehrte nach Moskau zurück, ohne die tatarische Armee überhaupt gesehen, geschweige denn bekämpft zu haben.

Es dauerte nicht lange, bis der wahre Sachverhalt in den Hauptstädten der Verbündeten Rußlands bekannt wurde. Man reagierte mit Verachtung und Zorn. Allerdings waren in diesem Jahr, 1687, auch die polnischen Feldzüge wenig erfolgreich, nur die Österreicher und Venezianer konnten kleine Siege aufweisen: sie hatten die Türken aus wichtigen Städten und Festungen in Ungarn und der Ägäis vertrieben. 1688 unternahm Rußland überhaupt keinen Feldzug gegen den gemeinsamen Feind, die Situation der Bundesgenossen wurde zunehmend schlechter. Starke türkische Verbände konzentrierten sich auf Polen, während Ludwig XIV. dem Habsburger Reich in den Rücken fiel. Angesichts dieser neuen Bedrohungen zogen schließlich sowohl die Polen als auch die Österreicher einen Frieden mit den Türken in Betracht. Der Krieg sollte nur dann eine Fortsetzung finden, wenn auch Rußland seinen Verpflichtungen nachkommen und die Krim erneut angreifen würde.

Sofia und Golizyn wären überaus froh gewesen, den Krieg sofort zu beenden, wenn es nicht Kiew gegeben hätte und die Möglichkeit eines Rückzugs der Alliierten und somit der Auslieferung Rußlands an die Übermacht des Osmanischen Reiches. Schweren Herzens fügten sie sich also der Notwendigkeit zur Vorbereitung eines zweiten Feldzugs zur Krim. Außerdem ging im Frühjahr 1688 ein weiterer Anstoß für dieses Vorhaben vom Tataren-Khan selbst aus: Er führte Krieg gegen Rußland, verwüstete die Ukraine, bedrohte die Städte Poltawa und Kiew und rückte beinahe bis zu den Karpaten vor. Als er sich im Herbst wieder auf die Krim zurückzog, schleppten sich 60000 russische Gefangene hinter seinen Reitern her.

Unter dem Druck, den Krieg fortführen zu müssen, rief Golizyn also zum zweiten Vorstoß gegen die Krim auf. Er erklärte großspurig, es würde erst dann wieder Frieden geben, wenn sich die ganze Schwarzmeerküste in Händen Rußlands befände und die Tataren sich vollständig von der Krim zurückgezogen und im türkischen Anatolien niedergelassen hätten. Dieser unsinnige Gedanke zeigte deutlich Golizyns zunehmend schwache Position am Moskauer Hof. Es war für ihn vorrangig, die Tataren zu besiegen, um der Kritik seiner persönlichen und politischen Feinde entgegentreten zu können. Bevor er zum Aufbruch rüstete, wurde auf ihn ein erfolgloses Attentat verübt, und am Abend vor dem Abmarsch fand er einen Sarg vor seiner Tür mit der Warnung, daß dieser seine Heimstatt werde, falls der zweite Feldzug nicht erfolgreicher verlaufe als der erste. Er sollte beginnen, noch »bevor das Eis brach«. Schon im Dezember sammelten sich die Soldaten, und Anfang März brach Golizyn mit 112000 Mann und 450 Kanonen nach Süden auf. Einen Monat später meldete er Sofia, sein Vormarsch werde durch Schnee und extreme Kälte, bald darauf durch überschwemmte Flüsse, zerstörte Brücken und tiefen Schlamm behindert. Am Samara schloß sich Masepa, der Hetman der Kosaken, mit 16000 Reitern den russischen Truppen an. Wiederum wurde der Vormarsch durch Steppenbrände erschwert, doch diesmal waren sie weniger gefährlich. Golizyn hatte seine eigenen Leute vorausgeschickt und die Steppe selbst niederbrennen lassen, so daß seine Armee bei ihrem Durchzug schon wieder Gras vorfand.

Als das russische Heer Mitte Mai bis zum Isthmus von Perekop vorgerückt war, tauchten plötzlich wie aus dem Nichts mehr als 10000 berittene Tataren auf und griffen das Kasaner Regiment unter der Führung Boris Scheremetews, dem zukünftigen Feldmarschall, an. Die Russen wurden überwältigt, versprengt – und flohen. Die Tataren richteten ihren Angriff nun auf den Gepäckzug. Golizyn gelang es jedoch rechtzeitig, seine Artillerie in Stellung zu bringen und den Ansturm durch den Einsatz von Kanonen abzuwehren. Am nächsten Tag, dem 16. Mai, griffen die Tataren Golizyns Nachhut an. Noch einmal gelang es der Artillerie, gegen die Angreifer erfolgreich vorzugehen. Von diesem Zeitpunkt an aber war das russische Heer ständig von einer gefährlichen Tatareneskorte begleitet.

Am 30. Mai erreichten die Russen die Befestigungslinie der Tataren, die sich mehr als sechs Kilometer über den Isthmus von Perekop hinzog. Unter dem tiefen Graben erhob sich ein Wall, auf dem Kanonen ausgerichtet waren und Soldaten zum Kampf bereitstanden. Jenseits des Walls ragte eine befestigte Zitadelle empor, in der der Khan Teile seiner Armee stationiert hatte. Golizyn wagte es angesichts dieser Übermacht nicht, anzugreifen. Seine Soldaten waren übermüdet und vom langen Marsch geschwächt, die Wasservorräte knapp, und für eine Belagerung fehlte es ihm an der erforderlichen Ausrüstung und Verpflegung. Er versuchte, auf diplomatischem Wege eine Lösung des Konflikts zu erreichen, und bot Verhandlungen an. Hier, angesichts der drohenden Gefahr, waren seine Bedingungen wesentlich bescheidener als zuvor noch in Moskau. Er verlangte nur das Versprechen der Tataren, die Ukraine und Polen nicht mehr anzugreifen, den Anspruch auf russische Tributzahlungen aufzugeben und russische Gefangene freizulassen. Der Khan, seiner Überlegenheit bewußt, lehnte die beiden ersten Forderungen ab, zur dritten erklärte er, daß viele der Gefangenen bereits frei seien und inzwischen »den mohammedanischen Glauben angenommen« hätten. Da keine Einigung zustandekam und Golizyn auch nicht in der Lage war anzugreifen, entschloß er sich zu einem erneuten Rückzug.

Und wiederum erreichten Berichte über glänzende Siege Moskau, wieder glaubte Sofia diese Heldentaten und begrüßte den heimkehrenden General als Sieger. Aber sie begrüßte ihn nicht nur als Sieger über die Tataren, sondern mehr noch als liebende Frau[5]: »Oh, meine Freude, Licht meiner Augen, wie kann ich meinem Herzen glauben, daß ich Dich wiedersehe, mein Geliebter. Es wird ein großer Tag für mich sein, wenn Du, meine Seele, zu mir kommen wirst. Wenn es mir nur möglich wäre, würde ich Dich, bevor nur ein einziger Tag vergangen ist, zu mir holen. Deine Briefe haben mich durch Gottes Fügung alle sicher erreicht. Ich hatte mich zu Fuß auf die Pilgerschaft zum Kloster des heiligen Sergius begeben, als mich, gerade beim Betreten der heiligen Pforte, Dein Brief über die Schlacht erreichte. Ich weiß nicht mehr, wie ich in das Kloster hineinkam. Ich las im Gehen. Was Du mir aufgetragen hast, Väterchen, den Klöstern zu schicken, habe ich ausgeführt. Ich bin selbst zu all den Klöstern zu Fuß gepilgert.«

Unterdessen erkämpfte sich die Armee mühsam ihren Rückzug. Francis Lefort, ein Schweizer Offizier in russischen Diensten, schrieb an seine Familie in Genf, daß die Aktion 35 000 Mann gekostet habe: »20 000 Tote und 15 000 Gefangene. Außerdem wurden siebzig Kanonen zurückgelassen und das ganze übrige Kriegsmaterial.«[6]

Als Golizyn am 8. Juli in Moskau eintraf, durchbrach die Regentin das Protokoll, indem sie ihren Helden nicht erst im Kremlpalast, sondern schon vor den Toren der Stadt empfing. Gemeinsam mit ihm ritt sie in den Kreml, wo ihn Zar Iwan und der Patriarch begrüßten und ihm öffentlich dankten. Sofia ordnete an, in allen Moskauer Kirchen Dankgottesdienste abzuhalten, um die siegreiche Rückkehr des russischen Heeres zu feiern. Zwei Wochen später wurde die reiche Belohnung der höheren Dienstgrade bekanntgegeben: Golizyn sollte ein Gut in Susdal sowie eine große Summe Geldes, einen goldenen Pokal und einen Kaftan aus Goldbrokat mit Zobelpelzsaum erhalten. Russische und ausländische Offiziere bekamen Silberpokale, zusätzliche Löhnungen, Zobelpelze und Goldmedaillen.

Die Feierlichkeiten wurden nur durch den Umstand getrübt, daß Peter von Anfang an das »Theater vom Sieg« mißbilligte und nicht bereit war mitzuspielen. Er lehnte es strikt ab, den zurückkehrenden »Helden« gemeinsam mit Iwan und dem Patriarchen zu begrüßen und verweigerte eine Woche lang seine Zustimmung zu den Belohnungen. Als er schließlich zustimmen mußte, empfand er darüber große Bitterkeit. Die Etikette verlangte, daß Golizyn nach Preobraschenskoje kam, um dem Zaren für seine Großzügigkeit zu danken. Als Golizyn eintraf, weigerte sich Peter, ihn vorzulassen, was nicht nur einen Affront, sondern eine Kampfansage bedeutete.

Die Proklamation zur zweiten Tatarenoffensive hatte bei der Bevölkerung, die nicht mehr loyal hinter Sofias Herrschaft stand, erneut Unmut aufkommen lassen. Es gab schon genügend Unzufriedenheit mit der Regierung, und der Favorit Golizyn – er war besonders unbeliebt, weil er die Rangordnung abgeschafft und westliche Methoden den herkömmlichen russischen Sitten vorgezogen hatte – war als erfolgloser General, der nun im Begriff war, einen weiteren unpopulären Feldzug anzutreten, abgewertet. Ein Sieg hätte diese Vorbehalte größtenteils ausräumen können, doch mit der Zeit kam ein neuer, sehr ernstzunehmender Faktor ins Spiel: Peter.

Die Bojaren, die sich in Preobraschenskoje um Peter und Natalja scharten, waren sich dessen sicher, daß der aktive junge Zar bald bereit sein würde, eine wichtigere Rolle in der Regierung zu spielen; sie begannen, ihre Stärke auszuspielen. Einige der größten Namen Rußlands befanden sich unter ihnen: Urusuw, Dolgoruki, Scheremetew, Rodomanowski, Trojekurow, Streschnew, Prosorowski, Golowkin und Lwow, und nicht zuletzt die der Familie seiner Mutter und seiner Frau, die Naryschkins und Lopuchins. Diese aristokratische Partei, wie man sie nannte, war es auch, die auf der Führung Golizyns im zweiten Feldzug bestand.

Gegen all diese Feinde, die auf ihre Stunde warteten, hatte Golizyn nur einen einzigen wichtigen Verbündeten: Fjodor Schaklowiti. Schaklowiti war der entschlossenste und skrupelloseste unter Sofias Beratern. Er hatte nie ein Hehl aus seiner Abneigung gegen die Aristokratische Opposition und die Bojaren überhaupt gemacht: er haßte sie, wie sie ihn haßten. Anfang 1687, als er einer Strelitzen-Gruppe gegenüber verächtlich äußerte, die Bojaren seien wie eine Menge »verschrumpeltes Fallobst«[7], wollte er seinen Teil dazu beitragen, die Soldaten gegen die Adeligen aufzubringen. Er erkannte klar, wie stark der Einfluß und die Macht der Aristokraten sein würden, wenn Peter erwachsen wäre. Er vertrat deshalb mit Nachdruck den Standpunkt, diese Gegner allesamt jetzt zu vernichten.

Als Golizyn nach Süden aufgebrochen war, nahm nur Schaklowiti seine Interessen in Moskau wahr. Schon bald geriet die Opposition in Bewegung, ein Naryschkin wurde zum Bojaren ernannt, Golizyns alter Feind, Fürst Michail Tscherkassi, auf einen wichtigen Posten berufen. Besorgt schrieb Golizyn an Schaklowiti und bat ihn um Hilfe[8]:

»Wir sind immer in Sorge und haben wenig Freunde, nicht wie andere, die immer froh sind und sich nur um ihre eigenen Dinge kümmern. Was meine Angelegenheiten betrifft, so liegt jetzt meine einzige Hoffnung bei Euch. Schreibt mir bitte, ob nicht von diesen Leuten [den Bojaren] irgendwelche teuflischen Intrigen zu erwarten sind. Haltet um Gottes willen auch ein waches Auge auf Tscherkassi und laßt nicht zu, daß er jenes Amt erhält, auch wenn Ihr den Einfluß des Patriarchen oder den der Prinzessin gegen ihn verwenden müßtet.«

Daß Peter Sofias Geliebten öffentlich abgewiesen hatte, ärgerte, ja demütigte die Regentin. Das war die erste direkte Kampfansage des jungen Zaren und ein deutliches Zeichen dafür, daß er sich in Zukunft nicht dem Willen anderer beugen würde. Peter war kein Knabe mehr, und der Tag seiner Volljährigkeit war abzusehen. Sofia spottete zwar über seine Kriegsspiele und den Schiffsbau, die Beobachter aus dem Ausland jedoch, deren Regierungen an einer möglichst objektiven Prognose der Zukunft Rußlands interessiert waren, verzeichneten genau, was in Preobraschenskoje vor sich ging. Baron van Keller, der holländische Gesandte, unterrichtete Den Haag über Peter: »Von Gestalt größer als seine Höflinge, zieht der junge Peter jedermanns Aufmerksamkeit auf sich. Man rühmt seine Intelligenz, die Vielfalt seiner Ideen, seine körperliche Kraft. Man sagt, er werde bald zur höchsten Macht gelangen, und die russische Politik wird dann unweigerlich eine neue Richtung einschlagen.«[9]

Sofia tat ursprünglich nichts, um ihren Halbbruder in seiner persönlichen Entwicklung zu hemmen und ihn von der Macht fernzuhalten. Von Staatsangelegenheiten völlig in Beschlag genommen, sah sie in dem Knaben und seiner Mutter keine Gefahr. Als Peter zwölf Jahre alt war, schenkte sie ihm sogar eine Sammlung Sterne, Knöpfe und Diamantenschnallen. Die Waffentransporte nach Preobraschenskoje billigte sie und nahm sie später gar nicht mehr zur Kenntnis. Im Januar 1689 durfte Peter zum erstenmal an einer Zusammenkunft des Bojarenrates teilnehmen, doch fand er das langweilig und blieb später diesen Sitzungen meist fern.

Bei Sofia stellte sich langsam ein Gefühl der Unsicherheit und Angst ein. Sieben Jahre lang im Besitz der Macht, hatte sie sich so daran gewöhnt, daß es unvorstellbar war, sie wieder aufgeben zu müssen. Und doch wußte sie, daß ihre Regentschaft befristet war. Sie hatte spätestens dann zurückzutreten, wenn ihre Brüder volljährig waren. Dieser Zeitpunkt rückte nun immer näher. Iwan war verheiratet und hatte Töchter, doch von ihm war nichts zu befürchten. Aber Peter stand an der Schwelle zum Mannesalter, wie schon seine Eheschließung mit Jewdokija Lopuchina deutlich bewies. Sofia befand sich in einem Konflikt, und eine Krise, die zu ihrem Sturz führen mußte, war unvermeidlich. Sie versuchte erfolglos, ihre Position zu sichern.

1686, nach dem Abschluß des Friedensvertrages mit Polen, begann Sofia, die günstige politische Situation nützend, den Titel des »Selbstherrschers«, der gewöhnlich nur Zaren zustand, für sich in Anspruch zu nehmen. Er wurde in allen offiziellen Dokumenten sowie bei öffentlichen Zeremonien ihrem Namen beigefügt, so daß sie mit Iwan und Peter im gleichen Rang stand. Da sie aber, anders als ihre Brüder, nicht gekrönt worden war, konnte sie diese Gleichrangigkeit nie erreichen. Sie versuchte es trotzdem. Im Sommer 1687 beauftragte Sofia Schaklowiti, festzustellen, ob sie im Falle eines Sieges Golizyns über den Krim-Khan mit der Unterstützung der Strelitzen rechnen könnte, wenn sie sich selbst krönen lassen würde. Schaklowiti tat, wie ihm befohlen. Er drängte die Strelitzen, eine Bittschrift an die beiden Zaren zu richten, sie mögen der Krönung zustimmen. Aber konservativ wie sie waren, lehnten die Strelitzen ab, und der Plan wurde aufgeschoben. Ein erstaunliches Porträt Sofias ließ den Gedanken an eine mögliche Krönung der Regentin wieder aufleben. Das Bild – das Werk eines polnischen Künstlers – zeigte sie mit der Monomach-Krone, dem Reichsapfel und dem Zepter, so wie gekrönte männliche Herrscher dargestellt wurden. Sie trug den Titel der Großfürstin und Selbstherrscherin, und ein Gedicht des Mönchs Silvester Medwedew rühmte ihre Führungsqualitäten und stellte sie neben Semiramis von Assyrien, die Kaiserin Pulcheria von Byzanz und Königin Elisabeth I. von England. Kopien dieses Bildes auf Samt, Seide oder Papier gedruckt, kursierten in Moskau, andere gelangten nach Holland mit der Bitte, die Verse ins Lateinische und Deutsche zu übersetzen und in ganz Europa zu verbreiten.

Den Bojaren, die sich Peter und seiner Mutter angeschlossen hatten, erschien die Übernahme des Selbstherrschertitels durch Sofia als eine Zumutung, und die Verteilung des Porträts, auf dem die Regentin mit den königlichen Insignien abgebildet war, gar als eine Beleidigung. Sie befürchteten die Selbstkrönung Sofias, ihre Heirat mit Wassili Golizyn und die Entthronung der beiden Zaren. Ob Sofia tatsächlich selbst diese Pläne hatte, ist unbekannt. Möglicherweise träumte sie wirklich von einer uneingeschränkten Herrschaft an der Seite ihres Geliebten.

Nur Fjodor Schaklowiti äußerte offen seine Hoffnungen und Absichten. Wiederholt und eindringlich wies er auf die Notwendigkeit der Zerschlagung der Naryschkin-Partei vor Peters Großjährigkeit hin. Mehr als einmal beabsichtigte er, die führenden Persönlichkeiten der Anhängerschaft Peters und sogar Natalja durch Strelitzen töten zu lassen. Doch er scheiterte mit diesen Plänen, da Sofia und auch Golizyn vor jeder Gewaltanwendung zurückschreckten. Andererseits aber blieb Schaklowitis Eifer nicht ganz ohne Wirkung auf Sofia. Es wird vermutet, daß er während der langen Abwesenheit Golizyns Sofias zeitweiliger Liebhaber war.

Die Beziehungen zwischen Peter und Sofia veränderten sich, und nach dem katastrophalen Ausgang der zweiten Krimschlacht kam es zur Konfrontation. Die beiden erfolglosen Feldzüge Golizyns bedeuteten mehr als nur militärische Niederlage: sie zogen auch die besondere Aufmerksamkeit der Öffentlichkeit auf das Verhältnis der Regentin zu ihrem Oberbefehlshaber auf sich und boten Sofias Feinden Angriffspunkte.

Peter selbst war weder am Friedensvertrag mit Polen noch an den beiden Feldzügen beteiligt, aber ganz allgemein an militärischen Dingen und wie jeder andere Russe daran interessiert, daß den Tatarenüberfällen in der Ukraine ein Ende gesetzt würde. Er hatte den Verlauf der Kämpfe mit größter Aufmerksamkeit verfolgt und empfand Golizyn gegenüber, als dieser im Juni 1689 von seinem zweiten katastrophalen Feldzug heimkehrte, nichts als Zorn und Verachtung. Am 18. Juli wurde die Öffentlichkeit durch einen Zwischenfall auf den zunehmenden Widerstand Peters gegen die Regentin aufmerksam. Während der Feiern zu Ehren der wunderbaren Erscheinung der Muttergottes von Kasan besuchte Sofia wie jedes Jahr gemeinsam mit ihren beiden Brüdern die Mariä-Himmelfahrts-Kathedrale. Als der Gottesdienst zu Ende war, forderte Peter Sofia auf, sich von der Prozession zu entfernen. Das war eine offene Kampfansage: die Regentin daran zu hindern, neben den beiden Zaren einherzuschreiten, hieß, sie ihrer Autorität zu berauben. Sofia verstand sofort und verweigerte den Gehorsam. Sie nahm statt dessen selbst vom Metropoliten die Ikone entgegen und reihte sich, das heilige Bild tragend, in die Prozession ein. Erzürnt verließ daraufhin Peter die Zeremonie.

Die Spannungen nahmen weiter zu. Gerüchte kamen in Umlauf, und jede Seite erwartete den plötzlichen Angriff der anderen, wobei man selbst aber in der Defensive bleiben wollte. Für Peter gab es keinen hinreichenden Grund, Sofia und Iwan anzugreifen. Die Geschwister regierten gemäß der bei der Krönung der Zaren im Jahr 1682 getroffenen Vereinbarung; niemand hatte gegen diese Vereinbarung oder Peters Hoheitsrechte verstoßen. Sofia wäre es nicht möglich gewesen, gegen Peter vorzugehen – er war ein gesalbter Zar.

Beide Seiten waren verunsichert. Sofia war im Vorteil, was die Zahl der Soldaten betraf: die meisten Strelitzen und ausländischen Offiziere aus der Deutschen Vorstadt standen hinter ihr. Peters »Armee« war dagegen klein. Er hatte nur seine Familie, seine Freunde, seine Sechshundert-Mann-Truppe und möglicherweise die Unterstützung des Suworow-Regiments der Strelitzen. Sofias Armee war zwar zahlenmäßig stärker, doch konnte sie der Loyalität der Strelitzen nie ganz sicher sein. Außerdem hatte sie eine übertrieben große Angst vor den wenigen bewaffneten Männern Peters. In jenem Sommer ließ sich die Regentin stets von einer starken Strelitzen-Einheit Geleitschutz geben und überhäufte die Soldaten mit Geldgeschenken.

Während Sofia um ihren Herrschaftsanspruch kämpfte, blieb Wassili Golizyn, der eben erst heimgekehrte »Held« von Perekop, still. Er wollte nicht in irgendein Komplott gegen Peter und die mit ihm verbündeten Bojaren verwickelt werden. Schaklowiti dagegen suchte die Strelitzen häufig auf und denunzierte in aller Öffentlichkeit einzelne Mitglieder der Partei Peters. Peters Namen erwähnte er dabei nicht, aber er vertrat die Meinung, man müsse seine wichtigsten Verbündeten beseitigen und die Zarin Natalja in ein Kloster schicken.

Der Juli ging zu Ende, und mit der Hitze wurde die Spannung in Moskau immer unerträglicher. Am 31. Juli vermerkte Gordon in seinem Tagebuch: »Die Hitze und die Verbitterung werden hier immer größer und größer; es sieht so aus, als müßten sich beide bald entladen.«[10] Ein paar Tage später sprach er davon, es gebe »Gerüchte, deren Weitergabe gefährlich sein könne«.

8   Sofias Sturz

Am 17. August 1689 erreichte die Krise ihren Höhepunkt. Am Nachmittag des 17. August bat Sofia Schaklowiti um den Schutz einer Strelitzen-Eskorte, da sie am nächsten Morgen zum Donskoi-Kloster, etwa drei Kilometer vom Kreml entfernt, zu Fuß pilgern wollte. Da erst kürzlich in der Nähe dieses Klosters ein Mord begangen worden war, beorderte Schaklowiti eine schwer bewaffnete Strelitzen-Kompanie in den Kreml. Als die Abteilung im Kreml biwakierte, kam plötzlich im Palast ein anonymer Brief in Umlauf. Er enthielt die Warnung, daß Peters Soldaten aus Preobraschenskoje noch in derselben Nacht den Kreml angreifen und Zar Iwan und die Regentin Sofia töten wollten. Niemand nahm sich die Zeit, die Echtheit des Briefes zu überprüfen; möglicherweise war er sogar Schaklowiti zuzuschreiben. Sofia geriet in Panik. Schaklowiti ließ sofort die großen Kremltore schließen und berief noch weitere Strelitzen als Bewachung in die Zitadelle. Entlang der Straße nach Preobraschenskoje wurden Posten aufgestellt, die jedes Zeichen einer

Truppenbewegung aus Peters Zeltlager in Richtung Moskau melden sollten. Im Kreml wurde ein besonders langes Seil an der Sturmglocke der Kathedrale befestigt, damit man die Glocke im Palast selbst läuten konnte. Man befürchtete, daß jemand auf dem Weg zur Kathedrale von Mördern niedergeschlagen werden könnte.

Die Mobilisierung der Strelitzen erinnerte die Einwohner Moskaus an das Blutbad, das sieben Jahre zuvor stattgefunden hatte, und jetzt schien ein neuer Aufstand bevorzustehen. Auch die Strelitzen waren beunruhigt. Ein Befehl, zum Gut der Naryschkins in Preobraschenskoje zu marschieren, würde für viele von ihnen nur Verdruß bedeuten. Peter war schließlich gesalbter Zar, und sie waren vereidigt worden, ihn unter Einsatz ihres Lebens zu verteidigen. Ebenso hatten sie geschworen, den Zaren Iwan und die Regentin Sofia zu schützen. Jetzt schwankten sie zwischen beiden Parteien, für sie war es aber von größter Wichtigkeit, nicht auf der Verliererseite zu stehen.

Am Abend ritt einer von Peters Kammerherren von Preobraschenskoje nach Moskau, um im Kreml eine Routinemeldung des Zaren zu überbringen. Seine Ankunft wurde jedoch von einigen der nervösen und überreizten Strelitzen falsch gedeutet. Sie stießen ihn vom Pferd, schlugen ihn und zerrten ihn in den Palast zu Schaklowiti. Dieser Vorfall hatte unmittelbare und unerwartete Folgen.

Während der vergangenen Wochen hatten die beiden ältesten und erfahrensten Anhänger Peters, Lew Naryschkin und Fürst Boris Golizyn, ein Vetter von Sofias Favoriten Wassili Golizyn, erkannt, daß eine Konfrontation mit Sofia und Schaklowiti unumgänglich war. Sie hatten heimlich versucht, durch die Strelitzen Informationen zu bekommen. Sieben Leute waren unter der Führung von Larion Elisarow auf die Seite Peters übergewechselt. Sie hatten den Auftrag, jede bedeutende Maßnahme Schaklowitis nach Preobraschenskoje zu melden, da man befürchtete, die Soldaten würden den Befehl erhalten, in das Naryschkin-Lager zu marschieren. Als Elisarow in jener Nacht erfuhr, was mit Peters Boten geschehen war, vermutete er, daß der erwartete Angriff auf Peter unmittelbar bevorstand. Zwei von Elisarows Leuten ritten umgehend zum Zaren, um ihn zu warnen.

In Preobraschenskoje war alles still, als die beiden Boten kurz nach Mitternacht in den Hof ritten. Ein Diener stürzte ins Schlafgemach Peters und schrie, der Herrscher müsse um sein Leben rennen, die Strelitzen seien im Anmarsch. Peter sprang aus dem Bett, rannte barfuß im Nachtgewand zu den Ställen, bestieg ein Pferd und galoppierte zu einem nahegelegenen Wäldchen. Dort versteckte er sich, bis ihm seine Anhänger seine Kleidung brachten. Er zog sich schnell an, stieg wieder aufs Pferd und ritt mit einigen Begleitern zum Troize-Kloster, dem Kloster der Dreifaltigkeit, etwa siebzig Kilometer nordöstlich von Moskau. Als Peter schließlich um sechs Uhr morgens dort ankam, war er so erschöpft, daß er vom Pferd gehoben werden mußte.

Der nervöse Siebzehnjährige hatte einen Schock erlitten. Sieben Jahre lang hatte er Alpträume, in denen die Strelitzen die Naryschkins zu Tode hetzten.

Im Kloster wurde Peter zu Bett gebracht; er brach in Tränen aus und erzählte dem Abt unter krampfartigem Schluchzen, seine Schwester habe geplant, ihn und seine ganze Familie zu töten. Bald wurde er aber von der Müdigkeit überwältigt, und er fiel in einen tiefen Schlaf. Zwei Stunden später trafen Natalja und Jewdokija im Kloster ein. Auch sie waren aus dem Schlaf gerissen worden und unter dem Geleitschutz der Regimenter Peters aus Preobraschenskoje hierher geflohen. Im Laufe des Tages traf das gesamte Suworow-Regiment der Strelitzen aus Moskau ein, um sich Peter anzuschließen.

Man könnte vermuten, daß aufgrund der Panik die Zuflucht im Dreifaltigkeits-Kloster überstürzt gewählt worden sei. Das war jedoch nicht der Fall, Peter hatte nicht diese Entscheidung getroffen. Im Zusammenhang mit der Auseinandersetzung mit Sofia hatten Lew Naryschkin und Boris Golizyn schon beizeiten einen Fluchtplan für Peter und den ganzen Hof von Preobraschenskoje ausgearbeitet. Wenn Gefahr drohte, sollte die gesamte Opposition nach Troize fliehen. Da man Peter nicht in diesen Plan eingeweiht hatte, war er zutiefst erschrocken, als man ihn mitten in der Nacht zur Flucht antrieb. Der Umstand, daß ein gesalbter Zar im Nachtgewand vor seinen Feinden hatte fliehen müssen, trat erschwerend zu den Anklagen gegen Sofia hinzu.

In Wirklichkeit bestand für Peter keinerlei Gefahr, da niemand den Strelitzen befohlen hatte, nach Preobraschenskoje auszurücken. Im Kreml hatte man keine Erklärung für die Nachricht von Peters Flucht. Sofia hörte von den Ereignissen, als sie aus der Frühmesse kam, und argwöhnte, daß Peters Verhalten eine Gefahr für sie selbst bedeute. »Nur meine Vorsichtsmaßnahmen konnten verhindern, daß sie uns alle getötet hätten«[1], erklärte sie später gegenüber den Strelitzen. »Laßt ihn laufen«, meinte Schaklowiti, »jetzt ist er völlig verrückt geworden.«[2]

Sofia machte sich über die neue Lage mehr Sorgen als Schaklowiti, denn das Dreifaltigkeits-Kloster war damals nicht nur eine uneinnehmbare Festung, sondern auch der heiligste Ort in ganz Rußland und eine traditionelle Zufluchtsstätte für die Herrschaftsfamilien in Zeiten größter Gefahr. Die Strelitzen würden sich ganz gewiß nicht dazu überreden lassen, gegen das Troize-Kloster zu marschieren, und für das Volk würde Peters Flucht ein Signal dafür sein, daß das Leben des Zaren in Gefahr war. Sofia war sich bewußt, daß sie alles verlieren würde, wenn sie nicht sehr vorsichtig reagierte.

Das berühmte Kloster von Troize-Sergejew – mit vollem Namen »Der Lorbeer des heiligen Sergijus unter dem Segen der heiligen Dreifaltigkeit« – lag an der wichtigen Verkehrsader, die von Moskau über Groß-Rostow nach Jaroslawl an der Wolga führte. Im 14. Jahrhundert errichtete ein Mönch namens Sergijus dort eine kleine hölzerne Kirche und ein Kloster und segnete russische Waffen vor der großen Schlacht von Kulikowo gegen die Tataren. Nach dem Sieg der Russen wurde das Kloster zum nationalen Heiligtum. Zaren und Adelige vermachten vor ihrem Tod ihre Reichtümer dem Kloster in der Hoffnung auf Erlösung. In den Gewölben des Klosters türmten sich Gold, Silber, Perlen und Juwelen. Das Kloster war eine uneinnehmbare Festung: im Umkreis von einem Kilometer gewaltige weiße Mauern, zwischen neun und fünfzehn Meter hoch und sechs Meter breit, an allen Ecken imposante runde Türme und dazwischen Schutzwälle. Überall standen zahlreiche Kanonen bereit. Von 1608 bis 1609, in der »Zeit der Wirren«, jener anarchischen Periode vor der Wahl des ersten Romanow zum Zaren, hatte Troize einer Belagerung durch dreißigtausend Polen widerstanden, deren Kanonenkugeln von den Klostermauern wirkungslos abprallten.[3]

Im sicheren Schutz dieser Bastion, deren Befestigungsanlagen jetzt von Peters Soldaten und loyalen Strelitzen besetzt waren, planten Peter und seine Partei nun ihre Gegenaktion. Als erstes entsandten sie einen Boten zu Sofia, der sie fragen sollte, warum sich am vorausgegangenen Tag so viele Strelitzen im Kreml versammelt hatten. Sofia fiel die Antwort schwer. Solange beide Seiten wenigstens nach außen hin den Anschein der Friedfertigkeit wahrten, konnte Sofia nicht erwidern, daß die Strelitzen mobilisiert worden waren, weil sie einen Angriff ihres Bruders erwartet hatte. Und so erschien ihre Antwort, sie hätte sich von den Soldaten zum Donskoi-Kloster begleiten lassen wollen, recht unglaubwürdig. Zu diesem Zweck war es gewiß nicht erforderlich, Tausende bewaffneter Männer zu bemühen; darum waren Peters Anhänger weiterhin von Sofias bösen Absichten überzeugt. Dann – und das war der nächste Schritt Peters – wurde Iwan Zickler, dem Oberst des Eliteregiments Stremjanu, befohlen, mit fünfzig Mann nach Troize zu kommen – ein unheilvoller Befehl in Sofias Augen. Zickler war einer der Anführer des Strelitzen-Aufstands von 1682 und danach einer von Sofias ergebensten Offizieren gewesen, der in die Pläne Schaklowitis bezüglich der Ausschaltung der Naryschkins eingeweiht war. Das alles hätte er unter der Folter aussagen können. Sofia hatte keine Wahl: Peter war der Zar, es wäre einer offenen Kampfansage gleichgekommen, wenn sie seinen Befehl nicht befolgt hätte. Als Zickler in Troize ankam, berichtete er alles, was er wußte – ohne Folter. Es war ihm klar geworden, daß Peters Stern im Aufgehen war, und er erklärte sich bereit, auf dessen Seite überzuwechseln, wenn der Zar ihn schützte und ihn unter sein kaiserliches Kommando stellte.

Von Anfang an war sich Sofia ihrer schwachen Position bewußt. Wenn es zu einem Kampf kommen würde, hätte Peter sie mit Sicherheit besiegen können; ihre einzige Chance lag also in der Wiederversöhnung mit ihrem Bruder. Sie plante, Peter aus dem Schutz der Heiligkeit und der mächtigen Klostermauern herauszulocken. Dann hätte sie mit seinen Ratgebern verhandeln und Peter zu seinen Soldaten und Schiffen zurückschicken können. Damit wäre ihre Autorität als Regentin wiederhergestellt. Also entsandte sie Fürst Iwan Trojekurow, dessen Sohn mit Peter eng befreundet war, nach Troize mit dem Auftrag, Peter dazu zu bewegen, nach Preobraschenskoje zurückzukehren. Trojekurows Mission scheiterte. Peter hatte den Vorteil erkannt, den ihm der Aufenthalt im Kloster bot, und er schickte Trojekurow mit der Botschaft zurück, er werde es nicht länger billigen, daß das Land von einer Frau regiert werde.

Peter war am Zug. Eigenhändig schrieb er Briefe an die Obristen aller Strelitzen-Regimenter und befahl ihnen, mit zehn Mann aus ihrem jeweiligen Regiment nach Troize zu kommen. Im Kreml reagierte Sofia äußerst heftig auf diese Neuigkeit. Sie rief alle Obristen zusammen und warnte sie, sich nicht in den Streit zwischen ihr und ihrem Bruder einzumischen. Die Obristen erklärten ihr, sie hätten Befehle vom Zaren selbst erhalten, denen sie sich nicht zu widersetzen wagten. Im Verlauf einer leidenschaftlichen Ansprache gab Sofia bekannt, daß jeder Offizier, der versuchen würde, nach Troize aufzubrechen, enthauptet werden würde. Wassili Golizyn, der noch immer der Oberbefehlshaber der Armee war, ordnete an, daß kein ausländischer Offizier Moskau – aus welchen Gründen auch immer – verlassen dürfe. Unter diesen Androhungen traute sich niemand aus der Hauptstadt.

Am folgenden Tag verstärkte Peter den Druck, indem er an Zar Iwan und an Sofia eine offizielle Note des Inhalts schickte, er habe befohlen, daß die Obristen aller Strelitzen-Regimenter nach Troize kommen sollten. Er verlangte von Sofia, daß sie als Regentin darauf hinwirkte, daß man seinen Befehlen gehorche. Daraufhin sandte Sofia den Vormund Iwans und Peters Beichtvater nach Troize mit der entschuldigenden Erklärung, die Soldaten seien lediglich in Moskau aufgehalten worden. Sofias Bitte um Versöhnung wurde nicht erhört, und beide Emissäre kehrten zwei Tage später unverrichteter Dinge in den Kreml zurück. Unterdessen sandte Schaklowiti Späher nach Troize, die die dortigen Aktivitäten auskundschaften und die Zahl der Anhänger Peters schätzen sollten. Sie brachten Meldungen von Peters wachsender Stärke und Zuversicht. Immer mehr Soldaten desertierten nachts und machten sich auf nach Troize. Sofia bat den Patriarchen Joachim, ins Kloster zu gehen und sich kraft seines Amtes für das Zustandekommen einer Versöhnung mit Peter einzusetzen. Der Patriarch willigte ein, ergriff aber sofort nach seiner Ankunft im Kloster Peters Partei. Von da an wurden alle weiteren Abtrünnigen, die von Moskau nach Troize kamen, von Peter und Joachim empfangen – Zar und Patriarch standen fortan Seite an Seite.

Joachim, Abkömmling einer alten Bojarenfamilie, betrachtete das eigene Verhalten nicht als Verrat. Er hatte sich zwar Sofia als Regentin untergeordnet, doch lehnte er genauso wie seine Familie ihre Regierung ab. Persönlich mochte er Sofia und Golizyn nicht wegen ihrer westlichen Gepflogenheiten und hatte auch gegen den Wunsch der Regentin, gekrönt zu werden, entschieden opponiert. Noch mehr haßte er den Mönch Silvester Medwedew, der sich in Fragen der Kirche Rußlands eingemischt hatte, die nach Joachims Meinung in den Zuständigkeitsbereich des Patriarchen fielen. Bis zur augenblicklichen Krise hatte er die Regentin unterstützt, doch nicht aus Sympathie, sondern in Anerkennung ihrer Autorität. Sein Gefolgschaftswechsel war nun ein deutliches Zeichen dafür, daß Peter Macht und Autorität inzwischen übernommen hatte.

Der Stellungswechsel des Patriarchen war ein schwerer Schlag für Sofia. Seine Abreise hatte viele ermutigt, ihm zu folgen. Am 27. August sandte Peter strenge Briefe nach Moskau, in denen er seinen Befehl wiederholte. Ein ähnlicher Befehl erging an zahlreiche Vertreter der Moskauer Bevölkerung. Diesmal drohte Peter allen, die ihm nicht gehorchen würden, mit der Todesstrafe. Unverzüglich eilten Strelitzen in unorganisierten Gruppen, angeführt von fünf Obristen, nach Troize und unterwarfen sich dem Zaren.

In einem letzten Bemühen, die Krise friedlich zu überwinden, entschloß sich Sofia, sich nach Troize zu begeben und sich Peter persönlich zu stellen. In Begleitung von Wassili Golizyn, Schaklowiti und einer Strelitzen-Eskorte machte sie sich auf den Weg dorthin. Im Dorf Wosdwischenskoje, etwa dreizehn Kilometer vom Kloster Troize entfernt, mußte sie auf Geheiß von Peters Freund Iwan Buturlin und einer Kompanie Soldaten mit geladenen Musketen anhalten. Buturlin teilte ihr mit, daß Peter sich weigerte, sie zu empfangen, und daß er ihr verbot, die Reise fortzusetzen. Schließlich solle sie auf Befehl unverzüglich nach Moskau zurückkehren. Gedemütigt und zornerfüllt erwiderte Sofia: »Ich werde trotzdem nach Troize gehen!«[4] Sie befahl Buturlin und seinen Soldaten, ihr den Weg freizumachen. In diesem Augenblick traf Fürst Trojekurow ein. Er überbrachte den Gefehl des Zaren, man müsse seine Schwester, wenn nötig mit Gewalt, davon abhalten zu kommen.

Tief enttäuscht und erniedrigt kehrte Sofia nach Moskau zurück. Gleich nach ihrer Ankunft im Kreml, noch vor Morgengrauen am 11. September, rief sie den immer kleiner werdenden Kreis ihrer Anhänger zu sich. »Sie hätten mich in Wosdwischenskoje beinahe erschossen!« schimpfte sie. »Meine eigenen Soldaten sind mit Musketen und gespannten Bogen hinter mir hergeritten; ich konnte ihnen nur mit großen Schwierigkeiten entkommen. Die Naryschkins und die Lopuchins zetteln eine Verschwörung an, um Zar Iwan Alexejewitsch zu töten, und sie haben es auch auf meinen Kopf abgesehen. Ich will die Regimenter zusammenrufen und selbst zu ihnen sprechen. Und ihr gehorcht uns und geht nicht nach Troize. Ich vertraue euch. Wem sollte ich vertrauen, wenn nicht euch, ihr treuen Helfer? Oder wollt ihr gleichfalls fortlaufen? Küßt dieses Kreuz!« – Sofia hielt jedem das Kreuz hin, damit er es küßte. »Wenn ihr versucht wegzulaufen, wird euch das Kreuz nicht gehen lassen. Wenn Briefe aus Troize ankommen, lest sie nicht. Bringt sie in den Palast!«[5]

Wenige Stunden nach Sofias Rückkehr nach Moskau überbrachte Oberst Iwan Netschajew, aus Troize kommend, offizielle Schreiben, die an Zar Iwan und an die Regentin Sofia adressiert waren. Darin war von einer Verschwörung gegen Zar Peter die Rede; die Hauptverschwörer, Schaklowiti und Medwedew sollten unverzüglich verhaftet und zu Peter nach Troize gebracht werden, wo gegen sie gerichtlich vorgegangen werden würde.

Den Beamten und Offizieren, die bis jetzt zu Sofia gehalten hatten in der Hoffnung, sie würde entweder über ihren Bruder siegen oder es würde zu einem Kompromiß kommen, wurde jetzt bewußt, daß sie keine Chancen mehr hatten. Diejenigen Strelitzen, die noch zur Regentin gehalten hatten, sagten, daß sie keine Verräter beschützen würden und daß die Verschwörer ausgeliefert werden müßten. Sofia ließ Oberst Netschajew, den Überbringer jener unwilllkommenen Botschaft, zu sich kommen. Vor Wut zitternd fragte sie: »Wie konntest du es wagen, eine solche Aufgabe auf dich zu nehmen?«[6] Darauf antwortete Netschajew, er habe sich nicht getraut, dem Zaren den Gehorsam zu verweigern. Sofia erließ sofort den Befehl, Netschajew zu enthaupten. Aber es fand sich nicht sofort ein Vollstrecker des Urteils, und im Tumult der Ereignisse wurde Sofias Befehl vergessen.

Allein und in die Enge getrieben, versuchte Sofia noch ein letztes Mal, ihre Anhänger zu mobilisieren. Sie trat auf den oberen Absatz der Roten Treppe hinaus und sprach zu einer Ansammlung von Strelitzen und Bürgern auf dem Palastplatz. Erhobenen Hauptes verhöhnte sie die Naryschkins und bat ihre Zuhörer, sie nicht zu verlassen: »Böse gesinnte Menschen ... haben alle Mittel eingesetzt, damit es zwischen mir und dem Zaren Iwan einerseits und meinem jüngeren Bruder andererseits zu einem Streit kam. Sie haben Mißtrauen, Zwietracht und Verwirrung gesät. Sie haben Leute bestochen, damit sie von einer Verschwörung gegen das Leben des jüngeren Zaren und das anderer Menschen sprechen. Aus Neid auf die großen Dienste Fjodor Schaklowitis und auf seine beständige, Tag und Nacht währende Sorge um die Sicherheit und um das Gedeihen unseres Reiches haben sie ihn beschuldigt, der Anführer einer Verschwörung zu sein, die es überhaupt nicht gibt. Um den Streit zu schlichten und den Grund für diese Beschuldigung herauszufinden, wollte ich selbst nach Troize gehen, aber ich wurde auf Geheiß der bösen Ratgeber meines Bruders zurückgehalten und durfte nicht weiterfahren. Nach einer derartigen Beleidigung war ich verpflichtet, nach Hause zurückzukehren. Ihr alle wißt nur zu gut, wie ich diese sieben Jahre lang regiert habe; wie ich die Regentschaft in unruhigsten Zeiten auf mich genommen und einen berühmten und wirklichen Frieden mit den christlichen Herrschern, unseren Nachbarn, geschlossen habe, wie die Feinde der christlichen Religion durch meine Waffen in Schrecken und Verwirrung versetzt worden sind. Ihr habt für eure Dienste immer guten Lohn erhalten, und ich habe euch immer meine Gunst erwiesen. Ich kann daher nicht glauben, daß ihr mich verraten werdet, ich glaube vielmehr an die Machenschaften von Feinden des allgemeinen Friedens und Wohlstands. Nicht das Leben von Fjodor Schaklowiti wollen sie haben, sondern mein Leben und das meines Bruders.«[7]

Dreimal hielt Sofia an jenem Tag diese Rede; zuerst vor den Strelitzen, dann vor prominenten Moskauer Bürgern und schließlich auch vor ausländischen Offizieren aus der Deutschen Vorstadt. Sofias Ermahnungen taten ihre Wirkung: »Es war eine lange und gute Rede«[8], urteilte Gordon, und die Stimmung der Menge schien viel besser geworden zu sein. Auf Wunsch seiner Schwester reichte Zar Iwan den Bojaren, den Beamten und den Strelitzen Becher mit Wodka. Sofia war zufrieden. Mit einer großzügigen Geste ließ sie Oberst Netschajew holen, verzieh ihm und überreichte auch ihm einen Becher Wodka.

Während dieser Zeit versuchte Fürst Boris Golizyn, einer der wichtigsten Führer von Peters Partei in Troize, die Unterstützung seines Vetters Wassili zu gewinnen. Boris schickte einen Boten, der Wassili bitten sollte, nach Troize zu kommen, um die Gunst des Zaren zu erlangen. Wassili antwortete, Boris sollte ihm helfen, zwischen den beiden Parteien zu vermitteln. Boris lehnte ab und forderte Wassili noch einmal auf, nach Troize zu kommen, wobei er ihm versprach, er werde von Peter wohlwollend empfangen werden. Als Ehrenmann mußte Wassili ablehnen. Es sei seine Pflicht, erklärte er, an Sofias Seite zu bleiben.

Peter verstärkte erneut den Druck auf Sofia. Am 14. September traf ein schriftlicher Befehl Peters in der Deutschen Vorstadt ein. Er war an alle Generäle, Obristen und sonstigen Offiziere gerichtet; es wurde noch einmal das Bestehen einer Verschwörung mit Schaklowiti und Medwedew als den Hauptverschwörern festgestellt. Alle sollten voll bewaffnet und zu Pferd nach Troize kommen. Der Befehl stürzte die ausländischen Militärs in einen gefährlichen Konflikt. Sie hatten sich vertraglich verpflichtet, der russischen Regierung zu dienen, aber wer war in dieser chaotischen Lage die Regierung? Um in dem Familienstreit zwischen Bruder und Schwester nicht Stellung nehmen zu müssen, hatte General Gordon, der Führer der ausländischen Offiziere, bereits früher erklärt, keiner der Offiziere würde sich ohne einen von beiden Zaren erteilten Befehl von der Stelle bewegen. Peters Befehl erzwang nun eine Entscheidung von Gordon. Von allen Drohungen abgesehen, brachte ihn die Wahl für eine Seite rein persönlich in Verlegenheit: er mochte Peter gern und hatte ihm oft bei seinen Soldatenspielen und Feuerwerken geholfen. Andererseits stand er Golizyn noch näher, mit ihm hatte er jahrelang bei der russischen Armee zusammengearbeitet, und er hatte ihn auf den beiden verheerenden Krimfeldzügen begleitet. Als Reaktion auf Peters Brief, der in Gegenwart aller höheren ausländischen Offiziere verlesen wurde, setzte deshalb Gordon Golizyn von Peters Befehl in Kenntnis und bat ihm um Rat. Golizyn erklärte bekümmert, er wolle die Angelegenheit unverzüglich mit Sofia und Iwan besprechen. Gordon betonte bei dieser Gelegenheit, daß alle Ausländer ohne eigenes Verschulden ihr Leben riskierten, wenn sie den falschen Schritt täten. Golizyn versprach, ihnen noch am selben Abend eine Antwort zukommen zu lassen. Gordons Schwiegersohn sollte im Palast die Antwort der Regentin in Empfang nehmen.

Gordon faßte jedoch seinen eigenen Entschluß, als er Golizyns Zögern bemerkte. Wenn der Favorit der Regentin, der Bewahrer des großen Staatssiegels, der Oberbefehlshaber der Armee keine Befehle erteilen konnte, dann war die Moskauer Regierung offensichtlich dem Zusammenbruch nahe. Gordon sattelte sein Pferd und teilte seinen Offizieren mit, er beabsichtige, nach Troize zu reiten, allen Befehlen des Kreml zum Trotz. Daraufhin verließ in jener Nacht eine lange Kavalkade ausländischer Offiziere die Hauptstadt und erreichte im Morgengrauen das Kloster. Peter stand auf, um die Ankömmlinge zu begrüßen und ihnen seine Hand zum Kuß zu reichen.

Der Aufbruch der ausländischen Offiziere war, wie Gordon in seinem Tagebuch notierte, »der entscheidende Durchbruch«. Die in Moskau zurückgebliebenen Strelitzen erkannten, daß Peter gewonnen hatte. Um sich selbst zu retten, versammelten sie sich vor dem Palast und forderten lautstark die Herausgabe Schaklowitis, damit sie ihn an Peter übergeben konnten. Auf Sofias Weigerung riefen die Strelitzen: »Ihr solltet diese Angelegenheit lieber sofort erledigen! Wenn ihr ihn nicht herausgebt, werden wir die Alarmglocke läuten!«[9] Sofia verstand, was das bedeutete: einen neuen Aufruhr, bei dem Soldaten wie Wilde durch den Kreml rennen und jeden, den sie als Verräter bezeichnen, niedermetzeln. Auch ihr Leben stand in Gefahr. Sie war geschlagen. Sie ließ Schaklowiti holen, der sich, wie sieben Jahre zuvor Iwan Naryschkin, in der Palastkapelle versteckt gehalten hatte. Mit Tränen in den Augen gab sie ihn auf, und in der Nacht noch wurde er in Ketten nach Troize überführt.

Der Machtkampf war vorüber, Peter hatte gewonnen. Auf den Sieg folgte die Rache. Schaklowiti wurde unmittelbar nach seiner Ankunft in Troize unter den Schlägen der Knute verhört. Nach dem fünfzehnten Schlag gestand er, daß er den Mord an Peter und seiner Mutter Natalja in Betracht gezogen habe. Dagegen leugnete er, irgendwelche speziellen Pläne geschmiedet zu haben. Im Verlauf seines Bekenntnisses entlastete er Wassili Golizyn von jeder Mitwisserschaft oder Teilnahme an seinen Aktivitäten. Golizyn befand sich inzwischen ebenfalls in Troize. Am Morgen von Schaklowitis Ankunft war er freiwillig vor die Klostermauern getreten und hatte um die Erlaubnis gebeten, Zar Peter die Ehre erweisen zu dürfen. Seine Bitte wurde abgeschlagen; ihm wurde befohlen, im nahegelegenen Dorf zu warten, bis man über ihn entschieden habe. Einerseits war er Sofias erster Minister während ihrer siebenjährigen Regentschaft gewesen und mußte zusammen mit den anderen engen Beratern der Regentin zur Rechenschaft gezogen werden. Andererseits wußte man genau, daß Golizyns Absichten dem Staat gegenüber ehrenwert waren, selbst wenn er bei deren Ausführungen scheiterte. Schaklowiti hatte ja gesagt, Golizyn habe an keinerlei verschwörerischer Tätigkeit teilgehabt. Am wichtigsten war jedoch die Tatsache, daß er aus einer der bedeutendsten Familien Rußlands stammte. Sein Vetter, Fürst Boris Golizyn, unternahm alles, um die Familie vor der Schande zu bewahren, daß einer von ihnen des Verrats beschuldigt wurde. Es war bereits nach Mitternacht – Peter war schon zu Bett gegangen –, als Schaklowiti sein neun Seiten langes Geständnis beendete. Boris nahm das Schriftstück mit auf sein Zimmer, in der Absicht, es am nächsten Morgen Peter zu übergeben. Aber irgend jemand eilte zum Zaren, weckte ihn und meldete, Boris Golizyn habe Schaklowitis Geständnis mitgenommen, um alles Material zu entfernen, das seinen Vetter belasten könne. Sogleich beauftragte Peter einen Boten, Schaklowiti zu fragen, ob er ein Geständnis geschrieben habe, und wenn ja, wo dieses Dokument sich jetzt befinde. Schaklowiti antwortete, er habe es dem Fürsten Boris Golizyn übergeben. Glücklicherweise wurde Boris durch einen Freund darüber informiert, daß Peter wach sei, und er beeilte sich, dem Zaren das Geständnis auszuhändigen. Peter erkundigte sich bei ihm, warum er das Schriftstück nicht unverzüglich übergeben hätte. Als Golizyn antwortete, es sei bereits spät gewesen und er habe den Zaren nicht wecken wollen, akzeptierte Peter diese Erklärung.

Am nächsten Abend um neun wurde Wassili Golizyn vorgeladen. In der Erwartung, Peter selbst gegenübertreten zu dürfen, hatte er ein Gnadengesuch vorbereitet, in dem er seine Verdienste für den Staat aufzählte. Doch es wurde ihm keine Audienz gewährt. Man ließ Golizyn mitten in einem überfüllten Vorzimmer stehen, bis ein Schreiber auf einer Treppe erschien und das Urteil verlas. Die Anschuldigungspunkte lauteten: Er habe bisher immer nur der Regentin und nicht den Zaren persönlichen Bericht erstattet; er habe in offiziellen Dokumenten Sofias Namen gleichgewichtig neben denen der Zaren niedergeschrieben und dem Volk und der Regierung Rußlands durch seine schlechte Politik während der beiden Krimfeldzüge Schaden zugefügt. Obwohl Zar Peter Golizyns Leben schonte, war das gegen ihn erlassene Urteil hart: Peter nahm ihm den Rang des Bojaren, beschlagnahmte sein ganzes Vermögen und verbannte ihn zusammen mit seiner Familie in ein Dorf in Nordrußland. Unterwegs gab ihm ein Kurier Sofias, der ihm ein Päckchen Geld sowie das Versprechen überbrachte, Sofia werde durch die Fürsprache von Zar Iwan seine Freilassung erwirken, neuen Mut. Bald war jedoch Sofia nicht mehr in der Lage, irgend jemandem zu helfen, nicht einmal mehr sich selbst, und Golizyn war dazu verdammt, bis zu seinem Lebensende – noch fünfundzwanzig Jahre – im Exil zu bleiben. Als Sofia gestürzt wurde, war er erst sechsundvierzig Jahre alt gewesen; er starb 1714 im Alter von einundsiebzig Jahren in Nordrußland.

Es war eine Ironie der Geschichte, daß ein Mann, der für das Rußland seiner Tage unter Sofia so fortschrittlich gewesen war, jemand, der Peter bei seinem Bemühen, den Staat zu modernisieren, gewiß nützlich hätte sein können, durch den Machtwechsel in die Verbannung geschickt wurde. Es war gleichfalls eine Ironie der Geschichte, daß sich die moskowitischen Bojaren aus Opposition zu Golizyn ausgerechnet Peter angeschlossen hatten. Dadurch, daß sie Peter halfen, Sofia und Golizyn zu stürzen, glaubten sie, das ihnen gefährlich erscheinende Eindringen westlicher Kultur verhindern zu können. In Wirklichkeit halfen sie, die Hindernisse zu beseitigen, die Peters Öffnung nach Westen, der größten in der russischen Geschichte, damals im Wege standen.

Nach Berichten Gordons zögerte Peter, gegen seine Gegner die Höchststrafe zu verhängen. Doch die älteren Anführer seiner Partei und vor allem der Patriarch bestanden darauf. Schaklowiti wurde zum Tode verurteilt und außerhalb der Klostermauern enthauptet. Mit ihm starben zwei weitere Anhänger Sofias. Drei Strelitzen wurden vor ihrer Verbannung nach Sibirien mit der Knute bestraft, und man riß ihnen die Zungen heraus. Silvester Medwedew war aus Moskau entflohen in der Hoffnung, in Polen Asyl zu finden. Unterwegs wurde er jedoch aufgegriffen und nach Troize gebracht. Unter der Folter gestand er, Gespräche vernommen zu haben, in denen es um das Leben einiger Anhänger Peters ging, und auch die Verse verfaßt zu haben, die unter Sofias Porträt als »Zarin« gestanden hatten; er leugnete jedoch, in irgendeine Verschwörung gegen Peter oder den Patriarchen verwickelt gewesen zu sein. Er wurde gefangengehalten, mit Feuer und glühenden Eisen immer wieder gefoltert und schließlich – zwei Jahre später – exekutiert.

Allein und ohne Freunde blieb Sofia im Kreml zurück, ohne zu wissen, welches Schicksal ihr bevorstand. Schaklowiti hatte sie in keiner seiner Aussagen einer Verschwörung gegen Peter bezichtigt. Man konnte ihr lediglich vorwerfen, über die gegen einige Mitglieder der Partei Peters geschmiedeten Pläne Bescheid gewußt und den Ehrgeiz besessen zu haben, als Autokratin aufzutreten und die Macht nicht mit ihren Brüdern geteilt, d. h. ihre Funktion ausschließlich als Regentin nicht wahrgenommen zu haben. Peter schrieb an Iwan und trug ihm seine Beschwerden gegen Sofia vor. Er unterbreitete ihm den Vorschlag, sie beide sollten fortan den Staat gemeinsam, ohne die unangenehme Einschaltung »jener schandbaren dritten Person«[10], regieren. Er hob hervor, daß Gott bei der Krönung der beiden Zaren die Krone an zwei, nicht an drei Personen verliehen habe. Die Ansprüche ihrer Schwester auf Gleichberechtigung neben den beiden gesalbten Zaren seien ein Verstoß gegen Gottes Willen und gegen ihre Rechte. Er bat Iwan um die Erlaubnis, neue Beamte ohne seine besondere Zustimmung einsetzen zu dürfen, und schloß seinen Brief mit der Versicherung, daß Iwan weiterhin der ranghöhere Zar sein sollte. »Ich bin bereit, dich zu ehren, wie ich meinen Vater ehren würde«, schrieb er.

Iwan stimmte zu. Laut Befehl durfte Sofias Name fortan nicht mehr in offiziellen Dokumenten erscheinen. Bald danach kam Peters Emissär, Fürst Iwan Trojekurow, im Kreml an und bat Iwan, er möge Sofia auffordern, den Kreml zu verlassen und in das Nowodewitschi-Kloster außerhalb Moskaus zu übersiedeln. Ihr wurde eine gut möblierte Suite als Wohnung zugewiesen, den Nonnenschleier mußte sie nicht nehmen. Zahlreiche Bedienstete standen ihr zur Verfügung, und sie lebte weiterhin ein angenehmes Leben; allerdings durfte sie das Kloster nicht verlassen und nur ihre Tanten und Schwestern empfangen. So luxuriös diese »Gefangenschaft« auch war, dennoch bedeutete sie das Ende von all dem, was in Sofias Leben Bedeutung besessen hatte, Macht und Aktivität, Intellekt und Liebe. Sie leistete Widerstand und weigerte sich über eine Woche lang, den Kremlpalast zu verlassen, bis man schließlich so großen Druck auf sie ausübte, daß sie sich feierlich ins Kloster geleiten ließ, in dessen Mauern sie die restlichen fünfzehn Jahre ihres Lebens verbringen sollte.

Peter hatte sich geweigert, nach Moskau zurückzukehren, solange Sofia noch im Kreml lebte. Erst als seine Schwester sicher hinter Klostermauern eingeschlossen war, ritt er von Troize nach Süden. Seine Ankunft verzögerte sich eine Woche, weil General Gordon unterwegs die Infanterie und die Kavallerie für ihn exerzieren ließ. Erst am 16. Oktober erreichte darum der junge Zar die Hauptstadt. Entlang der Straße knieten Strelitzen-Regimenter, die um seine Verzeihung baten. Im Kreml angekommen, ging er in die Mariä-Himmelfahrts-Kathedrale, um seinen Bruder Iwan zu umarmen; danach zeigte er sich in vollem Ornat oben von der Roten Treppe dem Volk.

Im nachhinein hat man Sofias Leistungen als Herrscherin oft übertrieben. »Nie hat es eine solch weise Regierung im russischen Reich gegeben. In den sieben Jahren ihrer Herrschaft kam der Staat zu großer Blüte«[11], sagte Fürst Boris Kurakin. Andererseits war sie nicht, wie sie einige Anhänger Peters beschrieben haben, lediglich die letzte Herrscherin der alten Ordnung, ein Hindernis auf dem Weg der russischen Geschichte zur prachtvollen Ära Peters des Großen. Während ihrer Regentschaft befand sich Rußland in einem Übergangsstadium. Zwei Zaren, Alexei und Fjodor, hatten milde Veränderungen und Reformen in der russischen Politik eingeleitet. Das Tempo dieser Reformen wurde danach von Sofia weder verlangsamt noch beschleunigt; sie erlaubte, daß die Reformen fortgesetzt wurden, so daß sogar die beachtlichen Veränderungen, die später von Peter durchgeführt wurden, einen mehr evolutionären als revolutionären Charakter bekamen.

Nicht in ihrer Funktion als Herrscherin, sondern als Frau spielte Sofia eine bemerkenswerte Rolle. Jahrhundertelang hatte sich die russische Frau in den dunklen Räumen des Terem verborgen gehalten. Sofia trat ans Licht der Öffentlichkeit und übernahm die Regierungsgeschäfte. Als es aber zur Krise kam, waren die Moskowiter nicht bereit, eine Frau zu unterstützen, und sie entschieden sich für den gekrönten Zaren.

Im nächsten Jahrhundert wandelte sich die Rolle der Frau in der russischen Zarenfamilie endgültig. Vier Herrscherinnen folgten Peter auf dem Thron. Sofia hatte ihnen mit ihrer Entschlossenheit und ihrem Drang zur Herrschaft den Weg gewiesen.

Lange Zeit nach ihrer Absetzung beschrieb Peter Sofia einem Ausländer als »eine Prinzessin, ausgestattet mit allen Vorzügen des Körpers und des Geistes; sie wäre vollkommen gewesen, hätten ihre Gaben sie nicht zu grenzenlosem Ehrgeiz und unersättlicher Herrschsucht geführt«[12]. In den zweiundvierzig Jahren von Peters Herrschaft machte Sofia ihrem Bruder zweimal (1682 und 1689) das Recht auf den Thron streitig. Auch bei der dritten und letzten innerrussischen Herausforderung an Peters Macht, beim Strelitzen-Aufstand von 1698, war Sofia der einzige Gegner, den Peter wirklich fürchtete. Obwohl sie damals schon seit neun Jahren im Kloster war, nahm Peter an, daß sie den Aufstand organisiert habe. Er war davon überzeugt, daß sie der einzige Mensch war, der davon träumte, ihn zu stürzen.

9   Gordon, Lefort und die »Fidele Gesellschaft«

Offiziell begann die Regierung Peters mit seiner Krönung im Jahre 1682 im Alter von zehn Jahren und dauerte bis zu seinem Tode 1725. Im Sommer 1689, als der junge Zar im Triumph nach Moskau einritt und seine Untertanen vor ihm auf den Knien lagen, hatten alle angenommen, Peter werde sich nun tatsächlich der Regierungsgeschäfte annehmen. Aber sie hatten sich getäuscht. Fünf Jahre lang kümmerte sich Peter nicht um die Staatsgeschäfte. Er lebte wieder vergnügt in Preobraschenskoje und am Pleschtschejewosee bei seinen Soldaten und seinen Schiffen, frei von allen Konventionen und aller Verantwortung. Später bekannte er einmal, er habe in all den Jahren nichts anderes im Sinn gehabt als sein eigenes Vergnügen. Zu herrschen begann Peter erst 1694 im Alter von zweiundzwanzig Jahren.

Bis dahin regierten die Leute, die Peter während seines Machtkampfes gegen Sofia unterstützt hatten. Darunter befand sich Peters Mutter Natalja, die nominell die Führerin dieses Kreises war. Ihre rechte Hand, der konservative Patriarch Joachim, wollte jeglichen westlichen Einfluß bekämpfen, der sich unter Sofia und Wassili Golizyn nach Rußland eingeschlichen hatte. Der Onkel des Zaren, Nataljas Bruder Lew Naryschkin, erhielt das wichtige Amt des Ministers für Auswärtige Angelegenheiten; in Wirklichkeit aber war er der erste Mann der Regierung. Er gab gerne glanzvolle Empfänge und prächtige Festessen, bei denen die ausländischen Gesandten von Gold- und Silbertellern speisten. Bei den eigentlichen Verhandlungen mit diesen Gesandten sowie bei der praktischen Durchführung seiner Aufgaben wurde er in hohem Maße von Jemilian Ukrainzew, einem der wenigen russischen Berufsdiplomaten, unterstützt. Der Bojare Tichon Streschnew, ein alter Freund Zar Alexeis und Peters offizieller Vormund, war mit der Führung der Innenpolitik betraut. Der dritte entscheidende Mann in der neuen Regierung war Boris Golizyn. Andere berühmte Namen tauchten jetzt in der Regierung auf: Urusow, Romodanowski, Trojekurow, Prosorowski, Golowkin und Dolgoruki. Einige, die unter Sofia eine führende Stelle innegehabt hatten – Repnin und Winius –, behielten ihre Ämter. Boris Scheremetew blieb Kommandeur der im Süden gegen die Tataren aufgestellten Armee. Schließlich gelangten mehr als dreißig Lopuchins, die Verwandten der jungen Ehefrau Peters, an den Hof, wo sie sich bemühten, aus ihrer Stellung den größtmöglichen Vorteil zu ziehen.

Für Rußland bedeutete der Regierungswechsel eine Wende zum Schlechten. Der neuen Verwaltung fehlte es sowohl an der Geschicklichkeit als auch an der Energie ihrer Vorgängerin. Nicht ein einziges wichtiges Gesetz wurde in diesen Jahren erlassen. Nichts wurde unternommen, um die Ukraine gegen die verherrenden Überfälle der Tataren zu schützen. Am Hof mangelte es nicht an Intrigen, und in Regierungskreisen herrschte Korruption. Gegen Gesetz und Ordnung wurde auf dem Land zunehmend verstoßen. Überall brach der Haß gegen alles Ausländische aus. Per Dekret, das unter dem Einfluß des Patriarchen zustande gekommen war, mußten alle Jesuiten das Land innerhalb von zwei Wochen verlassen. Alle Ausländer wurden an der Grenze angehalten und nach ihrer Herkunft und den Gründen für ihren Rußlandbesuch befragt. Die Reisenden wurden so lange an der Grenze festgehalten, bis ihre Angaben von der Zentralregierung in Moskau überprüft worden waren. Erst dann wurde die Genehmigung zur Einreise erteilt. Zur gleichen Zeit erhielt Oberpostmeister Andrew Winius die Anweisung, alle Briefe aus dem Ausland überprüfen und zensieren zu lassen. Der Patriarch wollte sogar alle protestantischen Kirchen in der Deutschen Vorstadt niederreißen lassen; er konnte von diesem Vorhaben erst abgebracht werden, als ihre Einwohner ein Dokument von Zar Alexei vorwiesen, das ihnen das Weiterbestehen dieser Kirchen ausdrücklich erlaubte. Einmal wurde ein Ausländer sogar auf einer Moskauer Straße von der wütenden Volksmenge gefaßt und bei lebendigem Leib verbrannt.

Trotz seiner Anstrengungen vermochte jedoch der Patriarch nicht, Peters Gewohnheiten zu verändern. Zu seinem größten Kummer verbrachte Peter seine meiste Zeit in der Deutschen Vorstadt ausgerechnet mit den Ausländern. Dabei beherrschte Peter sich noch zu Lebzeiten Joachims. Am 10. März 1690 lud er General Gordon zum Essen an den Hof anläßlich der Geburt seines Sohnes, des Zarewitsch Alexei. Gordon nahm die Einladung an, aber der Patriarch protestierte dagegen, daß ein Ausländer an einer Feier zu Ehren des russischen Thronerben teilnehmen sollte. Wütend gab Peter nach und zog die Einladung zurück, aber am folgenden Tag lud er Gordon in sein Landhaus ein, speiste dort mit ihm und ritt dann mit ihm nach Moskau zurück.

Das Problem löste sich eine Woche später von selbst, als Joachim am 17. März plötzlich starb. In seinem Testament gemahnte er den Zaren, jeden Kontakt mit Häretikern, Protestanten oder Katholiken zu meiden, sie aus Rußland zu vertreiben und weder ausländische Kleidung zu tragen noch fremde Sitten anzunehmen. Außerdem betonte er, Peter dürfe keine Ausländer in wichtige Staats- oder Militärstellen berufen. Als Antwort darauf bestellte Peter für sich sofort nach der Beerdigung des Patriarchen eine neue Garnitur deutscher Kleidung und dinierte eine Woche später zum erstenmal als Gordons Gast in der Deutschen Vorstadt.

Bei der Wahl des neuen Patriarchen ging es um die gleichen Fragen wie zu Joachims Zeiten: Liberalismus gegen Konservatismus, Duldung von Ausländern gegen erbitterte Verteidigung der traditionellen Orthodoxie. Ein Teil der fortschrittlichen Geistlichen, von Peter unterstützt, begünstigte Marcellus, den Metropoliten von Pskow, einen gelehrten Geistlichen, der oft im Ausland gewesen war und mehrere Fremdsprachen beherrschte. Die Zarin Natalja dagegen und die Gruppe der herrschenden Bojaren sowie die Mönche und der größte Teil des niederen Klerus zogen den mehr konservativen Adrian, den Metropoliten von Kasan vor. Die Anhänger Adrians beschuldigten Marcellus, er sei zu sehr gebildet, liebäugle mit den Katholiken und habe sich in den Gefahrenbereich der Häresie begeben. Nach einer fünfmonatigen Auseinandersetzung wurde schließlich Adrian gewählt, aufgrund seiner »Ignoranz und Schlichtheit«[1], wie der enttäuschte Patrick Gordon vermerkte.

Trotz aller Bemühungen oder Dekrete der Patriarchen war nur fünf Kilometer vom Kreml entfernt, an der Straße nach Preobraschenskoje, eine westeuropäische Stadt entstanden, bekannt als »Deutsche Vorstadt«.[2] Man konnte in den breiten, mit Bäumen gesäumten Alleen dieser Ausländer-Vorstadt spazierengehen, die zwei- oder dreistöckigen Backsteinhäuser mit großen Fenstern im europäischen Stil und prächtige Plätze mit plätschernden Springbrunnen aufzuweisen hatten. Niemand wollte glauben, daß er sich mitten im Herzen Rußlands befand. Hinter den stattlichen Wohnhäusern, deren Fronten mit Säulen und Gesimsen verziert waren, erstreckten sich die systematisch angelegten europäischen Gärten mit Pavillons und Teichen. Auf den Straßen rollten Kutschen, die man aus Paris oder London bezogen hatte. Nur die Zwiebeltürme der Moskauer Kirchen über den Feldern im Hintergrund erinnerten daran, daß man hier Tausende von Kilometern von Westeuropa entfernt lebte.

Die von Iwan dem Schrecklichen innerhalb der Stadt gegründete Ausländersiedlung war während der »Zeit der Wirren« zerstört worden. Nach der Thronbesteigung des ersten Romanow im Jahre 1613 konnten sich die Ausländer in der ganzen Stadt niederlassen. Die moskowitischen Konservativen befürchteten jedoch, daß ihre heilige orthodoxe Stadt durch die Ungläubigen profanisiert werde. Im Verlauf des Aufstands von 1648 wurden darum ausländische Häuser von Strelitzen-Banden willkürlich überfallen und zerstört. 1652 ordnete Zar Alexei an, daß Ausländer innerhalb der Mauern Moskaus nicht wohnen durften. Er erteilte aber die Genehmigung zur Gründung einer neuen Ausländersiedlung, der Deutschen Vorstadt, an den Ufern der Jausa. Ihrem jeweiligen Rang entsprechend erhielten alle Ausländer – Offiziere, Techniker, Künstler, Ärzte, Apotheker, Kaufleute, Lehrer – Grundstücke zugewiesen.

Anfangs bestand diese Kolonie überwiegend aus deutschen Protestanten, aber gegen Mitte des 17. Jahrhunderts ließen sich dort auch zahlreiche Holländer, Engländer und Schotten nieder. Letztere, überwiegend Royalisten und Katholiken, waren vor Oliver Cromwell geflohen. Ihnen gewährte Zar Alexei trotz ihres Glaubens Asyl, da für ihn die Enthauptung König Karls I. eine verabscheuungswürdige Greueltat war. 1685 hob Ludwig XIV. das Edikt von Nantes auf und setzte damit der offiziellen Tolerierung des Protestantismus in Frankreich ein Ende. Die Regentin Sofia und Wassili Golizyn gaben einer großen Anzahl französischer Hugenotten, die vor der neuen Verfolgungswelle in Frankreich fliehen mußten, in Rußland Asyl. Als Peter an die Macht kam, war die »Deutsche Vorstadt« eine internationale Ansiedlung von mehr als dreitausend Westeuropäern geworden. Hier lebten Royalisten und Republikaner, Protestanten und Katholiken friedlich nebeneinander und hielten die Gewohnheiten und Traditionen des Westens aufrecht. Sie trugen ausländische Kleidung, lasen ausländische Bücher und besuchten ihre eigenen lutherischen oder calvinistischen Kirchen (katholische Kirchen waren nicht zugelassen, aber die Geistlichen durften die Messe in Privathäusern lesen). Sie fuhren fort, ihre Muttersprache zu sprechen, und brachten sie auch ihren Kindern bei. Mit ihrem Heimatland blieben sie ständig in Verbindung. Einer der angesehensten Ausländer, der holländische Resident van Keller, erhielt jede Woche Post aus Den Haag, so daß die Deutsche Vorstadt über alles, was sich jenseits der russischen Grenzen abspielte, bestens informiert war. General Patrick Gordon bekam regelmäßig die wissenschaftlichen Berichte der Londoner Royal Society. Engländerinnen ließen sich neben feinem Porzellan und parfümierten Seifen auch Gedichtbände nach Rußland schicken. Schauspieler, Musiker und alle möglichen Abenteurer veranstalteten in der Vorstadt sowohl Theateraufführungen als auch Konzerte, Bälle und Salonabende. Daneben boten Liebesaffären und gelegentliche Duelle Unterhaltung und Ablenkung.

Da die Häuser und Gärten der Deutschen Vorstadt an die kaiserlichen Ländereien in Sokolniki und Preobraschenskoje grenzten, suchten schließlich mutigere Russen – trotz Verbots durch den Patriarchen – die Unterhaltung mit den Ausländern, die nur ein paar hundert Meter entfernt lebten. So übernahmen allmählich auch die Russen fremde Sitten. Bald aßen auch sie Salat, nachdem sie zunächst über die »Gras« essenden Ausländer gelacht hatten. Man ging auch dazu über, Tabak zu rauchen und zu schnupfen, obwohl der Patriarch mit dem Bann gedroht hatte.

Aber auch viele Ausländer nahmen russische Gewohnheiten an. Da Mangel an ausländischen Frauen herrschte, heirateten sie Russinnen, erlernten sie die russische Sprache und ließen ihre Kinder in der orthodoxen Kirche taufen. Dennoch waren sie gezwungen, in ihrer Ausländervorstadt zu wohnen, und die meisten behielten ihren westlichen Lebensstil, ihre Sprache und ihre Religion bei. Anders verhielt es sich jedoch mit den westlichen Frauen, die selten bereit waren, einen Russen zu heiraten und die untergeordnete Rolle der russischen Frau zu akzeptieren. Aber im Laufe der Zeit änderte sich auch das. Als Beispiel kann die Ehe zwischen Mary Hamilton und Artemon Matwejew angeführt werden. Peters Sohn Alexei heiratete eine westliche Frau, und danach heiratete jeder Zar eine Prinzessin aus Westeuropa.

In der Deutschen Vorstadt lernte Peter eine neue Form von Geselligkeit kennen. Bei Abendgesellschaften pflegten Russen so lange zu trinken, bis sie einschliefen oder bis es nichts mehr zu trinken gab. Die Ausländer tranken zwar auch viel, aber sie unterhielten sich auch über die Ereignisse in der Welt, über ihre Monarchen und Staatsmänner, Wissenschaftler und Kritiker. Diese Gespräche waren für Peter sehr aufregend. Als die Nachricht vom Sieg der Engländer über die französische Flotte im Jahr 1694 bei Kap de la Hague die Deutsche Vorstadt erreichte, war er begeistert. Er bat um das Original der Meldung, ließ sie sofort übersetzen und ordnete dann einen Artilleriesalut auf König Wilhelm III. von England an. An diesen langen Abenden war er auch für eine Vielzahl von Ratschlägen bezüglich der Zukunft Rußlands empfänglich: Die russische Armee solle häufiger exerzieren, ihre Soldaten sollten einer strengeren Disziplin unterworfen und regelmäßig bezahlt werden. Rußland solle den Orienthandel an sich ziehen, indem es ihn statt über das Schwarze Meer, das damals unter osmanischer Herrschaft stand, über das Kaspische Meer und über die Wolga leitete.

Die Bewohner der Deutschen Vorstadt luden immer den jungen Monarchen ein und stritten sich sogar oft um seine Gesellschaft. Er wurde gebeten, an Hochzeiten, Taufen und anderen Familienfeiern teilzunehmen: Kein Kaufmann verheiratete seine Tochter oder taufte seinen Sohn, ohne den Zaren zu dem Fest einzuladen. Oft war Peter selbst Taufpate und hielt Kinder lutherischer oder katholischer Konfession über das Taufbecken. Bei zahlreichen Ausländerhochzeiten war er Brautführer, und anschließend tanzte er begeistert mit den Hochzeitsgästen.

Peter war von den Ideen der schottischen Soldaten, holländischen Kaufleute und deutschen Techniker fasziniert. Besonders angetan war er von Andreas Winius, einem Mann mittleren Alters von holländischer Herkunft. Winius' Vater, ein holländischer Ingenieur und Kaufmann, hatte zur Zeit Zar Michails eine Eisenhütte in Tula, südlich von Moskau, errichtet und hatte es zu ansehnlichem Reichtum gebracht. Seine Mutter, eine Russin, hatte ihren Sohn im orthodoxen Glauben erzogen. Winius, der sowohl russisch als auch holländisch sprach, hatte zuerst eine Stellung im Außenministerium innegehabt und war dann mit dem Amt des Oberpostmeisters betraut worden. Er hatte eine geographische Abhandlung geschrieben, sprach Latein und befaßte sich mit römischer Mythologie. Von ihm lernte Peter Holländisch und ein wenig Latein. Seine Briefe an Winius unterschrieb er mit »Petrus« und sprach von seinen »Neptun- und Mars-Spielen« sowie von den Feiern, die er »zu Ehren des Bacchus« abgehalten hatte.

Ebenfalls in der Deutschen Vorstadt traf Peter zwei weitere Ausländer, die sich ihrer Herkunft und ihrem Lebensstil nach stark voneinander unterschieden und für ihn sogar noch wichtiger als Winius wurden: den schottischen

General Patrick Gordon und den charmanten Schweizer Abenteurer Francis Lefort.

Patrick Gordon wurde 1635 auf dem Familiensitz Auchleuchries bei Aberdeen im schottischen Hochland geboren. Seine Familie war berühmt, streng katholisch und mit dem ersten Herzog von Gordon und den Earls von Errol und Aberdeen verwandt. Da sie zu den Stuart-Anhängern gehörte, verlor sie nach der Enthauptung König Karls I. unter Oliver Cromwell ihr gesamtes Vermögen. Patrick hatte nun keine Möglichkeit mehr, eine Universität zu besuchen oder eine höhere Laufbahn im Militärdienst oder im öffentlichen Dienst einzuschlagen; deshalb ging er im Alter von sechzehn Jahren ins Ausland, um dort sein Glück zu versuchen. Nach zwei Jahren Jesuitenschule in Brandenburg entfloh er nach Hamburg und schloß sich dort einer Gruppe schottischer Offiziere an, die von der schwedischen Armee rekrutiert wurden. Gordon diente daraufhin dem schwedischen König, aber als er von den Polen gefangengenommen wurde, hatte er keine Bedenken, zum anderen Lager überzuwechseln. Für Söldner und Glücksritter galt es nicht als ehrenrührig, von Zeit zu Zeit den Herrn zu wechseln. Ein paar Monate später wurde Gordon wieder gefangengenommen und überredet, sich erneut den Schweden anzuschließen; später wurde er abermals von den Polen gefangengenommen, und zum zweitenmal schloß er sich ihnen an. Vor seinem fünfundzwanzigsten Lebensjahr hatte er bereits viermal das Lager gewechselt.

Als 1660 wieder ein König aus dem Hause Stuart, Karl II., den englischen Thron bestieg, wollte Gordon in die Heimat zurückkehren. Da machte ihm aber ein russischer Diplomat ein glänzendes Angebot: Wenn er sich verpflichtete, drei Jahre in der russischen Armee zu dienen, würde er sofort zum Major ernannt werden. Gordon willigte ein, entdeckte aber in Moskau, daß die zeitliche Begrenzung seines Vertrages nicht ernst gemeint war; man würde ihm als wichtigen Militär niemals erlauben, nach Schottland zurückzukehren. Als er im Kreml auf die entsprechenden Klauseln in seinem Vertrag hinwies, drohte man ihm, ihn als polnischen Spion und Katholiken anzuklagen und nach Sibirien zu verschicken. Gordon fügte sich in sein Schicksal, ließ sich in Moskau häuslich nieder und heiratete aus Karrieregründen eine Russin. Dann diente Gordon unter Zar Alexei, Zar Fjodor und der Regentin Sofia und kämpfte dabei sowohl gegen die Polen als auch gegen die Türken, Tataren und Baschkiren. Er wurde General und kehrte zweimal nach England und Schottland zurück. Seine Frau und seine Kinder mußten in Rußland bleiben, damit die Rückkehr dieses äußerst wichtigen Mannes garantiert war. 1686 bat König Jakob II. von England die Regentin Sofia persönlich darum, sie möge Gordon aus russischen Diensten entlassen, damit er in sein Heimatland zurückkehren könne. Die königliche Bitte wurde abgeschlagen; die Regentin und Golizyn waren eine Zeitlang so schlecht auf den General zu sprechen, daß oft von seiner Deportation nach Sibirien die Rede war. Daraufhin schrieb König Jakob noch einmal einen Brief nach Moskau und bot an, Gordon zu seinem Gesandten in Rußland zu ernennen. Aber auch dies wurde vom Kreml mit der Begründung zurückgewiesen, General Gordon könne nicht als Gesandter fungieren, da er noch in der russischen Armee diene und tatsächlich gerade im Begriff sei, zu einem Feldzug gegen die Tataren aufzubrechen. So war Gordon 1689, im Alter von vierundfünfzig Jahren ein allseits respektierter, außerordentlich wohlhabender Mann (sein Lohn betrug tausend Rubel im Jahr, während beispielsweise ein lutherischer Pastor nur sechzig bekam) und gleichzeitig der prominenteste ausländische Soldat in der Deutschen Vorstadt.

Gordon gewann – weitgereist, umsichtig, mutig, kampferprobt und loyal wie er war – Peters Sympathie. Das beruhte auf Gegenseitigkeit. In dem achtzehnjährigen Peter fand der alte Soldat einen gelehrigen Schüler und Bewunderer, und als inoffizieller militärischer Tutor unterwies er den jungen Zaren in den folgenden Jahren in alle Techniken der Kriegführung.

1690, schon bald nach Sofias Sturz, schloß Peter mit einem anderen Ausländer, dem damals vierunddreißigjährigen Schweizer Francis Lefort, Freundschaft. Der breitschultrige Lefort war eine stattliche Erscheinung, er hatte eine markante Nase und ausdrucksvolle Augen. Auf einem ein paar Jahre später entstandenen Porträt steht er vor Peters Schiffen. Er ist glattrasiert, trägt ein Spitzentuch um den Hals, und die üppigen Locken seiner Perücke fallen ihm über die Schultern hinunter bis zum feingeschmiedeten Brustharnisch mit den Insignien Peters, dem doppelköpfigen Adler unter der Krone.

Francis Lefort, 1656 in Genf geboren, Sohn eines wohlhabenden Kaufmanns, hatte schon in seiner Jugend aufgrund seines Charmes und seines Witzes Zutritt zu allen angesehenen Häusern gewonnen. Ihm gefiel jedoch das unbeschwerte Leben, und er wollte nicht wie sein Vater Kaufmann werden. Eine erzwungene Anstellung in einem Handelshaus in Marseille machte ihn so unglücklich, daß er nach Holland floh, wo er sich den protestantischen Armeen anschloß, die gegen Ludwig XIV. kämpften. Dort hörte der erst neunzehnjährige junge Abenteurer von großartigen Möglichkeiten in Rußland, worauf er sich nach Archangelsk einschiffte. Als er 1675 in Rußland ankam, fand er keine Anstellung. Zwei Jahre lebte er arbeitslos in der Deutschen Vorstadt, dann heiratete er eine Cousine General Gordons und fiel schließlich dem Fürsten Golizyn auf. Damit begann seine Karriere als Hauptmann in der russischen Armee: er diente in beiden Krim-Feldzügen Golizyns. Als Gordon die ausländischen Offiziere zu Peter nach Troize führte, befand sich auch Lefort in seinem Gefolge.

Peter fühlte sich von dem überaus charmanten Weltmann geradezu gefesselt. Lefort war zwar kein tiefsinniger Mensch, er besaß jedoch eine rasche Auffassungsgabe und redete gern. Er sprach vom Leben im Westen, von den dortigen Sitten und der Wissenschaft. Außerdem organisierte er großartige Bankette, Abendessen und Bälle mit Alkohol, Musik und Frauen. Von 1690 an befand sich Lefort ständig in Peters Gesellschaft; durch seine Aufgeschlossenheit, Ehrlichkeit und Großzügigkeit gewann er in zunehmendem

Maße Peters Zuneigung. Während Gordon dem Zaren mit Erfahrung und Rat zur Seite stand, konnte sich Peter in Leforts Gegenwart entspannen, und wenn der Monarch hin und wieder plötzlich einen Wutanfall bekam und wild um sich zu schlagen begann, vermochte nur Lefort, sich ihm zu nähern und ihn mit seinen starken Armen festzuhalten, bis er sich beruhigte. Größtenteils ging Leforts Erfolg auf seine Selbstlosigkeit zurück. Obwohl er den Luxus liebte, war er niemals habgierig. Das wußte Peter zu schätzen, der gerade deshalb darauf achtete, daß alle Schulden Leforts bezahlt wurden. Er schenkte ihm auch einen Palast und das nötige Geld für seinen Unterhalt. Bald wurde Lefort zum General, dann zum Admiral und zum Gesandten ernannt. Als Besucher kehrte er in seine Heimatstadt Genf zurück, ausgestattet mit Titeln und einem persönlichen Zeugnis des Zaren an die Adresse der Stadtväter, in dem der Zar seine Wertschätzung für die Genfer Bürger ausdrückte. Aber anders als Gordon träumte Lefort niemals davon, später einmal wieder an seinen Geburtsort zurückzukehren. »Mein Herz ist ganz in Moskau«, äußerte er gegenüber einem Schweizer Mitbürger.[3]

In Leforts Haus gab es außer anregender Unterhaltung fast immer auch die angenehme Gesellschaft angesehener Frauen und hübscher Töchter ausländischer Kaufleute und Soldaten, die sich jeweils nach der neuesten westlichen Mode kleideten. Fast immer fanden sich außerdem jene ausgelassenen und durch nichts einzuschüchternden Mädchen ein, die dafür sorgten, daß niemand trübsinnig wurde. Sie nahmen keinen Anstoß an der derben Soldatensprache und ließen sich gern von groben Männerhänden anfassen. Welch ein Unterschied zu den steifen Frauen des Terem, die Peter bisher nur kennengelernt hatte! Peter vergaß die Ermahnungen seiner Mutter, den Tadel des Patriarchen und die Tränen seiner Frau und saß zufrieden in einer Wolke von Tabakrauch, einen Bierkrug vor sich auf dem Tisch und den Arm um die Taille eines kichernden Mädchens gelegt.

Es dauerte nicht lange, bis Peters Blick auf Leforts Geliebte fiel, ein flachsblondes deutsches Mädchen namens Anna Mons, Tochter eines westfälischen Weinhändlers. Alexander Gordon, der Sohn des Generals, beschrieb sie damals als »außerordentlich schön«.[4] Als Peter sein Interesse an ihr zeigte, trat Lefort seine Eroberung bereitwillig dem Zaren ab. Diese natürliche Schönheit war genau das, was Peter sich wünschte: Anna konnte mit ihm sowohl beim Trinken als auch beim Scherzen mithalten, und sie wurde seine Mätresse. Anna war jedoch keiner tiefen Empfindung fähig. Sie wußte ihre Reize geschickt einzusetzen, um Peter auszunützen, der sie mit Geschenken, Juwelen, einem Palast und einem Landsitz geradezu überhäufte. Der Zar verstieß gegen das Protokoll und erschien mit ihr auf Gesellschaften russischer Bojaren und ausländischer Diplomaten. Natürlich hoffte Anna Mons, irgendwann die Zarin auf dem Thron ersetzen zu können. Peter sah aber keine Veranlassung, sie zu ehelichen, und sie blieb zwölf Jahre lang seine Geliebte.

Peters Freundeskreis setzte sich dennoch vorwiegend aus Russen zusammen:

Es waren sowohl Bekanntschaften, die auf seine Kindheit zurückgingen, als auch ältere Männer, die auf hervorragende Leistungen und traditionsreiche Namen verweisen konnten, die sich zum gesalbten Zaren hingezogen fühlten trotz seines ausgelassenen Verhaltens und trotz seiner ausländischen Freunde. Fürst Michail Tscherkassi, ein älterer, bärtiger, traditionsgebundener Mann suchte die Nähe Peters aus Patriotismus heraus. Ähnliche Beweggründe hatten auch Fürst Peter Prosorowski, ein betagter und sittenstrenger Weiser, sowie Fjodor Golowin, der erfahrenste Diplomat Rußlands, der den Vertrag von Nertschinsk mit China abgeschlossen hatte. Fürst Fjodor Romodanowski dagegen schloß sich dem jugendlichen Zaren aus einem Gefühl grenzenloser Ergebenheit heraus an. Er haßte die Strelitzen, die seinen Vater während des Blutbades von 1682 ermordet hatten. Später, als Gouverneur von Moskau und als Polizeichef, sollte er mit eiserner Hand regieren. Beim Strelitzen-Aufstand 1698 übte Romodanowski erbarmungslose Rache.

Anfangs scharten sich würdige Grauhaarige, jugendliche Großmäuler und ausländische Abenteurer um den Zaren, aber mit der Zeit bildete die Gruppe, die sich »Fidele Gesellschaft« nannte, einen engen Zusammenhalt und folgte Peter überallhin. Insgesamt zählte Peters Gefolgschaft etwa zweihundert Leute.

Ein Bankett für die »Fidele Gesellschaft« begann meistens um die Mittagszeit und endete im Morgengrauen. Die Mahlzeiten waren üppig, zwischen den einzelnen Gängen gab es Rauch- und Unterhaltungspausen: Kegelspiel, Bogenschießen und Schießen mit Musketen. Die Tischreden und Toasts wurden nicht nur mit Hochrufen und dem üblichen Geschrei begleitet, sondern mit Trompetenstößen und Artilleriesalven. War eine Musikkapelle zur Stelle, schlug Peter die Trommel. Am Abend gab es Tanz und oft ein Feuerwerk. Wenn der Schlaf einen der Zecher überkam, ließ er sich einfach von der Bank herunter auf den Boden fallen, wo er laut schnarchend liegenblieb. Manchmal dauerten diese Gelage zwei, drei Tage, wobei die Gäste Seite an Seite auf dem Fußboden schliefen, zwischendurch immer wieder aufstanden, übermäßig aßen und tranken, um danach wieder in dumpfen Schlaf zu fallen.

Nur wer außerordentlich trinkfest war, konnte Peters »Fideler Gesellschaft« beitreten. Seit undenklichen Zeiten war das Trinken, nach den Worten des Großfürsten Wladimir von Kiew aus dem 10. Jahrhundert, »die Freude der Russen«[5] gewesen. Nach Adam Olearius, der das Moskowiterreich zur Zeit von Peters Großvater Zar Michail besucht hatte, soll keinRusse je eine Gelegenheit zum Trinken ausgelassen haben. Trunkenheit kennzeichnete im wesentlichen die russische Gastlichkeit. Den Trinksprüchen mußte jeder folgen; Gastgeber und Gäste stürzten Glas auf Glas hinunter und stülpten sich danach ihre Trinkgefäße auf den Kopf, um zu beweisen, daß sie leer waren. Wenn man seine Gäste nicht völlig betrunken wieder nach Hause schicken konnte, galt der Abend als mißlungen.

Auch Peter und seine »Fidele Gesellschaft« hielten diese russische Tradition voll in Ehren; ihr Bier- und Kwaßkonsum war gewaltig. Über Lefort schrieb einmal der Philosoph Gottfried Wilhelm Leibniz: »Er wird nie durch den Alkohol überwältigt, bleibt vielmehr immer Herr seines Verstandes ... Niemand kann mit ihm gleichhalten ... Er läßt weder Pfeife noch Glas stehen bis drei Stunden nach dem Sonnenaufgang.«[6] Allerdings forderte dieses übermäßige Trinken doch seinen Tribut. Lefort starb mit dreiundvierzig Jahren, und auch Peter wurde nur zweiundfünfzig Jahre alt. Als er noch jung war, wirkte Peter nach solchen Bacchanalien niemals erschöpft. Die ganze Nacht hindurch konnte er mit seinen Kumpanen zechen und dann im Morgengrauen aufstehen, um als Zimmermann oder Schiffsbauer zu arbeiten. Nur wenige konnten mit ihm Schritt halten.

Da es Lefort mit seinem begrenzten Einkommen auf Dauer nicht möglich war, die aufwendigen und teuren Gelage zu arrangieren, die dem Zaren so viel Freude bereiteten, ließ ihm Peter ein Haus für die Festveranstaltungen bauen, in dem mehrere hundert Gäste bewirtet werden konnten. Bald wurde auch dieses zu klein, weswegen ihm der Zar ein noch größeres Steinhaus mit prunkvollen Wandteppichen und Weinkellern schenkte. Der Festsaal bot für 1500 Menschen Platz. Lefort war zwar der nominelle Besitzer dieses Hauses, in Wirklichkeit aber wurde es eine Art Klubhaus für die »Fidele Gesellschaft«. Auch wenn Peter oder Lefort nicht anwesend waren, pflegten sich die in Moskau weilenden Mitglieder der Gesellschaft in diesem Haus zu versammeln, um zu speisen, zu trinken und die Nacht dort zu verbringen, wobei der Zar stets für die Kosten des Abends aufkam.

Mit der Zeit entstanden aus den spontanen Trinkgelagen und Banketten organisierte Maskenbälle und Possenspiele. Peter hatte den meisten seiner Kameraden in ausgelassener Stimmung Spitznamen gegeben, die allmählich bei den Maskenbällen als Titel getragen wurden. Der Bojare Iwan Buturlin beispielsweise bekam den Titel »polnischer König«, weil er in einem der Militärspiele in Preobraschenskoje der Kommandeur der »feindlichen« Armee war. Fürst Fjodor Romodanowski, der andere Kommandeur und Verteidiger der Spielfestung Preßburg, wurde »König von Preßburg« und danach »Fürst-Cäsar«. Peter sprach ihn mit »Eure Majestät« und »Mein Herr König« an und signierte Briefe an ihn mit »Euer Bürger und ewiger Sklave, Peter«. Dieses Spiel, bei dem Peter seinen eigenen Rang und Titel verspottete, hielt den Zar während seiner ganzen Regierungszeit aufrecht. Nach der Schlacht von Poltawa wurden die besiegten schwedischen Offiziere vor einen »Zaren« geführt – der in Wirklichkeit Romodanowski war. Nur ein paar Schweden, die den wirklichen Peter nie gesehen hatten, fragten sich, wer wohl der auffallend große russische Offizier gewesen sei, der damals hinter dem Scheinzaren »Fürst-Cäsar« stand.

Peters Parodien auf die weltliche Macht waren allerdings noch mild im Vergleich zum beißenden Spott, den er und seine Freunde mit der Kirche trieben. Die »Fidele Gesellschaft« wurde in die »Narren- und Saufsynode« umgewandelt, der ein »Fürst-Papst« vorstand und ein Kardinalskollegium sowie ein Gefolge von Bischöfen, Archimandriten, Priestern und Diakonen hatte. Obwohl Peter selbst in diesem Spiel nur die Rolle eines Diakons übernommen hatte, befaßte er sich intensiv damit, Regeln und Instruktionen für dieses seltsame Kollegium zu erfinden. Mit dem gleichen Enthusiasmus, mit dem er später Gesetze für das russische Reich aufstellen sollte, definierte er jetzt bis in alle Einzelheiten die Rituale und Zeremonien der »Saufsynode«, deren erstes Gebot lautete, daß »Bacchus mit starkem und ehrenwertem Trinken gehuldigt werden müsse«. Bei diesen ausschweifenden »Gottesdiensten« trank der »Fürst-Papst«, Peters alter Hauslehrer Nikita Sotow, auf jedermanns Gesundheit und segnete dann die kniende Gemeinde, indem er mit zwei holländischen Pfeifen das Kreuzzeichen über sie schlug.

An kirchlichen Feiertagen wurden die Spiele ausgefallener. Zu Weihnachten fuhren mehr aus zweihundert Leute singend und pfeifend durch Moskau und beugten sich johlend aus den überfüllten Pferdeschlitten. Zwölf kahlköpfige Männer zogen den Schlitten des »Fürst-Papstes«, der mit einem Zinnhelm auf dem Faß hockte; auf seiner Kleidung waren Spielkarten aufgenäht. Man suchte sich die reichen Adligen und Kaufleute aus, um sie mit Liedern zu ehren, drang in ihre Häuser ein und erwartete schließlich Speis und Trank als Dank für die unerbetenen Gesänge. In der ersten Fastenwoche gab es auch noch eine »Büßer«-Prozession. Die Mitglieder der »Gesellschaft« trugen dabei fremdländische Kleidung, ritten auf Eseln oder Ochsen oder saßen in Schlitten, die von Ziegen, Schweinen oder Bären gezogen wurden.

Fand eine Hochzeit in Peters Freundeskreis statt, so gab sich die »Fidele Gesellschaft« besondere Mühe. Als Peters Lieblingsspaßmacher Jakob Turgenjew 1695 die Tochter eines Küsters heiratete, dauerten die Feierlichkeiten drei Tage. Die Hochzeit fand auf einem Feld außerhalb von Preobraschenskoje statt, und Turgenjew und seine Braut kamen mit der elegantesten Hofkutsche des Zaren zur Trauung an. Ihnen folgte eine Prozession hoher Bojaren in phantastischen Kostümen – Hüten aus Birkenrinde, Schuhen aus Stroh, Handschuhen aus Mausfell, Mänteln, auf die Eichhörnchenschwänze und Katzenpfoten aufgenäht waren. Manche gingen zu Fuß, andere fuhren in Wagen und ließen sich von Ochsen, Ziegen und Schweinen ziehen. Die Feierlichkeiten endeten mit einem triumphalen Einzug in Moskau, zu dem das jungverheiratete Paar gemeinsam auf dem Rücken eines Kamels daherritt. »Die Prozession«, kommentierte Gordon, »war außerordentlich lustig.«[7] Der Spaß war aber möglicherweise zu weit getrieben worden, denn einige Tage später starb Turgenjew plötzlich mitten in der Nacht.

Die »Saufsynode« wurde gegründet, als Peter achtzehn Jahre alt war, und dauerte bis zum Ende der Zarenherrschaft. Selbst als reifer Mann ließ er sich noch auf die derbe Possenreißerei ein. Dieses Verhalten empfanden ausländische Diplomaten als vulgär und skandalös, viele seiner Untertanen sogar als blasphemisch. Mit der Gründung der »Saufsynode« hatte Peter zum Teil die Absicht verfolgt, die kirchliche Hierarchie zu erschüttern und insbesondere den neuen Patriarchen Adrian zu provozieren, zu erschrecken und zu entwürdigen. Seine Mutter und die konservativen Bojaren hatten zuvor einen Sieg über *seinen* Kandidaten, den aufgeklärten Marcellus von Pskow errungen. Peter übte auf seine Weise Vergeltung und ernannte einen eigenen »Schein-Patriarchen«. Mit der Parodie auf die kirchliche Hierarchie machte er aber nicht nur seinem eigenen Ärger Luft, sondern drückte gleichzeitig seine Abneigung gegen die Institution der Kirche in Rußland aus, die im Laufe der Jahre beständig zugenommen hatte.

Dennoch ging Peter mit Vorsicht zu Werke. Die »Saufsynode« beleidigte die russisch-orthodoxe Kirche nicht direkt, da der Zar schon sehr früh das Possenspiel in eine weniger verfängliche Parodie auf die römisch-katholische Kirche umgewandelt hatte. Die Zeremonien und der Wortlaut der Scharade wurden zudem nicht aus der russisch-orthodoxen, sondern aus der römisch-katholischen Liturgie entlehnt. Gegen eine derartige Maskerade hatten die Russen natürlich weniger Einwände zu machen.

In Peters Augen war die Possenreißerei seiner »Scheinsynode« nicht blasphemisch. Für ihn war Gott zu majestätisch, um durch kleine Parodien und Spiele beleidigt werden zu können. Letzten Endes sollten die Gelage der »Saufsynode« nichts anderes als Spiele sein. Sie waren eine Form der Entspannung – einer närrischen, vielleicht lächerlichen und sogar anstößigen Entspannung –, aber die meisten Mitglieder der Gesellschaft waren ja nicht besonders feinfühlig. Es waren Männer der Tat, die sich mit der Einrichtung und Lenkung eines Staates befaßten. Ihre Hände waren befleckt mit Staub, Pulver und Blut, und sie brauchten einen Ausgleich. Ihre Vergnügungen entsprachen genau ihrem Charakter: Sie tranken, lachten, lärmten, verkleideten sich, tanzten, trieben ihre Scherze, rissen Witze, machten sich übereinander und über alles lustig, insbesondere über die Kirche, die sich gegen alles, was sie zu tun versuchten, auflehnte.

Bei den Festen veranstaltete Peter aufwendige und gefährliche Feuerwerke. Anläßlich der Fastnacht von 1690 und der Geburt seines Sohnes Alexei ließ er ein Feuerwerk aufsteigen, das fünf Stunden dauerte. Anstatt in der Luft zu explodieren, landete eine fünf Pfund schwere Rakete auf dem Kopf eines Bojaren, der tödlich verunglückte. Peters pyrotechnische Vorführungen wurden immer sensationeller. 1693 erschien nach einem langen Salut aus sechsundfünfzig Kanonen das Bild einer Flagge aus weißen Flammen am Himmel, die das Monogramm des Fürsten Romodanowski in westlichen Buchstaben zeigte, gefolgt von dem Bild eines feurigen Herkules, der die Kiefer eines Löwen auseinanderzog.

Und dann gab es noch das Kriegsspiel. Im Winter 1689/1690 erwartete Peter ungeduldig den Frühling, um mit seinen »Spielregimentern« ins Manöver ziehen zu können. Beim Abendessen drehten sich seine Gespräche um General Gordon, um neue europäische Exerziermethoden und um militärische Taktik, die den Soldaten beigebracht werden sollte. Zu einer Feuerprobe kam es im Sommer des Jahres 1690 während einer Militärübung, bei der das

Preobraschensker Regiment das befestigte Lager des Semenowsker Regiments angriff. Obwohl aus Pappe und Lehm angefertigt, waren die Handgranaten und Minen äußerst gefährlich. Peter selbst wurde damals verletzt, als bei der Erstürmung eines Erdwalls eine mit Schießpulver gefüllte Lehmmine in seiner Nähe explodierte und sein Gesicht verbrannte. Im Jahr 1691 bereiteten sich die Regimenter den ganzen Sommer auf ein Scheingefecht vor, das im Herbst in großem Umfang geführt werden sollte. Romodanowski, der Scheinkönig von Preußen, kommandierte eine Armee, die aus den zwei »Spielregimentern« sowie aus anderen Truppen bestand, und wurde einer Strelitzen-Armee unter der Führung von Fürst Iwan Buturlin, dem Scheinkönig von Polen, feindlich gegenübergestellt. Die Schlacht, die im Morgengrauen des 6. Oktober begann, wurde zwei Tage lang in äußerst heftiger Form ausgetragen. Sie endete mit dem Sieg der »russischen Armee« unter Romodanowski. Peter war jedoch nicht zufrieden und ordnete eine zweite Runde an, die dann bei starkem Sturm, Regen und Schlamm am 9. Oktober stattfand. Romodanowskis Armee war wieder siegreich, aber diesmal gab es wirklich Verletzte. Fürst Iwan Dolgoruki war am rechten Arm schwer verwundet worden; er starb neun Tage später an den Folgen der Infektion. Gordon wurde am Oberschenkel verletzt, und er trug im Gesicht so schwere Brandwunden davon, daß er über eine Woche das Bett hüten mußte.

Während dieser Zeit vergaß Peter seine Schiffe nicht. Um die Arbeit anzutreiben, wurden Anfang 1691 zwanzig holländische Schiffsbauer von der berühmten Schiffswerft in Zaandam nach Pereslawl verpflichtet. Als Peter an den Pleschtschejewosee zurückkehrte, arbeiteten diese Männer bereits mit Karsten Brant zusammen an zwei kleinen Dreißig-Kanonen-Fregatten sowie an drei Segelbooten. Peter hielt sich nur drei Wochen bei ihnen auf, aber im folgenden Jahr fuhr er viermal zum Pleschtschejewosee, wobei er zweimal über einen Monat dort blieb. Ausgestattet mit einem »kaiserlichen Dekret« von »Fürst-Cäsar« Romodanowski, in dem es hieß, er solle »ein Kriegsschiff vom Kiel an aufbauen«, arbeitete Peter vom Morgengrauen bis zum Einbruch der Dunkelheit, aß auf der Schiffswerft und schlief nur, wenn er vor Müdigkeit umsank. Er weigerte sich sogar, nach Moskau zurückzukehren, um dort einen Gesandten Persiens zu empfangen. Erst als Lew Naryschkin und Boris Golizyn zu ihm kamen, um ihn von der Wichtigkeit dieses Besuchs zu überzeugen, legte Peter widerstrebend seine Werkzeuge aus der Hand und kehrte mit ihnen nach Moskau zurück. Eine Woche später war er wieder am See.

Im August überredete er seine Mutter und seine Schwester Natalja, seine Schiffswerft und Flotte zu besichtigen. Auch seine Frau Jewdokija besuchte ihn dort zusammen mit ihren Hofdamen. Den ganzen Monat verbrachten die Frauen am See, und Peter manövrierte voller Begeisterung seine Flottille von zwölf Schiffen vor den Augen der Damen, die auf einem kleinen Hügel in der Nähe des Sees saßen. In einem karmesinroten Mantel stand der Zar an Deck, winkte mit den Armen und erteilte Befehle – alles äußerst geheimnisvoll und beunruhigend für Frauen, die sich bisher vom Terem kaum entfernt hatten. Peter blieb in jenem Jahr bis November am See. Als er schließlich nach Moskau zurückkehrte, fesselte ihn eine Ruhrerkrankung sechs Wochen lang ans Bett. Seine Freunde und Gefolgsleute waren äußerst beunruhigt: Wenn Peter starb, konnte niemand mehr die Rückkehr Sofias verhindern, das Exil oder gar den Tod von ihnen abwenden. Aber dank seiner guten Konstitution begann der erst einundzwanzigjährige Zar sich gegen Weihnachten von seiner Krankheit zu erholen. Ende Januar verbrachte er seine Abende bereits wieder in der Deutschen Vorstadt. Gegen Ende Februar gab Lefort ein großes Bankett zu Ehren Peters. Im Morgengrauen des nächsten Tages ritt der Zar, ohne geschlafen zu haben, nach Pereslawl, um dort während der gesamten folgenden Fastenzeit an seinen Schiffen zu arbeiten.

Diese Besuche sollten Peters letzte längere Aufenthalte am Pleschtschejewosee sein. In den folgenden Jahren kam er zweimal auf dem Weg zum Weißen Meer an »seinem« See vorbei, und auch noch einmal später, um Artilleriematerial für den Asow-Feldzug zu inspizieren. Doch nach 1697 kam er nicht mehr nach Pereslawl, bis er 1722 nach Persien aufbrach. Da fand er Schiffe und Gebäude verlassen und verrottet vor. Er gab den Befehl, daß man das, was noch übriggeblieben war, fortan sorgfältig aufbewahren solle; und tatsächlich bemühte sich der dortige Adel eine Zeitlang in seinem Sinne. Im 19. Jahrhundert beispielsweise pflegte die gesamte Geistlichkeit von Pereslawl an Bord eines Galabootes zu gehen und, begleitet von einer großen Menschenmenge in zahlreichen anderen Schiffen, bis zur Mitte des Sees zu fahren, um von dort aus das Wasser im Gedenken an den Zaren Peter I. zu segnen.

10 Archangelsk

Wie ein Riese, der in einer Höhle eingeschlossen ist und nur durch ein winziges Loch Licht und Luft bekommt, besaß das moskowitische Reich mit seiner gewaltigen Landmasse nur einen einzigen Seehafen: Archangelsk am Weißen Meer. Diese Hafenstadt liegt weit entfernt vom Herzen Rußlands, nur rund zweihundert Kilometer südlich des Nordpolarkreises. Sechs Monate im Jahr ist sie von Eis umgeben. Archangelsk war damals der einzige Ort im russischen Reich, wo ein junger Monarch, berauscht von der Vorstellung von Schiffen und Ozeanen, tatsächlich große Ozeanschiffe sehen und Salzluft atmen konnte. Kein Zar war jemals zuvor in Archangelsk gewesen, und kein Zar hatte sich je für Schiffe interessiert. Sein Interesse beschrieb Peter in einem Vorwort zu den *Seeregeln*, die er siebenundzwanzig Jahre später, 1720, niederschrieb:

»Einige Jahre hindurch konnte ich meine Wünsche voll und ganz auf dem

Pleschtschejewosee erfüllen; aber schließlich wurde es dort zu eng für mich
… Dann wollte ich das offene Meer sehen und bat meine Mutter immer
wieder um die Erlaubnis, nach Archangelsk gehen zu dürfen. Sie untersagte
mir eine so gefährliche Reise. Aber als sie sah, daß mein Wunsch so groß und
meine Sehnsucht so gewaltig war, erlaubte sie es mir schließlich.«[1]
Bevor sich Natalja allerdings seinen dringenden Bitten beugte, zwang sie
ihrem Sohn das Versprechen ab, nicht auf den Ozean hinauszufahren.
Am 11. Juli 1693 machte sich Peter mit mehr als hundert Leuten nach
Archangelsk auf, darunter befanden sich Lefort und viele Kameraden aus
seiner »Fidelen Gesellschaft« sowie acht Sänger, zwei Zwerge und vierzig
Strelitzen als Leibwächter. Die Entfernung von der Hauptstadt bis Archangelsk war knapp tausend Kilometer Luftlinie, aber der Reiseweg auf Straßen
und Flüssen betrug beinahe 1600 Kilometer. Die ersten 480 Kilometer führten über die Große Russische Straße, vorbei am Troize-Kloster, an Pereslawl
und Rostow, über die Wolga bei Jaroslawl bis hinüber nach Wologda, dem
südlichen Umschlaghafen für Güter, die über Archangelsk aus- oder eingeführt wurden. Dort stieg die Reisegruppe an Bord einer Flotte großer, far-
benprächtiger Flußboote. Der Rest der Route verlief über die Suchona, bis
zu ihrer Einmündung in die Dwina, und von dort, auf der Dwina nordwärts,
bis nach Archangelsk. Die Flußboote bewegten sich nur langsam fort, obwohl es flußabwärts ging. Im Frühling, während der Schneeschmelze, hätten
Peters Schiffe schneller vorankommen können; aber nun war es Hochsommer, die Flüsse führten Niedrigwasser, und manchmal berührten die Boote
sogar den Grund und mußten gezogen werden. Nach zweiwöchiger Reise
erreichte die Flottille Cholmogory, Regierungshauptstadt und Sitz des Erzbischofs der nördlichen Region. Hier wurde der Zar mit Glockengeläut und
Festbanketten willkommen geheißen; nur unter großen Anstrengungen
konnte er von Cholmogory wieder aufbrechen und die letzten wenigen Kilometer flußabwärts weiterfahren. Endlich sah er die Wachtürme, die Lagerhäuser, die Docks und die vertäuten Schiffe vom Hafen von Archangelsk.
Archangelsk lag nicht unmittelbar an der Küste des Weißen Meeres, sondern
fünfzig Kilometer flußaufwärts, wo sich das Eis noch schneller bildete als im
Salzwasser des offenen Ozeans. Von Oktober bis Mai war der Fluß gefroren.
Wenn aber im Frühling das Eis zunächst entlang der Meeresküste, dann auf
den Flüssen im Binnenland zu schmelzen begann, erwachte Archangelsk allmählich zum Leben. Schleppkähne mit Pelzen, Fellen, Hanf, Talg, Weizen,
Kaviar und Pottasche beladen glitten in einer endlosen Prozession vom Norden die Dwina hinab. Zur gleichen Zeit bahnten sich die ersten Handelsschiffe aus London, Amsterdam, Hamburg und Bremen, im Geleitschutz
von Kriegsschiffen, die die französischen Seeräuber abwehren sollten, ihren
Weg durch die schmelzenden Eisschollen rings um das Nordkap bis nach
Archangelsk. In den Laderäumen der Seeschiffe befanden sich Woll- und
Baumwollstoffe, Seide und Spitzen, Gold- und Silbergegenstände, Weine
sowie Chemikalien zum Färben von Stoffen. Während der hektischen Som-

mermonate konnte man in Archangelsk an die hundert ausländische Schiffe beobachten. Am Fluß löschten sie ihre westliche Fracht und übernahmen russische Waren.

Trotz dieser Hektik schliefen die Menschen nur wenig, wenn gegen Ende Juni die Sonne einundzwanzig Stunden lang schien. Die Stadt war bestens mit frischem Fisch und Wild versorgt. Aus dem Meer brachte man Lachs, der geräuchert oder gesalzen nach Westeuropa oder ins Landesinnere verschickt wurde; aber es gab auch genügend frischen Fisch für Archangelsk selbst. Süßwasserfische, darunter Flußbarsche, Hechte und köstliche kleine Aale, waren in reichlichen Mengen vorhanden. Besonders preiswert war, im Gegensatz zu anderen Ländern, Geflügel und Rotwild. Außerdem gab es Hasen, Enten und Gänse. Getränke waren, wenn auch durch den russischen Zoll versteuert, im Überfluß vorhanden: holländisches Bier, französischer Wein und Cognac. Zur Unterhaltung und zur Pflege geschäftlicher Kontakte wurden in der Stadt zahlreiche Bälle veranstaltet, auf denen ständig neue Kapitäne und Schiffsoffiziere erschienen. Übrigens existierten in Archangelsk sowohl eine holländische reformierte als auch eine lutherische Kirche.

Für einen jungen Mann wie Peter, der sich von Land und Leuten des Westens und vom Meer angezogen fühlte, wirkte hier alles aufregend: der Ozean, der sich bis zum Horizont erstreckte, die Gezeiten, der Geruch von salziger Meeresluft und von Seilen und Teer an den Molen, der Anblick von so vielen vor Anker liegenden Schiffen mit ihren großen Schiffsrümpfen, ihren hohen Masten und aufgerollten Segeln, das geschäftige Treiben im Hafen, in dem kleine Schiffe kreuz und quer fuhren, die Kais und Lagerhäuser, in denen die ausländischen Waren gestapelt lagen, schließlich die Kaufleute, die Seekapitäne und Seeleute aus vielen fernen Ländern.

Peter konnte den größten Teil der Aktivitäten im Hafen von dem Haus aus beobachten, das man für ihn auf der Moisejew-Insel bereitgestellt hatte. Schon am ersten Tag nach seiner Ankunft war er begierig darauf, auf die See hinauszufahren, ungeachtet des Versprechens, das er seiner Mutter gegeben hatte. Er eilte zu den Kais, an denen auch eine kleine Zwölf-Kanonen-Jacht, die *St. Peter*, lag, die eigens für ihn gebaut worden war. Er ging an Bord, untersuchte sogleich Rumpf und Takelage des Schiffes und wartete ungeduldig auf eine Gelegenheit, sie jenseits der Dwinamündung auf dem offenen Meer testen zu können.

Die Gelegenheit bot sich, als ein Konvoi holländischer und englischer Handelsschiffe nach Europa aussegelte. Peter konnte ihn an Bord der *St. Peter* bis zum Beginn des Nördlichen Eismeeres begleiten. Als Wind und Gezeiten günstig standen, lichteten die Schiffe die Anker, machten die Segel los und glitten den Fluß hinunter, vorbei an den zwei niedrigen Forts, die den Zugang nach Archangelsk bewachten. Mittags befand sich zum erstenmal in der Geschichte ein russischer Zar auf dem offenen Meer.

Viel zu früh für Peter erreichte der Konvoi den Punkt, an dem das Weiße Meer vom Land noch fast eingeschlossen ist und sich dann zu dem Nördlichen Eismeer ausweitet. Hier kehrte Peter widerstrebend um. Da er wußte, daß die Nachricht von seiner Seereise bald nach Moskau gelangen würde, schrieb er auf der Rückfahrt nach Archangelsk an seine Mutter. Ohne die Fahrt direkt zu erwähnen, versuchte er, Natalja im voraus zu beruhigen: »Ihr habt geschrieben, o Herrin, daß ich Euch traurig gemacht habe, weil ich nichts über meine Ankunft geschrieben habe. Aber auch jetzt habe ich noch keine Zeit, ausführlich zu schreiben, weil ich einige Schiffe erwarte. Sobald sie da sind – wann genau weiß niemand, aber sie müssen bald ankommen, da sie schon mehr als drei Wochen von Amsterdam unterwegs sind –, werde ich unverzüglich zu Euch zurückkommen und zu diesem Zweck Tag und Nacht reisen. Aber ich bitte in einer Sache um Nachsicht: Warum macht Ihr Euch Sorgen um mich? Ihr habt geruht, mir zu schreiben, daß Ihr mich dem Schutz der Heiligen Jungfrau anempfohlen habt. Warum seid Ihr dann bekümmert?«

Dieses Argument überzeugte Natalja nicht. Sie schrieb Peter und bat ihn, sich an sein Versprechen zu erinnern, an Land zu bleiben, und drängte ihn dazu, nach Moskau zurückzukehren. Sie fügte sogar einen Brief seines dreijährigen Sohnes Alexei bei, der ihre Bitte unterstützte. Peter antwortete mehrere Male, sie solle sich keine Sorgen machen.

Er hatte in Wirklichkeit nicht die Absicht, Archangelsk zu verlassen, bevor die erwartete Flotte holländischer Handelsschiffe aus Amsterdam angekommen war. In der Zwischenzeit verbrachte er dort vergnügliche Tage. Vom Fenster seines Hauses auf der Moisejew-Insel konnte er Ankunft und Abfahrt der Schiffe auf dem Fluß beobachten. Eifrig bestieg und inspizierte er jedes Schiff, das in den Hafen einlief. Er befragte die Kapitäne stundenlang, kletterte die Masten empor, um die Takelage und die Konstruktion des Schiffsrumpfs zu untersuchen. Die holländischen und die englischen Schiffskapitäne überschütteten den jugendlichen Monarchen mit den Beweisen ihrer Gastfreundschaft und luden ihn zum Essen und Trinken an Bord ein. Sie sprachen über Amsterdam, das große Schiffsbauzentrum von Zaandam, den Mut holländischer Seeleute und Soldaten, die den ehrgeizigen Plänen Ludwigs XIV. von Frankreich Widerstand geleistet hatten. Bald entdeckte Peter seine Leidenschaft für Holland, und er ging in der Uniform eines holländischen Kapitäns durch die Straßen von Archangelsk spazieren. Er saß in den Tavernen, rauchte eine Tonpfeife und leerte eine Flasche nach der anderen zusammen mit grauhaarigen holländischen Kapitänen, die bereits mit den legendären Admiralen Tromp und de Ruyter zur See gefahren waren. Mit Lefort und seinen Freunden nahm er an üppigen Festessen und Bällen in den Häusern der ausländischen Kaufleute teil. Außerdem fand er auch noch Zeit, sich am Schmiedeherd oder an der Drehbank zu betätigen. In Archangelsk begann er, an dem kunstvollen Elfenbeinleuchter aus Walroßzahn zu arbeiten, der jetzt im Peter-Saal in der Eremitage hängt. Peter ging oft in die Kirche des Propheten Elias, las dort die Epistel vor oder stand im Chor und sang mit. Er mochte den Erzbischof Afansi von Cholmogory und schätzte seine Unterhaltung sehr.

Mit Ausnahme von Peters eigenem kleinen Schiff gab es in diesem russischen Hafen kein russisches Schiff mit russischer Besatzung. Peter legte nun mit eigenen Händen den Kiel eines Schiffes und ordnete an, daß dieses Schiff im Verlauf des Winters fertiggestellt werden sollte. Da er zusätzlich noch ein wirklich seetüchtiges westliches Schiff haben wollte, bat er Lefort und Winius, bei Nicholas Witsen, dem Bürgermeister von Amsterdam, eine holländische Fregatte zu bestellen.

Mitte September traf der Konvoi der holländischen Handelsschiffe ein. Peter nahm mit einer riesigen Feier, die Lefort organisierte, Abschied von Archangelsk. Es gab Bankette, die eine Woche dauerten. Artilleriesalven wurden von den Forts und von den vor Anker liegenden Schiffen abgefeuert. Äußerst langsam verlief die Rückkehr nach Moskau. Die Flußschiffe bewegten sich nun flußaufwärts und wurden nicht von Tieren, sondern von Menschen gezogen, die sich am Ufer mühsam voranarbeiteten. Während sich die Flußschiffer abplagten, stiegen die Passagiere immer wieder aus, spazierten an den Ufern entlang und schossen gelegentlich wilde Enten und Tauben für ihre Mahlzeiten. Jedesmal, wenn die Flottille an einem Dorf vorbeifuhr, kamen der Priester und die Bauern zum Schiff des Zaren und überreichten Fisch, Stachelbeeren, Hühner und frische Eier. Manchmal konnten die Reisenden nachts vom Deck ihrer Schiffe aus am Ufer einen Wolf sehen. Als sie Mitte Oktober endlich Moskau erreichten, war in Archangelsk bereits der erste Schnee gefallen. Der Hafen wurde für den Winter geschlossen.

In diesem Winter erlitt Peter einen schweren Schlag. Am 4. Februar 1694 starb, nach einer Erkrankung von nur zwei Tagen, seine Mutter im Alter von zweiundvierzig Jahren. Seit dem Besuch von Peters Regatta am Pleschtschejewosee war Natalja nicht mehr gesund gewesen. Im Winter 1693/94 erkrankte sie plötzlich gefährlich. Peter befand sich auf einem Fest, als er die Botschaft erhielt, daß seine Mutter im Sterben liege. Er eilte sofort an ihr Bett. Er hatte bereits ihren letzten Segen erhalten, als der Patriarch hereintrat und ihn eines respektlosen und beleidigenden Verhaltens bezichtigte, weil er, gemäß seiner jetzigen Gewohnheiten, in westlichen Kleidern gekommen war. Wütend erwiderte Peter, daß ein Patriarch als Haupt der Kirche gewichtigere Themen als Kleidungsfragen behandeln solle. Um den Streit nicht fortzusetzen, stürzte Peter aus dem Zimmer. Die Nachricht, daß seine Mutter gestorben war, erreichte ihn in seinem Haus in Preobraschenskoje. Nataljas Tod versetzte Peter in tiefe Trauer. Einige Tage lang vermochte er nicht zu sprechen, ohne in Tränen auszubrechen. Gordon fuhr nach Preobraschenskoje und fand Peter »außerordentlich melancholisch und niedergeschlagen« vor. Das Begräbnis der Zarin wurde zu einer großartigen Staatsfeierlichkeit, aber Peter weigerte sich, ihm beizuwohnen. Erst nach ihrer Bestattung kam er an ihr Grab, um zu beten, ganz allein. An Fjodor Apraxin in Archangelsk schrieb er:

»Ich bin stumm vor Schmerz und Kummer. Ich bin nicht fähig, darüber genau zu schreiben, ohne mich daran zu erinnern, daß der Apostel Paulus gesagt hat, man solle ob solcher Ereignisse nicht trauern, und daß die Stimme von Edras meinte: ›Rufe mir den vergangenen Tag zurück!‹ Ich versuche, das so gut es geht, zu vergessen, weil es mein Fassungsvermögen übersteigt und es dem Allmächtigen Gott so gefallen hat, und weil alle Dinge dem Willen ihres Schöpfers entsprechen. Amen. Deshalb ruhe ich mich wie Noah eine Weile von meinem Kummer aus, und, indem ich beiseite lasse, was nie wiederkehren kann, schreibe ich über das Leben.«[3]

Dann fuhr er fort mit Instruktionen über das Schiff, das in Archangelsk gebaut werden sollte, über die Kleidung der Seeleute und über andere praktische Angelegenheiten. Nach fünf Tagen erschien Peter in Leforts Haus. Diesmal gab es weder Frauen noch Musik noch Tanz noch ein Feuerwerk, aber allmählich interessierte sich Peter wieder für das Weltliche.

Die große Zuneigung, die Peter für seine Mutter empfand, übertrug er nach ihrem Tod auf seine jüngere Schwester Natalja. Sie war ein aufgewecktes, fröhliches Mädchen und unterstützte Peter, auch wenn sie seinen Plänen und Ideen nicht immer folgen konnte. Peters Frau Jewdokija spielte keine besondere Rolle im Leben des Zaren, der nach dem Tod seiner Mutter völlige Handlungsfreiheit genoß. Obwohl durch Matwejews westlich beeinflußtes Haus geprägt, war Natalja der Tradition zutiefst verhaftet geblieben. Da sie nun keinen Zwang mehr auf ihn ausüben konnte, hörte Peter auf, an den Ritualen des Kreml teilzunehmen. Zweieinhalb Monate nach dem Ableben seiner Mutter beteiligte sich Peter zum letzten Mal zusammen mit Iwan an einer Kremlzeremonie, der großen Osterprozession des Hofes. Danach gelang es niemand mehr, ihn zu etwas zu zwingen, was er nicht wollte.

Im Frühjahr 1694 kehrte Peter nach Archangelsk zurück. Diesmal wurden zweiundzwanzig Flußschiffe für den Transport der dreihundert Menschen aus Peters Gefolge benötigt. Es wurden zudem vierundzwanzig Kanonen für die Schiffe, tausend Musketen sowie viele Fässer Pulver und Bier mittransportiert. Gutgelaunt durch den Gedanken, wieder ans Meer zu kommen, beförderte Peter einige seiner älteren Gefährten in hohe Marineränge: Fjodor Romodanowski wurde Admiral, Iwan Buturlin Vizeadmiral und Patrick Gordon Konteradmiral. Mit Ausnahme von Gordon war keiner jemals auf einem Schiff gewesen – und zwar als Passagier, um den englischen Kanal zu überqueren! Peter selbst nahm den Kapitänstitel an mit der Absicht, die bei Witsen bestellte holländische Fregatte später selbst zu führen.

In Archangelsk veranstaltete Peter zunächst einen Dankgottesdienst in der Kirche des Propheten Elias und eilte dann zum Fluß, um seine Schiffe zu besichtigen. Sein kleines Schiff, die *St. Peter*, lag an der Mole, aufgetakelt und seebereit. Die holländische Fregatte war noch nicht eingetroffen, aber das neue Schiff, mit dessen Bau er im vorausgegangenen Sommer begonnen hatte, war für den Stapellauf bereit. Peter ergriff einen Holzhammer, schlug die Stützbalken weg und beobachtete voller Genugtuung, wie der Schiffsrumpf ins Wasser hinunterglitt. Während das neue Schiff, auf den Namen *St. Paul* getauft, mit Masten und Segeln ausgestattet wurde, entschloß sich Peter dazu, das Solowezki-Kloster zu besichtigen, das auf einer Insel im Weißen Meer lag. In der Nacht des 10. Juni ging er, begleitet vom Erzbischof Afansi, einigen Freunden und einer kleinen Soldatengruppe an Bord der *St. Peter*. Man fuhr bei Flut aus, aber in der Dwina-Mündung legte sich der Wind, so daß das Schiff erst am folgenden Morgen bei frischem Wind auf das Weiße Meer hinaussegeln konnte. Im Laufe des Tages verdunkelte sich der Himmel, und der Wind verstärkte sich. Etwa achtzig Meilen von Archangelsk entfernt brach ein starker Sturm los, und das kleine Schiff mußte dagegen ankämpfen. Der Wind riß die Segel von den Masten und Spieren, und berghohe Wellen rollten über das Deck. Das Schiff stampfte und rollte auf den riesigen Wogen und drohte zu kentern. Sogar die erfahrenen Seeleute drängten sich zusammen und beteten. Die Passagiere glaubten dem Untergang geweiht zu sein, bekreuzigten sich und waren darauf gefaßt zu ertrinken. Der Erzbischof erkämpfte sich auf dem schaukelnden Deck einen Weg von einem zum anderen und erteilte die letzte Ölung.

Auch Peter, der in Wind und Gischt das Steuerruder umklammert hielt, empfing das Sterbesakrament, gab aber die Hoffnung nicht auf. Jedesmal, wenn sich das Schiff mit einer großen Woge in die Höhe hob und dann wieder in die Tiefe zurückfiel, kämpfte er mit dem Steuer und bemühte sich, den Bug gegen den Wind zu halten. Der Lotse kroch nach achtern und brüllte in Peters Ohr, sie sollten versuchen, auf die Unskaja-Bucht zuzusteuern. Anschließend half ihm der Lotse am Steuerruder, und gemeinsam brachten sie das Schiff vorbei an Felsen, über die sich riesige Wellen brachen, durch enge Einfahrt in den Hafen. Gegen Mittag des 12. Juni, nach vierundzwanzig Stunden des Schreckens, ging das kleine Schiff in ruhigem Wasser auf der Höhe von Kloster Pertominsk vor Anker.

Die gesamte Besatzung des Schiffes ruderte an Land, um in der Kapelle des Klosters für die Rettung zu danken. Peter belohnte den Lotsen mit Geld, beschenkte die Mönche reichlich und versprach ihnen zusätzliche Geldspenden. Als persönliche Danksagung fertigte er dann mit eigenen Händen ein drei Meter hohes hölzernes Kreuz an und trug es auf seinen Schultern bis zu jener Stelle am Ufer, wo er nach der schweren Prüfung gelandet war. Das Kreuz trug auf holländisch die Inschrift: »Dieses Kreuz wurde im Sommer 1694 von Kapitän Peter errichtet.«[4]

Außerhalb dieses sicheren Ankerplatzes wütete der Sturm noch drei Tage lang. Am 16. Juni ließ der Wind nach, und Peter lief erneut aus in Richtung Solowezki-Kloster, dem berühmtesten Kloster im nördlichen Rußland. Er verbrachte drei Tage in Solowezki in Verehrung der heiligen Reliquien. Bei ruhiger See kehrte er nach Archangelsk zurück; seine Ankunft wurde mit großem Jubel von seinen besorgten Freunden gefeiert.

Ein paar Wochen später war das neue Schiff, das Peter vom Stapel gelassen hatte, seetüchtig. Am 21. Juli segelte die Fregatte *Heilige Prophezeiung*, das dritte Schiff der russischen Flottille, in den Mündungsarm der Dwina ein und ankerte auf der Höhe von Solombola. Kapitän Jan Flam, der bereits dreißigmal nach Archangelsk gefahren war, führte das Kommando über dieses robuste holländische Kriegsschiff mit seinen vierundvierzig Kanonen, die auf den Ober- und Mitteldecks aufgereiht standen. Bürgermeister Witsen hatte darauf geachtet, daß die Kabinen des Schiffes mit Holz getäfelt und mit eleganten polierten Möbeln, silberfarbenen Vorhängen und hübsch gewebten Teppichen eingerichtet wurden.[5]

Peter war außer sich vor Freude. Er stürzte zum Fluß hinunter, als das Schiff in Sicht war, eilte an Bord und kletterte oder krabbelte auf jedem Zoll der Takelage und des Unterdecks herum. Diese Nacht verbrachte der neue Kapitän der *Heiligen Prophezeiung* an Bord, und am folgenden Tag schrieb er überschwenglich an Winius:

»Min Her:
Was ich schon seit langem ersehnt habe, ist eingetreten. Jan Flam ist gut angekommen, mit vierundvierzig Kanonen und vierzig Seeleuten auf einem Schiff. Ich gratuliere uns allen! Ich werde mit der nächsten Post ausführlicher schreiben, jetzt bin ich außer mir vor Freude und kann nicht lange schreiben. Außerdem wäre das ohnehin unmöglich, denn Bacchus wird bei solchen Gelegenheiten wie immer ausgiebig geehrt, und mit seinen Weinblättern macht er die Augen derer schläfrig, die länger schreiben möchten.

Der Kapitän des Schiffes Heilige Prophezeiung«[6]

Innerhalb einer Woche war die neue Fregatte bereit, unter dem Kommando ihres neuen Kapitäns auszusegeln. Peter hatte es so eingerichtet, daß seine russische Flottille einen Konvoi holländischer und englischer Handelsschiffe auf ihrer Rückfahrt bis ins Nördliche Eismeer begleiten sollte. Bevor sie lossegelten, hatte Peter festgelegt, welchen Signalen, deren Techniken er sich selbst ausgedacht hatte, die Flotte bei ihren Bewegungen folgen sollte. Die *St. Paul*, mit Vizeadmiral Buturlin an Bord, befand sich an der Spitze, gefolgt von vier holländischen Schiffen mit russischer Fracht. Dann kam Peters neue Fregatte mit Admiral Romodanowski und dem Zaren selbst als Kapitän (Jan Flam stand ihm zur Seite). Es folgten vier englische Handelsschiffe und als Nachhut die *St. Peter*, mit dem neuen Konteradmiral General Gordon. Gordon ließ sein Schiff in der Nähe einer kleinen Insel beinahe auf Grund laufen in der Annahme, daß die Kreuze in einem Friedhof an Land die Masten und Rahnocke der Segel vor ihm herziehender Schiffe seien.

Peters Flottille geleitete den Konvoi bis zum Kap Swjatoi Nos auf der Halbinsel Kola, östlich von Murmansk. Hier wurde das Weiße Meer breiter und ging in die grauen Gewässer des Nordpolarmeeres über. Peter hatte zwar gehofft, noch weiter segeln zu können, aber es blies ein starker Wind, und er ließ sich zur Umkehr überreden. Fünf Kanonen wurden abgefeuert, um zu signalisieren, daß die Eskorte umkehre – und die westlichen Schiffe verschwanden am nördlichen Horizont. Peters Schiffe fuhren nach Archangelsk zurück, wo der Zar eine Abschiedsfeier hielt; am 3. September kehrte er widerstrebend nach Moskau zurück.

Im September 1694 wurden in einem breiten Tal in der Nähe des Dorfes Koschuchowo am Ufer der Moskwa Peters letzte und größte Manöver zu Friedenszeiten abgehalten. Daran nahmen dreißigtausend Mann teil, einschließlich Infanterie, Kavallerie, Artillerie sowie langer Kolonnen von Nachschubwagen. Die Kämpfenden wurden in zwei Armeen aufgeteilt. Die eine, unter dem Kommando von Iwan Buturlin, bestand aus sechs Strelitzen-Regimentern und zahlreichen Reiterschwadronen. Die Gegenseite wurde von Fjodor Romodanowski, dem »König von Preßburg«, befehligt. Ihm unterstanden Peters Garderegimenter, die Preobraschensker und die Semenowsker, sowie zwei zusätzliche reguläre Regimenter und mehrere Kompanien von Milizsoldaten, die aus so weit entfernten Städten wie Wladimir und Susdal einberufen worden waren. Im wesentlichen ging es bei diesem Kriegsspiel um einen Angriff der Armee Buturlins auf eine Festung am Flußufer, die von den Streitkräften Romodanowskis verteidigt werden sollte.

Bevor die Manöver begannen, zogen die Soldaten beider Armeen in Paradeuniform, begleitet von Schreibern, Musikern und der besonderen Abteilung der Zwergkavallerie, durch die Straßen Moskaus in Richtung auf ihr Manövergebiet. Doch als das Preobraschensker Regiment näherkam, stockte den Moskauern der Atem: den Soldaten voran und als Artillerist gekleidet, marschierte der Zar.

In den Manövern wurde mit viel Schwung gekämpft. Die Rivalität zwischen den Strelitzen und den Garderegimentern, beide entschlossen, ihre Fähigkeiten vor dem Zaren unter Beweis zu stellen, stachelte den Eifer der Kämpfenden an. Handgranaten und Kanonen wurden abgefeuert, und obwohl keine echten Geschosse verwendet wurden, gab es verbrannte Gesichter und verstümmelte Körper. Die angreifende Armee schlug eine Brücke über die Moskwa und begann die Festung Preßburg mit Sprengladungen zu erschüttern. Peter hatte mit einer langen Belagerung gerechnet, bei der alle Regeln der Kriegskunst angewandt wurden. Meistens endete der Tag mit einem üppigen Festessen und wüsten Trinkgelagen. Nach einem solchen Gelage beschloß die angreifende Seite einen überraschenden Sturm zu wagen. Die ebenfalls erhitzten Verteidiger vermochten nicht standzuhalten, und die Festung wurde eingenommen.

Peter war wütend über diesen übereilten Abschluß der Operation. Am folgenden Tag befahl er, daß die Sieger sich aus der Festung entfernen und alle Gefangenen zurückgeben mußten. Er erlaubte nicht, daß die Festung noch einmal gestürmt wurde, bevor die Mauern nicht ordentlich gesprengt und zum Teil eingestürzt waren. Man gehorchte, und diesmal dauerte es drei Wochen, bis Preßburg nach allen Regeln der Kriegskunst eingenommen war. Die Manöver von Koschuchowo wurden Ende Oktober abgeschlossen, und als die Regimenter für den Winter in ihre Kasernen zurückkehrten, begann Peter mit seinen Ratgebern darüber zu diskutieren, wie er sie im folgenden Jahr am besten beschäftigen könne. Vielleicht war nun der Augenblick gekommen, mit dem Kriegspielen aufzuhören; möglicherweise war es dafür an der Zeit, die russischen Armeen gegen die Türken einzusetzen, mit denen sich Rußland formal noch im Krieg befand. Ein Brief Gordons, vom Dezember 1694 datiert, belegt, daß man in jenem Winter irgendeine Aktion dieser Art plante: »Ich glaube und hoffe«, teilte der Schotte einem Freund im Westen mit, »daß wir im kommenden Sommer irgend etwas zum Vorteil der Christenheit und unserer Verbündeten unternehmen werden.«[7]

11 Asow

Peter war jetzt zweiundzwanzig Jahre alt. Jeder, der den Zaren zum erstenmal sah, war von seiner Größe beeindruckt. Mit zwei Metern überragte der Monarch jeden neben ihm – dies fiel um so mehr auf, da in jenen Tagen die Menschen durchschnittlich kleiner waren als heute. Peters Größe wirkte aber nicht sehr massiv, sondern eher eckig. Im Verhältnis waren seine Schultern ungewöhnlich schmal; er hatte lange Arme, und seine kräftigen Hände waren von der Arbeit auf der Schiffswerft ständig mit Schwielen bedeckt. Peters Gesicht war rund, jugendlich, man könnte sagen, beinahe schön. Er trug einen kleinen Schnurrbart, aber keine Perücke, denn er ließ sein glattes, kastanienbraunes Haar bis zu den Schultern hinabhängen.
Noch bemerkenswerter als seine Größe war seine titanische Energie. Um mit seinem schnellen, langen Schritt mithalten zu können, mußten seine Begleiter hinter ihm herlaufen. Er konnte nicht lange an einem Ort stillsitzen oder -stehen. Waren Schreibarbeiten zu erledigen, wanderte er um sein Stehpult herum. Bei einem Festmahl pflegte er nur ein paar Minuten lang zu essen, danach aufzuspringen, um zu sehen, was sich im nächsten Zimmer ereignete. Oft ging er draußen ein wenig spazieren. Seine Energie verbrauchte er gern beim Tanz. Kaum hatte er sich eine Zeitlang an einem Ort aufgehalten, wünschte er ihn wieder zu verlassen, neue Menschen und eine neue Umgebung kennenzulernen, neue Eindrücke zu sammeln. Neugier und Ruhelosigkeit trieben Peter den Großen sein Leben lang an.
In jenen Jahren machten sich die ersten Anzeichen einer lästigen Erkrankung beim jungen Zaren bemerkbar. Wenn Peter erregt oder angespannt war, fing sein Gesicht manchmal an zu zucken. Diese Zuckungen, die gewöhnlich nur an der linken Seite seines Gesichts auftraten, befielen ihn mit unterschiedlicher Intensität. Manchmal dauerten sie nur ein bis zwei Sekunden; manchmal handelte es sich um regelrechte Krampfzustände, die mit dem Zusammenziehen der Muskeln an der linken Seite des Halses begannen

und sich über die ganze linke Hälfte des Gesichts erstreckten, so daß sich seine Augen verdrehten. Schlimmstenfalls kam es auch zu heftigen, unkontrollierten Bewegungen des linken Arms; der Krampf endete erst, wenn Peter einschlief und nicht mehr bei Bewußtsein war.

Da nur unsachverständige Beschreibungen der Symptome vorliegen, können die Ursachen der Krankheit nicht geklärt werden. Es ist anzunehmen, daß Peter an fokalen epileptischen Anfällen litt, die zu den milderen einer Reihe von neurologischen Erkrankungen gehören, deren schlimmste Form die Grandmal-Epilepsie ist, bei der der Kranke plötzlich bewußtlos mit Schaum vor dem Mund zusammenbricht. Es ist jedoch nicht bekannt, daß der Zar jemals dieses Krankheitsstadium erreicht habe. Peters Zeitgenossen sowie spätere Geschichtsschreiber boten eine Vielzahl von Erklärungen an: so wurden Peters Krämpfe etwa dem heftigen Schrecken zugeschrieben, den er 1682 als zehnjähriger Junge bei dem Strelitzen-Aufstand erlitten hatte. Nach anderen Aussagen soll sein Zustand auf den Schock zurückzuführen gewesen sein, den er sieben Jahre später bekam, als er in Preobraschenskoje mitten in der Nacht mit der Botschaft geweckt wurde, die Strelitzen seien im Anmarsch, um ihn zu töten. Einige Historiker führten die Erkrankung auf den exzessiven Alkoholgenuß zurück, den sich der Zar an Leforts Seite angewöhnt und mit der »Fidelen Gesellschaft« so oft praktiziert hatte. Einem Gerücht zufolge sollen die Zuckungen durch Gift verursacht worden sein, das ihm die herrschsüchtige Sofia verabreicht habe. Wenn die Möglichkeit eines Schlags nicht in Betracht kommt, der die Hirnfunktion beeinträchtigt, kann ein länger anhaltendes, sehr hohes Fieber die Ursache von Epilepsie sein. Zwischen November 1693 und Januar 1694 litt Peter an hohem Fieber, so daß viele um sein Leben bangten. Eine Enzephalitis kann Vernarbungen auf der Hirnrinde verursachen; wenn nachträglich spezifische psychologische Stimuli diese beschädigte Zone reizen, können Krämpfe ausgelöst werden wie die, von denen Peter befallen wurde. Damals kannte man keine Behandlungsmethode für diese Anfälle. Wenn das Zittern nicht besonders auffällig war, versuchten Peter und die Menschen seiner Umgebung so zu tun, als sei nichts geschehen. Wurden die Krämpfe dagegen stärker, bemühten sich seine Freunde oder die diensthabenden Offiziere darum, so schnell wie möglich jemand zu ihm zu bringen, zumeist eine junge Frau. Später eilte, wann immer sie in der Nähe war, seine zweite Frau Katharina herbei. Frauen konnten den Zaren besänftigen. »Peter Alexejewitsch, hier ist die Person, die Sie sprechen wollten«, pflegte seine besorgte Ordonnanz im akuten Fall zu sagen und sich dann zurückzuziehen. Der Zar legte sich dann hin und ließ seinen zuckenden Kopf in den Schoß der Frau sinken. Diese streichelte seine Stirn und seine Schläfen und sprach sanft und tröstend auf ihn ein. Peter schlief bald ein, und die Zuckungen nahmen ein Ende. Wenn er ein oder zwei Stunden später aufwachte, war er stets munter und besserer Laune als zuvor.

Im Winter 1695 hatte Peter große Pläne. Seine beiden Aufenthalte in Archangelsk, seine kurzen Kreuzfahrten auf dem Weißen Meer, seine ausgedehnten Gespräche mit englischen und holländischen Kapitänen hatten ihn beflügelt, noch weitere Reisen zu unternehmen, noch mehr zu sehen. Immer wieder sprach er von einer geplanten Expedition nach Persien und in den Fernen Osten. Dieses Thema kam während der langen Winterabende in der Deutschen Vorstadt oft zur Sprache. Holländische und englische Kaufleute erzählten eindrucksvoll vom Handel zwischen Europa und Persien und zwischen Europa und Indien, der über die Flüsse auch nach Rußland ausgedehnt werden könnte. Aus Archangelsk hatte Lefort seiner Familie in Genf geschrieben, es sei die Rede davon, »in etwa zwei Jahren nach Kasan und Astrachan zu fahren«. Später schrieb der Schweizer: »Im folgenden Sommer werden wir fünf große Schiffe und zwei Galeeren bauen, welche, mit Gottes Willen, in zwei Jahren nach Astrachan fahren werden, wo wichtige Verträge mit Persien abgeschlossen werden sollen.« Und weiterhin heißt es bei ihm: »Es gibt auch eine Idee, einige Galeeren zu bauen und mit ihnen auf die Ostsee zu gehen.«[1]

Zur Überraschung von ganz Moskau wurde im Winter 1695 angekündigt, Rußland wolle im folgenden Sommer von neuem in den Krieg gegen die Tataren und das Osmanische Reich ziehen. Wir wissen nicht genau, warum sich Peter in diesem Winter dazu entschloß, die türkische Festung Asow anzugreifen. Man nahm an, daß diese plötzliche Entscheidung zur aktiven Kriegführung einzig und allein auf Peters Ruhelosigkeit zurückzuführen war, und daß sie hauptsächlich als Ventil für seine Energie und Neugier diente. Der junge Zar träumte nun davon, eine Flotte zu schaffen. Aber Rußlands einziger Meereshafen war sechs Monate im Jahr zugefroren. Das nächstgelegene Meer, die Ostsee, hielten noch die Schweden, die beherrschende Militärmacht in Nordeuropa, in festen Händen. Es blieb nur ein einziger Zugang zum Meer: der im Süden, über das Schwarze Meer.

Oder handelte es sich vielleicht um ein »Mars-Spiel«? Seit zwanzig Jahren spielte Peter mit Soldaten, zuerst mit Spielzeugsoldaten, dann mit Knaben, dann mit erwachsenen Männern. Seine Spiele hatten sich vom Exerzieren mit ein paar Hundert untätigen Stalljungen und Falknern bis zu Manövern mit etwa dreißigtausend Mann ausgeweitet, die am Ende den Angriff und die Verteidigung der Flußfestung Preßburg einübten. Jetzt, auf der Suche nach dem Erlebnis einer wirklichen Schlacht, hielt er Ausschau nach einer Festung, die er belagern konnte. Asow, das isoliert am Ende der ukrainischen Steppe lag, schien optimal dafür geeignet zu sein.

Zweifellos spielten sowohl Peters unwiderstehlicher Drang nach dem Meer als auch sein Verlangen, seine Armee zu erproben, bei dieser Entscheidung eine Rolle. Aber es gab auch andere Gründe. Rußland führte immer noch Krieg mit dem Osmanischen Reich, und immer noch ritten die Reiter des Tataren-Kahns jeden Sommer nordwärts, um die Ukraine zu überfallen. 1693 erschien eine Armee von zwölftausend Tatarenkavalleristen vor der

Stadt Nemirow, brannte sie nieder und nahm zweitausend Gefangene mit, die auf den osmanischen Sklavenmärkten verkauft wurden. Ein Jahr später stieg die Zahl der russischen Gefangenen sogar auf fünfzehntausend.

Seit dem Sturz Sofias hatte Moskau wenig getan, um seine südlichen Grenzgebiete zu verteidigen. Die Gleichgültigkeit Peters hatte dazu geführt, daß Dositheus, der orthodoxe Patriarch von Jerusalem, voll beißendem Hohn an Peter schrieb: »Die Krimtataren sind nur eine Handvoll Leute, und doch rühmen sie sich, daß sie von Euch Tribut erhalten. Die Tataren sind Untertanen der Türken, woraus hervorgeht, daß auch Ihr ein türkischer Untertan seid. Viele Male habt Ihr Euch gerühmt, daß Ihr dieses und jenes tun wolltet, aber alles wurde nur mit Worten getan und nichts mit Taten.«[2]

Außerdem gab es einen diplomatischen Grund für die Wiederaufnahme der Feindseligkeiten mit den Türken und den Tataren: Moskaus Verbündeter, König Jan Sobieski von Polen, hatte damit gedroht, einen separaten Frieden mit dem Osmanischen Reich zu schließen, der Rußlands Interessen völlig außer acht lassen würde. Der polnische König beklagte sich gegenüber dem russischen Regierungsvertreter in Warschau, er könne kaum dafür getadelt werden, daß er Moskaus Interessen ignoriere, da sich niemand die Mühe gemacht habe, ihm genau zu erklären, welche Interessen Moskau vertrete.

Der Asow-Feldzug war also doch mehr als nur ein kunstvolles Kriegsspiel, das zum privaten Vergnügen des Zaren inszeniert wurde. Offen blieb noch die Frage, wo der Feldzug stattfinden sollte. Seit den beiden unheilvollen Feldzügen Golizyns hüteten sich die Russen vor weiteren direkten Angriffen quer durch die Steppe in Richtung Perekop. Diesmal sollte die russische Armee nicht durch die Steppe marschieren, sondern auf dem Wasserweg nach Süden vordringen und zu beiden Seiten der befestigten Halbinsel eingesetzt werden. Hier, an den Mündungen des Dnjepr und Don, blockierten türkische Festungen den ukrainischen Kosaken oder den Russen den Zugang zum Schwarzen Meer. Der Nachschub sollte nicht in Tausenden von Wagen geschleppt, sondern in Transportschiffen befördert werden.

Zwei Armeen wurden für die doppelte Offensive aufgestellt. Die östliche Armee sollte sich den Don hinunterbewegen, um die mächtige türkische Festung Asow anzugreifen. Die Armee setzte sich aus Peters »Spielregimentern« zusammen, den Männern, die bei den Manövern vom letzten Herbst in Koschuchowo die Festung Preßburg angegriffen oder verteidigt hatten. Zu diesen Einheiten gehörten die neuen Preobraschensker und Semenowsker Garderegimenter, die Strelitzen und eine westeuropäisch geschulte Artillerie und Kavallerie – 31 000 Mann in drei Divisionen unter dem Kommando von Lefort, Golowin und Gordon. Um Eifersucht zu vermeiden, wurde keiner dieser drei Männer zum Oberbefehlshaber ernannt; jede Division sollte unabhängig operieren, und die drei Generäle sollten Entscheidungen in einem Kriegsrat in Anwesenheit des dreiundzwanzigjährigen Artillerieunteroffiziers Peter treffen.

Die zweite oder westliche Armee der russischen Offensive sollte den Dnjepr hinunterfahren, um die wichtigen türkischen Festungen an der Dnjeprmündung anzugreifen. In ihrer Zusammensetzung wesentlich traditioneller, stand sie unter dem Kommando des Bojaren Boris Scheremetew. Diese Armee erinnerte an die riesige Streitkraft, die Golizyn nach Süden geführt hatte: Zwölftausend Mann, die meisten von ihnen Bauern, wurden im alten russischen Stil für einen einzigen Sommerfeldzug rekrutiert. Scheremetew sollte Peters Offensive unterstützen, die nicht nur zum Ziel hatte, die Dnjepr-Festungen zu erobern, sondern auch das Hauptkontingent der tatarischen Reiter davon abzuhalten, nach Osten zu reiten und Peters Truppen vor Asow anzugreifen. Darüber hinaus hoffte Peter, die Anwesenheit dieser riesigen Streitmacht würde die Verbindung zwischen der Krim und den europäischen Türkenprovinzen im Westen abschneiden und so den alljährlichen Ritt der Tatarenkavallerie zur Armee des Sultans auf dem Balkan verhindern. Schließlich sollte die bloße Anwesenheit einer riesigen russischen Armee in der Ukraine den Einfluß des Zaren auf die unbeständigen und leicht zu beeindruckenden Kosaken verstärken.

Nachdem der Plan des Feldzugs aufgestellt worden war, stürzte sich Peter in die Vorbereitungen. Überschwenglich schrieb er an Apraxin in Archangelsk: »In Koschuchowo haben wir nur gescherzt. Jetzt werden wir vor Asow das wirkliche Spiel spielen.«[3]

Als erste verließ Gordons Division Moskau im März. Sie setzte sich südwärts in Bewegung durch die Steppe, die in voller Blüte stand, »mit Blumen und Kräutern, Spargel, wildem Thymian, Majoran, Tulpen, Nelken, Honigklee und mädchenhaften Levkojen«, wie das Tagebuch des Kommandeurs vermerkt.[4] Der größte Teil dieser Armee, mit Peter, Lefort und Golowin an der Spitze, verließ Moskau im Mai auf Flußschiffen die Moskwa hinunter, um zur Wolga zu gelangen. Diesem großen Strom folgten die Truppen bis nach Zarizin (später Stalingrad, jetzt Wolgograd). Von dort schleppte man die Kanonen und den Nachschub zum unteren Don und stieg auf andere Schiffe um. Die Kolonne kam nur langsam voran, denn die Flußschiffe leckten, und die Schiffer hatten wenig Erfahrung. Peter schrieb ärgerlich an Winius: »Die meiste Verzögerung wurde durch dumme Lotsen und Hilfsarbeiter verursacht, die sich selbst als Meister bezeichnen, aber in Wirklichkeit davon so weit entfernt sind wie die Erde vom Himmel.«[5] Am 29. Juni erreichte die Haupttruppe mit einundzwanzigtausend Mann Asow, wo bereits Gordons zehntausend Soldaten vor der Stadt verschanzt waren.

Die Festungsstadt Asow lag am linken Ufer des südlichsten Arms der Donmündung, etwa fünfundzwanzig Kilometer stromaufwärts vom Asowschen Meer. Diese Stadt war 500 v. Chr. von griechischen Siedlern, die sich bereits an zahlreichen Plätzen rund um die Küsten des Schwarzen Meeres niedergelassen hatten, gegründet worden. Später beherrschte Asow den Handel am Mündungsbecken des Don und wurde eine Kolonie des Stadtstaates Genua. 1475 von den Türken eingenommen, bildete Asow den nordöstlichsten Punkt des türkischen Herrschaftsbereichs über das gesamte Schwarze Meer und diente als Grenze für jeden russischen Vormarsch donabwärts. Die Stadt selbst war mit Türmen und Mauern befestigt. Anderthalb Kilometer flußaufwärts von der Stadt entfernt standen zwei Wachtürme, zwischen denen Eisenketten quer über den Fluß gespannt waren. Sie verhinderten, daß die leichten und schnellen Kosakengaleeren an der Stadt vorbeischlüpften und auf das Meer hinausgelangten.

Gleich nach ihrer Ankunft eröffneten die Russen das Feuer auf Asow und setzten die Stadt vierzehn Wochen lang unter Beschuß. Nun traten Probleme auf. Es fehlten beispielsweise erfahrene Ingenieure. Damals hatten bei einer Belagerung die Ingenieure die gleiche wichtige Funktion wie die Artilleristen oder Fußsoldaten. Der russische Nachschub war nicht genügend organisiert, um die dreißigtausend Mann im freien Feld über einen längeren Zeitraum zu ernähren. Das Heer plünderte daher die karge Gegend um Asow binnen kurzem aus. Die Strelitzen wollten nicht mehr den Befehlen europäischer Offiziere gehorchen. Über die Gesamtsituation stellte Gordon fest: »Wir handelten manchmal so, als ob es nicht ernst wäre.«[6]

Anfangs waren für die Russen die beiden türkischen Wachtürme ein Hindernis. Der Nachschub mußte weiter oberhalb ausgeladen und in Wagen über Land bis zur Truppe gefahren werden. Diese Transporte waren den überraschenden Angriffen der Tatarenreiterei ausgesetzt, die in der Nähe des russischen Lagers umherstreifte. Die Eroberung der beiden Türme wurde so zu einem vordringlichen Kriegsziel. Die Donkosaken eroberten einen der beiden Türme, und kurze Zeit danach verließen die Türken nach heftigem russischen Artilleriebeschuß auch den zweiten Turm.

Peters Freude über diesen Erfolg wurde bald durch einen Verrat im eigenen Lager überschattet. Ein holländischer Seemann namens Jakob Jensen trat zu den Türken über und überbrachte ihnen wichtige Informationen. Jensen war ursprünglich Seemann auf einem holländischen Schiff in Archangelsk gewesen, war dann in russische Dienste getreten, hatte den orthodoxen Glauben angenommen und in der neuen russischen Artillerie gedient. Mit seiner besonderen Vorliebe für die Holländer und die Artillerie legte Peter Wert darauf, Jensen in seiner Nähe zu haben und schenkte ihm sein Vertrauen. Als Jensen desertierte, verriet er dem Pascha in Asow die Zahl und Anordnung der russischen Truppen, die Stärken und Schwächen der Schanzbauten sowie alle Pläne Peters. Er unterrichtete den Gegner auch über die Gewohnheit der Soldaten, wie alle Russen einen Mittagsschlaf zu halten. Ein paar Tage später erfolgte genau um diese Stunde ein starker türkischer Überfall gegen die russischen Verschanzungen. Am Anfang liefen die schläfrigen Russen davon, aber Gordon gelang es, sie wieder zu formieren, und nach einer verzweifelten dreistündigen Schlacht wurden die Türken schließlich zurückgeschlagen. Der Vorstoß brachte den Belagerern hohe Verluste: vierhundert Tote, sechshundert Verwundete und viele zerstörte Schanzbauten.

Doch noch folgenschwerer als Jensens Verrat war die Unfähigkeit der russischen Armee, der Festung alle Verbindungen nach außen abzuschneiden.

Gordon forderte eine totale Einkreisung der Stadt, aber aus Mangel an Soldaten konnten die Russen mit ihren Verschanzungen nicht einmal die Landseite von Asow völlig abschließen. Zwischen den russischen Schützengräben und dem Fluß befand sich noch eine Lücke, durch die die Tatarenreiter die Verbindung mit der Garnison von Asow aufrechterhalten konnten. Außerdem fehlte es an Schiffen, um den Fluß zu kontrollieren. Peter konnte nur hilflos zusehen, als zwanzig türkische Galeeren stromaufwärts gefahren kamen und in der Nähe der Stadt vor Anker gingen, um Nachschub und Verstärkung für die türkische Garnison zu bringen.

Während der langen Wochen der Belagerung plagte sich Peter unermüdlich ab. Er spielte weiterhin zwei Rollen. Als Artillerieunteroffizier Peter Alexejew half er, die Mörser zu laden und abzufeuern, in der Funktion des Zaren führte er den Vorsitz über den Obersten Kriegsrat und überprüfte und diskutierte alle Pläne und Operationen. Darüber hinaus stand er in dauerndem Briefwechsel mit seinen Freunden in Moskau. Trotz seiner eigenen niedergeschlagenen Stimmung bemühte er sich um einen scherzhaften Ton. So adressierte er seinen Brief an Romodanowski in Moskau mit »Min Her Kenich [sic!]!« und signierte mit dem Ausdruck großer Hochachtung als »Artillerist Peter«.

Die Aufteilung des Kommandos erwies sich zunehmend als hinderlich für die russischen Belagerungsoperationen. Lefort und Golowin ärgerten sich über die größere militärische Erfahrung General Gordons und waren bestrebt, bei den gemeinsamen Beratungen den schottischen Veteranen zu überstimmen. Peter selbst wurde schließlich über den Verlauf der Belagerung ungeduldig. Zusammen mit Lefort und Golowin verlangte er einen großen Überraschungsangriff, um die Stadt im Sturm einzunehmen. Gordon räumte ein, daß man die Schützengräben näher den Mauern verlegen müßte, damit die Soldaten bis zum Augenblick des Angriffs geschützt seien. Seine Warnungen wurden in den Wind geschlagen, und am 15. August ging man zum Angriff über, der, wie vorherzusehen, scheiterte. »Dies war das Ergebnis eines zum falschen Zeitpunkt und überstürzt unternommenen Angriffs«, schrieb Gordon in sein Tagebuch. »Von den vier Regimentern wurden tausendfünfhundert Mann getötet, nicht gerechnet die Offiziere. Um neun Uhr ließen seine Majestät mich und die anderen Offiziere holen. Es gab nichts zu sehen als zornige Blicke und traurige Mienen.«[7] Zu allem Mißgeschick explodierten zwei Minen mit großer Ladung, die unter den türkischen Mauern plaziert werden sollten, noch im russischen Lager und führten zu weiteren schweren Verlusten unter Peters Soldaten.

Bald darauf begann der Herbst. Die Soldaten konnten nicht in den Schützengräben überwintern. Zur Wahl standen entweder die sofortige Eroberung der Stadt oder der Rückzug. Ein letzter Angriff konnte aber nicht erfolgreicher sein als der erste, und am 12. Oktober hob Peter die Belagerung schließlich auf. Für die beiden Wachtürme ließ Peter eine starke Besatzung von dreitausend Mann zurück.

Der Rückzug nach Norden war eine Katastrophe. Er kostete mehr Menschenleben und Ausrüstung als die ganze Belagerung während des Sommers. Sieben Wochen lang marschierten die Russen unter schweren Regengüssen durch die Steppe, wobei sie von tatarischen Reitern unablässig verfolgt und angegriffen wurden. Die Flüsse waren von den Regenfällen angeschwollen, das Gras, das im Sommer weitgehend niedergebrannt worden und jetzt völlig durchweicht war, konnte nicht als Futter für die Tiere verwertet werden. Die Männer fanden nur mit großer Mühe trockenes Holz für ihre Lagerfeuer. Der österreichische Diplomat Otto Pleyer, der das Heer begleitete, schickte einen Katastrophenbericht nach Wien:»Große Mengen an Vorräten, mit denen eine große Armee hätte ernährt werden können, wurden entweder durch schlechtes Wetter verdorben oder gingen mit den Schiffen verloren, die auf Grund liefen …Es war unmöglich, nicht in Tränen auszubrechen, wenn man sah, wie auf einer Strecke von achthundert Kilometern längs des Weges quer durch die Steppe Menschen und Pferde dalagen, halb zerfressen von Wölfen, und viele Dörfer sich mit Kranken füllten, von denen ungezählte starben.«[8]

Am 2. Dezember erreichte die Armee Moskau. Peter ahmte Sofia und Golizyn nach, die er damals so verurteilt hatte, und versuchte, seine Niederlage zu vertuschen, indem er einen triumphalen Einzug in die Hauptstadt inszenierte. Er marschierte mit einem einzigen bemitleidenswerten Gefangenen, der an der Spitze des Zuges ging, durch Moskau. Niemand ließ sich jedoch täuschen, und die Unzufriedenheit mit den ausländischen Militärberatern des Zaren wuchs. Wie konnte eine orthodoxe Armee mit einem Sieg rechnen, wenn sie von Ausländern und Häretikern befehligt wurde?

Scheremetews Armee hingegen, ein altmodisches russisches Heer unter russischem Kommando, hatte beträchtliche Erfolge am unteren Dnjepr erzielt. Gemeinsam mit den Reitern des Kosakenhauptmanns Masepa hatten die Truppen Scheremetews zwei am Dnjepr gelegene türkische Festungen erstürmt, woraufhin sich die Türken von zwei weiteren Festungen zurückzogen. Dieser Erfolg ermöglichte den Russen die Kontrolle der gesamten Dnjeprlinie fast bis zu dessen Mündung in das Schwarze Meer. Aber abgesehen von Scheremetews Erfolgen war Peters Feldzug gegen Asow gescheitert, seine vielgerühmte »westliche« Armee war schon auf dem Kampfplatz stark dezimiert worden und hatte auch beim Rückzug schwere Verluste erlitten. Doch wenn auch die Niederlage dem stürmischen Dreiundzwanzigjährigen einen Schock versetzte, sie entmutigte ihn nicht, einen zweiten Versuch zu unternehmen. Er ging den Gründen der Niederlage nach und stürzte sich in die Vorbereitungen für einen neuen Angriff. Drei Fehler hatten den Ausgang der vorausgegangenen Operation beeinträchtigt: die Teilung des Kommandos, der Mangel an geschulten Ingenieuren für die Konstruktion wirkungsvoller Belagerungsbauten und die fehlende Kontrolle des Meeres vor der Flußmündung.

Der erste Mangel war am leichtesten zu beheben: Im nächsten Sommer würde ein oberster Militärkommandeur ernannt werden. Als zweites bat

Peter den deutschen Kaiser und den Kurfürsten von Brandenburg, ihm fähige Belagerungsexperten zur Verfügung zu stellen, die ihm bei der Bekämpfung der ungläubigen Türken helfen sollten. Weit schwieriger war die Lösung des dritten Problems: eine Flotte, die den Fluß kontrollieren konnte. Eine Kriegsflotte mußte aber auf jeden Fall aufgestellt werden. Peter ordnete an, daß bis Mai – also in fünf Monaten – fünfundzwanzig bewaffnete Galeeren und tausenddreihundert neue Flußschiffe für den Transport der Soldaten und Vorräte gebaut werden sollten. Er dachte dabei an seetüchtige Kriegsschiffe, die in der Lage sein sollten, die türkischen Kriegsschiffe in der Donmündung und sogar auf dem Asowschen Meer zu bekämpfen.

Es schien unmöglich, dieser Anforderung nachzukommen. Die Zeit war nicht nur zu knapp bemessen, diese fünf Monate waren zudem die schlechteste Zeit des Jahres. Flüsse und Straßen waren im Winter von Eis und Schnee bedeckt; an den kurzen Wintertagen würden die Männer, die im Freien arbeiteten, mit eisig kalten, starren Fingern hämmern und sägen müssen. Schließlich gab es keinen Seehafen und keine Schiffswerft. Die Schiffe müßten also irgendwo im Landesinneren gebaut und dann flußabwärts gebracht werden. Darüber hinaus gab es in Rußland keine fähigen Schiffsbauer. Die Russen konnten nur Flußschiffe herstellen, einfache Fahrzeuge von dreißig Meter Länge und sechs Meter Breite, die ohne einen einzigen Nagel zusammengesetzt und jeweils nur für eine einzige Reise flußabwärts vorgesehen waren. Am Ende der Fahrt nahm man sie wieder auseinander und verwendete das Holz zum Bauen oder Heizen. Nach Peters Plänen sollten nun Schiffswerften errichtet, Männer zu Facharbeitern ausgebildet und Schiffe gebaut werden, das heißt, daß das Holz markiert, geschnitten und behauen, Kiele gelegt, Schiffsrümpfe zusammengesetzt, Masten errichtet, Ruder geformt, Seile gedreht und Segel genäht wurden. Ausgebildete Schiffsmannschaften sollten dann die Flotte den Don bis nach Asow hinunterführen. All dies in fünf Wintermonaten!

Trotzdem ging man ans Werk. Als Schiffswerft wählte Peter die Stadt Woronesch am oberen Don, knapp fünfhundert Kilometer südlich von Moskau und achthundert Kilometer vom Meer entfernt. Diese Stadt besaß mehrere Vorteile. Schon von der Entfernung her war sie vor Tatarenüberfällen sicher. Außerdem lag sie noch oberhalb der baumlosen Steppe, in einem Gürtel dichten, jungfräulichen Waldes, in dem Bauholz reichlich zur Verfügung stand. Aus diesen Gründen war Woronesch schon seit der Herrschaft Alexeis und der Zugehörigkeit der Ukraine zu Rußland ein bevorzugter Platz für den Bau der einfachen Flußschiffe gewesen, auf denen die Güter zu den Donkosaken transportiert wurden.

Am flachen östlichen Ufer des Flusses bei Woronesch errichtete Peter also seine neuen Schiffswerften. Eine riesige Zahl ungelernter Arbeiter wurde dorthin verpflichtet. Die Provinz Belgorod, in der Woronesch lag, mußte 27828 Männer für die Schiffswerften stellen. Aus Archangelsk sollten geübte Zimmerleute und Schiffsbauer kommen, außerdem wurden russische und ausländische Handwerker angestellt. Der Zar wandte sich an den Dogen von Venedig mit der Bitte, ihm Experten für den Bau von Galeeren zu schicken. Eine aus Holland bestellte Galeere, die erst kürzlich in Archangelsk einge-troffen war, wurde in Einzelstücke zerlegt und nach Moskau überführt. Sie diente als Modell für die anderen Galeeren, die in diesem Winter in Preobra-schenskoje gebaut werden sollten. Diese ein- oder zweimastigen Schiffe, die in Preobraschenskoje oder am Pleschtschjewosee entstanden, wurden in Einzelteilen erstellt, wie moderne, vorfabrizierte Schiffe, auf Schlitten gela-den und über die verschneiten Straßen nach Woronesch gezogen, wo man sie zusammensetzte.

Während Peter seinen zweiten Feldzug vorbereitete, starb plötzlich Zar Iwan am 8. Februar 1696. Von schwächlicher Gesundheit und minderbegabt, hatte Iwan die meiste Zeit seines neunundzwanzigjährigen Lebens wie eine lebende Ikone verbracht, die man bei Zeremonien präsentierte oder in Au-genblicken der Krise nach vorn schob, um den erzürnten Pöbel zu beruhigen. Der ruhelose, energiegeladene Peter empfand aufrichtige Zuneigung zu sei-nem stillen Stiefbruder und Mitregenten. Iwan hatte dem »Artillerieunter-offizier und Schiffskapitän« Peter oft lästige Pflichten abgenommen, die sich aus dem Staatszeremoniell ergaben. Nachdem Iwan mit großem Pomp in der Erzengel-Michael-Kathedrale des Kreml bestattet worden war, nahm Peter Iwans junge Witwe, die Zarin Praskowaja, und ihre drei Töchter unter sei-nen Schutz.
Iwans Tod hatte keine konkrete politische Bedeutung, er bildete lediglich eine letzte, formelle Besiegelung der Souveränität Peters. Jetzt war er der einzige Zar, der höchste Herrscher des russischen Staates.

Als er nach Woronesch zurückkehrte, fand Peter rastlose Tätigkeit, aber auch große Verwirrung vor. Berge von Holz waren geschlagen und zu den Baustellen geschleppt worden, und Dutzende von Flußschiffen hatten be-reits Gestalt angenommen. Aber es gab noch zahlreiche Probleme: Die An-kunft vieler Schiffszimmerleute aus Archangelsk hatte sich verzögert; viele der ungelernten Arbeiter, die schlecht untergebracht worden waren, flohen. Das Wetter wechselte zwischen Tauperioden, in denen sich der Boden in Schlamm verwandelte, und plötzlichen Frosteinbrüchen, die Fluß und Stra-ßen wieder mit Eis überzogen. Peter stürzte sich in die Arbeit. Er schlief in einer kleinen Blockhütte in der Nähe der Schiffswerft, stand vor Morgen-grauen auf und wärmte sich am Feuer neben der Unterkunft der Zimmer-leute. Er arbeitete selbst an einer Galeere mit, an der *Principium*, die man nach holländischem Vorbild baute. Überschwenglich schrieb er: »Wie Gott es unserem Vorvater Adam befohlen hat, essen wir unser Brot im Schweiße unseres Angesichts.«[9]
Im März wurde das Wetter besser, und Mitte April liefen drei Galeeren, darunter auch die *Principium*, vom Stapel. Hunderte neuer Schleppkähne

waren bereits im Fluß vertäut und standen zur Beladung bereit. Für die Mannschaft der neuen Armada ließ Peter sogar von den entferntesten russischen Flüssen und Seen Schiffer herbeiholen. Eine Spezialtruppe von viertausend Soldaten wurde als Besatzung für die Galeeren eingesetzt, die sich aus den fähigsten Soldaten mehrerer Regimenter, auch des Preobraschensker und Semenowsker Garderegiments, rekrutierte.

Die Gesamtmobilisierung war weniger aufwendig als die des vorhergehenden Sommers – bei diesem zweiten Feldzug würde es keinen Vormarsch auf den Dnjepr geben –, aber die Streitmacht sollte beim zweiten Ansturm auf Asow doppelt so groß sein wie im Jahr davor. Sechsundvierzigtausend russische Soldaten sollten durch fünfzehntausend Ukrainekosaken, fünftausend Donkosaken und dreitausend Kalmücken verstärkt werden, jene drahtigen, braunhäutigen, halbasiatischen Reiter, die es mit jedem Tataren aufnehmen konnten. Der Bojare Alexei Schein war zum Oberbefehlshaber der Expedition ernannt worden. Schein, ein Mann mit gutem Urteilsvermögen, war kein erfahrener militärischer Führer, aber er stammte aus einer berühmten Familie. Seine Ernennung beschwichtigte jene konservativen Russen, die einer russischen Armee unter ausländischem Kommando niemals den Sieg zutrauten. Obwohl Lefort kein Seemann war, wurde er zum Admiral der neuen Flotte ernannt, während Peter, sein Interesse von Mars auf Neptun verlegend, den Titel eines Artillerieunteroffiziers gegen den eines Kapitäns zur See tauschte.

Am 1. Mai bestieg Schein seine Galeere und zog an ihrem Heck ein großes gesticktes Banner mit dem Wappen des Zaren auf. Zwei Tage später lichteten die ersten Schiffe die Anker, und eine lange Prozession von Galeeren und Flußschiffen begann ihre Reise donabwärts. Peter, der erst später mit einem Kampfgeschwader von acht schnellen Galeeren losfuhr, stieß am 26. Mai auf das vorausfahrende Hauptkontingent. Ende des Monats hatte die ganze Flotte aus Flußschiffen und Galeeren die von den Russen gehaltenen Wachturmfestungen oberhalb von Asow erreicht.

Unverzüglich setzte der Kampf ein. Am 28. Mai meldete der Führer der Donkosaken, der mit zweihundertfünfzig Mann vorausgeeilt war, um die Flußmündung auszukundschaften, daß dort zwei türkische Schiffe vor Anker lagen. Peter entschloß sich zum Angriff. Man wählte neun Galeeren aus und schiffte eines der besten Regimenter Gordons ein. Die Galeeren wurden flußabwärts von vierzig Kosakenschiffen mit je zwanzig Mann begleitet. In dem unbekannten Gewässer und bei ungünstigem Wind liefen die Galeeren auf Grund, worauf sie den Befehl erhielten, sofort umzukehren. Peter wechselte in einen der leichteren Kosakenkähne über und fuhr weiter flußabwärts. An der Mündung des Don fand er dann nicht zwei, sondern dreißig türkische Schiffe vor, Kriegsschiffe, Lastschiffe und Leichter. Seine Flotte war dieser Seemacht wirklich nicht gewachsen, darum beschloß er, wieder stromaufwärts zum russischen Lager zurückzukehren; nur die Kosaken blieben in der Nähe der türkischen Schiffe. In der folgenden Nacht, während die

Türken noch weitere Nachschubgüter von ihren Schiffen an Land brachten, griffen die Kosaken an und eroberten zehn der kleineren türkischen Schiffe. Der Rest des türkischen Schiffverbands zog sich zum Hauptankerplatz zurück, worauf die türkischen Kapitäne die Anker lichteten und aufs offene Meer hinaussegelten.

Ein paar Tage später kehrte Peter an die Flußmündung zurück und zog mit seinen neunundzwanzig Galeeren sicher an der Festung Asow vorbei. Die Stadt war jetzt abgeschnitten; wer dem Sultan zu Hilfe kommen wollte, hätte sich seinen Weg flußaufwärts durch Peters Flottille erkämpfen müssen. Peters Truppen landeten an der Flußmündung und errichteten zwei kleine Forts, in denen die Artillerie stationiert wurde. Als die Befestigungen fertiggestellt waren, schrieb er an Romodanowski: »Die türkische Flotte gefährdet uns jetzt nicht mehr.«[10] Am 14. Juni versuchte eine Anzahl türkischer Schiffe, Truppen an Land zu bringen, die die russischen Forts angreifen sollten. Aber Peters Galeeren verscheuchten sie schnell. Zwei Wochen später scheiterte ein erneuter Angriff der Türken wiederum durch den Einsatz russischer Galeeren.

Nun konnten Peters Generäle und Ingenieure mit einer erfolgversprechenden Belagerung beginnen. Die türkische Garnison von Asow hatte nicht damit gerechnet, daß die Russen nach ihrer Niederlage noch einmal zurückkehren würden, und hatte ihre Verteidigungsanlagen nicht verbessert. Man hatte weder die russischen Erdwälle nivelliert noch die Schützengräben vom vergangenen Sommer aufgefüllt, so daß Peters Soldaten sie mit einem Minimum an Grabearbeiten ein zweites Mal besetzen konnten. Doppelt so stark wie zuvor, war die russische Armee jetzt in der Lage, ihre Belagerungslinien um die ganze Landseite der Stadt auszudehnen.

Sobald die Artillerie stationiert war, forderte Peter den türkischen Pascha in Asow auf, sich zu ergeben. Am 26. Juni, als die Forderung des Zaren zurückgewiesen wurde, eröffneten die Russen das Feuer. Die folgenden Tage verbrachte Peter überwiegend auf seiner Galeere, die in der Donmündung vor Anker lag, und kam nur gelegentlich stromaufwärts, um die Beschießung Asows zu beobachten. Beunruhigt durch die Nachrichten, die in Moskau eintrafen, bat Natalja ihren Bruder, sich nicht zu nahe an die feindlichen Kanonenkugeln heranzuwagen. Unbeschwert antwortete ihr Peter: »Nicht ich gehe an die Kanonenkugeln und Geschosse nahe heran, sondern sie kommen mir nahe. Gib ihnen den Befehl, daß sie damit aufhören sollen!«[11]

Als für die Türken jede Hoffnung auf Verstärkung vom Meer her geschwunden war, wiederholte Peter sein Angebot und seine Kapitulationsbedingungen an die Garnison. Ein russischer Bogenschütze schoß über die Stadtmauern einen Pfeil ab mit dem schriftlichen Angebot ehrenvoller Bedingungen: Es wurde der Garnison das Recht gewährt, die Festung mit Waffen und Gepäck verlassen zu dürfen, wenn sie den Kampf aufgeben würde. Als Antwort donnerten alle türkischen Kanonen zurück und hinterließen dichte Rauchwolken über den Mauern.

Unterdessen schritten die Belagerungsarbeiten gut voran.

Unter Gordons Leitung mühten sich fünfzehntausend Russen mit Schaufeln ab, füllten Körbe mit Erde, die sie dann in der Nähe der türkischen Mauern aufschichteten, bis schließlich ein breiter Wall errichtet war, von dem man die Straßen der Stadt überblicken konnte. Mitte Juli trafen die von Kaiser Leopold geschickten Belagerungsfachleute ein. Sie waren vier Monate unterwegs gewesen, da sie irrtümlich geglaubt hatten, der Feldzug sollte erst im Spätsommer beginnen. Ukrainzew, der in Moskau für Auswärtige Angelegenheiten zuständig war, trug die Verantwortung dafür: Er hatte die Pläne der russischen Armee nicht nach Österreich übermittelt aus Furcht, sie würden den Türken bekannt werden. Als Peter dies erfuhr, schrieb er wütend an Winius, den Schwager des Verantwortlichen: »Ist er überhaupt noch bei Verstand? Er ist mit Staatsangelegenheiten betraut und hält geheim, was jedermann weiß. Sag ihm, ich werde, was er nicht auf Papier schreibt, auf seinen Rücken schreiben lassen!«[12]

Die österreichischen Fachleute waren von der Größe des russischen Schanzhügels beeindruckt. Sie schlugen jedoch einen Angriff klassischer Art vor mit Minen, Schützengräben und gutplazierten Kanonen. Aber gerade dieser Erdwall ermöglichte die Einnahme der Stadt. Viele Kosaken, die der anstrengenden Arbeit mit Schaufeln und Körben überdrüssig geworden waren und als einen armseligen Ersatz fürs Kämpfen betrachteten, beschlossen, die Stadt auf eigene Faust anzugreifen. Am 27. Juli stürmten zweitausend Kosaken ohne Befehl ihrer Generäle vom Erdwall hinunter, die Stadtmauern empor und in die Stadt hinein. Mit der sofortigen Unterstützung regulärer Soldaten oder Strelitzen hätten sie ohne weiteres den entscheidenden Sieg erringen können. Doch ein verzweifelter türkischer Gegenangriff zwang sie zunächst zum Rückzug; es gelang ihnen lediglich, von einem der Ecktürme der Mauer nicht zurückzuweichen. Dort erhielten sie schließlich Verstärkung von Golowins Soldaten. Um den Durchbruch zu nutzen, ordnete Schein am folgenden Tag einen Generalangriff an, doch bevor dieser begann, signalisierten die Türken mit ihren Fahnen, daß sie zur Übergabe bereit waren. Nachdem eine Bresche geschlagen war in die Mauer, hatte sich der Pascha dazu entschlossen, das russische Kapitulationsangebot mit seinen ehrenvollen Bedingungen anzunehmen.

Wie bereits erwähnt, durften sich die Türken mit ihren Waffen, ihrem Gepäck, ihren Frauen und Kindern zurückziehen; Peter bestand jedoch auf der Auslieferung des holländischen Verräters Jensen. Der Pascha zögerte, als Jensen ihn laut weinend anflehte: »Schlag mir den Kopf ab, aber liefere mich nicht an Moskau aus!«[13] Doch der Zar bestand auf seiner Bedingung, und Jensen wurde, an Händen und Füßen gefesselt, in das russische Lager gebracht. Am folgenden Tag marschierte die türkische Garnison unter wehenden Fahnen aus Asow hinaus, durchschritt die russischen Linien und ging an Bord der türkischen Schiffe, denen erlaubt worden war, heranzufahren. Der siegreiche Schein wartete hoch zu Roß am Einschiffungsplatz der Türken.

Der Pascha dankte ihm, daß er sein Wort gehalten habe, senkte respektvoll sein Banner, ging an Bord seines Schiffes und entfernte sich. Zehn russische Regimenter marschierten dann in die leere Stadt ein, die durch die Beschießung heftig beschädigt worden war. Die leerstehenden Häuser wurden von zügellosen Kosaken geplündert, während die russischen Kommandeure sich zu einem Siegesfest trafen, bei dem »weder an Trunk noch an Pulver« gespart wurde.

Asow war jetzt eine russische Stadt, und Peter ordnete die sofortige Einebnung aller Belagerungseinrichtungen an. Unter der Leitung der österreichischen Ingenieure wurden die alten Festungsmauern und Bastionen wiederaufgebaut. Die Straßen wurden von Trümmern und Schutt gereinigt, die Moscheen in christliche Kirchen verwandelt. In einer dieser Kirchen wohnte Peter einem Gottesdienst bei, bevor er die Stadt wieder verließ.

Jetzt benötigte die neue Don-Flotte einen Hafen. Asow lag zu weit flußaufwärts, und das Mündungsbecken des Don war zu gefährlich, an einigen Stellen zu flach, an anderen zu tief. Eine Woche lang kreuzte Peter auf der Suche nach einer Ankerstelle vor dem benachbarten Küstengebiet im Asowschen Meer herum. Zuletzt entschloß er sich dazu, einen Hafen an der Nordküste des Asowschen Meeres auszubauen, etwa fünfzig Kilometer westlich der Donmündung, in der Nähe einer Stelle, die den Kosaken als Taganrog bekannt war. Hier gab Peter den Befehl, eine Festung und einen Hafen auszubauen, der zur ersten wirklichen Marinebasis in der Geschichte Rußlands wurde.

Die Nachricht vom Sieg bei Asow versetzte Moskau in großes Erstaunen. Zum erstenmal seit der Herrschaft Alexeis hatte eine russische Armee gesiegt. »Als dein Brief ankam«, berichtete Winius an Peter, »befanden sich gerade viele Gäste im Hause von Lew Kirillowitsch [Naryschkin]. Er schickte mich mit dem Brief sofort zum Patriarchen. Seine Heiligkeit las ihn und brach in Tränen aus. Er ordnete an, die große Kriegsglocke zu läuten, und in Anwesenheit der Zarin und des Zarewitsch dankte er dem allmächtigen Gott ...«[14]

Peter schrieb an Winius, wenn »der Arbeiter seines Lohnes wert«[15] sei, dann sei es angebracht, ihn und den Oberkommandeur mit einem Triumphbogen und einer Siegesparade zu ehren. Winius begann unverzüglich mit den Vorbereitungen. Um ihm Zeit zu lassen, verzögerte Peter seine Heimreise. Er besichtigte die Eisenhütten von Tula und arbeitete eine Weile mit dem berühmten Schmied Nikita Demidow, dem er später ein großes Bergbaugebiet im Ural übereignete.

Am 10. Oktober schloß sich der Zar seinen Truppen in Kolomenskoje für den Triumphmarsch in die Hauptstadt an. Zum Befremden der Moskowiter wurde dieser Zug aber nicht wie zu Alexeis Zeiten im traditionellen orthodox-religiösen Rahmen abgehalten; es wurde vielmehr ein heidnischer Umzug veranstaltet, von griechischer und römischer Mythologie inspiriert. Winius hatte nach klassisch-römischen Vorbildern einen Triumphbogen in der Nähe der Moskwa errichten lassen, mit massiven Statuen des Herkules und des Mars als Stützen; darunter war das Standbild des türkischen Pascha in Ketten.

Der Zug erstreckte sich über mehrere Kilometer. An seiner Spitze ritten achtzehn Reiter, gefolgt von einer Kutsche mit sechs Pferden, in der sich Peters alter Hauslehrer, der »Fürst-Papst« Nikita Sotow, befand, ausgestattet mit Rüstung, Schwert und Schild. Dann kamen vierzehn Reiter, gefolgt von der goldenen Kutsche Admiral Leforts, der einen karmesinroten, mit Gold besetzten Mantel trug. Fjodor Golowin und Lew Naryschkin waren die nächsten, dann erschienen dreißig Kavalleristen in silbernen Kürassen. Trompeter schritten der Standarte des Zaren voran, die von einer lanzentragenden Ehrengarde umgeben war. Hinter der Standarte, in einer zweiten vergoldeten Kutsche, fuhr der Oberbefehlshaber Alexei Schein mit sechzehn eroberten türkischen Fahnen, die man mit dem Schaft nach unten durch den Schmutz zog. Dann folgte ein einfacher Bauernwagen, auf dem der Verräter Jensen festgebunden war, der am Hals ein Schild mit der Aufschrift »Übeltäter« trug. Neben ihm standen zwei Scharfrichter, die mit Äxten, Messern, Peitschen und Zangen zeigten, welche Folterungen ihm bevorstanden.

Und wo war in dieser prächtigen Versammlung leuchtender Farben, stolzierender Pferde und marschierender Soldaten der Zar? Zu ihrer Verwunderung sahen die Russen Peter nicht auf dem Schimmel oder in einer goldenen Kutsche an der Spitze seiner Armee, sondern zusammen mit den anderen Galeerenkapitänen hinter der Kutsche von Admiral Francis Lefort hermarschieren. Man konnte ihn an seiner Größe und an seiner deutschen Kapitänsuniform mit den fremdländischen Kniehosen, dem schwarzen Mantel und dem breiten schwarzen Hut erkennen, auf dem Peter, als einziges Zeichen seines besonderen Ranges, eine weiße Feder angebracht hatte.

Die Nachricht vom Triumph des jungen Zaren verbreitete sich schnell in ganz Europa und rief Staunen und Bewunderung hervor. Winius schrieb Witsen, dem Bürgermeister von Amsterdam, er möge die Nachricht vom Sieg an König Wilhelm III. von England, den Peter verehrte, weitergeben. In Konstantinopel erregten die Neuigkeiten allgemeine Bestürzung. Die erschöpften türkischen Soldaten, die von der langen Belagerung heimkehrten, wurden festgenommen, drei hohe Offiziere wurden hingerichtet, und der Pascha, der die Stadt übergeben hatte, mußte fliehen, um dem Tode zu entrinnen.

Asow war aber nur der Anfang. Die Russen, die gehofft hatten, Peter werde sich nach einem großen Sieg ruhig niederlassen und wie sein Vater und sein Bruder Fjodor regieren, sahen sich getäuscht. Bald erfuhren sie von den neuen Plänen ihres Herrn. Als erstes sollte eine seetüchtige Flotte mit richtigen Seeschiffen aufgestellt werden. Peter wollte nicht nur die Galeeren, die ausschließlich für die Unterstützung eines Landfeldzuges und die Abschnürung einer Meeresfestung gebaut worden waren. Durch die Eroberung von Asow hatte der Zar nur den Zugang zum Asowschen Meer gewonnen; der

Zugang zum Schwarzen Meer war noch durch die mächtige türkische Festung bei Kertsch blockiert, die sich an der Meerenge zwischen dem Asowschen und dem Schwarzen Meer erhob. Um diese Meerenge zu bezwingen, würde Peter eine Flotte seetüchtiger Schiffe benötigen.

Kaum war der Moskauer Triumph gefeiert worden, als Peter seinen Bojarenrat nach Preobraschenskoje einberief und ihm mitteilte, er plane, in Asow und Taganrog Russen anzusiedeln und mit der Errichtung einer Marinebasis zu beginnen. Eine ganze Flut von Erlassen folgte diesem historischen Treffen. Dreitausend Bauernfamilien und dreitausend Strelitzen mit Frauen und Kindern wurden umgesiedelt und als Militärbesatzung nach Asow verschickt. Zwanzigtausend ukrainische Arbeiter wurden eingezogen und nach Taganrog beordert, um dort einen Seehafen auszubauen. Die neuen Schiffe sollten in Woronesch gebaut werden, wobei man die bereits vorhandenen Schiffswerften stark erweitern wollte. Von dort aus mußten die fertigen Schiffe dann den Don hinunterfahren. Die Verantwortung für den Bau der Schiffe wurde verteilt. Kirche, Landbesitzer und Kaufleute mußten den Staat bei der Finanzierung der großen Pläne unterstützen. Der Staat sollte für den Bau von großen Schiffen, jeder große Landbesitzer und jedes große Kloster jeweils für den eines Schiffes aufkommen. All diese Schiffe mußten innerhalb von achtzehn Monaten fertiggestellt, bemannt und mit Waffen ausgerüstet sein. Die Regierung wollte das Bauholz stellen, aber die Landbesitzer, die Kaufleute und die Klöster mußten alles andere liefern: Seile, Segel, Kanonen und die gesamte Ausrüstung.

Der Befehl wurde sogar noch verschärft. Eine Nichterfüllung bedeutete die sofortige Konfiszierung des gesamten Besitzes. Als die Kaufleute zu bedenken gaben, daß ihr Anteil von zwölf Schiffen zu groß sei, und sie den Zaren baten, daß er reduziert werden möge, wurde ihr Schiffskontingent sogar auf vierzehn erhöht. Gewöhnlich wurden die Schiffe in Woronesch gebaut, ohne daß die Landbesitzer oder Kaufleute persönlich mit der Konstruktion befaßt waren. Sie übernahmen nur die erforderlichen Kosten und heuerten ausländische Schiffsbauer aus der Deutschen Vorstadt an.

Allmählich trafen die Schiffsbauer aus dem Ausland in Moskau ein, darunter dreizehn Fachleute aus Venedig; weitere fünfzig westeuropäische Schiffsbauer wurden nach Woronesch weitergeschickt. Um die von Peter gewünschte Flotte zu errichten, benötigte man aber noch mehr Schiffsbauer; und sobald die Schiffe ausliefen, brauchte man zahlreiche Marineoffiziere. Am 22. November 1696, ein paar Wochen nach Verkündigung des Flottenbauplans, gab Peter bekannt, er würde mehr als fünfzig Russen – die meisten von ihnen stammten aus den vornehmsten Familien – nach Westeuropa schicken, wo sie sich mit dem Seewesen, der Navigation und dem Schiffsbau vertraut machen sollten. Achtundzwanzig Russen fuhren nach Venedig, um die Baukunst der berühmten Galeeren zu erlernen; die anderen Männer wurden nach Holland und England geschickt, um die größeren Schiffe der beiden großen Seemächte kennenzulernen. Peter stellte einen Lehrplan für ihr Studium auf: Sie sollten sich mit Navigationskarten und Kompassen sowie mit den technischen Vorrichtungen eines Schiffes befassen, die Kunst des Schiffsbaus erlernen, auf fremden Schiffen dienen und als einfache Matrosen anfangen und, wenn möglich, an einem Seekrieg teilnehmen. Keiner durfte nach Rußland zurückkehren ohne ein Zeugnis, in dem ein ausländischer Fachmann die erworbenen Kenntnisse seines Lehrlings bestätigte.

Peters Befehl rief bei allen Erschrecken hervor. Einige der Auserwählten waren schon verheiratet. So war zum Beispiel Peter Tolstoi, der älteste dieser Gruppe, zweiundfünfzig Jahre alt, als man ihn ins Ausland schickte. Sie wurden nicht nur von Frau und Kindern getrennt, sondern auch den Versuchungen des Westens ausgesetzt. Ihre Eltern befürchteten den verderblichen Einfluß der westlichen Religion und ihre Frauen die Verführungskünste ihrer westlichen Geschlechtsgenossinnen. Aber die Männer hatten nicht die Möglichkeit, sich zu weigern, und sie mußten auf eigene Kosten reisen. Zwar wurde keiner von ihnen nach der Rückkehr in die Heimat zum Admiral befördert, aber sie empfanden die Jahre im Ausland auf keinen Fall als vergeudete Zeit. Tolstoi konnte sein Wissen über den Westen und seine italienischen Sprachkenntnisse als Gesandter in Konstantinopel anwenden, Boris Kurakin wurde Peters oberster Gesandter in Westeuropa, Juri Trubezkoi und Dmitri Golizyn wurden Senatoren. Diese ersten fünfzig Männer bildeten nur eine Vorhut. In den folgenden Jahren wurden noch viele junge Russen, sowohl einfache Leute als auch Adlige, routinemäßig zum Marinetraining ins Ausland geschickt. Mit den Kenntnissen, die sie erwarben, trugen sie dazu bei, Rußland zu verändern.

Zwei Wochen nach der Entsendung der ersten Schiffsbaulehrlinge gab Ukrainzew, Minister für Auswärtige Angelegenheiten, einen weiteren und noch dramatischeren Schritt Peters bekannt: »Der Herrscher hat in bezug auf seine großen Staatsangelegenheiten angeordnet, daß in die angrenzenden Nationen, zum deutschen Kaiser in Wien, zu den Königen von England und Dänemark, zum Papst von Rom, in die holländischen Staaten, zum Kurfürsten von Brandenburg sowie nach Venedig seine großen Gesandten und Bevollmächtigten geschickt werden sollen: der General und Admiral Francis Lefort, General Fjodor Golowin und Minister Prokop Wosnizin.«[16]

Die »Große Gesandtschaft«, wie sie genannt wurde, umfaßte mehr als zweihundertfünfzig Mitglieder und war über achtzehn Monate aus Rußland abwesend. Ihre Teilnehmer konnten die Gelegenheit wahrnehmen, den Westen persönlich kennenzulernen. Sie sollten möglichst viele Offiziere, Seeleute, Ingenieure und Schiffsbauer für die zukünftige russische Flotte anwerben. Bald nach dieser Bekanntmachung Ukrainzews gingen zwei beinahe unglaubliche Gerüchte durch Moskau: Der Zar wolle die »Große Gesandtschaft« in den Westen selbst begleiten und beabsichtige dabei nicht, als Zar, Autokrat und Souverän, sondern als einfaches Mitglied der Delegation zu reisen. Peter, der zwei Meter groß war, wollte inkognito reisen.

ZWEITER TEIL

Die Große Gesandtschaft

1   Die »Große Gesandtschaft« nach Westeuropa

Die Große Gesandtschaft zählte zu einem der zwei oder drei bedeutenden Unternehmen in Peters Leben. Nie zuvor war ein russischer Zar in friedlicher Mission ins Ausland gereist; wenige Zaren hatten es bisher gewagt, die Grenze ihres Landes in Kriegszeiten zu überschreiten, um eine Stadt zu belagern oder eine feindliche Armee zu verfolgen. Warum wollte Peter reisen? Wer würde an seiner Stelle regieren? Warum wollte er inkognito reisen? Solche Fragen stellten sich auch die Europäer, nicht aus Angst, sondern aus bloßer Faszination. Welchen Grund gab es für diese geheimnisvolle Reise des herrschenden Monarchen eines riesigen, abgelegenen, halborientalischen Landes, eines Monarchen, der das Zeremoniell verachtete und Ehrungen zurückwies, aber um so aufgeschlossener für alles Neue war? Als sich die Nachricht von der bevorstehenden Reise verbreitete, wurden überall Spekulationen über die Absichten des Zaren angestellt. Einige glaubten mit Otto Pleyer, dem österreichischen Gesandten in Moskau, die Gesandtschaftsreise sei »nur ein Vorwand, der dem Zaren erlauben sollte, sein eigenes Land zu verlassen und sich ein wenig zu zerstreuen, und daß er dabei keine ernsthaften Absichten verfolge.«[1] Andere (wie Voltaire später schrieb) waren der Ansicht, daß Peter das Leben im Westen kennenlernen wollte, um als ein besserer Herrscher nach Moskau zurückzukehren. Andere wiederum schenkten Peters Behauptung Glauben, er wolle das Gelübde erfüllen, das er geleistet hatte, als er einmal einem Schiffbruch entgangen war, und das Grab des heiligen Petrus in Rom besuchen.

In Wirklichkeit gab es eine durchaus vernünftige, diplomatische Begründung für die Reise in den Westen. Peter bemühte sich darum, das Bündnis gegen die Türken zu erneuern und wenn möglich enger zu gestalten. Er hoffte, demnächst mit seiner neuen Flotte die Meerenge von Kertsch bezwingen und die Herrschaft über das ganze Schwarze Meer an sich reißen zu können. Um dieses Ziel zu erreichen, mußte er nicht nur über technisches Wissen und geübte Streitkräfte verfügen, er brauchte auch verläßliche Verbündete, Rußland konnte das Osmanische Reich nicht allein bekämpfen. Schon begann die Solidarität des Bündnisses gegen die Türken gefährdet zu sein. König Jan Sobieski von Polen war im Juni 1696 gestorben, und nach seinem Tod war der Türkenhaß im polnischen Volk beträchtlich zurückgegangen. Französische Prinzen sollten auf Betreiben Ludwigs XIV. den Thron Spaniens und Polens besteigen. Mit diesen Maßnahmen konnte ein neuer Krieg mit dem Reich Habsburg provoziert werden; der Kaiser in Wien bemühte sich folglich um Frieden im Osten. Um jeder weiteren Abschwächung des Bündnisses zuvorzukommen, wollte die russische Gesandtschaft in die Hauptstädte ihrer Verbündeten reisen, nach Warschau, Wien und Venedig. Außerdem plante sie, in den Hauptstädten der protestantischen Seemächte, in Amsterdam und London, um Hilfe nachzusuchen. Nur Frankreich, Freund der Türken und

Feind Österreichs, Hollands und Englands, sollte ausgelassen werden. Die Gesandten sollten nach fähigen Schiffsbauern und Marineoffizieren Ausschau halten, die aufgrund ihres Verdienstes und nicht durch Beziehungen in Kommandostellungen gelangt waren, und Schiffskanonen, Anker, Flaschenzüge und Navigationsinstrumente erwerben, um diese dann in Rußland nachbauen zu lassen.

Sogar solche wichtigen Ziele hätten Peters Botschafter erreichen können, ohne daß der Zar die Gesandtschaft persönlich begleiten mußte. Warum also reiste er? Die einfachste Antwort scheint die beste zu sein: Er fuhr aus reiner Wißbegier mit. Ein Besuch in Westeuropa stellte den Höhepunkt in Peters Leben dar, die Krönung all dessen, was er seit seiner Kindheit von Ausländern gelernt hatte. Der Zar war verständlicherweise an Schiffen für seine im Entstehen begriffene Kriegsmarine interessiert. Er wollte Holland und England bereisen, auf deren Werften die mächtigsten Kriegsschiffe und Handelsflotten der Welt entstanden. Außerdem wollte er Venedig kennenlernen, das für den Bau von Galeeren mit vielen Ruderbänken berühmt war, die auf Binnenseen eingesetzt werden konnten.

Seine Entscheidung, inkognito zu reisen, wurde durch den Befehl unterstrichen, alle Post, die aus Moskau geschickt werde, müsse durch die Zensur gehen, um das Bekanntwerden seiner Reise zu verhindern. Da der Zar Formalitäten und Zeremoniell haßte, versuchte er, »unsichtbar« zu bleiben.

Die Wirkung der achtzehnmonatigen Reise war ungeheuer groß. Als Peter nach Rußland zurückkehrte, war er entschlossen, sein Land nach westlichem Muster umzuformen. Der alte moskowitische Staat, der jahrhundertelang isoliert und nach innen gekehrt gelebt hatte, öffnete sich fortan für Europa. In einem gewissen Sinn bildeten die damaligen Ereignisse einen Kreis: Der Westen beeinflußte Peter, der Zar hatte eine mächtige Wirkung auf Rußland, und das sich modernisierende und nach oben strebende Rußland wiederum übte einen neuen und größeren Einfluß auf Europa aus. Für alle drei – Peter, Rußland und Europa – stellte die »Große Gesandtschaft« also einen Wendepunkt dar.

Ende des 17. Jahrhunderts stand Europa ganz unter dem Einfluß der Macht und der Glorie eines einzigen Mannes, Seiner Allerchristlichsten Majestät Ludwig XIV. von Frankreich. Der Einfluß des französischen Königs, Sonnenkönig genannt, erstreckte sich auf den politischen, diplomatischen und kulturellen Bereich sogar des entlegensten Winkels Europas.

Bis zehn Jahre vor Peters Tod war Ludwig XIV. der einflußreichste Mann in Europa. Man kann unmöglich das Europa, dem Rußland sich jetzt öffnete, verstehen, ohne den französischen Monarchen zu berücksichtigen. Nur wenige Könige haben ihn in seiner Pracht und Erhabenheit übertroffen. Seine Herrschaft dauerte zweiundsiebzig Jahre und war die längste in der Geschichte Frankreichs; seine französischen Zeitgenossen betrachteten ihn als einen Halbgott. »Seine geringste Geste, sein Schritt, seine Körperhaltung, sein Gesichtsausdruck, alles war abgewogen, zweckmäßig, edel und majestätisch«[2], schrieb der Herzog von Saint-Simon, der sein Leben am Hofe in seinen Memoiren beschrieben hat. Die Gegenwart des Königs überwältigte alles. »Ich habe im Angesicht der Feinde Eurer Majestät nie so gezittert wie jetzt«[3], bekannte einer der Marschälle Ludwigs, als er dem König gegenübertrat.

Das hervorstechendste Merkmal des Charakters Ludwigs XIV. waren sein starkes Ego und seine bemerkenswerte Selbstsicherheit. Für jene Zeit war er vergleichsweise klein, er war nur einen Meter sechzig groß, hatte aber einen kräftigen Körperbau und muskulöse Beine, die er gerne in engen Seidenstrümpfen vorzeigte. Er hatte braune Augen, eine lange, dünne, gebogene Nase, einen sinnlichen Mund und kastanienbraunes Haar, das später in der Öffentlichkeit unter einer Perücke langer schwarzer Locken versteckt wurde. Die Narben am Kinn und auf den Wangen erinnerten an die Pocken, die ihn im Alter von neun Jahren befallen hatten.

Ludwig wurde am 5. September 1638 geboren, als erstes Kind einer Ehe, die dreiundzwanzig Jahre kinderlos geblieben war. Der Tod seines Vaters Ludwigs XIII. machte den Knaben im Alter von vier Jahren zum König von Frankreich. Während seiner Kindheit wurde das Land von seiner Mutter, Anna von Österreich, und ihrem leitenden Minister (der vielleicht auch ihr Liebhaber war), Kardinal Mazarin, dem Schützling und Nachfolger des großen Richelieu, regiert. 1648 brach in Frankreich der Aufstand der »Fronde« aus, die Pariser Massen erhoben sich gegen die Regierung, die Königsfamilie flüchtete nach Saint-Germain, Mazarin mußte ins Exil gehen. Aufgrund dieser Demütigung nahm sich der damals zehnjährige Ludwig vor, sich nicht von einem Minister beherrschen zu lassen, wie sein Vater von Richelieu und seine Mutter von Mazarin.

In den ersten Jahren seiner Herrschaft reiste Ludwig zusammen mit seinem Hof zwischen den ihm vererbten großen königlichen Schlössern außerhalb von Paris hin und her. Französische Könige, vor allem große französische Könige, bauten sich ihre eigenen Paläste, um sich ein Denkmal zu setzen. Ludwig wählte deshalb 1661 den Ort für sein eigenes Schloß aus, und zwar das Gebiet, das zum kleinen Jagdschloß seines Vaters in Versailles gehörte, zwanzig Kilometer westlich von Paris. Hier, auf einer Erhebung, die sich nur leicht über das hügelige Waldgebiet der Ile de France erhob, befahl der König seinem Baumeister Le Vau zu bauen. Die Arbeiten dauerten viele Jahre. Sechsunddreißigtausend Männer arbeiteten auf den Gerüsten, die mit den Gebäuden emporwuchsen, oder mühten sich in dem Schlamm und Staub der entstehenden Gärten ab, pflanzten Bäume, legten Abflußrohre, errichteten Statuen aus Marmor und Bronze. Sechstausend Pferde schleppten das Bauholz und die Steinblöcke auf Wagen oder Schlitten heran. Die Sterblichkeitsrate war hoch. Jede Nacht wurden Tote weggeschafft, die von einem Gerüst gefallen oder durch das unerwartete Ausgleiten eines großen Steins zermalmt worden waren. Die Malaria wütete in den primitiven Baracken der

Arbeiter und tötete jede Woche einzige Dutzend. 1682 war das Schloß endlich fertiggestellt; Ludwig hatte das größte Schloß der Welt errichten lassen. Es besaß keine Befestigungsanlagen, denn Ludwig wollte die Macht eines Monarchen demonstrieren, der weder Gräben noch Mauern benötigte, damit die Sicherheit der eigenen Person gewährleistet sei.

Hinter einer Fassade von dreißig Metern Länge gab es riesige repräsentative Galerien, Beratungszimmer, Bibliotheken, kleine Appartements für die königliche Familie, Boudoirs und eine private Kapelle, ganz zu schweigen von den Korridoren, Treppenfluchten, Küchen und Kammern. Für die Ausstattung des Schlosses von Versailles wurden unzählige Künstler und Bildhauer beschäftigt. Im ganzen Schloß hatten die hohen Decken und großen Türen Goldverzierungen mit dem Zeichen Apolls, des Sonnengottes, der zugleich das Symbol des Erbauers und Bewohners dieses riesigen Schlosses wurde. Als Wandverkleidung dienten gemusterter Samt, feinster Marmor und Wandteppiche. An den Fenstern hingen im Winter Vorhänge aus gemustertem Samt und im Sommer aus geblümter Seide. In der Nacht flackerten Tausende von Kerzen in Hunderten gläserner Leuchter und silberner Kandelaber. Die Räume waren mit wertvollen Intarsienmöbeln, mit vergoldeten Tischen, deren Beine mit Blumen und Blättern verziert waren, sowie mit samtbezogenen Stühlen mit breiten Rückenlehnen ausgestattet. In den Privaträumen lagen kostbare Teppiche über Parkettböden, und an den Wänden hingen riesige Gemälde von Andrea del Sarto, Tizian, Raphael, Rubens und van Dyck. In Ludwigs Schlafzimmer, der berühmten »Chambre du Roi«, hing die Mona Lisa. Die Gartenanlagen, von Le Nôtre entworfen, waren ebenso spektakulär wie der Palast. Zehntausende von Pflanzen, Büschen und Bäumen waren mit geometrischer Präzision angeordnet und rahmten Rasenflächen, Terrassen, Auffahrten und Treppen, Teiche, Seen, Springbrunnen und Kaskaden ein. Die Springbrunnen mit ihren fünfzehnhundert Fontänen, die aus oktogonalen Seen hervorsprühten, waren – und sind es wohl noch heute – Gegenstand des Neides in aller Welt. Winzige Hecken wurden kunstvoll zurechtgestutzt und trennten Blumen von jeder Art und Farbe, die fast täglich in den Beeten ausgewechselt wurden.

Versailles wurde zum Symbol der Überlegenheit, des Reichtums, der Macht und der Majestät des reichsten und mächtigsten Monarchen Europas. Alle anderen Herrscher bekundeten ihre Freundschaft, ihren Neid und ihren Trotz gegenüber Ludwig damit, daß sie sich Schlösser nach dem Vorbild Versailles bauen ließen – sogar die Monarchen, die gerade Krieg mit Frankreich führten. Jeder wollte sein eigenes Versailles besitzen und verlangte von seinen Architekten und Handwerkern, daß sie ihm Schlösser, Gärten, Möbel, Gobelins und Teppiche, Silberglas und Porzellan nach dem Vorbild des Meisterwerks Ludwigs XIV. schufen. In Wien, Potsdam, Dresden, im Hampton Court und später in St. Petersburg entstanden Schlösser, die durch Versailles angeregt waren. Sogar die Alleen und die prächtigen Boulevards der Stadt Washington, die erst über ein Jahrhundert später gegründet worden ist, sind von einem französischen Architekten in Anlehnung an Versailles geometrisch entworfen worden.

Ludwig liebte Versailles; prominente Gäste führte er persönlich durch das Schloß und durch die Gärten. Dieses Schloß war mehr als nur das prachtvollste Vergnügungszentrum Europas. In den Händen des Monarchen war die gesamte Macht konzentriert, und Versailles war ein Instrument in dieser Hinsicht. Bei Versammlungen konnten alle maßgeblichen Adligen im Schloß untergebracht werden. Wie von einem riesigen Magneten angezogen, strömten alle großen französischen Herzöge und Fürsten nach Versailles und ließen ihre Besitztümer, ihr Erbe, ihre Hausmacht im Stich. In Versailles dagegen verfügte der französische Adel über keine eigene Macht; hier wurde er zum bloßen Ornament des Königs, nie aber zu einem Rivalen.

Ludwig überließ die Adligen keinen Augenblick dem Trübsinn und der Langeweile. Ein ausgeklügeltes Programm, das sich ununterbrochen fortsetzte, und glänzende gesellschaftliche Veranstaltungen hielten jedermann vom Morgen bis in die Nacht hinein gefesselt. Alles drehte sich dabei bis ins winzigste Detail um den König. Sein Schlafzimmer befand sich genau in der Mitte des Schlosses, die Fenster blickten nach Osten auf den Marmorhof. Um acht Uhr morgens wurden die Vorhänge des königlichen Bettes beiseite gezogen und Ludwig mit der Begrüßungsformel »Sire, es ist Zeit« geweckt. Er wurde mit Rosenwasser und Weingeist abgerieben, rasiert und angekleidet, alles vor den Augen einiger privilegierter Untertanen. Herzöge halfen ihm dabei, das Nachthemd aus- und die Kniehosen anzuziehen. Höflinge stritten sich um die Gunst, dem König das Hemd bringen zu dürfen. Sie drängelten sich um das Privileg, den König mit seiner »chaise percée« (dem Stuhl mit dem Loch) zu tragen; anschließend scharten sie sich um ihn, während der König seine Notdurft verrichtete. Man drängte sich auch in sein Zimmer, wenn er mit seinem Kaplan betete oder wenn er aß. Die Schar der Höflinge folgte ihm immerzu, wenn er durch die Gärten spazierte, ins Theater ging oder an einer Parforcejagd teilnahm. Das Protokoll bestimmte exakt, wem jeweils das Recht zustand, in Gegenwart des Königs zu sitzen, beziehungsweise wer auf einem Stuhl mit Lehne oder nur auf einem Hocker sitzen durfte. Der König wurde so sehr verherrlicht, daß die Höflinge auch dann, wenn nur seine Speisen vorbeigetragen wurden, ihre Hüte zum Gruß abnahmen und respektvoll ausriefen: »La viande du roi« (Das Essen des Königs).

Ludwig liebte die Jagd. Wenn das Wetter schön war, ritt er aus, mit Schwert oder Speer in der Hand, folgte bellenden Hunden durch den Wald, jagte Eber oder Hirsche. Jeden Abend gab es im Schloß Musik und Tanz sowie Glücksspiele, jeden Samstagabend einen Ball. Des öfteren wurden auch Maskeraden abgehalten, die sich zu dreitägigen Festen ausdehnten und bei denen sich alle Mitglieder des Hofes als Römer, Perser, Türken oder Indianer verkleideten. Die Festessen in Versailles waren gewaltig: Ludwig selbst aß für zwei. So schrieb Elisabeth Charlotte von der Pfalz in ihren Briefen:

»Ich habe oft den König vier Teller verschiedener Suppen essen sehen, einen ganzen Fasanen, ein Rebhuhn, einen großen Teller mit Salat, zwei große Scheiben Schinken, mit Knoblauch zubereitetes Hammelfleisch mit Brühe, einen Teller voller Backwaren und dann noch Obst und harte Eier. Der König und Monsieur [der Bruder Ludwigs und Ehemann der Chronistin] liebten harte Eier sehr.«[4]

Das wichtigste Fest in Versailles war damals das Fest der Liebe. Das riesengroße Schloß mit seinen zahllosen Räumen, seinen sich kreuzenden Alleen, seinen Statuen, hinter denen man sich verstecken konnte, bildete dafür eine prachtvolle Bühne. Und der König spielte wie immer die führende Rolle. Ludwigs Frau, Maria Theresia, Infantin von Spanien, hatte ein einfaches, kindliches Wesen. Sie war umgeben von einem halben Dutzend Zwergen und träumte von Spanien. Solange sie lebte, kam Ludwig seinen ehelichen Pflichten insoweit nach, als er sich wenn möglich jede Nacht zu ihr ins Bett legte und zweimal im Monat seinen ehelichen Pflichten nachkam. Der Hof wußte über diese Begebenheiten Bescheid, da die Königin am nächsten Tag immer zur Beichte ging und ihr Gesicht dann besonders leuchtete. Es gab aber noch andere Frauen in Ludwigs Leben. Er war sexuell sehr stark erregbar und immerzu geneigt, mit jeder beliebigen Frau, die in seiner Nähe und willens war, zu schlafen. Am Hof wimmelte es von schönen Frauen; auch wenn die meisten von ihnen verheiratet waren, gaben sie offenkundig zu verstehen, daß sie einem Liebesabenteuer nicht abgeneigt waren. Die drei offiziellen Mätressen des Königs, Louise de Lavallière, Madame de Montespan und Mademoiselle de Fontanges, waren nur die besonderen Auserwählten Ludwigs. Mit Madame de Montespan verband ihn eine große Leidenschaft, die zwölf Jahre lang dauerte und deren Folgen sieben Kinder waren. Niemand fühlte sich durch derartige »Arrangements« gestört, außer vielleicht der Marquis de Montespan, der den König durch sein eifersüchtiges Getue oft erzürnte und der in all diesen Jahren von seiner Frau nur als von »der ehemaligen Madame de Montespan« sprach.

Der Dame, die der König jeweils auserwählt hatte, wurde besondere Ehre am Hof zuteil. Selbst Herzoginnen erhoben sich, wenn eine neue Mätresse den Raum betrat. Als Ludwig 1673 in den Krieg zog, nahm er sowohl die Königin als auch Louise de Lavallière und Madame de Montespan mit, letztere war damals hochschwanger. Alle drei Damen folgten in derselben Kutsche der Armee. Wenn Ludwig sich auf einem Feldzug befand, wurde ihm, wo immer er sich aufhielt, ein großes Zelt aus chinesischer Seide mit sechs Abteilen, einschließlich dreier Schlafräume, aufgestellt. Krieg war für den Sonnenkönig keineswegs die Hölle.

Aber Ludwig wurde auch in Frankreich nicht überall als der unumschränkte Monarch verehrt. Zahlreiche Kritiker bezeichneten ihn eher als rücksichtslos. So pflegte er beispielsweise oft lange Kutschenfahrten zu unternehmen, die fünf oder sechs Stunden dauerten, und bestand dabei immer darauf, daß ihn seine Damen begleiteten, auch wenn sie schwanger waren. Manchmal weigerte er sich sogar, wenigstens einmal anzuhalten, damit sich die Bedauernswerte erholen konnte. Gegenüber dem gemeinen Volk schien er sehr gleichgültig. Wer mit ihm darüber sprechen wollte, welche Armut seine Kriege verursacht hatten, wurde als Mensch schlechten Geschmacks aus seiner Umgebung entfernt. Er war streng und konnte auch unbarmherzig sein. Nach der Gift-Affäre, bei der zahlreiche Persönlichkeiten des Hofes, die binnen kurzer Zeit gestorben waren, angeblich vergiftet worden waren und bei der auch eine Verschwörung gegen den König aufgedeckt wurde, ließ er sechsunddreißig Beschuldigte foltern und auf dem Scheiterhaufen verbrennen. Einundachtzig Männer und Frauen wurden lebenslänglich in Ketten in die tiefsten Verliese französischer Gefängnisse gesteckt; ihre Gefängniswärter hatten Befehl, sie auszupeitschen, wenn sie zu sprechen anfingen. Und am Hof flüsterte man sich die Geschichte vom »Mann in der Eisernen Rüstung« zu, dessen Identität nur dem König bekannt war und der lebenslänglich in Einzelhaft gehalten wurde.

Außerhalb Frankreichs haben sowieso nur wenige Europäer den Sonnenkönig als einen Wohltäter empfunden. Für das protestantische Europa war er nur ein brutaler katholischer Tyrann.

Ein Instrument der Politik Ludwigs XIV. war die französische Armee. Von Louvois geschaffen, zählte sie im Frieden hundertfünfzigtausend, im Krieg vierhunderttausend Mann. Die Kavallerie trug blaue, die Infanterie hellrote und die königlichen Garden – die berühmte Maison du Roi – scharlachrote Uniformen. Unter dem Oberbefehl der großen französischen Marschälle Condé, Turenne, Vendôme, Tallard und Villars war das französische Heer zu jener Zeit für ganz Europa Gegenstand des Neides und zugleich der Bedrohung. Ludwig selbst war nicht gerade das Paradebeispiel von einem Krieger. Obwohl er als junger Mann, als verwegene Gestalt, ins Feld gezogen war, hoch zu Pferde, mit leuchtendem Brustpanzer, einem Samtumhang und einem Dreispitz mit Feder, nahm er später nicht mehr an Schlachten teil. Er wurde jedoch ein Experte für Fragen der Strategie und der Militärverwaltung. Als Louvois starb, übernahm der König dessen Aufgabenbereich und wurde sein eigener Kriegsminister. Er diskutierte mit seinem Marschall über die Strategie seiner Feldzüge und kümmerte sich um die Bereitstellung des Nachschubs, um die Rekrutierung, Ausbildung und Verteilung von Soldaten sowie um die Erfassung von Informationen.

Das Prestige des Sonnenkönigs und die Macht und Glorie Frankreichs wuchsen von Jahr zu Jahr. Die französische Armee war die beste in Europa, die französische Sprache wurde zur Sprache der Diplomaten, der Gesellschaft und der Literatur. Alles schien damals möglich zu sein, wenn nur das Dokument, das den Befehl dazu gab, die steile, wackelige Unterschrift »Louis« trug.

Zur Zeit der »Großen Gesandtschaft« war der Unterschied und der Abstand zwischen Rußland und dem Westen weitaus größer, als daß man ihn nach der Zahl seetüchtiger Schiffe oder mit dem Maßstab der militärischen Technologie hätte messen können. Für den Westen war Rußland damals noch in einem mittelalterlichen Zustand – die Schönheit seiner Architektur, seiner Ikonen, seiner Kirchenmusik und seiner Volkskunst wurde damals noch nicht geschätzt. In der Wissenschaft, Musik, Kunst und Literatur hatte man neue Welten entdeckt. Neue Instrumente wurden erfunden, die auch heute noch zur unabdingbaren Ausstattung des modernen Menschen gehören – das Teleskop, das Mikroskop, das Thermometer, das Barometer, der Kompaß, die Uhr, der Wecker, die Wachskerzen und die Straßenbeleuchtung. In Westeuropa begann man, von Tee, Kaffee und Champagner Gebrauch zu machen. Vielerorts wurde bereits die Musik von Purcell, Lully, Couperin und Corelli gespielt, und ein paar Jahre später konnte man auch die Klänge von Vivaldi, Teleman, Rameau, Händel, Bach und Scarlatti hören (die drei letzten wurden 1685 geboren). Bei Hofe und in den Ballsälen der Adligen tanzten die Damen und Herren bereits die Gavotte und das Menuett. Die Stücke der französischen Dichter, Molière, Corneille und Racine, zuerst vor ihrem königlichen Schutzherrn in Versailles aufgeführt, wurden bald auf allen Bühnen Europas gespielt und auch als Bücher weithin bekannt. Englands Literatur glänzte mit den Werken von Thomas Hobbes, John Locke, Samuel Pepys und John Evelyn, dann mit der Lyrik von John Dryden, Andrew Marvell und John Milton. In der Malerei waren die meisten großen Künstler von der Mitte des 17. Jahrhunderts – Rembrandt, Rubens, van Dyck, Vermeer, Frans Hals und Velàzques – zwar bereits gestorben, es gab aber noch immer hervorragende Porträtisten, in Frankreich Mignard und Rigaud, in London Sir Godfrey Kneller, ein Schüler Rembrandts, der zehn regierende Monarchen porträtierte, darunter auch Peter den Großen.

Descartes, Boyle und Leeuwenhoek verfaßten wissenschaftliche Schriften über analytische Geometrie, über die Beziehung zwischen dem Volumen, dem Druck und der Dichte von Gasen sowie über die erstaunliche Welt, die man durch ein Mikroskop mit dreihundertfacher Verstärkung sehen konnte. Gottfried Wilhelm Leibniz entdeckte die Differential- und Integralrechnung und träumte davon, einmal Entwürfe für das Zusammenleben und die Verwaltung einer völlig neuen Gesellschaft machen zu dürfen. Viele Jahre hindurch hat er Peter von Rußland mit seinen Plänen bedrängt, in der Hoffnung, der Zar werde ihm erlauben, das russische Reich als ein riesiges Laboratorium für seine Ideen zu benutzen.

Der größte wissenschaftliche Geist des damaligen Zeitalters, der in den Bereichen der Mathematik, Physik, Optik, Chemie und Botanik forschte, war Isaac Newton. 1642 geboren, als Abgeordneter von Cambridge Mitglied des englischen Parlaments, 1705 geadelt, war er fünfundfünfzig Jahre alt, als Peter in England eintraf. In seinem größten Werk, den *Principia Mathematica*, 1687 veröffentlicht, hatte er das Gravitationsgesetz formuliert. Albert Einstein sagte später, Newton habe den Weg des westlichen Denkens und Forschens sowie deren Umsetzung in die Praxis in einem Ausmaß bestimmt wie keiner vor oder nach ihm.

Mit der gleichen Leidenschaft für Entdeckungen fuhren andere Europäer des 17. Jahrhunderts auf die Ozeane hinaus, um den Erdball gänzlich zu erforschen und zu kolonisieren. Der größte Teil Südamerikas und viele Gebiete von Nordamerika wurden von Madrid aus besiedelt. In Indien waren englische und portugiesische Kolonien errichtet worden. Die Flaggen eines halben Dutzends europäischer Nationen wehten bereits über Niederlassungen in Afrika; sogar ein Staat wie Brandenburg, der gar keine eigene Marine besaß, hatte an der afrikanischen Goldküste eine Siedlung errichtet. Im östlichen Teil Nordamerikas hatten zwei europäische Staaten, Frankreich und England, Kolonialreiche begründet. Frankreich besaß das größere Territorium: Von Quebec und Montreal aus waren die Franzosen über die Großen Seen bis in das Herzland des modernen Amerikas eingedrungen. Im Jahr 1672, dem Geburtsjahr Peters, erkundete Jacques Marquette das Gebiet um das heutige Chicago, und ein Jahr später fuhr er mit Pater Louis Jolliet in Kanus den Mississippi hinunter bis nach Arkansas. 1686, als Peter noch auf der Jausa segelte, beanspruchte der Sieur de La Salle bereits das gesamte Mississippital für Frankreich, und 1699 wurde das Land an der Mündung dieses großen Flusses zu Ehren Ludwigs XIV. Louisiana genannt.

Die vereinzelten englischen Siedlungen entlang der Atlantikküste, von Massachusetts bis nach Georgia, hingen eng miteinander zusammen; sie waren bereits dicht besiedelt und darum in Zeiten der Unruhe äußerst wehrhaft. Die holländischen Neuen Niederlande, deren Gebiet heute die Staaten New York und New Jersey einnehmen, und die Kolonie Neu-Schweden, die in der Nähe des heutigen Wilmington in Delaware lag, waren in den sechziger und siebziger Jahren des 17. Jahrhunderts während der englisch-holländischen Seekriege als Beute an England gefallen. Ende des 17. Jahrhunderts zählten die Städte New York, Philadelphia und Boston bereits mehr als dreißigtausend Einwohner. Auf der ganzen Welt lebte damals die überwiegende Mehrheit der Bevölkerung auf dem Lande und führte einen Kampf ums Überleben. Holz, Wind, Wasser und die Muskelkraft von Mensch und Tier bildeten die einzigen Energiequellen. Wenn am Abend die Sonne unterging, waren Hügel und Täler, Städte und Dörfer in Finsternis gehüllt. Oft war das Leben nicht nur hart, sondern auch kurz. Wohlhabende Leute konnten etwa fünfzig Jahre alt werden, während das Leben eines Armen im Durchschnitt zwischen dem dreißigsten und vierzigsten Lebensjahr endete. Nur die Hälfte aller Kinder überlebte das erste Lebensjahr, wobei die Kindersterblichkeit in den Palästen ebensogroß war wie in den Hütten. Von den fünf Kindern Ludwigs XIV. und der Königin Maria Theresa überlebte nur der Kronprinz. Königin Anna von England, die sich verzweifelt darum bemühte, einen Thronfolger in die Welt zu setzen, schenkte sechzehn Kindern das Leben, nicht eines von ihnen jedoch wurde älter als zehn Jahre. Peters zweite Frau Katharina brachte zwölf Töchter zur Welt, von denen nur Anna und Elisabeth das Erwachsenenalter erreichten. Der Sonnenkönig verlor seinen einzigen Sohn, seinen ältesten Enkel und seinen ältesten Urenkel in einem Zeitraum von nur vierzehn Monaten.

Tatsächlich nahm die Bevölkerung Europas im Laufe des 17. Jahrhunderts ab. 1648 wurde sie auf hundertachtzehn Millionen geschätzt; um 1713 war sie auf vermutlich hundertzwei Millionen gesunken. Die Ursachen für diesen Bevölkerungsschwund waren in erster Linie die Seuchen und Epidemien, die den Kontinent in periodischen Abständen heimsuchten. Durch Flöhe auf Ratten übertragen, breitete sich die Pest in den Städten aus und riß große Lücken in deren Bevölkerung. 1665 starben in London hunderttausend Menschen; neun Jahre zuvor in Neapel hundertdreißigtausend. Stockholm verlor von 1710 bis 1711 ein Drittel seiner Bevölkerung durch die Pest, und Marseille von 1720 bis 1721 die Hälfte seiner Einwohner. Schlechte Ernten und darauf folgende Hungersnöte töteten gleichfalls Hunderttausende. Viele wurden auch Opfer von Krankheiten, da die Widerstandsfähigkeit aufgrund der schlechten Ernährung nur gering war. Auch mangelnde Hygiene war für zahllose Todesfälle verantwortlich. Läuse übertrugen Typhus, Moskitos die Malaria, und der Pferdemist auf den Straßen zog die Fliegen an, die Typhus und die Enteritis verbreiteten, an der Tausende von Säuglingen und Kindern starben. Beinahe überall grassierten die Pocken. Sowohl das Gesicht Ludwigs XIV. als auch das Karls XII. von Schweden waren von Pockennarben gezeichnet. Erst 1721 konnte diese Seuche mit Hilfe eines Impfstoffes teilweise eingedämmt werden. Damals hatte die tapfere Entscheidung der Fürstin von Wales, sich der Impfprozedur zu unterwerfen, nicht nur andere ermutigt, ihrem Beispiel zu folgen, sondern hatte sie auch zur Mode gemacht.

Die wenigen Russen, die den Vorzug genossen, in diese moderne Welt des 17. Jahrhunderts mit all ihren positiven Energien und all ihren Übeln reisen zu dürfen, hatten den Eindruck, aus tiefer Dunkelheit ins grelle Licht geführt zu werden. Das meiste von dem, was sie sahen, glaubten sie nicht oder mißbilligten es. Ausländer galten als Häretiker, und der Kontakt mit ihnen war verpönt. Die Aufnahme von Beziehungen zu fremden Regierungen war bestenfalls ein notwendiges Übel. Die russische Regierung hatte es immer nur ungern erlaubt, daß sich ausländische Gesandtschaften in Moskau niederließen. Solche Gesandtschaften würden »dem moskowitischen Staat nur schaden und Verwicklungen mit anderen Nationen hervorrufen«, erklärte einer der führenden Beamten Zar Alexeis. Dieselbe Mischung aus Verachtung und Mißtrauen beherrschte die Haltung der Russen, wenn es darum ging, ihre eigenen Gesandtschaften ins Ausland zu schicken. Russische Gesandte reisten nur dann nach Westeuropa, wenn es zwingende Gründe dafür gab. Gewöhnlich hatten diese Gesandten noch keine fremden Länder gesehen, wußten wenig über europäische Politik oder Kultur und sprachen nur russisch. Um diesen Nachteil auszugleichen, schenkten sie besondere Aufmerksamkeit den Fragen des Protokolls, der Titel und der Anredeformen. Eine ihrer Forderungen war, alle Mitteilungen ihres Herrschers an den ausländischen Monarchen persönlich weiterzugeben. Wurden sie von einem ausländischen Monarchen empfangen, so erwarteten sie, daß er sie förmlich nach dem Gesundheitszustand des Zaren fragte, und daß er sich bei dieser Frage erheben und seinen Hut abnehmen sollte. Das war ein lästiges Ritual für die meisten westeuropäischen Herrscher. Wenn allerdings die Gastgeber vorschlugen, die russischen Gesandten sollten sich doch ein wenig den westlichen Umgangsformen anpassen, antworteten die Russen ungerührt: »Andere sind nicht unser Vorbild.«

Abgesehen von ihrer Unwissenheit und Arroganz war die Handlungsfreiheit der russischen Gesandten sehr stark eingeschränkt. Bei Verhandlungen befolgten sie ganz strikt die Instruktionen, die sie in der Heimat erhalten hatten, und waren befugt, nur das zu bewilligen, was bereits vorgesehen und gebilligt worden war. Alles Neue, und war es noch so unbedeutend, mußte mit Moskau besprochen werden, auch wenn dafür wochenlange Wartezeiten in Kauf zu nehmen waren. So gab es nur wenige Höfe, die gern mit einer russischen Gesandtschaft verhandelten.

Im Jahre 1687 hatte die Regentin Sofia den Fürsten Jakob Dolgoruki und eine russische Gesandtschaft nach Holland, Frankreich und Spanien geschickt. In Holland wurden die Russen gut aufgenommen, aber in Frankreich ging alles schief. Der Kurier, der nach Paris vorausgeschickt worden war, um das Eintreffen der Delegation anzukündigen, hatte sich geweigert, seine Botschaft irgend jemand anderem als dem König persönlich zu übergeben. Als weder der französische Außenminister noch ein anderer Beamter Ludwigs XIV. den hartnäckigen Russen von seiner Vorstellung abbringen konnte, wurde er schließlich wieder zurückgeschickt, ohne daß jemand in Paris seinen Brief geöffnet und gelesen hatte. Die Gesandtschaft reiste dennoch von Holland nach Frankreich weiter. An der französischen Grenze bei Dünkirchen versiegelte der Zoll das gesamte Gepäck der Gesandtschaft. Bevor es freigegeben werde, müsse es von qualifizierten Beamten in Paris geöffnet und geprüft werden, erklärte man den Russen. Die Russen versprachen, sie würden die Zollsiegel unversehrt lassen. Sobald sie aber Saint-Denis kurz vor Paris erreichten, brachen sie die Siegel auf, öffneten das Gepäck und breiteten dessen Inhalt, überwiegend wertvolle russische Pelze, auf Tischen im Freien zum Verkauf aus. Französische Händler strömten herbei, und es entwickelte sich ein lebhaftes Geschäft. Später entsetzten sich französische Hofbeamte darüber, daß die Russen »ihre Würde als Gesandte so weit vergessen hatten, daß sie als ambulante Händler agierten und ihren Profit und ihre Interessen über die Ehre ihrer Herrin stellten«[5].

Schließlich wurden die Gesandten in Versailles vom König empfangen, und alles ging gut, bis ein Zollbeamter eintraf, um das Gepäck zu überprüfen. Als die Russen sich weigerten, dies zuzulassen, kam die Polizei, begleitet von einem Schlosser, der die Koffer und Kisten aufbrechen sollte. Die wütenden Russen schimpften laut, und einer der Gesandten zückte sogar ein Messer.

Darauf zogen sich die Franzosen zurück und meldeten den Vorfall dem König. Empört ordnete Ludwig XIV. an, daß die Gesandten Frankreich sofort verlassen und die Geschenke wieder mitnehmen sollten, die ihm die beiden Zaren geschickt hatten. Die Russen weigerten sich zu gehen, bevor sie eine weitere Audienz beim König erhielten. Die Franzosen holten alle Möbel aus dem Haus, in dem sich die Russen aufhielten, und beschnitten ihnen die Lebensmittel. Nach einem Tag kapitulierten die Russen und baten noch einmal darum, vom König empfangen zu werden, mit der Erklärung, daß sie ihre Köpfe verlieren würden, wenn sie unverrichteter Dinge nach Moskau zurückkehrten. Jetzt waren sie auch bereit, ihr Gepäck überprüfen zu lassen und sogar mit weniger hohen Beamten zu verhandeln. Zwei Tage später lud der König sie zum Essen nach Versailles ein und zeigte ihnen persönlich die Gärten und die Springbrunnen der Schloßanlage. Die Russen waren dermaßen hingerissen, daß sie nicht mehr abreisen wollten; sie erfanden immer neue Ausreden und Vorwände, um ihren Aufenthalt zu verlängern. In Moskau beklagten sie sich später allerdings lautstark über die Art, wie sie von den Franzosen behandelt worden waren. Die Verärgerung der Russen über diesen diplomatischen Fauxpas war schließlich mit ein Grund dafür, daß in der Folgezeit die Beziehungen zwischen Rußland und Frankreich einfroren. Dieser Umstand und die Tatsache, daß die Franzosen die Türkei unterstützten, mit der sich Rußland bis 1712 zumindest nominell im Krieg befand, bewirkten Peters Entscheidung, erst nach dem Tod des Sonnenkönigs nach Paris zu fahren. Darum zog auch die »Große Gesandtschaft« von 1697–1698 nicht in Erwägung, Ludwig XIV. einen Besuch abzustatten. Es ist wirklich zu bedauern, daß die beiden großen Herrscher jener Zeit, Peter und Ludwig, einander nie begegnet sind.

2   »Man kann ihn unmöglich beschreiben«

Zum Leiter der »Großen Gesandtschaft« mit dem Rang eines Ersten Gesandten ernannte Peter seinen Freund Lefort, der inzwischen bereits die Titel Gouverneur-General von Nowgorod sowie General-Admiral besaß. Die beiden anderen Führer der Gesandtschaft waren Fjodor Golowin, der Gouverneur-General von Sibirien, und Prokop Wosnizin, der Gouverneur von Bolchow. Golowin war einer der erfahrensten Diplomaten Rußlands. Schon im Alter von sechsunddreißig Jahren hatte er für Sofia den Vertrag von Nertschinsk mit China ausgehandelt, und seit Peters Machtübernahme war er einer der bewährtesten Berater des Zaren geworden. Später wurde ihm die Leitung der russischen Außenpolitik anvertraut, und schließlich verlieh ihm der Zar den Titel eines General-Admirals. 1702 wurde er sogar zu einem Grafen des Heiligen Römischen Reiches und de facto Peters Erster Minister.

Wosnizin war damals bereits in diplomatischer Mission nach Konstantinopel, Persien, Venedig und Polen gereist.

Zwanzig Adlige und fünfunddreißig junge russische »Freiwillige« wurden als Begleiter der Gesandten bestimmt; die letzteren hatten sich genauso »freiwillig« gemeldet wie die Männer, die in den vorausgegangenen Monaten nach England, Holland und Venedig gefahren waren, um den Schiffsbau und die Regeln der Navigation zu erlernen. Viele dieser Adligen und »Freiwilligen« waren Peters Kameraden aus den Spielregimentern von Preobraschenskoje, aus der Zeit der Schiffsbauerei in Pereslawl, der Besuche in Archangelsk und des Asow-Feldzugs. Die bekanntesten unter ihnen waren Andrei Matwejew, Peters Jugendfreund, und der ungestüme Alexander Menschikow. Man stattete die Gesandtschaft mit Kammerherren, Priestern, Sekretären, Dolmetschern, Musikern (darunter sechs Trompeter), Sängern, Köchen, Kutschern, siebzig Soldaten und vier Zwergen aus: insgesamt zählte sie zweihundertfünfzig Mann. Unter den Reisenden befand sich auch ein hochgewachsener junger Mann mit braunem Haar und dunklen Augen sowie einer Warze auf der rechten Gesichtsseite. Die Mitglieder der Delegation redeten ihn einfach als Peter Michailow an. Unter Androhung der Todesstrafe war es verboten, Peter als den Zaren anzusprechen oder sonstwie zu verraten, daß sich der Zar unter der Gesandtschaft befand. Während Peters Abwesenheit verwaltete ein dreiköpfiger Regentschaftsrat das Land. Die beiden ranghöchsten Mitglieder dieses Rats waren Lew Naryschkin und Fürst Boris Golizyn, beide erfahrene und treue ältere Männer, die schon Peters Mutter während der Jahre des Exils in Preobraschenskoje mit Rat und Tat zur Seite gestanden und während der entscheidenden Auseinandersetzungen mit Sofia seine Partei angeführt hatten. Das dritte Ratsmitglied war Fürst Peter Prosorowski, Schatzmeister des Zaren. Er litt unter der Neurose, weder die Hand eines anderen Menschen berühren noch eine Tür öffnen zu können, die andere berührt hatten, aus Furcht, sich zu infizieren. Diesen drei Männern nominell untergeordnet, in Wirklichkeit aber Stellvertreter Peters während der Gesandtschaftsreise war Fürst Fjodor Romodanowski, der Gouverneur-General von Moskau, Kommandeur der vier Garderegimenter und »Fürst-Cäsar« der »Fidelen Gesellschaft«. Romodanowski wurde die oberste richterliche Gewalt in allen Zivil- und Militärprozessen übertragen und damit beauftragt, die Ordnung im Lande aufrechtzuerhalten. Er bekam den ausdrücklichen Befehl, gegen jedes Aufflackern von Unzufriedenheit oder Rebellion mit den härtesten Mitteln anzukämpfen. Alexei Schein, der Oberbefehlshaber des erfolgreichen Asow-Feldzugs, übernahm das Kommando über Asow, während Boris Scheremetew, der privat für drei Jahre nach Rom fuhr, an der Dnjepr-Grenze durch Fürst Jakob Dolgoruki ersetzt wurde.

Am Abend der Abreise der »Großen Gesandtschaft« feierte Peter gerade ein großes Fest im Landhaus Leforts, als ihm ein Bote eine beunruhigende Nachricht überbrachte. Drei Männer – Iwan Zickler, ein Strelitzen-Oberst, und zwei Bojaren – waren aufgegriffen und der Verschwörung gegen den Zaren beschuldigt worden. Die Beweise ihrer Schuld waren allerdings nicht schlagend. Zickler war als einer der ersten von Sofias Offizieren nach Troize gegangen und hatte sich Peter angeschlossen. Für diesen Gesinnungswechsel hatte er eine hohe Belohnung erwartet, war aber enttäuscht worden; nun sollte er in der Garnison von Asow dienen. Seine Verärgerung und Unzufriedenheit hatte er möglicherweise zu laut zu erkennen gegeben. Die beiden Bojaren waren freimütige Männer, die die sich mehrenden Klagen über den persönlichen Stil und das Regiment Peters zum Ausdruck brachten: Der Zar hatte seine Frau und den Kreml im Stich gelassen; er behielt seine schändlichen Beziehungen zu den Ausländern in der Vorstadt bei; er hatte die Würde des Thrones befleckt, als er bei der Parade nach dem Sieg über Asow hinter der Kutsche des Schweizers Lefort hermarschierte; und jetzt verließ er Rußland, um viele Monate im Westen mit Fremden zu verbringen.

Unglücklicherweise rührte ihre Kritik an einen wunden Punkt in Peters Charakter: Wieder einmal waren Strelitzen in einen Aufruhr verwickelt. Seine Furcht und sein Abscheu vor ihnen brachten ihn in höchste Erregung. Die drei Männer wurden auf dem Roten Platz grausam hingerichtet: Mit der Axt wurden ihnen zuerst Arme und Beine und dann die Köpfe abgeschlagen. Peter befürchtete, daß das nur das Vorspiel zu dem Versuch einer Restauration der Miloslawski-Herrschaft sei. Der Sarg mit den sterblichen Überresten Iwan Miloslawskis, der schon vierzehn Jahre lang unter der Erde lag, wurde auf einen Schlitten gestellt, vor den ein Rudel Schweine gespannt worden war, und auf den Roten Platz geschleift. Dort wurde er unterhalb des Hinrichtungsblocks geöffnet, und das Blut der Exekutierten spritzte auf die Gebeine von Iwan Miloslawski.

Fünf Tage nach dieser barbarischen Szene brach die »Große Gesandtschaft« in Moskau auf. Am 20. März 1697 fuhr der lange Zug von Schlitten und Gepäckwagen in Richtung Nowgorod und Pskow los. Die Karren waren mit prachtvollen, mit Perlen und Juwelen besetzten Gewändern aus Silber- und Brokatstoff beladen, die Lefort und die anderen Gesandten während der offiziellen Audienzen tragen sollten, sowie mit Zobelpelzen, mit denen man die Ausgaben begleichen wollte, wenn Gold, Silber oder Amsterdamer Geld nicht ausreichen würden, einem großen Vorrat an Honig, geräuchertem Lachs und anderem Räucherfisch und – nicht zu vergessen – mit Peters Trommel.

Die »Große Gesandtschaft« überschritt die Grenze Rußlands und gelangte in die damals von den Schweden gehaltene baltische Provinz Livland (deren Gebiet dem späteren Lettland entsprach). Unglücklicherweise war Eric Dahlberg, der schwedische Gouverneur von Riga, nicht darauf vorbereitet, eine so große Diplomatengruppe, und schon gar nicht den bemerkenswerten Besucher, der sich in ihren Reihen verbarg, zu empfangen. An diesem Mißgeschick trug der russische Gouverneur von Pskow die Schuld. Er hatte den Auftrag erhalten, sich um die nötigen Vorbereitungen zu kümmern, aber in seinem Brief an Dahlberg hatte er vergessen zu erwähnen, wie groß die Gesandtschaft war und, noch entscheidender, welche erlauchte Persönlichkeit inkognito mit ihr reiste. Dahlberg hatte mit einem offiziellen Willkommensbrief geantwortet, in dem er wissen ließ, er würde »in nachbarlichem Wohlwollen« alles Mögliche tun. Er betonte jedoch, daß die Bewirtung der Delegation notwendigerweise knapp ausfallen müsse, da seine Provinz eine katastrophale Ernte hatte. Zu der unvollständigen Voranmeldung der Russen kam noch eine weitere Panne hinzu. Dahlberg schickte eine Kavallerieeskorte an die Grenze, die die Gesandten des Zaren entsprechend den diplomatischen Gepflogenheiten nach Riga begleiten sollte. Da aber die wichtigen Mitglieder der Gesandtschaft, einschließlich Peter, der Hauptabteilung ihres Zuges vorausreisten, verpaßten sie die Eskorte. Kurz vor Riga holten der Troß und die Eskorte die Gesandten gerade noch ein, und die Schweden organisierten ein zweites Begrüßungszeremoniell mit einer Militärparade, um das Mißgeschick wiedergutzumachen.

Wäre es das einzige geblieben, und hätte Peter sogleich Riga passieren und die Düna überqueren können, wie er es vorgehabt hatte, so wäre alles gutgegangen. Aber er war im Frühjahr bei einsetzendem Tauwetter angekommen, das Eis im Fluß, der unterhalb der Stadtmauern floß, begann zu brechen. Es gab keine Brücke, und die gewaltigen Eisschollen machten es unmöglich, mit dem Schiff überzusetzen. Sieben Tage lang waren Peter und seine Begleiter deshalb gezwungen, in der Stadt auf die Eisschmelze zu warten.

Obwohl Peter ungeduldig auf seine Abreise drängte, war er über die Ehrbezeigungen, die man seinen Botschaftern erwies, zunächst durchaus erfreut. Jedesmal, wenn sie zur Zitadelle schritten oder diese wieder verließen, dröhnte ein Salut aus vierundzwanzig Kanonen.

Riga, die Hauptstadt Livlands, war eine protestantische Stadt mit hohen, schlanken Kirchtürmen und Giebeldächern, sowie Straßen mit Kopfsteinpflaster. Die florierende Handelsstadt unterschied sich grundsätzlich vom nicht weit entfernten Pskow oder von anderen russischen Städten. Als Festung war Riga außerdem eine bedeutende Stütze des schwedischen Ostseereichs. Wie vorherzusehen, wollte Peter unbedingt die Verteidigungsanlagen der Stadt besichtigen, die von schwedischen Militäringenieuren planmäßig nach den neuesten westlichen Richtlinien erbaut worden waren. Darum interessierte Riga Peter wesentlich mehr als die russischen Festungen, einschließlich des Kreml, mit ihren altmodischen Anlagen aus einfachen Mauern und Türmen. Hier gab es aus Stein errichtete Bastionen und von Palisaden umgebene Kontreskarpen, nach dem Vorbild des französischen Meisters Vauban errichtet.[1] Peter kletterte über die Wälle, machte sich Bleistiftskizzen, maß die Tiefe und Breite von Gräben und studierte die Feuerwinkel der Kanonen hinter den Schießscharten. Er betrachtete seine Tätigkeit als die eines Studenten, der eine moderne Festung untersucht; verständlicherweise aber sahen die Schweden das anders. Für sie war Peter ein Monarch und ein Militärbefehlshaber. Erst vierzig Jahre zuvor war die Stadt von der Armee des Zaren Alexei belagert worden. Die Festung, die Peter jetzt so sorgfältig untersuchte, war zum Schutz vor den Russen errichtet worden. Deshalb war der Anblick des großen jungen Mannes, der jetzt auf ihren Wällen stand und mit Skizzenblock und Metermaß arbeitete, irritierend für die Bevölkerung. Darüber hinaus gab es das Problem mit Peters Inkognito. Eines Tages beobachtete ein schwedischer Wachtposten, daß der auffallend große junge Mann Skizzen machte, und befahl ihm, sich zu entfernen. Peter ignorierte die Wache und zeichnete weiter. Da hob der schwedische Soldat seine Flinte und drohte zu schießen. Peter geriet außer sich vor Wut, wobei er den Vorfall nicht so sehr als Verletzung seines Ranges betrachtete, sondern vielmehr als große Mißachtung der Gastfreundschaft. Lefort protestierte bei Dahlberg, der sich für den Vorfall entschuldigte und dem Gesandten versicherte, daß keinerlei Unhöflichkeit beabsichtigt gewesen sei. Lefort erklärte sich damit einverstanden, daß der Soldat nicht bestraft wurde, da er nur seine Pflicht erfüllt hatte. Trotzdem verschlechterten sich die Beziehungen zwischen den schwedischen Gastgebern und den russischen Gästen von Tag zu Tag. Die große russische Gesandtschaft war beim schwedischen Hof nicht offiziell akkreditiert, und schließlich schuf die Tatsache, daß der russische Zar in der Stadt weilte, daß er aber seine Identität nicht preisgeben wollte, heikle protokollarische Probleme. Dahlberg war infolgedessen formell höflich und verhielt sich so, wie es das Protokoll gegenüber wichtigen Gesandten eines benachbarten Monarchen vorschrieb, aber er tat auch nicht mehr. Kein offizielles Programm war vorgesehen; es gab keine Feste, kein Feuerwerk, keine Unterhaltung von der Art, wie Peter sie liebte. Der steife, kühle schwedische Kommandeur hielt sich einfach zurück und – so schien es den Russen – ignorierte die Gesandtschaft. Da zudem die Gesandtschaft nicht etwa nach Stockholm unterwegs war, sondern sich nur auf dem Durchzug durch schwedisches Gebiet befand, wurde auch von der üblichen diplomatischen Gepflogenheit abgewichen, die Kosten für den ausländischen Besuch zu übernehmen. Man ließ die Russen ihre eigene Verpflegung, ihre Unterkunft, ihre Pferde und das Viehfutter selbst bezahlen, und der Preis, den man ihnen abverlangte, war sowohl durch die damalige Not als auch durch das Streben der Rigaer Kaufleute, soviel wie möglich aus ihren Gästen herauszuholen, in die Höhe getrieben worden.

Peter wurde zunehmend dadurch gereizt, daß Tag für Tag mehr Menschen kamen und ihn anstarrten. Als schließlich nach einer Woche das Eis so weit geschmolzen war, daß man den Fluß überqueren konnte, versuchte Dahlberg noch, seine Besucher in angemessener Form zu verabschieden. Schiffe, die mit der gelbblauen königlichen Flagge Schwedens geschmückt waren, begleiteten die russische Gesandtschaft über den Fluß, während von der Festung her die Kanonen langandauernden Salut schossen. Aber es war zu spät. Bei Peter war der Eindruck entstanden, daß Riga das Symbol der Knausrigkeit und Ungastlichkeit sei. In den meisten der anderen Städte, die Peter anschließend besuchte, war der regierende Fürst persönlich anwesend, um die

Gesandtschaft zu begrüßen; und wenn Peter auch weiterhin sein Inkognito aufrechterhielt, so fanden doch Kurfürsten, Könige und sogar der deutsche Kaiser in Wien einen Weg, um ihn privat zu treffen, ihn großzügig zu unterhalten und seine Rechnungen zu bezahlen.

Peter konnte die Demütigung, die ihm in Riga zuteil geworden war, nicht verwinden. Drei Jahre später noch, als er nach Gründen suchte, um den großen Nordischen Krieg gegen Schweden beginnen zu können, erwähnte er den angeblich rüden Empfang in Riga. Dreizehn Jahre später – 1710 – war Peter dabei, als russische Truppen die Stadt umstellten und schließlich einnahmen und sie für über zwei Jahrhunderte in das russische Reich eingliederten. Er selbst feuerte die ersten drei Kanonenschüsse gegen die Stadt. »Auf diese Weise«, schrieb er an Menschikow, »hat es der Herrgott möglich gemacht, daß wir den Anfang unserer Rache an diesem verfluchten Ort selbst miterleben durften.«[2]

Nachdem Peter und die Gesandtschaft die Düna überquert hatten, gelangten sie bald in das Herzogtum Kurland, dessen Hauptstadt Mitau etwa fünfzig Kilometer südlich von Riga lag. Nominell ein Lehen des polnischen Königreichs, lag Kurland doch genügend weit entfernt von Warschau, um praktisch autonom zu sein; da außerdem Polen im Augenblick geschwächt war, war der Herzog von Kurland sozusagen sein eigener Herr. Das Inkognito des Zaren wurde hier zwar bewahrt, aber jeder wußte, *wer* inkognito unterwegs war. So ehrte Herzog Friedrich Kasimir die russische Gesandtschaft mit einem überaus üppigen Unterhaltungsangebot, obwohl sein Herzogtum arm war. »Überall wurden offene Tafeln abgehalten, begleitet von Trompeten und anderer Musik; und überall wurde geschwelgt und maßlos getrunken, als ob Seine Majestät der Zar ein zweiter Bacchus gewesen wäre. Ich habe noch niemals so harte Trinker gesehen«, schrieb einer der Minister des Herzogs.[3] Und als besonders bemerkenswert erschien ihm das Trinkvermögen Leforts: »Nie wird er durch sein Trinken überwältigt, er bleibt vielmehr immer Herr seines Verstandes.« Die Russen, so flüsterten sich die Gastgeber zu, seien wirklich nicht mehr als »getaufte Bären«[4].

Da der Herzog von Kurland wußte, daß der Zar das Wasser liebte, mietete er ein Schiff, damit sein Gast die Reise auf See fortsetzen konnte. Peters Ziel war Königsberg, das in dem damals großen und mächtigen norddeutschen Kurfürstentum Brandenburg lag. Kurfürst Friedrich III. hieß persönlich den Zaren willkommen. Der aus dem Hause Hohenzollern entstammende Kurfürst strebte eine Expansionspolitik an. Er träumte davon, das Kurfürstentum in ein machtvolles Königreich, das zukünftige Preußen, zu verwandeln und König von Preußen zu werden. Diesen Titel würde ihm bestimmt der Kaiser in Wien zusprechen. Seine Territorialmacht mußte er sich jedoch auf Kosten der Schweden erkämpfen, deren Festungsanlagen und Territorien sich seit dem Dreißigjährigen Krieg über einen breiten Küstenstreifen südlich der Ostsee erstreckten. Friedrich bemühte sich deshalb um russische Unterstützung, um ein Gegengewicht gegen Schweden aufbauen zu können. Peter ging nachts an Land und betrat heimlich Königsberg. Er nahm ein bescheidenes Quartier und stattete dem Kurfürsten einen privaten Besuch ab. Anderthalb Stunden unterhielten sich die beiden Herrscher über Schiffe, Fragen der Navigation und über das Artilleriewesen. Später ging Peter mit dem Kurfürsten auf die Jagd in der Nähe von dessen Landhaus; gemeinsam beobachteten sie einen Kampf zwischen zwei Bären. Peter setzte seinen Gastgeber in Erstaunen, als er laut auf der Trompete blies und auf der Trommel spielte. Auch seine Wißbegier, seine Lebhaftigkeit und seine ausgesprochene Freude am Vergnügen hinterließen großen Eindruck.

Elf Tage später trafen auch die Reiter und die Wagen der russischen Gesandtschaft in Königsberg ein, und Peter beobachtete von seinem Fenster aus den Empfang, der ihr bereitet wurde. Friedrich bewilligte den Gesandten eine stattliche Aufwandsentschädigung für ihren Besuch und ließ ein prachtvolles Willkommensessen auftischen, auf das ein Feuerwerk folgte. Peter nahm in einem scharlachroten Mantel mit goldenen Knöpfen am Festmahl teil. Später mußte sich Friedrich Mühe geben, ein ernstes Gesicht zu bewahren, als er laut Protokoll die Gesandten fragte, welche Neuigkeiten es vom Zaren gebe und ob sie ihn in ausgezeichneter Gesundheit zurückgelassen hätten.

Bei den Verhandlungen bemühte sich Friedrich darum, das alte Bündnis gegen Schweden, das Zar Alexei mit Brandenburg geschlossen hatte, erneut zu bekräftigen. Aber Peter, der noch Krieg gegen die Türken führte, wollte auf keinen Fall die Schweden provozieren. Schließlich trafen die beiden Monarchen auf dem Schiff des Kurfürsten ein mündliches Abkommen: Sie versprachen, sich gegenseitig zu helfen bei der Bekämpfung der jeweiligen Feinde. Friedrich bat außerdem den Zaren um Unterstützung bei seinen Bemühungen, zum König ernannt zu werden. Peter war damit einverstanden, daß die Gesandten des Kurfürsten in Moskau den gleichen Rang wie die russischen Gesandten in Brandenburg haben sollten; es war zwar keine besonders bedeutende politische Geste, aber sie war für Friedrich wichtig, wenn er in Wien dem Kaiser sein Anliegen vortrug.

Obwohl Peter begierig darauf war, nach Holland weiterzureisen, blieb er noch in Königsberg, bis sich die Lage in Polen geklärt hatte. Seit dem Tod von Jan Sobieski im Juni 1696 war der polnische Thron unbesetzt. Zwei Bewerber, August, Kurfürst von Sachsen, und der Bourbonenprinz de Conti, der Kandidat Ludwigs XIV., bemühten sich um ihn. Rußland, Österreich und die meisten deutschen Kleinstaaten lehnten aber die Wahl Contis entschieden ab. Ein französischer König auf dem polnischen Thron würde bedeuten, daß sich Polen ab sofort nicht mehr am Krieg gegen die Türkei beteiligen würde. Es würde außerdem eine französisch-polnische Allianz, also die Ausdehnung der französischen Macht bis nach Osteuropa, beinhalten. Um diesem Übel zuvorzukommen, war Peter bereit zu kämpfen, und er verlegte schnell die russischen Truppen an die polnische Grenze. Da die beiden gegnerischen Parteien noch verhandelten und die Abstimmung des polnischen

Reichstags noch nicht erfolgt war, entschloß sich Peter, in Königsberg zu warten. Unterdessen besichtigte er auch in Königsberg alles, was ihn interessierte. Bei Oberst Streltner von Sternfeld, dem Oberingenieur der brandenburgischen Armee und Experten der Artillerie, verschaffte sich Peter Einblick sowohl in die Theorie als auch in die Praxis der Ballistik. Er feuerte mit Kanonen verschiedener Größe auf eingestellte Ziele, wobei Sternfeld ihn beim Zielen korrigierte und erklärte, welche Fehler er machte. Als Peter Königsberg verließ, stellte ihm Sternfeld eine Urkunde aus, in der er die Artilleriekenntnisse und das Geschick seines Schülers Peter Michailow als Meister dieses Fachs bestätigte.

Leider begab sich Peter wie in Riga auch in Königsberg in eine unangenehme Situation. Diesmal war aber nicht seine Neugier, sondern sein ungestümes Temperament an dem Vorfall schuld. An seinem Namenstag – dem Feiertag, der für Russen wichtiger ist als der Geburtstag – hatte Peter mit einem Besuch Friedrichs gerechnet und ein Feuerwerk zu Ehren des Kurfürsten aufsteigen lassen. Friedrich, der sich der Bedeutung dieses Tages für Peter nicht bewußt war, hatte aber Königsberg verlassen, um den Herzog von Kurland zu treffen, und einige seiner Minister damit beauftragt, ihn bei der Feier des Zaren zu vertreten. Peter fühlte sich verletzt und öffentlich gedemütigt, als Friedrich nicht erschien, und er machte aus seinem Gekränktsein kein Hehl vor den Vertretern des Kurfürsten, indem er zu Lefort laut auf holländisch sagte: »Der Kurfürst ist gut, aber seine Minister sind Teufel.«[5] Als Peter den Eindruck hatte, daß einer der Minister über seine Worte lächelte, geriet er in Wut. Er stürzte sich auf den Brandenburger und schrie: »Hinaus! Hinaus!«, während er ihn aus dem Zimmer zerrte. Nachdem sein Zorn verebbt war, schrieb er allerdings seinem »liebsten Freund« Friedrich einen Brief. Dieser Brief war eine Entschuldigung, wenn er auch die Ursache der Verärgerung durchschimmern ließ. Als Wiedergutmachung übersandte Peter dem Kurfürsten beim Abschied einen großen Rubin.

Mitte August traf in Königsberg die Nachricht ein, daß August von Sachsen in Polen angekommen und dort zum König gewählt worden sei. Peter war über diese Lösung sehr erfreut und wollte sofort nach Holland aufbrechen. Doch die Anwesenheit eines Geschwaders französischer Kriegsschiffe in der Ostsee zwang ihn, seine Pläne zu ändern und den Weg über Land quer durch die deutschen Kurfürstentümer Brandenburg und Hannover einzuschlagen. Während des siebenwöchigen Aufenthalts in Königsberg hatte sich über ganz Europa die Nachricht verbreitet, daß der Zar mit der Gesandtschaft reise. Zum erstenmal in der Geschichte reiste ein moskowitischer Zar durch Europa, und alle wollten ihn sehen und bewundern. Aufmerksamkeit jeder Art verstimmte aber den Zaren.

Heimlich verließ er Königsberg und drängte seinen Kutscher, sich zu beeilen, um möglichst wenig Aufsehen zu erregen. Er fuhr in schnellem Tempo durch Berlin, wobei er sich weit zurück in eine Ecke seiner Kutsche gesetzt hatte, um zu vermeiden, daß man ihn erkannte. So gelang es ihm, Norddeutschland schnell zu durchqueren. Dennoch konnte er die Begegnung mit zwei ehrfurchtgebietenden Damen nicht verhindern. Es handelte sich um Sophie, die verwitwete Kurfürstin von Hannover, und ihre Tochter Sophie Charlotte, die Kurfürstin von Brandenburg. Beide wollten den Zaren, über den so viel gesprochen wurde, persönlich kennenlernen. Sophie Charlotte besuchte gerade ihre Mutter in Hannover, als ihr Mann, Kurfürst Friedrich, Peter in Königsberg willkommen hieß. Sie hatte gehofft, Peter in Berlin treffen zu können, als sich aber herausstellte, daß dies nicht möglich war, beschloß sie, ihn zu überraschen, als er sich Hannover näherte. Sie fuhr mit ihrer Mutter, ihren Brüdern und ihren Kindern in Kutschen los und fing die Russen bei Kloppenburg ab. Als sie Peters Zug erreichte, ließ sie den Zaren durch einen Kammerherrn zum Essen einladen.

Das Gefolge der Damen war sehr groß, und die Stadtbewohner drängten sich vor dem Stadttor, um den russischen Monarchen zu sehen. Peter lehnte zunächst ab, der Kammerherr gab jedoch nicht nach, und der Zar nahm schließlich die Einladung an, als ihm versichert wurde, daß außer Sophie Charlotte und ihrer Mutter nur noch ihre Brüder und ihre Kinder anwesend sein sollten. Die beiden fürstlichen Damen machten ihn verlegen, er errötete und war unfähig zu sprechen. Die Gastgeberinnen waren die ersten aristokratischen Damen des Westens, denen er jemals begegnet war; seine bisherigen Kontakte mit westlichen Frauen hatten sich bisher auf die Ehefrauen und Töchter westlicher Kaufleute und Soldaten in der Deutschen Vorstadt beschränkt. Sophie Charlotte und ihre Mutter waren aber sogar für die europäische Aristokratie außergewöhnlich. Die damals siebenundsechzigjährige Sophie von Hannover war eine tatkräftige, sehr vernünftige und äußerst erfolgreiche Herrscherin. Ein paar Jahre nach der Begegnung mit Peter sollte sie, als die Enkelin König Jakobs I. von England, vom britischen Parlament dazu auserwählt werden, die Nachfolge von Königin Anna auf dem Thron anzutreten, um die protestantische Erbfolge in England zu sichern.[6] Sophies Tochter, die neunundzwanzigjährige Sophie Charlotte von Brandenburg, war ebenfalls eine willensstarke Persönlichkeit und galt zudem als eine der schönsten Damen der norddeutschen Höfe. Sie war als Braut des Enkels Ludwigs XIV., des Herzogs von Burgund, vorgesehen gewesen, bevor die politischen Ereignisse bestimmt hatten, daß dieser Maria Adelaide von Savoyen heiraten sollte. Während der zwei Jahre, in denen Sophie Charlotte am Versailler Hof lebte, hatten ihr Witz und ihre Schönheit sogar die Aufmerksamkeit des Sonnenkönigs erregt. Sie war hochgebildet, und der Philosoph Leibniz war sowohl ihr Hauslehrer als auch ihr Freund. Ihr Ehemann, der für sie das Charlottenburger Schloß in Berlin errichtete, führte nicht nur eine durch staatspolitische Interessen bestimmte Ehe mit ihr, sondern war tatsächlich in sie verliebt. Natürlich fühlte sich auch Friedrich verpflichtet, dem Beispiel Ludwigs XIV. zu folgen und sich eine Mätresse zu halten, er zog dieser aber seine reizvolle und kluge Ehefrau bei weitem vor.

Vor diesen beiden selbstsicheren und eleganten Damen bedeckte sich Peter das Gesicht mit den Händen und murmelte auf deutsch: »Ich kann nicht sprechen.«[7] Als Sophie Charlotte und ihre Mutter seine Befangenheit bemerkten, versuchten sie, die Stimmung aufzulockern. Bei Tisch unterhielten sie sich angeregt mit ihm, und innerhalb kürzester Zeit war seine Schüchternheit verflogen. Das Festessen dauerte vier Stunden, und die beiden Kurfürstinnen stellten ihrem Gast ununterbrochen Fragen. Als Sophie Charlotte schließlich befürchtete, Peter würde sich langweilen, bestellte sie Musik und Tanz. Peter weigerte sich zu tanzen, da er keine Handschuhe dabei hatte; aber den Damen gelang es, ihn umzustimmen und bald tanzte er eifrig. Während er sie über die Tanzfläche führte, fühlte er seltsame Dinge auf ihrem Rücken – die Walfischstäbe ihrer Korsetts. »Diese deutschen Frauen haben teuflisch harte Knochen!«[8] rief er seinen Freunden zu. Die Damen waren entzückt.

Peter amüsierte sich sehr. Einen so fröhlichen Abend hatte er weder in der Deutschen Vorstadt noch bei den lärmenden Banketten der »Fidelen Gesellschaft« erlebt. Er war in glänzender Laune, und aus seinen Augen sprühte jugendliches Feuer. Er ließ seine Zwerge tanzen, kniff in das Ohr seines Lieblingszwerges und bedeckte den Kopf der zehnjährigen Sophie Dorothea, der zukünftigen Mutter Friedrichs des Großen, derart mit Küssen, daß er ihre kunstvolle Frisur zerstörte. Er umarmte und küßte auch den vierzehnjährigen Prinzen Georg, den späteren König Georg II. von England. Der Zar war nicht der unzivilisierte junge Barbar, den sich die Kurfürstinnen vorgestellt hatten. »Er hat eine natürliche, ungezwungene Art, die mir gefällt«[9], schrieb Sophie Charlotte. »Seine Gesichtszuckungen waren nicht so schlimm, wie wir sie erwartet hatten.« Die Kurfürstin Sophie, eine erfahrene Menschenkennerin, beschrieb den Abend und den Ehrengast wie folgt: »Wir bedauerten, daß wir nicht viel länger bleiben konnten, um ihn noch einmal sehen zu können; denn seine Gesellschaft bereitet uns viel Vergnügen. Er ist ein ganz außerordentlicher Mann. Man kann ihn unmöglich beschreiben oder auch nur eine Vorstellung von ihm vermitteln, wenn man ihn nicht gesehen hat. Er hat ein sehr gutes Herz und bemerkenswert edle Gefühle. Ich muß dir auch sagen, daß er in unserer Anwesenheit nicht betrunken wurde; aber wir waren kaum aufgebrochen, als die Leute aus seinem Gefolge dies jedenfalls für sich weitgehend nachholten.

Er ist ein Fürst, der gleichzeitig sehr gut und sehr schlecht ist; sein Charakter entspricht genau dem seines Landes. Wenn er eine bessere Erziehung erhalten hätte, wäre er ein außerordentlicher Mensch geworden, denn er besitzt große Qualitäten und eine unbegrenzte natürliche Intelligenz.«[10]

Peter gab seine Freude über die Einladung dadurch zu erkennen, daß er jeder der beiden Kurfürstinnen einen Koffer mit russischen Zobelpelzen und Brokat übersandte. Dann brach er unverzüglich auf, an der Spitze der Hauptabteilung seiner Reisegesellschaft. Denn Holland lag nicht mehr allzuweit entfernt.

3   Peter in Holland

In der zweiten Hälfte des 17. Jahrhunderts stand Holland – so bezeichnete man die sieben vereinigten Provinzen der nördlichen Niederlande – auf dem Gipfel seiner Macht und seines Ansehens in der Welt. Mit einer Bevölkerungsdichte von zwei Millionen hart arbeitender Menschen, die sich auf einer relativ kleinen Fläche zusammendrängten, war es bei weitem der reichste und kosmopolitischste Staat Europas, und es war deshalb auch nicht überraschend, daß der Wohlstand dieses kleinen Landes für seine Nachbarn eine ständige Quelle der Verwunderung und des Neides war. Die Holländer waren tapfer, hartnäckig und erfinderisch und kämpften – zuerst gegen die Spanier, dann gegen die Engländer und schließlich gegen die Franzosen – auf eine praktische und gleichzeitig verzweifelt heroische Weise. Um seine Unabhängigkeit zu verteidigen, unterhielt dieses Land eine Armee von hundertzwanzigtausend Mann sowie die zweitgrößte Kriegsflotte der Welt.

Hollands Wohlstand beruhte auf Erfindungsgeist und fleißiger Arbeit. Während in den meisten europäischen Ländern die Landwirtschaft hauptsächlich dazu diente, den Eigenbedarf der Bevölkerung zu decken, war in Holland ein einziger Bauer in der Lage, jeweils zwei Mitbürger zu ernähren, da er größere Getreideernten pro Morgen erzielte und mehr Milch und Butter von seinen Kühen und mehr Fleisch von seinen Schweinen bekam. Darum konnte sich in Holland über die Hälfte der Bevölkerung dem Handel, der Industrie und Seefahrt widmen.

Handel und Seefahrt waren im 17. Jahrhundert die Quellen für Hollands Reichtum. Die großen Häfen von Amsterdam und Rotterdam waren die für Europa bedeutenden Tore, über die sich dem alten Kontinent die Neue Welt erschloß. Fast alles, was nach Europa gelangte oder über die Ozeane transportiert wurde, passierte Holland. Englisches Zinn, spanische Wolle, schwedisches Eisen, französische Weine, russische Pelze, indische Gewürze und indischer Tee, norwegisches Bauholz und irische Wolle kamen zunächst nach Holland, um dort bearbeitet, verteilt und über die Binnenwasserstraßen ins Innere Europas weiterverschifft zu werden.

Bei diesem Gütertransport verfügten die Holländer beinahe über ein Monopol in der Weltschiffahrt. Viertausend holländische Kaufmannsschiffe – mehr als das, was die gesamte übrige Welt besaß – segelten auf den großen Ozeanen. Die holländische Ostindienkompanie, die 1602 gegründet worden war, und die jüngere Westindische Kompanie besaßen in jedem größeren Hafen der Welt ihre Niederlassungen. Holländische Seeleute, bei denen sich jeweils die Tatkraft des Forschers mit dem kühlen Rechengeist des Kaufmanns verband, suchten beständig nach neuen Märkten und Häfen.

Ununterbrochen wurden Lagerbestände und Gewinne angehäuft; die holländische Handelsrepublik wurde mit der Zeit immer wohlhabender. In Amsterdam kam das Versicherungswesen auf, um die Risiken zu mindern; Banken und Börsen fanden Wege, um mit Krediten zu handeln und in einem bisher ungekannten Ausmaß Anleihen zu geben und große Handelsunternehmen zu finanzieren; es wurden Verträge und Frachtformulare und all die vielen anderen Papiere gedruckt, die notwendig sind, um die Handelsaktionen zu organisieren, bekanntzumachen und zu bestätigen. Holland war das wahre Modell des wohlhabenden, erfolgreichen Merkantilstaates. In dieses Handelsparadies kamen junge Männer aus dem ganzen protestantischen Europa, vor allem aus England und Schottland, um sich mit dem Handel- und Finanzwesen vertraut zu machen. Zu diesem glitzernden Mekka des Handels, der Schiffahrt und der Kultur war der junge Zar im Spätsommer 1697 aufgebrochen.

In Pereslawl, Archangelsk und Woronesch hatte Peter zuvor im Gespräch mit holländischen Schiffsbauern und Kapitänen oftmals den Namen Zaandam gehört. Man sagte, daß in dieser Stadt an der Küste des Ijsselmeers etwa fünfzehn Kilometer nördlich von Amsterdam die besten Schiffe Hollands vom Stapel gelassen wurden. Auf fünfzig privaten Schiffswerften baute man jährlich dreihundertfünfzig Schiffe. Die Zaandamer hatten den Ruf schneller und erfahrener Arbeiter; oft war ein Schiff schon fünf Wochen nach der Kiellegung seeklar. Peter beabsichtigte im Herbst und im Winter in Zaandam zu bleiben, um sich dort mit dem Schiffsbau zu befassen. Als er nahe der deutsch-holländischen Grenze bei Emmerich den Rhein erreichte, mietete er sich ein Schiff und segelte den Fluß hinunter. Er ließ den größten Teil der Gesandtschaft zurück und fuhr direkt bis Zaandam, ohne in Amsterdam oder irgendwo sonst auch nur ein einziges Mal zu halten.
Am frühen Sonntagmorgen des 18. August entdeckten Peter und seine sechs Begleiter auf dem Kanal, der nach Zaandam führte, plötzlich eine vertraute Gestalt, die in einem Ruderboot saß und Aale stach. Es handelte sich um Gerrit Kist, einen holländischen Schmied, der mit Peter in Moskau gearbeitet hatte. Hocherfreut, ein bekanntes Gesicht zu sehen, begrüßte Peter ihn überschwenglich laut. Als er sah, daß der russische Zar an ihm vorbeisegelte, wäre Kist beinahe aus seinem Boot gefallen. Peter steuerte zum Ufer, sprang an Land, umarmte Kist aufgeregt und bat ihn, seine Identität nicht zu verraten. Als sich dann herausstellte, daß Kist ganz in der Nähe wohnte, verkündete der Zar, er werde bei ihm bleiben. Kist gab zu bedenken, daß sein Haus viel zu klein und zu schlicht für einen Monarchen sei, und schlug darum statt dessen das Haus einer Witwe vor, das direkt hinter seinem Haus lag. Als man der Witwe sieben Gulden bot, war sie bereit, für eine Weile zu ihrem Vater zu ziehen. So wurde Peter in einem winzigen Holzhaus untergebracht, das zwei kleine Zimmer, einen Kachelofen sowie eine fensterlose Schlafecke hinter einem Vorhang hatte. Zwei seiner Begleiter wohnten bei ihm, die anderen fanden in der Nähe eine Unterkunft.
Da es Sonntag war, waren die Schiffswerften geschlossen; aber Peter war bereits so aufgeregt, daß es ihm nicht gelang, ruhig zu sitzen. Er ging auf die

Straßen hinaus, wo viele Leute ihren Nachmittagsspaziergang machten. Die Nachricht, daß ein ausländisches Schiff mit Männern in exotischer Kleidung eingelaufen sei, hatte viele neugierig gemacht, und es dauerte nicht lange, bis man Peter bemerkte. Der Zar fühlte sich dadurch belästigt und wollte im Gasthaus Otter Zuflucht suchen, aber auch dort starrten ihn die Menschen an.

Am Montagmorgen suchte Peter in aller Frühe einen Laden am Kanal auf und kaufte sich Zimmermannswerkzeuge. Damit eilte er zur Schiffswerft Lynst Rogge und bot sich dort unerkannt als Handwerker an. Zufrieden begann er zu arbeiten, schlug mit seinem Beil das Holz zu und fragte den Meister ständig nach den Namen all jener Gegenstände, die er zu Gesicht bekam. Nach der Arbeit besuchte er die Frauen und Eltern holländischer Schiffsbauer, die sich noch in Rußland befanden, und erzählte ihnen, daß er in Rußland Seite an Seite mit ihren Söhnen und Ehemännern arbeitete. Mit dem größten Vergnügen erklärte er: »Auch ich bin ein Zimmermann.«

Nachdem er nach holländischer Sitte um den Preis gefeilscht hatte, kaufte Peter am Dienstag ein kleines Ruderboot. Er bekam es für vierzig Gulden; anschließend ging er mit dem Verkäufer in eine Kneipe und trank mit ihm Bier.

Am Montagmorgen hatte Peter angeordnet, seine Gefährten sollten ihre russischen Gewänder ablegen und die roten Friesjoppen und weißen Leinenhosen der holländischen Handwerker anziehen. Aber auch so sahen die Russen nicht wie Holländer aus. Besonders Peters auffallende Größe erschwerte die Anonymität, und spätestens am Dienstag wußte jedermann in Zaandam, daß sich »eine Persönlichkeit von großer Bedeutung« in der Stadt aufhielt. Das Gerücht wurde durch einen Zwischenfall am Nachmittag bestätigt. Peter ging gerade eine Straße hinunter und aß Pflaumen aus seinem Hut, als ihm eine Gruppe Kinder begegnete, denen er einige seiner Pflaumen anbot. Da er aber nicht mehr genügend Früchte für alle hatte, liefen ihm die Kleinen nach. Als er sie zu vertreiben suchte, warfen sie mit Steinen und Schmutz nach ihm. Peter nahm im Gasthaus »Zu den drei Schwänen« Zuflucht und ließ Hilfe holen. Da kam der Bürgermeister selbst, und Peter mußte erklären, wer er war und warum er sich da aufhielt. Der Bürgermeister gab sofort den Befehl, »berühmte Personen, die unbekannt bleiben wollen«, weder zu stören noch zu beleidigen.

Bald war »die berühmte Person« genau identifiziert. Ein Zaandamer Schiffsbauer, der in Rußland arbeitete, hatte seinem Vater geschrieben, daß eine große russische Gesandtschaft nach Holland unterwegs sei und daß sich der Zar wahrscheinlich inkognito bei ihr befinde. Er machte auch darauf aufmerksam, daß Peter an seiner Größe, am Zucken oder Schütteln seines Kopfes und seines linken Armes sowie an einer kleinen Warze auf der rechten Wange leicht zu erkennen sei. Diesen Brief hatte der Vater am Mittwoch gerade für jedermann vernehmbar in Pomps Barbierladen vorgelesen, als ein großer Mann mit den eben erwähnten Kennzeichen hereinkam. Wie die Barbiere überall auf der Welt sah es auch Pomp als einen Teil seiner Berufung an, allen örtlichen Klatsch sofort weiterzureichen; und in diesem Fall verbreitete er unverzüglich die Nachricht, daß der größte der Arbeiter kein geringerer als der Zar von Rußland sei. Die Nachricht verbreitete sich in ganz Holland. Viele wollten nicht daran glauben, und es wurden zahlreiche Wetten darauf abgeschlossen.

Am Donnerstag kaufte Peter für vierhundertfünfzig Gulden ein Segelboot und setzte mit eigenen Händen einen neuen Mast und ein neues Bugspriet darauf; am Freitag segelte er bei Sonnenaufgang bereits auf dem Ijsselmeer mit der Ruderpinne in der Hand. Plötzlich sah er viele Schiffe mit Neugierigen an Bord von Zaandam her in seine Richtung losfahren. Um ihnen zu entkommen, steuerte er schnell an Land und sprang aus dem Schiff. Dort wurde er von einer anderen neugierigen Menge umringt. Die Menschen schoben und drängten sich vor, um den Zaren sehen zu können, und starrten ihn an, als sei er ein seltsames Tier. In seinem Zorn gab Peter einem der Neugierigen einen leichten Schlag auf den Kopf, wodurch sich die Menge veranlaßt fühlte, dem Opfer zuzurufen: »Bravo, Marsje, jetzt bist du geadelt worden!«[1] Inzwischen war die Zahl der Menschen an Land und auf dem Wasser so groß geworden, daß sich Peter in einem Gasthaus einschloß und nicht nach Zaandam zurückkehren mochte, bis es dunkel wurde.

Am folgenden Tag, am Samstag, wollte Peter sehen, wie ein neugebautes Schiff mit Hilfe von Glcitrollen und Winden von einer Helling gezogen wurde. Um ihn vor den Gaffern zu schützen, hatte man einen Teil der Werft mit einem Zaun umgeben. Aber noch größere Menschenmengen als bisher waren in Zaandam eingetroffen, sogar aus Amsterdam, so daß die Zäune niedergetrampelt wurden. Als Peter sah, daß sich in den Fenstern und sogar auf den Dächern der nächstgelegenen Häuser die Zuschauer drängten, weigerte er sich hinzugehen, obwohl der Bürgermeister persönlich zu ihm kam und ihn darum bat. Auf holländisch antwortete Peter: »Zu viele Leute. Zu viele Leute.«[2]

Sogar am Sonntag kamen noch neue Scharen per Schiff aus Amsterdam. Verzweifelt hatte man die Wachen auf den Zaandamer Brücken verdoppelt, aber die Menge schob sie beiseite. Peter wagte sich den ganzen Tag nicht hinaus. Zuletzt blieb ihm nur noch der Ausweg, Zaandam zu verlassen. Peter gelang es, sich mit seinen Knien und Ellbogen einen Weg durch die Menge zu bahnen und an Bord seines Schiffs zu klettern. Trotz des heftigen Windes bestand er darauf, sofort loszufahren. Als das Schiff abstieß, riß ein Stag in der Takelage ab, und einen Augenblick lang drohte es unterzugehen. Anschließend aber segelte der Zar ungeachtet der dringenden Warnungen erfahrener Seeleute davon und kam drei Stunden später in Amsterdam an. Auch hier war bereits eine große Menge von Holländern zugegen, begierig ihn zu sehen. Und wiederum wurden einige vom erzürnten Zaren beiseitegestoßen. Schließlich gelang es ihm, das Gasthaus zu erreichen, das für die »Große Gesandtschaft« reserviert worden war.

Dies war das Ende von Peters langersehntem Besuch in Zaandam. Es war völlig unmöglich geworden, auf einer Schiffswerft zu arbeiten oder sich frei in der Stadt zu bewegen, und Peters Plan, hier mehrere Monate zu verweilen, war auf einen einwöchigen Aufenthalt reduziert worden. Später schickte er Menschikow und zwei weitere Mitglieder der Gesandtschaft erneut nach Zaandam, wo sie die spezielle Technik des Mastbauens erlernen sollten; er selbst kehrte nur noch zweimal zu kurzen Besuchen dorthin zurück. Peters Ausbildung in holländischer Schiffsbaukunst sollte nicht in Zaandam, sondern in Amsterdam stattfinden.

Amsterdam war damals der größte Hafen Europas und die reichste Stadt der Welt. Es lag an der sumpfigen Mündung des Flusses Amstel im Süden des Ijsselmeers; man hatte Hunderttausende von Pfählen in den morastigen Grund getrieben, um ein tragfähiges Fundament für die Stadt zu schaffen; das Wasser leitete man in großen Kanalringen ab. Die sogenannten Grachten waren durch radial verlaufende Kanäle miteinander verbunden worden, so daß sich die Stadt – wie Venedig – praktisch aus dem Wasser erhob, ein Archipel aus rund siebzig Inseln und fünfhundert Brücken, unter welchen Schiffe und Kähne passieren konnten. Die Stadtmauern wurden innerhalb des äußersten Kanalrings angelegt, damit der Kanal selbst als Stadtgraben dienen konnte. Eingebettet in die Wälle waren kräftige runde Wachtürme, die nicht nur zu Verteidigungszwecken dienten. Oben auf den Türmen hatten die Holländer Windmühlen montiert, mit denen sie Pumpen antrieben, die ununterbrochen arbeiteten und das Wasser aus den Kanälen innerhalb der Stadt ableiteten. Von den Befestigungsanlagen konnte man über das flache, von Kanälen und Gräben durchzogene Land mit großen und kleinen Windmühlen blicken, die sich ununterbrochen drehten und Meerwasser abpumpten.
Die Gebäude dokumentierten den Reichtum der Stadt. Besonders stolz waren die Stadtväter auf ihr Rathaus, das auf 13 659 Pfählen errichtet war und von ihnen selbst als das achte Weltwunder bezeichnet wurde. (Heute ist es die Residenz der königlichen Familie.) Über die ganze Stadt verstreut gab es Brauereien, Zuckerraffinierien, Speicher für Tabak, Kaffee und Gewürze, Bäckereien, Schlachthäuser und Eisenschmieden, und jedes Gebäude war ein Sinnbild des für Amsterdam typischen Reichtums. Am deutlichsten zeigten die prächtigen Häuser, die von wohlhabenden Kaufleuten entlang den Kanälen erbaut worden waren, den Wohlstand der Stadt. Diese von den Grachten etwas zurückversetzten Patrizierhäuser aus roten Backsteinen längs breiter, von Ulmen und Linden gesäumter Kais gehören noch heute zu den Sehenswürdigkeiten Amsterdams. Sehr schmal gebaut (weil die Eigentümer damals nach der Breite ihrer Häuser besteuert wurden), sind sie vier oder fünf Stockwerke hoch und enden in einem eleganten spitzen Giebeldach. Aus diesem Dach ragte gewöhnlich ein Balken über die Straße hinaus, an den man auch heute noch einen Flaschenzug aufhängt, um schwere Möbel von der Straße durch die Fenster der oberen Stockwerke in die Wohnungen

zu hieven, da das Treppenhaus meist sehr eng ist. Überall in Amsterdam gab es Wasser und Schiffe. Um welche Ecke ein Besucher auch bog, immer wieder erblickte er Masten und Segel. Über dem Hafen erhob sich ein Wald von Masten und Spieren, und entlang der Kais mußten die Fußgänger fortwährend über Seile, Eisenringe zum Festmachen der Schiffe, Holzbalken und Holzbohlen, Fässer, Anker und sogar Kanonenrohre steigen. Die ganze Stadt wirkte wie eine Schiffswerft. Die Schiffe, die in Amsterdam dort festmachten, waren von unterschiedlichster Größe. Es gab die kleinen gaffelbesetzten Fischerboote, die jeweils mittags vom morgendlichen Fischfang auf dem Ijsselmeer zurückkamen, ferner die großen dreimastigen Kaufmannsschiffe der Ostindischen Kompanie und die Fahrzeuge der Kriegsmarine mit ihren siebzig oder achtzig Kanonen, die alle die typisch holländische Bauart mit dem runden, nach oben gerichteten Bug, dem breiten Rumpf und dem flachen Boden aufwiesen. Diese Schiffe sahen aus wie große holländische Holzschuhe, die man mit Masten und Segel versehen hatte. Schließlich gab es noch die eleganten Staatsschiffe mit dem knolligen Bug und den großen, reich verzierten Achterkabinen, aus denen bleigefaßte Fenster zum Heck hinauslugten. Am Ostende des Hafens, in einem Abschnitt, der Ostenburg genannt wurde, lagen die reedereigenen Werften der Holländischen Ostindischen Kompanie mit ihren großen Kais und Schiffshelligen, auf denen die Schiffe dieser Handelsgesellschaft gebaut wurden. Hier nahmen ihre großen, runden, knolligen Rümpfe Form an; nebenan wurden die alten Schiffe überholt. Dabei baute man zuerst die Takelage und die Masten ab und schleppte dann die Rümpfe in flaches Tidenwasser, um sie bei Ebbe auf die Seite zu kippen. Anschließend lagen sie da wie gestrandete Walfische, auf denen die Zimmerleute, die Schlosser und die anderen Handwerker ausschwärmten. Die Schiffsböden mußten von dicken Algenschichten befreit, zerrottete Planken ersetzt und frischer Teer in die Fugen gegossen werden. Auf dieser Werft verbrachte Peter vier Monate.

Peters überstürzte Abreise nach Amsterdam war zwar durch die neugierige Menge von Zaandam erzwungen worden, aber er hatte auf jeden Fall geplant, dorthin zu fahren, um seine »Große Gesandtschaft« zu begrüßen, die gerade angekommen war. Die Gesandten waren mit königlichem Aufwand an der Grenze bei Kleve empfangen worden, und man hatte ihnen vier große Schiffe und zahlreiche Kutschen zur Verfügung gestellt. Die Stadtväter von Amsterdam entschlossen sich zu dieser außerordentlichen Ehrerbietung im Hinblick auf den zukünftigen Handel mit Rußland.
Dazu gehörten offizielle Besuche im Rathaus, bei der Admiralität und auf den Docks sowie Opern- und Ballettvorführungen und ein großes Festessen, das mit einem Feuerwerk endete, das man von einem Floß auf der Amstel aufsteigen ließ. Während der Feierlichkeiten hatte Peter hinreichend Gelegenheit, mit einem außerordentlichen Mann zu sprechen – Nicholas Witsen, dem Bürgermeister von Amsterdam. Gebildet, wohlhabend und angesehen,

war Witsen Forscher, Schutzherr der Künste und Amateurwissenschaftler wie auch Staatsbeamter. Schiffe waren eine seiner Leidenschaften, und voll Stolz zeigte er Peter seine Sammlungen von Schiffsmodellen, Navigationsinstrumenten und Schiffswerkzeugen. Witsen war von Rußland fasziniert, und lange Zeit hindurch wirkte er, neben seinen anderen Pflichten und Interessen, als inoffizieller Botschafter Rußlands in Amsterdam.

In den Monaten, in denen sich Peter in Amsterdam aufhielt, traf sich der Zar fast täglich mit dem Bürgermeister. Dabei kam auch das Problem zur Sprache, das die neugierigen Gaffer in Zaandam und Amsterdam für Peter darstellten. Wie konnte er ruhig arbeiten, die Schiffsbaukunst erlernen, wenn er stets von gaffenden Menschen umringt war? Witsen machte sofort einen Vorschlag. Wenn Peter in Amsterdam bliebe, könnte er auf den Werften und Docks der Ostindischen Kompanie arbeiten, die von Mauern umgeben und für die Öffentlichkeit unzugänglich waren. Peter war begeistert von diesem Angebot, und Witsen setzte sich als einer der Direktoren der Gesellschaft sofort für Peter ein. Schon am nächsten Tag beschloß die Direktion der Ostindischen Kompanie, »eine hochgestellte Persönlichkeit, die sich hier inkognito aufhält«, einzuladen und im Haus des Meisterseilmachers unterzubringen. Der Zar sollte in der Nähe der Werft ungestört leben und arbeiten können. Um ihm das Studium des Schiffsbaus zu erleichtern, ließ man außerdem eine ganz neue Fregatte von knapp vierzig Meter Länge auf Kiel legen, so daß Peter und seine Gefährten die holländischen Baumethoden von Anfang an verfolgen konnten.

Beim offiziellen Staatsbankett berichtete Witsen dem Zaren von der Entscheidung der Direktion der Ostindischen Kompanie. Als die letzte Rakete des ihm zu Ehren veranstalteten Feuerwerks hochgegangen war, sprang Peter auf und gab bekannt, er beabsichtige sogleich, nach Zaandam aufzubrechen, mitten in der Nacht, um sein Werkzeug zu holen, damit er schon am nächsten Morgen mit der Arbeit beginnen könne. Um elf Uhr abends ging er an Bord seines Schiffs und segelte los. Am folgenden Morgen schon war er wieder zurück und ging direkt zur Werft der Ostindischen Kompanie. Zehn russische »Freiwillige«, einschließlich Menschikow, begleiteten ihn dorthin, während sich die übrigen »Freiwilligen« auf Peters Befehl hin im ganzen Hafengebiet verteilen mußten. Sie sollten jeweils das Handwerk des Segelmachers und des Seilmachers, die Kunst des Mastbaus und die Anfertigung von Flaschenzügen erlernen. Peter selbst arbeitete unter Anleitung von Schiffsbaumeister Gerrit Claes Pool als Zimmermann.

In den ersten drei Wochen wurden die erforderlichen Holzteile und anderen Materialien zusammengetragen und vorbereitet. In kürzester Zeit wurde das Schiff zusammengebaut, so wie ein riesiges Modell aus einem Modellbaukasten. Die dreißig Meter lange Fregatte wurde *Die Apostel Peter und Paul* getauft. Jeden Tag war Peter bereits im Morgengrauen auf der Schiffswerft erschienen; er ließ nicht zu, daß man ihn bevorzugt behandelte und ihn mit irgendeinem Titel ansprach. Während seiner Freizeit am Nachmittag saß er gern vor seinem Haus auf einem Holzbalken und unterhielt sich mit den Schiffern und Schiffsbauern, die ihn als »Zimmermann Peter« oder »Baas Peter« (Meister Peter) anredeten.

Nicht nur auf der Schiffswerft war Peters Wißbegier unersättlich. Alles wollte er mit eigenen Augen sehen. Er besichtigte Fabriken, Sägemühlen, Werkstätten, Museen, botanische Gärten und Laboratorien. Er traf Architekten und Bildhauer und auch van der Heyden, den Erfinder der Feuerspritze, den er zu überreden versuchte, nach Rußland zu ziehen. Er besichtigte das Museum von Jacob de Wilde und fertigte unter Anleitung Schonebecks Skizzen und Zeichnungen an. Er machte auch eine Gravierung, die einen großen jungen Mann zeigt, der auf einem niedergesunkenen Halbmond und einem Banner des Islam steht und das Kreuz in die Höhe reckt. In Delft besuchte er den Ingenieur Baron Menno van Coehoorn, den holländischen Vauban, der ihn im Befestigungswesen unterrichtete. Schließlich begann er, sich für das Drucken zu interessieren. Als er der Familie Tessing begegnete, gewährte er einem der Brüder Tessing das Privileg, russische Bücher zu drucken und nach Rußland einzuführen.

Manchmal verließ Peter die Schiffswerft, um in den Vorlesungssaal und in den Seziersaal von Professor Fredrik Ruysch, einem berühmten Anatomen, zu gehen. Ruysch war in ganz Europa dafür bekannt, Teile des menschlichen Körpers und sogar ganze Leichen durch Chemikalien konservieren zu können. Sein großartiges Laboratorium galt als eines der Wunderwerke Hollands. Eines Tages stand Peter vor der Leiche eines kleinen Kindes, das so perfekt präpariert war, daß es zu leben und zu lächeln schien. Peter schaute lange Zeit auf das Kind, staunte und konnte schließlich dem Drang nicht widerstehen, sich hinunterzubeugen und die kalte Stirn zu küssen. Der Zar war auch außerordentlich interessiert an der Chirurgie. Ruysch beriet ihn bei der Auswahl von Chirurgen, die Peter für den Dienst in der russischen Armee und der russischen Flotte mitnehmen wollte.

Später trug Peter immer zwei Kästchen bei sich; das eine mit mathematischen Instrumenten, damit er die Konstruktionspläne, die man ihm vorlegte, prüfen konnte, das andere mit chirurgischen Instrumenten. Wenn in der Nähe in einem Krankenhaus eine interessante Operation durchgeführt wurde, assistierte er gewöhnlich den Ärzten. Dabei erwarb er soviel Geschicklichkeit auf diesem Gebiet, daß er sezieren, zur Ader lassen, Zähne ziehen und kleinere Operationen durchführen konnte. Wenn ein Diener sich krank fühlte, versuchte er es vor dem Zaren geheimzuhalten, damit dieser nicht mit seinem Instrumentenkasten an seinem Bett auftauchte, um seine Dienste anzubieten.

Einmal besuchte Peter den berühmten Dr. Hermannus Boerhaave, dem in Leiden ein großer botanischer Garten unterstand. Auch Boerhaave hielt Anatomievorlesungen. Peter nahm an einer von Boerhaave vorgenommenen Sektion teil. Voller Faszination untersuchte er die Leiche, während seine russischen Kameraden sich mit Abscheu und Ekel abwandten. Wütend und zum Entsetzen der Holländer ordnete er an, sie müßten sich zur Leiche hinunterbeugen und einen Muskel mit den Zähnen herausbeißen.

Den berühmten Naturforscher Anton van Leeuwenhoek, den Erfinder des Mikroskops, bewunderte der Zar aufrichtig, er verbrachte mehr als zwei Stunden bei ihm und analysierte jenes geheimnisvolle Instrument, mit dessen Hilfe Leeuwenhoek die Existenz der Spermien entdeckt und den Blutkreislauf der Fische untersucht hatte.

Holland zog Peter in vielerlei Hinsicht an, so war er beispielsweise auch von der großen religiösen Toleranz fasziniert. Um ihre Religionsfreiheit und ihre kommerzielle Überlegenheit zu verteidigen, leisteten die Holländer im 17. Jahrhundert Widerstand gegen die Expansionsbestrebungen des katholischen Frankreich.

An Kunst war der Zar hingegen nicht besonders interessiert. Wenig Beachtung schenkte er den Gemälden der großen holländischen Meister Rembrandt, Vermeer und Frans Hals. Peter kaufte zwar Bilder und nahm sie mit nach Rußland, aber er sammelte ausschließlich Bilder von Schiffen und vom Meer.

4 Wilhelm von Oranien

Holland hatte sich seinen Reichtum und seine Macht bitter erkämpfen müssen. Die Republik war im 16. Jahrhundert entstanden, als Spanien unter Philipp II. die Herrschaft über die protestantischen nördlichen Niederlande verlor. 1559 hatte sie ihre Unabhängigkeit erreicht. Den Holländern war es gelungen, eine Seemacht zu errichten, die die spanische Flotte besiegte, und Spaniens weltweite Handelsrouten zu übernehmen. Aber in dem Maße, in dem sich der Wohlstand der Republik mehrte, wuchsen auch der Neid und die Habgier ihrer beiden mächtigsten Nachbarn, England und Frankreich. Die Engländer wollten das fast ausschließliche holländische Monopol im Europahandel zerstören und führten drei Seekriege gegen die neue Seemacht. Im zweiten dieser Kriege eroberte eine englische Flotte unter dem Kommando des Herzogs von York, des zukünftigen Jakob II., den Hafen Neu-Amsterdam. York nannte das Dorf an der Spitze der Insel Manhattan nach sich selbst: »New York«. Später schlugen die Holländer zurück, indem sie die Engländer am Mündungsgebiet der Themse überfielen, bis zu der wichtigsten britischen Marinebasis in Chatham vordrangen, dort vier Kriegsschiffe verbrannten, die vor Anker lagen, und mit der *Royal Charles*, dem Stolz der königlichen Marine, im Schlepptau in ihre Heimat zurückfuhren. Unter der Führung zweier hervorragender Admirale, Tromp und de Ruyter, hatten die Holländer ihre kleinen Kriegsschiffe mit Tapferkeit und Geschick gegen die größeren und schwereren englischen Schiffe eingesetzt. Sie waren die einzige Nation, die der britischen Marine eine ernsthafte Niederlage beibrachte.

Eine noch größere Gefahr drohte von Hollands mächtigem Nachbar, dem Frankreich Ludwigs XIV., der den Erfolg der winzigen protestantischen Republik als Einschränkung und Herausforderung an den Handel Frankreichs betrachtete. Ludwig XIV., Finanzminister Colbert und Kriegsminister Louvois waren sich einig in dem Wunsch, die holländischen Emporkömmlinge niederzuzwingen. 1672 überquerten die Franzosen mit der bisher größten und besten Armee Westeuropas unter dem Kommando des Sonnenkönigs selbst den Rhein und gelangten bis in Sichtweite der Kirchtürme von Amsterdam. Holland wäre erledigt gewesen, wenn nicht eine der außerordentlichsten Gestalten des 17. Jahrhunderts, Wilhelm von Oranien, in Aktion getreten wäre.

Prinz Wilhelm von Oranien war in Personalunion Statthalter Hollands und der Vereinigten Niederlande und als Wilhelm III. zugleich König von England. Zwei dramatische, fast ans Wunderbare grenzende Ereignisse hatten die Richtung seines Lebens bestimmt. Mit einundzwanzig Jahren wurde ihm, in dem Augenblick, als eine scheinbar unbesiegbare französische Armee die Hälfte der holländischen Republik erobert hatte, die oberste militärische und politische Gewalt in Holland übertragen, und man forderte ihn auf, die Angreifer zurückzuschlagen. Er hatte Erfolg.

Die Natur hatte Wilhelm von Oranien nicht gerade reich gesegnet. Er war schmächtig und ungewöhnlich klein, hatte eine leichte Krümmung der Wirbelsäule, und aufgrund des schmalen, dunklen Gesichts, der schwarzen Augen, der Adlernase, der vollen Lippen und des schwarzen Haars, das in schweren Locken auf seine Schultern herabhing, hätte man ihn eher für einen Spanier oder Italiener als für einen Holländer halten können. Wilhelm hatte in der Tat nur wenig holländisches Blut. Er entstammte einem Fürstengeschlecht, dessen Geschichte bereits mit dem Unabhängigkeitskampf der Niederlande verschmolzen war, dessen ererbtes Fürstentum Oranien jedoch Hunderte von Kilometern südlich lag, im Rhônetal in Frankreich, etwas nördlich von Avignon. Seit Wilhelm I. dem Schweiger, der die Niederländer im 16. Jahrhundert gegen Spanien angeführt hatte, versorgte das Haus Oranien die Republik in Zeiten der Gefahr mit gewählten Anführern – den Statthaltern. Die Oranier waren mit königlichen Familien verwandt, und die Hälfte von Wilhelms Vorfahren waren Stuarts. Sein Großvater war Karl I., König von England, seine Mutter eine englische Prinzessin, und deren Brüder waren zwei englische Könige: Karl II. und Jakob II.

Wilhelm war von Geburt an das Oberhaupt des Hauses Oranien; sein Vater war eine Woche zuvor an den Pocken gestorben. Er wurde von seiner Großmutter aufgezogen, litt unter schwerem Asthma, und in seiner ganzen Kindheit war er einsam, empfindlich und unglücklich. In jenen Jahren blieb das Amt des Statthalters vakant; Holland wurde durch die beiden Brüder Johan und Cornelius de Witt regiert, die die Hoffnung hegten, Ludwig XIV. durch eine behutsame Politik der Aussöhnung zu besänftigen. Doch dann kam es im Jahre 1672 – dem Geburtsjahr Peters – doch zur Konfrontation zwischen Holland und Frankreich. Im Frühling jenes Jahres präsentierte Louvois seinem König in Charleroi eine großartige neue französische Armee aus hunderttausend Mann. Ludwig XIV. sollte das Kommando des Heeres übernehmen, das die holländische protestantische Republik zerstören sollte. »Ich besitze jetzt eine Eskorte, mit der ich ohne weiteres eine ruhige, kleine Reise nach Holland werde unternehmen können«[1], meinte er zufrieden.

Obwohl der Sonnenkönig offiziell den Oberbefehl hatte, erteilten die erfahrenen Marschälle Turenne und de Condé die Befehle. Ludwigs Armee überschritt ohne Schwierigkeiten mit Hilfe neuer Pontonbrücken aus Kupferblech den Rhein, und die holländischen Städte und Festungen fielen wie Kegel. Als die Holländer sahen, wie die Franzosen unaufhaltsam vordrangen, wurden sie von Panik ergriffen. Es kam zu Aufständen gegen die Herrschaft der de Witts, die man persönlich für die Notlage des Landes verantwortlich machte. In Den Haag stürzte sich ein rasender Pöbel auf die beiden Brüder und lynchte sie.

In diesem Augenblick der Krise wandten sich die Holländer an das Haus Oranien, das ihnen schon ein Jahrhundert zuvor Hilfe geleistet hatte. Wilhelm war erst einundzwanzig, als er am 18. Juli zum Statthalter von Holland und zum Generalhauptmann der Armee auf Lebenszeit ernannt wurde. Sein Programm war klar und konsequent: »Wir werden bis zum letzten Atemzug kämpfen.«[2] Unverzüglich stellte er die für ihn so typisch werdenden Eigenschaften unter Beweis. Er zog in der berühmt gewordenen Kommandeurstracht ins Feld: in der azurblauen Uniform der holländischen Garden, mit einer leichten Rüstung, einem Krawattenschal aus Brüsseler Spitze, einer orangefarbenen Schärpe, hohen Stiefeln, fransenbesetzten Handschuhen und einem breitkrempigen Hut mit Federn. Der schmächtige junge Prinz, der vom Morgengrauen bis zum Einbruch der Dunkelheit auf dem Pferd saß und nie zu ermüden schien, nahm die Herausforderung Ludwigs und seiner erfahrenen Marschälle an.

Eine Woche, nachdem er den Oberbefehl übernommen hatte, sah sich Wilhelm dazu gezwungen, eine folgenschwere Entscheidung zu fällen. Trotz aller Anstrengungen hatte seine Armee die Franzosen nicht aufhalten können: Arnhem und Utrecht, das nur fünfunddreißig Kilometer von Amsterdam entfernt lag, fielen. Als die Franzosen nur noch einen Tagesmarsch von Amsterdam entfernt waren, öffneten die Holländer auf den Befehl Wilhelms die Deiche. Das Wasser strömte ein, überflutete Felder, Wiesen und Dörfer, ertränkte Rinder und Schweine und zerstörte so das Werk vieler Generationen. Als die Soldaten die Schleusen öffneten und die Deiche einrissen, versuchten verzweifelte Bauern, sie daran zu hindern; aber die Armee setzte sich durch. Amsterdam, das bis dahin fast keine Verteidigungsanlagen besaß, wurde eine Insel. Da den Franzosen die Schiffe fehlten, konnten sie die

Stadt nur aus der Entfernung sehen. Zum Ärger Ludwigs XIV. ergab sich Wilhelm nicht, obwohl die Franzosen Holland zur Hälfte besetzt hatten und die andere Hälfte des Landes überflutet war. Obwohl sie nicht in der Lage waren, die ihnen zahlenmäßig überlegenen Franzosen aus dem Land zu jagen, blieben die holländischen Bataillone in ihren Lagern und warteten. Condé bezog in Utrecht das Winterquartier in der Hoffnung, bei Wintereinbruch Amsterdam über das Eis hinweg anzugreifen. Doch der Winter war mild, und Ludwig wurde allmählich ungeduldig. Wilhelm hatte unterdessen eine aktive diplomatische Tätigkeit entwickelt. Er versuchte dem Kaiser in Wien und den Monarchen von Brandenburg, Hannover, Dänemark und Spanien deutlich zu machen, daß die Macht und der Ehrgeiz Ludwigs XIV. nicht nur für Holland, sondern auch für die anderen Staaten eine Bedrohung darstellten. Seine Argumente, besonders aber der anhaltende holländische Widerstand, beeindruckten alle. Im Frühling weitete sich der Krieg noch stärker aus. Wilhelms kleine Armee begann die französische Verbindungslinien anzugreifen, und die Nervosität des Sonnenkönigs nahm immer mehr zu. Schließlich zogen sich die Franzosen zurück, wobei sie die Städte, die sie besetzt hatten, systematisch zerstörten.

1678 wurde endlich Friede geschlossen. Bei Wilhelm von Oranien, dem Statthalter der Niederlande, wurde der Widerstand gegen Ludwig XIV. fortan geradezu zu einer Zwangsvorstellung. Er erkannte, daß keine andere Nation für sich allein der Macht Frankreichs gewachsen war; deshalb machte er es sich zur Lebensaufgabe, Bündnisse zwischen europäischen Staaten zu knüpfen, die gemeinsam stark genug waren, die Bestrebungen des Sonnenkönigs, der in Europa »eine universale Monarchie und eine universale Religion« durchsetzen wollte, in die Schranken zu weisen.

Wilhelm von Oranien wurde im Laufe der Jahre zu einem erfahrenen Staatsmann und Krieger. Obwohl er die holländische und die englische Armee beinahe drei Jahrzehnte hindurch befehligte, blieb er als Kommandeur immer zweitrangig. Er hielt beispielsweise dem Vergleich mit General John Churchill, dem ersten Herzog von Marlborough, der sein Nachfolger wurde, nicht stand. Wilhelms Stärke lag nicht darin, Schlachten zu gewinnen – er wurde oft geschlagen –, sondern darin, daß er niemals aufgab, im Feld blieb, sich nicht zurückzog und sich für den nächsten Kampf vorbereitete. Sein besonderes Verdienst war sein diplomatisches Geschick. Er zügelte sein Temperament, schloß Kompromisse mit seinen Verbündeten, machte Konzessionen, verstand es, zu beschwichtigen und zu warten. Obwohl er Calvinist war, tolerierte er die anderen Religionen: Der Papst und der katholische Kaiser in Wien waren seine besten Verbündeten; in seiner Armee gab es katholische Offiziere. Er vermied jeden Widerstreit; nur gegen Ludwig XIV. hegte er Rachegefühle. Wie andere Mitglieder seiner Familie vor ihm, war Wilhelm fest davon überzeugt, als Instrument Gottes zu handeln. Er glaubte, Gott habe seine Familie und ihn dazu auserwählt, die Niederlande und den Protestantismus in Europa zu retten. Aus seinem tiefen Glauben resultierte auch seine Zuversicht: Wenn seine Armeen einmal im Kampf unterlagen, so betrachtete er das als von Gott vorbestimmt. Die Niederlage war für ihn nur eine Herausforderung, seine Fähigkeit, weiterhin der Kämpfer Gottes zu sein, unter Beweis zu stellen. Außerdem war er bereit, große Risiken einzugehen. Und es war beinahe als Wunder anzusehen, daß er 1688 plötzlich auf den englischen Thron kam.

Nach der Rettung Hollands arbeitete Wilhelm viele Jahre hindurch auf das Ziel hin, seinen Onkel Karl II. von England dazu zu bewegen, das Bündnis mit Frankreich zu lösen und ein Bündnis zwischen England und Holland gegen Frankreich zu schließen. Dies gelang ihm nie vollständig, aber immerhin blieb England nach 1672, während des darauffolgenden unsicheren Friedens, der auf den holländisch-französischen Krieg folgte, neutral. Zur Stützung dieses Vorhabens heiratete der sechsundzwanzigjährige Wilhelm 1677 seine fünfzehnjährige Cousine Maria, Nichte Karls II. und Prinzessin von England. Es handelte sich nicht um eine Liebesheirat, und die Ehe blieb kinderlos. Die Prinzessin war allerdings eine ergebene Ehefrau, die England den Rücken wandte und sich ganz darauf konzentrierte, eine Prinzessin von Holland zu werden. Erst zehn Jahre nach ihrer Hochzeit besuchte sie ihre Heimat wieder. Maria war bei den Holländern sehr beliebt. Für sie bestand auch kaum die Chance, jemals den englischen Thron besteigen zu können: An erster Stelle hatten die legitimen männlichen Erben Vorrang, die ihr Onkel, König Karl II., zeugen würde; dann kamen in der Thronfolge ihr Vater und der Herzog von York, gefolgt von dessen legitimen männlichen Erben.

Karl II. starb jedoch 1685 nach fünfundzwanzigjähriger Regentschaft, ohne einen legitimen Erben zu hinterlassen, und sein jüngerer Bruder Jakob, Herzog von York, Englands bester Admiral, bestieg den Thron. Dieser Thronwechsel veränderte Englands innenpolitische Lage beträchtlich. Jakob war im Alter von fünfunddreißig Jahren vom Protestantismus zum Katholizismus übergetreten und hatte dann den für Konvertiten typischen Fanatismus entwickelt – eine Eigenschaft, in der er von seiner zweiten Ehefrau, Maria von Modena, einer Katholikin, begeistert unterstützt wurde. Zweimal am Tag wohnte er dem Gottesdienst bei – entweder auf den Decks seiner Schiffe oder in einer speziellen kleinen Holzkapelle auf Rädern, die er immer mit sich führte.

Nachdem er den englischen Thron bestiegen hatte, versuchte Jakob sogleich, das politische Kräfteverhältnis in England zu verändern. Als erstes nahm er sich vor, die Restriktionen, die die protestantische Mehrheit den Katholiken Englands auferlegt hatte, wieder abzuschaffen. In zunehmendem Maße beförderte er fortan auch Katholiken in staatliche Schlüsselpositionen. Katholische Gouverneure wurden in den Kanalhäfen eingesetzt, und ein katholischer Admiral erhielt das Kommando über die Kanalflotte. Die Protestanten leisteten jedoch keinen offenen Widerstand gegen seine Politik: Jakob hatte keinen Sohn, und seine beiden Töchter Maria und Anna waren protestantisch. Die Engländer waren deshalb bereit, Jakobs Tod und Marias Erbfolge abzuwarten. Und Marias Ehemann, der gemeinsam mit ihr den Thron besteigen würde, war Wilhelm von Oranien, ebenfalls ein Protestant, dessen Herrschaftsanspruch nur zum Teil auf seine Heirat mit Maria zurückzuführen war. Er war nämlich als einziger Neffe sowohl von König Karl II. als auch von König Jakob II. der nächstfolgende Thronerbe nach Maria und Anna.

Wilhelm von Oranien hatte keine persönlichen Ressentiments seinem Onkel gegenüber, auch wenn ein katholischer Monarch auf dem englischen Thron ihn sehr beunruhigte, da er eine Annäherung mit dem katholischen Frankreich befürchtete, die eine gemeinsame Gegnerschaft einem protestantischen Holland gegenüber zur Folge hätte haben können. Am 20. Juni 1688 gebar aber Königin Maria von Modena einen Sohn. Der katholische König hatte nun einen katholischen Erben. Diese Nachricht trieb die englischen Protestanten unverzüglich auf die Seite Wilhelms von Oranien. Was sich anschließend ereignete, wurde von den Parteigängern Jakobs – die man später die Jakobiten nannte – als Ausdruck des ungeheuerlichen Machtstrebens Wilhelms interpretiert, der ihrer Überzeugung nach nun den englischen Thron an sich reißen wollte. Dabei hatte das Einschreiten Wilhelms fast nichts mit England und statt dessen sehr viel mit Frankreich und Europa zu tun. Wilhelm wollte gar nicht König von England werden oder sich um die Freiheiten der Engländer oder die Rechte des Parlaments kümmern; es lag ihm nur daran, daß England im protestantischen Lager blieb.

Sieben der angesehensten protestantischen Führer Englands, einschließlich der Vertreter der Whigs und der Tories, überbrachten Wilhelm die Einladung, den englischen Thron an Stelle seines Onkels zu besteigen. Nachdem Wilhelm die Unterstützung und die Erlaubnis Hollands und der Vereinigten Niederlande erhalten hatte, schiffte er eine Armee von zwölftausend Mann auf zweihundert Kaufmannsschiffen ein, die wiederum von neunundvierzig Kriegsschiffen, fast der gesamten holländischen Flotte, begleitet wurden. Die holländischen Schiffe glitten vor den Augen der englischen und französischen Einheiten vorbei und gingen in Torbay vor Anker. Dort begab sich Wilhelm an Land, hinter einem Banner mit dem alten Glaubensbekenntnis des Hauses Oranien »Je maintiendrai« (»Ich werde standhalten und bewahren«), dem Wilhelm noch die Worte »die Freiheit Englands und die protestantische Religion« hinzugefügt hatte. Jakob schickte John Churchill, den Herzog von Marlborough, seinen besten Befehlshaber und engen persönlichen Freund, der Armee Wilhelms entgegen, aber Marlborough, selbst Protestant, ging zur Enttäuschung des englischen Königs augenblicklich auf die Seite der Invasoren über. Seinem Beispiel folgte auch Jakobs Tochter, Prinzessin Anna, zusammen mit ihrem Ehemann, Prinz Georg von Dänemark. Mit dem Ausruf: »Gotte helfe mir, sogar meine eigenen Kinder haben mich verlassen!«[3] floh der König aus London, warf das große Staatssiegel in die Themse und schiffte sich nach Frankreich ein. Dort, im Schloß von Saint-

Germain-en-Laye, wo er jetzt begraben liegt, lebte der stolze und eigensinnige Monarch dreizehn Jahre als Gast Ludwigs XIV. Er führte einen Schattenhof und behielt eine Handvoll Gardesoldaten, die ihr tägliches Brot vom Sonnenkönig erhielten, dem die Anwesenheit eines hilfesuchenden und verbannten Königs sehr schmeichelte.

Als Maria in England eintraf, lehnte sie sofort den Vorschlag ab, ohne ihren Ehemann Wilhelm von Oranien zu regieren. Es wurde darum eine Doppelkrönung vorgenommen, und das Parlament verlangte dem Herrscherpaar dafür die Bill of Rights und andere Privilegien ab – heute die Kernstücke der britischen Verfassung.

Seltsamerweise kümmerte sich Wilhelm kaum um die Ereignisse von 1688, obwohl diese eine einschneidende Veränderung in der politischen Entwicklung Englands bewirkten und obwohl sie als »Glorious Revolution« in die Geschichte eingehen sollten. Wilhelm willigte in alles ein, was das Parlament von ihm verlangte, damit es ihn weiterhin in seinem Kampf auf dem Kontinent unterstützte. Er überließ anderen die Innenpolitik, während er sich darum bemühte, Englands Außenpolitik zu bestimmen und mit der holländischen Politik zu koordinieren. Seine Außenpolitik hieß schlicht »Krieg mit Frankreich«, und mit Wilhelm übernahm England auch seinen Krieg. Man war in folgendem übereingekommen:

Das englische Parlament akzeptierte Wilhelms Krieg, um den Protestantismus in England zu schützen und seine eigene staatliche Souveränität zu behaupten; Wilhelm akzeptierte dafür die Souveränität dieses Parlaments, um Englands Unterstützung für seinen Kampf gegen Ludwig XIV. zu erhalten.

Wilhelm fühlte sich in England nicht wohl. Er haßte das englische Wetter, das zur Verschlimmerung seines Asthmas beitrug, und er mochte auch nicht die Engländer. Die Engländer erwiderten ihrerseits ganz und gar Wilhelms Antipathie: sie übten Kritik an seiner Ungesselligkeit, seiner Verschlossenheit und seinem mürrischen Wesen und ärgerten sich darüber, daß er ihre Gewohnheiten und Traditionen, ihre Parteien und ihre Politik ablehnte. Obwohl Wilhelm die attraktive Elisabeth Villiers zu seiner Mätresse machte, blieb Maria ihm treu ergeben und regierte England an seiner Stelle, wann immer er das Königreich verließ. Sobald er aber wieder in England weilte, zog sie sich völlig von der Politik zurück. Als Maria im Alter von zweiunddreißig Jahren an den Pocken starb, trauerte Wilhelm ehrlich um sie.

Am meisten mißfiel Wilhelm die Gleichgültigkeit der Engländer gegenüber dem politischen Geschehen auf dem Kontinent und ihre mangelnde Bereitschaft, ihn zu unterstützen. Als König von England verband er die englischen Interessen mit den holländischen, wobei er die einen den anderen niemals unterordnete. Er verstand sich als Führer einer antifranzösischen Koalition in Europa; zunehmend sprach er von Europa als von einer Einheit, und in seiner Korrespondenz bezeichnet er das »allgemeine Interesse Europas« als sein höchstes Anliegen. Zwei Jahre nach Wilhelms Krönung führte England wie vorhergesehen Krieg mit Frankreich. Dieser Krieg dauerte neun Jahre, ging aber ohne eindeutige Entscheidung zu Ende. Der Frieden von Rijswijk, der 1697, gerade als Peter zu Besuch in Holland weilte, von Holland und Frankreich unterzeichnet wurde, veränderte keine Grenzen, wenngleich Ludwig XIV. Wilhelm von Oranien offiziell als König von England anerkannte. In der darauffolgenden kurzen Friedenspause arbeiteten Ludwig und Wilhelm sogar zusammen, um die internationale Krise zu verhindern, die zwangsweise eintreten mußte, wenn der schwache König von Spanien, Karl II., ohne einen Thronfolger sterben sollte. Beide Monarchen stimmten einer Teilung Spaniens zu; aber Karl vereitelte ihre Pläne dadurch, daß er sein König- und Weltreich dem Enkel Ludwigs XIV. vermachte, woraufhin der Sonnenkönig seinen Vertrag mit Wilhelm zerriß. Natürlich weigerte sich Wilhelm, eine Verschmelzung der Territorien und des Machtpotentials von Frankreich und Spanien zuzulassen, und begann unermüdlich, sich um eine erneute antifranzösische Koalition zu bemühen.

Der nun folgende große Krieg, der sogenannte Spanische Erbfolgekrieg, dauerte elf Jahre und kennzeichnete die politische Trennungslinie zwischen dem Europa des 17. Jahrhunderts und dem des 18. Jahrhunderts. Der Krieg wurde von Holland gewonnen, und Wilhelm erreichte sein Ziel: Frankreich behielt seine ursprünglichen Grenzen, Holland seine Freiheit, und der Protestantismus in Europa war gerettet. Wilhelm selbst erlebte den Ausgang dieses Krieges allerdings nicht mehr. Im Frühjahr 1702, am Vorabend der Kriegserklärung, war Wilhelm beim Ausritt im Park von Hampton Court vom Sattel geworfen worden und hatte sich das Schlüsselbein gebrochen. Zunächst schien der Unfall nicht schwerwiegend zu sein, aber mit fünfzig Jahren war Wilhelm bereits aufgebraucht und hatte nicht mehr genug Widerstandskraft, so daß er am 19. März 1702 starb.

Wilhelm hielt sich gerade in Holland auf, als die russische Gesandtschaft eintraf. Seit seinen frühesten Jugendjahren verehrte der Zar Wilhelm als den größten Helden des Westens. An den langen Abenden in der Deutschen Vorstadt hatte Peter zahllose Berichte über den unerschrockenen und geschickten Oranier gehört. Darum war er sehr daran interessiert, ihn persönlich kennenzulernen.

Die Monarchen trafen in Utrecht zusammen. Die Begegnung war privat und informell, Peter war nur in Begleitung von Witsen und Lefort erschienen. Wilhelm ging nicht auf Peters Vorschlag ein, ein Bündnis gegen die Türken einzugehen. Obwohl er in Friedensverhandlungen mit Frankreich stand, wollte er keinen größeren Krieg im Osten riskieren, der seinen österreichischen Verbündeten belasten und schwächen mußte und dadurch Ludwig XIV. in Versuchung führen konnte, sich im Westen noch einmal auf einen Krieg einzulassen.

Die russischen Gesandten machten in Amsterdam viel Aufhebens um die Vorbereitung ihrer Audienz bei den Repräsentanten der Generalstaaten. Sie bestellten drei prächtige Staatskarossen, neue Garderobe für sich und neue Livreen für ihre Dienerschaft. Zwei Herbergen wurden in Den Haag für sie reserviert und mit großen Mengen von Wein und Nahrungsmitteln versehen. Peter teilte Witsen mit, er wolle seine Gesandten inkognito begleiten, um den Empfang beobachten zu können. Es war für den Bürgermeister äußerst schwierig, dieser Idee zuzustimmen, aber noch schwieriger, den Zaren davon abzubringen. Peter fuhr also in einer der unauffälligeren Kutschen mit, wobei er darauf bestand, daß ihn sein Lieblingszwerg begleitete, obwohl seine Kutsche bereits überfüllt war. »Na gut«, sagte er, »dann nehme ich ihn auf meinen Schoß.«[4] Peter wollte alles sehen und wissen. Sogar nachts mußte angehalten werden, weil er beispielsweise die Konstruktion einer Brücke untersuchen wollte. Man schaffte dann Laternen herbei, und der Zar maß Länge und Breite des Bauwerks ab und ermittelte die Tiefe der Brückenpfeiler, bis der Wind das Licht ausblies.

An dem Tag, an dem die russischen Gesandten von den Generalstaaten empfangen werden sollten, kleidete sich Peter als Edelmann im europäischen Stil. Er trug einen blauen Anzug mit goldenen Verzierungen, eine blonde Perücke und einen Hut mit zwei Federn. Witsen führte ihn in ein Zimmer neben dem Saal, in dem der Empfang stattfinden sollte; von dort aus konnte Peter durch ein Fenster alles hören und sehen. Da stand er und wartete auf das Erscheinen der Gesandten. »Sie kommen zu spät«[5], beklagte er sich. Seine Ungeduld wuchs, als er sah, daß immer mehr Leute zu ihm herüberschauten, tuschelten und das Gerücht in Umlauf brachten, der russiche Zar halte sich in einem Nebenzimmer auf! Er wollte sein Versteck verlassen, aber er hätte den überfüllten Audienzsaal durchqueren müssen. In großer Erregtheit verlangte er von Witsen, er solle den Repräsentanten der Generalstaaten befehlen, sie sollten sich umdrehen, damit sie ihn nicht sehen könnten, wenn er an ihnen vorbeiging. Witsen erhielt von den niederländischen Souveränen die Zusage, sie wollten sich in Gegenwart des Zaren wohl erheben, ihm aber keinesfalls den Rücken kehren. Peter bedeckte darum das Gesicht mit seiner Perücke und lief eiligst durch den Saal hinaus und dann die Treppen hinab.

Ein paar Minuten später betraten die Gesandten den Saal, die Audienz konnte beginnen. Lefort hielt eine Rede auf russisch, die ins Französische übersetzt wurde, und überreichte den Hoheiten kostbare Zobelpelze als Geschenk. Lefort, der sich in Moskau europäisch kleidete, trug diesmal russische Gewänder aus Goldbrokat, die mit Pelz besetzt waren. Golowin und Wosnizin waren in schwarzen Satin gekleidet, der mit Gold, Perlen und Diamanten bestickt war. Auf der Brust trugen alle drei Gesandten Medaillons mit dem Porträt des Zaren, und auf dem Rücken den Doppeladler in Gold gestickt. Die Delegation machte einen imposanten Eindruck, die prächtigen russischen Roben wurden viel bestaunt, und jeder sprach über den Zaren.

Auch in Den Haag hielt Peter sein Inkognito aufrecht, sogar bei seinen privaten Besuchen bei holländischen Staatsmännern. Er nahm auch an einem Bankett für das Diplomatische Korps teil, bei dem er neben Witsen saß. Mit Wilhelm führte er weiterhin Gespräche in privatem Rahmen, von denen leider keine Aufzeichnungen erhalten geblieben sind. Bei den eigentlichen Verhandlungen mit den Repräsentanten der Generalstaaten ließ der Zar seine Gesandten allein und kehrte zu seiner Arbeit auf der Amsterdamer Schiffswerft zurück. Leider erzielte die Gesandtschaft nur einen begrenzten Erfolg. Die Holländer interessierten sich nicht für einen Kreuzzug gegen die Türken, da sie noch immer Schulden aus dem Krieg gegen Frankreich hatten und zudem ihre eigene Marine erneuern mußten. So lehnten sie die russische Bitte um Hilfe bei der Errichtung und Bewaffnung von siebzig Kriegsschiffen und mehr als hundert Galeeren, die auf dem Schwarzen Meer eingesetzt werden sollten, höflich, aber entschieden ab.

Mehrmals kehrte Peter heimlich nach Zaandam zurück, um seine Gefährten zu besuchen. Menschikow lernte Masten anfertigen, Naryschkin versuchte sich in Navigation, Golowin und Kurakin befaßten sich mit dem Rumpfbau.

Schon zu Beginn seines Besuches hatte Peter den berühmten holländischen Admiral Gilles Schey, einen Schüler de Ruyters, kennengelernt. Schey inszenierte für ihn das überraschendste und interessanteste Schauspiel seines ganzen Besuches: ein großes Scheingefecht auf dem Ijsselmeer. Ganze Kompanien waren auf die Decks und in die Takelagen der größeren Schiffe verteilt, um während des Manövers Musketiere zu simulieren. An einem Sonntagmorgen versammelten sich unter wolkenlosem Himmel und bei frischem Wind Hunderte von Schiffen vor dem Deich, auf dem sich Tausende von Zuschauern eingefunden hatten. Peter und die Mitglieder seiner Gesandtschaft gingen an Bord des größten Schiffes der Ostindischen Kompanie und segelten auf die beiden Flotten zu, die bereits in zwei sich gegenüberstehenden Schlachtreihen in Position gegangen waren. Nach einem Salut für den Gast begann der Kampf. Zuerst feuerten die beiden Schiffsreihen Salven gegeneinander ab, dann begann eine Anzahl spezieller Schiff-gegen-Schiff-Manöver. Das Gefecht mit seinem Hin und Her, seinem Lavieren und Entern gefiel dem Zaren so sehr, daß er sein eigenes Schiff an den Ort der heftigsten Auseinandersetzungen steuern ließ. Und während die Kanonen ununterbrochen dröhnten, so daß niemand mehr sein Wort verstehen konnte, »befand sich der Zar in einem Zustand der Begeisterung, der schwer zu beschreiben war«[6].

Als es am Nachmittag zu einer Anzahl von Zusammenstößen kam, sah sich der Admiral gezwungen, den Kampf abbrechen zu lassen.

Peter versuchte Admiral Schey dazu zu bewegen, nach Rußland umzusiedeln, um den Bau und das Kommando der russischen Flotte zu übernehmen. Er bot ihm alle Ehrentitel an, die er sich nur wünschen konnte, eine Pension von 24000 Gulden sowie weitere finanzielle Unterstützung für seine Frau und seine Kinder, für den Fall, daß sie in Holland zurückbleiben wollten.

Schey lehnte ab, schlug aber dem Zaren zu diesem Zweck einen anderen Admiral vor. Es handelte sich um Cornelius Cruys, der in Norwegen geboren war, aber von holländischen Eltern stammte. Als Konteradmiral war er der Chefinspekteur der Marineausrüstung bei der holländischen Admiralität in Amsterdam, und in dieser Eigenschaft hatte er die Russen bei ihrer Suche nach Ausrüstungsgegenständen für ihre Marine beraten. Er war genau der Mann, den Peter sich wünschte, aber Cruys zeigte, ähnlich wie Schey, wenig Begeisterung für Peters Angebot. Nur den vereinigten Bemühungen von Schey, Witsen und anderen prominenten Persönlichkeiten gelang es schließlich, den zögernden Admiral einwilligen zu lassen.

Peter arbeitete vier Monate lang auf der Schiffswerft. Am 16. November, neun Wochen nach der Kiellegung seiner Fregatte, konnte der Schiffsrumpf zu Wasser gelassen werden. Witsen übergab Peter das Schiff als ein Geschenk der Stadt Amsterdam. Tief bewegt umarmte der Zar den Bürgermeister und gab der Fregatte sogleich den Namen *Amsterdam*. Sie wurde später mit den zahlreichen Werkzeugen, Instrumenten und Maschinen beladen, die Peter erworben hatte, und nach Archangelsk geschickt. Noch stolzer als über das Schiff war er über das Stück Papier, das er von Gerrit Pool, dem Schiffsbaumeister der Werft, erhielt. Darin wurde bestätigt, daß Peter Michailow vier Monate lang auf der Werft gearbeitet, die Schiffsbaukunst gründlich erlernt habe und nun ein äußerst tüchtiger Schiffsbauer sei.

Trotz dieser Erfolge war Peter mit dem, was er in Holland gelernt hatte, nicht vollends zufrieden. Er hatte zwar das Handwerk erlernt, er wollte aber auch die Prinzipien der Schiffskonstruktion erfassen und damit das Schiffsbauwesen selbst. Er hätte Baupläne studieren wollen, die auf wissenschaftlicher, mathematischer Grundlage beruhten, und nicht lediglich eine größere Handfertigkeit mit Axt und Hammer erlangen wollen. Aber die Holländer waren beim Schiffsbau ebenso Empiriker wie in allen anderen Dingen auch. Jede holländische Schiffswerft übernahm das, was sich bereits bewährt hatte. Es gab keine wissenschaftlichen Grundlagen, die Peter mit nach Rußland hätte nehmen können.

Peters wachsende Enttäuschung über die holländischen Schiffsbaumethoden gab sich auf verschiedene Weise zu erkennen. Zuerst ließ er in Woronesch anordnen, daß die dortigen holländischen Schiffsbauer nicht länger so arbeiten durften, wie es ihnen gefiel, sondern daß sie unter Aufsicht von Engländern, Venezianern oder Dänen arbeiten sollten. Dann beschloß er, inkognito nach England zu gehen und die englischen Schiffsbautechniken zu studieren. Im November äußerte Peter in einem Gespräch mit Wilhelm diesen Wunsch. Der englische König erklärte, er wolle dem Zaren ein noch im Bau befindliches königliches Schiff schenken, das das eleganteste und schnellste Schiff Englands werden sollte. Außerdem werde er zwei Kriegsschiffe, die *Yorke* und die *Romney*, zusammen mit drei kleineren Schiffen unter dem Kommando von Sir David Mitchell nach Holland entsenden, die den Zaren auf seiner Englandreise begleiten sollten. Nur Menschikow und einige der »Frei-

willigen« sollten mit Peter fahren. Lefort und die überwiegende Mehrheit der Gesandtschaft blieben in Holland zurück, um zu verhandeln.
Am 7. Januar 1698, nach beinahe fünfmonatigem Aufenthalt in Holland, gingen Peter und seine Gefährten an Bord der *Yorke*, des Flaggschiffs von Admiral Mitchell.

5   Peter in England

London und Paris waren damals die beiden größten Städte Europas. Gemessen am wirtschaftlichen Erfolg rangierte London damals hinter Amsterdam; es sollte die holländische Hauptstadt aber bald überflügeln. London war Hauptstadt des Landes und Sitz der Regierung und zugleich der größte Hafen des Landes, der Mittelpunkt des Handels, der Kunst und der Kultur. Zusammen mit seinen Vororten zählte London 750000 Einwohner, während die nächstgrößte Stadt, Bristol, dagegen nur 30000 hatte. Anders ausgedrückt: Jeder zehnte Engländer lebte in London, während nur jeder vierzigste Franzose in Paris wohnte.
London zog sich damals vom Tower Hill bis zum Parlamentsgebäude hin. Der große »Boulevard« der Stadt war die Themse, überspannt von der London Bridge. Die Themse, stellenweise zweihundertfünfundzwanzig Meter breit, floß zwischen sumpfigen Ufern dahin, die mit Schilf dicht bewachsen waren und mit Gärten und Weideflächen abwechselten. Die Themse spielte eine Schlüsselrolle im Leben der Stadt. Als Verkehrsader, die ein Ende der Stadt mit dem anderen verband, wurde sie von vielen Schiffen benutzt. Hunderte von Fährleuten sorgten mit ihren kleinen Ruderbooten für eine schnelle, angenehme und auch sichere Beförderung. Im Herbst und im Winter stiegen dicker Dunst und dichte Nebelschwaden von der Themse auf, die sich mit dem Rauch aus Tausenden von Kaminen mischten und als dicke braune, giftige Nebelwolke alles einhüllte.
London war eine reiche und vitale, aber auch eine schmutzige und gefährliche Stadt. In den engen Gassen häuften sich Abfälle und Unrat, die einfach von den Fenstern hinuntergeworfen wurden. Selbst größere Straßen waren dunkel und stickig, denn berechnende Hausbesitzer hatten, um mehr Platz zu gewinnen, die oberen Stockwerke ihrer Häuser über die Straße hinausgebaut. Private Kutschen und Mietdroschken hinterließen in den Straßen tiefe Furchen, so daß die Passagiere beim Fahren oft geschüttelt wurden und manchmal mit Prellungen und Quetschungen an ihrem Ziel ankamen. Wenn sich zwei Kutschen in einer engen Gasse begegneten, gab es nicht selten ein fürchterliches Geschimpfe, bei dem sich die Wagenlenker »mit so bösen Namen und bitteren Vorwürfen bedachten, als ob sie darum wetteiferten, wer zuerst zum Teufel gehen werde«[1].

Auf kurzen Strecken ließ man sich gern in einer Sänfte befördern, die von zwei starken Männern getragen wurde. Die größten Fahrzeuge, denen man in jener Zeit in den Straßen Londons begegnete, waren die Überlandkutschen, die Kaufleute und Besucher in die Hauptstadt brachten. Ziel der Reisenden waren die Gasthäuser, wo man Kohlgerichte, Schinken, Huhn, Rindfleisch, Hammelsteak, Tauben, Pudding und Wein vorgesetzt bekam.

London war aber auch eine Stadt der Gewalttätigkeit. Verbrechen waren an der Tagesordnung, und in einigen Stadtteilen konnten die Menschen nachts nicht schlafen, weil immer wieder der Schrei erscholl: »Mord! Mord!« Auspeitschungen und Exekutionen waren ein beliebtes Schauspiel, das viele Menschen herbeilockte. Am »Hanging Day«, dem Hinrichtungstag, ließen die Hafenarbeiter und die Ladeninhaber ihre Arbeit stehen und schoben sich ins Gedränge, um ein letztes Mal das Gesicht des Verurteilten zu sehen, bevor der Strang ihm um den Hals gelegt wurde. Reiche Damen und Herren zahlten für Plätze an Fenstern und auf Balkonen, um den Weg vom Newgate-Gefängnis nach Tyburn überblicken zu können, wo die Hinrichtungen stattfanden. Noch begehrter waren die Plätze auf hölzernen Tribünen, die man ausdrücklich errichtet hatte, um eine unbehinderte Sicht auf das grausige Schauspiel zu ermöglichen. Am gräßlichsten war die Strafe, die für Landesverrat verhängt wurde: Hängen, Ausweiden und Vierteilen. Der Verurteilte mußte so lange hängen, bis er fast tot war; dann wurde er vom Strick abgeschnitten und bei noch lebendigem Leibe aufgeschlitzt. Anschließend schlug man ihm den Kopf ab und teilte den Rumpf in vier Teile.

Auch bei Sport und Spiel floß viel Blut. Die Menge zahlte gern für Vorführungen, in denen beispielsweise Bären gegen wütende Bulldoggen angesetzt wurden. Oft hatte man dabei die Zähne des Bären abgefeilt, so daß das Tier, wenn es bedrängt wurde, nur mit seinen großen Pranken auf die Hunde einschlug, die schnell auswichen, um gleich darauf wieder über ihren Gegner herzufallen. Hahnenkämpfe waren mit Wetten verbunden, wobei man große Summen auf die jeweiligen Favoriten setzte.

Aber trotz des Schmutzes und der Gewalttätigkeiten galt London auch als Stadt der Anmut, Schönheit und des zivilisierten Lebens. Sir Christopher Wren, der größte englische Architekt, baute in London zweiundfünfzig neue Kirchen in den Stadtvierteln, die der Brand von 1666 zerstört hatte. Über den schlanken Türmen dieser Gotteshäuser dominierte Wrens Meisterwerk, die gigantische Kuppelstruktur der St. Paul's Kathedrale, an der einundvierzig Jahre gebaut wurde.

Das Leben der gebildeten Londoner spielte sich in Hunderten von Kaffeehäusern ab. Für jedes Gesprächsthema gab es ein Kaffeehaus. Hier sprach man über Politik, da über Religion, dort über Literatur, Wissenschaft, Handel, Schiffahrt oder über Landwirtschaft. Jeder konnte das Haus mit dem Gesprächsthema seiner Wahl aussuchen, hineingehen, in der Nähe des Kamins Platz nehmen, Kaffee trinken und brillanten und leidenschaftlichen Reden zuhören. Redner konnten dort ihr rhetorisches Talent unter Beweis stellen und Schriftsteller ihre Probleme diskutieren; Politiker konnten Kompromisse aushandeln und einsame Menschen einfach Unterhaltung finden. In Lloyd's Kaffeehaus wurden damals die Grundlagen des Versicherungswesens geschaffen; bei Will's hatte der Schriftsteller Joseph Addison seinen Stuhl im Winter in der Nähe des Kamins, im Sommer beim Fenster stehen.

Das 17. Jahrhundert war eine Zeit des Übergangs. Vom kleinen, relativ unbedeutenden Inselkönigreich der Königin Elisabeth I. entwickelte sich England zu einer großen europäischen Macht und schließlich zur Weltmacht des 18. und 19. Jahrhunderts. Als Elisabeth – und mit ihr die Tudor-Dynastie – 1603 starb, hatte England den spanischen König Philipp II. und dessen Armada geschlagen. Das Problem der Thronfolge war dadurch gelöst worden, daß König Jakob VI. von Schottland, der Sohn der Königin Maria von Schottland, Edinburgh verlassen und als Jakob I. den englischen Thron bestiegen hatte, wonach ein Jahrhundert lang die Stuarts die Herrschaft in Händen hielten. Während der ersten Hälfte des 17. Jahrhunderts war England überwiegend mit seinen eigenen inneren Angelegenheiten befaßt. Es versuchte, die Konflikte zwischen der Religion und der Macht von Krone und Parlament zu lösen. Als dieser Konflikt sich zu einem Bürgerkrieg ausweitete, verlor der zweite Stuartkönig, Karl I., seinen Kopf. Elf Jahre lang wurde England vom strengen Regiment des Lord Protectors Oliver Cromwell beherrscht. Auch als 1660 Karl II. den Thron bestieg, blieben die religiösen Spannungen im Lande weiter bestehen. Es gab Katholiken und Protestanten, und die Protestanten teilten sich in Anhänger der Church of England und in Nonkonformisten.

In der Mitte des 17. Jahrhunderts beherrschten die Niederländer die großen Welthandelsrouten, aber die englischen Seefahrer und Kaufleute waren eifrige Konkurrenten. Durch drei Seekriege erschütterten die Engländer die Vormachtstellung Hollands; während des spanischen Erbfolgekrieges errang John Churchill zu Lande vier größere Siege über die französischen Armeen. Er belagerte und besiegte Festungen, die zuvor als unbezwingbar gegolten hatten. Er hätte beinahe sogar den Sonnenkönig aus Versailles vertrieben, wenn ihm nicht die Regierung befohlen hätte, den Krieg gegen Frankreich zu beenden. In der Kriegszeit war der weltweite Ozeanhandel Hollands stark eingeschränkt worden, während Englands Handel blühen und gedeihen konnte. Der Status der beiden Seemächte, der im 17. Jahrhundert noch beinahe gleich gewesen war, veränderte sich schnell im 18. Jahrhundert. Nach den Kriegen Marlboroughs konnte man England als die größte Seemacht ansehen.

Peters Besuch auf der Insel fand zu einem entscheidenden Zeitpunkt der Entwicklung Englands zur Weltmacht statt. Der Frieden von Rijswijk hatte gerade dem ersten großen Krieg gegen Ludwig XIV. ein Ende und der Macht des Sonnenkönigs Grenzen gesetzt. Der durch den Handel bedingte Reichtum Englands konnte zwar noch nicht mit den Erträgen des fruchtbaren

Bodens in Frankreich Schritt halten, aber England besaß dafür einen unschätzbaren anderen Vorteil: Es war eine Insel. Um seine Sicherheit zu gewährleisten, waren keine Festungen erforderlich, die ständig mit Regimentern besetzt sein mußten und deren Instandhaltung Unsummen kostete; Englands Sicherheit beruhte auf seiner Insellage und seiner immer größer werdenden Flotte. Und eine Flotte war weitaus billiger im Unterhalt als Armeen und Festungen. Ludwig XIV. stellte Dutzende imposanter Armeen zusammen, aber um sie erhalten zu können, mußte er seinem Volk erdrückkende Steuern auferlegen. In England schmerzten die vom Parlament verhängten Steuern ebenfalls, aber sie bildeten dort niemals eine so schwere Last wie in Frankreich.

Die *Yorke* war das größte Kriegsschiff, auf dem Peter jemals gesegelt war. Vierundzwanzig Stunden dauerte die Überfahrt. Obwohl stürmisches Wetter herrschte, blieb er die ganze Zeit an Deck und stellte immer wieder Fragen. Am Morgen traf die kleine Flotte vor der englischen Küste auf der Höhe vor Suffolk ein; Peter und Admiral Mitchell wechselten an der Themsemündung von der *Yorke* auf die kleinere *Mary* über. Begleitet von zwei anderen Schiffen segelten sie die Themse hinauf, um in der Nähe der London Bridge vor Anker zu gehen. Hier stieg Peter auf ein königliches Schiff um und wurde flußabwärts zu einem Landekai gerudert. Ein Kammerherr überbrachte ihm dort den Willkommensgruß König Wilhelms, wobei Admiral Mitchell, der holländisch sprach, als Dolmetscher fungierte. Peter, der Mitchell bewunderte, bat den König darum, daß ihm der Admiral während seines Englandaufenthalts als offizieller Begleiter zugewiesen werde.

Der Zar verbrachte die ersten Tage in der Norfolk Street. Das Haus, das man für ihn ausgewählt hatte, war auf seinen ausdrücklichen Wunsch klein und schlicht, ein Ausgang ging aber direkt zum Themseufer. Zwei Tage nach seiner Ankunft stattete ihm Wilhelm dort einen formlosen Besuch ab. Der König kam in einer kleinen, unauffälligen Kutsche und fand den Zaren noch in Hemdsärmeln in einem Zimmer vor, das er mit vier Landsleuten teilte. Die beiden Monarchen begannen sogleich, sich angeregt zu unterhalten, aber Wilhelm, der an Asthma litt, mußte bald nach Atem ringen, denn Peter hatte sofort nach seiner Ankunft die Fenster fest verschlossen, so wie er es von Moskau her gewohnt war, wo die Fenster vom frühen Herbst bis zum späten Frühling niemals geöffnet wurden. In seiner Bedrängnis mußte der englische König schließlich darum bitten, frische Luft hereinzulassen.

Am 23. Januar fuhr Peter in Begleitung von Admiral Mitchell und zwei russischen Freunden zum Kensington Palace, um dort Wilhelm einen offiziellen Besuch abzustatten. Wenn auch die Beziehung zwischen Peter und Wilhelm nie herzlich wurde – der Unterschied zwischen dem überschwenglichen, fünfundzwanzigjährigen Autokraten und dem geschwächten, einsamen und melancholischen König war viel zu groß –, so zeigte sich Wilhelm außerordentlich an Peter interessiert. Die Energie und die Neugier des Zaren beeindruckten ihn sehr, und außerdem fühlte er sich dadurch geschmeichelt, daß Peter ihn und seine Leistungen so sehr bewunderte und dem König von Frankreich feindlich gesinnt war.

Nach seinem Gespräch mit dem König wurde Peter der englischen Thronerbin, der dreiunddreißigjährigen Prinzessin Anna vorgestellt, die Wilhelm vier Jahre später auf den Thron folgen sollte. Der Zar ließ sich dazu überreden, einem Ball im Schloß von einem kleinen Nebenzimmer aus beizuwohnen. Fasziniert machte er bei diesem Besuch im Schloß vor einer Windrose halt, die die Hauptgalerie des Palastes schmückte. Über ein Gestänge mit einem Windrad auf dem Dach verbunden, zeigte sie an, aus welcher Richtung der Wind kam. Später ließ Peter eine ähnliche Windrose in seinem eigenen kleinen Sommerpalast in St. Petersburg anbringen.

Bei diesem Treffen gelang es Wilhelm, den Zaren zu überreden, sich von Sir Godfrey Kneller porträtieren zu lassen. Heute hängt das Bild, das zeitgenössischen Aussagen zufolge sehr originalgetreu ausgefallen ist, in der Königlichen Galerie des Kensington Palace.

Mit diesem Besuch glaubte Peter bereits all seinen offiziellen Verpflichtungen in London nachgekommen zu sein. Er hielt weiterhin sein Inkognito aufrecht und durchstreifte London so ganz nach seinem Belieben, auch bei strenger Kälte häufig zu Fuß. Wie in Holland besichtigte er Werkstätten und Fabriken, Kaianlagen und Brücken. Manchmal fragte er sogar nach technischen Zeichnungen und ausführlichen Beschreibungen. Als er sich einmal eine Taschenuhr kaufen wollte, warf er einen Blick in die Werkstatt eines Uhrmachers, hielt sich aber länger dort auf, um zu lernen, wie man einen Uhrmechanismus auseinandernahm, reparierte und schließlich wieder zusammensetzte. Beeindruckt von der Bauart englischer Särge ordnete er an, daß ein Exemplar als Modell nach Moskau geschickt werden sollte. Er kaufte auch ein ausgestopftes Krokodil und einen ausgestopften Schwertfisch, beides Tiere, die man in Rußland noch nie gesehen hatte. Bei einem Theaterbesuch wandten sich die Blicke der Zuschauer mehr zu ihm hin als zur Bühne, so daß er sich schließlich hinter seinen Begleitern versteckte. In London lernte er auch den Mann kennen, der die *Royal Transport*, das Gastgeschenk des Königs, entworfen hatte, einen jungen, trinkfesten Adeligen, einen Mann ganz nach seinem Geschmack. Peregrine Osborne, Marquis von Carmarthen, war der Sohn Danbys, des berühmten Ministers Karls II. und späteren Herzogs von Leeds, zudem ein ausgezeichneter Seefahrer und origineller Zeichner. Peter schloß sofort Freundschaft mit ihm. Carmarthen bot dem Zaren gelegentlich seinen eigenen Lieblingstrunk, ein Glas Brandy mit einer Prise Pfeffer, an. Gemeinsam besuchten sie so oft eine bestimmte Schenke in der Great Tower Street, daß diese in »Der Zar von Rußland« umbenannt wurde. Bei Carmarthen begegnete Peter auch der berühmten Schauspielerin Laetitia Cross. Gegen ein angemessenes Entgelt zog die Dame dann für die Dauer des Englandaufenthalts zum Zaren.

Auch in London interessierte sich Peter, wie zu erwarten war, am meisten für die Schiffe, die in Reih und Glied an der Ankerstelle der englischen Großhandelsflotte lagen. Der außerordentlich kalte Winter des Jahres 1698 hinderte ihn allerdings daran, mit seiner Arbeit in den Docks und auf den Werften Londons zu beginnen. Wochenlang war die Themse zugefroren, so daß man sie bei Southwark zu Fuß überqueren konnte. Pastetenverkäufer, Taschenspieler und Kinder liefen auf dem Eis, breiteten dort ihre Waren aus oder führten ihre Spiele vor. Der Wasserweg war aber unbefahrbar, und Peter mußte seine Pläne aufschieben.

Um der gaffenden Menge zu entgehen, verlegte Peter sein Quartier nach Deptford, wo er in Sayes Court einzog, ein großes, elegant möbliertes Haus, das dem berühmten Juristen und Schriftsteller John Evelyn gehörte und ihm von der englischen Regierung zur Verfügung gestellt wurde. Evelyn hatte fünfundvierzig Jahre lang an der Anlage der Gärten, Rasenplätze, Kieswege und Baumgruppen gearbeitet. Um Peter und seiner Begleitung Platz zu machen, hatte ein anderer Bewohner des Hauses, Admiral Benbow, ausziehen müssen, anschließend hatte man Sayes Court für die russischen Besucher neu eingerichtet. Verlockend waren für Peter die Größe des Hauses (es konnte alle seine Leute aufnehmen), der Garten, in dem er sich entspannen konnte, ohne zu befürchten, gestört zu werden, und die Tür am Ende des Gartens, die direkt zur Schiffswerft und zum Fluß hinunterführte.

Die Russen wußten jedoch Evelyns lebenslanges Bemühen um Schönheit wenig zu schätzen. Als Evelyn nach drei Monaten dort zurückkehrte, stellte er fest, daß die Russen wie Vandalen in seinem schönen Besitz gehaust hatten. Entsetzt eilte er zum Königlichen Architekten, Sir Christopher Wren, und zum Königlichen Gärtner, Mr. London, und bat sie, die Kosten für die notwendigen Reparaturen zu schätzen. Die Fußböden waren so zerschunden und besudelt, daß die Dielen und Teppiche erneuert werden mußten. Aus den holländischen Kachelöfen hatten die Russen Platten herausgerissen; die Messingschlösser der Türen waren zum Teil aufgebrochen worden, die Bemalung der Wände war beschädigt. Fensterscheiben waren eingeschlagen, und alle Stühle – mehr als fünfzig – waren einfach verschwunden, wahrscheinlich hatten sie Brennholz daraus gemacht. Federbetten, Leintücher und Baldachine fand man aufgeschlitzt vor. Zwanzig Gemälde waren bei Schießübungen als Zielscheibe verwendet worden. Der Rasen war zertrampelt, »als wäre ein ganzes Regiment in eisernen Stiefeln darüber hergezogen«[2]. Mit Karren waren sie in die ehemals hundertfünfzig Meter lange, fast drei Meter hohe und über einen Meter breite Stechpalmenhecke hineingefahren. Wren und seine Begleiter notierten alle Schäden und schlugen Evelyn zur Entschädigung einen Betrag von 350 Pfund und neun Pence vor – damals eine riesige Summe.

Im Zeitalter der Glaubenskämpfe war es nicht verwunderlich, daß durch den neugierigen jungen Monarchen, der sich die Errungenschaften der Wissenschaft und der Technik für sein Land zunutze machen wollte, auch der protestantische Missionsgeist geweckt wurde. Es kursierte das Gerücht, daß Peter nicht allzu strenggläubig sei und daß er sich durchaus auch für andere Glaubensrichtungen interessierte. War es vielleicht möglich, den jungen Herrscher und sein Volk zu bekehren? War vielleicht ein Bündnis zwischen der anglikanischen und der orthodoxen Kirche möglich? Diese Aussicht begeisterte den Erzbischof von Canterbury, und auch der König war solchen Plänen nicht abgeneigt. Auf Anweisung des Königs und des Erzbischofs wurde Gilbert Burnet, ein berühmter englischer Theologe, Bischof von Salisbury, angewiesen, den Zaren aufzusuchen, »um ihm die Informationen über unsere Religion und Verfassung zu geben, die ihn interessieren«[3].

Am 15. Februar empfing Peter Bischof Burnet sowie eine offizielle Delegation anglikanischer Geistlicher. Burnet mußte allerdings bald feststellen, daß keine Chancen für eine Bekehrung des Zaren bestanden. Die Annahme, daß neben westlicher Technik und Wissenschaft auch westliche Philosophie und Ideologie nach Rußland eingeführt werden könnten, erwies sich als irrig. Das Interesse des Zaren am Protestantismus war rein theoretisch. Er war skeptisch gegenüber allen Religionen, einschließlich des russisch-orthodoxen Glaubens, war aber auf der Suche nach der seinem Staat nützlicheren Glaubenslehre. Burnet begleitete Peter anschließend zum Erzbischof von Canterbury, der im Lambeth-Palast residierte. Der Zar weigerte sich, einem Gottesdienst in der Sankt-Paul-Kathedrale beizuwohnen, da er vor den Schaulustigen zurückschreckte. Er erklärte sich jedoch bereit, in der Privatkapelle des Erzbischofs zur anglikanischen Kommunion zu gehen und anschließend mit dem kirchlichen Würdenträger zu frühstücken. Als der Zar wieder in Rußland war, schrieb Burnet seine Erinnerungen an die Gespräche mit dem russischen Monarchen nieder und charakterisierte ihn wie folgt:
»In seinem Temperament mischten sich Leidenschaftlichkeit und Strenge. Entschlossenheit kennzeichnet ihn. Andererseits versteht er wenig vom Krieg und scheint auf diesem Gebiet auch gar nicht wißbegierig zu sein. Nachdem ich ihn oft gesehen und viel mit ihm gesprochen hatte, blieb mir nichts übrig, als die Unerforschlichkeit der göttlichen Vorsehung zu bewundern, die einem so ungestümen Menschen unumschränkte Gewalt über einen so großen Teil der Welt verliehen hatte.«[4]
Zu der Zeit, als er sich zu Gesprächen mit den englischen Kirchenführern traf, wickelte Peter auch ein Geschäft ab, das die russisch-orthodoxen Kirchenleute hart treffen sollte. Die orthodoxe Kirche untersagte den Gebrauch des Tabaks, jenes »gottlosen Krauts«, wie es genannt wurde. Peters Großvater Zar Michail hatte das Rauchen und jeden anderen Genuß des Tabaks 1634 unter Androhung der Todesstrafe verboten. In der Folgezeit war die Strafe dann etwas gemildert worden: Russen, die man beim Rauchen erwischte, wurde die Nase aufgeschlitzt. Ungeachtet aller Drohungen hatte man aber in Rußland Gefallen am Rauchen gefunden, so daß man dazu übergegangen war, nur noch äußerst selten Strafen zu verhängen. Kurze Zeit hatte Zar Alexei den Genuß des Tabaks sogar offiziell erlaubt und seinen Verkauf zu einem Staatsmonopol gemacht. Nur die Kirche und alle konser-

vativen Russen lehnten das Rauchen bis zuletzt konsequent ab. Peter selbst hatte sich nie an diese Verbote gehalten, von wem sie auch immer kamen. Seit seiner frühen Jugend rauchte er; man hatte ihn oft auf Festen mit seinen holländischen und deutschen Freunden aus einer langen Tonpfeife rauchen sehen. Vor seiner Abreise hatte er in einem Erlaß sowohl den Verkauf als auch das Rauchen von Tabak amtlich legalisiert.

England hatte in seinen Kolonien Maryland, Virginia und North Carolina große Tabakplantagen, und die plötzliche Aussicht auf einen riesigen neuen Tabakmarkt sorgte für erhebliche Aufregung im Lande. Die Tabakhändler hatten den König sogar darum ersucht, sich beim Zaren für sie zu verwenden. Es stellte sich schließlich heraus, daß sich niemand in einer besseren Position befand, die englischen Tabakinteressen zu vertreten, und auch niemand persönlich mehr an diesem Geschäft interessiert war als Carmarthen, Peters neuer Freund. Als Carmarthen Peter den Vorschlag machte, einer Gruppe englischer Kaufleute ein Tabakmonopol in Rußland einzuräumen, willigte der Zar sofort ein, denn er sah darin eine beträchtliche Geldquelle. Peter und seine Gesandtschaft benötigten verzweifelt neue Geldmittel. Die Kosten für zweihundertfünfzig Russen im Ausland waren trotz der Unterstützungen, die man von den Gastländern erhielt, riesengroß. Darüber hinaus mußte man Gebühren für die Anwerbung holländischer Matrosen, Schiffsbauer und Offiziere zur See sowie Anzahlungen auf die Gehälter und die Reisekosten im voraus bezahlen. Zehn Schiffe mußten gechartert werden, um die Instrumente, Maschinen und Modelle mit den angeworbenen Leuten nach Rußland zu transportieren. Man hatte schon wiederholt auf die von der Gesandtschaft mitgeführten Schätze zurückgreifen müssen und auch Moskau mehrmals aufgefordert, große Summen zu senden. Aber nie reichte das Geld. In dieser Lage konnte der Zar dem Vorschlag Carmarthens nicht widerstehen. Der Engländer bot 28 000 englische Pfund dafür an, daß anderthalb Millionen Pfund Tabak zollfrei nach Rußland eingeführt und ohne Restriktionen auf dem russsichen Markt verkauft werden durften. Aus Peters Sicht war es besonders wichtig, daß Carmarthen im voraus zu zahlen bereit war. Der Vertrag wurde am 16. April 1698 unterzeichnet. Welche Freude Peter damals empfand, läßt sich aus einem Brief Leforts herauslesen, der dem Zaren auf die Nachricht von dem Tabakhandel übermütig schrieb: »Auf Deinen Befehl haben wir hier [in Holland] Deinen Brief nicht geöffnet, bevor wir drei Becher leergetrunken hatten; und nachdem wir ihn gelesen hatten, tranken wir noch einmal drei ... Tatsächlich, ich glaube, es handelt sich um ein gutes Geschäft.«[5]

Wenn Peter nicht gerade an der Schiffswerft arbeitete, zog er durch London und dessen Umgebung, um dort alle interessanten Plätze kennenzulernen. So besichtigte er das Matrosenhospital in Greenwich, das Christopher Wren entworfen hatte, und bezeichnete es als »eine der großartigsten Leistungen der englischen Architektur«[6]. Peter schätzte den einfachen Lebensstil Wilhelms III., der in dem aus Ziegeln erbauten und mit Eichenholz getäfelten

Kensington Palace wohnte, er bewunderte aber andererseits auch das gegenüber der Themse gelegene majestätische Matrosenhospital in Greenwich mit seinen Kolonnaden. Auf die Frage des Königs, welchen Eindruck das Gebäude auf ihn gemacht habe, antwortete er: »Ungemein wohl, ja so wohl, daß ich Euer Majestät raten möchte, es selbst zu Ihrem Hof einzunehmen und Ihren Hof den daselbst wohnenden Matrosen einzuräumen.«[7] Peter besichtigte auch die Gräber englischer Könige in der Westminster Abbey, Schloß Windsor und Hampton Court, wenngleich ihn königliche Paläste weniger interessierten als wissenschaftliche oder militärische Einrichtungen. Im Observatorium von Greenwich unterhielt er sich mit dem Königlichen Astronomen über Fragen der Mathematik; im Arsenal von Woolwich, der wichtigsten Kanonengießerei Englands, traf er in dem Geschützmeister Romney auf einen verwandten Geist, der seine Freude an Artillerie und Feuerwerk teilte. Der Londoner Tower diente damals gleichzeitig als Arsenal, Tiergarten und Museum; außerdem war dort die Königliche Münze untergebracht. Als Peter im Towermuseum alte Rüstungen und Waffen besichtigte, enthielt man ihm absichtlich jene Axt vor, mit der fünfzig Jahre früher König Karl I. enthauptet worden war. Seine Gastgeber erinnerten sich daran, daß Zar Alexei erzürnt war, als er erfuhr, daß die Engländer ihren König enthauptet hatten, und daß den englischen Kaufleuten in Rußland daraufhin alle Privilegien entzogen worden waren. Man versteckte also die Axt vor Peter, »da man befürchtete, er würde sie in die Themse werfen«[8]. Der interessanteste Teil des Towers war für Peter der Münzhof. Beeindruckt von der Qualität der englischen Goldmünzen und der Technik ihrer Prägung, kehrte der Zar häufig dorthin zurück. Die Geldstücke besaßen jetzt gerändelte Kanten – ein Verdienst von Isaac Newton und John Locke –, so daß es nicht mehr möglich war, unbemerkt kleine Silberteile von den Kanten abzuschneiden. Zwei Jahre später, als Peter das russische Münzwesen zu reformieren begann, nahm er die englischen Münzen als Vorbild.

Peter suchte nach qualifizierten Männern, die ihm in Rußland hätten nützlich sein können. Mit Hilfe Carmarthens gelang es ihm schließlich, etwa sechzig Engländer zu überreden, mit ihm nach Rußland zu gehen, unter anderem Major Leonard van der Stamm, den Schiffsbaumeister von Deptford; Rittmeister John Perry, ein Hydraulikingenieur, den Peter mit der Errichtung des Wolga-Don-Kanals beauftragte; Professor Henry Farquharson, einen Mathematiker der Universität Aberdeen, der in Moskau eine Hochschule für Mathematik und Navigation gründen sollte. An einen Freund in Rußland schrieb Peter, er habe »für späteren Bedarf« auch zwei Barbiere rekrutiert. Diese Ankündigung bedeutete ein unheilvolles Omen für die Moskowiter, deren lange Bärte ihr ganzer Stolz waren.

Noch größer wurde Peters Sympathie für Wilhelm, als ihm am 2. März das königliche Gastgeschenk, die Jacht *Royal Transport*, übergeben wurde. Der Zar wurde dann zu einer Flottenparade und einem Manövergefecht auf der

Höhe von Spithead in der Nähe der Insel Wight eingeladen, und das war der Höhepunkt seines Englandaufenthalts. Ein Flottengeschwader, zu dem die *Royal William*, die *Victory* und die *Association* gehörten, nahm Peter und sein Gefolge in Portsmouth an Bord und brachte die Gäste ins Manövergebiet. Dort stieg Peter auf die *Humber*, das Flaggschiff von Admiral Mitchell, über. Am Tage der Übung lichtete die Flotte dann die Anker; die großen Schiffe setzten die Segel und bezogen Position in zwei gegenüberliegenden Schlachtlinien. Man simulierte eine wirkliche Schlacht, wenn auch keine Kanonenkugeln flogen. Peter notierte sich die Zahl der Matrosen an den Segeln, die Befehle an die Steuermänner, Anzahl, Kaliber und System der Kanonen, die Signale des Flaggschiffs an die aufgereihten Flottenschiffe. Als die Schiffe am Abend zu ihren Ankerplätzen zurückkehrten, schossen sie aus ihren Geschützen einundzwanzig Salutschüsse ab, und die Matrosen riefen ein Hoch auf den jungen Monarchen, der von dem Tag träumte, an dem sein eigenes Banner an der Spitze einer russischen Flotte wehen würde.

Wilhelm lud Peter auch zu einem Besuch des englischen Parlaments ein. Da der Zar keine Aufmerksamkeit erregen wollte, postierte er sich draußen vor einem Fenster, das von einer Galerie des Oberhauses hinausführte. Von dort aus sah er den König auf dem Thron, umgeben vom englischen Hochadel. Peter hörte der Debatte zu, die ihm ein Dolmetscher übersetzte, und erklärte danach gegenüber seinen russischen Begleitern, er selbst könne die Einschränkung der königlichen Macht durch ein Parlament nicht akzeptieren. Andererseits gefiel ihm aber die Offenheit der Pears gegenüber dem König: »Es ist ein Vergnügen zu hören, wenn Untertanen ihrem Herrscher offen die Wahrheit sagen; das müßte man bei den Engländern lernen.«[9] In Peters Anwesenheit gab Wilhelm seine offizielle Zustimmung zu einer ganzen Reihe von Gesetzen, darunter auch zu dem Gesetz über eine Bodensteuer, die dem Staat anderthalb Millionen Pfund einbringen sollte.

Als Peters Englandaufenthalt sich dem Ende zuneigte, hatte man sich schon an die Anwesenheit des Zaren in London gewöhnt. Im April meldete der kaiserliche Gesandte Hoffmann nach Wien, daß der Zar inzwischen seine Scheu vor den Menschen weitgehend überwunden hatte. Seine Reise nach Wien wurde dauernd aufgeschoben, weil Peter ständig etwas Neues, Interessantes entdeckte und den Aufenthalt in England immer wieder verlängerte; dies hatte zur Folge, daß die in Amsterdam zurückgelassenen Mitglieder der Gesandtschaft immer unruhiger wurden. Man machte sich nicht nur über das Tun und die Absichten des Zaren Sorgen, sondern hatte auch aus Wien die Nachricht bekommen, daß der Kaiser einen Separatfrieden mit den Türken schließen wollte. Da eine Stärkung der alten Allianz als offizieller Grund für die Reise der Gesandtschaft angegeben worden war, machten die Meldungen über die bevorstehende Auflösung dieser Allianz die Russen nicht gerade glücklich. Auf Drängen seiner Berater entschloß sich Peter widerwillig zur Abreise.

Am 18. April stattete er dem König seinen Abschiedsbesuch ab. Die Beziehungen der beiden hatten sich ein wenig abgekühlt, nachdem Peter erfahren hatte, daß Wilhelm bei dem bevorstehenden Friedensabschluß zwischen dem Kaiser und dem Sultan seine Hand im Spiel gehabt hatte. Es war dem englischen König sehr daran gelegen, daß das Haus Habsburg die Kriege auf dem Balkan beendete und sich gegen den einzigen Feind wandte, den er fürchtete: Frankreich. Der Abschied der beiden Monarchen war dennoch freundschaftlich. Der Zar verteilte hundertzwanzig Guineen an die Bediensteten des Königs, die ihm aufgewartet hatten. Nach Ansicht eines Beobachters war das »mehr, als sie verdient hatten, da sie sehr grob mit ihm umgegangen sind«[10]. Seinem Begleiter und Dolmetscher, Admiral Mitchell, schenkte er vierzig Zobelpelze und sechs Damasttücher. Dem König überreichte er ein kleines, in braunes Papier eingewickeltes Päckchen als Zeichen seiner Freundschaft und Wertschätzung: Ein prachtvoller ungeschliffener Diamant kam dann zum Vorschein. Einer anderen Quelle zufolge soll es sich bei dem Geschenk um einen riesigen rohen Rubin gehandelt haben, der geeignet gewesen wäre, »oben auf die Krone des englischen Reiches gesetzt zu werden«[11].

Am 2. Mai verließ Peter London endgültig. Er besuchte noch ein letztes Mal den Tower und den Münzhof, während seine Begleiter bereits an Bord der *Royal Transport* warteten. Als das Schiff den Fluß hinunterfuhr, ließ Peter in Woolwich anhalten und die Anker auswerfen, um noch einmal an Land zu gehen und sich von Romney und dem Arsenal zu verabschieden. Dann setzte die *Royal Transport* ihre Fahrt fort und erreichte bei Einbrechen der Dunkelheit Gravesend, wo man wieder vor Anker ging. Am nächsten Morgen gesellte sich Carmarthen mit seiner *Peregrine* zu ihm und begleitete ihn auf der Weiterfahrt. Peter hielt Kurs auf Chatham, den Marinehafen, wo er auf die *Peregrine* überwechselte und ein letztes Mal mit Carmarthen durch den Hafen kreuzte, wo er die gewaltigen, mit drei Decks ausgestatteten Kriegsschiffe bewundern konnte. Mit Carmarthen bestieg er drei Kriegsschiffe, die *Britannia*, die *Triumph* und die *Association*; anschließend ruderten sie an Land und besichtigten die Marinedepots.

Am folgenden Morgen segelte die *Royal Transport* nach Margate weiter, wo die Themse ins offene Meer übergeht. Dort wartete bereits ein englisches Marinegeschwader unter dem Kommando von Admiral Mitchell, um die russischen Besucher nach Holland zurückzubegleiten. Die Überfahrt war stürmisch und aufregend, aber Peter war entzückt über die Wellen, die über die Decks schlugen.[12]

Peter hatte der englische Lebensstil ausnehmend gut gefallen. Er hatte sehr viele Dinge dort schätzen gelernt: die Ungezwungenheit, einen praktisch veranlagten Monarchen und eine tüchtige Regierung, trinkfeste Leute und interessante Gespräche über Schiffe, Kanonen und Feuerwerke. Obwohl ihn mit Wilhelm keine tiefe persönliche Freundschaft verband, war der König seinen Wünschen weitgehend entgegengekommen. Er hatte ihm jede Tür geöffnet, ihn Schiffswerften, Münze und Kanonengießerei besichtigen lassen, die englische Flotte vorgezeigt und den Russen erlaubt, mit jedermann zu sprechen und sich Notizen zu machen. Peter war seinem Gastgeber dankbar, er schätzte fortan nicht nur den englischen Schiffsbau und die englische Handwerkskunst, sondern das ganze Land. In Rußland sagte er einmal zu John Perry, er wäre sicher ein Stümper geblieben, wenn er nicht nach England gefahren wäre. Und Perry fuhr in diesem Zusammenhang fort: »Wenn sich Seine Majestät, der Zar, unglücklich fühlte, sagte er immer wieder zu seinen Begleitern, er halte es für ein viel glücklicheres Leben, in England Admiral zu sein als Zar in Rußland.«[13]

6   Leopold I. und August der Starke

In Amsterdam war die Gesandtschaft überglücklich, den Zaren wiederzusehen; man war sich verlassen vorgekommen, als Peters Englandaufenthalt sich über mehr als vier Monate hinzog. Die Russen waren im kleinen Land herumgereist und hatten überall den Ruf erworben, unmäßige Trinker zu sein. Sie hatten sich auch im Schlittschuhlaufen versucht, einem in Rußland unbekannten Sport, und sie waren auch oft eingebrochen. Anstatt ihre tropfnasse und eiskalte Kleidung zu wechseln, gaben sich die Russen nach solchen Zwischenfällen mit einem Glas Schnaps zufrieden. Sie hatten ihre Zeit aber nicht vergeudet, denn sie konnten ihrem Zaren große Stapel von Gegenständen vorzeigen, die sie gekauft hatten: Waffen, Spezialinstrumente und Marineausrüstungen. Außerdem hatten die Gesandten sechshundertvierzig Holländer rekrutiert, darunter Konteradmiral Cruys und andere Seeoffiziere, Matrosen, Ingenieure, Techniker, Schiffsbauer, Ärzte und sonstige Spezialisten. Am 15. Mai 1698 brachen Peter und die »Große Gesandtschaft« von Amsterdam nach Wien auf. Ihre Route führte sie über Leipzig, Dresden und Prag. In Dresden, der Hauptstadt des Kurfürstentums Sachsen, die so reich war an Kunstschätzen und Meisterwerken der Architektur, daß man sie das »Florenz an der Elbe« nannte, wurde Peter besonders herzlich empfangen. Kurfürst August war inzwischen in Personalunion König August II. von Polen geworden und gerade in seinem neuen Königreich, als Peter in Dresden eintraf. Er hatte jedoch in Sachsen die Anweisung hinterlassen, den Zaren, dem er zum Teil seinen neuen Thron verdankte, mit allen Ehren zu empfangen.

Peters erste Reaktion auf die Dresdner Gastfreundlichkeit war jedoch negativ. Als er in die Stadt einzog, wurde er nicht nur wegen seiner Stellung, sondern auch wegen seiner ungewöhnlichen Größe angestarrt. Er drohte, Dresden sofort wieder zu verlassen, wenn man nicht Abhilfe schaffen würde. Fürst Fürstenberg, der Stellvertreter des Kurfürsten und Peters Gastgeber, versuchte den Zaren zu beruhigen. Als Peter in der Nacht seiner Ankunft die berühmte Dresdner »Kunstkammer« und das »Grüne Gewölbe«, die private Schatzkammer des Kurfürsten, zu sehen wünschte, willigte Fürstenberg trotz der späten Stunde sofort ein. Es war schon nach Mitternacht, als der Zar, der Fürst und der Museumsverwalter den kurfürstlichen Palast betraten, in dem das Museum in sieben Räumen des obersten Stockwerks untergebracht war. Die Kunstkammer mit ihren Raritätenkabinetten existierte seit über hundert Jahren. Die hier untergebrachte Sammlung von Uhren, Instrumenten und Werkzeugen, seltenen Büchern, Paraderüstungen und Gemälden stand allen Gelehrten und Adeligen offen, und selbstverständlich faszinierte sie auch Peter. Er entschloß sich, so bald wie möglich in Rußland eine ähnliche Kunstkammer einzurichten. Das Grüne Gewölbe, so benannt nach der Farbe seiner Wände, der Nationalfarbe Sachsens, war eine Geheimkammer, in die man nur durch die Privaträume des Kurfürsten gelangen konnte. Hier bewahrten die Herrscher Sachsens ihre Juwelen auf, die zu den kostbarsten Europas zählten. Peter war begeistert; er prüfte ein Instrument nach dem anderen, bestaunte die Kostbarkeiten und blieb bis zum Morgengrauen.

Am folgenden Abend gab Fürstenberg ein kleines privates Essen, das sich aber zu einem lärmenden Fest entwickelte, so wie es die Russen liebten. Trompeter, Oboisten und Trommler spielten auf. Zu den fünf Damen, die auf Peters Wunsch eingeladen wurden, gehörte auch die schöne Gräfin Aurora von Königsmarck, die Mätresse des Kurfürsten und Mutter Moritz' von Sachsen, des zukünftigen Marschalls von Frankreich. In überschwenglicher Stimmung ergriff Peter schließlich die Trommelschlegel und spielte »mit einer Perfektion, die das Können der Trommler bei weitem übertraf«[1]. Nach dieser Nacht mit Musik, Tanz und Getränken im Überfluß brach Peter in bester Stimmung nach Prag und Wien auf. Sobald er die Stadt verlassen hatte, schrieb Fürst Fürstenberg müde und zugleich erleichtert an den Kurfürsten: »Ich danke Gott, daß alles so gut vorübergegangen ist, denn ich hatte Angst, ich könnte diesem verwöhnten Herrn nicht hinreichend entsprechen.«[2]

Einige Kilometer nördlich der Wiener Altstadt erheben sich der Kahlenberg und der Leopoldsberg; im Osten fließt die Donau weiter in Richtung Budapest, und im Westen liegen die hügligen Wiesen und Wälder des Wienerwaldes. Trotz dieser prächtigen Lage konnte man Wien keinesfalls mit London, Amsterdam, Paris oder Moskau vergleichen. Wien war weder ein großer Hafen noch ein großes Handelszentrum, sondern lediglich Sitz des Hauses Habsburg und Verwaltungszentrum eines großen Reiches, das sich von der Ostsee bis nach Sizilien erstreckte. Genaugenommen allerdings herrschte Leopold I. über zwei Reiche, die sich stark voneinander unterschieden: das Heilige Römische Reich Deutscher Nation – eine lockere Union von beinahe unabhängigen Staaten in Deutschland und Italien, deren Bindungen und Traditionen etwa bis zu Karl dem Großen zurückreichten – und ein Staatsgebilde, das aus den traditionellen habsburgischen Ländern in Europa bestand, dem Erzherzogtum Österreich, dem Königreich Böhmen, dem Königreich Ungarn sowie aus anderen Territorien auf dem Balkan, die erst kürzlich von den Türken erobert worden waren. Das Heilige Römische Reich Deutscher Nation verlieh dem Kaiser Titel und Prestige und rechtfertigte die ungeheure Größe und Prachtentfaltung seines Hofes, unbeschadet dessen, daß der Titel in Wirklichkeit schon hohl und das Reich fast nur noch eine Fassade war. Die eigentlichen Herrscher über die zahlreichen kleinen deutschen Einzelstaaten, die zusammen das Kaiserreich bildeten – die erblichen Kurfürsten, die Markgrafen, Landgrafen, Fürsten und Herzöge –, bestimmten in ihrem Land die Religion ihrer Untertanen, die Größe ihrer Armeen, ob sie mit dem Kaiser oder gegen ihn kämpfen oder ob sie neutral bleiben wollten, wenn ein Krieg ausbrach. Sie oder ihre Stellvertreter hatten eine beratende Funktion im Reichstag in Regensburg, dem gesetzgebenden Organ des Reiches. Der Kaiser konnte kein Gesetz erlassen ohne die Zustimmung dieses Reichstages, bei dessen Debatten es allerdings nie zu einer Übereinstimmung kam, da die Gesandten immer endlos um ihre jeweilige Vorrangstellung stritten. Wenn ein Kaiser starb, trat der Reichstag zur Wahl eines Nachfolgers zusammen, wobei er sich automatisch für einen Vertreter des Hauses Habsburg entschied, wie es der Tradition entsprach.

Der Kaiser hatte trotz alledem eine wichtige Funktion. Die Stärke des Hauses Habsburg, seine finanziellen Mittel, seine Armee und seine Macht war auf die Staaten und Territorien zurückzuführen, die er selbst regierte: Österreich, Böhmen, Mähren, Schlesien, Ungarn und die neuen Gebiete, die sich über die Karpaten bis nach Transsylvanien und über die Alpen bis an die Adria erstreckten. Es gab auch Habsburger Ansprüche auf den spanischen Thron und die spanischen Besitzungen in Europa, einschließlich der spanischen Niederlande, Neapels, Siziliens und Sardiniens. Dieses zweite Reich Leopolds war der politischen Vorteile und Gefahren wegen überwiegend nach Süden und Osten orientiert; es lag wie eine Barriere zwischen Westeuropa und dem Balkan und war von seiner Mission durchdrungen, das Christentum vor dem Vordringen des mohammedanischen Glaubens beschützen zu müssen. Die protestantischen Fürsten im Norden interessierten sich hingegen nicht für die Balkan-Pläne des Kaisers; diese Bestrebungen betrachteten sie als Privatangelegenheiten des Hauses Habsburg, und wenn der Kaiser ihre Unterstützung benötigte, mußte er gewöhnlich dafür bezahlen.

Österreich war der Mittelpunkt, Wien das Herz des Habsburger Reichs, das eine katholische Welt war, überfrachtet mit Traditionen und altem Zeremoniell. Die Jesuiten übten auf diese Welt entscheidenden Einfluß aus. Bei Ratsversammlungen waren sie stets in der Nähe, und sie berieten den Kaiser, auf den Gott, wie sie ihm versicherten, besonders vertraute.

Seine Allerkatholischste Majestät Leopold I., Kaiser des Heiligen Römischen Reiches, Erzherzog von Österreich, König von Böhmen und König von Ungarn, sah niemals einen Menschen als seinesgleichen an, mit Ausnahme des Papstes. In seinen Augen war auch seine Allerchristlichste Majestät der König von Frankreich nicht mehr als ein Emporkömmling aus mittelmäßigem Adel und mit unverschämten Ansprüchen. Und der Zar von Rußland war kaum bemerkenswerter als andere Fürsten aus dem Osten, die noch in Zelten lebten. Das Haus Habsburg war die älteste herrschende Dynastie in Europa. Dreihundert Jahre lang hatte diese Familie in ununterbrochener Folge die Krone des Reiches getragen. War auch am Ende des 17. Jahrhunderts die kaiserliche Macht durch die Reformation und den Dreißigjährigen Krieg stark eingeschränkt worden, so war der Kaiser dem Namen nach noch immer der höchste weltliche Herrscher der Christenheit. Seine Macht mochte sich im Vergleich zu der des Königs von Frankreich verringert haben, aber er war immer noch von seinem Überlegenheitsgefühl durchdrungen, das mittelalterlich, halb klerikal war. Er beschäftigte einen ganzen Stab von Historikern und Bibliothekaren, denen es durch ihre Nachforschungen gelang, die Abstammungslinie des Kaisers über unzählige Helden und Heilige hinweg bis auf Noah zurückzuführen.

Kaiser Leopold I. war mittelgroß und hatte den für alle Habsburger charakteristischen vorstehenden Unterkiefer und die vorstehende Unterlippe. Als Peter 1698 nach Wien kam, hatte er den Kaiserthron bereits vierzig Jahre lang inne. Ursprünglich nicht für die Krone bestimmt, hatte er sich als jüngerer Bruder des ersten Thronfolgers zunächst auf eine kirchliche Laufbahn vorbereitet. Der Tod seines Bruders Ferdinand riß ihn jedoch aus seinem theologischen Studium heraus. Mit achtzehn Jahren wurde er zum Kaiser gewählt. Während seiner langen Regierungszeit zeigte er offenkundiges Interesse für Theologie, Kunst, höfisches Zeremoniell, genealogische Studien. Seine besondere Vorliebe galt der Musik, er komponierte sogar Opern. Ein Krieger war er nie, wenngleich sich das Reich unter seiner Herrschaft fast ständig im Krieg befand. Als die türkischen Armeen 1683 Wien umschlossen und belagerten, ging der Kaiser friedlich auf Reisen und kehrte erst zurück, nachdem die Türken zurückgeschlagen und donauabwärts vertrieben worden waren. Leopold hatte ein in sich gekehrtes und leicht melancholisches Wesen, wobei er doch eine gewisse strenge Würde und beeindruckende Größe ausstrahlte, die nicht zuletzt in seinem Selbstverständnis begründet war. Kaiser zu sein, das hieß für ihn, an der Spitze der Menschheit zu stehen.

Jede Einzelheit des Alltags am kaiserlichen Hof war dazu bestimmt, die kaiserliche Würde widerzuspiegeln. In den Räumen und Korridoren seines alten Wiener Palastes, der Hofburg, war Leopold Mittelpunkt eines genau festgelegten Protokolls, das an die Strenge von Byzanz, weniger an die Vitalität von Versailles erinnerte. Normalerweise trug der Kaiser spanische Hofkleidung: schwarzen Samt mit weißen Spitzen, einen kurzen Mantel, einen Hut mit seitlich hochgestellter Krempe, rote Strümpfe und rote Schuhe. Bei offiziellen Festen umgab er sich mit beinahe östlicher Pracht. Er kleidete sich in rotgoldenen Brokat, der mit Diamanten besetzt war. Die Ritter vom Goldenen Vlies, die lange, goldbestickte karmesinrote Samtmäntel trugen, standen ihm zur Seite. So ausgestattet, schritt der Kaiser an religiösen Feiertagen an der Spitze einer langen Prozession zur Messe. Wenn er vorbeiging, verbeugten sich die Höflinge tief oder ließen sich auf einem Knie nieder. Bevor die Gerichte Seiner Kaiserlichen Majestät auf die kaiserliche Tafel abgesetzt wurden, gingen sie durch vierundzwanzig Hände. Mit einem Kniefall füllte der Kämmerer das Glas des Kaisers.

Diese Zeremonien fanden in der Hofburg statt, einem Labyrinth von Gebäuden, dem Werk vieler Jahrhunderte. Dunkle Korridore und Treppenaufgänge, winzige Innenhöfe und große Hallen verbanden die einzelnen Teile der Anlage. In diesem architektonischen Wirrwarr, das von der Symmetrie und Eleganz des Versailler Schlosses weit entfernt war, wohnten der Kaiser und sein Hofstaat von zweitausend Adeligen und dreißigtausend Bediensteten; außerdem waren dort zahlreiche Regierungsämter, ein Museum und sogar ein Krankenhaus untergebracht. Leopold I. verließ die Hofburg nur, wenn er gelegentlich zum Favoriten-Palast fuhr, wo er Hirsche jagte, oder das Laxenburger Schloß besuchte, das etwa dreißig Kilometer von Wien entfernt lag und in dem er seine Falken und Reiher züchtete.

Die Unübersichtlichkeit der Hofburg war symbolisch für die Unübersichtlichkeit des ganzen Reiches. Die Verwaltung der Habsburger Monarchie war nicht sehr effektiv. Es war ihr nie gelungen, aus den zahllosen Kanzleien, Ratskollegien, Schatzämtern und anderen Organen des Heiligen Römischen Reiches und der Habsburger Domänen eine zusammenhängende Zentralregierung zu schaffen. Leopold war ein unentschlossener Herrscher, er nahm von allen Seiten Ratschläge entgegen und grübelte anschließend über die widersprüchlichen Empfehlungen seiner vielen Ratgeber.

Sowohl Leopold als auch seine beiden Söhne, Joseph I. und Karl VI., waren sich offenbar dessen nicht bewußt, daß eine chaotische Verwaltung sich für den Staat als sehr nachteilig auswirken könne. Die drei Habsburger, die zusammen fast ein Jahrhundert lang herrschten, waren der Meinung, daß die Verwaltung des Reiches eine ihrer weniger bedeutsamen Pflichten sei und daß sie für ihr eigenes Seelenheil und die Zukunft des Hauses Habsburg weniger wichtig sei als ihre Hinwendung zu Gott und die Unterstützung der katholischen Kirche. Grundlage ihres politischen Denkens und ihrer Regierungstätigkeit war der Glaube, daß ihnen Thron und Reich von Gott übergeben worden seien: »Unser Haus, seine Interessen und sein Schicksal stehen unter dem Schutz einer höheren Macht und werden von ihr gelenkt.«

Während der langen Regierungszeit Leopolds verbesserte sich die Lage des Reiches trotz der apathischen Haltung des Kaisers und der Ineffizienz seiner Verwaltung – und dies war auf göttliche Einwirkung zurückzuführen, wie Leopold glaubte. Sein Machtzuwachs war aber in den letzten Jahren seiner Herrschaft ganz offenkundig auf den Einsatz des Prinzen Eugen von Savoyen zurückzuführen. Der schmächtige Prinz war ein Feldmarschall des Heiligen Römischen Reiches und Befehlshaber der kaiserlichen Armeen und, zusammen mit dem Herzog von Marlborough und König Karl XII. von Schweden, einer der berühmtesten und erfolgreichsten Kriegsführer seines Zeitalters.

Eugen war von Geburt Italiener und Franzose, sein Titel stammte von einem seiner Großväter, der Herzog von Savoyen gewesen war. Er wurde 1663 als Sohn der Olimpia Mancini, einer der berühmtesten Schönheiten am Hofe Ludwigs XIV., und des Grafen von Soissons geboren. Da er äußerst gebrechlich wirkte, wurde seine Bitte, in der französischen Armee dienen zu dürfen, zurückgewiesen. Man bestimmte ihn für eine geistliche Laufbahn, und Ludwig XIV. pflegte ihn den »kleinen Abbé« zu nennen. Derartige Scherze des Sonnenkönigs sollten Frankreich allerdings noch teuer zu stehen kommen. Als Eugen zwanzig war, bat er den Kaiser, in seiner Armee dienen zu dürfen. Die Atmosphäre des Wiener Hofs entsprach dem Charakter Eugens, und sein geringes Interesse an Frivolitäten, das ihm in Versailles nur Spott eingebracht hatte, fand in Wien Anklang. Das Eintreffen von Prinz Eugen in Wien fiel mit der türkischen Belagerung im Jahr 1683 zusammen, und so erhielt er sogleich den Befehl über ein Dragonerregiment. Mit sechsundzwanzig Jahren wurde er zum General der Kavallerie und mit vierunddreißig zum Befehlshaber der kaiserlichen Armee in Ungarn befördert. Am 11. September 1697, gerade zu der Zeit, als Peter in Amsterdam auf einer Schiffswerft arbeitete, vernichtete er in der berühmten Schlacht bei Senta die Hauptarmeen des türkischen Sultans. Kurze Zeit darauf bekämpfte er die Feinde des Kaisers in den Niederlanden, am Rhein, in Italien und an der Donau. Als Vizekommandeur hatte er zusammen mit dem Herzog von Marlborough bei Höchstädt an der Donau und bei Oudenaarde in Holland zwei Siege errungen. Sein militärischer Genius wurde allerdings von dem Marlboroughs überschattet, dessen Ruhm sich auf den zehnjährigen Oberbefehl während des Spanischen Erbfolgekriegs gründete. Prinz Eugen konnte auf eine fünfzigjährige Kriegslaufbahn zurückblicken, während der er dreißig Jahre lang Oberbefehlshaber war.

Als es darum ging, das Protokoll des Zarenbesuchs festzulegen, waren sich die Ratgeber des Kaisers, die Historiker und Genealogen darüber unschlüssig, wie sie sich verhalten sollten. Wie groß auch das Herrschaftsgebiet des Zaren sein mochte, es war für sie nicht vorstellbar, daß er gleichberechtigt neben Gottes Stellvertreter, dem Kaiser, stehen dürfte. Noch komplizierter wurde der Fall dadurch, daß der Zar offiziell gar nicht in Erscheinung treten würde. Wie sollte man dem großen jungen Mann, der unter dem Namen Peter Michailow reiste, die gebührende Ehre erweisen? Sie brauchten vier Tage, um alle Einzelheiten des Einzugs der russischen Gesandtschaft in Wien festzulegen. Einen ganzen Monat lang verhandelte man dann über die Art und Weise, in der der Kaiser die Gesandten empfangen sollte. Die österreichischen Hofbeamten lehnten entschieden ab, daß ein inkognito reisender Zar von Seiner Kaiserlichen Majestät öffentlich empfangen werden sollte. Aber Leforts Hartnäckigkeit ist es zu verdanken, daß ein privates Treffen beider Monarchen stattfand.

Leopold I. und Peter I. trafen sich im Favoriten-Palast, der Sommerresidenz des Kaisers, zu einem informellen Gespräch. Der Zar wurde durch eine

kleine Tür in den Garten und dann über eine Wendeltreppe in das Audienz-
zimmer geführt. Von Lefort war er genauestens über das vereinbarte Protokoll informiert worden: Die beiden Monarchen sollten den großen Audienzsaal zur gleichen Zeit von zwei gegenüberliegenden Türen aus betreten, dann
langsam aufeinander zugehen und sich in der Mitte des Saals auf der Höhe
des fünften Fensters treffen. Unglücklicherweise vergaß Peter jedoch, was
man ihm gesagt hatte. Als die Tür aufging und er den Kaiser sah, ging er
aufgeregt mit großen Schritten auf ihn zu und erreichte ihn schon am dritten
Fenster. Die Protokollbeamten rangen nach Luft. Das Zeremoniell war
durcheinander geraten. Erst nachdem sich die beiden Monarchen in eine
Fensternische zurückgezogen und mit Hilfe des Dolmetschers Lefort sich zu
unterhalten begonnen hatten, atmeten die Höflinge auf. Auf der einen Seite
saß der kleine, blasse, achtundfünfzigjährige Kaiser mit seinem schmalen,
düsteren Gesicht, das von einer großen Perücke eingerahmt und von einem
gewaltigen Schnurrbart geschmückt war, der ihm über die vorstehende Unterlippe hing; ihm gegenüber saß der ungewöhnlich große, sechsundzwanzigjährige Zar mit seinen lebhaften, gebieterischen und gelegentlich sprunghaf-
ten Gesten. Die Unterredung bestand nur aus einem Austausch von Komplimenten und dauerte knapp fünfzehn Minuten. Anschließend ging Peter in
den Schloßgarten hinab und ruderte dort ein wenig in einem Boot auf einem
See.

Dieses erste Treffen war bestimmend für Peters zweiwöchigen Aufenthalt in
Wien. Entgegen allen beunruhigenden Gerüchten, die österreichische Diplomaten verbreitet hatten, blieb Peter bis zum letzten Tag gutgelaunt. Er
stattete der Kaiserin und den Prinzessinnen einen Besuch ab und bemühte
sich dabei, einen guten Eindruck zu hinterlassen. Großzügig lehnte er eine
Zuteilung von dreitausend Gulden ab, die ihm der Hof für die Ausgaben der
russischen Gesandtschaft in Wien gewähren wollte. Diese Summe, so protestierte Peter, sei viel zu groß für seinen »lieben Bruder«, der gerade erst die
Last langer Kriege habe tragen müssen; er reduzierte die Summe um die
Hälfte. Ausländische Gesandte rühmten seine »feinfühligen und höflichen
Manieren«. Der spanische Botschafter schrieb nach Madrid: »Hier erscheint
er ganz anders, als man ihn an den Höfen im Westen beschrieben hat, viel
zivilisierter, intelligent und mit ausgezeichneten Manieren und bescheiden«[3].

Aus den Berichten des kaiserlichen Gesandten in London hatte die katholische Kirche und insbesondere das Wiener Jesuitenkolleg erfahren, daß Peter
nicht streng am russisch-orthodoxen Glauben festhielt und sich auch für andere Religionen interessierte. So wie der Erzbischof von Canterbury versucht hatte, den Zaren zum Protestantismus zu bekehren, begannen nun
auch die Katholiken zu hoffen, der Monarch – und mit ihm sein ganzes Reich
– könnte zur Mutterkirche zurückgeführt werden. Dieser Hoffnung gab sich
vor allem der persönliche Ratgeber des Kaisers hin, Pater Wolf, ein Jesuit,
der ein wenig russisch sprach. An seinem Namenstag hatte Peter zunächst

einen russich-orthodoxen Gottesdienst besucht, den ein Geistlicher aus dem Gefolge der »Großen Gesandtschaft« hielt; dann hörte er noch die katholische Messe im Jesuitenkolleg, wo Pater Wolf in seiner Predigt meinte, »daß der Schlüssel ein zweites Mal verliehen würde, an einen neuen Petrus, damit dieser noch eine weitere Tür öffnen könne«[4]. Bald danach nahm Peter erneut an einer Messe teil, die von Kardinal Kollonitsch, dem Primas von Ungar, gelesen wurde. Anschließend aß er zusammen mit dem Kardinal im Refektorium des Jesuitenkollegs. Dem Kardinal wurde es dabei deutlich, daß Peter keineswegs an eine Konversion dachte und daß die Gerüchte, er plane nach Rom zu gehen, um zum Katholizismus überzutreten, falsch waren. Den Zaren trieb es nach Venedig, wo er sich mit dem Galeerenbau beschäftigen wollte.

Während Peters Aufenthalt veranstaltete der Kaiser einen der berühmten Maskenbälle des Wiener Hofes. Die Szenerie des Festes sollte ein imaginärer Landgasthof sein, in dem der Kaiser und die Kaiserin die Gastwirte spielten, während Hofleute und ausländische Gesandte, alle in bäuerlicher Tracht, als Besucher der Wirtschaft fungierten. Auch Prinz Eugen nahm am Maskenball teil. Peter verkleidete sich als friesischer Bauer, und seine Begleiterin, Fräulein Johanna von Thurn, die ihm durch das Los zugeteilt worden war, spielte die Rolle seiner Gattin. Beim Essen und der Tischordnung wurden alle Rangfragen außer acht gelassen. Der Kaiser fand eine hübsche Formel, um auf seinen hochgestellteh Gast zu trinken, der ja offiziell nicht anwesend war. Er stand auf und sagte zu seinem maskierten großgewachsenen Gast: »Ich glaube, Sie kennen den Zaren von Rußland. Wir wollen auf seine Gesundheit trinken!«[5] Am nächsten Morgen stand der Pokal, aus dem der Kaiser bei seinem Toast getrunken hatte, als Geschenk vor Peters Gemach. Er war mit Bergkristall verziert und etwa zweitausend Gulden wert. Auch die Begleiterin des Zaren wurde am Tag nach dem Fest beschenkt: Sie erhielt von ihrem Tischherrn acht Zobelpelze und zweihundertfünfzig Dukaten.

Um die Gastfreundschaft des Kaisers zu erwidern, gab die russische Gesandtschaft anläßlich Peters Namenstag einen Ball für tausend Gäste, der die ganze Nacht dauerte.

Trotz aller Freundlichkeiten aber, die man in der Öffentlichkeit austauschte, war Peters Mission in Wien insgesamt ein diplomatischer Fehlschlag. Die »Große Gesandtschaft« hatte Österreich für einen neuen Krieg gegen die Türken werben wollen. Sie konnte aber statt dessen am Ende nur noch zu verhindern suchen, daß Österreich ein türkisches Friedensangebot annahm. Bei diesem Frieden sollten alle Parteien den Status quo anerkennen. Für Habsburg war diese Abmachung bestimmt günstig: Ungarn und Teile von Transsylvanien würden unter seiner Kontrolle bleiben. Der Gedanke an Frieden war also für den Kaiser verlockend.

Der Zar konnte dagegen über diese Friedensaussicht nicht glücklich sein. Er hatte 1695 und 1696 den Krieg gegen die Türken wieder aufgenommen, die Festung Asow erobert, in Woronesch eine russische Flotte aufgestellt und war nach Westeuropa gefahren, um den Schiffsbau zu studieren und Schiffsbauer, Kapitäne und Matrosen anzuwerben. Jetzt konnte er nicht zulassen, daß der Krieg zu Ende war, bevor er nicht wenigstens Kertsch besaß und die Türken ihm das Recht zugestanden hatten, mit seinen Schiffen das Schwarze Meer zu befahren.

Peter trug diese Bitte persönlich dem kaiserlichen Außenminister und Kanzler Graf Kinski vor, der sie dem Kaiser wiederholte. Da die Österreicher zum Frieden entschlossen waren, konzentrierte sich der Zar auf die Bedingungen dieses Friedens. Zunächst forderte er, der Kaiser solle die Türken dazu bewegen, Kertsch an Rußland abzutreten, da man von dieser Festung aus den Seeweg zwischen dem Schwarzen Meer und dem Asowschen Meer beherrschte. Ohne Kertsch war die neue russische Flotte auf das im wesentlichen nutzlose Asowsche Meer beschränkt. Kinski antwortete, der Friedenskongreß, zu dem man Rußland im übrigen einladen würde, habe ja noch nicht begonnen. Wenn der Zar Kertsch haben wolle, solle er es eben schnell erobern, bevor der Vertrag unterzeichnet werde. Kinski bezweifelte, daß man die Türken zwingen könne, die Stadt am Konferenztisch, allein unter diplomatischem Druck zu übergeben, »denn die Türken sind nicht gewöhnt, ihre Festungen kampflos aufzugeben«[6]. Der Kaiser versprach aber zumindest, er werde keinen Vertrag unterzeichnen, ohne den Zaren über dessen Bedingungen zu informieren.

Mehr konnte Peter nicht erreichen, darum beschloß er so schnell wie möglich aufzubrechen. Wien war eine Binnenstadt ohne Docks und Schiffe; sein nächstes Ziel war Venedig, wo er die Geheimnisse der venezianischen Kriegsgaleeren zu ergründen hoffte. Am 15. Juli war alles für die Abreise bereit: Die Pässe für die Gesandtschaftmitglieder lagen vor, einige Gesandte waren sogar schon vorausgereist. Der Zar war gerade von seinem Abschiedsbesuch beim Kaiser zurückgekommen, als Post aus Moskau eintraf, unter anderem ein Brief Romodanowskis mit beunruhigenden Nachrichten. Vier Strelitzen-Regimenter hatten Befehl erhalten, von Asow aus in Richtung auf die polnische Grenze zu marschieren. Sie lehnten sich aber auf und marschierten auf Moskau zu. Als Romodanowski seinen Brief verfaßt hatte, waren die Aufrührer nur noch rund hundert Kilometer von der Hauptstadt entfernt. Zarentreue Truppen unter Schein und Gordon versuchten, ihnen den Weg abzuschneiden. Romodanowski schrieb weder etwas über den Anlaß oder den Umfang des Aufstands, noch übermittelte er sonstige Informationen über die Ereignisse. Der Brief war zudem einen Monat unterwegs gewesen.

Der Zar entschloß sich, seine Reise abzubrechen, den Besuch in Venedig abzusagen und sofort nach Moskau zurückzukehren. Die beiden Gesandten Lefort und Golowin sollten ihm dabei helfen, die Situation in Moskau in den Griff zu bekommen. Den dritten Gesandten, Wosninzin, ließ er in Wien zurück, als russischen Vertreter bei den zukünftigen Friedensverhandlungen mit den Türken.

Am 19. Juli verließ Peter Wien in Richtung Polen; die Österreicher, die die Moskauer Nachrichten nicht kannten, wunderten sich darüber, daß er nicht nach Venedig aufbrach. Er ließ seine Kutsche Tag und Nacht fahren und hielt nur an, wenn er etwas essen wollte oder die Pferde gewechselt werden mußten. Als er in Krakau eintraf, holte ihn ein Bote, den ihm Wosnizin nachgeschickt hatte, mit neuen und besseren Nachrichten ein. Schein war es gelungen, die Aufständischen zu bezwingen; hundertdreißig waren hingerichtet und 1860 gefangengenommen worden. Peter war erleichtert; in einem gemäßigteren Tempo setzte er die Reise fort und erreichte schließlich Rawa in Galizien. Dort begegnete er einer außergewöhnlichen Persönlichkeit, in deren diplomatisches und militärisches Ränkespiel er noch tief verwickelt werden sollte: August, dem Kurfürsten von Sachsen und – dank der Unterstützung des Kaisers und des Zaren – König von Polen.

Mit acht Millionen Einwohnern hatte Polen eine der größten Bevölkerungsdichten Europas; seine Grenzen erstreckten sich von Schlesien bis zur Ukraine und von der Ostsee bis zu den Karpaten. Dennoch war Polen politisch und militärisch bedeutungslos, und der riesige Staat blieb nur deswegen unversehrt, weil seine Nachbarn entweder zu sehr an anderer Stelle beschäftigt oder selbst zu schwach waren, Polen unter sich aufzuteilen.
Es gab eine ganze Reihe Gründe für Polens Ohnmacht. Der erste lag im Fehlen jedes wirklichen stammesmäßigen oder religiösen Zusammenhalts. Nur die Hälfte der Bevölkerung Polens war polnisch und katholisch. Die andere Hälfte – Litauer, Russen, Juden und Deutsche – war protestantisch, russisch-orthodox und jüdisch. Unter den verschiedenen Bevölkerungsteilen wurden die schärfsten politischen und religiösen Gegensätze ausgetragen, wobei die Litauer auch noch ihre Rivalitäten untereinander austrugen; sie waren sich nur in ihrem Haß gegen die Polen einig. Die Juden, die einen großen Teil der Bevölkerung der Städte ausmachten, lenkten Angst und Neid der Polen auf sich, weil sie den Handel und das Geldwesen im Lande in hohem Maße kontrollierten. Die Kosaken schließlich, die nominell dem ukrainischen Hetman unterstanden, der seinerseits ein nomineller Untertan des Zaren war, widersetzten sich aus Prinzip allen Befehlen, die von einem polnischen König kamen.
War schon die rassische und religiöse Zusammensetzung der Bevölkerung verwirrend, so war die politische Lage noch komplizierter. Polen war eine Republik mit einem König, wobei der König ein gewählter, kein erbmäßiger Monarch war. Er übte soviel Gewalt aus, wie ihm der Adel zu gewähren beliebte; daher war er gewöhnlich kaum mehr als ein staatliches Ornament. In einer Zeit, in der die meisten europäischen Nationen dem Beispiel Frankreichs folgten und einer absoluten Monarchie mit einer zentralen Verwaltung den Vorzug gaben, konnte man in Polen Anzeichen von politischer Desintegration und von Anarchie feststellen. Die wirklichen Autoritäten Polens waren zu jener Zeit die großen polnischen und litauischen Herrschaftshäuser,

die über riesige Ländereien verfügten und sich von keiner zentralen Regierungsgewalt etwas sagen ließen.

Der polnische und litauische Landadel hatte 1572 durchgesetzt, daß die Krone durch Wahl vergeben wurde. Dem Adel gehörte gegen Ende des 17. Jahrhunderts der gesamte Reichtum der Nation; fast ausschließlich von seinen Ländereien kamen der Flachs, das Getreide und das Bauholz, Exportgüter, die über die Weichsel und die Ostsee nach Westeuropa verschifft wurden. In der Hand des Adels lag die ganze politische Macht, nicht nur, weil er den König wählte und weil er über große wirtschaftliche Macht verfügte, sondern vor allem, weil er dem Monarchen einen formellen Vertrag abverlangte, in dem die Bedingungen, nach denen er herrschen durfte, festgelegt wurden und den der Kandidat vor seiner Krönung unterzeichnen mußte. Seine politischen Idealvorstellungen hatte der Adel durchgesetzt, als der Sejm, der polnische Reichstag, befand, daß kein Gesetz als angenommen gelten durfte, wenn auch nur ein einziges seiner Mitglieder Widerspruch einlegte. Weder der König noch der Reichstag hatten demzufolge die Möglichkeit, Steuern zu beschließen oder zu erheben. Es gab auch keine einheitliche polnische Außenpolitik. »Diese unbeständige Nation ist wie das Meer«, beklagte sich ein englischer Diplomat. »Sie schäumt und tobt ... aber sie bewegt sich nur dann wirklich, wenn sie von einer höheren Gewalt aufgewühlt wird.«[6]

Die polnische Armee operierte in ähnlicher Weise. Ihre Kavallerie war tapfer und zudem prächtig ausgerüstet, eine militärische Disziplin gab es allerdings nicht. Jederzeit konnte eine polnische Armee – sogar im Verlauf einer Schlacht – größer oder kleiner werden, je nachdem, ob irgendein Adliger und sein bewaffnetes Gefolge gerade auf dem Kampfplatz ankamen oder wieder von dort abzogen. Es lag allein bei diesem Herrn zu entscheiden, ob und wann sie an einem Feldzug teilnahmen. Es gab sogar Zeiten, in denen sich der polnische König im Krieg befand, die polnische Republik aber, die vom Reichstag repräsentiert wurde, Frieden hatte. Mit einem einflußlosen König, einem lahmgelegten Parlament und einem individualistischen Feudalheer bewegte sich die große und unruhige polnische Nation auf die Anarchie hin.

Unter diesen Umständen konnte Polen nur auf einen starken Monarchen hoffen, der in der Lage war, Ruhe und Ordnung wiederherzustellen. Die Wahl des Königs war allerdings nicht nur eine Angelegenheit des polnischen Adels, sondern vielmehr eine Frage von europäischem Rang, welcher König in Polen seine – wenn auch nur begrenzte – Macht ausüben durfte. Jeder europäische Monarch trachtete danach, die polnische Krone für sein Haus zu erwerben oder zumindest für einen Fürsten, der seinem Haus nahestand. Da Zar Peter 1697 befürchtete, ein Kandidat der Franzosen könne den Thron besteigen, traf er Vorbereitungen, um in Polen einzumarschieren, wenn es sich als notwendig erweisen sollte. Um die Wahl zu beeinflussen oder bereit zu stehen, wenn ein Franzose sie gewinnen sollte, verlegte er russische Truppen an die polnische Grenze. (Ein entsprechender Befehl, sich in Richtung auf die polnische Grenze zu bewegen, war auch an die Strelitzen-Regimenter von Asow ergangen und hatte deren Aufstand ausgelöst.) Der Sonnenkönig wünschte sich dagegen ein Polen, das mit Frankreich möglichst eng befreundet war und das, hinter dem Rücken des Habsburger Kaisers, an Stärke zunehmen sollte. Kandidat Ludwigs war François Louis de Bourbon, Fürst de Conti. Conti war nicht begeistert, den polnischen Königstitel anzunehmen, wollte er doch nur ungern seine Freunde und die Vergnügungen von Versailles zugunsten der Öde Osteuropas aufgeben. Aber Ludwig XIV. war entschlossen und ließ beträchtliche Goldmengen nach Polen fließen, um die Stimmen so vieler Mitglieder des Reichstags zu kaufen, wie sie für die Wahl seines Kandidaten notwendig waren. Seine Bemühungen waren erfolgreich, Conti wurde mit Unterstützung der meisten polnischen Adligen, einschließlich der litauischen Familie Sapieha, gewählt. Unter dem Geleit eines mächtigen französischen Marinegeschwaders, das unter dem Befehl des berühmten Admirals Jean Bart stand, segelte Conti schließlich nach Danzig.

Als er in Polen eintraf, erfuhr er, daß man sich inzwischen anders entschieden hatte. Der durchgefallene Gegenkandidat August von Sachsen hatte die Entscheidung des Reichstags nicht angenommen und war an der Spitze einer sächsischen Armee nach Polen marschiert. Er traf noch vor Conti in Warschau ein, konvertierte dort zum Katholizismus, und es gelang ihm tatsächlich, den Reichstag umzustimmen, so daß er am 15. Dezember 1697 zum König von Polen gekrönt wurde. Conti kehrte – innerlich gar nicht unglücklich – nach Versailles zurück, und August übernahm die Herrschaft. Sechsunddreißig Jahre sollte er das Land regieren.

Als Peter auf seiner Rückreise nach Moskau durch Polen fuhr, war August, der gleichzeitig Kurfürst von Sachsen war, knapp ein Jahr auf dem polnischen Thron. Sachsen und Polen waren durch die habsburgische Provinz Schlesien und durch brandenburgische Territorien an der Oder voneinander getrennt. Sachsen war zudem lutherisch, Polen überwiegend katholisch. Anfangs war auch Augusts Machtstellung, wie die aller polnischen Könige vor ihm, begrenzt, er suchte aber bereits eifrig nach Mitteln und Wegen, um diesem Zustand abzuhelfen.

Als Peter in Rawa eintraf, wo sich der König aufhielt, fand er einen jungen Mann vor, der ihm äußerlich außerordentlich ähnlich war. August war groß und kräftig gebaut. Er wurde August der Starke genannt, und man sagte, er könne ein Hufeisen mit den bloßen Händen zusammenbiegen. August war achtundzwanzig Jahre alt, hatte eine frische Gesichtsfarbe, blaue Augen, eine große Nase, einen vollen Mund und buschige Augenbrauen. Eine herzliche und gelegentlich derbe Offenheit war für ihn charakteristisch. Seine Frau, Christiane von Ansbach-Bayreuth, hatte sich von ihm getrennt, als er zum Katholizismus übergetreten war. Darunter litt er allerdings nicht besonders, da er schon immer neben seiner Ehefrau andere Beziehungen gehabt hatte. August jagte geradezu nach erotischen Erlebnissen, und man sagte, er habe dreihundertvierundfünfzig Kinder in die Welt gesetzt. Eine seiner Lieblingsmätressen war die Gräfin Aurora von Königsmarck, der Peter in Dresden begegnet war; Jahre später war es die Gräfin Orzelska, die zufällig auch seine Tochter war.

August fand auch Vergnügen an derben erotischen Scherzen. Er zeigte Peter ein goldenes Kästchen, das mit zwei verschiedenen Porträts einer seiner Mätressen geschmückt war. Das Bild auf dem Deckel zeigte die Dame in prächtiger Kleidung und würdiger Haltung; das zweite Bild wurde erst sichtbar, wenn man eine versteckte Feder berührte und der Deckel aufsprang. Er stellte dieselbe Dame in einem Zustand wollüstiger, leidenschaftlicher Aufgelöstheit dar, nachdem sie sich von ihrem Liebhaber hatte verführen lassen.[8]

Der Zar verbrachte vier Tage mit August dem Starken in Rawa, musterte die sächsische Infanterie und Kavallerie und zechte mit ihm bis tief in die Nacht hinein. Peter umarmte und küßte ihn immer wieder, so sehr war er ihm zugetan. »Ich kann die Zärtlichkeit zwischen den beiden Herrschern nicht schildern«, schrieb ein Begleiter Peters.[9] Noch in Moskau trug Peter voller Stolz die Waffen, die ihm August geschenkt hatte. Einen Tag nach seiner Rückkehr, als ihn seine Bojaren und Freunde willkommen hießen, bekannte er sich vor ihnen offen zu seiner neuen Freundschaft: »Ihr alle zusammen und jeder einzelne ... seid mir weniger wert als dieser einzige Mann, nicht in Erwägung des hohen königlichen Ranges, wodurch er eure Stellung überragt, sondern allein der Liebe zu dem, was die Herzen von Privatpersonen gar oft einander nahebringt!«[10]

Dieses Treffen blieb nicht ohne Folgen für Rußland. August, der schon bei seinem Zugriff nach der Krone Polens von Peter unterstützt worden war, benutzte die begeisterte Freundschaft des Zaren dazu, einen seiner ehrgeizigen Pläne voranzutreiben: Er begann einen gemeinsamen Angriff auf Schweden zu planen. Der schwedische König Karl XI. war gestorben und hatte den Thron seinem fünfzehnjährigen Sohn hinterlassen. Nun schien die Zeit reif dafür zu sein, daß man die baltischen Provinzen zurückeroberte, jenen Riegel, mit dem die Schweden den Polen und Russen den Zugang zur Ostsee versperrten. August hatte den Ruf, so doppelzüngig zu sein wie kein anderer europäischer Herrscher. Es entsprach genau diesem Bild, wenn er vorschlug, den Angriff insgeheim zu planen und ohne Vorwarnung auszuführen. Auf diese Weise hoffte er um so mehr auf einen Sieg.

Peter hatte seine ganz persönlichen Gründe, warum ihm ein derartiger Plan verlockend erschien. In Wien hatte man ihm zu verstehen gegeben, daß der Krieg gegen die Türken bald zu Ende sein würde. Der Zugang zum Schwarzen Meer drohte Peter verschlossen zu bleiben. Es war also nicht überraschend, daß er mit dem Vorschlag, bis an die Ostsee vorzudringen und sich so einen direkten Seeweg nach Westen zu eröffnen, einverstanden war. Außerdem hatten die schwedischen Provinzen, um die es hier ging, früher unter russischer Herrschaft gestanden. Peter hatte zustimmend genickt, als August seinen Plan vorgetragen hatte. Als der Zar fünfundzwanzig Jahre später eine Einleitung zu der offiziellen russischen Geschichte des Nordischen Krieges schrieb, bestätigte er, daß er bereits bei seiner Begegnung mit August in Rawa seine Einwilligung zu einem Angriff auf Schweden gegeben hatte.

Die Reise der »Großen Gesandtschaft« war nun zu Ende. Sie hatte achtzehn Monate gedauert, zweieinhalb Millionen Rubel gekostet und den Zimmermann Peter Michailow bei Kurfürsten, Fürsten, Königen und einem Kaiser eingeführt. Sie hatte den Westeuropäern bewiesen, daß die Russen kein rohes Fleisch aßen und nicht nur Bärenfelle trugen. Welche wesentlichen Ergebnisse hatte sie darüber hinaus gebracht? Hinsichtlich ihrer Zielsetzung, eine Verstärkung und Erweiterung der Allianz gegen die Türken zu erreichen, war sie gescheitert. Wo immer Peter auch Hilfe gesucht hatte, in Den Haag, in London und in Wien, überall war der drohende Schatten Ludwigs XIV. aufgetaucht. Der Sonnenkönig, nicht der Sultan, versetzte Europa in Schrecken. Rußland hatte keine andere Wahl, als ebenfalls Frieden mit den Türken zu schließen.

Ansonsten war die Gesandtschaftsreise schon ein beachtlicher Erfolg gewesen. Es war Peter und seinen Gesandten gelungen, mehr als achthundert technisch ausgebildete Europäer für russische Dienste zu gewinnen, zumeist Holländer, aber auch Engländer, Schotten, Venezianer, Deutsche und Griechen. Viele von ihnen blieben mehrere Jahre lang in Rußland und leisteten dort einen wichtigen Beitrag zur Modernisierung des Landes. In Westeuropa hatte der Zar die Möglichkeit gehabt, Mikroskope, Barometer, Windrosen, Münzen, Zahnzangen und Leichen zu untersuchen und sich mit dem Schiffsbau und dem Artilleriewesen zu befassen. Was er von Wissenschaftlern, Erfindern, Kaufleuten, Händlern, Ingenieuren, Druckern, Soldaten und Seeleuten in den Städten und Hafenanlagen des Westens gehört hatte, entsprach dem, was er schon in der Deutschen Vorstadt erfahren hatte: Die Russen waren in technischer Hinsicht rückständig und lagen um Jahrzehnte, vielleicht um Jahrhunderte hinter dem Westen zurück.

Renaissance und Reformation hatten im Westen die Fesseln des Mittelalters gesprengt und ein Klima geschaffen, in dem unabhängiges, philosophisches und wissenschaftliches Forschen ebenso wie weitreichender kommerzieller Unternehmungsgeist aufblühen konnten. Darum entschloß sich Peter, dem Beispiel Europas so schnell wie möglich zu folgen.

Aber er sah die notwendigen politischen Konsequenzen nicht, die er aus seiner neuen Vorstellung vom Menschen hätte ziehen müssen – oder vielleicht wollte er sie auch nicht sehen. Er war gewiß nicht in den Westen gereist, um die »Kunst des Regierens« zu erlernen, denn er war auch nach seiner Rückkehr nicht bereit, die Macht künftig mit seinem Volk zu teilen. Im Gegenteil, er war nicht nur entschlossen, sein Land zu verändern, sondern auch davon überzeugt, daß nur von ihm der Anstoß zu einer solchen Veränderung kommen konnte. Wo Erziehung und Überredung nicht genügten, beschloß er, seine Landsleute vorwärts zu treiben und, wenn nötig, vorwärts zu peitschen.

7 »Alte Zöpfe«

Am 5. September 1698 hatte Moskau den Zaren wieder. Peter war zusammen mit Lefort und Golowin in der Nacht angekommen, hatte einen kurzen Besuch im Kreml gemacht, sich bei einigen Freunden blicken lassen und war dann nach Preobraschenskoje gefahren, wo er die Nacht mit Anna Mons verbrachte. Nachdem seine Rückkehr bekannt geworden war, fand sich am folgenden Tag eine große Zahl Bojaren und Hofbeamter bei Peter ein, um ihn willkommen zu heißen. Sie hofften, wie ein Chronist berichtet, »durch diese behende Dienstwilligkeit ihrem Fürsten eine unwandelbare, makellose Treue zu beweisen«[1]. Peter empfing sie mit großer Herzlichkeit. Wenn sie sich nach alter Landessitte zu seinen Füßen niederwerfen wollten, »hob er sie gnädig auf und gab ihnen, soweit er dies gebückt konnte, den Kuß, der nur persönlichen Freunden gebührte«.

Die Freude der Hofbeamten über das Wiedersehen ebbte aber noch am selben Tag ab, als der Zar, nachdem er jeden einzelnen umarmt hatte, plötzlich ein langes, scharfes Barbiermesser hervorzog und eigenhändig ihre Bärte abzuschneiden begann. Den Anfang machte er bei Schein, dem Oberbefehlshaber der Armee; und Schein war zu verblüfft, um dem Zaren Widerstand zu leisten. Dann kam Romodanowski an die Reihe; auch die anderen wurden der Reihe nach gezwungen, sich der Prozedur zu unterziehen, bis alle keinen Bart mehr hatten und keiner mehr über den anderen lachen konnte. Nur drei wurden verschont: der Patriarch, der die Szene mit Schrecken verfolgte, aus Respekt gegenüber seinem Amt, Fürst Michail Tscherkassi wegen seines hohen Alters und Tichon Streschnew, weil er der Vormund des Zaren gewesen war.

Für die orthodoxen Russen war der Bart ein Symbol ihres Glaubens und ihrer Selbstachtung, eine Zierde, die Gott verliehen hatte. Die Propheten, die Apostel und sogar Jesus hatten einen Bart getragen. Iwan der Schreckliche hatte den Russen aus dem Herzen gesprochen, als er einmal erklärte: »Den Bart zu scheren, ist eine Sünde, die das Blut aller Märtyrer nicht abwaschen kann. Man würde damit das Bild des Menschen, wie es von Gott geschaffen wurde, entstellen.«[2] Priester weigerten sich damals im allgemeinen, Männer ohne Bärte zu segnen; man hielt sie für schamlos und unchristlich. Als allerdings Mitte des 17. Jahrhunderts immer noch bartlose Ausländer nach Moskau kamen, hatte bereits Peters Vater, Zar Alexei, die Vorschriften geändert und erlaubt, daß auch Russen sich den Bart abnehmen lassen durften, wenn sie wollten. Nur wenige trauten sich jedoch, da vor allem der Patriarch Adrian ihnen wiederholt mit der ewigen Verdammnis drohte: »Gott schuf die Menschen nicht bartlos, nur Katzen und Hunde schuf er so. Das Rasieren ist nicht nur eine Dummheit und eine Respektlosigkeit; es ist eine Todsünde.«[3] Diese Worte klangen noch immer in den Ohren der Bojaren nach, als ihnen der Zar ihre Bärte nahm.

Peter, der keinen Bart trug, hielt ihn für eine überflüssige, lächerliche Zierde, die auf Rückständigkeit hinwies. Er sollte noch oft den Barbier spielen. Nahm der Zar an einem Bankett teil, so gingen diejenigen, die mit Bart angekommen waren, ohne Bart wieder nach Hause. Eine Woche nach seiner Rückkehr war Peter von Schein zu einem Festessen eingeladen. An diesem Tag mußte Jakob Turgenjew, einer seiner Hofnarren, die Rolle des Barbiers übernehmen. Die Prozedur war oft unangenehm; die langen und dicken Bärte wurden nur mit einem trockenen Messer abrasiert, das oft viele Schrammen und Schnitte hinterließ. Niemand jedoch wagte zu protestieren; Peter war in der Nähe und hätte jeden geohrfeigt, der sich gegen die Rasur gesträubt hätte.

Der Zar begann mit dem Abschneiden der Bärte bei seinen Freunden, um die russische Tradition als lächerlich hinzustellen und um zu zeigen, daß es günstiger sei, sich in Zukunft bartlos um die Gunst des Zaren zu bewerben. Doch kurze Zeit später wurde in einer Verordnung für alle Russen, mit Ausnahme der Geistlichen und der Bauern, die Rasur zur Pflicht. Einige Beamte erhielten den Befehl, den Bart jedes Mannes zu schneiden, dem sie begegneten, gleichgültig, um wen es sich auch handelte. In ihrer Verzweiflung versuchten die Russen zunächst, die Beamten zu bestechen; aber auch wenn es ihnen gelang, bestand die Gefahr, daß sie einem anderen Beamten in die Hände fielen. So wurde es oft sehr teuer, einen Bart zu tragen.

Schließlich kam man denen, die unbedingt ihren Bart behalten wollten, ein wenig entgegen und erlaubte das Barttragen gegen Zahlung einer jährlichen Steuer. Wenn diese Steuer entrichtet worden war, erhielt der Bartträger ein kleines Abzeichen aus Bronze, auf dem ein Bart sowie die Worte »Steuer bezahlt« eingraviert waren. Man trug das Abzeichen an einer Kette um den Hals und konnte nachweisen, daß der Bart »legal« war. Die Steuer war gestaffelt; Bauern zahlten nur zwei Kopeken im Jahr, reiche Kaufleute bis zu hundert Rubel. Viele Männer bezahlten diese Steuer gern, um ihre Bärte behalten zu können; die, die in der Nähe des Zaren lebten, wagten es jedoch nicht, ihn mit ihrem Bart herauszufordern. Wann immer Peter später in seiner Umgebung auf Männer mit Bärten traf, konnte es vorkommen, daß er wieder zugriff: »In fröhlicher Laune riß er ihnen die Barthaare mit der Wurzel aus oder bewegte das Rasiermesser so wenig vorsichtig, daß ganze Hautfetzen mitgingen.«[4]

Trotz der Modernisierungsabsichten des Zaren betrachteten die meisten Russen das Bartscheren als eine Erniedrigung. Schließlich beugten sie sich dem Willen des Zaren; ihnen allen blieb nur die Angst, für diese Todsünde im Jenseits auch noch büßen zu müssen.

Peter war in froher Stimmung nach Moskau zurückgekehrt und freute sich, wieder bei seinen Freunden zu sein. Gleichzeitig drängte es ihn danach, Veränderungen im Staat vorzunehmen. Spontanen Eingebungen folgend, war er mal hier, mal dort und hielt sich nirgendwo lange auf. Am zweiten Tag nach seiner Rückkehr musterte er seine Soldaten und war enttäuscht. Der österreichische Legationssekretär Johann Georg Korb, der erst Anfang des Jahres 1698 nach Rußland gekommen war, schildert in seinen Aufzeichnungen diesen denkwürdigen Tag:

»Der Zar besichtigte die militärischen Übungen seiner Regimenter, nachdem er zum ersten Male erlebt hatte, wie weit diese Haufen noch von richtigen Soldaten entfernt waren. Körperhaltung und -bewegung machte er selbst vor, durch persönliches Beugen eigens zeigend, welche Körperhaltung die tölpischen Kolosse einzunehmen versuchten. Angewidert von der plumpen Masse begab er sich schließlich mit der Schar der Bojaren zu einem Gastmahl, das er von seinem Vertreter Lefort anrichten zu lassen geruht hatte. Das Brüllen der Geschütze unterstrich die festlichen Trinksprüche mit fröhlichem Getöse, und die Freuden des Mahles dehnten sich bis spät zum Abend aus. Im Schweigen der Nacht nun betrat er, von ganz wenigen treuen Freunden begleitet, den Kreml, ersättigte das Vaterherz einigermaßen an der holden Kindlichkeit des prinzlichen Sohnes, küßte ihn zu drei Malen, zeigte noch auf vielerlei andere Weise seine Vaterliebe und begab sich dann in seine Behausung aus Ziegelwerk in Bebraschensko [Preobraschenskoje] zurück, ohne seine Gemahlin, die Zarin, gesehen zu haben, die ihn eine in mehreren Jahren herangereifte Abneigung verschmähen läßt.«[5]

Ein paar Tage später feierte Peter im Hause von General Schein das Neujahrsfest mit einem großartigen Festmahl. Nach dem alten russischen Kalender begann das Jahr am 1. September. Zu den Gästen gehörten zahlreiche Bojaren, Offiziere und sonstige Beamten, es war aber auch eine Gruppe einfacher Matrosen geladen, die der jungen russischen Flotte angehörten. Peter begab sich immer wieder zu den Matrosen, sprach und trank mit ihnen. Einmal legte er seinen Arm um die Schulter eines Seemanns und nannte ihn »Bruder«. Trinksprüche lösten einander ab, und jedesmal, wenn die Gläser erhoben wurden, ertönte ein Salut aus fünfundzwanzig Geschützen.

Ein anderes Festmahl wurde am 18. September vom österreichischen Artillerieobersten von Grage gegeben. Auch der österreichische Gesandte war bei diesem Fest zugegen und berichtete, er habe den Zaren noch nie in glücklicherer Stimmung erlebt, obwohl er »vom Zahnweh geschwollene Wangen hatte«[6]. Gordon sah bei diesem Anlaß den Zaren zum erstenmal seit dessen Rückkehr: Der General hatte Peter nicht früher seine Aufwartung machen können, weil das äußerst stürmische Wetter ihn daran gehindert hatte, sein Landhaus zu verlassen. Der alte Soldat machte zweimal einen Kniefall vor dem Zaren, der ihn wieder aufrichtete, umarmte und küßte. Als Gordon die Knie des Zaren küssen wollte, reichte ihm Peter seine rechte Hand.

Kurz nachdem Peter seinen Bojaren verordnet hatte, sich die Bärte schneiden zu lassen, bedrängte er sie, westliche Kleidung statt der traditionellen russischen Gewänder zu tragen. Einige hatten sich ohnehin schon der westlichen Sitte angepaßt. Fortschrittliche Männer wie Wassili Golizyn trugen in der Regel polnische Kleidung am Hof. Schon 1681 hatte Zar Fjodor darauf bestanden, daß die langen Roben der Hofbeamten kürzer wurden, damit sie sie beim Gehen nicht hinderten. Die meisten Bojaren trugen aber weiterhin das traditionelle russische Gewand: ein besticktes Hemd und weite Hosen, die in lockere, leuchtend rote oder grüne Stiefel mit hochgezogenen Spitzen und Goldverzierungen steckten, dazu einen bodenlangen Kaftan mit einem hochstehenden Kragen aus Samt, Satin oder Brokat und mit übermäßig langen und breiten Ärmeln. Dann zogen sie einen weiten langen Mantel darüber – leicht im Sommer, mit Pelz besetzt im Winter –, mit einem hohen, geraden Kragen, und setzten sich hohe Pelzhüte auf. Sie boten einen beinahe orientalischen Anblick.

Peter verabscheute diese Kleidung, weil er sie für unpraktisch hielt. Wenn er auf einer Werft arbeitete, segelte oder mit seinen Soldaten marschierte, hinderten ihn die langen Gewänder beim Gehen. Zu den hartnäckigsten Verteidigern der traditionellen Kleidung gehört Fürst Romodanowski. Als man ihm berichtete, daß Fjodor Golowin als russischer Gesandter in Wien deutsche Kleidung trage, soll er gesagt haben:»Für so unreif und verrückt halte ich Golowin nicht, daß er die Tracht seines Heimatvolkes verachten würde.«[7] Doch kurze Zeit später mußte auch Romodanowski nachgeben. Als Ende Oktober die beiden russischen Gesandten Golowin und Lefort vom Wiener Hof zurückgekehrt waren und im Stadtpalais des Fürsten offiziell empfangen wurden, hatte Peter angeordnet, daß alle Geladenen in westlicher Kleidung erscheinen sollten.

Im selben Winter noch, als in »zweitägiger verschwenderischer Gasterei« ein neues Palais für Lefort eingeweiht wurde, bemerkte der Zar, daß einige seiner Offiziere Gewänder trugen, die ihm nicht gefielen. Er nahm eine Schere, schnitt die zu weit herabhängenden Ärmel einfach ab und erklärte seinen verblüfften Gästen:»Schaut, das sind hinderliche Sachen. Nirgends könnt ihr sicher hantieren. Bald schüttet ihr ein Glas aus, bald taucht ihr unachtsam in ein Süppchen. Laßt euch Stiefel davon machen.«[8]

Etwa ein Jahr später, im Jahr 1700, erließ der Zar ein Dekret: Alle Bojaren, Regierungsbeamte und begüterte Leute sowohl in Moskau als auch in der Provinz sollten ihre langen Gewänder ablegen und sich Kaftane im ungarischen Stil besorgen. Im folgenden Jahr ordnete er in einem neuen Dekret an, daß Männer eine Weste, Kniehosen, Gamaschen, Stiefel und einen Hut im französischen oder deutschen Stil und Frauen Unterröcke, Hemden, Häubchen und Schuhe in westlicher Machart zu tragen hätten. Später wurde verfügt, daß das Tragen hoher russischer Stiefel und langer russischer Messer verboten sei. Modelle der neuen, staatlich gebilligten Kleidung wurden an den Moskauer Stadttoren und an vielen anderen öffentlichen Plätzen ausgehängt, damit sie nachgeschneidert werden konnten. Alle Reisenden, mit Ausnahme der Bauern, die noch im traditionellen Gewand in Moskau ankamen, durften erst nach Zahlung einer Geldstrafe in die Stadt hinein. »Viele Hunderte von Mänteln wurden nach dem Gesetz abgeschnitten«, berichtete Perry, »und wenn dies mit ein wenig guter Laune geschah, erweckte die Prozedur bei den Beteiligten Heiterkeit. Es dauerte daher auch nicht lange, bis die Menschen die Sitte, lange Mäntel zu tragen, aufgegeben hatten. So war es jedenfalls in und um Moskau und in den anderen Städten, in die der Zar hin und wieder kam.«[9]

Vielleicht wird es nicht überraschen, daß die Frauen Peters Änderung der Mode bereitwilliger annahmen als die Männer. Peters Schwester Natalja und seine verwitwete Schwägerin Praskowaja gingen mit ihrem Beispiel voran, und die Frauen vieler russischer Adliger ahmten sie nach. Wenn es möglich war, bestellten sie sich Handschuhe, Schuhe und Hüte aus dem Westen.

Im Laufe der Zeit erließ Peter noch weitere Verordnungen, mit denen er seine Absicht, »zum Ruhm und zur Zierde des Staates« neue Kleider einzuführen, vorantrieb. Diese Reform stieß nicht auf einen so starken Widerstand wie die Abschaffung der Bärte. Withworth, der englische Gesandte in Moskau, berichtete fünf Jahre später: »In dieser ganzen großen Stadt ist keine einzige wichtige Person mehr anders als in ausländischer Art gekleidet.«[10]

Der einfache Landadel aber, der auf seinen Gütern weit entfernt von der Hauptstadt lebte, trug die langen Gewänder weiter. Die Änderung der Mode war eine der ersten Umgestaltungen, die Peter nach seiner Rückkehr aus dem Westen vornahm. In der Eile, mit der er westliche Vorstellungen in der russischen Gesellschaft einführen wollte, verwarf der Zar russische Gewohnheiten, die durchaus sinnvoll waren. Wenn es auch stimmte, daß die traditionelle russische Kleidung unförmig und bei Bewegungen hinderlich war, so schützten nun die kürzeren Gewänder und Mäntel wesentlich weniger vor der strengen Kälte des russischen Winters. Wenn die Temperatur auf zwanzig oder dreißig Grad unter Null sank, konnte ein altmodischer Russe in seinen warmen Stiefeln, seinem bis zum Boden reichenden Mantel und mit seinem langen Bart, der Mund und Wangen vor Frost schützte, sich vergnügt die Hände reiben, wenn einem seiner verwestlichten Landsmänner das Gesicht in der Kälte purpurrot anlief und die Knie unter seinem kurzen Mantel schlotterten.

Peters leidenschaftliche Entschlossenheit, sich so schnell wie möglich von den überkommenen russischen Sitten und Traditionen zu befreien, hatte für seine Frau Jewdokija eine unangenehme Folge. Im Herbst nach seiner Rückkehr aus Europa kam es zum endgültigen Bruch zwischen dem sechsundzwanzigjährigen Zaren und der neunundzwanzigjährigen Zarin.

Peter hatte schon lange die Ehe mit Jewdokija auflösen wollen. Er hatte diese melancholische Frau, die zu heiraten er gezwungen worden war, nie geliebt. Von Anfang an war es ein offenes Geheimnis gewesen, daß sich Peter allzeit die größte Mühe gab, seiner Frau aus dem Weg zu gehen. Als schlichtes und ungebildetes Mädchen hatte sie immer sein stürmisches Wesen gefürchtet und eine unüberwindliche Abneigung gegen Peters Lebensfreude sowie gegen Lefort und die anderen Ausländer empfunden, mit denen der

Zar umzugehen pflegte. Als Strenggläubige war sie der Auffassung, daß alles Fremdländische Sünde sei und verwerflich, wenn ihr Ehemann ausländische Kleidung trug und westliche Gewohnheiten und Gedanken übernahm. Jewdokija wußte auch, daß Peter untreu war und seine Geliebte Anna Mons aushielt. Sie verbarg nicht ihre Eifersucht, und Peter ärgerte sich über ihre Versuche, mit Briefen oder anderen Zeichen um seine Zuneigung zu werben. Ihre Bemühungen waren ihm lästig, und er war bestrebt, sich von ihr zu befreien.

Bereits während seiner Reise, als er sich an westlichen Höfen mit faszinierenden Damen unterhielt, hatte sich Peter dazu entschlossen, seine eifersüchtige, langweilige und besitzergreifende Frau zu verstoßen. Während seiner achtzehnmonatigen Abwesenheit schrieb er ihr keine einzige Zeile, aber in Briefen an seine Stellvertreter in Rußland deutete er immer wieder auf seine Absichten hin. Von London aus drängte er seinen Onkel Lew Naryschkin und Tichon Streschnew, man sollte seine Frau doch dazu überreden, in ein Kloster zu gehen und die Gelübde abzulegen. Dann wäre er von allen Verpflichtungen ihr gegenüber befreit, und die Ehe könnte für nichtig erklärt werden. Als er von England nach Amsterdam zurückgekehrt war, hatte er Romodanowski gebeten, einzugreifen und seinen Einfluß auf die widerspenstige Zarin auszuüben. Sogar der Patriarch wurde überredet, im Sinne Peters auf Jewdokija einzuwirken; dem Geistlichen gelang es aber, sich vor dieser unangenehmen Aufgabe zu drücken. Bevor Peter in Wien eintraf, hatte er sich aber endgültig zur Trennung entschlossen. Ein deutliches Zeichen für seine Absicht lag in der Weigerung, einen Trinkspruch auf die Kaiserin auszubringen; er hätte sonst auch einen Toast auf die Zarin entgegennehmen müssen.

In Moskau angekommen, wollte Peter zunächst Jewdokija nicht sehen. Er fragte vielmehr ungehalten, warum man die Befehle, die er bezüglich seiner Frau gegeben hatte, nicht ausgeführt habe. Man empfahl dem Zaren, bei einem so heiklen Problem selbst die Vereinbarungen zu treffen. Ein paar Tage später lud er darum Jewdokija zu einer Aussprache ein. Der Zar und die Zarin setzten sich vier Stunden lang auseinander, wobei Peter seine Frau wütend dazu drängte, endlich den Schleier zu nehmen und ihn freizugeben. Jewdokija lehnte aber seinen Vorschlag entschieden ab. Sie argumentierte, sie könne sich nicht ihrer Mutterpflicht entziehen und in der Abgeschiedenheit eines Klosters leben, denn sie hätte dann ihren Sohn nicht mehr wiedersehen können. Aus diesem Grunde, so erklärte sie, würde sie niemals freiwillig ihre Ehe und den Palast aufgeben.

Nach dieser Unterredung war Peter entschlossen, seinen Willen um jeden Preis durchzusetzen. Zuerst ließ er Alexei, der damals achteinhalb Jahre alt war, gewaltsam von seiner Mutter trennen und übergab ihn der Aufsicht seiner Schwester Natalja in Preobraschenskoje. Kurze Zeit später stand eines Morgens eine einfache Postkutsche ohne Hofdamen oder Bedienstete vor dem Palast. Jewdokija wurde in die Kutsche hineingedrängt und nach Susdal zum Pokrowski-Kloster gefahren. Dort wurde Jewdokija geschoren und in die Ordenskleidung gezwängt; als Nonne nahm sie den Namen Helene an. Der Zar hatte seinen Willen durchgesetzt – er war frei.

Das Scheren der Bärte und das Kürzen der Gewänder waren lediglich Vorboten tiefergehender institutioneller Reformen, die Peter in den kommenden Jahrzehnten durchzuführen gedachte. Der nächste Schritt war eine Kalenderreform. Von alters her begann für die Russen die Jahreszählung nicht mit der Geburt Christi, sondern mit dem Zeitpunkt, zu dem ihrer Meinung nach die Welt erschaffen worden war. Nach ihrer Rechnung war Peter nicht 1698 aus dem Westen zurückgekehrt, sondern im Jahr 7206. Auch begann für die Russen das neue Jahr nicht am 1. Januar, sondern am 1. September. Sie glaubten nämlich, daß die Welt im Herbst erschaffen worden sei, wenn das Korn und die Früchte reif sind und geerntet werden können, nicht mitten im Winter, wenn die Erde mit Schnee bedeckt ist. Es war daher Brauch, den 1. September mit großem Pomp zu feiern. Der Zar und der Patriarch saßen an diesem Tag auf zwei reich verzierten Thronen auf dem Kremlplatz, umgeben von den Adligen und vom einfachen Volk, und nahmen Glückwünsche entgegen. Peter hatte diese Zeremonie zwar als veraltet abgeschafft, der 1. September war aber der erste Tag des russischen Jahres geblieben.
Um Neujahrstag und Jahreszählung mit dem Westen in Übereinstimmung zu bringen, ordnete Peter im Dezember 1699 an, das nächste Jahr solle am 1. Januar beginnen und als das Jahr 1700 gezählt werden. In seinem Dekret stellte er ausdrücklich fest, er wolle sich durch die Veränderung des Kalenders dem westlichen Brauch anpassen.[11] Um die Argumente derer zu entschärfen, die behaupteten, Gott habe die Erde nicht mitten im Winter erschaffen, lud Peter einige dieser Konservativen ein, einen Blick auf den Globus zu werfen. In scherzhafter Stimmung soll er ihnen zu verstehen gegeben haben, daß Rußland nicht die ganze Welt sei, und »wenn in Rußland Winter herrsche, sei in den Gebieten jenseits des Äquators der Sommer eingezogen«[12]. Damit sich das Volk den neuen Feiertag einprägte, ließ Peter am 1. Januar in allen Kirchen besondere Neujahrsgottesdienste zelebrieren. Festliches Immergrün sollte zukünftig an diesem Tag die Türpfosten der Häuser schmücken. Schließlich ordnete der Zar an, daß alle Moskauer Bürger »ihr Glück zum Ausdruck bringen sollten«, dadurch daß sie einander am Neujahrstag »laut ihre Glückwünsche aussprachen«[13]. Alle Häuser sollten sieben Tage lang festlich beleuchtet und zum Feiern bereit sein.
Peter änderte auch das russische Geldsystem, weil das beinahe orientalische Durcheinander, das auf diesem Gebiet in seinem Reich herrschte, für ihn beschämend war. Ein großer Teil des Geldes, das in Rußland kursierte, waren ausländische Münzen, meist deutsche oder holländische, auf die ein »M« für »Moskowien« aufgeprägt war. Als einzige russische Münzen waren kleine ovale Silberstückchen im Umlauf, die man Kopeken nannte. Auf der einen Seite trugen sie ein Bild des heiligen Georg, auf der anderen Seite war der

Titel des Zaren zu lesen. Die Qualität des Silbers und das Gewicht der Münzen waren sehr unterschiedlich. Peter war durch seinen Englandaufenthalt zu der Einsicht gekommen, man müsse unbedingt genügend wertbeständiges Geld haben, um Wirtschaft und Handel in wünschenswertem Maße fördern zu können. Er ordnete die Prägung von neuen, größeren und ansehnlichen Kupfermünzen an, die gegen die bestehenden Kopeken getauscht würden. Später ließ er zusätzlich Gold- und Silbermünzen mit höherem Nennwert bis zu einem Rubel prägen. Ein Rubel entsprach hundert Kopeken. Drei Jahre später hatte sich das neue russische Geld durchgesetzt: Neun Millionen Rubel in Hartgeld waren jetzt in Umlauf.

Peter griff eine andere Idee, die aus dem Ausland kam, in einem anonymen Brief auf, den man eines Morgens auf dem Fußboden einer Amtsstube fand. In diesem Brief wurde der Vorschlag gemacht, man solle den Gebrauch gedruckter Formulare in Rußland einführen, das heißt, alle Abmachungen, Verträge, Eingaben und andere Dokumente nur noch auf offiziellem Papier schreiben, das in der oberen linken Ecke mit einem Adler versehen war. Nur die Regierung sollte befugt sein, die Formulare zu verkaufen; der Erlös könne dem Staatsschatz zufließen. Peter war von diesem Vorschlag außerordentlich angetan und erließ sofort ein entsprechendes Gesetz. Er beauftragte seine Hofbeamten, den anonymen Schreiber sofort ausfindig zu machen. Es stellte sich heraus, daß die Idee von einem Leibeigenen namens Alexei Kurbatow stammte, der zuvor als Hofmeister von Boris Scheremetew mit seinem Herrn in Italien gewesen war, wo er das Geschäft mit den vorgedruckten Formularen kennengelernt hatte. Peter belohnte Kurbatow großzügig, und dieser erhielt außerdem die Aufgabe, noch mehr Möglichkeiten zu finden, die dem Zaren Geld einbringen konnten.

In Rußland pflegte man besondere Leistungen, die für den Zaren erbracht worden waren, immer durch die Übereignung großer Güter oder hoher Geldbeträge zu belohnen. Im Westen hatte Peter nun eine sparsamere Variante des Belohnens kennengelernt – die Verleihung von Orden, Kreuzen und Sternen. Nach dem Vorbild ausländischer Orden, wie zum Beispiel des englischen Strumpfbandordens und des habsburgischen Ordens vom Goldenen Vlies, schuf Peter einen russischen Ritterorden, den Orden des heiligen Andreas, benannt nach dem Schutzpatron Rußlands. Wer zum Ritter geschlagen worden war, trug nun ein breites hellblaues Band quer über die Brust sowie das Sankt-Andreas-Kreuz in Schwarz auf weißem Email. Fjodor Golowin, Peters ergebener Freund und Gesandter, jetzt sein inoffizieller Erster Minister, erhielt als erster diese Auszeichnung. Auch Masepa, den Hetman der Kosaken, und Boris Scheremetew, der Schein als Oberbefehlshaber der Armee ablöste, erhob der Zar in den Ritterstand. Fünfundzwanzig Jahre später, beim Tode Peters, zählte der Sankt-Andreas-Orden achtunddreißig Mitglieder, vierundzwanzig Russen und vierzehn Ausländer. Bis zum Sturz des Reiches blieb dieser Orden die höchste und begehrteste Auszeichnung, die von einem russischen Monarchen verliehen werden konnte.

8 Feuer und Knute

Als die Wiedersehensfeiern zu Ende waren, hielt Peter es für unumgänglich, mit den Strelitzen abzurechnen. Schon seit Sofias Sturz hatte er die früheren Elitesoldaten des russischen Heeres fortwährend gedemütigt. So mußten sie bei Peters Manövern in Preobraschenskoje immer den »Feind« spielen und dabei »verlieren«. Später, bei der Schlacht vor den Mauern von Asow, hatten die Strelitzen schwere Verluste erlitten. Sie hatten es dem Zaren sehr verübelt, daß sie Gräben ziehen und Erdwälle errichten mußten; sie haßten außerdem, Befehle von ausländischen Offizieren entgegennehmen zu müssen. Sie hatten das Verhalten des Zaren offen mißbilligt, der dem Beispiel der Westeuropäer so eifrig folgte und für sie unverständliche Sprachen beherrschte.

Während der beiden Asow-Feldzüge hatte Peter erfahren, wie sehr die Strelitzen neuen Regimentern bezüglich Disziplin und Kampfkraft unterlegen waren; Peter hatte daraufhin die Absicht bekanntgegeben, seine gesamte Armee nach westlichen Vorbildern umgestalten zu wollen. Nach der Einnahme von Asow waren die neuen Regimenter zusammen mit dem Zaren nach Moskau zurückgekehrt, wo sie einen triumphalen Einzug hielten und geehrt wurden, während die Strelitzen zurückbleiben mußten, um die Festungsanlagen wiederaufzubauen. Alle ihre Vorrechte waren außer acht gelassen worden, denn in Friedenszeiten pflegten bisher die Strelitzen in Moskau zu bleiben, wo sie den Kreml bewachten, wo ihre Familienangehörigen lebten und wo sie nebenbei immer recht einträgliche Geschäfte machen konnten. Einige Soldaten waren sogar beinahe zwei Jahre lang von zu Hause fort, was offensichtlich mit Absicht so verfügt worden war. Der Zar hielt es wohl für zweckmäßig, daß so wenige Strelitzen wie möglich sich in der Hauptstadt aufhielten, und darum bot es sich geradezu an, sie für den Einsatz an einer der abgelegenen Grenzen Rußlands zu verpflichten. Als die Regierung die Truppen an der polnischen Grenze verstärken wollte, wurden zweitausend Strelitzen von den Asowschen Regimentern dorthin verlegt. Die in Asow entstandenen Lücken sollten durch in Moskau verbliebene Strelitzen aufgefüllt werden, so daß schließlich nur noch die Garden des Zaren und andere wenige Truppen westlicher Prägung in der Hauptstadt zum Schutz der Regierung zurückblieben.

Bei den vier Strelitzen-Regimentern, die nun von Asow nach Westen marschieren mußten, kam Unzufriedenheit auf. Sie waren darüber besonders aufgebracht, daß man ihnen nicht gestattet hatte, über Moskau zu marschieren und ihre Familien wiederzusehen. Unterwegs desertierten einige Soldaten und tauchten erst wieder in Moskau auf, wo sie ihren ausstehenden Lohn forderten und ersuchten, in der Hauptstadt bleiben zu dürfen. Ihre Petitionen wurden abgelehnt. Man befahl ihnen statt dessen unter Androhung von Strafen, unverzüglich zu ihren Regimentern zurückzukehren. Bei ihren

Kameraden berichteten sie, daß man sie sehr schlecht behandelt hatte, und verbreiteten den neuesten Klatsch aus Moskau über Peter und seinen langen Auslandsaufenthalt. Schon vor seiner Abreise hatten sie darüber gelästert, daß er grundsätzlich Ausländer bevorzugt und ausländische Offiziere in hohe Ämter befördert hatte. Jetzt aber schürten die neuen Gerüchte ihre Wut. Man sagte, Peter sei Deutscher geworden und habe dem russisch-orthodoxen Glauben abgeschworen.

Je länger die Strelitzen über das Verhalten des Zaren berieten, um so mehr verwandelte sich ihre persönliche Unzufriedenheit in eine politische Unzufriedenheit. Sie befürchteten, Peter erschüttere die Grundlagen ihres Glaubens und ihres Landes. Der Zar war nicht mehr der Zar! Ein echter Zar saß auf seinem Thron im Kreml, hielt sich von seinen Untertanen fern, zeigte sich nur bei großen Prozessionen in der Öffentlichkeit. Dieser Peter aber, der mit Zimmerleuten und anderem ausländischen Gesindel in der Deutschen Vorstadt die Nächte durchfeierte, der bei Triumphzügen hinter Ausländern herlief, die er zu Generälen und Admiralen gemacht hatte, konnte gar kein echter Zar sein. Wenn er dennoch der Sohn Alexeis war – was viele bezweifelten –, mußte er verhext worden sein. Seine Zuckungen und Krämpfe mochten dann der Beweis dafür sein, daß er das Kind des Teufels war. So brodelte es in den Strelitzen, die es nun als ihre Aufgabe ansahen, »diesen untergeschobenen Sohn Alexeis, diesen falschen Zaren« zu stürzen und die herkömmlichen Bräuche wiedereinzuführen.

Genau zu diesem Zeitpunkt gab es noch einen Befehl aus Moskau: Die Strelitzen sollten sich in Kompanien auf verschiedene Garnisonsstädte zwischen Moskau und der Grenze zu Polen und Litauen verteilen; die Deserteure, die nach Moskau gekommen waren, sollten verhaftet und in die Verbannung geschickt werden. Dieser Befehl brachte die aufgestaute Wut der Strelitzen zum Ausbruch. Zweitausend Strelitzen beschlossen, nach Moskau zu marschieren. Am 9. Juni notierte Legationssekretär Korb in seinem Tagebuch: »Heute kam das erste schreckliche Gerücht über eine Rebellion der Strelitzen auf.«[1] Man erinnerte sich in Moskau an den Aufstand, der sechzehn Jahre zuvor ausgebrochen war, und befürchtete ein neues Gemetzel. Wer irgendwie dazu in der Lage war, verließ die Hauptstadt.

In dieser Panikstimmung wurde eine Ratsversammlung anberaumt. Niemand kannte zu diesem Zeitpunkt die Zahl der Aufständischen. Die Moskauer Soldaten standen unter dem Oberbefehl des Bojaren Alexei Schein, der, wie schon in Asow, von Patrick Gordon unterstützt wurde. Schein versprach, den Aufstand niederzuschlagen, bat aber darum, daß alle Mitglieder des Bojarenrats ihre Zustimmung dadurch kenntlich machen sollten, daß sie ein Protokoll über ihren Beschluß unterzeichneten und besiegelten. Diese Forderung lehnten die Bojaren allerdings ab; wahrscheinlich befürchteten sie, sie könnten durch ihre Unterschriften ihr Todesurteil besiegeln, wenn es zu einem Sieg der Strelitzen kommen würde. Immerhin waren sie aber einstimmig der Meinung, man müsse die Strelitzen auf jeden Fall davon abhalten, in Moskau einzudringen. Alle zarentreuen Soldaten sollten zusammengezogen werden und den Strelitzen entgegenmarschieren, bevor diese die Stadt erreichten.

Die beiden Garderegimenter, das Preobraschensker und das Semenowsker Regiment, erhielten den Befehl, innerhalb einer Stunde abmarschbereit zu sein. Um jeden möglichen Funken des Widerstands im Keim zu ersticken, hieß es, daß jeder, der nicht gegen die Verräter marschieren wolle, selbst zum Verräter erklärt werden würde. Gordon ging zu den Soldaten, ermahnte sie und versicherte ihnen, es gäbe keinen edleren und ruhmvolleren Kampf als die Rettung des Monarchen und des Staates vor Verrätern. Viertausend zarentreue Soldaten wurden mobilisiert und marschierten in Richtung Westen. Schein und Gordon ritten an ihrer Spitze. Auch Oberst von Grage, der österreichische Artillerieoffizier in russischen Diensten, zog mit fünfundzwanzig Feldgeschützen mit.

Die beiden Heere begegneten einander etwa fünfzig Kilometer nordwestlich von Moskau, in der Nähe des berühmten Klosters Neues Jerusalem, das Patriarch Nikon hatte erbauen lassen. Die zarentreue Truppe war in vielerlei Hinsicht den Aufständischen überlegen. Wären die Strelitzen nur eine Stunde früher eingetroffen, hätten sie das mächtige Kloster besetzen und so lange verteidigen können, bis die zarentreuen Soldaten sich vielleicht entmutigt den Aufständigen angeschlossen hätten. Nun aber begegneten sich beide Parteien auf offenem, hügeligem Gelände.

In der Nähe des Klosters floß ein kleiner Fluß. Schein und Gordon gingen am östlichen Ufer in Stellung und blockierten von hier aus die Straße nach Moskau. Bald danach erschienen die langen Kolonnen der Strelitzen mit ihren Musketen und Hellebarden. Ihre Vorhut war gerade im Begriff, das Flüßchen zu durchwaten. Inzwischen war Gordon zum Ufer hinuntergegangen, um mit den Anführern der Aufständischen zu sprechen und herauszufinden, ob es noch irgendeine Möglichkeit gäbe, den Aufstand friedlich zu beenden. Als die ersten Strelitzen aus dem Wasser stiegen, gab er ihnen zunächst einige Ratschläge: Es werde bald Nacht sein, und sie könnten an diesem Tag Moskau nicht mehr erreichen. Deshalb sollten sie für diese Nacht auf der anderen Seite des Flusses, wo viel Platz vorhanden war, ihr Lager aufschlagen. Sie könnten dort ausruhen und darüber beschließen, was am nächsten Tag zu tun sei. Die Strelitzen hatten nicht damit gerechnet, daß es noch vor Moskau zum Kampf kommen werde. Jetzt sahen sie sich den Zarentruppen gegenüber. Erschöpft und verunsichert nahmen sie Gordons Rat an und ließen sich am Westufer des Flußes nieder. Feldwebel Sorin, der Sprecher der Strelitzen, händigte Gordon eine Petition aus, in der es hieß:

»Man habe ihnen befohlen, ein Jahr lang ohne Unterbrechung in verschiedenen Städten fernab von Moskau Dienst zu tun. Als sie vor Asow gelegen hatten, hätte der Häretiker und Ausländer Francis Lefort, um der Orthodoxie großen Schaden zuzufügen, die Moskauer Strelitzen absichtlich zur ungünstigsten Zeit unter die Mauer geführt, und viele von ihnen seien getötet worden, weil er sie an die gefährlichsten Stellen des Kampfes geschickt hätte. Auf seinen Plan hin sei eine Mine unter die eigenen Verschanzungen gelegt worden, und durch diese Mine seien über dreihundert Mann mehr getötet worden.«[2]

Während Gordon mit den Aufständischen verhandelte, konnten sich Scheins Soldaten in aller Ruhe am Ostufer und der Anhöhe verschanzen. Ganz oben hatte Oberst von Grage seine Geschütze in Stellung gebracht, die Mündungen nach unten auf die Strelitzen gerichtet.

Im Morgengrauen des folgenden Tages stieg Gordon, der sich der Stärke der eigenen Position bewußt war, wieder zu den Strelitzen hinab, wo man von ihm verlangte, daß die Beschwerdeschrift der Rebellen vor den zarentreuen Soldaten verlesen werden müsse. Gordon lehnte ab; tatsächlich war die Petition der Strelitzen eine Aufforderung zur Erhebung gegen den Zaren und eine Verurteilung seiner engsten Freunde, insbesondere Leforts. Gordon wies darauf hin, daß der Zar möglicherweise Milde walten lassen werde. Er forderte die Strelitzen auf, friedlich umzukehren, denn ein Aufstand könne nichts Gutes bringen. Wenn sie ihre Forderungen friedlich und mit der ausdrücklichen Versicherung ihrer Loyalität vorbringen würden, werde er sich dafür verwenden, daß man ihren Ungehorsam nachsehe. Gordon bemühte sich jedoch vergebens. »Ich setzte alle meine Überredungskünste ein, aber es war umsonst«, schrieb er in sein Tagebuch. Die Strelitzen wiederholten nur, sie würden erst auf ihre Posten zurückkehren, »wenn man ihnen erlaubt habe, ihre Frauen in Moskau zu umarmen, und wenn sie ihren rückständigen Lohn erhalten hätten«[3].

Gordon überbrachte Schein diese Antwort und kehrte dann ein drittes Mal mit einem letzten Angebot zurück: Die Löhne würden bezahlt und die Aufständischen nicht bestraft werden. Inzwischen aber waren die Strelitzen unruhig und ungeduldig geworden. Sie warnten Gordon, er solle sich sofort davonmachen, bevor er eine Kugel für seine Bemühungen bekäme. Sie würden von niemandem mehr Befehle annehmen und auch nicht in ihre Garnison zurückgehen, man müsse sie vielmehr nach Moskau zurückkehren lassen. Wenn man ihnen den Weg blockierte, wollten sie ihn sich mit dem Säbel freimachen. Wütend kehrte Gordon zu Schein zurück, und die zarentreuen Soldaten bereiteten sich auf den Kampf vor. Auch auf dem Westufer machte man sich kampfbereit und bat um Gottes Segen.

Die ersten Schüsse wurden von der Seite Scheins zur Warnung abgegeben. Mit lautem Donner quoll Rauch aus den Mündungen der Kanonen, wenn es auch keinen Schaden gab. Die Geschütze hatten nur mit Pulver, noch nicht mit Kugeln geschossen. Schein wollte mit dieser Machtdemonstration die Strelitzen zur Kapitulation bewegen. Die blinde Salve hatte aber die entgegengesetzte Wirkung. Nachdem die Aufrührer den Geschützlärm gehört hatten und doch unverletzt geblieben waren, fühlten sie sich außerordentlich ermutigt, glaubten gar, die Stärkeren zu sein. Sie schlugen ihre Trommeln, schwenkten ihre Fahnen und marschierten auf den Fluß zu. In diesem

Augenblick befahlen Schein und Gordon, Oberst von Grage solle seine Geschütze nun tatsächlich abschießen. Wieder donnerten die Kanonen, und diesmal wurden die Strelitzen von mehreren Kugeln getroffen. Anschließend feuerten die fünfundzwanzig Geschütze ununterbrochen in die Menschenmenge hinein, und die Geschosse rissen Köpfe, Arme und Beine ab.

Nach einer Stunde war die Schlacht entschieden. Während die Geschütze noch feuerten, lagen überall Strelitzen auf dem Boden, um den Kugeln zu entgehen; sie waren bereit, sich zu ergeben. Vom anderen Ufer aus rief man ihnen zu, sie sollten ihre Waffen wegwerfen. Die Strelitzen gehorchten sofort, dennoch hielt das Geschützfeuer weiter an. Gordon befürchtete, die Strelitzen könnten noch einmal Mut fassen und ein zweites Mal angreifen, wenn man das Feuer einstellte, bevor man sie restlos entwaffnet hatte. Völlig eingeschüchtert ließen sich die Strelitzen dann fesseln, so daß jede Gefahr gebannt war.

Schein kannte kein Erbarmen. Während die Strelitzen gefesselt dastanden, ordnete er ihre sofortige Befragung über Einzelheiten des Aufstandes an, vor allem wollte er die Namen der Anstifter erfahren. Jeder Befragte gab jedoch nur zu, am Aufstand teilgenommen zu haben, und bestätigte, daß er den Tod verdient habe. Keiner gab aber auch nur eine einzige Einzelheit bezüglich der genauen Absichten der Aufständigen preis oder verriet einen Kameraden als Anführer der Revolte. Daraufhin ließ Schein die Strelitzen foltern. Knute und Feuer taten ihr Werk, bis man schließlich einen Soldaten zum Sprechen brachte. Er gab zunächst zu, daß er und alle seine Gefährten den Tod verdient hätten. Außerdem bekannte er, daß man, wäre der Aufstand erfolgreich gewesen, zuerst die Deutsche Vorstadt geplündert und niedergebrannt und dann alle ihre Einwohner massakriert hätte. Anschließend wäre man nach Moskau marschiert, um alle, die Widerstand leisteten, zu töten, die regierenden Bojaren festzunehmen, einige von ihnen hinzurichten und die anderen ins Exil zu schicken. Am Ende hätten sie dem Volk verkünden wollen, daß der Zar, der auf den heimtückischen Rat einiger Ausländer hin sein Land verlassen habe, im Westen gestorben sei und daß nun Prinzessin Sofia noch einmal die Regentschaft übernehmen solle, bis Zarewitsch Alexei, der Sohn Peters, volljährig geworden wäre. Man wollte auch Wassili Golizyn aus dem Exil zurückholen, damit er Sofia mit Rat und Tat zur Seite stehen könne.

Vielleicht hatte der Soldat die Wahrheit gesagt, vielleicht hatte aber Schein auch nur das aus ihm herausgeholt, was er zu hören wünschte. Schein war jedenfalls zufrieden und ordnete auf der Grundlage des nun vorliegenden Geständnisses die ersten Hinrichtungen an. Gordon protestierte – wenn auch nicht um das Leben der Verurteilten zu retten, sondern in der Hoffnung, sie noch gründlicher befragen zu können. Weil er voraussah, daß Peter nach seiner Rückkehr der ganzen Angelegenheit selbst auf den Grund gehen wollte, lehnte er sich gegen die Hinrichtungen auf. Schein war aber der Befehlshaber und erklärte, es sei notwendig, die übrigen Strelitzen und das ganze Volk durch sofortige Hinrichtungen darüber zu belehren, wie Verräter behandelt würden. Hundertdreißig Strelitzen wurden an Ort und Stelle exekutiert, den Rest, etwa tausendneunhundert, schleppte man in Ketten nach Moskau. Sie wurden dort Romodanowski übergeben, der sie in den Gefängniszellen verschiedener Festungen und Klöster rund um Moskau unterbrachte, wo sie auf die Rückkehr Peters warten mußten.

Peter, der sich von Wien aus auf dem Weg nach Moskau befand, hatte unterwegs die Nachricht vom Sieg über die Strelitzen erhalten. Obwohl der Aufstand seinen Thron niemals ernsthaft bedroht hatte und schnell erstickt worden war, fühlte sich der Zar zutiefst beunruhigt. Er empfand es als beängstigend und demütigend, daß sich seine Armee gegen ihn erhoben hatte, während er sich im Ausland befand, und er fragte sich – wie Gordon vorausgesagt hatte –, welche hohen Persönlichkeiten in den Aufstand verwickelt sein könnten. Peter zweifelte daran, die Strelitzen könnten von sich aus ohne fremde Hilfe die Verschwörung angezettelt haben. Wer aber konnte sie angestiftet haben? Und zu wessen Vorteil?
Keiner seiner Bojaren oder Offiziere konnte ihm eine befriedigende Antwort geben. Man entschuldigte sich, die Strelitzen seien zwar gefoltert worden, man habe dennoch keine Antworten aus ihnen herauspressen können. Wütend und mißtrauisch wies Peter daher seine Garderegimenter an, die Hunderte von Gefangenen aus ihren Kerkern herauszuholen und nach Preobraschenskoje zu bringen. Dort wollte Peter durch eigene Verhöre in Erfahrung bringen, ob, wie er an Romodanowski geschrieben hatte, »die Saat der Miloslawskis noch einmal aufgegangen war«[4]. Und auch wenn es sich hier nicht um eine regelrechte Verschwörung gegen ihn und die Regierung gehandelt hatte, war er entschlossen, mit den »Übeltätern« aufzuräumen. Seit seiner Kindheit hatten sich ihm die Strelitzen widersetzt. Sie hatten ihn bedroht, seine Freunde und Verwandten ermordet, die Ansprüche der Usurpatorin Sofia unterstützt, und seines Erachtens intrigierten sie weiter gegen ihn. Nur zwei Wochen vor Beginn seiner großen Auslandsreise war die Verschwörung des Strelitzen-Oberst Zickler entdeckt worden. Und jetzt hatten diese Leute sogar gegen Moskau marschieren wollen, um die Regierung zu stürzen! Die Strelitzen waren eine ständige Gefahr, sie beanspruchten auf arrogante Weise besondere Privilegien, wollten nur kämpfen, wann und wo es ihnen beliebte, wobei sie nur mäßige Leistungen erbrachten; außerdem wirkten sie wie mittelalterliche Gestalten in einer modernen Welt. Er wollte sie nun ein für allemal loswerden.

Ein Verhör war damals eine Befragung unter Folter. Während der Regentschaft Peters wurde die Folter zu drei Zwecken angewandt: Sie sollte die Menschen zum Sprechen bringen, diente zur Bestrafung, auch dann, wenn keine Informationen gewünscht wurden, und wurde zur Verschärfung der Todesstrafe eingesetzt. Dabei waren drei Methoden des Folterns üblich: mit einem Batog, einer Knute und dem Feuer. Ein Batog war eine kleine Rute oder ein Stock, so dick wie der Finger eines Mannes. Er wurde gewöhnlich zur Bestrafung geringerer Vergehen gebraucht. Das Opfer mußte sich mit dem Bauch nach unten auf den Boden legen; der Rücken wurde entblößt, Arme und Beine an vier Pflöcken festgebunden. Zwei Männer schlugen dann gleichzeitig mit dem Batog auf den nackten Rücken des Missetäters, wobei einer auf dessen Kopf und Armen saß oder kniete, der andere auf dessen Beinen. Die beiden Strafvollstrecker saßen einander gegenüber und schwangen ihre Stöcke in einem gleichmäßigen Rhythmus »wie Schmiede an ihrem Amboß, bis ihre Stöcke zerbrochen waren. Sodann nahmen sie neue, bis sie endlich Befehl erhielten aufzuhören«[5]. Es kam schon mal vor, daß einer unter den Schlägen starb.

Zur strengeren Bestrafung oder bei einer wichtigen Befragung wurde mit einer Knute zugeschlagen – eine althergebrachte und grausame russische Züchtigungsmethode. Die Knute war eine dicke, feste Lederpeitsche mit einem kurzen Griff. Mit einem Schlag wurde dem Opfer die Haut vom entblößten Rücken aufgerissen, und wenn der Lederriemen wiederholt dieselbe Stelle traf, konnte er sich förmlich in die Knochen hineinfressen. Je schwerer ein Gefangener bestraft werden sollte, desto mehr Hiebe wurden ihm auferlegt; fünfzehn bis fünfundzwanzig waren die Regel, mehr führten oft zum Tod.

Gewöhnlich legte man das Opfer, das mit der Knute gezüchtigt werden sollte, einem anderen Mann auf den Rücken. Der Knutenmeister, wie man den Strafvollstrecker nannte, holte sich zu diesem Zweck meist irgendeinen starken Mann aus der Zuschauermenge. Dann wurden die Arme des »Übeltäters« über die Schultern, die Beine um die Knie des Darunterstehenden gelegt und gefesselt. Ein Gehilfe des Knutenmeisters hielt nun den Kopf, während ein Peitschenhieb dem anderen folgte.

Man konnte aber noch grausamer vorgehen: Man band dem Mann die Hände hinter dem Rücken zusammen, knüpfte ein langes Seil um seine Handgelenke und zog dieses Seil über den Ast eines Baumes oder über einen hochgelegenen Balken. Mit diesem Seil konnte man ihn nach oben hieven, wobei man ihm die Arme aus den Schultergelenken drehte. Zusätzlich wurde manchmal ein schwerer Holzklotz an die Füße gebunden. Auch wenn der Mann kein Lebenszeichen mehr von sich gab, verteilte der Knutenmeister noch die vorgesehene Anzahl von Hieben, bevor man ihn wieder auf den Boden herunterließ und ihm die Arme wieder in die Gelenke einrenkte. In manchen Fällen wiederholte man diese Folterung in siebentägigem Abstand, bis der Mann ein Geständnis ablegte.

Es war auch üblich, Aussagen mit dem Feuer zu erpressen; in den einfachsten Fällen bedeutete das, daß man das Opfer »an Händen und Füßen fesselte und es an einen langen Pfahl band wie auf einem Spieß. Sodann wurde ein bloßer Rücken über dem Feuer geröstet, wobei man das Opfer immer wieder aufforderte zu bekennen«[6]. Manchmal wurde ein Mann zuerst mit der Knute geschlagen, dann wieder heruntergelassen, an einen Pfahl gebunden und mit dem von den Knutenhieben noch blutenden Rücken über das Feuer gehalten. Es kam auch vor, daß man einen Mann, der ausgepeitscht worden war, noch hängen ließ und ein rotglühendes Eisen an seinem Rücken ansetzte. Obwohl Folter und öffentliche Hinrichtungen im 17. Jahrhundert in Europa durchaus üblich waren, wunderten sich die meisten Rußlandreisenden, mit welcher »unerschütterlichen Standhaftigkeit« die Russen diese schrecklichen Todesqualen meist über sich ergehen ließen. Sie ertrugen lieber die schrecklichsten Schmerzen, als Freunde zu verraten, und wenn sie zum Tode verurteilt waren, gingen sie ruhig zum Galgen oder zum Richtblock. In Astrachan wurden einmal in weniger als einer halben Stunde dreißig Aufständische enthauptet. Es gab keinen Lärm und kein Geschrei, die Verurteilten gingen zum Richtblock und boten einfach ihre Köpfe dar. Man hatte ihnen nicht einmal die Hände binden müssen.

Verwundert fragte der Zar einmal einen Mann, der viermal mit der Knute und dem Feuer gefoltert worden war, wie er so große Schmerzen aushalten könne. Der Mann fühlte sich durch diese Frage geehrt und antwortete, er gehöre zu der »Gesellschaft der Gefolterten«, zu der niemand zugelassen würde, der nicht wenigstens einmal gefoltert worden sei. Um in dieser Gesellschaft aufzusteigen, müßte man noch schlimmere Foltermethoden ertragen können als die, die ihm auferlegt worden wären. Am grausamsten sei es, erklärte er dem Zaren, wenn einem ein Stück glühender Kohle ins Ohr gelegt würde, und ebenso qualvoll sei es, wenn die Folterknechte eiskaltes Wasser auf den kahlgeschorenen Kopf des »Übeltäters« tropfen ließen. Noch erstaunlicher und besonders ergreifend war die Tatsache, daß manchmal ein Russe, der trotz Knutenhieben und Feuer, auch unter Androhung des Todes, das Schweigen nicht gebrochen hatte, dann zusammenbrach, wenn man freundlich mit ihm umging. So auch der Mann, der Peter von der »Gesellschaft der Gefolterten« berichtet hatte. Nachdem er durch die viermalige Folter nicht zum Sprechen gebracht worden war, ging Peter auf ihn zu, küßte ihn und bat ihn, er solle doch aus Liebe zu seinem Herrscher ein Geständnis ablegen. Peter gelobte bei Gott, er werde ihm dann nicht nur verzeihen, sondern ihn sogar zum Obersten ernennen. Diese unerwartete Milde des Zaren war es schließlich, die den Gefangenen zu einem Geständnis bewegte. Der Zar hielt sein Versprechen und ernannte ihn zum Obersten.

Im 17. Jahrhundert war es überall in Europa üblich, Hochverrat besonders hart zu bestrafen. 1613 wurde in Frankreich der Mörder König Heinrichs IV. hingerichtet. Vor einer riesigen Menschenmenge wurde er auf der Place de l'Hôtel de Ville in Paris von vier Pferden in Stücke gerissen. Einem sechzigjährigen Franzosen, der den Sonnenkönig beleidigt hatte, wurde die Zunge herausgerissen, bevor man ihn auf eine Galeere schickte. In Frankreich wurden Verbrecher gewöhnlich enthauptet, verbrannt oder lebendig aufs Rad gebunden; Italienreisende beklagten sich über die große Zahl der in diesem Land öffentlich aufgestellten Galgen. »Wir sehen hier soviel menschliches

Fleisch entlang den Straßen hängen, daß es eine Last ist, zu reisen«, schrieb ein Zeitgenosse.[7] In England gab es für bestimmte Verbrechen die »harte und feste Strafe«: Ein Brett wurde über die Brust des Opfers gelegt, ein Gewicht nach dem anderen daraufgeschichtet, bis der Bedauernswerte zu atmen aufhörte. Die Strafe für Verrat war dort, wie erwähnt, das Hängen, Ausweiden und Vierteilen. 1660 beschrieb Samuel Pepys in seinem Tagebuch eine solche Szene: »Ich ging hinaus nach Charing Cross, um dort das Hängen, Ausweiden und Vierteilen von Generalmajor Harrison zu beobachten. Der Übeltäter sah so fröhlich drein, wie es unter den gegebenen Umständen nur möglich war. Man hackte ihn vor unserer aller Augen in Stücke und zeigte seinen Kopf und sein Herz den Zuschauern, die sogleich in ein Freudengeschrei ausbrachen.«[8]

Der Zweck, potentielle Verbrecher abzuschrecken, heiligte jedoch die Mittel nicht.

Auf Befehl des Zaren ließ Fürst Romodanowski alle gefangenen Strelitzen, insgesamt 1714 Soldaten, nach Preobraschenskoje bringen, wo er vierzehn Folterkammern für sie einrichten und sie sechs Tage in der Woche (Sonntag war Ruhetag) und Woche für Woche auf brutale Weise verhören ließ. Die Hälfte des Septembers und fast der ganze Oktober gingen damit hin, daß man die Strelitzen mit Knute und Feuer quälte. Enthüllte einer der Aufrührer etwas, was zuvor nicht bekannt gewesen war, wurden alle anderen, die schon verhört worden waren, noch einmal an die Folterstätten zurückgebracht, um erneut befragt zu werden. Wer zusammenbrach, wurde der Obhut der Ärzte anvertraut, um nach seiner Wiederherstellung unter neuen Qualen weiter verhört zu werden.

Major Karpakow, der als einer der Anführer des Aufstands galt, verlor die Sprache und das Bewußtsein, nachdem er zuvor mit der Knute geschlagen und mit Feuer gefoltert worden war. Da Romodanowski daraufhin befürchtete, der Übeltäter könne zu früh sterben, überantwortete er ihn Peters Leibarzt, Dr. Carbonari. Sogleich nach seiner Behandlung durch den Arzt wurde Karpakow erneut gefoltert. Auch ein zweiter Offizier, der unter der Folter zusammengebrochen war, wurde Dr. Carbonari anvertraut. Versehentlich ließ der Arzt sein Messer in der Zelle des Gefangenen zurück. Um nicht noch einmal gefoltert zu werden, nahm der Offizier dieses Messer und versuchte, sich selbst die Kehle zu durchschneiden. Er war jedoch bereits zu schwach, der Schnitt ging nicht tief genug. Man entdeckte ihn, als er ohnmächtig dalag, sorgte schnell dafür, daß er noch einmal zu Kräften kam, und ließ ihn dann erneut foltern.

Romodanowski, Golizyn, Schein, Streschnew, Prosorowski, Tscherkassi, Dolgoruki, Trojekurow, Schtscherbatow und sogar Peters alter Hauslehrer Sotow betätigten sich auf Wunsch des Zaren als Folterknechte; sie legten dies als Zeichen des besonderen Vertrauens aus, das der Zar ihnen entgegenbrachte. Die Freunde und Zechgenossen sollten in Erfahrung bringen, ob auch Bojaren an der Verschwörung beteiligt gewesen waren. Der Zar war oft bei den Folterungen zugegen, und manchmal schwang er selbst seinen großen Stock mit dem Elfenbeingriff, um diejenigen auszufragen, die er für die Hauptschuldigen hielt. Manchmal ließ ihn aber das Schweigen seiner Opfer die Fassung verlieren, worüber Korb in seinem Tagebuch detailliert berichtet:

»Ein Mann, der mit dem Hochverrat in Verbindung stand, wurde der peinlichen Befragung unterworfen. Als er an den Block gebunden wurde, begann er zu jammern, so daß man durch die Folterung die Wahrheit erpressen zu können hoffte. Aber gerade das Gegenteil traf ein: Sobald nämlich das Seil den Körper zu spannen begann, gab er bis auf das schauerliche Krachen der Glieder, die aus ihren natürlichen Bindungen gerissen wurden, keinen Laut mehr von sich, selbst auf die nachfolgenden dreißig Knutenhiebe nicht, gerade als ob die Gewalt des Schmerzes zu groß wäre, um die Sinne treffen zu können. Alle glaubten, der Mann habe, vom Übermaß des Leidens zermalmt, die Fähigkeit zum Klagen und Sprechen verloren. Man löste ihn daher von Block und Schandseil, richtete alsbald die Frage an ihn, ob er die Anwesenden kenne, und zur allgemeinen Verblüffung sagte er die einzelnen Namen genau auf. Als er nun abermals über den Hochverrat befragt wurde, hüllte er sich wieder in tiefes Schweigen, das er auch nicht brach, als er auf Befehl des Zaren eine volle Viertelstunde am Feuer gesengt wurde. Diese verruchte Widersetzlichkeit des Verräters konnte der empörte Zar nicht länger ertragen; wütend hob er den Stock, den er gerade zufällig trug, um ihm diesen heftig hineinzustoßen und dadurch seinen in verstocktem Schweigen verriegelten Mund aufzubrechen und zum Sprechen und Klagen zu bringen. Die Worte, die ihm in der Wut entfielen: ›Bekenne du Vieh, bekenne!‹ brachten denn auch die Größe seines Zorns unverhüllt zum Ausdruck.«[9]

Obwohl die Folterungen und die Verhöre geheim waren, wußte ganz Moskau, daß schreckliche Dinge vor sich gingen. Vergebens gab sich Peter Mühe, die Grausamkeiten versteckt zu halten, besonders vor Ausländern, da er wußte, welche Reaktion seine Folterkammern an den Höfen des Westens, die er gerade besucht hatte, auslösen würden. Gerüchte stachelten jedoch die Neugier sehr an. Eine Gruppe westlicher Diplomaten ritt zum Beispiel nach Preobraschenskoje, um sich dort umzusehen. Sie kamen an drei Häusern vorbei, aus denen entsetzliches Geschrei und lautes Stöhnen zu hören war, und hielten vor einem vierten an, aus dem markerschütternde Schreie drangen. Die Diplomaten stiegen ab, betraten das Haus und waren aufs höchste bestürzt, als sie dort den Zaren, Lew Naryschkin und Romodanowski antrafen. Sie wollten sich sogleich wieder zurückziehen, als Naryschkin fragte, wer sie wären und was sie hier zu suchen hätten. Zornig befahl er ihnen, sich in Romodanowskis Haus zu begeben, damit die Angelegenheit untersucht werden könne. Die Diplomaten lehnten dies jedoch ab, bestiegen ihre Pferde und sagten Naryschkin, wenn er ihnen etwas mitzuteilen habe, so könne er in ihre Botschaft kommen. Daraufhin traten Soldaten in Aktion;

ein Gardeoffizier versuchte einen der Diplomaten aus dem Sattel zu ziehen. Im letzten Augenblick konnten die offensichtlich unwillkommenen Besucher ihren Pferden die Sporen geben und sich an den Soldaten vorbei, die ihnen den Weg zu verstellen versuchten, in Sicherheit bringen.

Man hatte sich vergeblich bemüht, die Folterungen geheimzuhalten. Der Patriarch entschloß sich, den Zaren aufzusuchen und um Gnade zu bitten. Er nahm ein Bild der Heiligen Jungfrau mit und beschwor Peter, Mitleid mit seinen Untertanen, auch mit den Aufständischen, zu haben. Der Zar ärgerte sich über diese Einmischung der Kirche in seine weltlichen Angelegenheiten und fuhr den Patriarchen erregt an: »Was willst du mit dem Bild? In welcher kirchlichen Angelegenheit kommst du hierher? Mach, daß du schnell wegkommst, und bring das Bild zurück an seinen Platz! Wisse, daß ich Gott und seine hochheilige Mutter verehre, vielleicht inniger als du. Gott hat mir als Herrscher die Pflicht auferlegt, das Volk zu schützen und die Verbrechen, die zu seinem Unheil ausschlagen, öffentlich zu ahnden.«[10] In diesem Fall, fuhr Peter fort, seien Recht und Härte aneinandergekettet. Das Übel müsse an der Wurzel gepackt werden und könne nur mit Hilfe von Eisen und Feuer beseitigt werden. Moskau könne nur durch Grausamkeit gerettet werden.

Geistliche, denen man nachsagte, sie hätten für das Gelingen des Aufstandes gebetet, wurden zum Tode verurteilt. Das Mißtrauen und die Lust an der Denunziation stiegen. Die Frau eines kleinen Beamten kam einmal zufällig an den Galgen vorbei, die draußen vor dem Kreml errichtet worden waren, und sah dort einige Gehenkte. Mitleidsvoll sagte sie: »Ach, wer weiß denn schon, ob ihr schuldig oder unschuldig wart!«[11] Ihre Worte wurden den Justizbeamten hinterbracht, daraufhin wurden ihr Mann und sie verhaftet und verhört, weil sie mit Staatsverbrechern sympathisiert hatte. Als die Frau die Richter davon überzeugen konnte, daß sie diese Äußerung nur aus reinem Mitgefühl gemacht habe, wurde ihnen die Todesstrafe erlassen. Sie wurden jedoch aus Moskau verbannt.

Trotz all der entsetzlichen Folterungen konnte der Zar kaum etwas mehr als General Schein über die tatsächlichen Ziele des Aufstands erfahren. Die Strelitzen hatten vorgehabt, Moskau zu erobern, die Deutsche Vorstadt niederzubrennen, die Bojaren zu töten und Sofia erneut als Regentin einzusetzen. Hätte Sofia sich geweigert, hätten sie den achtjährigen Zarewitsch Alexei oder, als letzten Ausweg, Sofias früheren Geliebten, den Fürsten Wassili Golizyn gebeten, das höchste Amt im Staat zu übernehmen. War aber Sofia über den Aufstand informiert gewesen und hatte ihn ihn sogar gefördert?

Peter mißtraute seiner Schwester; darum ließ er auch eine große Anzahl von Frauen verhören – Ehefrauen der Strelitzen und das gesamte weibliche Gefolge Sofias. Zwei ihrer Kammerfrauen wurden in einen Folterraum gebracht und ausgezogen. Eine der beiden hatte schon mehrere Schläge mit der Knute erhalten, als Peter hinzukam. Er bemerkte, daß sie schwanger war, und erließ ihr die weitere Folter. Dennoch wurden beide Frauen später hingerichtet.

Der Strelitze Waska Alexejew gab unter der Folter zu, zwei Briefe, die angeblich von Sofia stammten, seien in das Strelitzen-Lager gelangt und laut vorgelesen worden. Sie hätten die Aufforderung enthalten, nach Moskau zu marschieren, den Kreml zu erobern und die Zarewna auf den Thron zu heben. Sofia habe diese Briefe in Broten versteckt und aus dem Kloster geschmuggelt. Andere, weniger aufrührerische Briefe, seien von Sofias Schwester Martha geschrieben worden, die Sofia davon unterrichtet haben soll, daß die Strelitzen sich in Richtung Moskau in Marsch gesetzt hatten.
Peter fuhr in das Neue-Jungfrauen-Kloster, um Sofia persönlich zu befragen. Die Überlieferung berichtet, daß dort der Zar gemeinsam mit seiner Halbschwester über das Schicksal weinte, das sie zu Feinden hatte werden lassen. Sofia bestritt, jemals den Strelitzen geschrieben zu haben. Als Peter den Verdacht äußerte, sie müsse die Strelitzen daran erinnert haben, daß man sie wieder als Regentin einsetzen könne, erwiderte sie ihm ohne Umschweife, daß es dazu keines Briefes von ihr bedurfte. Die Strelitzen würden sich bestimmt daran erinnern, daß sie den Staat sieben Jahre lang erfolgreich regiert habe. Peter erhielt keine zufriedenstellenden Auskünfte. Er verschonte seine Schwester, entschloß sich aber, sie in Zukunft noch sicherer einzusperren als zuvor. Sofia wurde gezwungen, sich die Haare abschneiden zu lassen und als Nonne Susanna die klösterlichen Gelübde abzulegen. Fortan wurde sie im Kloster, wo sie lebenslänglich bleiben sollte, ständig von hundert Soldaten bewacht; sie durfte auch keinen Besuch mehr empfangen. Sie lebte noch sechs Jahre und starb 1704 als Siebenundvierzigjährige. Ihre Schwestern Martha und Katherina Miloslawskaja wurden von dem Verdacht einer Beteiligung an der Verschwörung freigesprochen, aber auch Martha wurde für den Rest ihres Lebens in ein Kloster gesperrt.

Die ersten Hinrichtungen der Strelitzen fanden am 10. Oktober statt. Hinter den Kasernen von Preobraschenskoje ging ein freies Gelände in eine Anhöhe über, auf der wurden zahlreiche Galgen errichtet. Ein Garderegiment schirmte die Hinrichtungsstätte vor der riesigen Zuschauermenge ab. Die zum Tode Verurteilten, die größtenteils nicht mehr in der Lage waren zu gehen, wurden in kleinen Wagen herangefahren, in denen je zwei Männer Rücken an Rücken saßen. Die Strelitzen gaben keinen Laut von sich, aber ihre Frauen und Kinder, die neben den Karren herliefen, weinten und klagten bitterlich.
Auch vor den Toren Moskaus fanden, wie Korb berichtet, an jenem Tage Hinrichtungen statt:
»An allen Toren der Hauptstadt war beiderseits ein Doppelgalgen errichtet, deren jeder an diesem Tage sechs Rebellen zu tragen hatte. Als alle an die Hinrichtungsstätten geführt und immer sechs auf jedem Doppelgalgen verteilt waren, kam Seine Majestät der Zar in einem grünen polnischen Mantel, von vielen vornehmen Russen umgeben, zu dem Tor, wo das Geheiß Seiner Majestät des Zaren der Kaiserliche Herr Gesandte samt den Vertretern

Polens und Dänemarks in seinem eigenen Wagen Aufstellung genommen hatte. In unmittelbarer Nähe stand General Lefort mit Generalwachtmeister von Karlowitsch, der Seine Majestät den Zaren von Polen hergeleitet hatte, außerdem drängten sich noch viele Ausländer, mit Russen vermengt, um das Tor. Hierauf nahm die Verlesung des Urteilsspruches ihren Anfang, und der Zar forderte alle auf, den Inhalt wohl zu beachten. Der Henker reichte für die große Zahl der Verurteilten nicht aus, einige Offiziere hatten auf Befehl des Zaren dem Scharfrichter zu Hilfe kommen müssen. Die Verurteilten waren weder mit Riemen noch mit Beinschellen gefesselt; an das Schuhwerk waren Bretter gehängt, die aneinanderstießen und dadurch die Beine in der Schnelligkeit behinderten, ohne ihnen den gewohnten Dienst zu rauben. Aus eigener Kraft stiegen sie auf einer Leiter zum Balken empor, schlugen nach den vier Weltgegenden das Kreuz und verhüllten sich selbst mit einem Tuch Augen und Gesicht. Die meisten steckten selbst den Hals in die Schlinge und stürzten sich vom Galgen, um das Hängen schneller zu endigen. Zweihundertdreißig zählte man, die ihr Verbrechen mit Strick und Galgen büßten.«[12]

Peter war an jenem Abend bei General Gordon zu Gast. Er saß düster und wortkarg da und schimpfte nur über die Halsstarrigkeit der Männer, die an diesem Tag gestorben waren.

Dieses entsetzliche Strafgericht bildete den Auftakt einer ganzen Reihe von Massenhinrichtungen, die im Laufe des Oktobers stattfanden. Am 21. Oktober wurden zweihundert Mann direkt an der Stadtmauer in der Nähe der Tore gehängt. Man hatte Balken aus den Schießscharten in den Mauern herausgeschoben und an jedem Balken jeweils zwei Soldaten festgebunden. Vor jedem Stadttor baumelten als Mahnung für alle Ankommenden sechs weitere Gehenkte an den Galgen. Bei der ersten Hinrichtung am 11. Oktober waren auf dem Roten Platz hundertvierundvierzig Männer ums Leben gekommen. Die Galgen, an denen sie aufgehängt wurden, ragten zwischen den Zinnen der Kremlmauer empor. Hundertneun wurden in Preobraschenskoje mit Axt und Schwert enthauptet. Drei Brüder, die zu den widerspenstigsten Aufrührern gehörten, wurden auf dem Roten Platz exekutiert; zwei hatte man auf ein Rad gebunden, so daß sie langsam und qualvoll starben, während der dritte vor ihren Augen enthauptet wurde.

Die Rachsucht des Zaren mußte durch besonders ausgeklügelte Demütigungen gestillt werden. Für die Popen, die die Strelitzen ermutigt hatten, wurde vor der Basilius-Kathedrale ein Galgen in Kreuzform errichtet. Der Hofnarr des Zaren, selbst als Pope verkleidet, mußte diesen Unglücklichen die Schlinge um den Hals legen. Um die angenommene Verbindung zwischen den Strelitzen und Sofia deutlich zu machen, wurden zweihundertdreißig Todeskandidaten direkt beim Neuen-Jungfrauen-Kloster an riesigen, in einem Viereck angeordneten Galgen aufgehängt, drei mutmaßliche Aufrührer des Aufstands sogar direkt vor dem Fenster von Sofias Zimmer. Man hatte fingierte Bittschriften in ihre Hände gelegt, in denen Sofia um die Übernahme der Herrschaft gebeten wurde. Einen ganzen Winter hindurch hingen diese beiden Hingerichteten so nahe vor ihrem Fenster, daß sie sie berühren konnte.

Es wurden jedoch nicht alle Mitglieder der aufständischen Regimenter getötet. Fünfhundert Soldaten unter zwanzig Jahren schenkte der Zar das Leben, schickte sie aber in die Verbannung. Einige wurden auf der rechten Wange gebrandmarkt, anderen wurden Nasen und Ohren abgeschnitten, so daß sie für immer als Mitverschwörer erkennbar waren – lebende Zeugnisse für den Zorn und die Gnade des Zaren.

Johann Korb berichtet, daß Peter in seinem rasenden Zorn auch eine Anzahl seiner Freunde dazu gezwungen hat, als Scharfrichter aufzutreten. Am 27. Oktober mußten die Bojaren, die für die Verurteilung einiger Strelitzen mitverantwortlich waren, in Preobraschenskoje erscheinen und selbst die Todesstrafe vollstrecken. Sie erhielten ein Beil und mußten die Verurteilten eigenhändig enthaupten. Manchen Bojaren zitterten dabei die Hände, sie zielten schlecht oder schlugen mit zu wenig Kraft zu. Ein Bojare traf sein Opfer unterhalb des Kopfes im Rücken.

Zwei Männer taten sich bei diesem schauerlichen Werk besonders hervor. Fürst Romodanowski, der schon wegen seines unermüdlichen Einsatzes in den Folterkammern zu Ruhm gelangt und dessen Vater 1682 von den Strelitzen ermordet worden war, streckte, laut Korb, »vier Strelitzen mit ein und demselben Beil zu Boden«[13]. Alexander Menschikow, der Liebling des Zaren, rühmte sich, zwanzig Köpfe abgeschlagen zu haben. »Der Zar konnte von seinem Stuhl aus die entsetzliche Hinrichtung so vieler Menschen ohne Tränen ansehen und war lediglich darüber verärgert, daß den meisten Bojaren bei ihrem ungewohnten Geschäft die Hände zitterten ...«[14] Nur die ausländischen Freunde des Zaren weigerten sich, Todesurteile zu vollziehen. Sie sagten, in ihrer Heimat sei es nicht üblich, daß Männer ihres Standes das Amt eines Scharfrichters übernähmen.

Korb hat in seinem Tagebuch festgehalten, daß auch einige Strelitzen von Peter persönlich enthauptet wurden. Der österreichische Legationssekretär hielt sich zum Zeitpunkt der ersten öffentlichen Hinrichtung in Preobraschenskoje in Gesellschaft eines deutschen Majors auf. Dieser Major entfernte sich für einige Zeit von Korb und drängte sich durch die Menschenmenge nach vorn, um das grausige Geschehen besser beobachten zu können. Als er wieder zurückkam, berichtete er dem Österreicher, er habe selbst gesehen, wie fünf Strelitzen von Peter enthauptet worden seien. Eine Woche später notierte Korb in seinem Tagebuch: »Wie man vielfach hörte, hat Seine Majestät der Zar heute wiederum einige Hochverräter öffentlich gerichtet.«[15] Sowohl westliche als auch russische Historiker haben diese Beweise aus zweiter Hand nicht anerkannt. Im Zorn konnte Peter tatsächlich gewalttätig werden, und er war sicher oft außer sich vor Wut über die aufrührerischen Strelitzen, die sich schon einmal gegen ihn erhoben hatten. Für ihn war der Verrat unmoralisch, nicht dessen Bestrafung.

Mag man daran zweifeln, ob Peter eigenhändig Todesurteile vollstreckt hat, so herrscht auf jeden Fall Gewißheit darüber, daß er die Verantwortung für die Massenfolterungen und -hinrichtungen hatte. Auch kann nicht bestritten werden, daß er nicht selten in Folterkammern zugegen war, in denen Menschen auf unbeschreibliche Weise gequält wurden. »Der Zar hat gegen seine Bojaren ein solches Mißtrauen gefaßt«, schrieb Korb, »daß er überzeugt ist, sie machten nichts richtig, und sich scheut, ihnen auch nur den kleinsten Teil der Untersuchung allein zu überlassen. Er faßt vielmehr die Fragen selbst ab, verhört die Angeklagten selbst ...«[16]

Andererseits war Peter kein Sadist. Es breitete ihm gewiß keine Freude, bei der Folterung zuzusehen – er hetzte nie, etwa wie Iwan der Schreckliche, Bären auf eine Menschenmenge, bloß um zu sehen, was dann passierte. Peter folterte aus Gründen der Staatsräson, um Informationen zu erhalten. Auf Hochverrat stand Hinrichtung. Die von ihm angeordneten Grausamkeiten waren für ihn moralisch gerechtfertigt, und nur wenige Zeitgenossen hätten sein Verhalten für unrichtig erklärt. Die Vernichtung der Strelitzen sollte dem russischen Volk den starken, unerschütterlichen Willen des Zaren deutlich machen und dokumentieren, daß er keinen Widerstand gegen die Staatsgewalt duldete. Nach den damaligen Ereignissen wußten die Russen, daß sie keine Wahl hatten außer zu gehorchen, auch wenn der Zar westliche Kleidung trug. Sie wußten, daß unter diesen westlichen Kleidern das Herz eines russischen Herrschers schlug, der entschlossen war, seinen Willen unter allen Umständen durchzusetzen.

Peter wußte, was er wollte. Er hatte die Strelitzen nicht nur getötet, um Rache zu üben, sondern auch, um einzuschüchtern und um seine Herrschaft zu festigen. Dadurch erst war es ihm möglich, Reformen durchzusetzen und eine Änderung der russischen Gesellschaft herbeizuführen.

Für den Westen waren die Berichte über die Folterungen und Hinrichtungen von Preobraschenskoje grauenerregend. Viele vertraten die Ansicht, Rußland sei ein barbarisches Land und sein Herrscher ein grausamer orientalischer Tyrann. In England änderte Bischof Burnet seine Meinung über den Zaren: »Wie lange er die Geißel dieser Nation oder sein Nachbar sein wird, weiß allein Gott.«[17] Mit größtem Nachdruck bemühte sich darum Peter, die Folterungen vor den ausländischen Diplomaten in Moskau geheimzuhalten. Als 1701 Korbs Tagebuch in Wien veröffentlicht wurde – es erschien auf lateinisch, wurde aber für Peter ins Russische übersetzt –, reagierte der Zar dementsprechend heftig. Das Buch löste eine schwerwiegende diplomatische Krise zwischen Rußland und Österreich aus, bis Kaiser Leopold I. sich bereit erklärte, alle noch unverkauften Exemplare einstampfen zu lassen. Der Zar ließ sogar durch seine Agenten einen Großteil der bereits verkauften Exemplare zurückkaufen.

Während die vier aufrührerischen Strelitzenregimenter in Moskau gerichtet wurden, war unter den in Asow verbliebenen Soldaten beängstigende Unruhe ausgebrochen. Sie drohten damit, sich den Don-Kosaken anzuschließen und gegen Moskau zu marschieren. Dann aber kamen die Nachrichten von der völligen Vernichtung der Kameraden, die bereits nach Moskau marschiert waren, und die Strelitzen in Asow hielten es für besser, sich unterzuordnen und auf ihren Posten zu bleiben.

Peter befürchtete, daß der Haß der Überlebenden nach dieser blutigen Repression noch zunehmen würde und der Staat noch einmal durch einen Aufstand gefährdet werden könnte. Von den zweitausend Strelitzen, die sich gegen ihn erhoben hatten, waren etwa tausendzweihundert hingerichtet worden. Ihre Frauen und Kinder wurden aus Moskau verbannt; und es war im ganzen Land untersagt, sie zu unterstützen, man durfte sie höchstens als Bedienstete auf abgelegenen Gütern beschäftigen. Im Frühjahr löste Peter die restlichen sechzehn Strelitzen-Regimenter auf. Die Häuser und der Landbesitz der Offiziere wurden konfisziert; sie selbst wurden nach Sibirien oder in andere weit entfernte Gebiete deportiert, wo sie sich als Bauern niederlassen durften. Es wurde ihnen außerdem verboten, jemals wieder Waffen zu tragen. Als später, während des Nordischen Krieges gegen Schweden, die Verluste auf russischer Seite sehr hoch waren, änderte Peter seinen Beschluß. Aus der ehemaligen Soldateska ließ er einige neue Regimenter zusammenstellen, die allerdings fortwährend strengster Kontrolle unterstanden. Als es 1708 in Astrachan zu einem neuen Aufstand der Strelitzen kam, zog der Zar die ehemaligen Rebellen nicht mehr zum Militärdienst heran.

Jetzt hatte Peter ein für allemal mit jenen aufrührerischen und anmaßenden altrussischen Händlersoldaten abgerechnet, die seine Kindheit und seine Jugend so stark beeinflußt und bedroht hatten. Nach der Beseitigung der Strelitzen stand der geplanten Neuorganisation des Heeres nichts mehr im Wege. Die Strelitzen-Einheiten wurden durch die Garderegimenter ersetzt, die Peter als moderne und wirkungsvolle Streitmacht nach westlichem Vorbild aufgebaut hatte. Gerade die Offiziere der neuen russischen Garden, rekrutiert aus dem ländlichen Kleinadel, spielten schon bald jene politische Rolle, die von den Strelitzen über Jahrzehnte hinweg angestrebt worden war. Solange es sich um starke Herrscher wie Peter handelte, waren diese Offiziere auch später ergeben und gehorsam. Wenn eine Frau (was in dem Jahrhundert nach Peters Tod viermal vorkam) oder ein Kind (was zweimal der Fall war) die Macht in Händen hatten, oder wenn es bei unklarer Thronfolge zu einem Interregnum kam, dann bestimmten die Garden, von wem Rußland regiert wurde.

9 Unter Freunden

Im Herbst und Winter 1698 bekam Rußland zum erstenmal die volle Stärke von Peters Willen zu spüren. Die Folterungen und Hinrichtungen der Strelitzen waren gewiß die dramatischste und grausamste Manifestation dieses Willens gewesen, aber die Vernichtung der Strelitzen – ebenso wie das Schneiden der Bärte, die Kalender- und Geldreform, der Spott über kirchliche Riten sowie der Schiffsbau in Woronesch – diente einzig und allein dem Zweck, Überkommenes zu beseitigen und Neues zu schaffen und das russische Volk zu einer modernen, westlicheren Lebensweise zu zwingen.

Tagsüber hielt sich Peter in Preobraschenskoje in den Folterkammern auf, und abends ging er auf Empfänge und Feste. Fast jede Nacht nahm er in jenem Herbst und Winter an einem Bankett, einem Maskenfest, einer Hochzeit, einer Taufe, einem Empfang für ausländische Gesandte oder einem Possenspiel seiner »Saufsynode« teil. Auf vielen dieser Feste war auch Anna Mons anwesend, die bereits Peters Mätresse gewesen war, bevor er mit der »Großen Gesandtschaft« nach Westen gefahren war. Jetzt, nachdem Peter Jewdokija aus dem Wege geschafft hatte, zeigte sie sich oft mit ihm in der Öffentlichkeit. Sie bezeichnete sich selbst als seine »treue Freundin« und schritt nun Arm in Arm mit ihm durch die Kirche, als der Sohn des dänischen Gesandten getauft wurde. An ihrem Geburtstag ging Peter sogar zum Essen in das Haus ihrer Mutter. Immer mehr Frauen durften jetzt an bestimmten Feierlichkeiten teilnehmen, und das war ein Anzeichen dafür, daß sich das gesellschaftliche Leben in Rußland nun nicht mehr ausschließlich unter Männern abspielte. Man lud jetzt auch nicht mehr nur Russen ein. Die Gesandten Dänemarks, Polens, Österreichs und Brandenburgs wurden oft in den Kreml oder nach Preobraschenskoje gebeten. Peter fühlte sich in Gesellschaft der Männer und Frauen aus Westeuropa sehr wohl, sie vermittelten ihm das Gefühl, sich der westlichen Kultur angenähert zu haben, und sie verstanden seine Hoffnungen und Pläne besser als die Bojaren.

Das Tagebuch des österreichischen Legationssekretärs Johann Georg Korb vermittelt uns einen lebendigen Eindruck vom Leben an Peters Hof in den Jahren zwischen seiner Rückkehr aus Westeuropa und dem Beginn des großen Krieges, der den Rest seines Lebens und seiner Herrschaft bestimmen sollte. Korb ist zwar vielleicht nicht immer absolut verläßlich, er gibt auch Dinge wieder, die er nur vom Hörensagen hat; sowohl seine kurzen Tagebuchnotizen als auch die ausführlichen Berichte und Schilderungen sind dennoch von unschätzbarem Wert.

Der Chronist war im April 1698, als Peter sich noch in London aufhielt, in Moskau eingetroffen. Der Einzug seines Dienstherrn, des Gesandten Christoph von Guarient, in der russischen Hauptstadt wurde damals mit großem Pomp gefeiert und die neue Gesandtschaft mit einem großen Gastmahl willkommen geheißen.

Auch Peter gab nach seiner Rückkehr noch einen Empfang für die Österreicher. Korb und seine Kollegen fanden dabei allerdings heraus, daß die Pracht dieses Empfangs nur Fassade war. Peter haßte offizielle Zeremonien, und wenn er unbedingt daran teilnehmen mußte, war es für ihn eine Qual, die Staatsrobe zu tragen, auf dem Thron zu sitzen und den neuakkreditierten Gesandten zuhören zu müssen. Er bekam dann Atembeschwerden, ein rotes Gesicht und Schweißausbrüche. Peter meinte, es sei ein »barbarisches, Mangel an Lebensart verratendes Gesetz«, das einem Herrscher die »Annehmlichkeit einer privaten Gesellschaft« verbiete.[1] Er zog es vor, mit seinen Freunden, mit ausländischen Offizieren und Kaufleuten, mit den Gesandten aus fremden Ländern in privatem Rahmen zu speisen und sich zu unterhalten. Wenn er zu Tisch ging, erklangen keine Fanfaren. Statt dessen rief irgend jemand laut durch den Saal: »Der Zar will essen!«[2] Anschließend wurden einige Speisen und Getränke auf den Tisch gestellt, in keiner besonderen Reihenfolge, und jeder nahm sich davon, was er wollte.

Den österreichischen Besuchern, die an die vornehmen Festessen an der Hofburg in Wien gewöhnt waren, kamen die Tischsitten des Moskauer Hofs sehr derb und rüpelhaft vor. Der Legationssekretär protokollierte seine Eindrücke:

»S. M. der Zar ließ ... von General Lefort einen Schmaus zurichten und alle Repräsentanten sowie die vornehmen Bojaren dazu einladen. Das verspätete Erscheinen des Zaren war zweifelsohne durch nicht unwichtige Geschäfte veranlaßt worden; gleichwohl besprach er noch bei Tisch ohne Rücksicht auf die anwesenden ausländischen Vertreter etliche Fragen mit seinen Bojaren. Aber die Beratung war einem Gezänk zum Verwechseln ähnlich. Man sparte nicht mit Worten und nicht mit Handbewegungen, da jeder mit übersteigerter und vor den Augen Seiner Majestät gefährlicher Heftigkeit seine Meinung hartnäckig zu verteidigen bestrebt war. Sie bekämpften einander so sehr, daß sie sich fast beschimpften. Nur zwei verwickelte die Art ihres niedrigen Dienstes nicht in diese schwierige dienstliche Besprechung; sie vergnügten sich auf eine andere bäuerliche Manier mit einem netten Spaß: Wer mit dem Brot, das sie auf dem Tisch fanden, den anderen am Kopf traf, hatte eine hervorragende Tat geleistet, die ihm Lob sicherte. Alle plagten sich, echte Beweise für ihre wahre Herkunft zu erbringen. Doch fanden sich auch unter den russischen Gästen einige, die durch ein gemesseneres Sprechen mit dem Fürsten das Zeichen eines trefflichen Geistes verrieten. Den betagten Fürsten Lekugowitsch Tscherkasky [Lew Tscherkassi] zierte eine vollendete charaktervolle Würde; Bojar Golowin reife, besonnene Klugheit; Artemonewitsch tüchtige Erfahrung im Staatswesen, Vorzüge, die um so verehrungswürdiger erglänzten, je seltener sie zu finden waren. Letzterer wollte seinen Ärger darüber, daß zur Tafel des Herrschers so viele verrückte Gestalten verschiedener Art zugezogen würden, dem Geheimrat der sibirischen Prikas mitteilen, und indem er sich des ihm geläufigen Lateinischen bediente, rief er so laut, daß es alle Lateinkundigen leicht verstehen konnten: ›Alles ist voller Dummköpfe!‹«

Korb vermerkte auch, daß Peter solche Zusammenkünfte dazu benutzte, sich mancher offizieller Pflichten zu entledigen: »Nach der Tafel folgte Tanz, hierauf die Entlassung des polnischen Gesandten. Der Zar hieß den polnischen Gesandten ihm folgen und verschwand mit ungeahnter Schnelligkeit aus der fröhlichen Gesellschaft hinweg in einen Nebenraum, wo Pokale, Becher und verschiedene Arten Getränk verwahrt wurden. Gleich wälzte sich der ganze Knäuel der Gäste dorthin, voll Begierde zu sehen, was es da gebe. Noch waren nicht alle, durch ihr eigenes Drängen gehemmt, in das Gemach gedrungen, als S. M. der Zar dem polnischen Gesandten auch schon das Gegenbeglaubigungsschreiben ausgehändigt hatte und zurückkehrend die Personen in Verlegenheit setzte, die noch eintreten wollten oder eben den Versuch dazu machten.«[3]

So sehr sich die Westeuropäer allerdings über die russischen Gewohnheiten entrüsteten, manchmal war ihr Verhalten ebenso ausgefallen und kindisch wie das der Russen. Bei einem Essen, das für die Gesandten von Dänemark und Polen gegeben wurde, erhielt der polnische Gesandte fünfundzwanzig verschiedene Gerichte von der Tafel des Zaren, der Däne hingegen nur zweiundzwanzig. Der Däne war beleidigt, und seine Verstimmung legte sich erst, als er bei der Verabschiedung noch vor seinem polnischen Rivalen die Hände des Zaren küssen durfte. Der törichte Däne brüstete sich anschließend mit seinem kleinen Sieg, so daß nun der polnische Gesandte in Wut geriet. Als Peter von dem Streit erfuhr, meinte er nur: »Beide sind Esel!«

Es kam sogar vor, daß ausländische Gesandte genau denselben Fehler begingen, der auch Peters Bojaren gelegentlich unterlief: Hin und wieder vergaßen sie, wer der Mann war, mit dem sie ausgelassen tranken und in hitzige Diskussionen gerieten. Plötzlich brach dann das Streitgespräch ab, wenn dem einen oder anderen bewußt wurde, daß er den Zaren, den absoluten Herrscher und obersten Richter über Leben und Tod, herausgefordert hatte. Einige Streitereien waren aber vollkommen harmlos, wie folgende Anekdote zeigt. Bei einem Essen erzählte Peter einmal, er sei in Wien vom guten Essen fett, auf der Reise durch das arme Polen aber wieder dünn geworden. Der polnische Gesandte, ein Mann von beträchtlichem Leibesumfang, bestritt diesen Sachverhalt, denn er sei in Polen aufgewachsen und verdanke seine Leibesfülle der polnischen Kost. Peter antwortete: »Nicht dort, sondern hier in Moskau hast du dich herausgefüttert …«[5] Der Pole, der wie alle Gesandten die Kosten für seinen Unterhalt von der Gastregierung erstattet bekam, ließ die Angelegenheit klugerweise auf sich beruhen.

Peters Launen und Stimmungen waren auch für seinen Freundeskreis unberechenbar. Er konnte fröhlich und jovial sein, über das überraschende Auftauchen eines frischrasierten Freundes witzeln und plötzlich wieder trübsinnig oder wütend werden. Bei einem Gastmahl, das Lefort am 14. September 1698 für den Zaren hatte anrichten lassen, kam es zu einer heftigen Ausein-

andersetzung mit General Schein. Auf den Vorwurf des Zaren, er habe sich
bestechen lassen, widersprach der General so heftig, daß Peter voll Wut den
Raum verließ, »um sich durch Befragen von Soldaten ein Bild davon zu verschaffen, wie viele Obersten und sonstige Offiziere Schein unabhängig von
ihren Verdiensten, lediglich gegen Bezahlung ernannt hatte«[6]. Was er erfuhr,
muß ihn zutiefst aus der Fassung gebracht haben. Alle Anwesenden wurden
Zeugen seines Wutanfalls. Korb berichtet:
»Als er bald darauf zurückkam, war sein Zorn derart gestiegen, daß er den
Säbel aus der Scheide riß und vor den Augen des Feldherrn mit der Drohung
auf den Tisch schlug: ›So werde ich zuschlagen und dein Kommando vernichten!‹ Schäumend vor gerechter Wut schritt er zum Fürsten Romodanowski
und zum Geheimrat Mikitin Moseiwitsch [Sotow] hin; als er aber bemerkte,
daß diese den Feldherrn entschuldigten, geriet er in so glühenden Zorn, daß
er durch wiederholte ungezielte Hiebe mit dem blanken Eisen alle Gäste in
Bestürzung versetzte. [Fürst] Romodanowski erhielt eine leichte Verwundung an einem Finger, ein anderer am Kopf, ein zurückgeführter Degenhieb
verletzte Mikitin Moseiwitsch an der Hand. Einen weit verhängisvolleren
Streich tat er gegen den Feldherrn [Schein], der zweifelsohne von der Faust
des Zaren in seinem Blut hingestreckt worden wäre, wenn nicht General
Lefort – wohl der einzige, der sich das erlauben durfte – die Hand des Zaren
umklammert und zurückgerissen hätte. Aber erbittert darüber, daß es jemand gab, der die Erfüllung seines gerechten Zorns zu stören wagte, wandte
sich der Zar sogleich um und versetzte dem ungerufenen Störer einen harten
Schlag in den Rücken. Einer allerdings [Menschikow] wußte Heilung zu bringen, der Mann, der dem Zaren durch einen Grad der Wertschätzung nahestand wie keiner von den Russen. Man sagt, er sei aus den niedrigsten Verhältnissen zu beneidenswerter Machthöhe emporgestiegen. Dieser Mann be-
sänftigte den Sinn des Zaren derart, daß er vom Morde abstand und sich mit
bloßen Drohungen begnügte. Auf diesen grausigen Sturm folgte erfreuliches
Schönwetter; denn S. M. der Zar beteiligte sich mit freudestrahlendem Gesicht an den Reigentänzen, und zum Beweis seiner großen Lustigkeit mußten
die Musikanten die Weisen spielen, zu denen er, wie er sagte, bei seinem
allerliebsten Herrn Bruder [König August] getanzt hatte ... Zwei Fräulein,
die sich davongestohlen hatten, wurden auf Befehl des Zaren durch Soldaten
zurückgebracht. Wieder haben fünfundzwanzig Geschütze feierliche Kunde
von den Trinksprüchen, und die Freuden des Gelages dehnten sich bis halb
sechs Uhr früh aus.«
Am nächsten Tag wurden die von Schein Begünstigten wieder degradiert,
und Patrick Gordon erhielt den Auftrag zu entscheiden, welche Offiziere
nun ihre Stelle übernehmen sollten. Fürst Fjodor Romodanowski hinterließ
einen ungünstigen Eindruck bei Korb. Dem Gouverneur von Moskau und
Polizeichef des Zaren machte es Spaß, einen seiner Gäste dazu zu zwingen,
ein großes Glas gepfefferten Branntwein auszutrinken. Das Glas wurde dann
von einem gewaltigen dressierten Bären überreicht. Wies der Gast etwa den

Kelch zurück, dann riß ihm der Bär den Hut vom Kopf, danach die Perücke und schließlich noch andere Kleidungsstücke vom Leibe. Romodanowski verachtete im Grunde jeden Ausländer. Einmal hatte er einen jungen deutschen Dolmetscher entführen lassen, der für einen der Ärzte des Zaren arbeitete. Er gab ihn erst frei, nachdem sich der Arzt bei Lefort beklagt hatte. Ein anderes Mal ließ er sogar einen der Ärzte selbst, Carbonari, verhaften. Als dieser nach seiner Freilassung den Fürsten fragte, »warum man ihn so lange festgehalten habe, erhielt er nur zur Antwort, dies sei lediglich aus Schikane geschehen«[7].

Unter dem 12. Oktober notierte Korb: »Tiefer Schnee bedeckt den Boden, und steifer Frost läßt alles erstarren.«[8] Einen Monat später verließ Peter Moskau, um endlich die Schiffswerft in Woronesch zu besuchen. Vor dem Weihnachtsfest, das man in Rußland im Januar feierte, war er allerdings bereits wieder zurück. Korb berichtet über die Stimmung, die in den Tagen vor dem Fest auf Moskaus Straßen herrschte:
»Heute, an der Vigil von Weihnachten alten Stils, der das sechswöchige russische Fasten vorausgeht, sah man die Marktplätze und Straßenkreuzungen mit Fleisch vollgepropft. Hier Gänse in unglaublichen Mengen, dort eine solche Masse bereits geschlachteter Schweine, als ob sie für ein ganzes Jahr reichen sollten. Geschlachtete Ochsen in ähnlicher Zahl, verschiedenes Geflügel, das anscheinend aus ganz Rußland und allen seinen Teilen nur in unserer Stadt zusammengeflogen war. Vergebliche Mühe, die verschiedenen Arten aufzuzählen: Was man sich nur wünschen konnte, alles war zu haben.«[9]
Zum Befremden des österreichischen Diplomaten trat während der Weihnachtszeit auch die »Saufsynode« Peters mit ihrem »Schein-Patriarchen« in Aktion und feierte »die Geburt unseres Erlösers mit einer großen aufwendigen Komödie«:
»Der Schein-Patriarch mit seinem fingierten Metropoliten und anderem Personal – insgesamt zweihundert Mann – durchzieht auf achtzig Schlitten Moskau und die Sloboda, angetan mit Stab, Mitra und anderen Zeichen der angenommenen Würde. Bei den reicheren Russen, bei den deutschen Offizieren und Kaufleuten kehrt die Prozession ein. Man singt die Laudes von der Geburt Gottes, und die Hausinsassen müssen sich von der Musik teuer loskaufen. Nachdem der Lobgesang von der Geburt Gottes bei General Lefort abgesungen worden war, labte er die Teilnehmer mit Speisen, Musik und Tanz.«[10]
Die heiseren Weihnachtssänger erwarteten eine Belohnung für ihre Mühe. Wurden sie nicht großzügig genug beschenkt, konnte der knausrige Spender sich auf böse Überraschungen gefaßt machen: »Ein reicher russischer Kaufmann namens Filadilow hatte dem Zaren, der mit seinen Bojaren bei ihm den Lobgesang auf Gottes Geburt anstimmte, nur zwölf Rubel gegeben und ihn dadurch so beleidigt, daß der Zar bei erster Gelegenheit hundert Angehörige

der unteren Volksschicht zum Hause des Kaufmanns schickte und diesem den Befehl erteilte, jedem unverzüglich einen Rubel auszuzahlen.«[11]

Die ausgelassenen Feiern dauerten bis zum Fest der Heiligen Drei Könige, an dem traditionsgemäß unterhalb der Kremlmauern die Segnung des Flusses stattfand. Entgegen der früheren Sitte saß der Zar diesmal nicht neben dem Patriarchen auf seinem Thron, sondern er erschien in Uniform an der Spitze seines Regiments, das zusammen mit anderen Regimentern auf dem dicken Eis des Flusses Aufstellung nahm. Wie aus dem Bericht Korbs hervorgeht, machte das Zeremoniell dieses Festes damals besonders großen Eindruck:

»Die Prozession bewegte sich in folgender Ordnung auf den zugefrorenen Fluß zu. Das Regiment von General Gordon machte den Anfang ..., die Farbe der glänzend neuen Uniform war ein ausgesuchtes Rot. Nach dem Regiment Gordons folgte als zweites das Preobraschensko-Regiment in schönen, frischgrünen Uniformen. Der Zar hatte den Platz eines Hauptmanns eingenommen, seine hochragende Gestalt war von ehrfurchtgebietender Majestät. Als drittes folgte das Regiment Semonowski ..., die Mäntel der Soldaten waren von blauer Farbe. Bei jedem Regiment waren zwei Musikkapellen, jede zu achtzehn Musikern. Auf dem Eis des Flusses war eine Schaubühne errichtet. Das Regiment Gordon hatte an der oberen, das Regiment Semonowski an der unteren Breitseite des Flusses, das Regiment Preobraschensko an der Längsseite gegenüber der aufgestellten Schaubühne Aufstellung genommen, Geschütze waren an allen Punkten aufgestellt ... fünfhundert kirchliche Personen, Subdiakone, Diakone, Priester, Äbte, Bischöfe und Erzbischöfe, deren mit Gold, Silber, Juwelen und edlen Steinen köstlich geschmückte, rang- und amtentsprechende Gewänder die Blicke auf sich zogen, erhöhten den feierlichen Charakter der Andacht. Zwölf Geistliche trugen vor dem eindrucksvollen goldenen Kreuz eine mächtige Laterne mit drei brennenden Kerzen, da es bei den Russen als unerlaubt und unschicklich gilt, ein Kreuz ohne Licht in der Öffentlichkeit zu zeigen. Eine unglaubliche Menschenmenge ballte sich allenthalben zusammen; die Straßen waren voll, die Dächer von Menschen besetzt, die Stadtmauern von Schaulustigen besetzt.

Als die Geistlichkeit die geräumige Schaubühne gefüllt hatte, nahmen die heiligen Zeremonien ihren Anfang: Viele Kerzen wurden angezündet und erst die Anrufungen Gottes vorgenommen. Nach der rituellen Herbeirufung der Gottheiten umschritt der Metropolit weihräuchernd die ganze Schaubühne, in deren Mitte man an einer Stelle mit einer Hacke das Eis zertrümmert hatte, so daß das Wasser wie bei einer Quelle hervordrang. Dieses beweihräucherte er dreimal, tauchte dreimal eine brennende Kerze ein und weihte es mit dem üblichen Segen. Der Schaubühne gegenüber war eine die Mauern noch überragende Säule aufgestellt, auf der ein Mann, den die Wahl des Zaren dieser Ehre würdig befunden hatte, die Reichsfahne schwenkte ...

Die Fahne ist blendend weiß, blitzend vom goldgestickten doppelköpfigen

Adler. Sie darf aber nicht eher entrollt werden, als bis die Geistlichkeit in die Schranken der Schaubühne getreten ist. Dann muß der Fahnenträger auf Zeremonien, Beweihräucherung und Segnung achten, die er einzeln durch Schwenkung der Fahne anzeigt. Die anderen Regimentsfahnen geben genau auf ihn acht, damit ihr Schwenken übereinstimmt.

Nach der Weihe des Wassers rücken alle Regimentsfahnenträger heran und nehmen um die Schaubühne Aufstellung, um sich mit dem geweihten Wasser gebührend besprengen zu lassen. Wenn dann der Patriarch oder in seiner Vertretung der Metropolit seine Schaubühne oder seinen Chor verläßt, besprengt er nach Brauch S. M. den Zaren und alle Soldaten. Zur feierlichen Krönung des Festes erdröhnten auf einen Befehl des Zaren hin die Geschütze sämtlicher Regimenter. Darauf folgte dreimal das lustige Krachen der abgefeuerten Gewehre.«[12]

Die Bacchanalien von Herbst und Winter erreichten ihren Höhepunkt in der Karnevalswoche vor Beginn der Fastenzeit. Auch jetzt spielte die »Saufsynode« eine wichtige Rolle. Ihre Mitglieder marschierten in einer feierlichen Prozession zum Palais Leforts, um dort Bacchus die Ehre zu erweisen. Korb hat diese Prozession beobachtet:

»Das mit dem Geld des Zaren errichtete Palais ... hat ein nachgeäffter Patriarch, gefolgt von der ganzen Szenerie einer theaterhaften Geistlichkeit, mit einer großen Festivität dem Bacchus geweiht. Die Prozession ging vom Hause Obersts Lima aus dorthin. Bischöfliche Gewänder machten den Rang kenntlich, den sich der Patriarch beigelegt hatte. Die Mitra zierte ein Bacchus, dessen vollständige Nacktheit die Augen an zügelloses Wesen gemahnte. Cupido und Venus waren die Abzeichen des Hirtenstabes, auf daß man deutlich erkenne, welcher Art die Herde war, die er hütete. Auf ihn folgte die übrige Schar der Bacchanten. Die einen trugen große, weingefüllte Krüge in den Händen, andere Met, dort Bier und Branntwein, das höchste Ruhmeszeichen Bacchus'. Und da mitten im kalten Winter die Schläfen nicht mit Lorbeer umwunden werden konnten, trugen sie Schalen voll luftgetrockneten Tabakkrautes einher, das sie anbrannten, um sich in allen Winkeln des Palais herumzutreiben und aus dampfender Kehle äußerst angenehme Düfte und dem Bacchus höchst lieblich dünkendes Räucherwerk auszuatmen. Mit zwei gekreuzten Röhren, wie sie manche gebrauchten, um den Rauch sozusagen und dadurch ihre Pantasie mit leerem Dunst zu ergötzen, bekräftigte der theatralische Oberpriester die prophetischen Worte der Weihe.«[13]

Viele westeuropäische Gesandte waren ebenso wie Korb entrüstet, »daß die Gestalt des Kreuzes, dieses kostbaren Werkzeuges unserer Erlösung dem Scherz dienen mußte«[14]. Inzwischen wurden erneut Strelitzen exekutiert. Am 28. Februar 1699 wurden auf dem Roten Platz sechsunddreißig und in Preobraschenskoje hundertfünfzig Aufständische hingerichtet. Noch am Abend desselben Tages wurde dann in Leforts Palast ein glänzendes Fest mit einem prächtigen Feuerwerk gegeben. In der ersten Märzwoche begann endlich die Fastenzeit, und mit ihr kehrte in Moskau eine für den ausländischen Beobachter unverhoffte Ruhe ein: »So großes Lärmen und Toben in der vergangenen Woche, so große Stille und Zurückgezogenheit in dieser ... Keine Schenken stehen offen, keine Märkte, keine Gerichtsstunde ...; nicht Leinöl, nicht Fische sind zur Speise erlaubt. Strenges Fasten nur mit Brot und Bodenfrüchten entkräftet die Körper in einer gewißlich unvermuteten und kaum glaublichen Verwandlung.«[15] Nun wurden auch die Leichen der Strelitzen, die den ganzen Winter an den Galgen gehangen hatten, abgenommen und beerdigt, für den ausländischen Beobachter noch »ein grausiges, bei gebildeteren Völkern ungewohntes und beinahe undenkbares Schauspiel«. Korb fährt fort:»Ungeordnet lagen die Leichen auf den Wagen durcheinander, viele davon halbnackt. Wie geschlachtetes Vieh zum Markt, so schleppte man sie zu ihrem Begräbnis.«[16]

Korb war auch ein sorgfältiger Beobachter des russischen Alltagslebens. Der Zar hatte beschlossen, gegen die lärmenden Bettlerhorden einzuschreiten, die die Moskauer Bürger auf den Straßen verfolgten. Die Betteleien dienten oft nur als Tarnung für einen Taschendiebstahl. Wer dabei ertappt wurde, einem Bettler ein Almosen zu geben, mußte mit einer Geldbuße von fünf Rubeln rechnen. In der Nähe jeder Kirche ließ der Zar ein Armenhaus einrichten, für dessen Kosten er selbst aufkam.

Die Zahl der in Moskau verübten Raubüberfälle war immer noch außerordentlich groß. Gewöhnlich operierten die Verbrecherbanden in der Nacht, manchmal aber auch bei hellichtem Tage. Sie überfielen ihre Opfer, raubten sie aus und ermordeten sie. Ausländer mußten besonders vorsichtig sein, da sie nicht nur von Räubern, sondern auch von ganz gewöhnlichen, nichtkriminellen Russen überfallen wurden. Einer der Bediensteten der österreichischen Gesandtschaft, der russisch verstand, erzählte, er sei einem Russen begegnet, der ihn mit einem Schwall von Beschimpfungen und Drohungen überschüttet habe:»Ihr deutschen Hunde, ihr habt jetzt genug Freiheit gehabt, um stehlen und rauben zu können; nun ist die Stunde eurer Züchtigung und Bestrafung gekommen.«[17] Einige Russen ließen ihrer Rachsucht freien Lauf, wenn sie nachts einem Ausländer auf der Straße begegneten, besonders wenn er betrunken war. Um die Zahl der Todesfälle auf Moskaus Straßen zu senken, hatte Peter erklärt, es sei ein Verbrechen, wenn jemand im Zustand der Trunkenheit ein Schwert, eine Pistole oder ein Messer zog, auch wenn es sich nur um Selbstverteidigung handelte und die Waffe gar nicht ernsthaft gebraucht wurde. Eines Nachts ritt der österreichische Mineningenieur Urban in angeheitertem Zustand von Moskau in die Deutsche Vorstadt zurück, als er plötzlich von einem Russen aufgehalten, der ihn zunächst mit Worten belästigte, später auch handgreiflich wurde:»Der Mann, überdrüssig der Beschimpfungen und nicht gesonnen, die von einem so schmutzigen Kerl ausgehende Beleidigung hinzunehmen, begann Gewalt mit Gewalt zu erwidern und sich gegen den unverschämten Beleidiger des natürlichen Rechts auf Verteidigung zu bedienen, indem er zu seinem Schutze zur Pistole griff, die sich dem Betrunkenen in seiner ohnmächtigen Wut bot. Die Kugel, die er wütend auf den Angreifer abfeuerte, streifte nur ein wenig die Kopfhaut, und die Verwundung zeigte keinerlei Lebensgefahr. Um aber zu verhindern, daß die Klage des Verwundeten bei S. M. dem Zaren geräuschvolle Unannehmlichkeit bereite, bestimmte er ihn in freundschaftlicher Weise zu dem Versprechen, über den Vorfall, den dieser hauptsächlich selbst verschuldet hatte, Stillschweigen zu bewahren, wofür er vier Rubel zahlte.«[18] Der Zar erfuhr dennoch, was vorgefallen war, und ließ Urban verhaften und zum Tode verurteilen. Als Freunde des Österreichers beim Zaren Fürsprache für ihn einlegten und darauf hinwiesen, er sei doch betrunken gewesen, antwortete der Zar, man dürfe als Betrunkener zwar ungestraft raufen und prügeln, nicht aber zur Waffe greifen. Daraufhin erließ er ihm die Todesstrafe und verurteilte ihn statt dessen zu Knutenhieben. Auf wiederholtes Bitten des österreichischen Gesandten wurde schließlich auch diese Strafe ausgesetzt.

Wenn man Räuber gefaßt hatte, so ging man selbstverständlich keineswegs milde mit ihnen um. Haufenweise wurden sie zu den Folterbänken und zu den Galgen getrieben. Korb berichtet, daß einmal an einem einzigen Tag siebzig Männer aufgehängt wurden. Dennoch ließen sie sich durch die Strafe nicht abschrecken. Viele mißachteten die Gesetze. Das Schnapsbrennen galt beispielsweise als staatliches Monopol, der Privatverkauf war strikt verboten. Trotzdem konnte dieser niemals unterbunden werden. Um mehrere organisierte Schwarzbrennereien zu verbieten, wurden einmal fünfzig Soldaten von den Behörden ausgeschickt. Es kam zwar zu einer bewaffneten Auseinandersetzung, bei der drei Soldaten getötet wurden, die Branntweinhändler aber wurden durch die Aktion keineswegs eingeschüchtert. Sie drohten sogar, beim nächsten Mal noch viel härter zurückzuschlagen.

Sogar Soldaten und Angehörige der Polizei verhielten sich oft gesetzeswidrig. Anfang April 1699 gingen in Moskau die Preise für Lebensmittel plötzlich und unverhältnismäßig rasch in die Höhe. Eine Untersuchung hellte die Angelegenheit auf: Soldaten hatten den Auftrag erhalten, endlich die Leichen der hingerichteten Strelitzen aus der Stadt zu schaffen. Wenn ihnen bei dieser Arbeit unterwegs Bauern begegneten, die auf ihrem Wagen Hafer und Getreide in die Stadt bringen wollten, so zwangen sie diese, ihre Lebensmittel herzugeben und statt dessen Leichen aufzuladen und sie draußen vor der Stadt zu vergraben. Die Soldaten behielten die Lebensmittel für sich oder verkauften sie weiter. Daraufhin stellten die Bauern verständlicherweise ihre Lieferungen ein, was die Preise in astronomische Höhen trieb.

Als das Wetter im Lauf des Frühjahrs milder wurde, luden die Russen die Mitglieder der ausländischen Gesandtschaften öfter zu Ausflügen in die liebliche Landschaft rund um Moskau ein. Korb und sein österreichischer Gesandter waren oft auf Lew Naryschkins Gut zu Gast. Ein anderes Mal besichtigten sie die Menagerie des Zaren, in der auch Bären, Leoparden und Luchse gehalten wurden. Im Juni fuhren die Österreicher zum Kloster Neues Jerusalem: »Ein Mönch führte uns durch das von mächtigen Mauern umschlossene Kloster.«[19] Auf einem nahegelegenen Gut, das »einen erfreulichen Anblick auf einen vorüberziehenden Fluß und die weitgeöffnete Ebene« bot, genoß man den Nachmittag und den Abend: »Das vornehmste Vergnügen war eine reizende Kahnfahrt und das ergötzliche Bemühen, mit trügerischen Netzen die Fische zu überlisten, zumal wir wußten, auf welche Futterbissen sie gerne lauerten.«[19]

Die Österreicher wurden auch auf das Landgut des Zaren in Ismailowo eingeladen. Es war inzwischen Juli geworden, und in Moskau herrschte drückende Hitze. Um so angenehmer empfanden die Gesandten ihren Aufenthalt auf dem »zur holden Sommerlust erbauten Zarenschloß«, »umgeben von waldigen Höhen und unmittelbar umringt durch zwar wenige, dafür aber mächtig emporragende Bäume und durch schattenspendendes, die brennende Glut der Sonne mit natürlicher Kühle mäßigendes Buschwerk«[20]. Die Musiker folgten den Gästen in den kühlen Wald nach, »in der Absicht, das liebliche Säuseln des sanft durch die Bäume streichenden Windes mit Melodien noch süßer zu gestalten«.

Der Moskauer Aufenthalt des österreichischen Gesandten von Guarient und seines Legationssekretärs Korb dauerte insgesamt fünfzehn Monate. Als die österreichische Gesandtschaft im Juli 1699 aus Moskau abberufen wurde, verabschiedeten die Russen sie mit ungewöhnlich aufwendigen Feierlichkeiten. Peter überreichte Geschenke, darunter die üblichen Zobelpelze. Peters neue Reiterschwadronen geleiteten die Staatskarosse des Zaren, in der der österreichische Gesandte Platz nehmen durfte, und die anderen Kutschen aus der Stadt hinaus.

10 Woronesch und die Schwarzmeerflotte

Nach seiner Rückkehr nach Moskau hatte Peter den sehnlichen Wunsch gehabt, sobald wie möglich seine Schiffswerft in Woronesch zu besuchen. Während in Preobraschenskoje gefoltert wurde und er und seine Freunde die düsteren Herbst- und Winterabende mit Trinken zubrachten, hatten die neuangeworbenen Schiffsbauer aus dem Westen inzwischen bereits zu arbeiten begonnen.

Ende Oktober fuhr der Zar nach Woronesch. Einige Bojaren, die sich besonders um Peters Gunst bemühten, begleiteten ihn. Auf den Schiffswerften die sich an den Ufern des breiten und nur wenig tiefen Flusses entlangzogen, waren die Zimmerleute eifrig mit Sägen und Hämmern beschäftigt, doch inzwischen gab es auch Probleme, die sie allein nicht zu lösen vermochten. Auf der einen Seite gab es Engpässe in der Versorgung mit Material, auf der anderen Seite wurden kostbare Güter geradezu verschwendet. Um die Aufträge des Zaren rechtzeitig erfüllen zu können, benutzten die Schiffsbauer

Holz, das nicht gut abgelagert war und im Wasser schnell verfaulte. Als Vizeadmiral Cruys aus Holland eintraf und die neuen Schiffe besichtigte, ließ er viele wieder aus dem Wasser ziehen, damit wenigstens die schwerwiegendsten Fehler behoben werden konnten. Die ausländischen Schiffsbauer, die bei der Arbeit ohne Führung oder Kontrolle lediglich nach ihren eigenen Vorstellungen arbeiteten, gerieten zudem nicht selten untereinander in Streit. Die Holländer, die auf Peters Anordnung hin nur noch unter Aufsicht von Schiffsbauern aus anderen Ländern arbeiten durften, zeigten sich nun widerspenstig und träge. Die Stimmung der russischen Handwerker war nicht viel besser. Sie waren gegen ihren Willen nach Woronesch abgeordnet worden, um dort den Schiffsbau zu erlernen, und sie merkten bald, daß man sie am Ende zur Vervollständigung ihrer Kenntnisse nach Westeuropa schicken würde, wenn sie sich als begabt erwiesen. Darum taten sie gerade nur das Notwendigste und hofften, irgendwann die Erlaubnis zu bekommen, wieder nach Hause zurückzukehren.

Zu den größten Problemen kam es mit den ungelernten Arbeitern. Mehrere tausend Männer waren herangezogen worden – Bauern und Leibeigene, die ihr Leben lang noch kein Schiff gesehen hatten, das größer war als ein Schleppkahn. Sie hatten ihre eigenen Äxte und Beile mitgebracht, manche waren auch auf ihren eigenen Pferden angeritten gekommen. Sie sollten nun in den Wäldern oberhalb der Schiffswerften Bäume fällen und zurechthauen und die Stämme dann die Flüsse hinunter bis nach Woronesch befördern. Die Arbeiter lebten unter den primitivsten Bedingungen, und viele starben an Seuchen. Da auch viele wegzulaufen versuchten, mußten ihre Arbeitsstätten eingezäunt und bewacht werden. Griff man Deserteure auf, so wurden sie geschlagen und dann wieder an ihren Arbeitsplatz zurückgeschickt.

Obwohl sich Peter nach außen hin optimistisch gab, entmutigten ihn der langsame Fortschritt sowie die Erkrankungen und Fluchtversuche der Arbeiter. Am 2. November 1698, drei Tage nach seiner Ankunft in Woronesch, schrieb er an Winius: »Gott sei Dank haben wir unsere Flotte in ausgezeichneter Verfassung vorgefunden. Nur eine einzige Frage überschattet meinen Geist: Werden wir jemals von den Früchten dieser Bemühungen kosten, werden diese Früchte vielleicht niemals von denen geerntet, die sie pflanzten?«[1] Etwas später schrieb er: »Hier ist, mit Gottes Hilfe, viel Arbeit im Gange. Aber wir warten noch immer auf den gesegneten Tag, an dem die große Wolke des Zweifels, die über uns liegt, hinweggeblasen sein wird. Wir haben hier mit der Arbeit an einem Schiff angefangen, das sechzig Geschütze tragen soll.«[2]

Trupps von Arbeitern schleppten mit Pferdegespannen die Baumstämme heran, schälten sie zu Balken und legten sie über ausgehobene Erdgruben für die weitere Bearbeitung. Da man aus einem einzigen Stamm nur sehr wenige Bretter gewinnen konnte, wurde sehr viel Holz verschwendet. Wenn die rohen Bretter fertig waren, wurden sie geschickteren Handwerkern übergeben, die sie mit Äxten, Hämmern und Bohrern bearbeiteten, um ihnen die endgültige Form zu geben. Die größten Holzstücke wurden zu Kielen verarbeitet. Auf den Kiel wurden die Rippen aufgesetzt und miteinander verbunden. Außen auf die Rippen des Schiffsrumpfes nagelte man die schweren Bretter, die das Meerwasser abhalten sollten. Erst zum Schluß konnte dann die Arbeit an den Decks und den Innenräumen vorgenommen werden.

Peter blieb bis Ende Dezember in Woronesch und arbeitete bei strengster Kälte im Freien mit seinen Schiffsbauern. Er besichtigte alle Bauplätze, kletterte über schneebedeckte Balken hinweg, kam an den bereits halbfertigen Schiffen vorbei, unterhielt sich mit Arbeitern, die sich für ein paar Minuten um ein Feuer gesetzt hatten, um sich aufzuwärmen, kontrollierte die Gießerei, wo man mit riesigen Blasebälgen Luft in die Öfen blies, in denen das Erz für die Schiffsanker und die anderen Metallteile der Schiffe geschmolzen wurde. Unermüdlich setzte er sich ein, gab Anweisungen, munterte auf, überredete. Als Peter im Herbst in Woronesch angekommen war, hatte man bereits zwanzig Schiffe vom Stapel gelassen, die jetzt im Fluß vor Anker lagen. Anschließend wurden jede Woche fünf oder sechs Schiffe so weit fertiggestellt, daß sie für den Stapellauf bereit waren, der im Frühjahr nach der Eisschmelze stattfinden sollte.

Peter begnügte sich übrigens nicht nur mit der Aufsicht seiner Werften, er entwarf auch ein Schiff, das er dann mit Hilfe russischer Arbeitskräfte baute. Es handelte sich um ein Fünfzig-Kanonen-Schiff, das später den Namen *Vorbestimmung* erhielt. Es wurde ein ansehnliches, dreimastiges Schiff von rund vierzig Metern Länge. Peter war glücklich, wieder Werkzeuge in der Hand zu haben, außerdem war er sehr stolz darüber, daß er der Erbauer eines der Schiffe war, das auf dem Schwarzen Meer segeln würde.

Während seines zweiten Aufenthaltes in Woronesch, im März 1699, traf ein schwerer Schicksalsschlag den Zaren: Francis Lefort war den Winter über in Moskau geblieben und hatte keine Anzeichen von Schwäche gezeigt. Als erster Gesandter der großen russischen Delegation hatte er sich achtzehn Monate lang den Strapazen von ungezählten Festen und Empfängen ausgesetzt und sich auch bei den Gelagen und lärmenden Feiern während des vergangenen Herbstes und Winters als außerordentlich trinkfest erwiesen. Auch soll er sich bester Gesundheit erfreut haben, als Peter nach Woronesch aufbrach. Doch einige Tage vor seinem Tod, als sich Lefort immer noch unbekümmert den Freuden des Lebens hingab, erzählte man sich in Moskau eine seltsame Geschichte, die Korb überliefert hat. Als er eines Nachts auswärts bei einer Geliebten schlief, kam schreckenserregender Lärm aus dem Schlafzimmer seines Hauses. »Seine Gattin war aufs tiefste erschrocken«, schrieb Korb, »und im Glauben, ihr Gatte habe vielleicht seine Absicht geändert, sei schon heimgekehrt und tobe nun so, schickte sie Leute, um Genaueres zu erkunden. Doch diese kamen zurück und versicherten, niemand in dem betreffenden Zimmer gesehen zu haben. Trotzdem soll das Lärmen weitergegangen sein; und wenn den Behauptungen der Gattin zu glauben ist, so sah man in der Frühe mit Schaudern alle Sessel, Tische und Schemel umgestürzt und durcheinandergestreut, wozu noch die tiefen Seufzer kamen, die die ganze Nacht hindurch häufig zu hören waren.«[3]

Kurze Zeit danach gab Lefort ein Essen für zwei Diplomaten, die Gesandten von Dänemark und Brandenburg, die auf Peters Einladung hin nach Woronesch fahren wollten. Der Abend wurde ein großer Erfolg, und die Gäste blieben lange. Schließlich wurde die Hitze im Speisesaal zu groß, und der angetrunkene Gastgeber führte seine Gäste in die eiskalte Winterluft hinaus, wo sie ohne Mäntel oder Decken eine Zeitlang blieben, um unter klarem Sternenhimmel weiterzutrinken. Am folgenden Tag erkrankte Lefort. Er bekam hohes Fieber und verfiel zeitweise ins Delirium. Er verlangte nach Musik und Wein. Seine verängstigte Frau wollte den protestantischen Pastor Stumpf holen lassen, aber Lefort wollte ihn nicht sehen. Stumpf kam dennoch. Lefort lebte nur noch eine Woche. Die Ärzte hatten Musiker an sein Lager kommen lassen, die ihm Ablenkung und Erleichterung verschaffen sollten. Er starb am 12. März um drei Uhr morgens. Golowin versiegelte sein Haus und gab den Verwandten Leforts die Schlüssel. Zur gleichen Zeit wurde ein Kurier zu Peter nach Woronesch geschickt.

Als Peter die Nachricht erhielt, war er zutiefst erschüttert. »Die Personen, die den Zaren zum Zeitpunkt des Eintreffens der Todesnachricht umgaben, bestätigen, er habe geweint, gerade als ob der Tod des Vaters gemeldet worden wäre, habe viele Seufzer von sich gegeben und schließlich gemeint: ›Nun habe ich keinen treuen Menschen mehr; er war der einzige treue, wem werde ich mich künftig anvertrauen können?‹«[4]

Der Zar kehrte sofort nach Moskau zurück, und am 21. März fand Leforts Beisetzung statt. Peter hatte alle Einzelheiten des Begräbnisses festgelegt. Sein Schweizer Freund sollte ein feierliches Staatsbegräbnis haben. Alle ausländischen Gesandten wurden geladen, und sämtliche Bojaren erhielten den Befehl, sich einzufinden. Sie sollten sich um acht Uhr morgens im Hause Leforts versammeln und den Sarg mit der Leiche zur Kirche tragen. Da viele zu spät kamen und es auch noch andere Verzögerungen hab, konnte sich der Zug erst gegen Mittag in Bewegung setzen. In der Zwischenzeit hatte man im Hause Leforts entsprechend westlichen Gewohnheiten ein üppiges kaltes Büfett mit Fisch, Käse, Butter und Kaviar serviert. Als schließlich der Augenblick gekommen war, an dem der Tote aus dem Haus getragen werden sollte, verlor Peter noch einmal die Fassung: »Er vergoß ... einen Strom von Tränen; und vor den Augen des Volkes, das zu dem feierlichen Ereignis in sehr großer Zahl zusammengeströmt war, gab er seinem dahingeschiedenen Freund einen letzten Kuß.«[5]

Der Tod Leforts hinterließ eine große Lücke in Peters Leben. Der joviale Schweizer war ihm schon in seiner Jugend ein Vorbild gewesen. Später hatte der starke Zecher Lefort dem jungen Peter das Trinken, das Tanzen und das Bogenschießen beigebracht. Er hatte ihm seine Mätresse abgetreten und sich bis dahin unbekannte, ungewöhnliche Spiele zu seiner Unterhaltung ausgedacht. Er hatte den Zaren beim ersten Asow-Feldzug begleitet und ihn dazu überredet, nach Westeuropa zu gehen, wobei er dann selbst die »Große Gesandtschaft« anführte. Die Reise nach Westeuropa hatte Peter schließlich dazu inspiriert, den wissenschaftlichen Fortschritt und die Sitten des Westens in Rußland einzuführen. Jetzt, kurz vor Beginn des zwanzigjährigen Krieges gegen Schweden, der den Zaren zum großen Eroberer machen sollte, starb Lefort.

Bisher hatte Peter immer Männer um sich gehabt, die aus ihrem Rang und ihrer Stellung im Staat ihren persönlichen Profit zu schlagen verstanden. Nur Lefort war anders gewesen. Obwohl es ihm durchaus möglich gewesen wäre, sich zu bereichern, starb er, fast ohne einen Rubel zu hinterlassen. Seine Angehörigen mußten sogar vor Peters Rückkehr aus Woronesch den Fürsten Golizyn um Geld bitten, damit sie den Anzug kaufen konnten, in dem er bestattet werden sollte.

Peter übernahm Leforts Neffen und Haushofmeister, Peter Lefort, in seine eigenen Dienste. Er schrieb auch dem einzigen Sohn des Verstorbenen, Henri Lefort, nach Genf und bat ihn, nach Rußland zu kommen, damit er als der nächste Verwandte seines Freundes immer in seiner Nähe sei. Erst in späteren Jahren haben dann andere die Rolle Leforts in Peters Leben übernommen, wie beispielsweise Menschikow. Nach einem glanzvollen Fest in Menschikows Palast, auf dem Peter das Zusammensein mit seinen alten Zechkumpanen sichtlich genossen hatte, schrieb er dem abwesenden Haushausherrn: »Es war das erstemal, daß ich mich seit Leforts Tod wieder richtig gefreut habe.«[6]

Ein halbes Jahr später verlor Peter den zweiten seiner treuen Ratgeber und Freunde, Patrick Gordon. Der alte Soldat aus Schottland war schon seit längerer Zeit kränklich. Silvester 1698 vermerkte er in seinem Tagebuch: »In diesem Jahr fühlte ich einen deutlichen Rückgang meiner Gesundheit und meiner Kräfte. Aber Dein Wille geschehe, o mein gnädiger Gott.«[7] Im September 1699 erschien er ein letztes Mal bei seinen Soldaten, und ab Oktober wurde er bettlägerig. Gegen Ende November, als seine Kräfte immer mehr schwanden, besuchte ihn Peter häufig. In der Nacht des 29. November kam er sogar zweimal zu ihm. Beim zweitenmal wollte sich gerade ein Jesuitenpater, der Gordon die letzte Ölung gereicht hatte, von dessen Bett zurückziehen, als der Zar das Krankenzimmer betrat. »Bleibe, wo du bist, Vater«, sagte Peter, »und tu, was du für richtig hältst. Ich werde dich nicht unterbrechen.« Dann sprach Peter Gordon an, der ihm aber nicht mehr antwortete. Der Zar nahm einen Spiegel und hielt ihn vor den Mund des alten Mannes, der aber schon nicht mehr atmete. »Vater«, sagte der Zar zum Pater, »ich glaube, er ist tot.«[8] Peter schloß dem Freund die Augen und verließ dessen Haus. Seine Augen füllten sich mit Tränen.[9]

An Gordons Begräbnis nahmen alle, die Rang und Namen in Moskau hatten, teil. Der Sarg des alten Generals, der unter drei Zaren treu gedient hatte, wurde von achtundzwanzig Obristen getragen, und zwanzig Damen aus dem höchsten Adel folgten der Witwe bei der Trauerprozession. Als der Sarg in die Gruft gesenkt wurde, gab es einen Salut aus vierundzwanzig Kanonen. Auch Gordons Tod war für Peter sehr schmerzlich. Er vermißte ihn nicht nur als Freund, sondern auch als militärischen Berater. Gordon war Rußlands fähigster Soldat gewesen, die Erfahrungen, die er in vielen Feldzügen gesammelt hatte, waren von unschätzbarem Wert. In dem kommenden Krieg gegen Schweden hätte er als Kommandeur und Ratgeber eine bedeutende Rolle gespielt; wäre er noch am Leben gewesen, wäre es möglicherweise nie zu der Katastrophe an der Narwa gekommen, die zwölf Monate nach seinem Hinscheiden hereinbrach. Nach seinem Tod meinte Peter: »Der Staat hat in ihm einen eifrigen und mutigen Diener verloren, der uns durch manches Unheil sicher hindurchgesteuert hat.«[10]

Im Frühjahr wurden sechsundachtzig Schiffe aller Größen, darunter achtzehn seetüchtige Kriegsschiffe mit sechsunddreißig bis sechsundvierzig Geschützen vom Stapel gelassen. Darüber hinaus hatte man fünfhundert Flußschiffe für den Transport von Menschen, Vorräten, Munition und Pulver gebaut. Am 7. Mai 1699 wurde die gesamte Flotte zu Wasser gelassen. Admiral Golowin war der nominelle Oberbefehl über die Flotte übertragen worden, das tatsächliche Kommando lag bei Vizeadmiral Cruys. Peter war Kapitän auf der Vierundzwanzig-Kanonen-Fregatte *Apostel Peter*.
Während die Schiffsprozession langsam den Fluß hinunterfuhr, beobachtete Peter ein paar Männer am Ufer, die sich aus Schildkrötenfleisch eine Mahlzeit bereiteten. Für die meisten Russen war es eine ekelerregende Vorstellung, Schildkröten zu essen; Peter aber bat darum, von dem Gericht kosten zu dürfen, und setzte es auch seinen Tischgenossen vor, die der Meinung waren, das Fleisch junger Hähnchen zu essen. Mit Genuß verzehrten sie alles, was sich auf ihren Teller befand. Nach dem Essen befahl Peter seinem Diener, er solle die »Federn« dieser Hühnchen herbeibringen. Als die Tischrunde die Schildkrötenpanzer sah, mußten die meisten herzhaft lachen.
Als Peter am 24. Mai in Asow ankam, ließ er seine Flotte auf dem Fluß vor Anker gehen, und er fuhr an Land, um die neuen Festungsanlagen zu besichtigen. Im Frühjahr war wieder ein Horde von Krimtataren quer durch die südliche Ukraine nach Osten geritten, hatte sich Asow genähert, Bauernhöfe und Dörfer überfallen, in Asche gelegt, die Felder verwüstet und die Bevölkerung in die Flucht getrieben. Peter war mit den neuen Verteidigungsanlagen zufrieden und fuhr weiter nach Taganrog, wo die Arbeiten an dem neuen Marinestützpunkt in vollem Gang waren. Nachdem sich die Schiffe dort versammelt hatten, führte der Zar sie auf das Meer hinaus, wo sie Gefechtsübungen durchzuführen begannen. Diese Übungen dauerten fast den ganzen Juli und fanden ihren Höhepunkt in einem Scheingefecht, wie das, was Peter vor rund einem Jahr in Holland auf dem Ijsselmeer gesehen hatte.
Es zeigte sich, daß die Flotte einsatzbereit war, und Peter stand nun vor dem Problem, was er mit ihr tun sollte. Sie war für den Krieg mit der Türkei

gebaut worden, sollte die Durchfahrt zum Schwarzen Meer freikämpfen und den Türken das Recht streitig machen, dieses Meer als ihr Eigentum zu betrachten. Aber inzwischen hatte sich die politische Lage verändert. Prokop Wosnizin, ein erfahrener Diplomat, war in Wien zurückgeblieben, um bei den Friedensverhandlungen zwischen den verbündeten Staaten Österreich, Polen, Venedig und Rußland einerseits und der Türkei andererseits soviel wie möglich für Rußland herauszuholen.

Als in Karlowitz die Friedenskonferenz zusammentrat, bedrängte Wosnizin die Verhandlungspartner der verbündeten Länder, nicht eher Frieden zu schließen, bis alle Ziele Rußlands durchgesetzt seien. Das Gewicht anderer nationaler Interessen stand jedoch gegen Rußlands Wünsche. Die Österreicher würden durch einen Friedensschluß mit Sicherheit ganz Transsylvanien und den größten Teil Ungarns gewinnen. Venedig konnte damit rechnen, die eroberten Gebiete in Dalmatien und in der Ägäis behalten zu können, und Polen machte sich Hoffnungen auf bestimmte Gebiete nördlich der Karpaten. Auch der englische Gesandte in Konstantinopel sollte sich im Auftrag seines Königs nach Kräften für den Frieden einsetzen, um auf diese Weise Österreich für die bevorstehende Auseinandersetzung mit Frankreich zu entlasten. In diesem Sinn bemühte er sich darum, die inzwischen ziemlich kriegsmüden Türken zu einer gewissen Großzügigkeit zu überreden, und in Konstantinopel erklärte man sich tatsächlich dazu bereit – wenn auch zögernd –, Asow an Rußland abzutreten. Die Türken weigerten sich aber strikt, irgendein Gebiet herauszugeben, das, wie Kertsch, von Rußland nicht erobert worden war. Wosnizin blieb nichts anderes übrig, als sich zu weigern, den allgemeinen Friedensvertrag zu unterschreiben. Da er allerdings wußte, daß der Zar noch nicht genügend vorbereitet war, um die Türken allein besiegen zu können, schlug er einen zweijährigen Waffenstillstand vor. In dieser Zeit sollte Peter seine Armee und seine Flotte aufrüsten können. Als sich die Türken mit einem Waffenstillstand einverstanden erklärten, empfahl Wosnizin dem Zaren, er solle die Zeit ebenfalls dazu nutzen, einen Gesandten nach Konstantinopel zu schicken, um zu prüfen, ob Rußland möglicherweise durch Verhandlungen das Ziel erreichen konnte, das es bisher nicht erreicht hatte – und das ihm auch nach einem eventuellen Krieg noch nicht sicher war.

All das hatte sich im Winter 1698/99 ereignet, als Peter in Woronesch seine Flotte aufbaute. Als er jetzt mit seinen Schiffen vor Taganrog lag und sie aufgrund des inzwischen geschlossenen Waffenstillstands mit der Türkei nicht einsetzen konnte, entschloß er sich, auf Wosnizins zweiten Vorschlag einzugehen. Er ernannte Jemilian Ukrainzew, den weißhaarigen Minister für Auswärtige Angelegenheiten, zum Sonderbotschafter für Konstantinopel und erteilte ihm den Auftrag, einen dauerhaften Friedensvertrag mit den Türken auszuhandeln. Die neue russische Flotte sollte den Gesandten bis Kertsch begleiten, von wo aus Ukrainzew mit dem größten Schiff bis zur türkischen Hauptstadt weitersegeln sollte.

Am 5. August fuhren zwölf große russische Schiffe, die mit Ausnahme der von Kapitän Peter Michailow geführten Fregatte alle unter ausländischem Kommando standen, von Taganrog aus zur Meerenge von Kertsch. Der türkische Pascha, der dort mit seinen Kanonen die Verbindung zwischen dem Asowschen und dem Schwarzen Meer zu bewachen hatte, wurde von den Russen überrascht. Eines Tages vernahm er draußen in der Meerenge Salutschüsse, und als er über die Mauerbrüstung seiner Festung sah, lag ein russisches Geschwader zu seinen Füßen. Der Zar bat darum, mit einem der russischen Kriegsschiffe, mit der Sechsundvierzig-Kanonen-Fregatte *Krepost* (Festung), die Meerenge passieren und den russischen Gesandten nach Konstantinopel bringen zu dürfen. Der Pascha lehnte zunächst den Antrag ab und brachte seine Kanonen in Stellung, da er keine entsprechenden Befehle aus seiner Hauptstadt erhalten hatte. Peter drohte daraufhin, mit Gewalt durchzubrechen, und verwies darauf, daß er außer seinen Kriegsschiffen noch zahlreiche Galeeren, Brigantinen und andere Schiffe mit Soldaten mitgebracht hatte. Man verhandelte zehn Tage lang, dann gab der Pascha nach unter der Bedingung, daß die russische Fregatte von vier türkischen Schiffen begleitet würde. Der Zar kehrte mit seiner Flotte um, und die *Krepost* segelte durch die Meerenge. Als sie das Schwarze Meer erreicht hatte, setzte der holländische Kapitän Van Pamburg volle Segel, worauf die Russen die türkische Eskorte bald hinter sich zurückließen.

Es war ein historischer Augenblick: Zum erstenmal in der Geschichte segelte ein russisches Kriegsschiff unter dem Banner des moskowitischen Zaren frei und unbehelligt auf jenem Meer, das der Sultan als sein Eigentum betrachtete. Bei Sonnenuntergang tauchte am 13. September das russische Schiff am Bosporus auf; der Sultan war überrascht, verlor aber nicht die Fassung. Er sandte eine Grußbotschaft und Glückwünsche an die Russen und lud Ukrainzew ein, sich und sein Gefolge auf türkischen Schiffen an Land bringen zu lassen. Der Gesandte lehnte dies ab und bat statt dessen um die Erlaubnis, den Bosporus bis nach Konstantinopel hinaufsegeln zu dürfen. Der Sultan gab nach, und das russische Kriegsschiff ging schließlich am Goldenen Horn, direkt vor dem Palast des Sultans, vor Anker. Neun Jahrhunderte lang hatte kein russisches Schiff mehr unter diesen Mauern geankert.

Die Türken waren nicht nur durch das Erscheinen eines russischen Schiffes, sondern auch durch die Größe der *Krepost* beunruhigt. Sie begriffen nicht, wie ein so großes Schiff im flachen Wasser des Don hatte gebaut werden können. Sie wurden aber von ihren Schiffsbauern darüber belehrt, daß das Schiff sehr flach im Wasser liegen müsse und deswegen auf offener See als Plattform für Geschütze nicht geeignet sei.

Ukrainzew wurde sehr zuvorkommend behandelt. Zahlreiche hohe Beamte erwarteten ihn am Kai, als er türkischen Boden betrat. Man stellte ihm ein kostbares Pferd zur Verfügung und geleitete ihn zu einer luxuriösen Villa in der Nähe des Meeres. Dann wurde die *Krepost* im Auftrag des Zaren Besuchern zugänglich gemacht. Hunderte von Schiffen kamen längsseits der

Krepost, und Menschen jeden Standes kletterten an Bord. Auch der Sultan besichtigte das russische Schiff in Begleitung einer Gruppe türkischer Kapitäne.

Der Besuch am Bosporus verlief friedlich, obwohl es beinahe zu einem schweren Zwischenfall gekommen wäre. Van Pamburg, der temperamentvolle holländische Kapitän, hätte beinahe sich selbst und die gesamte diplomatische Mission in Gefahr gebracht. Er hatte eines Abends holländische und französische Bekannte eingeladen und hielt sie bis nach Mitternacht bei sich an Bord. Als die Gäste wieder an Land zurückfuhren, ließ er für sie einen Salut aus allen sechsundvierzig Kanonen abfeuern. Die Kanone weckte die ganze Stadt. Der Sultan glaubte sogar, es handle sich bei dem Geschützfeuer um ein Signal für eine russische Flotte, die die Stadt von See her angreifen sollte. Am folgenden Morgen wollten die verärgerten Türken die russische Fregatte beschlagnahmen und den Kapitän verhaften. Da aber drohte Van Pamburg, sein Schiff in die Luft zu sprengen, wenn auch nur ein türkischer Soldat seinen Fuß an Bord setzte. Unter vielen Entschuldigungen und unter dem Versprechen, eine solche Provokation nicht mehr zu wiederholen, wurde schließlich die Angelegenheit aus der Welt geschafft.

Die Türken hatten es gar nicht eilig, Ukrainzew entgegenzukommen. Erst im November, drei Monate nach Ankunft des russischen Schiffes in Konstantinopel, fanden sie sich dazu bereit, Verhandlungen aufzunehmen. Danach kam es zu dreiundzwanzig Begegnungen zwischen Ukrainzew und seinen osmanischen Gesprächspartnern, bis im Juni 1700 eine Art Kompromiß geschlossen wurde. Peter hatte sich von der Gesandtschaftsreise zu viel erwartet. Er hatte Asow und die Festungen am unteren Dnjepr, den er bereits besaß, behalten wollen. Dann wollte er die Erlaubnis bekommen, mit russischen Handelsschiffen (nicht mit Kriegsschiffen) das Schwarze Meer befahren zu dürfen. Außerdem sollte der Sultan den Krimtataren verbieten, weiterhin Überfälle auf die Ukraine auszuführen. Der Krim-Khan sollte ferner zukünftig keine Tribute mehr von Moskau verlangen dürfen. Schließlich strebte der Zar an, daß die Türken einen ständigen russischen Gesandten an der Hohen Pforte akkreditieren sollten, da auch England, Frankreich und andere Mächte dort in dieser Form vertreten waren. Nicht zuletzt wollte der Zar durchsetzen, daß russisch-orthodoxe Kirchenleute besondere Privilegien am Heiligen Grab in Jerusalem genießen sollten.

Monatelang gaben die Türken der russischen Gesandtschaft keine definitiven Antworten. Ukrainzew hatte das Gefühl, daß die österreichischen, italienischen, englischen und französischen diplomatischen Vertreter in Konstantinopel seine Mission zu behindern versuchten, damit die Beziehungen zwischen Rußland und dem Osmanischen Reich nicht zu vertraulich wurden. »Ich bekomme keinerlei Unterstützung und nicht einmal die geringste Information vom Kaiser oder von Venedig«, beklagte sich Ukrainzew in einem Bericht an Peter. »Die Vertreter Englands und Hollands halten zu den Türken und verfolgen gegen sie bessere Absichten als gegen Euch, Herr. Sie hassen Euch und beneiden Euch, weil Ihr begonnen habt, Schiffe zu bauen, und sowohl in Asow als auch in Archangelsk die Seefahrt eingeführt habt. Sie fürchten, ihr eigener Seehandel könnte dadurch gestört werden.«[11] Der Tataren-Khan von der Krim war noch stärker darum bemüht, ein Übereinkommen zwischen Russen und Türken zu verhindern. »Der Zar«, so schrieb er dem Sultan, »zerstört die alten Bräuche und den alten Glauben unseres Volkes. Er verändert alles gemäß ausländischen Methoden und schafft sich eine mächtige Armee und Flotte, wodurch er jedermann ärgert. Früher oder später wird er durch seine eigenen Untertanen zugrunde gehen.«[12]

In einem Punkt waren die Türken besonders unnachgiebig. Sie lehnten das russische Ersuchen um Zugang zum Schwarzen Meer kategorisch ab. »Das Schwarze Meer und seine Küsten gehören ausschließlich dem osmansichen Sultan«, erklärten sie gegenüber Ukrainzew. »Seit undenklichen Zeiten ist kein fremdes Schiff auf diesem Meer gesegelt, und kein Schiff wird es in Zukunft tun ... Der Sultan wird eher Fremde in seinen Harem eindringen lassen, als fremden Schiffen erlauben, auf dem Schwarzen Meer zu segeln.«[13]

Man konnte jetzt die Türken nicht zwingen, mehr aufzugeben als das, was sie auf dem Schlachtfeld verloren hatten. Inzwischen war Peter aber daran interessiert, die Verhandlungen so schnell wie möglich abzuschließen, da er an der Ostsee neue, verlockende Aussichten hatte. Der Vertrag von Konstantinopel war deshalb kein Friedensvertrag, sondern ein dreißigjähriger Waffenstillstand.

Die ausgehandelten Bedingungen waren ein Kompromiß. Rußland durfte Asow sowie ein Gebiet rund um die Mauern der Stadt behalten, das in zehn Tagen Reise durchquert werden konnte. Es mußte aber die Festungen am unteren Dnjepr, die es zuvor den Türken abgenommen hatte, abreißen und das Gebiet abtreten. Ein vermutlich unbewohnter, auf jeden Fall aber entmilitarisierter Gebietsstreifen sollte sich quer durch die Ukraine von Ost nach West erstrecken und dem Herrschaftsbereich der Krimtataren vom russischen Einflußbereich trennen.

Bei den Verhandlungspunkten, die nichtterritoriale Fragen betrafen, war Ukrainzew erfolgreicher. Die Türken versprachen, den orthodoxen Christen den Zugang nach Jerusalem zu erleichtern. Es wurde auch anerkannt, daß Rußland keine weiteren Tribute an den Tataren-Khan zu zahlen hätte. Der amtierende Khan, Devlet Gerey, war darüber zwar äußerst erbost, aber die alte Abhängigkeit der Russen war fortan beendet. Sie trat nie wieder in Kraft, auch nicht nach der Niederlage am Pruth, die Peter elf Jahre später hinnehmen mußte. Schließlich erreichte Ukrainzew, daß Rußland künftig einen ständigen Gesandten in Konstantinopel haben durfte. Dadurch wurde Rußland als einflußreiche politische Macht in Europa anerkannt. Ukrainzew blieb als ständiger Gesandter des Zaren am Bosporus.

Die Unterzeichnung des dreißigjährigen Waffenstillstandes mit der Türkei machte Peters Bemühungen um den Aufbau einer großen russischen Schwarzmeerflotte zunichte. Obwohl der Zar sein Hauptaugenmerk bald mehr und mehr auf den Krieg mit Schweden richtete, ließ er die Projekte im Süden, in Woronesch, Asow und Taganrog – wenn auch verlangsamt – weiterlaufen. Sein Leben lang gab Peter seine Vorstellungen von einem Durchbruch zum Schwarzen Meer nicht auf, und zum Ärger der Türken ging auch der Schiffsbau in Woronesch weiter. Neue Schiffe segelten nach Taganrog hinunter, und die Mauern von Asow wurden immer höher.

Es kam aber nie zu einem Kampf, und die Mauern von Asow mußten nie einem Angriff standhalten. Das Schicksal der Schiffe und der Stadt entschied sich nicht in einer Seeschlacht, wie Peter gehofft hatte, sondern Hunderte von Kilometern nordwestlich des Schwarzen Meeres. Zuvor allerdings leisteten die Schiffe Rußland noch einen wichtigen Dienst. Als der schwedische König Karl XII. in Rußland eingefallen war und er sich in den Monaten vor der Schlacht von Poltawa dringend um ein Bündnis mit den Türken bemühte, hatte Peter mit der Flotte von Taganrog einen Trumpf in der Hand: Es gelang ihm, die Türken und Tataren zu überreden, sich nicht in den Krieg zwischen Rußland und Schweden einzumischen. In jenem kritischen Frühjahr 1709 verstärkte Peter die Flotte und verdoppelte die Zahl seiner in Asow stationierten Soldaten. Im Mai, zwei Monate vor der entscheidenden Schlacht von Poltawa, begab er sich nach Asow und Taganrog und ließ dort seine Flotte vor den Augen eines türkischen Gesandten ein Manöver abhalten. Der Bericht dieses Gesandten beeindruckte den Sultan dann so sehr, daß er dem Tataren-Khan Devlet Gerey untersagte, Karl seine Reiter zur Verfügung zu stellen.

DRITTER TEIL

Der Große Nordische Krieg

1   Der Beherrscher des Nordens

Im Sonnenlicht ist die Ostsee von glänzendem Blau, bei Nebel und Regen von düsterem Grau. Golden leuchtet sie zur Zeit des Sonnenuntergangs, wenn der Strand die Farbe des Bernsteins annimmt, den man nur dort findet. Die Nordküste ist von Föhrenwäldern, Fjorden aus rotem Granit, flachen Kiesstränden und einer Myriade winziger Inseln gesäumt. Im Süden hingegen wechselt grünes Küstenland mit weißen Sandstränden, Dünen, Marschen und niedrigen Lehmklippen ab. Großen Teilen des Festlandes sind schmale Landzungen, Sandbänke und flache, bis zu zwanzig Kilometer breite und achtzig Kilometer lange Haffe vorgelagert. Durch das flache, sumpfige Land fließen vier Flüsse ins Meer: die Newa, die Düna, die Weichsel und die Oder. Die Flüsse führen der Ostsee viel Wasser zu. Nur verhältnismäßig wenig Salzwasser fließt vom Westen in die Ostsee, und es gibt weder in Riga noch in Stockholm einen Gezeitenwechsel.

Der niedrige Salzgehalt des Wassers führt im Winter zu starker Eisbildung. Der Winter setzte bereits im späten Oktober mit starken Nachtfrösten und Schneeschauern ein. Darum verließen zur Zeit der Segelschiffahrt ausländische Schiffe die Ostsee spätestens im Oktober. In den Laderäumen hatte man schwedisches Eisen und Kupfer, auf den Decks Holz verstaut. Die einheimischen Seeleute dagegen steuerten ihre Schiffe in die Häfen, takelten sie ab und ließen sie, eingefroren im Eis, bis zum nächsten Frühling überwintern. Oft war das Wasser in den Buchten und Hafeneinfahrten bereits im November mit einer dünnen Eisschicht bedeckt. Anfang Dezember waren Kronstadt und St. Petersburg, Reval und Stockholm durch das Eis abgeschnitten. Das offene Meer fror zwar nicht völlig zu, aber schweres Treibeis und häufige Stürme machten die Schiffahrt unmöglich. Selbst der schmale Sund zwischen Schweden und Dänemark im Westteil der Ostsee war oft durch Treibeis versperrt, und manchmal war die Meerenge von einer festen Eisschicht bedeckt. (1685 marschierte eine schwedische Armee über das Eis und überraschte ihre dänischen Feinde.)

Im Frühling, wenn das Eis taut, herrscht wieder reges Leben auf der Ostsee. Zu Peters Zeit kamen um diese Jahreszeit die Flotten der Handelsschiffe aus Amsterdam und London zurück. Sie steuerten dann durch den fünf Kilometer breiten Sund mit seinen flachen Klippen und dem berühmten Schloß Elsinor steuerbords sowie den Hügeln der schwedischen Küste backbords. Im Juni endlich war die Ostsee voll von Segelschiffen: holländische Kaufmannsschiffe, die mit ihrem runden Bug im kobaltblauen Wasser lagen, während der Wind ihre riesigen Hauptsegel blähte, und stabile englische Schiffe mit eichenem Rumpf, die für die Royal Navy Maste und Spiere aus Föhrenholz, Teer und Terpentin, Harze, Öle sowie Flachs zur Herstellung von Segeln aus den Ostseehäfen holten. Während des nur kurzen Sommers durchkreuzten die Schiffe die Ostsee, gingen in den Hafenstädten vor Anker und machten zur Entladung und Beladung an den Kais fest. An Land trafen sich die Kapitäne mit den Kaufleuten, während die Matrosen in die Schenken und zu den Mädchen gingen.

Die Hafenstädte der Ostsee waren damals – wie übrigens noch heute – in ihrem Charakter deutsch. Zu ihrem Erscheinungsbild gehörten die mittelalterlichen deutschen Häuser mit ihren spitzen Dächern und Giebeln, ihren Türmchen und Zinnen und die Straßen mit dem Kopfsteinpflaster. Die alte Stadt Reval (heute Tallinn), die Hauptstadt Estlands, breitet sich um eine mittelalterliche Zitadelle aus, die sich auf einem hoch aufragenden und schroffen Felsrücken erhebt. Schwalben umfliegen die hohen runden Türme der Festung, und blonde estnische Kinder spielen unter großen Kastanienbäumen. Riga, die Hauptstadt Lettlands, ist inzwischen größer und moderner geworden, aber auch hier sieht man in der Altstadt am Dünaufer immer noch Straßen mit Kopfsteinpflaster und deutsche Gasthäuser, überragt von den barocken Türmen der Peterskirche und der Jakobskirche und von dem imposanten Dom. Ein breiter weißer Sandstrand, hohe Dünen und grüne Föhrenwälder ziehen sich vor der Stadt über Kilometer am Rigaischen Meerbusen entlang.

Zur Zeit Peters unterschieden sich die kleinen Staaten Estland und Lettland hinsichtlich ihrer Architektur, Sprache, Religion und ihrer kulturellen Eigenart erheblich vom angrenzenden russischen Hinterland. Die Städte an der Küste, die zunächst von den Deutschordensrittern, dann vom weltlichen deutschen Adel regiert worden waren und sich später der Hanse und der lutherischen Kirche anschlossen, hatten ihre kulturelle und religiöse Unabhängigkeit bewahrt. Sie sollten diese auch weiterhin bewahren, nachdem Peters Armee von Poltawa her einmarschiert war, Riga erobert hatte und und das ganze Gebiet für zweihundert Jahre in das russische Reich eingegliedert worden war.

Fast ganz von Wäldern und Seen bedeckt liegt nördlich der Ostsee Schweden. Von seiner Südküste bis in den hohen Norden, bis jenseits des Polarkreises, erstreckt es sich über rund fünfzehnhundert Kilometer. Tannen und Birken, 96000 Seen, Schnee und Eis bestimmen das Landschaftsbild. Wie im nördlichen Rußland sind die Sommer auch hier nur kurz und kühl. Flüsse und Seen frieren bereits im November zu, die Eisschmelze setzt erst im April ein; nur sechs Monate des Jahres sind hier ohne Frost.

Im 17. Jahrhundert lebten nur anderthalb Millionen Menschen über dieses weite Land verstreut. Die meisten waren Bauern, die in einfachen Holzhäusern wohnten und hölzerne Pflüge benutzten. Der Weg von einem Hof zum nächsten, die Reise von einer kleinen Ansiedlung oder Stadt zur anderen war umständlich und oft riskant. Straßen gab es kaum, und wie in Rußland war es am einfachsten, im Winter zu reisen, wenn man im Schlitten über die gefrorenen Seen hinweggleiten konnte. Während der endlosen, eisigen Wintertage hockten die Schweden in ihren Häusern um ihre warmen Öfen herum oder suchten die Badehäuser auf, um sich aufzuwärmen.

Die wichtigsten Exportgüter Schwedens kamen aus seinen Bergwerken: Silber, Kupfer und Eisen. Sowohl im Frieden als auch im Krieg war Eisen das gefragteste Produkt, es machte die Hälfte des schwedischen Ausfuhrhandels aus. Der Handel lief überwiegend über die Hauptstadt Stockholm, die 1697 rund sechzigtausend Einwohner zählte. Zahllose Inseln sind der Stadt vorgelagert und schützen sie vor der offenen See. Vom Meer her führt eine natürliche Schiffahrtsstraße, der Saltsjön, durch diesen Schärengürtel hindurch bis zu jener Stelle, wo einst zwischen Seen, Flüssen und dem Saltsjön das mittelalterliche Stockholm erbaut wurde, als kleine, von einer Mauer umringte Stadt mit engen, winkligen Gassen, Giebelhäusern und schlanken Kirchtürmen, die denen der Städte Norddeutschlands und der deutschen Ostseeküste glichen.

Im 17. Jahrhundert war Stockholm ein bedeutender Handelshafen, der von holländischen und englischen Schiffen wimmelte, die Eisen und Kupfer luden. Nachdem die Docks und Werften, die Marktplätze und Banken immer zahlreicher geworden waren, hatte sich die ursprüngliche Stadt auf die umliegenden Inseln ausgedehnt. Mit zunehmendem Reichtum hatte man begonnen, die Kirchtürme und die Dächer öffentlicher Gebäude mit Kupfer zu decken, und wenn die Strahlen der untergehenden Sonne auf diese Dächer fielen, erglühten sie in hellem Orange. Schiffe, die ihre Ladung aus Schweden nach Westeuropa gebracht hatten, kehrten von Amsterdam und London zurück und brachten englische Möbel aus Nußbaum, vergoldete französische Stühle, Delfter Porzellan, italienisches und deutsches Glas, goldene Tapeten, Teppiche, Leinen und verziertes Tafelsilber mit.

Der Reichtum Schwedens gründete sich nicht nur auf Eisen und Kupfer, sondern auch auf politische Macht; war doch das 17. Jahrhundert die Epoche, in der Schweden zur Großmacht wurde. Vom Zeitpunkt der Thronbesteigung des siebzehnjährigen Gustav Adolf im Jahre 1611 bis zum Tod Karls XII. im Jahr 1718 befand sich das Land auf dem Höhepunkt seiner Großmachtstellung. Zu Schweden gehörten die gesamte nördliche Küste der Ostsee und die wichtigsten Teile der Südküste. Das Königreich Schweden umfaßte ganz Finnland und Karelien sowie Ingermanland, Estland und Livland und umschloß somit den Bottnischen und Finnischen Meerbusen. Im Süden hatte es Westpommern sowie die Hafenstädte Stettin, Stralsund und Wismar an der Mecklenburgischen Küste erobert. Es beherrschte die Bistümer Bremen und Verden südwestlich von Dänemark, die ihm den Zugang zur Nordsee sicherten. Außerdem hatte es fast alle Inseln in der Ostsee unter seiner Kontrolle.

Der Handel war allerdings für Schweden noch wichtiger als der Territorialbesitz. Die blaugelbe Flagge des Königreichs wehte an der Mündung fast aller Flüsse, die in die Ostsee flossen: die Newa am Ende des Finnischen Meerbusens; die Dwina, die in dem Marschland bei Riga in die Ostsee floß; die Oder bei Stettin.

Daß dieses große Gebiet von einem Monarchen beherrscht wurde, dessen eigenes Volk nur knapp anderthalb Millionen Menschen zählte, war den Leistungen großer schwedischer Feldherren und der Ausdauer schwedischer Soldaten während der vorausgegangenen Jahrzehnte zu verdanken. Der erste und größte dieser Feldherrn war Gustav Adolf, der Löwe des Nordens und Retter des Protestantismus in Deutschland, der auf seinen Feldzügen bis zur Donau vorgedrungen war. Er fiel im Alter von achtunddreißig Jahren bei einem Angriff der Kavallerie in der Schlacht bei Lützen.[1] Der Dreißigjährige Krieg wurde erst sechzehn Jahre nach seinem Tod durch den Westfälischen Frieden beendet. Schweden erhielt die oben erwähnten Gebiete an der südlichen Ost- und Nordseeküste. Dadurch, daß das protestantische Schweden über Besitzungen in Deutschland verfügte, war es auch Teil des Heiligen Römischen Reiches und hatte ein Mitspracherecht im Reichstag. Wichtiger allerdings als solche formellen Befugnisse war für Schweden seine militärische Präsenz in Mitteleuropa. Die deutschen Territorien dienten dem Königreich als Brückenköpfe auf dem Kontinent, so daß man in allen europäischen Kriegs- und Friedensfragen mit der nordischen Großmacht rechnen mußte.

Der Große Nordische Krieg war nicht nur auf Peters Streben nach einem Zugang zum Meer zurückzuführen. Die Ursachen reichten tief in die russische Geschichte zurück. Der Kampf zwischen Rußland und Schweden um den Besitz der Küstengebiete am Finnischen Meerbusen dauerte bereits seit Jahrhunderten an. Seit dem 13. Jahrhundert war Schweden mit den Stadtstaaten Moskau und Nowgorod verfeindet. Karelien und Ingermanland, nördlich und südlich der Newa gelegen, waren immerhin altes russisches Siedlungsgebiet; der russische Nationalheld Alexander Newski hatte seinen Namen (Newski bedeutet »von der Newa«) nach einem Sieg über die Schweden im Jahr 1240 erhalten. Während der politischen Wirren nach dem Tod Iwans des Schrecklichen hatte Schweden einen breiten Streifen russischen Territoriums einschließlich Nowgorod besetzt. 1616 gab Schweden Nowgorod zwar wieder auf, es behielt aber den gesamten Küstenstreifen mit den Festungen Nöteburg am Lagodasee (dem heutigen russischen Petrokrepost) sowie Narwa und Riga, so daß Rußland weiterhin keinen Zugang zum Meer hatte. Zar Alexei hatte zwar versucht, diese Gebiete zurückzuerobern, aber er hatte seine Pläne bald wieder aufgeben müssen. Die Kriege gegen Polen waren wichtiger für ihn, und Rußland konnte nicht zur gleichen Zeit an zwei Fronten, der polnischen und der schwedischen, kämpfen. So wurde der schwedische Status quo im russisch-schwedischen Frieden von Kardis 1664 noch einmal bestätigt.
Für Rußland war es in wirtschaftlicher Hinsicht in der Tat ein Nachteil, daß sich diese Gebiete in fremder Hand befanden. Über die von den Schweden besetzten Häfen Riga, Reval und Narwa wurde immerhin ein großer Teil des russischen Handels abgewickelt, und diesen Handel belegten nun schwedische Zöllner mit hohen Abgaben, was den schwedischen Staatsschatz fort-

während vergrößerte. Schließlich gab es noch die ganz persönliche Anziehungskraft, die das Meer auf Peter ausübte. In Wien war dem Zaren klargeworden, daß er das Osmanische Reich nicht allein bekämpfen konnte und ihm darum der Zugang zum Schwarzen Meer verwehrt bleiben würde. Im Nordwesten Rußlands aber gab es die Ostsee, die als direkte Verbindung nach Holland, England und dem übrigen Westen dienen konnte. Als sich ihm die Gelegenheit bot, den Zugang zu diesem Meer durch einen Krieg zu gewinnen – er sollte die Unterstützung Polens und Dänemarks erhalten –, konnte er der Versuchung nicht widerstehen.

Dennoch wäre es vielleicht ohne das Eingreifen von Johann Reinhold von Patkul nicht so schnell zum Großen Nordischen Krieg gekommen. Er gehörte zum alten livländischen Adel, zu jenen tapferen Nachkommen des Deutschen Ritterordens, die Livland, Estland und Kurland erobert und bis zur Mitte des 16. Jahrhunderts in ihrer Gewalt gehalten hatten. Nachdem Iwan der Schreckliche den Rittern schwere Niederlagen beigebracht hatte, war der Deutsche Ritterorden aufgelöst worden und Livland an Polen gefallen. Die Polen hatten versucht, in ihrem neuen Territorium die polnische Sprache, die polnischen Gesetze und die katholische Religion durchzusetzen; die protestantischen Livländer hatten sich daraufhin um den Schutz des protestantischen Schwedens bemüht. Nach langen Kämpfen wurde Livland 1660 zur schwedischen Provinz, deren politische Entwicklung eng mit der Schwedens zusammenhing, wie dies beispielsweise aus der umstrittenen »Reduktionspolitik« König Karls XI. zu ersehen ist. Nach dem frühen Tod Gustav Adolfs hatte der Adel schnell an Macht gewonnen und durch Erwerb von Krongut 72 Prozent des schwedischen Grundbesitzes in die Hand bekommen. Karl XI. ging zusammen mit den nichtadligen Ständen gegen den Adel vor: 1680 beschloß der Reichstag die »Reduktion«, das heißt die Einziehung des entfremdeten Kronguts. Die »Reduktion« wurde mit unerbittlicher Strenge in Schweden und in allen schwedischen Provinzen, einschließlich Livland, durchgeführt. Diese Verordnung traf Livland um so härter, als Karl XI. erst zwei Jahre zuvor die Rechte der livländischen Barone feierlich bestätigt und ausdrücklich versprochen hatte, das damals bereits geplante neue Gesetz würde nicht für sie gelten. Die Livländer protestierten nun heftig gegen die Konfiszierung ihrer Güter und schickten Gesandte nach Stockholm, die ihre Interessen vertreten sollten.

Patkul war einer dieser Gesandten. Er war ein kräftiger, gutaussehender und kultivierter Mann, der mehrere Sprachen beherrschte, darunter Griechisch und Latein, und ein erfahrener Offizier mit starkem, aufrichtigem Charakter. Er vertrat sein Anliegen jeweils mit leidenschaftlicher Hingabe und Geschick – Karl XI. war einmal so beeindruckt, daß er Patkul bei der Schulter faßte und sagte: »Sie haben wie ein ehrenwerter Mann für Ihr Vaterland gesprochen. Ich danke Ihnen.«[2] Dennoch vertrat der König die Ansicht, die Reduktion sei eine »nationale Notwendigkeit«, wobei Livland nicht anders behandelt werden könne als das übrige Königreich. Patkul kehrte nach Livland zurück und setzte sogleich eine Petition auf, die er dem König schickte. Dieser faßte das Schreiben als Verrat auf und verurteilte den Livländer in Abwesenheit zum Tode: Die rechte Hand und der Kopf sollten ihm abgeschlagen werden. Patkul entkam aber den schwedischen Offizieren, die ihn verhaften wollten, und begann durch Europa zu reisen, auf der Suche nach einer Gelegenheit, seine Heimat von der schwedischen Herrschaft zu befreien. Sechs Jahre lang träumte er davon, eine antischwedische Koalition zu gründen, durch die Livland seine Unabhängigkeit gewinnen oder durch die zumindest die Macht des livländischen Adels wiederhergestellt werden könnte. Als Karl XI. starb und sein fünfzehnjähriger Sohn den schwedischen Thron bestieg, schien sich ihm eine günstige Gelegenheit zu bieten.

Patkul war zwar ein zielstrebiger Mensch, aber auch ein Realist. Deshalb wußte er, daß ein kleines Land wie Livland die Hilfe und wahrscheinlich auch die Oberhoheit einer anderen größeren Macht akzeptieren mußte, wenn es das schwedische Joch abschütteln wollte. Polen, eine Republik, in der der Adel die herrschende Macht war, die ihren König wählte schien für sein Vorhaben geeignet zu sein. Bei einem so lockeren Regierungssystem wie dem Polens würde der livländische Adel höchstwahrscheinlich seine Rechte behalten können. Darüber hinaus war der neue polnische König August der Starke von Sachsen; man konnte also damit rechnen, daß er dem deutschen Adel Livlands Sympathie entgegenbringen würde.

Im Oktober 1698 traf Patkul heimlich in Warschau ein und versuchte, August dafür zu gewinnen, bei der Bildung einer antischwedischen Allianz die Initiative zu ergreifen. Patkul hatte bereits König Friedrich IV. von Dänemark aufgesucht und in ihm einen Verbündeten gefunden. Die Dänen hatten sich nie damit abfinden können, daß Gustav Adolf ihnen weite Gebiete entrissen hatte, und sie hofften, daß in naher Zukunft der Oresund, die Meerenge, die die Ostsee von der Nordsee und Dänemark von Schweden trennt, wieder als »ein Strom, der durch das Reich des Königs von Dänemark fließt«[3], bezeichnet werden könne. Außerdem waren den Dänen die schwedischen Truppen an der Südgrenze des Landes, im Gebiet des Herzogs von Holstein-Gottorf, ein Dorn im Auge.

August fand Patkuls Vorschlag verlockend, besonders angetan war er vom Versprechen, daß die livländischen Adligen bereit seien, ihn als ihren erbmäßigen König anzuerkennen. Sein Ziel war es, das polnische Wahlkönigtum in ein Erbkönigtum umzuwandeln, und er hoffte, auf die Unterstützung des polnischen Adels rechnen zu dürfen, wenn er Livland von sächsischen Truppen erobern ließ und die Provinz danach dem polnischen Adel anbot. Um dem König einen weiteren Anreiz zu bieten, erklärte sich Patkul sogar in der Lage, eine genaue Beschreibung der Festungsanlagen von Riga zu geben.

Das Ergebnis seiner Verhandlungen überstieg Patkuls kühnste Hoffnungen: Dänemark und Polen gingen tatsächlich ein Bündnis gegen Schweden ein. Friedrich IV. sollte die Schweden aus den Provinzen Schleswig und Holstein vertreiben und anschließend, über den Sund hinweg, in Südschweden eindringen. August der Starke erklärte sich bereit, im Januar oder Februar 1700 mit seinen sächsischen Soldaten nach Livland einzumarschieren und zu versuchen, Riga in einem Überraschungsangriff zu erobern. Die schwedischen Kräfte müßten sich unter diesen Umständen zwischen Norddeutschland, der östlichen Ostsee und ihrem Heimatland zersplittern; und da es zudem noch keinen erwachsenen König in Schweden gab, der die Nation zusammenhalten und die Armee anführen konnte, hoffte man auf einen schnellen Zusammenbruch des schwedischen Reiches. Zuletzt schlug Patkul vor, auch Peter von Rußland solle als zusätzlicher Verbündeter gegen die Schweden ablenken. Der Zar könnte außerdem Geld, Nachschub und Soldaten zur Verfügung stellen, um die Sachsen vor Riga zu unterstützen. »Russische Infanterie wäre äußerst nützlich für das Ausheben von Schützengräben und zur Abwehr der Kugeln des Feindes«, schlug Patkul vor, »während man die Truppen des Königs schonen und zur Bedeckung der Anmärsche verwenden könnte.«[4] Die Russen sollten also als Kanonenfutter dienen.

Die Verschwörer machten sich Sorgen, es könne vielleicht nicht einfach sein, die russischen Truppen dann auch wieder zum Verlassen der baltischen Provinzen zu bewegen. »Es wird auch unbedingt notwendig sein«, warnte Patkul, »die Hände des Zaren in der Weise zu binden, daß er nicht vor unseren Augen jenes Fleischstück ißt, das für uns gebraten wurde. Das heißt, er sollte Livland nicht in die Hand bekommen, sondern seinen Angriff auf Narwa begrenzen; im ersteren Fall könnte er sonst die Mitte von Livland bedrohen und Dorpat und Reval einnehmen sowie das ganze Estland, noch bevor man davon in Warschau zu hören bekommt.«[5]

Patkul und ein Gesandter König Augusts, General Georg von Carlowitz, begaben sich nach Moskau, um Peter für ihre Pläne zu gewinnen.[6] Unter dem Namen Kindler mischte sich Patkul unter eine Gruppe von zwölf sächsischen Ingenieuren, die vom Zaren angeheuert worden waren. In Moskau gerieten jedoch die beiden Verschwörer in eine heikle Situation. Die Schweden hatten geahnt, daß gegen sie konspiriert wurde, und gehofft, Peter dadurch zu besänftigen, daß sie im Sommer 1699 eine Gesandtschaft zu ihm schickten, die ihm die Thronbesteigung König Karls XII. offiziell melden und um eine Bestätigung und Erneuerung aller bestehenden Verträge bitten sollte. Das schwedische Angebot sollte auch die Kränkung wiedergutmachen, die der Zar offenbar bei seiner Durchreise durch Riga 1697 erlitten hatte. Als die Gesandtschaft Mitte Juni an der russischen Grenze eintraf, empfing sie Peters Onkel Lew Naryschkin in aller Höflichkeit, erklärte aber, sie müßten auf die Rückkehr des Zaren warten. der sich noch bei seiner Flotte in Asow aufhalte.

Als Peter Anfang Oktober nach Moskau zurückkehrte, fand er zwei Gesandtschaften vor, die sich um seine Gunst bemühten. Die offizielle schwedische Gesandtschaft bat ihn darum, die bestehenden Friedensverträge zwischen Schweden und Rußland zu bestätigen, und die geheime polnische Gesandtschaft, das heißt Carlowitz und Patkul, forderte ihn dazu auf, gegen Schweden Krieg zu führen. Bei den Gesprächen mit Carlowitz und Patkul waren außer dem Zaren Fjodor Golowin und Peter Schafirow als Dolmetscher zugegen. Die Schweden erfuhren schließlich von der Anwesenheit der polnischen Delegation. Sie nahmen aber irrtümlich an, daß die Russen über einen Friedensvertrag verhandelten. Um alle denkbaren Zweifel von vornherein zu zerstreuen, empfing Peter die Schweden in allen Ehren und nahm von ihnen als Gastgeschenk ein lebensgroßes Bildnis ihres neuen jungen Königs entgegen. Und um die Schweden noch mehr zu täuschen, bestätigte er auch formell die bereits zwischen den beiden Ländern bestehenden Verträge. Bei der feierlichen Unterzeichnung des Abkommens vermied er allerdings – zur Beruhigung seines Gewissens –, das Kreuz zu küssen. Als die schwedischen Gesandten diese Unterlassung bemerkten und sich darüber beklagten, erklärte Peter, er habe bereits bei seiner Thronbesteigung einen Eid auf die Einhaltung aller Verträge abgelegt, und es sei in Rußland nicht Sitte, eine solche Eidesleistung zu wiederholen. Am 24. November kamen die Schweden zu einer letzten Audienz zum Zaren. Peter war ihnen gegenüber sehr freundlich und übergab ihnen noch einen persönlichen Brief an König Karl XII., in dem die Friedensverträge zwischen Schweden und Rußland noch einmal bekräftigt wurden.

In der Zwischenzeit machten auch die Verhandlungen von Carlowitz und Patkul Fortschritte. Peter empfing Carlowitz (Patkul trat nicht in Erscheinung) und las den Brief, den ihm Carlowitz überbracht hatte, der aber wahrscheinlich von Patkul geschrieben worden war. Als Gegenleistung für die Allianzbereitschaft des Zaren enthielt es das Versprechen, Rußlands Ansprüche auf Ingermanland und Karelien zu unterstützen. Daraufhin rief der Zar den dänischen Gesandten Heins zu sich, der schon an den Geheimverhandlungen beteiligt gewesen war, die zum Bündnis zwischen Dänemark und Polen geführt hatten. Heins bestätigte ihm die in dem Brief erwähnte Absicht Polens. Und so kam es, daß sich Peter drei Tage, nachdem die schwedische Gesandtschaft Moskau verlassen hatte, in einem Vertrag dazu verpflichtete, wenn möglich im April 1700 Schweden anzugreifen. Absichtlich unterließ es der Zar, ein genaues Datum anzugeben. In den Vertrag war die Klausel eingebaut, daß der russische Angriff erst nach der Unterzeichnung eines Friedens- und Waffenstillstandsvertrags zwischen Rußland und der Türkei erfolgen werde. Patkul, der bisher im Hintergrund geblieben war, wurde nun dem Zaren vorgestellt. Zwei Wochen später reisten Carlowitz und Patkul ab; sie beschlossen, die Gelegenheit zu nutzen, die Befestigungsanlagen von Riga persönlich in Augenschein zu nehmen.

Nachdem Peter versprochen hatte, nur wenige Monate später mit seiner Armee die große westliche Militärmacht Schweden anzugreifen, mußte er sofort mit den entsprechenden Vorbereitungen beginnen. Seit seiner Rückkehr aus dem Westen hatte er sich fast ausschließlich mit dem Aufbau der Flotte befaßt; nun aber kam es für Rußland auf die militärische Rüstung (Kanonen, Munition, Wagen, Pferde, Uniformen) und nicht zuletzt auf die Mobilisierung von Soldaten an. Da nur noch wenige Strelitzen-Regimenter existierten, bestand Peters Berufsheer eigentlich nur noch aus vier Garderegimentern: dem Preobraschensker, dem Semonowsker, dem Lefort- und Buturski-Regiment. Wenn der Zar also sein Versprechen gegenüber August einhalten wollte, mußte innerhalb von drei Monaten eine gänzlich neue Armee ausgebildet, ausgerüstet und in Marsch gesetzt werden.

Der Zar erließ daher ein Dekret an alle weltlichen und geistlichen Großgrundbesitzer. Die weltlichen Großgrundbesitzer mußten dem Zaren von je fünfzig Leibeigenen einen als Rekruten zur Verfügung stellen. Klöster und andere kirchliche Grundeigentümer erhielten noch strengere Auflagen: Auf fünfundzwanzig Leibeigene entfiel ein Rekrut. Peter ließ auch Freiwillige aus der Bevölkerung Moskaus zum Militärdienst anwerben und versprach ihnen gute Bezahlung: elf Rubel im Jahr sowie einen Zuschuß zum Kauf von Alkohol. Im Dezember und Januar mußten alle zum Dienst in der Armee vorgesehenen Männer in Preobraschenskoje zur Musterung erscheinen. Siebenundzwanzig neue Infanterieregimenter wurden nach dem Vorbild der vier Garderegimenter zusammengestellt, jedes Regiment mit zwei bis vier Bataillonen. Der Zar überwachte jetzt persönlich die militärische Ausbildung der neuen Soldaten, wobei ihn nur General Artemon Golowin, der Kommandeur der Garderegimenter, und Brigadegeneral Adam Weyde unterstützten. Fürst Nikita Repnin bemühte sich inzwischen, Männer aus den Städten der unteren Wolga anzuwerben.

Obwohl die Oberbefehlshaber der drei neuen Heeresdivisionen – Golowin, Weyde und Repnin – Russen waren, wurden die Regimenter noch immer ausschließlich von Ausländern befehligt. Einige von ihnen hatten bereits an den Asow- und Krim-Feldzügen teilgenommen, andere waren erst vor kurzem in Westeuropa verpflichtet worden. Die älteren russischen Offiziere, die keine Lust mehr hatten, in den Krieg zu ziehen, bereiteten dem Zaren die größten Schwierigkeiten. Diese kriegsmüden Soldaten wurden aus der Armee entlassen und durch Hofbeamte ersetzt.

Die neuen Soldaten erhielten eine Uniform nach deutschem Vorbild: Mäntel aus dunkelgrünem Stoff, Kniehosen, Stiefel und Dreispitze. Sie wurden mit Musketen und Bajonetten bewaffnet und lernten in Kolonnen zu marschieren, eine Frontlinie zu bilden und auf Befehl zu feuern. Die Artillerie war gut gerüstet dank dreihundert Geschützen, die König Karl XII. dem Zaren übersandt hatte, um ihn in seinem Kampf gegen die Türken zu unterstützen. Fürst Alexander von Imeritia hatte das Kommando über die Artillerie. Brigadegeneral Weyde hatte zuvor unter Prinz Eugen in der österreichischen Armee gedient; jetzt war es unter anderem seine Aufgabe, die Kriegsgesetze zu formulieren, auf deren Grundlage Verstöße gegen die Disziplin der Armee schwer bestraft werden sollten.

Im Februar erhielt der Zar so bedenkliche Nachrichten über die Verhandlungen in Konstantinopel, daß er sich auf einen weiteren Krieg mit dem Sultan gefaßt zu machen glaubte. Er ließ zwar seine neuen Regimenter in Preobranschenskoje weiter exerzieren, fuhr aber nach Woronesch, um seine Schiffe kriegsbereit zu machen. Ende April konnte in Anwesenheit seines Sohnes, seiner Schwester und vieler Bojaren das Vierundsechzig-Kanonen-Schiff *Vorbestimmung*, an dem er selbst mitgearbeitet hatte, vom Stapel gelassen werden.

Während sich der Zar in Woronesch aufhielt, schlugen seine beiden Verbündeten gegen Schweden los. Ohne offizielle Kriegserklärung drangen im Februar 14 000 sächsische Soldaten unerwartet in Livland ein und belagerten die Festung Riga. Durch einen Gegenangriff der Schweden wurden die Sachsen zurückgedrängt, wobei General Carlowitz den Tod fand. Peter war empört, vor allem über August. Der König, meinte er, hätte in Livland seine Soldaten anführen müssen, statt sich in Sachsen »mit Frauen zu vergnügen«[7].

Im März überfiel der zweite neue Verbündete des Zaren, Friedrich IV., das Gebiet des Herzogs von Holstein-Gottorf im Süden von Dänemark. Mit 16 000 Soldaten belagerte er Tönning. Peter hielt jetzt die Zeit für gekommen, einzugreifen und in Ingermanland einzumarschieren, aber ihm waren die Hände gebunden. »Es ist ein Unglück«, sagte er Golowin, »aber wir können nichts tun. Ich habe keine Nachricht aus Konstantinopel.«[8]

Während des Frühlings wurden die Gerüchte über türkische Kriegsvorbereitungen dann so zahlreich und beunruhigend, daß es Peter für notwendig hielt, seine formell guten Beziehungen zu Schweden zu verbessern. Es gab Gerüchte über angebliche Geheimverträge mit Dänemark und Polen, und er kündigte den Schweden eine russische Gesandtschaft an, um ihnen seine guten Absichten deutlich zu machen. Thomas Knipercrona, der schwedische Gesandte in Moskau, der keine Ahnung von der Verschwörung hatte, die im vergangenen Herbst zustande gekommen war, freute sich über diesen Vorschlag, und Peter nützte sein Vertrauen wohlüberlegt aus. Am Tag seiner Rückkehr aus Woronesch machte er einen kurzen Besuch bei Knipercrona und tadelte scherzend die Frau dieses Gesandten, weil sie an ihre Tochter geschrieben hatte, die in Moskau lebenden Schweden seien in höchste Furcht versetzt, da der Einmarsch der russischen Armee in Livland bevorstehe. Die Tochter war in Woronesch gewesen und hatte dem Zaren den Brief gezeigt, den sie von ihrer Mutter erhalten hatte. »Ich konnte Ihre Tochter kaum beruhigen, sie weinte so bitterlich«, sagte Peter. »Sie werden doch nicht etwa glauben, ich könnte einen ungerechten Krieg gegen den König von Schweden beginnen und einen ewigen Frieden, den ich eben erst zu halten versprochen habe, brechen.«[9] Knipercrona bat den Zaren, seiner Frau zu vergeben; darauf umarmte Peter den Gesandten mit großer Herzlichkeit und schwor, wenn der König von Polen den Schweden Riga wegnehmen würde, werde er ihm die Stadt aus den Händen reißen. Knipercrona fühlte sich durch diese Zusicherungen beruhigt und meldete nach Stockholm, Moskau denke keinesfalls an einen Angriff auf Schweden.

Der Frühling ging vorüber, es wurde Sommer, und noch immer gab es keine Nachricht aus Konstantinopel. Am 15. Juli empfing Peter Generalmajor Baron Langen, einen Abgesandten aus Sachsen. August der Starke hatte inzwischen seine Armee vor Riga erreicht. Er bat nun den Zaren, militärisch einzugreifen. Langen berichtete:»Der Zar schickte seine Minister aus dem Zimmer, und mit Tränen in den Augen beteuerte er mir in gebrochenem Holländisch, wie betrübt er über die Verzögerungen beim Abschluß des Friedensvertrags mit der Türkei sei ... Er habe seinen Gesandten in Konstantinopel angewiesen, in der kürzesten Zeit, gegebenenfalls zum eigenen Schaden, einen Friedens- oder Waffenstillstandsvertrag abzuschließen, damit er die Hände frei bekäme, um seinen Verbündeten mit allen Kräften helfen zu können.«[10] Schließlich traf am 8. August eine Botschaft aus Konstantinopel ein: Der dreißigjährige Waffenstillstandsvertrag war am 3. Juli unterzeichnet worden. Als sich Peter nun endlich im Süden seines Landes entlastet fühlte, griff er in den Krieg im Norden ein. Noch am selben Abend, an dem Ukrainzews Depesche in Moskau eingetroffen war, wurde der zeitweilige Friede mit der Türkei in Moskau mit einer ungewöhnlich aufwendigen Feuerwerksvorführung gefeiert. Am folgenden Morgen wurde nach alter moskowitscher Tradition von einem Portal des Kremlpalastes aus der Krieg gegen Schweden ausgerufen. »Der große Zar hat beschlossen«, so verlautete die Proklamation, »daß seine Soldaten, wegen der zahlreichen Feindseligkeiten, begangen von seiten des schwedischen Königs, und vor allem weil der Zar während seiner Reise durch Riga Behinderungen und Unfreundlichkeiten seitens der Bevölkerung von Riga hat erdulden müssen, gegen die schwedischen Städte in den Krieg ziehen sollen.«[11] Als Kriegsziel wurde die Eroberung der Provinzen Ingermanland und Karelien angekündigt, »welche durch die Gnade Gottes und entsprechend dem Gesetz immer zu Rußland gehört haben und erst während der Zeit der Wirren verlorengingen«. Am gleichen Tag schickte Peter einen handschriftlichen Brief an König August, in dem er ihn über den Beitritt Rußlands in den Krieg informierte und ihm seine Wünsche übermittelte: »Wir hoffen, daß Eure Majestät mit der Hilfe Gottes nichts anderes als Nutzen aus ihm ziehen werden.«[12]

So begann der Große Nordische Krieg oder, wie Voltaire ihn genannt hat, der »berühmte Krieg des Nordens«. In den nun folgenden zwanzig Jahren kämpften zwei junge Herrscher, Peter und Karl, um die Vormacht im Ostseeraum. In den ersten Jahren des Krieges, von 1700 bis 1709, blieb Peter zunächst noch in der Defensive. Trotz des Krieges konnten in Rußland in diesen Jahren zahlreiche Reformen durchgeführt werden, selten zwar als das Ergebnis sorgfältiger Planung und methodischer Durchführung, öfter als verzweifelte, übereilte Maßnahmen, von der Notlage diktiert, einen schonungslosen Feind abwehren zu müssen. Schließlich, nach der Schlacht von

Poltawa, wendete sich das Glück zugunsten Rußlands, dennoch ging der Krieg noch lange weiter. Peter führte seinen Kampf fort, in weitgehend nutzlose Allianzen verstrickt; der Schwedenkönig kämpfte wie ein Verzweifelter, um seine Niederlage zu rächen und sein zerstörtes Reich wiederherzustellen.

2   Kanonen sollen entscheiden

Peter von Rußland und Karl von Schweden, Friedrich von Dänemark und August von Polen, Ludwig von Frankreich, der Kaiser Leopold in Wien sowie die meisten anderen Könige und Fürsten der Epoche suchten schließlich durch einen Krieg eine Entscheidung über ihre Streitfragen herbeizuführen. Rivalitäten zwischen den Dynastien über Grenzfragen, die Zugehörigkeit von Städten, Festungen, Handelswegen und Kolonien und über das Schicksal ganzer Königreiche wurden im 17. und 18. Jahrhundert durch Kriege entschieden. Einer der jungen Offiziere Ludwigs XIV. formulierte den entsprechenden Grundsatz lakonisch so: »Es gibt keinen gerechteren Richter als die Kanonen. Sie erreichen ihr Ziel direkt und sind nicht bestechlich.«[1]
Fünfzig Jahre lang, in der ganzen zweiten Hälfte des 17. Jahrhunderts, waren die Armeen Frankreichs die mächtigsten in Europa, sie wurden am meisten bewundert und gefürchtet. Die französischen Streitkräfte waren auch die bei weitem größten auf dem Kontinent. In Friedenszeiten unterhielt Frankreich ein stehendes Heer von 150000 Mann, in Kriegszeiten wurde die Armee auf 400000 Mann vergrößert. Während des Spanischen Erbfolgekrieges kämpften acht große französische Heere – jedes unter dem Kommando eines französischen Marschalls – zur gleichen Zeit sowohl in den Niederlanden als auch am Rhein, in Italien und Spanien. Aufgrund des Einflusses, den der König und sein Minister Louvois auf die Ausbildung der Armee hatten, waren die französischen Soldaten die am besten ausgerüsteten von ganz Europa. Und dank der militärischen Begabung von Generälen wie Turenne, Condé und Vendôme waren sie auch die erfolgreichsten. Die Niederlage, die der Herzog von Marlborough, unterstützt von Prinz Eugen von Savoyen, den Franzosen unter Marschall Tallard bei Blindheim, nahe Höchstädt an der Donau, beigebracht hatte, war für die französische Armee die größte seit dem Mittelalter gewesen.
Während der ersten Hälfte des Jahrhunderts nahmen allerdings auch Größe, Feuerstärke und Zerstörungskraft der anderen europäischen Armeen zu. Überall dort, wo energische Finanzminister durch höhere Steuern die finanziellen Voraussetzungen für den Unterhalt größerer Armeen schufen, konn-

ten fortan Soldaten in größerer Zahl ins Feld geschickt werden. In der ersten Hälfte des 17. Jahrhunderts waren gewöhnlich an einer Schlacht an beiden Fronten insgesamt rund 25 000 Mann beteiligt. Im Jahr 1644 stellte Cromwell bei Marston Moor während der entscheidenden Schlacht des englischen Bürgerkrieges den 8000 Soldaten König Karls I. 8000 eigene Soldaten entgegen. Fünfundsechzig Jahre später aber führte Marlborough bei Malplaquet 110 000 alliierte Soldaten gegen 80 000 Franzosen ins Feld. Auf dem Höhepunkt seiner Großmachtstellung unterhielt Schweden bei einer Bevölkerungszahl von 1,5 Millionen Menschen eine Armee von 110 000 Mann. Rußland stellte, nachdem Peter jenes desorganisierte Feudalheer aufgelöst hatte, das ihm von Sofia und Golizyn hinterlassen worden war, eine neue Armee von 220 000 Mann auf.

Obwohl es mit der Zeit beinahe überall für notwendig angesehen wurde, eine Militärdienstpflicht einzuführen, um die Kriegsverluste auffüllen und die Heere vergrößern zu können, bestanden doch die meisten Armeen des 17. Jahrhunderts überwiegend aus Berufssoldaten. Viele von ihnen, Offiziere wie einfache Chargen, waren ausländische Söldner – in jener Zeit konnte ein Soldat sich jeder beliebigen Armee anschließen, solange er nicht gegen seinen eigenen König kämpfen wollte. Könige und Fürsten, die gerade nicht Krieg führten, liehen ganze Regimenter an kriegführende Nachbarn aus. So dienten Schweizer, schottische und irische Regimenter in der französischen Armee, dänische und preußische in der holländischen; und in der kaiserlichen Armee des Habsburger Reiches waren Soldaten aus allen deutschen Staaten verpflichtet. Als vierundzwanzigjähriger Oberst hatte Marlborough unter Marschall Turenne gegen die Holländer gekämpft und war für seine Leistungen von Ludwig XIV. ausgezeichnet worden. Später, als Befehlshaber einer überwiegend holländischen Armee, stürzte er dann beinahe den Sonnenkönig von seinem Thron. Auch die meisten hohen Offiziere der russischen Armee waren kurz vor und nach Peters Thronbesteigung Ausländer; ohne sie hätte der Zar nicht viel mehr als eine wilde Horde ins Feld führen können.

Gewöhnlich führten die Berufssoldaten ihre Kriege nach allgemein verbreiteten Regeln: Sommer und Herbst waren die Zeit der Feldzüge und Schlachten, Winter und Frühling die Zeit der Erholung und Rekrutierung. Die Kriegsregeln wurden in der Hauptsache von den natürlichen Gegebenheiten diktiert – vom Wetter, vom Nahrungsangebot auf den Feldern und Weiden und vom Zustand der Straßen. Alle Jahre warteten die Armeen, bis im Frühling der Schnee geschmolzen und genügend frisches Gras gewachsen war, so daß die Pferde der Kavallerie und die Zugpferde der Gepäckwagen zu fressen hatten. Im Mai und Juni setzten sich dann die langen Kolonnen von Soldaten und Wagen allmählich in Bewegung. Bis Ende Oktober war dann die Zeit der Manöver, Belagerungen und Schlachten, bevor im November, bei Kälteeinbruch, die Armeen wieder ihre Winterquartiere bezogen. Kriegsregeln wurden in Westeuropa mit größter Gewissenhaftigkeit eingehalten.

Während der zehn aufeinanderfolgenden Jahre, in denen Marlborough auf dem Kontinent Krieg führte, verließ er sein Heer regelmäßig im November, um bis zum nächsten Frühling nach London zurückzukehren. Zur selben Zeit begaben sich die hohen französischen Offiziere nach Paris oder Versailles. In jener Zeit der »zivilisierten Kriege« galt auch eine Übereinkunft, nach der man hohe Offiziere auf kürzestem Weg auch durch feindliches Gebiet in ihre Winterquartiere reisen ließ. Man gab zu diesem Zweck Pässe aus. Gewöhnliche Soldaten genossen solche Privilegien selbstverständlich nicht. Für sie gab es keinen Heimaturlaub, bevor nicht der Krieg vorüber war. Vielleicht, wenn sie Glück hatten, durften sie während der kältesten Monate des Jahres in einer Stadt Quartier beziehen. Meistens jedoch kampierten sie nur in einem Winterlager aus primitiven Hütten. Im Frühling wurden dann die Lücken, die die Seuchen und der Frost gerissen hatten, mit neu eingezogenen Soldaten aufgefüllt.

Die Armeen des 17. Jahrhunderts kamen auch dann langsam voran, wenn keine Hindernisse überwunden werden mußten. Nur wenige Einheiten bewegten sich schneller als sechzehn Kilometer pro Tag vorwärts, der Durchschnitt lag bei nur fünf Kilometern. Der historische Marsch Marlboroughs von den Niederlanden den Rhein aufwärts bis nach Höchstädt an der Donau, wo die große Entscheidung fiel, wurde zur damaligen Zeit als ein »Blitzschlag« betrachtet; Marlboroughs Soldaten hatten in fünf Wochen vierhundert Kilometer zurückgelegt. Die Pferdewagen, die die schweren Geschütze ziehen mußten, konnten einfach nicht schneller vorankommen.

Die Armeen bewegten sich jeweils in langen Kolonnen um das Land, Bataillon um Bataillon, angeführt von den Kavallerieeinheiten, die auch die Flanken sicherten; Karren, Kutschen, Geschütz- und Munitionswagen fuhren hinterher. Man marschierte gewöhnlich schon morgens bei Sonnenaufgang los und kampierte dann am Nachmittag. Jede Nacht ein neues Lager aufzuschlagen kostete fast ebensoviel Kraft wie der Marsch am Tage. Es wurden jeweils Zelte in Reihen aufgestellt, das Gepäck wurde abgeladen, das Feuer angezündet, für Menschen und Tiere Wasser geholt. Befand man sich schon in der Nähe des Feindes, mußte der Platz für jedes Lager sorgfältig gewählt und durch Erdverschanzungen und hölzerne Palisaden geschützt werden, damit man einem möglichen Angriff standhalten konnte. Nach wenigen Stunden Schlaf wurden die Soldaten noch vor Anbruch der Morgendämmerung geweckt; das Lager mußte wieder abgebrochen und die Wagen für den nächsten Tagesmarsch beladen werden.

Verständlicherweise konnte man nicht alles, was man brauchte, in den Proviantwagen mit sich führen. Eine Armee von 50 000 bis 100 000 Mann konnte nur dann erfolgreich eingesetzt werden, wenn der Kampfplatz in einer fruchtbaren Gegend lag, in der die Lebensmittelversorgung für die Soldaten gesichert war, oder wenn man über einen Wasserweg hinreichend Nachschub erhalten konnte. So bildeten die großen Flüsse Europas damals die Hauptverkehrsadern auch für die Armeen. Lediglich in Rußland, wo die meisten

Flüsse nach Norden oder nach Süden fließen, besaßen sie im Augenblick der in öst-westlicher Richtung verlaufenden Auseinandersetzung zwischen Rußland und Schweden nur einen geringen strategischen Wert. Hier war man jetzt hauptsächlich auf die Nachschubwagen des Heeres und auf seine Versorgung an Ort und Stelle angewiesen.

In Westeuropa wurden zu dieser Zeit Belagerungen dem größeren Risiko einer offenen Feldschlacht vorgezogen. Ein Belagerungskrieg wurde mit ausgesuchter, beinahe mathematischer Präzision geführt. Vor allem Ludwig XIV. hatte sich dem Belagerungskrieg verschrieben; nur allzugern mied er die Gefahr, seine Armee in einer offenen Auseinandersetzung zu verlieren, da diese doch mit viel Sorgfalt und mit hohen Kosten aufgestellt werden mußte. An einer Belagerung konnte man außerdem in aller Sicherheit selbst teilnehmen. Schließlich besaß der Sonnenkönig in Louis de Vauban den größten Meister des Festungsbaus und des Belagerungswesens, den die Kriegsgeschichte bisher gekannt hatte. Vauban hatte über fünfzig Städte belagert, ohne einen einzigen Fehlschlag erlitten zu haben. In Form rein militärischer Bastionen oder großer befestigter Städte sicherten seine Festungswälle die französischen Grenzen. Jedes Bollwerk paßte sich nicht nur der besonderen geographischen Lage an, war nicht nur ein Werk höchster Zweckmäßigkeit, sondern war darüber hinaus auch ein Kunstwerk. Vauban pflegte seinen Festungen den Grundriß eines großen Sterns zu geben, bei dem jeder Schutzwall so gebaut wurde, daß er durch das Kanonen- und Gewehrfeuer eines im Winkel angrenzenden anderen Walls geschützt werden konnte. Jeder Zacken des Sterns war eine selbständige Festung mit eigener Artillerie, eigener Garnison und eigenen Ausfallstoren für plötzliche Entlastungsangriffe der Verteidiger. Rings um die großen steinernen Festungswälle lief ein Graben von sechs Meter Tiefe und zwölf Meter Breite, der ebenfalls von Steinmauern eingefaßt war. Er bildete ein ungeschütztes und unüberwindliches Hindernis für jede angreifende Infanterie. Als diese Festungen gebaut wurden, befanden sich die französischen Armeen noch in der Offensive. Die riesigen Anlagen mit ihren großen Toren unter dem Lilienwappen und ihren prachtvollen Bauwerken waren zunächst nicht für eine Verteidigung vorgesehen gewesen. Sie sollten als Ausgangsstellungen dienen, von denen aus die französischen Heere im Lande manövrieren konnten. Später allerdings, als Marlboroughs Truppen sich nach Paris und Versailles vorankämpften, retteten gerade Vaubans Festungen den Thron des französischen Königs.

Unter Vaubans Leitung glichen Belagerungen formvollendeten Theateraufführungen. Sobald der Feldherr einen Ort umzingelt hatte, ließ er eine Anzahl von Gräben anlegen, die in Zickzacklinie immer näher an die Festungsmauern herangeführt wurden. Vauban kalkulierte den optimalen Verlauf dieser Gräben mit so großer Präzision, daß das von den Festungsmauern herkommende Abwehrfeuer der eigenen Infanterie, die sich in den Gräben immer näher an die Stadt heranarbeitete, kaum gefährlich werden konnte.

Inzwischen aber beschoß die Artillerie des Belagerers Tag und Nacht die vor ihr liegenden Wälle, brachte die feindlichen Abwehrgeschütze mehr und mehr zum Schweigen und riß große Löcher in Mauern und Brüstungen. Im Augenblick des Sturms brach dann die angreifende Infanterie aus ihren Verschanzungen heraus, überquerte die Wassergräben (in die sie dichtgebundene Reisigbündel geworfen hatten) und drang durch die Breschen in den Mauern in die Festung ein. Doch nur bei wenigen Belagerungen erreichte der Kampf um eine Festung diesen Höhepunkt. Sobald ein Verteidiger voraussah, daß seine Festung fallen würde, ergab er sich. Wenn sich der Verteidiger aber in einer Anwandlung unvernünftiger Leidenschaft weigerte zu kapitulieren und der Angreifer demzufolge Zeit und Menschenleben opfern mußte, um die Festung oder die Stadt im Sturm einzunehmen, dann wurde der Feind nach der Eroberung mit Plünderung und Feuer bestraft.

Obwohl Vaubans Kunst von niemand übertroffen wurde, waren die größten militärischen Führer der Epoche – Marlborough, Karl XII., Prinz Eugen – dennoch Meister des Bewegungskrieges. Der größte von ihnen war zweifelsohne John Churchill, Herzog von Marlborough. Als er zwischen 1701 und 1711 die europäischen Armeen gegen Ludwig XIV. befehligte, gewann er jede Schlacht, eroberte er jede Festung, besiegte er jeden französischen Marschall. Als er durch einen politischen Wechsel in England seinen Oberbefehl verlor, stürmte er unaufhaltsam durch den großen Festungsriegel Vaubans in Richtung auf Versailles. Marlborough interessierte sich nicht für die konventionelle Kriegführung seiner Zeit, er hatte nicht eine einzelne Stadt oder eine einzelne Festung im Auge, sondern er glaubte an die entscheidende, großangelegte Aktion, auch wenn diese riskant war. Als Ziel schwebte ihm die totale Vernichtung der französischen Armee und die Erniedrigung des Sonnenkönigs vor. Er war bereit, in einer einzigen großen Schlacht, in der Entscheidung eines einzigen Tages, große Gebiete, den Feldzug, den ganzen Krieg und sogar ein Königreich aufs Spiel zu setzen. Dabei war Marlboroughs Begabung durchaus nicht einseitig. Er war militärischer Befehlshaber im Feld und gleichzeitig Oberbefehlshaber der Verbündeten sowie Englands Außenminister und faktischer Premierminister.

Marlboroughs Befehle waren immer ausgewogen; er verstand es meisterhaft, Strategie und geschickte Taktik miteinander zu verbinden. Der wagemutigste und aggressivste Soldat jenes Zeitalters war hingegen Karl XII. von Schweden. Karl schien nach Auffassung seiner Feinde und des übrigen Europa immerzu nur den Kampf zu suchen. Die von ihm bevorzugte Taktik war die schnelle Bewegung und die Durchbruchstaktik. Die Impulsivität und der Eifer, mit denen er jeweils angriff, brachten ihm den Vorwurf der Unbesonnenheit und des Fanatismus ein. Dennoch gründeten sich seine Angriffe immer auf eine strenge Ausbildung und eiserne Disziplin seiner Soldaten, auf absoluten persönlichen Einsatz und auf den Glauben an den Sieg. Auf dem Schlachtfeld wandte er zudem ein wirkungsvolles Kommunikationssystem an. Durch Trommelzeichen oder Boten informiert, wußten die Truppenführer immer, was gerade von ihnen erwartet wurde. Jede Schwäche in den eigenen Stellungen wurde schnell ausgeglichen, jede Schwäche in den Reihen der Feinde ebenso schnell zum eigenen Vorteil genutzt.

Karl wollte auch den traditionellen jahreszeitlichen Rhythmus im Kriegführen durchbrechen. Auf hartgefrorenem Boden, so meinte er, würden die schwedischen Wagen und Geschütze besser vorankommen als auf weichen Wegen; seine Soldaten waren mehr ans Winterwetter gewöhnt als die übrigen Europäer. Er wollte also auch im Winter ins Feld ziehen. Unbestreitbar war ja schon immer gewesen, daß sich in einem Bewegungskrieg die Armee mit der größeren Mobilität im Vorteil befand. Kriegszüge wurden und werden ebensooft durch Transport- und Logistikprobleme entschieden wie durch regelrechte Feldschlachten.

Die größten Fortschritte machten die Schweden im 17. Jahrhundert im Feldartilleriewesen. Gustav Adolf hatte bei seiner Feldartillerie genormte Kaliber eingeführt, so daß nicht jedes Geschütz eigene Kugeln brauchte und in der Schlacht für alle Kanonen die gleiche Munition verwendet werden konnte. Als die schwedische Artillerie später in selbständigen Einheiten organisiert worden war, mußten die Generäle feststellen, daß die Artilleristen immer wieder vergaßen, die Operationen der Infanterie zu unterstützen. Um diesen Mangel auszugleichen, rüstete man die Infanteriebataillone schließlich mit eigenen leichten Geschützen aus, und zwar mit je zwei pro Bataillon. Dann wurde auch die schwedische Kavallerie durch Artillerie verstärkt. Diese hochmobile Artillerie konnte in wenigen Minuten abschirren, auf die feindlichen Kavallerieformationen feuern und sich gleich danach wieder zurückziehen.

Die großen Schlachten wurden jedoch weiterhin von Infanteriebataillonen gewonnen, die nach vorn marschierten oder eine stehende Front bildeten und den jeweiligen Feind mit Musketen, Steinschloßgewehren, Piken und – später – auch mit Bajonetten bekämpften. Das 17. Jahrhundert war ebenfalls hinsichtlich der Bewaffnung und Taktik der Infanterie eine Zeit des schnellen Wandels. Jahrhunderte lang war die alte Pike – eine schwere, vier bis fünf Meter lange Lanze mit einer Stahlspitze – die alles entscheidende »Königin der Schlachten« gewesen. Die Pikeniere standen einander in Schlachtreihen gegenüber, holten mit ihren langen Waffen aus und stachen so lange aufeinander ein, bis die größere Anzahl erfolgreicher Hiebe die Entscheidung gebracht hatte. Die Entwicklung der Feuerwaffen ließ diese berühmte Waffe dann mit der Zeit mehr und mehr außer Gebrauch kommen. Wenn Pikeniere Musketieren gegenüberstanden, konnten die Musketiere aus sicherer Entfernung schießen; einer nach dem anderen fielen die Pikeniere. Gegen Ende des Jahrhunderts gab es deshalb nur noch ganz wenige Pikeniere auf dem Schlachtfeld; sie wurden nur eingesetzt, um die Musketiere vor der feindlichen Kavallerie zu schützen. Wenn sich der Pikenier allerdings nicht im Nahkampf befand, war niemand auf dem Schlachtfeld nutzloser und ungefährlicher als er. Er stand dann einfach in seiner Reihe, hielt seine lange

Lanze und wurde von der feindlichen Artillerie oder von feindlichen Musketieren beschossen, während ihm nichts anderes übrigblieb, als darauf zu warten, daß ihm jemand näher kam, um von seiner Pike aufgespießt zu werden.
Die Lösung brachte das Bajonett, eine Erfindung, durch die das Gewehr auf
zweifache Weise benutzt werden konnte: Man konnte damit schießen, bis
man ganz nahe an den Feind herangekommen war, und es dann, mit einem
Messer, das vorn an seinem Lauf befestigt wurde, als eine kurze Pike gebrauchen. Zuerst wurde die Klinge im Gewehrlauf befestigt, was allerdings das
Schießen unmöglich machte. Man ging deshalb bald dazu über, das Bajonett
mit einem Ring außen auf dem Gewehrlauf zu befestigen, und dieses System
hat sich bis in unser Jahrhundert hinein erhalten. Der Infanterist konnte nun
feuern, bis sein Feind direkt vor ihm stand, und ihm dann noch mit einer
blanken Klinge begegnen. Der Gebrauch des Bajonetts war gerade aufge-
kommen, als der Große Nordische Krieg begann. Auch die Trabanten, die
Garden des schwedischen Königs, waren 1700 mit dem Bajonett ausgerüstet
worden, und innerhalb weniger Jahre war diese Waffe bei den meisten Armeen, einschließlich der russischen, eingeführt.
Im ausgehenden 17. Jahrhundert war auch die Muskete stark verbessert worden. Die alte Luntenschloßmuskete war eine unförmige Waffe von fünfzehn
oder mehr Pfund gewesen. Um sie halten, das heißt im Kampf einsetzen zu
können, hatte der Musketier einen langen gegabelten Stock benutzen müssen, den er in den Erdboden rammte, um den Gewehrlauf in die Gabelung zu
legen. Danach erst wurde gezielt und gefeuert. Der Vorgang des Ladens und
des Abfeuerns einer einzigen Kugel erforderte zweiundzwanzig verschiedene Handgriffe, darunter das Einfüllen des Pulvers, das Hineinschieben
von Ladepfropf und Kugel, das Zielen über die hölzerne Gabel, das Zünden
der Lunte und deren Einführung in das Zündloch des Gewehrs. Allzuoft
wurde der Musketier enttäuscht, wenn er seinen schweren Gewehrlauf auf
das Ziel ausgerichtet hatte und dann vergeblich darauf wartete, daß der
Schuß losging, da das Pulver inzwischen feucht geworden war.
Die Luntenmuskete wurde schließlich durch das Steinschloßgewehr ersetzt,
bei dem ein Stahlbolzen, der auf einen Feuerstein schlug, automatisch einen
Funken erzeugte, der unmittelbar in die Pulverkammer des Gewehrs fiel.
Diese Waffe wog nur mehr zehn Pfund, sie war im Verhältnis zur alten relativ
leicht, man benötigte zudem keinen gegabelten Stock mehr zu ihrer Bedienung, und auch die Zahl der Handgriffe beim Laden und Abfeuern war nur
noch halb so groß. Ein guter Gewehrschütze konnte in einer Minute mehrere
Schüsse abgeben, weshalb das Steinschloßgewehr sehr schnell in allen westlichen Armeen zur Standardwaffe der Infanterie wurde. Lediglich die Russen und die Türken verwandten weiterhin die alten, schweren Luntenschloß-
musketen, wodurch ihre Feuerkraft meist weit hinter der ihrer Feinde
zurückblieb.
Zu Beginn des 18. Jahrhunderts hatte die enorme Zunahme der Feuerkraft
Schlachtfelder ganz allgemein gefährlicher gemacht. Es war nun möglich,

den Feind bereits aus der Entfernung zu töten, ohne sich,wie dies in den vorausgegangenen Jahrhunderten notwendig gewesen war, unmittelbar an ihn heranzumachen und ihn im Nahkampf zu töten. Die Schlagkraft und Sicherheit der Infanterie hing vor allem davon ab, daß sie die vorgesehene und vorgeschriebene Kampfordnung im Verlauf eines Gefechts perfekt einhielt. Wenn sie ihre Reihen geschlossen halten konnte, vermochte sie einer Kavallerie, die ihr zu nahe kam, große Verluste zuzufügen. Besonders dann war eine strikte Schlachtordnung für sie lebenswichtig, wenn feindliche Kavallerieschwadronen sie eingekreist hatten. Beim geringsten Anzeichen einer Auflösung des Infanterieverbands versuchten die Reiter in seine Reihen einzudringen und die Soldaten in den Staub zu trampeln.

Die Vorbereitung einer Schlacht war eine gewaltige Aufgabe. Es ging dabei darum, Tausende von Soldaten so aufmarschieren zu lassen, daß sie in zweckmäßiger Formation zu einem bestimmten Zeitpunkt einen bestimmten Punkt erreichten – und zwar, während sie unter feindlichem Beschuß lagen. Ein Vorstoß in todbringendes feindliches Feuer mußte ohne Hektik vor sich gehen; unüberlegte Eile konnte die gegenseitige Abstimmung und somit den Zeitplan eines Aufmarsches völlig durcheinanderbringen.

Erfolgreiche Heerführer waren mit wenigen Ausnahmen diejenigen, die angriffen. Es war beispielsweise Marlboroughs Taktik, zu Anfang einer Schlacht zunächst den stärksten Teil der feindlichen Linie anzugreifen. Gewöhnlich setzte er für diesen Zweck seine hervorragend ausgebildete englische Infanterie in ihrer roten Uniform ein. Wenn dann der bedrängte feindliche Kommandeur immer mehr Reserven in diesen Kampfabschnitt schickte, verstärkte Marlborough den Druck noch und nahm dabei viele Gefallene in Kauf. Wenn dann die anderen Abschnitte der gegnerischen Front geschwächt waren, mobilisierte Marlborough seine eigenen Reserven, gewöhnlich eine starke Kavallerieabteilung, und ließ gegen eine solche schwache Stelle im feindlichen Lager anstürmen. So kam es wiederholt zu Durchbrüchen, und der Herzog konnte am Ende als Sieger vom Kampfplatz reiten.

Gemessen an der Dynamik ihrer Angriffe waren jedoch nicht die englischen, sondern die schwedischen Infanterie- und Kavallerieverbände die besten in Europa. Schwedische Soldaten waren darauf gedrillt, nur an den Angriff zu denken, ohne Rücksicht auf eine eventuelle feindliche Überlegenheit. Wenn ein Feind die Initiative ergriffen hatte und sich den schwedischen Linien zu nähern begann, stürmten die Schweden sofort nach vorn, um den feindlichen Angriff mit einem Gegenangriff zu brechen. Anders als bei den Engländern unter Marlborough, die den größten taktischen Gewinn aus der verheerenden Feuerkraft ihrer Infanterie zogen, verließ sich der schwedische Angriff immer noch überwiegend auf die »blanken Waffen«. Sowohl Infanterie als auch Kavallerie verzichteten oft absichtlich auf ihre Gewehre und Pistolen zugunsten des Nahkampfs mit Schwert und Bajonett.

Dabei boten sie einen furchterregenden Anblick. Langsam, aber stetig, nur begleitet vom Wirbel ihrer Trommeln, rückte die schwedische Infanterie voran, wobei sie das Gewehrfeuer bis zur letzten Minute zurückhielt. Dicht geschlossen bildeten die Kolonnen eine lange, vier Reihen tiefe, bewegliche Wand aus blauen und gelben Uniformen, die erst kurz vor den feindlichen Linien anhielt, um sofort darauf mit einem Bajonettangriff in sie einzubrechen. Es sollte viele Jahre dauern, bis Peters Truppen dieser Art von Angriff standzuhalten gelernt hatten. Jedem schwedischen Soldaten wurde das beigebracht, woran auch der König selbst glaubte: »Gott würde niemanden vor der ihm bestimmten letzten Stunde töten lassen.«[2] Dieser Glaube erzeugte eine ruhige Gelassenheit, die der schwedischen Infanterie ihre unvergleichliche Einsatzfähigkeit gab.

Obwohl also die Infanterie für die Kriegführung immer wichtiger wurde, war es damals doch die Kavallerie, die oft den Ausschlag für den Sieg gab. Die leichte Kavallerie wurde zum Schutz des Heeres, für Erkundungsritte, zur Herbeischaffung von Nachschub und für plötzliche Überraschungsangriffe eingesetzt. Im russischen Heer erfüllten die Kosaken diese Aufgabe, im osmanischen die Tataren; die Schweden verwendeten für derartige Nebenaufgaben dieselben Reiter wie für offensive Kampfeinsätze. Die schwere Kavallerie wurde meistens in Schwadronen von je hundertfünfzig Mann eingeteilt, die mit Brust- und Rückenpanzern ausgerüstet und mit Schwertern bewaffnet waren. Letztere sollten die Reiter gegen Angriffe aus dem Hinterhalt längs der Straße schützen. In den meisten Armeen jener Zeit wurde die Kavallerie ebenso sorgfältig und streng ausgebildet wie die Infanterie. Dennoch konnte sie nicht so weitläufig eingesetzt werden wie diese. Eine entscheidende Behinderung für sie konnte beispielsweise die Beschaffenheit des Geländes im Kampfgebiet darstellen; Kavallerie benötigte unbedingt ein flaches oder nur leicht hügeliges Operationsfeld. Außerdem war die Leistungsfähigkeit der Pferde begrenzt; auch die besten Kavalleriepferde konnten nicht mehr als fünf Stunden hintereinander für den Kampf eingesetzt werden. Als man zudem mit den Steinschloßgewehren immer schneller und genauer feuern konnte, mußte sich die Kavallerie in acht nehmen. Sowohl Marlborough als auch Karl XII. schickten ihre Reiter deshalb erst auf dem Höhepunkt der Schlacht in den Kampf; sie konnten dann gegebenenfalls in eine sich in Auflösung befindliche feindliche Linie einbrechen, von der Flanke her über eine vordringende Infanterieeinheit herfallen oder bei der Verfolgung eines geschlagenen Gegners dessen Rückzug in eine wilde Flucht verwandeln.

Aus der Ferne gesehen, gab ein Kavallerieangriff meistens ein recht attraktives Bild ab: bunte Reiterschwadronen, die über offenes Gelände galoppierten, Schwerter und Rüstungen, die in der Sonne glänzten, Fahnen und Wimpel im Wind. Für die unmittelbar Beteiligten sah es aber anders aus: Ununterbrochen dröhnten und blitzten Kanonen; wohin man sah, mühten sich Infanteristen, den Befehlen zum Laden und Feuern zu folgen und gleichzeitig die vorgeschriebene Formation einzuhalten, während sich zu ihren Füßen verwundete Kameraden am Boden krümmten und Kavalleristen auf ihren Pferden von allen Seiten in die Fußtruppen hineinpreschten, die wiederum mit ihren Bajonetten auf die Kavalleristen einstachen. In ununterbrochener Folge und auf beiden Seiten gab es Szenen des Schreckens, der Verzweiflung, des Schmerzes. Überall sah man fliehende Solaten, reiterlose Pferde, und über dem Ganzen lag eine dichte Wolke aus stickigem Pulverdampf. Wenn das Feuer nachgelassen und der Rauch sich verzogen hatte, blieb von der Schlachtenherrlichkeit nur ein blutgetränktes Feld, auf dem laut stöhnende oder leise vor sich hin wimmernde oder tote Soldaten lagen.

3   Karl XII.

Der blonde, blauäugige Junge, der später als König Karl XII. von Schweden Geschichte machen sollte, wurde am 17. Juni 1682 geboren, fast genau zehn Jahre nach seinem großen Gegenspieler Peter von Rußland. Seine Eltern waren Karl XI., ein strenger, tiefgläubiger Mann, der bereits mit fünf Jahren König geworden war, und Königin Ulrike Eleonore, eine dänische Prinzessin, die aufgrund ihres liebenswürdigen Wesens sich der Zuneigung sowohl der Dänen als auch der Schweden erfreute, und zwar auch noch, als diese beiden Völker gegeneinander Krieg führten. Sieben Kinder waren während der ersten sieben Jahre und neun Monate ihrer Ehe geboren worden, aber nur Prinz Karl und zwei seiner Schwestern, die ein Jahr ältere Hedwig Sophie und die sechs Jahre jüngere Ulrike Eleonore, hatten überlebt. Vier jüngere Brüder Karls starben, bevor sie das zweite Lebensjahr erreicht hatten.

Obwohl Karl von schwächlicher Konstitution war, verbrachte er seine Kindheit überwiegend in rauher, männlicher Umgebung. Mit vier Jahren saß der kleine Prinz bereits im Sattel. Bei Militärparaden ritt er hinter seinem Vater her. Mit sechs Jahren wurde er aus der Obhut der Frauen genommen, erhielt seine eigenen Wohnräume mit männlichen Erziehern und Bediensteten. Als Siebenjähriger erlegte er einen Fuchs, als Achtjähriger drei Hirsche an einem Tag, mit zehn Jahren einen Wolf und mit elf einen Bären. Als er elf Jahre alt war, starb seine Mutter. Als der König von ihrem Tod erfuhr, wurde er ohnmächtig und mußte zur Ader gelassen werden; Prinz Karl wurde mit hohem Fieber zu Bett gebracht. Bald danach erkrankte er an Pocken, war aber nach seiner Genesung kräftiger als zuvor. Sein Gesicht war nun durch tiefe Narben entstellt, die er stolz als Zeichen von Männlichkeit deutete. Mit vierzehn Jahren war Karl ein hervorragender Reiter, ein ausgezeichneter Jäger und ein lerneifriger Student der Kriegskunst.

Nach dem Tod von Königin Ulrike verbrachte König Karl XI. soviel Zeit wie möglich bei seinen Kindern. Prinz Karl übernahm viele Verhaltensweisen und Ansichten seines Vaters. Der junge Prinz machte es sich zum Grundsatz, das einmal gegebene Wort zu halten.

Seinen Erziehern zufolge hatte Karl über eine rasche Auffassungsgabe verfügt. Schwedisch beherrschte er allerdings nicht besonders, weder schriftlich noch mündlich. Deutsch, die Hofsprache aller nordischen Königreiche, sprach er hingegen wie seine Muttersprache. Ausgesprochen bewandert war er im Lateinischen und hörte oft mit großem Interesse lateinische Vorlesungen an der Universität. Er wurde auch in Französisch unterrichtet, sprach es jedoch nicht gern, obwohl er während seiner Regierungszeit inoffiziell eine taktische Allianz mit Ludwig XIV. einging. Er bewunderte jedoch das französische zeitgenössische Theater und las Corneille, Molière und Racine. Reisen waren seine Leidenschaft, und er verschlang Reiseberichte. Er war fasziniert von der Geschichte und von Biographien großer Männer, vor allem großer Eroberer – von Alexander dem Großen, Julius Cäsar und vom Schweden-König Gustav Adolf. Später führte er auf allen seinen Kriegszügen eine Biographie Alexanders des Großen bei sich und stellte gelegentlich sogar Vergleiche an zwischen seinen eigenen militärischen Leistungen und denen des Mazedoniers. Karl war auch an Glaubensfragen interessiert. Als Knabe und Jüngling diskutierte er jeden Morgen eine Stunde lang mit einem Bischof über ein Kapitel der Bibel. Die Mathematik, die Ballistik und der Festungsbau fesselten ihn ebenfalls. Seine Erzieher hatten es jedoch nicht leicht mit ihm, denn das, was zunächst als starker Wille erschien, offenbarte sich oft als Eigensinn. Glaubte der Prinz, im Recht zu sein, so wußten sie, daß sie seine Meinung nicht mehr ändern konnten.

Als Karl vierzehn Jahre alt war, brach seine sorgfältig angelegte Erziehung ab. Am 5. April 1697 starb König Karl XI. mit zweiundvierzig Jahren an einem Magenleiden. Gewöhnlich erreichten schwedische Prinzen erst mit achtzehn Jahren die Volljährigkeit und konnten vorher nicht gekrönt werden. Deswegen setzte der sterbende König einen Regentschaftsrat ein, dem auch die Großmutter des Prinzen, die Königinwitwe Hedwig Eleonore, angehörte. Schon bald nach dem Tod seines Vaters nahm Karl an Versammlungen des Regentschaftsrats teil. Er stellte kluge Fragen, hielt sich aber schweigend zurück, wenn seine Verwandten und Ratgeber diskutierten. Man staunte auch über sein beherrschtes Verhalten, als eine große Feuersbrunst den königlichen Palast zerstörte, während die Leiche seines Vaters dort noch aufgebahrt lag. Im Gegensatz zu seiner Großmutter, die die Fassung verlor, gab der Knabe völlig ruhig seine Befehle, so daß die Leiche aus den Flammen gerettet werden konnte, bevor das Gebäude völlig niederbrannte.

Innerhalb eines halben Jahres wurde dann deutlich, daß der Regentschaftsrat nicht funktionsfähig war. Die Regenten waren immer wieder unterschiedlicher Meinung und konnten sich oft zu keiner Entscheidung durchringen. Karl hingegen war von Anfang an zu stark von der Macht angezogen, als daß er einfach hätte zuschauen können, während andere sein Königreich regierten; und die Regenten erinnerten sich daran, daß sie, nach dem Willen des verstorbenen Königs, für ihre Handlungen zur Verantwortung gezogen werden konnten, sobald der junge Karl vollährig sein würde. Sie bemühten sich folglich darum, seine Ansichten zu jedem Thema zu erfahren, das zur Diskussion stand. Die Regierung Schwedens war aber gelähmt. Die einzige Lösung, auf die man sich im November 1697 dann einigte, bestand darin, den inzwischen fünfzehnjährigen Thronfolger für volljährig zu erklären und ihn zum König von Schweden zu krönen.

Als die Krönungsfeierlichkeiten stattfanden, waren die meisten seiner Landsleute ziemlich schockiert. Karl übernahm die Krone als einziger und absoluter Herrscher Schwedens, ohne einer Kontrolle durch einen Staatsrat oder ein Parlament unterworfen zu sein. Er lehnte es ab, nach demselben Zeremoniell gekrönt zu werden wie die Könige vor ihm. Im Gegensatz zu diesen sei er für die Krone geboren und nicht für sie gewählt worden, weswegen ein Krönungsakt in seinem Fall überflüssig wäre. Die schwedischen Staatsmänner, ob liberal oder konservativ, und auch seine Großmutter waren entsetzt. Man bedrängte Karl, soweit dies möglich war, aber er gab in diesem für ihn wichtigen Punkt nicht nach. Er gestattete nur, daß ihn ein Erzbischof weihte, womit dem biblischen Gesetz Genüge getan würde, nach dem ein Monarch als Gesalbter des Herrn galt. Und er bestand ausdrücklich darauf, daß die Feierlichkeit als Weihe, keinesfalls als Krönung bezeichnet wurde. Der fünfzehnjährige Karl trug bereits die Krone, als er in die Kirche schritt.

Auf Befehl des neuen Königs hatten sich alle Anwesenden, auch er selbst, zu Ehren seines verstorbenen Vaters in Schwarz gekleidet. Den einzigen farbigen Kontrast bildete der purpurne Krönungsmantel, den der König trug. Ein heftiger Schneesturm wehte, als die Gäste zur Kirche fuhren, und als der König mit der Krone sein Pferd besteigen wollte, glitt er aus. Die Krone fiel ihm vom Kopf und wurde von einem Kammerherrn aufgefangen, bevor sie auf dem Boden aufschlagen konnte. Während des Gottesdienstes ließ der Erzbischof das Gefäß mit dem Salbungsöl fallen. Karl weigerte sich konsequenterweise auch, den traditionellen Krönungseid zu sprechen, und nach der Weihe, zum Abschluß des Zeremoniells, setzte er sich selbst die Krone auf den Kopf.

Nachdem der junge König seine Herrschaft dermaßen unkonventionell begonnen hatte, gab er bald weitere Kostproben seiner Eigenwilligkeit. Hatte der schwedische Adel beispielsweise zuvor gehofft, Karl XII. würde die strengen Reduktionsbeschlüsse abmildern, so sah er sich jetzt enttäuscht. Der junge Monarch zeigte sich entschlossen, die Innenpolitik seines Vaters fortzusetzen. Mitglieder des Staatsrates schüttelten immer wieder den Kopf über das Selbstvertrauen und den Eigensinn des Königs, über seine absolute Weigerung, eine Entscheidung, die er einmal getroffen hatte, zurückzunehmen oder zu ändern. Bei Versammlungen des Staatsrates pflegte er eine Weile zuzuhören, dann stand er auf und unterbrach die Gespräche. Er erklärte dann, er habe genug gehört, sei nun entschieden und erlaube jedermann, nach Hause zu gehen. Zu spät erkannten die schwedischen Politiker, daß die Vorverlegung der Großjährigkeit ihres Königs ein übereilter Beschluß gewesen war. Da Karl ihre Feindseligkeit bald spürte, beschloß er, den Staatsrat in seiner Macht stark einzuschränken. Räte und Minister ließ der König oft stundenlang in seinem Vorzimmer warten, bevor er sie empfing. Danach hörte er ihrem Vortrag nur kurze Zeit zu, um sie darauf sogleich wieder zu entlassen. Erst später erfuhren sie jeweils, welche Entscheidungen in wichtigen nationalen Angelegenheiten vom König getroffen worden waren.

Aus dem Bedürfnis heraus, sich der eigenen Verantwortung und den kritischen Fragen der altgedienten Persönlichkeiten in seiner Umgebung zu entziehen, ritt Karl lange aus. Je größer die Gefahr war, die ein Sport mit sich brachte, desto anziehender war er für ihn. Einmal versuchte er, auf seinem Pferd einen steilen Felsen zu erklimmen. Roß und Reiter fielen rücklings herunter, wobei sich das Pferd, aber nicht der König verletzte. Außerdem fuhr er mit einem Rodelschlitten vereiste Abhänge hinunter und ließ sich in halsbrecherischer Geschwindigkeit auf einem Schlitten durch den Wald ziehen. Im Frühling, Sommer und Herbst ging er auf die Jagd, und als er zu der Auffassung gelangt war, es sei unmännlich, mit Feuerwaffen zu jagen, nahm er nur noch eine Pike und ein Entermesser mit, wenn er einen Bären erlegen wollte. Einige Zeit später glaubte er, daß der Gebrauch von Stahl bei der Jagd nicht angebracht sei und begab sich fortan nur noch mit einer kräftigen Holzgabel bewaffnet auf die Pirsch.

Noch gefährlicher waren Karls Kriegsspiele. Wie Peter in Preobraschenskoje teilte auch er seine Freunde und seine Bediensteten in zwei Mannschaften auf, die er mit Knüppeln und selbstgefertigten, angeblich harmlosen Granaten ausrüstete. Als man einmal einen schneebedeckten Wall erstürmte, zerfetzte aber eine dieser Granaten seine Kleider und verletzte einige seiner Freunde.

Engster Freund des Königs und zugleich dessen größter Herausforderer bei diesen Kriegsspielen war Arvid Horn, ein junger Rittmeister der Trabanten, einer Eliteeinheit innerhalb der königlichen Gardekavalleristen. Die Trabanten waren ein Kadettenkorps, dessen Mitglieder zu Offizieren der schwedischen Armee ausgebildet wurden und von vornherein den Sold eines Leutnants erhielten. An der Seite Horns bemühte sich Karl leidenschaftlich um eine harte, oft brutale militärische Ausbildung der Trabanten. Häufig ritten zwei Reitergruppen, an der Spitze der einen Karl, an der Spitze der anderen Horn, ohne Sattel mit dicken Haselstöcken als Waffen aufeinander zu. Mit voller Kraft wurden Schläge ausgeteilt, und niemand, auch nicht der König, wurde dabei geschont. Bei einem solchen Kampf verlor der König die Kontrolle über sich und holte gegen das Gesicht seines Gegners aus, was verboten war. Er traf mit seinem Stock auf eine Wunde an Horns Wange. Der Hauptmann fiel ohnmächtig von seinem Pferd, mußte zu Bett gebracht werden und bekam hohes Fieber. Schuldbewußt besuchte Karl ihn jeden Tag. Um sich für den Krieg abzuhärten, schlief Karl beispielsweise nur die halbe Nacht in seinem Bett, um die restliche Zeit halb nackt auf dem Fußboden zu liegen. Im Winter schlief er einmal drei Nächte hintereinander nur mit Heu bedeckt in einem eiskalten Stall. Da er seine zarte, helle Haut für unmännlich hielt, bemühte er sich, sie in der Sonne zu bräunen. Die damals übliche Perücke trug er nur bis zum Beginn seines ersten Feldzugs gegen Dänemark, dann warf er sie für immer weg.

Seiner älteren Schwester Hedwig Sophie hatte Karl als Kind sehr nahegestanden, danach aber entwickelte er eine Abneigung gegen die Gesellschaft von Frauen. Er war gefühlskalt, arrogant und gewalttätig, und es gab deshalb wohl auch nichts in seiner Persönlichkeit, durch das sich das andere Geschlecht von ihm hätte angezogen fühlen können – es sei denn durch seinen Rang als König. Man schlug ihm schon in sehr jungen Jahren sechs Prinzessinen zur Ehe vor. Jedoch diese Bemühungen hatten keinen Erfolg, und lange Zeit fühlte sich der König geradezu belästigt, wenn man in seiner Gegenwart von einer Eheschließung sprach. Die einzige ernsthafte Kandidatin wäre Prinzessin Sophie von Dänemark gewesen, die fünf Jahre älter war als Karl. Aber auch sie kam nach dem Ausbruch des Nordischen Krieges, bei dem Dänemark zum Feind Schwedens wurde, nicht mehr in Betracht.

1698 führte ihm die bevorstehende Hochzeit eines Verwandten einen neuen Freund zu. Sein sechs Jahre älterer Vetter Friedrich IV., Herzog von Holstein-Gottorf, traf im Frühling dieses Jahres in Stockholm ein, um Karls Schwester Hedwig Sophie zu heiraten. Von April bis August hielten die beiden Vettern, zusammen mit einigen anderen temperamentvollen jungen Männern aus dem Gefolge des Herzogs, die schwedische Hauptstadt mit ihrem Übermut in Atem. Sie jagten auf ihren Pferden durch die Gegend, bis die erschöpften Tiere mit Schaum vor dem Maul zu Boden gingen. Sie hetzten einen Hasen auf der Galerie des Parlamentsgebäudes umher, zerschossen mit ihren Pistolen zahlreiche Fenster des Schlosses und warfen Tische und Stühle in den Schloßhof hinunter. Bei Tisch sollen sie einmal einem Minister Kirschkerne ins Gesicht geworfen und den Bediensteten die Gerichte aus der Hand geschlagen haben. Bei hellichtem Tage galoppierten sie durch die Straßen der Stadt, schwangen ihre bloßen Schwerter und zogen jedem, dem sie begegneten, Hut und Perücke vom Kopf.

Die Rücksichtslosigkeit dieser beiden eigenwilligen jungen Männer verärgerte die Bevölkerung von Stockholm. Die Leute gaben dem Herzog die Schuld an den Ausschweifungen und meinten, er wolle, daß sich der König verletze oder vielleicht sogar umkomme, damit er durch seine Ehe mit Karls Schwester selbst den Thron besteigen könne. An einem Sonntag predigten in Stockholm drei Geistliche zur selben Zeit über das Thema: »Wehe dem Land, dessen König ein Kind ist.« Karl fühlte sich durch diese Ermahnungen sehr betroffen. Nachdem im August seine Schwester geheiratet hatte und der Herzog nach Holstein zurückgekehrt war, wurde er ruhiger und besonnener, widmete sich wieder mehr seinen politischen Aufgaben, stand jeden Morgen sehr früh auf und zeigte großes Interesse für Architektur und Theater.

Einen einzigen Rückfall gab es, als Herzog Friedrich im Sommer 1699 noch einmal in Stockholm weilte. Bei einem Trinkgelage wurde einem gefangenen Bären so viel spanischer Wein eingeflößt, daß dieser zum Fenster taumelte, hinausstürzte und starb. Als sich Karl bewußt wurde, was er verursacht hatte, war er zutiefst beschämt und versprach seiner Großmutter, nie wieder Alkohol zu trinken. Dieses Versprechen hielt er sein Leben lang.

Der achtzehnjährige Karl war gerade in den Wäldern auf Bärenjagd, als man ihm die Nachricht übermittelte, Soldaten Augusts des Starken seien ohne Kriegserklärung in Livland einmarschiert. Er nahm die Meldung mit Fassung entgegen, lächelte sogar ein wenig und meinte dann zum französischen Botschafter: »Wir werden König August auf dem gleichen Weg zurückschicken, den er gekommen ist.«[1] Anschließend ging die Bärenjagd weiter. Als Karl jedoch nach Stockholm zurückgekehrt war, rief er sofort den Staatsrat zusammen: »Ich habe mich dazu entschlossen, nie einen ungerechten Krieg zu beginnen«, erklärte er seinen Zuhörern, die gespannt auf Befehle des Monarchen warteten, »ich habe mich aber auch dazu entschlossen, einen gerechten Krieg nie zu beenden, bevor nicht mein Feind besiegt ist.«[2] Als er ein paar Wochen später die weniger überraschende Nachricht erhielt, daß auch Friedrich von Dänemark in den Krieg eingetreten und nach Holstein einmarschiert sei, meinte er: »Es ist seltsam, daß meine beiden Vettern Friedrich und August gegen mich Krieg führen wollen. Aber gut. König August hat sein Wort gebrochen; unsere Sache ist folglich gerecht, und Gott wird uns helfen. Ich will zunächst den ersten meiner Feinde angreifen und besiegen, und dann werde ich mich gegen den anderen wenden.«[3] Um diese Zeit wußte Karl noch nicht, daß sich bereits ein dritter Gegner, der Zar, darauf vorbereitete, ebenfalls gegen ihn in den Krieg zu ziehen.

Keiner der Feinde Schwedens unterschätzte damals die Risiken, die sich aus einem Krieg gegen diese europäische Großmacht ergaben; dazu war der schwedische Kriegsruhm viel zu groß. Andererseits lag aber auch die Schwäche dieses Landes auf der Hand. Die gesamte Autorität im militärischen wie im zivilen Bereich ruhte auf den Schultern eines erst achtzehnjährigen Königs. Karl mochte gute Ratgeber und Minister, Erzieher, Generäle und Admirale haben, aber er war ein absoluter Monarch. Zudem schwankte er zwischen wilder Besessenheit und unberechenbarem Leichtsinn. Es sah also nicht unbedingt so aus, als könne er eine Nation gegen den vereinten Angriff dreier mächtiger Feinde erfolgreich verteidigen.

Doch der junge schwedische König, der von Julius Cäsar und Alexander dem Großen träumte, fürchtete die Herausforderung durch seine Feinde nicht; er hieß sie geradezu willkommen. Karl war auf einen epochemachenden, wenn notwendig langandauernden Krieg eingestellt. Er wollte nicht eine rasche Entscheidung und danach einen kleinen unbedeutenden Friedensvertrag, sondern er strebte eine durchschlagende, historische Lösung an. Stolz, tollkühn, eigensinnig, auf den Ruhm Schwedens bedacht und bemüht, seinen eigenen Mut vor aller Welt unter Beweis zu stellen, ging Karl nicht nur mit Entschlossenheit, sondern geradezu mit Freude in den Krieg.

Als Karl XII. erklärt hatte: »Ich will erst den ersten meiner Feinde angreifen und besiegen und mich dann gegen den anderen wenden«, hat er seine militärische Strategie umrissen. Gleichgültig, was sich in den folgenden Jahren sonst auch im schwedischen Reich ereignen mochte, der König konzentrierte seine Aufmerksamkeit und seine Kräfte fortan auf jeweils nur einen Feind. Erst wenn dieser Feind besiegt und vernichtet war, wandte er sich seinen anderen Gegnern zu. Der erste schwedische Schlag sollte sich gegen seinen nächstgelegenen Feind, Dänemark, richten. Karl ignorierte die sächsischen Soldaten, die auf der anderen Seite der Ostsee nach Livland einmarschierten. Dieses Gebiet mußte von der örtlichen Garnison in Riga verteidigt werden, wobei Karl hoffte, Riga könne so lange standhalten, bis die Hauptmacht des schwedischen Heeres dort eintreffen würde; wenn nicht, mußte die Stadt fallen und später wieder zurückerobert werden. Nichts durfte die Konzentration aller Kräfte auf den einen Feind beeinträchtigen oder in Frage stellen, den Karl für den jeweils wichtigsten hielt.

In seinem Krieg gegen Dänemark erhielt Karl zu seinem Glück die Unterstützung der beiden protestantischen Seemächte Wilhelms III., England und Holland. Wilhelm, der darauf bedacht war, die Koalition gegen Ludwig XIV. zu sichern, war nicht an einer militärischen Schwächung Europas interessiert, etwa hervorgerufen durch einen Krieg in Nordeuropa. Wenn und sobald Ludwig nach dem spanischen Thron greifen würde – und damit nach der Macht und dem Reichtum Spaniens und seiner überseeischen Gebiete –, wünschte er, daß Europa zum Widerstand bereit sei. Jeder sonstige Krieg an einer anderen Stelle Europas mußte deswegen verhindert oder schnell wieder erstickt werden. England und Holland wollten also Frieden in Nordeuropa, und aus diesem Grund bemühten sie sich darum, in diesem Raum den Status quo zu garantieren. Dieser Status quo drohte nun aber verändert zu werden, als Friedrich von Dänemark seine Soldaten in das Herzogtum Holstein-Gottorf, im Süden der dänischen Halbinsel, einmarschieren ließ. Dänemark war der Angreifer, und also kooperierten die beiden westeuropäischen Seemächte mit Schweden, um die Dänen so schnell wie möglich zu besiegen und im Ostseeraum wieder Ruhe herzustellen. Eine gemeinsame holländisch-englische Flotte wurde zur Unterstützung Schwedens in Richtung Ostsee in Bewegung gesetzt.

Das Flottengeschwader Wilhelms bildete sogleich ein wesentliches Element in Karls Strategie. Die schwedische Marine verfügte zwar selbst über achtunddreißig Kriegsschiffe und zwölf Fregatten – eine für die Ostsee beträchtliche Zahl, da Rußland dort über keine eigene Flotte, nicht einmal über eine eigene Küste verfügte und die Seestreitkräfte Brandenburgs und Polens nur unbedeutend waren –, sie war aber der dänisch-norwegischen Flotte sowohl an Größe als auch an Erfahrung unterlegen. Die dänische Flotte operierte im Unterschied zu den Schweden nicht nur in der Ostsee, sondern auch in der Nordsee und im Atlantischen Ozean. Die Dänen verspotteten die schwedischen Seeleute als »Bauern, die ihre Hände in Salzwasser tauchten«[4]. Daß hierin etwas Wahres lag, wurde schon aus der Beziehung des schwedischen Königs zum Meer deutlich. Obwohl auch er seine Marine vor Stockholm Seemanöver durchführen ließ, wurde er selbst auf offenem Meer seekrank. Er sah in seinen Schiffen in erster Linie ein Transportmittel, mit dem seine Soldaten von einer Seite der Ostsee zur anderen übergesetzt werden konnten. Selbstverständlich war er jetzt nicht bereit, seine Soldaten über das Meer zu führen, solange eine starke dänische Flotte nur darauf wartete, die Schweden unterwegs abzufangen; und er war nicht bereit, sich mit dieser dänischen Flotte in ein Gefecht einzulassen – jedenfalls nicht, bevor seine eigene Marine durch die englisch-holländische Unterstützung, die schon unterwegs war, Verstärkung erhalten hatte.

Dafür stürzte man sich aber in Schweden in fieberhafte Vorbereitungen auf den kommenden Feldzug zu Lande. Auch die im damals größten schwedischen Marinehafen, Karlskrona, stationierten schwedischen Flotteneinheiten wurden seetüchtig gemacht. Alle Schiffe wurden überholt und neu geteert. Masten und Takelage wurden aufgesetzt. Man hievte Geschütze an Bord und befestigte sie auf Lafetten. Fünftausend neue Matrosen wurden rekrutiert; dadurch wurde die Mannschaftsstärke der Marine auf sechzehntausend Mann erhöht. Alle Handelsschiffe im Stockholmer Hafen, gleichgültig, ob sie unter schwedischer oder ausländischer Flagge fuhren, wurden für den Truppentransport beschlagnahmt. Gleichzeitig ließ man das Heer intensiv Übungen abhalten. Neue Infanterie- und Kavallerieregimenter wurden ausgehoben; jede Region oder jede Stadt war für die Aufstellung und Ausrüstung einer Einheit von genau festgelegter Größe verantwortlich. So wuchs die Stärke des Heeres auf 77 000 Mann, allesamt ausgerüstet mit jenen neuen Musketen und Bajonetten, die bereits von französischen, englischen und holländischen Armeen auf dem Kontinent erfolgreich erprobt worden waren.

Mitte April war Karl zum Aufbruch bereit. Am Abend des 13. April 1700 verabschiedete er sich für immer von seiner Großmutter und seinen beiden Schwestern. Er war inzwischen zu einem jungen Mann herangewachsen, einen Meter dreiundsiebzig groß, hatte breite Schultern, eine aufrechte Haltung und war äußerst flink und beweglich. Wenn er sich bei vollem Galopp aus dem Sattel seines Pferdes beugte, konnte er einen Handschuh vom Boden aufheben. Seine Augen waren dunkelblau, lebhaft und intelligent. Er hatte kurzes kastanienbraunes Haar und bürstete es von den Seiten nach oben, so daß es eine Art Krone bildete.

Nachdem er sich von seinen Schwestern und seiner Großmutter verabschiedet hatte, ging der König am 16. Juni in Karlskrona an Bord der *König Karl*, seines Flaggschiffs, das der schwedische Admiral Wachtmeister befehligte. Die englisch-holländische Flotte mit ihren fünfundzwanzig Kriegsschiffen war inzwischen vor der westschwedischen Hafenstadt Göteborg angekommen und bewegte sich nun durch das Kattegat südwärts. Die beiden verbündeten Flotten fuhren also aufeinander zu, und zwischen ihnen lag nur noch der gefürchtete Sund mit seiner fünf Kilometer breiten Fahrrinne und den Abwehrgeschützen auf dänischer Seite. Außerdem lag die dänische Flotte mit vierzig Kriegsschiffen vor dieser Einfahrt in die Ostsee und war entschlossen, das Zusammentreffen ihrer beiden Gegner zu verhindern.

Der schwedische König löste jedoch das Problem, vor dem seine Flotte stand. Er wies Admiral Wachtmeister an, die Schiffe durch eine seichtere und deshalb gefährlichere Fahrrinne am Ostufer des Sunds, direkt unterhalb der schwedischen Küste, zu dirigieren. Da Wachtmeister um die Sicherheit seiner Schiffe bangte, übernahm Karl selbst das Kommando, und alle Schiffe passierten wohlbehalten die bedrohliche Fahrrinne. Die englisch-holländische und die schwedische Flotte waren nun vereint und verfügten gemeinsam über eine Stärke von sechzig Kriegsschiffen. Gegen eine solche überlegene Streitmacht wollte der dänische Admiral nicht antreten, so daß es den Schweden möglich war, die nächste Phase ihres Kriegsplans einzuleiten, ohne auch nur ein einziges Schiff und einen einzigen Mann verloren zu haben. Karl und seine Generäle faßten sofort den Plan, ein schwedisches Truppenkontingent auf der dänischen Insel Seeland nahe der dänischen Hauptstadt Kopenhagen landen zu lassen. Da die dänische Hauptarmee unter König Friedrich gerade weit entfernt im Herzogtum Holstein-Gottorf kämpfte, hofften die Schweden, schnell bis Kopenhagen durchzukommen, die Hauptstadt zu erobern und König Friedrich zur Aufnahme von Friedensverhandlungen zwingen zu können. Dieser Plan, den Feldmarschall Carl Gustav Rehnskjold entworfen hatte, wurde vom König begeistert unterstützt. Die holländischen und englischen Admirale waren zwar weniger begeistert, stimmten aber schließlich ebenfalls zu.

Am 23. Juli wurde eine Landungstruppe von viertausend Mann eingeschifft, die bei Regen und Sturm von Schweden aus über den Sund zur Insel Seeland fuhr. Obwohl fünftausend Dänen ihre Insel verteidigen wollten, hatten die Schweden den Vorteil größerer Beweglichkeit für sich. Unterstützt vom schwedischen Geschützfeuer ihrer im Sund liegenden Kriegsschiffe, gelang es den schwedischen Soldaten, schnell einen Brückenkopf zu bilden. Auch König Karl ging hier an Land, als sich der Feind bereits ins Landesinnere zurückgezogen hatte.

Die Schweden konnten ihre Armee auf dänischem Boden schnell verstärken. Innerhalb von zehn Tagen wurden weitere zehntausend Soldaten einschließlich Kavallerie und Artillerie über den Sund befördert. Die nun zahlenmäßig unterlegenen dänischen Streitkräfte zogen sich auf Kopenhagen zurück, wohin ihnen die Armee Karls folgte. Die Schweden legten dort Belagerungslinien rund um die Stadt und begannen mit der Beschießung. Dieser katastrophalen Lage sah sich der dänische König also gegenüber, als er aus Süden nach Seeland zurückkam: Seiner Flotte stand eine viel größere feindliche Flotte gegenüber, seine Hauptstadt war belagert, und der größte Teil seines Heeres befand sich weit entfernt in Holstein. Friedrich wußte, daß er geschlagen war, und akzeptierte ohne langes Zögern die schwedischen Kapitulationsbedingungen. Am 18. August 1700 unterzeichnete er den Friedensvertrag von Traventhal, in dem er die inzwischen eroberten Gebiete von Holstein-Gottorf zurückgab und aus dem Krieg gegen Schweden ausschied. Karl war zufriedengestellt; er erhob seinerseits keine Ansprüche auf dänisches Territorium und konnte sich jetzt gegen August den Starken wenden. Auch die Engländer und Holländer waren zufrieden; der Krieg an den Grenzen des Habsburger Reiches war im Keim erstickt worden, der Status quo wiederhergestellt.

Karls erster Feldzug in diesem Krieg war also schnell, erfolgreich und fast unblutig verlaufen. Zwei kühne Entscheidungen, innerhalb von zwei Wochen getroffen – die Durchfahrt der schwedischen Flotte durch die kleinere Fahrrinne des Sundes und die Landung seiner Soldaten auf Seeland –, hatten die Rechte seines Bündnispartners, des Herzogs von Holstein-Gottorf, wiederhergestellt und gleichzeitig einen Feind aus dem Krieg ausgeschaltet. Allerdings kann der Erfolg bei diesem kurzen Feldzug nicht allein der schwedischen Armee zugeschrieben werden; erst die Anwesenheit der englisch-holländischen Flotte machte die schwedische Landung auf Seeland möglich.

Dänemark war nun jedenfalls aus dem Krieg ausgeschieden. Karl wußte, daß er durch den schwedischen Vorstoß auf Seeland eine wertvolle Atempause gewonnen hatte. Jetzt konnte er sich auf einen zweiten Gegner stürzen, wobei er zunächst glaubte, daß dieser zweite Gegner August sein würde. Aber es verlief alles anders. Die Schweden setzten zum Angriff gegen den Zaren an.

4 Narwa

Es war die erklärte Absicht des Zaren gewesen, durch seinen Angriff auf Schweden die baltischen Provinzen Ingermanland und Karelien für Rußland zurückzuerobern. Ingermanland war ein verhältnismäßig schmaler Landstreifen, der sich hundertzwanzig Kilometer lang an der Südküste des Finnischen Meerbusens, von der Newamündung bis nach Narwa entlangzog. Karelien war ein viel größeres, von Wäldern und Seen bedecktes Landstück zwischen dem Finnischen Meerbusen und dem Ladogasee, das im Westen bis Wyborg reichte. Beide Provinzen, die Rußland während der Zeit der Wirren verloren hatte, sollten Peter einen sicheren Zugang zur Ostsee verschaffen.

Narwa, eine Küsten- und Festungsstadt in Estland an der Grenze zu Ingermanland, lag in dem Gebiet, das nach der Absprache zwischen Patkul und August für Polen vorgesehen war. Später aber hielt es Peter für den besten Weg, Ingermanland zu gewinnen, wenn er sich auch dieser Stadt bemächtigte. Die russische Grenze lag nur rund dreißig Kilometer südöstlich der Stadt, ein kurzer Weg für eine angreifende Armee.

Peters Entscheidung wurde von Patkul und von Baron Langen, dem Gesandten König Augusts in Moskau, nur mit Unbehagen aufgenommen. Man war nicht sehr begierig darauf, daß die Schweden in Estland durch Russen ersetzt werden würden, auch wenn die Russen im Augenblick Verbündete waren. So meldete Baron Langen an Patkul: »Ich habe, auch mit Hilfe des dänischen Gesandten, alles mir Mögliche getan, den Zaren von seiner Absicht abzubringen. Wir fanden ihn aber so halsstarrig, daß wir Angst bekamen, noch weiter an einem so heiklen Gegenstand zu rühren. Wir mußten uns statt dessen damit zufriedengeben, daß er mit Schweden gebrochen hat, und hoffen gleichzeitig, daß Narwa zu gegebener Zeit in unserer Hand sein wird.«[1] Patkul fürchtete, daß Peter nach der Einnahme Narwas weiter entlang der Ostseeküste vordringen und sich ganz Livland unterwerfen würde, ohne daß ihn August daran gehindert hätte. Aber man konnte nichts mehr ändern; der Zar hatte sich entschieden.

Mitte September 1700 erhielt Fürst Trubezkoi, der Gouverneur von Nowgorod, den Befehl, mit einer Vorhut von achttausend Mann nach Narwa zu marschieren und die Stadt zu belagern. Der Oberbefehl über den Hauptteil des Heeres, das gegen die Schweden in den Kampf ziehen sollte, wurde Fjodor Golowin übertragen, der Gesandter, Außenminister und Admiral gewesen war und jetzt zum Feldmarschall ernannt wurde. Golowin teilte das Heer in drei Divisionen, die von Artemon Golowin, Adam Weyde und Nikita Repnin befehligt wurden. Das gesamte Heer zählte über 63000 Mann, war aber zunächst noch weit zerstreut. Als sich Trubezkois Soldaten langsam auf Narwa zubewegten, befand sich die Division Repnins erst an der Wolga, etwa 1500 Kilometer südlich der Stadt. Am 4. Oktober begannen 35000 Russen, einen Wall um Narwa zu errichten; Peter überwachte persönlich die Arbeiten. Man wartete nur noch auf das Eintreffen von Kanonenkugeln und Pulver, um mit der Beschießung der belagerten Stadt beginnen zu können.

Narwa, im 13. Jahrhundert von den Dänen erbaut, war während der Hanse ein blühender Seehafen gewesen. Auch zur Zeit Peters wurde hier noch ein beträchtlicher Teil des russischen Handels aus Pskow und Nowgorod abgewickelt. Narwa glich mit seinen Giebelhäusern aus Ziegelsteinen und seinen schmalen Kirchtürmen, die sich über die baumgesäumten Straßen erhoben, vielen anderen Ostseestädten. Am Westufer des Flusses Narwa gelegen, der an dieser Stelle eine weite Schleife zieht, ist die Stadt an drei Seiten vom Wasser umgeben. Da sie damals zudem nahe der russischen Grenze lag, war sie außerdem stark befestigt. Eine hohe, von Basteien besetzte Steinmauer schloß sie vollkommen ein. Auf der anderen Seite des Flusses, am Ende einer steinernen Brücke, lag die mächtige Burg Iwangorod, die 1492 von den Russen erbaut worden war, als der Fluß dort die russische Grenze bildete.

Die schwedische Garnison jetzt bestand aus dreitausend Infanteristen, zweihundert Kavalleristen und vierhundert bewaffneten Zivilisten. Unter der Leitung von Generalleutnant Ludwig von Hallart, einem sächsischen Ingenieur, den August von Sachsen Peter zur Verfügung gestellt hatte, errichteten die Russen vor den die Stadt gegen Westen hin abschirmenden Mauern zahlreiche Wälle und sperrten mit einer Verschanzung im Osten die Straße, über die gegebenenfalls Ersatztruppen nach Narwa gelangen konnten. Sie legten einen doppelten Befestigungsring an, der sowohl die Stadt vom Westen abschnitt als auch ihre eigenen Linien gegen Angriffe von hinten schützte. Mit der Zeit erreichten die Wälle eine Länge von sechseinhalb Kilometer Länge bei zwei Meter siebzig Höhe; der davorliegende Graben hatte eine Tiefe von einem Meter achtzig.

Insgesamt aber kam man langsamer voran, als Peter gehofft hatte. Obwohl Narwa nur dreißig Kilometer jenseits der russischen Grenze lag, war die russische Nachhut noch weit über hundertfünfzig Kilometer entfernt. Inzwischen waren die Straßen vom Herbstregen aufgeweicht, und die Nachschubwagen versanken förmlich im Schlamm. Es gab zu wenig geeignete Transportmöglichkeiten für die Artillerie, viele Lafettenfahrzeuge brachen zusammen, und die Pferde blieben oft erschöpft am Weg liegen. Um die Soldaten schneller voranzubringen, beschlagnahmte Golowin unterwegs Pferde und Wagen von Bauern; aber dennoch dauerte es bis Ende Oktober, bis der größte Teil seiner Truppen an Ort und Stelle angelangt war.

Der russische Artilleriebeschuß auf Narwa begann am 4. November, nachdem Scheremetew mit fünftausend Reitern nach Westen in Marsch gesetzt worden war. Zwei Wochen lang bombardierten die Russen die Stadt; mit nur geringem Erfolg allerdings, denn ihre Kanonen waren während des Transports so sehr in Mitleidenschaft gezogen, daß viele nach drei oder vier Schüssen ausfielen. Auch die Angriffe der russischen Infanterie gegen Iwangorod konnten von den Schweden abgewehrt werden. Als am 17. November nur noch für wenige Tage Munition vorhanden war, ließen die Belagerer ihre Kanonen wieder schweigen und warteten auf Nachschub. Zur selben Zeit trafen bei den Russen zwei beunruhigende Nachrichten ein: König August hatte die Belagerung von Riga aufgegeben und seine Soldaten auf Winterquartiere zurückgezogen, und König Karl XII. war mit einer schwedischen Armee in Pärnu, nördlich von Riga, am Rigaischen Meerbusen gelandet.

Sogleich nach dem Frieden von Traventhal war das schwedische Heer schnell wieder von Seeland abgezogen worden. Karl hatte seine Soldaten nicht in Dänemark zurücklassen wollen, nachdem die holländische und englische Flotte wieder nach Hause zurückgekehrt war. Außerdem wollte der König die Soldaten so schnell wie möglich zurückholen, um sie noch vor dem Winter in einem zweiten Feldzug einsetzen zu können. Am 24. August hatte auch der letzte schwedische Soldat Dänemark verlassen, um nach Südschweden zurücktransportiert zu werden. Karl hatte alle Friedensvorschläge seiner Berater abgelehnt und nur noch darüber nachgedacht, wo er nun einen Gegenschlag gegen August führen könnte. Karl erhielt inzwischen auch Meldungen, nach denen sich an der Grenze nach Ingermanland russische Soldaten in solch großer Zahl anhäuften, daß es nur wenig Zweifel an den kriegerischen Absichten Peters geben konnte. Vor Ende September trafen die Kriegserklärung des Zaren sowie die Nachricht ein, daß eine russische Armee vor der schwedischen Festung Narwa aufmarschiert sei.

Die Schweden entschieden sich zunächst für einen Einsatz in Livland. Zwei Feinde, König August und der Zar, führten Krieg gegen Schweden; zwei schwedische Festungsstädte, Riga und Narwa, befanden sich in Gefahr; deshalb entschloß sich der schwedische König, nach Livland überzusetzen, bevor Stürme und Eis eine Überfahrt auf der Ostsee unmöglich machten. In einem Brief aus dem schwedischen Hauptquartier schrieb einer der Offiziere Karls: »Der König ist entschlossen, nach Livland zu gehen. Er weigert sich, den französischen und den brandenburgischen Gesandten zu empfangen aus Furcht, sie könnten Friedensvorschläge übermitteln wollen. Er möchte um jeden Preis gegen König August kämpfen und ärgert sich über alles, was ihn scheinbar daran hindern will.«[2]

Am 1. Oktober stach Karl von Karlskrona aus in See, ohne die Warnungen vor Herbststürmen zu berücksichtigen. Obwohl man möglichst viele Soldaten auf den Schiffen zusammenpferchte, konnten bei dieser ersten Überfahrt nur fünftausend Mann mitgenommen werden. Am dritten Tag, als sich die Flotte mitten auf der See befand, fegte ein Sturm über sie hinweg und zerstreute die Schiffe in alle Himmelsrichtungen. Einige entkamen dem Sturm und konnten auf der Höhe der kurländischen Küste vor Anker gehen, andere sanken. Viele der mitgeführten Pferde verletzten sich, als sich die Schiffe in den gewaltigen Wellen hoben und senkten. Der schwedische König war immerzu schwer seekrank.

Der Rest der stark beschädigten schwedischen Flotte fuhr am 6. Oktober in den Hafen Pärnu, am Ausgang des Rigaischen Meerbusens, ein. Der Bürgermeister und der Stadtrat empfingen den König am Kai, und eine Ehrengarde schoß Salut, als er zu seinem vorläufigen Quartier durch die Straßen marschierte. Sobald man die Schäden behoben hatte, wurde die Flotte wieder nach Schweden zurückgeschickt, um weitere viertausend Mann, weitere Pferde und den Rest der Artillerie herüberzuholen. In Pärnu erfuhr Karl dann, daß August von Polen die Belagerung Rigas aufgegeben, die militärische Operation beendet und sich in ein Winterquartier zurückgezogen hatte. Wenige Wochen zuvor noch, Mitte Juli, war der polnische König selbst an die Spitze der zehntausend sächsischen Soldaten vor Riga getreten, aber nun hatte ihn die Nachricht vom Frieden von Traventhal, durch den sein zuvor kriegsbegeisterter dänischer Verbündeter plötzlich ausgeschaltet worden war, überrascht und entmutigt. Als er dann noch von der bevorstehenden Landung der Schweden in Livland erfuhr, hatte sich August zurückgezogen, um erst einmal den Winter abzuwarten. Nun gab es für Karl lediglich die Möglichkeit, gegen die zweihundertvierzig Kilometer entfernt stehende russische Armee zu marschieren und die belagerte Festung Narwa zu befreien. Er traf seine Entscheidung schnell: Wenn die Sachsen nicht kämpfen wollten, konnte er gegen die Russen losschlagen. Karl sammelte zunächst alle verfügbaren Kräfte. Mit den Soldaten, die mit ihm zusammen herübergekommen waren, und denen, die gerade aus Schweden eintrafen, sowie einigen Streitkräften aus der Rigaer Garnison hoffte er im November siebentausend Infanteristen und achttausend Kavalleristen zu sammeln. Fünf Wochen lang drillte er sein Heer bei Wesenberg; dabei kam es zu den ersten Scharmützeln zwischen den schwedischen Kavalleriepatrouillen und den Reitern Scheremetews.

Nicht alle Schweden waren von der Vorstellung begeistert, einen Winterfeldzug gegen die Russen zu führen. Die russische Armee, so argumentierten die Skeptiker, übertreffe die eigene zahlenmäßig im Verhältnis vier zu eins; die Russen würden zudem eine befestigte Linie verteidigen, die die Schweden trotz ihrer zahlenmäßigen Unterlegenheit angreifen mußten. Schließlich lag Narwa sieben Tagesmärsche entfernt, die über gefährliche, morastige Straßen und drei Pässe führten, die die Russen aller Wahrscheinlichkeit nach besetzt hielten. Schon brachen unter den schwedischen Soldaten auch Krankheiten aus, so daß sich deren Reihen lichteten; der Winter stand vor der Tür, und nirgends hatte man Winterquartiere vorbereitet.

Karl erwiderte darauf, man sei gekommen, um zu kämpfen. Wenn sich die schwedische Armee wieder zurückzöge und Narwa fiele, würden die Russen ganz Ingermanland, Estland und Livland überfluten, und dann wären alle diese östlichen Provinzen Schwedens verloren. Der König setzte sich gegenüber seinen Offizieren durch, und es gelang ihm auch, die Moral der Soldaten zu verbessern. Schließlich begriff man, daß die Verantwortung für den Erfolg oder das Scheitern des Feldzugs ganz auf den achtzehnjährigen König zurückfallen würde. »Wenn der König Erfolg hat«, meinte Rehnskjold vor Beginn des Marsches, »dann hat es vor ihm niemanden gegeben, der über so große Hindernisse triumphierte.«[3]

Im Morgengrauen des 13. November setzte sich der schwedische Heereszug mit 10537 Soldaten in Bewegung, ohne auf die tausend Kavalleristen zu warten, die noch aus Reval hinzustoßen sollten. Die Straßen, vom Herbstregen aufgeweicht, bestanden nur aus dickem, zähem Schlamm, durch den die Soldaten marschierten und in den sie sich schlafenlegen mußten. Überall sah man nur ausgebrannte Bauernhäuser, ein Werk der russischen Kavallerie. Nirgendwo gab es Futter für die Pferde oder Nahrung für die Menschen; man hatte nur das zur Verfügung, was man mit sich führte. Während des gesamten Marsches durchnäßte ein kalter Novemberregen die Männer bis auf die

Haut. Wenn es Nacht wurde und die Temperaturen sanken, ging der Regen in Schnee- und Graupelschauer über, und der Boden begann zu frieren. Auch der König schlief, wie seine Soldaten, unter offenem Himmel.

Die Schweden stießen kaum auf Widerstand auf ihrem Marsch. Zwei oder drei Pässe konnten ohne Kampf genommen werden. Am vierten Tag ritt die Vorhut der Schweden in die knapp dreißig Kilometer westlich von Narwa gelegene Pyhäjöggi-Schlucht. Der Weg verlief unmittelbar neben einem Fluß. Fünftausend russische Kavalleristen unter dem Kommando Scheremetews warteten auf der anderen Seite des Flusses, zerstörten aber die Brücke nicht.

Karl, der sich bei der Vorhut befand, wurde über Scheremetews Anwesenheit informiert. Er ließ acht Artilleriekanonen nach vorn bringen. Dann stürmte er an der Spitze einer Abteilung Dragoner und einiger Garden – insgesamt nicht mehr als vierhundert Mann – über die Brücke zum feindlichen Ufer. Die Schweden eröffneten plötzlich das Feuer auf die russischen Reiter auf der anderen Seite des Flusses. Durch das plötzliche Donnern der Kanonenschüsse überrascht und erschreckt, und da sie selbst keine Geschütze hatten, um zurückschießen zu können, wendeten die Russen augenblicklich ihre Pferde und galoppierten fluchtartig davon. Den Paß ließen sie unverteidigt zurück. Später erfuhr man, daß es sich bei dem russischen Rückzug um eine geplante Zurücknahme der Reiter und nicht um eine Flucht gehandelt hatte. Scheremetew hätte von Peter den Befehl gehabt, sich jetzt noch nicht in einen Kampf mit der schwedischen Armee einzulassen. Die erschöpften Schweden fühlten sich dadurch ermutigt, daß die Russen auf den Angriff eines kleinen Teils ihres Heeres hin so offensichtlich geflohen waren.

In dieser Nacht schlugen die Schweden, immer noch regendurchnäßt und schlammverschmiert, ihre Lager bereits auf der Ostseite der Pyhäjöggi-Schlucht auf. Der Schlamm war so tief, daß viele der Soldaten die Nacht im Stehen verbringen mußten. Am Nachmittag des folgenden Tages, dem 19. November, erreichte ihre hungrige und halberfrorene Armee das zerstörte Dorf Lagena, das etwa elf Kilometer vor Narwa lag. Da Karl nicht wußte, ob die Festung bis zu diesem Zeitpunkt standgehalten hatte, ließ er, wie vereinbart, vier Kanonenschüsse als Signal abfeuern. Kurz darauf dröhnte es viermal dumpf zurück. Narwa befand sich also noch in schwedischer Hand.

Scheremetew war mit seiner Kavallerie nach Westen geritten, um die Bewegungen der Schweden zu beobachten, nicht um ihnen entgegenzutreten. Sobald die schwedische Armee ihren Marsch nach Osten aufgenommen hatte, zog er sich deshalb zurück und ließ dabei das Land bis zur Pyhäjöggi-Schlucht verwüsten, da er glaubte, auf diese Weise den schwedischen Vormarsch auf Narwa aufhalten zu können. Hier wollte Scheremetew stehenbleiben und kämpfen. Peter dagegen, der das Gelände nicht hinreichend kannte, hatte diesen Plan verworfen. Seiner Auffassung nach lag die Schlucht zu weit vom russischen Hauptlager entfernt, und er wollte seine Armee nicht spalten. Er ließ statt dessen die Landseite des russischen Lagers vor Narwa gegen einen möglichen Angriff durch das schwedische Heer befestigen, während er gleichzeitig die Belagerung mit aller Kraft vorantrieb.

Am 17. November kamen Scheremetew und seine Reiter wieder im Lager bei Narwa an. Scheremetew meldete, daß die Schweden die Pyhäjöggi-Schlucht besetzt hatten und bereits dicht hinter ihm standen. Peter rief seine Offiziere daraufhin zu einer Beratung zusammen; es wurde zusätzliche Munition verteilt, und die Wachen wurden verdoppelt. Diese und die folgende Nacht blieb es aber noch ruhig. Es sah so aus, als erwarteten die Russen keinen schnellen Angriff der Schweden. Der Zar nahm wahrscheinlich an, Karl werde seine Streitkräfte erst allmählich formieren, Erkundigungen einholen, zu Geplänkeln und Manövern übergehen und erst später eine Schlacht liefern.

In der Nacht vom 17. auf den 18. November rief der Zar um drei Uhr morgens den Herzog von Croy zu sich, einen Adligen aus den Spanischen Niederlanden, der die russische Armee im Dienste Augusts als Beobachter begleitete, und bat ihn, den Oberbefehl über die Russen zu übernehmen, während er und Fjodor Golowin, der offizielle russische Oberbefehlshaber, sofort nach Nowgorod aufbrachen, um von dort Verstärkung herbeizuholen und mit König August über die zukünftige Kriegführung zu verhandeln. Augusts Rückzug von Riga hatte ja tatsächlich Enttäuschung und Mißtrauen geweckt.

Es wird behauptet, Peters Abreise von Narwa kurz vor der Schlacht sei ein Akt der Feigheit gewesen. In diesem Zusammenhang erzählte man auch die Geschichte von Peters nächtlicher Flucht nach Troize und erhielt so die Charakteristik eines Mannes, der sich vor der Gefahr fürchtete und in Augenblicken der Anspannung in Panik geriet. Vielleicht war aber dieser Vorwurf nicht gerechtfertigt, denn immerhin setzte Peter sein Leben ja nicht selten aufs Spiel, und das nicht nur auf dem Schlachtfeld und auf dem Meer.

Eine nicht besonders glückliche Rolle in dieser Geschichte spielte Herzog Croy. Karl Eugen, Herzog von Croy, Baron, Markgraf und Fürst des Heiligen Römischen Reiches, hatte fünfzehn Jahre lang in der kaiserlichen Armee gegen die Türken gedient, aber er hatte den Dienst quittieren müssen, als er später vor dem Anrücken des Großwesirs und einer gewaltigen türkischen Armee zurückgewichen war. Anschließend hatte er sich, um wieder eine Stellung zu bekommen, in Amsterdam dem Zaren vorgestellt, war aber nicht engagiert worden. Schließlich nahm ihn August in seine Dienste; und in dessen Auftrag hatte Croy dann den Zaren dazu überreden sollen, zwanzigtausend Mann zur Verstärkung der Belagerung Rigas zu schicken, statt in Ingermanland einen eigenen Feldzug zu führen. Der Zar nahm dann Croy als Beobachter und Ratgeber mit auf seinen Feldzug.

Und jetzt wurde Croy plötzlich gebeten, den Oberbefehl zu übernehmen.

Wenn Peter diese Entscheidung zwei Wochen früher getroffen hätte, wäre sie vielleicht richtig gewesen, jetzt aber kam sie zu spät. Croy erwiderte, er beherrsche die russische Sprache nicht und kenne auch die russischen Offiziere nicht; er werde deshalb Schwierigkeiten haben, Befehle zu erteilen. Außerdem war er mit der Aufstellung der russischen Truppen nicht einverstanden. Der Wall rund um die Stadt schien ihm zu lang und die russischen Kräfte entlang dieser Linie zu stark auseinandergezogen; ein kräftiger schwedischer Angriff auf einen Abschnitt hätte seines Erachtens leicht zum Durchbruch führen können, bevor noch von den anderen Abschnitten Truppen zur Unterstützung herangezogen werden könnten.

Schließlich willigte Croy auf Zureden des Zaren hin doch ein, und Peter erteilte ihm die absolute Befehlsgewalt über die gesamte Armee. Croy sollte eine Schlacht hinauszögern, bis mehr Munition eingetroffen sei, er sollte aber gleichzeitig die Belagerung aufrechterhalten und das schwedische Heer daran hindern, bis zur Stadt vorzudringen. Baron Langen, der einen Bericht an August schrieb, bemerkte zu diesem Wechsel im Oberbefehl sarkastisch: »Wenn Herzog Croy die absolute Befehlsgewalt hat, so hoffe ich, daß sich unsere Angelegenheiten bald zum Guten wenden. Denn er hat keinen Wein und keinen Branntwein mehr; und weil ihm der Alkohol nun so sehr fehlt, wird er zweifellos seine Angriffe auf die Stadt verdoppeln, um näher an den Weinkeller des Kommandanten zu kommen.« Im russischen Lager hatte niemand eine Ahnung von dem, was sich wirklich ereignen sollte.

Im Morgengrauen des 20. November brachen die schwedischen Kolonnen in Lagena auf und bewegten sich auf Narwa zu. Um zehn Uhr vormittags kam die Vorhut in das Gesichtsfeld der Ausschau haltenden Russen. Croy, in eindrucksvoller roter Uniform und auf einem grauen Pferd sitzend, inspizierte gerade seine Soldaten, als ihm ein erster Musketenschuß deutlich machte, daß die Schweden anrückten. Er ritt näher an die Umschanzung heran und sah, wie der Feind auf der im Westen gelegenen Anhöhe des Hermannsbergs aus einem Wald heraustrat. Croy war nicht sehr besorgt: Ein Angriff auf eine Schanzenanlage, wie sie hier bestand, ging gewiß nur langsam und unter Schwierigkeiten vor sich. Immerhin war er, als er die schwedischen Reihen durch sein Teleskop musterte, von ihrer geringen Zahl überrascht; darum befürchtete er, es könne sich hier vielleicht nur um die Vorhut einer größeren Streitmacht handeln. In diesem Fall hätte er nur einen Teil des eigenen Heeres, vielleicht fünfzehntausend Mann, aussenden müssen, um die Schweden anzugreifen. Seine russischen Offiziere weigerten sich jedoch, die schützende Linie ihrer Verschanzung zu verlassen. Deswegen befahl Croy, daß die Regimenter ihre Standarten entlang der Verteidigungslinie aufstellten, dort Posten bezogen und warteten.

Unterdessen standen Karl und Rehnskjold auf dem Hermannsberg und sahen mit ihren Teleskopen auf die russischen Linien hinunter. Das Schlachtfeld lag nun vor ihnen, rechts und links von der Narwa begrenzt, die hinten in einem weiten Bogen um die Stadt floß. Auf der anderen Seite des Flusses lag die Burg Iwangorod, quer über das Gelände im Vordergrund zog sich die russische Belagerungslinie hin. Eine einzige Brücke überquerte hinter dem Nordflügel der russischen Linie den Fluß. Diese Brücke bildete den einzigen Zugang zum Schlachtfeld, über den die Russen Nachschub bekommen, und den einzigen Fluchtweg, über den sie sich gegebenenfalls retten konnten. Die russische Verteidigungslinie war eindrucksvoll: ein Graben, hinter dem sich ein Erdwall mit zugespitzten Pfählen, sogenannten Spanischen Reitern, erhob. Entlang den Verschanzungen hatte man zahlreiche Bastionen errichtet. Die russische Armee innerhalb des Lagers war offensichtlich viel größer als die schwedische Streitmacht; es war jedoch deutlich, daß kein russischer Angriff bevorstand.

Die Situation, in der sich Karls Armee befand, war äußerst gefährlich; viele militärische Experten hätten sie als verzweifelt angesehen. Müde und erschöpfte Streitkräfte versuchten normalerweise nicht, Befestigungslinien zu stürmen, die von einer vierfachen Übermacht gehalten wurden; andererseits erforderte aber gerade die Schutzlosigkeit der schwedischen Armee einen Angriff. Es war unmöglich, untätig zu bleiben, wenn man einem Feind dieser Größe gegenüberstand, und es war ebenfalls unmöglich, sich einfach wieder von ihm zurückzuziehen; die einzige Lösung schien ein Sturmangriff zu sein. Zudem hatten auch Karl und Rehnskjold bereits die Schwäche entdeckt, auf die vorher Croy hingewiesen hatte: Das russische Heer war über die sechseinhalb Kilometer lange Verteidigungslinie zu stark auseinandergezogen. Es hätte möglich sein müssen, einen Abschnitt dieser Linie zu stürmen und zu durchstoßen, bevor ausreichende Verstärkung von anderen Abschnitten herbeigeschafft würde. Außerdem vertraute Karl darauf, daß seine disziplinierten schwedischen Regimenter, wenn sie sich erst einmal innerhalb des russischen Lagers befanden, das Chaos, das dann wahrscheinlich dort ausbrechen würde, auszunutzen verstanden. Er gab Rehnskjold deshalb den Befehl zum Angriff, und der General arbeitete schnell einen Plan aus.

Die stark konzentrierte schwedische Infanterie sollte den Hauptangriff führen. Auf zwei Divisionen aufgeteilt, sollte sie die Verschanzungen an einem Punkt, etwa in der Mitte der russischen Linie, erstürmen. Hinter dem Wall würden sich die beiden Gruppen dann trennen, die eine nach Norden, die andere nach Süden schwenken, um so die russische Linie von innen her aufzurollen, wodurch die russischen Soldaten nach beiden Seiten zum Fluß hin getrieben würden. Die schwedische Kavallerie würde außerhalb der Verschanzung bleiben, das Gelände davor kontrollieren, die Flanken der Infanterie während des Vormarschs schützen und jeden russischen Ausbruchsversuch verhindern. Rehnskjold sollte den nördlichen (linken) Flügel des schwedischen Infanterieangriffs anführen, Graf Otto Vellinck den rechten. Karl würde zusammen mit Oberst Magnus Stenbock und Arvid Horn eine kleine unabhängige Infanterieabteilung ganz links befehligen. Sobald sie ihre Geschütze in Position gebracht hatte, eröffnete die schwedische Artillerie den Beschuß des mittleren Abschnitts der russischen Linie, während sich die Infanterie in der Mitte sammelte und die Kavalleriegeschwader an die Flügel ritten. Zehntausend Schweden bereiteten sich in Ruhe und Ordnung vor, gegen vierzigtausend gut verschanzte Russen vorzurücken.

Von seinem Beobachtungsposten aus verfolgte Croy diese Vorbereitungen inzwischen mit wachsender Besorgnis. Er hatte erwartet, daß die Schweden gemäß den herkömmlichen Kriegsregeln zuerst versuchen würden, Gräben auszuheben und ihr eigenes befestigtes Lager zu errichten. Seine Verwirrung wuchs, als er erkannte, daß einige der schwedischen Soldaten Reisigbündel heranschleppten, mit denen der Graben vor dem Erdwall begehbar gemacht werden sollte. Die schwedische Armee sollte bald die russischen Stellungen stürmen.

Am Vormittag und bis in den frühen Nachmittag hinein setzten die Schweden ihre Vorbereitungen fort. Mittlerweile hatte es auch aufgehört zu regnen, und es war kälter geworden. Als Signalraketen aufstiegen, die dem Heer das Zeichen zum Angriff gaben, brach auch ein Schneesturm los, der aus Richtung Westen gegen die russischen Linien fegte. Einige schwedische Offiziere zögerten; sie hielten es für besser, den Angriff bis nach dem Sturm zu verschieben. »Nein«, entgegnete Karl, »der Schnee weht uns in den Rücken, aber er bläst dem Feind voll ins Gesicht.«[4] Der König hatte recht. Die Russen verfehlten meistens ihr Ziel, und ihre Schüsse richteten keinen Schaden an. Leise und schnell rückten die Schweden näher und tauchten plötzlich in unmittelbarer Nähe der Russen aus dem Schnee auf. Dreißig Schritt vor der Verschanzung hielt die schwedische Linie kurz an, die Soldaten legten ihre Gewehre an die Schulter und gaben eine Salve ab. Auf dem Wall wurden die Russen dadurch »niedergemäht wie Gras«[5]. Unmittelbar darauf warfen die Schweden ihre Reisigbündel in den Graben, überwanden so das Hindernis und stürmten weiter vorwärts. Mit gezückten Schwertern und Bajonetten erkletterten sie schließlich den Erdwall und stürzten sich auf den Feind. Bereits fünfzehn Minuten nach Beginn des Angriffs fand hinter der russischen Verteidigungslinie ein wütender Nahkampf statt. »Wir attackierten mit dem Schwert in der Hand und drangen so vor. Wir erschlugen alle, die sich uns entgegenstellten, es war ein entsetzliches Massaker«[6], schrieb später ein schwedischer Offizier.

Zuerst kämpften die Russen standhaft – »Sie antworteten mit schwerem Feuer und töteten viele gute Kameraden«[7] –, aber die Schweden hatten bald eine Bresche in ihre Verschanzung geschlagen, durch die immer mehr Infanteristen strömten. Genau nach Plan trennten sich dann die zwei schwedischen Divisionen und trieben die Russen an der Innenseite des Erdwalls in zwei verschiedenen Richtungen auseinander. Die südliche schwedische Front, die gegen die linke Seite der russischen Linien anstürmte, traf zuerst auf die Strelitzen-Regimenter unter Trubezkoi. Sie schlug diese russischen Einheiten mit Leichtigkeit in die Flucht. Weiter unten trafen die Schweden auf Golowins Division, die auch ohne ihren Kommandeur anfänglich starken

Widerstand leistete. Als aber ein russisches Regiment nach dem anderen aufgrund der Unerfahrenheit der Soldaten zusammenzubrechen begann, gerieten auch die Truppen Golowins durcheinander und versuchten zu fliehen. Scheremetews Kavallerie, die auf dem linken russischen Flügel hinter den Linien stand, hätte zum rechten Zeitpunkt angreifen und die vorrückende schwedische Infanterie aus ihrem Konzept bringen können, indem sie deren Vormarsch durch die bloße Wucht drauflosgaloppierender Pferde verlangsamt oder sogar auseinandergerissen hätte. Aber die russische Kavallerie, die überwiegend aus kampfunlustigen Adligen und undisziplinierten Kosaken bestand, wurde von Panik ergriffen, noch bevor sie zum Einsatz kam. Als die Reiter die entschlossenen Schweden näherkommen sahen, wendeten sie ihre Pferde und ritten Hals über Kopf in den Fluß hinein, um auf diesem Wege zu entkommen. Tausende von Männern und Pferden ertranken in den Strudeln, die die Narwa an dieser Stelle bildet.

Im Norden lagen auf der rechten Seite der Russen die Dinge ähnlich. Wenn auch überrascht durch das schwedische Vordringen hinter ihrer eigenen Verschanzung, versuchten die Russen anfangs Widerstand zu leisten. Als aber die Offiziere fielen, gerieten sie in Panik. Die Russen flohen, wohin sie konnten, und riefen: »Die Ausländer haben uns verraten!«[8] Während die Schweden schließlich immer weiter nach Norden vorankamen, nahm das Chaos unter den flüchtenden Russen ein entsetzliches Ausmaß an. Die meisten rannten auf den Fluß zu und versuchten über die einzige vorhandene Brücke zu entkommen. Da begann die Brücke unter dem Gewicht der Menge zu schwanken und zu krachen, bis sie nachgab und ungezählte Menschen in den Fluß fielen.

Lediglich an einem Punkt hielt die russische Linie. Am Nordende des Schlachtfeldes, in der Nähe der zusammengebrochenen Brücke, verteidigten sechs russische Bataillone, einschließlich der Preobraschensker und Semjenowsker Garderegimenter, ihr Terrain und weigerten sich standhaft, zurückzuweichen. Sie errichteten sich in aller Eile neue Stützpunkte, indem sie sich hinter Hunderten von Artillerie- und Nachschubwagen verbarrikadierten. Dort wehrten sie sich tapfer und feuerten mit ihren Gewehren und Geschützen auf die Schweden, die sie umkreist hatten.

Doch mit dieser einzigen Ausnahme war das russische Heer sowohl auf dem nördlichen Flügel als auch auf dem südlichen zu einem einzigen wirren Haufen geworden. Hunderte von russischen Soldaten sprangen von innen nach außen über den Erdwall und versuchten so, den Bajonetten der schwedischen Infanterie zu entkommen; sie wurden nun statt dessen von der vor dem Wall wartenden schwedischen Kavallerie niedergeritten oder wieder zurückgedrängt. Für die ausländischen Offiziere war die Lage schnell unhaltbar geworden. Als Herzog Croy die Drohrufe seiner eigenen Soldaten hörte, soll er gesagt haben: »Der Teufel könnte mit solchen Soldaten nicht kämpfen.«[9] Zusammen mit den Sachsen Hallart und Langen ging er zur schwedischen Kampflinie, wo er sich Stenbock ergab. Er glaubte schließlich, sich unter schwedischer Bewachung sicherer fühlen zu dürfen als an der Spitze seiner eigenen undisziplinierten und verstörten Soldateska. Stenbock empfing die drei höflich und führte sie zum König.

Nachdem der Angriff auf die russische Verschanzung begonnen hatte, erlebte Karl den weiteren Schlachtverlauf als reines Vergnügen. Er verbrachte den größten Teil des Nachmittags in der Nähe des Walls und setzte sich dabei größten Gefahren aus. Als er einmal um einen Haufen verwundeter und sterbender Soldaten herumritt, stürzte er mit seinem Pferd in einen Graben. Er wurde wieder herausgezogen, mußte aber das Pferd, das Schwert und einen seiner Stiefel zurücklassen. Er bestieg daraufhin ein anderes Pferd, das ihm sofort wieder unter dem Körper weggeschossen wurde, während er nur von einer Kugel gestreift wurde, die er nach der Schlacht in seinem Halstuch fand. Als ein schwedischer Reiter bemerkte, daß der König kein Pferd mehr hatte, sprang er von seinem herunter, um es dem König anzubieten.

Noch bevor es dunkel wurde, erschien der König innerhalb der Verschanzung. Obwohl sich Herzog Croy sowie die meisten anderen ausländischen Offiziere auf der russischen Seite ergaben und viele der russischen Regimenter sich förmlich aufgelöst hatten, hielt er den Sieg noch nicht für gesichert. Trotz der russischen Verluste standen immer noch 25000 bewaffneten Russen kaum mehr als 8000 Schweden gegenüber. Auch die russischen Generäle Fürst Dolgoruki, Fürst Alexander von Imeritia, Artemon Golowin und Iwan Buturlin hatten nicht so schnell aufgegeben wie Herzog Croy, Hallart und Langen. Sie alle hatten sich in die Wagenburg im Norden der russischen Stellungen zurückgezogen, wo, im Umkreis der improvisierten Festung, im Laufe des Tages die heftigsten Kämpfe stattfanden. Auf dem linken Flügel der russischen Stellungen war übrigens die Division von General Weyde noch vollständig, da sie bisher fast gar nicht am Kampf teilgenommen hatte. Wenn Weydes Soldaten zu diesem Zeitpunkt plötzlich in Richtung Norden vorgestoßen wären und die Regimenter innerhalb des Wagenrings einen Angriff nach Süden gewagt hätten, wären die schwedischen Soldaten zwischen den russischen Einheiten eingeschlossen worden.

Aufgrund dieser Gegebenheiten hielt es Karl für unumgänglich, den aus Wagen gebildeten russischen Stützpunkt so schnell wie möglich einzunehmen. Aber es kam dann doch nicht mehr zum Einsatz der herbeibeorderten Artillerie; die Russen in der Wagenburg hatten den Mut verloren und gaben auf. Und da auch die russischen Generäle es für hoffnungslos hielten, weiterhin Widerstand zu leisten, schickten sie Unterhändler zu den Schweden, um die Kapitulationsbedingungen auszuhandeln. Karl war erfreut über diese Wende. Mit zunehmender Dunkelheit war es seinen Soldaten inzwischen unmöglich geworden, zwischen Freund und Feind zu unterscheiden. Gegen acht Uhr gab der König den Befehl zur Einstellung des Feuers. Die Russen bestanden aber zunächst darauf, unter vollen militärischen Ehren aus ihrer Verschanzung herausmarschieren zu dürfen, dann erklärten sie sich zu einem Kompromiß bereit: Die einfachen Soldaten durften ihre Gewehre und kleinen Waffen behalten, während die Offiziere die Kriegsgefangenschaft erwartete. Karl konfiszierte außerdem alle russischen Regimentsstandarten und die gesamte gegnerische Artillerie.

Dennoch blieb die Lage für die Schweden weiterhin gefährlich. Ihre Infanteriesoldaten waren völlig erschöpft. Einige von ihnen hatten zudem einen Vorrat an Branntwein entdeckt und fielen sofort betrunken um, als sie den Alkohol auf den leeren Magen tranken. Nicht zuletzt fürchtete Karl immer noch, die Russen könnten im Morgengrauen erkennen, wie klein die Zahl ihrer Besieger und Bewacher wirklich war. Man mußte also den unterlegenen Gegner so schnell wie möglich abschieben und vom Kampfplatz wegführen. Karl setzte die russischen Gefangenen zur Reparatur der eingebrochenen Flußbrücke ein.

Über die Gefahr, die von der Division Weydes ausging, die immer noch unbesiegt im Süden der ehemaligen russischen Linie lag, schrieb ein schwedischer Offizier: »Wenn Weyde den Mut gehabt hätte, uns anzugreifen, hätte er uns gewiß geschlagen, denn wir waren äußerst erschöpft, hatten mehrere Tage lang kaum gegessen oder geschlafen; und außerdem waren alle unsere Leute betrunken von dem Branntwein, den sie bei den Moskowitern gefunden hatten; es war den Offizieren vollkommen unmöglich, die Disziplin aufrechtzuerhalten.«[10] Aber die Bedrohung von seiten Weydes löste sich schließlich auch auf. Seine Soldaten hatten zwar nicht schwer kämpfen müssen, Weyde selbst aber war verwundet worden. Als er von der Kapitulation des Nordflügels erfahren hatte und im Morgengrauen sah, daß nur noch seine Einheit übriggeblieben und von der schwedischen Kavallerie umringt war, kapitulierte er.

Gegen Morgen war auch die Brücke wieder begehbar; die geschlagenen Russen marschierten jetzt über sie hinweg in Richtung Osten. Karl stand in der Nähe der Brücke und beobachtete den Abzug, während die vorbeirückenden Soldaten vor ihm ihre Mützen zogen und ihre Banner zu seinen Füßen niederlegten. Als die Schweden danach zu einem Appell antraten, stellte man fest, daß einunddreißig Offiziere und sechshundertsechsundvierzig Soldaten gefallen und tausendzweihundert Mann verwundet worden waren. Die Verluste auf der Gegenseite konnten nur geschätzt werden. Mindestens achttausend waren getötet oder verwundet worden. Der nun hereinbrechende Winter ließ ihnen keine Chance. Zehn Generäle der russischen Armee, darunter der Herzog Croy, zehn Obristen und dreiunddreißig weitere hohe Offiziere, wurden von den Schweden gefangengehalten. Dr. Carbonari, der Leibarzt des Zaren, und Peter Lefort, der Neffe des verstorbenen Günstlings des Zaren, gehörten ebenfalls dazu. Alle wurden den Winter über nach Reval geschickt, um im Frühling, als die Ostsee wieder frei passierbar war, nach Schweden überführt zu werden. Die meisten von ihnen mußten dort viele Jahre in Internierungshaft bleiben. Hauptbeute der Schweden war allerdings die russische Artillerie: hundertfünfundvierzig Geschütze, zehntausend Kanonenkugeln und dreihundertsiebenundneunzig Fässer Pulver.

Die Nachrichten über die Schlacht vor Narwa machten in ganz Europa einen außerordentlich starken Eindruck. Berichte über den glänzenden Sieg und den strahlenden Ruhm des jungen schwedischen Monarchen waren bis in die entferntesten Ecken vorgedrungen. Mancherorts empfand man Befriedigung darüber, daß Peter gedemütigt worden war, und man lachte über die »Flucht« des Zaren am Tag vor der Schlacht. Ein Bild, das Karl hatte anfertigen lassen, erregte viel Belustigung: Es zeigte einen Mann mit den Gesichtszügen Peters, der davonlief. Leibniz, der früher sein Interesse für Rußland bekundet hatte, äußerte sich jetzt positiv Schweden gegenüber und wünschte, daß »der junge König Schwedens in Moskau und bis an den Fluß Amur herrsche«[11].

Ohne den festen und unveränderlichen Entschluß des Königs, den Angriff zu wagen, hätte es auch keinen Sieg gegeben. Nach der Schlacht war Karl richtiggehend ausgelassen, als er zusammen mit Axel Sparre über das Schlachtfeld ritt und sagte: »Aber es macht gar keinen Spaß, mit den Russen zu kämpfen, denn sie leisten keinen Widerstand wie andere Männer, rennen vielmehr gleich davon. Wenn der Fluß zugefroren gewesen wäre, hätten wir kaum einen von ihnen töten können. Der größte Spaß war es, als die Russen über die Brücke wollten und diese unter ihnen zusammenbrach. Es war ganz ähnlich wie bei Pharao im Roten Meer. Jeder konnte sehen, wie Menschen und Pferde ihre Köpfe in die Höhe reckten, und unsere Soldaten schossen auf sie wie auf wilde Enten.«[12]

Von diesem Augenblick an wurde der Krieg für Karl zum großen Lebensziel; in diesem Sinne war der Sieg von Narwa auch der erste Schritt zum Untergang des schwedischen Königs. Nach einem so leicht errungenen Sieg glaubte Karl XII. jetzt von sich, er sei unbesiegbar. Die Leichtigkeit, mit der er Peters Armee überwältigt hatte, verführte ihn zu der Auffassung, daß die russischen Soldaten untauglich seien. Jahre später, in der Sommerhitze der Ukraine, sollten diese Augenblicke der Hochstimmung den schwedischen König teuer zu stehen kommen.

5 »Wir dürfen nicht den Kopf verlieren«

Peter war noch nicht weit gekommen, als ihn unterwegs die Nachrichten über die verlorene Schlacht von Narwa erreichten. Aber es drohte ihm eine noch größere Gefahr: Wenn Karl sich dazu entschloß, seinen Sieg zu nutzen und bis Moskau weiterzumarschieren, konnte ihn im Augenblick nichts daran hindern.

Peter überließ sich nie der Verzweiflung: Niederlagen spornten ihn vielmehr an, Hindernisse waren für ihn eine Herausforderung, die er gern annahm. Ob seine Spannkraft, seine Ausdauer und seine Entschlossenheit auf Eigensinn, Arroganz und Patriotismus oder auf Klugheit beruhten, spielte dabei keine Rolle. Er hatte eine vernichtende und demütigende Niederlage erlitten, aber er erhob gegen niemanden Vorwürfe. Zwei Wochen nach der Schlacht schrieb er an Boris Scheremetew: »Wir dürfen nicht den Kopf verlieren. Ich befehle, das Werk, das wir angefangen haben, fortzusetzen. Es fehlt uns nicht an Menschen; die Flüsse und Sümpfe sind zugefroren. Ich will keine Entschuldigungen hören.«[1]

Die neun Jahre, die zwischen den Schlachten von Narwa und Poltawa liegen sollten, waren dennoch hoffnungslose Jahre für Peter. Er wußte nie, wieviel Zeit ihm noch blieb. Oft lag er krank in seinem Bett, oft rebellierten die Baschkiren oder die Don-Kosaken. Peter plünderte seinen Staatsschatz und machte sein Volk arm, er zahlte enorme Subsidien, damit August, der jetzt sein einziger Verbündeter war, weiterkämpfte.

Allmählich traf die geschlagene russische Armee in Nowgorod ein. Die Männer, denen Geschütze, Pulver, Zelte, Gepäck und oft sogar die Gewehre fehlten, waren nicht viel mehr als ein desorganisierter Haufen. Glücklicherweise hatte die Division, die Fürst Nikita Repnin an der Wolga zusammengestellt hatte, Narwa nicht mehr rechtzeitig erreicht, um an der Schlacht teilnehmen zu können. Peter befahl Repnin also, nach Nowgorod zu marschieren und seine Soldaten dort als Stammeinheit anstelle der geschlagenen Regimenter einzusetzen, die jetzt pausenlos in die Stadt hineinströmten. Drei Wochen später berichtete Repnin dem Zaren, daß inzwischen 22 957 aus Narwa geflohene Soldaten zu neuen Regimentern zusammengefaßt worden seien; zusammen mit Repnins Division, die über 10 834 Mann verfügte, besaß Peter also wieder eine Armee von beinahe 34 000 Soldaten. Darüber hinaus waren zehntausend Kosaken aus der Ukraine auf dem Marsch nach Nowgorod. Nach seiner Ankunft in Moskau gab Peter schließlich als erstes Anweisung, Fürst Boris Golizyn solle zusätzlich zehn neue Dragonerregimenter zu je tausend Mann aufstellen.

Zum Oberbefehlshaber der neuen Armee ernannte Peter den Bojaren Boris Scheremetew. Obwohl Scheremetew zwanzig Jahre älter als der Zar und ein Abkömmling einer der ältesten Familien des Landes war, hatte er sich schon immer gegen die traditionelle moskowitische Lebensweise aufgelehnt. Als junger Mann hatte ihm sein Vater einmal den Segen verweigert, weil er mit einem glattrasierten Kinn vor ihm erschienen war. Anders auch als die meisten anderen russischen Adligen war Scheremetew mehrmals im Ausland gewesen. 1686 hatte ihn Sofia in diplomatischer Mission zu König Jan Sobieski nach Polen und zu Kaiser Leopold nach Wien geschickt. 1697 – im Alter von fünfundvierzig Jahren – fuhr er wieder ins Ausland, diesmal als Privatreisender, der seine Dienste in der Armee für einen zwanzigmonatigen Studienaufenthalt unterbrochen hatte. Er fuhr wieder nach Wien, Rom, Venedig und Malta, suchte den Kaiser, den Papst, den Dogen und den Großmeister des Johanniterordens auf, der ihn zum Ritter schlug und mit dem

Malteserkreuz auszeichnete. In Rußland trug Scheremetew dann sein Kreuz mit soviel Stolz, daß ihn die Leute höhnisch fragten, ob er »der Gesandte Maltas« geworden sei. Scheremetew nahm derartige Kommentare gelassen hin; Withworth, der neue englische Gesandte in Rußland, bezeichnete ihn als »den höflichsten Mann im ganzen Land«[2].

Peter war angetan von Scheremetews Interesse für Westeuropa, aber er setzte den Bojaren dennoch in erster Linie als Militär ein. Scheremetews Onkel war ebenfalls Oberbefehlshaber der russischen Armee gewesen, und zwar unter Zar Alexei, bevor er von den Tataren gefangengenommen und dreißig Jahre auf der Krim festgehalten worden war. Scheremetew hatte bereits gegen die Polen und die Tataren gekämpft. 1695 und 1696, während Peter gegen Asow zog, führte er mehrere Feldzüge im Westen Rußlands an, die die Eroberung aller Tatarenfestungen am unteren Dnjepr zur Folge hatten.

Während die neue russische Armee unter Scheremetew aufgestellt und ausgerüstet wurde, gab Peter Anweisung, sowohl bei Nowgorod als auch bei Pskow und beim Petschersk-Kloster mit dem Bau von Befestigungsanlagen zu beginnen. Auch Frauen und Kinder wurden für diese Arbeiten eingespannt. Gottesdienste wurden vorübergehend verboten, damit auch die Geistlichen mithelfen konnten. Häuser und Kirchen wurden niedergerissen, damit es Platz gab für die neuen Festungswälle. Um mit gutem Beispiel voranzugehen, arbeitete Peter selbst an der ersten Verschanzung vor Nowgorod mit. Als er die Stadt einmal für ein paar Tage verließ, beauftragte er Oberstleutnant Schenschin, an seiner Stelle weiterzumachen; aber Schenschin hörte bald auf zu arbeiten, als er glaubte, der Zar sei endgültig abgereist. Peter kehrte unverhofft zurück und entdeckte den Ungehorsam. Er ließ den Oberstleutnant auf dem neu entstehenden Wall auspeitschen und schickte ihn anschließend als gewöhnlichen Soldaten nach Smolensk.

Peter begriff, daß seine Armee auf lange Sicht vollständig reformiert werden mußte. Was er brauchte, war ein ständiges Berufsheer mit einer Dienstzeit von fünfundzwanzig Jahren. Er ordnete zunächst eine Änderung der bis dahin gültigen Exerziermethoden an und führte nach westeuropäischem Vorbild Gesetze für die Disziplin und Regeln für die Taktik in der Armee ein. Die einzigen schriftlich festgehaltenen Militärvorschriften stammten aus dem Jahr 1647 – und diese waren aus deutschen Vorschriften des Jahres 1615 abgeschrieben worden! Peter wünschte, das Schwergewicht zukünftig auf die Kampfausbildung zu legen; er zeigte kein Interesse für glänzende und exakte Paradevorführungen mit Soldaten, die »mit ihren Gewehren den Fechtmeister spielen und marschieren, als wollten sie tanzen«[3]. Auch hatte er nichts übrig für die raffinierten Uniformen westlicher Soldaten, die wie »Galapuppen« aussahen. Seine neue Armee trug einfache grüne Uniformen, Stiefel, Gürtel und Dreispitze. Am wichtigsten war es jedoch, daß sie mit modernen Waffen ausgerüstet werden sollte. Während seines Englandaufenthaltes hatte Peter 30000 bis 40000 moderne Steinschloßgewehre mit den dazu passenden neuen Ringbajonetten eingekauft, die dann auch in Rußland nachgemacht wurden. Die russische Produktion war zunächst nicht sehr umfangreich – 6000 Stück im Jahr 1701. Doch 1706 wurden bereits 30000 und 1711 40000 Steinschloßgewehre hergestellt.

Man legte nun auch größeren Wert auf eine modernere Taktik. Die Soldaten lernten, gleichzeitig und auf Kommando zu schießen sowie die neuen Bajonette einzusetzen. Die Kavalleristen wurden dahingehend gedrillt, daß sie in Formation zu wenden und mit Schwertern zu kämpfen sowie einen geordneten Rückzug durchzuführen in der Lage waren, anstatt das Feld wie eine flüchtende Herde zu verlassen. Schließlich bemühte sich Peter darum, seinem Heer ein neues Bewußtsein zu vermitteln: Es sollte nicht im »Interesse Seiner Majestät«, sondern »im Interesse des russischen Staates« kämpfen.[4]

In bezug auf die Ausrüstung ergaben sich bei der Artillerie die größten Probleme. Fast alle Geschütze, die die russische Armee zuvor besessen hatte, waren ja bei Narwa verlorengegangen; man mußte von vorn anfangen. Oberpostmeister Winius wurde zum Inspektor der Artillerie ernannt und mit allen erforderlichen Vollmachten ausgestattet. Es ging Peter vor allem darum, daß alles so schnell wie möglich vonstatten ging. An Winius schrieb er: »Treibe um Gottes willen den Aufbau der Artillerie voran.«[5] Die Zeit reichte nicht, um die benötigten Kanonen aus neu gewonnenem Erz herzustellen; die erforderlichen Geschütze mußten aus schneller verfügbarem Metall angefertigt werden. Peter gab den Befehl: »Im ganzen russischen Reich, in allen großen Städten, aus allen Kirchen und Klöstern muß ein bestimmter Anteil der Kirchenglocken zur Herstellung von Geschützen eingesammelt werden.«[6] Dies kam beinahe einem Sakrileg gleich, denn die Glocken waren fast ebenso heilig wie die Kirchen selbst. Trotzdem wurde im Juni 1701 ein Viertel aller russischen Kirchenglocken aus ihren Türmen geholt, eingeschmolzen und zu Kanonen umgegossen. Winius hatte Schwierigkeiten mit den Eisengießern, die die Kanonen anfertigen mußten. Sie tranken zuviel, und oft bewirkte nicht einmal die Knute, daß sie schneller arbeiteten. »Zeige den Bürgermeistern diesen Brief«, schrieb Peter an Winius, als er vom langsamen Fortgang der Arbeit in den einzelnen Städten erfuhr, »und sage ihnen, daß sie nicht nur mit Geld, sondern mit ihren Köpfen zahlen werden, wenn durch ihre Verzögerung die Geschütze nicht rechtzeitig fertig werden.«[7]

Obwohl es schwierig war, geeignete Arbeiter und passendes Metall zur Herstellung von Kanonen zu bekommen, vollbrachte Winius wahre Wunder. Bereits im Mai 1701 schickte er der Armee bei Nowgorod zwanzig neue Geschütze, bald darauf weitere sechsundzwanzig. Gegen Ende des Jahres hatte er mehr als dreihundert neue Geschütze geliefert und eine Schule gegründet, in der zweihundertfünfzig Knaben als Geschützgießer und Artilleristen ausgebildet wurden. Peter war hocherfreut. »Das ist eine gute Leistung«, schrieb er, »sie ist in dieser Zeit aber auch lebensnotwendig.«[8] 1702 wurde Winius trotz seines hohen Alters nach Sibirien geschickt, wo er neue Eisen-

und Kupferminen ausfindig machen sollte. Zwischen 1701 und 1704 entstanden darauf jenseits des Urals sieben neue Erzbergwerke, die ein ausgezeichnetes Eisenerz lieferten. Das Erz war, nach einem Bericht des englischen Botschafters, »von hervorragender Qualität, besser als das aus Schweden.« Die aus Uralerzen gegossenen Geschütze feuerten inzwischen wieder auf die Schweden. 1705 erklärte der englische Gesandte, die russische Artillerie sei »im Augenblick äußerst gut bestückt«[9].

Bei seinem Versuch, Rußland vor einem schwedischen Angriff zu bewahren, ließ Peter in zwei westlichen Hauptstädten, in Den Haag und Wien, diskret um eine Vermittlung zwischen Schweden und Rußland nachsuchen. Beide Missionen blieben jedoch erfolglos. Andrei Matwejew, der Sohn des ermordeten Artemon Matwejew, war als Peters Gesandter nach Holland geschickt worden. Wilhelm III. und die Generalstaaten waren aber durch andere Probleme völlig beansprucht. Zu der Zeit, als die Schlacht von Narwa stattgefunden hatte, war nämlich Karl II. von Spanien gestorben, der seinen Thron Philipp von Anjou, dem Enkel Ludwigs XIV., hinterlassen hatte. Der Sonnenkönig hatte die Nachfolge im Namen seines Enkels angetreten, und Europa rüstete sich nun zum Krieg. Holland wünschte nicht, in einen Konflikt zwischen Schweden, mit dem es durch Vertrag verbündet war, und Rußland, das ihm einen lukrativen Handel über Archangelsk ermöglichte, hineingezogen zu werden. Matwejew erreichte nur, daß ihm durch Vermittlung von Bürgermeister Witsen fünfzehntausend Musketen verkauft wurden, die er nach Rußland verladen ließ.

In Wien traf Fürst Peter Golizyn inkognito ein und bat um eine Audienz beim Kaiser. Er wurde sieben Wochen lang hingehalten und verhandelte inzwischen, unterstützt vom russisch sprechenden Jesuitenpater Wolf, lediglich mit untergeordneten Persönlichkeiten, sofern diese mit ihm zu reden bereit waren. »Sie meiden mich alle«[10], meldete er hilflos nach Moskau. Nach dem unglücklichen Ausgang der Schlacht von Narwa war das Prestige Rußlands so sehr gesunken, daß Graf Kaunitz, der Vizekanzler des Kaisers, Golizyn offen ins Gesicht lachte und die französischen und schwedischen Gesandten ihn in aller Öffentlichkeit verspotteten. Als Golizyn endlich beim Kaiser vorsprechen durfte, war dieser zwar höflich, aber auch er dachte inzwischen nur noch an den großen Krieg, provoziert durch die spanische Erbfolge. Er machte dem russischen Gesandten keinerlei konkrete Angebote. »Es ist notwendig, alles nur mögliche zu versuchen, um den Feind ein einziges Mal zu schlagen«, schrieb Golizyn verzweifelt an Golowin nach Moskau. »Gott behüte, daß der Sommer vergeht, ohne daß irgend etwas geschieht . . . Es ist für unseren Herrscher unbedingt notwendig, wenigstens einen kleinen Sieg zu erringen, durch den sein Name in Europa wieder jenes Ansehen zurückgewinnt, das er früher einmal besaß. Dann können wir einen Frieden schließen, während die Leute jetzt nur über unsere Soldaten und unsere Art, Krieg zu führen, lachen.«[11]

Als sich herausstellte, daß seine diplomatischen Annäherungsversuche scheiterten, wollte sich Peter unbedingt der Treue des einzigen Bundesgenossen vergewissern, den er noch hatte. Er bereitete ein Treffen mit August dem Starken vor, den er zweieinhalb Jahre, seit der Begegnung in Rawa, nicht mehr gesehen hatte. Damals hatte König August den Krieg gegen Schweden vorgeschlagen. Inzwischen aber hatte sich seine Einstellung geändert. Wenn er auch nicht selbst besiegt worden war, so hatte er doch erleben müssen, wie seine beiden Verbündeten, Dänemark und Rußland, vom jungen Schwedenkönig geschlagen worden waren. Er mußte sich jetzt überlegen, ob er den Krieg weiterführen oder mit Schweden einen Frieden aushandeln wollte.

Peter traf den polnischen König im Februar 1701 in Birżai auf livländischem Gebiet, das von sächsischen Soldaten kontrolliert wurde. In zehntägigen Verhandlungen, die von Festen und Feierlichkeiten unterbrochen wurden, erneuerten die beiden Monarchen ihr Bündnis. Peter ließ August wissen, daß Rußland trotz der Niederlage von Narwa den Krieg gegen Schweden unbedingt fortsetzen wolle, und August, als einziges unbesiegtes Mitglied der Koalition, konnte vom Zaren einen hohen Preis dafür verlangen, daß er auch seinerseits den begonnenen Krieg fortführte. Der Zar mußte sich damit einverstanden erklären, daß Livland und Estland Polen zugeteilt werden sollten, wenn über die Kriegsbeute verfügt werden würde; nur Ingermanland sollte Rußland zukommen. Peter machte noch weitere Zusagen. Fünfzehntausend bis zwanzigtausend russische Infanteristen, die von Rußland besoldet, ausgerüstet und versorgt werden mußten, sollten unter sächsischem Kommando in Livland operieren. Darüber hinaus erklärte sich der Zar dazu bereit, dem König von Polen drei Jahre lang hunderttausend Rubel an Kriegssubsidien zu bezahlen. Es war dies ein hoher Betrag, und wieder wurden die Klöster und die Kaufleute in Rußland gezwungen, diese Summe aufzubringen. In Peters Augen brauchte Rußland eben einen Verbündeten gegen die Schweden.

Karl XII. bereitete sich in der Zeit der Hochstimmung, die auf die Schlacht von Narwa folgte, genau auf das vor, was Peter befürchtet hatte. Er wollte seinen Sieg ausnutzen und in Rußland einmarschieren. Einige seiner Ratgeber hatten ihn zu überzeugen versucht, er könne leicht den Kreml erobern, Peter stürzen, Sofia als Regentin einsetzen und einen Friedensvertrag aushandeln, durch den Schweden an der Ostsee noch weiteres Territorium hinzugewinnen würde. Derartige Aussichten waren äußerst verlockend. Doch trotz seiner Ungeduld hielt Karl die Zeit noch nicht für gekommen, einen größeren Feldzug ins Innere Rußlands zu unternehmen. Die schwedische Armee wurde bald von Hunger und Krankheit heimgesucht. Livland war von den Russen verwüstet worden; und was es dort an Nahrung gegeben hatte, war von Peters Soldaten aufgebraucht worden, bevor diese vor den anrückenden Schweden abgezogen waren. Vor dem Frühling konnte jetzt kein Nachschub aus Schweden eintreffen. In den Lagern breiteten sich Fieber und Ruhr aus, und die Männer starben in Scharen. Schließlich ließ Karl – wenn auch widerwillig – seine Regimenter Winterquartiere beziehen. Er selbst bewohnte Schloß Lais bei Dorpat, wo er sich fünf Monate lang aufhielt und seine Zeit bei Theateraufführungen, auf Maskenfesten und Diners sowie mit wilden Schneeballschlachten verbrachte. Magnus Stenbock stellte ein kleines Orchester zusammen und ließ dem König eigene Kompositionen vorspielen.

Als der Frühling kam, zog Karl immer noch den Gedanken an einen Angriff auf Rußland in Betracht, seine Begeisterung hatte indessen nachgelassen. Er empfand immer mehr Verachtung für die russische Armee und hielt es eigentlich für kaum mehr der Mühe wert, gegen sie zu kämpfen. Er meinte, daß ein neuer Sieg über Peter in Europa nur belächelt werden würde, während man einem Sieg über die disziplinierten sächsischen Truppen unter August zweifellos Anerkennung zollen würde.

Im Juni 1701 waren zehntausend neue Rekruten aus Schweden eingetroffen, wodurch sich Karls Heer auf 24000 Mann vergrößerte. Der König ließ nun einen Teil der Soldaten in Nord-Livland zurück, um die Russen in Schach zu halten, und zog mit seinem Haupttheer von 18000 Mann in Richtung Süden. Er wollte in der Nähe von Riga die Düna überqueren und dann dort die Armee Augusts – 9000 Sachsen und 4000 Russen unter dem Kommando des sächsischen Generals Steinau – schlagen. Die Düna ist bei Riga mehr als einen halben Kilometer breit, weshalb die Schweden damals zu einer Art Amphibienoperation genötigt waren. Um ihre Soldaten bei der Überfahrt vor dem gegnerischen Feuer zu schützen, legten die Schweden eine künstliche Nebelwand, indem sie feuchtes Heu und Dung verbrannten. Als dann von schwedischen Schiffen aus, die im Fluß verankert lagen, schwere Geschütze die angreifende Infanterie unterstützten, erwies sich das sächsische Heer bald als unterlegen. Karl führte selbst den ersten Schwung der Infanterie an, ohne auf die besorgten Stimmen seiner Offiziere zu hören. Er erklärte, er werde erst in dem Augenblick sterben, den Gott dafür bestimmt habe, nicht eher. Zum Leidwesen des Königs konnte die schwedische Kavallerie den Fluß nicht überqueren, und so gelang es der sächsischen Armee zu entfliehen, obwohl sie schwere Verluste erlitten hatte. Die Kampfmoral der russischen Soldaten, die August von Peter zur Unterstützung erhalten hatte, war auch diesmal nicht sehr groß gewesen. Vier russische Regimenter, die Steinau in Reserve gehalten hatte, waren in Panik geraten und hatten das Weite gesucht, bevor sie überhaupt zum Kampf antreten mußten. Karls Respekt vor Peters Armee war noch geringer geworden.

Bald nach diesem nicht besonders bedeutenden Sieg im Juli 1701 traf Karl eine strategische Entscheidung, die sowohl sein Leben als auch das Peters entscheidend beeinflussen sollte: Er beschloß, sich zunächst völlig auf die Niederwerfung Augusts des Starken zu konzentrieren, bevor er auch Rußland angriff. Damals schien diese Entscheidung auch vernünftig zu sein. Es war unmöglich, beide Feinde gleichzeitig anzugreifen, und Sachsen war immerhin der aktivere Gegner, während sich Rußland ruhig verhielt.

Für den schwedischen König war außerdem August ein verräterischer Schurke, viel gefährlicher als der Zar. Peter hatte ihm zumindest offiziell den Krieg erklärt, bevor er seinen Angriff begann, August dagegen war ohne die geringste Vorwarnung einfach in Livland eingefallen. Wie konnte Karl wissen, selbst wenn August in einen Frieden einwilligen würde, ob dem König und Kurfürsten diesmal zu trauen wäre, oder ob er nicht wiederum angreifen würde, sobald die Schweden gegen Rußland in den Kampf zögen.

Schließlich war Karl verwirrt und besorgt wegen der Beziehung Augusts zum polnischen Reich, dessen Krone er ja trug. Bis jetzt hatte August seinen Krieg gegen Schweden ausschließlich in seiner Eigenschaft als Kurfürst von Sachsen geführt. Andererseits aber hatte sich seine sächsische Armee in das Innere Polens zurückgezogen, wohin Karls Heer ihr nicht folgen konnte. Kardinal Radiejowski, der Primas von Polen, hatte erst kurz zuvor beteuert, daß das polnische Reich nichts mit dem Krieg gegen Schweden zu tun habe, der von August ohne die Zustimmung seines Landes begonnen worden sei. Deswegen dürfe Karl seinen Fuß nicht auf polnischen Boden setzen. In einem Brief vom 30. Juli 1701 erwiderte Karl dem Kardinal, August habe dann doch die polnische Krone verwirkt, als er ohne Zustimmung des polnischen Adels und des Reiches den Krieg vom Zaun gebrochen habe. Es gebe für Polen nur einen einzigen Weg, sich den Frieden zu erhalten: Es müsse einen Reichstag einberufen, August absetzen und einen neuen König wählen. Karl versprach, die schwedische Armee würde die polnische Grenze nicht übertreten, August auch nicht auf polnischem Boden verfolgen, bis er eine Antwort des Kardinals erhalten hätte.

Karl hatte gehofft, die Polen würden schnell reagieren. Aber dann gingen doch Wochen dahin; der Sommer wich dem Herbst, und es kam immer noch keine Antwort. Als diese endlich Mitte Oktober eintraf, war sie negativ. Der Reichstag verlangte, daß sich Karl nicht in polnische Angelegenheiten einmischen solle. Karl war bitter enttäuscht, denn er wußte, daß er in diesem Jahr nun keine militärische Aktion mehr unternehmen konnte. Er führte seine Armee wieder in ein Winterquartier, diesmal in das neutrale Herzogtum Kurland, wo sich die unwillkommenen Soldaten auf schwedische Kosten versorgen mußten. Im Januar wurde das schwedische Heer weiter nach Süden, nach Litauen verlegt.

In dieses zweite schwedische Winterquartier bei Bielowice kam eines Tages die Gräfin Aurora von Königsmarck als Abgesandte Augusts, die ihre außergewöhnlichen Überredungskünste dazu verwenden sollte, König Karl XII. zu einem Friedensschluß zu bewegen. Aurora war die schönste und berühmteste der vielen Mätressen des sächsischen Kurfürsten, hatte goldblondes Haar, schöne Augen, einen vollen Busen und eine schlanke Taille; sie war zudem geistreich, talentiert und hatte ein angenehmes Wesen. Augusts Plan war nicht schwer zu durchschauen: Wenn es dieser berühmten, aus Schweden stammenden Schönheit gelänge, den scheuen, linkischen Schwedenkönig umzustimmen, würde er seine rauhe, kriegerische Art ablegen. Die Tatsache, daß Karl neunzehn und Aurora beinahe neununddreißig Jahre alt war, hielt August durchaus für einen Vorteil. Bei einer Mission dieser Art waren nicht nur Schönheit, sondern auch Takt, Reife und Erfahrung erforderlich.

Als Grund für Auroras Reise ins schwedische Winterlager war angegeben worden, sie wolle ihre zahlreichen Verwandten im schwedischen Offizierskorps besuchen. Gleich nach ihrer Ankunft schrieb sie dann aber dem König einen Brief voller Schmeicheleien und bat ihn gleichzeitig um die Ehre, seine Hand küssen zu dürfen. Als Karl sich weigerte, sie zu treffen, war die Gräfin keineswegs entmutigt; sie fuhr vielmehr, in heiterem Vertrauen auf die Wirkung ihrer Erscheinung, mit einer Kutsche zu einer bestimmten Stelle, an der der König bei seinen täglichen Ausritten meistens vorüberkam. Als Karl ihren Weg kreuzte, stieg sie aus ihrer Kutsche und kniete vor ihm nieder. Karl war aufs äußerste überrascht; er zog seinen Hut und verbeugte sich tief. Dann aber gab er seinem Pferd die Sporen und galoppierte davon. Auroras Mission war damit gescheitert; August mußte nach einem anderen Mittel suchen, um Karl abzulenken oder abzuschrecken.

Ein paar Monate später, im Frühling 1702, fiel der schwedische König in Polen ein. Er marschierte auf Warschau und Krakau zu und war fest entschlossen, August vom polnischen Thron zu vertreiben. Am 9. Juli 1702 kam es bei Klissow zur Schlacht zwischen den Schweden und den Sachsen. Karl führte 12000, August 16000 Soldaten in den Kampf. Neunhundert Schweden wurden verwundet oder getötet – einschließlich Friedrichs von Holstein-Gottorf, des Schwagers Karls XII. Auf der anderen Seite gab es zweitausend Tote oder Verletzte; zweitausend Sachsen gerieten außerdem in schwedische Gefangenschaft. Patkul, der Vertreter des Zaren beim sächsischen Oberkommando, hatte in einem Bauernwagen fliehen müssen. Doch auch diesmal war der Sieg des Schwedenkönigs unvollständig; wieder hatte sich das Hauptkontingent von Augusts Armee zurückgezogen, um ein andermal erneut kämpfen zu können. Karls polnisches Abenteuer hatte also noch kein Ende gefunden. Noch sechs Jahre kämpfte der schwedische König in Polen, während er sich weigerte – trotz entsprechender Gesuche der baltischen Provinzen und der Einwände des schwedischen Parlaments –, gegen Rußland in den Kampf zu ziehen, bevor erst seine Rache an August vollständig war. Einer seiner Generäle sagte über ihn: »Er glaubt, er sei ein Vertreter Gottes auf Erden, sei ausgesandt, um jeden Akt von Treulosigkeit zu bestrafen.«[12]

Während Karl dem Zaren den Rücken zukehrte, um August den Starken durch die Wälder und Sümpfe Polens zu jagen, konnte Rußland einige militärische Erfolge erzielen. Der erste bestand in der Abwehr einer schwedischen Marineexpedition gegen Archangelsk; danach folgten drei zwar kleinere, jedoch ziemlich bedeutungsvolle Siege, die Scheremetew in Livland errang. Als der schwedische König von Narwa aus nach Süden marschiert war, hatte Peters General sogleich einige Operationen gegen den schwedischen Oberst Anton von Schlippenbach eingeleitet, der mit siebentausend Mann zur Verteidigung Livlands zurückgelassen worden war. Als Schlippenbach von Karl den entsprechenden Auftrag erhalten hatte, war er zum Generalmajor befördert worden. Später dann, nachdem er den erhaltenen Befehl überdacht hatte, der von ihm nicht weniger verlangte, als auf unbestimmte Zeit jeden möglichen russischen Angriff auf diesem Gebiet abzuwehren, gestand er dem König, er hätte sich statt seiner Beförderung lieber siebentausend weitere Soldaten gewünscht. »Ich erwarte, daß die Beförderung Ihnen ermöglicht, auch dann zu siegen, wenn Sie allein auf dem Schlachtfeld stehen«, antwortete ihm Karl.

Im Januar 1702 errang Scheremetew seinen ersten Sieg über Schlippenbach bei Erestfer in der Nähe von Dorpat in Livland. Die siebentausend Schweden befanden sich in ihrem Winterquartier, als Scheremetew mit achttausend Mann Infanterie und Dragonern, unterstützt von fünfzehn Geschützen auf Schlitten, dort eintraf. In einer vierstündigen Schlacht gelang es den Russen nicht nur, die Schweden aus ihrem Winterlager zu vertreiben, sie fügten ihnen sogar Verluste in Höhe von über tausend Mann zu – nach schwedischer Rechnung; die Russen behaupteten, sie hätten dreitausend Schweden getötet oder verletzt und selbst tausend Soldaten verloren. Einen besonders wichtigen, weil symbolischen Erfolg stellte die Gefangennahme von dreihundertfünfzig Schweden dar, die nach Moskau geschickt wurden. Peter war überglücklich, als er die Nachricht von diesem Sieg erhielt, und er rief aus: »Gott sei Dank! Endlich können wir die Schweden schlagen.«[13] Er beförderte Scheremetew zum Feldmarschall und ließ ihm den St.-Andreas-Orden mit dem blauen Band sowie sein eigenes, in Diamanten gefaßtes Porträt übersenden. Auch Scheremetews Offiziere wurden befördert, und jeder gemeine Soldat erhielt einen der neugeprägten Rubel des Zaren. In Moskau erklangen die Kirchenglocken, ein Te Deum wurde gesungen und Kanonenschüsse dröhnten. Peter veranstaltete ein großes Fest mit Feuerwerk auf dem Roten Platz. Als die schwedischen Gefangenen in Moskau eintrafen, gab es einen triumphalen Umzug in der Stadt, bei dem die Gefangenen mitmarschieren mußten. Die Russen, die seit der Niederlage von Narwa an ihrer Unterlegenheit gelitten hatten, faßten wieder Mut. Anfang Juli 1702 griff Scheremetew Schlippenbach in Livland ein zweites Mal an. Diesmal traf er die Schweden bei Hummelshof und vernichtete ihr Restheer von fünftausend Mann fast vollständig. Zweitausendfünfhundert Schweden wurden getötet oder verwundet, dreihundert gefangengenommen, und die Russen eroberten alle Geschütze und Standarten. Ihre eigenen Verluste beliefen sich auf achthundert Soldaten. Nach Hummelshof existierte Schlippenbachs Armee nicht mehr, und Livland blieb nun, abgesehen von den ständigen Garnisonen in Riga, Pärnu und Dorpat, ohne schwedische Besatzung. Scheremetews Heer, vor allem seine wilden Kalmücken- und Kosaken-Reiter, konnten sich fortan im ganzen Land frei bewegen. Sie brannten Bauernhöfe, Dörfer und Städte nieder und nahmen Tausende von Zivilisten gefangen. So hatte Patkuls Krieg für die Befreiung Livlands am Ende zur völligen Verwüstung seiner Heimat geführt.

In den russischen Gefangenenlagern in Livland hatte man zu jener Zeit nicht nur feindliche Soldaten, sondern auch viele Zivilisten eingesperrt, die man als Leibeigene verkaufte. Unter diesen Zivilisten befand sich auch ein völlig ungebildetes siebzehnjähriges Mädchen, das Scheremetew nicht weitergab, sondern in sein Haus aufnahm: Martha Skawronskaja. Sie sollte in das Haus des Fürsten Menschikow aufgenommen und später zur Mätresse des Zaren werden. Sie wurde schließlich die offizielle Gemahlin Peters und, nach dessen Tod, als Katharina I. Zarin von Rußland.

Die Siege auf dem Land brachten Peter, dessen Gedanken immer noch oft um das Meer kreisten, auf eine neue Idee, wie die Schweden in den Ostseeprovinzen anzugreifen seien. Er plante, auf Flüssen und Seen kleine Schiffe gegen deren Kriegsschiffe einzusetzen. Peter wollte eine Vielzahl kleinerer Schiffe bauen, die die feindliche Flottille aufgrund ihrer zahlenmäßigen Überlegenheit besiegen konnten. Er ließ am Ladogasee Schiffe bauen, die nur ein einziges Segel besaßen und zusätzlich mit Rudern vorwärtsbewegt werden mußten. Zu jener Zeit hatten die Schweden auf diesem größten See Europas drei Brigantinen und drei Galeeren. Am 20. Juni 1702 wurde diese Flotteneinheit von vierhundert russischen Soldaten in achtzehn Schiffen angegriffen. Die Schweden wurden zu einem für sie ungünstigen Zeitpunkt überrascht; ihre Schiffe lagen vor Anker, und der größte Teil ihrer Besatzung befand sich an Land, als die Russen eintrafen. Das schwedische Flaggschiff, eine Zwölf-Kanonen-Brigantine, wurde schwer beschädigt, und die Schweden mußten sich zurückziehen. Am 7. September wurde dasselbe schwedische Geschwader noch einmal bei Kexholm angegriffen, diesmal von dreißig russischen Schiffen. Als die Russen die viel größeren Fahrzeuge der Schweden weiterhin verfolgten, schätzte der schwedische Admiral Nummers seine Position als unhaltbar ein und entschied sich für einen Rückzug vom gesamten Ladogasee. Dieser Rückzug der schwedischen Flotte die Newa hinunter machte im Herbst jenes Jahres den russischen Krieg bei Nöteborg möglich.

Auf dem Peipussee südlich von Narwa wandten Peters Soldaten inzwischen dieselbe Taktik an. Am 31. Mai wurden vier größere schwedische Schiffe von beinahe hundert russischen Schiffen angegriffen. Die Schweden schlugen die Angreifer zurück und versenkten drei Schiffe, mußten sich aber auf die nördliche Hälfte des Sees zurückziehen. Am 20. und 21. Juli wurden zwei schwedische Schiffe, die mit Nachschub und Munition den See überquerten, von einer russischen Flottille angegriffen. Eines der beiden Schiffe sank, es wurde aufgegeben, nachdem der Kapitän die Geschütze über Bord geworfen hatte. Das andere wurde geentert und anschließend in die Luft gesprengt. Danach zogen sich die Schweden völlig aus dem Peipussee zurück. Im darauffolgenden Jahr kamen sie noch einmal in einem starken Verband wieder, versenkten zwanzig russische Schiffe und gewannen die Herrschaft über den See zurück; aber schon 1704 entschieden die Russen den Kampf um den See ein für allemal zu ihren Gunsten. Die Russen überraschten die schwedische

Flotte, die in der Embachmündung bei Dorpat festgemacht hatte, legten Sperren quer über den Fluß und stellten an den Ufern Geschütze auf. Unterhalb der Sperren warteten zweihundert russische Schiffe auf den schwedischen Verband, der vielleicht versuchen würde, durchzubrechen. Als schließlich die dreizehn dort stationierten schwedischen Schiffe den Fluß hinunterfuhren, wurden sie von der Strömung gegen die Sperren getrieben, während sie vom Ufer her durch russisches Artilleriefeuer beschossen und zerstört wurden. Die schwedischen Schiffsbesatzungen retteten sich an Land, eroberten in einem verzweifelten Ansturm eine der feindlichen Geschützbatterien und schlugen sich nach Dorpat durch. Alle ihre Schiffe aber waren zerstört, es gab keine schwedische Marine mehr auf dem Peipussee. Später wurden Dorpat und Narwa von der russischen Armee besiegt und eingenommen.

Im Frühling 1702 hatte Andrei Matwejew während seines Hollandaufenthalts zufällig erfahren, daß die Schweden im Sommer einen größeren Angriff auf Archangelsk planten. Der Zar machte sich Ende April zusammen mit dem zwölfjährigen Zarewitsch Alexei und fünf Bataillonen der Garden, insgesamt viertausend Mann, auf die dreißigtägige Reise nach Norden. Sobald er in Archangelsk ankam, begann man, die Verteidigungsanlagen zu errichten und zu warten. Peter arbeitete wieder auf der Werft. Es dauerte drei Monate, bis die Schiffe *Heiliger Geist* und *Kurier* vom Stapel gelassen sowie ein neues Sechsundzwanzig-Kanonen-Kriegsschiff, die *St. Elias,* auf Kiel gelegt wurden. Im August traf wie jedes Jahr eine Flotte holländischer und englischer Kaufmannsschiffe in Archangelsk ein. Sie war diesmal viel zahlreicher als in den Jahren zuvor, denn der ganze Rußlandhandel, der früher über die schwedischen Ostseehäfen lief, wurde jetzt über Archangelsk abgewickelt. Zusammen mit ihren Gütern brachten die fünfunddreißig englischen und zweiundfünfzig holländischen Schiffe auch die Nachricht mit, daß die Schweden jeden Gedanken an einen Angriff auf Archangelsk für diesen Sommer aufgegeben hatten. Daraufhin verließ Peter die Stadt sofort wieder und brach in Richtung Südwesten auf. Als er am Nordufer des Ladogasees ankam, forderte er Scheremetew, der erst bei Hummelshof in Livland gesiegt hatte, sowie Peter Apraxin, der gerade in Ingermanland Störangriffe gegen die Schweden führte, dazu auf, sich so schnell wie möglich mit seinen Garden zu verbinden. Der Zar wollte nun die Festung Nöteborg erobern, um die absolute Kontrolle über den gesamten See zu gewinnen.

Die Festung Nöteborg war im 14. Jahrhundert erbaut worden. Die kleine Insel, auf der die Festung lag, genau an der Stelle, wo die Newa aus dem Ladogasee herausfließt, hatte die Form einer Haselnuß, daher rührten der russische Name Oreschek und der schwedische Name Nöteborg. Aufgrund ihrer Lage war es von der Festung aus möglich, den gesamten Handel, der von der Ostsee zum Ladogasee kam und von dort aus über das weitgestreckte Netz der russischen Flüsse ins Innere des Landes weitergeleitet wurde, zu kontrollieren. Wer Oreschek kontrollierte, kontrollierte den Handel bis zum Orient. Die Stadt würde Rußland vor den Schweden abschirmen, so wie sie den Schweden seit 1611 dazu gedient hatte, die Russen von der Ostsee fernzuhalten. Ihre dicken Mauern und ihre Wehrgänge aus Ziegeln und Naturstein sowie ihre sechs großen runden weißen Türme waren mit hundertzweiundvierzig Geschützen besetzt. Die schwedische Garnison war zwar klein, sie umfaßte nur vierhundertfünfzig Mann, dafür machte die schnelle Strömung des Flusses eine Annäherung feindlicher Schiffe schwierig – unabhängig davon, daß diese damit rechnen mußten, von einer Kanonenkugel getroffen zu werden.

Peter war von der Aussicht auf eine Eroberung Orescheks begeistert. »Gott schenkt Zeit, die nicht vergeudet werden darf«[14], schrieb er an Scheremetew, als er ihn aufforderte, sofort an den Ladogasee zu kommen. Nachdem die russischen Soldaten Stellung bezogen und ihre Artillerie feuerbereit gemacht hatten, war die isolierte Festung, die auf keinerlei Hilfe durch eine Entsatzarmee hoffen konnte, offensichtlich verloren. Auf dem See wimmelte es von kleinen russischen Schiffen, die jetzt nur darauf warteten, ihre Soldaten zu einem Sturmangriff an die Stadt heranzubringen. Da allerdings an den Flußufern hinter Erdwällen schwere Geschütze versteckt waren, wurde ein erster übereilter Angriff der Russen, mit Schiffen und Sturmleiter, zunächst abgewehrt. Dann aber begannen die russischen Kanonen ununterbrochen zu schießen und zerstörten systematisch die Festungsmauern. Am dritten Tag des Beschusses ließ die Frau des schwedischen Kommandanten einen Brief ins russische Lager bringen, in dem sie um Erlaubnis bat, die Stadt zusammen mit den anderen Frauen verlassen zu dürfen. Peter antwortete persönlich darauf und erklärte, er wolle die schwedischen Damen nicht gern von ihren Ehemännern trennen; selbstverständlich könnten sie die Stadt verlassen, aber unter die Bedingung, daß sie ihre Ehemänner mitbrächten. Eine Woche später, nach zehntägiger Beschießung, kapitulierten die Schweden.

Peter war außer sich vor Freude über die Einnahme der Festung. Er ließ die Schlüssel der Festungstore, die ihm der schwedische Kommandant übergeben hatte, an der Festung anbringen und taufte die Stadt in »Schlüsselburg« um. Der Zar feierte lorbeergekrönt auch diesen Sieg mit einem triumphalen Einzug in Moskau und ließ drei neue Triumphbogen errichten. In Schlüsselburg wurden die Verteidigungsanlagen mit Außenbefestigungen und zusätzlichen Kasernen sogar noch erweitert und verstärkt. Alexander Menschikow wurde zum Gouverneur der nunmehr russischen Festung ernannt. Jedesmal, wenn sich der Zar am 22. Oktober, dem Jahrestag der Eroberung, in der Nähe der Stadt aufhielt, brachte er Gäste oder auch seinen ganzen Hof dorthin, um diesen Tag zu feiern.

Der Fall der Festung Nöteborg-Schlüsselburg war ein schwerer Schlag für die Schweden. Auch der schwedische König, der sich damals in Polen befand, begriff, was der Verlust dieser Stadt bedeutete, als ihm von Graf Piper die Nachricht überbracht wurde: »Trösten Sie sich, mein lieber Piper«, sagte er

dennoch ruhig, »der Feind wird die Festung nicht wegschleppen können.«[15]

Im Frühling des Jahres 1703, als sich Karl immer noch in Polen aufhielt,
beschloß Peter erneut, »die von Gott geschenkte Zeit nicht zu vergeuden«.
Diesmal setzte er sich zum Ziel, für Rußland einen Küstenstreifen an der
Ostsee zu gewinnen. Unter Scheremetews Kommando marschierte eine Ar-
mee von zwanzigtausend Mann von Schlüsselburg durch die Wälder am
Nordufer der Newa bis zum Meer. Peter folgte mit sechzig Schiffen auf dem
Wasserweg. Die Newa ist nur siebzig Kilometer lang und weniger ein Fluß als
eine breite Wasserrinne mit starkem Gefälle, die den Ladogasee mit dem
Finnischen Meerbusen verbindet. Auf ihrem Weg zum Meer trafen die Rus-
sen mit Ausnahme einer einzigen schwedischen Siedlung, Nienschanz, einige
Kilometer von der Ostsee entfernt, auf keine ernsthafte schwedische Gegenwehr. Die russischen Belagerungsschützen begannen am 11. Mai 1703 mit
dem Beschuß, worauf die kleine Garnison am folgenden Tag kapitulierte.

Am Abend erhielten die Russen Meldung, daß eine schwedische Flotte in
den Meerbusen segelte. Neun Schiffe unter dem Befehl von Admiral Nummers erschienen auf der Höhe der Newamündung und kündigten den Landsleuten in Nienschanz ihre Ankunft an, indem sie zwei Schüsse abfeuerten.
Um die schwedischen Schiffsbesatzungen in die Irre zu führen, antworteten
die Russen sofort auf dieses Signal. Nummers war aber verunsichert und
schickte ein Schiff flußaufwärts, das die Lage erkunden sollte. Dieses Schiff
wurde von Peters Marine abgefangen. Drei Tage später ließ Nummers, der
inzwischen noch besorgter geworden war, zwei kleinere Schiffe – eine drei-
mastige Brigantine und eine Galeere – den Fluß hinauffahren, um endlich zu
klären, was in Nienschanz vor sich ging. Die beiden Fahrzeuge gingen an der
Wassilewski-Insel für die Nacht vor Anker. Inzwischen hatten Peter und
Menschikow zwei Garderegimenter an Bord von dreißig Schiffen gehen lassen, die die Newa hinuntergefahren waren und sich in dem flachen Wasser
zwischen den zahlreichen Inseln verborgen gehalten hatten. Im Morgengrauen des 18. Mai tauchten die Russen plötzlich auf und steuerten von allen
Seiten auf die schwedischen Schiffe zu. Es kam zu einem heftigen Kampf, bei
dem die Schweden ihre Geschütze gegen die russischen Schiffe abfeuerten,
die sie umkreisten, während die Russen mit Kanonen und Gewehrfeuer darauf antworteten. Schließlich gelang es Peter und seinen Soldaten, die beiden
Schiffe zu erstürmen und die wenigen Schweden, die noch am Leben waren,
gefangenzunehmen. Schiffe und Gefangene wurden nach Nienschanz gebracht, das inzwischen in Sloteburg umbenannt worden war. Peter war stolz
auf den Erfolg dieser ersten Marineaktion, an der er persönlich teilgenommen hatte, und er zögerte deshalb auch nicht, sich selbst und Menschikow
mit dem St.-Andreas-Orden auszuzeichnen.

Der Zar hatte die Newa besetzt und den Zugang zur Ostsee zurückgewon-
nen, die Provinz Ingermanland gehörte wieder zu Rußland. Beim folgenden
Triumphzug durch Moskau zeigte eines der Banner, die mitgeführt wurden,

eine Karte von Ingermanland und die Aufschrift: »Wir haben nicht ein Land genommen, das anderen gehört, sondern das Erbe unserer Väter.«

Nun war es Peters Traum, an der Newamündung einen Hafen auszubauen, von dem aus russische Schiffe und russische Kaufleute auf alle Ozeane der Welt hinaussegeln sollten.

Die Schweden kehrten zwar noch öfter zurück, aber immer wieder wurden sie vertrieben. Auch später ist es keinem der Eroberer, die mit großen Armeen nach Rußland einmarschierten – Karl XII., Napoleon, Hitler – jemals gelungen, Peters Ostseehafen zu erobern, nicht einmal der deutschen Wehrmacht, die die Stadt während des Zweiten Weltkriegs neunhundert Tage lang belagert hielt. Das Gebiet an der Newamündung blieb immer in russischer Hand.

6   Die Gründung von St. Petersburg

Vielleicht ist alles nur ein Zufall gewesen. Es war nicht Peters Absicht gewesen, an der Newamündung eine Stadt aufzubauen, noch viel weniger eine neue Hauptstadt. Er wollte zunächst nur eine Festung zur Überwachung der Flußmündung errichten und als zweites einen Hafen ausbauen, damit der Seehandel nicht mehr über Archangelsk abgewickelt zu werden brauchte. Wenn Peter zuerst Riga erobert hätte, wäre St. Petersburg vielleicht nie entstanden – Riga war seinerseits schon eine blühende Hafenstadt, die sechs Wochen im Jahr länger eisfrei als die Newamündung war –, aber Riga fiel erst 1710 in Peters Hand.

Vieles an St. Petersburg ist einzigartig. Auch andere Nationen haben neue Hauptstädte in vorher weitgehend unbesiedelten Teilen ihres Landes aufgebaut: Washington, Ankara und Brasilia sind Beispiele dafür. Aber kein anderes Volk hat es je gewagt, zu Kriegszeiten eine neue Hauptstadt in einem Gebiet zu gründen, das – jedenfalls offiziell – einem mächtigen, unbesiegten Gegner gehörte. St. Petersburg, das zweihundert Jahre lang die Hauptstadt des russischen Reiches sein sollte und jetzt die zweitgrößte Stadt der Sowjetunion ist, wurde die nördlichste Großstadt der Welt.

Das Gebiet, in dem die neue Hauptstadt Rußlands entstehen sollte, war eine ausgedehnte Sumpflandschaft. Die Newa macht dort eine Schleife nach Norden und fließt dann nach Westen ins Meer. Auf den letzten acht Kilometern teilt sie sich in vier Mündungsarme, die durch zahlreiche Querarme miteinander verbunden sind, so daß sich das Delta aus mehr als einem Dutzend Inseln zusammensetzt. Im Frühjahr hingen dicke Nebelschwaden über dem Boden, und wenn starke südwestliche Winde vom Finnischen Meerbusen her wehten, staute der Fluß das Wasser zurück, so daß viele der kleinen Inseln völlig unter Wasser verschwanden. Auch die Kaufleute, die die Newa jahrhundertelang benutzt hatten, um ins Innere Rußlands zu gelangen, hatten hier nie eine Siedlung gegründet, weil es zu feucht und zu ungesund war. Auf finnisch bedeutet Newa übrigens zutreffend »Sumpf«.

Die Festung Nienschanz lag damals acht Kilometer newaaufwärts, am Beginn des Deltas. Am linken Ufer besaß ein finnischer Bauer einen kleinen Hof mit einem Landhaus, auf einer kleinen Insel in der Mitte des Flusses gab es rohe Lehmhütten, die während der Sommermonate von einigen finnischen Fischern benutzt wurden. Wenn das Wasser zu hoch stieg, verließen die Fischer diese Hütten und zogen sich auf höhergelegenes Gebiet zurück. In Peters Augen jedenfalls war der Fluß, der schnell, aber ruhig, breiter als die Themse, dahinfloß, ein großartiger Anblick, und er entschloß sich, hier eine neue große Festungsanlage zu errichten. Am 16. Mai 1703 begann man zu graben – es sollte der Gründungstag von St. Petersburg werden.

Die Festung, die nach den Heiligen Peter und Paul benannt wurde, sollte die gesamte Insel einnehmen, demzufolge von allen Seiten von der Newa oder deren Nebenarmen umgeben sein. Im Süden würde sie durch den Fluß geschützt werden, während sich nördlich, östlich und westlich von kleinen Wasserarmen durchzogenes Sumpfland ausdehnte. Da die Insel manchmal von Hochwasser überflutet wurde, mußte in einer ersten Etappe der Bauarbeiten Erde herbeigeschafft werden, um den Inselboden anzuheben. Die Russen, die für diese Arbeiten herangezogen wurden, hatten keine Werkzeuge mit Ausnahme grober Pickel und Schaufeln. Da man ihnen auch keine Schubkarren zur Verfügung stellen konnte, schaufelten sie die Erde meist mit den Händen zusammen und trugen sie dann in ihren Kaftanen und Schürzen oder in einfachen Schilfkörben bis zu der Stelle, an der das Flachland aufgeschüttet werden sollte.

Trotz aller Schwierigkeiten nahm die Festung in fünf Monaten schon Form an. Sie bildete ein längliches Sechseck mit sechs großen Bollwerken; jedes von ihnen wurde unter der persönlichen Überwachung eines der engsten Freunde des Zaren erbaut und nach seinem Bauherrn benannt. Es gab das Menschikow-, das Golowin-, das Sotow-, das Trubezkoi- und das Naryschkin-Bollwerk. Das sechste Bollwerk wurde unter Peters Anleitung errichtet, es bekam seinen Namen. Das Bauwerk bestand zunächst nur aus Erde und Baumstämmen; später ließ Peter die Außenwälle durch höhere und dickere Steinmauern ersetzen. Mit braunem Granit verkleidet, wuchsen sie, düster und unnahbar, knapp zehn Meter über den Wasserspiegel der Newa empor.

Ganz in der Nähe der Festung, am heutigen Petrowskaja-Kai, entstand noch ein kleines einstöckiges Holzhaus, in dem Peter lebte, während er sich mit dem Bau befaßte. Es wurde vom 2. April bis zum 26. Mai 1703 von Zimmerleuten des Heeres errichtet, war rund fünfzehn Meter lag und sechs Meter breit und bestand aus drei Räumen: einem Schlaf-, einem Eß- und einem Arbeitsraum. Im Haus gab es weder Öfen noch Kamine, da Peter vorhatte, es nur in den Sommermonaten zu bewohnen. Die Fenster besaßen Scheiben aus Glimmer, die auf holländische Art in Blei gerahmt waren; die Schindeln

auf dem spitzwinkeligen Dach hatte man so gelegt und bemalt, daß sie Dach-
ziegeln ähnelten, und die Holzwände waren glattgehobelt und mit weißen
Linien versehen, die den Eindruck erweckten, das Haus sei aus Ziegeln erbaut. (Dieses Gebäude ist heute noch erhalten.)

Die Arbeiten an der Festung wurden mit großem Eifer vorangetrieben. 1703,
einen Monat nach der russischen Besetzung des Flußdeltas, näherte sich eine
schwedische Armee von viertausend Mann von Norden her und setzte sich
am Nordufer der Newa fest. Daraufhin führte Peter am 7. Juli sechs russische
Regimenter, vier Dragoner- und zwei Infanterieregimenter – insgesamt eine
Streitmacht von siebentausend Mann – persönlich gegen die Schweden. Er
besiegte den Feind und zwang ihn zum Rückzug. Der Zar hielt sich ständig in
der Schußlinie auf, so daß Patkul sich genötigt sah, seinen großen Schutzherrn daran zu erinnern, daß er »ebenso sterblich sei wie alle Menschen und
daß eine einzige Kugel eines Musketiers eine ganze russische Armee durcheinanderbringen und das Land in ernste Gefahr stürzen könnte«. In diesem
ersten Sommer ließ Admiral Nummers außerdem neun schwedische Schiffe
in der Newamündung Anker werfen und auf diese Weise den russischen Zugang zum Meer blockieren. Peter war unterdessen an den Ladogasee zurückgekehrt, um dort den Schiffsbau zu beschleunigen; bald erschien in der Tat
eine große Anzahl von Schiffen, einschließlich der Fregatte *Standard,* vor der
neuen Festung an der Newamündung. Die Russen warteten, bis der schwedische Admiral Nummers durch den Winter dazu gezwungen wurde, sich zurückzuziehen. Dann segelte Peter mit der *Standard* und seinen anderen
Schiffen in den Finnischen Meerbusen hinaus.

Es war ein historischer Augenblick, es war die erste Reise eines russischen
Zaren auf einem russischen Schiff auf der Ostsee. Peter fuhr von der Newamündung aus nach Westen und sah zu seiner Rechten die felsige Küste Kareliens, zu seiner Linken lag das flachhügelige Ingermanland. Geradeaus vor
sich, fast fünfundzwanzig Kilometer vom Newadelta entfernt, erblickte er
die Insel, die später den Namen Kotlin erhalten sollte und auf der die Russen
die Festung und Marinebasis Kronstadt errichteten. Als der Zar um die Insel
herumsegelte und überall eigenhändig mit einem Lot die Wassertiefen ausmaß, stellte er fest, daß das Wasser im Norden zu flach für die Schiffahrt war;
im Süden dagegen gab es eine Fahrrinne, die nach Osten bis zur Newamündung reichte. Um diese Fahrrinne zu schützen und um einen Vorposten für
die größeren Befestigungsanlagen auf der Insel zu gewinnen, ließ Peter mitten im Wasser, am Rande der Fahrrinne, eine kleine Festung errichten. Um
das Fundament zu legen, schaffte man Steine über das Eis und senkte sie ins
Wasser. Schon im Frühling erhob sich eine kleine Festung, auf der vierzehn
Geschütze plaziert werden konnten.

Von Anfang an hatte Peter den Wunsch gehabt, seinen Stützpunkt an der
Ostsee sowohl zu einem Marinestützpunkt als auch zu einem Handelshafen
auszubauen. Im November 1703 traf das erste Schiff aus dem Westen, ein
holländisches Kaufmannsschiff, vor der Newamündung ein. Peter, dem man

die Ankunft des Schiffes gemeldet hatte, segelte ihm selbst entgegen und lotste es flußaufwärts. Der Kapitän war höchst überrascht, als er erfuhr, wer sein Lotse war. Der Zar freute sich seinerseits, daß die Schiffsladung Wein und Salz seinem alten Freund Cornelius Calf aus Zaandam gehörte. Menschikow gab ein Festessen für den Kapitän, der außerdem noch mit fünfhundert Dukaten belohnt wurde. Zum Andenken an diesen ersten Besuch in Peters Hafen wurde das holländische Schiff in *St. Petersburg* umbenannt, und es erhielt das Privileg zugesprochen, zukünftig alle Warenladungen ohne Zoll und sonstige Abgaben nach Rußland einführen zu dürfen. Ähnliche Vergünstigungen wurden auch den beiden Schiffen in Aussicht gestellt, die als nächste in den neuen Hafen einlaufen würden. Es dauerte deshalb nicht lange, bis ein weiterer Holländer und danach ein Engländer in St. Petersburg vor Anker gingen und ihre Belohnungen entgegennahmen. Peter bemühte sich sehr, seinen neuen Hafen für ausländische Kaufmannsschiffe interessant zu machen. Er reduzierte die Zollgebühren auf weniger als die Hälfte dessen, was die Schweden in ihren Ostseehäfen forderten, und versprach, russische Produkte zu äußerst niedrigen Preisen nach England zu liefern, vorausgesetzt, daß die Engländer sie in St. Petersburg statt in Archangelsk luden.

Der Zar machte auch große Anstrengungen, um Schiffe am Ladogasee zu bauen. Dieser See war aber so stürmisch und heimtückisch, daß viele der dort gebauten Schiffe an seiner Südküste auf Grund liefen und sanken, wenn sie sich der Festung Schlüsselburg am oberen Ende der Newa näherten. Peter beschloß daher, die Hauptwerft nach St. Petersburg zu verlegen, so daß fortan auf die Fahrt über den Ladogasee weitgehend verzichtet werden konnte. Im November 1704 begann er mit dem Bau der neuen Werft am linken Newaufer, etwas unterhalb der Peter-und-Paul-Festung. Aus der einfachen Schiffswerft, die hier errichtet wurde, enstand später die Admiralität, Mittelpunkt und eines der Wahrzeichen von St. Petersburg. Man legte ein großes, offenes Rechteck neben dem Fluß an, das auf einer Seite durch das Wasser, auf den drei übrigen Seiten durch Holzhütten begrenzt wurde, die als Werkstätten, Schmieden, Quartiere für die Arbeiter und Lagerräume für Seile, Segel, Geschütze und Bauholz dienten. Aus einem in der Mitte des Werftgeländes errichteten Gebäude, in dem zunächst die Werftverwaltung und später das Oberkommando der gesamten russischen Flotte untergebracht wurde, reckte sich ein hoher, schmaler, hölzerner Turm empor, den eine Wetterfahne in der Form eines Schiffes krönte.[1] Unter diesem Turm wurden auf dem davorliegenden, von Holzhütten umfriedeten Platz fortan Peters Schiffe gebaut.

Bald nach der Gründung der Werft befürchtet Peter, die Anlage könne zu leicht einem möglichen schwedischen Angriff ausgesetzt sein. Er ordnete deshalb an, die drei Landseiten mit hohen Steinwällen, steilen Schrägmauern und Gräben zu befestigen, wodurch die Stadt ein zweites Bollwerk erhielt, das fast ebenso machtvoll war wie die Peter-und-Paul-Festung.

Im Laufe der Zeit beschloß der Zar, daß St. Petersburg in Zukunft mehr als nur an eine Festung zum Schutze der Newamündung oder ein Hafen mit einer Schiffswerft für Handels- und Marineschiffe sein sollte. Er begann es als Stadt zu sehen. Im Frühjahr 1703 war der Schweizer Architekt Domenico Trezzini, der Erbauer eines stattlichen Palastes für König Friedrich IV. von Dänemark, in Rußland eingetroffen. Sein Baustil war von niederländischen Vorbildern geprägt. Mit seinen sparsam dekorierten Bauten führte er den nordischen Barockstil in Rußland ein. Am 1. April 1703 wurde er offizieller Baumeister des Zaren, und Peter ließ ihn auch sogleich an die Newa kommen, wo er ihn mit der Oberaufsicht über die Stadtplanung von St. Petersburg betraute. In den neun darauffolgenden Jahren wurden hier die ersten Holzhäuser durch Stein- und Ziegelbauten ersetzt. Während die Arbeiter sich noch mit den Fundamenten der Festung abmühten, begann Trezzini eine kleine Kirche innerhalb der Mauern zu errichten. Die Innenwände ließ er mit einer Marmorimitation aus gelbem Stuck überziehen. 1713 begann er auf der Festungsinsel mit dem Bau der barocken Peter-und-Paul-Kathedrale, die heute noch zu sehen ist und die mit ihrem hundertzwanzig Meter hohen Turm mit vergoldeter Spitze ein weiteres Wahrzeichen der Stadt ist.

Für die damaligen Bauarbeiten mußte in einem heute unvorstellbaren Ausmaß menschliche Arbeitskraft eingesetzt werden. Es galt, Wälder zu roden, Pfähle in das Sumpfland zu treiben, Hügel einzuebnen, Bauholz zu fällen und zu transportieren, Steine zu schleppen, Straßen anzulegen und Kanäle zu graben, Docks und Kaianlagen zu bauen und schließlich die Festung, die Werft und Wohnhäuser zu errichten. Um die erforderlichen Arbeitskräfte zu gewinnen, ergingen Jahr für Jahr Befehle, mit denen Zimmerleute, Steinmetze, Maurer und vor allem ungelernte Hilfskräfte vom Land nach St. Petersburg verpflichtet wurden. Man bezahlte ihnen die Kosten für die Reise und Lohn für sechs Monate. Anschließend durften sie nach Hause zurückkehren, da man jeden Sommer jeweils neue Saisonarbeiter anwarb. Beamtenschaft und Adel in den verschiedensten Teilen Rußlands, die diese Arbeiter rekrutieren mußten, protestierten beim Zaren, weil Hunderte von Dörfern ihre besten Arbeitskräfte verloren, aber Peter ließ sich von diesen Klagen nicht erschüttern.
Die Lebensbedingungen dieser Arbeiter waren entsetzlich. Sie kampierten auf feuchtem Boden in primitiven, überfüllten und schmutzigen Schilfhütten. Skorbut, Ruhr, Malaria und andere Krankheiten ließen sie in Massen sterben. Auch wurden die Löhne nicht regelmäßig bezahlt, so daß viele Arbeiter desertierten. Die genaue Zahl derer, die beim Bau St. Petersburgs ums Leben kamen, wird nie bekannt werden. Zur Zeit Peters des Großen wurde sie auf hunderttausend geschätzt. Wenn auch spätere Schätzungen viel niedriger ausfallen – zwischen fünfundzwanzigtausend und dreißigtausend Opfer –, wird heute niemand anzweifeln, St. Petersburg sei »auf menschlichem Gebein errichtet« worden.
Fast das gesamte Material mußte außerdem von weither transportiert wer-

den. In der flachen, sumpfigen Gegend rund um das Newadelta gab es nur wenige große Bäume, die als Bauholz dienen konnten, und so gut wie keine Steine. Mehrere Jahre hindurch mußten alle Schiffe, Wagen und Kutschen, die nach St. Petersburg fuhren, mit ihrer übrigen Fracht eine bestimmte Anzahl von Steinen mitbringen. An den Kais und an den Stadttoren wurden Annahmestellen eingerichtet, die diese Steine entgegennehmen und darüber wachen mußten, daß kein Fahrzeug diese Vorschrift umging. Damit kein Bauholz verschwendet wurde, war es untersagt, auf den Inseln ringsum Bäume zu fällen; niemand durfte sein Badehaus öfter als einmal in der Woche heizen. Baumstämme wurden aus den Wäldern um den Ladogasee und bei Nowgorod herangeschleppt; in neuerrichteten Sägewerken, die mit Wind- und Wasserkraft arbeiteten, wurden sie zu Balken und Brettern verarbeitet. Als sich 1714 herausstellte, daß die Bauarbeiten in St. Petersburg durch einen Mangel an Steinmetzen verzögert wurden, erließ Peter den Befehl, daß in Moskau bis auf weiteres keine Steinbauten mehr errichtet werden durften. Wer sich nicht daran hielt, sollte mit der »Konfiszierung seines Eigentums und Verbannung« bestraft werden. Bald danach dehnte Peter diese Anordnung sogar auf das ganze russische Reich aus. Folge dieser Verfügung war, daß in ganz Rußland Maurer und Steinmetze ihr Handwerkszeug zusammenpackten und in St. Petersburg Arbeit suchten.

Die neue Stadt brauchte auch Bewohner. Da nur wenige Menschen freiwillig dort leben wollten, mußte Peter mit Gewalt die Stadt bevölkern. Im März 1708 forderte er seine Schwester Natalja, seine beiden Halbschwestern Maria und Feodosia Alexejewna, die beiden Zarenwitwen Martha und Praskowaja sowie Hunderte von Adligen, hohen Beamten und reichen Kaufleuten auf, sich im Lauf des Frühlings in St. Petersburg einzufinden, und niemand, nach dem Zeugnis des englischen Gesandten Withworth, »durfte sich wegen seines Alters, seiner Geschäfte oder wegen sonstiger Unabkömmlichkeiten entschuldigen«[2]. Die Geladenen kamen bestimmt nicht gern, da sie alle an ein bequemes Leben in der Umgebung Moskaus gewöhnt waren, wo sie große Häuser besaßen und alles, was zu ihrem Lebensunterhalt nötig war, entweder von eigenen Gütern beziehen oder billig auf Moskauer Märkten kaufen konnten. Nun sollten sie sich mit hohen Kosten in jenem fernen Sumpfgebiet an der Ostsee neue Häuser bauen und Unsummen für Lebensmittel ausgeben, die über Hunderte von Kilometern herantransportiert werden mußten. Viele kostete die Übersiedlung nach St. Petersburg zwei Drittel ihres Vermögens. Außerdem teilten sie die Begeisterung des Zaren für das Wasser nicht, und sie stiegen nur dann in ein Schiff, wenn sie dazu gezwungen wurden. Kaufleute und Händler zogen mit nach St. Petersburg und trösteten sich mit dem Gedanken, daß sie für ihre Waren unverschämte Preise fordern konnten. Dennoch blieben auch viele, die am Aufbau der öffentlichen Anlagen und Gebäude mitgewirkt hatten, in der Stadt zurück – Russen, Kosaken und Kalmücken. Sie konnten die lange Heimreise nicht mehr antreten, weil sie krank geworden waren oder nicht mehr genügend Geld hatten. Sie wurden vom Adel beauftragt, Privathäuser zu errichten. Schließlich bauten sich Tausende dieser Arbeiter, die in St. Petersburg geblieben waren, auch für sich selbst Häuser. Peter ermutigte solche Schritte; er nahm oft an der Grundsteinlegung eines neuen Hauses teil und trank mit dem künftigen Besitzer auf den Erfolg des Bauvorhabens.

Weder die Wahl des Ortes, an dem gebaut wurde, noch die Architektur der Häuser überließ man den Beteiligten. Adelsfamilien mußten ihre Häuser aus Balken, Leisten und Gips, »im englischen Stil«, am linken Newaufer errichten (für Adlige, die mehr als fünfhundert Leibeigene besaßen, waren zudem zweistöckige Häuser vorgeschrieben); die Kaufleute und Händler sollten auf der gegenüberliegenden Seite des Flusses ihre Häuser bauen. Alle diese Häuser, die von unwilligen Arbeitskräften für unwillige Besitzer und in aller Eile errichtet worden waren, zeigten übrigens bald Schäden: Die Dächer wurden undicht, die Wände zeigten Risse, die Fußböden senkten sich. Das alles interessierte den Zaren nicht; er überlegte nur, wodurch die Stadt ein noch prächtigeres Aussehen bekommen könnte, und befahl, daß alle vermögenden Bürger, deren Häuser bis jetzt nur einstöckig waren, ein zweites Stockwerk auf das erste setzen mußten. Damit seiner Anordnung leichter entsprochen werden konnte, ließ er Trezzini geeignete Baupläne für Häuser verschiedener Größe anfertigen, die jeder einhalten konnte.

Der größte Teil der Häuser wurde aus Holz gebaut, was zur Folge hatte, daß fast jede Woche ein Feuer ausbrach. Um den Schaden in Grenzen zu halten, organisierte der Zar eine Feuerwache. Nachts, wenn alle schliefen, saßen Wächter oben auf den Kirchtürmen und kontrollierten die Dachgiebel. Sobald ein Wächter ein Anzeichen für Brand entdeckte, läutete er die Glocke, deren Signal sofort von den anderen über die Stadt verteilten Wächter aufgegriffen und weitergegeben wurde. Gleich darauf waren dann die Straßen voller Menschen, die mit Äxten in der Hand zu der Stelle rannten, wo das Feuer ausgebrochen war. Insbesondere die Soldaten, die sich in der Stadt aufhielten, waren angewiesen, bei der Bekämpfung des Feuers mitzuhelfen; darum hatte jeder Offizier, der in St. Petersburg stationiert war, zusätzlich eine leitende Funktion bei der Feuerbekämpfung, für die er gesondert entlohnt wurde. Wer sich von dieser Aufgabe drückte, wurde bestraft. Auch Peter war als Feuerwehrmann eingeteilt und erhielt eine Entlohnung wie alle anderen. »Es ist schon ein alltägliches Bild«, berichtete ein ausländischer Beobachter, »wenn der Zar mit einer Axt in der Hand unter den Arbeitern auftaucht, auf die Dächer der Häuser klettert, die schon in Flammen stehen, und sich dabei dermaßen der Gefahr aussetzt, daß die Zuschauer vor Angst um ihren Herrscher zittern.« Im Winter, wenn alle Gewässer zugefroren waren, waren die Hacken und Äxte die einzigen Werkzeuge, mit denen die um sich greifenden Flammen bekämpft werden konnten. Wenn es gelang, ein brennendes Haus zu isolieren, indem man alles brennbare Material ringsum schnell genug wegschaffte, war der Brand eingedämmt. Peters Anwesenheit tat in solchen Fällen meist große Wirkung. Just Juel, der dänische Gesandte berichtete: »Da der Zar mit einer außerordentlich schnellen Auffassungsgabe ausgestattet ist, sieht er sofort, was getan werden muß, damit das Feuer gelöscht wird. Er steigt auf das Dach, begibt sich an die gefährlichsten Stellen, ermuntert Volk und Adlige gleichermaßen mitzuhelfen, und er hält nicht inne, bis das Feuer gelöscht ist. Wenn aber der Herrscher nicht dabei ist, liegen die Dinge ganz anders. Dann schauen die Menschen oft gleichgültig zu, und keiner hilft, die Flammen zu löschen. Es ist völlig vergeblich, ihnen Strafpredigten zu halten oder Geld für die Hilfeleistungen anzubieten; sie warten nur auf den Augenblick, in dem sie etwas stehlen können.«[3]

Das Hochwasser war die zweite drohende Gefahr. Petersburg war auf Meereshöhe gegründet worden, und jedesmal, wenn die Newa mehr als einen Meter anstieg, wurde die Stadt überschwemmt. »Am 9. um Mitternacht kam von Südwesten, vom Meer her, ein so starker Wind auf, daß die ganze Stadt unter Wasser gesetzt wurde«, schrieb ein englischer Bewohner von St. Petersburg im Januar 1711 in einem Brief. »Viele Leute wären durch das Wasser überrascht worden und ertrunken, wenn man nicht die Glocken geläutet hätte, um sie aufzuwecken, worauf sie auf die Dächer ihrer Häuser flüchteten. Der größte Teil ihrer Häuser und ihres Viehs wurde vernichtet.«[4] Beinahe in jedem Herbst kam es zu Überschwemmungen; Keller standen dann unter Wasser, Vorräte wurden vernichtet. Im November 1721 wurde ein Zweimastschoner von einem gewaltigen Südwestwind durch die Straßen von St. Petersburg getrieben, bis er schließlich an einer Hauswand landete. »Der Schaden übersteigt alle Begriffe«, berichtete der französische Botschafter nach Paris. »Nicht ein einziges Haus ist verschont geblieben. Die Verluste werden auf zwei bis drei Millionen Rubel geschätzt. Der Zar bewies, wie Philipp von Spanien nach dem Verlust der Armada, seine Seelengröße, indem er ruhig blieb.«[5]

Sogar fünfzehn Jahre nach der Gründung der Stadt, als bereits an den Uferstraßen der Newa hohe Paläste standen und französische Gärtner überall in der Stadt Blumenbeete in geometrischen Formen angelegt hatten, blieb das Leben in St. Petersburg nach der Beschreibung eines Ausländers »ein gefährliches und improvisiertes Biwakieren«. Das Newadelta mit seinen großen Wasser-, Wald- und Sumpfflächen brachte nur selten gute Ernten hervor, und wenn es zuviel Niederschläge gab, verfaulte das Korn, bevor es reifen konnte. Die Gegend bot aber Erdbeeren, Heidelbeeren und Pilze, die die Russen nur mit Salz und Essig zubereiteten und die als große Delikatesse galten. Außerdem gab es kleine Hasen, deren graues Fell im Winter weiß wurde und die ein wenn auch zähes, so doch genießbares Fleisch lieferten, Wildgänse und Wildenten. In den Flüssen und Seen gab es viele Fische, die man allerdings zum Leidwesen der Ausländer nicht frisch kaufen konnte, denn die Russen mochten sie lieber eingesalzen oder mariniert. Trotz alledem wäre damals die Bevölkerung von St. Petersburg ohne die von den anderen Gebieten eingeführten Lebensmittel verhungert. Während der wärmeren Monate trafen Tausende von Wagen aus Nowgorod und sogar aus Moskau hier ein, um Nahrungsmittel in die Stadt zu bringen; im Winter wurden sie per Schlittentransport befördert. Kam es zu Verzögerungen in der Versorgung, stiegen die Preise auch in den umliegenden Dörfern, die von der Stadt her versorgt werden mußten, sprunghaft in die Höhe.

In dem endlosen Waldgebiet rings um St. Petersburg, zwischen knorrigen Birken, dürren Föhren, Büschen und Moorflächen, war ein Reisender, der vom Weg abgeriet, schnell verloren. Die wenigen Bauernhöfe lagen in Waldlichtungen, die man nur über unmarkierte Pfade erreichen konnte. Im Dickicht der Wälder aber streiften Bären und Wölfe umher. Die Bären waren zwar weniger gefährlich, da sie im Sommer genug Nahrung fanden und im Winter schliefen; die Wölfe dagegen stellten zu jeder Jahreszeit eine Bedrohung dar, wobei sie im Winter in großen Rudeln auftraten. Wenn sie vom Hunger getrieben wurden, überfielen sie Bauernhöfe, griffen sich dort die Hunde und fielen sogar Pferde und Menschen an. Noch 1714 wurden zwei Soldaten, die mitten in St. Petersburg vor der Hauptgießerei Wache standen, von Wölfen überfallen. Einen der Soldaten rissen die Wölfe auf der Stelle in Stücke, der zweite konnte noch entkommen, erlag aber kurz darauf seinen schweren Verletzungen. 1715 wurde eine Frau am hellen Tag auf der Wassilewski-Insel, nicht weit von Fürst Menschikows Palast, von Wölfen angegriffen und verschlungen.

Es war also nicht überraschend, daß nur wenige Russen in dieser einsamen und gefährlichen Gegend leben wollten, die eine Zeitlang unbewohnt geblieben war, nachdem Krieg und Seuchen die meisten ihrer finnisch sprechenden Ureinwohner hinweggerafft hatten. Peter verteilte im Laufe der Jahre immer mehr Land an die Adligen und die Offiziere aus dem Landesinneren, und diese wiederum brachten ihre Leibeigenen und sogar ganze Dorfgemeinschaften mit nach Norden. Die einfachen Leute, die man aus der freundlichen Hügel- und Wiesenlandschaft rund um Moskau gerissen hatte, litten sehr, beklagten sich aber nicht. »Es ist überraschend, mit welcher Resignation und welcher Geduld diese Menschen die Mühsal ihres Lebens auf sich nehmen«, schrieb ein westlicher Besucher. »Die gewöhnlichen Leute sagen, daß das Leben nur eine Last für sie sei. Ein lutherischer Pfarrer berichtete mir einmal über seine Erfahrungen mit ihnen. Als er einige russische Bauern über ihren Glauben ausgefragt hatte und wissen wollte, was sie zu tun hätten, um das ewige Heil zu gewinnen, antworteten sie ihm, es sei wohl sehr ungewiß, ob sie überhaupt in den Himmel kommen würden, denn sie glaubten, daß die ewige Glückseligkeit nur für den Zaren und seine Bojaren reserviert sei.«[6]

Es waren also nicht die einfachen Leute, die St. Petersburg haßten. Es waren vielmehr die russischen Adligen und die ausländischen Gesandten, die immerzu murrten und dabei oft die doppeldeutige Frage stellten, wie lange die Stadt ihren Gründer wohl überleben würde. So erklärte die Zarewna Maria einmal: »Petersburg wird nicht über unsere Zeit hinaus Bestand haben. Soll es doch eine Wüste werden.«[7] Nur wenige sahen klarer die Zukunft voraus. Menschikow beispielsweise glaubte, mit St. Petersburg würde ein zweites Venedig entstehen und eines Tages könnten die Reisenden von weit her kommen, um die Schönheit dieser Stadt zu genießen.

Die Schweden konnten Peters Entscheidung für diese sumpfige Gegend nie verstehen, und die Tatsache, daß der Zar seine neue Stadt um jeden Preis behalten wollte, wurde zum Haupthindernis für einen Friedensschluß. Wann immer sich das Schicksal in diesem Krieg gegen die Russen wandte, war Peter zwar bereit, alles aufzugeben, was er in Livland und Estland erobert hatte, nie aber hätte er der Rückgabe von St. Petersburg und der Newamündung zugestimmt. Nur wenige Schweden begriffen damals, daß der Zar das schwedische Ostseereich bereits entscheidend geschwächt hatte und daß der Keil, der zwischen die nördlichen und südlichen Ostseeprovinzen Schwedens getrieben worden war und die Verbindung zum Festland im Süden über das Newadelta unterbrochen hatte, schließlich den völligen Verlust der südlichen Provinzen nach sich ziehen würde. Die meisten Schweden hielten den Verlust für verhältnismäßig geringfügig und für nur vorübergehend; in ihren Augen war Peter verrückt. Da sie wußten, daß der Wind das Wasser der Bucht immer wieder ins Newadelta zurückdrängte und dadurch viele der sumpfigen Inseln dort allzuoft überschwemmte, glaubten sie, Wind und Wasser würden die junge Stadt bald wieder zerstören. St. Petersburg wurde zur Zielscheibe ihres Spottes. Die Meinung der Schweden insgesamt wich in diesem Punkt durchaus nicht von der ihres äußerst selbstbewußten Königs ab: »Der Zar soll sich ruhig darin erschöpfen, neue Städte zu gründen. Wir werden für uns die Ehre reservieren, sie ihm wieder abzunehmen.«[8]

Peter benannte die neue Stadt nach seinem Namensheiligen, und sie bedeutete für ihn die Krönung seiner Herrschaft. Im April 1706 leitete er einen Brief an Menschikow folgendermaßen ein: »Ich kann nicht umhin, Dir aus diesem Paradies zu schreiben; wirklich, wir leben hier im Himmel.«[9] Die neue Stadt sollte für ihn alles darstellen, was für ihn wichtig geworden war: seine Flucht vor den dunklen Intrigen sowie den winzigen Fenstern und gewölbten Sälen in Moskau; seine Hinwendung zum Meer, zur Technik und Zivilisation Westeuropas. Peter liebte seine neue Schöpfung. Er fand unendliches Vergnügen an dem großen Strom, der hier in den Meerbusen hinausfloß, an den Wellen, die sich unten an den Festungsmauern kräuselten, an der salzigen Brise, die die Segel seiner Schiffe blähte. Der Bau der Stadt wurde zu seiner Leidenschaft. Kein Hindernis war so groß, daß es ihn davon abhielt, seine Pläne fortzuführen. Für St. Petersburg verschwendete er seine Energie, Millionen Rubel und Tausende von Menschenleben.

Spätere Herrscher verwandelten die ursprüngliche Siedlung aus Baumstämmen in eine strahlende Metropole, die in ihrer Architektur mehr europäisch als russisch, in ihrem Geist und in ihrer Kultur eine Mischung aus russischen und westlichen Elementen sein sollte. Eine Reihe majestätischer Paläste und

anderer öffentlicher Gebäude, in Gelb, Hellblau, Blaßgrün und Rot, entstand längs des fünf Kilometer langen Kais, der das Südufer der Newa ein-
faßte. Die aus Wind und Wolken auftauchende Stadt mit ihren zahlreichen
Brücken zwischen den neunzehn Inseln, mit ihren vergoldeten Kirchturm-
spitzen und Kuppeln, mit ihren granitenen Säulen und Marmorobelisken
wurde das »Babylon des Schnees« und das »Venedig des Nordens« genannt.
St. Petersburg entwickelte sich zu einem Zentrum der russischen Literatur,
Musik und Kunst, wurde zur Heimat Puschkins, Gogols, Dostojewskis, Bo-
rodins, Mussorgskis, Rimski-Korssakows, Petipas, Diaghilews, Pawlowas
und Nijinskis. Zwei Jahrhunderte lang war sie auch die Bühne, auf der über
das politische Schicksal Rußlands entschieden wurde. 1914 wurde sie in Petrograd umbenannt; hier spielte sich 1917 schließlich der letzte Akt jenes
Dramas ab, durch welches Peters Dynastie gestürzt wurde. 1924 wurde der
Name der Stadt nochmals geändert, und zwar in Leningrad, da das neue
Regime zu Ehren seines Gründers beschlossen hatte, Lenin »das Beste, was
wir hatten«, zu geben.

7   Menschikow und Katharina

In diesen frühen Jahren des Nordischen Krieges tauchten in Peters Leben
zwei Menschen auf, die seine engsten Gefährten werden sollten: Alexander
Menschikow und Martha Skawronskaja. Die beiden hatten auffällig vieles
gemeinsam. Sie waren zuvor unbekannt und bedeutungslos. Sie kannten einander, ehe Martha Peter begegnete; sie machten zusammen Karriere.
Menschikow vom Stalljungen zum mächtigen Fürsten, Martha vom verwaisten Bauernmädchen zur gekrönten Kaiserin, Peters Erbin und Nachfolgerin
als Herrscherin Rußlands. Beide überlebten nur um ein weniges den großen
Zaren, dessen Geschöpfe sie waren. Kurz nach Peters Tod starb auch Katharina, die Zarin, und der ehrgeizige Stalljunge, der die höchsten Höhen er-
klommen hatte, taumelte in schwindelerregendem Sturz zur Erde zurück.

Der große Fürst Menschikow, der mächtigste Statthalter des Reiches, Peters
»Herzenskind«, der Mensch, den der Zar nach Katharina am meisten liebte,
der einzige Mann in ganz Rußland, der unbedingt für den Zaren sprechen
konnte, wurde Feldmarschall, Erster Senator, »Durchlaucht«, Fürst von
Rußland wie des Heiligen Römischen Reiches. Das am besten bekannte Porträt Menschikows zeigt einen Mann mit einer hochgewölbten Stirn, intelli-
genten blaugrünen Augen, einer kräftigen Nase und einem bleistiftdünnen
braunen Schnurrbart. Sein Lächeln ist rätselhaft wie das der Mona Lisa. Auf
den ersten Blick erscheint es offen und freundlich, bei näherem Zusehen
kühler, distanzierter. Wenn man Mund und Augen länger betrachtet, wirken

Lächeln und Gesicht berechnend und unangenehm. Menschikow ist auf dem überlieferten Bild gekleidet wie der »beinahe souveräne Potentat«, als den ihn Puschkin bezeichnete. Er trägt eine weiße Lockenperücke wie ein Höfling Ludwigs XIV.; über dem Brustpanzer eine weiße, goldgesäumte und mit goldenen Quasten versehene Robe. Um den Hals ein Tuch aus roter Seide, quer über die Brust das breite blaue Band des St.-Andreas-Ordens. Auf der weißen Robe der Stern des Ordens neben dem polnischen Orden vom Weißen Adler und noch einem anderen Ordensstern. Wenn man das Bild betrachtet, bekommt man den Eindruck, hier handle es sich um einen außerordentlich geschickten, sehr mächtigen Mann.

Name und Laufbahn von Alexander Danilowitsch Menschikow sind unlösbar mit dem Leben Peters des Großen verbunden, doch die Herkunft dieses berühmten Stellvertreters des Zaren ist in das Dunkel der Legende gehüllt. Manche Chronisten wollen wissen, sein Vater sei ein litauischer Bauer gewesen, der seinen Sohn als Lehrling zu einem Pastetenbäcker nach Moskau schickte, für den der junge Alexaschka kleine Kuchen und Piroggen verkaufen mußte. Eines Tages, so geht die Legende, wurde Lefort auf die forschen Rufe aufmerksam, mit denen der geschickte Junge auf der Straße seine Waren feilbot. Lefort hielt an, sprach mit ihm und war so entzückt, daß er den Jungen sofort in seinen persönlichen Dienst nahm. Obwohl der junge Alexander kaum seinen Namen schreiben konnte, glänzte er dort so sehr durch Witz und schlagfertige Antworten, daß er bald auch von Peter bemerkt wurde. Dem Zaren gefiel der intelligente, aufgeräumte, fast gleichaltrige Bursche ebenfalls, und er überredete Lefort, ihm Alexaschka als Diener zu überlassen. In dieser Position niederen Ranges, aber in nächster Nähe des Herrschers, entfaltete Menschikow seinen Charme und eine Anzahl weiterer nützlicher Talente, um sich zu einem der reichsten und mächtigsten Männer im Europa des 18. Jahrhunderts zu machen. Seine freche Forschheit verließ ihn nie. Sie verleitete ihn, außerordentliche Summen von ihm anvertrauten Staatsgeldern zu veruntreuen, und beschützte ihn zugleich vor dem Zorn des entrüsteten Souveräns. Schließlich, so erzählt man, habe ihm Peter damit gedroht, ihn als Pastetenverkäufer auf die Straße Moskaus zurückzuschikken. Darauf soll Menschikow noch am selben Abend, mit einer Schürze bekleidet und mit einem Tablett Piroggen, das er sich um die Schultern gehängt hatte, vor Peter erschienen sein, laut rufend: »Heiße Pasteten! Heiße Pasteten! Verkaufe frische Piroggen!«[1] Peter habe ungläubig den Kopf geschüttelt und sei dann in lautes Lachen ausgebrochen, um daraufhin dem sympathischen Sünder zum wiederholten Male zu vergeben.

Was sich mit größerer Wahrscheinlichkeit über die Anfänge Alexander Menschikows feststellen läßt, ist fast ebenso pittoresk wie diese Bäckergeschichte. Es ist soviel wie sicher, daß Menschikows Vater ein Soldat war, der unter Alexei gedient hatte und der als Unteroffizier in Preobraschenskoje stationiert gewesen war. Vermutlich waren die Ursprünge der Familie litauisch: Das Diplom, das Menschikow in den Rang eines Fürsten des Heiligen

Römischen Reiches erhob, erklärte nämlich, der neue Fürst stamme aus einer alten und adeligen litauischen Familie. »Alt« und »adelig« ist vielleicht hinzugefügt worden, damit der streng konservative Habsburger Kaiser den Titel leichter verleihen konnte; aber es gibt tatsächlich Hinweise darauf, daß Verwandte von Menschikow etwas Land in der Nähe von Minsk besaßen, das zu jener Zeit zu Litauen gehörte.

Wer auch immer seine Vorfahren waren, Menschikow wurde im November 1673 geboren, eineinhalb Jahre nach Peter, und er verbrachte seine Kindheit als Stalljunge auf dem Gut des Zaren in Preobraschenskoje. Von frühester Jugend an wußte er, was es wert war, Peter nahe zu sein. Er war einer der ersten Jungen, die als Spielsoldaten in Peters Jugendkompanie aufgenommen wurden. 1693 wurde er als Bombardier – Peters Lieblingsabteilung im Heer – bei den Preobraschensker Garden geführt. Als Feldwebel stand er neben dem Zaren. Unter den Mauern von Asow und als Peter seine Große Gesandtschaft nach Westeuropa zusammenstellte, gehörte Menschikow zu den ersten, die sich dafür bewarben und genommen wurden. Zu dieser Zeit war er schon »Denschtschik«, einer der persönlichen Ordonnanzen des Zaren. Es war Pflicht eines Denschtschiks, den Herrscher Tag und Nacht zu begleiten, im Nebenzimmer, oder, wenn der Zar reiste, auf dem Boden zu Füßen des königlichen Bettes zu schlafen. An Peters Seite arbeitete Menschikow auf den Schiffswerften von Amsterdam und Deptford. Er kam Peter als Schiffszimmermann fast gleich und war außer dem Zaren der einzige Russe, der eine wirkliche Begabung für dieses Handwerk zeigte. Zusammen mit Peter besichtigte Menschikow im Westen Manufakturen und Laboratorien, lernte leidlich Holländisch und Deutsch und erwarb sich einen oberflächlichen Anstrich gesellschaftlicher Manieren. Obwohl anpassungsfähig und schnell im Lernen, blieb er doch durch und durch Russe, war also beinahe ein Musterbeispiel jenes Menschen, den Peter in Rußland heranziehen wollte. Hier war wenigstens ein Untertan, der Peters neue Ideen zu begreifen suchte, der bereit war, mit veralteten russischen Gebräuchen zu brechen, und der nicht nur ausreichend intelligent und talentiert, sondern auch bereit war, Peter zu unterstützen.

Nach der Rückkehr aus Europa durfte Menschikow an den Gelagen von Peters »Fideler Gesellschaft« teilnehmen. Einen Meter achtzig groß, kräftig, beweglich und gut in den Sportarten, die Peter liebte, wurde er eine prominente Persönlichkeit in Preobraschenskoje, wo er unter seinem Kosenamen Alexaschka oder unter seinem Patronymikum Danilowitsch bekannt war. Er trat in der »berühmten Gesangsgruppe« auf, »die in General Gordons Haus Weihnachtslieder sang«, und war bei den Hinrichtungen der Strelitzen begeistert dabei. Peter schenkte ihm ein Haus, welches am 2. Februar 1699 in Anwesenheit des Zaren nach den »Riten des Bacchus« eingeweiht wurde.

Es war unvermeidlich, daß hinter dem Rücken des jungen Mannes, der so schnell aufgestiegen war, über seine dunkle Herkunft und seinen Mangel an Bildung gespottet wurde. So sagt Fürst Boris Kurakin von ihm, Menschikow

sei »von allerniedrigster Herkunft, geringer als ein Pole«[2], und Korb schrieb
verächtlich von »jenem durch die Gnade des Zaren bei Hofe allbekannten
Alexander«[3]. Er berichtete, daß sich der junge Favorit seinen Einfluß von
Kaufleuten und anderen Menschen, die der Hilfe bei Behörden bedurften,
reichlich bezahlen ließ. Withworth, der englische Diplomat, berichtete 1706:
»Man hat mir glaubwürdig versichert, daß Menschikow weder lesen noch
schreiben kann.«[4] Diese Behauptung stimmte jedoch nur teilweise. Menschikow hatte lesen gelernt, ließ aber immer durch einen Sekretär schreiben und
signierte in einer schwerfälligen und wackeligen Handschrift.
Doch trotz seiner Kritiker und Neider stieg Menschikow immer höher. Sein
Taktgefühl, sein Optimismus, die fast unheimliche Fähigkeit, Peters Befehle
und persönliche Launen zu verstehen und beinahe vorauszusehen, auch wie
er des Zaren Zorn und sogar Tätlichkeiten ertrug und akzeptierte, das alles
machte ihn einzigartig. Als Peter nach seiner Rückkehr aus Europa General
Schein beschuldigte, Posten in der Armee gegen Geld vergeben zu haben,
und während eines Festessens seinen Degen zog, um den Missetäter zu bestrafen, parierte Lefort den Stoß und rettete so Scheins Leben; doch es war
Menschikow, der den Zaren festhielt und beruhigte. Kurz darauf, bei einem
Tauffest für den Sohn des dänischen Gesandten, sah Peter, daß Menschikow
im Tanzsaal einen Degen trug. Außer sich über diesen Bruch der Etikette in
Anwesenheit von Ausländern, schlug Peter Menschikow mit der Faust ins
Gesicht, daß Blut aus seiner Nase schoß. Im folgenden Frühling, in Woronesch, beugte sich Menschikow einmal vor, um Peter etwas ins Ohr zu flüstern, womit er sich einen Zornausbruch und wieder einen Schlag ins Gesicht
einhandelte. Der Schlag war diesmal so kräftig, daß er das Opfer zu Boden
streckte. Menschikow ließ derartige Übergriffe nicht einfach resigniert über
sich ergehen, sondern ertrug sie mit unerschöpflichem Humor. Allmählich
wurde er für den Zaren, in dessen Stimmungen er sich einzufühlen vermochte und dessen Launen er bereitwillig ertrug, unentbehrlich. Am Ende
hörte er auf, Peters Diener zu sein, er wurde sein Freund.
1707, bei Kriegsausbruch, gehörte Menschikow noch immer zu Peters privatem Haushalt – aus einem Brief Peters an ihn aus dieser Zeit geht hervor, daß
er die Aufsicht über die Garderobe des Zaren führte. Als aber der Krieg
begann, warf er sich voll hinein, und man sah, daß seine Begabung als militärischer Führer seinen anderen Talenten gleichkam. Er war zusammen mit
Peter in Narwa und verließ mit ihm vor Beginn der katastrophalen Schlacht
den Schauplatz. Während der militärischen Operationen in Ingermanland im
Jahr 1701, die Peter selbst anführte, zeichnete sich Menschikow als Stellvertreter des Zaren aus. Nach der Belagerung und Einnahme Nöteborgs ernannte ihn Peter zum Gouverneur der Festung. Beim Vormarsch entlang der
Newa, bei der Eroberung von Nienschanz und bei der Aufbringung der
schwedischen Flottille im Newadelta – überall war Menschikow dabei. Bei
der Gründung von St. Petersburg im Jahr 1703 und der Errichtung der Peter-
und-Paul-Festung wurde ihm die Verantwortung für den Bau einer der sechs

großen Bastionen übertragen, die dann auch seinen Namen erhielt. Im selben Jahr wurde er Generalgouverneur von Karelien, Ingermanland und Estland. Um dem Zaren einen Gefallen zu tun, setzte es Peter Golizyn als Gesandter am kaiserlichen Hof in Wien durch, daß Menschikow 1703 zum Grafen von Ungarn ernannt wurde. 1705 machte Kaiser Joseph Alexaschka zu einem Fürsten des Heiligen Römischen Reiches, und zwei Jahre später, nach Menschikows Sieg über die Schweden bei Kalisz in Polen, verlieh ihm Peter den russischen Titel eines Fürsten von Ishora, was mit der Übertragung großer Ländereien verbunden war. Bezeichnenderweise ließ der neue Fürst nur zwei Wochen, nachdem er diese Ländereien bekommen hatte, die Zahl der dortigen Pfarreien, ihrer Einwohner und die Höhe der Abgaben ermitteln, die man von ihnen fordern konnte. Er befahl auch, daß bei den Gottesdiensten in den dortigen Kirchen sein Name zusammen mit dem des Zaren genannt wurde.

Unendlich wichtiger als Titel oder Reichtum war für Menschikow Peters Freundschaft – von der Titel und Reichtum abhingen. Nach dem Tod Leforts im Jahr 1699 hatte der Zar keinen engen Freund mehr, dem er seine Größe und seine Schwächen, seine Visionen, Hoffnungen und seine Verzweiflung anvertrauen konnte. Menschikow übernahm diese Rolle, und während der ersten Kriegsjahre wurde aus Peters Freundschaft zu ihm eine tiefe Zuneigung. Alexaschka pflegte Peter überallhin zu folgen und den Zaren bei jedem seiner Unternehmen zu unterstützen. Er war Peters Gefährte bei orgiastischen Festen, sein Vertrauter in Liebesdingen, der Befehlshaber seiner Kavallerie und Minister seiner Regierung – alles mit der gleichen Hingabe und dem gleichen Geschick. Als ihre persönliche Beziehung enger wurde, änderte Peter die Form, in der er Menschikow ansprach. 1703 nannte der Zar ihn noch »mein Herz« und »mein Herzchen«, 1704 wurde daraus »mein liebster Kamerad« und »mein liebster Freund«. Danach war die Anrede schließlich »mein Bruder«. Peter schloß seine Briefe an Menschikow meist mit folgenden Zeilen: »Alles ist in Ordnung. Wenn Gott nur wollte, daß ich dich mit Freuden wiedersehe. Du weißt es selbst.«[5]

Je älter Menschikow wurde, desto mehr Ehren und Belohnungen regneten auf ihn herab – und desto zahlreicher wurden seine Feinde. Ihnen erschien er kriecherisch, ehrgeizig und, wenn er Macht hatte, despotisch. Er konnte hart und grausam sein und vergaß nie, wenn man ihm einen schlechten Dienst erwiesen hatte. Sein größter Fehler, der ihn öfter beinahe ruinierte, war die Habsucht. Mit nichts zur Welt gekommen und dann von vielen Möglichkeiten umgeben, zu Reichtum zu gelangen, griff er gierig nach allem, was sich bot. Mit zunehmendem Alter wurde dieser Charakterzug noch ausgeprägter – oder war weniger leicht zu verbergen. Peter, der wußte, daß sein Freund sich mit Hilfe seiner Ämter bereicherte und den Staat oft direkt bestahl, suchte mehrfach, ihn daran zu hindern. Menschikow wurde vor Gerichte gestellt, seiner Vollmachten entkleidet, mit Geldstrafen belegt und vom wütenden Zaren sogar geschlagen. Aber immer erwies sich die dreißigjährige

Freundschaft als stärker; Peters Zorn ließ nach, und Menschikow wurde wieder in seine Ämter eingesetzt.

Menschikow war tatsächlich weit mehr als nur ein geschickter, gieriger Speichellecker. Obwohl er durch Peter nach oben gelangte, war er dem Zaren als Freund unersetzlich. Er wurde, in dem Maße, in dem dies überhaupt möglich war, Peters Alter ego. Er wußte so gut, wie der Zar in jeder beliebigen Situation reagieren würde, daß man seinen Befehlen ebenso gehorchte wie denen Peters. »Er tut, was er will, ohne mich nach meiner Meinung zu fragen«, sagte Peter einmal von ihm. »Ich meinerseits entscheide nie etwas, ohne ihn nach seiner zu fragen.«[6] Zum Guten oder zum Bösen, jedenfalls half Menschikow Peter, ein neues Rußland zu schaffen.

Die Herkunft Martha Skawronskajas ist noch dunkler als die Menschikows. Über ihr Leben vor 1703, dem Jahr, in dem sie dem Zaren begegnete, gibt es nur Vermutungen. Mit größter Wahrscheinlichkeit war sie eines von vier Kindern eines litauischen Bauern namens Samuel Skawronski, womöglich eines Katholiken. Skawronski war aus Litauen weggezogen und hatte sich dann in der schwedischen Provinz Livland niedergelassen, wo seine Tochter Martha 1684 im Dorf Ringen bei Dorpat geboren wurde. Als sie noch ein kleines Kind war, starb ihr Vater an einer Seuche; bald danach starb auch ihre Mutter. Die verwaisten Kinder wurden auf verschiedene Familien verteilt, und Martha kam in das Haus des Pastors Ernst Glück, eines lutherischen Geistlichen in Marienburg. Obwohl sie dort nicht gerade als Dienstmädchen behandelt wurde, erwartete man von ihr doch, daß sie sich im Haushalt nützlich machte, Wäsche wusch, nähte, Brot backte und die anderen Kinder beaufsichtigte. Daß man sie nicht als volles Familienmitglied ansah, erscheint wahrscheinlich, weil man in dem verhältnismäßig gebildeten Haus nichts für ihre Erziehung unternommen hat. Als sie von den Glücks fortging, konnte sie weder lesen noch schreiben.

Martha wuchs zu einem hübschen, kräftigen Mädchen heran, das durch seine dunklen, warmen Augen und durch seine Fülle viel Aufmerksamkeit auf sich zog. Einer Überlieferung zufolge wurde Frau Glück mit der Zeit argwöhnisch und begann, den Einfluß des aufblühenden Mädchens auf ihre heranwachsenden Söhne oder gar auf den Pastor zu fürchten. Deshalb ermutigte man Martha, den Werbungen eines schwedischen Dragoners nachzugeben, dessen Regiment in der Nachbarschaft Quartier bezogen hatte. Sie wurde mit ihm verlobt und, einigen Berichten zufolge, im Sommer 1702 auch wirklich mit ihm verheiratet. Die Ehe dauerte allerdings nur acht Tage; denn gleich nach der Hochzeit erzwang der schnelle Vormarsch der eindringenden Russen, daß sich das schwedische Regiment Hals über Kopf von Marienburg zurückzog. Martha sah ihren Ehemann nie wieder.

Nach dem schwedischen Rückzug fiel der Distrikt Dorpat in die Hände von Scheremetews Armee, und Pastor Glück und seine Familie wurden – gemeinsam mit der übrigen Bevölkerung – von den Russen gefangengenommen. Scheremetew, ein gebildeter Mann, empfing den lutherischen Geistlichen in aller Freundlichkeit und nahm dessen Angebot an, nach Moskau zu gehen und dem Zaren als Übersetzer zu dienen. Das attraktive Waisenkind Martha ging jedoch nicht mit nach Moskau, sondern blieb zunächst für sechs Monate als Hausangestellte bei Scheremetew. Manche vermuten, daß das Mädchen seine Geliebte wurde, was nicht unmöglich gewesen wäre. Es gibt jedoch keinerlei Indizien dafür, daß zwischen dem ungebildeten siebzehnjährigen Mädchen und dem kultivierten Feldmarschall mittleren Alters tatsächlich eine solche Beziehung bestanden hat. Später, als sie Peters Frau geworden war, zeigte sie Scheremetew gegenüber zwar keinerlei Abneigung, doch begünstigte sie ihn auch nicht in irgendeiner Weise. Es gibt also nichts, was auf eine Intimität zwischen den beiden schließen ließe, mit Ausnahme der Tatsache, daß Martha eine Zeitlang in nächster Nähe Scheremetews gelebt hat. Aller Wahrscheinlichkeit nach war die zukünftige Zarin nur eine Bedienstete in Scheremetews Haushalt und nichts weiter.

Marthas Beziehungen zu ihrem nächsten Beschützer, Menschikow, waren enger und komplexer. Er war bereits als Günstling des Zaren im Kommen, als er das Mädchen bei einem Besuch bei Scheremetew entdeckte. Sie sah jetzt noch anmutiger aus. Ihre Hände, früher einmal von der Arbeit gerötet, waren jetzt, in ihrer weniger mühevollen Funktion, weißer und feiner geworden. Sie war zum orthodoxen Glauben übergetreten und hatte den russischen Namen Jekaterina (Katharina) angenommen. Niemand weiß, womit Menschikow Scheremetew überredete, ihm das litauische Mädchen für den eigenen Haushalt zu überlassen. Manche sagen, er habe sie einfach gekauft. Auf jeden Fall nahm er sie im Herbst 1703 mit nach Moskau.

Möglicherweise hat die Achtzehnjährige in diesen Monaten das Bett des dreiunddreißigjährigen Zarengünstlings geteilt. Wie auch immer, die Verbundenheit, die in dieser Zeit zwischen den beiden entstand, blieb unzerstörbar und dauerte bis zum Tod. Diese beiden sollten – nach dem Zaren selbst – die mächtigsten Menschen im russischen Reich werden, waren aber ihrer niedrigen Herkunft wegen vollkommen von ihrem Herrscher abhängig. Neben der Protektion des Zaren war für die Frau wie für den Günstling die gegenseitige Unterstützung und Verbundenheit die einzige Stärke.

Es gibt keinen Beweis dafür, daß Katharina Menschikows Geliebte war; Indizien deuten vielmehr darauf hin, daß sie es nicht gewesen ist. Zur fraglichen Zeit war Menschikow nämlich gerade sehr an einem jungen Mädchen interessiert, das zu den sogenannten »Bojarenmädchen« gehörte, die die Damen des Hochadels zu unterhalten hatten. 1694, nach dem Tod von Peters Mutter, war Natalja, die jüngere Schwester des Zaren, zu ihm gezogen und hatte eine kleine Gruppe solcher Mädchen in seine männliche Welt in Preobraschenskoje mitgebracht. Zu diesen Mädchen gehörten auch Darja und Barbara Arsenejewa, Töchter eines Beamten in Sibirien. Als Peters Freund war Menschikow in dem Kreis der Frauen um Natalja willkommen, und sehr bald schon entwickelte sich eine Liebesbeziehung zwischen ihm und der schönen Darja Arsenejewa. Über seinen Sekretär schrieb er ihr regelmäßig von überall, wo er sich gerade aufhielt, und er schickte ihr Ringe und Juwelen. Sie schrieb ihm zurück und schickte ihm Schlafröcke, Bettwäsche und Hemden. Als Menschikow 1703 nach seinen Siegen in Ingermanland im Triumph nach Moskau zurückkehrte, zogen die Arsenejew-Schwestern in sein Haus, das seine zwei eigenen Schwestern für ihn führten. In diesen Haushalt brachte er Katharina. Obwohl es gewiß nicht völlig auszuschließen ist, daß er sich mit einem litauischen Dienstmädchen amüsierte, während er gleichzeitig einer höhergeborenen Dame den Hof machte, ist doch nicht zu übersehen, daß er Darja, die später seine Frau wurde, sehr liebte.

Als Peter Katharina im Herbst 1703 kennenlernte, war sie Mitglied im Haushalt Menschikows. Ihre Stellung dort, für uns ungewiß, muß ihm ganz klar gewesen sein. Sie war jedenfalls derart, daß Katharina Zugang zum Zaren hatte und mit ihm sprechen konnte, obwohl Peter einunddreißig und sie erst neunzehn war. Peter bewunderte sie. Seine Beziehung zu Anna Mons, die zwölf Jahre gedauert hatte, ging gerade in die Brüche, und hier traf er nun ein kräftiges, gesundes und anziehendes Mädchen in der vollen Blüte seiner Jugend. Zwar war Katharina weit davon entfernt, eine klassische Schönheit zu sein, aber ihre samtenen schwarzen Augen, ihr dichtes blondes Haar (das sie später schwarz färbte, damit ihre dunkle Haut heller wirkte) und ihr voller Busen hatten immerhin schon die Aufmerksamkeit eines Feldmarschalls und eines zukünftigen Fürsten auf sich gezogen; und auch der Zar hatte Augen im Kopf.

Wie immer Katharina sich vorher arrangiert haben mochte, von diesem Herbst an war sie jedenfalls Peters Geliebte. Bequemlichkeitshalber wohnte sie weiterhin in Menschikows Haus in Moskau, in dem es um diese Zeit von Frauen wimmelte. Zuerst hatten nur seine beiden Schwestern Maria und Anna Menschikows Haushalt geführt. Aber dann verbesserte Anna durch ihre Vermählung mit dem Aristokraten Alexei Golowin, dem jüngeren Bruder von Fjodor Golowin und Leiter des Außenministeriums, das Vermögen der Familie beträchtlich. Daraufhin wohnten auch noch die beiden Schwestern Arsenejew, deren Tante Anisja Tolstoi und Katharina in Menschikows Haus.

Im Oktober 1703 kam Peter nach Moskau und wohnte fünf Wochen lang bei dieser ungewöhnlichen »Familie« Menschikows. Dann reiste er ab, kam aber im Dezember wieder und blieb bis März des folgenden Jahres. Darja und Katharina reisten dann bald immer dorthin, wo die Armee jeweils kampierte, um in Menschikows und Peters Nähe sein zu können. Einige Jahre lang standen sich diese vier so nahe, daß jeder der beiden Männer sich traurig und einsam fühlte, wenn er von den anderen getrennt war. Dabei mußten sich Peter und Menschikow oft trennen, denn Menschikow war, als immer erfolgreicherer Kommandeur der Kavallerie und der Dragoner, ständig in Litauen oder Polen unterwegs. Da die beiden Frauen aus Gründen der Schicklichkeit immer zusammen reisten, konnten sie nicht bei beiden Männern zugleich sein. So war entweder Peter oder Menschikow dazu verurteilt, den anderen dreien traurige Briefe zu schreiben. Im Winter 1704 gebar Katharina einen Sohn, der den Namen Peter erhielt, und im März 1705 schrieb Peter an Katharina und Darja: »Ich bin hier nur selten fröhlich. O Mütter! Gebt gut auf meinen kleinen Petruschka acht. Laßt ihm ein paar Kleider machen und reist, wohin Ihr wollt. Gebt aber Befehl, daß er genügend zu essen und zu trinken bekommt. Und grüßt mir bitte, ihr beiden Damen, Alexander Danilowitsch. Es war übrigens sehr unfreundlich von Euch, daß Ihr mir nicht schreiben wolltet, ob Ihr gesund seid.« Im Oktober 1705 wurde ein zweiter Sohn, Paul, geboren und im Dezember 1706 eine Tochter, die sie Katharina nannten.

Im Frühling 1706 schickte ein einsamer Menschikow, der sich auf einem Feldzug befand, Darja fünf Zitronen, soviele, wie er hatte auftreiben können, und meinte, sie solle sie mit dem Zaren teilen. Als Peter an Menschikow schrieb und ihm für die Zitronen dankte, forderte er ihn gleichzeitig auf, nach Kiew zu kommen. »Es ist unbedingt notwendig, daß Du zum Himmelfahrtstag kommst, damit noch vor meiner Abreise das erledigt werden kann, was wir schon ausführlich besprochen haben.«[8] Die Angelegenheit, auf der Peter so dringlich bestand, war Menschikows Verehelichung mit Darja, die ihm schon eine Zeitlang am Herzen gelegen hatte. Er hatte Menschikow schon von St. Petersburg aus geschrieben und ihn gedrängt: »Du weißt ja, daß wir wie im Paradies leben; aber ein Gedanke geht mir nicht aus dem Kopf. Ein Gedanke, von dem Du weißt, daß ich im Hinblick auf ihn mein Vertrauen nicht in menschlichen Willen, sondern in göttlichen Willen und göttliche Gnade setze.«[9] Wiederholt hatte ihm Menschikow versprochen zu heiraten, aber immer wieder hatte er die Hochzeit verschoben.

Peter drängte deswegen so sehr auf Menschikows Heirat, weil er die Beziehungen zwischen seinem Freund und Darja wie zwischen sich und Katharina in Ordnung bringen wollte. Das würde das Gerede über die beiden Männer, die mit zwei ledigen Frauen schamlos in ganz Rußland herumzogen, aus der Welt schaffen. Freilich konnte eine Hochzeit zwischen Menschikow und Darja allein dieses Gerede nicht gänzlich zum Schweigen bringen, dazu hätte es auch einer Verheiratung Peters mit Katharina bedurft, die ihm laufend Kinder gebar. Aber Peter zögerte zunächst noch vor einem solchen Schritt, da Jewdokija noch lebte. Nichtsdestoweniger wäre Menschikows Heirat ein erster Schritt gewesen: Darja wäre eine geachtete Ehefrau geworden, in deren Begleitung Katharina hätte reisen können, ohne Anstoß zu erregen. Im August 1706 gab Menschikow schließlich nach, und Darja wurde ihm eine Ehefrau, die seine Gedanken und Sorgen teilte, für seine Bequemlichkeit sorgte und ihn auf seinen Reisen und Feldzügen begleitete, wann immer es ihr möglich war.

Sobald Menschikow verheiratet war, zog auch Peter seine Eheschließung mehr und mehr in Betracht. Sie brachte in vieler Hinsicht mehr Risiken als Vorteile mit sich. Die konservativen Russen würden ihren Zaren für verrückt halten, wenn er ein ungebildetes ausländisches Bauernmädchen heiratete. Konnte Peter seinen Untertanen in einer Zeit nationaler Krisen, in der er von ihnen schwerste Opfer für den Staat forderte, eine solche Schmach zumuten, ohne ernste Spaltungen heraufzubeschwören? Peter schob schließlich alle diese Einwände, so schwerwiegend sie waren, beiseite, da er Katharina, diese außergewöhnliche Frau, brauchte, und heiratete sie im November 1707, fünfzehn Monate nach Menschikows Hochzeit. Die Zeremonie fand in aller Stille in St. Petersburg statt, ohne all den Aufwand, der die Hochzeit des Zarewitsch begleitet hatte. Obwohl ihm Katharina inzwischen fünf Kinder geboren hatte, hielt Peter seine Verehelichung vor dem Volk und sogar vor seinen Ministern und einigen Mitgliedern seiner Familie geheim.

Katharina war mit diesem Status zufrieden (überhaupt hat sie ihren erstaunlichen Aufstieg in keiner Phase forciert), aber als sie Peter immer mehr Kinder gebar und sich seiner Zuneigung zunehmend ergab, machte sich dieser doch Gedanken um ihre Stellung an seiner Seite. Im März 1711, bevor er mit Katharina zum Pruth-Feldzug gegen die Türken aufbrach, rief er seine Schwester Natalja und seine Schwägerin Praskowaja sowie zwei ihrer Töchter zu sich. Er stellte ihnen Katharina vor, sagte ihnen, sie sei seine Frau und solle fortan als russische Zarin betrachtet werden. Er wolle sie in aller Öffentlichkeit heiraten, sobald er könne; aber auch wenn er vorher zu Tode kommen werde, sollten seine Verwandten sie als seine legale Witwe anerkennen.

Peter hielt sein Wort und heiratete Katharina im Februar 1712 ein zweites Mal. Diesmal mit Pauken und Trompeten, in Anwesenheit des diplomatischen Korps, mit einem Feuerwerk und einem großartigen Bankett. Vor dem Hochzeitszeremoniell war Katharina in einer öffentlichen Feier in die russische Kirche aufgenommen und getauft worden, wobei ihr Stiefsohn, Zarewitsch Alexei, als Taufpate fungierte. Von da an hieß Peters Frau, öffentlich zur Zarin erklärt, Katharina Alexejewna.

Katharina besaß Eigenschaften, die Peter bei keiner anderen Frau gefunden hatte. Sie war warmherzig, heiter, mitfühlend, gütig, großzügig und anpassungsfähig, angenehm im Umgang, von robuster Gesundheit und großer Vitalität. Von allen Freunden Peters konnten Menschikow und sie am ehesten mit der phänomenalen Energie und Dynamik des Zaren mithalten. Katharina verfügte über eine unverbildete Intelligenz, mit der sie Schmeicheleien und Täuschungen unverzüglich durchschaute. Ihre Sprache war wie die des Zaren schlicht, direkt und ehrlich. Im privaten Umgang durfte allein sie, mit ihrem verspielten Humor, Peter als großen Jungen behandeln. In der Öffentlichkeit hielt sie sich taktvoll im Hintergrund. Intelligent und liebevoll genug, verstand sie Peters Charakter und die Last, die er zu tragen hatte. In ihrer Gutmütigkeit war sie nie gekränkt, wie düster seine Stimmungen oder wie beleidigend sein Verhalten auch sein mochten. Alexander, der Schwiegersohn Patrick Gordons, erklärte einmal: »Der Hauptgrund, warum der Zar sie so liebte, war ihr außerordentliches Naturell; man sah sie nie gereizt oder in schlechter Laune; sie war zuvorkommend und freundlich gegenüber allen und vergaß nie, aus welchen Verhältnissen sie stammte.«[10]

Besser als sonst irgend jemand konnte Katharina mit Peters krampfartigen Anfällen umgehen. Wenn erste Symptome erkennbar wurden, pflegten die Begleiter des Zaren sofort nach ihr zu rufen. Sie kam dann unverzüglich, legte ihn in bestimmter Weise nieder, nahm seinen Kopf in ihren Schoß und streichelte sanft über sein Haar und seine Schläfen, bis das Zucken nachließ und Peter einschlief. Während er schlief, saß sie stundenlang still da, hielt seinen Kopf in ihrem Schoß und streichelte ihn behutsam, wenn er sich rührte. Danach erwachte Peter jedesmal ganz erholt. Doch er brauchte sie weit mehr als nur zur Krankenpflege. Die Qualitäten ihres Geistes und ihres Herzens waren derart, daß sie ihn nicht nur beruhigen, unterhalten und lieben konnte, sondern daß sie auch an seinem Innenleben teilnahm, mit ihm über ernste Dinge sprach, über Ansichten und Pläne mit ihm diskutierte und seine Hoffnungen und Bestrebungen ermutigte. Nicht nur, daß ihre Gegenwart ihn beruhigte und erheiterte, das Gespräch mit ihr verlieh ihm auch die Ausgeglichenheit, die er so nötig hatte.

Peter hat sich eigentlich nie sehr für das Besondere und Geheimnisvolle im Wesen der Frau interessiert. Er hatte nicht die Zeit, um, wie Ludwig XIV., mit feinen und geistreichen Damen bei Hof zu tändeln, und er war viel zu sehr durch Kriege und Regierungsgeschäfte in Anspruch genommen, um sich auf ausgedehnte erotische Eroberungszüge begeben zu können, wie etwa August von Sachsen-Polen. Auch nach seiner Heirat mit Katharina hatte Peter gelegentlich Mätressen, die ihm aber nicht nahekamen und nichts bedeuteten. Wirklich geliebt hat Peter nur vier Frauen: seine Mutter, seine Schwester Natalja, Anna Mons und Katharina. Unter diesen hatten seine Mutter und Katharina den Vorrang; Katharina wohl hauptsächlich deswegen, weil es ihr gelang, so etwas wie seine zweite Mutter zu werden. Die unbedingte und vorbehaltlose Liebe, die sie Peter schenkte, war wie die einer Mutter: verläßlich auch dann, wenn sich das Kind sehr schlimm aufführte. Aus diesem Grund vertraute er ihr vollständig. Ähnlich wie Natalja Naryschkina oder, in geringerem Maße, Lefort, die ihn ebenfalls vorbehaltlos liebten, konnte sich Katharina ihm auch in Augenblicken unbeherrschbarer Wut nähern, um ihn zu beruhigen und zu besänftigen. In ihren Armen konnte Peter wahrhaft friedliche Nächte verbringen. Oft, vor allem in den frühen Jahren ihrer Beziehung, erscheint sie in seinen Briefen als »Moder« oder »Moeder«. Später wurde sie seine Katharinuschka. Und so nahm sie im Herzen und Leben Peters allmählich einen immer größeren Platz ein. Wenn Peter ihr gelegentlich mit irgendeiner jungen Schönheit untreu war, blieb Katharina, im Wissen um ihre Unentbehrlichkeit, ruhig und selbstsicher und – lächelte.

Die Liebe und Kameradschaft, in der die beiden miteinander lebten, ebenso wie Katharinas Kraft und Ausdauer zeigten sich in den zwölf Kindern, sechs Söhnen und sechs Töchtern, die Katharina zur Welt brachte. Zehn dieser

Kinder starben: drei in frühen Jahren, zwei oder eins bereits nach wenigen Monaten. Es ist ergreifend, ihre Namen und Lebensdaten nachzulesen, denn Peter und Katharina verwendeten mehrfach dieselben Namen, in der Hoffnung, daß der neugeborene kleine Peter oder Paul oder die kleine Natalja mehr Glück haben würden als der gestorbene Bruder oder die gestorbene Schwester gleichen Namens.[11] Die zwei Kinder, die als einzige das Erwachsenenalter erreichen sollten, waren Anna, geboren 1708, spätere Herzogin von Holstein und Mutter Zar Peters III., sowie Elisabeth, geboren 1709, Zarin von Rußland von 1740 bis 1762. Wenn auch der Tod von Kindern damals ein ganz normaler Vorgang war, so erleichterte diese Tatsache doch nicht den Schmerz einer Mutter, die so oft Schwangerschaft, Geburt, frühe Hoffnungen und dann ein Begräbnis erleben mußte.

In jedem Lebensbereich war Katharina das Gegenteil einer Terem-Prinzessin. Indem sich ihre physische Stärke mit dem starken Wunsch verband, ihrem Gebieter stets nahe zu sein, reiste sie mit Peter fortwährend durch Rußland, nach Polen, Deutschland, Kopenhagen und Amsterdam. Zweimal – zuerst im Feldzug gegen die Türken am Pruth und dann gegen die Perser am Kaspischen Meer – begleitete sie Peter in den Krieg und erduldete ohne Klagen die Mühen des Marsches und die lärmende Gewalttätigkeit der Schlachten. Es machte ihr nichts aus, zwei oder drei Tage auf einem Pferderücken zu sitzen, in einem Zelt auf bloßem Boden zu schlafen, in nächster Nähe den Donner des Artilleriefeuers zu hören oder sogar zu erleben, wie eine Kugel einen ihrer Bediensteten traf.

Weder prüde noch empfindlich, war sie eine Begleiterin, die Peter selbst bei seinen Trinkgelagen an seiner Seite wissen wollte. Andererseits war sie aber auch nicht so hart und männlich, daß ihr frauliche Interessen völlig fehlten. Sie lernte tanzen und führte die kompliziertesten Schritte präzise und anmutig aus; ein Talent, das sie ihrer Tochter Elisabeth vererbte. Katharina liebte Kleider und schmückenden Pomp. Sie konnte Peters Soldatenweib sein und in einem Zelt schlafen, aber sobald der Feldzug vorüber war, trug sie gern Juwelen und prachtvolle Roben und schätzte es, in Palästen zu leben. Peters eigener Geschmack war dagegen schlicht; je kleiner sein Haus und je niedriger dessen Decke, desto glücklicher fühlte er sich. Die Paläste und Gärten in St. Petersburg, in Peterhof und in Reval baute er für Katharina. Dort, an ihrem Hof, genügten dann die einfachen, mit schlichter Borte verzierten Tuniken nicht, die Peter sonst trug. Katharinas Höflinge gingen in Samt und Seide, in Brokat, mit Gold und Silber bestickt, mit zarten Spitzenrüschchen an den Ärmeln und Knöpfen aus Diamanten und Perlen. Die meisten Porträts von Katharina entstanden nach ihrem dreißigsten Lebensjahr, als sie bereits offiziell zur Zarin erklärt worden war. Sie zeigen eine kräftige Frau mit weißem Busen, tiefschwarzem Haar, dunklen, mandelförmigen Augen, dichten Augenbrauen und einem einnehmenden, wohlgeformten Mund. Gewöhnlich trägt sie ein Diadem aus Perlen und Rubinen, ein Brokatgewand, das mit Spitzen eingefaßt ist, einen mit Hermelinschwänzen besetzten wallenden Umhang, wie zufällig von der rechten Schulter geglitten, sowie die rote Schärpe des St.-Katharinen-Ordens, den Peter ihr zu Ehren gestiftet hatte. Trotz ihrer Liebe zur Prunkentfaltung machte Katharina aus ihrer niedrigen Herkunft jedoch nie ein Hehl. Noch als Peters Frau und Zarin pflegte sie sich vor ausländischen Hoheiten stets zu verbeugen.

8   Die Hand des Autokraten

Während der ersten Kriegsjahre – eigentlich sogar bis zum Ende seiner Herrschaft – war Peter ständig unterwegs. Neun Jahre lagen zwischen den Schlachten von Narwa und Poltawa; und in dieser Zeit hielt sich der Zar nie mehr als drei Monate an einem Ort auf. Bald war er in Moskau, bald in St. Petersburg, bald in Woronesch – dann unterwegs nach Polen, nach Litauen und Livland. Peter reiste unentwegt; er inspizierte, organisierte, ermutigte, kritisierte und gab Befehle, überall, wohin er kam. Sogar in seinem geliebten St. Petersburg hastete er von einem Haus zum anderen in verschiedenen Teilen der Stadt. Wenn er sich länger als eine Woche unter einem Dach aufhielt, wurde er unruhig. Er ließ seine Kutsche kommen, um zu sehen, wie ein bestimmtes Schiff gebaut wurde, wie die Arbeiten an einem Kanal vorangingen oder was sich im neuen Hafen von St. Petersburg oder Kronstadt tat. Indem er über die riesigen Entfernungen seines Reichs hin- und herreiste, brach er vor den Augen seines erstaunten Volkes mit allem bisher Dagewesenen. Das altehrwürdige Bild eines entrückten Herrschers, gekrönt und unbeweglich auf den Thron gesetzt, entsprach nicht mehr jenem schwarzäugigen, bartlosen Riesen, der einen grünen deutschen Rock, einen schwarzen Dreispitz und hohe lehmbespritzte Stiefel trug, der aus seiner Kutsche auf die schmutzigen Straßen einer russischen Stadt trat und Bier für seinen Durst, ein Bett für die Nacht und frische Pferde für den nächsten Morgen verlangte.

Das Reisen über Land war zu jener Zeit eine Zumutung fürs Gemüt und eine Qual für den Körper. Russische Straßen waren wenig mehr als ausgefahrene Wagenspuren über Wiesen oder durch Wälder. Man überquerte Flüsse über halb verfallene Brücken, mit primitiven Fähren oder durch seichte Furten. Die Menschen, denen man begegnete, waren verarmt, ängstlich und manchmal feindselig. Im Winter strichen Wölfe durch die Gegend. Des Schlammes und der Schlaglöcher wegen kamen die Kutschen nur langsam vorwärts und brachen oft zusammen. Auf manchen Strecken konnte man an einem Tag höchstens acht Kilometer zurücklegen. Gasthäuser waren selten, und die Reisenden suchten sich Quartier bei Privatleuten. Pferde waren schwer aufzutreiben, selbst wenn der Kutscher aufgrund einer amtlichen Anweisung einen Anspruch darauf hatte. Gewöhnlich konnte man die Tiere auch nicht für mehr als etwa fünfzehn Kilometer einsetzen, danach mußten sie abgeschirrt und ihrem Besitzer zurückgeschickt werden, während der Reisende und sein Kutscher sich um neue Tiere bemühten. Unter solchen Umständen wurde eine Reise oft durch unerwartete Aufenhalte unterbrochen.

Als St. Petersburg als Stadt bedeutender wurde, gab Peter den Befehl, eine neue, achthundert Kilometer lange Straße zwischen der neuen Metropole und der alten Hauptstadt Moskau anzulegen. Eine Reise zwischen diesen beiden Städten dauerte vier bis fünf Wochen. In späteren Jahren seiner Regierung verlangte der Zar den Bau einer kürzeren Verbindungsstraße entlang der Route der heutigen Eisenbahnverbindung. Sie hätte die Reiseentfernung um hundertsechzig Kilometer verkürzt. Rund hundertdreißig Kilometer der neuen Landstraße waren bereits fertiggestellt, als man das Projekt wieder aufgab: Seen, Sümpfe und Wälder im Gebiet um Nowgorod bildeten eine unüberwindliche Barriere.

Es wäre unfair zu behaupten, daß im frühen 18. Jahrhundert sich nur russische Straßen in einem solchen Zustand befanden. 1703 dauerte eine Fahrt von London nach Windsor – vierzig Kilometer – vierzehn Stunden. Und obwohl man in Westeuropa um diese Zeit die Postkutschen einführte und alle größeren Städte berühmte und bequeme Gasthäuser besaßen (wie Wien den »Goldenen Ochsen«), waren doch Reisen über Land noch immer mit großen Schwierigkeiten verbunden. Wollte jemand im Winter, um von Wien nach Venedig zu gelangen, die Alpen überqueren, mußte er einen Teil des Weges neben der Kutsche durch tiefen Schnee waten.

Der Unterschied zwischen Rußland und Westeuropa lag weniger in der fürchterlichen Beschaffenheit der Straßen als vielmehr in der Wildheit und Weite des umgebenden Landes. Anfang April 1718 brach Friedrich Weber, der hannoveranische Gesandte in Rußland, von Moskau nach St. Petersburg auf. »Wir mußten mehr als zwanzig Flüsse überqueren, an denen es weder Brücken noch Fähren gab«, schrieb er. »Wir mußten uns, so gut es ging, selbst Flöße bauen, denn die Landbevölkerung, die hier nicht gewöhnt ist, Reisende zu sehen, war bei unserer Ankunft mit Kindern und Pferden in die Wälder geflohen. Mein ganzes Leben lang hatte ich keine schwierigere Reise, und sogar einige andere Leute aus unserer Gesellschaft, die bereits einen großen Teil der Welt bereist hatten, erklärten, sie hätten noch niemals ähnliche Beschwerlichkeiten auf sich nehmen müssen.«[1]

Wegen der Schwierigkeiten, auf Straßen zu reisen, bemühten sich die Russen eifrig um die Alternativen: Reisen zu Wasser oder über den Schnee. Die großen Flüsse Rußlands waren schon immer Hauptverkehrswege für den internationalen Handel. Schiffe und Lastkähne beförderten Getreide, Bauholz und Flachs über die breiten Wasser der Wolga, des Dons, des Dnjepr, der Düna und, später, der Newa. Reisende von und nach Westeuropa wählten oft den Weg übers Meer. Bevor der Zugang zur Ostsee für sie offen war, segelten russische Gesandte von Archangelsk aus nach Westeuropa; Eisberge und Stürme auf dem Nördlichen Eismeer waren für sie weniger abschreckend als die Unbequemlichkeiten einer Landreise.

Im Rußland Peters des Großen war es am beliebtesten, im Winter per Schlitten zu reisen. Zuerst kam der Frost und machte die vom Herbstregen aufgeweichten Straßen wieder fest; dann bedeckte der Schnee das Land mit einer glatten, rutschigen Decke, über die ein Pferd einen Schlitten doppelt so schnell ziehen konnte wie eine Kutsche über die schlechten Wege im Sommer. Stahlhart gefrorene Flüsse und Seen wurden im Winter zu Schnellstraßen zwischen Städten und Dörfern.

»Schlittenfahrten sind gewiß die bequemsten und schnellsten Beförderungsmöglichkeiten, sowohl für Menschen wie für Güter«, schrieb John Perry. »Die Schlitten, leicht und bequem gebaut, ohne Mühe für die Pferde, gleiten weich und leicht über Schnee und Eis.«[2] Ein Transport auf Kufen kostete damals nur ein Viertel von dem, was für eine Fahrt auf Rädern gezahlt werden mußte. Deshalb stapelten die russischen Kaufleute ihre Waren im Herbst und warteten auf den Winter, um sie dann zu den Märkten zu transportieren. Sobald sich der Schnee übers Land gelegt hatte, belud man die Schlitten, die täglich zu Tausenden in Moskau ankamen, Pferde und Fahrer, mitten im Getriebe der Stadt, in dampfenden Atem gehüllt.

Draußen auf dem Land waren die Hauptrouten durch hohe rotbemalte Pfosten und durch Alleebäume markiert. »Diese Pfosten und Bäume sind sehr hilfreich«, bemerkte ein holländischer Reisender, »denn im Winter wäre es äußerst schwierig, ohne sie den Weg zu finden, da alles mit Schnee bedeckt ist.«[3] Auf Peters Befehl hatte man alle zwanzig oder fünfundzwanzig Kilometer ein Gasthaus gebaut, das den Reisenden Schutz bieten sollte.

Adelige und hochgestellte Persönlichkeiten reisten in geschlossenen Schlitten, die eigentlich kleine Kutschen waren. Rot, grün und golden bemalt, hatte man sie auf Kufen statt auf Räder montiert und zwei, vier oder sechs Pferde davorgespannt. Auf langen Reisen wurden diese Kutschenschlitten zu gleitenden Kokons, aus denen sich die Reisenden erst am Ziel ihrer Fahrt »entpuppten«. Friedrich Christian Weber hat eine solche Reise beschrieben:

»Es wäre unmöglich für einen Reisenden, die ungeheure Kälte in Rußland zu ertragen, gäbe es nicht die bequeme Einrichtung ihrer Schlitten. Der obere Teil des Schlittens ist so dicht verschlossen, daß nicht der geringste Luftzug eindringt. Auf beiden Seiten gibt es jeweils ein kleines Fenster und zwei Borde, auf denen Eßvorräte und Bücher zum Zeitvertreib aufbewahrt werden können. Oben an der Decke hängt eine Laterne mit Wachskerzen, die man bei Anbruch der Dunkelheit anzündet. Im unteren Teil des Schlittens liegen warme Decken, in denen sich der Reisende Tag und Nacht eingehüllt hält. Seine Füße stellt er auf erwärmte Steine oder auf ein Zinngefäß mit warmem Wasser, die das Innere des Schlittens warmhalten und einen daneben angebrachten Behälter für Wein und Branntwein gegen Frost schützen.«[4]

In dieser Art Schlitten reiste Peter, bei häufigem Pferdewechsel, manchmal bis zu hundertsechzig Kilometer am Tag.

Im Schlitten, in der Kutsche oder auf dem Pferderücken, im Schleppkahn oder im Schiff fuhr er kreuz und quer durch Rußland. »Er ist zwanzigmal mehr gereist als irgendein Fürst auf der gesamten Welt vor ihm«[5], schrieb Perry. Trotz seiner Ruhelosigkeit reiste er nicht um des Reisens willen; das Reisen war vielmehr seine Methode, zu regieren. Immer wollte er sehen, was vorging und ob man seine Befehle auch ausführte. Er kam, inspizierte, erließ neue Befehle und fuhr weiter. In holpernden Kutschen mit ungenügender Federung auf zerfurchten und löchrigen Straßen unterwegs, den Körper durchgerüttelt, mit dem Rücken gegen den Sitz geworfen, den Kopf sich dösend an den Wänden stoßend, mit Armen und Ellbogen die Reisegefährten rempelnd, der Lärm der knirschenden Räder und das Geschrei der Kutscher – das war Peters Leben, Stunde um Stunde, Tag um Tag, Woche um Woche.

Die Regierungsverwaltung litt verständlicherweise unter dieser ständigen Unrast des Zaren, der nur selten in seiner Hauptstadt anwesend war. Viele Gesetze Rußlands waren Dekrete, die er entweder in seiner Kutsche oder in den Häusern und Gasthäusern, in denen er nächtigte, mit eigener Hand auf braunes Papier niederschrieb. Jedesmal, wenn er sich ernsthaft an Verwaltungsarbeiten machte, rief ihn ein Krieg oder zog ihn sein dringender Wunsch, seine Schiffe zu sehen, von der Arbeit weg. Inzwischen schleppte sich in Moskau, dem nominellen Regierungssitz bis zur Schlacht von Poltawa, der bürokratische Apparat der Zentralregierung so dahin. Dort kam es allmählich zu einer Anzahl von Veränderungen in der Struktur der Regierung. Die alte amtliche Hierarchie von Bojaren und weniger hochgestellten Adeligen verlor mehr und mehr an Bedeutung; die Peter am nächsten stehenden Männer – Menschikow etwa – wurden erst gar nicht mehr zu Bojaren ernannt. Menschikow war Fürst des Heiligen Römischen Reiches und trug diesen Titel auch in Rußland. Peters übrige enge Mitarbeiter erhielten die westlichen Titel eines Grafen oder eines Barons; und auch alte Bojaren wie Scheremetew und Golowin ließen sich jetzt lieber Graf Scheremetew und Graf Golowin nennen. Die Regierungsbeamten erhielten neue westliche Amtstitel wie Kanzler, Vizekanzler und Geheimrat.

Doch nicht nur die Titel, auch ihre Inhaber veränderten sich. Als Fjodor Golowin, der Lefort im Amt des General-Admirals nachgefolgt war und auch als Kanzler und Außenminister amtierte, 1706 im Alter von fünfundfünfzig Jahren an einem Fieber starb, teilte der Zar seine Titel und seine Aufgaben auf: Fjodor Apraxin wurde General-Admiral, Gawriil Golowkin übernahm das Außenministerium und wurde nach der Schlacht von Poltawa Kanzler, Peter Schafirow wurde Vizekanzler. Apraxin hatte einflußreiche verwandtschaftliche Beziehungen: Er stammte aus einer alten Bojarenfamilie und war gleichzeitig der Bruder von Zar Fjodors Witwe, der Zarin Martha. Er war ein derber, herzlicher Mann, der einen enormen Stolz besaß und sich von niemandem beleidigen ließ, nicht einmal vom Zaren. Apraxin diente Peter in vielfältiger Weise: Als General, als Gouverneur, als Senator. Seine wirkliche Liebe jedoch – und das war selten bei Peters Untertanen –

galt der Marine. Er wurde der erste russische Admiral und kommandierte die neue russische Flotte, als sie in der Schlacht von Hangö ihren ersten größeren Sieg davontrug.

Golowkin war besonnener und berechnender, aber auch er diente Peter sein Leben lang in treuer Ergebenheit. Er war, als Sohn eines hohen Beamten unter Zar Alexei, Page am Hof und wurde mit siebzehn »Schlafzimmer-Kavalier« des fünfjährigen Peter. Bei der Schlacht von Narwa zeigte Golowkin große Tapferkeit und erhielt dafür den St.-Andreas-Orden. Fast die gesamte Korrespondenz mit russischen Diplomaten im Ausland war an ihn adressiert und von ihm unterzeichnet (wenngleich Peter die hinausgehenden Anweisungen auch oft selbst las und verbesserte). Golowkins Porträt zeigt ein gutaussehendes, intelligentes Gesicht, eingerahmt von einer eleganten Perücke; es verrät freilich nichts von dem Geiz, für den er berüchtigt war.

Der interessanteste der drei obersten Statthalter des Zaren war Peter Schafirow. Aus kleinen Verhältnissen kommend, wurde er 1710 Rußlands erster Baron. Er stammte aus einer jüdischen Familie, aus dem polnischen Grenzgebiet nahe Smolensk, doch war sein Vater zur Orthodoxie übergetreten und hatte eine Anstellung als Übersetzer im russischen Außenministerium gefunden.[6] Peter Schafirow ging anfangs denselben beruflichen Weg; er diente als Übersetzer bei Fjodor Golowin, den er auch auf der Großen Gesandtschaft begleitete. Seine Kenntnisse in den westeuropäischen Sprachen einschließlich Latein und seine Geschicklichkeit im Abfassen diplomatischer Dokumente ließen ihn 1704 zum Privatsekretär, 1706 zum Direktor des Auswärtigen Amtes unter Golowkin und 1709 zum Vizekanzler aufsteigen. Schließlich erhielt er ein Baronat und wurde 1719 mit dem St.-Andreas-Orden ausgezeichnet. Schafirow war ein gewichtiger Mann mit weisen und aufmerksamen Augen, einem zufriedenen Lächeln und einem Doppelkinn. Im Laufe der Jahre entwickelten er und Golowin einen gegenseitigen Haß aufeinander, doch Peter, der sie beide benötigte, zwang sie, auf ihrem Posten zu bleiben. Ausländische Diplomaten respektierten Schafirow. »Es stimmt, er hat ein sehr heftiges Temperament«, sagte einer von ihnen, »aber man konnte sich immer voll auf sein Wort verlassen.« Auch in der Benennung der Ämter traten Veränderungen ein. Es gab neuerdings ein Marineministerium, ein Artillerieministerium und ein Bergwerksministerium. Die Beamten an der Spitze wurden jetzt Minister genannt und erledigten die laufenden Regierungsgeschäfte. Die meisten Petitionen, die früher an den Zaren persönlich gerichtet wurden, gingen nun an das spezielle Ministerium beziehungsweise an den jeweiligen Minister. Peter kam dahinter, daß während seiner Abwesenheit die Mitglieder des alten Bojarenrates, die inzwischen Staatsräte hießen, sehr oft den Ratssitzungen fernblieben. Wenn der Zar dann später von den Räten gefällte Entscheidungen kritisierte, konnte man ihnen keine Vorwürfe machen, weil sie, wie sie sagten, an den betreffenden Beratungen gar nicht teilgenommen hatten. Peter verlangte deshalb für die Zukunft pünktliches Erscheinen zu allen Sitzungen und verfügte außerdem, daß alle Entscheidungen von jedem anwesenden Mitglied unterschrieben werden mußten. Diese Dokumente wurden – zusammen mit den Sitzungsprotokollen und mit anderen wichtigen Papieren – durch Kuriere dem Zaren zugeleitet, wo immer er sich gerade aufhielt.

Um alle diese Dokumente bearbeiten zu können, ließ sich Peter stets durch eine mobile persönliche Kanzlei begleiten, der sein Kabinettssekretär Alexei Makarow vorstand. Makarow, ein talentierter und bescheidener Mann aus dem Norden, war aufgrund persönlicher Verdienste von einem niedrigen Posten im Zivildienst der Provinz in diese Schlüsselstellung der Regierung Peters aufgestiegen. Es war nicht seine Aufgabe, Peter zu beraten; er mußte nur dafür sorgen, daß dem Zaren alle wichtigen Angelegenheiten rechtzeitig und zum bestgeeigneten Zeitpunkt vorgelegt wurden. Bei dieser Aufgabe, die großen Takt und viel Geschick erforderte, wurde Makarow durch einen jungen Deutschen, Andrei Ostermann, unterstützt. Ostermann, der Sohn eines lutherischen Pastors, fungierte als Übersetzer der Korrespondenz zwischen dem Zaren und den ausländischen Höfen. Später sollte Ostermann eine noch viel bedeutendere Funktion wahrnehmen.

Die meisten Regierungsaufgaben jener Jahre betrafen den Krieg und die Steuern. Auch Peters Dekrete und sein ständiges Herumreisen im Land galten fast ausschließlich der Rekrutierung von Soldaten oder dem Eintreiben von Geldern. Die Geldforderungen des Zaren waren unermeßlich. Im Rahmen eines seiner Versuche, neue Einkommensquellen zu erschließen, wurden 1708 Steueroffiziere eingesetzt, die sich neue Methoden der Besteuerung auszudenken hatten. Sie erhielten den ausländischen Namen »Fiskalier«. Ihr äußerst erfolgreicher Chef war Alexei Kurbatow, ein ehemaliger Leibeigener Scheremetews, der bereits durch den Vorschlag, für alle gesetzlichen Dokumente amtliches Papier vorzuschreiben, Peters Aufmerksamkeit erregte. Unter Kurbatow und seinen einfallsreichen, gebührend gehaßten Kollegen wurden eine ganze Reihe von menschlichen Aktivitäten mit neuen Steuern belegt. Es gab nun eine Steuer auf Geburten, Eheschließungen, Beerdigungen und die Beglaubigung von Testamenten. Es gab Steuern auf Weizen und Talg. Pferde wurden besteuert, Pferdehäute und Kummete. Es gab eine Hutsteuer und eine Steuer auf Lederstiefel. Die Bartsteuer wurde systematisiert und forciert und durch eine Steuer auf Schnurrbärte erweitert. Eine zehnprozentige Abgabe wurde auf den Preis jeder Droschkenfahrt erhoben. In Moskau besteuerte man die Häuser und in ganz Rußland die Bienenstöcke. Es gab eine Bettsteuer, eine Badesteuer, eine Gasthaussteuer; eine Steuer auf Küchenkamine und auf das Holz, das man in ihnen verbrannte. Nüsse, Melonen, Gurken wurden besteuert. Ja, es gab sogar eine Steuer auf Trinkwasser.

Gold floß auch aus einer immer größeren Zahl staatlicher Monopole. Diese Einrichtung, bei der der Staat die vollständige Kontrolle von Produktion und Verkauf einer Ware an sich zog, wobei er die Preise festsetzte, wie es ihm paßte, galt für Alkohol, Harz, Teer, Fischöl, Kalk, Pottasche, Rhabarber,

Würfel, Schachfiguren, Spielkarten und die Häute sibirischer Füchse, Hermeline und Zobel. Die russische Regierung nahm auch das Flachsmonopol zurück, das sie englischen Kaufleuten garantiert hatte. Das Tabakmonopol, das Peter 1698 an Lord Carmarthen in England verkauft hatte, wurde abgeschafft. Die Särge aus massiver Eiche, in denen reiche Moskowiter elegant die ewige Seligkeit verbrachten, wurden vom Staat konfisziert, der sie um das Vierfache des ursprünglichen Preises wiederverkaufte. Das für den Staat einträglichste und für das Volk bedrückendste von allen Monopolen war jedoch das Salzmonopol. Im Jahr 1705 per Dekret eingeführt, legte es den Verkaufspreis des Salzes auf das Doppelte dessen fest, was der Staat dafür bezahlte. Bauern, die diesen hohen Preis nicht zahlen konnten, erkrankten oft an Salzmangel und starben.

Um die Verwaltung der wild wuchernden Masse des Reiches zu straffen und die Effektivität der Steuereinzieher zu steigern, teilte Peter Rußland 1708 in acht riesige Gouvernements ein und betraute seine engsten Freunde mit deren Verwaltung. Das Moskauer Gouvernement wurde dem Bojaren Tichon Streschnew anvertraut, St. Petersburg ging an Menschikow, Kiew an Fürst Dimitri Golizyn, Archangelsk an Fürst Peter Golizyn, Kasan an den Bojaren Peter Apraxin, Asow an Admiral Fjodor Apraxin, Smolensk an den Bojaren Peter Saltykow und Sibirien an Fürst Matthäus Gagarin. Jeder Gouverneur war für alle militärischen und zivilen Angelegenheiten in seiner Region verantwortlich, insbesondere aber für die Beschaffung von Steuern. Da einige der »Gouverneure« entweder in Moskau lebten, also weitab von ihren Provinzen, oder noch andere, mit ihrem Gouverneursamt kollidierende Aufgaben wahrzunehmen hatten (Menschikow befand sich gewöhnlich beim Heer), ließ ihre Autorität unglücklicherweise viel zu wünschen übrig.

Dessenungeachtet: man strengte sich an. Die Gouverneure kommandierten; die »Fiskalier« dachten sich immer neue Steuern aus, die Steuereinzieher zogen die Schrauben bis zum Äußersten an, und das Volk schuftete. Aber man konnte nun einmal nicht mehr Geld aus den Bauern herauspressen. Nur eine Entwicklung von Handel und Industrie konnte weitere Einnahmen bringen. Peter, der die erfolgreichen Methoden englischer und holländischer Handelsgesellschaften in Rußland sah, befahl den Moskauer Kaufleuten, ähnliche Zusammenschlüsse einzugehen. Anfangs machten sich die Holländer Sorgen, ihr eigenes effizientes Handelssystem werde dadurch gefährdet, aber sie merkten bald, daß ihre Befürchtungen unbegründet waren. »Was das Handelsgeschäft betrifft«, schrieb der holländische Gesandte beruhigend nach Holland, »so hat sich die Angelegenheit von selbst erledigt. Die Russen wissen nicht, wie sie ein so kompliziertes und schwieriges Unternehmen in Angriff nehmen sollen.«[7]

Wie sehr sich das Volk auch abmühte, Steuern und Monopole brachten Peter nicht genug ein. Die erste Bilanz über die Staatsfinanzen, die 1710 veröffentlicht wurde, wies Einnahmen von 3 026 128 Rubel und Ausgaben von 3 834 418 Rubel auf, es gab also ein Defizit von über 808 000 Rubel. Dieses

Geld wurde überwiegend für Kriege ausgegeben. Die Arme erhielt 2161176 Rubel, die Flotte 444288 Rubel. Für die Artillerie und die Beschaffung von Munition gab man 221799 Rubel aus, für die Anwerbung von Rekruten 30000 Rubel und für den Ankauf sonstiger Waffen 84104 Rubel. Die Gesandtschaften kosteten 148031 Rubel, der Hof, das Gesundheitswesen, der Unterhalt von Gefangenen und verschiedene andere Posten 745020 Rubel.

Der Bedarf an Männern war ebenso enorm wie der an Geld. Zm Verlauf der neun Jahre zwischen Narwa und Poltawa zog Peter über dreihunderttausend Mann zum Heer ein. Etliche von ihnen wurden getötet und verwundet, aber der weitaus größte Teil der Ausfälle entstand durch Desertion. Für Peters ehrgeizige Bauprojekte wurden zusätzlich gewaltige Mengen von Bauern zur Zwangsarbeit eingezogen. Dreißigtausend Arbeiter wurden jährlich für Arbeiten an den Befestigungsanlagen von Asow und für die Errichtung des Marinehafens in Taganrog benötigt. Die Schiffswerften von Woronesch und die Arbeit an dem niemals fertiggestellten Don-Wolga-Kanal erforderten noch einmal Tausende. Und noch lange vor Poltawa verschlag der Bau von St. Petersburg mehr Menschen als alle anderen Projekte. Allein im Sommer 1707 ließ Peter durch Streschnet aus der Gegend um Moskau dreißigtausend Arbeiter nach St. Petersburg bringen.

Gegen diese noch nie dagewesenen Forderungen nach Geld und Menschen protestierte man in allen Bevölkerungsschichten. Zwar waren Unzufriedenheit und Klagen nicht neu in Rußland, aber die Menschen hatten bisher immer die Bojaren beschuldigt, wenn es schlecht ging, nicht aber den Zaren. Es war Peter selbst, der dieses Bild vom Zaren zerstört hatte. Das Volk hatte inzwischen begriffen, daß der Zar die Regierung war und daß dieser große Mann in den ausländischen Kleidern die Befehle gab, unter denen sie so hart zu leiden hatten.

Aber auch fernerhin hielten sich Unmutsäußerungen der Bevölkerung in Grenzen. Die neue Geheimpolizei mit Sitz in Preobraschenskoje hatte überall ihre Agenten, die aufpaßten und auf »Heftiges und ungehöriges Gerede« horchten. Solche spezielle Polizeiaufgaben waren zuerst von den Strelitzen wahrgenommen worden, die bis zu ihrer Auflösung für die öffentliche Ordnung zu sorgen hatten. Ihre Nachfolger als öffentliche Aufpasser wurden dann die Soldaten des Preobraschensker Regiments. Als die Garden in den Krieg gerufen wurden, schuf Peter eine neue Organisation, das »Geheime Büro«. Es erhielt im Jahre 1702 durch ein Dekret seine endgültige Form und die Gerichtsbarkeit über alle Verbrechen, insbesondere über Verrat »durch Wort oder Tat«. Es überrascht nicht, daß Peters Gefährte und Schein-Zar Fjodor Romodanowski zum Chef dieser neuen Einrichtung ernannt wurde. Primitiv, brutal und Peter vollkommen ergeben, verfolgte Romodanowski gnadenlos jede Spur von Verrat oder Rebellion. Ein dichtes Netz von allgegenwärtigen Lauschern und von Denunzianten gepaart mit Folterungen und Exekutionen waren die Mittel, mit denen Romidanowski und die Geheimpolizei ihre Auf-

gabe nur allzugut erfüllten: Selbst unter dem extremen Druck, den Steuerab-
nehmer und Rekrutierer für die Zwangsarbeit auf die Bevölkerung ausübten,
haben Fälle von Verrat »durch Wort und Tat« den Thron nie bedroht.
Aber die Bilanz dieser Jahre ist nicht nur Grausamkeit. Auf verschiedene
Weise bemühte sich Peter, die Gewohnheiten und Bedingungen russischen
Lebens zu verbessern. Er hob den Status der Frauen, indem er befahl, sie
dürften nicht länger im Terem eingeschlossen werden, sondern das Recht
haben, zusammen mit den Männern bei Festen und anderen gesellschaftlichen Gelegenheiten zugegen zu sein. Er schaffte das alte moskowitische
System der vorarrangierten Ehen ab, bei dem Braut und Bräutigam keine
Wahl hatten und sich vor den Hochzeitsfeierlichkeiten nicht einmal sahen.
Im April 1702 ordnete Peter zur Freude der Jugend an, daß Eheschließungen
zukünftig auf freiwilliger Basis zu erfolgen hätten, daß sich die Partner mindestens sechs Wochen vor ihrer Verbindung kennenlernen und völlig frei sein
sollten, einander gegebenenfalls auch abzulehnen, und daß das symbolische
Schwingen der Peitsche bei der Hochzeitsfeier durch einen Kuß des Bräutigams ersetzt werden sollte.
Peter untersagte die Tötung neugeborener mißgebildeter Kinder – es war
damals Sitte in Moskau, solche Kinder sofort nach der Geburt zu ersticken –,
und er ordnete an, daß solche Mißgeburten gemeldet werden mußten, damit
sich die Ämter um das weitere Leben dieser Kinder kümmern konnten. Er
verbot den uneingeschränkten Verkauf von Kräutern und Medikamenten
durch Straßenverkäufer und gab Befehl, sämtliche Heilmittel fortan nur
noch in Apotheken zu verkaufen. 1706 ließ er das erste öffentliche Hospital
in Moskau, am Ufer der Jausa, errichten. Um die Straßen sicherer zu machen, untersagte er das Tragen von Dolchen und spitzen Messern, die aus
Streitereien unter Betrunkenen auf den Straßen oft blutige Massaker entstehen ließen. Das Duellieren, weitgehend ein ausländischer Brauch, wurde
verboten. Um schließlich auch mit den Horden professioneller Bettler, die
Reisende auf allen Straßen belagerten, fertig zu werden, mußten Bettler zum
Betteln in Almosenhäuser gehen. Später ging er das Problem auch noch von
einer anderen Seite an, indem er jeden bestrafen ließ, der beim Almosenge-
ben erwischt wurde.
Um Ausländer für russische Dienste zu gewinnen, ließ Peter alle früheren
Gesetze, die das Recht zum freien Grenzübertritt einschränkten, außer Kraft
setzen. Alle Ausländer, in russischen Diensten wurden unter den persönlichen Schutz des Zaren gestellt, und jede gerichtliche Auseinandersetzung,
die sie betraf, sollte fortan nicht mehr nach russischem Recht und vor einem
russischen Gericht, sondern vor einem speziellen Gerichtshof nach römi-
schem Recht behandelt werden. Außerdem wurde allen Ausländern während ihres Rußlandaufenthaltes absolute Religionsfreiheit zugesagt. »Wir
werden keinen Zwang auf das Gewissen von Menschen ausüben und werden
jedem Christen gestatten, auf eigenes Risiko für sein Seelenheil zu sorgen«,
verkündete der Zar.[8]

Trotz der Ablenkungen durch den Krieg interessierte sich Peter auch weiterhin dafür, den Bildungshorizont seiner Untertanen zu erweitern. Die Schule für Mathematik und Navigation, die Henry Farquharson und zwei weitere Schotten 1701 in Moskau eingerichtet hatten, blühte und wurde von zweihundert russischen Studenten besucht. Diese Zukunftsinvestition wurde Gegenstand eines Streits zwischen den Rekrutierungsbeamten und Kurbatow, der sich dafür einsetzte, daß die jungen Studenten vom Militärdienst befreit wurden. Es sei doch eine große Geldverschwendung, beklagte er sich, sie erst auszubilden und dann als einfache Soldaten einzuziehen. Eine Schule für alte und moderne Sprachen war von Pastor Glück, Katharinas lutherischem Pflegevater, gegründet worden, der 1703 mit seiner Familie nach Moskau gekommen war. Glück sollte zukünftige russische Diplomaten in Latein, modernen Fremdsprachen, Geographie, Politik sowie im Reiten und Tanzen ausbilden. Der Zar ließ die alten russischen Geschichtschroniken, insbesondere die aus den Klöstern von Kiew und Nowgorod, zur sicheren Verwahrung nach Moskau bringen. Er ordnete an, daß die ausländischen Bücher, die ins Russische übersetzt und von den Tessing-Brüdern aus Amsterdam auf Russisch gedruckt wurden, genaue Übertragungen bieten sollten, auch dann, wenn der Text Rußland in einem unvorteilhaften Licht erscheinen ließ. Er ließe diese Bücher übersetzen und drucken, sagte Peter, »nicht um meinen Untertanen zu schmeicheln, sondern um ihnen zu zeigen, was man in anderen Ländern über sie denkt«[9].

Als 1707 ein Schriftgießer und zwei Drucker in Moskau ankamen, billigte Peter eine revidierte kyrillische Schrifttype, in der von nun an in Rußland gedruckte Bücher zu erscheinen begannen. Das erste Buch in der neuen Schrift war ein Handbuch der Geometrie, das zweite eine Anleitung zur Abfassung von Briefen, zur Formulierung von Komplimenten, Einladungen und Heiratsanträgen. Die meisten der folgenden Veröffentlichungen behandelten technische Themen, aber Peter gab auch zweitausend Kalender und Geschichtswerke über den Trojanischen Krieg, über das Leben Alexanders des Großen und über Rußland selbst in Auftrag. Aber er gab diese Bücher nicht nur in Auftrag, er redigierte sie auch und versah sie mit Anmerkungen. »Wir haben das Buch über den Festungsbau, das Sie übersetzt haben, gelesen«, schrieb er einem Übersetzer. »Die Gespräche darin sind gut und klar wiedergegeben, aber die Abschnitte, in denen erklärt wird, wie man Befestigungen anlegt, sind dunkel und unverständlich übersetzt.«[10]

Damit seine Untertanen über die übrige Welt auf dem laufenden blieben, ordnete Peter an, daß in Moskau ein Nachrichtenblatt herausgegeben wurde, die *Wedomosti*. Alle Regierungsämter mußten dafür Beiträge liefern, und so erschien Anfang 1703 die erste russische Zeitung mit dem Titel: *Gazette über militärische und andere Angelegenheiten, die sich im Moskowitischen Staat und in benachbarten Ländern ereigneten und die Aufmerksamkeit und Erinnerung verdienen.* Als weiteres Mittel zur Erziehung und Zivilisierung seines Volkes versuchte Peter auf dem Roten Platz ein öffentliches Theater zu gründen, das in einem Holzhaus auf dem Roten Platz spielen sollte. Ein deutscher Theaterleiter und seine Frau wurden zusammen mit sieben Schauspielern nach Moskau geholt, wo sie Stücke aufführen und russische Schauspieler ausbilden sollten. Es wurden mehrere Komödien und Tragödien aufgeführt, darunter auch Molières *Arzt wider Willen*.

In all diesen Jahren versuchte Peter auch, seinen Russen eine neue Vorstellung davon zu geben, wie ein Zar zu respektieren sei. Ende des Jahres 1701 gab er einen Erlaß heraus, nach dem sich Männer vor dem Souverän nicht mehr niederknien oder auf den Boden werfen sollten. Peter schaffte auch die alte Vorschrift ab, Russen hätten ihre Hüte zu ziehen, wenn sie am Kremlpalast vorbeigingen, gleichgültig ob der Zar sich gerade darin aufhielt oder nicht. »Welchen Unterschied gibt es zwischen Gott und dem Zaren, wenn beiden der gleiche Respekt erwiesen wird?« fragte Peter. »Weniger Unterwürfigkeit, mehr Eifer im Dienst und mehr Loyalität mir und dem Staat gegenüber – das ist Achtung, die man dem Zaren erweisen sollte.«[11]

Für viele russische Untertanen war die Last zu schwer, und der einzige Ausweg vor den Forderungen des Steuereintreibers und der Zwangsarbeit war die Flucht. Vielleicht Hunderttausende von Bauern liefen einfach davon. Einige verschwanden in den Wäldern oder zogen in den Norden, wo es bereits blühende Siedlungen von Altgläubigen gab. Die meisten aber gingen nach Süden, in die Steppen der Ukraine und der Wolga, in das Land der Kosaken, wo schon seit altersher russische Flüchtlinge Zuflucht suchten. Zurück blieben verlassene Dörfer und verunsicherte Gouverneure und Gutsbesitzer, die nun ängstlich zu erklären versuchten, warum sie die Forderung des Zaren nach Soldaten und Arbeitskräften nicht erfüllen konnten. Als Peter, um diesem gefährlichen Aderlaß Herr zu werden, befahl, daß die Flüchtlinge aus dem Süden zurückgeschickt werden müßten, reagierten die Kosaken mit Zögern, Ausflüchten und schließlich mit Befehlsverweigerung.

Bis in unser Jahrhundert hinein sind alle großen Rebellionen der russischen Geschichte im Süden des Landes ausgebrochen: Stenka Rasins Erhebung gegen Zar Alexei und Pugatschows Revolte gegen Katharina die Große sind von Geschichte zu Legende geworden. Zu Peters Zeit, während der gefährlichsten Jahre des Krieges gegen Karl XII., brachen im Süden drei Rebellionen aus: die Revolte in Astrachan, der Aufstand der Baschkiren und – am bedrohlichsten für Peters Herrschaft – die Rebellion der Donkosaken unter Bulawin.

Astrachan, im Mündungsgebiet der Wolga ins Kaspische Meer gelegen, brodelte immer von Ungehorsam und Aufruhr. Reste der aufgelösten Strelitzen wurden in die Stadt verbannt, und bittere Erinnerungen an die Massaker von 1698 brannten in den Herzen von Witwen, Söhnen und Brüdern der Hingerichteten. Die Wolgahändler murrten über die neuen Steuern, die Bauern aus der Umgebung klagten über die Brückenzölle, die Fischer protestierten gegen die Begrenzungen ihrer Fangquoten, und niemand war mit Peters ausländischen Neuerungen einverstanden. In diesen feuergefährlichen Zünder flog der Funke von Gerüchten: Der Zar sei tot, die Ausländer hätten ihn in ein Faß genagelt und ins Meer geworfen. Ein Betrüger, vielleicht sogar der Antichrist selbst, säße nun auf dem russischen Thron.

Im Sommer 1705 wurden die Bürger von Astrachan durch ein besonders ausgefallenes Gerücht erschreckt. Der Zar, so hieß es, habe den russischen Männern für sieben Jahre das Heiraten untersagt, damit genügend russische Frauen zur Verfügung stünden für die Verheiratung an Ausländer, die er massenhaft mit Schiffen importieren wolle. Um die jungen Frauen für sich zu behalten, veranstalteten Männer aus Astrachan eine Massenhochzeit, noch ehe die Ausländer ankämen. An einem einzigen Tag, am 30. Juli 1705, wurden etwa hundert Frauen verheiratet. Im Anschluß an die Hochzeitsfeier stürmte eine große Zahl betrunkener Festgäste und Zuschauer die örtlichen Regierungsbüros, verurteilten und enthaupteten den Gouverneur und wählten sich eine neue Regierung. Diese neue »Regierung« veröffentlichte sodann als erstes eine Proklamation, in der es hieß: »Der Gouverneur und andere Offiziere haben alle Arten von Götzendienst praktiziert und wollten uns ebenfalls dazu zwingen. Aber wir ließen es nicht soweit kommen. Wir haben die Götzenbilder aus den Häusern der Beamten geholt.«[12] In Wirklichkeit handelte es sich bei diesen »Götzenbildern« um Perückenständer, auf denen Peters verwestlichte Offiziere ihre Perücken aufbewahrten. Die Rebellen von Astrachan schickten Emissäre in mehrere andere Städte an der Wolga und insbesondere zu den Donkosaken und forderten alle »wahren Christen« auf, sich ihnen anzuschließen.

Die Nachrichten über den Aufstand alarmierten Moskau. Peter belagerte gerade Mitau (in Kurland), als ihn die Nachricht erreichte. Um den Brand einzudämmen, bevor er sich weiter ausbreitete, setzte er Scheremetew und mehrere Kavallerie- und Dragonerregimenter nach Astrachan in Marsch. Als weitere Vorsichtsmaßnahme ordnete er an, daß Streschnew den Staatsschatz verstecken und für eine Zeit nun alle Briefe, die aus Moskau abgeschickt wurden, zurückhalten sollte, damit die Nachricht von dem Aufstand nicht bis zu den Schweden vordringen könnte. Gegen die Rebellen selbst wollte Peter Milde üben. Er forderte ihre »Regierung« auf, Abgesandte nach Moskau zu schicken, wo Golowin ihre Beschwerden anhören würde. Die Abgesandten kamen, und der Ernst ihrer Klagen gegen den ermordeten Gouverneur beeindruckte Golowin. »Ich habe mit ihnen gesprochen, sie scheinen gläubige und ehrliche Menschen zu sein«, schrieb Golowin an Peter. »Geruht, Herr, Euch dazu zu überwinden, ihnen Gnade zu erweisen. Auch unter unseren Leuten gibt es Schurken.«[13] Peter willigte ein, und die russische Regierung gab das Versprechen, jedem Bürger Astrachans würde Amnestie gewährt, wenn sich die Stadt wieder unterwerfe. In Zukunft, so fügte man hinzu, würden die Beamten die Steuern mit mehr Rücksicht eintreiben. An die Regimenter Scheremetews erging die Order, sie sollten ein

Blutvergießen in der Region vermeiden, und jedem der Abgesandten aus Astrachan wurden fünfzig Rubel für seine Reisekosten erstattet.

In jener Zeit wurde Milde jedoch oft als Schwäche ausgelegt, und so kam es, daß das Friedensangebot Peters die Revolte nicht erstickte, sondern sie vielmehr schürte. Die Bürger Astrachans beglückwünschten sich: Sie hatten den Zaren herausgefordert und gewonnen. Als Scheremetew einen Boten in die Stadt entsandte und mitteilen ließ, daß seine Soldaten kurz vor dem Einmarsch stünden und daß er sich weigere, die Anführer der Revolte in die allgemeine Amnestie mit einzubeziehen, flackerte die Rebellion erneut auf. Der Bote des Feldmarschalls wurde mißhandelt und mit Beleidigungen gegen Peter zurückgeschickt. Man prahlte, man werde im Frühling nach Moskau marschieren und die Ausländervorstadt in Brand stecken.

Doch die Aufrührer von Astrachan hatten ihre Stärke überschätzt, und niemand kam ihnen zu Hilfe. Die Donkosaken antworteten, sie seien vom Zaren nicht unterdrückt worden und würden weiterhin alle orthodoxen Gebräuche ausüben. Wie könnten sie ausländische Kleider tragen, wenn es bei ihnen nicht einen einzigen Schneider gäbe, der diese Moden kenne? Astrachan war also allein, und die reguläre Armee konnte die angreifenden Rebellen schnell erledigen und die Stadt besetzen. Als Scheremetews Reiter durch die Straßen ritten, warfen sich entlang ihres Weges Tausende von Menschen auf den Boden und baten um Gnade. Scheremetew verhörte die Anführer. »Ich habe noch nie so verrückte Kerle getroffen«, schrieb er an Golowin. »Sie sind voller Bosheit und glauben fest, wir seien von der Orthodoxie abgefallen.«[14] Die Generalamnestie wurde widerrufen, und Scheremetew ließ Hunderte von Rebellen nach Moskau bringen oder an Ort und Stelle auf das Rad flechten. Peter war außerordentlich befriedigt. Er belohnte Scheremetew mit einer Erhöhung seiner Bezüge und beschenkte ihn mit großen Ländereien.

Im selben Jahr 1705 brachen auch unter den Baschkiren, einem halborientalischen Volk moslemischen Glaubens, das seit langem in der offenen Steppe zwischen Wolga und Ural lebte, Unruhen aus. Die Baschkiren waren teilweise Nomaden, die Rinder, Schafe, Ziegen und gelegentlich Kamele zogen und selbst auf kleinen, kräftigen Pferden ritten, mit Pfeil und Bogen bewehrt. Im 17. Jahrhundert waren russische Kolonisten nach Osten vorgedrungen und hatten auf dem Weideland der Baschkiren Städte und Äcker angelegt; und zusammen mit den russischen Einwanderern kamen die Forderungen der russischen Steuereintreiber. Anfang 1708 befanden sich die Baschkiren in offenem Aufstand. Sie brannten eine Anzahl neuer russischer Dörfer entlang der Kama und der Ufa nieder und näherten sich bis auf dreißig Kilometer der großen Stadt Kasan. Peter mußte reagieren. Obwohl Karl XII. sich im Westen der russischen Grenze näherte, entsandte er drei Regimenter, um die Bedrohung aus dem Osten abzuwenden. Die westlichen Baschkiren unterwarfen sich daraufhin ohne Widerstand und wurden, mit Ausnahme ihres Anführers, begnadigt. Die östlichen Baschkiren allerdings brannten und plünderten weiter, besonders als Peter seine regulären Truppen wieder zurückrief, um den Schweden zu begegnen. Aber es gelang dem Zaren, zehntausend buddhistische Kalmücken zu Hilfe zu rufen, die sich den Baschkiren entgegenstellten und sie unterwarfen.

Glück und der Einsatz von Scheremetews Dragonern hatte den Aufstand von Astrachan erstickt. Den Baschkiren fehlte Einigkeit und Führung, so daß auch sie bezwungen werden konnten. Aber der gefährlichste Aufstand während Peters Regierungszeit, als seine Armee vollauf mit den Schweden zu tun hatte, war die Revolte der Donkosaken unter Kondratin Bulawin.

Der unmittelbare Anlaß für die Kosakenrevolte war Peters Versuch, geflohene Leibeigene und desertierte Soldaten, die sich den Kosaken angeschlossen hatten, einzufangen. Ähnlich wie der amerikanische Westen wirkte die unterbevölkerte und an vielen Stellen weitgehend menschenleere Ukraine wie ein Magnet auf jene rastlosen Seelen, die den Beschränkungen und Schikanen der konventionellen Gesellschaft entkommen wollten. Viele dieser Pioniere entzogen sich einer gesetzlichen Verpflichtung: Sie waren entweder Leibeigene, die aufgrund von Gesetzen aus der Zeit Iwans des Schrecklichen und Zar Alexeis ihr Land nicht verlassen durften, oder Soldaten, die man zu einem fünfundzwanzigjährigen Militärdienst in Peters Armee gezwungen hatte, oder auch Zwangsarbeiter von den Werften von Woronesch oder den Befestigungsbauten von Asow und Taganrog. Die Kosaken im Süden nahmen diese Flüchtlinge mit offenen Armen auf und ignorierten die Forderungen Moskaus, sie zurückzuschicken. Da traf im September 1707 Fürst Juri Dolgoruki mit 1200 Soldaten am Don ein, um den Anweisungen des Zaren Nachdruck zu verleihen.

Dolgorukis Erscheinen erschreckte die Kosaken. Einer ihrer Anführer, Lukian Maximow, empfing den Fürsten respektvoll und bot ihm bei der Jagd nach den Flüchtigen seine Hilfe an. Kondratin Bulawin aber, der aggressive Hetman von Bachmut, reagierte anders. In der Nacht vom 9. Oktober 1707 griffen seine Kosaken Dolgorukis Feldlager am Ufer des Aidar an und metzelten die Russen bis auf den letzten Mann nieder. Wie üblich bei solchen Bauernerhebungen, hatte auch Bulawin kein konkretes politisches Programm. Seine Erhebung erklärte er, richte sich nicht gegen den Zaren, sondern gegen alle »Fürsten und Magnaten, Profitmacher und Ausländer«. Er rief alle Kosaken auf, »das Haus der Heiligen Mutter Gottes und die christliche Kirche gegen heidnische und hellenische Lehren zu verteidigen, die die Bojaren und die Ausländer einführen wollen«[15]. Mit Berufung auf Stenka Rasin kündigte er an, er würde die Zwangsarbeiter von Asow und Taganrog befreien und im kommenden Frühjahr nach Woronesch und Moskau marschieren.

Inzwischen stellte der Hetman Maximow, der fürchtete, Peter werde wegen des Massakers an Dolgoruki und dessen Soldaten Vergeltung üben, eine Truppe loyaler Kosaken zusammen und besiegte die Rebellen Bulawins. Maximow schrieb an Peter, er habe Vergeltung geübt, indem er den Gefangenen die Nasen abgeschnitten, sie an ihren Füßen aufgehängt, sie ausgepeitscht und sie dann exekutiert habe. Erleichtert schrieb darauf Peter am 16. November 1707 an Menschikow, daß »diese Angelegenheit, Gott sei Dank, jetzt erledigt sei«[16]. Aber Peter hatte sich zu früh gefreut. Bulawin war nämlich Maximow entkommen, stellte eine neue Bande zusammen und durchstreifte mit ihr im Frühjahr 1708 erneut die Don-Steppe. Wieder marschierte Maximow, unterstützt durch eine Abteilung regulärer russischer Soldaten, gegen die Rebellen. Diesmal jedoch lief eine große Anzahl seiner Kosaken zu Bulawin über, und der Rest wurde am 9. April 1708 besiegt.

Jetzt stellte Bulawins Rebellion für den Zaren tatsächlich eine große Bedrohung dar. Bis hinauf nach Tula wurden Dörfer in Brand gesteckt, Woronesch und der ganze obere Don waren gefährdet. Aus Sorge, die Erhebung könnte sich noch weiter nach Norden ausdehnen, befahl Peter seinem Sohn Alexei, zusätzliche Geschütze auf den Mauern des Kreml in Stellung zu bringen. Dann ging der Zar zum Angriff über. Eine Streitmacht von zehntausend regulären Infanteristen und Dragonern wurden dem Kommando von Gardemajor Fürst Wassili Dolgoruki, dem Bruder des von Bulawin getöteten Fürsten Juri Dolgoruki, unterstellt. Sein Auftrag war, »dieses Feuer ein für allemal auszulöschen. Gegen diese Horde hielt nur Grausamkeit«[17]. Die Gefahr, Bulawin könnte Asow und Taganrog erobern, ängstigte Peter zuzeiten so sehr, daß er selbst an den Don aufbrechen und das Kommando übernehmen wollte. Zum Glück gewährte Karl XII. in den drei Monaten, da dem Zaren durch Bulawin die größte Gefahr drohte, seiner Armee in einem Lager bei Minsk eine Erholungspause.

Eine Zeitlang jagte Bulawin alles vor sich her. Er besiegte Maximow noch einmal und ließ ihn erschießen. Seine Soldaten griffen Asow an und eroberten eine Vorstadt, ehe sie von loyalen Truppen zurückgeschlagen werden konnten. Durch seine Erfolge verführt, beging er jedoch den Fehler, sein Heer in drei Divisionen zu teilen. Am 12. Mai erlitt eine der Divisionen eine Niederlage, und am 1. Juli wurde die zweite von Dolgorukis Truppen in die Flucht geschlagen. Als die Kosaken merkten, daß sich der Wind drehte, verfaßten die meisten von ihnen, auch die, die Bulawin unterstützt hatten, eine Petition an den Zaren, in der sie ihm ihre Ergebenheit für den Fall zusicherten, daß er ihnen vergäbe. Nachdem Bulawins zusammengeschrumpfte Truppe eine weitere Niederlage erlitten hatte, entschlossen sich die anderen Kosakenführer, Bulawin gefangenzunehmen und hinzurichten, um dem Zaren zu gefallen. Bulawin leistete aber Widerstand; er tötete zwei der Männer, die ihn hatten festnehmen sollen. Schließlich, als er sah, daß er verloren war, tötete er sich selbst. Allmählich brannten die Flammen des Aufruhrs nieder, bis sie ganz verloschen. Im November wurden die restlichen Rebellen von Dolgoruki in die Enge getrieben, und dreitausend Kosaken fielen. Die Rebellion war vorüber. Peter befahl Dolgoruki: »Exekutieren Sie die gefährlichsten Anführer der Rebellen und schicken Sie die anderen zur Zwangsarbeit. Bringen Sie alle übrigen Kosaken an ihre früheren Wohnorte zurück und brennen Sie die neuen Ansiedlungen, wie schon zuvor angeordnet, nieder.«[18] Zweihundert Rebellen wurden gehängt. Man hatte ihre Galgen auf Flößen errichtet, die man den Don hinuntertreiben ließ. Alle, die sie an den Städten und Dörfern am Fluß vorbeiziehen sahen, ließen es sich gesagt sein, daß der eiserne Arm des Autokraten bis in die entlegensten Winkel seines Landes reichte.

9   Der polnische Sumpf

Karl XII. und der große Nordische Krieg war während all dieser Jahre Peters Hauptsorge. 1704 begab er sich in seine neugegründete Stadt an der Newamündung, um von dort aus die beiden estnischen Schlüsselstädte Dorpat und Narwa unter Kontrolle zu bringen, womit der russische Zugriff auf Ingermanland besiegelt und jeder schwedische Vormarsch von Westen gegen St. Petersburg blockiert gewesen wäre. Beide Städte verfügten über starke Garnisonen (allein in Narwa zählte man viertausendfünfhundert Verteidiger), aber da sich Karl und die schwedische Hauptarmee in Polen befanden, konnten sie, wenn man sie belagern würde, nicht auf Ersatz hoffen.
Im Mai 1704 erschienen die Russen vor Narwa und besetzten dieselbe lange Linie von Umschließungswällen, aus der sie vier Jahre zuvor verjagt worden waren. Peter hatte den Antransport der russischen Belagerungsgeschütze in Booten selbst überwacht. Er führte die Boote so nahe an der Südküste des Meerbusens vorbei, daß dort kreuzende schwedische Kriegsschiffe sie im seichten Wasser nicht erreichen konnten. Im russischen Feldlager bei Narwa traf der Zar Feldmarschall George Ogilvie, einen sechzigjährigen Schotten, der vierzig Jahre lang im kaiserlich-habsburgischen Heer gedient hatte und jetzt von Patkul für die Dienst in Rußland angeworben worden war. Peter war von Ogilvies Empfehlungen so beeindruckt, daß er ihn sofort zum Befehlshaber der russischen Armee vor Narwa ernannte. Als die Belagerung begann, erlitten die Russen Verluste, sowohl durch die Festungsartillerie wie durch schwedische Ausfälle, aber die Verteidiger spürten die neue Entschlossenheit des Feindes. »Sie scheinen entschlossen, ihre Aufgabe durchzuführen, wie groß ihre Verluste auch sein mochten«[1], urteilte später ein Offizier aus der schwedischen Garnison.
Peter überließ Feldmarschall Ogilvie die Belagerung Narwas und ritt nach Süden, nach Dorpat, das Scheremetew seit Juni mit 23000 Mann und sechsundvierzig Geschützen belagerte. Er erkannte sofort, daß Scheremetew den Angriff auf die Stadt falsch angelegt hatte – die russischen Geschütze feuerten auf die stärksten Bastionen, so daß ihre Granaten vergeudet wurden. Peter lenkte das Artilleriefeuer sogleich gegen die verwundbarste Stelle in der Ummauerung, und es gelang ihm, eine Bresche zu schlagen. Russische

Soldaten drangen in die Stadt ein, und am 13. Juli ergab sich die schwedische Garnison, fünf Wochen nach Beginn der Belagerung, aber nur zehn Tage, nachdem der Zar eingetroffen war und den Oberbefehl übernommen hatte.

Der Fall Dorpats besiegelte auch den Untergang Narwas. Mit Scheremetews Soldaten eilte Peter dahin zurück und bildete eine kombinierte Streitmacht von 45 000 Mann und hundertfünfzig Kanonen. Am 30. Juli begann man mit dem schweren Beschuß, der zehn Tage dauerte und die Stadt mit 4600 Granaten attackierte. Als die Mauern einer der Bastionen zu brechen begannen, bot Peter Arwid Horn, dem schwedischen Kommandeur, großzügige Kapitulationsbedingungen an, wie es die Regeln der Kriegsführung vorschrieben. Törichterweise lehnte Horn jedoch ab, wobei er die Lage der Schweden durch eine beleidigende Sprache dem Zaren gegenüber noch verschlimmerte. Der Sturmangriff auf Narwa begann daraufhin am 9. August, und obwohl die Schweden verbissen kämpften, waren Soldaten der Preobraschensker Garden innerhalb einer Stunde in die Festung eingedrungen und hatten eine der Hauptbastionen erobert. Unmittelbar danach ergossen sich Wellen russischer Infanterie über die Mauern und in die Stadt. Jetzt erkannte Horn, zu spät, daß weiterer Widerstand vergeblich war. Er versuchte zu kapitulieren und schlug eigenhändig eine Trommel, um seine Verhandlungsbereitschaft zu bekunden. Doch niemand hörte auf ihn. Russische Soldaten füllten die Straßen und metzelten Männer, Frauen und Kinder nieder. Zwei Stunden später, als Peter und Ogilvie in Narwa einritten, waren die Straßen schlüpfrig von Blut und voller »haufenweise abgeschlachteter« schwedischer Soldaten. Von der Besatzung von 4500 Mann lebten nur noch 1800. Der Zar ließ einen Trompeter durch die Straßen reiten und überall zur Feuereinstellung blasen; aber viele Russen hatten immer noch nicht genug. Zornig hieb Peter mit eigener Hand einen russischen Soldaten nieder, der dem Befehl nicht gehorchte. Als er ins Rathaus schritt, um dort den erschreckten Ratsherren entgegenzutreten, warf er seinen blutigen Degen auf den Tisch und rief verächtlich: »Nur keine Angst. Das ist russisches Blut, nicht schwedisches!« Aber gegen Horn war der Zar wütend. Als ihm der schwedische Kommandeur, dessen Frau bei dem russischen Sturmangriff ums Leben gekommen war, vorgeführt wurde, wollte Peter wissen, warum er nicht, entsprechend den Kriegsregeln, kapituliert und dadurch das ganze Blutvergießen verhindert hätte.

Der Sieg von Narwa hatte für Peter eine ebenso große psychologische wie strategische Bedeutung. Er sicherte nicht nur St. Petersburg gegen Westen, sondern rächte auch die Niederlage, die die Russen vier Jahre zuvor an dieser Stelle erlitten hatten. Er bewies auch, daß Peters Heer nicht mehr nur aus einer Masse unzureichend ausgebildeter Bauern bestand. Ogilvie sagte, er betrachte die russische Infanterie jetzt besser als jede deutsche, und zu Charles Withworth, dem englischen Gesandten, sagte der Feldmarschall, »er habe nie eine Nation besser mit ihren Geschützen und Granatwerfern umgehen sehen«[2]. Glücklich informierte Peter August von Sachsen, Romodanowski und Apraxin über den Sieg, und als er vier Monate später nach Moskau zurückkehrte, dröhnten die Straßen wieder unter den Tritten einer großen Siegesparade. Der Zar marschierte an der Spitze seiner Soldaten unter sieben Triumphbogen hindurch und führte in seinem Zug vierundfünfzig feindliche Fahnen und hundertsechzig gefangene schwedische Offiziere mit sich.

Karl dagegen beeindruckten Peters Siege in den Ostseeprovinzen nur wenig. Er hoffte immer noch, er könnte Peters Armee leicht zerschlagen, wenn es einmal soweit sei, und er würde dann alle früheren schwedischen Territorien, die sich jetzt in russischer Hand befanden, zurückgewinnen. Schon eher beunruhigend war für ihn die Tatsache, daß seine eigenen Siege in Polen bisher zu keiner politischen Entscheidung geführt hatten. August war noch keineswegs bereit, sich geschlagen zu geben und auf den polnischen Thron zu verzichten, und auch der polnische Reichstag wollte ihn noch nicht zu diesem Schritt zwingen. Der Sieg über August bei Klissow im Jahr 1702 war nicht das Ende, sondern der Anfang eines jahrelangen Krieges in Polen gewesen, in dessen Verlauf der Kampf zwischen Schweden und Sachsen in den weiten polnischen Ebenen hin und her wogte. Polen, mit seinen acht Millionen Einwohnern, war einfach zu weiträumig für Armeen, die, wie die schwedische oder die sächsische, nicht viel mehr als zwanzigtausend Mann zählten und deshalb bestenfalls die Region beherrschen konnten, in der sie sich gerade aufhielten.

Trotz der politischen Enttäuschungen waren die polnischen Jahre von 1702 bis 1706 für Karl eine Zeit großen militärischen Ruhms und heroischer Leistungen und vergrößerten seine Legende. So soll er im Herbst 1702, nach der Schlacht von Klissow, in Begleitung von nur dreihundert Schweden vor die Tore der Stadt Krakau geritten sein und vom Pferd aus gerufen haben: »Öffnet das Stadttor!«[3] Der Kommandeur der Garnison habe das Tor ein wenig geöffnet und seinen Kopf hinausgestreckt, um zu sehen, wer da so schrie. Karl habe ihn darauf mit seiner Reitpeitsche ins Gesicht geschlagen, die nachdrängenden Schweden hätten das Tor aufgestoßen und die entgeisterten Verteidiger sich ohne einen Schuß ergeben.

Es war unvermeidlich, daß der Krieg in Polen schwer auf den Polen lastete. Beim Einmarsch in das Land hatte Karl versprochen, nur solche Abgaben zu verlangen, die für sein Heer absolut lebensnotwendig waren, aber er hielt dieses Versprechen nur drei Monate lang. Als bei der Schlacht von Klissow polnische Soldaten unter König August kämpften, beschloß Karl, sich dadurch zu rächen, daß er die schwedische Armee voll vom Land selbst unterhalten ließ. Aus Krakau holten sich die Schweden innerhalb von drei Wochen 130 000 Taler, 10 000 Paar Schuhe, 10 000 Pfund Tabak, 160 000 Pfund Fleisch und 60 000 Pfund Brot. Je länger der Krieg dauerte, desto unversöhnlicher wurde Karl in seinen Anweisungen an seine Generäle: »Die Polen müssen entweder vernichtet oder gezwungen werden, sich uns anzuschließen.«[4]

In der Nähe von Krakau erlitt Karl einen Unfall, durch den er für den Rest seines Lebens hinken mußte. Als er eine Kavallerieübung beobachtete, stolperte sein Pferd über eine Zeltschnur und begrub seinen Reiter unter sich. Der König brach sich das linke Bein oberhalb des Knies, und der Oberschenkelknochen wuchs danach nicht mehr völlig gerade an, so daß das lädierte Bein ein wenig kürzer wurde als das andere. Es dauerte mehrere Monate, bevor der König wieder reiten konnte; als das Heer im Oktober von Krakau in Richtung Norden abzog, wurde Karl auf einer Bahre mitgetragen.

Jahr um Jahr häuften sich Schlachten und Siege, doch ein endgültiger Sieg schien nicht näher zu rücken. Inzwischen kamen Nachrichten von anderen Siegen, russischen Siegen an der Ostsee: Belagerung und Fall von Schlüsselburg, Eroberung der Newa in ihrer ganzen Länge, die Gründung einer neuen Stadt und eines Hafens an der Einmündung der Newa in den Finnischen Meerbusen, die Zerstörung der schwedischen Flottillen auf dem Ladoga- und Peipusee, die Verwüstung der schwedischen Kornkammer Livland und die Gefangennahme großer Gruppen schwedischer Untertanen, schließlich die Hiobsbotschaft vom Fall Dorpats und Narwas. Ein Strom verzweifelter Bitten schwedischer Untertanen, die Hilferufe der Bevölkerung in den baltischen Provinzen, Ratschläge und Beschwörungen des schwedischen Parlaments, einmütige Bitten aller Generäle und sogar das Flehen seiner Schwester Hedwig Sophie begleiteten diese Folge bitterer Nachrichten. Alle baten den König, seine Kampagne in Polen zu beenden und nach Norden zu marschieren, um die baltischen Provinzen zu retten. »Für Schweden sind die Ereignisse an der Ostsee viel wichtiger als die Frage, wer auf dem polnischen Thron sitzt«, sagte Graf Piper.[5]

Da trat 1704 in Polen eine Wende zugunsten Karls ein. Er eroberte die Festungsstadt Thorn mit fünftausend sächsischen Soldaten. Nachdem August auf diese Weise stark geschwächt worden war, beugte sich der polnische Reichstag dem Standpunkt Karls, Polen werde so lange ein Schlachtfeld bleiben, als August auf dem polnischen Thron säße. Im Februar 1704 wurde König August förmlich abgesetzt. Da Karls ursprünglicher Kandidat für die Neubesetzung des polnischen Königsthrons, Jakob Sobieski, der Sohn des berühmten Königs Jan Sobieski, von den Häschern Augusts in weiser Voraussicht entführt und in ein Schloß in Sachsen eingesperrt worden war, wählte der schwedische König Stanislaus Leszczyński, einen siebenundzwanzigjährigen polnischen Adligen, zu dessen Qualifikation eine bescheidene Intelligenz und eine unerschütterliche Verbundenheit mit dem Schwedenkönig gehörten.

Die Wahl von Stanislaus zum König wurde schamlos manipuliert. Schwedisches Militär trieb eine Anzahl von Mitgliedern des polnischen Reichstags zu einer Rumpf-Sitzung zusammen, die am 2. Juli 1704 auf einem Feld bei Warschau stattfand. Während des Wahlvorgangs waren hundert schwedische Soldaten einen Büchsenschuß von ihnen entfernt postiert, um die Elektoren zu »beschützen« und »sie zu lehren, die richtige Sprache zu sprechen«[6]. Der Kandidat Karls wurde zum König Stanislaus I. von Polen proklamiert.

Nachdem August abgesetzt war – das einzige Ziel, das sich Karl für seinen

Einmarsch in Polen gesetzt hatte –, hofften Schweden wie Polen gleichermaßen, der König werde jetzt endlich seine Aufmerksamkeit auf Rußland len-
ken. Aber Karl war noch immer nicht bereit, Polen zu verlassen. Da sich der
Papst gegen Stanislaus gestellt und denen die Exkommunikation angedroht
hatte, die an der Wahl dieses Protegés eines protestantischen Monarchen
teilgenommen hatten, und weil so wenige der großen polnischen Magnaten
an der Wahl beteiligt waren, würde der neue König seine Herrschaft nur
höchst unsicher behaupten können. Der Schwedenkönig beschloß daher, bis
zur ordentlichen Krönung an der Seite seines Marionettenkönigs zu bleiben.
Mehr als ein Jahr später, am 24. September 1705, wurde Stanislaus tatsächlich gekrönt, aber in einer Weise, die, wie zuvor seine Wahl, denen Argumente lieferte, die behaupteten, Stanislaus' Königtum sei illegitim. Die
Krönung fand nicht in Krakau, der traditionellen Krönungsstadt polnischer
Könige, sondern in Warschau statt, und zwar deshalb, weil sich Karl und
seine Armee dort aufhielten. Auch war die Krone, die auf das Haupt des
neuen Königs gesetzt wurde, nicht die historische Krone Polens (sie befand
sich im Besitz von August, der in seine Absetzung nicht eingewilligt hatte),
sondern eine neue, die – zusammen mit einem Szepter und Gewändern –
von Karl bezahlt worden war. Der Schwedenkönig war inkognito bei der
Krönungszeremonie anwesend, um sicherzustellen, daß alle gebührende
Aufmerksamkeit seinem neuen Verbündeten geschenkt wurde. Doch die
Krönung dieses Marionettenkönigs täuschte niemanden. Die Gemahlin
Stanislaus', nunmehr polnische Königin, fühlte sich in dem turbulenten
Königreich ihres Ehemannes so unsicher, daß sie es vorzog, in Schwe-
disch-Pommern zu leben.
Nichtsdestoweniger glaubte Karl, durch einen schwedenfreundlichen König
auf dem polnischen Thron habe er auch sein zweites Ziel erreicht. Gleich nach
Abschluß der Krönungsfeierlichkeiten unterzeichneten er und Stanislaus eine
antirussische Allianz zwischen Schweden und Polen, und bald darauf schlug er
los. Es war, als ob er nun endlich seine aufgestauten Gefühle gegen Rußland
abreagierte und sich vom Gewicht der Schuld, nicht auf die Bitten seiner
Untertanen geachtet zu haben, befreite. Am 29. Dezember 1705 brachen die
Schweden ihr offenes Feldlager bei Warschau ab und marschierten im Eil-
tempo über gefrorene Sümpfe und Flüsse in Richtung auf Grodno, wo sich
hinter dem Nemanfluß Peters Hauptarmee gesammelt hatte. Dieser Ausfall
nach Grodno war nicht die lang erwartete schwedische Invasion Rußlands.
Karl hatte weder hinreichend geplant noch die nötige Ausrüstung und Verpflegung für den grandiosen Marsch nach Moskau bereitgestellt. Auch war
er sich Polens – in seinem Rücken – nicht völlig sicher, da August noch auf
dem Plan war und seine Absetzung bisher nicht anerkennen wollte. Karl
nahm deshalb nicht seine ganze Armee mit nach Grodno, sondern ließ
Rehnsjold mit 10000 Mann zurück, um die Sachsen in Schach zu halten.
Mit den zwanzigtausend Mann hinter sich, wollte er jedoch eine Winter-
schlacht provozieren. Endlich sollte der Zar den Glanz schwedischer Bajo-

nette zu sehen und seine Soldaten die Schärfe schwedischen Stahls zu spüren bekommen.

Nach der Eroberung von Dorpat und Narwa im Sommer 1704 hatte Peter den Winter in Moskau verbracht und war dann im März nach Woronesch gegangen, um dort auf den Werften zu arbeiten. Im Mai 1705 wollte er wieder zur Armee stoßen, wurde aber krank und mußte sich einen Monat lang im Haus Fjodor Golowins erholen. Im Juni erreichte er schließlich bei Polozk an der Düna die Armee, die von dort aus, je nach Bedarf, in Livland, Litauen oder Polen eingesetzt werden konnte. Diese Armee war im Begriff, sich zu einer beachtlichen Streitmacht zu entwickeln. Sie umfaßte 40 000 Infanteristen, gut uniformiert und mit Musketen und Granaten bewaffnet. Die Kavallerie und die Dragoner, in einer Stärke von 20 000 Mann, verfügten reichlich über Musketen, Pistolen und Schwerter. Die Artillerie war standardisiert und zahlreich. Wie die Schweden hatten auch die Russen ein schnell bewegliches Geschütz entwickelt, das Drei-Pfund-Granaten verschoß und sowohl der Infanterie als auch der Kavallerie Artillerieunterstützung geben konnte.

Das Problem der Armee lag jetzt »oben«, in der Struktur der Führung, wo es Reibereien und Eifersüchteleien zwischen den russischen und den ausländischen Generälen gab. Die ausgezeichnete Ausbildung und die Disziplin des Heeres verdankte man Ogilvie, der bei der zweiten Belagerung von Narwa das Kommando übernommen hatte und zum zweiten Feldmarschall der russischen Armee (Scheremetew war der erste) ernannt worden war. Weil er sich um die Soldaten kümmerte, war Ogilvie bei ihnen beliebt, aber die russischen Offiziere mochten ihn nicht. Er sprach kein Russisch und mußte mit ihnen über einen Dolmetscher verkehren. Besondere Schwierigkeiten hatte er mit Scheremetew, Menschikow und Repnin. Die beiden letzteren waren ihm untergeordnet und dienten unter ihm; Scheremetew hingegen war ihm zwar offiziell im Rang gleichgestellt, fühlte sich jedoch oft zurückgesetzt. Als Peter nach einer Lösung für dieses Problem suchte, wollte er zunächst die gesamte Kavallerie Scheremetew und die Infanterie Ogilvie unterstellen. Scheremetew empfand diese Aufteilung als Demütigung und beklagte sich deshalb bei Peter. »Ich habe Deinen Brief erhalten«, antwortete ihm der Zar, »und ich entnehme ihm, wie unglücklich Du bist. Das tut mir sehr leid, aber es gibt dafür keinen Grund. Was ich getan habe, geschah nicht, um Dich in irgendeiner Weise zu demütigen, sondern um für eine wirkungsvollere Organisation zu sorgen ... Weil Du nun aber so unglücklich bist, habe ich die Reorganisation gestoppt und angeordnet, daß die alte Regelung bis zu meiner Ankunft bestehen bleibt.«[7]

Nun versuchte Peter das Problem dadurch zu lösen, daß er die Armee aufteilte. Er schickte Scheremetew mit acht Dragoner- und drei Infanterieregimentern – insgesamt zehntausend Mann – ins Baltikum, während Ogilvie als Befehlshaber der Hauptarmee in Litauen zurückblieb. Am 16. Juli griff Scheremetew die in Livland stationierten schwedischen Truppen unter Lewen-

haupt an und wurde schwer geschlagen. Entrüstet schrieb Peter seinem Feldmarschall, er führe die Niederlage auf die »unzureichende Ausbildung der
Dragoner«[8] zurück, über die er schon so oft gesprochen habe. Drei Tage
danach bedauerte er den harten Ton seines Briefes und schrieb Scheremetew,
um ihn wieder aufzuheitern, noch einmal: »Sei nicht traurig über Dein Mißgeschick, denn fortwährender Erfolg hat schon manches Volk ruiniert. Ver-
giß es und versuche, Deinen Soldaten Mut zu machen.«[9]

Gerade zu dieser Zeit erreichten den Zaren die Nachrichten von der Revolte
in Astrachan, und so wurden Scheremetew und dessen berittene Regimenter
mehr als tausend Kilometer quer durch Rußland geschickt, um sich mit dem
Aufstand zu befassen. Da die Gesamtstärke des Heeres geschwächt war, widerrief Peter alle geplanten Operationen und ließ seine Soldaten in Grodno,
am Ostufer des Neman, Winterquartiere beziehen. Bis zum Frühling rechnete er nicht mit Karl.

Unglücklicherweise gingen die Reibereien zwischen Peters Generälen auch
in Scheremetews Abwesenheit weiter. Als Feldmarschall war Ogilvie nominell Oberbefehlshaber der Armee, und Menschikow und Repnin waren ihm
unterstellt. Menschikow besaß zwar wegen seiner Erfolge an der Newa bereits eine beachtliche militärische Reputation, doch war es nicht seine militärische Erfahrung, sondern seine persönliche Beziehung zum Zaren, was ihn
aufsässig und ungehorsam machte. Da er Peters engster Freund war, weigerte er sich, weniger bedeutende militärische Aufgaben zu übernehmen.
Nicht selten berief er sich auf seine besonderen Beziehungen zum Zaren, um
sich gegen den erfahrenen Ogilvie durchzusetzen. Er sagte dann einfach:
»Seine Majestät würden das nicht haben wollen. Sie würden es vielmehr lieber so machen. Ich weiß das.« Außerdem hatte Menschikow dafür gesorgt,
daß alle Briefe Ogilvies an den Zaren durch seine Hände gingen. Manche
unterschlug er einfach und behauptete dann gegenüber Peter, daß sie Nachrichten enthalten hätten, die er, Peter, schon längst durch ihn, Menschikow,
erfahren habe.

Diese Befehlsstruktur, die bereits kompliziert genug war, wurde noch mehr
durcheinandergebracht, als sich August im November 1705 der russischen
Armee anschloß. Die Geschicke des Kurfürsten waren auf dem Tiefpunkt.
Polen war jetzt ganz von Karls und des kürzlich gekrönten Stanislaus' Soldaten besetzt, so daß sich August, unter falschem Namen und verkleidet, auf
einem langen Umweg über Ungarn bis zum russischen Heer durchschlagen
mußte. Trotzdem betrachtete ihn Peter noch immer als König von Polen und
übertrug ihm, aus Achtung vor seinem Rang, das Oberkommando über die
Armee in Grodno.

Ogilvie behielt das Oberkommando über das Gesamtheer, Menschikow
kommandierte die Kavallerie, und Repnin und Karl Ewald Ronne, ein erfahrener deutscher Kavallerieoffizier, standen als stellvertretende Kommandeure zur Verfügung. Eine Situation, reif für eine Katastrophe.

Karl bewegte sich im Eilmarsch nach Osten. Die Entfernung von der Weichsel bis an den Neman betrug knapp dreihundert Kilometer; Karl legte diese Strecke über gefrorene Straßen und Flüsse in nur zwei Wochen zurück. Am 15. Januar 1706 erschien er mit seiner Vorhut vor Grodno. Der König überquerte den Fluß mit sechshundert Grenadieren, aber als er sah, daß die Festung für einen schnellen Angriff zu stark war, kehrte er um und bezog mit seinen Soldaten in etwa sechs Kilometer Entfernung ein provisorisches Lager. Als dann die Hauptarmee von zwanzigtausend Mann eingetroffen war, marschierte Karl achtzig Kilometer weiter nördlich von Grodno, wo er leichter Lebensmittel und Futter auftreiben konnte. Dort schlug er ein festes Lager auf und wartete ab, was die Russen tun würden. Nach Karls Auffassung mußten sie entweder aus der Festung herauskommen und kämpfen oder in ihr warten und verhungern.

Mit Karl vor den Toren, hielten die russischen Kommandeure unter der Leitung von August einen Kriegsrat ab. Es kam nicht in Frage, einfach aus der Festung auszubrechen und anzugreifen. Obwohl die Russen den Schweden zahlenmäßig fast im Verhältnis zwei zu eins überlegen waren, war Peter keineswegs bereit, seine sorgfältig aufgebaute Armee selbst unter diesen günstigen Umständen aufs Spiel zu setzen. Er hatte Ogilvie eine offene Feldschlacht schlicht untersagt. Ogilvie hielt seine Kräfte für stark genug, einer Belagerung zu widerstehen, weshalb er für eine Strategie in diese Richtung plädierte. Die anderen waren nicht seiner Ansicht: Wenn die Schweden die Festung Grodno umzingelten, wäre das russische Heer vom übrigen Rußland abgeschnitten und als Beschützer der russischen Grenze ausgeschaltet. Außerdem sei man – ungeachtet starker Befestigungen und zahlreicher Artillerie – nicht für eine lange Belagerung eingerichtet. Man sei deshalb für einen Rückzug. Ogilvie war entsetzt und erinnerte an die Größe der Armee und die Überlegenheit ihrer Artillerie. Wenn man sich zurückzöge, so argumentierte er, müßte man die Geschütze opfern, da man sie ohne Pferde nicht über den Schnee transportieren könne. Man würde den Schutz von Häusern und Kasernen einer Stadt eintauschen für die bittere Kälte offener Landstraßen, in der viele zugrunde gehen würden. Die Schweden würden sicher die Verfolgung aufnehmen und die Feldschlacht, die Peter untersagt hatte, würde stattfinden. Am meisten aber fürchtete Ogilvie die Schande. Ein Berufssoldat, der eine doppelt so starke Armee befehligte wie der Feind, gibt eine starke Festung mit überlegener Artillerie auf? Was würde man in Europa dazu sagen?

Da sich August zwischen diesen einander entgegengesetzten Ansichten hin- und hergerissen sah und er die letzte Verantwortung nicht übernehmen wollte, sandte er einen Boten an Peter und bat um »eine sofortige, kategorische und endgültige Entscheidung«. Ehe diese Entscheidung bei ihm eintreffen konnte, stahl er sich aus Grodno davon. Er nahm vier Dragonerregimenter mit und versprach Ogilvie, innerhalb von drei Wochen mit der gesamten sächsischen Armee zurückzukehren. Dann, mit einem vereinigten russischpolnisch-sächsischen Heer von 60 000 Mann, würde man sich mit Karls 20 000 Schweden befassen.

Peter hielt sich gerade in Moskau auf, als er erfuhr, daß Karl auf Grodno marschierte. Er war skeptisch gegenüber diesen Berichten und schrieb an Menschikow: »Von wem hast Du diese Nachricht? Kann man ihr glauben? Wieviele Nachrichten dieser Art hatten wir in der Vergangenheit?«[10] Trotzdem war er beunruhigt, und er beschloß, am 24. Januar von Moskau aufzubrechen.

Von den siebenhundertzwanzig Kilometern, die zwischen Moskau und Grodno lagen, hatte Peter bereits über die Hälfte zurückgelegt, als er bei Smolensk von Menschikow mit der Nachricht aufgehalten wurde, daß Karl bereits vor Grodno eingetroffen sei und der Zar jetzt nicht zu seiner Armee durchkommen könne. Besorgt verfaßte Peter daraufhin eine Reihe neuer Befehle an Ogilvie, die alle davon abhingen, ob die erfahrenen Sachsen, wie versprochen, eintreffen würden oder nicht. Wenn man ganz sicher mit den Sachsen rechnen könne, würde Peter Ogilvie erlauben, in Grodno zu bleiben; kamen sie aber nicht oder sei man dessen nicht sicher, solle Ogilvie sich auf dem kürzesten und schnellsten Weg bis an die russische Grenze zurückziehen.

Inzwischen verschlechterte sich die Lage in der Festung Grodno. Die Vorräte an Lebensmitteln und Futter für die Tiere gingen schnell zur Neige. Dann erhielten die Russen, während sie ungeduldig auf die Ankunft der Sachsen warteten, Nachricht von einem weiteren Schlag. Am 3. Februar 1706 war eine insgesamt 30 000 Mann starke sächsische Armee, der auch russische und polnische Hilfstruppen angehörten, von einer 8000 Mann starken schwedischen Truppe unter Rehnskjold bei Fraustadt an der schlesischen Grenze vernichtend geschlagen worden. Rehnskjold hatte den glänzendsten Sieg seiner Laufbahn errungen, und als Karl davon erfuhr, beförderte er den General sofort zum Feldmarschall und machte ihn zum Grafen.

Die Nachricht von der Niederlage bei Fraustadt, durch welche die Überlegenheit der schwedischen Armee erneut bewiesen wurde, besiegelte Peters Entscheidung, seine Soldaten so schnell wie möglich von Grodno wegzuführen. Er befahl Ogilvie den Rückzug bei nächster Gelegenheit, empfahl aber gleichzeitig – da der Frühling schon einsetzte –, das Auftauen des Flusses abzuwarten, damit die Schweden an einer Verfolgung gehindert würden. Am 4. April versenkten die Russen, den Befehlen des Zaren gehorchend, über hundert Geschütze im Neman und begannen mit ihrem Rückzug nach Südosten, Richtung Kiew, wobei sie ein Wald- und Sumpfgebiet umgingen, das unter dem Namen »Pripjetsümpfe« bekannt war.

Karl war hocherfreut, als er merkte, daß die Russen aus der Festung Grodno abzogen, er befahl seiner Armee die sofortige Verfolgung. Man hatte eine schwimmende Brücke vorbereitet, doch kaum war sie über den Neman gelegt, als sie von den im hochgehenden Fluß treibenden Eisblöcken weggerissen wurde. Es dauerte eine ganze Woche, ehe der König übersetzen konnte, und die russische Armee bekam einen großen Vorsprung. Karl versuchte deshalb eine Abkürzung quer durch die Pripjetsümpfe. »Es ist nicht zu beschreiben, wie sehr Menschen und Pferde auf diesem Marsch gelitten haben«, schrieb ein Augenzeuge. »Das ganze Gebiet war ein einziger Sumpf, das Frühlingswetter hatte den Boden aufgeweicht. Die Kavallerie kam kaum voran, und die Wagenkolonne blieb im tiefen Schlamm stecken. Die Kutsche des Königs lag im Morast fest; und was unsere Vorräte betraf, so ging es uns so schlecht, daß jeder glücklich war, der in dieser verlassenen Gegend ein Stück trockenes Brot aus seiner Tasche ziehen konnte.«[11]

Die Schweden kämpften sich trotz aller Schwierigkeiten im Sumpfgebiet voran und erreichten schließlich Pinsk, ohne allerdings die russischen Truppen eingeholt zu haben. Dort kletterte Karl auf den höchsten Kirchturm, hielt Ausschau nach Süden und Osten und konnte überall nur sumpfiges Ödland ausmachen. Als er sich mit der Tatsache abgefunden hatte, daß ihm die Russen entkommen waren, blieb er zwei Monate in der Gegend und zerstörte Städte und Dörfer. Schließlich zog der König Mitte des Sommers 1706 zurück nach Westen, Ungewißheit im Rücken und für einen weiteren größeren Feldzug nach Osten nicht ausgerüstet.

Der Rückzug von Grodno brachte das Ende für Ogilvies Oberbefehl. Seine Streitigkeiten mit Menschikow hatten sich auf dem Rückmarsch verschärft. »Der General der Kavallerie [Menschikow] gab ohne mein Wissen den Befehl, die Armee solle nach Bychow gehen, und trat dabei auf wie der Oberbefehlshaber persönlich«, beklagte sich der erbitterte Ogilvie beim Zaren. »Er hat eine Infanterie- und eine Kavallerie-Garde mit wehenden Fahnen um sich und ignoriert mich ... So lange ich im Krieg gedient habe, hat man mich nie und nirgends so schlecht behandelt wie hier.«[12] Er bat, angeblich wegen seines schlechten Gesundheitszustandes, von seinem Kommando entbunden zu werden und Rußland verlassen zu dürfen. Peter nahm Ogilvies Rücktritt an und bezahlte ihm seinen vollen Lohn. Der Schotte brach nach Sachsen auf, trat dort in den Dienst Augusts und blieb vier Jahre bis zu seinem Tode sein Feldmarschall.

Als Karl von Pinsk aus wieder nach Westen marschierte, wußte Peter, daß die Gefahr einer Invasion, zumindest für einige Zeit, vorüber war. Aber der Angriff des schwedischen Königs bei Grodno war für ihn auch eine Warnung. Er hatte erkannt, daß sein Heer, seine Offiziere und sein Land für die große Auseinandersetzung noch nicht vorbereitet waren.

Nach seiner schnellen Aktion gegen Grodno leitete Karl nun seinen letzten Schachzug im polnischen Krieg gegen August ein. Im August 1706 informierte er Rehnskjold darüber, daß er sich entschlossen habe, nunmehr Sachsen selbst anzugreifen, um August innerhalb seines ureigenen Herrschaftsbereichs zu schlagen. Vier Jahre lang hatte er August kreuz und quer durch Polen verfolgt und dabei gelernt, daß auf polnischem Boden keine Entscheidung erreicht werden konnte. Sachsen blieb immer eine Zuflucht, in der der anmaßende August seine Wunden verbinden, neue Soldaten rekrutieren und auf einen günstigen Augenblick warten konnte, um wieder in Polen aufzutauchen.

Bisher hatte der Widerstand der westeuropäischen Seemächte ein gewichtiges diplomatisches Hindernis gegen eine Invasion der Schweden in Sachsen gebildet; dieses Hindernis war inzwischen durch die Ereignisse beseitigt. Marlboroughs große Siege bei Höchstädt an der Donau wie bei Ramillies in den Niederlanden hatten Ludwig XIV. in die Defensive gedrängt, und die Seemächte fürchteten nicht mehr, daß das Eindringen schwedischer Soldaten in das Herz Deutschlands das Gleichgewicht zugunsten Frankreichs stören könnte. Karl hatte seinerseits angeboten, von der geplanten Invasion in Sachsen abzusehen, wenn England und die Niederlande August dazu bringen könnten, seinen Anspruch auf den polnischen Thron aufzugeben. Sie hatten es versucht und waren gescheitert. Als Karl deshalb sah, daß es keine andere Möglichkeit gab, August zum Verzicht zu bewegen, entschloß er sich, loszumarschieren. Am 22. August 1706 überschritt die schwedische Armee auf ihrem Weg nach Sachsen die schlesische Ostgrenze bei Rawicz. Karl schwamm an der Spitze seiner Gardekavallerie selbst über die Oder, die hier die Grenze bildete. Fünf Tage später – die Hochrufe der protestantischen Schlesier klangen noch in ihren Ohren – standen die Schweden an der Grenze des Kurfürstentums Sachsen. Dort löste ihr Erscheinen, umgekehrt, fast eine Panik aus. Man erzählte sich schauerliche Geschichten von schwedischen Plünderungen und Überfällen während des Dreißigjährigen Krieges. Die Familie des Kurfürsten floh in die verschiedensten Richtungen: Seine Frau begab sich unter den Schutz ihres Vaters, des Markgrafen von Bayreuth; sein zehnjähriger Sohn ging nach Dänemark; seine schon ältliche Mutter floh nach Hamburg. Staatsschatz und Juwelen wurden in einem abgelegenen Schloß versteckt. Dessen ungeachtet war der sächsische Staatsrat, welcher in Augusts Abwesenheit die Regierungsgewalt ausübte, entschlossen, den schwedischen Invasoren keinen Widerstand entgegenzusetzen und das Schicksal des Kurfürstentums der Gnade Karls anzuvertrauen. Der Rat hatte inzwischen genug von den polnischen Ambitionen seines Kurfürsten. Sachsen hatte 36000 Soldaten, 800 Geschütze und acht Millionen Livres geopfert, um seinen Herrscher auf dem polnischen Thron zu halten. Die Sachsen waren nun kampfesmüde und entschlossen, nicht auch noch das Kurfürstentum selbst für August zu opfern.

Es gab also keinen Widerstand, als Karls Regimenter durch Sachsen marschierten und die größeren Städte, Leipzig und die Hauptstadt Dresden, besetzten. Am 14. September errichtete Karl sein Hauptquartier auf Schloß Altranstädt bei Leipzig, wo er mit zwei sächsischen Ministern Friedensbedingungen aushandelte. Karls Forderungen lauteten, August müsse der polnischen Krone für immer entsagen und Stanislaus als polnischen König anerkennen, er müsse sein Bündnis mit Rußland aufkündigen und alle schwedischen Untertanen, die er beschäftigte oder die in der sächsischen

Armee kämpften, an Karl ausliefern. Dafür dürfe August den Höflichkeitstitel König behalten, wenn auch nicht den eines Königs von Polen. Schließlich sollte das schwedische Heer den kommenden Winter in Sachsen verbringen, wobei die Regierung für alle Kosten von Unterhalt und Verpflegung aufkommen müsse. In Augusts Abwesenheit willigten die sächsischen Emissäre in diese Bedingungen ein, und am 13. Oktober 1706 wurde der Friede von Altranstädt unterzeichnet.

Für August waren nicht nur die Bedingungen, sondern auch der Zeitpunkt des Friedensvertrags unvorteilhaft. Gerade als Karl mit den sächsischen Ministern über Augusts Abdankung als König diskutierte, befand er selbst sich mit einer großen russischen Kavalleriestreitmacht unter Menschikow in Polen, wo man eine dort stationierte kleinere schwedische Streitmacht unter Oberst Mardefelt angreifen wollte. August beklagte sich, er sei so arm, daß er nichts mehr zu essen habe, woraufhin ihm Menschikow zehntausend Dukaten aus der eigenen Tasche gab. Der Zar, der bereits Tausende von Rubel und Menschen geopfert hatte, um diesen sächsischen Verbündeten auf den Beinen zu halten, war angeekelt, als er davon hörte. »Du weißt sehr gut, daß man von August immer nur ›Gib, gib! Geld, Geld!‹ hört, und Du weißt auch, wie wenig Geld wir selbst haben«[13], schrieb er an Menschikow. »Jedoch«, fügte er resigniert hinzu, »wenn der König sich nun schon fortwährend in dieser üblen Lage befindet, wäre es am besten, meine ich, ihm Hoffnung zu machen, er werde bei meiner Ankunft zufriedengestellt, und ich werde versuchen, auf schnellstem Wege zu kommen.«

Während August sich noch bei der russischen Armee befand und gerade Menschikows Großzügigkeit angenommen hatte, erfuhr er privat von der Unterzeichnung des Vertrages von Altranstädt. Er konnte zwar die Nachricht vor Menschikow geheimhalten, befand sich aber dennoch in einer äußerst mißlichen Lage. Die Bedingungen des Vertrages verlangten ja, daß er sein Bündnis mit dem Zaren aufgebe und den Krieg beende, und das, während er sich bei einem russischen Heer befand, das sich eben anschickte, eine schwedische Streitmacht anzugreifen. August versuchte deshalb, eine Schlacht zu verhindern, indem er Mardefelt, den schwedischen Kommandeur, durch eine geheime Botschaft über den Friedensvertrag zwischen Schweden und Sachsen informierte und ihn bat, sich zurückzuziehen. Nun aber wurde August endlich doch noch ein Opfer seines schlechten Rufes. Seine Doppelzüngigkeit und Raffinesse waren so berüchtigt, daß Mardefelt annahm, es handle sich auch bei dieser Botschaft nur um einen Trick des Polenkönigs; und er ignorierte sie. Darauf kam es am 29. Oktober 1706 zur Schlacht von Kalisz, einem Kampf von drei Stunden, in dem die Russen, Augusts bisherige Verbündete, den Schweden, mit denen seine Minister gerade einen Friedensvertrag unterzeichnet hatten, eine schwere Niederlage beibrachten. Für Peter war der Sieg von Kalisz ein äußerst wichtiger Sieg. Wenn auch die Russen den Schweden zwei zu eins überlegen gewesen waren, bisher waren die schwedischen Soldaten sogar mit noch größeren Nachteilen immer fertig geworden; jetzt aber hatten sie verloren. Außerdem war es der erste bedeutende Sieg Menschikows als selbständiger Befehlshaber. Der Zar war überglücklich.

August dagegen brachte der russische Sieg in arge Verlegenheit. Er bemühte sich verzweifelt, seiner neuen Position zwischen Peter und Karl gerecht zu werden, und entschuldigte sich bei Karl dafür, daß es ihm nicht möglich gewesen sei, die letzte Schlacht zu verhindern. Und um mit einer etwas handfesteren Geste aufzuwarten, überredete er den ahnungslosen Menschikow, ihm die Aufsicht über alle schwedischen Gefangenen von 1800 Mann zu überlassen, die er unverzüglich auf Ehrenwort nach Schwedisch-Pommern zurückschickte, wo sie im nächsten Frühjahr schon wieder eingesetzt werden konnten.

Gleichzeitig versuchte August, auch Peter nicht zu erzürnen. In einer privaten Aussprache mit Fürst Wassili Dolgoruki, dem Stellvertreter des Zaren in Polen, erklärte er, daß er keine andere Wahl gehabt hätte. Er habe Sachsen nicht der Verwüstung durch schwedische Soldaten überlassen können, und deshalb wäre sein Thronverzicht unvermeidbar gewesen. August versicherte Dolgoruki jedoch, daß dieser Schritt nur eine momentane Ausflucht bedeute: Er werde den Friedensvertrag aufkündigen, sobald die schwedische Armee Sachsen verlassen habe, werde eine neue Armee aufstellen und dann seinen Platz an Peters Seite wieder einnehmen.

Am 30. November traf August in Sachsen ein und besuchte Karl in Altranstädt. Er entschuldigte sich persönlich für die Schlacht von Kalisz, und Karl akzeptierte seine Erklärungen. Er bestand jedoch darauf, August müsse seine Abdankung dadurch bekräftigen, daß er Stanislaus zu dessen Thronbesteigung schriftlich gratuliere. Auch diese bittere Pille schluckte August, da er sich völlig in Karls Macht befand. Denn Karl konnte diskret, aber selbstsicher nach Stockholm schreiben: »Für den Augenblick bin ich der Kurfürst von Sachsen.«[14]

Die beiden Könige, Vettern ersten Grades (ihre Mütter waren Schwestern, beide geborene dänische Prinzessinnen), kamen gut miteinander aus. Karl schrieb seiner Schwester, sein Cousin sei »lustig und amüsant. Er ist nicht groß, vielmehr von gedrungener Gestalt, sogar ein wenig korpulent. Er trägt sein eigenes Haar, das ganz dunkel ist«[15]. Im Verlauf des Winters 1706/07 wurde nichtsdestoweniger klar, daß August keine Eile hatte, den Vertrag von Altranstädt zu erfüllen. Das galt besonders für die Klausel elf, bei der man den livländischen Unruhestifter Johann Reinhold von Patkul im Auge hatte.

Am härtesten durch den Friedensvertrag betroffen war nämlich nicht August, sondern eben dieser Patkul. Der livländische Adlige, dessen leidenschaftliche antischwedische Bemühungen den großen Nordischen Krieg herbeiführen halfen, wurde von Karl besonders gehaßt, weshalb er sich in Klausel elf des Altranstädter Vertrags ausbedungen hatte, daß August alle schwedischen »Verräter« in Sachsen an ihn ausliefern müsse. Patkuls Name stand auf der Liste obenan. In der Affäre, die bald folgen sollte, erfüllten Augusts Treulosigkeit und Karls Rachsucht Europa mit Abscheu.

Patkul war ein extravaganter, talentierter und schwieriger Mann. Als der Krieg begann, diente er zunächst als General in Augusts Heer. Er wurde verwundet, und während seiner Genesungszeit beschloß er, den Dienst des polnischen Königs zu quittieren, weil er »die Art, in der der König seine Verbündeten behandelt hat«, nicht billigte. Peter, der Patkuls Qualitäten bewunderte, lud den heimatlosen Livländer daraufhin nach Moskau ein und überredete ihn, als Geheimrat und Generalleutnant für Rußland zu arbeiten. In den folgenden fünf Jahren war Patkul unermüdlich für Peter tätig, aber durch seine anmaßende Art machte er sich viele Feinde. Er stritt sich mit Matwejew in Den Haag und mit Dimitri Golizyn in Wien. Dolgoruki in Warschau weigerte sich am Ende sogar, mit ihm Briefe zu wechseln, und schrieb an Fjodor Golowin: »Ich denke, Du bist im Bilde über Patkul. Man muß bei ihm nicht nur auf die Worte, sondern auch noch auf die Buchstaben achten. Wenn er beim Abfassen seiner Briefe schlechter Laune ist, gibt er nicht einmal Gott selbst die Ehre.«[16]

Ironischerweise hatten die Ereignisse, die zu Patkuls Sturz führten, ihre Ursache in einem freundlichen Element seiner Natur: Patkul empfand Mitleid mit der traurigen Lage der russischen Soldaten, die Peter geschickt hatte, um Augusts Armee zu verstärken. Elf russische Regimenter, insgesamt neuntausend Mann, und eine Abteilung Kosaken-Kavallerie von dreitausend Mann waren im Sommer 1704 unter dem Kommando Wassili Golizyns von Kiew nach Polen marschiert, um sich Augusts Armee anzuschließen. Nachdem sie dort eingetroffen waren, übernahm Patkul von Golizyn den Oberbefehl. Nach einem kurzen Feldzug erhielt er im Herbst 1704 von August die Anweisung, er solle sich mit seinen Truppen nach Sachsen zurückziehen. Dort erlebte er, daß sich niemand für die russischen Soldaten verantwortlich fühlte. Die sächsischen Minister hatten keine Verwendung für russische Soldaten, die Augusts polnische Kriege unterstützten, und weigerten sich, sie unterzubringen und zu verpflegen. Monatelang erhielten die Männer keinen Sold, und selbst wenn sie bezahlt worden wären, hätten sich die sächsischen Kaufleute geweigert, ihr wertloses russisches Geld anzunehmen. Mit ihren dünnen, zerfetzten Uniformen und ihren bloßen Füßen boten sie einen so abschreckenden Anblick, daß die Leute zusammenliefen und sie anstarrten. Es sah so aus, als müßten während des kommenden Winters viele von ihnen verhungern. Aber Patkul setzte sich unermüdlich für sie ein. Er beschuldigte die sächsischen Minister, gegen die Befehle des Kurfürsten zu handeln, und berichtete an Peter, Golowin und Menschikow, daß die Verfassung der Truppe dem Zaren Schande brächte. Sie antworteten ihm, die Soldaten sollten nach Rußland zurückkehren – was völlig unmöglich war, da schwedische Soldaten den Weg durch Polen blockierten. Um die Russen am Leben zu erhalten, nahm Patkul schließlich einen persönlichen Kredit in beträchtlicher Höhe auf. Im Frühjahr ließ er für sie neue Uniformen anfertigen, und bis zum Sommer hatte sich ihr Ansehen so verändert, daß die Sachsen zugaben, sie sähen besser aus als deutsche Soldaten. Doch immer noch kam kein Geld aus Rußland, und Patkuls Kredit ging zu Ende.

Um die Existenz der russischen Truppe zu sichern, schlug Patkul schließlich vor, sie für eine Zeitlang an die österreichische Regierung zu vermieten, die dann für Lohn und Verpflegung verantwortlich wäre. Golowin antwortete, der Zar würde für den Fall extremer Notwendigkeit dazu seine Zustimmung geben. Im Dezember 1705 trat Patkul mit Zustimmung seiner Offiziere die Soldaten für den Zeitraum eines Jahres an den Kaiser in Wien ab.

Dieser Schritt alarmierte die sächsischen Minister, die nun befürchteten, sowohl der König als auch der Zar könnten darüber erbost sein, daß ihre Weigerung, die Russen zu unterstützen, der gemeinsamen Sache so viele Soldaten gekostet hatte. Patkul wurde in Dresden schon lange gehaßt (er war nie vorsichtig gewesen in seinen Briefen, und viele seiner bitteren Vorwürfe gegen die Ineffektivität und Korruption der sächsischen Minister fanden ihren Weg zu den Angeklagten). Auch August selbst war mißtrauisch. »Ich kenne Patkul gut«, beklagte er sich gegenüber Dolgoruki, »und Seine Majestät der Zar werden auch bald erfahren, daß Patkul den Dienst bei seinem Herrn [Karl] nur seiner eigenen Pläne und seines Profits wegen aufgegeben hat.«[17] Skandalöserweise scheute man sich nicht, aus Patkuls Vermietung der russischen Truppen an Österreich aus Mitleid, eine Anklage wegen Hochverrats zu machen. Obwohl die sächsischen Minister in jedem Stadium der Verhandlungen informiert gewesen waren, warfen sie dem Livländer nun plötzlich vor, er habe Augusts Interessen geschadet, als er Tausende von unter seinem Kommando stehenden Soldaten an Österreich auslieh. Man ordnete seine Verhaftung an. Gerade um diese Zeit hatte sich Patkul – der es müde geworden war, zwischen größeren Kräften aufgerieben zu werden, und auch seine livländischen Pläne aufgegeben hatte – mit einer reichen Witwe verlobt und stand kurz vor seiner Verheiratung. Er hatte ein Gut in der Schweiz gekauft, wohin er sich nach seinem Abschied von der Politik zurückziehen wollte.

Bei der Rückkehr von seiner Verlobung wurde Patkul gefangengenommen und auf Schloß Sonnenstein gebracht, wo man ihn fünf Tage lang in einer Zelle ohne Bett einsperrte und ihm auch nichts zu essen gab. Die Verhaftung machte Schlagzeilen in Europa. Ein ausländischer Gesandter im Dienst eines souveränen Monarchen war seiner Ämter entkleidet und verhaftet worden. In Dresden protestierten der dänische und der kaiserliche Gesandte heftig und verließen die Hauptstadt mit der Begründung, sie seien dort nicht mehr länger sicher. Der kaiserliche Gesandte wies die Anklage wegen Hochverrats mit der Erklärung zurück, er habe persönlich das Schreiben gesehen, in dem Patkul von Moskau dazu autorisiert worden war, die russischen Soldaten an Österreich abzutreten. Fürst Golizyn, der jetzt wieder der ranghöchste Offizier bei den Russen war, protestierte, obwohl persönlich mit Patkul verfeindet, gegen die Verhaftung als eine Beleidigung des Zaren und verlangte Patkuls sofortige Freilassung.

Nun begannen die sächsischen Minister zu fürchten, sie seien zu weit gegangen, und informierten August in Polen über ihre Aktion. Der schrieb ihnen zurück, er billige, was sie getan hätten, und an Peter schrieb er kurz, sein Staatsrat sei gezwungen gewesen, Patkul zu verhaften, um ihrer beider Interessen zu schützen. Die Anklageschrift gegen Patkul zu verfassen, wurde dem Generaladjutanten des Königs, Arnstedt, aufgetragen, der sich dieser Pflicht nur höchst widerwillig entledigte. Insgeheim schrieb er an Schafirow in Moskau: »Ich tue alles, um ihn zu retten. Ihr müßt für das gleiche Ziel kämpfen. Wir dürfen und können nicht zulassen, daß so ein ausgezeichneter Mensch zugrunde geht.«[18]

Peter stimmte August darin zu, daß Patkul einen ausdrücklichen Befehl aus Moskau hätte abwarten müssen, bevor er die Soldaten Österreich überließ; er verlangte aber auch, der Gefangene solle unverzüglich ihm überstellt werden, damit er selbst die Beschuldigungen gegen ihn prüfen könne. Patkul stände schließlich in russischen Diensten, und die fraglichen Soldaten wären russische Soldaten. August brachte Entschuldigungen vor und zögerte die Auslieferung hinaus. Im Februar 1706 schrieb Peter deshalb erneut an August und verlangte noch einmal die Herausgabe Patkuls. Aber jetzt standen die Schweden bei Grodno, und die sächsischen Minister wußten, daß der Zar nicht die Macht besaß, militärisch zu intervenieren. Sie behielten Patkul als ihren Gefangenen.

Dann kam Karls schnelle Rückkehr aus Grodno, seine Invasion in Sachsen, Augusts Kapitulation und der Friede von Altranstädt. Und die Auslieferung Patkuls und anderer »Verräter« an die Schweden war eine der Bedingungen des Friedensvertrages. August saß in der Falle. Da er Patkul vorher nicht freigelassen hatte, war er jetzt unweigerlich dazu gezwungen, ihn an Karl auszuliefern. Er wand sich zwar noch und schickte Generalmajor Goltz zum Zaren, um ihm zu versichern, daß Patkul keinesfalls an den Schwedenkönig ausgeliefert würde. Aber Peter glaubte diesen Versprechungen nicht und machte sich größte Sorgen um Patkuls Leben. Er bat beim Kaiser, bei den Königen von Preußen und Dänemark sowie bei den Generalstaaten der Niederlande um Unterstützung. Jedem dieser Adressaten schrieb er: »Wir vertrauen darauf, daß der König von Schweden auf die Fürsprache Eurer Majestät hören und so vor der ganzen Welt den Ruf eines großherzigen Monarchen gewinnen wird, der sich nicht zur Teilnahme an einer gottlosen und barbarischen Sache hinreißen läßt.«[19]

August zögerte die Befolgung des betreffenden Artikels im Friedensvertrag immer wieder hinaus. Aber Karl war unnachgiebig, und in der Nacht vom 27. März 1707 wurde Patkul schließlich doch den Schweden ausgeliefert. Drei Monate lang wurde er in Altranstädt in einer Zelle festgehalten, mit einer schweren Eisenkette an einen Pfahl gefesselt. Im Oktober 1707 stellte man ihn vor ein schwedisches Kriegsgericht, das von Karl die Anweisung erhalten hatte, mit »äußerster Strenge« zu urteilen. Das schwedische Gericht gehorchte und verkündete: Patkul solle lebendig aufs Rad geflochten und dann enthauptet und gevierteilt werden. Erst als man ihn auf das Rad band, verlor Patkul die Fassung. Der Scharfrichter, ein Bauer aus der Gegend, zerschlug dem Delinquenten mit einem Vorschlaghammer Arme und Beine. Als er sich an die Brust machte, schrie Patkul entsetzlich, und als er nicht mehr länger schreien konnte, stöhnte er nur noch: »Schlag mir den Kopf ab.«[20] Der unerfahrene Scharfrichter mußte viermal mit seiner Bauernaxt zuschlagen, bevor der Hals endlich durchtrennt war. Nach der Enthauptung wurde der Körper gevierteilt und auf dem Rad zur Schau gestellt; den Kopf spießte man auf einen Pfosten an der Landstraße.

10 Karl XII. in Sachsen

Das dramatische Erscheinen Karls XII. und der schwedischen Armee im Herzen Deutschlands ließ Europa erschauern. In Sachsen, wo man den jungen Monarchen aus nächster Nähe zu sehen bekam – so nahe wie nie zuvor auf dem Festland –, war die Neugier grenzenlos. Jede seiner Bewegungen, jede Laune und jede Gewohnheit wurden scharf beobachtet. In der Hoffnung, einen Blick auf den König werfen zu können, planten viele Reisende ihren Weg so, daß er sie an Altranstädt vorbeiführte. Bei den europäischen Monarchen, ihren Ministern und Generälen mischte sich Sorge in die Neugier. Es war zwar klar, daß Karl gekommen war, um die Entfernung Augusts von Sachsen vom polnischen Thron formell zu besiegeln; was würde er aber nun als nächstes tun? Immerhin befand sich eine kampferprobte und bisher unbesiegte schwedische Armee jetzt mitten in Europa, nur wenig mehr als dreihundert Kilometer vom Rhein entfernt. Wohin würde der ungestüme Schwede wohl jetzt seine unbesiegbaren Bajonette wenden? Botschafter und andere Gesandte europäischer Höfe sammelten sich im Winter und Frühjahr 1707 in Scharen um den schwedischen König, um darüber Aufschluß zu gewinnen.
Manche kamen mit speziellen Bitten oder Vorschlägen. So schlug der Gesandte Ludwigs XIV. vor, die schwedische Armee mit derjenigen des französischen Marschalls Villiers zu vereinigen. Durch diesen Zusammenschluß würde das militärische Gleichgewicht in Mitteleuropa zum Vorteil beider Staaten verändert, und danach könne man gewiß bald die deutschen Staaten untereinander aufteilen. Von den Protestanten Schlesiens kam die Bitte, Karl solle als ihr Beschützer gegen den katholischen Kaiser in Deutschland bleiben. (Durch die Drohung, gegebenenfalls nach Wien zu marschieren, erreichte Karl, daß die Schlesier ihre lutherischen Kirchen wieder öffnen durften. Kaiser Joseph soll damals gesagt haben, er sei glücklich, daß der Schwedenkönig nicht verlangt habe, er selbst, Joseph, müsse lutherisch werden.) Doch der berühmteste unter den Besuchern, die sich zu Karl nach

Sachsen begaben, war John Churchill, Herzog von Marlborough, der als Militär und als Politiker die wichtigste Persönlichkeit innerhalb der Koalition gegen den Sonnenkönig darstellte.

Gleich nachdem Karl nach Sachsen gekommen war, äußerte der Herzog die Besorgnis, der stürmische junge König mit seiner Gegnerschaft zu Habsburg könne das empfindliche Gleichgewicht zwischen den katholischen und protestantischen Mächten stören und ihre Allianz gegen Ludwigs Streben nach Hegemonie in Europa auseinanderbringen. Der englische Gesandte im Lager Korbs, John Robinson, hatte in einem Schreiben nach London düster prophezeit, welche Rolle ein siegreicher Karl als europäischer Schiedsrichter eines Tages spielen könnte: »Daß er die Alliierten begünstigen wird, ist höchst ungewiß, daß er sie zu einem unvorteilhaften Frieden zwingen wird, ist nicht unwahrscheinlich; daß er gegen sie vorgeht, ist möglich; und wenn er das tut, (...) müssen wir hinnehmen, was ihm gefällt. Denn wenn man annimmt, der Krieg in Rußland und in Polen sei zu Ende, so werden weder der Kaiser noch Dänemark noch Preußen noch irgendein Fürst oder Staat in Deutschland es wagen, gegen ihn eingestellt zu erscheinen. Alle werden sich seinem Willen beugen, und auch England und Holland müssen das tun, oder sie werden allein dastehen.«[1]

Marlborough verstand, daß der wendige Karl mit äußerster Vorsicht behandelt werden mußte. Nach der schwedischen Invasion in Sachsen schrieb er sogleich an seine holländischen Verbündeten: »Wenn die Staaten [Generalstaaten von Holland] oder England an den König von Schweden schreiben, muß man sorgfältig darauf achten, daß der Brief keinerlei Drohung enthält, denn der König von Schweden besitzt ein sehr eigenartiges Temperament.«[2]

Der Umgang mit Karl würde größte Sorgfalt und Diskretion ebenso wie diplomatisches Gespür und Intelligenz erforderlich machen, meinte Marlborough in seinem Schreiben, weswegen er vorschlug, daß er selbst den König aufsuche. Marlboroughs Angebot wurde dankbar angenommen, und so fuhr der Herzog am 20. April 1707 von Den Haag quer durch Deutschland nach Altranstädt. Da Marlborough, ungeachtet seiner überragenden Reputation, kein Staatsoberhaupt war, durfte er in Altranstädt zuerst nicht mit dem König selbst, sondern nur mit Graf Piper, Karls oberstem zivilen Berater und de facto Premierminister, sprechen. Als der Engländer eintraf, ließ ihm Piper mitteilen, er sei gerade beschäftigt, und ließ Marlborough eine halbe Stunde in seiner Kutsche warten, ehe er die Treppe herunterkam, um den Abgesandten Königin Annes zu empfangen. Marlborough war diesem Spiel gewachsen. Als Piper auf die Kutsche des Engländers zuging, stieg dieser aus, setzte seinen Hut auf und ging an dem Schweden vorbei, ohne ihn zu beachten. Ein paar Schritte weiter urinierte er dann, mit dem Rücken zum Grafen, gemächlich gegen eine Mauer, während Piper warten mußte. Dann ordnete der Herzog in aller Ruhe seine Kleider und begrüßte Piper mit aller Höflichkeit. Nachdem so die Gleichheit wiederhergestellt war, betraten sie gemeinsam das Schloßgebäude und besprachen sich eine Stunde lang miteinander.

Am folgenden Morgen, kurz nach zehn, suchte der Herzog den König auf. Nun standen sich die beiden größten Militärführer des Zeitalters gegenüber: Marlborough war siebenundfünfzig, hatte eine rosa Gesichtsfarbe und trug das blaue Band und den Stern des Hosenbandordens über seinem leuchtend scharlachroten Rock; Karl, fünfundzwanzig, sein Antlitz von Sonne und Wind gegerbt, trug seinen üblichen blauen Uniformrock, hohe Stiefel und seinen langen Degen. Die beiden Männer verhandelten zwei Stunden, bis »zwölf Trompeten den König zum Mittagstisch riefen«[3]. Marlborough sprach französisch, eine Sprache, die Karl zwar verstand, aber selbst nicht beherrschte. Robinson, der seit dreißig Jahren als englischer Gesandter in Schweden gedient hatte, übersetzte, wenn nötig. Marlborough überreichte dem König einen Brief seiner Königin, der, nach ihren Worten, »nicht von ihrer Kanzlei, sondern aus ihrem Herzen« geschrieben worden war. Marlborough fügte hinzu: »Hätte ihr Geschlecht sie nicht daran gehindert, wäre sie über das Meer gefahren, um einen Fürsten kennenzulernen, der von der ganzen Welt bewundert wird. Ich bin in dieser Hinsicht glücklicher als die Königin; ich wollte, ich könnte auf irgendeinem Feldzug unter einem so großen Feldherrn dienen, um zu lernen, was ich in der Kriegskunst noch lernen möchte.«[4] Karl berührte diese Schmeichelei nicht so sehr, daß er nicht unverzüglich bemerkte, er finde Marlborough für einen Soldaten viel zu fein angezogen, und auch seine Sprache sei ein wenig übertrieben.

Während seines zweitägigen Besuchs im schwedischen Feldlager machte Marlborough keine formellen Vorschläge. Er versuchte nur die Absichten des Königs und die Stimmung in der schwedischen Armee herauszufinden. Da er Karls Sorge um das Wohlergehen der deutschen Protestanten kannte, bekundete der Herzog wärmste Sympathie Englands in dieser Sache. Er gab aber auch dem Wunsch Englands Ausdruck, daß der katholische Kaiser in dieser Angelegenheit nicht bedrängt werde, bis man den Krieg gegen Ludwig XIV., den gefährlichsten katholischen Gegner, erfolgreich hinter sich gebracht habe. Der Besucher informierte sich unauffällig über das schwedische Heer, bemerkte den Mangel an Artillerie und Sanitätseinrichtungen, die bei den englischen Streitkräften als selbstverständlich betrachtet wurden. Er hörte genug Gerede, aus dem er den Schluß ziehen konnte, daß ein schwedischer Feldzug gegen Rußland mit Sicherheit bevorstand, und daß die schwedischen Offiziere diesen Feldzug für schwierig hielten und glaubten, er werde mindestens zwei Jahre dauern. Marlborough verließ Altranstädt erleichtert und zufrieden mit seiner Mission: »Ich hoffe, daß alle Erwartungen, die der französische Hof in den König von Schweden gesetzt hat, durch meinen Besuch vereitelt worden sind.«

1707, am Vorabend seines größten Abenteuers, war der schwedische König nicht mehr jener achtzehnjährige Jüngling, der vor sieben Jahren über die Ostsee gekommen war, um seinen Feinden entgegenzutreten. Zwar besaß Karl noch immer eine sehr jugendliche Figur – er war einen Meter dreiundsiebzig groß, hatte schlanke Hüften und breite Schultern –, aber sein Gesicht war inzwischen stark gealtert. Länglich, eierförmig und pockennarbig, war es vom Wetter gegerbt und von zahlreichen Sorgenfalten durchzogen; die tiefblauen Augen waren ruhiger und spöttischer geworden. Um seine Lippen spielte ständig ein wissendes Lächeln, wenn er seine Umgebung betrachtete. Er trug weder Bart noch Schnurrbart noch Perücke; sein rötlich-braunes Haar, kurz geschnitten, war nach oben über zunehmend kahle Stellen gebürstet.

Karl machte mit seiner Kleidung so wenig Umstände wie mit seiner Person. Seine Uniform war einfach: Ein schlichter dunkelblauer Rock mit hohem Kragen und Messingknöpfen, eine gelbe Weste und gelbe Kniehosen, die zum größeren Teil in kräftigen Reitstiefeln mit hohen Absätzen und langen Sporen steckten. Die Stulpen reichten übers Knie den halben Oberschenkel hoch. Dazu trug er eine schwarze Taftkrawatte, die er mehrfach um seinen Hals geschlungen hatte, große, schwere hirschlederne Handschuhe mit breiten Stulpen sowie einen überlangen schwedischen Degen. Selten nur trug er seinen breiten Dreispitz. Im Sommer wurde sein Haar von der Sonne gebleicht, im Herbst und Winter fielen ihm Schnee und Regen auf den bloßen Kopf. Bei kaltem Wetter warf sich der König einen gewöhnlichen Kavalleriemantel um die Schultern. Niemals, auch nicht im Eifer des Gefechts, trug er einen Brustpanzer, um Kugeln, Piken oder Säbelhiebe abzuwehren. Auf einem Feldzug behielt Karl diese Kleider oft tagelang an; er schlief in ihnen – auf einer Matratze, einem Strohhaufen oder auf bloßem Boden. Er zog dann nur seine Stiefel aus, legte seinen Degen so, daß er ihn auch in der Dunkelheit sofort zur Hand hatte, und wickelte sich in seinen Mantel. Bevor er einschlief, las er in einer goldverzierten Bibel, die er immer bei sich trug, bis er sie bei Poltawa verlor. Nie schlief er länger als fünf oder sechs Stunden.

Der König aß einfach – ein Frühstück aus Brot und, wenn vorhanden, Butter, die er mit dem Daumen verteilte. Seine Hauptmahlzeit bestand aus fettem Fleisch, einfach zubereitetem Gemüse, dazu Brot und Wasser. Er aß schweigend, mit den Fingern, und brauchte für seine Mahlzeit selten mehr als fünfzehn Minuten. Auf langen Märschen aß er im Sattel.

Auch wenn sich die Armee im Feldlager befand, trainierte Karl seinen Körper. Im Hof von Schloß Altranstädt stand ständig ein gesatteltes Pferd bereit, damit er sofort aufspringen und kilometerweit reiten konnte, wenn er den Wunsch danach verspürte. Am liebsten ritt er bei Regen und Sturm. Eingesperrt in ein Zimmer, war er unruhig und schritt ständig auf und ab. Karls Stil war derb – seine Briefe waren voll von Tintenklecksen und Korrekturen. Er zog es vor, seine Briefe zu diktieren, wobei er mit langen Schritten das Zimmer durchmaß, die Hände hinter dem Rücken verschränkt. Am Ende griff er zur Feder und setzte, in unleserlichem Gekritzel, sein »Karl« unter das Schriftstück.

Trotz seiner Unruhe war der König ein geduldiger Zuhörer. Er saß da, lächelte ein wenig und ließ seine Hand auf dem Griff seines langen Degens ruhen. Saß er auf dem Pferd, wenn jemand mit ihm sprach, so nahm er seinen Hut ab und klemmte ihn unter den Arm, bis die Unterredung zu Ende war. Sein Verhalten gegenüber Untergeordneten (und er sprach in seinem Leben, mit seltenen Ausnahmen, nur mit Untergeordneten) war freundlich, ruhig und beruhigend, aber nie vertraulich; es blieb immer ein Abstand zwischen dem Herrscher und dem Untertan. Karl wurde fast nie zornig, und in alltäglichen Fragen stellte er sich selten gegen die Wünsche seiner Offiziere. Er mochte es, wenn sich die Menschen in seiner Umgebung lebhaft und fröhlich zeigten, dann pflegte er sich zurückzusetzen und leise lächelnd zuzusehen und zuzuhören. Er schätzte die starken, direkten und optimistischen Charaktere unter seinen Untergebenen und erlaubte es durchaus, daß man ihm widersprach.

Erst in Widrigkeiten wurde Karl lebhafter; eine Herausforderung brachte das Stahlharte seines Wesens zum Vorschein, die Einschläge von Unerbittlichkeit und Grausamkeit. Rückte eine Schlacht näher, zeigte sich der König, eine Aura von Macht und Entschlossenheit um sich verbreitend. Jetzt hörte jede Diskussion auf, seinen Entscheidungen wurde unbedingt gehorcht. Karl gab Befehle nicht nur kraft seiner Autorität, sondern auch seiner Beispielhaftigkeit. Seine Offiziere und Soldaten sahen seine Selbstdisziplin, seinen Mut, seine Bereitschaft, noch mehr Strapazen zu ertragen als sie. Sie respektierten ihn nicht nur als ihren König, sondern bewunderten ihn auch als Mann und Soldat. Mit der Zeit glaubten sie seinen Befehlen in der Schlacht bedingungslos. Sie griffen an, wo immer er mit seinem Degen hinwies: Wenn er es verlangt, ist es möglich. Ein Sieg nach dem anderen hatte den Soldaten wie ihrem Führer eine äußerste Zuversicht und absolute Selbstsicherheit verliehen. Das kam, umgekehrt, Karls ohnehin souveränem Führungsstil zugute und erlaubte ihm, gehört zu werden und sich seiner Soldaten zu freuen, ohne dadurch alle Schranken zwischen sich und ihnen aufzuheben.

Karls Stärke, aber auch seine Schwäche, lag in seiner Zielstrebigkeit. Hartnäckig verfolgte er ein bestimmtes Vorhaben, ohne dabei andere Überlegungen in Betracht zu ziehen. Ob es darum ging, einen Hasen zu jagen, im Schachspiel eine bestimmte gegnerische Figur zu schlagen oder einen feindlichen König zu stürzen, immer fixierte er sich auf sein Ziel und achtete auf nichts anderes, bis er es erreicht hatte. Wie der andere königliche Heerführer seiner Zeit, Wilhelm III., war auch Karl davon überzeugt, daß er als Instrument Gottes handelte, um jene zu bestrafen, die einen »ungerechten« Krieg begonnen hatten. Das Gebet war Bestandteil seines wie des täglichen Lebens der schwedischen Armee. Im Feldlager wurden die Soldaten zweimal am Tag zum Gottesdienst gerufen. Und sogar auf dem Marsch wurden sie um sieben Uhr morgens und um vier Uhr nachmittags durch ein Trompetensignal angehalten; jeder nahm dann seinen Hut ab, kniete sich mitten auf der Straße nieder und sprach seine Gebete.

Karl war aufgrund seines Glaubens ein Fatalist. In ruhiger Gelassenheit ging er davon aus, daß das Schicksal über ihn wachen würde, solange Gott ihn für die Erfüllung seines Willens brauchte. Obwohl ihm, wegen seines Leichtsinns, allerlei passierte, verachtete er Tod und Gefahr, wenn er in die Schlacht ritt. »Ich werde durch keine andere Kugel fallen, als durch die, die für mich bestimmt ist; und wenn es soweit ist, wird mir keine Klugheit helfen«[6], sagte er einmal. Doch wenn Karl beim Gedanken an seinen eigenen Tod auch ruhig blieb und vor der Verantwortung für den Tod anderer nicht zurückschreckte, wenn er seine Infanterie ins feindliche Feuer schickte, so nicht aus fatalistischer Liebe zum Tod, sondern aus dem Verlangen nach Sieg. Der König betrauerte den Verlust seiner Soldaten tatsächlich so sehr, daß er dem Grafen Piper gegenüber einmal vorschlug, er wolle – als Alternative zu dem Gemetzel auf dem Schlachtfeld – Zar Peter zum Zweikampf herausfordern. Piper brachte ihn jedoch davon ab.

Auch während jenes relativ leichten Jahres in Sachsen, in dem seine Soldaten Fett ansetzten, blieb Karls eigene Lebensweise einfach und dem Krieg angemessen. Er lebte auf seinem Schloß in Altranstädt wie in einem Zelt und so, als ob ihn am folgenden Morgen eine Schlacht erwartete. Er erlaubte nicht, daß ihn seine beiden Schwestern in Deutschland besuchten, und stellte sich taub gegenüber den Bitten seiner Großmutter, wenigstens besuchsweise heim nach Schweden zu kommen. Er meinte, das wäre ein schlechtes Beispiel für seine Soldaten.

Auf sexuellem Gebiet blieb Karl enthaltsam. »Ich bin für die Dauer des Krieges mit dem Heer verheiratet«[7], erklärte er, und er verbot sich sexuelle Abenteuer, solange der Krieg andauerte. Aus der Sicht Karls war diese Askese und Selbstverleugnung für einen militärischen Führer notwendig, doch hat sie den Verdacht aufkommen lassen, der Schwedenkönig sei homosexuell gewesen. In der Tat hatte Karl während seines Lebens nur wenig Kontakt zu Frauen. Er war mit sechs Jahren seiner Mutter weggenommen und in Männergesellschaft erzogen worden. Er sah hübsche Mädchen gern, und in seiner Jugend gab es auch einmal einen Flirt mit der Frau eines Konzertmeisters. Aber von Leidenschaft war nicht die Rede. In den Jahren seiner Feldzüge schrieb er häufig an seine Schwestern und an seine Großmutter, doch siebzehn Jahre lang sah er keine seiner weiblichen Verwandten wieder. Als er am Ende des Krieges nach Schweden zurückkehrte, waren seine Großmutter und seine ältere Schwester bereits gestorben. Wenn der König in Gesellschaft mit Frauen zusammentraf, war er ihnen gegenüber höflich, aber nicht herzlich. Er suchte ihre Gesellschaft nicht, vermied sie vielmehr, wenn möglich. Sie schien ihn in Verlegenheit zu bringen.

So weit ihm dies möglich war, formte Karl die schwedische Armee nach seinen persönlichen Vorstellungen. Er wünschte sie sich als ein Elitekorps unverheirateter Männer, die nur an ihre Pflicht, nicht aber an ein Heim dachten; die sich ihre Kraft für den Kampf aufsparten, nicht für die Jagd nach Frauen oder für die Sorgen einer Ehe. Verheiratete Männer mit Kindern würden wahrscheinlich weniger mutig über ein Schlachtfeld gegen feindliche Kugeln und Bajonette anstürmen. So dachte Karl, und er ahmte dabei getreulich das von ihm bewunderte Vorbild seines Vaters Karls XI. nach, der ebenfalls bewußt abstinent gelebt hatte, wenn sich Schweden im Kriegszustand befand.

Im Laufe der Zeit wurde das mangelnde Interesse des Königs an Frauen noch betonter. Während des Ruhejahres in Sachsen wurden dort ungezählte Kinder von schwedischen Vätern gezeugt, über den fünfundzwanzigjährigen König aber gab es keine diesbezüglichen Gerüchte aus dem Hauptquartier. Auch später, als Karl fünf Jahre lang als gefangener Gast in der Türkei lebte, mit langen Abenden bei Komödien von Molière oder Kammermusik, gab es kein Geflüster von Frauen. Vielleicht hatte er so lange auf Liebe und Frauen verzichtet, daß er sich jetzt weder für das eine noch für das andere zu interessieren vermochte.

Wenn der schwedische König an Frauen nicht interessiert war, muß er deswegen an Männern interessiert gewesen sein? Es gibt dafür keinen Beweis. Während der frühen Kriegsjahre schlief Karl allein in seinem Zelt, später schlief ein Page in seinem Zimmer. Aber auch in Peters Zimmer schlief eine Ordonnanz, und zuweilen hielt er ein Schläfchen mit dem Kopf im Schoß dieses jungen Mannes. Das macht wohl weder Peter noch Karl zu einem Homosexuellen.

Was Karl angeht, kann man lediglich sagen, daß die Feuer, die in seinem Herzen brannten, jenen Grad von Besessenheit erreicht hatten, der für nichts anderes mehr Raum ließ. Er war ein Krieger. Schweden und seiner Armee zuliebe hatte er sich für ein hartes Leben entschieden. Frauen waren weich und deshalb eine Ablenkung. Karl hatte keine sexuellen Erfahrungen, vielleicht hat er etwas von der ungeheuren Macht der Sexualität geahnt und sich gezügelt, weil er nicht wagte, sich ihr auszusetzen. So gesehen war Karl XII. anomal. Aber, wie wir wissen, war der schwedische König in vieler Hinsicht anders als andere Männer.

Peter reagierte auf die Entthronung Augusts und auf die Wahl und Krönung von Stanislaus damit, daß er sogleich seinen eigenen Hofnarren zum König von Schweden krönte. Dennoch war ihm wohl bewußt, daß die Ereignisse in Polen für Rußland eine todernste Sache darstellten. Im Laufe der Jahre hatte er begriffen, daß er es in Karl XII. mit einem Fanatiker zu tun hatte, daß dieser entschlossen war, August zu stürzen, und daß die Invasion des Schwedenkönigs in Rußland nur verschoben war, bis er in Polen gesiegt haben würde. Da er also wußte, was für ihn mit der Erhaltung der Macht Augusts auf dem Spiel stand, pumpte Peter russisches Geld und russische Soldaten in die Bemühungen, den Kurfürsten von Sachsen auf dem polnischen Thron zu halten. Solange der Krieg in Polen geführt wurde, würde er nicht in Rußland geführt.

Als August schließlich gezwungen war, auf seinen Anspruch zu verzichten, suchte Peter nach seinem eigenen Ersatz für den Polenkönig. Dabei dachte er nicht an eine Marionette, sondern an einen starken, unabhängigen Herrscher, der sowohl regieren als auch Armeen im Krieg anführen konnte. Seine erste Wahl fiel auf den Prinzen Eugen von Savoyen, der damals auf dem Höhepunkt seines Ruhmes als einer der großen Heerführer der Zeit stand. Eugen dankte dem Zaren für die erwiesene Ehre, erklärte aber, daß seine Einwilligung von der Zustimmung des Kaisers abhängig sei. Dann schrieb er an Kaiser Joseph, daß er, in Übereinstimmung mit dem Treueid, den er ihm für fünfundzwanzig Jahre geleistet habe, die Entscheidung ganz in seine Hände lege. Joseph war in der Zwickmühle: Er sah die Vorteile, einen so loyalen und tüchtigen Untertan auf dem polnischen Thron zu haben, aber er wagte auch nicht, Karl zu beleidigen. Wußte er doch, daß Eugens Ernennung zum Krieg zwischen Eugen und Stanislaus führen mußte und daß Karl Stanislaus unterstützen würde. Deswegen drückte er sich vor einer Entscheidung und schrieb Peter, Prinz Eugen breche gerade zu einem neuen Feldzug auf; man könne bis zum folgenden Winter nichts entscheiden.

Peter konnte jedoch nicht warten. Da sich Karls Armee in Sachsen bereits darauf vorbereitete, zu marschieren, brauchte er, wenn er schon einen neuen prorussischen Polenkönig haben wollte, diesen sofort. Er trat an Jakob Sobieski, den Sohn des früheren Polenkönigs, heran, der eilends auf diese stachelige Ehre verzichtete. Er verhandelte mit Francis Rakoszi, dem ungarischen Patrioten, der Ungarn in den Aufstand gegen die kaiserliche Krone geführt hatte; und Rakoszi willigte ein, die Krone anzunehmen, wenn Peter den polnischen Reichstag dazu bringen könne, sie ihm anzubieten. Aber ehe noch etwas in dieser Richtung unternommen werden konnte, war das Projekt vergessen. Denn Karl war aus Sachsen abmarschiert und näherte sich Rußland.

Mit Augusts Abdankung hatte Peter den zweiten seiner anfänglichen Verbündeten verloren. »Jetzt«, sollte er später sagen, »lag die Last dieses Krieges nur noch auf uns.« Gegen die Schweden alleingelassen, intensivierte Peter seine Bemühungen, Karl ein Friedensangebot zu machen oder, wenn dies unmöglich sein sollte, Verbündete zu finden, die ihm helfen konnten, eine Niederlage abzuwenden, die man in ganz Europa für unvermeidlich hielt.

Bei seiner Suche nach einem Vermittler oder einem Verbündeten hatte sich Peter an beide Parteien des großen Krieges gewandt, der damals Europa entzweite. 1706 schlug Andrej Matwejew den Generalstaaten vor, daß ihnen der Zar 30000 seiner besten Soldaten für den Kampf gegen Frankreich zur Verfügung stellen wolle, wenn die Seemächte Schweden zum Frieden mit Rußland überreden könnten. Als ihm Holland nicht antwortete, bat Peter die beiden neutralen Mächte Preußen und Dänemark um Vermittlung. Auch diese Versuche scheiterten. Im März 1707 schließlich ließ Peter Ludwig XIV. den Vorschlag unterbreiten, er werde ihm russische Soldaten für seinen Kampf gegen England, Holland und Österreich zur Verfügung stellen, wenn dieser mit Erfolg zwischen Rußland und Schweden vermitteln würde. Die Bedingungen, die Peter den Schweden anbot: Er würde ihnen Dorpat ohne weiteres zurückgeben und eine große Summe bezahlen, um Narwa behalten zu dürfen. Er bestand lediglich darauf, St. Petersburg und die Newa zu behalten. Ludwig versprach, einen Versuch zu machen.

Peter wandte sich auch an England. Schon 1705, als der neue Gesandte Königin Annas, Charles Withworth, in Moskau eingetroffen war, hatte Peter gehofft, der Diplomat könne seine Königin dazu bewegen, im Ostseeraum als Vermittlerin tätig zu werden. Withworth war zwar persönlich Peter geneigt, aber es gelang ihm nicht, seine Regierung zu irgendeinem diplomatischen Schritt zugunsten des Zaren zu bewegen. Ende 1706 entschloß sich Peter, direkt an London zu appellieren, und er gab Matwejew Anweisung, von Den Haag aus in die englische Hauptstadt zu reisen. Er sollte die Königin bitten, den Schweden mit Krieg zu drohen, wenn Karl nicht zum Frieden mit Rußland bereit sei. Peter überließ es ganz der Königin, die Friedensbedingungen festzulegen, er bestand nur darauf, die russischen Erblande an der Ostsee, das heißt Ingermanland und den Newafluß, behalten zu dürfen. Sollten offizielle Verhandlungen scheitern, hatte Matwejew Anweisung, Marlborough und Sydney Godolphin, die führenden englischen Minister, heimlich zu beeinflussen. Peter war diesbezüglich sehr realistisch und sagte: »Ich glaube nicht, daß Marlborough gekauft werden kann, da er so enorm reich ist. Du kannst ihm aber immerhin 200 000 oder mehr versprechen.«[9]

Bevor Matwejew von Holland nach England aufbrach, traf er in Den Haag mit Marlborough zusammen. Nach ihrer Begegnung schrieb der Herzog an Godolphin in London:

»Der Gesandte Rußlands war bei mir und brachte mehrfach zum Ausdruck, welche Hochachtung sein Herr für Ihre Majestät empfinde ... Und als Zeichen dieser Hochachtung hat er sich entschlossen, seinen einzigen Sohn zur Ausbildung nach England zu schicken ... Ich hoffe, daß Ihre Majestät ... damit einverstanden sind; denn ganz sicher werden Sie ihm bei keiner seiner Verhandlungen entgegenkommen können.«[10]

Damit hatte Matwejews Mission, schon ehe sie begonnen hatte, nur noch wenig Erfolgsaussichten, denn Marlboroughs Stimme war maßgebend. Das Wesen der Diplomatie besteht jedoch darin, jeden Spieler seine Rolle spielen zu lassen. Marlborough riet Matwejew deshalb nicht nur nicht davon ab, nach London zu gehen, sondern lieh ihm sogar für die Überfahrt über den Kanal seine eigene Jacht *Peregrine*.

Im Mai 1707 traf Matwejew in der englischen Hauptstadt ein, wo er freundlich aufgenommen wurde. Aber es dauerte nicht lange, bis er merkte, daß nichts schnell vorangehen würde. In seinen Briefen an Golowkin, der inzwischen Golowin als Kanzler nachgefolgt war, machte er darauf aufmerksam, daß es nur langsame Fortschritte geben werde: »Hier gibt es keine autokratische Macht.«[11] Die Königin konnte nichts ohne die Zustimmung des Parlaments entscheiden. Endlich, im September, gab Königin Anna dem russischen Gesandten eine Audienz. Sie selbst sei schon bereit, sagte sie, ein Bündnis zwischen England und Rußland herzustellen, dadurch, daß Rußland in die große Allianz aufgenommen werde; sie benötige dazu aber die Billigung ihrer bisherigen Verbündeten, Hollands und des Reiches Habsburg. Während dieser weiteren Wartezeit hielt Marlborough Matwejews Hoffnungen am Leben. Er schrieb ihm aus Holland, er verwende seinen ganzen Einfluß, um die Generalstaaten dazu zu bringen, die Aufnahme Rußlands in die Allianz zu billigen.

Doch das diplomatische Spiel begann den Russen aus der Hand zu gleiten, denn im August verließ Karl Sachsen, um die schon lange befürchtete Invasion Rußlands zu beginnen. Und Matwejews Ärger wuchs. Im November kam Marlborough selbst nach London. Matwejew besuchte ihn am Abend nach seiner Ankunft und bat den Duke, er solle ihm offen als ehrlicher Mann und ohne süße Versprechungen sagen, ob der Zar noch auf irgendeine Unterstützung durch England hoffen könne. Wieder vermied es Marlborough, eine endgültige Antwort zu geben.

Man dachte in Moskau auch daran, noch auf andere Weise an Marlborough heranzutreten. Nach einer Information von Huyssen – der als diplomatischer Agent Rußlands auf dem Kontinent wirkte – sollte der Herzog erklärt haben, er würde als Gegenleistung für ein beträchtliches persönliches Geschenk an Geld und Ländereien eine Unterstützung Rußlands durch England arrangieren. Als Golowkin das dem Zaren berichtete, erklärte Peter: »Sage Huyssen, wenn Marlborough ein russisches Fürstentum wünscht, kann er ihm sofort eins zusagen: Kiew, Wladimir oder Sibirien, welches immer er möchte. Und wenn er die Königin dazu bringen kann, für uns einen guten Frieden mit Schweden auszuhandeln, soll er, so lange er lebt, jährlich Einkünfte aus seinem Fürstentum in Höhe von 50000 Dukaten erhalten, obendrein den St.-Andreas-Orden und einen Rubin, wie man ihn größer in Europa nicht findet.«[12]

Weder Matwejews noch Huyssens Unternehmen kam voran. Im Februar 1708, als Karl XII. auf seinem Marsch nach Moskau bereits die Weichsel überschritten hatte, richtete noch einmal Matwejew ein Ersuchen um Unterstützung an die Engländer. Es blieb unbeantwortet. Im April schrieb Peter an Golowkin: »Was Andrei Matwejew betrifft, so meinten wir schon vor langer Zeit, er müsse abreisen, denn alles dort [in London] sind nur Geschichten und Beschämung.«[13]

Karl weigerte sich hartnäckig, irgendwelche Friedensverhandlungen mit Rußland in Betracht zu ziehen. Er verwarf das französische Vermittlungsangebot mit der Begründung, er traue dem Wort des Zaren nicht. Die Tatsache, daß Peter den Titel eines Fürsten von Ingermanland bereits an Menschikow verliehen hatte, war für ihn Beweis genug, daß der Zar nicht die Absicht hatte, diese Provinz wieder herzugeben, und daß er folglich nicht wirklich an Friedensverhandlungen interessiert sein konnte. Als man ihm vorschlug, Rußland könne die Schweden entsprechend entschädigen, wenn es einen schmalen Streifen des eroberten Gebietes an der Ostsee behalten dürfe, antwortete Karl, er werde seine baltischen Untertanen nicht für russisches Geld verkaufen. Auf ein Angebot Peters, ganz Livland, Estland und Ingermanland, mit Ausnahme von St. Petersburg und Schlüsselburg-Nöteburg sowie des Newaflusses, der diese beiden Städte miteinander verband, zurückzugeben, erklärte Karl empört: »Ich werde eher den letzten schwedischen Soldaten opfern als Nöteborg hergeben.«[14]

In dieser der schwedischen Invasion in Rußland vorausgehenden Periode, in der Peter immer wieder Friedensangebote versuchte, die Karl verwarf, wurde ein besonderer und unversöhnlicher Gegensatz zwischen den beiden deutlich: St. Petersburg. Peter war bereit, alles aufzugeben, um diese Stadt behalten zu können, die ihm einen Zugang zum Meer gewährte. Karl war nicht bereit, irgend etwas aufzugeben, ohne sich vorher mit der russischen Armee gemessen zu haben. Wegen St. Petersburg also – das noch kaum mehr war als eine Ansammlung von Holzhäusern, eine erdumwallte Festung und eine primitive Schiffswerft – ging der Krieg weiter.

In der Tat, Karl sah keinen Sinn in Verhandlungen. Er stand auf dem Höhepunkt seines Erfolges, Europa lag ihm zu Füßen, seine hervorragend ausgebildete und siegreiche Armee stand einsatzbereit. Er hatte konsequent nach einer großartigen Strategie gehandelt, mit der er bis jetzt erfolgreich war: Warum sollte er bereit sein, einem Feind schwedisches Territorium zu überlassen? Es wäre entehrend und erniedrigend für ihn, Provinzen aufzugeben, die aufgrund eines feierlichen Vertrages zwischen seinem Großvater Karl X. und Zar Alexei noch immer zu Schweden gehörten. Territorien, die nur vorübergehend und gleichsam hinter dem Rücken von König und Armee von Rußland besetzt gehalten wurden. Außerdem war ein Feldzug gegen Rußland genau die Art militärischer Operation, von der Karl träumte. In all den Jahren in Polen war er in das Wechselspiel mitteleuropäischer Großmachtinteressen verstrickt gewesen. Jetzt könnte er mit einem sauberen Schwerthieb alles allein entscheiden. Waren auch die Risiken eines Eindringens Hunderte von Kilometern nach Rußland hinein groß, so war auch die zu erwartende Belohnung groß: Ein Schwedenkönig, der im Kreml einen Friedensvertrag mit Rußland diktiert, der Generationen überdauert. Und vielleicht waren die Gefahren gar nicht so groß. Die Schweden, wie die Westeuropäer im allgemeinen, hielten die Russen immer noch für schlechte Soldaten. Die Niederlage bei Narwa hatte nachhaltig gewirkt, und keiner der späteren Erfolge Peters im Ostgebiet hatte den Eindruck auslöschen können, daß die Russen nur ein undisziplinierter Haufen seien, der nicht im Stande war, gegen eine disziplinierte westliche Armee zu kämpfen.

Und da war auch noch der messianische Zug im Charakter des schwedischen Königs. Nach Karls Auffassung mußte Peter bestraft werden, ebenso wie August hatte bestraft werden müssen. Der Zar mußte von seinem Thron herunter. Und so sagte Karl zu Stanislaus, der auf Frieden drängte, weil die Bevölkerung Polens durch den Krieg stark gelitten hatte: »Der Zar ist noch nicht genügend gedemütigt, um die Friedensbedingungen anzunehmen, die ich ihm vorschreiben will.«[15] Später wies er Stanislaus noch einmal ab, als er erklärte: »Polen wird nie Ruhe haben, so lange es diesen ungerechten Zaren zum Nachbarn hat, der einen Krieg beginnt, ohne irgendeinen berechtigten Grund dafür zu haben. Ich muß zuerst dorthin marschieren und ihn absetzen.«[16] Karl sprach weiter davon, er wolle in Moskau wieder das alte Regime einsetzen, die Reformen und vor allem das neue Heer abschaffen. »Die Macht Rußlands, die durch die Einführung ausländischer militärischer Zucht so hoch gestiegen ist, muß gebrochen und zerstört werden«[17], erklärte der König. Er freute sich auf diesen Umschwung, und als er zu seinem Marsch nach Moskau aufbrach, meinte er vergnügt zu Stanislaus: »Ich hoffe, daß Prinz Sobieski uns immer treu bleiben wird. Glauben Eure Majestät nicht, daß er einen ausgezeichneten Zaren von Rußland abgeben würde?«[18]

Karl wußte von Anfang an, daß ein Feldzug gegen Rußland nicht leicht sein würde. Es galt, riesige Strecken hügeligen Landes zu durchqueren, viele Kilometer tiefen Waldes zu durchdringen und eine ganze Reihe breiter Flüsse zu überqueren. Moskau und das Herz Rußlands schienen von der Natur selbst verteidigt zu werden. Nacheinander würde man die Nord-Süd-Hindernisse der großen Flüsse überwinden müssen: die Weichsel, die Memel, den Dnjepr und die Beresina. Karl und seine Berater saßen über Landkarten von Polen und über einer neuen Rußlandkarte, die August Karl zum Geschenk gemacht hatte, und entwarfen die Marschroute. Diese Beratungen waren so geheim, daß nicht einmal Gyllenkrook, Karls Generalquartiermeister, der für die Landkarten zuständig war, sicher wußte, für welchen Weg man sich entschieden hatte.

Die erste Möglichkeit – von der die meisten Offiziere im schwedischen Hauptquartier annahmen, daß sie der König wählen würde – bestand darin, in das Baltikum zu marschieren und die dortigen schwedischen Provinzen von ihren russischen Besetzern zu säubern. Durch einen solchen Kriegszug wäre die Beleidigung gesühnt, die Rußland Schweden zugefügt hatte, wären die neue Stadt und der neue Hafen in schwedischer Hand und die Russen vom Meer zurückgedrängt. Peter, dessen Leidenschaft für Salzwasser und St. Petersburg wohl bekannt waren, wäre schwer getroffen. Der militärische Vorteil eines solchen Vorstoßes die baltische Ostseeküste entlang war: Karl würde mit seiner linken Flanke dicht am Meer entlang vorrücken, und seine Armee könnte dadurch leicht von See her mit Proviant und Verstärkung direkt aus Schweden versorgt werden. Zudem könnte die große Armee, die er um sich sammelte, durch jene Streitkräfte noch weiter verstärkt werden, die sich bereits im Ostseeraum aufhielten: Beinahe 12 000 Mann unter Lewenhaupt bei Riga und 14 000 unter Luebecker waren schon auf dem Sprung zu einem Angriff auf St. Petersburg. Aber eine Offensive im Ostseegebiet hatte auch negative Aspekte. Die schwedischen Provinzen dort hatten durch sieben Jahre Krieg bereits entsetzlich gelitten. Die Bauernhöfe waren verbrannt, die Felder voll Unkraut, die Städte durch Krieg und Seuchen fast

entvölkert. Wenn diese erschöpften Länder nun noch einmal zum Schlachtfeld würden, bliebe nichts mehr übrig. Wichtiger als sein Mitleid war für Karl
aber die Erkenntnis, daß er auch bei vollem Erfolg dieses Feldzugs keinen
entscheidenden Sieg errungen haben würde. Denn wenn er auch die gesamte
Küste zurückerobern und die Flagge Schwedens über der Peter-und-Paul-
Festung hissen würde: Peter wäre immer noch Zar in Moskau. Die russische
Macht wäre zurückgedrängt, aber nur für eine bestimmte Zeit. Früher oder
später würde dieser tatkräftige Herrscher erneut nach dem Meer greifen.
Deshalb wurde der Marsch ins Baltikum zugunsten eines kühneren Unternehmens verworfen: ein Vorstoß direkt nach Moskau ins Herz Rußlands.
Karl war zu der Überzeugung gelangt, daß er nur durch einen tiefen Stoß, der
ihn bis ins Innere des Kreml brachte, einen dauerhaften Frieden für Schweden erzielen könne.
Die Russen durften von diesem Plan verständlicherweise nichts erfahren.
Um den Zaren in der Meinung zu bestärken, das Baltikum sei das Kriegsziel
der Schweden, plante man dort große Hilfsoperationen. Sobald Karl beginn-
nen würde, quer durch Polen nach Osten zu marschieren, und die Russen
Truppen von der baltischen Ostseeküste nach Polen und Litauen verlegten,
würden die schwedischen Armeen im Ostseegebiet zur Offensive übergehen.
Die finnische Armee unter Luebecker würde sogleich den Karelischen Isthmus herunter, nach Schlüsselburg bis zur Newa und nach St. Petersburg vorstoßen. Dann, wenn die Russen Truppen aus der Gegend von Riga, wo sie
Lewenhaupt gegenüberstanden, abziehen würden, um dem Angriff Luebek-
kers zu begegnen, würde Karl die Truppen Lewenhaupts als Eskorte für einen großen Nachschubtransport einsetzen, der südlich von Riga auf die
Hauptarmee stoßen und diese für die letzte Etappe ihres Marsches auf Moskau versorgen würde.

Inzwischen schritten in allen Dörfern und Städten Sachsens, in denen schwedische Regimenter stationiert waren, die militärischen Vorbereitungen zügig
voran. Die Einheiten wurden aus den Häusern und Scheunen, in denen sie
die Monate der Muße verbracht hatten, zusammengeholt. Tausende neuer
Rekruten, unter ihnen viele deutsche Protestanten, strömten zusammen, um
sich dem schwedischen Heer anzuschließen. Schlesische Protestanten, die
darum wetteiferten, einem König zu dienen, der ihre Sache gegen katholische Bevormundung unterstützt hatte, sammelten sich in solchen Scharen an
den Rekrutierungsstellen, daß die schwedischen Sergeanten nur die Besten
auszusuchen und einzuziehen brauchten.
Die Armee, die bei ihrer Ankunft in Sachsen 19 000 Mann gezählt hatte, war
durch diese Freiwilligen auf mehr als 32 000 Mann angewachsen. Dazu exerzierten 9000 neue Rekruten aus Schweden in Schwedisch-Pommern und bereiteten sich dort auf den Anschluß an das schwedische Hauptheer vor, sobald dieses in Polen einmarschiert wäre. Die Gesamtstärke von Karls Armee
würde dort, alles in allem, an die 41 700 Mann betragen, darunter 17 200

Infanteristen, 8500 Kavalleristen und 16 000 Dragoner. Viele der Dragoner waren neu angeworbene, jedoch nicht notwendig militärisch unerfahrene Deutsche; diese Dragoner waren in Wirklichkeit berittene Infanteristen, die sowohl zu Fuß als auch zu Pferd kämpfen konnten, je nachdem, wie die Umstände es erforderten. Schließlich gab es noch die Chirurgen, die Geistlichen, die Burschen der Offiziere und die zivilen Angehörigen der Streitmacht. Nicht gezählt die Hunderte von Fuhrleuten, die nicht eigentlich zur Armee gehörten: Diese Leute, Zivilisten, heuerte man jeweils für Transporte über begrenzte Wegstrecken an.

Nahm man die 26 000 Mann unter Lewenhaupt und Luebecker noch dazu, die in Litauen und Finnland auf Karls Befehl warteten, dann erreichte die Gesamtzahl der Soldaten, die für den Angriff auf Rußland bereitstanden, beinahe 70 000. Und diese Streitmacht wurde zu einer gewaltigen Kriegsmaschine gedrillt und geschliffen. Die fremdländischen Rekruten übten die schwedische Schlachtordnung, lernten die schwedischen Trommelsignale und wurden im Gebrauch der schwedischen Waffen unterwiesen. Die ganze Armee wurde neu bewaffnet. Damals führte Karl den »Karl-XII.-Degen« ein, eine leichtere, spitzere Waffe, die den schweren und weniger handlichen Degen aus der Zeit Karls XI. ersetzte. Nachdem die meisten Bataillone bereits mit den modernen Steinschloßmusketen ausgerüstet waren, erhielt nun auch die schwedische Kavallerie Steinschloßpistolen. Große Mengen Pulver wurden für den Feldzug bereitgestellt, aber das Hauptgewicht behielt, wie eh und je in der schwedischen Armee, die Attacke mit dem blanken Stahl.

Die sächsischen Schneider waren damit beschäftigt, diese stolzen und wohlgenährten Soldaten in neue Uniformen zu stecken. Die schwedischen Veteranen, von denen man sagte, sie hätten wie Zigeuner ausgesehen, als sie in ihren zerrissenen und ausgebleichten Uniformen nach Sachsen kamen, wurden nun in neue Stiefel und blaugelbe Uniformen gesteckt und erhielten dunkelblaue oder graue Umhänge. Einige Kavallerieregimenter bekamen Kniehosen aus Rentierleder, die für lange Ritte besser geeignet waren als die alten aus Stoff. Neue Bibeln und Gesangbücher trafen aus Schweden ein, Medikamente und Verbandszeug wurden gelagert. Großzügig geplante Mengen an Nahrungsmitteln wurden herbeigeschafft und auf die Regimentswagen verteilt. Schwedische Soldaten waren an kräftige Rationen gewöhnt: fast zwei Pfund Brot und zwei Pfund Fleisch pro Tag, dazu zweieinhalb Liter leichtes Bier, etwas Erbsen oder Korn, Salz, Butter und eine wöchentliche Ration Tabak.

Mitte August war man bereit. Karl gab Befehl, daß sich alle Frauen zu entfernen hätten, die irgendwie ins schwedische Lager gekommen waren, und nahm an einem feierlichen Gebetsgottesdienst für die Armee teil. Und am 27. August 1707 um vier Uhr morgens ritt Karl XII. von Schweden zu seinem größten Abenteuer aus Altranstädt hinaus. Hinter ihm marschierte die größte und prächtigste Armee, über die jemals ein schwedischer König zu befehlen gehabt hatte, ein Strom von fröhlichen Soldaten und lebhaften Pferden. Die langen Kolonnen in ihren blaugelben Uniformen boten in jenen späten Augusttagen auf den staubigen sächsischen Straßen ein eindrucksvolles Bild. »Menschlichen Augen erschienen diese tapferen, kräftigen, guttrainierten, gutausgerüsteten Soldaten als unbesiegbar«[19], schwärmte ein schwedischer Beobachter. Und ein sächsischer Chronist berichtete: »Ich kann nicht beschreiben, welchen großartigen Eindruck die Schweden machen: breitschultrige, gewichtige, kräftige Burschen in blaugelben Uniformen. Alle Deutschen müssen zugeben, daß sie unvergleichlich sind.«[20]

Die erste Etappe des Marsches, die durch das protestantische Schlesien führte, glich mehr einem Triumphzug als dem Beginn eines schwierigen Feldzuges. Die Bevölkerung, deren protestantische Kirchen dank Karls Intervention in Wien wieder geöffnet worden waren, sahen in dem König ihren besonderen Retter. Scharen von Menschen besuchten die Gottesdienste im Freien, die die Schweden täglich in ihren Feldlagern veranstalteten, in der Hoffnung, bei dieser Gelegenheit einen Blick auf ihre Helden werfen zu können. Es beeindruckte die Menschen tief, wenn sie Karl unter seinen Soldaten knien sahen. Viele junge Männer, die als Soldaten völlig unerfahren waren, suchten sich dem schwedischen Heer anzuschließen, als wäre es ein Zug von Kreuzfahrern. Karl begrüßte die Welle der Zustimmung, die ihm aus dem Volk entgegenschlug, ja er badete sich geradezu in ihr. Seine Kapläne wies er an, nur solche Lieder bei den Gottesdiensten singen zu lassen, die aus dem Deutschen ins Schwedische übersetzt worden waren, damit die Einheimischen die Melodien wiedererkennen und mitsingen konnten.

Der Feldzug, auf den der König sich jetzt begab, würde eine äußerste Prüfung für seine vorzügliche Kriegsmaschinerie bedeuten. Dabei war von Anfang an klar, daß dieser Marsch epochal sein würde. Eine Armee aus Sachsen, mitten aus dem Herzen Europas, über viele Hunderte von Kilometern nach Osten bis nach Moskau zu führen, verlangte einen Wagemut, der dem Hannibals oder Alexanders des Großen gleichkam. Bei Marlboroughs berühmtem Marsch rheinaufwärts, der drei Jahre zurücklag, hatte der Engländer auf seinem Weg von den Niederlanden bis nach Bayern vierhundert Kilometer zurücklegen müssen. Aber Marlboroughs Soldaten waren durch bewohntes Land marschiert, dicht an dem großen Fluß, auf dem ihre eigenen Nachschubboote fuhren, der bei einer Verschlechterung der Lage auch als Wasserstraße hätte dienen können, auf der man, in Schiffen flußabwärts driftend, die Ausgangsbasis wieder hätte erreichen können. Karl dagegen machte sich auf einen Weg, der viermal so lang war, der über riesige Flächen mit Sümpfen, Wäldern und Flüssen führte, mit wenig Straßen und spärlicher Bevölkerung. Wenn ein Unglück oder eine Katastrophe passierte, gab es keine andere Rückzugsmöglichkeit, als zu marschieren.

Dennoch war Karl mehr als zuversichtlich; er war unbeschwert. Als das schwedische Heer mit seiner Infanterie, Kavallerie, mit Geschützen und Nachschubwagen bereits über die sächsischen Straßen nach Osten wogte, unternahm Karl in Begleitung von nur sieben schwedischen Offizieren inkognito einen Abstecher nach Dresden, um einen Nachmittag bei seinem früheren Feind, dem Kurfürsten August, zu verbringen. Der Besuch kam für August so überraschend, daß Karl den Kurfürsten noch im Morgenmantel vorfand. Die beiden Monarchen umarmten sich, August zog einen Mantel an, und sie machten einen Nachmittagsritt die Elbe entlang. Es war eine angenehme Begegnung der beiden Vettern, und Karl hatte persönlich nichts gegen den Mann, der ihn sechs Jahre zuvor angegriffen und dessen Entthronung er über viele Jahre hinweg so unermüdlich betrieben hatte. Jetzt, da August bestraft war, zeigte sich Karl ihm gegenüber wohlwollend. Nach ihrem Ritt besichtigte Karl noch die berühmte Sammlung im Grünen Gewölbe, die neun Jahre zuvor Peter so fasziniert hatte, und er besuchte seine Tante, die Mutter Augusts und verwitwete Kurfürstin von Sachsen. Der König sah sowohl seine Tante als auch seinen Vetter zum letzten Mal.

11   Die große Straße nach Moskau

Es bedeutete keine Überraschung für Peter, daß Karl die Absicht hatte, durch Polen zu marschieren und in Rußland einzufallen. Karl hatte Dänemark und Polen besiegt, nun mußte Rußland das nächste Ziel sein. Schon im Januar 1707 hatte der Zar Befehl gegeben, im Westen einen Gürtel verwüsteten Landes zu schaffen, so daß sich eine dort vordringende Armee nur schwer aus dem Land selbst ernähren könne. Nach Westpolen, wohin die Schweden zuerst kommen würden, hatte er Kosaken und Kalmücken geschickt, die die ganze Gegend verwüsten sollten. Polnische Städte wurden niedergebrannt und Brücken zerstört. Die Stadt Rawicz, in der sich 1705 Karls Hauptquartier befunden hatte, wurde dem Erdboden gleichgemacht und ihre Brunnen durch Leichen gefallener Polen vergiftet.
Hinter diesem Schild verbrannter Erde arbeitete Peter unermüdlich daran, sein Heer zu vergrößern und zu verbessern. Er sandte Agenten aus, die neue Rekruten anwerben sollten. Zuweilen war es schwierig, zu Soldaten geeignete Männer aufzutreiben, und Peter brauchte Unterstützung. Ein Adliger namens Besobrasow berichtete beispielsweise, daß in seinem Bezirk Bryansk in letzter Zeit die Zahl der Kirchendiener merklich zugenommen habe, lauter Männer, die ausgezeichnete Dragoner abgeben würden. Peter ließ daraufhin alle von ihnen, sofern sie nur marschieren oder reiten konnten, zum Militärdienst einziehen. Eine Grausamkeit, die sich die Schweden hatten zuschulden kommen lassen, wurde dazu benutzt, die Männer zu motivieren: Die Schweden hatten sechsundvierzig russischen Gefangenen Zeigefinger und Mittelfinger der rechten Hand abgehackt und sie dann nach Rußland zurückgeschickt. Peter war empört, daß eine Nation, die »ihn und sein Volk als barbarisch und unchristlich hinstellt«, eine solche Grausamkeit be-

gehen konnte, und er beabsichtigte, so berichtet Withworth, diese Tat gegen die Schweden zu verwenden: »Denn er wollte jedem Regiment einen der verstümmelten Soldaten zuteilen, damit er seinen Kameraden als lebendes Beispiel dafür diene, was sie erwarten würde, wenn sie selbst in Gefangenschaft kämen.«

Da er mit dem Schlimmsten rechnen mußte, ließ der Zar auch Moskau selbst besser befestigen. Mitte Juni traf der Ingenieur Iwan Kortschmin mit dem Auftrag in der Hauptstadt ein, die Verteidigungsanlagen, besonders die des Kreml, bestens instandzusetzen. Trotz solcher Bemühungen zitterte man in der Stadt bei dem Gedanken an eine Besetzung durch die Schweden. »Niemand sprach mehr von etwas anderem als von Flucht oder Tod«, schrieb Pleyer, der österreichische Gesandte in Moskau. »Unter dem Vorwand, dort den Jahrmarkt zu besuchen, fuhren viele Kaufleute mit ihren Frauen und Kindern nach Archangelsk, wohin sie gewöhnlich allein gefahren waren. Die reichen ausländischen Kaufleute und Geldgeber beeilten sich, ihre Familien und ihren Besitz nach Hamburg zu schaffen, während die Mechaniker und Handwerker Soldaten wurden. Nicht nur in Moskau, sondern auch in allen benachbarten Städten wandten sich die Ausländer um Hilfe an ihren jeweiligen Gesandten, da sie nicht nur die Brutalität und Raubgier der Schweden fürchteten, sondern fast noch mehr einen allgemeinen Aufstand und ein Massaker in Moskau, wo die Bevölkerung wegen der unmenschlichen Belastung durch Steuern außerordentlich verbittert ist.«[2]

Im Frühsommer 1707, als der Ausbau der Befestigung in Moskau Fortschritte machte und Karl in Sachsen seine letzten Vorbereitungen traf, befand sich Peter in Warschau. Sein zweimonatiger Aufenthalt dort war nicht ganz freiwillig; er lag wieder mit Fieber im Bett. Ende August erhielt er die Meldung, daß der schwedische König nunmehr tatsächlich nach Osten marschierte, und bald darauf verließ der Zar Warschau. Er reiste ohne Eile durch Polen und Litauen, inspizierte unterwegs die Festungen und sprach mit den Truppenkommandeuren.

Auf einem Treffen von russischen Kommandeuren mit Peter und Menschikow wurde die defensive Strategie des Zaren allgemein gutgeheißen. Man beschloß, in Polen keine Schlacht zu riskieren, und ganz gewiß keine große, klassische Schlacht auf offenem Feld, da Peter der Meinung war, seine russische Infanterie sei auf einen solchen Kampf noch nicht genügend vorbereitet. Er wollte seine Armee, ohne die Rußland völlig hilflos dastand, auf keinen Fall in Gefahr bringen. Dementsprechend wurde der Großteil der Infanterie aus Polen abgezogen und unter Scheremetews Kommando in die Nähe von Minsk verlegt.

In Übereinstimmung mit dieser Strategie wurde das Kommando in Polen Menschikow übergeben, dem besten russischen Kavalleriekommandeur, den Peter besaß. Seine Dragonerregimenter sollten versuchen, die Schweden an den Flußübergängen aufzuhalten: an der Weichsel bei Warschau, am Narew bei Poltusk und an der Memel bei Grodno.

Peter in England, Gemälde von Sir Godfrey Kneller, 1698.

*Zar Alexei Michailowitsch,
der Vater Peters des Großen.*

*Natalja Naryschkina,
die Mutter Peters des Großen.*

*Peters Halbbruder
Iwan V. Alexejwitsch.*

*Peters Halbschwester
Sofia Alexejewna,
Regentin Rußlands.*

Der Holzpalast von Kolomenskoje.

Die Besetzung Asows, 1696.

Peters Haus in Zaandam, Holland, 1697.

Das Abschneiden der Bärte in Rußland.

Das Barttragen war nur gegen Zahlung einer jährlichen Steuer erlaubt. Der Bartträger erhielt ein kleines Abzeichen aus Bronze, auf dem ein Bart sowie die Worte »Steuer bezahlt« eingraviert waren.

Francis Lefort.

Wassili Golizyn.

Alexander Menschikow.

Peter Tolstoi.

ПЕТРЪ ВЕЛИКІЙ
ОТЕЦЪ ОТЕЧЕСТВА ИМПЕРАТОРЪ ВСЕРОСІЙСКІЙ

Victoria krönt Peter zum Kaiser, nach A. F. Zubow, 1721.

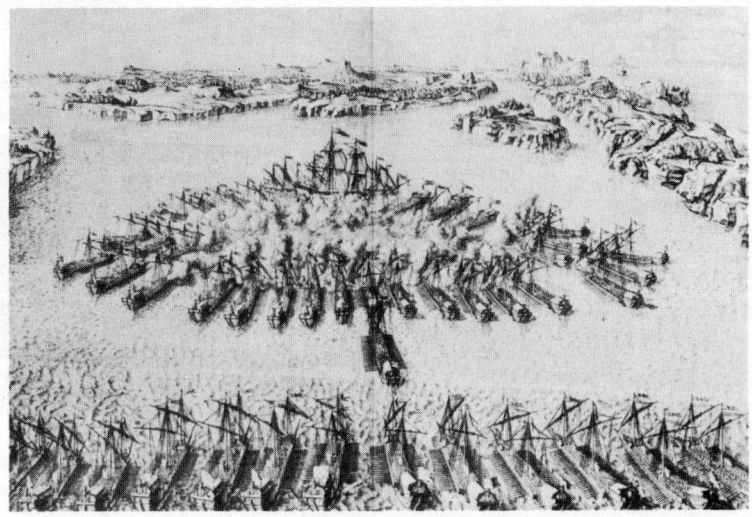

Die Schlacht von Poltawa, 1709.

Die Schlacht von Hangö, 1714.

Feierlichkeiten in Moskau anläßlich des Friedens von Nystadt, 1722.

Die erbeuteten schwedischen Schiffe vor dem Palast Menschikows auf der Wassilewski-Insel, 1714.

Zarewitsch Alexei.

Peters und Katharinas Töchter Anna und Elisabeth.

Die St. Peter- und Pauls-Kathedrale.

Peters Sommerresidenz.

Peter und Katharina segeln auf der Newa. Stich von A. F. Zubow.

Peters Frau Katharina, porträtiert von J. M. Nattier, 1717.

Der Zar und die Gründung von St. Petersburg, Gemälde von Valentin Serow, 1907.

Peter (stehend auf dem rechten Schiff) im Hafen von Amsterdam, 1697.

Ludwig XIV.,
Gemälde von Hyacinthe Rigaud.

Wilhelm III. von Oranien.

Karl XII. nach einem Gemälde von David von Krafft, 1707.

Peter der Große, Büste von Carlo Rastrelli, 1723.

Am 23. Oktober erreichte Peter St. Petersburg und warf sich sogleich in den Einsatz. Er inspizierte die Befestigungsanlagen der Stadt selbst: auf der Seeseite bei Kronstadt und an der Lewa-Ladoga-Flanke bei Schlüsselburg. Er hielt sich ständig in der Admiralität auf, wo er ein komplettes Schiffsbauprogramm für das folgende Jahr entwarf. Fortlaufend gab er Befehle für den bevorstehenden Feldzug und zahlreiche Anweisungen, die Rekrutierung, Bekleidung und Versorgung der Truppen betreffend. Daneben fand er noch Zeit, dem Vater des Fürsten Iwan Trojekurow, der im Kampf gefallen war, sein Beileid zu übermitteln und Darja Menschikow in freundlichen Worten zu bitten, sie möge sich mehr um das Wohlergehen ihres Mannes kümmern.

Trotz all dieser Aktivitäten wurde Peter während dieses Herbstes bis in den frühen Winter hinein von Gefühlen der Angst und Niedergeschlagenheit fast überwältigt. Gründe dafür gab es genug. Während er sich auf die schwedische Invasion konzentriert hatte, empfingen ihn bei seiner Ankunft in St. Petersburg die Nachrichten von der Revolte der Baschkiren und Donkosaken und ein Bericht von dem Massaker an Dolgoruki und dessen Bataillon durch Bulawin am Aidar. Peter hätte wegen dieser Katastrophe beinahe seinen Aufenthalt in St. Petersburg abkürzen müssen, da man ihn in Moskau oder sogar in der ukrainischen Steppe dringend zu benötigen schien. Doch als er sich schon auf die Abreise vorbereitete, erhielt er die Nachricht, daß Bulawins Armee vernichtet worden sei.

Peter war in diesen kritischen Monaten zudem nicht gesund. Wochenlang lag er mit heftigen Fieberanfällen im Bett, war reizbar, ließ sich zu Wutausbrüchen hinreißen. In diesen Augenblicken tiefster Depression hätte ihm nur Katharina wirklich helfen können. Im November 1707, kurz nach seiner Rückkehr nach St. Petersburg, sollte er sie dann auch heiraten.

Gegen Ende des Monats brach Peter nach Moskau auf, wo er die Weihnachtstage verbringen wollte. Seit zwei Jahren war er nicht mehr dort gewesen, und nun interessierte er sich besonders für die Befestigungsanlagen, mit deren Ausbau um diese Zeit über zwanzigtausend Arbeiter unter Kortschmins Leitung Tag und Nacht beschäftigt waren. Damit man um diese Jahreszeit Gräben ausschachten und Wälle aufschütten konnte, mußten die Arbeiter immer ein großes Feuer an der Stelle anzünden, wo sie graben wollten. Während seines Moskauaufenthaltes kümmerte sich Peter um die Prägung neuer Silbermünzen; außerdem besichtigte er mit großem Interesse die Druckerei, brachte die Gehälter seiner Gesandten auf ein einheitliches Niveau und schickte junge Russen zum Studium ins Ausland. Nebenbei überprüfte er dann noch die Ausbildung des geistlichen Nachwuchses sowie die Frage, ob Kleider und Hüte, die man nun in Moskau herstellte, tatsächlich seinen Vorstellungen entsprachen. Er war dermaßen stark in Anspruch genommen, daß er sich verärgert zeigte, wenn er mit anderen Dingen belästigt wurde, die er für geringfügig hielt. Als Withworth ihm einmal unklugerweise einige kleinere Beschwerden englischer Kaufleute in Rußland vortrug, antwortete Peter schroff, er wolle sehen, was er tun könne, man möge aber nicht zuviel von ihm erwarten. Und er fügte hinzu: »Gott hat dem Zaren zwanzigmal so viele Aufgaben gegeben wie anderen Menschen, aber er gab ihm nicht zwanzigmal mehr Kraft oder Fähigkeit, damit fertig zu werden.«[3]

Am 6. Januar 1708 verließ Peter Moskau, um sich der Armee anzuschließen. Auf dem Weg nach Minsk erfuhr er von Menschikow, daß Karl in Polen schnell vorankäme und sich auf Gradno zubewege. Die Fähigkeit der schwedischen Armee, im tiefen Winter so schnell voranzukommen, vergrößerte Peters Besorgnis. In diesen Tagen schrieb er an Apraxin: »Eile nach Wilna ... Aber wenn Du schon in Wilna bist, geh nicht weiter, denn der Feind ist schon bei uns.«[4]

Die schwedische Armee, die in sechs parallelen Kolonnen marschierte, hatte bei Rawicz die Grenze zwischen Schlesien und Polen überschritten. In Polen bekamen der König und seine Armee einen ersten Vorgeschmack von dem, was sie noch sehr oft erwarten sollte. Die Stadt Rawicz war völlig niedergebrannt, überall schwammen Leichen in Brunnen und Flüssen. Menschikows Kosaken- und Kalmückenkavallerie hatte ganze Arbeit geleistet und das Land, in das die Schweden vorrückten, systematisch zerstört. In der Luft lag ein beißender Brandgeruch, der von den Bauernhöfen und Dörfern herwehte, die Menschikows Reiter in Brand gesteckt hatten. Die russische Kavallerie selbst vermied jeden Kontakt mit den Schweden und zog sich, immer außerhalb deren Reichweite bleibend, Richtung Warschau zurück. Dort verschanzte sich Menschikow hinter der Weichsel.

Die Schweden rückten trotz aller Hindernisse und Schwierigkeiten und durch ihre Kavallerie und die Dragoner abgeschirmt auf die polnische Hauptstadt vor. Erst westlich von Warschau drehte Karl nach Norden ab, um bei Posen haltzumachen. Er ließ ein Feldlager aufschlagen, in dem er zwei Monate blieb, um auf Verstärkung und eine Wetterbesserung zu warten. Hier stellte er auch fünftausend Dragoner und dreitausend Infanteristen unter Generalmajor Krassow ab, die in Polen bleiben sollten, um den unsicheren Thron von König Stanislaus zu schützen.

Als Ende des Herbstes die schwedische Armee immer noch bei Polen kampierte und der König scheinbar wieder eine seiner langen Ruhepausen eingelegt hatte, fühlten sich die Russen um Warschau allmählich zuversichtlicher. Da der Winter nahe bevorstand, würden die Schweden, so glaubten sie, bis zum Frühling in ihrem augenblicklichen Lager bleiben. Doch Karl hatte keineswegs diese Absicht. Er hatte die bequemen Quartiere in Sachsen nicht verlassen, nur um den Winter ein paar Meilen weiter östlich an einem ungünstigeren Ort zu verbringen. Er wartete in Wirklichkeit nur auf das Ende der Herbstregen, die die Straßen in Sümpfe verwandelt hatten, und drillte inzwischen immer noch seine neuen Soldaten. Bei Frosteinbruch wollte er aufbrechen.

Allerdings nicht nach Warschau. In den frühen Etappen dieses Feldzugs verzichtete Karl absichtlich auf jenen stürmischen Frontalangriff, der seinen Kriegsruhm mitbegründet hatte. So weit entfernt von seinem Ziel, wollte er einen größeren Zusammenstoß vermeiden. Seine Strategie in Polen war einfach: Er erlaubte den Russen, Verteidigungspositionen auf der östlichen Seite eines Flusses zu errichten, marschierte dann westlich des Flusses in Richtung Norden, überquerte dort irgendwo den Fluß, umging den Verteidiger in seiner Verschanzung und zwang ihn, sich am Ende ohne Schlacht zurückzuziehen.

Ende November brachen die Schweden nach zweimonatiger Vorbereitungszeit ihr Lager in Posen ab und marschierten achtzig Kilometer in Richtung Nordosten bis zu einem Punkt, wo die Weichsel eine Biegung nach Westen macht. Hier war der Fluß frei; kein einziger russischer Soldat oder Kosake war in der verschneiten Landschaft zu sehen. Die Schweden hatten nur mit der Natur zu kämpfen. Der Schnee lag zwar schon hoch, doch die Weichsel war noch nicht zugefroren. Allerdings führte sie bereits Treibeis, weshalb man keine Brücke über den Fluß schlagen konnte und Karl noch einen Monat ungeduldig warten mußte, bis sich eine Eisdecke bildete. Am Weihnachtstag gab es einen Temperatursturz, und das Eis setzte sich fest. Am 28. Dezember war es siebeneinhalb Zentimeter dick. Die Schweden legten Stroh und Bretter darauf, sprengten Wasser darüber und warteten dann, bis alles fest angefroren war. Schließlich vermochte die Decke das Gewicht der Wagen und der Geschütze zu tragen, und zwischen dem 28. und 31. Dezember überquerte das gesamte Heer die Weichsel. Die Warschauer Verteidigungsstellung war auf diese Weise umgangen worden, und Menschikow verließ die Stadt, um sich in neue Stellungen bei Pultusk zurückzuziehen. Als Karl erfuhr, daß die Russen auch diesen Flußübergang verteidigen wollten, wandte er die gleiche Strategie an wie an der Weichsel, und wieder gelang es ihm, die russischen Stellungen zu umgehen. Das Ausweichen war aber beim zweitenmal nicht so einfach. Nördlich der schwedischen Hauptroute lag die Masurische Seenplatte, eines der am schwersten zugänglichen Gebiete Osteuropas. Diese Region bestand einmal aus Seen, aber auch aus Sumpfgebieten und undurchdringlichen Wäldern. Es lebten dort nur wenige Menschen, die ihren Lebensunterhalt dem unwirtlichen Land hart abringen mußten und die jeden Fremden als Feind betrachteten. Die Straßen waren wenig mehr als Trampelpfade oder Fahrspuren für Bauernwagen. Der Marsch war zermürbend. Jede Nacht ließ Karl große Lagerfeuer abbrennen und Militärmusik spielen, damit die Soldaten bei Stimmung blieben. Pferde starben an Erschöpfung, weil sie die Wagen und Geschütze durch fast undurchdringliche Wald- und Sumpfgebiete ziehen mußten. Aus den deutschen Dragonerregimentern liefen einige Soldaten davon; das Geld, das sie erhielten, entschädigte sie nicht für diese Art Kriegszug. Und schließlich wurde auch das Futter für die Tiere knapp. Um die Bauern zu zwingen, ihre eigenen, mühsam gewonnenen Vorräte abzuliefern, drohten ihnen die Schweden auf eine äußerst grausame Weise. Sie rissen ein Kind vor den Augen der Mutter an sich und legten ihm einen Strick um den Hals. Dann fragte ein schwedischer Offizier die Mutter, ob sie das Versteck der Lebensmittel- und Futtervorräte nicht doch verraten wollte. Wenn sie sich weigerte, das Versteck preiszugeben, wurde das Kind getötet. Meistens leisteten die Bauern daher keinen Widerstand und gaben alles her, obwohl dies den Hungertod für sie bedeutete.

Es war darum nicht verwunderlich, daß die Einheimischen die Schweden erbittert bekämpften. Die meisten dieser Menschen waren Jäger und im Gebrauch von Feuerwaffen geübt. Im Walddickicht versteckt, schossen sie auf die marschierenden Kolonnen oder lauerten Nachzüglern auf. Ein Guerillakrieg kam auf und entwickelte schnell seine eigenen grausamen Gesetze. Wurden irgendwo Soldaten in der Scheune, in der sie schliefen, eingesperrt und verbrannt, so ließ der König zehn Geiseln aus dem Dorf, in dem sich das Vorkommnis ereignet hatte, am nächsten Baum aufhängen. Und wenn dann das letzte Regiment durchgezogen war, wurde das ganze Dorf niedergebrannt. Auf diese Weise gelang es Karl und seinen Soldaten, am 22. Januar 1708 Kolno zu erreichen, das jenseits dieses gefährlichen Waldgebiets lag.

Nach diesem Erfolg entschloß sich Karl zu einem noch gewagteren Unternehmen, als es darum ging, das dritte Flußhindernis, die Memel, zu überwinden. Er ließ seine Soldaten nach Grodno vorrücken, wo zwei Jahre zuvor eine russische Armee unter Ogilvie den Winter verbracht hatte. Grodno hatte eine Schlüsselstellung; man mußte die Stadt auf jeden Fall passieren, gleichgültig, ob man nach Norden, das heißt zur Ostsee, oder nach Osten, in Richtung Moskau, wollte. Da Peter die strategische Bedeutung Grodnos kannte, verlegte er auf dem schnellsten Wege ein Kontingent russischer Soldaten dorthin. Karl beschloß hingegen, sofort anzugreifen, um die Stadt einzunehmen. Er ließ also den Hauptteil seiner Armee hinter sich zurück und ritt mit nur sechshundert Soldaten der Gardekavallerie sowie mit seinen Generälen Rehnskjold und Kreutz voraus. Unterwegs schlossen sich ihnen noch fünfzig Mann eines Spähtrupps an, der der Truppe vorausgeschickt worden war. Als der König am Nachmittag vor Grodno ankam, erfuhr er, daß die Brücke über die Memel von zweitausend Kavalleristen unter dem Kommando von Brigadegeneral Mühlenfels, einem der deutschen Offiziere, die in Peters Diensten standen, bewacht wurde. Ohne zu zögern, begann Karl einen Angriff. Einige seiner Leute stürmten über das Eis des Flusses, um die Russen von hinten zu überfallen; andere ritten direkt auf die Brücke zu. Im Getümmel tötete der König zwei Russen, einen mit einem Pistolenschuß, den anderen mit einem Degenstoß. Da es bereits am frühen Nachmittag dunkel wurde, konnten die Russen nicht erkennen, wie viele Schweden ihnen gegenüberstanden. Daher gaben sie die Brücke bald auf und zogen sich in die Stadt zurück. Karl folgte ihnen und schlug in dieser Nacht sein Lager bereits jenseits des Flusses direkt unterhalb der Stadtmauern auf. Er schickte Boten zurück, die die restliche Armee zur Eile antreiben sollten. Was er nicht wußte, war, daß sich zur selben Zeit, nur wenige hundert Meter von ihm entfernt, auch sein großer Gegner, Zar Peter, aufhielt.

Peter war nach Grodno gekommen, um Menschikow Mut zu machen. Den Kommandeur hatten die ständig wechselnden Manöver der Schweden völlig verunsichert, und er wollte seine Soldaten gerade wieder einmal zurückziehen, als Peter an der Memel eintraf. Der Zar wollte sichergehen, daß die Verteidigungsstellungen am Fluß nicht ebenso leicht wie an der Weichsel und am Narew von den Schweden durchbrochen werden konnten. Allerdings hatte er nicht geahnt, daß sich Karl bereits so nahe vor der Stadt befand.

Als Peter und seine Offiziere erfuhren, daß auf der Brücke gekämpft wurde, ahnten sie wiederum nicht, daß die Anzahl der Schweden so gering war. Sie nahmen vielmehr an, die gesamte schwedische Armee greife an, und glaubten demzufolge, Grodno könne nicht gehalten werden. Noch in derselben Nacht ließ Peter deshalb seine Soldaten aus der Stadt abziehen und für sich eine Kutsche in der Nähe des östlichen Stadttores bereitstellen. Er bestieg die Kutsche vor Morgengrauen und fuhr zusammen mit Menschikow in Richtung Wilna und St. Petersburg.

Wenn Karl damals gewußt hätte, daß sich Peter in der Stadt aufhielt, hätte er bestimmt einen zusätzlichen Streich gewagt, um den Verlauf des Krieges entscheidend zu verändern. Karls Soldaten ritten aber erst am folgenden Morgen bis Grodno, fanden die Stadt verlassen und nahmen sie ein. Am Mittag des nächsten Tages erfuhr Peter auf seinem Weg nach Wilna über den Verlauf des plötzlichen Angriffs der Schweden. Nur eine Handvoll Soldaten hatte ihn ausgelöst und anschließend die Stadt besetzt, und nun wartete die kleine Schar auf Verstärkung durch den Hauptteil der schwedischen Armee. König Karl selbst hatte sich unter die kleine schwedische Vorhut gemischt. Peter beschloß daher, einen Gegenschlag zu wagen. Gleich in der Nacht wollte er seinen Überraschungsangriff einleiten, um die Stadt zurückzuerobern und eventuell sogar den Schwedenkönig gefangenzunehmen. Mühlenfels wurde an der Spitze von dreitausend Kavalleristen nach Grodno zurückgeschickt; er sollte im Schutz der Dunkelheit angreifen.

Mit der für ihn typischen Geringschätzung für alles, was die Russen tun könnten, hatte Karl inzwischen angeordnet, daß in der Nacht »alle Kavalleristen absatteln, die Uniform ablegen und sich zur Ruhe zurückziehen dürften«[5]. Eine Wache von fünfzig Dragonern wurde eingeteilt; nur sie sollte die Pferde gesattelt halten und die Nacht in der Nähe der Straße verbringen, über die die Russen aus Grodno abgezogen waren. Von den fünfzig Dragonern blieb allerdings nur ein Vorposten von fünfzehn Männern wach, dreizehn von ihnen waren aber dann abgestiegen und hatten sich um ein Feuer gesetzt, um sich vor der bitteren Kälte der Januarnacht zu schützen. Tatsächlich hielten also nur zwei Dragoner Wache über den Schwedenkönig und seine erschöpften Männer, die jetzt alle tief schliefen.

Nach Mitternacht ritten Hunderte russischer Kavalleristen heran. Die beiden Wachen hörten das Geräusch von Pferdehufen und warnten ihre Kameraden am Feuer, die noch rechtzeitig aufsteigen konnten, um den ersten Russen an einer Straßensperre entgegenzutreten. Anschließend kamen auch die übrigen fünfunddreißig Dragoner schlaftrunken aus ihren Häusern, bestiegen ihre gesattelten Pferde und stürzten sich in den Kampf. Auch diesmal waren die Schweden den Russen der Zahl nach weit unterlegen, während die Russen glaubten, die Wache vor der Stadt sei bedeutend stärker, als sie es in Wirklichkeit war; denn die Nacht war »so pechschwarz, daß niemand seine Hand vor den Augen sehen konnte«[6]. Nach wenigen Minuten waren auch Karl und Rehnsjkold zur Stelle und stürzten sich ins Gemenge, konnten dabei wegen der Dunkelheit nicht Freund vom Feind unterscheiden. Kurz darauf kamen noch mehr Schweden zum Vorschein, zum Teil nur halb bekleidet und ohne Sattel. Als die Russen trotz der Dunkelheit bemerkten, daß ihr Gegner immerzu Verstärkung erhielt, zogen sie über dieselbe Straße wieder ab, über die sie gekommen waren. Nach einer Stunde lag Grodno dann wieder still da. Es war eine glückliche Nacht für Karl, der sich immer wieder fragen mußte, was geschehen wäre, wenn Mühlenfels seine Taktik übernommen und mit den dreitausend Mann einen raschen Vorstoß in die Stadt gewagt hätte, wenn er einfach an den beiden Wachen und an der kleinen Gruppe am Feuer vorbeigeritten wäre.

Karl blieb noch drei Tage lang mit seiner kleinen Vorhut allein, dennoch machten die Russen keinen zweiten Versuch, Grodno zurückzuerobern. Mühlenfels, der zweimal falsch gehandelt hatte, wurde festgenommen; der offizielle Vorwurf gegen ihn lautete, er habe versäumt, die Memelbrücke zu zerstören. Als dann der Hauptteil der schwedischen Armee allmählich eintraf, setzte sich der König selbst an die Spitze einiger Eliteregimenter und jagte hinter Peter her. Schließlich mußte er die Verfolgung aber aufgeben. Die Soldaten, die er bei sich hatte, waren bereits zu sehr erschöpft; die Russen hatten weiterhin die Erde in Brand gesetzt und die ganze Gegend in eine Wüste verwandelt, so daß nirgendwo etwas Eßbares aufzutreiben war.

In den folgenden Tagen zog sich das russische Heer vollständig von der Memellinie zurück; es gab seine starken Verteidigungsstellungen und seine Winterquartiere auf und besetzte eine neue Linie an der Beresina. Die Schweden folgten den Russen, auch diesmal Karl und seine Gardekavallerie voraus. Aber die Schweden waren sehr bald wieder völlig erschöpft und benötigten dringend eine Ruhepause. Immerhin hatten sie inzwischen achthundert Kilometer zurückgelegt und standen fast drei Wintermonate lang im Feld. Ausschlaggebend dafür, daß man nicht mehr weiterkam, war jedoch der katastrophale Mangel an Futter für die Pferde. Damit die Tiere überleben konnten, mußte der Vormarsch aufgehalten werden, bis es frisches Futter gab. Am 8. Februar hielt Karl daher an; und als das Hauptheer ihn eingeholt hatte, erlaubte er, daß die Männer ein Lager aufschlugen und sich eine Zeitlang ausruhten. Am 17. März brach er noch einmal auf, um das Lager in die Gegend von Radoschkowitschi, nordwestlich von Minsk, zu verlegen. Hier, zwischen Wilna, Grodno und Minsk, ließ der König sein Heer endgültig Winterquartier beziehen.

Der polnische Feldzug war zu Ende. Als die schwedische Armee bei Grodno die Memel überquerte, war sie nach Litauen einmarschiert, in jenes weit ausgedehnte und politisch amorphe Territorium zwischen Polen, Rußland und der Ostsee. Die Schweden hatten drei Flüsse überquert, ohne auch nur eine ernsthaftere Auseinandersetzung als das Scharmützel auf der Brücke vor Grodno zu erleben, und der Feldzug hatte bereits diplomatische und militärische Früchte gebracht. In England hatte die Regierung Königin Annas zunächst gezögert, den auf Veranlassung Karls XII. gewählten König Stanislaus anzuerkennen, aber als man in London erfuhr, mit welcher Leichtigkeit Karl in Polen vorgedrungen war, wurde Stanislaus offiziell als der Nachfolger Augusts des Starken akzeptiert. In Polen dachten nunmehr auch diejenigen Adligen daran, sich auf die Seite Stanislaus' zu schlagen, die ihm bisher ihre Unterstützung versagt hatten. Peter gab man in Westeuropa nur noch wenig Chancen, und das Selbstvertrauen der schwedischen Soldaten nahm immer weiter zu. Was sollte man von einer russischen Armee noch erwarten, die unter dem Kommando des Zaren aus einer befestigten Stadt flieht, nur weil sie von sechshundert Schweden angegriffen wird?

Die Beschränkungen im Winterquartier bedeuteten für die schwedische Armee eine größere Strapaze als das Kampieren auf offenem Feld. Viele Soldaten, vor allem die neuen Rekruten aus Schweden, erkrankten an der Ruhr, und manche von ihnen starben; Karl selbst litt ebenfalls mehrere Wochen lang an dieser Krankheit. Jeden Tag gingen schwedische Trupps in dem verwüsteten Land auf Streifzüge, um nach Nahrung zu suchen. Sie erfuhren, daß die litauischen Bauern ihre Vorräte in Erdgruben zu verstecken pflegten, und lernten solche Verstecke daran zu erkennen, daß der Schnee dort schneller wegschmolz, weil der Boden darunter mehr Wärme abgab. Hin und wieder begegneten die schwedischen Streifen auch der russischen Kavallerie, und es kam dann zu kleineren Gefechten. Manchmal wurden schwedische Reiter, die die Felder rings um eine Bauernhütte absuchten, von Kosaken oder Kalmücken überrascht. Dann gab es plötzlich laute Rufe, Pferde sprengten über den Schnee, ein paar Schüsse fielen und Degen wurden gezogen, bevor sich die eine oder andere Seite zurückzog. Schweden und russische Freischärler bekämpften einander voller Haß. Wenn es einer Partei gelungen war, die andere zu überwältigen, wurden die Gefangenen in eine Hütte eingesperrt und verbrannt.

In dem Haus, das von der schwedischen Armee als Hauptquartier benutzt wurde, beugten sich Karl und sein Militärstab täglich über Landkarten. Dabei soll sich nach dem Bericht des Generalquartiermeisters Gyllenkrook einmal folgendes ereignet haben: »Seine Majestät kam zu mir, schaute auf meine Karten und meinte: ›Wir sind jetzt auf der großen Straße nach Moskau.‹ Ich erwiderte, daß wir von Moskau noch weit entfernt seien. Darauf Seine Majestät: ›Wenn wir erst wieder weitermarschieren, kommen wir bestimmt dorthin, keine Angst.‹«[7] Gehorsam wandte sich Gyllenkrook danach wieder seinen Karten zu, um eine Marschroute nach Mgoiljow am Dnjepr an der Straße nach Smolensk und Moskau auszuarbeiten. Um die Versorgung seiner Armee sicherzustellen, beorderte der König den schwedischen Kommandeur von Riga, Graf Adam Lewenhaupt, nach Radoschkowitschi. Lewenhaupt erhielt den Auftrag, ganz Livland zu durchstöbern und soviel Lebensmittel, Pulver und Munition aufzutreiben wie nur möglich, dazu Wagen und Pferde zum Transport. Anschließend sollte er seinen großen Nachschubkonvoi nach Südosten führen und in der Mitte des Sommers mit der schwedischen Hauptarmee zusammentreffen.

Anfang Mai gab es dann immer mehr Zeichen dafür, daß die Schweden ihr Lager bald auflösen würden. Man exerzierte verstärkt, übte Kampfeinsätze und trug Nahrungsmittel für einen sechswöchigen Marsch zusammen. Mit der Wetterbesserung wurden die schwedischen Soldaten auch von einem gewaltigen Optimismus erfaßt. Generalmajor Lagercrona erklärte, »der Feind werde es nicht wagen, sich dem Vormarsch seiner Majestät gegen Moskau entgegenzustellen«[8]. Generalmajor Axel Sparre meinte, es gäbe eine alte Prophezeiung, nach der ein Sparre eines Tages Gouverneur von Moskau sein werde, worüber der König herzlich lachte.

Peter fuhr nach dem Verlust von Grodno in Richtung Norden, nach Wilna. Erst hatte ihn das unaufhaltsame Vorrücken seines Gegners über die großen Flüsse hinweg und durch ganz Polen hindurch fast verzweifeln lassen. Anschließend war der schwedische Moloch unbegreiflicherweise stehengeblieben und hatte fast drei Monate lang stillgehalten. In Wilna wartete Peter jetzt ab und versuchte zusammen mit seinen Generälen in Erfahrung zu bringen, in welche Richtung Karl wohl weiterziehen würde. Von Grodno aus konnten die Schweden nämlich mehrere Richtungen einschlagen. Wenn sie Peter nach Wilna folgten, wäre klar, daß sie die baltischen Provinzen befreien und St. Petersburg angreifen wollten. Wenn sie dagegen nach Osten in Richtung Minsk ziehen würden, wäre sicher Moskau das Ziel ihres Marsches. Karl könnte seine Entscheidung aber auch hinausschieben oder beide Kriegsziele miteinander verbinden, das heißt zunächst nach Nordosten am Peipusee vorbeimarschieren, um Pskow und Nowgorod zu erobern und von dieser Position aus dann sowohl gegen St. Petersburg als auch gegen Moskau loszuschlagen.

Peter durfte keine dieser drei Möglichkeiten außer acht lassen. Er ordnete an, die Hauptarmee solle sich hinter den Dnjepr zurückziehen, während Feldmarschall Goltz und achttausend Dragoner in Brissow an der Beresina jeden Versuch einer Überquerung dieses Flusses verhindern müßten. Menschikow erhielt den Befehl, Bäume zu fällen und alle von Grodno ausgehenden Straßen zu verbarrikadieren. Einige Wochen später besprach sich der Zar mit seinem Kriegsrat und gab dann Anweisung, erneut eine Zone totaler Vernichtung zu schaffen, diesmal um das schwedische Winterquartier herum, um dem Feind jede Möglichkeit einer hinreichenden Versorgung zu nehmen. Beiderseits aller Straßen, die vom schwedischen Lager nach Norden, Osten oder Süden führten, sollte ein breiter Streifen der Verwüstung geschaffen werden, der jeweils etwa zweihundert Kilometer tief ins Landesinnere reichte. Innerhalb dieses Streifens sollte jedes Gebäude, jede noch so kleine Menge von Nahrungsmitteln oder Tierfutter verbrannt werden, sobald die Schweden heranrückten. Bei Androhung der Todesstrafe befahl man den Bauern, alles Heu und Getreide aus ihren Scheunen herauszutragen und es zu vergraben oder in den Wäldern zu verstecken. Tief in den Wäldern und weit ab von den Straßen mußten sie auch für sich selbst und für ihr Vieh Verstecke vorbereiten. Der Feind sollte durch einen verödeten Landstrich marschieren müssen.

Am härtesten wurde die Stadt Dorpat getroffen, die Peter 1704 erobert hatte und die direkt auf Karls Weg lag, wenn er zur Ostsee marschieren wollte. Der Zar ordnete die völlige Evakuierung und Vernichtung der Stadt an. Die Ironie des Schicksals wollte es, daß diese Zerstörung völlig überflüssig war: Karl XII. marschierte nicht nach Norden.

Als der schwedische König sich noch in Radoschkowitschi im Winterquartier aufhielt, entschied sich Peter, die Ruhepause zu nutzen, über die Ostertage nach St. Petersburg zu fahren. Er machte sich auf den Weg, obwohl er erneut hohes Fieber bekommen hatte. Als er am 31. März in St. Petersburg ankam, war er völlig geschwächt. Auf Menschikows Mitteilung hin, die Schweden bauten inzwischen Brücken, offensichtlich um ihren Weitermarsch vorzubereiten, antwortete er, daß ihm der Ernst der Situation durchaus klar sei. Er bat Menschikow jedoch, ihn nur dann zurückzurufen, wenn es unbedingt notwendig wäre, da er immer noch dringend Ruhe brauche und in ärztlicher Behandlung sei.

12   Golowtschin und Lesnaja

Der Schauplatz eines neuen Feldzugs war abgesteckt, beide Armeen standen einander gegenüber. Die Hauptarmee der Schweden befand sich innerhalb des Dreiecks Grodno – Wilna – Minsk, wo zwölf Infanterieregimenter sowie sechzehn Kavallerie- und Dragonerregimenter, insgesamt 35000 Mann, zusammengezogen waren. Darüber hinaus gab es noch kleinere schwedische Einheiten an der Ostsee, Lewenhaupts 12000 Soldaten in Riga, die den Befehl erhalten hatten, sich dem Hauptheer anzuschließen, und eine weitere schwedische Streitmacht von über 14000 Mann unter General Luebecker, die von Finnland den Karelischen Isthmus hinunter nach St. Petersburg marschieren sollte. Wenn Luebecker mit Erfolg operierte, würde seine Armee sehr wohl Peters neue Hauptstadt erobern können; wenn nicht, würde der Vorstoß zumindest ein Ablenkungsmanöver darstellen, das den Zaren viel Zeit und Geld kosten müßte. Zuletzt gab es noch 8000 schwedische Soldaten in Polen unter General Krassow; wenn es in Polen ruhig bliebe, könnten auch sie nach Osten kommen, um Karls Armee gegen Peter zu verstärken. Alles in allem verfügte Karl über 70000 Mann.

Peters Streitkräfte waren noch größer. Die russische Hauptarmee, die Pleskau und Moskau schützen sollte und die von Scheremetew und Menschikow befehligt wurde, war in einem weiten Bogen um das Schwedenlager aufgestellt; der Bogen reichte von Polotsk und Witebsk im Norden bis nach Mogiljow und Bychow im Süden. Die Infanterie war weit zurückgenommen worden und stand jetzt zwischen der Düna und dem Dnjepr. Am weitesten nach Westen vorgeschoben waren Kavallerieabteilungen unter Goltz, die die Hauptstraße Minsk – Smolensk kontrollierten, um dort den ersten Stoß des schwedischen Vormarsches abzufangen. Weiter im Süden, an der Straße von Minsk nach Mogiljow, bewachte eine andere Abteilung den Übergang über die Beresina. Insgesamt hatte Peter in diesem Raum sechsundzwanzig Infanterieregimenter und dreiunddreißig Dragonerregimenter aufgestellt, zusammen etwa 57500 Mann. Darüber hinaus befehligte Apraxin, der St. Petersburg verteidigen sollte, 24500 Mann. In Dorpat, zwischen der Ostsee und den Fronten im Landesinneren war eine dritte russische Streitmacht von 16000 Mann unter General Bauer stationiert, die die schwedische Armee unter Lewenhaupt in Riga daran hindern sollte, nach Südosten zu marschieren. Wenn Karl gegen Pskow und St. Petersburg vorrücken sollte, würden Menschikow und Scheremetew die Hauptarmee der Russen nach Norden führen und sich ihm dort in den Weg stellen; würde der König direkt auf Moskau zielen, müßte er die russischen Generäle an der Beresina und am Dnjepr überwinden. Bauers Bewegungen waren an die von Lewenhaupt gebunden: Wenn Lewenhaupt nach Norden, in Richtung St. Petersburg marschierte, würde auch Bauer nach Norden gehen und Apraxins Verstärkung bilden; wenn Lewenhaupt aber nach Süden käme, um sich seinem König anzuschließen, würde Bauer gleichfalls seine Truppen nach Süden verlegen und Scheremetew unterstützen. Schließlich war noch eine weitere russische Streitmacht von zwölftausend Mann unter Fürst Michail Golizyn in der Nähe von Kiew postiert, um eventuelle Vorstöße in die Ukraine zu verhindern. In diesem Augenblick schien es aber kaum wahrscheinlich, daß die Schweden nach Süden vorrücken würden.

Mit ihren 110000 Mann übertrafen die Russen die Schweden, die über 70000 – oder besser gesagt, über 62000 – Mann verfügten, da Krassows Streitkräfte zu weit entfernt standen, um der schwedischen Hauptarmee von Nutzen sein zu können. Dieser zahlenmäßige Unterschied bedeutete andererseits wenig, es sei denn, der Feldzug würde in die Länge gezogen werden, dann könnten die Russen ihre Verluste leichter ersetzen als die Schweden.

Am 6. Juni entschloß sich Karl zum Aufbruch. Das Winterlager bei Radoschkowitschi wurde abgebrochen, und die Regimenter zogen nach Minsk, der Sammelstelle für das schwedische Heer an der Hauptstraße Warschau – Smolensk – Moskau. Von Minsk aus verlief diese Straße in östlicher Richtung nach

Borissow an der Beresina, wo die Russen den Flußübergang verteidigen wollten.

Auf zwei militärischen Lagebesprechungen, am 26. April und am 13. Juni, hatten Menschikow und Scheremetew beschlossen, sich den Schweden zum erstenmal an der Beresina entgegenzustellen. Peter war bei keiner dieser Besprechungen zugegen, er billigte aber die Entscheidung, diese Flußlinie halten zu wollen. Im Mai verließ das russische Heer sein Winterquartier und bezog in fünf Abteilungen, unter dem Kommando von Menschikow, Scheremetew, Hallart, Repnin und Goltz, Positionen entlang einer fünfundsechzig Kilometer langen Front östlich des Flusses. Da die Russen nicht genau wußten, wo der König zuschlagen würde, hielten sie ihre Truppen in beweglicher Aufstellung; an dem gefährdetsten Punkt jedoch – dem Übergang bei Borissow – bauten sich achttausend Russen unter dem Kommando von Goltz feste Verschanzungen.

Karl kannte diese russische Stellung, und er zog es wieder vor, die feindliche Front zu umgehen, diesmal jedoch von Süden. Am 16. Juni, nach einem neuntägigen Marsch, erreichte die schwedische Armee die Beresina bei Beresina-Sapeschinska. Ein Verband aus Kosaken und russischen Dragonern zog sich von dort zurück, schwedische Ingenieure errichteten zwei Brücken, und das schwedische Heer konnte den Fluß überqueren. Dieses erfolgreiche Manöver bedeutete, daß Karl jetzt Minsk bereits achtzig Kilometer hinter sich gelassen hatte und das polnisch-litauische Gebiet, in dem er in den vergangenen acht Jahren gelebt und gekämpft hatte, nun endgültig verließ.

Menschikow und Scheremetew waren äußerst bekümmert darüber, mit welcher Leichtigkeit sie ausmanövriert worden waren; sie ahnten, wie der Zar auf ihr Versagen reagieren würde. Und so kamen sie am 23. Juni bei einer Besprechung in Mogiljow überein, einen weiteren Versuch zu unternehmen, das Gebiet westlich des Dnjepr mit den Städten Mogiljow und Pskow zu verteidigen. Sie erließen Befehle an alle Abteilungen des Heeres, sich am Westufer des Flusses Babitsch, eines Nebenflusses des Drut, zu versammeln. Man wollte den Schweden eine Schlacht liefern, die den Invasoren möglichst große Verluste beibringen sollte.

Karl dachte jetzt daran, sich auf der Ostseite der Beresina nach Norden zu wenden und Goltz und seine Soldaten bei Borissow von hinten zu überfallen. Doch seine Späher meldeten ihm, daß sich die ganze russische Armee inzwischen nach Süden bewegte und sich hinter dem Babitsch, in der Nähe des Dorfes Golowtschin, versammelte. Der König beschloß daher, dem Feind diesmal nicht aus dem Weg zu gehen und auch nach Golowtschin zu marschieren. Inzwischen schlug das Wetter um, es regnete ununterbrochen in Strömen, und der Erdboden wurde zu Schlamm. In Abständen von wenigen Metern hatten die Russen Bäume gefällt und sie über die Straße gelegt, um die Schweden am Vordringen zu hindern. Hauptmann James Jefferyes[1], ein junger Engländer, der die schwedische Armee begleitete, schrieb damals nach London: »Ich kann bei dieser Gelegenheit nicht umhin, die schwedischen Soldaten zu rühmen. Ob ich daran denke, welche Mühen sie ertragen mußten, um sich ihren Weg durch fast unbegehbare Gebiete zu bahnen, um durch Morast zu waten, der ihnen oft bis zur Hüfte reichte, oder ob ich mich daran erinnere, mit welcher Geduld sie Hunger und Durst ertrugen, da sie sich meistens nur von Brot und Wasser ernähren mußten, immer komme ich zu dem Schluß, daß sie zu den besten Untertanen gehören, deren sich ein Fürst in Europa rühmen kann.«[2]

Am 30. Juni traf der König in Golowtschin ein, das diesseits des seichten und sumpfigen Babitsch lag. Er stellte fest, daß das russische Heer auf der anderen Seite des Flusses über eine Strecke von zehn Kilometern starke Befestigungen errichtet hatte. Da es noch einige Tage dauerte, bis ein hinreichend großer Teil seiner Armee nachkam, arbeitete Karl inzwischen einen Schlachtplan aus. Die altgedienten schwedischen Soldaten wurden unterdessen unruhig. Sie meinten, der Fluß wäre seicht und leicht zu durchwaten; warum überquerte man ihn nicht einfach und verjagte die russische Meute in alle vier Winde? Karl wußte jedoch, daß das nicht so einfach zu bewältigen sein würde. Die Russen hatten sich fest hinter Gräben und Wällen verschanzt und in der vordersten Linie spanische Reiter aufgestellt. Ihre Armee war in zwei zentrale Divisionen geteilt: Nach Norden zu standen unter Scheremetew und Menschikow dreizehn Infanterie- und zehn Kavallerieregimenter; nach Süden, unter Repnin, neun Infanterie- und drei Dragonerregimenter. In der Mitte, zwischen den beiden Divisionen, lag ein sumpfiges Waldgebiet, durch das sich ein Nebenfluß des Babitsch schlängelte. Zudem befanden sich an jeder Flanke der beiden Hauptdivisionen weitere russische Soldaten: Im Norden, an Scheremetew anschließend und jenseits eines noch tieferen und größeren Sumpfgebietes, stand Hallart mit russischer Infanterie und Kavallerie; und südlich von Repnin führte Goltz zehn Dragonerregimenter mit insgesamt 10000 Mann sowie weitere Kosaken- und Kalmückenkavallerie an.

Nachdem die Russen bisher mehrmals an ihrer Flanke umgangen worden waren, hatten sie ihre Front nun sehr weit auseinandergezogen, um eine nochmalige Umgehung zu verhindern. Karl plante schließlich, auch diesen Sachverhalt für sich zu nutzen. Während seine Streitkräfte sich sammelten, ließ er einzelne Abteilungen am Ufer auf und ab marschieren und hier und da an den Flanken einen Scheinangriff machen, so daß die Russen sich gezwungen sahen, ihre äußeren Flügel in voller Stärke stehen zu lassen. So kam es, daß das russische Korps Hallarts weit im Norden festgehalten wurde und an der folgenden Schlacht überhaupt nicht teilnehmen konnte.

Karl hatte entdeckt, welche Stelle in der langen russischen Front am leichtesten verwundbar war. Sie lag in der Mitte, in jenem Sumpf- und Flußgebiet, das sich zwischen den Divisionen Scheremetews und Repnins erstreckte. Wenn er an dieser Stelle angriff, würde der Sumpf verhindern, daß eine russische Division der anderen zu Hilfe kam. Der König beschloß, gegen Repnin, der im Süden des Sumpfgebietes stand, loszuschlagen. Beim Sturmangriff wollte er selbst die schwedische Infanterie anführen. Rehnskjold sollte mit der Kavallerie gegen die von Goltz angeführte Kavallerie vorgehen.

Bis zum 3. Juli hatte Karl schließlich 20 000 Mann, mehr als die Hälfte seiner gesamten Streitmacht, um sich versammelt, und er ließ um Mitternacht seine Regimenter alarmieren, sich auf den Kampf vorzubereiten. In jener Nacht lag der Fluß in dichtem Nebel verhüllt, so daß Karl hinter diesem natürlichen Schutz in aller Ruhe seine Artillerie aufstellen konnte, für die er schon zuvor die günstigsten Plätze ausgesucht hatte. Um zwei Uhr morgens standen acht seiner schwersten Geschütze bereit, um aus nächster Nähe direkt über den Fluß zu feuern; und bei Tagesanbruch, als die ersten Sonnenstrahlen durch den Nebel drangen, begann die schwedische Artillerie plötzlich die überraschten Russen zu beschießen. Karl stürzte sich an der Spitze von siebentausend Schweden in den Fluß.

Das Wasser reichte ihnen bis an die Brust, manchmal bis an die Schultern, und die Russen empfingen sie zudem mit schwerem Feuer. Dennoch rückten die Angreifer ruhig und beständig vor, wie sie es so oft geübt hatten. Sie hielten dabei ihre Waffen in die Höhe, um sie vor dem Wasser zu schützen. Sobald sie am gegenüberliegenden Ufer angekommen waren, machten sie halt und stellten sich erst einmal in Reih und Glied auf. Karl ging die Reihen entlang und kontrollierte ihre Aufstellung, bevor er sie durch das Sumpfgelände weiter voran führte. Zu seiner Überraschung lösten sich die russischen Verbände nicht auf, flohen auch nicht Hals über Kopf; sie hielten vielmehr weitgehend ihre Positionen, um sich zu verteidigen. Aus einer Entfernung von dreißig bis vierzig Schritt feuerten sie auf die Schweden, um sich danach mehr oder weniger geordnet ein wenig zurückzuziehen, erneut zu laden, wieder nach vorn zu laufen und gegen die voranrückende schwedische Front zu schießen. Allerdings wollten sie nicht stehenbleiben und sich mit der schwedischen Infanterie in einen Bajonettkampf einlassen, und so gelang es ihnen nicht, den gleichmäßigen Vormarsch ihrer erfahreneren Gegner aufzuhalten.

Als die Schweden die russische Kampftaktik verstanden, antworteten sie auf dieselbe Weise. Auch sie hielten nun immer wieder an, um zu laden und auf die Russen zu feuern. Dieses wechselseitige Gewehrfeuer war einzigartig für die Schlachten, die Karl XII. geführt hat. Jefferyes schrieb darüber: »Der Kampf wurde so hitzig, daß man eine Stunde lang nichts anderes hörte als das ununterbrochene Musketenfeuer auf beiden Seiten.«[3]

Um sieben Uhr morgens wurde Repnin allmählich klar, daß er der vollen Stärke des schwedischen Angriffs gegenüberstand. Auf sein Ersuchen hin rückten zwölfhundert Mann von den Goltzschen Dragonern vom Süden heran und versuchten, der hart bedrängten russischen Infanterie zu Hilfe zu kommen, dadurch, daß sie die schwedische Infanterie an ihrer rechten Flanke niederreiten wollten. Karl wurde in dieser Lage von Rehnskjold gerettet, der noch auf der anderen Seite des Flusses mit der schwedischen Kavallerie gewartet und die Bewegung der russischen Kavallerie wahrgenommen hatte. Mit vier Schwadronen der Gardekavallerie – sechshundert Mann – galoppierte er durch den Fluß und verwickelte die russische Kavallerie in einen Kampf, bevor sich diese auf die schwedische Infanterie stürzen konnte. Der Zusammenstoß verlief äußerst blutig, weil die Schweden die doppelt so starke russische Reiterei wiederholt zurückschlagen mußten. Als dann immer weitere Schwadronen schwedischer Kavallerie über den Fluß gelangten, um sich gegen die Russen ins Kampfgetümmel zu stürzen, mußte Peters Kavallerie ihr Unternehmen abbbrechen und sich in die umliegenden Wälder zurückziehen.

Da es der russischen Kavallerie also nicht gelungen war, der Infanterie zu Hilfe zu kommen, mußte diese inzwischen allein mit Karls Ansturm fertig werden. Die schwedischen Linien wurden durch immer neue Infanteristen verstärkt, die über den Fluß herüberkamen und unerbittlich voranrückten. Wie Karl es vorausgesehen hatte, gelang es ihm schließlich, die russische Front durch heftigen und konzentrierten Druck auf einen ihrer Abschnitte zu durchbrechen. Repnins Soldaten wichen zurück, hielten sich wieder, wankten erneut und fielen schließlich auseinander. Der linke Flügel der Russen gab sein Lager und seine Artillerie auf, teilte sich in Einheiten von Kompaniegröße und zog sich durch die Wälder zurück.

Es war jetzt acht Uhr morgens. Karl hatte durch seinen plötzlichen und entschlossenen Angriff Repnins Division besiegt, während Scheremetews Division im Norden, auf der anderen Seite des Sumpfgebiets, sich nicht am Kampf beteiligt hatte. Als Scheremetew die Gewehrsalven vernahm und sah, wie die Schweden den Fluß durchquerten, hatte er versucht, Repnin und seinen Soldaten zu Hilfe zu kommen, aber der Sumpf stellte ein zu großes Hindernis dar. Eingedenk der Mahnung des Zaren, nicht alles aufs Spiel zu setzen, trat darum der russische Feldmarschall den Rückzug an und bewegte sich in Richtung auf Mogiljow und den Dnjepr zu.

Die Schlacht von Golowtschin war die erste ernsthafte Auseinandersetzung zwischen russischen und schwedischen Soldaten seit Beginn des langen Marsches der Schweden von Sachsen nach Rußland. Nach klassischer Definition hatten die Schweden gewonnen, sie hatten angegriffen und eine wichtige Stellung erobert. Die schwedische Kavallerie hatte glänzend gekämpft und einen viel stärkeren russischen Gegner zurückgeschlagen. Der König selbst hatte sich ins dichteste Kampfgetümmel gewagt, mit höchster Tapferkeit gekämpft und war unverletzt geblieben. Die Russen hatten sich wieder einmal zurückgezogen. Und dennoch gab es in dieser Schlacht einige Faktoren, die zugunsten des Zaren ausgelegt werden konnten. Peter war spät in Gorki angekommen und hatte dort von Menschikow erfahren, wie die Schlacht verlaufen war. Obwohl es ihn bekümmerte, daß seine Armee wieder eine Flußlinie hatte aufgeben müssen, fand er doch Trost in dem Umstand, daß nur ein Drittel der russischen Soldaten in den Kampf verwickelt gewesen war. Während des vierstündigen schweren Kampfes waren die Russen nicht zusammengebrochen, sondern hatten sich geordnet zurückgezogen, wobei sie um jeden Schritt erbittert gekämpft hatten. Als sie den Kampfplatz schließlich aufgaben, hatten sie sich nicht in wilde Haufen aufgelöst, sondern waren geordnete Einheiten geblieben, die wieder zusammengefaßt und erneut im Kampf eingesetzt werden konnten. Die Verluste der Russen in dieser Schlacht betrugen 977 Tote und 675 Verwundete, die der Schweden 267 Tote und über 1000 Verwundete. Und hier lag ein wichtiger Unterschied zwischen den Gegnern: Peters Verluste konnten immer ersetzt werden, wie hoch sie auch sein mochten; wenn dagegen einer von Karls Soldaten fiel, war es ein unwiederbringlicher Verlust in bezug auf die Gesamtstärke des schwedischen Heeres.

Peter ließ Nachforschungen darüber anstellen, welche Regimenter standgehalten und welche nachgegeben hatten; einige Offiziere ließ er bestrafen. Repnin wurde vor ein Kriegsgericht gestellt und zeitweilig seines Kommandos enthoben. Vier Tage nach der Schlacht hielt man in Pskow einen Kriegsrat ab und beschloß, die Stadt Mogiljow am Dnjepr nicht zu verteidigen, sondern sich entlang der Straße nach Smolensk bis nach Gorki zurückzuziehen. Das ganze Gebiet wurde auf Befehl des Zaren verwüstet, die siegreiche Armee Karls mußte gegebenenfalls durch ein völlig kahles Land weiter nach Osten vordringen.

Obwohl auch Karl über den Ausgang der Schlacht erfreut war und sich die Nachricht von einem neuen Sieg der Schweden bald über ganz Europa verbreitete, war dem König deutlich geworden, daß die russische Armee von Golowtschin nicht mehr jener undisziplinierte Haufen war, der bei Narwa vor den Schweden geflohen war.

Die schwedische Armee konnte jetzt auf der Straße nach Mogiljow weiter vorrücken, auch wenn weit und breit nur schwelende Häuser und Scheunen zu sehen waren. Am 9. Juli erreichte sie schließlich Mogiljow und damit den Dnjepr, der damals die Grenze zwischen Polen, Litauen und Rußland bildete. Es wurde kein einziger Schuß abgegeben, als der König eine Vorhut über den Fluß schickte, während die Hauptabteilung des Heeres am westlichen Ufer zurückblieb. Deshalb nahm jeder an, dieser Halt sei eine kurze Ruhepause, um genügend Vorräte für die letzte Etappe des Marsches zu sammeln. Der Feldzug schien zu Ende zu sein. Die Schweden hatten alle großen Flüsse passiert, Smolensk lag nur hundertsechzig Kilometer weiter im Nordosten, und dreihundertzwanzig Kilometer hinter Smolensk lag Moskau.

In Mogiljow ließ Karl Brücken über den Dnjepr legen – und überquerte den Fluß dann doch nicht, zur Überraschung sowohl der russischen Späherpatrouillen als auch der schwedischen Armee selbst. Fast einen ganzen Monat lang, vom 9. Juli bis zum 5. August, warteten die 35000 schwedischen Soldaten am Westufer des Dnjepr auf Lewenhaupts Versorgungskonvoi aus Riga, der hier mit ihnen zusammentreffen sollte. General der Infanterie Graf Adam Ludwig Lewenhaupt, den Karl wegen seiner pedantischen Gelehrsamkeit den »kleinen lateinischen Oberst« nannte, war ein melancholisch veranlagter Mensch, der überall Rivalen und Verschwörer vermutete. Er war aber ein tapferer und geschickter Offizier, der alle ihm erteilten Befehle bereitwillig und gewissenhaft ausführte. Unabhängig davon, wie klein die Infanterieformation auch war, die man ihm zur Verfügung stellte, oder wie groß oder wie gut verteidigt eine feindliche Stellung sein mochte, die er erobern sollte, pflegte Lewenhaupt seine Formation aufzustellen und mit gottergebener Gelassenheit selbst gegen den Feind vorzurücken, wenn er eindeutige Befehle erhalten hatte. Es sollte für ihn und den schwedischen König verhängnisvoll werden, daß er diesmal einen Befehl befolgte, der außer Ergebenheit auch persönliche Initiative von ihm abverlangte.

Lewenhaupt war Militärgouverneur von Kurland und aller in schwedischer Hand verbliebener Gebiete an der Ostsee. Im Gebiet von Riga unterstanden ihm 12 500 Soldaten. Im März hatte er vom König in Radoschkowitschi einfache, unkomplizierte Befehle erhalten: Er sollte mit seinen Rigaer Soldaten Nachschubgüter requirieren, einen großen Wagenzug zusammenstellen und mit so viel Nahrungsmitteln und Munition beladen, daß seine Soldaten drei Monate und die ganze schwedische Armee sechs Wochen damit versorgt wären; anschließend sollte er diesen Troß durch litauisches Gebiet nach Südosten führen, um mit dem schwedischen Haupttheer zusammenzutreffen. Mit seinen Vorräten sollte die Armee für die letzte Etappe ihres Marsches nach Moskau versorgt werden; außerdem hatte man damit gerechnet, daß Lewenhaupts Soldaten die Kampfkraft des Königs beträchtlich vergrößern würden. Obwohl die Route Riga – Mogiljow 640 Kilometer lang war, hatte man errechnet, daß er diesen Weg in zwei Monaten zurücklegen könnte. Außerdem sollte er ungefähr Anfang Juni aufbrechen. Beide Teile des Plans erwiesen sich jedoch als nicht durchführbar. Lewenhaupt kehrte zwar Anfang Mai nach Riga zurück, es war ihm jedoch nicht möglich, die zweitausend Wagen und die achttausend Pferde, die die Wagen ziehen sollten, sowie sämtliche Nachschubgüter rechtzeitig zusammenzubringen. Am 3. Juni, als Karls Armee das Lager in Radoschkowitschi wieder abzubrechen begann, erhielt Lewenhaupt den Befehl, Riga zu verlassen und in Richtung Beresina zu marschieren. Er meldete aber zurück, er könne wahrscheinlich nicht vor Ende des Monats aufbrechen. Der lange Versorgungszug mit seinem Geleit von 7500 Infanteristen und 5000 Kavalleristen setzte sich tatsächlich erst in den letzten Junitagen in Bewegung. Lewenhaupt blieb noch einen Monat länger in Riga und übernahm das Kommando des Zuges erst am 29. Juli, zu einem Zeitpunkt, als sich dieser nach dem ursprünglichen Plan bereits dem Treffpunkt mit der schwedischen Hauptarmee hätte nähern sollen. Der Konvoi war bis dahin nur zweihundertvierzig Kilometer vorangekommen und befand sich noch nördlich von Wilna, während Karls Heer schon bis Mogiljow vorgerückt war. Über vierhundert Kilometer trennten sie also noch voneinander.

Für Peter war es eine große Erleichterung, daß Lewenhaupts Armee Livland und Kurland verlassen und sich nach Süden in Bewegung gesetzt hatte. Es war jetzt ziemlich sicher, daß das letzte Ziel des Schwedenkönigs nicht St. Petersburg war und daß es keinen doppelten Angriff auf die Newa, durch Lewenhaupt aus dem Süden und Luebecker aus Finnland, geben werde. Und da nun Lewenhaupt abgezogen war, verfügte auch Apraxin über genügend Soldaten, um einen Angriff Luebeckers abzuwehren. Infolgedessen erhielten jene 16000 Mann unter General Bauer, die Lewenhaupt beobachten sollten, den Befehl, nach Süden vorzurücken.

Jetzt hingen Karls Pläne ganz von Lewenhaupt ab. Kritiker haben Lewenhaupt schwer getadelt, weil er es zu so außerordentlichen Verzögerungen hatte kommen lassen; aber es stand ja nicht in seiner Macht, das Wetter zu ändern. Wenn es regnete, war es fast unmöglich, die schweren Nachschubwagen voranzubringen; ihre Räder gruben sich dann tief in den Schlamm ein, auch wenn man Reisigbündel, Zweige und Holzbretter in die Fahrspuren legte. Lewenhaupt führte sogar eine tragbare Brücke mit sich – der Stolz seines Ingenieurkorps –, die von Ledergurten zusammengehalten wurde. Die hölzernen Brückenteile wurden nun vom Regen so schwer, daß die zweiunddreißig Mann, die jeden einzelnen Abschnitt zu tragen hatten, diesen immer nur zwanzig Schritt weit transportieren konnten und ihn dann absetzen mußten, um auszuruhen. In einem Monat kam der Konvoi nur zweihundertdreißig Kilometer voran, im Durchschnitt weniger als acht Kilometer pro Tag. Anfang September war Lewenhaupts Zug immer noch nicht am Ziel und bewegte sich nur langsam voran.

Zwei wertvolle Monate, die für einen Feldzug beste Zeit vom 8. Juli bis zum 15. September, gingen vorüber, während Karl warten mußte. Es war nicht so, daß der Nachschub jetzt schon dringend benötigt worden wäre, doch war Karl der Ansicht, er dürfe sich nicht zu sehr von Lewenhaupt entfernen, damit das russische Heer nicht zwischen den zwei schwedischen Armeen eindringen und die kleinere und ungeschütztere Armee abfangen konnte. Zuerst hatte der König gehofft, mit Lewenhaupt in Mogiljow am Dnjepr zusammenzutreffen, bevor das schwedische Heer den Fluß überquerte. Der König war überzeugt gewesen, der Nachschubkonvoi würde bis zum 15. August eintreffen. Aber auch dieser Tag ging vorüber, ohne daß Lewenhaupt eintraf. Die Armee wollte nicht länger warten.

Karl beschloß, eine Offensive einzuleiten, zwar noch nicht den kühnen Vorstoß auf Moskau, den er geplant hatte, sondern einige Operationen in der Nähe des Dnjeprs, durch die die Russen vielleicht zu einer Schlacht herausgefordert werden konnten. Der schwedische König begann eine Reihe von Manövern, marschierte jeden Tag kurze Strecken und änderte dabei immer wieder die Richtung in der Hoffnung, den Zaren zu verwirren und irgendwann einen Teil seiner Armee überrumpeln zu können.

Zwischen dem 5. und dem 9. August überquerte die schwedische Armee den Dnjepr und bewegte sich in Richtung Südosten auf die Südflanke der Armee

zu, die Peter an der Straße nach Smolensk in Position gebracht hatte. Am
21. August erreichte Karls Heer Tscherikow am Fluß Sosch, wo Menschikows Kavallerie bereits am gegenüberliegenden Ufer stand, während das
Gros der russischen Infanteristen erst näherrückte. Da die beiden feindlichen Heere jetzt ziemlich nahe waren, stießen nun ihre Patrouillen immer
wieder aufeinander. Am 30. August kam es sogar zu einem kleinen Gefecht.
Noch war dies allerdings nicht die Schlacht, die Karl sich gewünscht und
vielleicht auch erwartet hatte. Der König hatte seine Armee am Seitenarm
des Flusses Tschornjaja Natopa ihr Lager aufschlagen lassen, der ein Sumpfgebiet einsäumte. Roos, der die schwedische Nachhut befehligte, bezog ein
Lager fünf Kilometer weiter. Das gesamte Gebiet war zwar schwierig zu begehen, aber nicht unüberwindlich, und der Zar und seine Offiziere hatten die
Lektion von Golowtschin schnell gelernt. Sie konnten jetzt ebenfalls ein
Sumpfgebiet durchqueren. Am 30. August arbeiteten sich neuntausend russische Infanteristen und viertausend Dragoner unter dem Kommando Fürst
Michail Golizyns im Schutz des dichten Morgennebels bei Tagesanbruch
durch dieses schwierige Gelände und griffen das Lager von Roos plötzlich
und unerwartet an. Die Schweden, die noch nie zuvor einen russischen Infan-
terieangriff erlebt hatten, wurden völlig überrumpelt. Es kam zu einem zwei-
stündigen heftigen Kampf, bevor die Schweden Verstärkung von ihrem
Hauptlager erhielten und die Russen sich durch den Sumpf zurückzogen. Als
Karl das Gewehrfeuer hörte, glaubte er, Peter wolle ihm eine größere
Schlacht liefern; er ließ am darauffolgenden Tag die gesamte schwedische
Armee in Schlachtformation aufstellen. Aber es gab keinen Angriff, und als
Rehnskjolds Kavallerie die russischen Ausgangsstellungen ausspähen
wollte, fand er diese leer. Die letzte russische Nachhut hatte sich gerade zu-
rückgezogen und steckte – wie schon viele Male zuvor – beim Wegreiten
Dörfer und Felder in Brand.
Obwohl dieses Gefecht in der Nähe von Moljatitschi eine kleinere Operation
gewesen war und die Russen doppelt so hohe Verluste erlitten hatten wie die
Schweden (700 Tote und 500 Verwundete im russischen Lager gegenüber 300
Toten und 500 Verwundeten im schwedischen Lager), war der Zar mit dem
Ergebnis der Auseinandersetzung zufrieden. Zum erstenmal hatte die russische Infanterie die Initiative ergriffen, und eine schwedische Heeresabteilung
war durch sie in Bedrängnis gebracht worden. Die russischen Soldaten hatten
tapfer gekämpft, die Aktion zur rechten Zeit abgebrochen und sich dann
geordnet zurückgezogen. Golizyn erhielt den St.-Andreas-Orden. An Apraxin schrieb der Zar in überschwenglicher Freude: »Ich versichere Dir, seitdem
ich angefangen habe zu dienen, habe ich noch nie ein solches Gewehrfeuer
oder ein so geordnetes Verhalten auf seiten unserer Soldaten erlebt. Auch der
Schwedenkönig hat eine solche Aktion im Verlauf dieses Krieges noch nicht
kennengelernt. O Gott, sei uns auch in Zukunft gnädig.«[4]
Karl machte zwischenzeitlich wieder einen Marsch nach Norden, und am
11. September trafen seine Soldaten in Tatarsk an der russischen Grenze ein.

Dies war der nordöstlichste Punkt, den die Schweden je erreichen sollten; von hier aus führte die Straße weiter nach Smolensk. In dieser Richtung bot sich den Schweden jedoch ein schrecklicher Anblick: Tag und Nacht glühte der Horizont im Widerschein des Feuers. Karl XII. hatte bereits erfahren, zu welchen Zerstörungen die Russen in Polen und in den litauischen Gebieten an der russischen Grenze fähig waren, aber er hatte nicht geglaubt, daß der Zar die gleiche Taktik auch im eigenen Land befolgen würde. Gleichgültig, wie hartnäckig er den Feind verfolgen würde, er konnte ihn nie einholen. Seine Soldaten stellten sich immer wieder in Kampflinien auf und fanden sich dann, selbst in geordneter Reihe, nur einer öden Wildnis gegenüber. Jeden Tag wurden die in Mogiljow zusammengetragenen Vorräte weniger. Die mitgeführten Nahrungsmittel waren überwiegend verdorben, und obwohl der König sich weigerte, etwas Besseres zu essen als seine Soldaten, fingen die deutschen Söldner und sogar einige der schwedischen Veteranen an zu murren. Kalmücken- und Kosakenschwadronen lagen im Hinterhalt und verfolgten erbarmungslos die Nachzügler. Niedergeschlagen berichtete Jefferyes über die Situation, in der sich die Schweden befanden: »Wir sind jetzt dazu gezwungen, von dem zu leben, was wir in Verstecken unter der Erde finden; sollte uns jedoch ein plötzlicher Frosteinbruch auch diese Möglichkeit rauben, so fürchte ich, daß Seine Majestät statt einer furchterweckenden Armee nur noch einen Haufen halbverhungerter Bettler nach Rußland führen wird.«[5]

Hätte die schwedische Armee über die Vorräte verfügen können, die Lewenhaupt mit sich führte, so wäre sie wahrscheinlich trotz der Zerstörungen um sie herum weiter vorangekommen und hätte schließlich das fruchtbare Gebiet um Moskau erreicht. Im schwedischen Hauptquartier blickten der König und seine Offiziere daher nicht nur nach Osten auf den Rauch brennender Dörfer, sie sahen auch besorgt zurück. Wo stand Lewenhaupt?

Mit jedem Tag, der vorüberging, wurde das Problem für Karl dringender. Die Armee war zu ihrem letzten großen Vorstoß bereit, der den Krieg beenden sollte; doch sie konnte sich ohne Lewenhaupt nicht in Marsch setzen, da der Zar das vor ihr liegende Gebiet total niedergebrannt hatte. Da es ihr an Nahrungsmitteln und Futter fehlte, konnte sie auch nicht einfach dort bleiben, wo sie war. Es gab also nur noch zwei Möglichkeiten. Die erste bestand darin, daß man sich an den Dnjepr zurückzog und dort auf Lewenhaupt wartete. Karl verwarf diesen Gedanken, er verabscheute es, einen Weg wieder zurückzumarschieren; und außerdem würde ein Rückzug den Eindruck erwecken, sein gesamter Sommerfeldzug sei ein Fehlschlag gewesen. Obwohl er die genaue Position Lewenhaupts nicht kannte, war er überzeugt, daß sich sein General inzwischen in der Nähe befand und daß ihr Zusammentreffen trotz aller Verzögerungen nunmehr bald stattfinden würde. Die zweite Möglichkeit war kühner und entsprach mehr den Vorstellungen des schwedischen Königs: ein Marsch nach Süden, weg von Smolensk und Moskau, in das Gebiet von Kleinrußland. So würde die Stoßkraft der schwedischen Offensive erhalten bleiben und das Heer gleichzeitig in ein fruchtbares Gebiet kommen, das von Peters Verwüstungen unberührt geblieben war. Man würde sich in Kleinrußland wieder mit Vorräten versorgen können und anschließend zusammen mit Lewenhaupts Verstärkung nach Moskau marschieren.

Sobald der Beschluß gefaßt war, mußte er heimlich und schnell in die Tat umgesetzt werden, damit die Schweden vor den Russen in Kleinrußland ankommen konnten. Die Schweden waren im Vorteil; sie hatten es nicht so weit und konnten ihr Ziel schneller erreichen als die Russen. Wenn sie dem Gegner jetzt den Rücken kehrten und schnell nach Süden zogen, würden sie ihn leicht hinter sich zurücklassen können. General Anders Lagercrona erhielt den Befehl, mit einer Vorhut von zweitausend Infanteristen und tausend Kavalleristen voranzumarschieren und unterwegs Städte und Flußübergänge für die Schweden zu sichern. Der General wurde über den Gesamtplan informiert und erfuhr, daß die Eroberung der Provinzhauptstadt Starodub, rund zweihundert Kilometer Luftlinie von Tatarsk entfernt, Ziel der Operation sein sollte. In der Nacht, in der die Entscheidung fiel, wurden nacheinander drei Kuriere zu Lewenhaupt geschickt, die ihn über das neue Marschziel informieren sollten. Man wollte sichergehen, daß wenigstens einer von ihnen bis zu Lewenhaupt durchkam.

Am frühen Morgen des 15. September begann Karl XII. seinen Marsch nach Süden. Es sollte ein schicksalhafter Marsch für ihn selbst sowie für den Zaren und für Rußland werden. Die Gefahr eines Vorstoßes auf Moskau war nun abgewendet – für immer, wie sich herausstellen sollte. Allerdings besaß Karl im September 1708, als er in Tatarsk stand und beschloß, nach Süden auszuweichen, noch immer die Initiative. Er hoffte, daß, wenn auch der Feldzug gegen Moskau gestoppt war, der Rückschlag nur vorübergehend sein würde. In Wirklichkeit jedoch stand Karl eine ganze Reihe von Katastrophen bevor, die für ihn verhängnisvoll sein sollten.

Als erster wurde Lewenhaupt durch Karls Entscheidung betroffen. Am 15. September, als Karl XII. das Lager in Tatarsk abbrach und nach Süden marschierte, befand sich Lewenhaupt noch rund fünfzig Kilometer westlich des Dnjepr. Karl stand fünfundneunzig Kilometer östlich dieses Flusses. Der Zar erkannte sofort seine Chance: Aufgrund der Entfernung von rund hundertvierzig Kilometern zwischen den beiden schwedischen Heeresteilen und der Nähe Lewenhaupts zu den russischen Verbänden befand sich der Nachschubkonvoi in einer gefährlichen Position. Darum schickte er Scheremetew mit dem größeren Teil seines Heeres nach Süden, wo er Karl beschatten sollte, und behielt zehn Bataillone seiner besten Infanteristen, einschließlich der Preobraschensker und Semenowsker Garden zurück. Die Infanteristen ließ er auf Pferde steigen und schuf sich so mit diesen und mit zehn Regimentern Dragonern und Kavallerie ein äußerst bewegliches »Fliegendes Korps« von 11 625 Mann, dessen Kommando er selbst übernahm. Mit Menschikow an seiner Seite ritt er nun direkt nach Westen, um Lewenhaupt den Weg abzuschneiden. Der Zar kannte Lewenhaupts Stärke nicht genau, wenngleich Meldungen ins russische Hauptquartier gelangt waren, sie betrage etwa achttausend Mann. Tatsächlich betrug sie 12 500 Mann. Zur Vorsicht ordnete Peter allerdings noch an, daß zusätzlich dreitausend Dragoner unter Bauer nach Westen reiten und sich seinem Reiterkorps anschließen sollten. Insgesamt setzten sich also 14 625 Russen in Bewegung, um 12 500 Schweden abzufangen.

Inzwischen schleppte sich Lewenhaupts schwerfälliger Zug, der bereits drei Monate lang unterwegs war, weiter voran und erreichte endlich am 18. September den Dnjepr. Hier trafen die drei Boten des Königs auf ihn und übermittelten ihm den Befehl Karls, er solle den Fluß überqueren und dann nach Süden zum neuen Treffpunkt Starodub weiterziehen. Es dauerte drei Tage, bis die erschöpften Soldaten ihre Wagen ans andere Ufer befördert hatten. Als am 23. September die letzten Kompanien übersetzten, bemerkte Lewenhaupt, daß ihn russische Soldaten verfolgten; rotuniformierte russische Kavalleristen tauchten immer wieder beiderseits der schwedischen Wagenkolonne auf. Verbissen zog er weiter nach Propoisk am Sosch. Nach der Überquerung dieses Flusses gäbe es seines Erachtens eine konkrete Chance, die schwedische Hauptarmee unversehrt zu erreichen.

Ein Wettkampf begann. Verzweifelt versuchte Lewenhaupt, so schnell wie möglich nach Propoisk durchzukommen, aber seine schweren Wagen blieben immer wieder im aufgeweichten Boden stecken. Am Morgen des 27. September hatte ihn der Haupttrupp der russischen Kavallerie eingeholt, der sofort ein Scharmützel mit der schwedischen Nachhut eröffnete. Da Lewenhaupt jetzt mit einer größeren Auseinandersetzung rechnen mußte, stand er vor einer lebenswichtigen Entscheidung. Er konnte entweder seine Nachhut zurücklassen, damit sie die Verfolger so lange wie möglich aufhielt, was bedeutete, daß er sie eventuell opfern mußte – die Hauptmasse seiner Soldaten und den Wagentroß würde er dann inzwischen weiter vorantreiben, um den Sosch zu erreichen –, oder mit allen seinen Soldaten stehenbleiben und kämpfen. Seinem Wesen gemäß wählte Lewenhaupt die zweite Möglichkeit. Er schickte den Wagenzug weiter nach vorn und führte ein Kontingent seiner Infanterie und Kavallerie auf der Straße zurück, um es irgendwo dem erwarteten russischen Angriff entgegenzustellen. Die schwedische Nachhut wartete am 27. September den ganzen Vormittag und den halben Nachmittag. Spät am Nachmittag, als deutlich wurde, daß es keinen russischen Angriff geben werde, löste Lewenhaupt die gebildeten Kampfformationen auf und zog sich ein paar Kilometer von den Russen zurück. Dann ließ er seine Soldaten wieder Stellung beziehen.

Am folgenden Morgen, als es immer noch nicht zu einem offenen Kampf mit den Russen gekommen war, wichen die Schweden erneut ein Stück zurück; nun wurden sie allerdings inzwischen von allen Seiten durch russische Reiter in Scharmützel verwickelt. Sie kamen in das Dorf Lesnaja, das einen knappen Tagesmarsch von Porpoisk entfernt lag. Lewenhaupt wurde hier endgültig deutlich, wie schwer sich der bisher eingetretene Zeitverlust gegen ihn auswirken würde. Man hätte den Sosch längst überquert haben müssen.

Als nun die Russen Lewenhaupts Konvoi bedrängten, begriff der General, daß man den Fluß nicht geschlossen erreichen konnte, daß man vielmehr kämpfen mußte. Er schickte dreitausend Kavalleristen nach Propoisk voraus, die den Flußübergang sichern sollten, und bereitete sich mit seiner Hauptmacht von 9500 Mann auf die Schlacht vor. Peter ließ unterdessen die Dragoner und die berittene Infanterie auf der anderen Seite des Flusses absteigen und dort am Waldrand Stellung beziehen. Menschikow kommandierte acht Regimenter am linken Flügel und Peter die Preobraschensker und Semenowsker Garden sowie drei Dragonerregimenter am rechten. Am 28. September um ein Uhr mittags begann die Schlacht. Sie wütete den ganzen Nachmittag, und nach Peters Worten »war es den ganzen Tag unmöglich zu erkennen, welche Seite den Sieg davontragen würde«[6]. Als Menschikows Truppen zu schwanken begannen, kam Peter ihm mit den Semenowsker Garden zu Hilfe, deren verzweifelter Gegenangriff die auseinanderfallende russische Front wieder zu festigen vermochte. Bald nach vier Uhr nachmittags traf Bauer mit seinen dreitausend Dragonern ein, um die russische Streitmacht zu verstärken, doch wurde diese Verstärkung auf schwedischer Seite durch die Rückkehr jener dreitausend Kavalleristen ausgeglichen, die zur Sicherung des Übergangs über den Sosch vorausgeschickt und dann wieder zurückgerufen worden waren. Der Kampf dauerte bis zum Einbruch der Nacht, als plötzlich und unerwartet ein Schneesturm einsetzte und den Kämpfenden vollständig die Sicht nahm, so daß sie die Kampfhandlungen beenden mußten. Obwohl der Kampfgeist seiner Soldaten ungebrochen war, ordnete Lewenhaupt den Rückzug an und ließ die Wagen verbrennen. Die Geschütze wurden von den Lafetten gehoben und vergraben, damit die Russen sie nicht finden konnten. Erst jetzt griff Verwirrung um sich und löste die Disziplin im schwedischen Heer auf. Soldaten holten sich Branntwein und andere Dinge aus den brennenden Wagen, die den Offizieren gehörten. Die Einheiten fielen auseinander, und einzelne Soldaten irrten durch den Wald davon. Einige Infanteristen schirrten die Pferde von ihren Wagen ab und ritten in Richtung Propoisk, um über den Fluß hinweg in sicheres Gebiet zu gelangen. Als die Regimenter, die noch zusammengeblieben waren, im Morgengrauen des nächsten Tages in Propoisk ankamen, waren die Brücken über den Sosch bereits niedergebrannt. Auch die wenigen Wagen, die ihnen noch geblieben waren, konnten nun nicht mehr übersetzen, auch sie mußten zerstört werden. In diesem Augenblick stürzte sich eine Horde Kosaken und Kalmücken auf die Flüchtlinge am Flußufer und brachte fünfhundert von ihnen ums Leben.

Im Morgenlicht zeigte sich das volle Ausmaß der schwedischen Katastrophe. Die Schlacht und das folgende Chaos in der Nacht hatten Lewenhaupts Streitmacht dezimiert. Von 2000 Kavalleristen blieben 1393 und von 2500 Dragonern ganze 1749; von 8000 Infanteristen waren am Ende noch 3451 übrig. Der Gesamtverlust betrug 6307 Mann, und von diesen waren über 3000 in

Gefangenschaft. Einige schwedische Soldaten waren auch allein oder in kleinen Gruppen in die Wälder ausgewichen; sie starben unterwegs an Entkräftung oder wurden schließlich auch noch gefangengenommen. Immerhin etwa tausend Soldaten fanden aber auch quer durch Litauen nach Riga zurück. All die Nachschubgüter, die Kleidung, Nahrungsmittel, Munition und Medikamente, die Karl so verzweifelt benötigte, waren jedoch verloren. Auf russischer Seite gab es 1111 Tote und 2856 Verwundete. Auf jeder Seite waren ungefähr 12000 Mann am Kampf beteiligt gewesen; die Russen hatten ungefähr ein Drittel ihrer Soldaten verloren, die Schweden fast die Hälfte.

Lewenhaupt führte die Überlebenden – rund sechstausend insgesamt, die jetzt auf den Zugpferden ihrer Wagen ritten – weiter nach Kleinrußland. Peter verfolgte sie nicht mehr, und so traf der traurige Zug zehn Tage später endlich mit der Streitmacht des Königs zusammen. Es war ein Augenblick der Verzweiflung. Statt eines riesigen Nachschubzuges, der die schwedische Armee hätte versorgen sollen, und der 12500 Soldaten, die ihre Verstärkung hätten bilden sollen, brachte Lewenhaupt 6000 erschöpfte, fast verhungerte Männer mit. Lewenhaupts Kavallerie existierte noch halbwegs, aber die Infanterieregimenter waren so sehr dezimiert worden, daß man sie auflösen mußte.

Nun bereitete sich Hoffnungslosigkeit im schwedischen Lager aus. Die Schlacht von Lesnaja hatte einen weiteren Beweis für die Kampfkraft des russischen Heeres geliefert. Beide Seiten waren zahlenmäßig fast gleich gewesen, und die Schweden hatten verloren. Nur der schwedische König reagierte auf die Niederlage mit Gleichmut. Er übte keine Kritik an Lewenhaupt, weder dafür, daß er so langsam vorangekommen, noch dafür, daß er geschlagen worden war.

Auf russischer Seite herrschte unbeschreiblicher Jubel. Die Russen glaubten, die schwedische Streitmacht wäre etwas größer als ihre eigene, so daß sie diesmal sogar über einen zahlenmäßig überlegenen Gegner gesiegt hätten. Peter beschrieb später, welche Bedeutung diese Schlacht für das Selbstvertrauen seiner Soldaten hatte: »Dieser Sieg kann unser bisher größter genannt werden, wir hatten noch nie einen Sieg wie diesen. Zudem waren wir dem Feind zahlenmäßig unterlegen. Er war die Vorraussetzung für das spätere Glück Rußlands und gab unseren Männern Mut für die Schlacht von Poltawa.«[7]

Auch wenn seine Soldaten unterlegen waren, hatte das größte Interesse des Zaren immer der Frage gegolten, wie sie sich im gegnerischen Feuer verhalten und ob sie sich geordnet zurückgezogen hatten. Nun schrieb er vom Schlachtfeld von Lesnaja aus an seine Freunde und sogar an August den Starken. Er schickte Beschreibungen und Diagramme der Schlacht an den Zarewitsch in Moskau und gab Anweisung, die Dokumente sowohl auf holländisch als auch auf russisch zu drucken: Die Nachricht von diesem Sieg über die angeblich unbesiegbaren Schweden sollte nicht nur in Rußland, sondern in ganz Europa verbreitet werden. Nach der Schlacht führte Peter das »Fliegende Korps« nach Smolensk, wo er eine Triumphparade abhalten ließ und selbst unter Kanonensalut mit den schwedischen Gefangenen und den eroberten Fahnen in die Stadt einzog.

Peter befand sich noch in Smolensk, als Mitte Oktober weitere gute Nachrichten aus dem Norden des Landes eintrafen. Es gehörte zur Strategie Karls XII., daß Luebeckers in Finnland stationierte Streitmacht von 14 000 Mann St. Petersburg angreifen sollte. Obwohl dieser Angriff nur als ein Ablenkungsmanöver gedacht war, die Aufmerksamkeit des Zaren sowie seines Heeres vom schwedischen Hauptangriff auf Moskau abzulenken, hatte Karl natürlich gehofft, daß es Luebecker gelingen werde, die neu gegründete Stadt an der Newamündung zu erobern.

Luebecker hatte seinen Marsch den Karelischen Isthmus hinunter begonnen, und am 29. August war es ihm auch gelungen, oberhalb von St. Petersburg die Newa zu erreichen und zu überqueren. Hier jedoch wurde er durch die von Apraxin in Umlauf gebrachte Information getäuscht, die Befestigungsanlagen der Stadt seien für ihn zu stark. Statt anzugreifen, machte Luebecker deshalb einen Bogen um die Stadt und zog durch Ingermanland weiter. Wieder erwies sich Peters grausamer Befehl, alles dem Feind überlassene Land restlos zu verwüsten, als geschickter Schachzug. Die Schweden hatten ihre Vorräte bald aufgebraucht, und da sie sich unterwegs nicht auf andere Weise versorgen konnten, begannen sie bald die eigenen Pferde zu schlachten. Luebecker konnte ohne Geschütze auch keine befestigten Städte angreifen, weshalb er am Ende ziellos durch Ingermanland zog, bis er endlich bei Narwa die Ostseeküste erreichte. Ein Marinegeschwader nahm hier die Soldaten, nicht aber die Pferde an Bord. Als das schwedische Geschwader nach Wyborg in Finnland zurückgekehrt war, hatte Luebecker lediglich eine Kreisbewegung um St. Petersburg gemacht, dabei aber dreitausend schwedische Soldaten verloren. Sogar als Ablenkungsmanöver war die Expedition gescheitert: Nicht ein einziger russischer Soldat der Hauptarmee, die Karl gegenüberstand, war nach Norden abgezogen worden.

Peter blieb drei Wochen in Smolensk, bevor er wieder aufbrach, um sich Scheremetew und dem Heer anzuschließen. Im russischen Hauptquartier war man in guter Stimmung, die Nachrichten vom Sieg bei Lesnaja und von Apraxins Erfolg in Ingermanland hatten den Offizieren und den Soldaten Begeisterung und Selbstvertrauen eingeflößt.

Inzwischen schlug aber das Glück, das in den frühen Kriegsjahren nicht auf Rußlands Seite gestanden hatte und jetzt den Zaren zu begünstigen schien, noch einmal um und versetzte Peter einen schweren Schlag. Am 27. Oktober, als Karls Armee bereits in Kleinrußland eingedrungen war und sich auf die Ukraine zubewegte, erhielt Peter eine eilige Nachricht von Menschikow: Masepa, der Hetman der ukrainischen Kosaken, der Moskau gegenüber einundzwanzig Jahre lang loyal gewesen war, hatte den Zaren nun verraten und sich mit Karl verbündet.

13 Masepa

Masepas Abfall vom Zaren wird begreiflich im Zusammenhang mit der Entscheidung, die Karl XII. Mitte September traf, Richtung Süden zu marschieren. Die Vorhut unter General Anders Lagercrona sollte die Flußübergänge am Sosch und am Iput besetzen und dann weiter auf die befestigte Stadt Mglin und zum Engpaß bei Potschep vorrücken. Die beiden letzteren Positionen waren für Karl besonders wichtig: Wenn seine Armee Kleinrußland mit der Hauptstadt Starodub erobern wollte, bevor die Russen dorthin kamen, mußten diese beiden Positionen besetzt und vor dem russischen Heer verriegelt werden.

Lagercronas mobile Streitmacht hatte Landkarten mitgenommen, die vom schwedischen Quartiermeister vorbereitet worden waren. Bevor der General jedoch den Iput erreichte, stieß er auf andere, nicht verzeichnete Straßen, die besser zu sein und direkter zum Ziel zu führen schienen als die, die auf den schwedischen Karten angegeben waren. Lagercrona benutzte fortan diese Straßen, was dazu führte, daß er jetzt statt nach Südosten, in Richtung auf Mglin auf Potschep, unmittelbar nach Süden, direkt auf Starodub zuritt. Er konnte nun gar nicht mehr an die beiden Engpässe gelangen, die er erobern sollte, und die Tore würden also für Peters Soldaten offen bleiben.

Karl folgte mit dem Hauptteil des Heeres. Er erreichte am 19. September Kritschew am Sosch, wo seine Soldaten den Fluß überquerten, indem sie die Brücken benutzten, die von Lagercronas Vorhut gebaut worden waren. Danach zogen sie weiter nach Süden in ein urwaldähnliches Gebiet zwischen dem Sosch und dem Iput. Durch wochenlangen Hunger geschwächt, brachen Männer und Pferde zusammen und starben an Entkräftung. Auch die Ruhr grassierte wieder und forderte einen hohen Tribut. »Man hat gesagt, wir hätten auf diesem Marsch mehr Menschen verloren, als wenn es zu einer Schlacht mit dem Feind gekommen wäre«[1], schrieb Jefferyes. Als die Armee aus dem Waldgebiet wieder auftauchte und in Richtung Mglin weitermarschierte, erhielt Karl die Nachricht, daß Lagercrona sich direkt nach Süden gewandt und deswegen Mglin und Potschep nicht besetzt hatte. Angesichts dieser Gefahr stellte der König so schnell wie möglich eine zweite Vorhut zusammen, an deren Spitze er losritt, um Mglin und Potschep zu erobern. Als er in Kotenistschi, etwa zehn Kilometer von Mglin entfernt, eintraf, erfuhr er, daß inzwischen die russischen Soldaten bereits in Mglin waren. Peter, der an der von Süden nach Smolensk führenden Straße eine Verteidigungsstellung errichten wollte, hatte eine Abteilung Soldaten unter General Nikolas Ifland zur Verteidigung Kleinrußlands abgestellt; diese Einheit hatte nun Mglin und Potschep besetzt. Karls kleiner Trupp hätte Geschütze benötigt, um den Feind aus der befestigten Stadt vertreiben zu können, aber seine Geschütze standen weit weg. Zwar verfügte auch Lagercronas Einheit über Geschütze, aber Lagercrona war nirgends zu sehen. Darum ließ der schwedische König seine Männer endlich anhalten; sie waren wohl auch zu erschöpft, um noch irgendeinen Schritt zu tun. Da Lagercrona sich nach Süden gewandt hatte, stieß er nun auf Starodub, die Hauptstadt und den wichtigsten Straßenknotenpunkt der gesamten Provinz. Wenn der General Starodub besetzen würde, war ein Ausgleich dafür geschaffen, daß Mglin und Potschep nicht erobert worden waren. Karl schickte also gleich Boten hinter Lagercrona her, die ihm den Befehl überbringen sollten, die Stadt unbedingt zu besetzen.

Inzwischen war Lagercrona bereits vor Starodub angekommen. Er war darüber verwirrt, daß er die falsche Straße gewählt hatte und daß er sich nun vor den Mauern der falschen Stadt befand, und er weigerte sich deshalb, auf die Bitten seiner Hauptleute einzugehen und Starodub zu besetzen. Er hatte den Befehl erhalten, erst Mglin und Potschep zu erobern und dann Starodub zu besetzen, und er wollte seinen Auftrag in dieser Reihenfolge ausführen. Er verbot seinen Soldaten, die Stadt zu betreten, auch wenn sie dort Nahrung und Unterkunft suchen wollten. Am nächsten Tag nahmen dann Iflands russische Soldaten die Stadt ein. Als Karl XII. hörte, was sich ereignet hatte, rief er aus: »Lagercrona muß verrückt sein!«[2]

Karl befand sich jetzt in ernsthaften Schwierigkeiten. Starodub, Mglin und Potschep waren in feindlicher Hand. Als die letzten Abteilungen seines Heeres den großen Wald verlassen und sich den schwedischen Soldaten vor Mglin angeschlossen hatten, sah Karl, daß diese nicht in der Lage waren, Ifland anzugreifen. Die Männer waren hungrig und aßen Wurzeln und Beeren, um ihre Rationen aufzubessern. Und jetzt, am 7. Oktober, erfuhr der König auch von Lewenhaupts Niederlage. Die Russen in Mglin hatten diese Nachricht bereits früher erhalten und mit Kanonenschüssen den Sieg des Zaren gefeiert. Am 11. Oktober trafen dann die Übriggebliebenen der Lewenhauptschen Kompanie allmählich im schwedischen Hauptlager ein.

Kleinrußland war verloren; Scheremetews Soldaten strömten durch den freien Engpaß von Potschep in die Provinz ein, die Kalmücken durchkämmten und verwüsteten das Land. Karl hatte jetzt keine Wahl; er mußte einfach weiter nach Süden ziehen. Am 11. Oktober brach er das Lager ab und marschierte auf den Fluß Desna zu, der die Grenze zwischen Kleinrußland und der Ukraine bildete.

Die fruchtbare Ukraine war das, was die Schweden jetzt am dringendsten benötigten. Wenn es Karl gelang, den Kosaken-Hetman Masepa auf seine Seite zu ziehen, könnte die schwedische Armee hier in Sicherheit überwintern. Unter den Kosaken könnte er Tausende von Reitern anheuern, um die eigenen Verluste des vergangenen Jahres auszugleichen. In Baturin, Masepas Hauptstadt, gab es Gewehrpulver in Hülle und Fülle. Aus all diesen Gründen schickte Karl, gleich nachdem er die Nachricht von Lewenhaupts Niederlage erhalten hatte, einen Kurier an Masepa mit der Bitte, ihm Winterquartiere zu überlassen. Man ging ganz sicher davon aus, daß Masepa positiv antworten würde: Viele Monate hindurch hatten der Hetman und die

Schweden bereits geheime Verhandlungen wegen eines möglichen Bündnisses geführt.

Um seinen Soldaten den Übergang über die Desna und damit den Eintritt in die Ukraine zu erleichtern, sandte Karl eine Vorhut unter General Kreutz voraus, die die Stadt Nowgorod-Sewerski mit ihrer Brücke über den Fluß für die Schweden einnehmen sollte. Kreutz marschierte Tag und Nacht und kam am 22. Oktober vor Nowgorod-Sewerski an. Doch es war schon zu spät: Die Russen waren zuerst dagewesen und hatten die Brücke bereits zerstört. Peters Armee gewann jetzt allmählich die Oberhand. Sie schien ausgezeichnete Kundschafter zu haben, denn sie wußte immer genau, welchen Weg die Schweden einschlagen würden, und war dann meistens vor ihnen am Ziel. Die Situation war also beunruhigend für die Schweden, die dennoch zunächst noch hoffnungsvoll und zuversichtlich auf ein Land zumarschierten, in dem, nach Jefferyes Worten, »Milch und Honig floß«[3], in das Land des Generals Iwan Masepa, des Hetmans der ukrainischen Kosaken.

Im Frühling und Sommer 1708 befand sich der Kosaken-Hetman in einem Dilemma. Masepa war ein Untertan des Zaren und von starken Mächten umgeben – Russen im Norden, Polen im Westen und Tataren im Süden. Und doch träumte er den alten Unabhängigkeitstraum der Kosaken. Er war bemüht, sich gegen alle Risiken abzusichern und gleichzeitig alle Chancen wahrzunehmen. Inzwischen aber schienen durch das Vordringen der schwedischen Armee und durch die fast sichere Niederlage des Zaren die Chancen für ihn größer zu sein als die Risiken. Für den berühmten Kosakenführer, der für seine Kriegseroberungen ebenso bekannt war wie für seine Liebesabenteuer und der einundzwanzig Jahre lang der Führer eines aufrührerischen Volkes gewesen war, war jetzt der Augenblick der Entscheidung gekommen. Masepa, der inzwischen dreiundsechzig Jahre alt war und an Gicht litt, hatte den Ruf, schlau und raffiniert zu sein.

Iwan Stefanowitsch Masepa wurde 1645 als Sohn eines kleinen Adligen in Podolien geboren, das zum großen ukrainischen Grenzland westlich des Dnjepr gehörte und damals unter polnischer Herrschaft stand. Die polnischen Herren Podoliens waren Katholiken, Masepas Familie hingegen orthodox. Einer seiner widerspenstigen Vorfahren war ein halbes Jahrhundert vor Masepas Geburt von den Polen bei lebendigem Leibe verbrannt worden. Wollte man in Podolien zu etwas kommen, so war es nur über die katholischen Schulen und den polnischen Hof möglich. Masepa hatte eine Jesuitenschule besucht, wo er unter anderem fließend Latein zu sprechen gelernt hatte. Andererseits aber gab er seinen orthodoxen Glauben nie auf. Als gut aussehender und intelligenter Junge wurde er später Page am Hofe König Jan Kasimirs von Polen, wo er wegen seines Glaubens und seines Geburtsortes oft von seinen katholischen Kameraden verspottet wurde. Eines Tages zog deshalb Masepa wutentbrannt sein Schwert. So etwas galt innerhalb des Palastes als ein Schwerverbrechen, doch ließ der König, aufgrund der Umstände, die den Pagen zu dieser Reaktion veranlaßt hatten, die Strafe milder ausfallen. Masepa wurde auf das Gut seiner Mutter in Wolynien verbannt, wo er, einer Überlieferung zufolge, die Zuneigung einer Adligen aus der Gegend gewann und dann von deren Ehemann in flagranti ertappt wurde. Man zog den Eindringling nackt aus, teerte und federte ihn und band ihn auf seinem Pferd fest, das dann durch die Wälder und Dickichte der Umgegend gejagt wurde. Als das Pferd seinen Herrn schließlich nach Hause zurückbrachte, war der junge Mann so zerschunden und zerkratzt, daß man ihn kaum wiedererkennen konnte. Masepa war es nach dieser Demütigung dann nicht mehr möglich, in die bessere polnische Gesellschaft zurückzukehren, weshalb er schließlich bei den Kosaken seiner Heimat, die die Ausgestoßenen aufzunehmen pflegten, Zuflucht suchte.

Der damalige Hetman der Kosaken erkannte die Talente des jungen Mannes – er war geschickt und tapfer, sprach fließend polnisch, russisch und deutsch – und machte ihn zu seinem persönlichen Mitarbeiter. Danach wurde Masepa bald zum Stellvertreter des Hetmans. Schon in seiner Jugend diente er als Verbindungsmann zwischen den Kosaken auf der polnischen Seite des Dnjepr und denen auf der russischen Seite; einmal wurde er sogar in diplomatischer Mission nach Konstantinopel geschickt. Als er wieder zurückkehrte, wurde er von Saporoger Kosaken, die dem Zaren Alexei loyal verbunden waren, gefangengenommen und zur Vernehmung nach Moskau gebracht. Dort wurde er Artemon Matwejew gegenübergestellt, dem ersten Minister und Freund des Zaren Alexei. Er machte auf Matwejew einen günstigen Eindruck, vor allem als er erklärte, er stehe den russischen Interessen positiv gegenüber. Masepa wurde freigelassen und erhielt sogar eine Audienz beim Zaren, bevor er in die Ukraine zurückkehren durfte. Während der Herrschaft Sofias gelang es Masepa, sich bei Fürst Wassili Golizyn einzuschmeicheln, der danach ebenso von Masepas Charme und Bildung angetan war wie Matwejew. 1687, als der Kosaken-Hetman Samojowitsch als einer der Sündenböcke für Golizyns erfolglosen Krimfeldzug abgesetzt wurde, bestimmte Golizyn Masepa zu dessen Nachfolger.

Die Jahre, in denen Masepa die politische Führung innegehabt hatte, waren im großen und ganzen erfolgreich gewesen. Er hielt sich immer auf der Seite der jeweils in Moskau herrschenden Partei. Zwei Jahre nach seiner Ernennung, während der letzten Kraftprobe zwischen Sofia und Peter, gelang es ihm mit hervorragendem Gespür für den richtigen Zeitpunkt, rechtzeitig die Seite zu wechseln. Er war im Juni 1689 nach Moskau aufgebrochen, um der Regentin und Golizyn seine Unterstützung zu versichern, traf aber genau in dem Augenblick dort ein, als deutlich wurde, daß Peter gewinnen würde. Sogleich begab er sich nach Troize, um dem jungen Zaren seine Loyalität zu erklären. Obwohl der Kosakenführer eine der letzten bedeutenden Persönlichkeiten war, die für Peter Partei ergriffen, faßte der Zar dann doch sehr schnell Zuneigung und Vertrauen zu dem lebhaften und amüsanten Hetman und ließ sich auch nicht verunsichern, als Gerüchte und Beschuldigungen gegen ihn zu kursieren begannen. In Moskau stand Masepa an Peters Hof bald in höchstem Ansehen. Er war einer der ersten, die den begehrten St.-Andreas-Orden erhielten, und Peter hatte sogar August dazu veranlaßt, ihm außerdem den polnischen Orden des Weißen Adlers zu verleihen. Doch trotz des Vertrauens, das Peter in ihn setzte, war die politische Stellung eines Hetmans nicht einfach. Die Kosaken waren in eine neue, landbesitzende Klasse, die ihre Güter von ausgewanderten Polen übernommen hatte, und in die einfache Masse, die die neue, erfolgreiche Oberschicht haßte, gespalten. Sie träumte von Freiheit wie die Saporogen, die unterhalb der Dnjepr-Stromschnellen immer noch ihr ungebundenes Kosakenleben führten. Je mehr die einfachen Kosaken murrten, der Hetman sei jetzt nur noch eine Marionette Moskaus und gebe dem Zaren viel zu sehr nach, desto mehr setzten die Kosaken in den Städten und aus der Oberschicht ihre Hoffnung gerade auf ihn und den Zaren. Auch Masepa war aufgrund seiner polnischen Erziehung und Bildung eher dazu geneigt, die landbesitzende Klasse zu begünstigen, zu der er selbst gehörte. Viele Jahre hindurch hatte er deren Interessen, die Interessen Moskaus und seine eigenen erfolgreich aufeinander abgestimmt. Er hatte dabei großen Reichtum angesammelt und Autorität erworben, so daß er schließlich sogar davon träumte, das Amt des Hetmans, für das man bisher zur Wahl vorgeschlagen wurde, erblich zu machen. Er war aber die ganze Zeit in einem Zwiespalt. Die Treue zum Zaren und die Unterstützung durch Moskau bildeten zwar die Ecksteine seiner offiziellen Politik, insgeheim teilte er aber die Wünsche der einfachen Kosaken: Auch er strebte die ukrainische Unabhängigkeit an. Das Bündnis mit Rußland hatte in der Vergangenheit allzu oft zu schweren Belastungen für die Ukraine geführt, insbesondere während der langen Kriegsjahre. Immerzu waren die Steuern erhöht, neue Festungsanlagen errichtet und große russische Garnisonen auf kosakischem Gebiet stationiert worden. Ständig hatten die Russen Lebensmittel und Transportfahrzeuge willkürlich requiriert und durch die Steppe zu den russischen Festungen fahren lassen. Die Offiziere des Zaren holten sich Kosaken für ihre Armeen, und es gab auch ständig Proteste darüber, daß Russen Kosakenhäuser ausplünderten, Vorräte von den Feldern stahlen sowie Mädchen und Frauen überfielen und fortschleppten. Weil er solchen Verbrechen und den ständig zunehmenden Forderungen und Übergriffen Moskaus nicht Einhalt zu bieten vermochte, wurde Masepa von seinem Volk kritisiert. Schließlich war er mit seiner Marionettenrolle nicht einverstanden und eifersüchtig auf die anderen Männer, die sich um Peter scharten. Vor allem fürchtete er Menschikow, der ihn mehr als einmal gedemütigt hatte und der, wie man munkelte, selbst Hetman werden wollte. Darüber hinaus war Masepa in kulturellen und religiösen Angelegenheiten erzkonservativ und streng orthodox; Peters Politik der Anpassung an den Westen erschreckte und entsetzte ihn daher.

Masepa hatte sich immer dadurch an der Macht halten können, daß er Peter unterstützte. Wenn er den Zaren unterstützte, würde der Zar ihn auch unterstützen. Immer wieder hatte er dem Zaren Beweise seiner Loyalität gegeben, zuletzt dadurch, daß er während des Aufstands Bulawins bei den Saporoger Kosaken für Ruhe sorgte. Auch als er hörte, daß Masepa einen Verrat plane und mit Stanislaus oder sogar mit Karl selbst korrespondiere, weigerte sich der Zar standhaft, solchen Gerüchten Glauben zu schenken. Er sah in solchen Beschuldigungen jeweils nur das Werk der Feinde Masepas.

In Wirklichkeit stimmten die Beschuldigungen; und maßgebend für Masepas Handlungsweise war das gleiche Motiv, das ihn immer bestimmt hatte: Er wollte auf der Seite der Gewinner stehen. Sollte der schwedische König nach Moskau marschieren und den Zaren absetzen, welches Schicksal würde dann den Kosaken und ihrem Hetman bevorstehen, wenn dieser seine Loyalität Peter gegenüber zu lange aufrechterhalten hätte? Wenn Karl einen neuen Zaren auf den russischen Thron setzen würde, so wie er schon einen neuen König auf den polnischen Thron gesetzt hatte, dann könnte er auch einen neuen Hetman an die Spitze der ukrainischen Kosaken stellen. Andererseits, wenn Masepa sich im richtigen Augenblick für Karl entschied und Karl auch tatsächlich siegte, welche neuen Möglichkeiten würden sich dann für einen unabhängigen Kosakenstaat und für einen erbmäßigen Hetman eröffnen?

Seit fast drei Jahren hatte Masepa insgeheim mit Peters Feinden in Verbindung gestanden, um all diese Möglichkeiten zu erkunden. Als Stanislaus erste Annäherungsversuche machte, wies Masepa ihn zunächst noch zurück. Als 1705 ein polnischer Gesandter den Kosakenführer aufsuchte, ließ Masepa ihn in Ketten zum Zaren führen. Als Karls offenbar unbesiegbare Armee dann immer näher rückte, wuchs auch bei Masepa das Unbehagen, denn wie fast alle Westeuropäer war er davon überzeugt, daß der Schwedenkönig den Zaren besiegen könnte. Sollte er sich jedoch zu früh auf Karls Seite stellen, dann könnte eine russische Armee in der Ukraine einmarschieren und ihn vernichten.

Im Frühjahr 1708 trat ein Ereignis ein, durch das die polnischen Intrigen des Hetmans beinahe aufgedeckt worden wären. Masepa hatte sein Leben lang den Ruf, ein Don Juan zu sein. Mit dreiundsechzig Jahren verliebte er sich in sein Patenkind, das schöne Kosakenmädchen Matrena Kotschubei, die seine Liebe mit großer Leidenschaft erwiderte. Masepa wollte Matrena heiraten, ihre Eltern aber widersetzten sich entrüstet diesem Plan. Das verzweifelte Mädchen lief daraufhin von zu Hause weg und suchte bei dem Hetman Zuflucht, worauf Masepa sie wiederum zu ihren Eltern zurückschickte. Matrenas Vater, der oberste Richter der Kosaken, war dennoch aufs äußerste entrüstet. Er glaubte, seine Tochter sei entführt und entehrt worden, und versuchte nun mit allen Mitteln, den Hetman zu vernichten. Er hatte gehört, daß Masepa mit den Polen und den Schweden gegen den Zaren konspiriert hatte. Jetzt brachte er diese Gerüchte in Umlauf. Im März 1708 waren sie auch bis zu Peter vorgedrungen. Der Zar jedoch, der seinem Hetman immer noch großes Vertrauen entgegenbrachte, entrüstete sich über Kotschubeis scheinbare Verleumdungen, in denen er einen böswilligen und gefährlichen Versuch sah, in der Ukraine Unruhe zu stiften, während sich das Land sowieso schon in größter Gefahr befand. Er schrieb Masepa, daß er den Beschuldigungen keinen Glauben schenke und daß er ihnen ein Ende setzen wolle. Kotschubei wurde verhaftet, verhört und, da er keine konkreten Beweise für seine Beschuldigungen vorbringen konnte, zuletzt an Masepa ausgeliefert. Zum Entsetzen Matrenas ließ Masepa ihn am 14. Juli 1708 enthaupten.

Zu diesem Zeitpunkt hatte sich Masepa endgültig dazu entschlossen, mit den Schweden zusammenzuarbeiten. Karl XII. hatte versprochen, wenn möglich, außerhalb der Ukraine zu bleiben und das Kosakengebiet nicht zum Schlachtfeld zu machen, aber er hatte nicht versprochen, sich für die Unabhängigkeit der Ukraine einzusetzen. Polen beanspruchte Gebiete in der Westukraine, und Karl wollte nicht vorschnell den einen Verbündeten verlieren, indem er den anderen früher als notwendig zufriedenstellte.

Trotz der Hinrichtung Kotschubeis sickerten im Lauf der folgenden Zeit noch weitere Gerüchte durch, so daß Peter dem Hetman schließlich befahl, zu ihm zu kommen und sich ihm zu erklären. Masepa fürchtete sich zwar nicht, vor dem Zaren zu erscheinen – er glaubte noch immer in der Lage zu sein, ihn für sich einnehmen zu können –, aber er wollte mit seiner Reise doch noch ein wenig warten, bis er den Ausgang des Krieges besser abschätzen konnte. Wenn es so aussah, als würde der Zar siegen, könnte er seine Absprache mit den Schweden in Ruhe und Gelassenheit bestreiten. Um Zeit zu gewinnen, brachte er die verschiedenartigsten Entschuldigungen vor. Einmal stellte er sich krank, ließ Peters Gesandte, die ihn holen sollten, an sein »Sterbebett« treten, wo ihm gerade ein Priester die Letzte Ölung spendete. Zur gleichen Zeit schickte er zwei Briefe ab; in dem einen, an Peter gerichtet, beteuerte er seine Untertanentreue und bat um Hilfe gegen die schändlichen schwedischen Invasoren; in dem anderen gelobte er Karl unverbrüchliche Treue und ersuchte ihn um Hilfe gegen den Zaren.

Als sich Karl XII. dann im September dieses Jahres plötzlich dazu entschied, in die Ukraine zu marschieren, wurde Masepa zum Gefangenen seiner eigenen Taktik. Der Hetman hatte bis zum Schluß geglaubt, daß Karl den Zaren, wie versprochen, durch einen direkten Marsch auf Moskau entmachten würde. Als Masepa jetzt klar wurde, daß sich der König doch auf dem Weg in die Ukraine befand, daß er sich nun unwiderruflich auf die eine oder andere Seite schlagen mußte und daß in jedem Fall sein Volk und sein Land vom Krieg überrollt werden würden, war er verzweifelt. Zwei mächtige Monarchen bewegten sich mit großen Heeren auf ihn zu. Und beiden Monarchen war er verpflichtet. Wenn er sich nun für die falsche Seite entschied, dann war er verloren.

Schon zu einem früheren Zeitpunkt in diesem Sommer hatte der Zar Masepa befohlen, seine Kosaken für den Kampf zu rüsten und über den Dnjepr zu führen, um die schwedische Armee im Rücken anzugreifen. Masepa hatte geantwortet, er sei zu krank, um seine Truppen selbst anzuführen, und er wage es außerdem nicht, die Ukraine zu verlassen, da er sonst das Gebiet nicht für Peter verteidigen könne. Der Zar hielt diese Entschuldigungen für glaubhaft; auch er machte sich Sorgen, daß der schwedische Vormarsch Auswirkungen für die unruhigen Kosaken haben könnte. Am 13. Oktober rief Peter Masepa noch einmal zu sich, und erneut entschuldigte sich der Hetman. Peter war damit einverstanden, daß der Hetman in Bartulin, der Hauptstadt des Kosakenlandes, blieb, denn, so schrieb er an Menschikow: »Es ist wichtiger, daß er sein eigenes Volk in Schach hält, als daß er in den Krieg zieht.«[4]

Jetzt aber bewegten sich Tausende von Soldaten in zerrissenen und schmutzigen Uniformen – die Russen in Grün und Rot, die Schweden in Gelb und Blau, beide mit Musketen über den Schultern oder am Sattel hängend – über die Straßen in Richtung Süden. Scheremetew und der Hauptteil des russischen Heeres schoben sich parallel zu den Truppen Karls voran, bereit, jedes Schwenken der Schweden nach Osten zu blockieren. Westlich des schwedischen Zuges ritt währenddessen eine andere russische Kavallerieabteilung unter Menschikow ebenfalls nach Süden. Da sie bei Bartulin vorbeikommen würde, gab Peter, der immer noch glaubte, Masepa liege auf dem Sterbebett, Menschikow den Befehl, den Hetman aufzusuchen und mit dem Ältestenrat der Kosaken über die Wahl seines Nachfolgers zu beraten. Daraufhin schickte Menschikow eine Botschaft an Masepa, mit der er seinen Besuch ankündigte. Als der Hetman erfuhr, daß der gehaßte und gefürchtete Menschikow nach Bartulin kommen werde, konnte er sich nur noch vorstellen, daß der Zar seine wahren Pläne jetzt kannte und der Fürst ihn daher verhaften oder töten wollte. Masepa geriet in Panik.

Rückblickend wäre es das klügste gewesen, wenn er, nachdem er sich nun einmal für Karl entschieden hatte, bis zu dessen Eintreffen in Bartulin geblieben wäre. Menschikow und seine nicht allzugroße Kavallerieabteilung hätten wenig tun können gegen eine Festung, die von Geschützen verteidigt wurde. Aber Masepa wußte nicht, wie viele Russen anrückten. Er kannte und fürchtete aber Menschikow und noch mehr Peters Reaktion auf die Nachricht von seinem Verrat. Als er zu der Auffassung gelangt war, er habe das Spiel verloren, bestieg er sein Pferd, versammelte zweitausend Mann um sich und teilte dreitausend weitere Soldaten zur Bewachung Bartulins ein. Der Bewachung befahl er noch, Menschikow auf keinen Fall in die Stadt hereinzulassen, und dann ritt er nach Norden, um sich dem Schwedenkönig anzuschließen. Menschikow kam am 26. Oktober in Bartulin an und erfuhr, daß Masepa verschwunden war; die Kosaken, die sich noch in der Stadt befanden, verwehrten ihm und seinen Männern den Zutritt. Überrascht und mißtrauisch geworden, befragte er Leute in der Gegend und erfuhr, daß Masepa mit einer großen Anzahl Kavalleristen Richtung Desna geritten sei. Eine Gruppe von Kosakenoffizieren bat außerdem Menschikow um Schutz gegen ihren Hetman, der, wie sie sagten, aufgebrochen war, um sich den Schweden anzuschließen und den Zaren zu verraten.

Der Zar mußte sofort erfahren, was sich ereignet hatte. Er ließ Fürst Golizyn mit einer Kavallerieabteilung vor Bartulin zurück und ritt zum Zaren, der sich gerade bei Scheremetews Armee aufhielt. Masepas Verrat war ein harter Schlag für Peter. Die größere Gefahr, die um jeden Preis abgewendet werden mußte, waren weitere Unruhen im gesamten Kosakenland.

Der Zar reagierte also mit Entschlossenheit, um eine gefährliche Kettenreaktion zu verhindern. Noch am Abend desselben Tages befahl er Menschikow, Dragonerregimenter auszusenden, die alle Bewegungen der in der Nähe befindlichen Ukraine- und Saporoger-Kosaken blockieren sollten, so daß sich diese keinesfalls Masepa und den Schweden anschließen konnten. Am folgenden Tag, dem 28. Oktober, erließ Peter einen Aufruf an die Bevölkerung der Ukraine. Er erklärte Masepa zum Verräter und appellierte an die orthodoxen Kosaken. Masepa sei zu den Schweden desertiert, gab er bekannt, »um Kleinrußland wieder unter die Oberhoheit Polens zu bringen und alle Kirchen und Klöster den Katholiken zu übereignen«[5]. Diesen Aufruf ließ er in allen Städten und Dörfern der Ukraine und der unteren Wolga anschlagen, und er forderte die Kosaken auf, in ihrem Kampf gegen den schwedischen Angreifer, der sich mit ihren Feinden, den Polen verbündet hätte, einen neuen Hetman zu unterstützen. Auf weniger hohem Niveau argumentierend, appellierte er auch an die traditionelle Habgier der Freibeuter-Kosaken, indem er Belohnungen auf schwedische Gefangene aussetzte: Zweitausend Rubel würden für einen gefangenen schwedischen General, tausend Rubel für einen Oberst und fünf für einen gewöhnlichen Soldaten gezahlt werden. Ein toter Schwede war immerhin noch drei Rubel wert.

Dann befaßte sich Peter mit der unmittelbaren militärischen Situation. Es schien klar zu sein, daß Karl bis zu Masepas befestigter Hauptstadt Bartulin vordringen wollte, wo, wie bekannt, große Vorräte an Pulver und Nahrungsmitteln lagerten. In einem eilig einberufenen Kriegsrat wurde beschlossen, daß Menschikow mit einer starken Streitmacht einschließlich einer Artillerieabteilung nach Bartulin zurückkehren und die Stadt erobern müsse, bevor die Schweden und Masepa sie erreichten. Peter wurde jetzt nervös, weil er wußte, daß die Schweden bereits die Desna überquerten. Wiederholt trieb er Menschikow zur Eile an und befahl ihm, entschlossen und gnadenlos zu handeln.

Der Wettlauf nach Bartulin hatte begonnen.

Als sich Karls Soldaten in den letzten Oktobertagen der Desna näherten, wurden sie durch die Ankunft Masepas und seiner fremdartig aussehenden Kosaken erheitert. Sie hatten zwar gehofft, daß noch mehr Kosaken zu ihnen stoßen würden, aber man versprach ihnen, sie würden weitere Verstärkung erhalten, sobald sie Bartulin erreicht hätten. Offiziere und Soldaten beruhigte zudem die Aussicht, bald in eine angenehme und befestigte Stadt zu kommen, wo Quartiere, gute Nahrung und große Pulvervorräte sie erwarteten. Die Schweden waren also optimistisch, trotz der Tatsache, daß die Russen den Flußübergang über die Desna bei Nowgorol-Sewerski bereits besetzt hatten und sie selbst den Fluß auf freier Strecke an einer Stelle überqueren mußten, wo eine russische Streitmacht unter Hallart sie erwartete. Die Desna, ein breiter, reißender Fluß, führte nach den ersten Frosttagen bereits Treibeis. Mit Masepa an seiner Seite wagte der schwedische König am 3. November den Übergang, wobei er seine Lieblingstaktik anwandte. Er täuschte weiter flußaufwärts eine Überquerung des Flusses nur vor, um die Russen zu verwirren, und leitete dann einen heftigen Angriff direkt gegen das Zentrum der feindlichen Stellungen auf der anderen Seite des Flusses ein. Am späten Nachmittag hatte der König endlich den verzweifelten Widerstand des zahlenmäßig schwächeren russischen Gegners überwunden und betrat nun die Ukraine. Sein nächstes Ziel war klar. Bartulin lag im Süden, und die Straße, die zur Hauptstadt der Kosaken führte, war jetzt für ihn frei. Karl wußte allerdings nicht, daß genau an dem Tag, an dem er die Desna überquert und die Ukraine betreten hatte, Bartulin aufgehört hatte zu existieren.

Menschikow hatte den Wettlauf gewonnen. Mit Kavallerie und berittener Infanterie hatte er am 2. November Bartulin erreicht. Er stellte bald fest, daß die Kosaken in der Stadt nicht recht wußten, wem sie sich verpflichtet fühlen sollten, ihrem Hetman oder dem Zaren. Ihre erste Antwort an Menschikow lautete, daß die Russen erst dann die Stadt betreten durften, wenn ein neuer Hetman gewählt worden wäre. Menschikow wußte, daß der Feind schnell voranrückte, und wiederholte seine Forderung, er müsse sofort in die Stadt hereingelassen werden. Die Garnison lehnte wieder ab und erklärte, man sei dem Zaren ergeben und würde erlauben, daß dessen Soldaten die Stadt nach Ablauf von drei Tagen einnehmen durften, während derer sie ungehindert abziehen wollten. Menschikow lehnte diese Frist ab, machte jedoch das Angebot, daß die Garnison nicht bestraft werden würde, wenn sie sofort herauskäme. Die Kosaken lehnten jedoch ab und schickten einen Boten zurück mit der herausfordernden Mitteilung: »Wir werden alle sterben, aber wir werden nicht erlauben, daß die Soldaten des Zaren hereinkommen.«[6]
Im Morgengrauen des folgenden Tages, am 3. November, eroberten Menschikows Truppen Bartulin im Sturmangriff; nach einer zweistündigen Schlacht kapitulierte die Festung (manche sagen, ein unzufriedener Kosake habe den Russen ein Tor geöffnet). Das schwedische Heer und Masepa rückten schnell näher, Menschikow hatte also keine Zeit und zu wenig Männer, um die Verteidigungsanlagen der Stadt gegen eine Belagerung vorzubereiten. Andererseits konnte er auch nicht zulassen, daß Bartulin und alle Vorräte an Nahrungsmitteln und Munition von Karl erobert wurden. Darum befahl er die Zerstörung der Stadt. Seine Truppen metzelten alle Bewohner, Soldaten und Zivilisten, nieder bis auf etwa tausend, die sich einen Weg nach draußen erkämpfen konnten. Alle beweglichen Güter – die von den Schweden so verzweifelt benötigten Vorräte – wurden unter Menschikows Soldaten verteilt oder vernichtet; anschließend brannte man die Stadt nieder.
Peter glaubte, das Schicksal Bartulins werde allen, die sonst noch an Verrat

denken mochten, als Warnung dienen. Und tatsächlich hatte die grausame Zerstörung der Stadt aus dieser Sicht eine heilsame Wirkung. Die Kosaken begriffen, wer die Macht in Händen hatte. Um die Wirkung von Masepas Verrat möglichst noch mehr einzuschränken, rief der Zar unverzüglich die Ältesten und die Offiziere der Kosaken zur Wahl eines neuen Hetmans zusammen. Sein Kandidat, Skoropadski, der Kosakenoberst von Starodub, wurde zum Nachfolger Masepas gewählt. Schon am Tag nach der Wahl trafen der Metropolit von Kiew und zwei Erzbischöfe in Starodub ein. In einem feierlichen kirchlichen Zeremoniell verhängten sie den Kirchenbann über Masepa. Um dieser Verurteilung noch zusätzlichen Nachdruck zu verleihen, wurde ein Porträt Masepas durch die Straßen geschleift und dann an einen Galgen gehängt, an dem auch die Leichen der Anführer der Bartuliner Garnison baumelten.

So gelang es Peter, die Revolte im Keim zu ersticken. Nur eine Minderheit folgte Masepa ins schwedische Lager, während die Mehrheit der Kosaken Peter ergeben blieb. Die große Menge des ukrainischen Volkes stand hinter dem Zaren und seinem neuen Hetman; man versteckte alle Pferde und alle Vorräte vor den Schweden und lieferte gefangene schwedische Nachzügler gegen die angekündigte Belohnung an die russische Armee aus. Erfreut schrieb Peter an Apraxin: »Die Menschen in Kleinrußland sind mit Gottes Hilfe standhafter, als zu erwarten war. Der König erläßt verführerische Aufrufe, aber die Menschen hier bleiben uns treu und folgen nicht den Aufrufen des Königs.«[7]

Als nun nicht nur Lewenhaupts Packwagen, sondern auch die Lagerhäuser von Bartulin in Flammen aufgegangen waren, blieben den Schweden kaum noch Reserven an Lebensmitteln und Pulver. Karl war tief ins Innere Rußlands vorgedrungen und hatte jetzt keine Möglichkeit mehr, seine Pulvervorräte aufzubessern. Noch schlimmer aber war für ihn die Tatsache, daß es auch keine Hoffnung mehr gab auf eine Massenerhebung in der Ukraine. Statt in einer sicheren Region Zuflucht zu finden, war die schwedische Armee nun wieder von feindlichen Reitertrupps umgeben, die das Land ringsum verwüsteten und verbrannten. Auch der Verlust von Soldaten machte sich fortan immer mehr bemerkbar.

Statt auf der Seite des Siegers zu stehen, hatte Masepa den Untergang gewählt und erleben müssen, daß seine Hauptstadt dem Erdboden gleichgemacht wurde, man ihm seine Titel wegnahm und ihn die meisten seiner Anhänger im Stich ließen. Anfangs hatte er gemeint, Menschikows Brutalität würde die Kosaken gegen die Russen aufbringen, aber diese Hoffnung erwies sich als trügerisch. Über Nacht war der stolze Kosaken-Hetman also nur noch ein besiegter alter Mann, wenig mehr als ein Flüchtling, den die schwedische Armee beschützen mußte. Karl war jetzt seine einzige Hoffnung – und nur wenn der Schwedenkönig am Ende einen endgültigen Sieg erzielen und den Zaren stürzen würde, konnte sich Masepas Schicksal noch einmal zu seinen Gunsten wenden. Aber Masepas Schicksal nahm keine günstige Wendung mehr; bis zu seinem Lebensende mußte er in Karls Lager bleiben. Aufgrund seines Scharfsinns und seiner genauen Kenntnisse über das Land war Masepa ein wertvoller Berater und Führer für Karl, den schwedischen König. Es gibt allerdings Beweise dafür, daß Masepa sein Intrigenspiel nie ganz aufgegeben hat. Ein Kosakenoffizier, der mit Masepa zu den Schweden übergetreten war, brachte eines Tages dem Zaren eine Botschaft, die vermutlich vom alten Hetman stammte. Es hieß, Masepa werde den schwedischen König dem Zaren ausliefern, wenn Peter ihm verzeihen und ihn wieder als Hetman einsetzen würde. Peter schickte den Boten mit einer positiven Antwort zurück, aber man hörte nie mehr etwas in dieser Angelegenheit.

14   Der schlimmste Winter seit Menschengedenken

Am 11. November trafen Karl XII. und die Vorhut seiner Armee vor Bartulin ein. Aus den Ruinen der Stadt stieg noch Rauch empor, und die Luft war von dem Gestank verbrannter Leichen erfüllt. Auf Masepas Rat hin zogen die Schweden an der Stadt vorbei weiter nach Süden in Richtung Romny. Diese Stadt lag zwischen Kiew und Charkow, in einer Gegend mit fruchtbaren Getreidefeldern und üppigem Weideland, auf dem viele Schafe und Rinder gehalten wurden. Scheunen und Ställe waren jetzt mit Getreide, Tabak, Rindern und Schafen gefüllt, und es gab Brot und Eier, Honig, Heu und Hafer in Hülle und Fülle. Die Schweden ließen sich in einem breiten Landstreifen zwischen den Städten Romny, Priluki, Lochwiza und Gadjatsch nieder, wobei sich die Regimenter in Kompanien und Abteilungen auflösten und in Häusern und Hütten Quartier suchten. Obwohl sie von ihrem Heimatland so weit entfernt waren, »als lebten sie außerhalb der Welt«[1], glaubten sie, sie könnten sich jetzt in Sicherheit wiegen.

Inzwischen waren nur wenige Kilometer weiter östlich auch Peter und Scheremetew mit dem Hauptteil des russischen Heeres nach Süden marschiert, wobei sie sich immer mit den Schweden auf gleicher Höhe hielten, um Moskau, das sechshundertvierzig Kilometer im Nordosten zurücklag, vor ihnen abzuschirmen. Als die Schweden sich für den Winter einrichteten, bezog der Zar sein Winterquartier in der Stadt Lebedin und verteilte seine Streitkräfte in einem Nordwest-Südost-Bogen auf die Städte Putiwl, Sumy und Lebedin, wodurch er einen eventuellen schwedischen Durchbruch in Richtung auf die Straße, die Kursk mit Orel und Moskau verband, zu verhindern suchte. Um einen schwedischen Vorstoß nach Osten auf Charkow oder nach Westen auf Kiew zu unterbinden, stellte er in weiteren Städten und Dörfern östlich, südlich und westlich des schwedischen Lagers Garnisonen auf, unter anderem auch in Poltawa.

Zwischen den beiden feindlichen Heeren gab es weiterhin Scharmützel, bei denen sich aber inzwischen das Kampfmuster umgekehrt hatte. Karl, der gewöhnlich aggressive Winterfeldzüge bevorzugte, befand sich jetzt in der Defensive, während russische Patrouillen die Schweden ständig an der weitgestreckten Peripherie ihres Lagers provozierten oder angriffen. Peter wollte allerdings nicht in die Schlacht ziehen, sondern nur fortwährend Druck ausüben, um die mehr oder weniger eingeschlossenen Schweden vor Beginn des Frühjahrs zu schwächen, zu zermürben und zu demoralisieren. Er entwickelte eine spezielle Taktik, seine Feinde aus der Ruhe zu bringen, ihnen keine Gelegenheit zu lassen, einmal ohne Stiefel schlafenzugehen.

Die ersten Wintertage waren bereits kälter als gewöhnlich, und die russische Kavallerie konnte die schon gefrorenen Flüsse und Ströme überall leicht überqueren. Wegen dieser großen Beweglichkeit ihres Gegners war es für die schwedischen Regimenter äußerst schwierig, die Ränder ihres Lagers hinreichend zu sichern. Auch durch eine ganze Reihe von Finten und Ablenkungsmanövern schafften es die Russen, die Nerven der Schweden zu strapazieren.

Allmählich verlor aber der schwedische König die Geduld. Er versuchte nun, die Russen in einer größeren Schlacht zu stellen, und geriet dabei in eine Falle, die ihm Peter gestellt hatte. Drei schwedische Regimenter waren zusammen mit einigen Kosaken Masepas in Gadjatsch, etwa fünfundfünfzig Kilometer südöstlich von Romny, stationiert. Am 7. Dezember ließ Peter einen beträchtlichen Teil seiner Armee im Südosten von Gadjatsch aufziehen, so, als ob er diese Stadt angreifen wollte. Unterdessen schickte er Hallart mit einem anderen Truppenkontingent nach Romny, um die Stadt zu besetzen, sobald die schwedische Hauptarmee sie verlassen haben würde. Es war Peters Absicht, die Schweden dazu zu zwingen, ins ungeschützte, eiskalte Land hinauszumarschieren, um ihnen danach Romny wegzunehmen.

Als Karl XII. erfuhr, daß Russen in der Umgebung von Gadjatsch aufzogen, beschloß er, den Kampf aufzunehmen. Vergeblich rieten ihm seine Generäle, in Romny zu bleiben, und die Truppen in Gadjatsch allein kämpfen zu lassen; Karl hörte nicht auf sie und ließ die gesamte Armee trotz der entsetzlichen Kälte, die an diesem 19. Dezember herrschte, abmarschieren. Der König ritt zusammen mit den Garden als erster los, da er hoffte, die Russen, wie bei Narwa, im Sturmangriff überraschen zu können. Als die Meldung vom Abmarsch der schwedischen Armee eintraf, befahl der Zar seinen Truppen, die Positionen bei Gadjatsch so lange besetzt zu halten, bis die Schweden herangerückt waren. Erst als die schwedische Vorhut nur noch achthundert Meter von ihnen entfernt war, verschwanden die Russen, so schnell sie konnten, in Richtung Lebedin, wo der Zar sein Hauptquartier hatte. Inzwischen waren Hallarts Soldaten nach Romny gestürmt und hatten die Stadt ohne Schwierigkeiten besetzt, genau wie Peter vorhergesehen hatte.

Zwischen Romny und Gadjatsch hatte die schwedische Armee gegen einen viel schlimmeren Feind anzukämpfen als gegen die Russen. Es war der schlimmste Winter seit Menschengedenken. In den Wäldern erfroren in Schweden und Norwegen Elche und Hirsche. Die Ostsee war mit dickem Eis bedeckt und so fest zugefroren, daß schwerbeladene Wagen von Dänemark über den Sund nach Schweden fahren konnten. Die Kanäle Venedigs, die Mündung des Tajo in Portugal und sogar die Rhône waren mit einer dünnen Eisschicht bedeckt. In Paris fror die Seine zu; es war ohne weiteres möglich, sie zu Fuß zu überqueren. Sogar entlang der Atlantikküste, in den Buchten und Hafeneinfahrten, gab es Eis. Eichhörnchen und Vögel fielen tot von den Bäumen, das Vieh starb auf den Feldern. In den weiten, leeren und ungeschützten Flächen der Ukraine war die Kälte noch viel stärker. Dort marschierte die zerlumpte, frierende schwedische Armee durch eine eisige Hölle, um eine Garnison zu entlasten, die gar nicht wirklich in Gefahr war.

Die Schweden kämpften sich voran und erreichten Gadjatsch erst gegen Abend. Man gelangte in die Stadt nur durch ein schmales Tor, das bald von Menschen, Pferden und Wagen blockiert war. Die meisten Schweden mußten eine Nacht, manche sogar zwei oder drei Nächte im Freien kampieren. Viele Wachtposten waren vor Kälte erstarrt, und man mußte ihnen erfrorene Nasen, Ohren, Finger und Zehen abnehmen. »Die Kälte war nicht zu beschreiben; mehrere hundert Mann verloren durch den Frost ihre Geschlechtsteile oder ihre Füße, Hände, Nasen; außerdem sind neunzig Mann erfroren«, schrieb ein junger schwedischer Offizier. »Mit eigenen Augen sah ich Dragoner und Kavalleristen, die auf toten Pferden saßen und mit ihren Händen die Zügel so fest umklammert hielten, daß diese nicht losgemacht werden konnten, bis man den Bedauernswerten die Finger abschnitt.«[2]

Innerhalb der Stadt wurde fast jedes Haus zu einem Lazarett. Überall lagen Patienten, dichtgedrängt auf Bänken in der Nähe eines Feuers oder auf einem Strohlager. Die Wundärzte nahmen den Leidenden, so gut sie konnten, die erfrorenen Glieder ab und warfen sie zu den amputierten Fingern, Händen und anderen Körperteilen, die bereits auf dem Boden lagen. Die Verluste, die die schwedische Armee in diesen Nächten erlitt, waren schrecklicher als die, die eine Schlacht hätte verursachen können. Über dreitausend Schweden erfroren, und nur wenige wurden nicht durch Erfrierungen verstümmelt. Aus Unwissenheit weigerten sich die meisten, ihre angefrorenen Gliedmaßen mit Schnee einzureiben, wie es die Kosaken taten. Auch Karl bekam Erfrierungen an der Nase und an den Wangen, und sein Gesicht wurde bereits weiß; doch er befolgte Masepas Rat und half sich selbst, indem er das Gesicht mit Schnee abrieb.

Die Kälte erreichte ihren Höhepunkt zu Weihnachten. In jenen Tagen ritt Karl von Regiment zu Regiment, um die Soldaten zu besuchen, die zu zwanzig und dreißig in den Häusern zusammengepfercht lagen. Alle Gottesdienste und Predigten wurden abgesagt, damit niemand die Häuser verlassen mußte. Statt dessen sprach bei jeder Truppe ein gewöhnlicher Soldat das Morgen- und Abendgebet. Am zweiten Tag nach Weihnachten war die Kälte am schlimmsten; erst am dritten Tag wurde es ein wenig wärmer, und am

30. Dezember konnten die Soldaten ihre Häuser zum ersten Mal wieder verlassen. Karl tröstete sich mit dem Gedanken, daß der Winter auch für die Russen hart gewesen sein mußte. Da aber Peters Soldaten wärmer angezogen waren, hatten sie weniger unter der Kälte gelitten und geringere Verluste zu verzeichnen.

Trotz der hohen Verluste und des erbarmungswürdigen Zustandes seiner Soldaten wollte Karl die Initiative wieder ergreifen. Nur dreizehn Kilometer von Gadjatsch entfernt lag auf einem Hügel die kleine befestigte Kosakenansiedlung Weprik. Karl mochte keine russischen Stellungen in seiner Nähe und beschloß daher, Weprik anzugreifen. Aber tausendeinhundert russische Soldaten und mehrere hundert Kosaken, die einem englischen Offizier aus Peters Armee unterstellt waren, hatten im Auftrag des Zaren den Ort besetzt. Dieser Offizier hatte die Mauern um die Siedlung mit Erde aufstocken lassen. Über die Erdwälle wurde sodann Wasser gegossen, wodurch sie beim starken Frost zu Palisaden aus festem Eis wurden. In ähnlicher Weise wurden die Tore nach draußen mit Wagenladungen von Dünger blockiert, über den man gleichfalls Wasser schüttete, das zu Eis gefror. Nach solchen einfallsreichen Vorbereitungen war der englische Offizier keineswegs erschrocken, als Karl am 7. Januar eintraf und die sofortige Kapitulation forderte. Obwohl der König drohte, er werde den Kommandeur und seine gesamte Garnison außerhalb der Mauern aufhängen lassen, blieb der Engländer ruhig und bereitete seine Soldaten so sorgfältig wie möglich auf einen Angriff der Schweden vor.

Karls Sturmtruppe – sechs seiner erschöpften Infanteriebataillone und zwei Dragonerregimenter, insgesamt dreitausend Mann – hatten eine scheinbar einfache Operation durchzuführen. Man wollte die Wälle durch die Artillerie freischießen lassen, dann sollten drei Kolonnen Infanteristen über sie hinweg in den Ort eindringen. Unter dem Donner der Kanonen rückten die drei Sturmkolonnen mit ihren Leitern gegen die Mauern vor. Aber der Artilleriebeschuß hatte nicht ausgereicht. Die Schweden hatten zu wenig Geschütze zur Verfügung gehabt und zu wenig gefeuert. Am Ende konnten die Verteidiger ihre Stellungen auf den Wällen behaupten; sie schossen viele der angreifenden Soldaten nieder, bevor diese mit ihren Sturmleitern bis an die Mauern herangekommen waren. Als es den Schweden dann doch gelang, einige Leitern aufzustellen, und die Infanterie diese benutzen wollte, zeigte sich, daß die Mauern durch das Eis zu glatt und die Leitern zu kurz waren. Kosakische und russische Scharfschützen schoben ihre Gewehrläufe über den Mauerrand und schossen zuerst auf die schwedischen Offiziere. Andere warfen Baumstämme oder schütteten kochendheißes Wasser und sogar heißen Haferbrei auf die Angreifer hinunter.

Obwohl innerhalb kürzester Zeit immer mehr tote schwedische Soldaten vor den Eiswällen Wepriks lagen, weigerte sich der schwedische König einzugestehen, daß er an einem solchen »Nest« gescheitert war. Er griff noch einmal an und wurde erneut unter chweren Verlusten geschlagen. Rehnskjold, der

423

sich immer mitten im Kampfgeschehen aufhielt, wurde von Granatsplittern getroffen. Er erlitt eine Verletzung an der Brust, von der er sich nie mehr vollständig erholte. Weprik hielt stand, bis die Schweden bei Einbruch der Dunkelheit gezwungen waren, den Kampf aufzugeben. Glücklicherweise wußte der Kommandeur der Garnison nicht, welche schweren Verluste die Schweden erlitten hatten, und da er fürchtete, seine Leute könnten einem dritten Angriff nicht standhalten, schickte er einen Boten, der eine Kapitulation unter annehmbaren Bedingungen anbot. Karl willigte ein, und die Garnison gab auf; tausendfünfhundert Mann und vier Kanonen wurden den Schweden übergeben. Doch Karl hatte tatsächlich schwere Verluste erlitten. In zwei Stunden waren an einem Winternachmittag vierhundert Schweden gefallen und achthundert verwundet worden – mehr als ein Drittel der Angreifer. Die Eroberung von Weprik war von der inzwischen immer kleiner werdenden schwedischen Streitmacht mit äußerst folgenreichen Verlusten erkauft worden.

Man hatte zwar die Stadt erobert, aber keinen nennenswerten Vorteil damit errungen.

Von Mitte Januar bis Mitte Februar zog die schwedische Armee wieder weiter. Karl führte eine begrenzte Offensive, die über gefrorene Flüsse und riesige Schneeflächen in östlicher Richtung vorstieß. Der Zar beobachtete besorgt den Vormarsch; die schwedische Vorhut war nur noch weniger als hundertsechzig Kilometer von Charkow entfernt, der größten Stadt in der östlichen Ukraine. Außerdem marschierte der schwedische König möglicherweise auf die kostbaren Schiffswerften von Woronesch am Don zu. Diesen Ort zu verteidigen war dem Zaren jedes Opfer, sogar eine größere Schlacht wert. Scheremetew begann also mit der russischen Hauptarmee nach Süden zu ziehen, als die Schweden seine Südflanke zu umgehen suchten. Seine Route verlief parallel zu der schwedischen im Osten, so daß er sich ständig zwischen den Eindringlingen und den Schiffswerften befand. Menschikow und die Hauptarmee der russischen Reiter, Kavallerie und Dragoner, schirmten den Fluß Worskla gegen den Vormarsch Karls ab. Man bereitete sich darauf vor, jeden schwedischen Übergang über den Fluß zu vereiteln.

Am 29. Januar griffen die Schweden an. Menschikow war gerade zu Tisch, als er die Meldung erhielt, daß Karl persönlich mit fünf Kavallerieregimentern zum Angriff anrücke. Karl ritt, den Degen in der Hand, an der Spitze der Trabanten. Menschikow entkam, aber seine sieben Dragonerregimenter wurden aus der Stadt verjagt und anschließend verfolgt, bis die Schweden im tiefen Schnee steckenblieben. Als Karl den Rückzug befahl, hatte er den Russen Verluste in Höhe von vierhundert Mann beigebracht, er selbst dagegen nur zwei Soldaten verloren.

Während dieser Offensive verwüsteten die Schweden das Land; jetzt wandte Karl die Taktik an, die Peter ihn gelehrt hatte, und schirmte sein Heer druch einen Streifen »verbrannter Erde« gegen den Gegner ab. Mitte Februar hatte er sich nach Südosten in Richtung Charkow gewandt; am 13. erreichte er Kolomak an dem kleinen gleichnamigen Fluß. Kolomak war der östlichste Punkt in Rußland, den die Schweden im Verlauf ihrer Invasion erreichen sollten. Hier wurde die monatelange Offensive Karls durch ein neues Ereignis unterbrochen: Es gab einen plötzlichen Wetterumsturz. Die klirrende Kälte wurde über Nacht vom Tauwetter abgelöst. Die Schneemassen schmolzen dahin, Bäche und Flüsse traten über die Ufer, und die Schweden versanken im Schlamm. Weitere militärische Operationen waren jetzt unmöglich, und Karl hatte keine andere Wahl, als einen Rückzug anzuordnen. Unter großen Anstrengungen wurden die Artillerie und die Wagen durch den aufgeweichten Boden gezogen, bis sie am 19. Februar wieder Oposchnja an der Worksl erreichten. Erst Mitte März war das Tauwetter vorüber und der Boden wieder fest und passierbar. Die Schweden nutzten sogleich die besseren Bedingungen und zogen zusammen mit den ihnen verbündeten Kosaken noch weiter nach Süden in neue Stellungen zwischen den Nebenflüssen des Dnjepr, Psjol und der Worskla. Dort wurden die Regimenter auf einer Strecke von etwa fünfundsechzig Kilometern am Westufer der Worskla aufgestellt. In der Nähe der südlichen Flanke dieser Frontlinie lag die Stadt Poltawa, damals fest in der Hand einer russischen Garnison. In dieser Gegend wartete die schwedische Armee die restlichen Märztage und den ganzen April ab, nachdem sie im Norden verwüstetes Land mit geplünderten Städten und verbrannten Dörfern zurückgelassen hatte.

Jetzt konnte Karl die Verluste und Schäden, die die Armee im Winter erlitten hatte, erfassen und auswerten. Die Situation war beunruhigend. Sowohl Erfrierungen und Fieber als auch der Tod in der Schlacht hatten ihren Tribut gefordert, Schuhe und Stiefel waren durchgetreten, Uniformen durchgescheuert und zerrissen. Es gab zwar genug Lebensmittel, aber die gesamte schwedische Artillerie bestand jetzt nur noch aus vierunddreißig Geschützen, und das Pulver war naß und verdorben. Karl schien jedoch entschlossen, von der Bedrohlichkeit der Situation keine Notiz zu nehmen.

Der schlechte Zustand und die strategisch ungünstige Position der schwedischen Armee führten Graf Piper und die anderen Offiziere Karls zu folgendem Schluß: Der König mußte sich unbedingt aus der Ukraine zurückziehen, den Dnjepr in Richtung Polen überqueren und sich in Polen von den Armeen Stanislaus' und Krassows Verstärkung holen. Danach könnte er noch einmal in Rußland eindringen, obwohl sich viele fragten, ob eine weitere Verfolgung des so schwer faßbaren und so gefährlichen Zaren jemals einen entscheidenden Triumph für den König bringen könnte.

Karl weigerte sich jedoch entschieden, seine Kampagne aufzugeben und nach Polen auszuweichen. Er meinte, ein Rückzug würde wie eine Flucht aussehen und Peter nur noch unverfrorener machen. Statt dessen – so erklärte er seinen entsetzten Ratgebern – beabsichtige er zu bleiben, wo er war, und den Kampf mit dem Zaren fortzusetzen. Er gab allerdings zu, daß die schwedische Armee in ihrem stark dezimierten Zustand auch mit Masepas Soldaten zu klein sei, um Moskau erobern zu können, und wollte sich folglich um Verstärkung bemühen. Schon im Dezember hatte er angeordnet, Krassow solle sich mit der polnischen Armee von König Stanislaus zusammenschließen und erst nach Kiew und dann weiter nach Osten marschieren, um sich schließlich mit der schwedischen Hauptarmee zu vereinigen. Darüber hinaus hoffte er, weitere Verbündete unter den Kosaken der Ukraine zu finden. Masepa hatte ihm versichert, daß viele seiner Landsleute sich Karl XII. bereitwillig anschließen würden, sobald seine Armee nahe genug wäre, um ihnen Schutz gegen Vergeltungsmaßnahmen des Zaren zu gewähren. Der schwedische König hoffte, die Krimtataren und möglicherweise auch deren Oberherren, die osmanischen Türken, dafür zu gewinnen, den im Jahr 1700 mit Peter geschlossenen Waffenstillstand aufzugeben und sich mit ihm zu einer mächtigen Koalition zu verbünden. Unter seinem Kommando würde eine große vereinigte schwedisch-türkische Armee unaufhaltsam von Süden her nach Moskau marschieren. Und dann, wenn sich der König im Kreml befände, würde man Rußland aufteilen, und jede der angreifenden Parteien – Schweden, Kosaken, Tataren und Türken – würde den Teil bekommen, den sie sich am meisten wünschte. Keiner dieser Pläne könnte jedoch verwirklicht werden, meinte Karl, wenn die Armee nicht dort bliebe, wo sie war, um die Ausgangsposition für die nächste Phase seines großen Unternehmens zu halten.

Masepa zufolge gab es für Karl bereits in nächster Nähe eine Möglichkeit, neue Verbündete zu finden: Bei den Saporoger-Kosaken, einem wilden Volksstamm, der auf dreizehn befestigten Inseln in der Nähe der Dnjepr-Stromschnellen bei Saporoschje lebte. Die Saporogen waren eine Gemeinschaft von Flußpiraten, die nur ihrem Hetman Konstantin Gordejenko untertan waren und die bei den Kosaken den Ruf besaßen, besonders wilde Krieger zu sein. Als Tataren und Türken in der Vergangenheit immer wieder auf die Weidegründe dieses Kosakenstammes übergegriffen und am Fluß Festungen gebaut hatten, um deren Boote aufzuhalten, hatten die Saporogen gegen Tataren und Türken gekämpft. Jetzt rückten die Russen immer näher und bedrohten ihre Freiheit; deswegen würden sie jetzt gegen die Russen kämpfen. Masepa, der bereits früher mit Gordejenko verhandelt hatte, kannte ihre Wünsche. Da die Saporogen jetzt annahmen, es bedeute keine Gefahr mehr für sie, sich gegen den Zaren zu erklären, wurde die schwedische Armee nach Süden in das Gebiet um Poltawa verlagert.

Am 28. März schlossen sich Gordejenko und sechstausend seiner Männer den Schweden an. Ihre Loyalität gegenüber dem schwedischen König bewiesen sie gleich zu Anfang dadurch, daß sie eine kleinere russische Dragonerabteilung angriffen, die in Perewolutschna, einem wichtigen Knotenpunkt am Zusammenfluß von Worskla und Dnjepr, stationiert war. Nachdem sie Perewolutschna erobert hatten, fuhren sie mit ihrer gesamten Flotte nordwärts in das Gebiet, wo sich die Schweden aufhielten. Diese Flotte, die auf einer einzigen Fahrt dreitausend Mann transportieren konnte, war für Karl wichtiger als alle zusätzlichen Reiter, die die Kosaken stellen konnten. Der Dnjepr war hier nämlich sehr breit und floß sehr schnell, und es gab keine Brücken. Wenn die Armeen von Krassow und Stanislaus kommen sollten, um sich dem Hauptheer anzuschließen, konnten sie nur auf Schiffen übergesetzt werden.

Am 30. März traf Gordejenko in Karls Hauptquartier ein, um mit dem König einen Vertrag zu schließen. Dieser Vertrag, den Karl, Gordejenko und Masepa unterzeichneten, verpflichtete den König, mit Peter keinen Frieden zu schließen, bis die Ukrainer- und Saporoger-Kosaken die volle Unabhängigkeit erreicht hätten. Karl versprach außerdem, seine Armee so bald wie möglich aus der Ukraine herauszuführen und dieses Land nicht länger als Schlachtfeld zu benutzen. Die beiden Kosakenführer willigten ein, gemeinsam mit dem König zu kämpfen, und versprachen, weitere Kosaken und Ukrainer dazuzugewinnen, sich dem Kampf gegen den Zaren anzuschließen. Tatsächlich brachten sie durch ihre Appelle fünfzehntausend unbewaffnete ukrainische Rekruten auf die Seite der Schweden. Da aber weder Karl noch die Kosaken zusätzliche Gewehre besaßen, mit denen sie diese Bauern hätten bewaffnen können, bewirkte der Zustrom fast keine Vergrößerung der Kampfstärke des Königs.

Viel schlimmer für Karl waren aber die Folgen eines unerwarteten und glänzenden Schachzugs Peters, durch den der Vertrag mit den Saporogen bereits zwei Wochen nach seinem Abschluß seine Hauptanziehungskraft einbüßte. Peter hatte die Gefahr, die durch Gordejenkos Abfall entstehen konnte, sogleich erkannt, so wie er sich zuvor nie auf seine Loyalität verlassen hatte. Er ließ Oberst Jakowlew mit zweitausend russischen Soldaten auf Flußschiffen von Kiew aus nach Perewolutschna und zur Inselfestung Saporoschje-Setsch hinunterfahren. Während der Hetman Gordejenko und seine Begleiter noch mit Karl die Vertragsbedingungen aushandelten, traf Jakowlews Abteilung bereits in Perewolutschna ein und tötete alle dort lebenden Kosaken. Kurze Zeit danach erstürmte dieselbe russische Einheit die Insel der Abtrünnigen. Sämtliche Festungen wurden erobert und dem Erdboden gleichgemacht; wiederum wurden viele Kosaken getötet oder gefangengenommen, um anschließend als Verräter hingerichtet zu werden. Dieser Sieg hatte mehrere bedeutende Folgen. Einmal war die Stärke des einstmals gefürchteten Kosakenverbandes wesentlich geschwächt worden; zum zweiten hatte Peter auch hier, wie im Falle der Zerstörung von Bartulin, gezeigt, daß ein Bündnis mit seinem Feind die Kosaken teuer zu stehen kommen konnte. Nun wurden nicht nur die übrigen Kosaken wieder ruhig, auch alle benachbarten Volksstämme hielten es für besser, sich nicht gegen den Zaren zu stellen. Nachdem Jakowlews Soldaten Perewolutschna und Saporoschje erobert hatten, steckten sie auch die Kosakenschiffe auf dem Fluß in Brand. Karls schwimmende Brücke über den Dnjepr wurde so zerstört.

Der Verlust der Kosakenflotte oder die Tatsache, daß jetzt kaum mehr Aussicht darauf bestand, weitere Kosaken für seine Sache anzuwerben, hätten Karl nichts ausgemacht, wenn es danach zu einer Übereinkunft zwischen ihm und dem russenfeindlichen Khan der Krimtataren, Devlet Gerey, gekommen wäre. Der unruhige Khan war durch den Waffenstillstand Peters mit dem türkischen Sultan aus dem Jahr 1700 neun Jahre lang in Schach gehalten worden, aber sein Haß gegen die Russen hatte nicht nachgelassen. Als Karls Heer nach Moskau zu marschieren schien, hatte er die Hohe Pforte in Konstantinopel bedrängt, die sich nun bietende günstige Gelegenheit zu nützen. Im Frühjahr 1709 schickte der Khan, einer Einladung von Graf Piper folgend, zwei Tatarenobristen ins schwedische Lager, um dort Verhandlungen aufzunehmen; die Vereinbarungen würden selbstverständlich noch einer letzten Zustimmung aus Konstantinopel bedürfen. Zu Devlets Bedingungen gehörte auch die Forderung, Karl dürfe keinen Frieden mit Peter schließen, bis die Tataren und die Schweden alle ihre Ziele verwirklicht hätten. Normalerweise hätte sich Karl mit einer solchen Verpflichtung nie einverstanden erklärt, jetzt begann er jedoch zu verhandeln, da er von der Vorstellung besessen war, Peter besiegen zu müssen. Während der nachfolgenden Verhandlungen traf dann jedoch die Nachricht von der Zerstörung des Saporoschje-Setsch ein. Irritiert reisten die Vertreter des Khan ab, um sich erst einmal mit ihrem Herrn zu besprechen.

Inzwischen wandten sich Karl und Stanislaus wegen eines Bündnisses auch direkt an den Sultan in Konstantinopel. Sie machten dabei im wesentlichen dasselbe Argument geltend wie zuvor Devlet Gerey: Welcher Augenblick wäre besser geeignet für einen Krieg gegen Rußland als der jetzige, wo doch eine erfahrene schwedische Armee bereits in Rußland stand? Jetzt sei es möglich, Asow zurückzuerobern, den Marinestützpunkt in Taganrog zu zerstören, den unverschämten Zaren wieder jenseits der Steppe zurückzutreiben und das Schwarze Meer ein für allemal in den Zustand »einer reinen und unberührten Jungfrau« zurückzuversetzen.

Der Zar wußte, daß man dem Sultan solche Überlegungen vortragen würde. Er setzte deshalb alle Hebel in Bewegung, um ihnen rechtzeitig zu begegnen. Schon 1708 hatte Golowkin den gerissenen Peter Tolstoi, Peters Gesandten in Konstantinopel, angewiesen, er solle tun, was nötig sei, um die Türken während der schwedischen Invasion ruhigzuhalten. Anfang 1709 berichtete Tolstoi dann nach Moskau, der Großwesir habe versprochen, die Türken würden den Waffenstillstand einhalten und den Tataren nicht erlauben, sich in den Krieg der Schweden gegen Rußland einzumischen. Im April dieses Jahres kamen dann erneut Abgesandte der Tataren nach Konstantinopel, um auf ein Bündnis mit den Schweden zu drängen. Mit allen Mitteln, die ihm zur Verfügung standen, bemühte sich Tolstoi, deren Mission scheitern zu lassen. Er verbreitete Informationen über den hoffnungslosen Zustand des schwedischen Heeres, ließ wissen, daß die russische Flotte in Taganrog verstärkt werde, und teilte unter den türkischen Höflingen und Staatsmännern mit vollen Händen Gold aus, wohl wissend, daß Gold am osmanischen Hof immer schon eine wichtige Rolle gespielt hatte. Der russische Gesandte verbreitete auch das Gerücht, Peter und Karl stünden kurz vor dem Abschluß eines Friedensvertrages. Der Vertrag sei fast schon unter Dach und Fach, und bei seiner Bekanntmachung würde man auch erfahren, daß Peters Schwester Natalja den schwedischen König heiraten und Königin von Schweden werden würde. Tolstois Hetzkampagne war schließlich von Erfolg gekrönt. Mitte Mai schrieb der Sultan dem Khan, er dürfe sich den Schweden nicht anschließen. Tolstoi erhielt eine Abschrift des betreffenden Briefes.

Obwohl von Tolstoi die Nachricht kam, die Türken würden den Waffenstillstand zumindest noch eine Zeitlang einhalten, und obwohl die schwedische Armee geschwächt und in der Steppe isoliert war, so glaubte Peter doch, daß Karl immer noch eine Offensive plante. Andererseits wußte er auch, daß sein Gegenspieler ohne Verstärkung inzwischen nicht mehr in der Lage war, Rußland einen vernichtenden Schlag zu versetzen. Er suchte deshalb im Winter und Frühjahr 1709 in erster Linie zu verhindern, daß die Schweden Verstärkung erhielten. Schon im Dezember 1708 hatte er eine große Abteilung von der Hauptarmee abgelöst und unter dem Kommando von Feldmarschall Goltz in das Gebiet westlich von Kiew geschickt, wo sie entlang der polnischen Grenze operieren sollte. Goltz und seine Soldaten hatten die Aufgabe, jede Unterstützung für Karl, etwa unter Krassow oder Stanislaus, abzufangen. Aber letztlich war auch die Gefahr seitens der Türken und Tataren nicht voll gebannt. Wenn sich Tatarenkavallerie und türkische Infanterie eines Tages doch in großer Zahl den erfahrenen Bataillonen der Schweden anschließen würden, hätte der Gegner eine erdrückende Macht. Um ein derartiges Bündnis zu verhindern, mußte man den Sultan und den Großwesir davon überzeugen, daß ihnen ein Krieg mit Rußland keinen Gewinn bringen würde; am meisten fürchteten sich der Sultan und seine Minister vor der russischen Flotte. Um seine Flotte als Abschreckungsmittel oder, im Falle eines Krieges, als Waffe einsetzen zu können, entschied sich Peter, alle im Süden des Landes stationierten Schiffe instandsetzen und sie im Sommer auf das Schwarze Meer hinausfahren zu lassen.

Bereits im Winter 1709 hatte der Zar begonnen, sich wieder um seine Schiffe zu kümmern. Im Januar, als Karl seine begrenzte Offensive nach Osten eröffnete, fürchtete Peter, der König beabsichtige, nach Woronesch zu marschieren und die dortigen Kaianlagen und Schiffswerften zu zerstören, um dem Sultan einen Gefallen zu erweisen. Im Februar beorderte er darum Apraxin nach Woronesch, wo er die Schiffe instandsetzen mußte, so daß sie den Don hinabfahren und sich der Flotte in Taganrog anschließen konnten. Kurz danach begab sich der Zar selbst nach Woronesch.

Viele der älteren Schiffe waren bereits so verrottet, daß man sie nicht mehr ausbessern konnte. Er ließ sie zerlegen, um wenigstens einen Teil der Takelage und des übrigen Materials noch einmal verwenden zu können. Wieder einmal arbeitete er persönlich beim Schiffsbau mit. Die Zimmermannsprobleme, die er in Woronesch lösen mußte, und die physische Anstrengung waren eine wohltuende Ablenkung von den Ängsten, die ihn im vergangenen Jahr bedrückt hatten. Natalja, Katharina und der Zarewitsch Alexei waren in seiner Nähe, um ihn aufzuheitern. Menschikow besuchte ihn zweimal. Im April, als das Eis auf dem Fluß geschmolzen war, segelte Peter den Don hinunter bis nach Asow und Taganrog, wo die Flotte seetüchtig gemacht wurde. An den ersten Manövern konnte er jedoch nicht teilnehmen, da ihn von Ende April bis Ende Mai wieder Fieber ans Bett fesselte. Um diese Zeit hatte Tolstoi gerade die Zusicherung des Sultans erhalten, daß die Armeen der Türken und der Tataren nicht in den Krieg eingreifen würden. Die Flotte wurde fortan als zusätzliche Sicherung in Bereitschaft gehalten; der Zar entschloß sich, möglichst bald wieder zum Heer zurückzukehren. Als er Ende Mai endlich wieder voll zu Kräften gelangt war, fuhr er mit einer Kutsche los. Die Auseinandersetzung mit Karl näherte sich ihrem Höhepunkt.

15 Kräftesammeln

Anfang April war der Winter in der Ukraine zu Ende. Der Schnee war geschmolzen, die aufgeweichte Erde trocknete, das Gras begann wieder zu wachsen. Bald blühten wilde Krokusse, Hyazinthen und Tulpen auf den hügeligen Wiesen und an den Ufern der Flüsse. In dieser Frühlingsstimmung war auch Karl optimistisch. Er verhandelte mit den Krimtataren und mit dem Sultan, und gleichzeitig erwartete er aus dem Westen neue schwedische Regimenter sowie die Soldaten der königlich polnischen Armee. Er war so zuversichtlich, daß er kurzerhand ein vorsichtiges russisches Friedensangebot verwarf. Ein schwedischer Offizier, der zuvor in Lesnaja gefangengenommen worden war, übermittelte die Botschaft, daß der Zar »geneigt sei, den Frieden zu schließen, daß er nur nicht dazu bewegt werden könne, Petersburg aufzugeben«[1]. Karl würdigte Peters Angebot nicht einmal einer Antwort. Während Karl noch darauf wartete, daß seine Verhandlungen mit den Tataren und den Türken zum Abschluß kamen, entschloß er sich, weiter nach Süden, mehr in die Nähe der erwarteten Verstärkungen aus Polen und aus dem Süden zu ziehen. Poltawa war eine kleine, doch nicht unbedeutende Handelsstadt zwischen Kiew und Charkow, etwa dreihundertzwanzig Kilometer südöstlich von Kiew. Es lag auf den Hängen zweier Hügel oberhalb der Worskla, eines Nebenflusses des Dnjepr. Im europäischen Maßstab gesehen war Poltawa eigentlich keine Festung; seine drei Meter hohen Erdwälle, auf denen hölzerne Palisaden standen, hatte man einst errichtet, um Tataren- und Kosakenbanden abzuhalten, nicht aber, um dem Angriff einer modernen europäischen Armee standzuhalten, die mit Artillerie ausgerüstet war und fachkundige Belagerungsingenieure mit sich führte. Wäre Karl daher beispielsweise schon im Herbst nach Poltawa marschiert, hätte er die Stadt ohne weiteres einnehmen können. Um diese Zeit richtete er aber gerade an anderer Stelle sein Winterquartier ein. Inzwischen waren die Verteidigungs-anlagen der Stadt wesentlich verbessert worden: Man hatte die Stadtmauer mit einundneunzig Geschützen bestückt und die Garnison verstärkt. 4182 Soldaten und 2100 bewaffnete Einwohner der Stadt standen schließlich zur Verfügung, unter dem Kommando des energischen Oberst O. S. Kelin.

Jetzt entschloß sich Karl, die Stadt zu erobern. Die technischen Vorkehrun-gen für die Belagerung sollte Generalquartiermeister Gyllenkrook treffen, der als eine Autorität im Bereich des Minierwesens und der Belagerungs-technik galt. »Sie sind unser kleiner Vauban«, sagte der König zu Gyllen-krook und forderte ihn auf, alle Raffinessen des französischen Meisters anzu-wenden. Gyllenkrook begann sein Werk, warnte jedoch den König, daß der Armee eine wesentliche Voraussetzung für eine erfolgreiche Belagerung fehlte: ausreichend Pulver, um die Stadt lange genug beschießen zu können. Als man beschloß, Karl müsse die Mauern mit Fußsoldaten erstürmen, warnte er noch einmal: »Die Infanterie Eurer Majestät wird vernichtet wer-den, und jeder wird dann glauben, daß ich Eurer Majestät geraten habe, diese Belagerung durchzuführen. Wenn sie scheitern sollte, weise ich Sie demütig darauf hin, daß mich kein Tadel trifft.« Karl erwiderte vergnügt: »Nein, Sie würden nicht getadelt werden. Wir müßten dann die Verantwor-tung auf uns nehmen.«[2]

Anschließend wurden Schanzgräben ausgehoben, und am 1. Mai begann die Beschießung von Poltawa. Während man die Gräben immer weiter in Rich-tung auf die Stadtmauern vorantrieb, schien es einigen Schweden, vor allem Gyllenkrook, daß weniger getan wurde, als möglich gewesen wäre. Jeden-falls aber feuerten die Geschütze den ganzen Tag über rotglühende Geschosse nach Poltawa hinein, bis der König plötzlich um elf Uhr nachts anhalten ließ. Gyllenkrook protestierte. Er meinte, Poltawa würde bestimmt kapitulieren, wenn er die Stadt nur noch sechs Stunden weiter bombardieren dürfe. Karl lehnte jedoch ab. Später wurde der Beschuß auf fünf Salven pro Tag begrenzt, was von den Russen höchstens als Störaktion empfunden wer-den konnte.

Gyllenkrook und auch andere verstanden nicht, warum sich Karl so seltsam verhielt und was er mit der Belagerung überhaupt bezweckte. Die Schweden waren zwar knapp an Pulver, aber so knapp auch wieder nicht. Warum dann also hatte der König, ein Meister in der offenen Feldschlacht, zum ersten Mal auf diesem Rußlandfeldzug eine Belagerung begonnen? Und warum setzte er sie jetzt so unentschlossen fort?

Viele Offiziere Karls kamen zu der Auffassung, daß die Belagerung nur eine raffinierte Falle sein müsse, Peter dazu zu bringen, das russische Hauptheer nach Poltawa zu schicken und es dort einer Schlacht auszusetzen. Wenn Karl tatsächlich diese Absicht hatte, dann unterstützte ihn offensichtlich die russi-sche Garnison von Poltawa. Die Russen verteidigten die Stadt äußerst tatkräftig, wehrten Sturmangriffe ab und zerstörten die Minen, die Gyllen-krook immer näher gegen ihre Wälle vorschob.

Sechs Wochen lang dauerte die Belagerung, während in der Ukraine Sommerhitze herrschte. Karl befand sich immer im Zentrum des Geschehens. Um seinen Leuten Mut zu machen, bezog er ein Haus, das so nahe bei der Festung lag, daß dessen Wände von den Kugeln der Verteidiger förmlich durchlöchert wurden. Nur allmählich rückten die Schweden mit ihren Schanzgräben näher an die Wälle Poltawas heran, während die Russen mit ihrem gutgezielten Gewehrfeuer immer wieder schwedische Sappeure und Ingenieure töteten oder verwundeten. Viele der Verletzten starben, weil sie sich bei der herrschenden Hitze leicht infizierten. Auch die Nahrungsmittel wurden erneut knapp, als die schwedischen Versorgungstruppen immer wieder durch dieselben Gegenden ritten und dabei Bauernhöfe und Dörfer plünderten, die sie doch eine Woche zuvor schon heimgesucht hatten. Bald gab es nichts mehr zu essen außer Pferdefleisch und Schwarzbrot. Das Pulver war inzwischen sehr knapp geworden; die Feuchtigkeit während der Zeit der Schneeschmelze und die starken Regenfälle hatten die Bestände weitgehend verdorben. Das Abfeuern eines Geschützes klang oftmals nicht viel lauter, als wenn man in die Hände klatschte. Nicht selten fielen die Kugeln schwedischer Musketen nach weniger als zwanzig Metern wieder zu Boden. Dabei gab es nur noch so wenig Musketenkugeln, daß schwedische Soldaten aus ihren Gräben rund um die Festung herausgeschickt wurden, um russische Kugeln zur Weiterverwendung aufzusammeln.

Inzwischen trafen am Ostufer der Worskla russische Soldaten ein. Menschikow hatte in der Nähe des Dorfes Krutoi Bereg Quartier bezogen, während Scheremetew mit dem russischen Hauptheer von Nordosten her näherrückte. Menschikows Absicht war es, die Schweden auf der anderen Seite des Flusses zu beobachten und alles mögliche zu tun, um die Garnison in Poltawa zu unterstützen. Letzteres war nicht leicht. Zwischen dem flachen Gelände am Ostufer, wo die Russen standen, und dem abschüssigen Westufer, das sechzig Meter zu den Mauern der Stadt emporstieg, schlängelte sich der Fluß durch ein breites Sumpfgebiet, das von einer großen Streitmacht nicht durchquert und auch von kleineren Abteilungen nur unter Schwierigkeiten überwunden werden konnte. Mehrfach versuchten die Russen, direkt über den Fluß hinweg Verstärkung nach Poltawa zu schicken; sie schleppten sogar Sandsäcke heran, um eine Straße bis unmittelbar zum Wasser zu bauen, aber ihre Bemühungen scheiterten. Das Problem der Kommunikation zwischen dem russischen Heer und der Stadt wurde schließlich dadurch gelöst, daß sich beide Seiten hohle Granaten mit Botschaften quer über den Fluß zuschossen. Russische und schwedische Kavallerieabteilungen ritten indessen auf beiden Seiten des Flusses und achteten auf jedes Zeichen einer Bewegung am anderen Ufer. Man versuchte dabei auch, Leute gefangenzunehmen, damit sie etwas über die Gegenseite verrieten. Ende Mai traf auch Scheremetew mit seiner gewaltigen Infanteriestreitmacht bei Krutoi Bereg ein, ohne daß sich nun die beiden Generäle Menschikow und Scheremetew darüber klar wurden, was sie mit ihrer zahlenmäßigen Überlegenheit anfangen sollten. Sie erfuhren allerdings von Oberst Kelin, daß der Pulvervorrat in Poltawa geschrumpft war, daß die Schweden unterhalb ihrer Mauern ihre Minierarbeiten fast beendet hatten und daß man wahrscheinlich höchstens bis Ende Juni durchhalten könne. Menschikow und Scheremetew baten den Zaren, der sich bereits auf dem Weg von Asow nach Poltawa befand, sich zu beeilen. Am 31. Mai antwortete Peter, die Armee solle, wenn nötig, ohne ihn kämpfen, er komme so schnell wie möglich nach. Da Poltawa aber immer noch standhielt, entschlossen sich die russischen Generäle, noch etwas zu warten.

Am 4. Juni traf dann Peter im russischen Lager ein. Er übernahm diesmal selbst den Oberbefehl, während er sonst einen seiner Generäle zum obersten Kommandeur ernannte und selbst nur einen untergeordneten Rang einnahm. Der Zar hatte zur Verstärkung des russischen Heeres achttausend Rekruten mitgebracht. Am 15. Juni wurden durch einen russischen Überraschungsangriff auf Stari Seschari die tausend russischen Soldaten befreit, die die Schweden im vorausgegangenen Winter in Weprik gefangengenommen hatten.

Beide Armeen standen nun einander gegenüber, beide unter dem Kommando ihres Monarchen. Karl, dessen Heer inzwischen auf immer engeren Raum zusammengedrängt worden war, mußte bald alles aufs Spiel setzen und versuchen auszubrechen, und, entgegen seinen früheren Gewohnheiten, setzte der Zar seine ganze Armee für die Schlacht ein. Westlich des schwedischen Hauptquartiers, in Richtung Polen, befand sich Feldmarschall Goltz mit einer starken berittenen Abteilung, die in der Lage war, sowohl das Herankommen eines Ersatzheeres als auch Karls Rückzug zu verhindern. Zudem war das russische Heer an der Worskla jetzt zweimal so stark wie das schwedische. Am 7. Juni, nachdem er in Krutoi Bereg eingetroffen war, schrieb Peter zuversichtlich an Apraxin: »Wir sind jetzt unseren Nachbarn ganz nahe, und mit Gottes Hilfe werden wir wohl in diesem Monat die Entscheidung herbeiführen.«[3]

Kurz nach seiner Ankunft rief Peter alle seine Generäle zu sich, um mit ihnen gemeinsam die Lage zu prüfen. Um die Gefahr zu bannen, daß der schwedische König mit seiner Armee nach Moskau marschierte, entschloß sich der Zar, das russische Hauptheer einzusetzen. Damit Poltawa nicht in die Hände der Schweden fiel, mußte bis zum 29. Juni eine entscheidende Schlacht stattfinden, und Peter hoffte, bis zu diesem Zeitpunkt alle seine Streitkräfte versammelt zu haben, einschließlich der Skoropadski-Kosaken und fünftausend Kalmücken, angeführt von ihrem Khan Ajuk. Allerdings konnte das Heer nicht eingesetzt werden, solange es am Ostufer der Worskla war; es mußte zuvor auf das Westufer übersetzen, damit man einen Flankenangriff gegen die schwedischen Stellungen vor der Stadt führen oder, wenn es zu keiner Schlacht kam, die Schweden dazu zwingen könnte, einen großen Teil ihrer

Soldaten aus den Verteidigungsstellungen vor der Stadt abzuziehen. Außerdem könnte man bei einem Angriff von der Flanke her auch auf die russische Feldartillerie zurückgreifen.

Der Zar beschloß, unmittelbar nördlich und südlich von Poltawa Ablenkungsmanöver durchführen zu lassen, während der Hauptteil des Heeres bei Petrowka, elf Kilometer nördlich der Stadt, angreifen sollte. Dort gab es Furten, die die Reiter zum Überqueren des Flusses benutzen konnten. Zuerst würde Rönne mit zehn Kavallerie- und Dragonerregimentern auf das westliche Ufer übersetzen, dann würden zehn Infanterieregimenter unter Hallart folgen. Sobald diese Vorausabteilungen einen Brückenkopf errichtet und sich in der Nähe des Dorfes Semenowka, anderthalb Kilometer unterhalb der Übergangsstelle, verschanzt hätten, würde Peter das Haupttheer folgen lassen. Nach diesen Beratungen brachten Rönne und Hallart ihre Truppen in Stellung; und schon in der Nacht des 14. Juni versuchten sie eine Überquerung, bei der sie allerdings zunächst noch einmal zurückgeschlagen wurden.

Die Schweden hatten erfahren, daß die Russen bei Petrowka übersetzen wollten. In den Nächten des 15. und 16. Juni blieb die schwedische Armee in Bereitschaft. Rehnskjold hatte zehn Kavallerieregimenter und sechzehn Infanteriebataillone zur Verfügung. Er hatte geplant, erst einmal einem Teil der Russen zu erlauben, den Fluß zu überqueren, und dann, solange die Schweden noch zahlenmäßig in der Übermacht waren, anzugreifen und die russische Vorhut in den Fluß zurückzutreiben. Karl führte das Kommando über die vor Poltawa sowie über die im Süden der Stadt stationierten Truppen. Er wollte dort bis zum Beginn der Schlacht warten und sich vergewissern, daß keine größeren feindlichen Verbände im Süden der Stadt den Fluß passieren würden. Dann wollte er nach Norden reiten und Rehnskjold Verstärkung bringen. Dies war eine logische Strategie für einen Sieg. Aber es kam nicht zur Ausführung dieses Plans.

Am 17. Juni 1709 feierte der schwedische König seinen siebenundzwanzigsten Geburtstag. Obwohl ihn einmal bei Narwa eine matte Kugel getroffen und er sich in Polen ein Bein gebrochen hatte, war er in neun Jahren, in denen er aktiv am Kriegsgeschehen teilgenommen hatte, bisher nie ernstlich verwundet worden. Jetzt verließ ihn plötzlich das Glück.

An diesem Morgen ritt er bei Tagesanbruch zu dem Dorf Nischny Mliny südlich von Poltawa, um die Aufstellung der Schweden und Kosaken entlang der Worskla zu inspizieren. Karl wollte sich vergewissern, daß die Abwehrstellungen an der Worskla südlich von Poltawa auch nach einem Abzug mehrerer Regimenter noch stark genug waren, um in diesem Gebiet jede Überquerung des Flusses verhindern zu können. Am anderen Ufer bemühten sich russische Kavalleristen schon jetzt nach Kräften darum, die Schweden im Bereich der Südflanke zu binden. Sie hatten bereits versucht überzusetzen, waren aber von den schwedischen Patrouillen abgewehrt worden.

Karl traf etwa um acht Uhr morgens mit einer Schwadron Trabanten in der Nähe von Nischny Mliny ein. Einige Russen, die gerade von den Schweden von dieser Seite des Flusses vertrieben worden waren, hatten sich auf eine der zahlreichen Inseln in der Mitte der Worskla zurückgezogen und begannen jetzt, auf die Schweden zu feuern. Beide Seiten waren weniger voneinander entfernt als die Reichweite eines Musketenschusses; ein Trabant wurde sogar auf seinem Pferd tödlich getroffen. Karl ritt weiter, ohne besondere Vorkehrungen für seine Sicherheit zu treffen. Als er seine Inspektion beendet hatte, drehte er um und wollte zurückreiten. Während er dem Feind den Rücken zukehrte, wurde er von einer russischen Gewehrkugel in den linken Fuß getroffen.

Die Kugel schlug gegen seinen Absatz, drang durch den Stiefel und dann der Länge nach durch den Fuß, wobei sie mehrere Knochen traf, und trat schließlich in der Nähe des großen Zehs wieder aus. Graf Stanislaus Poniatowski, ein polnischer Adliger, der Karl von König Stanislaus als Adjutant vermittelt worden war und der neben dem König ritt, bemerkte dessen Verletzung, aber Karl befahl ihm, Stillschweigen zu wahren. Trotz heftiger Schmerzen setzte er seinen Inspektionsritt fort. Erst drei Stunden später kehrte er in sein Hauptquartier zurück und wollte absteigen. Es fiel nun auf, daß der König äußerst blaß war und daß Blut aus seinem zerfetzten linken Stiefel tropfte. Karl versuchte noch abzusteigen, wurde aber dabei ohnmächtig vor Schmerz.

Der Fuß war schon so angeschwollen, daß man den Stiefel aufschneiden mußte. Die Wundärzte, die den König behandelten, stellten fest, daß die Kugel, die seinen Fuß getroffen hatte, noch im Strumpf steckte. Einige Knochen waren zersplittert. Die Ärzte zögerten zunächst, die erforderliche, äußerst schmerzhafte Operation durchzuführen, aber Karl, der gerade aus seiner Bewußtlosigkeit erwachte, herrschte einen Arzt an: »Komm! Komm! Schneid weg! Schneid weg!«[4] Gleichzeitig packte er selbst das Bein und streckte den verletzten Fuß dem Messer entgegen. Als die Feldärzte nicht wagten, die angeschwollenen, entzündeten und deshalb hochempfindlichen Wundränder wegzuschneiden, nahm Karl die Schere selbst in die Hand.

Die Nachricht, daß Karl eine Verletzung erlitten hatte, verbreitete sich mit Windeseile über das gesamte Lager der Schweden. Sie bedeutete einen kolossalen Schlag für die Soldaten. Bis dahin hatten die Schweden geglaubt, daß der König nicht nur unbesiegbar, sondern auch unverletzbar sei. Karl hatte sich immer ins dichteste Kampfgetümmel gestürzt und war nie verletzt worden, als habe ihm Gott besonderen Schutz gewährt. Um nun seine Soldaten nicht zu beunruhigen, versicherte er Graf Piper und den anderen Generälen mit aller Bestimmtheit, daß er nur leicht verletzt sei, daß seine Wunde schnell heilen würde und daß er bald wieder auf dem Pferd sitzen könnte.

Doch die Wunde eiterte statt zu heilen. Karl bekam hohes Fieber, und die Entzündung breitete sich bis zum Knie aus. Die Ärzte hielten eine Amputation für notwendig, zögerten aber noch, sie durchzuführen, da sie die psychischen Folgen befürchteten. Zwei Tage später, zwischen dem 19. und 21. Juni, schien es für diesen Eingriff bereits zu spät zu sein, Karl schwebte zwischen Leben und Tod. Am 21. glaubten die Feldärzte, er werde innerhalb weniger Stunden sterben. Sein alter Leibdiener saß an seinem Bett und erzählte ihm die alten nordischen Sagen heldenmütiger Prinzen, die viel stärkere Feinde besiegt hatten und schöne Prinzessinnen als Bräute heimführen durften.

Der Gesundheitszustand des Königs wirkte sich unmittelbar auf die taktische Situation der beiden feindlichen Armeen rund um Poltawa aus. Schon am 17. Juni hatte Karl die Entscheidung, ob in Petrowka gekämpft werden sollte oder nicht, Rehnskjold überlassen. Um diese Zeit hielten sich die Truppen des Feldmarschalls schon zum Kampf bereit und erwarteten die russischen Angreifer, die auf der anderen Seite des Flusses aufmarschiert waren. Als Rehnskjold von Karls Verletzung erfuhr, verließ er die Truppe und ritt auf schnellstem Wege ins Hauptquartier zurück. Er wollte wissen, wie schwer die Verwundung des Königs war und welche Dispositionen eventuell getroffen werden mußten. Nachdem ihm Karl das Kommando übertragen hatte, besprach er sich mit den anderen Offizieren und beschloß, nun im Norden nicht zu kämpfen, da sowohl die Offiziere als auch die einfachen Soldaten durch die Verwundung des Königs zu sehr erschüttert waren. Peter erfuhr schon am Abend des 17. Juni von der Verletzung des schwedischen Königs. Sofort erteilte er den Befehl, daß die gesamte Armee sofort auf das andere Ufer übersetzen solle. Am 19. Juni überquerten Rönnes Kavallerie und Hallarts Infanterie daraufhin völlig unbehindert die Worskla und verschanzten sich bei Semenowka, westlich des Flusses. Am gleichen Tag brachen die anderen Divisionen ihr Lager in Krutoi Bereg ab und marschierten nordwärts zur Petrowkafurt. Die Gardebrigaden bildeten die Vorhut; dann folgten Menschikows Divisionen sowie die Artillerie und der Nachschubtroß; Repnins Division bildete die Nachhut. Vom 19. bis zum 21. Juni, als Karl mit dem Tode rang, überquerten lange Kolonnen von Soldaten, Pferden, Geschützen und Wagen den Fluß; die russische Armee wechselte vom Ostufer zum Westufer hinüber. Dort war die Schlacht unausweichlich, keiner konnte sich mehr zurückziehen. Als die Russen auf dem Westufer auf keinen Widerstand stießen, errichteten sie dort ihre Verschanzungen und bereiteten sich auf einen schwedischen Angriff vor. Doch dieser Angriff kam nicht.

Am 22. hatten sich die Schweden wieder gefaßt. Karl war zwar noch schwer krank, aber das Fieber war zurückgegangen, und er schwebte nun nicht mehr in Lebensgefahr. Rehnskjold formierte seine Armee auf einem Feld nordwestlich von Poltawa, um den Russen eine Schlacht liefern zu können, wenn dies Peters Wunsch sein sollte. Der verletzte König ließ sich auf einer Bahre, die man zwischen zwei Pferden befestigt hatte, zu den Soldaten hinaustragen, um sie aufzumuntern. Der Zar, der eifrig an den russischen Verschanzungen baute, hatte keineswegs die Absicht, die Schweden zur Schlacht herauszufordern. Dadurch, daß er die schwedische Armee von Poltawa abgelenkt hatte, war sein wichtigstes Ziel bereits erreicht: Der schwedische

Druck auf die Stadt hatte nachgelassen. Als Karl erkannte, daß die Russen nicht angreifen würden, forderte er Rehnskjold auf, seine Soldaten wieder zurückzuziehen. Gerade in diesem Augenblick trafen die lang erwarteten Boten aus Polen und von der Krim ein.

Aus Polen erfuhr Karl, daß weder Stanislaus noch Krassow kommen würden. Stanislaus fühlte sich unsicher auf seinem Thron und wollte sein ungefestigtes Königreich nicht verlassen. Außerdem hatte es einen Streit zwischen ihm und Krassow gegeben, worauf sich Krassow mit allen seinen Soldaten nach Pommern zurückgezogen hatte. Er wollte dort zunächst noch aus Schweden neu eingetroffene Rekruten ausbilden, bevor er losmarschierte, um sich Karl in der Ukraine anzuschließen. Krassow konnte also unmöglich vor dem Spätsommer eintreffen. Der zweite Bote kam von Devlet Gerey. Der Khan ließ wissen, er könne keine Soldaten zur Verfügung stellen, weil der Sultan ihm verboten habe, sich dem schwedischen König anzuschließen. Karls Traum von einem großen Vorstoß auf Moskau mit Hilfe der Verstärkung aus Polen und aus dem Süden konnte nicht in Erfüllung gehen.

Piper drängte, den gesamten Rußlandfeldzug sofort abzubrechen, die Belagerung von Poltawa aufzuheben und sich über den Dnjepr nach Polen zurückzuziehen. Außerdem riet er dazu, in Zukunft mehr Interesse als bisher diplomatischen Kontakten zu Rußland entgegenzubringen. Er hob hervor, daß Menschikow ihm kürzlich geschrieben habe, er würde persönlich einen Besuch im Schwedenlager machen, wenn Karl ihm sicheres Geleit verspräche. Sogar wenn man einen Friedensvertrag mit Rußland geschlossen hätte, meinte Piper, könne man den Krieg später unter günstigeren Voraussetzungen erneut aufnehmen. Aber Karl lehnte ab, sowohl sich zurückzuziehen, als auch zu verhandeln.

Inzwischen wurde seine Armee immer kleiner; jeden Tag wurden in kleinen Scharmützeln Soldaten getötet oder verwundet. Die Nahrungsmittel waren wieder einmal knapp, da sie die Gegend um Poltawa bereits ausgeplündert hatten; außerdem war das Pulver feucht, und es fehlte an Gewehrkugeln. Die geflickten Uniformen und Stiefel der Soldaten hielten auch nicht mehr lange. Karl, der an sein Krankenbett gefesselt war, wurde von Langeweile und zugleich von Angst gequält. Da er wußte, daß etwas geschehen mußte, litt er darunter, daß er selbst noch nicht in der Lage war, einzugreifen. Er sehnte sich danach, einen vernichtenden Schlag zu führen. Nur eine Schlacht, ganz unabhängig von ihrem Ausgang, würde seine Ehre retten. Und ein Sieg würde die Hoffnungen wieder beleben. Die Türken und Tataren wären am Ende noch glücklich, sich einer siegreichen schwedischen Armee auf einem erfolgversprechenden Marsch nach Moskau anschließen zu dürfen. Und wenn, aufgrund der ungünstigen Verhältnisse, schließlich doch kein vollständiger Sieg zu erzielen sein würde, könnte ein weiteres Unentschieden wie das von Golowtschin immerhin den Weg für realistische Verhandlungen frei machen und bewirken, daß man ehrenvoll nach Polen abziehen konnte.

So entschied sich Karl für die Schlacht. Je eher er zuschlug, desto besser, und, wenn möglich, sollte der schwedische Angriff ein Überraschungsangriff sein.

Für Peter waren die Argumente zugunsten einer Feldschlacht weniger zwingend als für Karl. Karls Situation würde sich nur dann verbessern, wenn er die russische Armee zu einem Kampf zwingen und mindestens einen Teilsieg erringen würde. Peter hatte seinerseits sein Ziel bereits erreicht, als er der isolierten schwedischen Armee jede Hoffnung auf eine mögliche Verstärkung genommen hatte. Der Zar brauchte im Augenblick keine Schlacht, es sei denn, daß man die Schweden zwang, eine stark befestigte russische Verteidigungsstellung anzugreifen und dadurch ein Sieg der russischen Armee so gut wie sicher war. Peter machte sich daran, eine solche Situation zu schaffen.

In der Nacht des 26. Juni verließ das russische Heer das Lager bei Semenowska und errichtete weiter südwärts, in der Nähe des Dorfes Jakowzi, das nur sechseinhalb Kilometer nördlich der Mauern von Poltawa lag, ein neues Hauptlager. Die russischen Soldaten arbeiteten die ganze Nacht hindurch fieberhaft, um eine Verteidigungsanlage in Form eines Quadrats zu errichten. Peter rückte jetzt zwar näher an seinen Gegner heran, griff ihn aber nicht an. Er lockte ihn, reizte ihn, zwang ihn förmlich zu einer Attacke auf seine Stellungen und auf seine Armee. An der Rückseite des neuen russischen Lagers fiel das Gelände so steil zur Worskla ab, die an der Stelle so breit und sumpfig war, daß auf keinen Fall eine größere Zahl feindlicher Soldaten von dort anrücken konnte. Aber auch für die Russen war dieses Gebiet so gut wie unpassierbar, so daß für sie die einzige Rückzugsmöglichkeit im Norden lag, in der Nähe der Furt von Petrowka.

Dennoch war das Gelände gut gewählt. Nach Süden hin, zwischen dem Lager und der Stadt, war es dicht bewaldet und so von Schluchten und Wasserläufen geteilt, daß man große Menschenmengen nicht heranführen konnte. Im Norden machten ebenfalls dichte Wälder einen feindlichen Angriff, vor allem der Kavallerie, unmöglich. Nur von Westen her, wo eine breite, von Wald eingesäumte Ebene lag, konnte man frei an das Lager herankommen. Darum war es nach Westen zu am besten befestigt. Hier verlief ein Graben von einem Meter sechzig Tiefe vor einem Erdwall, auf dem man siebzig Geschütze aufgestellt hatte. Hinter den Wällen schlug die russische Infanterie – achtundfünfzig Bataillone, insgesamt 32000 Mann – ihre Zelte auf und wartete. In unmittelbarer Nähe des Lagers hatten siebzehn russische Kavallerie- und Dragonerregimenter mit insgesamt 10000 Reitern ihre Pferde an Pflöcken festgebunden und warteten ebenfalls.

Doch weder die gute Verschanzung noch die zahlenmäßige Überlegenheit seines Heeres bot dem Zaren genug Sicherheit. Da er in neun Kriegsjahren die Vorliebe und Begabung der Schweden für plötzliche Überraschungsangriffe kennengelernt hatte, traf er weitere Vorkehrungen. Jeder schwedische

Angriff auf das russische Lager mußte über die Straße von Poltawa herangeführt werden. Diese Straße lag in einer Ebene, die sich anderthalb Kilometer südlich des Lagers verengte und dabei durch ein sumpfiges Waldgebiet verlief. Quer durch dieses Gebiet baute Peter eine Verteidigungslinie aus sechs kleineren Schanzen, die jeweils die Reichweite eines Musketenschusses (ungefähr neunzig Meter) voneinander entfernt lagen. Jede Schanze maß an allen vier Seiten etwa dreißig Meter und wurde mit mehreren hundert Soldaten sowie ein bis zwei Geschützen besetzt. Hinter dieser Linie stellte Peter unter dem Kommando von Menschikow, Rönne und Bauer siebzehn Dragonerregimenter mit dreizehn Zügen berittener Artillerie auf. Diese kombinierte Abwehrlinie würde den ersten Widerstand gegen einen eventuellen schwedischen Vorstoß leisten.

16   Poltawa

Der 27. Juni war ein Sonntag. Nachdem er gebetet hatte, rief Karl am Spätnachmittag die schwedischen Generäle und Obristen an sein Bett und teilte ihnen mit, er plane für den nächsten Tag eine Schlacht. Peter verfüge zwar über mehr Soldaten, meinte er, aber diese Überlegenheit könnte durch eine kühne Taktik wettgemacht werden. Für Karl nahm sich die Lage so aus, als hätten die Schweden die Russen jetzt endlich da, wo sie sie immer schon haben wollten. Peters Armee lag eingezwängt in einer Stellung direkt am Steilufer des Flusses, und nur die Petrowkafurt war für ihn als Rückzugslinie offen. Wenn Karls Heer diese Linie abschneiden könnte, wären die Russen in der Falle. Zu guter Letzt schien es also doch noch eine Siegeschance für Karl zu geben. Und da der Zar sich selbst am Kampf beteiligte, hätte man mit einigem Glück sogar ihn selbst gefangennehmen können.

Die schwedische Armee, die sich jetzt auf den Kampf vorbereitete, war nur noch etwa halb so groß wie vor zwei Jahren, als sie Sachsen verlassen hatte. Sie bestand inzwischen nur noch aus vierundzwanzig Infanteriebataillonen und siebzehn Kavallerieregimentern, insgesamt fünfundzwanzigtausend Mann, von denen viele aufgrund der Kriegsverletzungen und der Erfrierungen aus dem vergangenen Winter nur bedingt kampftauglich waren. Zweitausend Infanteristen wurden in den Belagerungsgräben vor Poltawa belassen, weitere zweitausendfünfhundert Kavalleristen wurden dem schwedischen Wagentroß zugewiesen und tausendfünfhundert Mann, Infanteristen und Kavalleristen, am Worsklaufer unterhalb der Stadt verteilt. Letztere sollten die Kosaken verstärken, die in diesem Gebiet patrouillierten. Die sechstausend Kosaken unter Masepas und Gordejenkos Führung wurden nicht in Karls Pläne einbezogen; sie sollten während der Schlacht von der schwedischen Hauptarmee ferngehalten werden. Der König fürchtete, sie könnten durch ihr undiszipliniertes Verhalten die gut eingeübten Manöver seiner schwedischen Veteranen nur stören. Insgesamt zogen 19 000 Schweden gegen 42 000 Russen in den Kampf.

Obwohl Karl das Heer begleitete, spielte er nur eine symbolische Rolle. Er schloß sich der Infanterie unter dem Kommando Lewenhaupts an und wurde auf einer Bahre zwischen zwei Pferden getragen. Für den Fall, daß die Pferde unruhig oder widerspenstig werden sollten oder daß eines im Kampf getroffen werden würde, hatte man dem König eine Abteilung von vierundzwanzig Gardesoldaten zugeordnet, die, wenn nötig, die Bahre tragen sollten. Karl lag auf dem Rücken und konnte außer dem Himmel und einigen Baumwipfeln nichts sehen; er hatte keine Möglichkeit, die Operation seiner Streitmacht zu verfolgen und zu kontrollieren.

Das Kommando über die Armee wurde an Rehnskjold, den ranghöchsten Offizier Schwedens nach dem König, übergeben. Er war Karls Lehrmeister gewesen und nun sein erfahrenster und zuverlässigster Untertan. Rehnskjold, der Sieger von Fraustadt und glänzende Kavallerieführer bei Klissow und Golowtschin, war in der Tat ein hervorragender Kommandeur. Im Alter von achtundfünfzig Jahren war er noch ein temperamentvoller und energischer Mann, der über große Fähigkeiten verfügte und Karl bedingungslos ergeben war. Untergebene beklagten sich manchmal, der Feldmarschall sei hochmütig und grob. Er konnte tatsächlich verletzen, aber dann hatte er seine Gründe dafür. Ohne Unterbrechung war er neun Jahre lang wie sein König im Feld gewesen. Er schlief nur wenig, aß kärglich und war immer im Dienst, begreiflicherweise war er daher leicht erregbar und nervös. Rehnskjolds Gereiztheit wurde besonders durch zwei Männer hervorgerufen, mit denen er gezwungenermaßen in enger Verbindung stand. Er ärgerte sich einmal über Piper, den höchsten Zivilbeamten der Feldkanzlei. Pipers Anwesenheit bei militärischen Besprechungen sowie die Tatsache, daß er ständig diplomatische oder andere nicht-militärische Überlegungen ins Spiel brachte, verstimmten Rehnskjold oft. Darüber hinaus wußte der Feldmarschall, daß, wenn dem König etwas zustoßen sollte, Piper sein Vorgesetzter werden würde.

Noch weniger mochte Rehnskjold Lewenhaupt. Der glücklose General war ein launenhafter und eigensinniger Mann, der immer höchst verärgert reagierte, wenn ihn Rehnskjold einmal ungeduldig ansprach. Auf dem Schlachtfeld verließ ihn der Mut nie. Nach Karl war er der beste Infanteriegeneral, den die Schweden besaßen. Es lag deshalb nahe, daß Karl jetzt diese beiden Männer an die Spitze seiner Armee stellte. Andererseits war es ein schwerwiegender Fehler, nicht zu berücksichtigen, wie schlecht sich die beiden Generäle verstanden. Als der König mit Rehnskjold die Pläne für die Schlacht ausarbeitete, nahm er an, der Feldmarschall werde sie an Lewenhaupt weitergeben. Aber Rehnskjold beschloß, Lewenhaupt nichts zu sagen, weil er nicht mit ihm sprechen mochte. Lewenhaupt besaß eine Art, Befehle mit einem arroganten und verachtungsvollen Blick entgegenzunehmen, so als ob ihn nur die Loyalität zu Karl dazu zwang, Rehnskjold zuzuhören. Ein solches Verhalten hatte den Feldmarschall schon oft wütend gemacht, und deswegen sagte er Lewenhaupt am Tag vor der Schlacht von Poltawa nicht, welcher Plan für den folgenden Tag aufgestellt worden war. Die Verwirrung, die daraus entstand, sollte sich als katastrophal für die Schlacht erweisen.

Die Schweden hatten beschlossen, kurz vor Morgengrauen einen schnellen Angriff einzuleiten, dabei die Russen zu überraschen und schnell an den Schanzen vorbeizustürmen, ohne Rücksicht auf das Abwehrfeuer, das deren Verteidiger abgeben würden. Sobald man den Schanzenriegel beiderseits der Straße hinter sich gebracht hätte, sollten die schwedischen Kolonnen nach links schwenken und die breite Ebene vor dem russischen Hauptlager besetzen. Die Infanterie würde am Westrand dieser Ebene entlang bis nordwestlich von Peters Lager marschieren, während die schwedische Kavallerie die russischen Reiter vertreiben sollte. Dann sollte die gesamte schwedische Armee nach Osten drehen und nördlich der russischen Verteidigungsanlagen eine Schlachtlinie bilden. Funktionierte der Plan, wären die Russen in ihrem Lager eingeschlossen und müßten Karls Herausforderung zum Kampf annehmen oder in ihren Verschanzungen bleiben und dort verhungern.
Lewenhaupts Infanterie, deren Gesamtstärke nur siebentausend Mann betrug, wurde in vier Kolonnen aufgeteilt – zwei Kolonnen aus zehn Bataillonen links und zwei Kolonnen aus acht Bataillonen rechts. Der König wollte auf seiner Bahre zur ersten Kolonne auf dem äußersten linken Flügel getragen werden. Die zweite Kolonne auf dem linken Flügel sollte von Generalmajor Karl Gustav Roos kommandiert werden, die beiden rechten Kolonnen von den Generälen Berndt Stackelberg und Axel Sparre. Die Kavalleriegeschwader wurden zu sechs Kolonnen zusammengefaßt und dem Gesamtkommando von General Kreutz unterstellt. Von den dreißig schwedischen Geschützen, die noch funktionierten, ließ man die meisten in den Belagerungsstellungen von Poltawa oder beim Troß zurück. Diese Entscheidung ging teilweise auf Rehnskjolds Vorschlag zurück. Als Kavallerist mochte er die Artillerie nicht. Er glaubte, es würde die schnelle Vorwärtsbewegung, die er für erforderlich hielt, behindern, wenn man die Geschütze an den russischen Schanzen vorbeiziehen mußte. Außerdem hätte man auch keine Zeit, die Geschütze in Position zu bringen und eine Beschießung zu beginnen. So nahmen die Schweden nur vier Geschütze mit. Die endgültige Entscheidung, so hoffte Rehnskjold, würde mit den Degen und Bajonetten erkämpft werden.
Erst um elf Uhr abends wurde es dunkel, und die schwedische Infanterie brach nun leise ihr Lager ab. Man hatte den verwundeten Fuß des Königs frisch verbunden. Karl trug seine Uniform und einen hohen, gespornten Stiefel am unverletzten rechten Bein. Neben ihm auf der Bahre lag sein Degen. Durch die Reihen der marschierenden Männer brachte man ihn zu der Stelle, wo sich die Gardebataillone formieren sollten. Hier traf er auf Rehnskjold,

Piper, Lewenhaupt und seine anderen Generäle, die, in ihre Umhänge gehüllt, leise sprachen oder auch nur warteten. Für eine ukrainische Sommernacht war es verhältnismäßig dunkel. Um Mitternacht stellten sich die Soldaten, die bis jetzt auf dem Boden gesessen oder gelegen hatten, in Reihen auf. Um sich vom Feind zu unterscheiden, befestigte jeder schwedische Soldat ein Strohbüschel an seiner Mütze. Darüber hinaus wurde den Soldaten ein Kennwort gegeben. »Mit Gottes Hilfe!« sollte gerufen werden, wenn man nicht mehr ausmachen konnte, wo der Feind stand. Nachdem die vier Kolonnen zusammengestellt worden waren, durften sich die Männer noch einmal niedersetzen und ausruhen, bis die Kavallerie eintraf. Gewöhnlich wurden die Schwadronen von Rehnskjold exakt geführt; aber Rehnskjold, der jetzt die ganze Armee befehligte, war nicht bei ihnen. So dauerte es länger als vorgesehen, bis die Pferde bei Puschkariwka, dem schwedischen Hauptlager, gesattelt und die sechs Reiterkolonnen formiert waren.

Während die Infanterie noch wartete, hörten die Generäle Geräusche aus der Richtung, in der die russischen Linien lagen. Was bereiteten russische Arbeitstrupps im Niemandsland vor? Rehnskjold machte sich auf, um das herauszufinden.

Es war eine beunruhigende Entdeckung. Während der Nacht hatten die Russen unermüdlich Erde aufgeschüttet, um eine weitere Linie von vier Schanzen im rechten Winkel zu den bereits vorhandenen sechs zu errichten. Die neuen Befestigungswälle lagen an der Straße, die nach Poltawa und zum Schwedenlager führte. Durch sie würde jeder schwedische Vormarsch in zwei voneinander getrennte Flügel geteilt werden; und wenn die Schweden rechts und links vorbeistürmten, könnten die Russen sie aus der Mitte mit Flankenfeuer belegen. Als Rehnskjold sich umsah, stellte er fest, daß die beiden letzten Schanzen, die ihm am nächsten lagen, noch nicht ganz fertig waren. Im gleichen Augenblick wurde er zusammen mit seiner Reiterabteilung von den Russen entdeckt. Es gab Rufe, einen Pistolenschuß, weitere Schüsse, und dann ertönte eine Alarmtrommel. Rehnskjold eilte zurück zu Karl, es wurde ein Kriegsrat einberufen. Inzwischen wurde es schon langsam hell. Die Kavallerie war jetzt zwar eingetroffen, aber man konnte nicht mehr hoffen, die Russen zu überraschen. Rehnskjold gab sofort den Befehl zum Angriff.

Auch der König befürwortete den Angriff. Er stimmte Rehnskjold zu, und das Heer erhielt die notwendigen Anweisungen. Die Infanteriebataillone wurden zu fünf Kolonnen umgruppiert, von denen sich je zwei schnell beiderseits der neuen Schanzen vorbeibewegen, das Feuer ignorieren und sich dann auf der Ebene nach dem ursprünglichen Plan aufstellen sollten. Die fünfte Kolonne, die Roos unterstellt war und aus vier Bataillonen bestand, nahm Aufstellung in der Mitte. Sie sollte die vier neuen Schanzen erstürmen.

Während die schwedischen Generäle ihre neuen Befehle erteilten, wurde es immer heller. Die Infanterie wurde noch aufgestellt, als russische Geschütze von den vorderen Schanzen her das Feuer eröffneten. Kanonenkugeln explodierten innerhalb der dichtgedrängten, stillstehenden schwedischen Reihen und töteten einen Hauptmann, zwei Grenadiere und vier Musketiere. Es wurde nun wirklich allerhöchste Zeit, sich in Marsch zu setzen. Um vier Uhr morgens, gerade als im Osten die ersten Sonnenstrahlen sichtbar wurden, hatten die Schweden ihre Umgruppierung beendet, und Rehnskjold gab den Befehl zum Abmarsch. Die Schlacht von Poltawa hatte begonnen.

Siebentausend schwedische Fußsoldaten, zu rechteckigen Blöcken zusammengefaßt, steckten zielbewußt ihre Bajonette auf und gingen über das Feld auf die russischen Schanzen zu. Hinter den Infanteriekolonnen auf der linken Seite folgten die Reihen der schwedischen Kavallerie. Die Reiter zügelten ihre Pferde, damit sie nicht schneller wurden als die Kameraden zu Fuß. Der größte Teil des Heeres wußte gar nichts von der Existenz der Schanzen, doch als die mittlere Kolonne der Infanterie unter Roos die erste Befestigung erreichte, stürmten die schwedischen Grenadiere über die noch unfertigen Erdwälle hinweg und töteten sämtliche Verteidiger in erbittertem Nahkampf. Die erste und die zweite Schanze fielen schnell. Einige der Kompanien, die die beiden ersten Schanzen erobert hatten, zogen sich danach zurück zu den Kolonnen, die links an den Schanzen vorbeizogen, während sich die übrigen für den Sturm auf die dritte und vierte Befestigung rüsteten, die von zwei Bataillonen unter Roos' Leitung angegriffen wurde. Die Russen verteidigten sich tapfer, darum mißlang der erste schwedische Angriff. Daraufhin wurden mehr Soldaten eingesetzt, bis sich schließlich sechs schwedische Bataillone vor der vierten Schanze zusammendrängten, wobei sie von ihrem ursprünglichen Ziel immer weiter abgelenkt wurden.
Diese Schwierigkeit entstand vor allem dadurch, daß Rehnskjold seinen Angriffsplan vor den anderen Kommandeuren geheimgehalten hatte. Auch Roos hatte nie erfahren, daß seine Hauptaufgabe eigentlich darin bestand, die russischen Schanzen nur abzudecken, während der Rest der Armee rechts und links von ihnen vorbeiströmte. Als er bei der dritten Befestigung zurückgeschlagen worden war, hätte er sich zurückziehen und den Sammelpunkt jenseits der Schanzen anstreben müssen. Statt dessen stellte er seine Reihen wieder auf und versuchte, erneut zu stürmen. Als er ein zweites Mal abgeschlagen worden war, setzte er immer mehr Soldaten ein, bis schließlich sechs Bataillone – zweitausendsechshundert Mann – der schwedischen Infanterie an diesem verhältnismäßig bedeutungslosen Hindernis festgehalten wurden. Roos hatte nur noch das Ziel vor Augen, die Schanze zu erobern, und hatte dabei keine Vorstellung davon, was mit dem Rest des Heeres geschah oder wo es sich überhaupt befand. Dadurch wurde bereits in der ersten Etappe des schwedischen Angriffs ein schwerwiegender Fehler begangen. Lewenhaupt meinte später, die ganze Armee einschließlich Roos hätte einfach an den mittleren Verteidigungsanlagen vorbeiziehen müssen, ohne sich um sie zu kümmern.

Während die Schlacht noch um diese Stellungen tobte, kamen plötzlich Menschikows Dragoner, die bis dahin hinter der quer zum Weg liegenden Schanzenreihe gewartet hatten, in zwei dichtgedrängten Reihen angeritten. Sie bewegten sich in schnellem Tempo auf die schwedische Infanterie zu. »Kavallerie vorwärts!« riefen nun auch die schwedischen Fußsoldaten ihrer eigenen Kavallerie zu, worauf auch diese einen Keil bildete und im Trab vorrückte, um sich den russischen Dragonern entgegenzustellen. Zwanzigtausend blanke Degen blitzten im Sonnenlicht, als die beiden Reiterheere im Bereich der russischen Schanzen zusammenstießen. Staubwolken wirbelten auf, Kanonendonner vermischte sich mit dem Knallen der Pistolen und dem metallenen Klang gegeneinander schlagender Degen. Fast eine Stunde lang dauerte der Kampf, bei dem sich keine Seite zurückziehen wollte. Menschikow schickte Peter vierzehn erbeutete schwedische Standarten ins Lager und bat diesen zugleich, er möge sofort mit allen Kräften ausrücken und in den Kampf an der Schanzenlinie eingreifen. Doch der Zar, der immer noch sehr großen Respekt vor der Tapferkeit der Schweden hatte und nicht glauben wollte, daß Menschikows Soldaten ihrem Gegner gewachsen sein könnten, ließ seinem eigensinnigen Stellvertreter den Befehl geben, die Aktion abzubrechen und sich zurückzuziehen. Widerwillig befolgte der Fürst schließlich den Befehl. Er machte mit seinen Reitern eine Kehrtwendung nach Norden, schickte den größeren Teil unter Bauer (Rönne war schwer verwundet worden) zur Nordflanke des russischen Lagers und zog sich mit einer kleineren Gruppe an die linke Flanke des Lagers zurück. Von den Wällen des russischen Lagers kam unterdessen ein schützender Feuerhagel, der den Rückzug der russischen Reiter abschirmte und die schwedische Kavallerie daran hinderte, ernsthaft an eine Verfolgung zu denken.

Inzwischen führte die Tatsache, daß Rehnskjold seine untergeordneten Kommandeure nicht hinreichend instruiert hatte, auch anderswo auf dem Schlachtfeld zu großer Verwirrung. Die sechs schwedischen Infanteriebataillone auf dem rechten Flügel, die von Lewenhaupt befehligt wurden und die Aufgabe hatten, an den Schanzen vorbeizumarschieren und sich auf dem dahinterliegenden Feld wieder mit der schwedischen Hauptarmee zusammenzuschließen, verloren durch den Rauch und Staub, der von der Kavallerieschlacht herrührte, sowie durch das Musketen- und Geschützfeuer von den Schanzen vollkommen die Übersicht. Um seine Soldaten zu schützen, verlegte Lewenhaupt die Marschroute weiter nach rechts, weg vom Kampfgetümmel und außer Reichweite des russischen Feuers. Als er aber immer weiter nach rechts abschwenkte und damit fast in östlicher Richtung marschierte, entstand eine breite Lücke in der schwedischen Kampflinie. Lewenhaupt trachtete nur danach, seine Infanteriekolonnen zum gegnerischen Lager zu führen, um dort die russische Hauptarmee anzugreifen. Er ignorierte dabei den grundlegenden Befehl des Feldmarschalls, parallel zu den anderen schwedischen Divisionen vorzurücken. Lewenhaupt schwenkte sogar noch weiter nach rechts, nachdem er an der hintersten Schanzenlinie vorbeigezogen war, weil ihm das Gelände rechts leichter überwindbar schien. Und mit jedem Schritt entfernten sich er und seine sechs Bataillone weiter vom Hauptteil des Heeres.

Am Ende führte Lewenhaupts Marsch direkt auf das befestigte russische Hauptlager zu. Dort war man zu diesem Zeitpunkt bereits alarmiert, und als die Schweden heranmarschierten, wurden sie von russischer Artillerie beschossen. Trotzdem schreckte Lewenhaupt nicht davor zurück, seine sechs Bataillone gegen das gesamte russische Heer anrücken zu lassen. Als die Schweden schließlich nur noch weniger als einen Gewehrschuß vom russischen Lager entfernt waren, wurden sie plötzlich durch eine Schlucht aufgehalten. Unerschrocken führte der General seine Soldaten aber um dieses Hindernis herum, immer noch in der Hoffnung, mit seinen 2400 Mann gegen 30 000 Russen hinter dem Erdwall erfolgreich anstürmen zu können.

Unterdessen hatte wenigstens der von Rehnskjold kommandierte linke Flügel der Schweden den ursprünglichen Angriffsplan befolgt. Sobald die russische Kavallerie wieder abgezogen war, drängten die Infanteristen in zwei Kolonnen an den russischen Schanzen vorbei und erreichten, obwohl sie durch das Flankenfeuer der Russen große Verluste erlitten, wie vorgesehen das dahinterliegende Feld. Hier sollte sich die ganze schwedische Infanterie von achtzehn Bataillonen treffen, um sich auf den Angriff auf das russische Hauptlager vorzubereiten. Im ersten Augenblick triumphierten die Offiziere um Rehnskjold; alles schien nach Plan zu verlaufen. Als die sechs Bataillone des linken Flügels den Sammelpunkt erreicht hatten und in Kampfposition schwenkten, gratulierten die Offiziere ihrem König, der auf seiner Bahre gleichzeitig mit der Infanterie an den Schanzen vorbeigekommen war und jetzt einen Schluck Wasser trank, während sein Fuß neu verbunden wurde.

Nun schaute sich Rehnskjold auch nach dem Rest seiner Infanterie um; aber es war nichts zu sehen. Zwölf Bataillone – die Divisionen von Lewenhaupt und von Roos – fehlten. Erst nach einiger Zeit konnte man die sechs Bataillone Lewenhaupts lokalisieren; weit draußen an der rechten Seite hörte man sie schießen, als sie sich ihren Weg um die Schlucht an der Südweststrecke des russischen Lagers erkämpften. Rehnskjold schickte einen Boten, der Lewenhaupt befahl, seinen Vormarsch in Richtung auf das russische Lager sofort abzubrechen und sich unverzüglich dem Hauptheer am Westrand des Feldes anzuschließen. Lewenhaupt war wütend über diesen Befehl; obwohl er nur Infanterie mit sich führte, hatte er bisher zwei der russischen Schanzen überrannt, und jetzt setzte er gerade dazu an, den südlichen Wall des russischen Lagers mit Schwert und Bajonett zu erstürmen. Dieser Südwall war vom Gegner nur schwach besetzt, und Lewenhaupt wollte mit seinen 2400 Soldaten das klassische Kampfziel der Schweden erreichen: an einem schwachen Punkt die feindliche Linie durchbrechen und dann die gegnerische Armee unter Ausnutzung von Panik und Verwirrung von hinten her aufzurollen. Ob es dieser kleinen schwedischen Streitkraft tatsächlich gelungen wäre, in Peters Lager vorzudringen und Panik auszulösen, darf bezweifelt werden. Die russischen Soldaten waren nicht mehr die unerfahrenen Rekruten von Narwa. Wie dem auch sei, zu Lewenhaupts Enttäuschung erhielten die Schweden nun den Befehl, sich zurückzuziehen, und sie zogen sich zurück.

Es war jetzt sechs Uhr morgens. Die Kampfhandlungen waren unterbrochen, soweit es die vom schwedischen Heer geplante große Aktion betraf. Ein Teil der Streitmacht hatte sich mit Rehnskjold, dem König, der Kavallerie und einem Drittel der Infanterie in nordwestlicher Richtung an der Frontseite des russischen Lagers vorbei bis in die ursprünglich vorgesehene Position bewegt, von wo aus man jetzt sowohl gegen das Lager der Russen als auch gegen den Flußübergang bei Petrowka operieren konnte. Lewenhaupts sechs Bataillone, die sich vom Südwall des Lagers zurückzogen, marschierten um diese Zeit auf Rehnskjold zu. Als sie dort Stellung bezogen hatten, kommandierte Rehnskjold zwölf seiner achtzehn Infanteriebataillone. Aber wo waren die anderen sechs? Sie standen noch immer südlich des russischen Schanzenriegels, der sich zum größten Teil noch in russischer Hand befand. Man versuchte dort, die dritte und vierte der in Längsrichtung stehenden Verteidigungsanlagen zu erstürmen. Dreimal griff Roos an, und dreimal wurde er dabei zurückgeschlagen. Erst als schließlich etwa vierzig Prozent seiner Soldaten getötet oder verwundet waren, beschloß er aufzugeben. Nun wollte er sich der Hauptarmee anschließen, hatte aber keine Ahnung, welche Richtung sie eingeschlagen hatte. Da er Zeit brauchte, um seine gelichteten Reihen wieder zu Kompanien und Bataillonen zu formieren, zog er sich in einen Wald östlich der Schanzen zurück. Auf Händen und Füßen kriechend, bemühten sich die Verwundeten, ihm zu folgen.

Inzwischen stand Peter auf dem Westwall seines Lagers und blickte über das Feld. Er sah, daß die schwedische Armee die Schanzen überwunden hatte und sich jetzt zu einer Rechten, im Nordwesten, formierte. Außerdem beobachtete er, daß Lewenhaupt im Südwesten abzog. Der Weg von seinem Lager zu den Schanzen war nun wieder frei. Der Zar erteilte Menschikow den Befehl, mit einer starken Abteilung – fünf Bataillonen Infanterie, die aus dem Hauptlager freigestellt wurden, sowie fünf Regimentern seiner eigenen Dragoner, insgesamt sechstausend Mann – Roos ausfindig zu machen, ihn anzugreifen und zu vernichten. Als sich ihnen Menschikows Schwadronen näherten, glaubten die schwedischen Soldaten unter Roos zunächst, sie bekämen Verstärkung; und kaum bemerkten sie ihren Irrtum, als die Russen schon ganz nahe bei ihnen waren. Unter dem Feuer der vorrückenden feindlichen Kavallerie und Infanterie lösten sich die geschwächten schwedischen Reihen auf, und in einem blutigen Nahkampf wurden viele getötet oder gefangengenommen. Roos selbst entkam mit vierhundert Mann und floh in Richtung Süden, verfolgt von Menschikows Reitern. Die Schweden warfen sich noch einmal, kurz vor Poltawa, in einen leeren Schanzgraben, doch wieder konnten sich die Russen an sie heranarbeiten. Zuletzt hatte Roos angesichts der Überzahl der Verfolger keine andere Wahl mehr, als sich zu ergeben. Gerade als er abgeführt wurde, setzte im Nordwesten schwerer Kanonendonner ein.

Es fielen nun die ersten Schüsse der wirklichen Schlacht, und Roos und seine Soldaten würden nicht dabei sein. Bevor die Hauptschlacht von Poltawa begonnen hatte, waren sechs Bataillone – ein Drittel der ganzen schwedischen Infanterie – vernichtet worden. Man kann diese Katastrophe Roos zuschreiben, weil er sich zu lange an den Schanzen aufgehalten hatte, oder Rehnskjold, weil er seinen Offizieren nicht vertraut und sie vor Beginn der Schlacht nicht gründlicher instruiert hatte.

Gleich nachdem Rehnskjold, der mit dem König und den anderen Offizieren wartete, bemerkt hatte, daß Roos immer noch fehlte, schickte er einen Kundschafter zu den Schanzen, der herausfinden sollte, was geschehen war. Als der Reiter zurückkehrte und meldete, daß Roos sich noch immer um die Eroberung dieser vorgelagerten russischen Stellungen bemühte und sich in Schwierigkeiten befand, schickte ihm Rehnskjold schnell zwei Kavallerieregimenter und zwei Infanteriebataillone zu Hilfe. In der Zwischenzeit mußte der Hauptteil des schwedischen Heeres warten, obwohl es sich, etwa anderthalb Kilometer von der Nordwestecke des russischen Lagers entfernt, völlig ungeschützt in Reichweite der feindlichen Kanonen aufhielt. Die Schweden wurden von der russischen Artillerie beschossen. Eine Kugel tötete zwei Gardesoldaten, die sich gerade in der Nähe des Königs befanden; die Bahre Karls wurde von einer weiteren Kugel hinweggeschleudert. Schließlich verlagerte die schwedische Infanterie ihren Standort etwas nach Südwesten, in das bewaldete Gebiet von Mali Budyschi, um vor den russischen Kanonen Deckung zu finden. In diesem Augenblick bedauerten Lewenhaupt und die anderen Offiziere zutiefst, daß sie den größten Teil der ohnehin zahlenmäßig schwachen schwedischen Artillerie zurückgelassen hatten.

Nach einer Stunde kehrten Sparre und die zwei zur Unterstützung von Roos ausgesandten schwedischen Infanteriebataillone zurück. Sparre meldete, es sei unmöglich gewesen, den russischen Riegel zu durchbrechen, der sie von ihren Kameraden an der Schanze getrennt hätte. Daher wäre er wieder zurückgekehrt. Rehnskjold befand sich nun in einer zunehmend gefährlichen Lage. Er war wie vorgesehen durch die feindliche Schanzenlinie gestürmt; bei dem nachfolgenden größeren Kavallerieeinsatz hatten seine Schwadronen gesiegt, und die russische Kavallerie war vertrieben worden. Jetzt aber schien sich das Schicksal zu wenden. Zwei Stunden lang war er gezwungen gewesen, unter schwerem feindlichen Beschuß auf zwei umherirrende Divisionen zu warten. Lewenhaupts Abteilung war jetzt zwar eingetroffen, die Soldaten von Roos jedoch hatte man allem Anschein nach verloren. Um die Lücke zu füllen, schickte Rehnskjold Boten ins schwedische Lager vor Poltawa, die dem Reservebataillon beim Troß den Befehl überbringen sollten, auf das Schlachtfeld zu eilen und die Artillerie mitzubringen. Aber diese Boten kamen nie durch. Es gab keine Verstärkung, weder für die erschöpfte schwedische Infanterie noch für die vier schwedischen Geschütze.

Schließlich ging es auf neun Uhr zu, und Rehnskjold mußte eine Entscheidung treffen. Er hatte zwei Stunden lang vergeblich auf Verstärkung gewartet. Er konnte nicht bleiben, wo er war, und mußte etwas unternehmen. Drei Möglichkeiten standen ihm offen. Zum einen konnte er nach Norden marschieren, noch einmal die russische Kavallerie angreifen, den Durchbruch durch ihre Reihen versuchen und die Petrowkafurt erobern und besetzen, um dann die Russen durch Hunger aus ihrem Lager zu vertreiben. Der schwache Punkt in diesem Plan war, daß sich sein kleines Heer, dem die Russen bereits ohnehin zahlenmäßig überlegen waren, zusätzlich zwischen Petrowka und Poltawa aufteilen müßte. Würde Peter sich zu einer Offensive entschließen, könnte er gegen eine dieser schwedischen Abteilungen vorgehen, ohne daß die andere imstande wäre einzugreifen oder auch nur informiert werden würde. Die zweite Möglichkeit bestand darin, den ursprünglichen Plan beizubehalten und die russische Armee hinter ihrer Verschanzung anzugreifen, die bis jetzt noch dort abwartete. Das würde jedoch bedeuten, daß die immer mehr zusammenschrumpfende schwedische Armee quer über die Ebene hinweg angreifen und dabei in das Mündungsfeuer von Dutzenden russischer Geschütze laufen müßte, die die schwedischen Reihen bereits vorher beträchtlich dezimiert hatten. Sobald sie den Graben und die Wälle überwunden hätten, würden sie 30 000 russischen Infanteristen gegenüberstehen, die sich schon für den Kampf bereithielten. Die dritte Alternative war die, die Rehnskjold dann auch wählte: den Rückzug. Seine Streitmacht war zu klein, die Lage zu ungünstig. Er wollte zurückmarschieren, noch einmal an den russischen Schanzen vorbei, Roos dort freikämpfen und dessen Soldaten seinen Truppen angliedern. Während man sich zum Ausgangspunkt des morgendlichen Angriffs zurückzog, sollten sich die Wachbataillone vom Troß sowie die Soldaten in den Schützengräben vor Poltawa und die Patrouillen an den Flußübergängen unterhalb der Stadt ebenfalls der Hauptarmee anschließen. Dann, mit einer Infanterie von vierundzwanzig Bataillonen statt der jetzigen zwölf, könnte er entscheiden, wo er den Zaren das nächste Mal angreifen würde.

Gerade als Rehnskjolds Soldaten begonnen hatten, sich zum Rückzug zu formieren, kam es zu einer überraschenden Veränderung der Szene. Schwedische Offiziere, die das russische Feldlager beobachteten, bemerkten, daß plötzlich die gesamte russische Armee in Bewegung geriet. Die Eingänge zum Lager standen offen, die Brücken über die Gräben waren herabgelassen, und über diese Brücken strömte russische Infanterie in großer Zahl, um sich draußen vor dem Lager in Schlachtordnung aufzustellen. Zum erstenmal in diesem Krieg bereitete sich das große russische Heer darauf vor, in offener Feldschlacht gegen das schwedische Heer zu kämpfen.

Der Aufmarsch der Russen verlief schnell und reibungslos; er bewies den Drill und die Disziplin, die für Peters Heer jetzt charakteristisch waren. Nachdem sie sich in der Form eines flachen Halbkreises aufgestellt hatten, standen schließlich Zehntausende von Männern und Pferden nach Westen ausgerichtet den Schweden gegenüber. Auf dem rechten Flügel kommandierte General Bauer die russische Kavallerie von achtzehn Dragonerregimentern, auf der linken Seite befanden sich sechs weitere Dragonerregimenter unter Menschikow. In der Mitte standen die konzentrierten Bataillone der russischen Infanterie unter Scheremetew und Repnin. General Bruce, der Kommandeur der russischen Artillerie, hatte seine Geschütze in zwei Gruppen aufgeteilt. Die eine Hälfte blieb auf den Erdwällen des Lagers, sie sollte über die Köpfe der russischen Armee hinwegfeuern; während die anderen Geschütze in die Frontlinie gerollt wurden, um jedem schwedischen Angriff mit einem verheerenden Geschoßhagel aus nächster Nähe begegnen zu können.

Peter folgte zu Pferd der Infanterie des Nowgorod-Regiments am linken Flügel. Er ritt sein Lieblingspferd, einen braunen Araber, der ihm vom Sultan zum Geschenk gemacht worden war. Der Ledersattel, in dem er an jenem Tag saß, war mit grünem, silberbestickten Samt überzogen; Zügel und Zaumzeug waren aus schwarzem Leder und hatten Goldverzierungen. Der Zar trug einen schwarzen, dreieckigen Hut, hohe schwarze Stiefel und die flaschengrüne Uniform des Preobraschensker Regiments. Nur das blauseidene Band des St.-Andreas-Ordens unterschied ihn von seinen Offizieren. Die Soldaten der drei erfahrenen Bataillone aus Nowgorod trugen zur Tarnung graue Uniformen und schwarze Hüte. Gewöhnlich trugen nur kampfunerfahrene Soldaten graue Uniformen; Peter hatte jedoch an jenem Tag einige seiner besten Bataillone in Grau antreten lassen, um die Schweden dazu anzutreiben, sich auf sie zu stürzen.

Der unerwartete Aufmarsch der russischen Armee brachte Rehnskjold in ein Dilemma. Die schwedische Infanterie hatte bereits ihre Schlachtlinie aufgegeben und stand in Marschformation, bereit zum Abzug in Richtung Süden. Wenn Rehnskjold die Soldaten jetzt in dieser Formation abmarschieren ließe und es dann zu einem Angriff durch die Russen käme, gäbe es keine Schlacht, sondern ein Massaker. Man mußte auf jeden Fall mit dieser Möglichkeit rechnen, und so entschloß sich Rehnskjold schnell, seinen Rückzug anzuhalten, umzudrehen und nun doch zu kämpfen. Noch einmal änderte die schwedische Infanterie also ihre Aufstellung und bildete nun wieder eine Kampflinie gegen die Russen. Anschließend berieten sich Rehnskjold und Lewenhaupt miteinander, bevor sie Karl meldeten, daß Peter seine Infanterie aus dem Lager hatte herausführen lassen.

Um zehn Uhr vormittags stand die schwedische Armee wieder kampfbereit. Ihre Kavallerie war hinter der Infanterie postiert, nicht an den Flügeln wie diejenige Peters. Lewenhaupts Infanterie umfaßte jetzt zwölf Bataillone, knapp fünftausend Mann. Ihnen gegenüber standen zwei dichtgedrängte Reihen russischer Infanterie. Die vordere russische Linie setzte sich aus vierundzwanzig Bataillonen zusammen, 14000 Mann; die zweite aus achtzehn Bataillonen, 10000 Mann. Neun Infanteriebataillone blieben als Reserve im Lager zurück. Die Überlegenheit der Russen im Hinblick auf Zahl und Feuerstärke schien den Kampf zu einem absurden Unternehmen werden zu

449

lassen: 5000 durch Hunger und Überanstrengung erschöpfte Infanteristen, ohne Unterstützung durch Artillerie, gingen daran, 24000 feindliche Soldaten, die von siebzig Geschützen unterstützt wurden, anzugreifen. Lewenhaupt konnte nur hoffen, daß die alte Taktik der Schweden, einen energischen Stoß gegen einen Teil der russischen Linie durchzuführen, dort durchzubrechen, Verwirrung zu stiften und so die viel stärkere feindliche Linie aufzurollen, sich auch diesmal als wirkungsvoll erweisen würde.

Zu diesem Zeitpunkt fand der alte Streit zwischen den beiden höchsten schwedischen Heerführern ein Ende. Rehnskjold ritt zu Lewenhaupt, gab ihm die Hand und sagte: »Graf Lewenhaupt, Sie müssen jetzt gehen und den Feind angreifen. Verhalten Sie sich ehrenvoll im Dienste Seiner Majestät.« Lewenhaupt wollte wissen, ob Rehnskjold ihm damit den Befehl gegeben hatte, den Angriff sofort einzuleiten. »Ja, sofort«, erwiderte der oberste Befehlshaber; und darauf Lewenhaupt: »In Gottes Namen dann, und möge seine Gnade mit uns sein.«[1] Lewenhaupt gab das Zeichen zum Angriff. Unter dem Schlag der Trommeln marschierten zwölf Bataillone in ihre letzte Schlacht.

Ungeachtet ihrer zahlenmäßigen Unterlegenheit bewegte sich die schwedische Front zügig über das Feld voran. Als sie näherrückte, verdoppelten die russischen Artilleristen ihr Feuer und rissen mit ihren Kanonenkugeln viele Lücken in die schwedischen Reihen. Als die Schweden noch näher herankamen, eröffneten auch die russischen Infanteristen das Feuer. Dennoch marschierten Karls Soldaten ungerührt voran, ohne auf das Feuer des Feindes zu reagieren. Schließlich erreichten die schwedischen Bataillone, angeführt von den Garden, auf der rechten Seite die vorderste russische Reihe und griffen sie heftig an. Mit Degen und Bajonetten zustechend schafften sie sich einen Durchbruch und trieben die Russen vor sich her. Sie eroberten auch die vorn stehenden russischen Geschütze, die auf sie gefeuert hatten, während sie über das Feld herangerückt waren, und begannen auf die verwirrten Russen zu schießen, die schließlich langsam zurückwichen.

In diesem Augenblick, als Lewenhaupt sein erstes Ziel erreicht und einen Abschnitt der feindlichen Front durchbrochen hatte, hielt er nach der schwedischen Kavallerie Ausschau, die nun schnell hätte herbeikommen müssen, um den erzielten Durchbruch zu nutzen. Aber nirgendwo war schwedische Kavallerie zu sehen. Durch die Qualmwolken hindurch, die das Schlachtfeld überlagerten, erkannte Lewenhaupt, daß die schwedischen Bataillone an seiner linken Seite in große Schwierigkeiten geraten waren. Dort hatten die russischen Artilleristen, die in diesem Abschnitt konzentriert aufgestellt worden waren, um der russischen Kavallerie Feuerschutz zu geben, ihre Geschützrohre direkt auf die vorrückenden Schweden gerichtet. Etwa die Hälfte der schwedischen Soldaten wurde niedergemäht, bevor sie die russische Infanterie erreichen konnten. Zwischen diesem aufs höchste gefährdeten linken Flügel und den Bataillonen auf der rechten Seite, die immer noch nach vorn drängten und sich inzwischen darauf vorbereiteten, die zweite russische Infanterielinie anzugreifen, öffnete sich eine große Lücke. Und je weiter der rechte Flügel in Richtung auf die zweite russische Linie vorankam, desto größer wurde diese Lücke.

Der Zar, der genau an dieser Stelle des Schlachtfeldes in der Nähe des Nowgorod-Regiments stand, sah, daß sich die schwedische Armee in zwei Abschnitte aufgeteilt hatte: Der linke Flügel war in die Enge getrieben und wurde von der russischen Artillerie schwer unter Beschuß genommen, so daß er für den russischen rechten Flügel keine Bedrohung mehr darstellte; und der rechte Flügel, der noch immer vorwärtsstürmte, war gerade dabei, die zweite russische Infanterielinie zu erreichen. Peter beschloß daher, daß die russische Infanterie sofort und in möglichst großer Zahl in diese Lücke hineinstoßen müsse.

So kam es also zu dem, was Peter gehofft und Lewenhaupt befürchtet hatte. Die schwedische Linie verlor bald ihren Zusammenhalt, und die russische Infanterie konnte vorrücken und die feindlichen Formationen durch einen energischen Gegenschlag auseinandersprengen. Gleichzeitig begann sie, durch die schwedische Kavallerie nicht gehindert, den rechten Flügel der Schweden einzuschließen. Der Schwung des schwedischen Angriffs auf dem rechten Flügel war Peters Strategie geradezu dienlich: Während die Schweden bei ihrem Angriff immer weiter voranstürmten und sich auf die russischen Infanteristen stürzten, schoben sich immer mehr andere russische Bataillone durch die Lücken hinter die schwedische Linie und umringten deren vorwärtsstürmenden Flügel an den Seiten und im Rücken. Je weiter die Schweden also voranstürmten, desto enger wurden sie von den russischen Soldaten eingekreist und überwältigt, denen es schließlich gelang, den feindlichen Vormarsch zu stoppen.

Es traf auch noch schwedische Kavallerie ein, doch nicht in ihrer vollen Stärke. Es kamen nur fünfzig Reiter, Kavalleristen der königlichen Hofhaltung, die mit blitzenden Degen mitten in die russische Infanterie hineinritten. Sie wurden alle schnell niedergeschossen, aufgespießt oder aus ihren Sätteln gehoben. Die schwedischen Infanteristen versuchten zunächst noch diszipliniert, später in wilder Panik, sich zurückzuziehen. Als die meisten seiner Offiziere bereits gefallen waren oder im Sterben lagen, ritt Lewenhaupt noch hinter seiner zusammenbrechenden schwedischen Front auf und ab, bemüht, seine zurückweichenden Soldaten zum Stehen zu bringen. »Ich bettelte, drohte, fluchte und schlug zu«, erinnerte er sich später. »Es war, als ob sie mich weder sahen noch hörten.«[2]

Während dieses Schlachtabschnitts war der Zar wegen seiner Größe immer deutlich zu erkennen unter den russischen Soldaten. Er trotzte der Gefahr und setzte sein Leben aufs Spiel, um seine Soldaten selbst anzuführen und ihnen Mut zu machen. Er erlitt keine Verwundung während der Schlacht, obwohl er dreimal getroffen wurde. Eine Musketenkugel schlug ihm den Hut vom Kopf, eine andere blieb in seinem Sattel stecken, und die dritte traf ihn zwar an der Brust, prallte jedoch an einer alten silbernen Ikone ab, die er stets um den Hals trug.

Innerhalb weniger Minuten hatte sich die schwedische Front aufgelöst, wenn auch noch vereinzelte Gruppen weiterkämpften. Besonders die schwedischen Garden schlugen sich da und dort mit großer Verbissenheit. Ganze Kompanien von Schweden wurden von den Russen eingekreist, die sich dann auf sie stürzten und mit Pike, Degen und Bajonett niedermetzelten.

So ging der Kampf zu Ende – ruhmvoll für Peter, katastrophal für Karl. Die meisten schwedischen Infanteristen hatten ihr Leben auf dem Feld gelassen. Als Rehnskjold sah, was sich um ihn herum ereignete, rief er Piper zu: »Alles ist verloren!«[3] Danach stürzte er sich ins Kampfgetümmel und wurde bald darauf gefangengenommen.

Als der Zusammenbruch nahte, tat der schwedische König sein Bestes, um die in wilder Panik flüchtenden Schweden zusammenzuhalten; aber sein schwacher Ruf »Schweden! Schweden« blieb unbeachtet. Das russische Feuer war so mörderisch, daß »Männer, Pferde und auch Bäume zu Boden gerissen wurden«. Einundzwanzig der vierundzwanzig Bahrenträger des Königs waren gefallen, die Bahre selbst war getroffen und zertrümmert worden. Einen Augenblick lang sah es so aus, als würde der König in Gefangenschaft geraten. Doch dann stieg ein Offizier von seinem Pferd, und Karl wurde in den Sattel gehoben. Der Verband an seinem Fuß löste sich, Blut tropfte aus der wieder offenen Wunde. Kurz darauf wurde das Pferd des Königs getroffen, und man gab ihm ein neues. Stark blutend und indem er sich mit letzter Kraft am Hals seines Pferdes festhielt, kehrte Karl zu den schwedischen Linien zurück. Unterwegs traf er Lewenhaupt. »Was werden wir jetzt tun?« fragte der König. »Es bleibt uns nichts anderes mehr zu tun, als den Rest unserer Armee zu sammeln«, erwiderte der General.[4] Unter seiner Leitung und unter dem Schutz der Kavallerie zog sich dieser Rest dann durch den Schanzengürtel bis zum Lager in Puschkariwka in südlicher Richtung zurück. Dort waren sie dann vorläufig in Sicherheit.

Die Reserveregimenter und die Artillerie sowie Masepas und Gordejenkos Kosaken wurden in Verteidigungspositionen rund um das Lager aufgestellt, um einen möglichen russischen Angriff abzuwehren. Bis zum Mittag hatte der größte Teil der Überlebenden das Lager erreicht, und die erschöpften Soldaten konnten sich ausruhen.

Im Norden, auf dem Schlachtfeld, waren inzwischen auch die letzten Schüsse verhallt. Der Zar hatte in überschwenglicher Freude einen Dankgottesdienst abhalten lassen und war dann zu einem improvisierten Festessen gegangen. Die Schlacht von Poltawa war vorüber.

17 Kapitulation am Fluß

Das Schlachtfeld war in Blut getaucht. Die schwedische Armee, die mit 19 000 Soldaten in den Kampf gegangen war, hatte fast 10 000 Mann verloren, 6901 Tote und Verwundete und 2760 Gefangene. Zu diesen Verlusten gehörten 560 Offiziere – 300 waren gefallen und 260 gefangengenommen worden, wobei zu den letzteren Feldmarschall Rehnskjold, Fürst Max von Württemberg, vier Generalmajore und fünf Obristen zählten. Graf Piper, der den König den ganzen Tag über begleitet hatte, wurde während der letzten Kampfhandlungen von ihm getrennt und irrte anschließend zusammen mit seinen zwei Sekretären auf dem Schlachtfeld umher, bis er sich schließlich zu den Toren von Poltawa durchschlug und sich dort dem russischen Gegner ergab.

Die russischen Verluste waren relativ gering – was nicht verwunderte, da Peters Armee den größten Teil der Schlacht aus der defensiven Position ihrer Schanzen oder ihres befestigten Lagers heraus bestritten hatte. Von 42 000 Soldaten, die an diesem schicksalhaften Kampf beteiligt gewesen waren, gab es bei den Russen nur 1345 Gefallene und 3290 Verwundete.

Als sich die Schweden nach Puschkariwka zurückzogen, wurden sie von den Russen nicht verfolgt. Auf dem Höhepunkt der Schlacht war es zu einem mörderischen Nahkampf gekommen, und Peters Infanterie war daher am Schluß ebenso desorganisiert wie die von Karl. Da die Russen von ihrem Erfolg noch nicht völlig überzeugt waren, rückten sie nur behutsam vor. Ausschlaggebend dafür, daß sie nicht energisch nachsetzten, war jedoch der Wunsch des Zaren, den errungenen Sieg so bald wie möglich feiern zu können. Nach dem Dankgottesdienst ging Peter deshalb in sein Zelt zurück, wo er und seine Generäle gemeinsam etwas aßen und tranken. Die Russen waren erschöpft, hungrig und hochgestimmt; man brachte zahlreiche Trinksprüche aus. Dann wurden die gefangenen schwedischen Generäle und Obristen hereingebracht, und man bot ihnen an, um den Zar herum Platz zu nehmen. Doch trotz seiner Freude und Begeisterung zeigte sich Peter keineswegs hochmütig. Er verhielt sich rücksichtsvoll, ja sogar freundlich gegenüber seinen Gefangenen, insbesondere gegenüber Rehnskjold. Als im Verlauf des Nachmittags Graf Piper aus Poltawa hergebracht wurde, mußte auch er in der Nähe des Zaren Platz nehmen. Peter sah sich oftmals in der Erwartung, daß jeden Augenblick auch der schwedische König hereingebracht werde. »Wo ist mein Bruder Karl?«[1] fragte er einige Male. Als er von Rehnskjold wissen wollte, wie er es habe wagen können, so ein riesengroßes Reich wie das russische mit einer Handvoll Soldaten anzugreifen, antwortete der schwedische General, daß sein König es so bestimmt habe und daß es für ihn als ergebenen Untertanen eine heilige Pflicht gewesen sei, seinem Herrscher zu gehorchen. »Sie sind ein ehrenwerter Mann«, meinte daraufhin Peter, »und wegen Ihrer Loyalität gebe ich Ihnen Ihren Degen zurück.«[2] Als dann die Geschütze auf den Wällen des Lagers noch einmal Salut schossen, erhob Peter sein Glas zu Ehren seiner Lehrmeister in der Kriegskunst. »Wer sind ihre Lehrmeister?«[3] fragte daraufhin Rehnskjold. »Sie, meine Herren«, war Peters Antwort. »Dann haben die Schüler ihren Lehrern aber vorzüglich Dank abgestattet«, bemerkte der Feldmarschall bitter. Peter sprach noch lange und angeregt mit seinen Gefangenen und feierte noch fast den ganzen Nachmittag weiter. Und so wurde es fünf Uhr, bevor jemand daran denken mochte, die geschlagene schwedische Armee zu verfolgen. Nun befahl der Zar, Fürst Michail Golizyn solle sich mit den Garden und General Bauer mit den Dragonern sofort in Marsch setzen; am nächsten Morgen würde Menschikow mit weiterer russischer Kavallerie folgen.

Somit wurden durch die Schlacht von Poltawa an einem einzigen Vormittag die politischen Machtverhältnisse in Europa entscheidend verändert. Bis zu jenem Tag hatte man im Westen immer noch auf die Nachricht gewartet, Karls berühmte Armee würde in Moskau einziehen, den Zaren absetzen, vielleicht sogar töten und eine Marionette wie Stanislaus zu seinem Nachfolger ernennen. Man hatte geglaubt, Schweden könnte auch zum Herrscher des Ostens werden, zum Schiedsrichter über alles, was sich zwischen der Elbe und dem Amur ereignete; das unterworfene Rußland würde zusammenschrumpfen, da Schweden, Polen, die Kosaken und vielleicht auch die Türken, Tataren und Chinesen beträchtliche Gebiete für sich beanspruchen würden. So ähnlich hatte man sich die zukünftige Entwicklung vorgestellt, ebenso wie man erwartet hatte, St. Petersburg würde wieder von der Landkarte verschwinden. Diese Traumschlösser fielen krachend in sich zusammen. Zwischen Morgengrauen und Mittag war aus dem Eroberer ein Flüchtling geworden.
Mit Poltawa zeigte sich der Welt zum erstenmal, daß ein neues Rußland im Entstehen begriffen war. In den darauffolgenden Jahren lernten die europäischen Staatsmänner die Richtung und das Gewicht der Interessen Rußlands abzuwägen. Das neue Machtverhältnis, das an jenem Morgen durch Scheremetews Infanterie, Menschikows Kavallerie und Bruces Artillerie unter der Führung Peters des Großen geschaffen worden war, blieb durch das 18., 19. und 20. Jahrhundert hindurch bestehen und verbesserte sich später sogar noch zugunsten Rußlands.
Die schwedische Armee war also besiegt, wenn sie auch noch nicht kapituliert hatte. Am frühen Nachmittag, als Peter noch mit seinen schwedischen Gästen zu Tisch saß, waren alle Schweden, die überlebt hatten und nicht in Gefangenschaft geraten waren, allmählich wieder im Lager bei Puschkariwka eingetroffen. Zählte man die Soldaten in den Schanzgräben vor Poltawa und die Abteilungen, die den Gepäckzug sowie die Flußübergänge an der unteren Worskla bewachten, hinzu, so kam man auf insgesamt 15 000 Schweden und 6000 Kosaken, die noch unter schwedischen Waffen standen und Befehle des schwedischen Königs und seiner Generäle erwarteten. Viele

dieser Soldaten waren in der Schlacht verwundet worden, nicht wenige schon in früheren Kämpfen, oder durch den Frost im vergangenen Winter kampfunfähig geworden. Der weitaus geringere Teil der Übriggebliebenen waren Fußsoldaten; überwiegend Kavalleristen hatten die Schlacht überlebt.

Karl befand sich unter den letzten, die Puschkariwka erreichten. Während sein Fuß frisch verbunden wurde und er ein Stück kaltes Fleisch aß, fragte er nach Rehnskjold und Piper. Er erfuhr, daß beide vermißt waren. Lewenhaupt war jetzt also der ranghöchste General der schwedischen Armee.

Die Schweden mußten fliehen, bevor die Russen das Ausmaß ihres Erfolges begriffen und die Verfolgung des Gegners aufnehmen würden. Auch war es klar, welchen Weg man einzuschlagen hatte. Im Norden, im Osten und im Westen lagen russische Divisionen; nur der Weg nach Süden war offen, und dieser führte in das Land der Tataren, wo man vielleicht unter dem Schutz von Devlet Gerey eine Zufluchtstätte finden würde. Karl war zwar Realist genug, um zu erkennen, daß man ihn jetzt, wo seine Armee nur noch ein zerrütteter Haufen war, nicht mehr so willkommen heißen würde wie zuvor, aber er hoffte doch, der Khan werde ihm wenigstens so lange Asyl gewähren, bis sich die geschlagenen schwedischen Soldaten ausgeruht und soweit gestärkt hatten, um ihren langen Marsch durch tatarisches und türkisches Gebiet zurück nach Polen beginnen zu können.

Es wurde also entschieden, am Westufer der Worskla entlang nach Süden zu marschieren, bis zu dem hundertdreißig Kilometer entfernten Perewolutschna, am Zusammenfluß von Worskla und Dnjepr. An diesem Weg lagen mehrere Flußübergänge, die den Kosaken bekannt waren; wenn die Armee dort irgendwo den Fluß überquerte, könnte sie danach die Straße benutzen, die von Charkow zur Krim hinunterführte. Diese Straße verlief durch mehrere Kosakengebiete, wo die ausgehungerte Armee eventuell ausreichend Verpflegung auftreiben konnte.

Noch am Nachmittag erging der Befehl zum Abmarsch. Artillerie und Gepäckwagen zogen voraus; General Kreutz, der die Nachhut führte, hatte die schweren Wagen, die zurückbleiben mußten, anzünden und deren Zugpferde der Infanterie übergeben lassen. So kamen auch die Fußsoldaten besser voran. Es war eine disziplinierte Armee, die zwar im Kampf besiegt worden, trotzdem aber noch zu einem geordneten Rückzug fähig war; und auch jetzt noch zählte sie viele Tausende leistungsfähiger Kämpfer, um mit ihr zu gegebener Zeit durchaus noch eine eindrucksvolle Schlacht liefern zu können.

Zunächst jedoch befanden sich die Schweden in einem Zustand der Erschöpfung. Sie hatten in der vorausgegangenen Nacht nicht geschlafen; achtzehn Stunden waren vergangen, seitdem sich die Armee zum morgendlichen Angriff auf die russischen Schanzen versammelt hatte. Gegen Abend stolperten die Soldaten nur noch dahin, wie blind ihren Offizieren folgend. Karls Zustand hatte sich inzwischen weiter verschlechtert. Erschöpft durch den Schlafmangel, geschwächt durch die Infektion seiner Wunde und niedergeschlagen durch die Katastrophe, die düsteren Zukunftsaussichten und die erstickende Hitze, hatte er in einem Wagen gelegen, bis er eingeschlafen war. Als er wieder aufwachte – die Armee war bereits unterwegs –, verwirrte sich sein Geist. Er hatte keine klare Vorstellung von dem, was sich um ihn herum ereignete. Einmal fragte er nach Piper und Rehnskjold, und als ihm geantwortet wurde, beide wären nicht mehr bei der Truppe, legte er sich wieder zurück und sagte nur: »Ja, ja, tut, was ihr wollt.«[4]

Am folgenden Tag, dem 29. Juni, wurde der Marsch nach Süden unter drückender Hitze fortgesetzt. Von der Furcht getrieben, die Russen könnten sie verfolgen, marschierte die Armee erst an einer, dann an der zweiten und schließlich an der dritten Furt der Worskla vorüber, ohne jeweils eine Überquerung des Flusses auch nur in Erwägung zu ziehen. Es war leichter, nach Süden weiterzumarschieren als stehenzubleiben und durch einen Fluß hindurchzuwaten. Man fühlte hinter sich das Gespenst der russischen Verfolger, ein Gespenst, das am 30. Juni um vier Uhr morgens Wirklichkeit wurde, als Kreutz mit seiner Nachhut aufholte und meldete, daß die russische Verfolgung begonnen hätte. Nicht Kosaken, sondern reguläre russische Soldaten befanden sich auf ihrer Fährte.

Zwei Tage lang hatten sich die schwedischen Kolonnen auf jene Landspitze zubewegt, an der Worskla und Dnjepr zusammenflossen und an der Perewolutschna lag, und in diese Stadt strömten am Abend des 29. Juni Karls verbliebene Soldaten mit ihren restlichen Packwagen und Geschützen hinein. In Perewolutschna gab es allerdings weder Furten noch Brücken, und deshalb gerieten die Schweden, die sich bisher so erstaunlich diszipliniert verhalten hatten, jetzt doch in Panik, als sie über den breiten Dnjepr blickten. Das übriggebliebene schwedische Heer war immer noch viel zu groß, um in den wenigen Booten übersetzen zu können, die man da und dort fand. Theoretisch war es zwar denkbar, daß das Heer jetzt noch einmal nach Norden zurückmarschierte, um weiter nördlich die Worskla zu überqueren, die Russen waren aber wohl inzwischen schon zu nahe herangerückt. Die schwedische Armee befand sich in der Falle.

Eine Entscheidung mußte gefällt werden: Nur wenige konnten den Dnjepr überqueren, wer sollte den Anfang machen? Lewenhaupt und Kreutz baten den König, als erster diese Chance wahrzunehmen. Karl aber weigerte sich und bestand darauf, bei der Armee zu bleiben und deren Schicksal zu teilen. Erst als Schmerz und Müdigkeit ihn überwältigten, willigte er ein, doch überzusetzen und die Flucht zu wagen. Später wurde behauptet, Karl habe seine Armee im Stich gelassen, um sich in Sicherheit zu bringen, obwohl er wissen mußte, daß seine Flucht Tod oder Gefangenschaft für die Männer bedeutete, die ihm zuvor so tapfer gefolgt waren. Der König war verletzt, und das Heer stand vor einem langen Marsch in Richtung Süden, bei dem es wahrscheinlich von einem starken und durch seinen Sieg motivierten Feind verfolgt werden würde. Die meisten Soldaten waren jetzt zu Pferd und konnten schnell vorankommen, während Karl in einem Wagen liegen mußte. Er würde für sie nur eine Behinderung darstellen.

Und es gab noch weitere Gründe für Karl, sich für die Flucht nach Westen zu entscheiden. Wenn er mit dem Heer zur Krim zöge, wäre er, auch wenn der Marsch erfolgreich sein sollte, völlig von Westeuropa abgeschnitten und nicht in der Lage, den weiteren Gang der Ereignisse zu beeinflussen. Ferner wußte er, daß der Kontinent bald von Peters Triumph erfahren würde. Auch könnte er, wenn er bis in osmanisches Gebiet gelangen würde, die Türken am Ende doch noch dazu bringen, mit ihm ein Bündnis zu schließen und ihm eine neue Armee für eine Fortsetzung des Krieges zur Verfügung zu stellen. Schließlich meinte Karl auch an die Kosaken Masepas und Gordejenkos denken zu müssen. Im Falle einer Gefangennahme würden die Kosaken, anders als die Schweden, als Verräter betrachtet, gefoltert und gehängt werden. Es würde Schwedens Ehre beflecken, wenn er es zuließ, daß diese Verbündeten in russische Hand fielen.

All diese Beweggründe führten zu dem Entschluß, daß der König zusammen mit so vielen verwundeten Soldaten wie möglich sowie mit einer Eskorte kampffähiger schwedischer Soldaten und Kosaken nach Westen quer durch die Steppe, zum Bug, der Grenze des Osmanischen Reichs, fliehen sollte. Auf osmanischem Gebiet würden sie um Asyl bitten und warten, bis ihre Wunden geheilt waren und der Rest des Heeres sich ihnen anschloß. Der Hauptteil der Armee erhielt den Befehl, wieder nach Norden zu marschieren, bis zur ersten Furt durch die Worskla, dort den Fluß zu überqueren und sich dann den Dnjepr entlang nach Süden bis in das Herrschaftsgebiet des Krim-Khans durchzuschlagen, um schließlich in Otschakow am Schwarzen Meer wieder mit dem König zusammenzutreffen. Später sollte das gesamte Heer geschlossen nach Polen zurückkehren.

In dieser Nacht noch wurde Karl auf seiner Bahre über den Dnjepr gerudert. Die ganze Nacht über fuhren kleine Fischerboote hin und zurück über den Fluß, wurden verwundete Offiziere und Soldaten ans andere Ufer gebracht. Der König nahm alle Überlebenden des Trabantenkorps mit, inzwischen nur noch achtzig Mann, ferner über 700 Kavalleristen und etwa 200 Infanteristen, dazu Mitglieder seiner Hofhaltung und seiner Kanzlei. Viele Kosaken waren ausgezeichnete Schwimmer und durchschwammen den Fluß, wobei sie sich an den Schwänzen ihrer Pferde festhielten. Man transportierte auch einen Teil der schwedischen Heereskasse sowie zwei kleine Tonnen voll Golddukaten, die Masepa aus Bartulin mitgenommen hatte, auf die andere Seite des Dnjepr hinüber. Insgesamt setzten etwa 900 Schweden und 2000 Kosaken über. Im Morgengrauen, kurz bevor sein Konvoi aufbrach, blickte Karl noch einmal zurück aufs gegenüberliegende Ufer. Einige seiner Begleiter entdeckten Wolken am Horizont und befürchteten, es könne sich dabei um Staubwolken handeln, die von heranstürmenden russischen Reitern aufgewirbelt würden.

Lewenhaupt führte jetzt das Kommando über die Armee. Er hatte ausdrücklich den Wunsch geäußert, das Los seiner Truppen teilen zu wollen. Zusammen mit General Kreutz hatte er mit dem König vereinbart, welche Richtung seine Soldaten einschlagen und wo sie wieder mit dem König zusammentreffen sollten. Lewenhaupt hatte dem König versprochen, er werde sich für den Erfolg des Unternehmens einsetzen. Hier muß jedoch, wie die späteren Ereignisse zeigen sollten, ein gravierendes Mißverständnis entstanden sein. Karl war wohl der Meinung, Lewenhaupt hätte seine Zusage ohne Einschränkung gegeben, der General jedoch glaubte, er müsse nur dann kämpfen, wenn das Heer zuvor Perewolutschna wieder verlassen habe. »Wenn uns mit Gottes Hilfe heute nacht und morgen ein heftiger Angriff einer starken feindlichen Streitmacht erspart bleibt, dann glaube ich, daß es noch eine Hoffnung gibt, unsere Truppen zu retten«[5], soll Lewenhaupt erklärt haben, wobei später nur die beiden Generäle und der König in der Lage waren, den Inhalt des Dreiergesprächs und der Zusage Lewenhaupts wiederzugeben; außer ihnen war niemand sonst zugegen gewesen. Karl versuchte jedoch, einen Teil der Verantwortung für die folgenden Ereignisse auf sich zu nehmen, indem er einräumte: »Ich war schuldig ...Ich vergaß, die anderen Generäle und Obristen von den Befehlen in Kenntnis zu setzen, die sonst nur Lewenhaupt und Kreutz kennen konnten.«[6] Die Geschichte von Roos und den Verteidigungsanlagen vor Poltawa hatte sich wiederholt. Ohne den Gesamtplan zu kennen, waren die übrigen Offiziere und die Armee auch diesmal außerstande gewesen, der Operation zum Erfolg zu verhelfen.

Lewenhaupts erstes Ziel war es, sich von Perewolutschna zu entfernen. Viele Offiziere und Soldaten, die während der Nacht geholfen hatten, den König und seine Begleiter über den Dnjepr zu setzen, waren durch die Strapazen völlig erschöpft. Lewenhaupt gab also Befehl, daß sich die Männer zunächst ein wenig ausruhen und sich erst im Morgengrauen zum Aufbruch bereithalten sollten.

Noch während der Nacht traf man die notwendigen Vorbereitungen, um am nächsten Tag schnell und leicht vorankommen zu können. Das Geld, das sich noch in der Regimentskasse befand, wurde unter die Soldaten aufgeteilt; jeder war jetzt für seinen eigenen Anteil verantwortlich. Munition- und Lebensmittelvorräte wurden ebenfalls verteilt, wobei jeder nur das bekam, was er bei sich tragen oder noch auf den Rücken seines Pferdes packen konnte; der Rest mußte zurückbleiben. Alle Gepäck- und Nachschubwagen, die den Marsch behindern würden, wurden zurückgelassen. Wenn sich die Artillerie als Behinderung erweisen würde, sollte auch sie aufgegeben werden.

Im Morgengrauen des folgenden Tages, am 1. Juli, erhoben sich Lewenhaupt und Kreutz von ihrem Lager. Die Soldaten begannen ihre Pferde zu satteln und sich auf den Marsch vorzubereiten. Um acht Uhr, als sich die Kolonnen gerade formiert hatten und in Bewegung setzen wollten, tauchten auf den Höhen über dem Fluß die ersten feindlichen Reiter auf: Menschikow war mit 6000 Dragonern und 2000 Kosaken angekommen. Er schickte einen Trompeter und einen Flügeladjutanten zu den Schweden hinunter, um Verhandlungsmöglichkeiten zu erwägen, worauf Lewenhaupt Kreutz zu Menschikow schickte, um zu erkunden, welche Bedingungen er stellte. Menschikow bot normale Kapitulationsbedingungen an, die Kreutz an Lewenhaupt übermittelte. Der immer noch erschöpfte Kommandeur beschloß jetzt, seine Obristen zu Rate zu ziehen, die in erster Linie wissen wollten, was der König zuletzt befohlen hatte. Lewenhaupt erwähnte daraufhin nicht den geplanten Marsch zu den Tataren, sondern antwortete nur, Karl habe verlangt, die Armee solle »sich so lange verteidigen wie möglich«. Auch die Soldaten wollten nicht die Verantwortung übernehmen. »Wir werden kämpfen, wenn die anderen kämpfen«, sagten sie.

Später wurde die Versuchung zu kapitulieren unwiderstehlich. Obwohl die Schweden und Kosaken den Russen diesmal fast drei zu eins überlegen waren, fühlten sie sich als geschlagene Armee. Ihr König war geflohen, sie selbst waren isoliert, sahen einem langen Marsch in unbekannte Regionen entgegen. Nicht wenigen schien daher nach neun langen Kriegsjahren die Aussicht auf ein Ende des Kampfes willkommen. Die Offiziere konnten hoffen, in nicht allzu ferner Zukunft im Austausch gegen gefangene russische Offiziere nach Schweden heimkehren zu können. Die Legende von der Unbesiegbarkeit der schwedischen Armee war zerstört worden.

Am 1. Juli um elf Uhr vormittags kapitulierte Lewenhaupt, ohne gekämpft zu haben. Die Armee, die er übergab, umfaßte 14299 Soldaten, 34 Geschütze und 264 Fahnen. Zusammen mit den 2871 Schweden, die bei Poltawa gefangengenommen worden waren, befanden sich jetzt über 17000 Schweden in russischer Gefangenschaft.

Die Schweden wurden zu Kriegsgefangenen, nicht aber die 5000 Kosaken, die bei Lewenhaupt geblieben waren. Menschikow verlangte, daß sie bedingungslos übergeben wurden. Daraufhin bestiegen die meisten von ihnen ihre Pferde, ritten davon und entgingen dadurch dem Tod. Viele von ihnen wurden aber auch eingeholt. Ihre verstümmelten Körper fand man später an Galgen aufgehängt, als Warnung vor dem schrecklichen Schicksal eines Verräters.

Unterdessen hatte auf der anderen Seite des Dnjepr Masepa die Führung übernommen. Am 1. Juli, noch vor Tagesanbruch, hatte er Karl in seiner Kutsche und in Begleitung von 700 Schweden und Kosaken vorausgeschickt. Danach teilte er die übrigen Schweden und Kosaken, die über den Fluß gekommen waren, in mehrere Gruppen auf und schickte sie jeweils auf verschiedenen Wegen in Richtung Südwesten los. Masepa wollte die Russen verwirren, für den Fall, daß sie die Verfolgung der Flüchtenden aufnehmen würden. Bis zum Abend waren alle, die den Dnjepr überquert hatten, vom westlichen Ufer aufgebrochen und bereits im hohen Gras der Steppe verschwunden. In der Nacht noch holte Masepa den König ein und drängte, man solle versuchen, schneller voranzukommen.

Die Steppe, durch die die Schweden und die Kosaken eilten, war ein mit hohem Gras bewachsenes Niemandsland zwischen Dnjepr und Bug, das unbewohnt war und das als Puffer zwischen dem Reich des Zaren und dem des

Sultans diente. Es gab dort keine Bäume, keine Häuser, keine Felder – nichts als Gras, das mehr als mannshoch wuchs. Man verfügte nur noch über wenig Nahrungsmittel, und Trinkwasser mußte aus kleinen, schlammigen Bächen geschöpft werden, die durch die Steppenlandschaft flossen. Die Hitze war so drückend, daß man mittags mehrere Stunden lang anhalten mußte.

Am 7. Juli hatten die Schweden endlich das Ostufer des Bug erreicht und sahen auf der anderen Seite des Flusses das rettende Ziel. Doch noch einmal ergab sich eine Schwierigkeit. Zwei Tage lang mußten die Flüchtenden diesseits des Flusses warten, bis mit dem Pascha von Otschakow, dem Stellvertreter des Sultans in diesem Gebiet, der Preis für die Schiffe zum Übersetzen und für das Asyl ausgehandelt worden war. Das Feilschen dauerte so lange, bis der Potentat seine Forderungen durchgesetzt hatte; erst danach stellte er seine Boote zur Verfügung. Die Schweden setzten nun über, aber es gab nicht genügend Schiffe. Am Ende des dritten Tages, als die Russen sie schließlich eingeholt hatten, standen immer noch dreihundert Schweden und dreihundert Kosaken am östlichen Ufer.

Nach Lewenhaupts Kapitulation bei Perewolutschna hatte Menschikow sechstausend Reiter unter Wolkonski ausgeschickt, die den Dnjepr überqueren und den König und Masepa verfolgen und gefangennehmen sollten. Zunächst waren die Russen von den Finten der Kosaken in die Irre geführt worden, als sie aber dann die richtige Spur gefunden hatten, ritten sie schnell und holten die Flüchtlinge am Bug ein. Zwar war ihre Hauptbeute bereits entkommen, aber sechshundert Mann warteten noch am Ostufer. Als die Russen angriffen, ergaben sich die dreihundert Schweden. Die Kosaken dagegen kämpften bis zum letzten Mann, da sie wußten, daß sie nicht mit Schonung rechnen durften. Hilflos sah Karl vom anderen Ufer aus ihrer Vernichtung zu.

Dieses Massaker war die letzte Schlacht im Verlauf der schwedischen Invasion Rußlands. In den dreiundzwanzig Monaten seit Karls Abmarsch aus Sachsen war eine einstmals große und starke Armee vernichtend geschlagen worden. Jetzt befand sich der König von Schweden mit nur sechshundert Überlebenden im Grenzgebiet des Osmanischen Reiches am südöstlichen Rand Europas.

18   Früchte des Sieges

Für Peter war der Triumph von Poltawa so ungeheuer groß, daß er noch lange nach seinem Siegesmahl direkt im Anschluß an die Schlacht hochgestimmt blieb. Zwei Tage nach dem Kampf zog der Zar mit seinen Generälen in Poltawa ein. Im Anschluß an eine zweimonatige Belagerung fand er die Stadt in einem schlimmen Zustand vor. Die Stadtmauern waren stark beschädigt und die viertausend Verteidiger völlig erschöpft, fast verhungert. Mit Oberst Kelin, dem tapferen Kommandeur der Garnison, besuchte Peter einen Dankgottesdienst in der Spasskaja-Kirche, wobei er gleichzeitig seinen Namenstag feierte.

Als Menschikow triumphierend von der schwedischen Massenkapitulation bei Perewolutschna zurückkehrte, begann Peter, Belohnungen und Auszeichnungen an die siegreiche Armee auszuteilen. Menschikow wurde in den Rang eines Feldmarschalls befördert; Scheremetew, der bereits Feldmarschall war, erhielt mehrere große Güter zum Geschenk. Auch alle übrigen Generäle der russischen Armee wurden befördert oder mit einem Gut beschenkt, und jeder erhielt später noch ein diamantenbesetztes Porträt des Zaren. Peter selbst, der bis zu diesem Zeitpunkt den Rang eines Obersten der Armee und eines Kapitäns der Marine innehatte, ließ sich jetzt zum Generalleutnant der Armee und Konteradmiral der Marine ernennen.

Anläßlich seiner eigenen Beförderung spielte Peter die alte Scharade mit Romodanowski weiter. Er dankte dem Schein-Zaren, der zum Schein-Kaiser ernannt worden war, für seine Beförderung:

»Herr,
das gnädige Schreiben Eurer Majestät und das Dekret an Seine Exzellenz Feldmarschall und Ritter Scheremetew, durch welche mir der Rang eines Admirals der Flotte und eines Generalleutnants zu Lande verliehen wurde, sind mir ausgehändigt worden. Ich habe nicht soviel verdient, sondern verdanke die Auszeichnung ausschließlich Ihrem Wohlwollen. Ich bitte Gott um die Kraft, die erwiesene Ehre erst noch verdienen zu können.
Peter.«[1]

In ganz Rußland gab es Siegesfeiern. Poltawa bedeutete die Befreiung von den Invasoren und, wie man hoffte, das Ende der erdrückenden Steuern, die wegen des Krieges erhoben worden waren, sowie die Rückkehr der Ehemänner, Väter, Söhne und Brüder.

Eine offizielle Feier in der Hauptstadt sollte erst stattfinden, wenn der Zar mit einem Teil der Armee dort eingetroffen war; vorläufig gab erst einmal der neunzehnjährige Zarewitsch Alexei ein Bankett für die ausländischen Gesandten. Die wichtigsten Damen des Landes wurden von Peters Schwester, Großfürstin Natalja, zu einem großen Fest eingeladen. In Moskau wurden an den Straßenrändern Tische mit Freibier, Brot und Fleisch aufgestellt, damit auch das Volk den Sieg feiern konnte. Eine ganze Woche lang läuteten von morgens bis abends die Kirchenglocken, und von den Kremlmauern dröhnten die Geschütze, die Salut schossen.

In Poltawa beendete die Armee ihre Siegesfeiern am 13. Juli. Die Leichen der russischen und schwedischen Gefallenen waren inzwischen auf dem Schlachtfeld in getrennten Massengräbern beigesetzt worden. Die Armee war jetzt ausgeruht, und sie mußte jetzt verlegt werden, denn rings um Poltawa gab es keine Lebensmittel mehr. Acht Tage nach der Schlacht waren noch zwölftausend kalmückische Reiter eingetroffen, um die russische Armee zu verstärken. Sie kamen zwar zu spät, mußten nun aber wie das übrige Heer hinreichend verpflegt werden. Auch war jetzt, nachdem die schwedische Armee vernichtet und der König geflohen war, der Augenblick gekommen, die Früchte des errungenen Sieges zu ernten.

Auf einem Kriegsrat im Lager von Poltawa, der vom 14. bis zum 16. Juli dauerte, wurde beschlossen, das Heer aufzuteilen. Scheremetew mußte mit der gesamten Infanterie und einem Teil der Kavallerie an die Ostsee marschieren und die große Festungs- und Hafenstadt Riga erobern; Menschikow hingegen sollte mit dem größeren Teil der Kavallerie nach Polen ziehen und dort mit Goltz gegen die Schweden unter Krassow sowie gegen jene Polen operieren, die König Stanislaus unterstützten.

Peter selbst ging von Poltawa nach Kiew. In der Hauptstadt der Ukraine besuchte er einen Dankgottesdienst in der Sophien-Kathedrale. Der Präfekt der Kathedrale, Feofan Prokopowitsch, hielt eine lange Lobrede auf Peter und auf Rußland, die dem Zaren so gut gefiel, daß er sich den Geistlichen für eine höhere Laufbahn vormerkte.

Der Zar wollte, daß die ganze Welt von seinem Triumph erfuhr. Schon vom Poltawaer Lager aus hatte er Briefe an seine Gesandten in den ausländischen Hauptstädten geschickt, in denen er ihnen Einzelheiten der Schlacht mitteilte, die sie weitergeben sollten. Auf Wunsch des Zaren schrieb Menschikow einen Brief an den Herzog von Marlborough. Im Westen, wo man daran gewöhnt war, in ununterbrochener Folge von schwedischen Triumphen zu hören, traf nun eine Flut von Briefen und Botschaften aus dem Osten ein, die alle den »vollständigen Sieg« des Zaren und die »vollständige Niederlage« Karls XII. beschrieben.

In dem Maße, in dem sich die Nachricht von der Niederlage der Schweden über den Kontinent verbreitete, begann sich die Stimmung gegenüber Peter und Rußland, die zuvor verächtlich oder sogar feindlich gewesen war, zu verbessern. Der Philosoph Leibniz, der nach der Schlacht von Narwa noch gesagt hatte, er sähe Karl gern über ganz Rußland herrschen, meinte jetzt, die Vernichtung der schwedischen Armee sei einer der glorreichsten Wendepunkte in der Geschichte. Mit einem Schlag wurde Leibniz zu einem sprudelnden Quell von Ideen und Vorschlägen. Er bot Peter seine Dienste an und stellte in Aussicht, er werde Pläne für eine Akademie der Wissenschaften, für Museen und Hochschulen ausarbeiten und sogar eine Medaille zur Erinnerung an die Schlacht von Poltawa entwerfen.

Überall kam es in Europa zu einer diplomatischen Kehrtwendung. Peter erhielt ungezählte Vorschläge für neue Vereinbarungen und Verträge. Der König von Preußen und der Kurfürst von Hannover gaben ihrem Wunsch Ausdruck, mit Rußland offizielle Verbindungen aufzunehmen. Der russische Gesandte in Kopenhagen, Fürst Wassili Dolgoruki, wurde davon informiert, daß Ludwig XIV. sich glücklich schätzen würde, ein Bündnis mit dem Zaren eingehen zu dürfen. Frankreich wolle sich für die russischen Eroberungen an der Ostsee verbürgen, um dem britischen und holländischen Handel zu schaden. König Friedrich IV. von Dänemark schlug Dolgoruki ein neues dänisch-russisches Bündnis gegen Schweden vor. Dolgoruki hatte viele Monate lang vergeblich versucht, dieses Bündnis zustande zu bringen. Peter stimmte dem dänischen Vorschlag zu, und im selben Monat noch überquerten dänische Truppen den Sund und marschierten in Südschweden ein. Dolgoruki konnte die Landung der Dänen von einem Schiff der Invasionsflotte aus beobachten.

Am unmittelbarsten wirkte sich der russische Sieg von Poltawa auf die Entwicklung in Polen aus. Kaum war die Nachricht vom Ausgang der Schlacht eingetroffen, als August von Sachsen bereits eine Proklamation veröffentlichte, in der er den Friedensvertrag von Altranstädt verwarf, und mit einer sächsischen Armee von 14000 Mann nach Polen marschierte, um seine polnischen Untertanen erneut unter seine Herrschaft zu zwingen. Die polnischen Magnaten, die jetzt nicht mehr durch Karls Armee gezwungen wurden, Stanislaus zu akzeptieren, hießen August wieder willkommen. Stanislaus floh zuerst nach Schwedisch-Pommern, dann nach Schweden und schließlich in Karls Lager im Osmanischen Reich.

Der Zar, der inzwischen wiederum durch Fieber ans Bett gefesselt war, machte Ende September nach seiner Genesung von Kiew aus eine Rundreise, die drei Monate dauern und ihn nach Warschau, Ostpreußen, Riga, St. Petersburg und Moskau führen sollte. Anfang Oktober, nachdem er durch Warschau gekommen war, fuhr er die Weichsel abwärts und traf in der Nähe von Thorn August den Starken, der sichtlich nervös war. Die beiden Monarchen hatten sich nicht mehr gesehen, seitdem August das Bündnis mit dem Zaren gebrochen und den Vertrag mit Karl unterzeichnet hatte. Doch Peter war gutgelaunt und versprach August, einen Strich unter das Vergangene zu ziehen. Er sah ein, daß August keine andere Wahl gehabt hatte. Trotzdem konnte Peter der Versuchung nicht widerstehen, eine boshafte Anspielung zu machen. »Ich trage noch immer den kurzen Säbel, den du mir damals geschenkt hast«, sagte er zu ihm, »aber du scheinst dir nichts aus dem Degen zu machen, den ich dir einst gegeben habe. Du trägst ihn nicht, wie ich sehe.« August erwiderte, er schätze Peters Geschenk sehr hoch, leider habe er es nur bei seinem eiligen Aufbruch aus Dresden zurücklassen müssen. »Ach«, sagte Peter zu ihm, »dann gebe ich dir einen anderen.«[2] Daraufhin überreichte er August den Degen, den er ihm schon einmal geschenkt hatte und den seine Soldaten dann bei Poltawa in Karls Gepäck entdeckten.

Damit waren alle Ressentiments zwischen den beiden ausgeräumt. Am 9. Oktober 1709 unterzeichneten Peter und August den Vertrag zu einem neuen Bündnis, in dem der Zar noch einmal versprach, August zu helfen, den Thron von Polen zurückzugewinnen, während August sich erneut verpflichtete, gegen Schweden und alle übrigen Feinde des Zaren ins Feld zu ziehen. Beide waren sich übrigens darüber einig, daß sie Schweden nicht zu vernichten vorhatten, sondern lediglich Karl auf schwedisches Gebiet zurückdrängen und ihn so sehr schwächen wollten, daß er seine Nachbarn nie mehr angreifen könnte. Peter hatte den Vertrag schon weitgehend erfüllt, noch bevor dieser unterzeichnet wurde. Bereits Ende Oktober hatten Menschikows Soldaten den größten Teil Polens ohne Kampf eingenommen. Krassow, der schwedische General, hatte zugesichert, daß seine kleine Streitmacht keinesfalls mehr gegen die russische Armee antreten würde, und sich zur Ostseeküste zurückgezogen. Er suchte Zuflucht in den befestigten Städten Stettin und Stralsund in Schwedisch-Pommern, wobei ihn König Stanislaus begleitete. Von Thorn aus fuhr Peter weiter die Weichsel hinunter bis Marienwerder, wo er den König von Preußen traf. Friedrich I. war besorgt über den großen Machtzuwachs Rußlands in Nordeuropa, gleichzeitig war er aber auch stark daran interessiert, schwedische Territorien für sein Land zu gewinnen. Peter verstand, daß der König Land erbeuten wollte, ohne sich am Kampf zu beteiligen, und blieb ihm gegenüber kühl. Dennoch war die Begegnung ein Erfolg: Rußland und Preußen gingen ein Defensiv-Bündnis ein, und Menschikow, der bei der Unterzeichnung anwesend war, erhielt den preußischen Orden des Schwarzen Adlers.

Bei diesem Treffen arrangierte Peter auch eine Eheschließung. Russische Prinzen durften der Tradition zufolge nur Russinnen heiraten, um zu vermeiden, daß sich ihre Linie mit nicht-orthodoxen Gläubigen vermischte. Seit der »Großen Gesandtschaft« hatte Peter vor, diese Tradition zu durchbrechen, auch wenn zunächst kein ausländischer Monarch es für vorteilhaft hielt, eines seiner Familienmitglieder in die russische Dynastie einheiraten zu lassen, die er als unbedeutend für die europäische Politik einschätzte. Seit 1707 stand Peter in Verhandlungen mit dem Herzog von Wolfenbüttel. Er bemühte sich um eine Eheschließung zwischen dessen Tochter Charlotte und dem Zarewitsch Alexei. Die Verhandlungen hatten sich lange hingezogen, da der Herzog zunächst keine Eile zeigte, seine Tochter mit dem Sohn des Zaren zu vermählen, der möglicherweise schon in Kürze durch den König von Schweden vom Thron vertrieben worden wäre. Erst nach der Schlacht von Poltawa waren plötzlich alle Schwierigkeiten ausgeräumt; Eheschließungen mit dem Hause Romanow waren jetzt auf einmal äußerst attraktiv. Bevor der Herzog von Wolfenbüttel seinen Gesinnungswandel offenbaren konnte, traf bei Peter sogar ein Bote aus Wien ein, der ein Angebot des Kaisers überbrachte: Leopolds jüngste Schwester, die Erzherzogin Magdalena, könne als Braut des Zarewitsch in Betracht kommen. Peter verhandelte jedoch weiter mit dem Herzog von Wolfenbüttel, und man setzte schließlich einen Heiratsvertrag auf.

Die zweite Ehe mit einem Ausländer, die Peter arrangierte, war die zwischen seiner Nichte Anna, der Tochter seines Halbbruders Iwan, und dem Herzog Friedrich Wilhelm von Kurland, einem Neffen Friedrichs von Preußen. Im Rahmen dieses Vertrages erklärte sich Peter dazu bereit, die russischen Truppen, die das kleine Herzogtum im Süden von Riga im Augenblick besetzt hielten, abzuziehen und Kurland zu erlauben, in Zukunft neutral zu bleiben. Diese Abmachung kam den Wünschen Friedrichs von Preußen entgegen, denn so entstand im Nordosten seines Landes eine Pufferzone, die einen gewissen Schutz vor den Russen darstellte. Für Peter war Annas Hochzeit in anderer Hinsicht bedeutend. Sie war seit mehr als zweihundert Jahren die erste russische Prinzessin, die eine Ehe mit einem ausländischen Regenten schloß. Die Tatsache, daß man sie akzeptierte, bedeutete, daß Europa den neuen Status Rußlands anerkannte und daß Peter und spätere Zaren fortan in der Lage sein würden, mit heiratsfähigen russischen Prinzessinnen auf die komplizierten dynastischen Verhältnisse der deutschen Staaten Einfluß zu nehmen.[3]

Peter verließ nun Ostpreußen und reiste durch Kurland nordwärts. Er wollte sich Scheremetew anschließen, dessen Truppen Riga belagert hatten, mit der Beschießung jedoch warteten, bis der Zar anwesend sein würde. Am 9. November traf Peter ein, am 13. feuerte er selbst die ersten drei Granaten auf die Stadt ab. Da Riga starken Widerstand leistete, gab der Zar Anweisung, die russischen Soldaten nicht in den Gräben überwintern zu lassen, sondern sie in Winterquartiere zu bringen und über die Stadt lediglich eine Blockade zu verhängen.

Von Riga aus fuhr Peter weiter in nordöstlicher Richtung nach St. Petersburg, das jetzt in Sicherheit war. Er blieb nur kurze Zeit dort, um den Bau einer neuen Kirche zu Ehren des heiligen Samson anzuordnen – am Gedenktag dieses Heiligen hatte die Schlacht von Poltawa stattgefunden – sowie ein neues Kriegsschiff auf Kiel zu legen, das den Namen *Poltawa* tragen sollte. Anschließend fuhr er nach Moskau, um offiziell den Triumph Rußlands zu feiern. Am 12. Dezember traf er in Kolomenskoje ein, mußte dort aber eine Woche auf die Ankunft der beiden Garderegimenter warten, die an der Siegesparade teilnehmen sollten. Am 18. Dezember war schließlich alles bereit; in dem Augenblick, als die Parade beginnen sollte, erfuhr der Zar, daß Katharina gerade ein Mädchen zur Welt gebracht hatte. Der Triumphzug wurde noch einmal aufgeschoben, und Peter eilte in Begleitung von Freunden zu seiner Frau, um seine Tochter zu sehen, die den Namen Elisabeth erhielt.

Zwei Tage später aber wurden die Siegesfeierlichkeiten eröffnet. Unter klassisch römischen Bögen zogen Schwadronen der russischen Kavallerie und Geschütze der Artillerie hindurch, gefolgt von den Fußsoldaten der Garden sowie des Preobraschensker und Semenowsker Regiments. Ihnen folgte dann der Zar. Mit gezogenem Degen ritt er auf einem Pferd, das ihm August der Starke geschenkt hatte; er trug wie in der Schlacht von Poltawa die Uniform eines Obristen. Frauen warfen ihm Blumen zu. Hinter den russischen Heerführern wurden dreihundert erbeutete schwedische Kriegsfahnen nach unten gehalten und durch den Schmutz geschleift. Den Abschluß des Zuges bildeten die besiegten Generäle, die hintereinander marschierten, angeführt von Feldmarschall Rehnskjold und Graf Piper und gefolgt von langen Kolonnen aus mehr als siebzehntausend Kriegsgefangenen. Am folgenden Tag nahm Peter an einem feierlichen Gottesdienst in der Uspenski-Kathedrale teil, zu dem eine große Menschenmenge erschien.

Bei der offiziellen Bekanntgabe des Sieges, bei der auch die Beförderungen ausgesprochen und die Auszeichnungen verliehen wurden, saß Romodanowski auf dem Zarenthron. Nacheinander traten die beiden Feldmarschälle Scheremetew und Menschikow, gefolgt von Peter, der inzwischen zum Generalleutnant befördert worden war, an den Thron heran und erstatteten dem sitzenden Schein-Zaren Bericht über ihre Siege. Scheremetew beschrieb den Sieg bei Poltawa, Menschikow die Gefangennahme der Schweden bei Perewolutschna; anschließend schilderte Peter seinen Sieg bei Lesnaja, wofür ihm ebenfalls Anerkennung zuteil wurde. Später wurden auf der einen Seite des Saales mehrere Wandschirme entfernt, und es kamen festlich gedeckte Tische mit silbernen Tellern und silbernen Leuchtern zum Vorschein. Hunderte von Kerzen wurden angezündet, dann nahmen die Leute ohne Rücksicht auf irgendeine Rangfolge an den Tischen Platz. Romodanowski hatte als einziger einen Ehrenplatz auf einem Podest und wurde von den beiden Feldmarschällen, von Kanzler Golowkin und vom Zaren bedient. Die schwedischen Generäle hatten einen eigenen Tisch. Jedesmal, wenn ein Trinkspruch ausgebracht wurde, feuerte der Zeremonienmeister, der hinter Peters Stuhl stand, mit einer Pistole zum Fenster hinaus, um der Artillerie und den Musketieren ein Signal zu geben. Wenige Sekunden später, als gerade die Gläser erhoben wurden, hallte der Saal vom Kanonendonner wider. Der Tag endete mit einem prachtvollen Feuerwerk, das, dem dänischen Gesandten zufolge, »mehr als siebzigtausend Pfund Sterling«[4] kostete.

Die schwedischen Soldaten – sowohl die, die in Poltawa in Gefangenschaft geraten waren, als auch die, die sich Menschikow in Perewolutschna ergeben hatten – waren endlich an ihrem Ziel, in Moskau, angelangt, allerdings nicht als Eroberer, sondern als Teilnehmer eines Triumphmarsches, den der Zar anführte. Die Russen behandelten die gefangenen Heerführer mit ausgesuchter Höflichkeit. Einige erhielten die Erlaubnis, nach Stockholm zurückzukehren, um dort Peters Bedingungen für einen Frieden sowie ein Angebot für den Austausch von Kriegsgefangenen zu unterbreiten. Fürst Max von Württemberg wurde bedingungslos freigelassen, er starb jedoch während der Rückreise an einem tückischen Fieber. Der Zar ließ ihm militärische Ehren erweisen, die Leiche wurde dann nach Stuttgart überführt, wo die Mutter des Verstorbenen lebte. Den Offizieren wurde sogar die Möglichkeit eingeräumt, in die Armee des Zaren einzutreten. Sobald sie den geforderten Treueeid geleistet hatten, erhielten sie denselben Rang, den sie in der schwedischen Armee bekleidet hatten, und befehligten von nun an russische Bataillone und Regimenter. Keiner von ihnen wurde jedoch gezwungen, im Großen Nordischen Krieg gegen den eigenen König oder die eigenen Mitbürger zu kämpfen. Sie wurden dann in Garnisonen im Süden oder Osten verlegt, wo sie die Grenzen bewachen und Überfälle der Kubantataren, der Kosaken und anderer asiatischer Volksstämme verhindert sollten. Die übrigen Offiziere wurden in alle Provinzen Rußlands zerstreut; sie genossen zu Anfang eine verhältnismäßig große Bewegungsfreiheit. Doch dann kehrten einige von ihnen, die auf Ehrenwort kurzfristig nach Schweden hatten fahren dürfen, nicht mehr nach Rußland zurück; einige von denen, die in der russischen Armee dienten, nutzten ihre Stellung aus, um zu fliehen. Infolge dieser Vorkommnisse wurden den Schweden strengere Einschränkungen auferlegt.

Im Lauf der Zeit gerieten die schwedischen Offiziere oft in Not. Während die gemeinen Soldaten kleine Unterstützungsbeträge aus ihrem Heimatland erhielten, bekamen die Offiziere nichts. Nur zweihundert der insgesamt zweitausend gefangenen Offiziere wurden von ihren Familien in Schweden unterstützt; die übrigen mußten irgendein Handwerk ausüben oder ein Gewerbe betreiben, um sich ernähren zu können. Obwohl sie zuvor nur in der Kunst der Kriegführung bewandert gewesen waren, entwickelten sie mit der Zeit beträchtliche Talente. Allein in Sibirien verwandelten sich an die tausend schwedische Offiziere in Maler, Gold- und Silberschmiede, Drechsler, Tischler sowie in Hersteller von Spielkarten, Tabaksdosen oder von Gold- und Silberbrokat. Andere eröffneten Schulen und unterrichteten die Kinder ihrer Mitgefangenen (manche Schweden hatten ihre Frauen aus der Heimat kommen lassen; andere hatten russische Frauen geheiratet). Diese Kinder wurden besser ausgebildet als die meisten russischen Kinder; sie lernten Mathematik, Latein, Holländisch, Französisch und Schwedisch. Oft kam es dazu, daß Russen, die in der Nachbarschaft von Schweden lebten, ihre eigenen Kinder zum Unterricht zu den ausländischen Schullehrern schickten. Einige Offiziere traten zum russisch-orthodoxen Glauben über, andere hielten am Protestantismus fest und errichteten in einsamen Gegenden ihre eigenen Kirchen. Sibirien war zwar im allgemeinen ein düsteres und freudloses Land, aber sein Gouverneur, Fürst Matthäus Gagarin, war wegen seiner Großzügigkeit bekannt. Das beteuerten auch die schwedischen Offiziere, die in seinem Bezirk lebten. Als sich später die Verwaltung Rußlands immer stärker am Westen orientierte, benötigte Peter immer mehr geschickte Verwaltungsbeamte und Bürokraten. Er bot ehemaligen schwedischen Offizieren entsprechende Positionen an, und viele von ihnen kamen nach St. Petersburg und arbeiteten dort in den neu eingerichteten Ministerien für Kriegswesen, Marine, Justiz, Finanzwesen und Bergbau.

Die einfachen schwedischen Soldaten – über 15 000 lebten jetzt in Rußland – wurden weniger gut behandelt. Auch ihnen bot man zwar die Gelegenheit, freiwillig in Peters Dienste zu treten (ein ganzes Regiment von 600 schwedischen Dragonern kämpfte beispielsweise unter dem Kommando eines deutschen Obersten gegen die Kubantataren). Diejenigen, die sich weigerten, wurden zur Zwangsarbeit in den Bergwerken im Ural, auf den Werften oder beim Bau der Befestigungsanlagen von St. Petersburg eingesetzt. Über einfache russische Soldaten, die in Gefangenschaft geraten waren, liegen keine Berichte vor. Sofern sie nicht zur Zwangsarbeit verpflichtet wurden, arbeiteten sie in Städten oder auf Gütern des russischen Adels. Als 1721, zwölf Jahre nach der Schlacht von Poltawa, endlich Friede geschlossen wurde und die schwedischen Gefangenen heimkehren durften, fanden sich nur noch 5000 der ehemaligen stolzen Grenadiere Karls XII. – der Rest einer Armee von 40 000 Soldaten –, die nach Schweden zurückkehren wollten.

Im Frühjahr 1710 marschierten russische Armeen in die schwedischen Ostseeprovinzen ein, ohne daß die Schweden Widerstand leisteten. Während Scheremetew noch mit 30 000 Mann Riga belagerte, schickte Peter Generaladmiral Fjodor Apraxin, den er erst kürzlich zum Grafen und Geheimrat gemacht hatte, mit 18 000 Mann nach Wyborg, das gleichfalls belagert werden sollte. Hundertzwanzig Kilometer nordwestlich von St. Petersburg gelegen, war diese Stadt am Eingang des Karelischen Isthmus eine bedeutende Festung und Ausgangspunkt für mögliche schwedische Offensiven gegen St. Petersburg. Ein Versuch der Russen, Wyborg von der Landseite her zu erobern, war 1706 gescheitert; jetzt aber gab es ein neues Machtinstrument, das zu Peters Gunsten eingesetzt werden konnte: Die russische Ostseeflotte war im Lauf der Jahre immer größer geworden und eignete sich hervorragend für die felsigen Küstengewässer vor Finnland. Mit seiner Flotte konnte der Zar jetzt sowohl Soldaten transportieren als auch schwedische Marinegeschwader in die Enge treiben. Sobald die Newa im April eisfrei war, liefen russische Schiffe unter dem Kommando Vizeadmiral Cruys' und des Zaren selbst von Kronstadt aus. Über den Finnischen Meerbusen gelangten sie bis vor Wyborg, wo sie Apraxins Armee hungernd und frierend vorfanden. Die Flotte brachte Vorräte und Verstärkung; Apraxins Streitmacht zählte nun 23 000 Mann. Nachdem Peter die Belagerungspläne studiert und Apraxin Anweisung gegeben hatte, die Stadt um jeden Preis einzunehmen, kehrte er in einem der Schiffe nach St. Petersburg zurück.

Im folgenden Monat war der Zar wieder krank. Als er Anfang Juni erfuhr, daß sich die Belagerung von Wyborg ihrem Ende näherte, schrieb er an Apraxin: »Ich höre, daß Du heute den Sturmangriff vornehmen willst. Wenn er tatsächlich so festgelegt ist, möge Gott Dir helfen. Ist es aber noch nicht endgültig bestimmt, dann verschiebe den Angriff bis zum Sonntag oder Montag. Bis dahin kann ich kommen; denn heute ist der letzte Tag, an dem ich Arzneien nehme, und morgen bin ich frei.«[5]

Am 13. Juni fiel Wyborg mit seiner Garnison von 154 Offizieren und 3726 Soldaten an Apraxin. Peter traf gerade rechtzeitig ein, um der Übergabe der Stadt beizuwohnen. Die Besetzung von Kexholm (heute Priosjorsk) und des Karelischen Isthmus führte zu einer nördlichen Pufferzone vor St. Petersburg von hundertsechzig Kilometer Breite. Erleichtert schrieb der Zar von Wyborg aus an Scheremetew: »Durch die Eroberung dieser Stadt ist nunmehr die Sicherheit von St. Petersburg gewährleistet.«[6]

Alle schwedischen Festungen an der Südküste der Ostsee kapitulierten im Sommer 1710. Am 10. Juli fiel Riga mit seiner Garnison von 4500 Mann nach achtmonatiger Belagerung an Scheremetew. Die Stadt war von 8000 russischen Mörsergeschossen zertrümmert worden, die Besatzung hatte durch Hunger und Seuchen, die Peter »den Zorn Gottes« nannte, hohe Verluste erlitten. Obwohl es eine Vereinbarung mit August dem Starken gab, daß Livland und Riga zu Polen gehören sollten, beschloß nun der Zar, Riga zu behalten. Er verlangte zwar, daß der baltische Adel und die Kaufleute der Stadt einen Treueid ablegten, versprach aber, er werde alle früheren Privilegien, Rechte, Sitten und sonstige Freiheiten der Livländer voll respektieren. Die Kirchen sollten lutherisch bleiben, und Deutsch blieb die Sprache der Provinzverwaltung.

Drei Monate nach Riga kapitulierte Reval. Peter war überglücklich. »Die letzte Stadt hat sich ergeben, und Livland und Estland sind jetzt völlig frei vom Feind«, schrieb er. »Mit einem Wort, der Feind besitzt jetzt am Ostufer der Ostsee keine einzige Stadt mehr und nicht einmal ein kleines Stückchen Land. Jetzt ist es unsere Pflicht, den Herrgott um einen lang anhaltenden Frieden zu bitten.«[7]

VIERTER TEIL

Auf europäischer Bühne

1 Die Welt des Sultans

Solange Peter Zar war, hatte Rußland nie gleichzeitig gegen zwei Feinde zu kämpfen. Polen, Moskaus traditioneller Feind, war durch den Vertrag von 1686 zu einem Verbündeten geworden. Der Krieg gegen die Türkei war nach Peters Asow-Feldzügen im August 1700 durch einen dreißigjährigen Waffenstillstand beendet worden, woraufhin der Zar sich Polen und Dänemark beim Angriff auf Schweden anschließen konnte. Nach der Schlacht von Poltawa, als die schwedische Armee sich aufgelöst hatte, beschloß das Osmanische Reich, erneut einen Krieg gegen Rußland zu führen. Dieser Krieg wäre dann beinahe zu einer Katastrophe für Rußland geworden, weil der Zar zu Beginn der Auseinandersetzung zu optimistisch gewesen war und weil ihn einer seiner neuen christlichen Verbündeten auf dem Balkan im Stich ließ.

Das Osmanische Reich, von dem jeder Hektar mit dem Schwert erobert worden war, erstreckte sich über drei Kontinente; das Herrschaftsgebiet des Sultans umfaßte ganz Südosteuropa. Es erstreckte sich im Westen an der afrikanischen Küste entlang bis zur marokkanischen Grenze. Es reichte bis zur Küste des Kaspischen Meeres, des Roten Meeres und des Persischen Golfes. Das Schwarze Meer war damals ausschließlich osmanisch. So weit auseinanderliegende Städte wie Algier, Kairo, Bagdad, Jerusalem, Athen und Belgrad wurden von Konstantinopel aus regiert. Später sollten einundzwanzig moderne Nationen auf dem Gebiet des Osmanischen Weltreiches entstehen.[1]

Innerhalb dieses ungeheuer großen Territoriums mit seinen Gebirgen, Wüsten, Flüssen und fruchtbaren Gegenden lebten etwa fünfundzwanzig Millionen Menschen, fast doppelt soviele Einwohner wie in den großen europäischen Staaten, mit Ausnahme Frankreichs. Das Osmanische Reich war moslemisch; es umschloß die heiligen Städte Mekka und Medina, und es war Aufgabe des Sultans, der zugleich Kalif war, diese Heiligtümer zu schützen. Neben den osmanischen Türken gab es unter den moslemischen Völkern noch Araber, Kurden, Krimtataren, Tscherkessen, Bosnier und Albaner. Außerdem herrschte der Sultan auch über Millionen christlicher Untertanen: Griechen, Serben, Ungarn, Bulgaren sowie über die Bewohner der Moldau und der Walachei.

Die politischen Bindungen, die eine so vielsprachige Völker- und Religionsgemeinschaft zusammenhielten, waren sehr locker. Der Sultan regierte von Konstantinopel aus, doch im einzelnen wurden die Regierungsgeschäfte an Ort und Stelle von den Paschas, Fürsten, Vizekönigen, Beis, Khans und Emiren erledigt. Die christlichen Fürsten der reichen Balkanprovinzen Walachei und Moldau wurden zwar vom Sultan persönlich ausgewählt, hatten aber, abgesehen von der Zahlung eines jährlichen Tributs, völlige Handlungsfreiheit. So trafen vor den Toren der Hohen Pforte in Konstantinopel in jedem

Jahr ganze Wagenladungen mit Gold aus dem Norden ein. Der Tataren-Khan auf der Krim regierte von der Hauptstadt Bachtschissarai aus wie ein absoluter Herrscher; er war lediglich dazu verpflichtet, dem Sultan 20 000 bis 30 000 Reiter zur Verfügung zu stellen, wenn dieser sie für einen seiner Kriege forderte. Zweitausend Kilometer weiter westlich kamen Tripolis, Tunis und Algerien dem Sultan in Kriegszeiten dadurch zur Hilfe, daß sie ihm ihre schnellen Korsarenschiffe überließen, damit er die Flotte der großen christlichen Seemächte Venedig und Genua angreifen konnte. Führte Konstantinopel jedoch keinen Krieg, setzten die Berber diese Schiffe für die Piraterie ein.

Im 16. Jahrhundert hatte das Osmanische Reich unter Sultan Sulaiman dem Prächtigen (1520–1566) den Höhepunkt seiner Machtentfaltung erreicht. In Konstantinopel wurden prächtige Moscheen errichtet, und am Bosporus und Marmarameer entstanden luxuriöse Paläste. Sulaiman war ein Mäzen der Künste und der Wissenschaften, er liebte die Musik, die Poesie und die Philosophie. In erster Linie war er jedoch Krieger. Während seiner Regierungszeit marschierten osmanische Armeen auf der großen Heerstraße in Richtung Norden bis Belgrad, Buda und Wien und erbauten überall ihre Moscheen und Minarette. Die christlichen Königreiche des Abendlandes fühlten sich durch diese Zeichen moslemischer Okkupationspolitik herausgefordert und betrachteten die Türken als die Unterdrücker Griechenlands und der christlichen Völker des Orients. Dabei war das Osmanische Reich in Fragen der Religion bedeutend großzügiger als die meisten westlichen Königreiche, da es auch andere Konfessionen tolerierte. Der Sultan erkannte beispielsweise die griechische Kirche offiziell an und erlaubte, daß die orthodoxen Klöster ihren Besitz behielten. Gegen einen angemessenen Tribut durften die christlichen Provinzen ihre eigenen Regierungssysteme und Gesellschaftsstrukturen behalten.

Auf eine ungewöhnliche Weise bezeugten die osmanischen Türken ihren christlichen Untertanen sogar ihre besondere Wertschätzung: Sie warben junge Christen an, um sie in Ämter ihrer Zentralverwaltung einsetzen und aus ihnen die Spezialregimenter der Janitscharen, der Garde des Sultans, zusammenstellen zu können. Für begabte Christen in den türkischen Balkanprovinzen war die Konversion zum moslemischen Glauben damals der Schlüssel zum Erfolg. Anfangs nur zwangsweise, später mehr und mehr freiwillig, schickten sie ihre Kinder in moslemische Schulen, wo ihnen eine strenge Erziehung zuteil wurde, durch die sie mit der Zeit jede Erinnerung an ihre Familie und jede Bindung an den christlichen Glauben verloren. Sie fühlten sich später ausschließlich dem Koran und dem Sultan verpflichtet und bildeten ein Korps ergebener Gefolgsleute, die dem Osmanischen Reich für jeden denkbaren Dienst zur Verfügung standen. Einige arbeiteten als Pagen im Palast oder als Angestellte in der Zivilverwaltung, und sie hatten die Möglichkeit, später auch hohe Staatsstellungen einzunehmen.

Die meisten dieser jungen Konvertiten traten allerdings in die Janitscharenregimenter ein. Sie lebten ihr Leben lang in Kasernen und durften nicht heiraten oder Kinder haben, damit sie ausschließlich den Dienst für den Sultan verrichten konnten. Dem Status nach war der Janitschare ein Sklave; die Kasernen waren sein Zuhause, der Koran seine Religion, der Sultan sein Herr und das Kämpfen sein Beruf. In früheren Jahrhunderten stellten die Janitscharen ein Elitekorps hervorragend trainierter und besonders ergebener Männer dar, die bis zur Bildung der neuen französischen Armee unter Ludwig XIV. allen anderen Soldaten in Europa überlegen waren.

Die Janitscharen trugen rote, goldbestickte Mützen, weiße Hemden, bauschige Hosen und gelbe Stiefel. Diejenigen, die der Leibwache des Sultans angehörten, hatten rote Stiefel. In Friedenszeiten trugen sie nur einen Krummsäbel, zogen sie jedoch in die Schlacht, so durfte jeder die Waffe tragen, die er am liebsten mochte: Wurfspieß, Schwert, Arkebuse oder später die Muskete.

Im 14. Jahrhundert gab es 12000 Janitscharen; 1653 waren es 51647. Die anfangs sehr strengen Regeln änderten sich im Verlauf der Jahrhunderte, so daß es schließlich älteren Janitscharen gestattet wurde, den Dienst zu quittieren, zu heiraten und eine Familie zu haben. Moslemische und christliche Familien legten zeitweilig großen Wert darauf, daß ihre Söhne in dieses Korps aufgenommen wurden, so daß die Zugehörigkeit zu den Garden zu einem Privileg für die Kinder oder Verwandten ehemaliger Janitscharen wurde. Die Janitscharen wurden auf diese Weise zu einer privilegierten Kaste. In Friedenszeiten trieben sie Handel wie die russischen Strelitzen. Zuletzt wurden sie, ähnlich wie Eliteeinheiten in vielen anderen Ländern, für ihre eigenen Herrn zu einer größeren Gefahr als für ihre Feinde. Großwesire und sogar Sultane stiegen auf und fielen nach dem Willen der Janitscharen. 1826 wurde die Kaste schließlich abgeschafft.

Näherte man sich Konstantinopel vom Meer her, so erschien die Stadt wie ein riesiger blühender Lustgarten. Aus den blauen Gewässern des Bosporus und des Marmarameeres aufsteigend war sie mit ihren Kuppeln und Minaretten zwischen dunkelgrünen Zypressen und blühenden Obstbäumen eine der schönsten Städte der Welt. Im 17. Jahrhundert war Konstantinopel die Hauptstadt der gesamten moslemischen Welt und Sitz der Verwaltung, des Handels und der Kultur. Mit etwa 700000 Einwohnern verschiedener Rassen und Religionen übertraf sie alle anderen Städte Europas. Konstantinopel hatte zahlreiche Moscheen, Schulen, Bibliotheken, Krankenhäuser und öffentliche Bäder. In den Basaren und auf den Kais im Hafen stapelten sich Waren aus allen Erdteilen; die Parkanlagen und Gärten waren voller Blumen und Obstbäume.

Auf der Anhöhe zwischen Goldenem Horn, Bosporus und Marmarameer steht noch heute der Topkapi-Serail, der ehemalige Sultanspalast. Hinter hohen Mauern lagen hier der Palast, Kasernen und Moscheen sowie Gärten mit sprudelnden Fontänen und langen Alleen, gesäumt von Zypressenbäumen, Rosen- und Tulpenbeeten. Als eigenständige Stadt innerhalb Konstantinopels benötigte der Serail fortlaufend Zulieferungen von außen. Jahr für Jahr kamen hier aus allen Provinzen des Reiches zahllose Schiffe und Wagen an, beladen mit Reis, Zucker, Erbsen, Linsen, Pfeffer, Kaffee, Makronen, Datteln, Safran, Honig, Salz, Pflaumen, Essig und Wassermelonen. Fünftausend Bedienstete standen dem Sultan zur Verfügung. Verantwortlich für das Auftragen der Speisen war der Oberaufseher des Mundtuchs, dem der Oberste Tablettträger, der Fruchtservierer, der Servierer von saurem Gemüse, der Eismacher, der Oberste Kaffeekoch und der Wasserservierer beistanden. Außerdem gab es den Oberturbanfalter und seine Assistenten, den Kleidungsaufseher des Sultans, die Wäscherei- und Bäderaufseher. Maniküren, die dem Obersten Barbier unterstanden, mußten jeden Donnerstag die Fuß- und Fingernägel des Sultans schneiden. Schließlich gab es noch Pfeifenanzünder, Türöffner, Musiker, Gärtner, Stallknechte und eine Gruppe von Zwergen und Stummen, die der Sultan als Boten einsetzte.

Der Serail war der äußere Rahmen einer noch strenger bewachten privaten Welt, der des Harems. Das arabische Wort »harim« bedeutet »verboten«, und so war denn der Zutritt zum Harem für alle mit Ausnahme des Sultans, seiner Gäste und der Eunuchen, die die dort eingeschlossenen Frauen bewachten, verboten. Vom Serail aus konnte man den Harem über vier Türen – zwei Eisen- und zwei Bronzetüren – erreichen. Alle Türen wurden Tag und Nacht von Eunuchen bewacht. Man könnte den Harem als einen Irrgarten luxuriös eingerichteter Wohnungen, zahlreicher Korridore, Treppenaufgänge, Geheimtüren, Innenhöfe, Gärten mit Wasserbecken bezeichnen. Alle Wohnräume, die auf allen Seiten von anderen Räumen eingeschlossen waren, erhielten das Licht lediglich durch farbige Glaskuppeln und Oberlichtfenster. In den Gemächern des Sultans schmückten reich verzierte blaue und grüne Fliesen Wände und Decken. Auf den Fußböden lagen leuchtend bunte türkische Teppiche ausgebreitet; auf niedrigen Sofas wurde mit übereinandergeschlagenen Beinen türkischer Kaffee genippt und Obst gegessen. In den Räumen, in denen der Sultan vertrauliche Gespräche mit seinen Beratern zu führen pflegte, gab es Springbrunnen, die mit ihrem Plätschern verhinderten, daß ungebetene Lauscher die Gespräche mithören konnten.

Der Harem war eine geschlossene Welt der Schleier, des Klatsches, der Intrigen und – wann immer der Sultan wollte – des sexuellen Genusses. In ihm herrschten aber auch ein strenges Protokoll und eine starre Rangordnung. Bis zur Zeit Sulaimans des Prächtigen hatten Sultane noch förmlich geheiratet, wobei ihnen der Islam vier Frauen erlaubte. Doch nachdem sich die Gemahlin Sulaimans, die rothaarige Russin Roxelane, zu stark in die Staatsangelegenheiten eingemischt hatte, schlossen osmanische Sultane keine Ehen mehr. Die Mutter des Sultans war fortan die Herrscherin des Harems. Ohnehin nahm bei den Türken die Mutter eine exponierte Rolle in der Familie ein, gleichgültig, wie viele Frauen oder Konkubinen ein Mann sich halten mochte. War der Sultan zu jung oder zu schwach, gab seine Mutter an seiner Statt die Befehle an den Großwesir. Nach der Mutter des Sultans rangierte die Mutter des Thronerben; danach folgten die anderen Frauen, die Söhne geboren hatten. An letzter Stelle in der Rangfolge kamen die Odalisken oder Konkubinen. Alle diese Frauen waren, jedenfalls formal, Sklavinnen; und da moslemische Frauen nicht versklavt werden durften, waren alle Haremsfrauen Ausländerinnen: Russinnen, Tscherkassinnen, Venezianerinnen, Griechinnen. Vom Ende des 16. Jahrhunderts an kamen die meisten aus dem Kaukasus, da die blauäugigen Frauen dieses Gebiets für ihre Schönheit berühmt waren. War eine Frau über die Schwelle des Harems getreten, blieb sie dort ihr Leben lang eingeschlossen.

Wenn ein Mädchen im Alter von zehn oder elf Jahren in den Harem eintrat, wurde es von den erfahreneren Frauen in der Verführungskunst unterwiesen. Danach wartete es hoffnungsvoll auf den Augenblick der Vorauswahl, bei der der Sultan dem Mädchen ein Taschentuch zu Füßen warf. Es bedeutete aber noch nicht, daß sie für das Bett des Sultans – das höchste Ziel einer jeder Haremsfrau – bestimmt war. Die Auserkorene erhielt ihre eigenen Wohnräume und Diener und wurde mit Juwelen, Gewändern und mit Geld beschenkt. Alle Haremsfrauen waren verzweifelt darum bemüht, in das Bett des Sultans zu gelangen und ihn mit ihren Künsten für sich zu gewinnen. Es ist sogar vorgekommen, daß einige Sultane, übersättigt von Tage und Nächte währender Leidenschaft inmitten von Scharen aufmerksamer, hingebungsvoller und geschickter Frauen, am Schluß regelrecht wahnsinnig wurden.

Kein fremder Mann durfte die Welt des Harems betreten. Nach einem türkischen Sprichwort hätte auch die Sonne, wenn sie nicht weiblich wäre, keinen Zugang zum Harem gehabt. Pflicht der Eunuchen war es, für die Abgeschlossenheit des Harems zu sorgen. Ursprünglich stammten die Eunuchen aus dem Kaukasus. Aber vom 17. Jahrhundert an waren die etwa zweitausend Eunuchen allesamt schwarzer Hautfarbe. Die meisten von ihnen kamen aus dem Gebiet des oberen Nils, wo sie als Kinder von Sklavenhändlern verkauft und anschließend kastriert worden waren. Da der Koran die Kastration ablehnte, hatten sich koptische Christen in der Nähe von Assuan ihrer angenommen. Die Gouverneure und Vizekönige Unterägyptens schenkten dem Sultan diese kastrierten Jugendlichen.

Theoretisch waren die Eunuchen Sklaven, und zwar die Diener der Haremsfrauen, die selbst auch Sklavinnen waren. Dennoch gewannen sie oft große Macht. Durch ein geschicktes Intrigenspiel verstanden sowohl die Frauen als auch die Eunuchen großen Einfluß auf die Gewährung von Vergünstigungen und die Zuweisung von Ämtern zu nehmen. Manchmal spielte der Oberste der schwarzen Eunuchen, bekannt als Aga der Frauen oder Aga des Hauses der Glückseligkeit, sogar eine bedeutende Rolle in Staatsangelegenheiten; er konnte zum Tyrannen des Serails werden und nach dem Sultan und dem Großwesir die dritthöchste Position im Reich einnehmen. Der Aga lebte stets in großem Luxus, genoß zahlreiche Privilegien und verfügte über zahlreiche Bedienstete, zu denen auch eine ganze Anzahl von Sklavenmädchen gehörten.

Innerhalb des Harems wurde der Sultan wie ein Gott behandelt. Niemand durfte ihm unaufgefordert begegnen. Diejenigen, die sich zufällig auf seinem Weg befanden, mußten sich schnell verstecken, wenn er herannahte. Einer der Sultane trug sogar Pantoffeln mit silbernen Sohlen, um durch das Klappern auf den steinernen Fluren sein Nahen anzukündigen. Seine Feste feierte der Sultan in der Audienzhalle, einem großen blaugetäfelten Raum mit karmesinroten Teppichen. Dort saß er auf dem Thron, während sich seine Mutter, seine Schwestern und Töchter ringsum auf Sofas niederließen und die Haremsfrauen, die er auserkoren hatte, vor ihm auf Kissen auf dem Boden kauerten. Wünschte er Tänzerinnen und Musik, ließ man Hofmusikanten kommen. Diesen verband man dann sorgfältig die Augen, um die Haremsdamen vor männlichen Blicken zu schützen. Später erhielt der Audienzsaal einen Balkon mit einer sehr hohen Brüstung für die Musiker.

In der Audienzhalle empfing der Sultan gelegentlich auch ausländische Gesandte. Dann saß er auf seinem Marmorthron, trug ein wallendes Gewand aus goldfarbenem Stoff, mit Zobelpelz besetzt, und einen weißen Turban mit schwarz-weißer Agirette sowie einem großen Smaragd. Dem Gast wandte er immer nur das Profil zu, damit kein Ungläubiger das volle Gesicht des »Schatten Gottes auf Erden« erblicken konnte.

Das Osmanische Reich war ein kriegerischer Staat: Alle Macht lag in den Händen des Sultans. War der Sultan politisch geschickt, blühte das Reich, war er schwach, verfiel es. Bis zum 16. Jahrhundert war es osmanische Tradition gewesen, daß der Sohn des Sultans, der den Thron erbte, am Tag seiner Machtübernahme alle seine Brüder erdrosseln ließ, um für die Zukunft jede Bedrohung seiner Stellung auszuschließen. Sultan Murad III., der 1574– 1595 herrschte, zeugte mehr als hundert Kinder und hinterließ zwanzig Söhne. Der älteste, der ihm als Muhammed III. auf den Thron nachfolgte, ließ alle seine neunzehn Brüder erdrosseln und außerdem, um jede mögliche Anfechtung seines Herrschaftsanspruchs auszuschließen, auch sieben Konkubinen seines Vaters ermorden, die gerade schwanger waren. 1603 jedoch setzte der neue Sultan Ahmad I. diesem schrecklichen Brauch ein Ende, indem er sich weigerte, seine Brüder erdrosseln zu lassen. Damit sie ihm dennoch nicht schaden konnten, schloß er sie allerdings in einen besonderen Pavillon ein, »Käfig« genannt, wo sie von jeder Verbindung mit der Außenwelt abgeschnitten waren. Von nun an waren die osmanischen Prinzen dazu verurteilt, ihr Leben im Müßiggang in Gesellschaft von Eunuchen und älteren Konkubinen zu verbringen, die keine Kinder mehr gebären konnten. Starb der Sultan oder wurde er abgesetzt, ohne einen Sohn zu hinterlassen, pflegte man einen seiner Brüder aus dem »Käfig« hervorzuholen und zum neuen »Schatten Gottes auf Erden« zu ernennen.

Zu allen Zeiten, besonders aber wenn der Sultan eine schwache Persönlichkeit war, wurde das Osmanische Reich in Wirklichkeit vom Großwesir regiert. Von einem großen Gebäude aus, das 1654 in der Nähe des Serails erbaut worden war und den Europäern als die Hohe Pforte bekannt war, hatte er die Kontrolle über die Verwaltung und die Streitkräfte des Reiches. Er beaufsichtigte alles mit Ausnahme des Serails. Der Theorie nach war zwar auch der Großwesir ein Diener des Sultans – bei seiner Ernennung nahm er aus der Hand des Sultans einen Siegelring entgegen, den er bei seiner Entlassung wieder zurückgeben mußte –, in der Praxis jedoch war er meistens der Herrscher des Reiches. In Friedenszeiten war er der oberste Verwalter und oberste Richter. Im Krieg befehligte er die osmanische Armee, unterstützt vom Janitscharen-Aga und vom Pascha-Kapitän der Marine. Sein Staatsrat, der Diwan, tagte in einem großen Audienzsaal, dessen Wände mit Mosaiken, Arabesken und blaugoldenen Teppichen geschmückt waren.

Gelegentlich konnten Großwesire den Sturz von Sultanen herbeiführen; dieses Amt führte jedoch auch große Risiken mit sich: Großwesire starben nur selten einen friedlichen Tod. Eine Niederlage im Krieg fiel auf den Großwesir zurück und zog unvermeidlich die Entlassung, das Exil und, allzuoft, die Erdrosselung nach sich. Zwischen 1683 und 1712 zählte man zwölf Großwesire.

Dennoch waren es Anfang des 17. Jahrhunderts die Großwesire, die das Reich retteten, während sich die Sultane ihren Vergnügungen hingaben. 1656, als das Reich zusammenzubrechen drohte, ernannte die Haremshierarchie den einundsiebzigjährigen Albaner Mohammed Korpulu zum Großwesir. Er löste die anstehenden Probleme mit gnadenloser Härte, indem er 50000 bis 60000 Hinrichtungen vornehmen ließ und so die korrupte osmanische Verwaltung säuberte. Unter seinem Sohn Ahmad Korpuli und später unter seinem Schwager Kara Mustapha erlebte das Osmanische Reich für kurze Zeit sogar einen Machtaufschwung. Die Flotten und Armeen Österreichs, Venedigs und Polens wurden zurückgedrängt, und 1683 entschloß sich Kara Mustapha als Antwort auf einen ungarischen Hilferuf gegen Kaiser Leopold zu der legendären Belagerung von Wien. Eine Armee von über 200000 Mann marschierte die Donau aufwärts, eroberte ganz Ungarn und stand schließlich vor den Mauern der Hauptstadt des Habsburger Reiches. Regimenter aus vielen deutschen Staaten traten in die Armee des Kaisers ein, um gegen die Türken zu kämpfen. Sogar Ludwig XIV., ein heimlicher Verbündeter der Türken, kam nicht umhin, Wien seine Unterstützung anzubieten. Am 12. September 1683 griff eine Armee der europäischen Verbündeten die türkischen Belagerer von hinten an und vertrieb sie donauabwärts. Auf Befehl des Sultans wurde Kara Mustapha anschließend erdrosselt.

Die Jahre, die auf die Niederlage von Wien folgten, waren für die Türken katastrophal. Buda und Belgrad fielen; die österreichische Armee näherte sich Adrianopel. Der große venezianische Admiral Francesco Morosini eroberte den Peloponnes, marschierte über den Isthmus von Korinth und belagerte Athen. Unglücklicherweise traf während der Beschießung der Stadt eine venezianische Granate am 26. September 1687 den Parthenon-Tempel, den die Türken damals als Pulvermagazin benutzten, und richtete großen Schaden an.

1703 wurde Sultan Mustapha II. von den Janitscharen zugunsten seines dreißigjährigen Bruders Ahmad III. abgesetzt, der aus dem »Käfig« auf den Thron gelangte und siebenundzwanzig Jahre lang herrschte. Ahmad war von Stimmungen abhängig und stand in hohem Maße unter dem Einfluß seiner Mutter. Er liebte die Frauen und die Dichtung, malte gern, hatte eine Leidenschaft für Architektur und ließ schöne Moscheen errichten. Am Goldenen Horn entlang ließ er zahlreiche luxuriöse Lustpavillons bauen, einige im chinesischen, andere im französischen Stil, wo er dann in Begleitung seiner Lieblingskonkubinen im Schatten eines Baumes zu sitzen pflegte und sich Gedichte vortragen ließ. Ahmad liebte auch Theatervorführungen. Im Winter wurden chinesische Schattenspiele vorgeführt, im Sommer künstlerische Kampfspiele und Feuerwerke veranstaltet.

In dieser kultivierten und abgesonderten Welt lebte Ahmad III. zur Zeit der Herrschaft Peters des Großen. Ahmads Regierungszeit, die die des Zaren überdauerte, endete auf typisch osmanische Art. 1730, als das Reich wieder einmal in Aufruhr geraten war, hoffte Ahmad seine Feinde dadurch zu besänftigen, daß er den Großwesir, der gleichzeitig sein Schwager war, erdrosseln und seine Leiche der Menge ausliefern ließ. Bald danach wurde aber auch er abgesetzt; sein Neffe, der ihn vergiften ließ, wurde sein Nachfolger.

2   Der Befreier der Christen auf dem Balkan

In der zweiten Hälfte des 17. Jahrhunderts nahm Rußland an Stärke zu und stellte mehr und mehr eine Bedrohung für den Thron des »Schatten Gottes« dar. In der Vergangenheit hatten die Türken mit Verachtung auf die Russen herabgesehen; eigentlich hatten sie auch nur mit ihren Vasallen, den Krimtataren, bisher zu tun gehabt. Und auch für die Tataren war Rußland hauptsächlich ein Erntefeld für Sklaven und Vieh gewesen, die sie erbeuteten, wenn sie in die Ukraine und ins südliche Rußland einfielen. Die zwei größten christlichen Völker Osteuropas, die orthodoxen Russen und die katholischen Polen, hatten einander über Generationen bekämpft. Erst 1667 trat eine Veränderung ein, die für den Sultan unangenehme Folgen bringen sollte: Russen und Polen legten ihren Zwist bei – zumindest zeitweilig – und verbündeten sich gegen die Türken; 1686 trat König Jan Sobieski von Polen Kiew zeitweilig an die Regentin Sofia ab – das aber dann für immer russisch bleiben sollte – als Gegenleistung dafür, daß Rußland einem polnisch-österreichisch-venezianischen Bündnis gegen die Türkei beitrat. Durch seine Verbündeten ange-

stachelt, begann Rußland schließlich sogar militärische Aktionen einzuleiten, wenn auch die 1677 und 1689 unter dem Kommando von Wassili Golizyn
geführten Offensiven gegen die Krimtataren zunächst scheiterten und Konstantinopel noch eine Zeitlang von der militärischen Bedeutungslosigkeit
Rußlands überzeugt sein durfte.

Währenddessen war die Regentin gestürzt worden und die Naryschkin-Partei an die Macht gekommen. Der junge Zar ließ seine Soldaten anfangs nur
spielen, baute Schiffe und hielt sich lange in Archangelsk auf. Obwohl sich
Rußland und die Türkei offiziell im Krieg befanden, gab es während dieser
Zeit keinerlei Kämpfe zwischen den beiden Ländern.

Als Peter aber volljährig geworden war, entdeckte er im antitürkischen
Bündnis und im unbeendeten Krieg eine Möglichkeit, einen persönlichen
Traum zu verwirklichen. Er beschloß, nach Süden aufzubrechen, um möglichst bald eine russische Flotte auf dem Schwarzen Meer einsetzen zu können. Die beiden Asow-Feldzüge von 1695 und 1696 waren folglich die ersten
russischen Angriffe, die sich nicht gegen Tataren, sondern gegen eine von
türkischen Soldaten besetzte Festung richteten. Peters Erfolg beim zweiten
Versuch beunruhigte die Regierung des Sultans: Russische Kriegsschiffe waren offensichtlich gefährlicher als ein russisches Landheer. Der Zar hatte die
Donmündung erobert und konzentrierte eine Flotte in Taganrog und in
Asow, auch wenn noch immer osmanische Festungen die Meerenge von
Kertsch beherrschten und dafür sorgten, daß die russischen Schiffe nicht auf
das Schwarze Meer hinausfuhren. Obwohl Peter sein Ziel also nur teilweise
erreicht hatte, sollte die Eroberung von Asow weitreichende Folgen haben.
Der erste russische Sieg über die Türken bewies zumindest eine partielle
Überlegenheit gegenüber einer Großmacht, die von den Russen zuvor stets
mit größter Vorsicht behandelt worden war. Das Osmanische Reich war
träge geworden, wenngleich es immer noch riesengroß war und ungeheure
Ressourcen besaß.

Diesen lethargischen, aber immer noch furchterweckenden Riesen forderte
Peter 1711 heraus, als er gegen den Balkan marschierte.

1710 wurde der dreißigjährige Waffenstillstand mit der Türkei, der am Vorabend des Großen Nordischen Krieges unterzeichnet worden war, bereits
seit zehn Jahren eingehalten. Das war vor allem Rußlands erstem ständigen
Gesandten in Konstantinopel, Peter Tolstoi, zu verdanken. 1645 geboren,
aus einer Familie des niederen Adels stammend, hatte er ursprünglich die
Miloslawskis unterstützt und noch 1689, während ihrer letzten Auseinandersetzung mit Peter, zu Sofia gehalten; dann aber war er – gerade rechtzeitig –
auf die Seite der Sieger übergewechselt. Peter, der seinem neuen Anhänger
anfangs nicht voll vertraute, schickte ihn als Gouverneur in die abgelegene
nördliche Provinz Ustiug. Als er im Sommer 1693 und 1694 auf seinem Wege
nach Archangelsk durch diese Gegend kam, war es Tolstois Aufgabe, für sein
Wohlbefinden zu sorgen. Der Gouverneur machte damals einen guten Ein-

druck auf den Zaren und konnte ihn noch mehr für sich einnehmen, als er sich im zweiten Asow-Feldzug als fähiger Militär bewies. 1696 gelang es ihm schließlich, Peters uneingeschränkte Gunst zu erringen, als er sich bereiterklärte, nach Venedig zu fahren, um Schiffsbau und Navigation zu studieren. Dort lernte er italienisch sprechen und die westliche Lebensart und Kultur kennen, was für seine spätere Laufbahn als Diplomat erforderlich war. Klug, besonnen und anpassungsfähig, gebildet und kultiviert, wurde Tolstoi für den Zaren zu einem außerordentlich wichtigen Mitarbeiter. Peter übertrug ihm die diplomatische Mission in Konstantinopel und die Aufgabe, den geflohenen Zarewitsch Alexei wieder nach Rußland zurückzuholen. Später verlieh er Tolstoi den Rang eines Grafen, wobei er aber nie vergaß, daß er ursprünglich auf der Seite seiner Gegner gestanden hatte. Einmal soll der Zar Tolstois Kopf in seine kräftigen Hände genommen und ausgerufen haben: »O Kopf! Du wärst nicht mehr auf deinen Schultern, wenn du nicht so klug wärst!«[1]

Aufgrund seiner Veranlagung und seiner Erfahrungen war Tolstoi auf hervorragende Weise für die Aufgabe eines Gesandten Rußlands am Hof des Sultans geeignet. Als er gegen Ende des Jahres 1701 in Konstantinopel eintraf, hatte er den Auftrag, den Waffenstillstand zwischen der Türkei und Rußland wahren zu helfen, dabei zwischen der Türkei und Österreich nach Möglichkeit Unfrieden zu stiften, über die Auslands- und Innenpolitik des Osmanischen Reiches Informationen zu sammeln und diese nach Moskau weiterzuleiten. Er sollte sein Urteil über die Männer abgeben, die an der Macht waren oder die vielleicht an die Macht kommen würden; er sollte vor allem Informationen über die türkische Militär- und Marinetechnik sowie über die Stärke der türkischen Festungen am Schwarzen Meer zusammentragen. Da es zwischen Rußland und der Türkei keinen Handel gab, betrachteten die Türken die Anwesenheit Tolstois in ihrer Hauptstadt mit großem Argwohn.

Zunächst wurde er unter Hausarrest gestellt. Er schrieb darüber an Peter: »Meine Anwesenheit hier gefällt ihnen nicht wegen meiner möglichen Beziehungen zu ihren nahen Feinden, den Griechen, die die gleiche Religion haben wie wir. Die Türken sind der Meinung, ich könnte die Griechen gegen die Mohammedaner aufstacheln, weswegen sie ihnen verboten haben, mit mir Kontakt zu haben. Alle Christen wurden dadurch so erschreckt, daß sie sich nicht einmal mehr trauen, an meinem Haus vorbeizugehen ... Nichts beunruhigt die Türken so sehr wie Ihre Flotte. Es ging das Gerücht, daß in Archangelsk siebzig große Schiffe gebaut wurden, und jetzt glauben sie, daß diese Schiffe notfalls über den Atlantik ins Mittelmeer und bis vor Konstantinopel gelangen werden.«[2]

Trotz dieser Schwierigkeiten erzielte Tolstoi beträchtliche Erfolge. Es gelang ihm, einen Nachrichtendienst aufzustellen, der sich teilweise der Organisation der orthodoxen Kirche innerhalb des Osmanischen Reiches bediente – Dositheus, der Patriarch von Jerusalem, war dabei besonders hilfreich – und sich auf die Mitwirkung der Holländer stützte, die sich im Irrgarten der türkischen Politik besonders gut auskannten.

In den Jahren, in denen Tolstoi in Konstantinopel wirkte, war dieser Irrgarten besonders kompliziert geworden. Großwesir folgte auf Großwesir. 1702 kam der Großwesir Daltaban Mustapha an die Macht, der fest entschlossen war, den Tataren-Khan in seinem Verlangen, wiederum Krieg gegen Rußland zu führen, mit aller Macht zu unterstützen. Durch großzügige Bestechung gelang es Tolstoi, die Mutter des Sultans auf das Komplott des Großwesirs aufmerksam zu machen; Daltaban wurde abgesetzt und enthauptet. Der nachfolgende Wesir behandelte Tolstoi rücksichtsvoller; aber immer noch hielten rund um die Uhr Janitscharen vor seiner Tür Wache, um zu beobachten, was sich bei ihm ereignete.

1703, nachdem Sultan Mustapha II. von seinem Bruder Ahmad III. abgelöst worden war, durfte sich Tolstoi zunächst überall aufhalten, wo es ihm beliebte; als dann aber ein neuer Großwesir kam, wurde er in seiner Bewegungsfreiheit stark eingeschränkt. Verzweifelt schrieb der Gesandte nach Moskau: »Der neue Wesir ist mir gegenüber sehr übelgesinnt, und meine erbärmliche Lage, meine Sorgen und Befürchtungen sind schlimmer als zuvor. Wieder wagt niemand, zu mir zu kommen, wieder kann ich nirgendwohin gehen. Nur unter größten Schwierigkeiten kann ich diesen Brief abschikken. Es ist dies der sechste Wesir, seitdem ich hier bin, und er ist der schlimmste von allen.«[3] Der sechste Wesir wurde bald vom siebten abgelöst, aber Tolstois Lage blieb trotzdem unerfreulich.

Die schlechte Behandlung, die Tolstoi in Konstantinopel erfuhr, war teilweise darauf zurückzuführen, daß sich der türkische Gesandte in Moskau seinerseits über die Behandlung beklagt hatte, die ihm die Russen zuteil werden ließen. Als der Gesandte ihnen die Thronbesteigung Ahmads III. mitteilen wollte, war er zwar höflich empfangen worden, man hatte ihn jedoch lange warten lassen, bevor er den Zaren sehen durfte. Die Verzögerung war Absicht gewesen. Zum einen wollte Peter Zeit gewinnen und den Gesandten die Macht des russischen Zaren spüren lassen, zum zweiten wollte er ihn möglichst lange davon abhalten, den russischen Marinehafen in Asow und die dazugehörigen Werften in Woronesch zu sehen. Peter schrieb an den Gouverneur von Asow: »Geh nicht mit ihm in die Nähe von Woronesch. Halte Dich so lange wie möglich woanders auf, je länger desto besser. Laß ihn auf keinen Fall Asow sehen.«[4]

Tolstoi befürchtete auch, daß der eine oder andere seiner Bediensteten zum Islam übertreten und dann seine bisherige Geheimtätigkeit verraten könnte. Als tatsächlich einmal ein solcher Fall eintrat, reagierte der Gesandte schnell.

»Ich bin in großer Sorge wegen meiner Bediensteten«, schrieb er nach Moskau. »Da wir hier seit drei Jahren leben, haben diese mit Türken Bekanntschaft geschlossen und auch die türkische Sprache erlernt. Da wir im Augenblick große Unannehmlichkeiten haben, fürchte ich, sie könnten ungeduldig werden, weil wir hier so eingesperrt sind, und in ihrem Glauben wanken, weil der islamische Glaube für unbedachte Menschen sehr attraktiv ist. Wenn wir hier einen Judas haben, wird der großen Schaden anrichten können, denn meine Leute haben gesehen, mit welchen Christen ich vertraulichen Umgang hatte und wer im Dienst des Zaren steht ... und wenn einer abtrünnig wird und den Türken sagt, wer für den Zaren gearbeitet hat, dann werden nicht nur unsere Freunde leiden müssen, sondern alle Christen einen Schaden davontragen. Ich verfolge dieses Problem mit großer Aufmerksamkeit und weiß nicht, wie Gott es wenden wird. Ich hatte bereits einen solchen Vorfall. Ein junger Sekretär, Timotheus, hatte mit Türken Freundschaft geschlossen und wollte zum Islam übertreten. Mit Gottes Hilfe erfuhr ich davon. Ich rief ihn zu mir und sprach mit ihm; und er erklärte mir offen, er wolle Mohammedaner werden. Daraufhin schloß ich ihn bis zum Abend in seinem Schlafzimmer ein, nachdem er ein Glas Wein getrunken hatte. Er starb schnell. So bewahrte ihn Gott vor diesem großen Übel.«[5]

Während Bulawins Aufstand am Don und der schwedischen Invasion in Rußland befürchtete Peter, der Sultan wolle Asow zurückerobern. Um ihn zu besänftigen, ordnete er an, es dürften keine Türken oder Tataren mehr in russischen Gefängnissen zurückgehalten werden.

Tolstoi war der Meinung, man solle den Türken stark, sogar drohend gegenübertreten, um sie zum Stillhalten zu zwingen. Die folgenden Ereignisse schienen ihm recht zu geben. Bei der Schlacht von Poltawa waren die Türken dermaßen eingeschüchtert, daß sie nicht nur zugunsten der Schweden intervenierten, sondern daß auch die Gerüchte über das Erscheinen der russischen Flotte am Bosporus in Konstantinopel geradezu Panik hervorriefen. Acht Jahre lang half Tolstoi, den Frieden zwischen Rußland und der Türkei zu wahren, bis 1709 Karl XII. auf seiner Flucht nach der Schlacht von Poltawa im Herrschaftsbereich des Sultans eintraf und die Türken in den folgenden drei Jahren Rußland viermal den Krieg erklärten.

Der schwedische König und der Kosaken-Hetman Masepa hatten im Herrschaftsgebiet des Sultans um Asyl gebeten; Ahmad III. war seiner Religion zufolge dazu verpflichtet, die beiden Flüchtlinge aufzunehmen und zu schützen. Schon nach wenigen Tagen erschien der Stadthalter von Bender, Jussuf Pascha, bei Karl, um ihn offiziell willkommen zu heißen. Er brachte mehrere Wagen mit Proviant mit, und bald konnten sich die ausgehungerten Schweden an Melonen, Hammelfleisch und ausgezeichnetem türkischen Kaffee laben. Jussuf Pascha überbrachte auch einen Vorschlag des Sultans, der allerdings wie ein Befehl aussah: Die Gäste sollten zweihundertvierzig Kilometer weiter nach Südwesten ziehen, nach Bender am Dnjestr. Die Schweden erfüllten die Bitte und lebten dann in großen türkischen Zelten, die auf einer von Obstbäumen umsäumten Wiese am Dnjestrufer aufgestellt waren. In dieser lieblichen Landschaft, dem heutigen Bessarabien, sollte der ruhelose Karl XII. drei Jahre verbringen.

Der König von Schweden hatte eigentlich die Absicht gehabt, nach Polen zurückzukehren und, sobald sein Fuß geheilt war, das Kommando über die Armeen Krassows und Stanislaus' zu übernehmen. In Polen hoffte er auch mit den von Lewenhaupt befehligten Soldaten zusammenzutreffen, die er in Perewolutschna zurückgelassen hatte. Darüber hinaus sandte er Befehle an den Staatsrat in Stockholm, man solle neue Regimenter aufstellen und sie über die Ostsee zu ihm schicken. Doch seine Wunde heilte nur langsam, es dauerte noch sechs Wochen, bevor er wieder ein Pferd besteigen konnte. Während der Rekonvaleszenz erfuhr er, daß seine älteste Schwester, Hedwig Sophie, die verwitwete Herzogin von Holstein, in Stockholm an Masern gestorben war. Karl zog sich in sein Zelt zurück und weigerte sich tagelang, Besuch zu empfangen. Seiner jüngeren Schwester Ulrike schrieb er, er hoffe, daß dem »zu schrecklichen, gänzlich unerwarteten Gerücht, das mich ganz erstarren ließ«[6], widersprochen werden würde. Später offenbarte er ihr, er wäre glücklich gewesen, wenn er als erster von allen dreien hätte sterben dürfen, und er bete jetzt darum, wenigstens der zweite zu sein.

Danach widerfuhr dem König ein neues Unglück. Masepa, der schon auf der Flucht erkrankt war, mußte vom Lager aus nach Bender in ein Haus gebracht werden, wo sich während der heißen Sommertage sein Zustand verschlechterte. Das Angebot des Zaren, Graf Piper freizulassen, wenn Karl ihm Masepa auslieferte, lehnte der König ab. Am 22. September 1709 starb Masepa, und Karl folgte auf Krücken dem Trauerzug.

Nun erfuhr er weitere Schicksalsschläge. Lewenhaupt hatte bei Perewolutschna kapituliert; russische Truppen marschierten unter der Leitung Menschikows in Polen ein; Stanislaus und Krassow hatten sich zurückgezogen; der Vertrag von Altranstädt war von August, der in Polen einmarschiert war, um seine Krone zurückzufordern, annulliert worden; Dänemark hatte den Krieg gegen Schweden wieder aufgenommen und war mit seiner Armee in Schweden eingedrungen. Unterdessen marschierten bereits russische Soldaten durch die Ostseeprovinzen und besetzten Riga, Pärnu, Reval und Wyborg. Und warum kehrte Karl nicht nach Schweden zurück, um dort die Führung zu übernehmen? Die Reise wäre nicht gerade einfach gewesen. Bender lag zweitausend Kilometer südlich von Stockholm. Der Weg durch Polen war durch die Soldaten Peters und Augusts abgeschnitten, zum anderen war die Pest wieder ausgebrochen, und die Österreicher hatten ihre Grenzen geschlossen. Ludwig XIV. hatte wiederholt angeboten, ihn per Schiff nach Schweden befördern zu lassen – dem Sonnenkönig lag daran, daß Karl XII. in Europa Zwietracht säte unter seinen englischen, holländischen und österreichischen Gegnern –, aber der schwedische König befürchtete, von Piraten gefangengenommen zu werden. Ließ er sich von den Franzosen – oder sogar von den Engländern oder Holländern – nach Schweden zurückbringen, wäre er dann wohl sicher gezwungen, im Spanischen Erbfolgekrieg Partei zu ergreifen.

Da er also nicht sofort nach Polen aufbrechen konnte, zog es Karl vor, im Osmanischen Reich zu bleiben. Wenn er den Sultan dazu bringen konnte, erneut in den Krieg gegen den Zaren zu ziehen, und wenn er sich ihm bei einer erfolgreichen Offensive im Süden anschließen könnte, wäre es möglich, Peter immer noch zu schlagen und alles, was Schweden verloren hatte, zurückzugewinnen. Und so stürzten sich Karls Agenten Poniatowski und Neugebauer im Herbst 1709 in das trübe Spiel der türkischen Diplomatie und bemühten sich darum, Tolstois Werk zunichte zu machen.

Ihre Aufgabe war nicht einfach. Die Türken wollten nicht kämpfen, und diese Einstellung wurde durch die Nachrichten über die Schlacht von Poltawa, die auch in Konstantinopel starken Eindruck hinterlassen hatten, nur noch verstärkt. Wie lange mochte es jetzt noch dauern, bis die Flotte des Zaren am Bosporus auftauchte? »Der König von Schweden«, heißt es in einem zeitgenössischen Dokument, »ist wie eine schwere Last auf die Schultern der Hohen Pforte gefallen.«[7] Im Osmanischen Reich gab es aber auch Befürworter eines Krieges mit Rußland, wie beispielsweise Devlet Gerey, der russenfeindliche Khan der Krim, der seit dem Vertrag von 1700 auf den gewohnten Tribut aus Rußland hatte verzichten müssen. Darüber hinaus war es Neugebauer gelungen, die Mutter von Sultan Ahmad für sich zu gewinnen. Diese Frau war von den Heldenlegenden über Karl XII. fasziniert, jetzt brachte Neugebauer ihr nahe, auf welche Weise ihr Sohn dabei helfen könnte, daß ihr »Löwe den Zaren verschlang«.[8]

Es genügte aber nicht, einfach den Sultan zu veranlassen, Krieg zu führen; der Feldzug mußte erfolgreich verlaufen. Karl sah ein, daß er auch über eine neue schwedische Armee auf dem Kontinent verfügen mußte, wollte er in dieser Angelegenheit mitreden können. Und so schrieb er, als die osmanische Armee bereits mobil gemacht wurde, nach Stockholm, man möge »für den sicheren und rechtzeitigen Transport der erwähnten Regimenter nach Pommern sorgen, damit unsere Beteiligung an dem bevorstehenden Feldzug nicht hinfällig wird.«[9]

Der Rat in Stockholm war über dieses Ersuchen erstaunt. Schon im November 1709, kurz nach der Schlacht von Poltawa, hatte Dänemark den Frieden von Traventhahl gebrochen und den Krieg gegen Schweden wieder aufgenommen, dänische Truppen waren inzwischen in Südschweden eingedrungen. Dem schwedischen Staatsrat, der hohe Kosten für einen Krieg aufbringen mußte, der schon verloren schien, kam der Befehl des Königs, nun auch noch ein Heer nach Polen zu schicken, wie Wahnsinn vor. Man übermittelte Karl die Botschaft, daß keine Soldaten erübrigt werden konnten.

Es war eine Ironie des Schicksals, daß Neugebauer und Poniatowski in Konstantinopel erfolgreich waren, während Karl XII. zur gleichen Zeit in Stockholm scheiterte. Obwohl er in diesem Augenblick unbestreitbar der größte Heerführer im ganzen Osmanischen Reich war und obwohl die türkische Armee, insbesondere die Janitscharen, diesen »Kriegerkönig« vergötterten, war Karl XII. doch nicht offiziell der Verbündete der Türken; er spielte in dem kommenden Feldzug keine aktive Rolle.

Nicht nur die Türken hatten sich mit der Anwesenheit Karls XII. im Osmanischen Reich zu befassen. Der Zar hatte von Anfang an darauf gedrängt, daß Karl übergeben oder ausgewiesen werden sollte. Die kategorische Forderung des Zaren, der Sultan müsse bis zum 10. Oktober 1710 auf sein Ersuchen um Karls Auslieferung antworten, wurde als beleidigend für die Würde des »Schatten Gottes« empfunden, und da der Khan, die Schweden, die Franzosen und die Mutter des Sultans einen Krieg befürworteten, gab dieses Drängen des Zaren nun den Ausschlag. Am 21. November, während einer feierlichen Sitzung des Diwans, erklärte das Osmanische Reich Rußland den Krieg. Tolstoi hatte als erster unter der Kriegserklärung zu leiden, da Gesandte nach türkischem Recht in Kriegszeiten keine Immunität besaßen. Man verhaftete ihn, zog ihn halbnackt aus, setzte ihn auf ein Pferd und ließ ihn durch die Straßen der Stadt paradieren, bis zu den »Sieben Türmen«, wo er eingesperrt wurde.

Ein neuer Großwesir, Mohammed Baltadschi, wurde ernannt. Baltadschi war für seine Zeitgenossen ein schwachsinniger Päderast, der zudem nie selbst Soldat gewesen war. Der neue Großwesir entschied sich jedenfalls sogleich für eine Offensive. Im Winter sollten die Reiter Khans von der Krim in die Ukraine vorstoßen, um die Kosaken zu verfolgen und sich den Anteil an Gefangenen und Vieh zu holen, auf den sie zehn Friedensjahre lang hatten verzichten müssen. Im Frühling würde der Hauptteil der osmanischen Armee von Adrianopel aus nach Norden marschieren. Artillerie und Nachschub wollte man übers Meer bis zur Donaumündung und dann stromaufwärts nach Isaccea bringen, wo sich zur gegebenen Zeit das gesamte Heer einfinden sollte. Auch die Reiter der Tataren würden dorthin kommen, um schließlich zusammen mit allen anderen türkischen Verbänden ein Heer von fast 200000 Mann zu bilden.

Im Januar schlugen die Tartaren zu und richteten zwischen dem mittleren Dnjepr und dem oberen Don große Verwüstungen an. Sie trafen jedoch auf heftigen Widerstand von seiten des Kosaken-Hetmans Skoropadski und mußten sich wieder zurückziehen, ohne daß ihnen jenes größere Ablenkungsmanöver gelungen wäre, mit dem der Großwesir gerechnet hatte. Ende Februar nahmen die Janitscharen und das Elitekorps von 20000 Mann die polierten Musketen und die geschnitzten Bogen und zogen nordwärts. Der Hauptteil des türkischen Heeres kam allerdings nur sehr langsam voran und erreichte die Donau erst Anfang Juni. Es setzte aufs Ostufer über und übernahm die Geschütze, die per Schiff transportiert worden waren.

Während sich die Türken im Bereich der unteren Donau sammelten und den weiteren Verlauf ihres Feldzugs vorbereiteten, schickte der Großwesir Poniatowski, Karls Vertreter in Konstantinopel, nach Bender, um den schwedischen König zu ersuchen, am Vormarsch der türkischen Armee teilzunehmen, allerdings nur als Gast des Großwesirs. Im ersten Augenblick unterlag Karl der Versuchung, die Einladung anzunehmen, dann entschied er sich jedoch dagegen. Als Monarch mochte er sich nicht einer Armee anschließen, die er nicht selbst befehligte, um so weniger, als die türkische Armee unter dem

Kommando des Großwesirs stand, der einen niedrigeren Rang als er einnahm. Rückblickend erscheint diese Entscheidung als ein gravierender Fehler.

Der Krieg von 1711, der zum Pruth-Feldzug führte, war von Peter nicht gewollt. Karl hatte diese Auseinandersetzung zwischen Rußland und dem Osmanischen Reich angestiftet. Als der Krieg dann jedoch nicht mehr zu vermeiden war, nahm Peter, noch unter dem Eindruck seines Erfolgs von Poltawa, die Herausforderung an und traf zügig die notwendigen Vorbereitungen. Zehn russische Dragonerregimenter wurden aus Polen abgezogen und zur Bewachung der Grenze gegen das Osmanische Reich eingeteilt; Scheremetew mußte mit zweiundzwanzig Infanterieregimentern von der Ostsee in die Ukraine marschieren, und schließlich führte Peter eine neue, außergewöhnlich hohe Steuer ein, mit der die kommenden militärischen Operationen bezahlt werden sollten.

Am 25. Februar 1711 wurde innerhalb des Kreml ein feierliches Zeremoniell abgehalten. Die Preobraschensker und die Semenowsker Garderegimenter waren auf dem Platz vor der Uspenski-Kathedrale aufmarschiert, und auf ihren roten Bannern war das Kreuzeszeichen und das alte Losungswort Kaiser Konstantins zu lesen: »In diesem Zeichen wirst du siegen«. In der Kathedrale verkündete Peter den heiligen Krieg »gegen die Feinde Christi«. Anschließend übernahm er selbst das Kommando des Feldzugs und verließ Moskau am 6. März unter Begleitung von Katharina. Als er unterwegs erkrankte, schlug seine Stimmung abrupt um: »Uns steht ein Weg bevor, von dem wir uns kein Bild machen können, den nur Gott allein kennt«[10], schrieb er an Menschikow. Apraxin, dem er das Kommando über das ganze untere Dongebiet einschließlich Asows und Taganrogs übertragen hatte und der ihn um Instruktionen bat, antwortete er: »Tu, was Dir richtig zu sein scheint, denn das ganze Land ist Dir anvertraut. Es ist mir unmöglich, Entscheidungen zu fällen, die das dortige Gebiet betreffen, da ich so weit entfernt bin und die Dinge sich von Tag zu Tag ändern; darüber hinaus bin ich verzweifelt, weil mich die Krankheit kaum mehr leben läßt.«[11]

Peter war schwer erkrankt. An Menschikow schrieb er, er habe einen Anfall erlitten, der anderthalb Tage dauerte, und er sei bisher nie so krank gewesen. Nach einigen Wochen, als er sich wieder besser zu fühlen begann, fuhr er weiter nach Jaworow. Erfreut nahm er zur Kenntnis, daß der polnische Adel Katharina äußerst respektvoll behandelte und sie mit »Euer Majestät« ansprach. Die Nachricht von Peters offizieller Vermählung mit Katharina, die ja erst zwei Monate zurücklag, hatte sich also bereits in Europa herumgesprochen. Katharina war von ihrem Aufenthalt ebenfalls angetan. »Wir sind hier oft zu Festessen und Soireen eingeladen«, schrieb sie am 9. Mai an Menschikow, der zur Verteidigung von St. Petersburg zurückgeblieben war. »Vor drei Tagen besuchten wir den Hetman Sieniawski, und gestern waren wir bei Fürst Radziwill, wo wir ziemlich viel tanzten.«[12]

Peter war nach Jaworow gefahren, um den Ehevertrag zu unterzeichnen, der die Ehe zwischen seinem Sohn Alexei und der Prinzessin Charlotte Christine von Braunschweig-Wolfenbüttel gültig machen sollte. Schleinitz, der Beauftragte des Herzogs von Wolfenbüttel, schickte seinem Herrn einen ausführlichen Bericht über seine Begegnung mit Peter und Katharina:

»Am nächsten Tag gegen vier Uhr ließ der Zar mich wiederum holen. Ich wußte, ich würde ihn im Zimmer der Zarin treffen, und es würde ihm ein besonderes Vergnügen machen, wenn ich der Zarin zur offiziellen Bekanntgabe ihrer Vermählung gratulieren würde ... Außerdem wußte ich, daß der polnische Minister die Zarin mit dem Titel ›Majestät‹ ansprach. Als ich nun ihr Zimmer betrat, ging ich, ungeachtet der Anwesenheit des Zaren, zuerst zu ihr hin und übermittelte ihr Ihren Glückwunsch. Außerdem vertraute ich die Prinzessin ihrer Freundschaft und ihrem Schutz an.«[13]

Katharina war hocherfreut und bat Schleinitz, dem Herzog für seine guten Wünsche zu danken. Sie sagte, sie wolle die Prinzessin, die nun ihre Schwiegertochter werden würde, sobald wie möglich kennenlernen und umarmen. Dann wollte sie hören, ob der Zarewitsch auch tatsächlich so sehr in Charlotte verliebt sei, wie die Leute erzählten. Während Katharina noch mit dem Gesandten sprach, hielt sich Peter auf der anderen Seite des Zimmers auf, wo er einige Meßinstrumente untersuchte. Als er Katharina von Alexei sprechen hörte, legte er die Instrumente zur Seite und ging zu den beiden hinüber, ohne jedoch das Gespräch zu unterbrechen.

»Da ich selbstverständlich wußte«, fuhr Schleinitz in seinem Brief an den Herzog fort, »daß es eigentlich meine Pflicht gewesen wäre, mich zuerst an den Zaren zu wenden, entschuldigte ich mich bei ihm, daß mich Ihre Majestät die Zarin für sich beansprucht hätte, weil sie erfahren wollte, ob der Zarewitsch sehr in die Prinzessin verliebt sei. Ich sei sicher, ließ ich wissen, daß der Zarewitsch voll Ungeduld auf die Einwilligung seines Vaters wartete, um völlig glücklich zu sein. Der Zar antwortete mir über einen Dolmetscher: ›Ich möchte das Glück meines Sohnes nicht hinauszögern; gleichzeitig möchte ich mich aber auch nicht meines eigenen Glücks berauben. Er ist mein einziger Sohn, und ich habe den Wunsch, nach Beendigung des jetzigen Feldzugs bei seiner Hochzeit anwesend zu sein. Seine Hochzeit wird in Braunschweig stattfinden.‹ Der Zar meinte noch, er wolle versuchen, im Herbst zu einer Trinkkur nach Karlsbad zu fahren und danach nach Wolfenbüttel zu kommen.« Wenige Tage später traf der Heiratsvertrag wieder in Jaworow ein; der Herzog von Wolfenbüttel hatte ihn unterzeichnet. Daraufhin rief Peter den Gesandten Schleinitz noch einmal zu sich, gratulierte ihm auf deutsch und bemerkte: »Ich habe eine ausgezeichnete Nachricht für Sie.« Er holte den Vertrag hervor; und als Schleinitz ihm gratulierte und die Hand küßte, küßte Peter ihn dreimal auf die Stirn und auf die Wangen und ließ eine Flasche seines ungarischen Lieblingsweins holen. Sie stießen an, und der Zar unterhielt sich zwei Stunden lang angeregt über seinen Sohn, das russische Heer und den zukünftigen Krieg gegen die Türken. Anschließend schrieb Schleinitz erfreut dem Herzog: »Ich kann Euer Hoheit nicht oft genug sagen, mit welcher Klarheit des Urteils, aber auch mit welcher Bescheidenheit der Zar über alle möglichen Dinge sprach.«[14]

Peters Zuversicht, der Türkenfeldzug werde bald beendet sein, so daß er sich in Karlsbad einer Kur unterziehen und dann an der Hochzeit seines Sohnes teilnehmen könne, wurde auch deutlich, als er mit August dem Starken zusammentraf. Der Kurfürst von Sachsen war wieder in Warschau eingezogen und beanspruchte die Krone Polens, während sein Rivale Stanislaus mit dem schwedischen Heer nach Pommern geflohen war. August wollte seinen Feinden nachsetzen und den Hafen Stralsund für sich erobern. Der Zar versprach ihm, hunderttausend Rubel zu zahlen, und stellte ihm 12000 russische Soldaten zur Verfügung.

Gegen die Türken entwickelte Peter einen Plan, dessen Kühnheit an Übermut grenzte. Er wollte an die untere Donau marschieren, den Fluß in der Nähe der Mündung überqueren und dann weiter nach Südwesten vordringen, um Adrianopel und sogar das legendäre Konstantinopel zu bedrohen. Die russische Armee, die er mitnehmen wollte, war nicht groß – 40000 Infanteristen und 14000 Reiter –, verglichen mit dem riesigen Aufgebot an Soldaten, über das der Sultan verfügte. Aber Peter rechnete damit, in den an Rußland angrenzenden christlichen Provinzen Moldau und Walachei als Befreier begrüßt zu werden und durch 30000 Walachen und 10000 Bewohner der Moldau Verstärkung zu erhalten. So würde seine Armee dann bereits 94000 Mann zählen.

Peters Hoffnungen auf Verstärkung waren auch nicht aus der Luft gegriffen. Während seiner gesamten Regierungszeit hatten ihn die orthodoxen Völker des Balkans immer wieder um Hilfe gebeten, so die Bewohner Serbiens, Montenegros, Bulgariens, der Moldau und der Walachei. Der Teilsieg über den Sultan im Jahr 1698 und die Eroberung Asows hatten die Freiheitsträume dieser Völker beflügelt und sie zu immer kühneren Aussagen verleitet: Die einheimischen Soldaten würden sich der russischen Armee anschließen. Proviant wäre ja in Hülle und Fülle vorhanden, und ganze Völkerschaften würden sich gegen die Türken erheben. Zwischen 1704 und 1710 trafen viermal Serbenführer in Moskau ein, um die Russen zu einer Intervention zu bewegen. »Wir haben keinen anderen Zaren als den höchst orthodoxen Zaren Peter«, erklärten sie.[15]

Vor der Schlacht von Poltawa antwortete der Zar auf solche Appelle noch sehr diskret, um alles zu vermeiden, was den Sultan zum Bruch des Waffenstillstandes von 1700 veranlassen könnte. Nach Poltawa jedoch begannen Tolstoi und andere russische Agenten im Osmanischen Reich den Boden für einen Aufstand vorzubereiten. Jetzt, im Frühjahr 1711, hatte die Stunde geschlagen. Bei der Feier im Kreml hatte Peter eine Proklamation verlesen, in der er sich selbst als der Befreier der Balkanchristen darstellte. Er rief Katholiken wie Orthodoxe auf, sich gegen die osmanischen Herrscher zu erheben und mitzuwirken, daß »die Abkömmlinge des heidnischen Mohammeds in ihre alte Heimat, die Wüste und die Steppe Arabiens, zurückgetrieben werden«[16].

3 Die Niederlage am Pruth

Südlich der Karpaten und nördlich der Donau gelegen, hatten sich die zwei christlichen Fürstentümer Walachei und Moldau im 15. und 16. Jahrhundert aus ihrem Sicherheitsbedürfnis heraus freiwillig unter die Oberhoheit des Osmanischen Reiches gestellt und dem Sultan seitdem einen jährlichen Tribut gezahlt. In ihrer Verwaltung waren sie zunächst autonom geblieben.

Im Laufe der Zeit nahm sich die Hohe Pforte dann jedoch das Recht, die Fürsten dieser Länder jeweils von Konstantinopel aus zu ernennen und zu entlassen. Um ihre Positionen zu stärken und ihren Thron erblich zu machen, bemühte sich die Hohe Pforte deshalb insgeheim um Unterstützung. Schon während der Herrschaft von Zar Alexei war es über diese Frage zu ersten Gesprächen mit Moskau gekommen; aber noch war der russische Zar zu stark in seine Auseinandersetzung mit Polen verwickelt.

1711 wurde die Walachei, das stärkere und reichere der beiden Fürstentümer, von Fürst Konstantin Brankowo regiert – der slawische Titel lautete »Hospodar« –, einem schlauen und heimtückischen Mann, der seinen Vorgänger vergiftet und im übrigen nicht nur zwanzig Jahre lang seinen Thron verteidigt, sondern auch eine mächtige Armee aufgestellt und großen persönlichen Reichtum erworben hatte. Aus der Sicht des Sultans war Brankowo viel zu reich und mächtig für einen Satellitenfürsten, weshalb er sich vornahm, den Hospodar abzusetzen, sobald sich eine Gelegenheit dazu bot. Zwangsläufig fühlte Brankowo das Mißtrauen des Sultans, und so schloß er mit dem Zaren, dessen Stern nach der Schlacht von Poltawa im Aufsteigen begriffen war, einen geheimen Vertrag. Im Fall eines Krieges Rußlands mit der Türkei würde die Walachei an die Seite des Zaren treten, 30000 Soldaten mobilisieren und für die Verpflegung der russischen Soldaten sorgen – allerdings sollte Peter finanziell für die Verpflegung aufkommen. Der Zar versprach der Walachei die Unabhängigkeit und den Brankowos den erblichen Anspruch auf den Fürstentitel.

Die Moldau war ärmer als die Walachei, in letzter Zeit hatten sich mehrere Fürsten in der Herrschaft abgelöst. Der letzte, Demetrius Cantemir, war 1711 noch nicht einmal ein Jahr in seinem Amt, und der Sultan hatte gehofft, Cantemir werde der Hohen Pforte dabei helfen, seinen Nachbarn Brankowo zu stürzen, wofür er Hospodar der Walachei und der Moldau werden sollte. Als Cantemir jedoch in Jassy eintraf und einen Machtumschwung witterte, begann auch er unter äußerster Geheimhaltung mit Peter zu verhandeln. Im April 1711 unterzeichnete er einen Vertrag mit dem Zaren, in dem er sich bereit erklärte, eine russische Invasion zu unterstützen und 10000 Soldaten zur Verfügung zu stellen. Als Gegenleistung sollte das Fürstentum Moldau zu einem unabhängigen Staat unter russischem Protektorat erklärt werden;

es sollte keine Tributzahlungen mehr geben und die Familie Cantemirs zur erblichen Dynastie erklärt werden.

Im Vertrauen auf die Versprechungen dieser beiden ehrgeizigen Fürsten begann der Zar seinen Feldzug gegen die Türken.

Cantemirs Entscheidung traf in der Moldau auf Zustimmung. »Du hast gut daran getan, die Russen zu bitten, uns vom türkischen Joch zu befreien«, bestätigten ihm seine Räte. »Wenn wir gemerkt hätten, daß du bereit gewesen wärst, den Türken entgegenzukommen, hätten wir beschlossen, uns von dir abzuwenden und uns dem Zaren zu ergeben.« Cantemir wußte, daß die osmanische Armee bereits nahte und daß sein Übertritt zum Zaren bald offenbar werden würde. Aus diesem Grunde schickte er Botschaften an Scheremetew, der die russische Hauptarmee kommandierte, um den Feldmarschall zu drängen, sich zu beeilen. Wenn das Haupttheer nicht schneller vorankommen könne, bat Cantemir, möge Scheremetew zumindest eine Vorhut von 4000 Mann schicken, um das Volk an der Moldau vor der Rache der Osmanen zu schützen. Auch von Peter erhielt Scheremetew den Befehl, sich zu beeilen; er müsse den Dnjestr bis zum 15. Mai erreicht und überquert haben, um die beiden Fürstentümer noch schützen zu können und darüber hinaus die Serben und Bulgaren zum Aufstand zu ermuntern.

Der Zar gab seinem Feldmarschall auch strenge Anweisungen, wie sich die russischen Soldaten auf ihrem Marsch durch die Moldau zu verhalten hätten. Sie sollten Anstand wahren und für alles bezahlen, was sie von den Christen erhielten; jede Plünderung sei mit dem Tode zu bestrafen. Gleich nachdem sich Cantemir schließlich offen für die Russen erklärt hatte und die ersten russischen Soldaten ins Land kamen, stürzten sich die Bewohner der Moldau auf die Türken, zuerst in Jassy, dann im gesamten Fürstentum. Viele von ihnen kamen ums Leben, andere verloren ihr Vieh, ihre Kleider, ihr Silber und ihre Juwelen.

Nach Peters Plan sollte Scheremetew ursprünglich unmittelbar am Ostufer des Pruth entlangmarschieren, bis zu dessen Mündung in die Donau, und den Türken den Übergang über den Fluß zu verwehren. Als Scheremetew jedoch am 30. Mai (zwei Wochen später als in Peters Plan vorgesehen) bei Soroka am Dnjestr eintraf, bat ihn Cantemir dringend, direkt nach Jassy, der Hauptstadt der Moldau, weiterzumarschieren. Scheremetew gab nach, und am 5. Juni kampierte seine Armee bei Jassy westlich des Pruth. Gegenüber Peter entschuldigte sich Scheremetew damit, daß die Armee bei der Durchquerung der Steppe unter der Sonnenglut stark gelitten habe und neue Vorräte brauche. Die Tiere hätten viel zu wenig Futter gehabt, da das Gras überall von Tatarischen Reitern, die sich an seinen Flanken herumgetrieben hätten, abgebrannt worden sei. Als Peter dann selbst in Soroka eintraf, war er über seinen Feldmarschall ungehalten und schrieb, die Türken wären dem alten General zuvorgekommen. Dessenungeachtet mußte der Zar, nachdem Scheremetew den ursprünglichen Plan geändert hatte, die neue Route akzeptieren; durch jede andere Entscheidung wäre die Armee geteilt geblieben. Auch Peters Truppen hatten auf ihrem Marsch schwer gelitten und waren erschöpft, als sie das Ostufer des Pruth am 24. Juni erreichten. Der Zar ließ seine Truppe hier zurück und ritt allein nach Jassy voraus, um sich mit Cantemir zu besprechen. Er wurde mit fürstlichem Prunk und einem riesigen Bankett empfangen. Der Hospodar machte auf Peter einen guten Eindruck. »Ein sehr vernünftiger Mann, brauchbar bei einer Beratung«[1], lobte er ihn. Während seines Aufenthalts in Jassy empfing Peter übrigens zwei türkische Emissäre, die eine Friedensbotschaft des Großwesirs überbrachten. Der Wesir und der Sultan schreckten vor einer militärischen Auseinandersetzung zurück, durch die die Russen provoziert werden könnten, mit ihrer Flotte auf das Schwarze Meer hinauszufahren. Der Zar fühlte sich jedoch seines Sieges sicher, da ihm jetzt die Moldau und die Walachei ihre Unterstützung zugesagt hatten. In gehobener Stimmung nahm Peter Cantemir mit in sein Lager am Pruth. Man feierte dort zusammen mit Katharina und anderen Gästen den zweiten Jahrestag des Sieges von Poltawa.

Während der Zar feierte, verschlechterte sich für ihn die militärische Lage. Der Großwesir war bei Isaccea über die Donau gesetzt und marschierte nun, nachdem er von Peters ablehnender Haltung gegenüber seinen Friedensangeboten unterrichtet worden war, mit einer Armee von 200000 Mann nordwärts. Der Zar hatte auch noch keine Nachricht aus der Walachei, die auf lange Sicht viel wichtiger für seinen Feldzug war als die Moldau. Alles, was in der Walachei geschah, hing von Hospodar Brankowo ab. Bevor dieser nicht sein fürstliches Banner für den Zaren erhob, durfte man kaum erwarten, daß der Adel und das Volk Peters Aufruf zu einem Aufstand gegen die Türken Folge leisteten. Brankowo war jedoch sehr vorsichtig. Da er wußte, welch gewaltige türkische Armee ins Land gekommen war, und da er außerdem ahnte, was geschehen würde, wenn die Türken siegten, hielt er sich mit der öffentlichen Unterstützung für die Russen noch zurück. Seine Bojaren stimmten ihm zu: »Es ist gefährlich, sich für Rußland zu erklären, bevor nicht die Armee des Zaren die Donau überquert hat.«[2] Erst als die türkische Armee nach Norden über die Donau weitergezogen war, entschied sich Brankowo für Peter, um allerdings gleich darauf, gerade als der Großwesir aufgrund der Meldung vom Verrat des Hospodars dessen Verhaftung anordnete, noch einmal die Seite zu wechseln. Als Vorwand für den zweiten Wechsel benutzte er einen Brief Peters, dessen Ton ihn angeblich beleidigt hatte; und er gab bekannt, er fühle sich nicht länger an seinen Geheimvertrag mit dem Zaren gebunden. Sämtliche Nachschubgüter, die er mit Peters Geld für die russische Armee eingekauft hatte, lieferte er den Türken aus. Der Verrat hatte verheerende Folgen für die russische Armee. Sie mußte nun auf den dringend benötigten Nachschub verzichten, und die Bevölkerung der Moldau konnte den Verlust nicht wettmachen.

Trotzdem gab Peter nicht auf. Er hatte gehört, daß die Türken große Mengen

Vorräte in Braila, in der Nähe des Zusammenflusses von Pruth und Donau, gelagert hätten. Da die türkische Hauptarmee nun die Donau überquert hatte und ihm am Ostufer des Pruth entgegenmarschierte, beschloß er, auf das Westufer des Flusses überzuwechseln und dort nach Süden zu ziehen. Wenn er Glück hatte, konnte er den Großwesir umgehen und sich der türkischen Vorräte bemächtigen. Um die Aussichten auf den Erfolg dieses Unternehmens zu vergrößern, schickte Peter Rönne mit der gesamten russischen Kavallerie von 12 000 Reitern voraus; die Reiter sollten alle Lager und Warenhäuser in Braila besetzen oder zerstören. Am 27. Juni ritt die Kavallerie los, und drei Tage später überquerte auch die russische Infanterie den Pruth und setzte sich in drei Divisionen gleichfalls in südlicher Richtung in Bewegung. Die erste Division wurden von General Janus, die zweite vom Zaren und die dritte von Repnin angeführt.

Janus begegnete den Türken als erster. Da die Russen am Westufer des Pruth nach Süden und die Türken am gegenüberliegenden Ufer nach Norden zogen, sahen sich die beiden Armeen am 8. Juli. Auf beiden Seiten war man überrascht, dem Gegner so nahe zu sein. Als der Großwesir darüber informiert wurde, erschrak er und dachte zunächst an Rückzug. »Da er noch nie zuvor feindliche Soldaten gesehen hatte und von Natur aus ein Feigling war, glaubte er sofort, er sei verloren«[3], schrieb Poniatowski, der die osmanische Armee begleitete. Es gelang dann den gemeinsamen Bemühungen des Tataren-Khans Devlet Gerey, Poniatowskis und des Agas der Janitscharen, dem Großwesir wieder Mut zuzusprechen, und am nächsten Tag setzte die türkische Armee ihren Marsch weiter fort. Türkische Ingenieure errichteten eiligst Brücken, damit die Armee auf das Westufer gelangen und sich dem Feind zum Kampf stellen konnte. Als Peter erfuhr, daß die Türken auf seine Seite des Flusses überwechselten, gab er Janus sofort den Befehl, sich zurückzuziehen und sich wieder der Hauptarmee anzuschließen.

Peter hatte hinter einem Sumpfgebiet im Süden von Stanilesti Stellung bezogen, und dorthin kehrten jetzt auch die erschöpften Soldaten von General Janus zurück. Allerdings fanden sie nur wenig Ruhe. Am folgenden Tag, einem Sonntag, griffen die Türken, die die Russen eingeholt hatten, mehrfach an. Cantemirs Soldaten waren trotz ihrer Unerfahrenheit tapfere Krieger, und die Russen hielten noch stand. Aber die Lage war für den Zaren sehr schwierig geworden. Er hatte Repnin in zwei dringenden Botschaften aufgefordert, schnellstens die dritte Division heranzuführen, um die beiden anderen zu entlasten, aber die Aufforderungen waren zwecklos gewesen. Repnins Soldaten wurden von der Tatarenkavallerie im Norden von Stanilesti festgehalten und konnten nicht weiterziehen.

An diesem Abend hielten die Russen einen Kriegsrat ab. Sie hatten keine große Wahl außer dem Rückzug. Noch in der Nacht brachen sie in Richtung Repnins Division bei Stanilesti auf und marschierten am folgenden Morgen weiter. Der Rückzug war grauenvoll. Die Türken folgten dicht nach und griffen die russische Nachhut ununterbrochen an. Tataren stürmten immer wieder durch den russischen Packwagenkonvoi, und der größte Teil der Vorräte ging so verloren. Die Infanterie war erschöpft und hatte großen Durst. Kompanien und Bataillone bildeten Blöcke und marschierten ans Ufer, wo dann eine Reihe trank, während die übrigen die anstürmenden Tatarenreiter abzuwehren suchten. Erst am 9. Juli spätnachmittags hatte sich die ganze russische Infanterie wieder in Stanilesti vereinigt, wo sie im leicht hügeligen Gelände flache Gräben auszuheben begann, die gegen die von allen Seiten angreifenden Reiter schützen sollten.

Noch bevor es dunkel wurde, rückten lange Kolonnen türkischer Infanterie einschließlich der Janitscharen an, und in Anwesenheit des Großwesirs versuchten die osmanischen Elitegarden einen größeren Angriff gegen das nur unzureichend befestigte russische Lager. Die Russen hielten aber dem Ansturm der Janitscharen diszipliniert stand und eröffneten das Feuer gegen die vorrückenden Reihen. Dann zog sich die türkische Infanterie wieder zurück und begann eine Verschanzungslinie aufzubauen, um das russische Lager vollständig einzuschließen. Später traf türkische Artillerie ein, die in einem großen Halbkreis um die russischen Stellungen postiert wurde. Als die Nacht hereinbrach, zeigten die Mündungen von dreihundert Kanonen auf das russische Lager. Am gegenüberliegenden Ufer des Pruth patrouillierten zur gleichen Zeit Tausende tatarischer Reiter, unterstützt von den Polen und Kosaken, die Karl XII. geschickt hatte. Es gab kein Entkommen mehr: Der Zar und seine Armee waren eingeschlossen.

Die Überlegenheit der Türken war erdrückend: Sie verfügten über 120 000 Mann Infanterie und 80 000 Mann Kavallerie. Peters Streitmacht betrug nur 38 000 Mann Infanterie; seine Kavallerie unter Rönne befand sich inzwischen weit im Süden. Er stand mit dem Rücken gegen einen Fluß und war von dreihundert Geschützen eingekreist, die sein Lager mit Kugeln und Granaten angreifen konnten. Am schlimmsten war, daß seine Soldaten durch Hunger und Hitze so erschöpft waren, daß viele von ihnen einfach nicht mehr kämpfen konnten. Es war sogar schwierig, Wasser aus dem Fluß zu holen; wer dort hinuntergeschickt wurde, wurde von den Tataren, die sich auf dem gegenüberliegenden Ufer zusammengezogen hatten, unter Feuer genommen. Die russischen Verschanzungen waren zudem unzureichend. In der Mitte des Lagers hatte man eine flache Grube ausgehoben, in der Katharina und die sie begleitenden Frauen Schutz fanden. Um die Grube herum hatte man Wagen gestellt und eine Plane darüber gespannt; der Unterstand bot jedoch keine Sicherheit. Katharina bewahrte trotz allem die Ruhe, während die anderen Frauen um sie herum weinten.

Peters Lage war hoffnungslos. Soweit sein Auge reichte, sah er in jener Nacht Tausende von Lagerfeuern, die von den osmanischen Soldaten angezündet worden waren. Wenn die Türken am Morgen angreifen würden, wäre er zweifellos dem Untergang geweiht. Der russische Zar, der Sieger von Poltawa, würde überwältigt und später vielleicht in einem Käfig durch die Straßen von Konstantinopel getragen werden. Seinem Gegner Karl war doch genau dasselbe passiert. Zu stolz, zu siegessicher, hatten sich beide viel zu weit in feindliches Gebiet gewagt.

Die Situation war im Augenblick noch viel schlechter als die des schwedischen Königs in Perewolutschna, dessen Armee nicht eingeschlossen gewesen war und der auch nicht überlegene Streitkräfte gegenübergestanden hatten. Außerdem war es Karl möglich gewesen zu fliehen. Im Falle Peters aber hielten die Türken alle Karten in der Hand: Sie konnten nicht nur das russische Heer besiegen, sondern auch die neue Zarin und den Zaren gefangennehmen. Welche territorialen und finanziellen Opfer würde Rußland bringen müssen, um sie wieder freizubekommen?

Am nächsten Morgen, am Dienstag, hätte alles zu Ende sein können. Die türkische Artillerie eröffnete das Feuer, und die Russen bereiteten sich darauf vor, den letzten Widerstand zu leisten – aber die Janitscharen griffen nicht an. In seiner Verzweiflung ordnete Peter einen Ausfall an, woraufhin Tausende erschöpfter Russen aus ihren Gräben hervorkrochen, sich auf die vorderste Linie der Osmanen stürzten und ihnen schwere Verluste beibrachten. Bei diesem Ausbruch machten die Russen viele Gefangene, und von einem von ihnen erfuhr Peter, daß die Janitscharen während der Kämpfe am vergangenen Tag schwere Verluste erlitten hatten und deshalb im Augenblick keinen weiteren Großangriff gegen die russischen Linien unternehmen würden. So gewann der Zar zumindest ein wenig Zeit, um über seine Kapitulation nachdenken zu können.

Peter schlug Scheremetew und seinem Vizekanzler Schafirow vor, man solle einen Gesandten zum Großwesir schicken, um auszukundschaften, welche Bedingungen die Türken stellen würden. Scheremetew, der die militärische Situation realistisch einschätzte, sagte ihm offen, daß der Vorschlag nicht erfolgversprechend sei. Warum sollten die Türken irgend etwas anderes in Betracht ziehen als eine bedingungslose Kapitulation? Bei dieser Besprechung war auch Katharina zugegen, die den Zaren ermutigte, doch Verhandlungen zu führen. Als Befehlshaber der russischen Armee wurde Scheremetew beauftragt, einen Vorschlag schriftlich auszuarbeiten.

Bei der Ausarbeitung seines Verhandlungsangebotes beurteilte Peter seine eigenen Aussichten mit düsterem Realismus. Da er wußte, daß der schwedische König Gast und Verbündeter des Sultans war, ging er davon aus, daß jeder Friedensvertrag eine Beilegung seines Streits sowohl mit der Türkei als auch mit Schweden zum Inhalt haben mußte. Im äußersten Fall war er bereit, Asow wieder abzutreten, die Festung Taganrog niederzureißen und alles aufzugeben, was er im Verlauf von zwanzig Jahren den Türken abgewonnen hatte. An Schweden würde er Livland, Estland und Karelien zurückgeben – alles, was er im Krieg erobert hatte, mit Ausnahme von St. Petersburg. Wenn das alles nicht reichte, war er sogar bereit, die alte russische Stadt Pskow und weitere Gebiete abzutreten. Schließlich war er damit einverstanden, Karl die Rückkehr nach Schweden zu gewähren, Stanislaus als König von Polen anzuerkennen und zu versprechen, nicht mehr in der polnischen Politik zu intervenieren. Um den Großwesir und andere türkische Offiziere zu locken, wollte er dem Großwesir 150000 Rubel anbieten. Am Nachmittag waren die russischen Vorschläge zu Papier gebracht, und Schafirow wurde in Begleitung eines Trompeters und eines Infanteristen mit weißer Flagge losgeschickt, um sie den Türken zu unterbreiten.

Die Russen konnten nicht wissen, daß Schafirows Ankunft im türkischen Lager große Erleichterung hervorrufen würde. In seinem luxuriösen Zelt aus reiner Seide empfand Baltadschi auch seine Situation inzwischen als zutiefst unsicher und unbehaglich. Seine besten Soldaten, die Janitscharen, wollten keinen neuen Angriff, und auch eine geschwächte russische Armee stellte eine Gefahr für die türkischen Soldaten dar, gerade zu einer Zeit, da Österreich angeblich für einen weiteren Krieg sein Heer mobil machte. Darüber hinaus war dem Großwesir etwas bekannt, was Peter noch nicht wußte: Rönnes Reiterei hatte Braila erobert, die Vorräte der türkischen Armee größtenteils an sich genommen und einige ihrer Pulvermagazine gesprengt. Hier in nächster Nähe jedoch drängten ihn Poniatowski und der Tataren-Khan, einen letzten Angriff zu wagen, den Krieg zu beenden und den Zaren gefangenzunehmen. Widerstrebend wollte Baltadschi gerade zustimmen und den Befehl zu einem Großangriff erteilen, als Schafirow in sein Zelt gebracht wurde. Der russische Vizekanzler händigte ihm Scheremetews Brief aus, in dem darauf hingewiesen wurde, daß der Krieg nicht im wahren Interesse der beiden Parteien und nur durch die Intrigen dritter angezettelt worden sei. Die beiden Generäle sollten deshalb das Blutvergießen beenden und nach möglichen Friedensbedingungen suchen.

Der Großwesir sah in diesem Ersuchen einen Wink Allahs. Nun konnte er vielleicht zum Sieger werden, ohne eine weitere Schlacht riskieren zu müssen. Baltadschi setzte sich über die Einwände Poniatowskis und des Khans hinweg und ließ den Beschuß des russischen Lagers einstellen; danach begann er die Beratungen mit dem russischen Gesandten. Die Verhandlungen dauerten die ganze Nacht an. Am folgenden Tag ließ Schafirow Peter mitteilen, daß sich die Diskussionen hinzogen, obwohl sich der Großwesir ehrlich um den Frieden bemühte. Ungeduldig ließ der Zar daraufhin seinen Gesandten anweisen, er solle alle Bedingungen der Türken akzeptieren, »ausgenommen Sklaverei«, er solle aber auf einer sofortigen Übereinkunft bestehen. Die russischen Truppen standen kurz vor dem Verhungern, und Peter wollte, wenn es schon zu keinem Frieden kommen sollte, ihre letzte Kraft für einen verzweifelten Ausbruchsversuch gegen die gegnerische Umklammerung einsetzen.

Durch die erneute Kampfandrohung zur Eile getrieben, legte Baltadschi seine Bedingungen im einzelnen vor. Der Zar sollte Asow und Taganrog zurückgeben, seine Flotte vom Schwarzen Meer zurückziehen, die Festungen am unteren Dnjepr niederreißen. Darüber hinaus sollten die Russen aus Polen abziehen; die Erlaubnis, einen ständigen russischen Gesandten in Konstantinopel haben zu dürfen, wurde widerrufen. Was Schweden betraf, so sollte König Karl XII. freies Geleit für seine Reise in die Heimat gewährt werden, und der Zar sollte »mit ihm einen Friedensvertrag schließen, wenn eine Übereinstimmung erzielt werden könne«. Als Gegenleistung für all diese Verpflichtungen würde die osmanische Armee den Kampf einstellen und erlauben, daß die eingeschlossene russische Armee friedlich nach Rußland zurückkehrte.

Diese Bedingungen überraschten den Zaren – Rußland würde im Süden alles verlieren –, sie waren viel milder, als er erwartet hatte. Auch eine weitere Forderung, die die Türken stellten, war akzeptabel: Schafirow und Oberst Michail Scheremetew, der Sohn des Feldmarschalls, sollten als Geiseln bei den Türken bleiben, bis die Russen ihre Versprechungen bezüglich Asow und der anderen Territorien, die sie aufgeben mußten, erfüllt hatten.

Peter beeilte sich zu unterschreiben, bevor der Großwesir seine Meinung ändern konnte, worauf Schafirow und der junge Scheremetew unverzüglich ins türkische Lager hinübergingen. Der Vertrag wurde am 12. Juli unterzeichnet, und schon am 13. formierte sich die russische Armee zu Marschkolonnen, um das Unglückslager am Pruth zu verlassen. Bevor Peter und die Armee jedoch endgültig abzogen, überstanden sie noch eine letzte Krise, die für sie hätte katastrophal enden können.

Während der Verhandlungen Baltadschis mit Schafirow hatte Poniatowski sein Bestes getan, um die Sache in die Länge zu ziehen, da er wußte, daß Peter in der Falle saß und deshalb fast alle Bedingungen annehmen mußte, die ihm der Großwesir diktierte. Schweden hätte am Ende alles zurückgewinnen können, was es zuvor verloren hatte. Nachdem Schafirow das Zelt des türkischen Befehlshabers betreten hatte, war Poniatowski nach draußen gestürzt und hatte ein paar Zeilen geschrieben, die er einem Kurier aushändigte, der sie nach Bender dem König überbringen sollte.

Poniatowski hatte seine Mitteilung an Karl am Nachmittag des 11. Juli geschrieben, der Bote traf am Abend des 12. Juli in Bender ein, und Karl reagierte sofort. Sein Pferd war gesattelt, um zehn Uhr abends setzte er sich zu dem achtzig Kilometer entfernten Pruth in Bewegung. Dort traf er am 13. Juli nach einem ununterbrochenen Ritt von siebzehn Stunden ein. Er ritt durch das türkische Lager hindurch, um einen Blick auf die provisorischen Befestigungen der Russen werfen zu können. Dort marschierten gerade die letzten russischen Kolonnen unbehindert ab, eskortiert von Schwadronen tatarischer Reiter. Der König sah die türkischen Geschütze und den Ring der türkischen Infanterie um das russische Lager. Er begriff, wie leicht es gewesen wäre, die hungernden Russen nach einigen Tagen des Abwartens ohne einen Angriff zu Gefangenen zu machen.

Karl betrat zusammen mit Poniatowski, der als Dolmetscher fungierte, das Zelt des Großwesirs und warf sich, noch mit Sporen und schmutzigen Stiefeln, auf ein Sofa in der Nähe des geheiligten grünen Banners Mohammeds. Als der Großwesir in Begleitung des Khans und einer Gruppe von

Offizieren eintrat, bat Karl darum, mit Baltadschi allein gelassen zu werden. Die beiden Männer tranken schweigend eine Tasse Kaffee, dann fragte Karl, warum der Großwesir die russische Armee habe abziehen lassen. »Ich habe genug gewonnen für die Hohe Pforte«, erwiderte Baltadschi ruhig. »Es ist gegen das Gesetz Mohammeds, einem Feind, der um Frieden bittet, den Frieden zu verweigern.«[4] Karl fragte, ob denn der Sultan mit einem so begrenzten Sieg zufrieden sein werde. »Ich habe das Kommando über die Armee, und ich schließe Frieden, wann ich will«, antwortete Baltadschi.

Das Spiel war aus, und Karl war der eigentliche Verlierer; von jenem Augenblick an waren er und Baltadschi Todfeinde. Jeder bemühte sich fortan nach Kräften, den anderen aus dem Weg zu räumen. Der Großwesir ließ die türkischen Zahlungen zur Unterstützung der schwedischen »Gäste« einstellen und untersagte Kaufleuten, ihre Waren an die Schweden zu verkaufen; außerdem ließ er die Post des Königs kontrollieren. Karl rächte sich, indem er sich beim Sultan über Baltadschis Verhalten beklagte. Durch seine Agenten in Konstantinopel ließ er das Gerücht verbreiten, der Großwesir habe den Zaren und seine Armee nur deswegen entkommen lassen, weil er von Peter massiv bestochen worden sei.

Rückblickend scheint die Geldzuwendung des Zaren an den Großwesir nicht dafür entscheidend gewesen zu sein, daß die Russen so glimpflich aus ihrer zuvor aussichtslosen Lage herausgekommen sind. Baltadschi waren zwar 150000 Rubel versprochen worden, doch scheint es unwahrscheinlich, daß er ihretwegen die Friedensbedingungen so mild hat ausfallen lassen. Er hatte andere Gründe. Baltadschi war nicht in erster Linie ein Krieger, auch seine Soldaten mochten nicht mehr kämpfen, und er fürchtete einen neuen Krieg mit Österreich. Zudem lehnte er die fanatische Russenfeindlichkeit Devlet Gereys ab. Schließlich hatte man ihm wahrscheinlich gesagt, daß Poniatowski eine Botschaft an Karl XII. geschickt hatte und daß dieser folglich jede Minute erscheinen und zu einer Vernichtungsschlacht auffordern konnte. Wäre Karl tatsächlich rechtzeitig angekommen und Peter gefangengenommen worden, so wäre der Großwesir in der komplizierten Lage gewesen, zwei der größten Herrscher Europas, beide ohne ihre Armeen und deshalb ohne jede Macht, als »Gäste« zu haben. Die diplomatischen Folgen wären undenkbar gewesen. Vom osmanischen Standpunkt aus gesehen hatte Baltadschi alle erstrebenswerten Ziele erreicht. Was konnte man sonst noch von einem Friedensvertrag verlangen?

Keiner dieser Gründe war allerdings ein Trost für Karl. Man hatte eine einzigartige Gelegenheit, einen Augenblick, in dem eine überwältigende Macht gegen einen fast hilflosen Feind hätte eingesetzt werden können, versäumt. Eine solche Gelegenheit bot sich nie wieder, obwohl Karl sich intensiv und mit Erfolg darum bemühte, noch drei weitere kurze Kriege zwischen dem Osmanischen Reich und dem Zaren auszulösen. Poltawa blieb im Hinblick auf das Ergebnis des Krieges zwischen Karl und Peter entscheidend; der

Pruth und die Kriege danach änderten in dieser Beziehung nichts mehr. Der Zar begriff dies so gut wie Karl. »Sie hatten den Vogel in ihrer Hand und ließen ihn fliegen«, sagte er später, »aber so etwas wird nicht mehr vorkommen.«[5]

Der Großwesir hatte die Schlacht am Pruth gewonnen, wenn es ihm auch niemand danken sollte, auch nicht der Sultan. Peter und Karl hatten beide verloren; der erstere weniger, als er erwartet hatte, der letztere mehr, als er verlieren mußte und obwohl er alles hätte gewinnen können. Peters Verbündete, die Hospodare von der Moldau und der Walachei, hatten ebenfalls verloren: der eine seine Ländereien, der andere seinen Kopf.
Die Auslieferung von Cantemir war eine der Bedingungen gewesen, die der Großwesir gestellt hatte. Der Hospodar hatte sich jedoch in einem der Wagen unter dem Gepäck der Zarin versteckt, und nur drei seiner Leute wußten, wo er war. Aus diesem Grunde konnte Schafirow dem Großwesir wahrheitsgemäß sagen, es sei unmöglich, Cantemir auszuliefern, da ihn seit dem ersten Tag der Schlacht niemand mehr gesehen hätte.
Der Hospodar entkam zusammen mit den Russen, holte seine Frau und seine Kinder aus Jassy und entwich mit vierundzwanzig Prominenten unter seinen Bojaren nach Rußland. Dort wurde er mit Gunstbezeigungen überhäuft; er wurde in den Fürstenstand erhoben und als Herrscher über große Güter in der Nähe von Charkow eingesetzt. Sein Sohn wurde russischer Gesandter in England und Frankreich. Die Einwohner von Cantemirs Fürstentum dagegen waren nicht so glücklich. Baltadschi erlaubte den Tataren, die Städte und Dörfer der Moldau mit Feuer und Schwert in eine Wüste zu verwandeln.
Brankowo, der Hospidar der Walachei, der kurz hintereinander zuerst den Sultan und dann den Zaren verraten hatte, erfuhr das Schicksal, das er verdient hatte. Die Türken vertrauten ihm nie mehr. Obwohl er gewarnt worden war, es gäbe eine starke Opposition gegen ihn in Konstantinopel und obwohl er bereits große Geldsummen nach Westeuropa transferiert hatte, um sich ein bequemes Exildasein zu verschaffen, wartete er zu lange mit seiner Abreise. Im Frühjahr 1714 wurde er verhaftet und nach Konstantinopel gebracht, wo man ihn an seinem sechzigsten Geburtstag zusammen mit seinen zwei Söhnen enthauptete.

Der am Pruth unterzeichnete Friedensvertrag beendete den Krieg, brachte aber noch keinen Frieden. Verzweifelt darüber, daß er Asow und Taganrog abtreten mußte, versuchte Peter, die Durchführung dieser Vereinbarung so lange hinauszuzögern, bis Karl XII. die Türkei verlassen hätte. Schafirow, der Tolstoi als Leiter der Gesandtschaft abgelöst hatte, bedrängte den Großwesir, den Schwedenkönig endlich auszuweisen, was Baltadschi auch versuchte. »Ich wollte, der Teufel holte ihn, weil ich jetzt weiß, daß er nur dem Namen nach König ist, daß er keinen Verstand hat und daß er wie ein Tier ist«, äußerte der Großwesir gegenüber Schafirow und versprach: »Ich will mich bemühen, ihn auf die eine oder andere Weise loszuwerden.«[6] Doch Baltadschi erreichte tatsächlich nichts, denn Karl weigerte sich zu gehen, zumal seine eigenen Agenten in Konstantinopel eifrig bemüht waren, Baltadschis Stellung zu untergraben. Der Zar wartete jedenfalls noch ab und gab Apraxin Anweisung, die Befestigungsanlagen von Asow bis auf weiteres nicht zu zerstören. Als Schafirow den Türken unter Druck versprach, Asow innerhalb von zwei Monaten zu übergeben, befahl Peter Apraxin, er solle die Mauern der Festung einebnen, ohne jedoch deren Fundamente zu beschädigen, ferner solle er genaue Pläne machen lassen, damit die Festung eventuell schnell wieder aufgebaut werden könne.

Im November, fünf Monate nach der Unterzeichnung des Friedensvertrages, hatte Peter Asow und Taganrog immer noch nicht aufgegeben. Dieser Umstand, der noch geschickt mit den Gerüchten in Verbindung gebracht wurde, der Großwesir habe den Zaren deswegen entkommen lassen, weil die Russen Unmengen Gold in sein Zelt am Pruth hineingetragen hätten, wurde von Karls Agenten dazu benutzt, den Sturz Baltadschis herbeizuführen. Jussuf Pascha, der Aga der Janitscharen, trat an die Stelle Baltadschis und benutzte die Tatsache, daß Asow und Taganrog noch nicht übergeben waren, als Vorwand dafür, Rußland erneut den Krieg zu erklären. Schafirow, Tolstoi und der junge Scheremetew mußten wieder zurück in die Sieben Türme. Da bat Tolstoi den Zaren um die Erlaubnis, nach Rußland zurückkehren zu dürfen. Er hatte zehn Jahre lang unter schwierigen Bedingungen in der Türkei gelebt, und die Verhandlungen, die er eingeleitet hatte, wurden jetzt von seinem Vorgesetzten Schafirow fortgeführt. Peter war einverstanden, nicht jedoch die Türken, die Tolstoi unterrichteten, er müsse warten, bis ein endgültiger Vertrag unterzeichnet sei; erst dann könne er zusammen mit Schafirow zurückkehren.

Im neuen Krieg wurde nicht gekämpft, und er endete auch problemlos, als Peter im April 1712 schließlich Asow und Taganrog übergab. Apraxin unterhielt so gute Beziehungen zum türkischen Pascha, der die Festungen übernahm, daß er ihm Geschütze, Pulver, sonstige Vorräte sowie vier russische Schiffe, die zurückbleiben sollten, für einen ansehnlichen Preis verkaufte, obwohl die Schiffe so verrottet waren, daß sie »im ersten Sturm auseinandergefallen wären«[7], wie ein russischer Kapitän später gegenüber Withworth feststellte. Aber auch die zweite Friedensregelung war bald wieder überholt, als Jussuf Pascha gestürzt und von Sulaiman Pascha abgelöst wurde. Der neue Großwesir erklärte Rußland, das seine Truppen immer noch nicht aus Polen zurückgezogen hatte, ein drittes Mal den Krieg. Und wieder gelang es Schafirow mit Unterstützung der Gesandten in England und Holland, den Streit zu schlichten, bevor es zu Kampfhandlungen kam. »Dieser Krieg«, schrieb Schafirow an Golowkin, »wird vom ganzen türkischen Volk verabscheut, er geht allein auf den Willen des Sultans zurück, der von Anfang an mit dem Friedensvertrag nicht einverstanden war und sehr gegen den damaligen Großwesir gewütet hat, weil dieser die günstige Situation nicht besser ausgenutzt hatte.«[8]

Im April 1713 schließlich sammelte Ahmad III. seine Armee und erklärte den Russen zum viertenmal den Krieg. Unter dem Einfluß von Poniatowski stellte er jetzt neue, für Rußland wesentlich ungünstigere Friedensbedingungen auf. Diesmal sollte die ganze Ukraine an die Türkei abgegeben werden, und alle eroberten Gebiete im Norden, einschließlich St. Petersburg, sollten wieder an Schweden gehen. Der Zar weigerte sich, über diese Drohung ein Wort zu verlieren. Im Laufe der Zeit ließ dann das Interesse des Sultans am Krieg wieder nach. Er bekam Zweifel daran, ob es sinnvoll sei, nach Rußland einzumarschieren, und begriff allmählich, daß Karl XII. die Ursache vieler Schwierigkeiten war. Der Pascha von Bender erhielt Anweisung, Druck auf den Schwedenkönig auszuüben, damit dieser das Osmanische Reich endlich verlasse. Inzwischen gingen die Verhandlungen mit Rußland weiter; Großwesire kamen und gingen – Ibrahim Pascha löste Sulaiman Pascha ab, auf ihn folgte Damad Ali Pascha, der Lieblingsschwiegersohn des Sultans. Am 18. Oktober 1713 endete schließlich durch die Ratifizierung des Vertrages von Adrianopel auch der vierte Krieg innerhalb von drei Jahren. Schafirow, Tolstoi und Michail Scheremetew wurden noch bis zur endgültigen Festlegung der russisch-türkischen Grenze gefangengehalten. Danach, im Dezember 1714, wurden sie entlassen und nach Rußland zurückgeschickt. Die Gefangenschaft und die Ungewißheit über sein Schicksal hatten Michail Scheremetews Gesundheit zerrüttet und seine Sinne verwirrt; er starb auf dem Rückweg nach Moskau. Schafirow und Tolstoi dagegen bekleideten später noch wichtige Ämter in der Regierung ihres Zaren.

Wenn Peters Marsch an den Pruth auch gescheitert war, so kündigte er doch den Beginn einer neuen Orientierung der russischen Geschichte an. Ein russischer Zar war bis auf den Balkan vorgedrungen, russische Infanterie bis auf fünfundsechzig Kilometer an die Donau herangekommen; russische Kavalleristen hatten ihre Pferde in der Donau getränkt, achthundert Kilometer südwestlich von Kiew. Ein weiterer Hinweis auf zukünftige Entwicklungen lag in Peters Appellen an die Christen auf dem Balkan, sich gegen die Ungläubigen zu erheben und die Russen als Befreier zu akzeptieren.

Auf der anderen Seite setzten die Niederlage am Pruth und der Friedensvertrag mit dem Sultan Peters Ambitionen im Süden für alle Zeit ein Ende. Mit dem Einziehen der russischen Flagge an der Südküste und der Zerstörung der Festungen von Asow und Taganrog waren der Traum seiner Jugend und das Werk sechzehnjähriger Mühen zerstört. Erst zur Zeit Katharinas der Großen sollte Rußland die Krim erobern, die Öffnung der Donmündung und den Durchgang durch die Meerenge von Kertsch erzwingen und damit vollenden, was Peter begonnen hatte.

4 Feldzug in Deutschland

Peter und Katharina fuhren nordwärts nach Polen. Der Zar wollte den Schwung von Poltawa zurückgewinnen und den Krieg gegen Schweden weiterführen. Zu diesem Zweck wollte er seinen Verbündeten August den Starken und Friedrich IV. von Dänemark bekunden, daß die Niederlage am Pruth seine Entschlossenheit, Karl XII. zu einem akzeptablen Frieden zu zwingen, nicht erschüttert hatte. Zunächst aber fuhr er nach Karlsbad zur Kur und nach Torgau, um an der Hochzeitsfeier seines Sohnes Alexei mit Prinzessin Charlotte von Wolfenbüttel teilzunehmen. Vor der Zerschlagung der schwedischen Armee hatte Karl Polen kontrolliert, so daß es unmöglich gewesen wäre, daß der Zar durch Polen nach Deutschland fuhr. Jetzt waren die Schweden verschwunden, und Karl XII. war weit weg im Herrschaftsbereich des Sultans.

Peter brauchte jetzt Ruhe und Erholung, denn während des katastrophalen Sommers auf dem Balkan hatten ihn unablässig Erschöpfungszustände, Depressionen und Krankheiten heimgesucht. Auch jetzt, als er auf der Weichsel nach Warschau hinunterfuhr, wo er zwei Tage blieb, und dann weiter nach Thorn, wo er Katharina zurückließ, war der Zar wieder krank.

In Posen litt er unter einer heftigen Kolik und verbrachte einige Tage im Bett, bevor er über Dresden nach Karlsbad weiterreiste, um dort einer Trinkkur zu machen. Von Karlsbad aus fuhr der Zar nach Dresden zurück und blieb dort eine Woche. Er wohnte nicht im königlichen Palast, sondern im Gasthaus »Goldener Ring«, wo er das kleine Zimmer des Portiers statt einer der großen Gästesuiten für sich wählte. Während seines Aufenthaltes in der sächsischen Hauptstadt besichtigte er zweimal eine Papierfabrik und fertigte dabei eigenhändig Papierbogen an. Auch dem Hofjuwelier, Johann Melchior Dinglinger, dessen prachtvoller Schmuck in ganz Europa berühmt war, stattete er einen Besuch ab. Drei Stunden verbrachte er mit Andreas Gärtner, dem Hofmathematiker und Mechaniker, der auch als Erfinder bekannt war. Ein Entwurf Gärtners interessierte Peter besonders: Es handelte sich um ein Gerät, das Menschen oder Gegenstände von einem Stockwerk eines Hauses in ein anderes befördern konnte – kurz, um einen Aufzug. Aus Dankbarkeit für alles, was ihm Gärtner gezeigt hatte, schenkte ihm der Zar einen Armvoll Zobelpelze.

Am 13. Oktober traf Peter in Torgau ein, dem Schloß der Königin von Polen, wo die Hochzeitsfeier seines Sohnes stattfinden sollte. Statt Dresden hatte man diesen Ort gewählt, damit die Zeremonie privat bleiben konnte und man weder den König von Preußen noch den Kurfürsten von Hannover noch andere deutsche Fürsten einladen mußte, wodurch man allenthalben Probleme mit dem Protokoll vermied, der Zar Zeit und der Vater der Braut Geld sparte. Die Hochzeit fand am 14. Oktober 1711 im großen Saal des Palastes statt. An den Fenstern und Wänden des Saals hatte man Spiegel angebracht, die das Licht von Tausenden von Kerzen widerspiegelten. Der orthodoxe Gottesdienst wurde auf russich abgehalten; die Braut jedoch, die vom lutherischen zum russisch-orthodoxen Glauben übergetreten war, um die Lebensgefährtin eines zukünftigen Zaren werden zu können, wurde auf lateinisch befragt. Auf das Hochzeitsessen in den Räumen der Königin folgte ein Ball; darauf »gab Seine Majestät der Zar dem jung vermählten Paar in rührendster Weise den väterlichen Segen und geleitete es persönlich zu seinem Schlafzimmer«[1], wie ein Chronist berichtet.

In Torgau traf Peter schließlich mit Gottfried Wilhelm Leibniz zusammen. Schon seit Peters erstem Besuch in Deutschland zur Zeit der »Großen Gesandtschaft« hatte der berühmte Philosoph und Mathematiker auf eine Gelegenheit gewartet, den Zar für neue Lehr- und Forschungsinstitutionen interessieren zu können. Nun erzielte Leibniz zumindest einen Teilerfolg. Der Zar überantwortete ihm zwar nicht die Zukunft der russischen Kultur und Bildung, ernannte ihn aber im folgenden Jahr zum Justizrat, wies ihm ein Gehalt an (das nie bezahlt wurde) und bat ihn, eine Liste mit seinen Vorschlägen zu pädagogischen, juristischen und administrativen Reformen zusammenzustellen. Das zweite Treffen Peters mit Leibniz – 1712 in Karlsbad – schilderte der Philosoph in einem Brief an die Kurfürstin Sophie wie folgt: »Ich traf Seine Majestät gegen Ende seiner Kur. Er wollte vor seiner Abreise noch ein paar Tage bleiben, weil es ihm im letzten Jahr nicht bekommen war, bereits unmittelbar danach abzureisen ... Eure Kurfürstliche Hoheit werden erstaunt darüber sein, daß ich in gewissem Sinne der Solon Rußlands sein werde – wenn auch aus der Ferne –, daß mich der Zar durch Golowkin, seinen Großkanzler, beauftragt hat, die Gesetze Rußlands zu reformieren und einige Reglements für die Justiz zu entwerfen. Da ich der Meinung bin, daß die kürzesten Gesetze die besten sind, wie zum Beispiel die Zehn Gebote und die zwölf Tafeln des alten Rom, und da ich mich mit diesem Thema seit frühester Zeit intensiv befaßt habe, wird mich diese Aufgabe kaum viel Zeit kosten.«[2]

Der Herzog von Wolfenbüttel, der regelmäßig mit Leibniz korrespondierte, warnte den »neuen Solon« scherzend davor, er werde für seine Bemühungen wohl nicht viel mehr bekommen als das St.-Andreas-Kreuz, das ihm Golowkin überreicht hatte. Demgegenüber verteidigte Leibniz seine neue Aufgabe: »Ich schätze mich sehr glücklich, daß es mir gelungen ist, Eure Hoheit mit meinem ›russischen Solon‹ ein wenig zum Lachen gebracht zu haben. Aber ein ›russischer Solon‹ braucht nicht die Weisheit der Griechen, er kommt mit weniger aus. Das St.-Andreas-Kreuz hätte ich sehr gern, wenn es mit Diamanten besetzt wäre; die werden freilich nicht in Hannover verteilt, sondern ausschließlich vom Zaren. Die fünfhundert Dukaten, die man mir versprochen hat, sind jedenfalls sehr akzeptabel.«[3]

Ende Dezember 1711 kam Peter nach fast einjähriger Abwesenheit wieder einmal nach St. Petersburg. Gleich nach seiner Ankunft widmete er sich intensiv den zahlreichen Geschäften, die während des Pruth-Feldzugs und seines Aufenthaltes in Deutschland liegengeblieben waren. Er gab Anweisung, den Handel mit Persien zu erweitern, schuf eine Kaufmannsgesellschaft für den Handel mit China und befahl im April 1712, daß sein neuaufgestellter russischer Senat aus Moskau nach St. Petersburg umziehen müsse. Er regte die Bautätigkeit an der Newa an, und im Mai legte er selbst den Grundstein für die Peter- und Paul-Kathedrale, die Trezzini innerhalb der Festung erbauen sollte.

Am 19. Februar 1712 formalisierte Peter seine Eheschließung mit Katharina und gab sie auch seinem Volk bekannt. Die religiöse Feier, die um sieben Uhr morgens in Fürst Menschikows Privatkapelle stattfand, sollte Katharinas Position als seine Frau und offizielle Gefährtin in den Augen derer legalisieren, die der Meinung waren, daß die private Eheschließung im November 1707 für einen Zaren und eine Zarin nicht ausreichend gewesen wäre. Peter wurde in der Uniform eines Konteradmirals getraut; als Trauzeugen fungierten Vizeadmiral Cruys und weitere Marineoffiziere. Als sie zum Palast zurückfuhren, ließ Peter vor dem Hauptportal anhalten, eilte voraus und hängte über dem Festtisch sein Hochzeitsgeschenk für Katharina auf: einen von ihm in zweiwöchiger Arbeit angefertigten sechsarmigen Leuchter aus Elfenbein und Ebenholz. Über das Fest berichtete Withworth: »Die Gesellschaft war respektabel, das Diner üppig, der Wein gut, aus Ungarn übrigens, und was am angenehmsten war, er wurde den Gästen nicht in allzu großer Menge aufgezwungen. Der Abend schloß mit einem Ball und einem Feuerwerk.«[4] Peter war in bester Stimmung; dem dänischen Gesandten und Withworth vertraute er an, es handle sich um »eine fruchtbare Hochzeit, denn sie hätten schon fünf Kinder«.

Eine weitere Ehrung Katharinas erfolgte zwei Jahre später, als Peter mit dem St.-Katharinen-Orden, ein Kreuz, das an einem weißen Band hing und die Aufschrift trug: »Aus Liebe und Treue zu meinem Land«, eine neue Auszeichnung schuf. Der neue Orden, so teilte Peter mit, erinnere an die Rolle seiner Gemahlin während des Pruth-Feldzugs, wo sie sich »nicht wie eine Frau, sondern wie ein Mann« verhalten habe.

Anfang 1711, noch vor dem Pruth-Feldzug, hatte Peter Interesse gezeigt, mit Schweden Frieden zu schließen. Er hatte alle seine Kriegsziele erreicht. St. Petersburg war durch die Eroberung Wyborgs und der Provinz Karelien gegen Norden abgesichert, vom Süden her war es durch das russisch besetzte Ingermanland und Livland geschützt. Neben St. Petersburg hatten zwei weitere Seehäfen, Riga und Reval, Rußlands »Fenster zum Westen« so weit geöffnet, wie nur zu wünschen gewesen war. Mehr begehrte Peter nicht.

Auch der Regentschaftsrat und die Schweden wünschten Frieden. Im Sommer 1709 gab es in Schweden zudem eine Mißernte, und im Herbst desselben

Jahres war Dänemark, durch den russischen Sieg ermutigt, wieder in den Krieg eingetreten. 1710 und 1711 wurde das Land von der Pest heimgesucht; Stockholm verlor ein Drittel seiner Bevölkerung. Ende 1711, als der Zar durch Deutschland reiste, Könige und Fürsten traf und Wasserkuren machte, war Schweden erschöpft. Es hatte keine Verbündeten, sah sich aber einer feindlichen Koalition zwischen Rußland, Dänemark, Sachsen und Polen gegenüber. Binnen kurzem würden auch Hannover und Preußen dem antischwedischen Bündnis beitreten.

Wenn die Vernunft also den Frieden diktierte, warum kam dann der Frieden nicht? In erster Linie, weil der König von Schweden ihn nicht wollte. Für Karl bedeutete Poltawa nur einen zeitweiligen Rückschlag. Nach seinen Vorstellungen konnte man neue schwedische Armeen ausheben, um die eine, die in der Ukraine verlorengegangen war, zu ersetzen. Immer noch hoffte er, den Sultan und die osmanische Armee dafür zu gewinnen, sich ihm auf einem Marsch nach Moskau anzuschließen. Alles, einschließlich der neuen Hauptstadt des Zaren an der Newa, mußte zurückgeholt werden; und da der Zar seine Eroberungen nicht freiwillig abtreten würde, mußte man sie ihm mit dem Schwert wieder entreißen. Peter stellte sich auf die Hartnäckigkeit seines Gegners ein und zeigte sich tatsächlich entschlossen, St. Petersburg nicht aufzugeben. Und so ging der Krieg weiter.

1711 und 1712 richteten sich die neuen Offensiven der Russen und ihrer Verbündeten gegen die schwedischen Besitzungen in Norddeutschland. Diese Territorien – Pommern mit seinen Seehäfen Stralsund, Stettin und Wismar und Bremen und Verden an der Weser – waren Schwedens Tor zum Kontinent, das Sprungbrett, über das seine Heere nach Mitteleuropa einfielen. Die Verfügungsgewalt über diese Häfen wurde zu einer Angelegenheit von höchstem Interesse für Dänemark, Preußen und Hannover, und so wurden alle drei zu Peters Verbündeten.

Der Angriff auf Vorderpommern begann bereits im Sommer 1711. Zur selben Zeit, als Peter, Katharina, Scheremetew und der Hauptteil der russischen Armee nach Süden zum Pruth marschierten, bewegte sich ein zweites russisches Heer von 12000 Mann in westlicher Richtung durch Polen, um die damals schwedische Provinz anzugreifen. Mitte August zogen nicht nur die Russen, sondern auch 6000 sächsische und 6000 polnische Soldaten durch Preußen, nur wenige Kilometer von Berlin entfernt. Ein dänisches Kontingent schloß sich ihnen an, und gemeinsam belagerte diese Armee schließlich Stralsund und Wismar. Die Verbündeten erzielten allerdings keinen Erfolg, weil es zwischen den einzelnen Kommandeuren zu Streitigkeiten kam und weil es den Belagerern an Artillerie fehlte. Als der Herbst nahte, wurde die Belagerung wieder aufgehoben, die Soldaten blieben den Winter über in der Umgebung. Im Frühjahr 1712 zogen sie weiter, um diesmal Stettin zu belagern. Und wieder führten unterschiedliche Absichten der Verbündeten sowie der Mangel an Artillerie zum Scheitern des Unternehmens. Die russische Armee, die jetzt von Menschikow befehligt wurde, belagerte Stettin; es gelang ihr jedoch wieder nicht, einen wirkungsvollen Angriff zu führen. König Friedrich IV. von Dänemark behauptete, es sei Pflicht der Polen, die Artillerie zu stellen.

Das war die Situation, mit der Peter und Katharina im Juni 1712 in Stettin konfrontiert wurden. Der Zar war außer sich vor Empörung. Er beklagte sich in einem Brief an Friedrich IV., daß nun ein weiterer Sommer vergeudet würde. Die dänische Flotte war ein wesentlicher Hauptbestandteil der verbündeten Streitmacht; kein anderer Ostseestaat besaß eine Kriegsflotte, die imstande gewesen wäre, es mit der schwedischen Armada aufzunehmen. Nichtsdestoweniger war Peters Ton scharf. »Ich glaube, Eure Majestät wissen, daß ich nicht nur die Zahl von Soldaten gestellt habe, über die wir uns im vergangenen Jahr … mit dem König von Polen geeinigt hatten, sondern dreimal soviel, und daß ich mich außerdem im gemeinsamen Interesse hierhergegeben habe, obwohl ich ständig erschöpft bin und die lange Reise meiner Gesundheit abträglich ist. Bei meiner Ankunft hier finde ich jedoch die Armee untätig, weil die von Ihnen versprochene Artillerie tatsächlich nicht gestellt worden ist; und als ich ihren Vizeadmiral Segestedt darüber befragte, antwortete er, daß sie ohne ihren ausdrücklichen Befehl auch nicht herbeigeschafft werden könne. Es ist mir vollkommen unbegreiflich, warum unsere Vereinbarungen nicht eingehalten wurden und warum wichtige Zeit so verschwendet wird, ohne daß uns dies irgendetwas bringt, abgesehen von Geldverlust und dem Schaden für die gemeinsamen Interessen sowie der Tatsache, daß wir uns bei unseren Feinden lächerlich machen. Ich war und bin immer bereit, meinen Verbündeten zu helfen in allem, was das gemeinsame Interesse verlangt. Wenn Sie nun meiner Bitte, Ihre Artillerie zu schicken, nicht entsprechen, kann ich vor Ihnen und der gesamten Welt beweisen, daß dieser Feldzug nicht von mir verspielt wurde; ich werde dann nicht zu tadeln sein, wenn ich mich, der ich hier untätig warte, dazu verpflichtet fühle, meine Soldaten zurückzuziehen, da es sich aufgrund der Kosten nur um eine Geldverschwendung handelt. Außerdem kann ich nicht ertragen, vom Feind meiner Ehre beraubt zu werden.«[5]

Peters Brief bewirkte nichts; die dänische Artillerie nahm weiterhin Bremen unter Beschuß, nicht Stettin. Enttäuscht verließ der Zar daraufhin Ende September 1712 die Armee und fuhr – zum drittenmal – nach Karlsbad zur Kur. Auf seiner Fahrt kam er durch Wittenberg, wo er das Grab und das Haus Martin Luthers besichtigte. Dort zeigte man ihm einen Tintenfleck an der Wand, der angeblich in dem Augenblick entstanden war, als Luther den Teufel gesehen und mit seinem Tintenfaß nach ihm geworfen hatte. Peter lachte über diese Anekdote und fragte: »Sollte wohl dieser weise Mann noch an den Teufel geglaubt haben?«[6] Zahlreiche Besucher hatten ihre Namen an die Wand gekritzelt, was Peter dazu veranlaßte, auch seinen Namen »Pjotr« neben den Tintenfleck zu setzen.

Der Zar fuhr über Berlin nach Karlsbad und besuchte König Friedrich I. von Preußen und den Kronprinzen Friedrich Wilhelm. Fünf Monate später, auf

[handwritten annotation in right margin: 1.)]

[handwritten note at bottom of page: 1) Das war auf der Wartburg in Eisenach. Dort übersetzte M. L. als Junker Jörg die Bibel.]

der Rückreise nach Rußland, hielt sich Peter für kurze Zeit noch einmal in Berlin auf. Friedrich I. war mittlerweile gestorben, und der fünfundzwanzigjährige Kronprinz hatte als Friedrich Wilhelm I. seine Nachfolge angetreten. »Der neue König war sehr freundlich«, schrieb Peter an Menschikow, »ich kann ihn aber nicht zu irgendeiner militärischen Aktion bewegen. Soweit ich den Sachverhalt überblicke, gibt es dafür zwei Gründe: Erstens hat er kein Geld, zweitens gibt es hier noch viele, die für die Schweden Partei ergreifen. Der König selbst ist in politischen Dingen unerfahren, und wenn er seine Minister um Rat fragt, halten diese zu den Schweden ... Der Hof ist nicht mehr so repräsentativ wie früher.«[7] Auf Peters Vorschlag, Friedrich Wilhelm solle aktiv am Krieg gegen Schweden teilnehmen, meinte der neue Preußenkönig, er brauche mindestens ein Jahr, um seine Armee und seine Finanzen in Ordnung zu bringen.

Während des Aufstiegs Rußlands unter Peter dem Großen entwickelte sich in Norddeutschland ein neuer Staat mit strenger, militärischer Disziplin: das Königreich Preußen. Preußen ging aus dem Kurfürstentum Brandenburg hervor, dessen Dynastie, das Haus Hohenzollern, von den Deutschordensrittern abstammte. Seine Hauptstadt Berlin war um 1700 noch eine Kleinstadt mit etwa 25 000 Einwohnern, aber die protestantische Bevölkerung Preußens war fleißig und bescheiden, hatte Organisationstalent, Opferbereitschaft und den Glauben, die höchste Berufung des Menschen sei die Pflicht.
Die Schwäche Preußens war in seiner geographischen Struktur begründet. Seine Besitztümer waren über die ganze nordeuropäische Tiefebene verstreut, das wesentlichste, das Herzogtum Kleve, lag am Rhein, an der Grenze zu den Vereinigten Niederlanden; sein östlichster Landesteil, das Herzogtum Ostpreußen, dagegen an der Memel, über achthundert Kilometer von Kleve entfernt. Der Westfälische Friede von 1648, mit dem der Dreißigjährige Krieg beendet worden war, hatte sich zudem für Brandenburg nicht gerade günstig ausgewirkt, da das Kurfürstentum danach vom Meer abgeschnitten war und ihm natürliche Ressourcen fehlten. Wegen seines unfruchtbaren Bodens wurde es »des Heiligen Römischen Reiches Sandbüchse« genannt. Und durch den ständigen Durchzug fremder Armeen, protestantischer wie katholischer, war das Land stark zerstört.
1640 jedoch bekam die Dynastie Hohenzollern, von der Brandenburg seit 1417 regiert wurde, einen bemerkenswerten Herrscher: den Kurfürsten Friedrich Wilhelm. Dieser Kurfürst, der später der Große Kurfürst genannt wurde, träumte davon, obwohl seine Territorien so weit verstreut lagen und zudem überaus verarmt waren, einen neuen, unabhängigen, vereinigten und mächtigen Hohenzollernstaat aufzubauen. Es gelang ihm tatsächlich, die Voraussetzungen für den Aufstieg Preußens zu schaffen. Er baute eine effiziente Zentralregierung mit einer funktionierenden Zivilverwaltung auf, organisierte ein vorbildliches Postwesen und führte die gestaffelte Einkommenssteuer ein. Schließlich, nach achtundvierzigjähriger Herrschaft, hinter-

ließ er dem Staat Brandenburg, der damals eine Million Einwohner zählte, ein modernes stehendes Heer von 30000 Mann.

Bis 1701 hatte die Macht Preußens so sehr zugenommen, daß Friedrich, der Sohn des Großen Kurfürsten, sich mit dem Titel eines Kurfürsten nicht länger begnügte und nun König werden wollte. Der Kaiser, der für die Vergabe von Titeln zuständig war, zögerte jedoch: Wenn er Friedrich zum König machte, würden die Kurfürsten von Hannover, Bayern und Sachsen ebenfalls diesen Anspruch erheben. Aber ihm blieb keine andere Wahl. Habsburg war im Begriff, einen langen und schwierigen Krieg gegen Frankreich zu führen (den Spanischen Erbfolgekrieg), und benötigte daher dringend die preußischen Regimenter, und Friedrich stellte sie dem Reich nur zu gern zur Verfügung, wenn er als Entgelt dafür König würde. Der Kaiser gab nach, und am 18. Januar 1701 wurde der Kurfürst König Friedrich I. von Preußen.

1713 trat der fünfundzwanzigjährige Friedrich Wilhelm I. seine Nachfolge an, der zum Freund und Verbündeten Peters wurde. Noch zielstrebiger als seine Vorfahren sah er in der Schaffung einer großen Militärmacht den Hauptzweck des preußischen Staates. Alle seine Unternehmungen richtete er auf dieses Ziel aus. Im Gegensatz zu Frankreich, wo der Reichtum des Landes sich auch in repräsentativen Gebäuden widerspiegelte, baute man in Preußen nur Pulverfabriken, Geschützgießereien, Arsenale, Kasernen – also ausschließlich Gebäude für militärische Zwecke. Ziel des Preußenkönigs war eine Berufsarmee von 80000 Mann. Doch trotz der zunehmenden militärischen Stärke des Landes betrieb er eine vorsichtige Außenpolitik. Wie sein Vater begehrte auch Friedrich Wilhelm I. neue Territorien und neue Seehäfen, aber er ließ sich nicht in kriegerische Auseinandersetzungen ein, um sie zu erobern. Preußische Soldaten kämpften nur in der kaiserlichen Armee, in Flandern und Italien beispielsweise, also stets im Auftrag eines anderen. Auch in seinen Beziehungen zu den kriegführenden Parteien des Großen Nordischen Krieges zeigte sich Preußen vorsichtig. In all den Jahren, in denen Karl XII. durch Polen marschierte, blieb Preußen neutral. Erst nach der Schlacht von Poltawa erklärte auch Preußen ihm im Gefolge Hannovers den Krieg.

Exzentrisch, pedantisch und spießbürgerlich haßte Friedrich Wilhelm I. alles, was sein Vater geliebt hatte, besonders die französische Kultur und Lebensart. Von seinem Hof entfernte er alles, was er für überflüssig hielt; er verkaufte die meisten Möbel und Juwelen seines Vaters und entließ die meisten seiner Höflinge. Er verliebte sich in seine hannoveranische Cousine Sophie Dorothea, die Tochter des zukünftigen Königs Georgs I. von England, und heiratete sie. Von ihr sprach er als von seiner »Frau« anstatt von der »Königin« und von seinem Sohn als von »Fritz« anstatt vom »Thronfolger«. Jeden Abend pflegte er mit seiner Familie zu speisen.

Diese Idylle und Eintracht wurde aber durch Friedrich Wilhelms heftige Wutanfälle getrübt. Wenn er auch nur durch kleine, harmlose Bemerkungen in Zorn geriet, schwang er seinen Stock und traf dabei die Menschen seiner

Umgebung im Gesicht, brach ihnen das Nasenbein oder schlug ihnen die Zähne ein. Überkam ihn bei einem Inspektionsgang durch die Straßen Berlins ein solcher Wutanfall, so hatte es keinen Sinn, wenn sich das Opfer zu wehren versuchte, denn es hätte als Verbrechen gegolten, das mit dem Tod bestraft wurde, sich gegen den tobenden Monarchen aufzulehnen. Friedrich Wilhelm litt offenbar an Porphyrie, die Krankheit, die vermutlich Königin Maria von Schottland vererbt hatte und von der sie später auch heimgesucht wurde. Diese Stoffwechselstörung, deren Symptome Gicht, Migräne, Abszesse, Wutanfälle, Hämorrhoiden und Magenbeschwerden sind, trieb den preußischen König oft bis an den Rand des Wahnsinns. Er wurde mit der Zeit sehr dick, seine Augen traten immer mehr hervor, und seine Haut glänzte wie poliertes Elfenbein. Um sich Ablenkung von seinen Schmerzen zu verschaffen, begann er zu malen; er signierte seine Bilder mit »FW in tormentis pinxit«[8]. Jeden Abend rief er seine Minister und Generäle zusammen, um gemeinsam mit ihnen Bier zu trinken und aus langen Pfeifen zu rauchen. Bei diesen Zusammenkünften vergnügten sich die führenden Männer des preußischen Staates manchmal damit, einen pedantischen Hofhistoriker zu hänseln und zu quälen; einmal zündeten sie sogar dessen Kleidung an.

Die größte Leidenschaft des Königs galt seiner Sammlung »langer Kerls«, für die er in Europa berühmt war. Man nannte diese großgewachsenen Soldaten die »Blauen Preußen« oder die »Riesen von Potsdam«; über 1200 Mann waren in zwei Bataillonen von je 600 Mann zusammengefaßt. Keiner dieser Männer war kleiner als einen Meter achtzig, und einige, die zu der besonderen »Roten Einheit« des Ersten Bataillons gehörten, maßen fast zwei Meter zehn. Sie trugen blaue Uniformjacken mit goldenen Verzierungen und scharlachroten Rockaufschlägen, scharlachrote Hosen, weiße Strümpfe, schwarze Schuhe und rote Hüte. Der König gab ihnen Musketen, weiße Patronengurte und kleine Dolche und spielte mit ihnen wie ein Kind mit großen lebenden Puppen. Keine Ausgabe war ihm zu hoch dafür, er gab Millionen aus, um seine Riesengrenadiere zu rekrutieren und auszurüsten. In ganz Europa wurden sie angeworben oder gekauft. Als es schließlich doch zu teuer wurde, diese Rekruten zu kaufen – ein zwei Meter fünfzehn großer Ire kostete über sechstausend Pfund –, versuchte Friedrich Wilhelm, solche »Prachtexemplare« zu züchten. Jeder großgewachsene Mann in seinem Königreich wurde gezwungen, eine große Frau zu heiraten. Der Nachteil war nur der, daß der König fünfzehn bis zwanzig Jahre lang warten mußte, bis der Nachwuchs solcher Verbindungen das Mannesalter erreicht hatte. Oft hatte dieser aber auch nur normale Größe. Die einfachste Methode, zu solchen Riesen zu kommen, bestand darin, sie sich schenken zu lassen. Ausländische Gesandte meldeten an ihre Regierungen, sie würden sich beim König von Preußen beliebt machen, wenn sie ihm große Männer schickten. So versorgte Rußland den Preußenkönig jährlich mit fünfzig neuen großen Männern. (Als der Zar einmal einige der an Friedrich Wilhelm ausgeliehenen russischen

Rekruten zurückrief und sie durch etwas kleinere ersetzte, war der König so aufgebracht, daß er mit dem russischen Gesandten lange Zeit nicht sprechen konnte; die Wunde in seinem Herzen, meinte er, schmerze ihn sehr.)

Es ist beinahe überflüssig zu sagen, daß der König seine geliebten Riesen nie feindlichem Feuer aussetzte. Sie waren ausschließlich zum Vergnügen des kränkelnden Herrschers da. Wenn er krank oder deprimiert war, pflegten die zwei Bataillone, angeführt von großen, turbantragenden Mohren mit Zimbeln und Trompeten und dem Maskottchen der Grenadiere, hinter einem großen Bären durch das Schlafzimmer des Königs zu marschieren, um ihn aufzuheitern.

Friedrich Wilhelms Gemahlin, Sophie Dorothea, war verständlicherweise nicht glücklich. Sie wünschte sich mehr Hofbeamte, mehr Schmuck und mehr Bälle. Sie gebar ihrem Mann vierzehn Kinder und schützte sie vor ihm, indem sie sie in ihren Privaträumen versteckte, wenn der erzürnte Vater sie mit seinem Stock durch den Palast jagte. Ihre beiden erstgeborenen Kinder waren Söhne, beide hießen Friedrich, und beide starben bald. Der dritte, der gleichfalls auf den Namen Friedrich getauft wurde, überlebte, zusammen mit neun jüngeren Brüdern und Schwestern. Er war ein zarter Junge, der französische Sitten, Kleidung, Haartracht liebte und der so schlagfertig war, daß er seinen Vater bei einem Streitgespräch ausstach. Trotz seiner Feinfühligkeit wurde er als Kronprinz in einem Militärstaat militärisch erzogen. Mit vierzehn wurde der einen Meter achtundsechzig große Friedrich Major der Potsdamer Grenadiere.

Vater und Sohn hatten eine äußerst schlechte Beziehung. Der König behandelte den Kronprinzen mit Verachtung, und manchmal pflegte er zu sagen: »Wenn mein Vater mich so behandelt hätte wie ich dich, hätte ich mich nicht damit abgefunden. Ich hätte mich entweder umgebracht oder wäre davongelaufen.«[9]

1730, mit achtzehn Jahren, lief Friedrich schließlich tatsächlich davon. Er wurde jedoch bald wieder zurückgeholt, und der König behandelte danach sowohl seinen Sohn als auch dessen Freund, den frankophilen Schöngeist Hans Hermann von Katte, als Deserteure. Beide wurden eingekerkert, und eines Morgens mußte der Kronprinz mitansehen, wie von Katte in den Gefängnishof geführt und enthauptet wurde.

1740 starb der friedlose König Friedrich Wilhelm, und Prinz Friedrich folgte ihm mit achtundzwanzig Jahren auf den Thron. Schon wenige Monate später hatte er die Kriegsmaschinerie seines Landes, die von seinem Vater und seinem Großvater so umsichtig aufgebaut worden war, in Bewegung gesetzt. Zur Überraschung des übrigen Europa marschierte er in Schlesien ein und eröffnete den Krieg gegen das Haus Habsburg. Der Feldzug 1740 war der erste einer Reihe glänzender Kriege, die in den folgenden Jahren das militärische Genie des schmächtigen jungen Monarchen beweisen und ihm den Titel Friedrich der Große einbringen sollten.

Im Herbst 1712, als Peters Armee vor Stettin lag und der Zar zwischen Dresden, Karlsbad und Berlin hin und her reiste, bereitete Schweden eine letzte Offensive vor. Karl XII. hatte angeordnet, daß eine neue Armee ausgehoben und nach Norddeutschland geschickt werden müsse. Sie sollte durch Polen hindurch nach Süden marschieren und sich mit einer osmanischen Armee treffen, damit er seinen Traum vom Einmarsch in Rußland noch verwirklichen konnte. Die verarmten Schweden nahmen seinen Befehl voll Verzweiflung zur Kenntnis. »Sagen sie dem König«, schrieb einer seiner Beamten. »Schweden könne keine Soldaten mehr nach Deutschland schicken; es müsse sich vielmehr gegen Dänemark und vor allem gegen den Zaren verteidigen, der bereits die baltischen Provinzen und einen Teil Finnlands erobert hat und jetzt damit droht, unser Land selbst anzugreifen, am Ende sogar Stockholm in Asche zu legen. Die Geduld der Schweden ist groß, aber sie ist nicht so groß, daß sie Russen werden möchten.«[10] Trotzdem gehorchte man schließlich dem Befehl des Königs und stellte unter großen Schwierigkeiten ein neues Heer auf. Magnus Stenbock landete mit einer Feldarmee von 18000 Mann im schwedischen Vorderpommern. Sein Auftrag war von Anfang an schwer beeinträchtigt, weil die dänische Flotte einen Konvoi schwedischer Frachtschiffe abfing, deren Laderäume mit Proviant, Munition und Pulver angefüllt waren; dreißig dieser Schiffe wurden versenkt. Trotzdem bereitete Stenbocks Landung den Alliierten große Sorgen, so daß für die verbündeten Armeen die Vernichtung der schwedischen Streitmacht vordringlich wurde. Von Dresden aus, wo er sich nach seiner Kur aufhielt, drängte Peter Friedrich von Dänemark, er solle seine Truppen eiligst von Holstein abziehen und gegen die Schweden einsetzen: »Ich hoffe, daß Eure Majestät die Notwendigkeit einer solchen Aktion erkannt haben ... Ich bitte Sie in der freundlichsten und brüderlichsten Weise darum und erkläre gleichzeitig, daß ich selbst diese lohnende Angelegenheit nicht vernachlässigen, sondern mich der Armee anschließen will, obwohl ich nach meiner Kur noch ruhebedürftig bin.«[11] Menschikow gegenüber äußerte sich Peter sogar wie folgt: »Um Gottes willen, wenn es eine gute Gelegenheit gibt, verlier keine Zeit, den Feind anzugreifen, auch wenn es mir nicht gelingt, zu Dir zu kommen.«[12]
Als sich Stenbock bald einem vereinigten Heer aus Dänen, Sachsen und Russen gegenübersah, beschloß er, die Dänen gesondert anzugreifen, bevor noch der Zar mit den russischen und sächsischen Armeen eintraf. Er marschierte am 20. Dezember 1712 durch einen starken Schneesturm bis zum Lager der Dänen in Gadebusch, wo er 15000 gegnerische Soldaten gefangennahm, während ihm der dänische König gerade noch mit knapper Not entkam. Aber der Sieg der Schweden hatte nur begrenzte Bedeutung; ihre eigene Streitmacht war auf 12000 Mann zusammengeschrumpft, und demnächst sollten sie durch 36000 Sachsen, Russen und Dänen bedrängt werden. Während Stenbock noch auf Verstärkung aus Schweden wartete, begannen die Ostseehäfen bereits zuzufrieren. Schließlich wußte er, daß in diesem Winter keine Hilfe mehr eintreffen konnte. Auf der Suche nach einem Zu-

fluchtsort marschierte er in westlicher Richtung nach Hamburg und Bremen. Von Altona forderte er ein Lösegeld von 100000 Talern für seine Unkosten, und als die Stadt nur 42000 Taler aufbringen konnte, wurde sie von Stenbocks Soldaten bis auf dreißig Häuser niedergebrannt. Zwei Tage nach dieser Untat kehrte noch einmal eine schwedische Abteilung zurück und zerstörte weitere fünfundzwanzig Häuser. Als acht Tage später Peter mit seiner Armee in Altona eintraf, war er tief erschüttert vom Anblick der Menschen, die in den Ruinen ihrer Häuser keinen Schutz mehr fanden; er verteilte tausend Rubel unter sie. Stenbocks Rückzug endete schließlich in der Festung Tönning an der Nordseeküste, wo ihn die verbündeten Truppen dann den Winter über einschlossen.

Da bis zum nächsten Frühling keine weitere militärische Aktion durchgeführt werden konnte, verließ Peter das Heer am 25. Januar 1713. Er übergab Menschikow das Kommando über die russischen Truppen und unterstellte die gesamte alliierte Streitmacht dem König von Dänemark. Er reiste von Tönning nach Hannover, um dort Kurfürst Georg Ludwig zu treffen, der bald darauf, nach dem Tod Königin Annas, als Georg I. König von England werden sollte. Peter wollte nicht nur Hannover dazu bringen, am Krieg gegen Schweden teilzunehmen, er bemühte sich vielmehr, über den Kurfürsten auch die Haltung Englands zu beeinflussen.

Anschließend kehrte der Zar nach St. Petersburg zurück; vier Monate später, im Mai 1713, kapitulierte Stenbock in Tönning. Menschikow führte die russische Armee nach Pommern, wobei er unterwegs Hamburg bedrohte und von der Freien Hansestadt eine »Abgabe« von hunderttausend Talern verlangte, um sie für ihren höchst einträglichen Handel mit Schweden zu bestrafen. Peter war von diesem Vorgehen begeistert und schrieb an Menschikow: »Dank für das Geld, das auf geschickte Weise und ohne Zeitverlust von Hamburg eingetrieben wurde. Schicke den größeren Teil davon an Kurakin in Holland. Es wird dort dringend für den Ankauf von Schiffen benötigt.«[13] Auf dem Weg von Hamburg nach Pommern belagerte Menschikow noch einmal Stettin. Da er diesmal sächsische Belagerungsartillerie mit sich führte, gelang es ihm, die Stadt am 19. September 1713 zu erobern. Vereinbarungsgemäß wurde Stettin an Friedrich Wilhelm von Preußen übergeben, der bis dahin noch keinen einzigen Schuß hatte abgeben müssen.

An der ganzen südlichen Ostseeküste blieben nur noch Stralsund und Wismar unter der blaugelben Flagge Schwedens.

5 Die Küste Finnlands

Peter kehrte am 22. März 1713 nach St. Petersburg zurück, verbrachte aber nur einen Monat in seiner geliebten Stadt. Im April erfuhr er von Schafirow aus der Türkei, daß die osmanischen Türken, ungeachtet der schlimmen Tatarenüberfälle in der Ukraine, nicht die Absicht hatten, von ihrem Land aus ernsthaft Krieg zu führen. Der Zar konnte deshalb seine ganze Aufmerksamkeit darauf konzentrieren, die russische Flotte und Armee auf die Eroberung der Nordküste des finnischen Meerbusens vorzubereiten.

Sobald die Kapitulation Stenbocks, der in Tönning eingeschlossen war, unausweichlich zu sein schien, wandte sich Peter dem anderen Ende der Ostsee zu und beschloß, die Schweden aus Finnland zu vertreiben. Dabei hatte er nicht die Absicht, diese Provinz zu behalten, aber jeder Gebietsgewinn in Finnland über Karelien hinaus war für ihn als Tauschobjekt von Nutzen, wenn Friedensverhandlungen beginnen würden. Mit ihm konnten zum Beispiel Ingermanland und Karelien aufgewogen werden, jene schwedischen Gebiete, die Peter tatsächlich behalten wollte. Und noch etwas sprach für einen finnischen Feldzug; Peter konnte ganz selbständig operieren, ohne sich mit Verbündeten herumstreiten zu müssen, die seine Operationen behinderten. Nachdem es in Pommern wegen der Bereitstellung von Artillerie und der Notwendigkeit, andere Monarchen dauernd darum zu bitten, daß sie ihre Versprechungen erfüllten, zu quälenden Verzögerungen gekommen war, würde es jetzt eine Wohltat für ihn sein, einen Feldzug zu führen, wie und wo er wollte.

Tatsächlich hatte Peter gar nicht bis zum Frühjahr 1713 damit gewartet, sich für den Finnlandfeldzug zu entscheiden. Bereits im vorausgegangenen November hatte er Apraxin von Karlsbad aus den Auftrag erteilt, die Vorbereitungen von Armee und Flotte für einen Vorstoß auf Finnland zu intensivieren. »Diese Provinz«, schrieb Peter, »ist die Mutter Schwedens, wie du selbst weißt. Nicht nur Fleisch, sondern auch Holz wird von dort hergebracht, und wenn uns Gott im nächsten Sommer bis Abo [eine Stadt an der Ostküste des Bosnischen Meerbusens, die damalige Hauptstadt Finnlands] gelangen läßt, wird der schwedische Nacken um so leichter zu beugen sein.«[1]

Der Finnische Feldzug in diesem und im folgenden Sommer ging schnell, zügig und unter verhältnismäßig wenig Blutvergießen vor sich. Dieser glänzende Erfolg war fast ausschließlich der neuen russischen Ostseeflotte zuzuschreiben.

Während der Herrschaftszeit Peters veränderten sich die Konstruktion von Kriegsschiffen und die Taktik der Seekriegführung einschneidend. In den neunziger Jahren des 16. Jahrhunderts tauchte zum erstenmal der Begriff »Linienschiff« auf, als an die Stelle von Duellen einzelner Schiffe die »Linientaktik« trat, bei der zwei Reihen von Kriegsschiffen parallel zueinander segelten und sich dabei mit ihrer schweren Artillerie beschossen. Das Operieren »in Linie« stellte bestimmte Anforderungen an die Konstruktion eines Schiffes; es mußte kampfkräftig genug sein, um sich in der Schlachtlinie zu behaupten, stärker als die schnelleren und kleineren Fregatten und Korvetten, die für die Aufklärung und gegen Handelsschiffe eingesetzt wurden. Die geforderten Eigenschaften waren strikt: stabiler Rumpf, fünfzig oder mehr schwere Geschütze und Mannschaften, die sowohl zu ausgezeichneten Matrosen als auch zu treffsicheren Artilleristen ausgebildet waren. Auf allen diesen Gebieten waren die Engländer Meister.

Im Vergleich zu Englands Royal Navy mit ihren hundert Linienschiffen besaßen die Ostseemächte nur kleinere Flotten, die sie innerhalb ihres begrenzten Seegebiets hauptsächlich gegeneinander einsetzten. Dänemark war beinahe ein Inselreich, dessen Hauptstadt Kopenhagen von allen Seiten von See her angegriffen werden konnte. Auch Schweden war, als Karl XII. den Thron bestieg, eine maritime Macht, deren Bestand von sicheren Verbindungswegen abhing, die es ihr erlaubten, Soldaten und Versorgungsgüter ungehindert zwischen Schweden, Finnland, Estland, Livland und Norddeutschland zu transportieren. Von seinem neuen, strategisch günstig angelegten Marinehafen Karlskrona aus, der 1658 erbaut worden war, um den Dänen Einhalt zu gebieten und die Seewege zu den deutschen Provinzen zu schützen, war Schweden in der Lage, die ganze mittlere und nördliche Ostsee zu kontrollieren. Auch nachdem die vorher unbesiegbar scheinende schwedische Armee durch die Schlacht von Poltawa gedemütigt worden war, blieb die schwedische Marine für ihre Gegner eine große Bedrohung. 1710, ein Jahr nach Poltawa, besaß Schweden einundvierzig Linienschiffe; Dänemark besaß gleichfalls einundvierzig; Rußland dagegen kein einziges. Der schwedische Admiral Wachtmeister, Oberbefehlshaber der Marine, war zwar hauptsächlich mit den Dänen beschäftigt, aber imponierende schwedische Flotteneinheiten kreuzten auch im Finnischen Meerbusen und vor der livländischen Küste.

Gegen die Russen konnte die schwedische Flotte nur wenig ausrichten. Sie konnte zwar den Transport von Versorgungsgütern und Nachschub sichern; aber sobald eine Armee einmal an Land im Kampf stand, bedeutete die Flotte wenig Hilfe. Als die Russen Riga belagerten, sammelte sich die gesamte schwedische Flotte vor der Dünamündung; dennoch konnte sie zur Verteidigung der Stadt nichts beitragen, und schließlich kapitulierte Riga. Erst in der späteren Phase des Großen Nordischen Krieges gewann die Macht zur See zunehmend an Bedeutung. Peter begriff, daß die einzige Möglichkeit, die halsstarrigen Schweden zum Frieden zu zwingen, darin lag, die Ostsee zu überqueren und das schwedische Mutterland zu bedrohen. Der eine Weg für eine Invasion war der von Dänemark aus direkt nach Schweden, eine massierte Landung, die von der dänischen Flotte hätte unterstützt und gedeckt werden müssen. Ein derartiger Angriffsplan beschäftigte den Zaren im Sommer und Herbst 1716. Der andere Weg führte entlang der finnischen

Küste, dann über den Bottnischen Meerbusen zu den Alandinseln, und von dort nach Stockholm. Im Sommer 1713 und 1714 versuchte Peter zunächst diesen Weg.

Peter hätte es vorgezogen, eine derartige Aktion als Befehlshaber einer mächtigen russischen Kriegsflotte von fünfzig Linienschiffen durchzuführen. Doch zuerst die großen Kielbalken zu legen, dann Spanten und Planken anzubringen, die Kanonen zu gießen, die Takelagen zu setzen, die Mannschaften zu rekrutieren und auszubilden, so daß sie die Schiffe manövrieren und im Kampf dem Feind mehr Schaden zufügen konnten als sich selbst, das war eine gigantische Aufgabe. Obwohl ausländische Schiffsbauer, Admirale, Offiziere und Matrosen angeheuert wurden, gingen die Arbeiten nur langsam voran. Die herkulischen Anstrengungen in Woronesch, Asow und Taganrog waren umsonst; bei der Erstellung einer neuen Ostseeflotte mußte man jetzt ganz von vorn anfangen.

In den Jahren 1710 und 1711 wurden zwar mehrere große Schiffe fertiggestellt, aber Peter besaß immer noch zu wenige, um die schwedische Marine zu einer klassischen Seeschlacht herauszufordern und ihr die Kontrolle der nördlichen Ostsee streitig zu machen. Außerdem wollte er die Schiffe, nachdem er so ungeheuer viel Zeit und Geld in ihren Bau und in ihre Ausrüstung investiert hatte, nicht wieder verlieren. Demgemäß hatte Peter einen Befehl erlassen, nach dem es seinen Admirälen absolut untersagt war, die Linienschiffe und Fregatten in einer Schlacht aufs Spiel zu setzen, es sei denn, die Umstände wären außerordentlich günstig. So blieben die großen neuen Schiffe der neuen Ostseeflotte Peters größtenteils im Hafen.

Obwohl Peter fortwährend Linienschiffe in Rußland bauen ließ und noch weitere auf holländischen und englischen Werften bestellte, beruhte der glänzende Erfolg seiner Seeoperation im Finnischen Meerbusen im Verlauf der Jahre 1713 und 1714 auf einer Art von Schiffen, die nie zuvor auf der Ostsee gesehen worden waren: den Galeeren.

Galeeren waren als Schiffe Zwitter. Die typische Galeere war etwa fünfundzwanzig bis fünfunddreißig Meter lang und besaß einen einzigen Mast und ein einziges Segel, aber auch zahlreiche Ruderbänke. Sie verband so die Eigenschaften eines Segelschiffes mit denen eines Ruderschiffes und konnte sich sowohl bei Wind als auch bei Flaute fortbewegen. Jahrhundertelang benützte man Galeeren auf dem Mittelmeer, wo der Wind launisch und unzuverlässig ist, und noch bis ins 18. Jahrhundert hinein überlebten in diesen von der Sonne ausgebrannten Golfen und Buchten die Traditionen der seefahrenden persischen Herrscher und der Römer. Ein paar kleinere Geschütze waren im Lauf der Zeit hinzugekommen. Aber Galeeren waren zu klein und zu wenig stabil, um die schweren Kanonen größerer Schiffe tragen zu können. Folglich kämpften die Galeeren des 18. Jahrhunderts immer noch nach der Taktik, die in den Tagen des Xerxes und Pompeius entwickelt worden war: Sie ruderten auf den Feind zu, enterten sein Schiff und entschieden das Gefecht im wilden Kampf Mann gegen Mann auf überfüllten und glitschigen Decks.

Zur Zeit Peters bestand die osmanische Marine zum größten Teil aus Galeeren. Von Griechen befehligt und mit Sklaven bemannt, handelte es sich um Schiffskolosse, deren größte zweitausend Mann transportierten, aufgeteilt auf zwei Decks, eines mit Ruderern und das andere mit zehn Kompanien Soldaten. Um die Türken in der Ägäis und der Adria zu bekämpfen, bauten auch die Venezianer Galeeren; und zu ihnen hatte Peter zahlreiche junge Russen geschickt, damit sie die Kunst des Galeerenbaus lernten. Frankreich unterhielt etwa vierzig Galeeren auf dem Mittelmeer, die von Lebensläng- lichen gerudert wurden, die man, anstatt sie hinzurichten, auf die Galeeren geschickt hatte. Großbritannien hingegen, das von stürmischen Meeren um- geben war, hatte keine Verwendung für Galeeren.

Peter hatte sich schon immer für Galeeren interessiert. Man konnte sie schnell und billig bauen und statt Hartholz Kiefern verwenden. Als Besat- zung brauchte man keine erfahrenen Matrosen, es genügten einfache Solda- ten, die zugleich als Marineinfanteristen entern und angreifen konnten. Die größte der russischen Galeeren faßte dreihundert Mann und fünf Geschütze, die kleinste hundertfünfzig Mann und drei Geschütze. Peter hatte zuerst in Woronesch und dann in Taganrog Galeeren bauen lassen; die am Peipussee gebauten hatte er 1702, 1703 und 1704 eingesetzt, um eine schwedische Flot- tille vom See zu vertreiben. Mit Galeeren konnte man die schwedische Über- legenheit an großen Kriegsschiffen vortrefflich ausgleichen. Angesichts der natürlichen Gegebenheiten der finnischen Küste, die übersät war mit Myria- den von felsigen Inseln und Fjorden, gesäumt von rotem Granit und Tannen, konnte Peter die schwedische Flotte einfach dadurch ausschalten, daß er ihr die offene See überließ, während seine beweglicheren, flachen Galeeren im Gewässer nahe der Küste operierten, wohin sich die großen Schiffe der Schweden nicht wagen durften. In Küstennähe kreuzend, konnten die russi- schen Galeeren fast unangreifbar für die größeren schwedischen Schiffe draußen auf dem Meer Soldaten und Kriegsmaterial befördern. Und wenn die Schweden sich dennoch nähern sollten, könnten ihre großen Schiffe leicht an den Klippen zerschellen, oder sie würden, bei Flaute, hilflos den angreifenden russischen Galeeren ausgeliefert sein.

Für die Schweden schuf Rußlands plötzliches Auftauchen als Seemacht auf der Ostsee und besonders Peters Vorliebe für Galeeren ein peinliches Dilemma. Schwedische Admirale waren gewöhnt, eine reguläre Flotte mo- derner Linienschiffe zu unterhalten, um ihrem traditionellen Gegner, den Dänen, zu begegnen. Als Peters Galeeren anfingen, vom Stapel zu laufen, sah sich Schweden einer gänzlich neuen Art der Seekriegführung gegenüber. Finanziell bereits erschöpft, fehlten Schweden die Mittel, seine Flotte gegen die Dänen zu unterhalten und gleichzeitig eine große Galeerenflotte für den Kampf gegen Rußland zu bauen. So kam es wirklich dazu, daß schwedische Admirale und Kapitäne von ihren großen Schiffen auf See aus hilflos zusehen mußten, wie Peters flache Rudergaleeren, in küstennahe Gewässer vorsto- ßend, schnell und erfolgreich die finnische Küste eroberten.

Der Oberbefehlshaber bei diesen erfolgreichen Seeoperationen war Generaladmiral Fjodor Apraxin, der gewöhnlich auch selbst das Kommando über die Galeerenflotte übernahm. Vizeadmiral Cornelius Cruys, der holländische Offizier, der Peter geholfen hatte, seine Flotte zu bauen und die Matrosen auszubilden, hißte seine Flagge meistens auf einem der Linienschiffe, während der Zar – der darauf bestand, auf See »Konteradmiral Peter Alexejewitsch« genannt zu werden – bald Leitgeschwader der größeren Schiffe, bald eine Flottille von Galeeren kommandierte. Apraxin beeindruckte seine ausländischen Offiziere durch seine Manieren und durch seine Geschicklichkeit. Seine Beziehung zu Peter, an Land wie auf See, waren eine gelungene Mischung aus Würde und Umsicht. Der Generaladmiral war nie im Ausland gewesen und hatte sich erst in späten Jahren mit Seefahrt und Seekriegsstrategie vertraut gemacht. Dennoch pflegte er sich als Oberbefehlshaber auf See gegen Peter durchzusetzen.

Im Frühjahr 1713 stand die russische Galeerenflotte bereit, und schon Ende April, nur einen Monat nach seiner Rückkehr aus Pommern, segelte Peter mit dreiundneunzig Galeeren und hundertzehn größeren Schiffen, auf denen sich mehr als sechzehntausend Soldaten befanden, von Kronstadt ab. Apraxin kommandierte den Gesamtverband, der Zar die Vorhut. Das Unternehmen hatte überwältigenden Erfolg. Die russische Armee arbeitete sich stetig die finnische Küste entlang nach Westen vor, indem sie ihre Soldaten mit Hilfe der Galeeren von einem Punkt an der Küste zum nächsten brachte. Die Russen führten einen klassischen Amphibienkrieg: Wann immer der schwedische General Luebecker seine Schiffe in eine starke Verteidigungsposition gebracht hatte, umgingen ihn die russischen Galeeren dicht an der Küste, schlichen sich rudernd in einen Hafen und setzten hinter seinem Rücken Hunderte oder Tausende ausgeruhter Soldaten mit Geschützen und Verpflegung an Land. Die Schweden konnten nichts tun, um die Russen aufzuhalten, und Luebecker blieb nichts übrig, als sich zurückzuziehen.

Anfang Mai erschienen Dutzende russischer Schiffe, voll mit Soldaten, auf der Höhe von Helsingfors (heute Helsinki), einer blühenden Stadt mit einem ausgezeichneten Hafen für tiefgehende Schiffe. Angesichts Tausender plötzlich von See her auftauchender russischer Soldaten, blieb den Verteidigern nichts anderes übrig, als ihre Magazine zu verbrennen und die Stadt aufzugeben. Peter segelte sofort auf den nächstgelegenen Hafen, Borga, zu, den Luebecker ebenfalls ohne Kampf aufgab. Luebecker war in Stockholm nie populär gewesen, es hatte ständig Klagen gegen ihn gegeben. Aber der Staatsrat hatte es nie gewagt, ihn zu entlassen, da er vom König persönlich ernannt worden war. Doch jetzt hieß es in Karlskrona: »Wollen wir Luebecker loswerden oder Finnland?«[2]

Im September 1713 war der russische Vorstoß zur See in Abo angelangt. Luebecker wurde abberufen und durch General Karl Armfelt, einen gebürtigen Finnen, ersetzt. Am 6. Oktober stellten sich Armfelts Truppen in einem engen Pass bei Tammerfors zum Kampf. Die Russen griffen an, besiegten sie überlegen und vertrieben sie. Danach blieb eine kleine schwedische Armee, nördlich von Abo, in Finnland; alle schwedischen Zivilbeamten aber kehrten nach Stockholm zurück, wobei sie alle ihre Akten und die Bibliothek der Provinzialregierung mitnahmen. Ein großer Teil der finnischen Bevölkerung floh über den Bottnischen Meerbusen und suchte auf den Alandinseln Zuflucht. Damit hatte Peter in einem einzigen Sommer, ohne Hilfe – oder Behinderung – eines ausländischen Verbündeten, das ganze südliche Finnland erobert.

Auf dem offenen Meer blieb die schwedische Flotte jedoch überlegen. Dort konnten die schwedischen Linienschiffe mit ihren schweren Geschützen aus großer Entfernung die russischen Galeeren in Stücke schießen. Die einzige Chance, die die Galeeren hatten, war, die großen Schiffe nahe an die Küste heranzulocken und sie dort zu kapern, sobald sich der Wind legte. Genau diese Situation bot sich Peter bei der Schlacht von Hangö im August 1714.

Für den Seekrieg, den er 1714 führen wollte, hatte Peter seine Ostseeflotte fast verdoppelt. Allein im März wurden sechzig neue Galeeren fertiggestellt. In Riga kamen drei in England gekaufte Linienschiffe an, ein weiteres, das in St. Petersburg gebaut worden war, ging in Kronstadt vor Anker. Im Mai waren zwanzig russische Linienschiffe und fast zweihundert Galeeren einsatzbereit.

Am 22. Juni segelten hundert Galeeren, die meist von erfahrenen Venezianern und Griechen befehligt wurden, mit Apraxin als Oberbefehlshaber und Peter als Konteradmiral und Stellvertreter Apraxins nach Finnland ab. Während der Hochsommerwochen kreuzten die russischen Schiffe vor der Küste Südfinnlands, wagten sich aber nicht über das felsige Kap Hangö am Westende des Golfes hinaus, um nicht mit der beachtlichen schwedischen Flotte, die am Horizont auf sie wartete, zusammenzustoßen. Die Schweden waren mit einem größeren Geschwader erschienen; es umfaßte sechzehn Linienschiffe, fünf Fregatten und etliche Galeeren und kleinere Fahrzeuge und unterstand dem schwedischen Oberbefehlshaber Admiral Wattrang, der jedes weitere Vordringen der Russen nach Westen, in Richtung auf die Alandinseln und die schwedische Küste, verhindern sollte.

Einige Wochen lang lag man sich tatenlos gegenüber. Wattrang hatte nicht die Absicht, innerhalb der Küstengewässer zu kämpfen; und die russischen Galeeren, die sich Wattrangs großen Geschützen auf offener See nicht aussetzen wollten, blieben in Tvermine, zehn Kilometer östlich von Kap Hangö, vor Anker. Am 4. August bewegten sich Wattrangs Schiffe endlich auf die Russen zu; als die Schweden jedoch die große Zahl russischer Segel sahen, kehrten sie wieder auf das offene Meer zurück. Augenblicklich nahmen die Russen die Verfolgung auf, denn sie hofften, wenigstens einige der schwedischen Schiffe abfangen zu können, falls der Wind sich legen sollte. Durch geschicktes Manövrieren gelang es jedoch den meisten schwedischen Schiffen, sich aus der Reichweite der russischen Galeeren zu entfernen.

Am nächsten Morgen trat jedoch endlich ein, was Peter erhofft hatte. Der

Wind legte sich, die See war ruhig, und auf der spiegelglatten Wasserfläche lag ein Verband der schwedischen Flotte, der von Admiral Ehrenskjold befehligt wurde. Die Russen handelten schnell, um ihren Vorteil zu nützen. Im Morgengrauen verließen zwanzig ihrer Galeeren die schützenden Küstengewässer, ruderten hinaus und näherten sich den unbeweglichen schwedischen Schiffen von der Seeseite her. Als man auf Ehrenskjolds Schiffen begriff, was sich anbahnte, ließ man kleine Ruderboote zu Wasser, die die großen Schiffe abzuschleppen versuchten. Aber die wenigen Ruderer in den kleinen Booten konnten es nicht mit den koordinierten Anstrengungen der Ruderer in den russischen Galeeren aufnehmen. In der Nacht schlich dann Apraxins Hauptmacht von über sechzig Galeeren zwischen den Schweden und der Küste aufs Meer hinaus und legte sich zwischen die Geschwader Wattrangs und Ehrenskjolds. Um Schutz zu suchen, zog sich Ehrenskjold daraufhin in einen schmalen Fjord zurück und legte seine Schiffe, Bug gegen Heck, in einer Reihe quer über den Fjord. Am folgenden Tag war Apraxin zum Angriff auf die abgeschnittenen Schweden bereit. Zuvor schickte er einen Offizier an Bord des schwedischen Flaggschiffes, der Ehrenskjold angemessene Kapitulationsbedingungen offerierte. Das Angebot wurde abgelehnt, und die Schlacht begann.

Es war ein seltsamer und ungewöhnlicher Kampf zwischen Kriegsschiffen verschiedener Art, alten und modernen. Die Schweden waren mit schweren Geschützen und erfahrenen Seeleuten überlegen, die Russen dagegen hatten viel mehr Schiffe und Soldaten. Ihre kleinen, beweglichen Galeeren, voll beladen mit Infanterie, stürzten sich, ungeachtet der unvermeidlichen Verluste durch die feindliche Artillerie, in Massen auf die schwedischen Schiffe, legten an und enterten die unbeweglichen Kolosse. Apraxin führte seine Flotte nicht wie ein Admiral, sondern wie ein General, der Kavallerie und Infanterie in Wellen in den Kampf wirft. Um zwei Uhr nachmittags des 6. August ließ er die erste Welle von fünfunddreißig Galeeren los. Die Schweden ließen die Angreifer möglichst nahe herankommen und trommelten dann mit Geschützfeuer auf die Decks der Galeeren, die sich zurückziehen mußten. Ein zweiter Angriff von achtzig Galeeren wurde ebenfalls zurückgeschlagen. Schließlich griff Apraxin mit einer kombinierten Flotte von fünfundneunzig Galeeren die linke Flanke der schwedischen Schiffsformation an. Russische Entertrupps überschwemmten die schwedischen Fahrzeuge; eines von ihnen kenterte unter dem bloßen Gewicht der Männer, die auf seinem Deck kämpften. Sobald die schwedische Linie auf diese Weise durchbrochen war, ruderten die Russen durch die Bresche, griffen die Reihe der unbeweglichen feindlichen Schiffe von beiden Seiten an und eroberten ein Schiff nach dem anderen. Drei Stunden tobte die Schlacht, mit schweren Verlusten auf beiden Seiten. Schließlich waren die Schweden überwältigt. Dreihunderteinundsechzig ihrer Soldaten wurden getötet, mehr als neunhundert gefangengenommen. Auch Ehrenskjold selbst fiel mit seinem Flaggschiff, der Fregatte *Elefant,* und neun kleineren schwedischen Schiffen den Russen in die Hände.

Der Sieg von Hangö vertrieb die Schweden nicht nur aus dem Finnischen Meerbusen, sondern auch aus dem östlichen Teil des Bottnischen Meerbusens. Admiral Wattrang gab die nördliche Ostsee völlig auf, da er seine großen Schiffe gegen die unorthodoxe Taktik der russischen Galeeren nicht aufs Spiel setzen wollte. Damit war für die russischen Flottillen der Weg nach Westen frei. Im September setzte eine Flotte von sechzig Galeeren 16000 Mann auf den Alandinseln ab. Die größeren russischen Schiffe kehrten bald darauf nach Kronstadt zurück, aber Apraxins Galeeren drangen weiter nordwärts in den Bottnischen Meerbusen vor. Am 20. September erreichten sie Vaasa. Von dort aus überquerte Apraxin mit neun Fahrzeugen den Meerbusen, landete an der schwedischen Küste und brannte die Stadt Umeå nieder. Da inzwischen einige der russischen Galeeren verlorengegangen waren und die winterliche Vereisung einsetzte, zog Apraxin seine Flotte nach Abo an der finnischen Küste, gegenüber Reval, ins Winterquartier zurück.

Der Erfolg der Unternehmungen gegen Finnland spornte Peter an, sein Schiffsbauprogramm auszuweiten. Gegen Ende seiner Herrschaft bestand die russische Ostseeflotte aus vierunddreißig Linienschiffen (viele von ihnen mit sechzig oder achtzig Kanonen bestückt), fünfzehn Fregatten, achthundert Galeeren und kleineren Schiffen, die insgesamt mit 28000 Matrosen bemannt waren. Das war eine gigantische Leistung. Wollte man dagegenhalten, daß die russische Flotte immer noch kleiner war als die Großbritanniens, so würde man die Tatsache übersehen, daß Peter aus dem Nichts begonnen hatte: ohne ein einziges Schiff, ohne Tradition, ohne Schiffsbauer, Kapitäne, Navigatoren und Matrosen. Noch vor Peters Tod waren einige der russischen Schiffe den besten der British Navy gleichwertig, und noch dazu, wie ein Beobachter feststellte, viel schöner eingerichtet. Die einzige Schwierigkeit, gegen die Peter machtlos war, lag in dem mangelnden Interesse seiner Landsleute am Meer. Weiterhin mußten ausländische Offiziere – Griechen, Venezianer, Dänen und Holländer – die russischen Schiffe kommandieren; der russische Adel haßte das Meer und fürchtete die Verpflichtung zum Dienst in der Marine mehr als alles andere. Mit seiner Liebe zu blauen Wellen und salziger Luft blieb Peter allein unter seinem Volk.

6 Die Kalabalik

Nachdem es Karl nicht gelungen war, den Friedensvertrag am Pruth zu verhindern, arbeitete er verbittert daran, ihn zu untergraben. Die drei, in Abständen von ein oder zwei Jahren aufeinanderfolgenden kurzen »Kriege« zwischen Rußland und dem Osmanischen Reich waren sein Werk, wenngleich Peter sie mitverschuldet hatte, weil er nicht bereit war, Asow zu übergeben und seine Truppen aus Polen zurückzuziehen. Eine für Karl vielversprechende Möglichkeit hatte sich mit dem dritten dieser Kriege aufgetan, der von den Türken im Oktober 1712 erklärt wurde. Damals hatte sich eine riesige osmanische Armee unter dem persönlichen Kommando des Sultans in Adrianopel gesammelt. Ahmad III. war damit einverstanden, Karl mit einer starken türkischen Eskorte nach Polen zu schicken, damit er sich dort mit einem neuen schwedischen Expeditionsheer unter Stenbock vereinige. Als Stenbock aber in Deutschland gelandet war, zog er nach Westen, nicht nach Süden, und wurde schließlich in der Festung Tönning gefangengenommen. Karl blieb daher ein König ohne Armee, und der Sultan, der bedachte, wie unsicher es sei, allein in Rußland einzufallen, entschied sich dafür, Frieden zu schließen und in seinen Harem zurückzukehren.

So befand sich Karl im Winter 1712/13 bereits dreieinhalb Jahre in der Türkei, und bei aller moslemischen Gastfreundlichkeit waren die meisten einflußreichen Türken seiner inzwischen überdrüssig geworden. Er war tatsächlich eine »schwere Last für die Hohe Pforte«. Der Sultan wollte einen dauerhaften Frieden mit Rußland schließen, aber Karls fortwährende Intrigen erschwerten diese Absicht. So beschloß man, Karl auf die eine oder andere Weise nach Hause zu schicken.

Aus dem Beschluß entwickelte sich eine Verschwörung. Devlet Gerey, der Tataren-Khan, war ursprünglich ein Bewunderer Karls gewesen, doch änderten sich seine Gefühle, als sich der König weigerte, mit der türkischen Armee an den Pruth zu marschieren. Nun nahm der Khan mit August von Polen Kontakt auf und schmiedete einen Plan: Man wollte Karl eine starke Eskorte tatarischer Reiter anbieten, unter deren Schutz er demonstrativ Polen durchqueren und auf schwedisches Territorium zurückkehren könne. Unterwegs aber würde man diese Eskorte immer mehr schwächen, indem man, unter verschiedenen Vorwänden, wiederholt Teile von ihr abziehe. Jenseits der polnischen Grenze müßte der Gruppe eine starke polnische Streitmacht entgegentreten, und die zusammengeschrumpfte Eskorte würde, zu schwach zur Gegenwehr, kapitulieren und den Schwedenkönig ausliefern. So würden beide Seiten profitieren. Die Türken würden Karl los und August hätte ihn in seiner Gewalt.

Diesmal jedoch war das Glück mit Karl. Eine Abteilung seiner Leute, als Tataren verkleidet, hatte die Boten abgefangen und Karl die Korrespondenz zwischen August und dem Khan nach Bender gebracht. Karl erfuhr so, daß sowohl der Khan als auch der Pascha von Bender an der Verschwörung beteiligt waren; soweit er feststellen konnte, hatte der Sultan seine Hand dabei nicht im Spiel. Seit Jahren hatte Karl sich bemüht, die Türkei zu verlassen, aber jetzt entschloß er sich zu bleiben. Er versuchte, mit Ahmad III. Verbindung aufzunehmen und ihm von der Verschwörung Mitteilung zu machen. Er mußte jedoch feststellen, daß alle Verbindungen zwischen Bender und dem Süden abgeschnitten waren. Keine seiner Botschaften, auch nicht die, die er auf Umwegen geschickt hatte, traf in Konstantinopel ein.

Tatsächlich bemühte sich auch der Sultan nach Kräften, Karl loszuwerden, doch wollte er einen anderen Weg beschreiten. Am 18. Januar 1713 gab er Befehl, den König zu entführen, wenn nötig mit Gewalt, aber ohne ihn zu verletzen, und nach Saloniki zu bringen. Von dort aus sollte er an Bord eines französischen Schiffes nach Schweden zurückgebracht werden. Ahmad glaubte nicht, daß es nötig sein würde, Gewalt anzuwenden, da er nichts von den Plänen des Khans wußte und natürlich auch nicht, daß Karl diese Pläne kannte. Aus diesem Durcheinander von Verschwörungen, teilweisem Wissen und Mißverständnissen kam es zu der ungewöhnlichen Episode, die als »Kalabalik« (türkisch »Tumult« oder genauer »Kampf des Löwen«) in die Geschichte eingegangen ist.

Das schwedische Lager in Bender hatte sich in den vergangenen dreieinhalb Jahren gewaltig verändert. Die Zelte aus der Anfangszeit waren durch feste Baracken ersetzt worden, die in Reihen, wie in einer Kaserne, nebeneinander standen. Die Unterkünfte der Offiziere hatten Glasfenster, die der Mannschaften Fenster aus Lederhäuten. Der König lebte in einem großen, neuen, hübsch möblierten Backsteinhaus, das, zusammen mit einem Kanzleigebäude, den Offizierswohnungen und einem Stall, eine Art befestigtes Quadrat in der Mitte des Lagers bildete. Von den Balkonen des oberen Stockwerks seines Hauses aus hatte Karl einen ausgezeichneten Blick über das gesamte schwedische Lager, in dem Kaufleute Feigen, Branntwein, Brot und Tabak an die Schweden verkauften. Die Ansiedlung, die man Neu-Bender nannte, war wie eine schwedische Insel in einem türkischen Ozean. Freilich war es kein feindlicher Ozean, denn das Janitscharenregiment, das zur Bewachung Karls abgestellt worden war, wachte über ihn mit Bewunderung. Karl schien ihnen ein Held von der Art zu sein, wie sie ihn verzweifelt suchten. »Wenn wir einen solchen König zum Anführer hätten, was wäre uns unmöglich?«[1] sagten sie.

Trotz dieser freundlichen Gefühle entstand im schwedischen Lager eine spannungsgeladene Atmosphäre, als im Januar 1713 die Befehle des Sultans eintrafen. Die schwedischen Offiziere beobachteten von ihren Balkonen aus, wie die Janitscharen durch Tausende tatarischer Reiter verstärkt wurden. Für eine Auseinandersetzung mit einer solchen Streitmacht hatte Karl nur knapp tausend Soldaten und keine Verbündeten. Denn als sie die Massierung türkischer Soldaten bemerkten, hatten sich Polen und Kosaken, die offiziell Karl unterstanden, von den Schweden abgesetzt und unter türkischen Schutz gestellt. Dennoch begann sich der schwedische König unerschrocken auf Widerstand vorzubereiten, und seine Soldaten sammelten Lebensmittelvorräte für sechs Wochen. Um ihre Moral zu stärken, ritt er eines Tages allein durch die Reihen der Tataren, die »auf allen Seiten so dicht wie Orgelpfeifen standen«[2], den König aber nicht anrührten.

Am 29. Januar erhielt Karl die Warnung, am nächsten Tag werde ein Angriff stattfinden. Daraufhin versuchte er mit seinen Männern noch in der Nacht, einen Erdwall um das Lager aufzuwerfen. Doch der Boden war so hartgefroren, daß man ihn nicht ausheben konnte, und so errichtete man statt eines Erdwalls eine Barrikade aus Karren, Wagen, Tischen und Bänken und füllte die Lücken zwischen den aufgetürmten Gegenständen mit Dung. Was sich dann am folgenden Tag ereignete, war eine der seltsamsten kriegerischen Episoden in der europäischen Geschichte; als die Berichte über die Geschehnisse in Neu-Bender durch Europa liefen, schüttelten die Menschen überall den Kopf: Sie wußten damals freilich noch nicht, daß Karl nur symbolischen Widerstand leisten wollte, um seine Entführung und Auslieferung an Polen zu vereiteln. Da es ihm nicht gelungen war, den Sultan von dieser gegen ihn gerichteten Verschwörung zu informieren, hoffte er, daß sein Widerstand den Khan und den Pascha zwingen würde, sich zurückzuziehen und neue Anweisungen ihres Herrn und Meisters, Ahmads III., einzuholen.

Der »Tumult« begann am Samstag, den 31. Januar, als türkische Artillerie mit einer Salve das Feuer auf die provisorische schwedische »Festung« eröffnete. Siebenundzwanzig Kanonenkugeln trafen das Backsteinhaus des Königs, doch die Ladungen waren gering, und das Bombardement richtete nur wenig Schaden an. Tausende von Türken und Tataren sammelten sich zum Angriff. »Die ganze Horde der Tataren rückte auf unseren Graben vor und kam drei oder vier Schritte davor zum Stehen, was schrecklich anzusehen war«, schrieb ein schwedischer Augenzeuge. »Um zehn Uhr vormittag erschienen einige tausend türkische Reiter, danach noch einige tausend Janitscharen zu Fuß. Sie formierten sich so, als wollten sie uns augenblicklich angreifen.«[3]
Alles war bereit zum Angriff, der aber aus irgendeinem Grund nicht stattfand. Einem der Berichte zufolge weigerten sich die türkischen Soldaten, den von ihnen bewunderten Schwedenkönig anzugreifen, und wollten einen entsprechenden schriftlichen Befehl des Sultans sehen. Eine andere Geschichte sagt, daß fünfzig oder sechzig Janitscharen, nur mit weißen Stöcken bewaffnet, vor das schwedische Lager gezogen seien und Karl inständig gebeten hätten, sich in ihre Hand zu begeben, wobei sie versprachen, es werde ihm kein Haar gekrümmt werden. Angeblich habe sich Karl geweigert und gedroht: »Wenn sie nicht weggehen, werde ich ihnen die Bärte versengen«, worauf die Janitscharen ihre Stöcke wegwarfen und sich weigerten, Karl anzugreifen. Schließlich gibt es noch die Geschichte, daß unmittelbar vor dem Angriff über Karls Haus drei Regenbogen, einer über dem anderen stehend, zu sehen gewesen wären. Darauf hätten sich die erstaunten Türken geweigert anzugreifen, weil Allah den Schwedenkönig so sichtbar beschützte. Am wahrscheinlichsten ist jedoch, daß der Pascha und der Khan die Beschießung des schwedischen Lagers und die Ansammlung ihrer Truppen nur inszeniert hatten, um Karl zu beeindrucken und zur gewaltlosen Unterwerfung zu veranlassen. Was auch immer geschehen sein mag, die türkische Armee hielt jedenfalls still, der Beschuß wurde eingestellt und die Formation der Soldaten löste sich schließlich auf.

Am Morgen des folgenden Tages, am Sonntag, dem 1. Februar, bot sich den Schweden ein bedrückender Anblick: »Eine solche Masse dieser Ungläubigen stand um uns herum, daß wir sie vom Dach des königlichen Hauses aus nicht überschauen konnten.«[4] Kleine rote, blaue und gelbe Fähnchen flatterten vor den Reihen der Türken, und auf einem Hügel im Hintergrund hatte man eine große rote Standarte aufgepflanzt, »als Zeichen dafür, daß man die Schweden bis auf den letzten Blutstropfen bekämpfen wollte«. Entsetzt von diesem Anblick stiegen da und dort einige Soldaten und jüngere Offiziere der Schweden, die das Spiel nicht durchschauten und sich schon als Opfer eines bevorstehenden Massakers sahen, über die Barrikaden und stellten sich unter den Schutz der Türken. Daraufhin ließ Karl vom Dach seines Hauses aus Trompeten blasen und Pauken schlagen, um seinen Leuten Mut zu machen.

Da Sonntag war, besuchte der König einen Gottesdienst, der in seinem Haus abgehalten wurde. Er hörte gerade der Predigt zu, als plötzlich die Luft vom Donner der Kanonen und dem Pfeifen der Kanonenkugeln erfüllt war. Die schwedischen Offiziere, die zu den Fenstern im Obergeschoß des Hauses gestürzt waren, sahen eine große Anzahl Türken und Tataren mit Schwertern in der Hand und lautem »Allah! – Allah!« – Geschrei auf das Lager zustürmen. Daraufhin befahlen die schwedischen Offiziere auf den Barrikaden ihren Soldaten: »Schießt nicht! Schießt nicht!« Nur ein paar feuerten ihre Gewehre ab, die meisten dagegen ergaben sich schnell. Selbst wenn man die hoffnungslose Lage bedenkt, war ein solches Verhalten schwedischer Soldaten so ungewöhnlich, daß es auf einen königlichen Befehl, Blutvergießen zu vermeiden, schließen läßt.

Auf der anderen Seite gaben der Khan und der Pascha offenbar ähnliche Instruktionen. Obwohl eine »Wolke von Pfeilen« auf das schwedische Lager niederging, trafen nur die wenigsten irgendein Ziel. Auch die auf das Haus des Königs abgefeuerten Kanonenkugeln flogen entweder über das Haus hinweg oder hatten so wenig Ladung, daß sie wirkungslos von den Wänden abprallten.

Wenn man nun auch auf beiden Seiten die Absicht gehabt haben mochte, eine Schlacht eher zu spielen als wirklich zu schlagen, so war es doch schwierig, ein Schauspiel mit Kanonenkugeln, Gewehrfeuer und blanken Degen so unter Kontrolle zu halten, daß es völlig friedlich verlief. Leidenschaften entzündeten sich, und bald floß Blut. Als die Schweden kaum Widerstand leisteten, drangen Türken in Karls Haus ein und begannen dort zu plündern. Die große Halle füllte sich mit Türken, die alles, was ihnen unter die Augen kam, mitnahmen. Das war mehr, als Karl ertragen konnte. Den Degen in der Rechten, eine Pistole in der Linken, stieß er wütend die Türen auf und stürzte mit einem Haufen seiner Leute in die Halle. Beide Seiten schossen mit Pistolen um sich, und dichter Pulverqualm erfüllte den Raum. Würgend und hustend in diesem Qualm, schlugen Schweden und Türken im Nahkampf aufeinander ein. Wie so oft auf dem Schlachtfeld, tat die Wucht des schwedischen Angriffs auch diesmal ihre Wirkung, zumal sich im Haus Schweden und Türken in annähernd gleicher Stärke gegenüberstanden. Halle und Haus waren schnell gesäubert; die letzten Türken sprangen zu den Fenstern hinaus.

In diesem Augenblick sah sich einer der Trabanten, Axel Roos, um und vermißte den König. Er stürmte durch das Haus und fand Karl im Zimmer des Oberkämmerers, »eingekeilt zwischen zwei Türken, beide Arme erhoben, in der Rechten sein Schwert ... Ich erschoß den Türken, der mit dem Rücken zur Tür stand ... Seine Majestät senkte den Degen und durchbohrte den zweiten, und ich zögerte nicht, den dritten zu erschießen«. »Roos!«, schrie der König durch den Rauch, »hast du mich gerettet?«[5] Als Karl und Roos über die Leichen stiegen, blutete der König an Nase, Wange und einem Ohr, wo ihn Kugeln gestreift hatten. An seiner linken Hand klaffte ein tiefer Schnitt zwischen Daumen und Zeigefinger: Bei der Abwehr eines türkischen Degens hatte er dessen Klinge mit der bloßen Hand gepackt. Nun schlossen sich Karl und Roos wieder den anderen Soldaten an, die die Türken aus dem Haus vertrieben hatten und jetzt aus den Fenstern auf sie feuerten.

Die Türken rollten ein Geschütz heran, das aus nächster Nähe auf das Haus zu schießen begann. Die Kugeln zerschmetterten das Mauerwerk, doch hielten die dicken Wände stand. Karl füllte Gewehrkugeln in seinen Hut und verteilte im ganzen Haus Munition an die Soldaten, die an den Fenstern standen.

Als es allmählich dunkel wurde, begriffen die Türken, wie absurd es war, mit einer Armee von zwölftausend Soldaten ein Haus zu stürmen, in dem sich nur knapp hundert Gegner befanden, die man zudem laut Befehl nicht einmal töten durfte. Sie beschlossen, eine neue Taktik zu versuchen, um die Schweden zum Verlassen des Hauses zu zwingen. Tatarische Bogenschützen befestigten brennende Strohbüschel an Pfeilen und schossen sie auf das Schindeldach von Karls Residenz. Gleichzeitig legten einige Janitscharen mit Heu- und Strohballen Feuer an einer Ecke des Hauses. Als die Schweden die brennenden Bündel mit Eisenstangen wegstoßen wollten, wurden sie von tatarischen Bogenschützen zielsicher beschossen, so daß sie sich zurückziehen mußten. Innerhalb weniger Minuten stand das Dach des Hauses in Flammen; Karl und seine Männer eilten auf den Dachboden, um den Brand von unten zu bekämpfen. Mit Schwertern versuchten sie, das bereits brennende Holz abzuschlagen, doch das Feuer breitete sich weiter schnell aus. Die lodernden Flammen des brennenden Gebälks zwangen den König und seine Gefährten, sich über die Treppe nach unten, Jacken über den Köpfen – zum Schutz gegen die sengende Hitze –, zurückzuziehen. Unten angelangt, tranken die erschöpften Männer Schnaps, und selbst der König ließ sich, ausgedörrt wie er war, dazu überreden, einen Schluck Wein zu nehmen. Das war, seitdem er vor dreizehn Jahren Stockholm verlassen hatte, das erste Mal, daß Karl Alkohol anrührte.

Inzwischen fielen brennende Schindeln vom Dach in die oberen Geschosse und breiteten das Feuer weiter aus. Dann fiel plötzlich das restliche Dach in sich zusammen, und der ganze obere Teil des Hauses wurde zu einem glühenden Ofen. Nun meinten einige Schweden, die sich nichts davon versprachen, lebendig verbrannt zu werden, man solle sich ergeben. Der König war jedoch – möglicherweise durch den ungewohnten Genuß von Wein – in eine solche Erregung geraten, daß er nicht nachgeben wollte, »bevor nicht unsere Kleider brennen«.

Es war aber offensichtlich, daß man nicht länger bleiben konnte. Schließlich willigte Karl ein, zu dem fünfzig Schritt entfernten, noch unversehrten Kanzleigebäude hinüberzustürmen und von dort aus den Kampf neu zu beginnen. Als die das Schauspiel beobachtenden Türken sich fragten, ob wohl der König noch am Leben sei, und sich wunderten, daß in dem Feuer vor ihren Augen noch jemand lebte, sahen sie plötzlich Karl, Degen und Pistole in der Hand, an der Spitze seiner kleinen Schar aus dem brennenden Haus auftauchen und, gegen das brennende Gebäude deutlich erkennbar, durch die Nacht rennen. Die Türken rannten hinterher. Es war ein Wettlauf. Unglücklicherweise stolperte Karl, als er um eine Ecke des Gebäudes bog, über seine Sporen und fiel der Länge nach hin.

Ehe er aufstehen konnte, waren die Türken über ihm. Einer seiner Begleiter, Oberleutnant Aberg, warf sich über den König, um ihn vor den Klingen der Türken zu schützen. Er erhielt einen Degenhieb auf den Kopf und wurde blutend weggezerrt. Dann stürzten sich zwei Türken auf den König, um ihm seinen Degen zu entreißen. Die Wucht, mit der sie auf ihn fielen, fügte Karl die schwerste Verletzung dieses Tages zu: Zwei Knochen des rechten Fußes wurden ihm gebrochen. Ohne darauf Rücksicht zu nehmen, rissen die Türken nun den Mantel des Königs in Stücke, denn der Mann, der den Schwedenkönig lebendig gefangennehmen würde, sollte sechs Dukaten Belohnung bekommen, wobei der Mantel als Beweis diente.

Trotz der Schmerzen in seinem Fuß stand Karl auf. Als die Schweden hinter ihm sahen, daß der König sonst unverletzt war und sich ergab, ergaben auch sie sich unverzüglich. Man nahm ihnen auf der Stelle Uhren, Geld und die silbernen Knöpfe ihrer Uniformen weg. Karl blutete an Nase, Wange, Ohr und Hand; seine Augenbrauen waren versengt, sein Gesicht und seine Kleider waren pulvergeschwärzt und stanken nach Rauch, sein Mantel hing ihm in Fetzen vom Leib. Dennoch nahm seine Miene sofort wieder jene ruhige, fast amüsierte Distanz an, die man an ihm kannte. Er hatte getan, was er tun wollte, und hatte nicht nur zwei, sondern acht Stunden lang Widerstand geleistet. Mit sich selbst zufrieden, ließ er sich zum Haus des Paschas von Bender bringen. Abgerissen, blutbespritzt, das Gesicht blut- und schmutzverkrustet, trat er in unerschütterter Gelassenheit dort ein. Der Pascha empfing ihn höflich und entschuldigte sich für das Mißverständnis, das zu der Auseinandersetzung geführt habe. Karl ließ sich auf einem Sofa nieder, bat um Wasser und etwas Eis, lehnte das Essen ab, das man ihm anbot, und fiel unverzüglich in tiefen Schlaf.

Am folgenden Tag wurden Karl und alle, die mit ihm gekämpft hatten, nach Adrianopel gebracht. Manche, die ihn abziehen sahen, betrübte der Anblick. Jefferyes schrieb nach London: »Ich kann Eurer Exzellenz nicht schildern, was für ein trauriges Schauspiel es für mich war, der ich diesen Herrscher zur Zeit seines höchsten Ruhmes und als schreckenerregenden Krieger gekannt habe, ihn jetzt zum Spott und Hohn der Türken und Ungläubigen erniedrigt zu sehen.«[6] Andere meinten jedoch, Karl habe fröhlich ausgesehen. »Er war in ebensoguter Laune wie in den Tagen seines Glücks und seiner Freiheit«[7], sagte jemand, und einem anderen schien er so zufrieden zu sein, »als ob er alle Türken und Tataren in seiner Gewalt hätte«. Karl hatte zweifellos sein Ziel erreicht, der Khan und der Pascha würden ihn nach einer Auseinandersetzung von solchen Ausmaßen nicht nach Polen abschieben.

Es war nicht ohne Ironie, daß am Tag nach der Kalabalik neue Befehle des Sultans in Bender eintrafen, die seine Erlaubnis, Karl auch mit Gewalt zu entführen, widerriefen. Ein Abgesandter des Sultans besuchte den König und beteuerte, daß »dieses höllische Komplott seinem Großen Herrn völlig unbekannt gewesen sei«[8].

In Adrianopel wurde Karl ehrenvoll empfangen und in dem prächtigen Schloß Timurtasch untergebracht, wo er wochenlang liegen und auf die Heilung seines Fußes warten mußte. Der Tataren-Khan und der Pascha von Bender wurden zur Strafe für die »Kalabalik« abgesetzt. Drei Monate später begann das Osmanische Reich einen vierten kurzen Krieg mit Rußland. Karls Widerstand war, wenigstens vorläufig, in jeder Hinsicht ein Erfolg. In ganz Europa war die »Kalabalik« eine Sensation. Manchen erschien sie heroisch: Wie der Held einer Legende hatte der König persönlich gegen überwältigende Umstände gekämpft. Viele aber hielten sie für glatten Wahnsinn; wie konnte der König die Gastfreundschaft des Sultans so verletzen, fragten sie sich. Das war auch Peters Einstellung, als er von dem Ereignis erfuhr: »Ich erkenne jetzt, daß Gott meinen Bruder Karl ganz und gar verlassen hat, da dieser sich darauf eingelassen hat, seinen einzigen Freund und Verbündeten anzugreifen und zu erzürnen.«[9]

Nach der »Kalabalik« blieb Karl noch zwanzig Monate in der Türkei, als Gast des Sultans auf Schloß Timurtasch, mit seinem hübschen Park und seinen herrlichen Gärten. Es dauerte wochenlang, bis seine Fußknochen vollständig geheilt waren, und erst nach zehn Monaten konnte er wieder gehen und reiten. Inzwischen jagten sich in Europa die Ereignisse. Im April 1713 wurde mit der Unterzeichnung des Friedensvertrages von Utrecht der Spanische Erbfolgekrieg beendet, der zwölf Jahre gedauert hatte. Es gab keinen Sieger. Der Enkel des Sonnenkönigs, Philipp V. von Anjou, saß jetzt zwar auf dem spanischen Thron, wie es Ludwig XIV. gewünscht hatte, doch blieben aufgrund der Bedingungen des Friedensvertrages die beiden Königreiche Frankreich und Spanien streng voneinander getrennt. Ludwig selbst hatte, mit einundsiebzig, noch zwei Jahre zu leben, und sein Land hatte durch den Krieg sehr gelitten. Der andere einstige Bewerber um die spanische Krone,

Karl von Österreich, saß jetzt auf einem anderen Thron: Er war 1711, nach dem Tod seines älteren Bruders, Kaiser des Heiligen Römischen Reiches geworden.

1713 schlossen Rußland und die Türkei endlich einen dauerhaften Frieden. Nach der Schlacht am Pruth und den drei unblutigen Kriegen, die ihr folgten, gab Peter Asow schließlich doch auf und zog seine Truppen aus Polen zurück. Den Türken war viel an diesem Frieden gelegen, denn seit dem Ende des westeuropäischen Krieges war die österreichische Armee frei und konnte jetzt möglicherweise gegen die Türken auf dem Balkan eingesetzt werden. Für diesen Fall wollte der Sultan gerüstet sein. So wurde am 15. Juni 1713 der Vertrag von Adrianopel unterzeichnet, durch den sich Rußland und die Türkei zu einem fünfundzwanzigjährigen Frieden verpflichteten.

Dieser Friedensvertrag machte es letztlich auch für Karl unmöglich, länger im Osmanischen Reich zu bleiben. Die Türken, die den Schwedenkönig vier Jahre lang beherbergt hatten, befanden sich jetzt mit seinen Feinden im Frieden. Irgendwie mußte Karl deshalb das Land verlassen. Da auf dem Kontinent nun nicht mehr gekämpft wurde, stand ihm der Weg durch Europa offen. Durch Polen konnte Karl allerdings, wie ursprünglich geplant, nicht reisen, weil dort sein Feind August auf dem Thron saß. Aber er konnte die Route durch Österreich und die deutschen Staaten nehmen. Der neue Kaiser, Karl VI., war in der Tat sogar sehr daran interessiert, daß der schwedische König nach Norddeutschland zurückkehrte. Die Könige und Fürsten jener Region waren nämlich drauf und dran, sich alle bisher schwedischen Territorien innerhalb des Heiligen Römischen Reiches einzuverleiben, während der Kaiser lieber den Status quo und ein Gleichgewicht der Kräfte erhalten sehen wollte. Er war also nicht nur damit einverstanden, daß Karl durch Österreich nach Hause zurückkehrte, er drängte ihn sogar, nach Wien zu kommen und sich dort offiziell empfangen zu lassen. Karl lehnte diese Bitte aber ab und bestand darauf, das Land ohne irgendwelches Aufsehen passieren zu dürfen. Wollte man ihm dies nicht erlauben, so würde er die Einladung Ludwigs XIV. annehmen und auf einem französischen Schiff nach Schweden fahren. Der Kaiser war einverstanden.

Karl entschloß sich, inkognito zu reisen. Wenn er so schnell vorankäme, wie ein Pferd galoppierte, könnte er vielleicht den Nachrichten von seiner Abreise zuvorkommen und an der Ostseeküste eintreffen, noch ehe man in Europa wußte, daß er die Türkei verlassen hatte. Gegen Ende des Sommers 1714 begann er sich selbst und seine Pferde für lange Ritte zu trainieren. Am 20. September war er reisefertig. Der Sultan schickte ihm Abschiedsgeschenke: Prächtige Pferde und Zelte sowie einen edelsteinbesetzten Sattel. Unter dem Geleit einer Ehrengarde der türkischen Kavallerie ritten der König und die hundertdreißig Schweden, die nach der »Kalabalik« bei ihm waren, nach Norden, durch Bulgarien, die Walachei und über die Pässe der Karpaten. In Pitesti, an der Grenze zwischen dem Osmanischen Reich und Österreich, trafen Karl und seine Begleiter mit der größeren Gruppe von

Schweden zusammen, die nach der »Kalabalik« in Bender zurückgeblieben waren. Mit ihnen waren auch Dutzende von Gläubigern gekommen, die entschlossen waren, die Schweden durch ganz Europa zu begleiten, weil sie hofften, daß der König, wenn einmal auf schwedischem Boden angekommen, seine Schulden bezahlen würde.

Als sich alle schwedischen Exilanten zusammengefunden hatten, bestand die Reisegruppe aus 1200 Mann und fast 2000 Pferden mit Dutzenden von Wagen. Ein solcher Konvoi würde nur langsam vorankommen und viele Kilometer im Umkreis die Aufmerksamkeit auf sich ziehen. Karl wollte jedoch schnell vorankommen, nicht nur, um einer Gefangennahme durch sächsische, polnische oder russische Agenten zu entgehen, sondern auch, um lästige Sympathiekundgebungen der Protestanten im Deutschen Reich zu vermeiden, die im Schwedenkönig immer noch ihren Helden sahen. Er entschloß sich deshalb, allein loszureiten.

Je weiter er kam, desto ungeduldiger wurde er. An Poststationen – Debrezin in Ungarn, Buda an der Donau – hielt er kurz an, blieb aber nirgends länger als eine Stunde. Nur selten schlief er in einem Gasthaus. Er verbrachte die Nacht lieber als Passagier in einer schnellen Postkutsche, wo er sich zum Schlafen auf dem strohbedeckten Boden zusammenrollte. Im Galopp eilte er über Regensburg, Nürnberg und Kassel nach Norden; und in der Nacht des 10. November öffnete der Wächter am Stadttor von Stralsund einem hartnäckigen Klopfen. Einlaß begehrte eine Gestalt mit großem Hut über dunkler Perücke. Immer mehr höhere Offiziere wurden herbeigeholt, und um vier Uhr morgens mußte sich der Gouverneur von Stralsund selbst murrend aus dem Bett bemühen, um die sensationelle Meldung zu bestätigen: Nach fünfzehnjähriger Abwesenheit stand der König von Schweden wieder auf schwedischem Boden.

Der Ritt, den Karl hinter sich gebracht hatte, machte wieder Geschichte. In weniger als vierzehn Tagen war der König von Pitesti in der Walachei bis nach Stralsund an der Ostsee gereist, eine Entfernung von über 2000 Kilometern. Davon rund 850 Kilometer in Postkutschen, den Rest zu Pferde. Seine durchschnittliche Reisegeschwindigkeit betrug mehr als hundertsechzig Kilometer pro Tag, und in den letzten sechs Tagen und Nächten, auf der Strecke zwischen Wien und Stralsund, als der zunehmende Mond die Straßen beleuchtete, war seine Geschwindigkeit noch größer: In sechs Tagen und Nächten legte er 1200 Kilometer zurück. Unterwegs hatte er nicht ein einziges Mal seine Kleider oder Stiefel abgelegt. Als er in Stralsund ankam, mußte man ihm die Stiefel von den Füßen schneiden.

In Schweden wurde die Nachricht von Karls Rückkehr mit »unbeschreiblicher Freude« aufgenommen. Nach fünfzehn Jahren hatte sich das Wunder ereignet: Der König war wieder da. Vielleicht würde er, trotz allen Unglücks, das das Land in den fünf Jahren seit Poltawa erlitten hatte, nun alles wieder irgendwie zum Guten wenden. In den Kirchen Schwedens wurden überall Dankgottesdienste abgehalten. Anderswo dagegen erweckte Karls Ritt nach

Stralsund mehr Angst als Dankbarkeit: Der kriegerische König war wieder zu Hause; welches neue Drama würde jetzt beginnen? Für alle, die ihn so lange bekämpft hatten – Peter von Rußland, August von Sachsen, Friedrich von Dänemark – und die, die sich seinen Feinden angeschlossen hatten, um sich die Beute zu teilen – Georg Ludwig von Hannover und Friedrich Wilhelm von Preußen –, stellte die überraschende Rückkehr Karls alles in Zweifel. Dennoch vermochte eine einzelne Heldentat nichts gegen die Ansammlung von Mächten, die sich – siegessicher – gegen ihn verschworen hatten.

Obwohl jederman in Schweden und im übrigen Europa damit rechnete, daß Karl nach seinem Ritt unverzüglich in sein Heimatland zurückkehren werde, handelte er wieder einmal gegen alle Erwartungen. Er ruhte sich aus, ließ einen Schneider kommen und sich Maß nehmen für eine neue Uniform: einen schlichten blauen Rock, eine weiße Weste, Wildlederhosen und neue Stiefel. Dann gab er bekannt, daß er in Stralsund, dem letzten Vorposten Schwedens auf dem Kontinent, bleiben werde. Darin lag eine gewisse Logik. Stralsund, die stärkste schwedische Bastion in Pommern, würde ganz gewiß von den Feinden angegriffen werden, die sich in immer größerer Zahl gegen Schweden formierten. Wenn der König die Verteidigung Stralsunds selbst in die Hand nahm, könnte er seine Feinde vielleicht davon abhalten, über die Ostsee hinweg Schweden anzugreifen. Und außerdem würde sich ihm wieder eine Gelegenheit bieten, Pulverdampf zu riechen.

Karl forderte neue Truppen und Artillerie aus Schweden an. Der Staatsrat, der jetzt, wo Karl sich auf schwedischem Territorium und so nah seiner Heimat befand, sich seinen Befehlen nicht widersetzen konnte, brachte mit Müh und Not vierzehntausend Soldaten für Stralsund auf die Beine. Im Sommer 1715 erschien, genau wie Karl erwartet hatte, eine preußisch-dänisch-sächsische Armee mit fünfundfünfzigtausend Mann vor der Stadt.

Die Nabelschnur der belagerten Stadt war die Seeverbindung nach Schweden. Solange die schwedische Flotte Proviant und Munition herbeischaffen konnte, hatte Karl eine Chance, den Fall von Stralsund zu verhindern. Doch dann, am 28. Juli 1715, tauchte die dänische Flotte auf, und es kam zu einer heftigen sechsstündigen Kanonade zwischen den beiden Geschwadern. Beide Flotten wurden dabei so schwer beschädigt, daß sie sich zur Reparatur in ihre Heimathäfen zurückschleppen mußten.

Aber schon sechs Wochen später war die Dänische Flotte, verstärkt durch acht große englische Kriegsschiffe, wieder da. Der Admiral der schwedischen Flotte blieb, wegen ungünstiger Windverhältnisse, wie er sagte, im Hafen.

Nun, ohne die Seeverbindung zu Schweden, war der Fall von Stralsund unvermeidlich. Als erstes eroberten die Dänen die vor Stralsund gelegene Insel Rügen. Karl griff mit einer Streitmacht von 2800 Soldaten an und versuchte, die 14000 Dänen und Preußen aus ihren Gräben zu werfen. Der Angriff wurde abgeschlagen, der König durch einen Querschläger an der Brust leicht verletzt. Die schwedischen Soldaten gaben die Insel auf. Die Belagerung

Stralsunds dauerte noch den ganzen Herbst hindurch, wobei sich Karl zu Land und zu Wasser ständig Gefahren aussetzte. Am 22. Dezember 1715 gelang es den Belagerern schließlich, Breschen in die Verteidigungsanlagen der Stadt zu schlagen, und Stralsund fiel.

Kurz vor der Kapitulation verließ der König die Stadt in einem kleinen, offenen Boot. Zwölf Stunden kämpften seine Matrosen gegen die Gewalt des winterlichen Meeres voller Eisschollen, bis sie das schwedische Schiff erreicht hatten, das draußen wartete, um den König nach Schweden zu bringen. Zwei Tage später, am 24. Dezember 1715 um vier Uhr morgens, fünfzehn Jahre und drei Monate nach seiner Abfahrt, stand der König von Schweden wieder auf dem Boden seines Heimatlandes. Es war dunkel, und ein eiskalter Regen fiel vom Himmel.

7   Venedig des Nordens

Es gibt eine Legende, nach der St. Petersburg im luftigen blauen Himmel erbaut und dann als Ganzes auf die Newasümpfe herabgesenkt worden sei. Nur so, sagt die Legende, ließe sich die Existenz einer so prachtvollen Stadt in einer so trostlosen Gegend erklären. Die Wahrheit ist fast ebenso wunderbar: Der eiserne Wille eines einzigen Mannes, die Fähigkeit von Hunderten ausländischer Architekten und Handwerker und die Arbeit von Hunderttausenden russischer Arbeiter schufen eine Stadt, die bewundernde Besucher später als das »Venedig des Nordens« und das »Babylon des Schnees« bezeichneten.

Der Bau von St. Petersburg wurde erst in den Jahren nach dem Sieg von Poltawa, 1709, der nach den Worten ihres Gründers »den Grundstein für die Stadt legte«, konsequent vorangetrieben. Er wurde beflügelt, als die Russen im Jahr darauf Riga und Wyborg eroberten, jene »zwei Kissen, auf denen St. Petersburg völlig ruhig liegen« konnte. Danach wurde immer weitergebaut, obwohl Peter Monate (gelegentlich auch ein Jahr oder länger) nicht in seinem »Paradies« verbrachte. Wo immer Peter sich aufhielt und was immer seine Aufmerksamkeit gerade in Anspruch nahm, immer waren seine Briefe voller Fragen und Anweisungen für den Bau von Uferbefestigungen, Palästen und anderen Gebäuden, für die Anlage von Kanälen, für die Planung und Bepflanzung von Gärten. 1712 wurde die Stadt, wenn auch nie durch ein offizielles Dekret, Hauptstadt des russischen Reiches. Der Mittelpunkt der autokratischen Regierung Rußlands war der Zar, und der Zar war für St. Petersburg. Also wurden die Moskauer Ämter hierher verlegt; neue Ministerien entstanden hier, und sehr bald verwandelte die bloße Anwesenheit Peters die primitive Stadt an der Newa zum Regierungssitz.

In den ersten zehn Jahren nach seiner Gründung wuchs St. Petersburg schnell. Im April 1714, so berichtete Friedrich Christian Weber, führte Peter eine Zählung durch, die 34500 Gebäude in der Stadt erfaßte. In dieser Zahl muß jede Behausung mit vier Wänden und einem Dach enthalten gewesen sein, und selbst dann war sie zweifellos übertrieben. Nichtsdestoweniger war nicht nur die Quantität, sondern auch die Qualität der neuen Bauten in St. Petersburg beeindruckend. Aus vielen Ländern waren Architekten hierhergekommen. Domenico Trezzini, der erste Generalbaumeister von St. Petersburg, war fast zehn Jahre lang in Rußland; ihm folgte 1713 ein Deutscher, Andreas Schlüter, der eine große Zahl von Landsleuten und Architektenkollegen mitbrachte.

1714 befand sich der Kern der neuen Stadt noch immer auf der Insel Petrograd, einige Meter östlich der Peter-und-Paul-Festung. Ihr Zentrum war der Dreifaltigkeitsplatz, der sich in der Nähe von Peters erstem Holzhaus zur Uferstraße hin öffnete. Um den Platz herum war eine Anzahl größerer Gebäude errichtet worden. Eines von ihnen war die im Jahr 1710 aus Holz erbaute Kirche der Heiligen Dreifaltigkeit, in der Peter regelmäßig den Gottesdienst besuchte, seine Triumphe feierte und den Tod ihm nahestehender Menschen betrauerte. An diesem Platz befanden sich auch das Hauptgebäude der Staatskanzlei, die Regierungsdruckerei (wo Bibeln, wissenschaftliche und technische Bücher mit aus dem Westen importierten Typen und Pressen gedruckt wurden) und das erste Hospital der Stadt; außerdem standen hier die neuen, aus Stein erbauten Häuser des Kanzlers Golowkin, des Vizekanzlers Schafirow, des Fürsten Iwan Buturlin, Nikita Sotows (inzwischen zum Grafen ernannt) und des Fürsten Matthäus Gagarin, des Gouverneurs von Sibirien. Ganz in der Nähe bot das berühmte Gasthaus »Vier Fregatten« weiterhin eine angenehme Bleibe. Der Zar selbst und seine Regierungsbeamten, ausländische Gesandte, Kaufleute und vornehm gekleidete Bürger kehrten hier ein, um sich bei Tabak, Bier, Wodka, Wein und Branntwein zu erholen.

Nicht weit vom Dreifaltigkeitsplatz entfernt befand sich der einzige Markt der Stadt, ein großes zweistöckiges Holzgebäude, das einen geräumigen Hof an drei Seiten umschloß. Hier boten Kaufleute und Händler aus vielen Ländern in Hunderten von Läden und Verschlägen ihre Waren an. Sie alle mußten dem Zaren eine Pacht entrichten, der sein Handelsmonopol dadurch schützte, daß er nirgendwo sonst in der Stadt den Verkauf von Waren gestattete. In der Nähe dieses allgemeinen Marktes, in einem anderen großen Holzhaus, befand sich der spezielle Markt für Lebensmittel und Haushaltswaren. Hier wurden Erbsen, Linsen, Kohl, Bohnen, Hafer und Weizenmehl, Speck, Geräte aus Holz und irdene Töpfe verkauft. In Seitenstraßen bot der tatarische Flohmarkt, ein Durcheinander von winzigen Buden, getragene Schuhe, alte Geräte aus Eisen, alte Seile und Stühle, gebrauchte Holzsättel und hundert andere Dinge an. In der dichten Menschenmenge, die sich zwischen den Buden stieß und drängte, fanden Taschendiebe reiche Beute. »Die Menge ist so dicht, daß man gut auf seine Geldbörse, seinen Degen und sein

Taschentuch aufpassen muß«, schrieb Weber. »Es empfiehlt sich, alles in der Hand zu halten. Ich sah einmal, wie ein deutscher Offizier, ein Grenadier, ohne seine Perücke, und eine Dame von Stand ohne ihre Haube nach Hause kamen.«[1] Tatarische Reiter waren an den beiden vorbeigaloppiert, hatten ihnen Perücke und Haube vom Kopf gerissen und die gestohlenen Gegenstände unter dem Gelächter der Menge noch in Sichtweite ihrer barhäuptigen Opfer zum Kauf angeboten.

Nachdem Poltawa die schwedische Gefahr beseitigt hatte, breitete sich die Stadt von ihrem ursprünglichen Zentrum im Osten der Festung über andere Inseln und auf das feste Land aus. Flußabwärts, im Norden des Hauptarms der Newa, lag die größte Insel des Deltas, die Wassilewski-Insel, die Peter zum großen Teil Menschikow, dem Generalgouverneur der Stadt, zum Geschenk gemacht hatte. 1713 hatte Menschikow damit begonnen, am Newakai einen dreistöckigen Palast aus massivem Stein zu bauen, dessen Dach mit leuchtend rot gestrichenen Eisenplatten gedeckt wurde. Dieser Palast, den der deutsche Architekt Gottfried Schädel entworfen hatte, blieb zu Peters Lebzeiten das größte Privathaus in St. Petersburg. Es war mit eleganten Möbeln, prunkvollem Silbergeschirr und vielen sonstigen Gegenständen reichlich ausgestattet, die, wie der dänische Gesandte trocken bemerkte, »aus polnischen Schlössern zu stammen schienen«[2]. In der geräumigen Haupthalle des Hauses fanden die meisten großen Unterhaltungsveranstaltungen der Stadt, Hochzeiten und Bälle statt. Peter benutzte Menschikows Palast so wenig wie früher das große Haus Francis Leforts in Moskau. Er zog es vor, in kleineren Häusern zu leben, in denen es keine Räume für Massenunterhaltung gab. Wenn Menschikow für den Zaren einen Empfang gab, sah Peter manchmal aus seinem eigenen kleineren Haus auf der anderen Seite des Flusses auf die erleuchteten Fenster in Menschikows Palast und sagte kichernd: »Danilowitsch feiert«[3].

Unmittelbar hinter Menschikows Haus stand seine Privatkapelle, mit einem Glockenturm und einem melodischen Glockenspiel. Dahinter erstreckte sich ein großer französischer Garten mit Gitterzaun, Hecken und einer Baumgruppe: mit Häusern für die Gärtner und einem Bauernhof mit Hühnern und anderen Tieren. Da Menschikows Garten durch Bäume und Hecken vor dem Wind aus dem Norden geschützt war, brachte er Obst und sogar Melonen hervor. Sonst gab es nur noch ein paar Holzhäuser auf der Insel und Weiden für Pferde und Rinder; der größte Teil der Insel aber war noch mit Wald und Gebüsch bedeckt.

Zu allen Zeiten war die Newa das Herz der Stadt, ein tiefer und kalter Strom, der ruhig und schnell vom Ladogasee her an der Festung, an Menschikows großem rotgedeckten Haus, an den vielen Inseln vorbeizog und schließlich mit solcher Gewalt in den Finnischen Meerbusen mündete, daß man seine Strömung noch fast zwei Kilometer von der Mündung entfernt wahrnehmen konnte. Die ungeheure wogende Kraft der Strömung, der Druck des Eises im Winter und die Gewalt der treibenden Eisschollen im Frühjahr würden es zu

Peters Zeit sehr schwierig gemacht haben, eine Brücke über die Newa zu bauen. Doch das waren nicht die Gründe dafür, daß tatsächlich keine Brücke errichtet wurde. Peter wollte, daß seine Untertanen die Seemannskunst und das Segeln lernten, weshalb er darauf bestand, daß sie den Fluß mit dem Schiff überquerten – ohne Ruder. Für diejenigen, die sich kein eigenes Schiff leisten konnten, gab es zwanzig von der Regierung zugelassene Fährschiffe, doch geriet deren Besatzung, die zum größten Teil aus unerfahrenen Bauern bestand, oft durch die reißende Strömung und durch starke Böen in Bedrängnis. Erst nachdem der polnische Gesandte, ein höherer General und einer der Ärzte des Zaren bei Segelunfällen ertrunken waren, gab Peter nach und erlaubte den Fährleuten den Gebrauch von Rudern. Für den Mann auf der Straße blieb die Überquerung gefährlich; wenn ein Sturm aufkam, wurden die Leute oft mehrere Tage auf der anderen Seite des Flusses festgehalten. Im Winter, wenn der Fluß zugefroren war, konnte man bequem übers Eis gehen, im Sommer aber, wenn es Stürme gab, und im Herbst oder im Frühjahr, wenn sich das Eis bildete oder schmolz, waren die Menschen auf den Newainseln tatsächlich vom übrigen Rußland abgeschnitten.

Aufgrund dieser isolierten Lage der Inseln entstanden immer mehr Regierungsgebäude und Privathäuser am südlichen Newaufer, das zum festen Land gehörte. Das größte dieser Gebäude war der Palast von Generaladmiral Apraxin mit seinen dreißig Zimmern, der gleich neben der Admiralität an einer Ecke jenes Platzes lag, auf dem sich heute der große Winterpalast erhebt, den Rastrelli später für die Kaiserin Elisabeth erbaute. Flußaufwärts am südlichen Ufer lagen die Häuser von Justizminister Jaguschinski, Vizeadmiral Cruys und, dort wo sich heute die kleine Eremitage Katharinas der Großen erhebt, Peters eigenes Winterpalais. Es war ein zweistöckiger Holzbau, mit einem Hauptgebäude und zwei Flügeln. Es unterschied sich von den anderen Villen nur dadurch, daß über dem Tor die Krone der königlichen Marine angebracht war. Da die Fassaden der Paläste an der Uferstraße ein symmetrisches Bild abgeben sollten, sah sich Peter gezwungen, die Stockwerke seines Hauses höher zu bauen, als ihm lieb war, er fühlte sich in hohen, weitläufigen Räumen ungehaglich. Also ließ er in allen Räumen, die er selbst bewohnte, eine falsche zweite Decke unterhalb der eigentlichen einziehen. Dieses erste Winterpalais wurde 1721 wieder abgerissen und durch ein größeres Gebäude aus Stein ersetzt.[4]

1710 begann Trezzini eineinhalb Kilometer stromaufwärts von der Admiralität entfernt, bei der Mündung der Fontanka in die Newa, mit dem Bau eines sehr schönen Sommerpalais, dessen Fenster an zwei Seiten auf das Wasser blickten. Es erhielt zwei solide holländische Kamine und ein steiles Giebeldach mit einer vergoldeten Wetterfahne, die den heiligen Georg zu Pferde darstellte. Hier lebten Peter und Katharina zusammen, in vierzehn hellen und luftigen Räumen, die gleichmäßig zwischen Mann und Frau aufgeteilt waren. Peter bewohnte die sieben Räume im Erdgeschoß, die darüberliegenden sieben Räume gehörten Katharina. Peters Wohnräume spiegelten seine

Vorliebe für schlichte Formen und praktische Einrichtung, die Zimmer seiner Frau ihre Liebe an Luxus und fürstlicher Prachtentfaltung wider. Die Wände von Peters Arbeits- und Empfangszimmer zum Beispiel waren bis zur Höhe der Fenster mit Delfter Kacheln verkleidet, die Bilder von Schiffen oder andere nautische und pastorale Motive zeigten. Die Decken seines Empfangszimmers und seines kleinen Schlafzimmers schmückten Malereien, auf denen geflügelte Cherubine »den Triumph Rußlands« feierten. Auf dem Schreibpult des Zaren stand eine verzierte Schiffsuhr sowie ein Kompaß aus Messing und graviertem Silber, Geschenke Georgs I. von England. Peters Himmelbett hinter roten Samtvorhängen war groß, aber nicht so groß, daß sich der Zar darin ausstrecken konnte; im 18. Jahrhundert pflegte man durch Kissen gestützt zu schlafen. Der interessanteste Raum in Peters Geschoß war eine Dreherei, in der Peter in seiner Freizeit an Drehbänken arbeitete. An einer Wand dieses Raumes stand das drei Meter hohe Holzgerüst eines Spezialgeräts, das 1714 Dinglinger in Dresden für Peter angefertigt hatte. Drei große Skalen von je einem Meter Durchmesser zeigten die Zeit und – mit Hilfe eines Gestänges, das die Maschine mit der Wetterfahne auf dem Dach des Hauses verband – die Windrichtung und -stärke an. Peters Eßzimmer war nur so groß, daß es für die Familie des Zaren und einige wenige Gäste reichte; alle öffentlichen Bankette wurden in Menschikows Palast abgehalten. Die Wände der Küche waren mit blauen Kacheln in verschiedenen Blumenmustern verkleidet. Das schwarzmarmorne Waschbecken wurde von der ersten Wasserleitung der Stadt mit Wasser versorgt. Besonders wichtig war die Durchreiche von der Küche ins Eßzimmer; Peter liebte es, wenn die Speisen heiß auf den Tisch kamen, und mochte es nicht, wenn sie, wie gewöhnlich in großen Palästen, auf dem langen Weg von der Küche bis zum Tisch bereits erkalteten.

Im Obergeschoß hatte Katharina nicht nur ein Empfangszimmer, ein Schlafzimmer, ein Kinderzimmer mit einer Wiege in Form eines Bootes und eine eigene Küche, sondern auch einen Thronsaal und einen Ballsaal. Ihre Räume besaßen gemalte Decken, Parkettböden, flämische und deutsche Wandteppiche oder chinesische Seidentapeten, Vorhänge, Teppiche und Intarsienmöbel mit Elfenbein- und Perlmutteinlagen, venezianische und englische Spiegel. Heute ist der kleine Palast – großartig restauriert, mit originalen oder jedenfalls zeitgenössischen Gegenständen ausgestattet, mit zahlreichen Porträts von Peters Familie und seinen Vertrauten geschmückt – zusammen mit dem Sommerschlößchen Monplaisir in Peterhof der Ort, wo man Peters Gegenwart am deutlichsten spüren kann.

1716 traf ein weiterer ausländischer Architekt in St. Petersburg ein, der Peters »Paradies« seinen Stempel aufdrücken sollte: der Franzose Alexandre Jean Baptiste Le Blond. Der gebürtige Pariser und Schüler des großen Le Nôtre, des Schöpfers der Gärten von Versailles, war damals erst siebenunddreißig Jahre alt, hatte sich aber mit seinen Bauten in Paris sowie mit Büchern über Architektur und französische Gärten bereits einen Namen gemacht. Im April 1716 hatte Le Blond einen bisher noch nie dagewesenen Vertrag unterzeichnet, der ihn gegen einen garantierten Lohn von fünftausend Rubel im Jahr dazu verpflichtete, fünf Jahre lang als »Generalarchitekt« nach Rußland zu kommen. Darüber hinaus sollte er eine staatliche Wohnung erhalten und seinen gesamten Besitz ohne Abgaben mitnehmen dürfen, wenn er Rußland nach fünf Jahren wieder verlassen würde. Le Blond versprach dafür, er wolle sein Wissen nach besten Kräften an alle Russen, die mit ihm zusammenarbeiteten, weitergeben.

Auf seiner Reise nach Rußland fuhr Le Blond durch Bad Pyrmont, wo Peter gerade eine Kur machte, und sprach mit ihm über Pläne und Hoffnungen die neue Stadt betreffend. Peter war von seinem neuen Angestellten begeistert, und er schrieb an Menschikow, man solle alle Entscheidungen Le Blonds in jeder Hinsicht respektieren.

Ausgestattet mit dem Titel eines »Generalarchitekten«, einem fürstlichen Vertrag und den glühenden Empfehlungen des Zaren traf Le Blond in Rußland ein, entschlossen, das Kommando zu übernehmen. In seinem Gefolge befanden sich nicht nur seine Frau und sein sechsjähriger Sohn, sondern auch mehrere Dutzend französischer Zeichner, Ingenieure, Schreiner, Bildhauer, Steinmetze, Maurer, Zimmerleute, Schmiede, Ziselierer, Goldschmiede und Gärtner. Er richtete sofort ein neues Bauamt ein, eine Verwaltungsbehörde, durch die in Zukunft alle Baupläne von ihm begutachtet werden mußten. Dann entwickelte er, auf der Grundlage seiner Gespräche mit Peter, einen Gesamtplan, der die generelle Entwicklung der Stadt auf viele Jahre hinaus festlegen sollte.

Der ehrgeizigste Teil dieses neuen Planes war die Schaffung einer von Kanälen durchzogenen Stadt auf der Ostseite der Wassilewski-Insel, nach Amsterdamer Vorbild. Geplant war ein Netzwerk aus Parallelstraßen und quer dazu verlaufenden Kanälen im tiefliegenden Sumpfgelände. Zwei Hauptkanäle sollten die Insel der Länge nach durchqueren, zwölf kleinere Kanäle die größeren kreuzen; auch sie sollten so breit sein, daß zwei Schiffe aneinander vorbeifahren konnten. Jedes Haus in diesem neuen Stadtviertel sollte einen Hof, einen Garten und eine Anlegestelle für das Schiff des Hausbesitzers haben, und im Zentrum dieses großen, wasserdurchströmten Schachbretts sollte der Zar einen neuen Palast mit einem großen französischen Garten bekommen.

Kurz nachdem Le Blond im August 1716 angekommen war, begann er auch schon mit der praktischen Durchführung seiner Pläne. Er ließ Pfähle in den sumpfigen Grund treiben, um so die Umrisse des neuen Stadtteils zu markieren. Im Herbst und im darauffolgenden Frühjahr begann man mit dem Ausheben der Kanäle; und auf Peters strengen Befehl hin fingen die ersten neuen Bewohner an, ihre Häuser zu errichten. Es kam jedoch bald zu Schwierigkeiten. In Ausübung seines Amtes hatte Le Blond sowohl in die Privilegien als auch in den Besitzstand eines noch mächtigeren Bewohners von St. Petersburg eingegriffen: Menschikow. Menschikow war sowohl Generalgouverneur der Stadt als auch Eigentümer großer Teile der Wassilewski-Insel, von denen einige in Le Blonds neue Kanalstadt einbezogen werden sollten. Menschikow wagte es zwar nicht, sich einem von Peter gebilligten Plan direkt entgegenzustellen. Aber er hatte als Generalgouverneur immerhin die Oberaufsicht über alle Aktivitäten in der Stadt – einschließlich der Bauarbeiten –, wenn der Zar immer wieder für viele Monate von St. Petersburg abwesend war. Menschikow verfolgte sein Interesse auf für ihn charakteristische Weise. Die Kanäle wurden zwar gebaut, aber sie waren enger und flacher, als Le Blond vorgesehen hatte. Zwei Schaluppen konnten nicht aneinander vorbeifahren, und bald füllten sich die seichten Wasserwege mit Schlamm.

Als Peter zurückkehrte und den neuen Stadtteil besichtigte, gefielen ihm zwar die neuen Häuser an den Kanälen, als er jedoch deren Dimensionen bemerkte, war er erstaunt und wütend. Le Blond, er zu dieser Zeit bereits wußte, daß es besser war, Menschikow nicht direkt herauszufordern, schwieg. Als Peter zusammen mit seinem Architekten über die Insel ging, fragte er ihn: »Was muß getan werden, um meinen Plan auszuführen?« Der Franzose zuckte mit den Achseln. »Ausradieren, Sire, ausradieren! Da hilft nichts als alles abzubrechen und die Kanäle neu zu graben.«[5] Das war jedoch sogar für Peter zu viel, und er gab das Projekt auf. Doch wenn er sich später die Kanäle auf der Wassilewski-Insel von Zeit zu Zeit ansah, kam er jedesmal traurig nach Hause und war eine Weile nicht in der Lage zu sprechen. Im Süden der Newa jedoch setzte sich Le Blond durch. Hier erbaute er den Newski-Prospekt, die große Hauptstraße der Stadt, indem er eine gewaltige Schneise durch viereinhalb Kilometer Wiesen- und Waldland zwischen der Admiralität und dem Alexander-Newski-Kloster schlagen ließ. Es waren schwedische Kriegsgefangene, die den Newski-Prospekt – die in Kürze berühmteste Straße Rußlands – bauten und pflasterten (und ihn samstags reinigen mußten).

Le Blond leistete auch einen bemerkenswerten Beitrag zu einem anderen berühmten Wahrzeichen St. Petersburgs, zum Sommergarten, der sich heute als ein fünfzehn Hektar großes längliches Rechteck hinter dem Sommerpalast, am Zusammenfluß von Fontanka und Newa, erstreckt. Peter hatte mit der Anlage dieses Gartens schon vor Poltawa begonnen, und auch während der schwierigsten Zeit des Nordischen Krieges erließ er ständig den Garten betreffende Befehle. Moskau mußte »Samen und Wurzeln und dreizehn junge Burschen schicken, die als Gärtner ausgebildet werden sollen«[6]. Er suchte nach Büchern über die Gärten Frankreichs und Hollands. Für die Alleen der großen Avenuen wurden Bäume bestellt: Linden und Ulmen aus Kiew und Nowgorod, Kastanien aus Hamburg, Eichen und Obstbäume aus Moskau und von der Wolga, Zypressen aus dem Süden. Blumen aus den verschiedensten Gegenden trafen ein: Tulpenzwiebeln aus Amsterdam, Fliederbüsche aus Lübeck, Lilien, Rosen und Nelken aus anderen Teilen Rußlands.

Le Blonds Beitrag zum Sommergarten war das Wasser. »Brunnen und Wasser sind die Seele eines Gartens und bilden seinen wichtigsten Schmuck«[7], hatte er einmal geschrieben. Er pumpte Wasser aus der Fontanka in einen neuen Wasserturm, der für das Springen und Sprühen der Fontänen den Druck lieferte. Fünfzig Wasserspiele waren über den Garten verteilt: künstliche Grotten und Kaskaden, Delphine und Pferde, aus deren Mäulern Wasserfächer sprudelten. In den Bassins unterhalb der Fontänen schwammen und plantschten reale oder mythologische Kreaturen – Wasserspeier, Fische und sogar eine Robbe. An anderen Stellen des Parks waren pagodenförmige Volieren aufgestellt, in denen seltene Vögel zwitscherten; ein blauer Affe plapperte, ein Stachelschwein und Marder starrten mißmutig auf Besucher.

Nach dem Vorbild seines Lehrmeisters Le Nôtre schuf Le Blond hier einen echten französischen Garten. Blumenbeete, Gebüsch und Kies verschlangen sich zu komplizierten Mustern. Bäumen und Büschen gab er die Form von Kugeln, Würfeln und Kegeln, errichtete ein Gewächshaus und ließ dort Orangen-, Zitronen-, Lorbeerbäume und sogar einen Gewürznelkenbaum pflanzen. An den Schnittpunkten der Spazierwege und an den Alleen stellte er Skulpturen italienischer Meister auf; schließlich erhielt der Sommergarten sechzig weiße Marmorstatuen, die Szenen aus Äsops Fabeln darstellen, und weitere allegorische Skulpturen wie »Friede und Reichtum«, »Seefahrt«, »Architektur«, »Wahrheit« und »Aufrichtigkeit«.

Wenn sich Peter in seiner Hauptstadt aufhielt, besuchte er den Sommergarten häufig. Er pflegte dann auf einer Bank zu sitzen und Bier zu trinken oder mit seinen Freunden Dame zu spielen, während Katharina mit ihren Hofdamen auf den Wegen spazierte. Der Garten war für die Öffentlichkeit zugänglich, und an den Nachmittagen erging sich hier die Petersburger Gesellschaft oder saß in den langen »weißen Nächten« des Juni und Juli an seinen Springbrunnen. 1777 richtete ein Hochwasser im Sommergarten schweren Schaden an; Bäume wurden entwurzelt und die Springbrunnen zerstört. Danach ließ Katharina die Große den Garten nach eigenen Vorstellungen wieder herrichten. Sie zog den weniger künstlichen englischen Garten dem französischen vor und ließ auch die Springbrunnen nicht wieder aufbauen; Bäume und Büsche durften fortan normal wachsen. Dennoch behielt der Sommergarten seinen Reiz und seine Anziehung. Puschkin, der in der Nähe wohnte, ging hier oft spazieren; Glinka und Gogol gehörten zu seinen ständigen Besuchern. So alt wie die Stadt selbst, erneuert sich der Sommergarten jedes Frühjahr und ist so jung geblieben wie sein frischestes Grün und seine zartesten Knospen.

Menschikow, zunehmend eifersüchtig auf Le Blonds Gunst beim Zaren, benutzte den Sommergarten als weiteres Mittel, um den Franzosen zu treffen. 1717 meldete er Peter brieflich, Le Blond sei dabei, die Bäume des Sommergartens, von denen er wußte, daß der Zar sie besonders liebte, zu fällen – in Wirklichkeit hatte Le Blond nur einige Zweige entfernt, um die

Ansicht zu verbessern und die Bäume nach französischem Muster zu formen. Als Peter zurückkehrte und Le Blond begegnete, geriet er beim Gedanken an seine gefällten Bäume in einen Wutanfall. Ehe er wußte, was er tat, schlug er mit seinem Stock auf den Architekten ein, so daß Le Blond einen Schock erlitt und mit Fieber ins Bett mußte. Als sich Peter danach den Garten ansah und feststellte, daß die Bäume nur gestutzt worden waren, ließ er sich eilig bei Le Blond entschuldigen und gab Anweisung, den Generalarchitekten besonders gut pflegen. Bald danach traf der Zar Menschikow auf einer Treppe. Er packte ihn am Kragen, drückte ihn an die Wand und schrie: »Du allein bist schuld an Le Blonds Krankheit, du Schurke!«[8]

Le Blond erholte sich wieder, aber anderthalb Jahre später bekam er die Pocken. Im Februar 1719 starb er im Alter von neununddreißig Jahren, nachdem er erst dreißig Monate in Rußland gewesen war. Hätte er länger gelebt und die Macht der Gunst Peters weiter nutzen können, wäre das Gesicht der Stadt Petersburg sehr viel französischer ausgefallen. Ein Beispiel für das Wie-es-hätte-werden-Können existiert: der fabelhafte Sommersitz und Palast am Meer, der heute als Peterhof (Petrodworez) bekannt ist. Für ihn hatte Le Blond noch den Standort ausgesucht, die Pläne vorbereitet und die Gartenanlagen entworfen.

Der Plan zur Errichtung von Peterhof bestand, lange bevor Le Blond nach Rußland kam; seine Anfänge hingen mit Kronstadt zusammen. 1703, ein paar Monate nach der Eroberung des Newadeltas, war Peter in den Finnischen Meerbusen hinausgesegelt und hatte die Insel Kotlin zum erstenmal gesehen. Bald danach beschloß er, dort eine Festung zu bauen, um St. Petersburg gegen das Meer hin zu beschützen. Nach Beginn der Arbeiten kam der Zar häufig auf die Insel, um sich ihren Fortgang anzusehen. Gelegentlich, vor allem zur Zeit der Herbststürme, konnte er nicht direkt aus der Stadt dorthin segeln. Dann fuhr er über Land bis zu einem Punkt an der Küste, direkt südlich der Insel, und setzte von hier aus zur Insel über. An dieser Stelle baute er einen Landungssteg und eine Hütte, in der er, wenn nötig, warten konnte, bis sich das Wetter besserte. Diese Hütte war der Anfang von Peterhof.

Als der Sieg von Poltawa den Besitz von Ingermanland gesichert hatte, teilte Peter das Land entlang der Südküste des Finnischen Meerbusens vor St. Petersburg in einzelne Parzellen auf, die er an seine wichtigsten Mitarbeiter verschenkte. Viele bauten sich Paläste oder Villen auf dem Höhenrücken, der die Küste in einiger Entfernung vom Ufer begleitet. Das größte und schönste dieser im Halbkreis der Kronstädter Bucht liegenden Landhäuser gehörte Menschikow, für den Schädel ein ovales dreistöckiges Palais errichtete, das Menschikow Oranienbaum nannte.

Peters erstes Sommerhaus an der Bucht, in der Nähe von Strelna, konnte mit dem prächtigen Palais seiner Durchlaucht Fürst Menschikow nicht konkurrieren. Strelna war lediglich ein geräumiges Holzhaus, dessen Besonderheit ein Baumhaus war, das der Zar über eine Leiter erreichen konnte. An schönen Abenden pflegte Peter dort seine Pfeife zu rauchen und zufrieden auf die Schiffe in der Bucht hinauszuschauen. Schließlich wünschte er sich aber doch etwas Grandioseres, und er beauftragte Le Blond mit der Errichtung eines Palais, das mit Oranienbaum würde rivalisieren können, sozusagen ein Versailles am Meer – Peterhof.

Le Blonds großes Palais, ein geräumiges, zweistöckiges Gebäude mit schönem Dekor und schönen Möbeln, öffnete sich auf einen weiten französischen Garten an seiner Rückseite hin. Es war aber viel kleiner und weniger kunstvoll als Versailles oder als der vergrößerte und umgestaltete Palast, den Rastrelli eine Generation später an derselben Stelle für die Kaiserin Elisabeth errichtete. Peterhofs Berühmtheit – und darin war es Le Blonds Meisterwerk – waren seine Wasserspiele. Wasser springt in Peterhof hoch in die Luft; es sprüht und fächert aus Dutzenden phantasievoller Fontänen; er plätschert über Statuen von Menschen und Göttern, von Pferden und Fischen und von völlig undefinierbaren Kreaturen; es gleitet in spiegelgleichen Flächen über Marmorstufen; es fließt tief und dunkel in Bassins, Teiche und Kanäle. Die große Kaskade vor dem Palast fließt eine gewaltige marmorne Doppeltreppe herab, die eine Grotte umrahmt, in ein weites Bassin. Die Treppe entlang glänzen vergoldete Figuren im Sonnenlicht. In der Mitte des großen zentralen Bassins steht, gebadet im Gesprüh einer Myriade von Wasserspeiern, ein blendend goldener Samson, der die Kiefer eines goldenen Löwen auseinanderstemmt. Aus dem Bassin fließt das Wasser durch einen langen Kanal zum Meer, der breit genug ist, kleine Segelschiffe bis zum Fuß des Palastes zu tragen. Dieser Kanal, der schnurgerade durch die Mitte des unteren Gartens verläuft, wird von weiteren Fontänen, Statuen und Alleen flankiert. Das Wasser für diese zahlreichen Wasserspiele kam nicht aus dem Meer, sondern über eine hölzerne Wasserleitung aus einer höher gelegenen, zwanzig Kilometer entfernten Quelle.

Im von Alleen und kleineren Wegen durchkreuzten und mit Springbrunnen und Marmorstatuen übersäten unteren Garten, zwischen dem Palais und dem Meer, errichtete Le Blond auch drei entzückende Sommerschlößchen, die bis zum heutigen Tag existieren – die Eremitage, das Palais Marly und Monplaisir. Die Eremitage ist ein zierliches, elegantes Gebäude, umgeben von einem kleinen Wassergraben, über den eine Zugbrücke zur Eingangstür führt. Es ist zwei Stockwerke hoch; das Erdgeschoß enthält eine Eingangshalle und eine Küche, das Obergeschoß einen einzigen luftigen Saal mit hohen Fenstern, die sich auf Balkone öffnen. Dieser Saal wurde ausschließlich für private Essen verwendet. In seiner Mitte stand ein großer ovaler Tisch, an dem zwölf Personen Platz hatten und der eine besondere mechanische Überraschung bot: Wenn der Gastgeber zwischen den Gängen mit einer Glocke läutete, wurde der Mittelteil des Tisches ins Erdgeschoß heruntergelassen, wo man die Schüsseln entfernte und den nächsten Gang servierte, ehe sich das Ganze wieder nach oben hob. So ersparte man den Gästen die Anwesenheit von Dienern.

Marly wurde nach dem gleichnamigen privaten Schlößchen Ludwigs XIV. benannt, doch glich es, wie der französische Gesandte nach Paris berichtete, »in keiner Weise dem Palais Ihrer Majestät«[9]. Peters Marly lag am Rande eines stillen Sees und war ein schlichtes holländisches Haus, dessen Wände mit Delfter Kacheln und mit Eichenholz verkleidet waren.

Das bedeutendste dieser drei Schlößchen war Monplaisir, das Peter allen anderen seiner Landsitze vorzog. Monplaisir ist ein einstöckiges, in altholländischem Stil aus roten Ziegeln erbautes wohlproportioniertes Haus, direkt am Meer. Auf seine Art ist es ein Juwel, das es mit dem kleinen Sommerpalast im Sommergarten aufnehmen kann. Hohe Glastüren ermöglichten es, aus jedem Raum direkt auf eine Terrasse aus Ziegelsteinen, ein paar Meter über dem Wasser, hinauszutreten. Eine im Zentrum des Gebäudes liegende Empfangshalle ist nach holländischer Art mit dunklem Eichenholz verkleidet, und die Paneele zeigen Malereien mit holländischen Motiven, vor allem holländische Schiffe. Die Decke ist in fröhlichen französischen Arabesken bemalt, der Fußboden mit großen schwarzen und weißen Kacheln schachbrettartig ausgelegt.

Heute sieht Monplaisir beinahe genauso aus wie zu der Zeit, als Peter dort lebte. Die Möbel und die Dekorationen sind alle zeitgenössisch, wenn nicht sogar Originalbesitz des Zaren. Von Peters Arbeitszimmer aus hat man einen Blick bis zur Bucht, auf seinem Schreibtisch stehen mehrere nautische Instrumente. Auch hier sind die Wände bis zur Fensterhöhe mit blauen holländischen Kacheln verkleidet, die Motive aus der Schiffahrt zeigen; darüber sind sie holzgetäfelt. An das Arbeitszimmer schloß sich Peters Schlafzimmer an; von seinem Bett aus konnte er auf das Meer hinausschauen. Auf der gegenüberliegenden Seite der Halle befindet sich die blaugekachelte Küche, nur einige Schritte vom Eßplatz entfernt. Eine besondere Sehenswürdigkeit bildet das elegante kleine »Chinesische Kabinett«, vollständig in Rot und schwarz lackiert. Beide Fronten des Hauses haben eine schöne Galerie mit hohen und breiten Fenstern, die vorn zur Bucht, hinten in einen Garten voller Tulpen und Springbrunnen blicken; an den Wänden zwischen den Fenstern hingen wieder holländische Bilder, meistens Meeresmotive. Peter liebte dieses Haus und wohnte gern hier, sogar dann, wenn sich Katharina im Hauptpalais oben auf der Anhöhe aufhielt. Von hier konnte er auf das Meer hinausschauen oder bei geöffnetem Fenster im Bett liegen und das Rauschen der Wellen hören. Mehr als irgendwo sonst fand der ruhelose Monarch in der zweiten Hälfte seines Lebens hier Frieden.

8 Die zweite Reise nach Westen

Seine zweite historische Reise in den Westen unternahm Peter 1716/17, neunzehn Jahre nach der Großen Gesandtschaft von 1697/98. Der neugierige und begeisterungsfähige junge Mann aus Rußland von damals, der als Schiffsbaulehrling anonym bleiben wollte und in Westeuropa als eine Mischung aus Bauerntölpel und Barbar angesehen worden war, war jetzt, mit vierundvierzig Jahren, ein mächtiger und erfolgreicher Monarch. Seine Taten hatten sich herumgesprochen, und überall, wohin er kam, spürte man die Macht seines Einflusses. Diesmal war der Zar an vielen Orten, die er besuchte, schon gut bekannt. 1711, 1712 und 1713 hatte er die Städte und Fürstenhöfe der norddeutschen Staaten besucht, und allmählich hörten die exotischen Geschichten über sein Aussehen und sein Verhalten auf.

Nach Paris war er allerdings bis jetzt noch nicht gekommen; Ludwig XIV. war ein Freund Schwedens gewesen. Erst als der Sonnenkönig im September 1715 starb, hielt der Zar einen Besuch Frankreichs für möglich. Seltsamerweise gehörte Peters Besuch in Paris, dieses denkwürdigste Ereignis seiner zweiten Reise, nicht zum ursprünglichen Besuchsprogramm, als er St. Petersburg verließ. Er verband drei Absichten mit dieser Expedition: Er wollte etwas für seine Gesundheit tun, einer königlichen Hochzeit beiwohnen und einen letzten Schlag gegen Karl XII. führen, um den Krieg mit Schweden endgültig zu beenden.

Peters Ärzte hatten ihn schon lange gedrängt, zu reisen, da sie sich schon jahrelang wegen seiner Gesundheit Sorgen machten. Was sie beunruhigte, waren nicht seine epileptischen Anfälle, diese dauerten jeweils nur kurze Zeit, und wenige Stunden, nachdem sie vorüber waren, schien Peter wieder völlig normal zu sein. Anders war es mit den Fieberanfällen, die ihn wochenlang ans Bett fesselten und entweder auf maßloses Trinken, auf Erschöpfung durch Reisen und Sorgen oder auf eine Mischung aus beiden Ursachen zurückgingen. Im November 1715, nach einem Trinkgelage bei Apraxin in St. Petersburg, erkrankte Peter so schwer, daß man ihm die Sterbesakramente spendete. Zwei Tage lang hielten sich seine Minister in einem Nebenzimmer seines Schlafgemachs auf, weil sie das Schlimmste befürchteten. Dennoch war der Zar nach drei Wochen wieder auf den Beinen und in der Lage, in die Kirche zu gehen; lediglich sein Gesicht war blaß und eingefallen. Während seiner Krankheit war einer seiner Ärzte nach Deutschland und Holland gefahren, um sich beraten zu lassen. Man erklärte ihm, der Patient solle so bald wie möglich nach Bad Pyrmont bei Hannover gehen, wo das Mineralwasser milder sei als in Karlsbad, wo Peter zuvor seine Kuren gemacht hatte.

Der Zar wollte auch die Hochzeit seiner Nichte Katharina, der Tochter seines Halbbruders Iwan, arrangieren. Iwans Frau, die Zariza Praskowaja, war Peter eng verbunden und hatte ihre Einwilligung gegeben, daß die Verheiratung ihrer Töchter Anna und Katharina Peters deutschen Verbindungen zugute komme.

Anna hatte 1709 den Herzog von Kurland geheiratet, war allerdings zwei Monate später bereits wieder Witwe. Jetzt sollte sich Katharina, mit vierundzwanzig Jahren die ältere der beiden Schwestern, mit dem Herzog von Mecklenburg verehelichen, dessen kleines Herzogtum an der Ostsee zwischen Pommern, Brandenburg und Holstein lag.

Der dritte Zweck seiner Reise waren Begegnungen mit seinen Verbündeten: Friedrich IV. von Dänemark, Friedrich Wilhelm von Preußen und Georg Ludwig von Hannover, der seit September 1714 auch König Georg I. von England war. Peters Gesandter in Kopenhagen, Fürst Wassili Dolgoruki, hatte Friedrich IV. dazu gedrängt, sich Peter bei einem Angriff auf die schwedische Provinz Schonen, die fünf Kilometer von der dänischen Küste entfernt auf der anderen Seite des Öresund lag, anzuschließen. Friedrich hatte gezögert, und Peter meinte, nur persönlich werde er die Dänen dazu überreden können, sich an dem Unternehmen zu beteiligen, das – wie es jetzt schien – allein Karl bewegen könnte, den Krieg zu beenden.

Am 24. Januar 1716 verließ die königliche Reisegesellschaft Petersburg. Der Zar wurde von den höchsten Beamten seines Außenministeriums, Golowkin, Schafirow und Tolstoi, sowie von den Angehörigen der aufstrebenden zweiten Diplomatengeneration, Ostermann und Jaguschinski, begleitet. Katharina sollte mitfahren und sich um Peters Gesundheit kümmern, weshalb sie ihren drei Monate alten Sohn, Peter Petrowitsch, und dessen acht- und siebenjährige Schwestern, Anna und Elisabeth, zu Hause ließ und der Sorge ihrer Schwägerin Praskowaja anvertraute, die jeden Tag einen kurzen rührenden Bericht über Gesundheit und Fortschritte der Kinder schickte. Dafür vertraute Praskowaja ihre »Katuscha« (Katharina, die zu verheiraten war) der Obhut Peters an.

Am Morgen des 18. Februar, einem Sonntag, erreichte Peter Danzig, gerade rechtzeitig, um in Begleitung des Bürgermeisters einen Gottesdienst zu besuchen. Als er während der Predigt Zug verspürte, griff Peter nach der Perücke des Bürgermeisters und setzte sie sich selbst auf. Am Ende des Gottesdienstes reichte er das gute Stück mit Dank zurück. Dem verblüfften Stadtoberhaupt wurde später erklärt, es sei Peters Gewohnheit, sich von irgend jemand in seiner Nähe eine Perücke auszuleihen, wenn ihn am Kopf fröre; diesmal stand eben der Bürgermeister am günstigsten.

Obwohl alle Beteiligten anwesend waren, um die Hochzeit in Danzig zu feiern, waren die Bedingungen des Ehevertrages noch nicht ausgehandelt. Herzog Karl Leopold von Mecklenburg wurde einmal beschrieben als »tyrannischer Grobian und einer der berüchtigsten kleinen Despoten, die ihre Existenz nur dem damaligen Verfall der deutschen Verfassung verdankten«[1]. Sein Land war klein und schwach und benötigte einen starken Beschützer; die Heirat mit einer russischen Prinzessin würde die Unterstützung des Zaren bedeuten. Da dem Herzog bekannt war, daß zwei heiratsfähige Töchter von

Zar Iwan V. zur Verfügung standen, schickte er einen Verlobungsring und einen Heiratsantrag nach St. Petersburg, in dem er den Namen der Empfängerin freigelassen hatte, weil es ihm egal war, welche von den beiden er bekommen würde. Die Wahl fiel auf Katharina.

Die Hochzeit fand am 8. April statt. Auch König August war anwesend. Der Bräutigam trug eine Uniform im schwedischen Stil und einen langen schwedischen Degen. Er hatte vergessen, seine Manschetten anzulegen. Um zwei Uhr traf die Kutsche des Zaren bei ihm ein, um ihn und seinen obersten Minister, Baron Eichholtz, abzuholen. Auf dem Platz vor Peters Haus hatte sich eine große Menschenmenge angesammelt; als der Herzog aus der Kutsche stieg, verfing sich seine Perücke an einem Nagel. Barhäuptig stand der Bräutigam vor der Menge, während der treue Eichholtz in die Kutsche kletterte und die Perücke von dem Nagel löste. Danach begab sich die Hochzeitsgesellschaft samt Braut, die die Krone einer russischen Großfürstin trug, zu Fuß zu einer kleinen orthodoxen Kapelle, die Peter eigens für die Hochzeitsfeier hatte errichten lassen. Die orthodoxe Zeremonie wurde von einem russischen Bischof abgehalten und dauerte zwei Stunden. Während des Gottesdienstes ging Peter ungezwungen unter der versammelten Gemeinde und dem Chor umher, stimmte die Psalmen an und unterstützte den Gesang. Nach dem Gottesdienst, als die Hochzeitsgesellschaft wieder durch die Straßen zog, schrien die Leute in der Menge: »Schaut! Der Herzog hat keine Manschetten an!«[2]

Am Abend gab es ein Feuerwerk auf dem Platz vor dem Haus, wo der Herzog wohnte. Peter geleitete August und den Bräutigam durch die Menge und zündete selbst die Raketen an. Das alles dauerte so lange, daß Eichholtz seinen Herrn um ein Uhr morgens darauf aufmerksam machen mußte, daß die Braut schon vor drei Stunden zu Bett gegangen sei. Nun brach Karl Leopold auf, und noch einmal mußte sich Eichholtz Sorgen machen. Das Hochzeitszimmer war mit mehreren lackierten Gegenständen, einschließlich eines lackierten Bettes, ausgestattet worden. Der Herzog haßte den scharfen Geruch von Lack, deshalb fürchtete Eichholtz, der Herzog werde in diesem Bett nicht schlafen können. Es ging aber alles gut, und am folgenden Tag dinierten das jungvermählte Paar und die ganze Hochzeitsgesellschaft gemeinsam mit einem zufriedenen und glücklichen Peter. Die Festlichkeiten endeten aber schließlich doch mit einem Mißklang, als die beiden Hochzeitsdelegationen über den Austausch von Erinnerungsgaben in Streit gerieten. Der Herzog hatte den russischen Ministern schöne Geschenke gemacht, die Mecklenburger dagegen hatten nichts bekommen – »nicht einmal eine krumme Nadel«[3]. Und es kam noch schlimmer. Tolstoi, der von Konstantinopel her gewöhnt war, daß man bei ähnlichen Anlässen sagenhafte Edelsteine verschenkte, beklagte sich, daß der Ring, den er erhalten hatte, weniger wertvoll wäre als die Ringe, die Golowkin und Schafirow bekommen hatten. Um Tolstois Zorn zu besänftigen, gab ihm Ostermann, ein russischer Nachwuchsdiplomat, auch noch den kleinen Ring, den er selbst bekommen hatte; aber Tolstoi beklagte sich weiter, er sei beleidigt worden.

Zu Peters Ärger kam es wegen dieser Hochzeit zu Verwicklungen mit seinen norddeutschen Alliierten, insbesondere mit Hannover, das sich, zusammen mit Preußen, dem Bündnis Rußlands, Dänemarks und Polens gegen Schweden angeschlossen hatte. Diese neuen Verbündeten verfolgten alle das Interesse, Karl XII. vom Kontinent zu vertreiben und das schwedische Territorium innerhalb des Heiligen Römischen Reiches untereinander aufzuteilen. In zunehmendem Maße wurde ihnen jedoch klar, daß die Zerschlagung und das Verschwinden der schwedischen Macht vom Aufstieg einer neuen, noch größeren Macht, nämlich der des Zaren von Rußland, begleitet wurde. Bis zur Hochzeit des Mecklenburgers schwelte der Argwohn der norddeutschen Fürsten nur unter der Oberfläche. Im Juli 1715 hatten die dänischen und preußischen Truppen bei der Belagerung von Stralsund die Russen sogar um Hilfe gebeten; Scheremetews Armee lag zu jener Zeit in Westpolen und hätte leicht losmarschieren können. Doch Fürst Grigori Dolgoruki, der erfahrene russische Gesandte in Warschau, befürchtete, daß die Situation in Polen noch zu unsicher sei, und bestand darauf, daß Scheremetew blieb, wo er war. Und so fiel Stralsund ohne die Beteiligung eines einzigen russischen Soldaten. Als Peter die Nachricht bekam, war er wütend über Dolgoruki: »Ich bin wirklich überrascht, daß du in deinem Alter deinen Verstand verloren und dich von diesen Gaunern hast überlisten lassen, so daß du die Soldaten in Polen zurückgehalten hast.«[4]

Wie Peter befürchtet hatte, wurden ein paar Monate später, als Wismar, der letzte schwedische Hafen auf dem Kontinent, belagert werden sollte, russische Truppen absichtlich von der Operation ausgeschlossen. Wismar, die pommersche Küstenstadt, die Peter als Teil der Mitgift der Prinzessin Katharina ausdrücklich dem Herzog von Mecklenburg versprochen hatte, wurde von dänischen und preußischen Truppen besetzt. Als Fürst Repnin mit vier russischen Infanterie- und fünf Dragonerregimentern auftauchte, forderte man ihn auf, sie wieder abzuziehen. Ein Streit brach aus, und beinahe wären sich die russischen und preußischen Kommandeure in die Haare geraten; aber schließlich zogen sich die Russen zurück. Als Peter von der Angelegenheit erfuhr, war er verärgert. Er beherrschte sich aber, da er die Hilfe der Verbündeten für seine Invasion in Schweden vom Meer her benötigte.

Bald danach verschlechterte sich die Situation weiter. Eine preußische Abteilung, die durch Mecklenburg zog, wurde von einem größeren russischen Kommando abgefangen und mit Gewalt über die Grenze des Herzogtums abgeschoben. Friedrich Wilhelm von Preußen war außer sich vor Zorn und erklärte, man habe seine Soldaten behandelt, »als wären sie Feinde«. Er annullierte ein Treffen mit dem Zaren und drohte damit, sich völlig aus dem Bündnis zurückzuziehen. »Der Zar muß mir vollständige Genugtuung leisten«, schimpfte er, »oder ich werde sofort meine Armee zusammenziehen, die sich in guter Verfassung befindet.«[5] Gegenüber einem seiner Minister geiferte er weiter: »Gott sei Dank brauche ich die Russen nicht, wie der König von Dänemark, der sich von den Moskowitern hat prellen lassen. Der Zar soll wissen, daß er es nicht mit einem König von Polen oder Dänemark zu tun hat, sondern mit einem Preußen, an dem er sich den Schädel einrennen wird.« Friedrich Wilhelms Zorn verflog schnell, wie die meisten seiner Zornesausbrüche. Insgeheim waren seine Abneigung und sein Argwohn gegenüber Hannover größer als seine Angst vor Rußland. Und bald stimmte er daher einem Treffen mit Peter in Stettin zu, bei dem er die Hafenstadt Wismar an den Herzog von Mecklenburg abtrat. Er bestand jedoch darauf, daß zuvor die Befestigungen der Stadt geschliffen würden, denn, so meinte er, sie Karl Leopold unversehrt zu übergeben, würde bedeuten, »ein scharfes Messer in die Hand eines Kindes zu legen«[6].

Einer der Gründe, warum Friedrich Wilhelm dem Herzog von Mecklenburg Wismar überließ, war, daß er glaubte, er könne damit die Hannoveraner ärgern, und er hatte recht. In Hannover gab es nämlich eine tiefere und mißtrauischere Gegnerschaft gegen Peter und die russische Präsenz in Norddeutschland. Sie war zum Teil persönlicher Art. Bernstorff, der führende hannoveranische Minister König Georgs I. war Mecklenburger und Mitglied der dortigen Aristokratie, die gegen den Herzog Karl Leopold sehr feindlich eingestellt war. Bei seiner Stellung in unmittelbarer Nähe König Georgs war es ihm möglich, den König mit seinen Vorurteilen zu infizieren. Warum knüpft der Zar so enge dynastische Beziehungen zu einem kleinen Herzogtum mitten im Herzen Norddeutschlands? Warum sollten dort ständig zehn russische Regimenter stationiert werden? War die Forderung des Zaren, Wismar als Teil der Aussteuer seiner Nichte an Mecklenburg abzutreten, nicht lediglich eine geschickte Methode, einen russischen Stützpunkt in der westlichen Ostsee zu schaffen? Wenn noch mehr russische Soldaten kämen, angeblich um an einer Invasion Schwedens teilzunehmen, wer kann sagen, wozu man sie wirklich verwenden wird, wenn sie einmal in Norddeutschland seien? Derartigen Vorurteilen und Verdächtigungen lieh Georg ein offenes Ohr, weil er sich auch selbst Sorgen machte über den zunehmenden russischen Einfluß und über die Aussicht starker russischer Verbände so nahe bei Hannover. Wäre Peter die Ängste der Hannoveraner betreffend richtig informiert und gut beraten worden, hätte er vielleicht in bezug auf Mecklenburg anders gehandelt. Nun befand er sich aber bereits in Danzig, der Heiratsvertrag war entworfen, und obwohl er bemüht war, das Bündnis mit Hannover aufrechtzuerhalten und ein Bündnis mit England zu erreichen, weigerte er sich doch, sein Wort gegenüber Mecklenburg wieder zurückzunehmen.

Nachdem Peter drei Wochen lang in Bad Pyrmont Heilwasser getrunken und seine Kuren gemacht hatte, kehrte er nach Mecklenburg zurück, wo er die Zarin und Herzog Karl Leopold mit seiner Braut Katharina zurückgelassen hatte. Es war jetzt Hochsommer, und Peter zog es vor, im Garten des herzoglichen Palastes zu speisen, wo er einen herrlichen Ausblick auf einen See hatte. Karl Leopold bestand darauf, der Szene dadurch ein offizielles Gepräge zu geben, daß er mehrere seiner großen Garden, die alle über gewaltige Schnurrbärte verfügten, mit gezogenen Degen rund um den Tisch herum strammstehen ließ. Peter, der sich beim Essen gern entspannte, fand das lächerlich und bat wiederholt, man möge doch auf diese Ehrengarde verzichten. Eines Abends schlug er seinem Gastgeber schließlich vor, es wäre für sie alle viel angenehmer, wenn die Garden ihre Degen ablegten und ihre großen Schnurrbärte dazu benutzten, die Mücken über dem Tisch zu verscheuchen.

Trotz der Verdächtigungen und Streitigkeiten zwischen den Verbündeten setzte Peter im Sommer 1716 seine Bemühungen um eine gemeinsame Invasion Schwedens fort. Der hartnäckige »Bruder Karl« ließ keine Anzeichen von Friedenswillen erkennen, im Gegenteil. Als er nach dem Fall Stralsunds nach Schweden zurückgekehrt war, bemühte er sich eifrig, eine neue Armee aufzustellen und einen neuen Angriff vorzubereiten. Statt die Initiative seinen Feinden zu überlassen, hatte er bereits im Februar gegen den nächstliegenden Feind, Dänemark, losgeschlagen. Wäre der Sund in diesem Winter zugefroren gewesen, wäre er mit seiner Armee von 12 000 Mann nach Seeland hinübermarschiert und hätte Kopenhagen gestürmt. Nun hatte sich zwar zunächst eine Eisschicht gebildet, sie war aber dann durch einen Sturm wieder aufgebrochen, worauf Karl, anstatt nach Dänemark, nach Südnorwegen marschierte, das damals noch zu Dänemark gehörte. Er stieß über die Gebirgspässe vor, überwältigte schnell eine Reihe von Festungen und besetzte Christiania, das heutige Oslo, ehe ihn Nachschubmangel zum Rückzug zwang.

Für Peter war Karls Offensive der Beweis dafür, daß der Krieg tatsächlich nur dadurch beendet werden konnte, daß man nach Schweden einmarschierte und den Schwedenkönig in seinem eigenen Land besiegte. Dazu benötigte Rußland Verbündete, denn trotz seiner beherrschenden Stellung in der nördlichen Ostsee wagte Peter noch immer keinen großangelegten Angriff auf Schweden vom Meer her, wenn nur die russische Flotte die Truppentransporte decken würde; noch immer war ihm die schwedische Marine zu stark. Aus diesem Grunde setzte sich im Frühjahr 1716, während Peter die Hochzeit in Mecklenburg arrangierte und sich in Bad Pyrmont kurierte, die russische Galeerenflotte entlang der südlichen Ostseeküste nach Westen in Bewegung, zuerst bis Danzig, dann bis Rostock. Peter war auf seinem Weg nach Bad Pyrmont in Hamburg mit König Friedrich von Dänemark zusammengetroffen und hatte dort mit ihm einen Generalstabsplan für die Invasion ausgearbeitet. Dieser Plan sah eine kombinierte russisch-dänische Landung in der südlichsten Provinz Schwedens, in Schonen, vor, während gleichzeitig starke, ausschließlich russische Seestreitkräfte an der schwedischen Ostseeküste angreifen sollten, wodurch Karl gezwungen würde, an zwei Fronten zu kämpfen. Beide Invasionsheere sollten durch die russische und die dänische Flotte gedeckt werden, die gemeinsam unter dem dänischen Admiral Gyldenlove operieren sollte. Auch England sollte ein starkes Schiffsgeschwader beisteuern, obwohl weder Peter noch Friedrich sicher waren, daß die Engländer tatsächlich kämpfen würden, wenn es zu einer Seeschlacht käme. Peter erklärte sich bereit, vierzigtausend russische Soldaten, Infanterie und Kavallerie, und dazu die gesamte russische Flotte, die Galeeren und die Linienschife, zur Verfügung zu stellen. Von den Dänen sollten 30 000 Mann, der größte Teil der Artillerie und die Munition für das gesamte Heer sowie die komplette Marine des Landes gestellt werden. Um die gewaltige Zahl von Soldaten und Pferden sowie deren Ausrüstung über den Sund zu schaffen, erklärte sich Friedrich bereit, auch die gesamte dänische Handelsflotte für den Sommer zu requirieren. Friedrich Wilhelm von Preußen wollte an der Invasion selbst nicht teilnehmen, erklärte sich aber bereit, zwanzig Transportschiffe zu stellen, mit denen die in Rostock gesammelte russische Infanterie nach Kopenhagen, dem Sprungbrett der Invasion, transportiert werden sollte. Es schien eine furchterregende Ansammlung militärischer Macht zustande zu kommen, zumindest auf dem Papier, und das gegen ein angeblich hilfloses Schweden. Eine Einzelheit des Plans, die die Eigenliebe Friedrichs und Peters befriedigen sollte, schien unklug: Die beiden Monarchen sollten sich im Oberkommando über die Expedition wöchentlich abwechseln.

Nach drei Wochen in Bad Pyrmont begab sich Peter nach Rostock, wo er seine Infanterie zusammengezogen hatte, und segelte mit einer Flottille von achtundvierzig Galeeren nach Kopenhagen. Er traf dort am 6. Juli ein und wurde mit spektakulärem Aufwand empfangen, so daß er an Katharina schrieb: »Laß mich wissen, wann du hier ankommen wirst, damit ich dich treffen kann; denn das offizielle Programm hier ist unbeschreiblich. Gestern wurden Festlichkeiten abgehalten, wie ich sie seit zwanzig Jahren nicht mehr erlebt habe.«[7]

Trotz der freundlichen Aufnahme verging viel nutzlose Zeit. Der Juli verstrich, und Peter schrieb an Katharina: »Wir schwatzen hier völlig vergeblich.«[8] Die Hauptschwierigkeit lag darin, daß die dänische Flotte, die zum Schutze der Invasionstruppen unentbehrlich war, noch immer vor der Küste Norwegens kreuzte, wo sie den Rückzug der Schweden aus Christiania beobachtete. Diese Flotte kehrte erst am 7. August nach Kopenhagen zurück, doch selbst jetzt waren die Transporte noch nicht so weit, daß die Soldaten an Bord gehen konnten. Inzwischen hatte sich, mit der Ankunft des englischen Admirals Norris und seinem Geschwader von neunzehn Linienschiffen, ein gigantischer Flottenverband in Kopenhagen versammelt. Admiral Norris schlug vor, man solle, bis die Heere an Bord gehen könnten, eine gemeinsame Kreuzfahrt auf der Ostsee unternehmen. Peter stimmte zu, da er die Untätigkeit satt hatte. Als sich der englische und der dänische Admiral einander nicht unterordnen wollten, wurde der Zar zum Oberbefehlshaber ernannt. Am 16. August hißte Peter an Bord des russischen Linienschiffs *Ingria* seine Flagge und gab der Flotte das Zeichen zum Lichten der Anker. Was darauf den Hafen von Kopenhagen verließ, war der eindrucksvollste Schiffsverband, den die Ostsee jemals gesehen hatte: neunundsechzig Kriegsschiffe

– neunzehn englische, sechs holländische, dreiundzwanzig dänische und einundzwanzig russische – und mehr als vierhundert Handelsschiffe; und alle unter dem Kommando eines seemännischen Amateurs, dessen Land vor zwanzig Jahren nicht ein einziges seetüchtiges Schiff besessen hatte.

Doch bei all ihrer Majestät und überwältigenden Stärke erreichte diese Flotte wenig. Die Schweden – eins zu drei unterlegen – blieben mit ihren zwanzig Linienschiffen in Karlskrona. Norris wollte zwar den Geschützen der Festung die Stirn bieten, in den Hafen einfahren und den Versuch machen, die schwedischen Schiffe an ihren Ankerplätzen zu versenken, doch war der dänische Admiral dagegen, teilweise aus Eifersucht und teilweise, weil ihm seine Regierung heimlich Anweisung gegeben hatte, seine Flotte aus jeder gefährlichen Aktion herauszuhalten. Peter war enttäuscht, und nach der Rückkehr nach Kopenhagen fuhr er mit zwei kleineren Fregatten und zwei Galeeren zur schwedischen Küste zurück, um den Feind auszukundschaften. Er entdeckte, daß Karl die Zeit, die ihm durch die Verzögerungen bei den Alliierten geschenkt worden war, nicht vergeudet hatte. Als die russischen Schiffe zögernd näher an die Küste heranfuhren, um mehr zu sehen, wurde Peters Schiff von Kanonenkugeln getroffen. Ein anderes russisches Schiff wurde ziemlich stark beschädigt. Eine Abteilung Kosaken landete mit Galeeren und machte einige Gefangene, die erklärten, der Schwedenkönig verfüge über eine Armee von 20 000 Mann.

Karl hatte tatsächlich so etwas wie ein Wunder vollbracht. Er hatte alle Festungen an der Küste Schonens mit Soldaten besetzt und mit Vorräten versorgt. In den Städten weiter landeinwärts lagen Reserven von Infanterie und Kavallerie zum Gegenangriff auf einen feindlichen Brückenkopf. Große Reserven von Artillerie wurden in Karlskrona bereitgehalten und warteten dort auf Befehle des Königs. Karl hatte nur zweiundzwanzigtausend Mann – zwölftausend Reiter und zehntausend Infanteristen –, aber er wußte, daß nicht alle Angreifer der Alliierten auf einmal übergesetzt werden konnten. Er hoffte, die Vorhuten angreifen und besiegen zu können, ehe diese verstärkt wurden. Wenn er selbst zum Rückzug gezwungen werden sollte, wollte er Peters Beispiel folgen und alle Dörfer und Städte in Südschweden niederbrennen, so daß die Invasoren nur Verwüstung vorfänden. (Daß Schonen bis in die Mitte des 17. Jahrhunderts dänisch gewesen war, erleichterte ihm diesen Plan.)

In Seeland gingen die Vorbereitungen in den ersten Septembertagen weiter. Siebzehn Regimenter russischer Infanterie und neun Regimenter russischer Dragoner, insgesamt 29 000 Mann, waren aus Rostock herangebracht worden. Zusammen mit den 12 000 dänischen Infanteristen und 10 000 dänischen Kavalleristen zählte die Streitmacht der Verbündeten insgesamt 51 000 Mann. Als Datum für die Landung wurde der 21. September festgesetzt. Doch am 17. September, kurz bevor sich die Regimenter zu ihren Einschiffungsplätzen begeben sollten, erklärte Peter plötzlich, daß die Invasion abgesagt sei. Es sei zu spät im Jahr, sagte er, man müsse mit dem Angriff bis zum folgenden Frühjahr warten. Sowohl Georg von England als auch Friedrich von Dänemark mit ihren Ministern, Admiralen und Generälen fühlten sich von dieser einseitigen Entscheidung vor den Kopf gestoßen. Friedrich wandte ein, daß eine Verschiebung eine völlige Aufgabe des ursprünglichen Plans bedeute, da er die dänische Handelsflotte unmöglich für zwei Jahre beschlagnahmen könne.

Aber Peter blieb hart. Seine Entscheidung rief einen diplomatischen Sturm hervor. Der Verzicht auf die Expedition schien die schlimmsten Befürchtungen seiner Verbündeten zu bestätigen. Geschickt hätte der Zar 29000 russische Soldaten nach Kopenhagen gebracht, um mit ihnen nicht Schweden anzugreifen, sondern Dänemark zu besetzen, Wismar zu erobern und den norddeutschen Staaten seine Politik aufzuzwingen. Friedrich von Dänemark war besorgt über die vielen russischen Regimenter, die in den Randbezirken seiner Hauptstadt kampierten; darüber hinaus war er zornig, weil ihm durch Peters Entscheidung ein sicherer Sieg über Schweden versagt blieb. Die Engländer machten sich Sorgen darüber, welche Wirkung die Stationierung einer so mächtigen russischen Armee und Flotte am Eingang zur Ostsee auf den dortigen englischen Handel haben würde. Am unglücklichsten über diese russische »Verschwörung« waren aber die Hannoveraner. Bernstorff, ihr erster Minister, suchte den englischen General Stanhope auf, der sich damals gerade mit König Georg in Hannover aufhielt, und schlug hysterisch vor, England solle »den Zaren unverzüglich zerschmettern, seine Schiffe beschlagnahmen und sich sogar seiner Person bemächtigen«[9], um zu gewährleisten, daß alle russischen Soldaten Dänemark und Deutschland räumten. Als Stanhope ablehnte, gab Bernstorff Befehl an Admiral Norris in Kopenhagen, den Zaren festzunehmen und sich aller russischen Schiffe zu bemächtigen. Doch auch Norris lehnte klugerweise ab und erklärte, er nehme Befehle nur von der Regierung in England, nicht aus Hannover entgegen.

Während sich hinter seinem Rücken alle diese Beschuldigungen erhoben, blieb Peter in Kopenhagen, wo er von den Dänen weiterhin mit allen Ehren bedacht wurde. Besonders beglückte ihn, wie man Katharina behandelte. Sie wurde als seine Frau und als Zarin akzeptiert, und in Würdigung ihres Ranges stattete ihr die Königin von Dänemark einen offiziellen Willkommensbesuch ab. Admiral Norris verhielt sich gegenüber seinem Admiralskollegen Pjotr Alexejewitsch respektvoll und liebenswürdig. Am Jahrestag der Schlacht von Lesnaja, deren siegreichen Ausgang sich Peter als persönliches Verdienst anrechnete, feuerten alle Schiffe des englischen Geschwaders Salut.

Der Argwohn der Verbündeten des Zaren war tatsächlich unbegründet. Peter hatte die Absicht gehabt, Schweden anzugreifen, um so endlich den Krieg zu beenden. Als ihm die Invasion zu gefährlich erschien, sagte er sie zwar ab, begann aber unverzüglich nach anderen Möglichkeiten Ausschau zu halten. Schon am 13. Oktober hatte er an seinen Senat in St. Petersburg geschrieben und erklärt, warum er so entschieden habe, und daß die einzige Möglichkeit, die er jetzt noch sehe, die wäre, das schwedische Mutterland aus einer anderen Richtung anzugreifen: über den Bottnischen Meerbusen von den Alandinseln her. Er gab Befehl, einen solchen Angriff vorzubereiten. Was die Bedrohung Dänemarks und Hannovers betraf, so wurde sie schon gegenstandslos, als Bernstorff noch das Verhängnis beschwor. Die russischen Bataillone kehrten friedlich nach Mecklenburg zurück und von dort aus – mit Ausnahme einer kleinen Infanterieabteilung und eines Kavallerieregiments – nach Polen; die russische Flotte suchte ihre Winterhäfen Riga, Reval und Kronstadt auf. Am 15. Oktober verließen schließlich auch Peter und Katharina die dänische Hauptstadt, um gemächlich durch Holstein nach Havelberg zu reisen, wo man mit König Friedrich Wilhelm von Preußen zusammentreffen wollte.

Friedrich Wilhelm empfand für Hannover keine Sympathie, obwohl seine Frau und seine Mutter hannoveranische Prinzessinnen waren. Als Bernstorff die Russen beschuldigte, sie hätten die Absicht, Lübeck, Hamburg und Wismar zu besetzen, hielt Friedrich Wilhelm zu Peter. »Der Zar hat sein Wort dafür gegeben, daß er vom Reich nichts für sich selbst nehmen will« [10], verteidigte er Peter.

Angesichts dieser Haltung des Preußenkönigs gegenüber dem Zaren war es nicht überraschend, daß das Zusammentreffen der beiden Monarchen zu beiderseitiger Zufriedenheit verlief. Als Zeichen ihrer Freundschaft tauschten sie Geschenke aus: Peter versprach, noch mehr große Männer für die Potsdamer Garde zu liefern, und Friedrich Wilhelm beschenkte den Zaren mit einer Jacht und einer unschätzbar wertvollen Bernsteinsammlung.

In Nordeuropa war jetzt Winter. Die Dunkelheit setzte früh ein, und die Luft war von schneidender Kälte. Die Furchen der Straßen froren, und bald würde sich über alles eine Schneedecke legen. Katharina war hochschwanger, so daß die lange Reise nach St. Petersburg für sie nicht einfach gewesen wäre. Peter beschloß deshalb, den Winter nicht in Rußland zu verbringen, sondern weiter nach Westen zu reisen und die kältesten Monate in Amsterdam zu verbringen, wo er seit achtzehn Jahren nicht mehr gewesen war. Der Zar reiste, getrennt von seiner Frau, die langsamer nachkommen sollte, nach Hamburg, Bremen, Amersfoort und Utrecht und traf bereits am 6. Dezember in Amsterdam ein. Selbst auf diesen verhältnismäßig stark frequentierten Straßen waren die Zustände primitiv, so daß Peter Katharina in einem Brief warnte:

»Was ich zuvor schon geschrieben habe, muß ich jetzt bestätigen: Komm nicht auf dem Weg, den ich genommen habe, denn er ist unbeschreiblich schlecht. Bring nicht so viele Leute mit, denn das Leben in Holland ist sehr teuer geworden. Was die Chorsänger betrifft, so reicht die Hälfte von ihnen, wenn sie nicht bereits alle unterwegs sind. Laß die übrigen in Mecklenburg zurück. Alle, die mit mir hier sind, bedauern Dich wegen der Reise. Wenn Du es aushältst, solltest Du besser bleiben, wo Du bist; denn die schlechten

Straßen könnten für Dich gefährlich sein. Mache es aber, wie Du willst, und glaube um Gottes willen nicht, daß ich nicht möchte, daß Du kommst. Du weißt selbst, wie sehr ich es wünsche; und es ist auch besser für Dich zu kommen, als einsam und traurig zu sein. Aber ich mußte Dir schreiben, und ich weiß, daß Du es nicht aushältst, allein gelassen zu werden.«[11]

Katharina fuhr los, mußte aber ihre schwierige Reise in Wesel an der holländischen Grenze unterbrechen. Sie gebar hier, am 2. Januar 1717, einen Sohn, der, wie ausgemacht worden war, den Namen Paul erhalten sollte. Der Zar, der gerade wieder einen Fieberanfall hatte, der ihn sechs Wochen lang ans Bett fesselte, schrieb ihr begeistert: »Ich erhielt gestern Deinen wunderbaren Brief, in dem Du mitteilst, daß uns der Herrgott gesegnet hat, indem er uns einen weiteren Rekruten schenkte … wofür ihm Lob sei und unaufhörlicher Dank. Der Brief erfreute mich doppelt; zuerst wegen des neugeborenen Kindes und dann, weil der Herrgott Dich von Deinen Schmerzen befreit hat, weshalb es auch mir gleich besser ging. Seit Weihnachten hatte ich nicht mehr so lange aufsitzen können wie gestern. Sobald wie möglich will ich zu Dir kommen.«[12]

Am folgenden Tag traf Peter ein schwerer Schlag: Sein Sohn war gestorben, und Katharina fühlte sich sehr schwach. Der Zar hatte schon Kuriere nach Rußland geschickt, um die Geburt seines Sohnes anzukündigen; nun bemühte er sich, seine Frau zu trösten:

»Ich erhielt Deinen Brief, der mir mitteilte, was ich schon zuvor erfahren hatte. Das unerwartete Ereignis hat Freude in Kummer verwandelt. Was kann ich anderes antworten als der langduldende Hiob? Der Herr hat's gegeben, und der Herr hat's genommen; gelobt sei der Name des Herrn. Ich bitte Dich, auch so darüber zu denken; ich tue es, so gut ich kann. Meine Krankheit läßt, Gott sei Dank, von Stunde zu Stunde nach, und ich hoffe, daß ich bald aus dem Haus gehen kann. Es ist jetzt nur noch eine Unpäßlichkeit. Ansonsten fühle ich mich, Gott sei Lob, gut, und ich wäre schon längst zu Dir gekommen, wenn ich zu Wasser reisen könnte; so aber fürchte ich die Erschütterungen bei einer Reise über Land. Außerdem warte ich auf eine Antwort des englischen Königs, der in diesen Tagen hier eintreffen soll.«[13]

Obwohl Peter seinen Kummer um den Tod seines Sohnes vergessen wollte und einen Augenblick lang glaubte, es ginge ihm besser, schien der Tod des kleinen Paul sein Fieber noch einmal zu verschlimmern, und er blieb noch einen ganzen Monat im Bett. So fand ihn Katharina, als sie in Amsterdam eintraf. Seine Krankheit hinderte ihn auch daran, mit dem schwerfälligen Hannoveraner zusammenzutreffen, der Englands König geworden war. Als Georg I. durch Holland reiste, um dort sein Schiff nach England zu besteigen, schickte Peter Tolstoi und Kurakin zu ihm; doch die russischen Gesandten wurden nicht empfangen. Später entschuldigte sich Georg mit der Erklärung, er habe sich schon an Bord des Schiffes befunden, das mit der Flut hätte segeln müssen.

Als Peter sich wieder besser zu fühlen begann, genoß er seinen Aufenthalt in

Holland. Katharina war jetzt bei ihm, und er zeigte ihr die Orte, an denen er als junger Mann glückliche Zeiten verbracht hatte. Er fuhr mit ihr nach Zaandam und besuchte dort noch einmal die Werft der Ostindischen Kompanie, wo er einst eine Fregatte gebaut hatte. Er kam nach Utrecht, Den Haag, Leiden und Rotterdam. Im Frühling, so hoffte er, würde er endlich auch Paris kennenlernen, die Stadt, die in der ganzen Welt wegen ihrer Kultur, ihrer eleganten Gesellschaft und ihrer herrlichen Architektur berühmt war.

9 »Der König ist ein mächtiger Mann ...«

Das Frankreich, das Peter 1717 besuchen wollte, war wie ein riesiges, äußerst kompliziertes System kreisender Planeten, deren Sonne, einst Quelle von Wärme, Leben und Sinn für das Ganze, jetzt erloschen war. Am 1. September 1715 war Ludwig XIV., der Sonnenkönig, im Alter von sechsundsiebzig Jahren gestorben, nach einer Regierungszeit von zweiundsiebzig Jahren. Davon regierte er fünfunddreißig Jahre lang parallel mit Peter, dem anderen großen Monarchen der Epoche. Doch Ludwig und Peter gehörten verschiedenen Generationen an, und als Peters Einfluß und Rußlands Macht wuchsen, begann der Ruhm des Sonnenkönigs bereits zu verblassen.
Ludwigs letzte Lebensjahre wurden durch familiäre Tragödien überschattet; sein einziger überlebender legitimer Sohn und Erbe, der farblose Grand Dauphin, der seinen Vater gefürchtet hatte, starb 1711. Neuer Thronfolger war der Herzog von Burgund, der Sohn des Verstorbenen und Enkel des Königs, ein gutaussehender, charmanter und intelligenter junger Mann, der Frankreichs Zukunftshoffnungen verkörperte. Seine schöne Frau, Maria Adelaide von Savoyen, war fast noch attraktiver als er. Sie war als Kind nach Versailles gekommen, wo sie in der Nähe des alternden Königs aufwuchs, der in sie vernarrt war. Man sagte, er hätte für keine der Frauen, die er je geliebt hatte, so viel empfunden wie für die Braut seines Enkels. Überraschend waren dann 1712 sowohl der neue Dauphin als auch seine fröhliche junge Frau gestorben. Sie wurden im Abstand von einer Woche von den Masern hingerafft, er im Alter von dreißig, sie mit siebenundzwanzig Jahren. Der älteste Sohn der beiden, Ludwigs Urenkel, wurde der nächste Dauphin. Innerhalb weniger Tage starb auch er an derselben Krankheit.
Nun blieb dem fünfundsiebzigjährigen König nur noch ein Urenkel, ein rotbackiger Junge von zwei Jahren, das letzte überlebende Kind aus der direkten Linie. Auch dieses Kind bekam die Masern, überlebte die Krankheit jedoch, weil die Kinderfrau die Türen zu seinem Zimmer verschloß und den Ärzten nicht erlaubte, ihn mit Aderlässen und Brechmitteln zu behandeln. Dieser kleine neue Dauphin blieb wie durch ein Wunder am Leben und sollte

als Ludwig XV. Frankreich neunundfünfzig Jahre lang regieren. Als Ludwig XIV. auf dem Sterbebett lag, ließ er seinen Urenkel und Erben rufen, der damals gerade fünf Jahre alt war. Die beiden Bourbonen, die zusammengenommen Frankreich einhunderteinunddreißig Jahre lang beherrschten, schauten einander lange an, ehe der Sonnenkönig zu dem fünfjährigen Kind sagte: »Mein Kind, du wirst eines Tages ein großer König sein. Ahme mich nicht nach in meiner Lust am Krieg. Richte dich in allem, was du tust, nach Gott, und lehre deine Untertanen, Ihn zu ehren. Es bricht mir das Herz, sie in einem solchen Zustand zurückzulassen.«[1]

Nach dem Tod des Sonnenkönigs war Versailles schnell verlassen. Man holte die Möbel aus den großen Räumen und löste den prachtvollen Hofstaat auf. Der neue König wohnte in den Tuilerien in Paris, und gelegentlich konnten ihn Spaziergänger im Garten sehen: einen rundlichen, rotbackigen Jungen mit lockigen Haaren, langen Wimpern und einer länglichen Bourbonen-Nase.

Die Regierungsgewalt in Frankreich war auf einen Regenten übergegangen – auf Ludwigs Neffen Philipp, Herzog von Orleans, der der nächste Blutsverwandte und direkte Thronfolger nach dem jungen König war. 1717 war Philipp zweiundvierzig Jahre alt; er war klein, stämmig und ein berüchtigter Schürzenjäger: adlige Frauen, Mädchen von der Oper, von der Straße. Dirnen hatten es ihm besonders angetan, und er liebte es, neue, junge Mädchen auszuprobieren, sobald sie in Paris eintrafen. Er kümmerte sich keinen Deut darum, ob die Frauen schön oder häßlich waren. Seine Mutter gab selbst zu: »Er ist ganz verrückt nach Frauen. Wenn sie nur gutmütig, derb und gute Esser und Trinker sind, achtet er wenig auf ihr Aussehen.«[2] Als sie ihren Sohn auf diesen letzten Punkt hin einmal ansprach, konterte er launig: »Ach, Mama, in der Nacht sind alle Katzen grau.«

Die privaten Diners des Regenten im königlichen Palast waren das Gespräch Frankreichs. Hinter verriegelten Türen lagen er und seine Freunde auf ihren Chaiselongues und speisten mit den Mädchen des Opernballetts, die hauchdünne, durchsichtige Kleider trugen und später nackt tanzten. Der Regent kümmerte sich nicht nur nicht um Konventionen, er genoß es, sie zu übertreten. Seine Sprache bei Tisch war so vulgär, daß seine Frau sich weigerte, Gäste zum Essen zu laden. Er verspottete die Religion und brachte einmal ein Buch von Rabelais mit in die Messe, um während des Gottesdienstes demonstrativ darin zu lesen. Seine Frau, eine Tochter von Ludwig XIV. und Madame de Montespan, brachte ihm acht Kinder zur Welt, verbrachte aber die meiste Zeit in ihrem Zimmer, weil sie an Migräne litt.

Unter diesen Umständen fürchteten viele Leute in Frankreich um das Leben des jungen Königs; denn wenn dem Knaben irgend etwas zustieße, würde der Regent König werden. In Wirklichkeit waren derartige Befürchtungen nicht gerechtfertigt. Philipp von Orleans hatte bei aller Derbheit viele gute Eigenschaften; er war nicht nur sinnlich, sondern auch menschlich und mitfühlend. Neid und persönlicher Ehrgeiz zählten nicht zu seinen Fehlern. Seine Stimme und sein Lächeln waren charmant, und wenn er wollte, waren seine Manieren und Gesten anmutig und ausdrucksvoll. Kunst und die Wissenschaft faszinierten ihn; in seiner Suite im Palais Royal hingen Bilder von Tizian und van Dyck, und er komponierte Kammermusik, die noch heute gespielt wird. Dem kleinen Jungen, der seiner Obhut anvertraut war, war er völlig ergeben und hatte nichts weiter im Sinn, als den Thron zu bewahren, bis der König volljährig war. Er begann um sechs Uhr morgens zu arbeiten, gleichgültig wie lange die Ausschweifungen der vorausgegangenen Nacht gedauert hatten. Keiner der – männlichen oder weiblichen – Gefährten seiner Orgien hatte den geringsten Einfluß auf seine Politik und seine Entscheidungen. Philipp erkannte deutlich das verzweifelte Elend, in das das Land durch die Kriegsabenteuer seines ruhmreichen Onkels gestürzt worden war. Deshalb blieben die französischen Soldaten in den acht Jahren seiner Regentschaft – ausgenommen eine kurze Auseinandersetzung mit Spanien – immer in ihren Kasernen. Philipps Außenpolitik war auf Frieden aus. Ungewohnt und noch erstaunlicher für ganz Europa: Der Eckstein dieser neuen französischen Politik war die Freundschaft mit England.

Kurz vor Peters Besuch in Paris war das politische Muster, das in Westeuropa viele Jahre lang Gültigkeit gehabt hatte, durch eine Reihe dramatischer Ereignisse durchbrochen worden. Durch den Sturz der Whig-Regierung in England hatte Marlborough seinen Einfluß verloren, und die englisch-holländische Invasion in Nordfrankreich hatte sich festgefahren. Die neue Regierung der Tories wollte Frieden, und der alternde, erschöpfte Sonnenkönig war glücklich damit einverstanden. So wurde 1713 der Friedensvertrag von Utrecht unterzeichnet und der große Spanische Erbfolgekrieg, in den alle Länder und Reiche Westeuropas verstrickt waren, beendet. Bald danach war es auch mit dem Sonnenkönig zu Ende.
Auch in England gab es einen königlichen Todesfall. Königin Anna verschied, ohne einen protestantischen Erben zu hinterlassen, da alle ihre sechzehn Kinder bereits in jungen Jahren gestorben waren. Um die protestantische erbfolge zu sichern, bestieg – mit vorausgehendem Einverständnis des Parlaments – der Kurfürst von Hannover, Georg Ludwig, als König Georg I. den englischen Thron, behielt aber gleichzeitig die Herrschaft über Hannover.
Alle diese Ereignisse zusammengenommen schufen in Europa eine völlig neue diplomatische Landkarte. Da sie nun untereinander Frieden hatten, konnten die westlichen Nationen dem mehr Aufmerksamkeit schenken, was für sie bisher nur von zweitrangiger Bedeutung war: dem Krieg im Norden. England, das als überlegene Seemacht aus dem Spanischen Erbfolgekrieg unbeschädigt hervorgegangen war, machte sich Sorgen, daß die zunehmende Macht Rußlands in der Ostsee den britischen Handel dort beeinträchtigen könne. Mächtige britische Marinegeschwader begannen deshalb in der Ostsee aufzukreuzen. Auch Hannover war Peter feindlich gesinnt, weil es die

Präsenz des Zaren in Norddeutschland fürchtete. Dreimal lehnte der König und Kurfürst Angebote Peters für ein Zusammentreffen ab und verlangte, daß zuvor alle russischen Soldaten aus Deutschland abgezogen werden müßten.

Inzwischen hatte die französische Außenpolitik eine grundlegende Wende vollzogen. Statt England weiterhin zu bekämpfen und die katholischen Jakobiten zu unterstützen, suchte Frankreich unter der Regentschaft Philipps Freundschaft mit England und war auch bereit, die Rechte der protestantischen Hannoveraner Dynastie zu garantieren. Auch die Haltung Frankreichs gegenüber Schweden schien für eine Veränderung reif. Jahrelang hatte der Sonnenkönig die Schweden finanziell unterstützt und sie in Deutschland als Gegengewicht gegen den Habsburger Kaiser benutzt. Jetzt, da die Schweden besiegt und vollständig aus Deutschland vertrieben worden waren und die Macht des Habsburgers jedoch stark zugenommen hatte, brauchte Frankreich einen neuen Verbündeten im Osten. Peters Rußland, das im vergangenen Jahrzehnt zu einer bedeutenden Macht emporgestiegen war, bot sich hier wie selbstverständlich an. Über diplomatische Kanäle liefen die verschiedensten Andeutungen und Angebote zu Peter, und er nahm sie alle aufmerksam zur Kenntnis. Obwohl Frankreich während seiner ganzen Regierungszeit in Polen und Konstantinopel gegen ihn war, wußte er, daß sich nun die politische Struktur Europas veränderte. Freundschaftliche Beziehungen in Frankreich oder sogar ein Bündnis mit ihm würden ein Gegengewicht zu seinen zunehmend komplizierten Beziehungen zu Hannover und England bilden. Mehr noch, er glaubte, mit Frankreichs Hilfe möglicherweise den Nordischen Krieg beenden zu können. Frankreich zahlte immer noch monatlich Subsidien an Schweden; wenn man diese zum Versiegen bringen und den Schweden Frankreichs diplomatische Unterstützung entziehen könnte, wäre es vielleicht möglich, einen solcherweise isolierten Karl doch endlich zum Frieden zu überreden.

Der Vorschlag, den Peter Frankreich schließlich unterbreitete, war kühn: Frankreich sollte statt Schweden Rußland zu seinem Verbündeten im Osten machen. Außerdem deutete Peter an, er könne auch Preußen und Polen für das Bündnis gewinnen. Und da er wußte, daß Frankreichs Verträge mit England und Holland im Weg standen, versuchte er, die Franzosen davon zu überzeugen, daß die neue Allianz die frühere keineswegs in Frage stellen würde. Konkret machte Peter den Vorschlag, Frankreich solle als Preis für eine russische Garantie des Friedens von Utrecht seine Zahlungen an Schweden einstellen und statt dessen für die Dauer des Nordischen Krieges – die, mit Frankreich auf der Seite Rußlands, kurz sein würde – monatlich 25000 Kronen an Rußland zahlen. Schließlich plädierte Peter für ein persönliches Band zwischen den beiden Nationen. Um das Bündnis zu besiegeln und Rußlands Aufstieg zur Großmacht zu demonstrieren, würde er seine achtjährige Tochter Elisabeth mit dem siebenjährigen König von Frankreich, Ludwig XV., vermählen.

Derartige Vorschläge waren für den französischen Regenten nicht ohne
Reiz, doch dem einflußreichsten Mann in der französischen Außenpolitik,
Abbé Guillaume Dubois, waren sie trotzdem nicht willkommen. Die neue
Allianz mit England war sein Werk, und er fürchtete, jedes Arrangement mit
Rußland würde diese Beziehung aus dem Gleichgewicht bringen. In einem
Brief an den Regenten, in dem Dubois gegen den russischen Vorschlag argu-
mentierte, heißt es: »Wenn Sie die Engländer und die Holländer aus der
Ostsee vertreiben, indem sie dort die Macht des Zaren etablieren, werden
Sie diesen beiden Nationen immer verhaßt sein.«[3] Außerdem, so warnte Dubois, könne es sein, daß der Regent England und Holland einer möglicherweise nur kurzen positiven Beziehung zu Rußland opfert. »Der Zar leidet an
chronischen Krankheiten«, hob er hervor, »und sein Sohn wird nichts von
seiner Politik fortführen.«

Von seinen Vorschlägen begeistert und in der Meinung, er könne mehr erreichen, wenn er den Regenten persönlich sähe, beschloß Peter, nach Paris zu
fahren. Außerdem kannte er bereits Amsterdam, London, Berlin und Wien,
Paris jedoch nicht. Über Kurakin, seinen Gesandten in Holland, informierte
er den Regenten davon, daß er ihm gern einen Besuch abstatten würde.

In Paris konnte man selbstverständlich nicht daran denken, diese Bitte abzuschlagen, obwohl den Regenten und seinen Ratgebern bei der Sache nicht
ganz wohl war. Nach diplomatischem Brauch mußte das Gastland für die
Kosten des Besuchs aufkommen, und für den Zaren und sein Gefolge würden diese Ausgaben enorm sein. Daneben galt Peter als impulsiver Charakter, leicht verletzlich und schnell erregbar, und die Leute seines Gefolges
sollten angeblich ähnlicher Natur sein. Dennoch ließ der Regent Vorbereitungen treffen; der Zar sollte als großer europäischer Monarch empfangen
werden. Eine Kavalkade von Kutschen, Pferden, Gepäckwagen und königlichen Dienern unter der Regie von Monsieur de Liboy, einem Gentleman
des königlichen Hofs, wurde nach Calais entsandt, um die russischen Gäste
nach Paris zu geleiten. Liboy sollte Peter alle erdenklichen Ehren erweisen,
ihm aufwarten und alle seine Ausgaben bezahlen. In Paris wurde unterdessen die Suite der Mutter des Sonnenkönigs, Anna von Österreich, im Louvre
für den Gast hergerichtet. Kurakin, der Peters Vorlieben kannte, ließ die
französischen Gastgeber wissen, daß sich sein Herr an einem kleineren, zu-
rückgezogeneren Ort vielleicht wohler fühlen würde. Und so wurde auch
noch eine hübsche Privatvilla, das Hotel Lesdiguières, hergerichtet. Für den
Fall, daß der Zar dieses Haus wählen würde, hatte man es mit Möbeln aus
den königlichen Beständen geschmackvoll möbliert. Prächtige Lehnstühle,
polierte Schreibtische und Intarsienmöbel wurden aus dem Louvre herbeigeschafft. Köche, Diener und fünfzig Soldaten wurden abgestellt, um für die
Beköstigung, die Bequemlichkeit und die Sicherheit des Zaren zu sorgen.

Unterdessen reisten Peter und seine Delegation von einundsechzig Personen, zu denen Golowkin, Schafirow, Peter Tolstoi, Wassili Dolgoruki, Buturlin, Ostermann und Jaguschinski gehörten, langsam durch die Niederlande.

Wie es seine Gewohnheit war, machte der Zar immer wieder halt, um Städte und Sehenswürdigkeiten zu besichtigen und die Menschen und ihre Lebensweise zu studieren. Obschon er wieder teilweise inkognito reiste, um nur ein Minimum von Zeit an offizielles Zeremoniell zu verschwenden, gefiel es ihm doch, daß man, wenn er vorbeifuhr, zu seinen Ehren Kirchenglocken läutete und Salut feuerte. Katharina begleitete ihn bis Rotterdam; um die Reise zu vereinfachen, sollte sie, während er Frankreich besuchte, in Den Haag auf ihn warten. Peter war der Ansicht, ihre Anwesenheit würde weiteres zeitraubendes Zeremoniell erfordern, das er für sich allein vermeiden konnte.

Von Rotterdam aus reiste Peter mit dem Schiff nach Breda und die Schelde aufwärts nach Antwerpen, wo er den Turm der Kathedrale bestieg, um von oben einen Blick auf die Stadt zu werfen. In Brüssel schrieb er an Katharina: »Ich möchte Dir Spitzen für *fontange* und *engageants* (für Kopfputz und Mieder – damals neueste Mode in Paris) schicken, denn hier werden die besten Spitzen ganz Europas hergestellt, jedoch nur nach Auftrag. Laß mir deshalb das Muster zukommen, das Du wünschst, und Namen und Wappen, die Du eingearbeitet haben möchtest.«[4] Von Brüssel aus fuhr Peter weiter nach Gent, Brügge, Ostende und Dünkirchen und erreichte schließlich die französische Grenze bei Calais, wo er neun Tage blieb, um die letzte Woche der Fastenzeit zu begehen und das russische Osterfest zu feiern.

In Calais trafen die Reisenden auf Liboy und die französische Empfangseskorte. Die erste Begegnung mit dem russischen Charakter wurde für Liboy zu einem Trauma. Die Gäste beklagten sich über die Kutschen, die man ihnen zur Verfügung gestellt hatte, und sie gaben das Geld mit vollen Händen aus, das Liboy bis zum letzten Pfennig erstatten mußte. Verzweifelt drängte er in Paris darauf, daß man dem Zaren und seinem Gefolge pro Tag eine feste Summe zur Verfügung stelle, die nicht überschritten werden dürfe. Sollten die Russen sich selber untereinander streiten, wofür sie das Geld ausgeben wollten.

Peter weigerte sich, wie es für ihn typisch war, die vorgesehene Route einzuhalten, und verließ am 4. Mai Calais auf der Straße, die nach Paris führte. In Amiens hatte man für ihn einen offiziellen Empfang vorbereitet, aber er umging die Stadt. In Beauvais, wo er das seit dem 13. Jahrhundert unvollendete Schiff der größten Kathedrale Frankreichs besichtigte, verschmähte er ein Festessen. »Ich bin ein Soldat«, erklärte er dem Bischof von Beauvais, »und wenn ich Brot und Wasser bekomme, bin ich zufrieden.«[5] Peter untertrieb; er trank noch immer gern Wein, und am liebsten ungarischen Tokaier, den er den französischen Sorten vorzog. »Dank für den ungarischen Wein, der hier eine große Rarität ist«, schrieb er von Calais aus an Katharina. »Aber wir haben nur noch eine Flasche Wodka. Ich weiß nicht, was wir tun sollen.«[6]

Am Mittag des 7. Mai traf Peter in Beaumont-sur-Oise, vierzig Kilometer nordöstlich von Paris, auf Marschall Tessé, der ihn dort mit einem Geleitzug königlicher Kutschen und einer Abteilung rotberockter Kavallerie der Maison du Roi erwartete. Tessé stand neben der Kutsche des Zaren, als Peter herauskletterte, und machte eine tiefe Verbeugung, während er seinen Hut schwenkte. Peter war voll Bewunderung für die Kutsche des Marschalls und zog es vor, in ihr durch das Tor von St. Denis in die Stadt zu fahren. Aber statt Tessé wollte er drei Russen in der Kutsche haben,. Tessé, dessen Pflicht es war, dem Zaren gefällig zu sein, mußte in einer anderen Kutsche folgen.

Die Prozession traf um neun Uhr abends vor dem Louvre ein. Peter betrat den Palast und ging durch die Räume der verstorbenen Königinmutter, die man für ihn hergerichtet hatte. Wie Kurakin vorhergesagt hatte, hielt der Zar sie für zu prächtig und zu hell erleuchtet. Man hatte auch eine prächtige Tafel für ihn und sechzig weitere Personen gedeckt, aber Peter knabberte nur ein bißchen Brot und ein paar Radieschen, kostete sechs Sorten Wein und trank zwei Gläser Bier. Dann kehrte er zu seiner Kutsche zurück und fuhr mit seinen Begleitern zum Hotel Lesdiguières. Dieses Haus mochte Peter lieber, obgleich ihm auch hier die für ihn bestimmten Räume zu groß und zu luxuriös möbliert waren. Deshalb ließ er sein Feldbett bringen und in einem kleinen Ankleideraum aufstellen.

Am nächsten Morgen kam der Regent von Frankreich, Philipp von Orleans, zum offiziellen Empfang. Als die Kutsche in den Hof des Hotels einfuhr, warteten vier russische Adlige, die den Regenten in die Empfangshalle geleiteten. Peter kam ihm aus seinem Privatzimmer entgegen, umarmte ihn, drehte sich dann wieder um und ging in sein Zimmer zurück, wobei er annahm, daß Philipp und Kurakin, der als Dolmetscher dienen sollte, ihm folgen sollten. Die Franzosen, die auf jede Nuance des Protokolls achteten, fühlten sich durch die Umarmung wie auch durch das Vorangehen des Zaren brüskiert. Dieses Benehmen, sagten sie, erzeuge ein »Air arroganter Überheblichkeit« und lasse die »geringste Höflichkeit vermissen«[7].

In Peters Zimmer hatte man zwei Lehnstühle einander gegenübergestellt, und hier ließen sich die beiden Männer – mit dem Dolmetscher Kurakin in der Nähe – nieder. Fast eine Stunde lang tauschte man Komplimente aus. Dann verließ der Zar den Raum wiederum als erster, der Regent hinter ihm. In der Empfangshalle machte Peter eine tiefe Verbeugung (sehr mittelmäßig gekonnt, sagt Saint-Simon) und verließ seinen Gast an genau der gleichen Stelle, wo er ihn begrüßt hatte. Diese penible Förmlichkeit war für Peter unerträglich, aber er war in politischer Mission nach Paris gekommen und hielt es für wichtig, den Erwartungen seiner etikettebewußten Gastgeber zu entsprechen.

Den Rest dieses Tages und am folgenden Tag (einem Sonntag) blieb Peter im Hotel Lesdiguières. Obwohl der darauf brannte, herauszukommen und Paris zu sehen, zwang er sich dazu, dem Protokoll zu entsprechen und bis zum offiziellen Besuch des Königs zu Hause zu bleiben.

Am Montagmorgen kam dann Ludwig XV. von Frankreich, um seinen hohen Gast zu begrüßen. Der Zar ging dem König entgegen, als dieser aus seiner Kutsche stieg, schloß – zur Überraschung der Franzosen – den kleinen Jungen in seine Arme, hob ihn hoch, bis sich ihre Gesichter auf gleicher

Höhe befanden, und drückte und küßte ihn mehrmals. Obwohl Ludwig auf diese Art der Begrüßung nicht vorbereitet war, ließ er sie sich gern gefallen und zeigte keine Furcht. Auch seine Begleitung war, sobald sie sich von ihrer Überraschung erholt hatte, von Peters Charme und der Zärtlichkeit, die er gegenüber dem Knaben zeigte, ziemlich beeindruckt. Es war dem Zaren irgendwie gelungen, der Gleichheit ihres Ranges und ihrem Altersunterschied zugleich gerecht zu werden. Nachdem er Ludwig noch einmal an sich gedrückt hatte, setzte er ihn wieder auf den Boden und begleitete ihn in sein Empfangszimmer. Dort hielt der junge König eine kurze Willkommensrede voll von auswendig gelernten Komplimenten. Die weitere Konversation wurde vom Herzog von Maine und vom Marschall von Villeroi bestritten, wobei Kurakin wiederum als Dolmetscher fungierte. Nach fünfzehn Minuten erhob sich Peter, umarmte Ludwig noch einmal und begleitete ihn dann zu seiner Kutsche.

Am folgenden Nachmittag um vier fuhr Peter in die Tuilerien, um den Besuch des Königs zu erwidern. Als die Kutsche des Zaren näherkam, setzte Trommelwirbel ein. Der König wartete auf den Zaren, der aus der Kutsche heraussprang, ihn in seine Arme nahm und über die Stufen des Palastes bis zum Empfangszimmer hinauftrug, wo eine fünfzehnminütige Unterhaltung stattfand. Als Peter später Katharina über diese Ereignisse berichtete, schrieb er: »Am vergangenen Montag besuchte mich der kleine König, der nur wenig größer ist als unser Lukas [Peters Lieblingszwerg]. Der Junge hat ein sehr schönes Gesicht und eine sehr schöne Gestalt und ist sehr intelligent für sein Alter – er ist erst sieben.«[8] An Menschikow schrieb der Zar: »Der König ist ein mächtiger Mann und ziemlich betagt, nämlich schon sieben.«[9]

Peters offizieller Besuch in den Tuilerien genügte den Anforderungen des Protokolls. Danach war der Zar frei, Paris zu besichtigen.

10   Ein Besucher in Paris

Im Jahre 1717 war Paris nicht nur die Hauptstadt, sondern auch der Mittelpunkt des geistigen und kulturellen Lebens Frankreichs. Mit seinen 500 000 Einwohnern war Paris allerdings nur die drittgrößte Stadt Europas (London zählte 750 000 und Amsterdam 600 000 Einwohner). Gemessen am heutigen Paris war die Stadt von 1717 geradezu klein. Die großen Paläste und Plätze, die sich heute im Herzen von Paris befinden – Tuilerien, Jardin du Luxembourg, Place Vendôme, Invalidendom –, lagen damals noch am Rande der Stadt. Hinter dem Montparnasse erstreckten sich Felder und Weiden. Von den Tuilerien aus sah man über die prächtigen Parkanlagen auf die Champs Elysées hinaus, die sich bis zu einem bewaldeten Hügel hinzogen, an dessen

Stelle sich heute der Arc de Triomphe erhebt. Nach Norden zu verlief eine einzige Straße durch Wiesenland zum Montmartre-Hügel hinauf.

An den Ufern der Seine, die damals noch nicht durch die granitenen Kais eingefaßt war, wuschen Frauen ihre Wäsche, ohne sich durch die unangenehm riechenden Abwässer der Schlachthäuser oder Gerbereien stören zu lassen, die zu jener Zeit noch direkt in den Fluß geleitet wurden. Die Seine floß unter fünf Brücken hindurch. Die beiden jüngsterbauten, die herrliche Pont-Royal und die Pont-Neuf-Brücke, waren nach beiden Ufern hin offen; die anderen liefen auf vier- und fünfstöckige Häuser zu, die den Flußverlauf säumten. Die Stadt war ein Gewirr enger Straßen und Gassen mit verhältnismäßig hohen Häusern mit spitzen Dächern. Die beiden Türme von Notre Dame ragten hoch über sie hinaus, aber der Blick auf die weltberühmte Fassade der Kathedrale war noch verstellt, weil der davorliegende Platz dicht bebaut war. Ludwig XIV. hatte begonnen, das Gesicht der mittelalterlichen Stadt zu verwandeln. Schon zu Beginn seiner Herrschaft hatte er anstelle der Befestigungsanlagen große Boulevards mit Baumbepflanzungen anlegen lassen. Als der Sonnenkönig den Thron bestieg, existierte nur ein großer Platz, der elegante Place Royal (heute Place des Vosges). Unter Ludwig XIV. entstanden Place des Victoires, Place Vendôme sowie die große Kirche und die Esplanade der Invaliden.

Jedes Stadtviertel hatte einen besonderen Reiz. Der Marais lockte die Aristokratie und die höhere Bourgeoisie. Reiche Finanzleute bauten ihre Häuser am anderen Ende der Stadt, um den Place Vendôme. Ausländer und ausländische Gesandtschaften zogen das Viertel um St. Germain des Prés vor, wo die Straßen breiter und die Luft angeblich reiner war. Auch Reisenden erklärte man, die besten Hotels seien in der Nähe von St. Germain des Prés. Sie konnten aber auch in vielen Privathäusern Unterkunft finden, da auch die höchsten Mitglieder der Aristokratie das Obergeschoß ihres Hauses an zahlende Gäste vermieteten. Das Quartier Latin war damals wie heute das Studentenviertel. Fußgänger befanden sich ständig in Gefahr, da sich Pferde, Kutschen und Packwagen durch die engen Passagen hindurchzwängen mußten, die mit Menschen überfüllt waren. Der Lärm, den eisenbeschlagene Wagenräder auf dem Straßenpflaster verursachten, und das Geschrei der Kutscher waren ohrenbetäubend; entsetzlicher Gestank ging von menschlichen Exkrementen aus, die zu den Fenstern hinausgekippt wurden, und von den Misthaufen vor den Ställen sowie von den Höfen, wo Metzger ihre Tiere schlachteten. Um den Lärm der Räder zu verringern und für ein Minimum an Sauberkeit zu sorgen, wurde täglich frisches Stroh ausgestreut und das verschmutzte in die Seine befördert. Wer es sich leisten konnte, benutzte private Kutschen, um die Unannehmlichkeiten der Straße zu meiden. Man konnte sich aber auch in geschlossenen Sänften befördern lassen, die von zwei Männern getragen wurden.

Auf der Ile de la Cité traf man jederzeit fliegende Händler, Quacksalber, Marionettenspieler, Stelzengänger, Straßensänger und Bettler an. Taschendiebe warteten vor den Türen der vornehmen Hotels, um unvorsichtige Ausländer zu bestehlen. Käufliche Mädchen waren leicht zu finden. Die begehrtesten unter ihnen, die Mädchen von der Oper und von der Comédie Française, waren im allgemeinen für die französische Aristokratie vorgesehen; aber auch auf den Straßen wimmelte es von Prostituierten. Man warnte die Besucher jedoch, sie würden bei diesen Frauen ihre Gesundheit, wenn nicht ihr Leben aufs Spiel setzen.

Nachts waren die Straßen bis gegen Mitternacht verhältnismäßig sicher. Paris war mit seinen 6500 Straßenlaternen um 1717 die am besten beleuchtete Stadt Europas. Jeden Tag wurden die Wachskerzen erneuert, die von Beginn der Dunkelheit an Straßen und Plätze in ein sanftes Licht tauchten. Erst nach Mitternacht, wenn die Kerzen langsam erloschen und die Stadt schließlich in tiefer Finsternis dalag, konnten sich die Einwohner kaum noch auf die Straße trauen.

Oper und Comédie Française waren regelmäßig ausverkauft. Molière war noch immer der Lieblingsautor des Publikums, doch es wurden auch Racine und Corneille gespielt. Allmählich fing man an, sich auch für den jungen Marivaux zu interessieren. Bis elf Uhr nachts blieben die Gasthäuser der Stadt geöffnet. In den zahlreichen Cafés rund um St. Germain des Prés oder den Faubourg St. Honoré traf sich die Gesellschaft zum Tee oder Kaffee. Viele gingen in einem der Pariser Parks oder Gärten spazieren. Als eleganteste Promenade galt der Cours la Reine am rechten Ufer der Seine, der von den Tuilerien flußabwärts bis zum heutigen Place de l'Alma führte. Abends wurde dieser Weg mit Fackeln und Laternen beleuchtet, damit er dem Publikum auch nach Einbruch der Dunkelheit zugänglich war. Andere öffentliche Gärten waren der Park des Palais Royal, der Jardin du Luxembourg und der Jardin du Roi, der heute als Jardin des Plantes bekannt ist.

Der berühmteste Park in Paris war der Jardin des Tuileries. Am Nachmittag und am Abend gingen dort die höchsten Persönlichkeiten und sogar der König selbst spazieren. Jenseits der Tuilerien lagen die Champs Elysées, auf beiden Seiten mit symmetrischen Baumreihen bepflanzt. Hier ritt man aus oder fuhr in der offenen Kutsche, um die frische Luft zu genießen. Noch weiter westlich, jenseits des Dorfes Passy, lag ein Wald, aus dem später der Bois de Boulogne wurde, der nicht nur die Jäger, sondern auch die Spaziergänger anzog.

Als der junge König von Versailles wegzog, um in Paris zu residieren, folgte ihm der größte Teil des Adels, der sich Häuser im Osten der Stadt, im vornehmen Stadtteil Marais, oder im Faubourg St. Germain auf der anderen Seite der Seine errichtete. Das Hotel Lesdiguières, in dem Peter während seines sechswöchigen Pariser Aufenthalts wohnte, war eines der größten Privathäuser des Marais, zu dem auch eine weitläufige Gartenanlage gehörte. Sie grenzte an die rue St. Antoine, auf deren gegenüberliegenden Seite die Cerisaie, der Kirschgarten des Königs, lag, und an die Bastille, deren acht schmale graue Türme direkt jenseits des Gartens emporragten.

Der Zar hatte eine lange Liste all dessen aufgestellt, was er in Paris zu sehen wünschte; nach den Willkommenszeremonien bat er den Regenten, fortan von allen Zwängen des Protokolls befreit zu werden, um das zu besichtigen, was er wollte. Unter der Bedingung, daß der Zar bei Verlassen des Hauses sich immer von Marschall Tessé oder einem anderen Mitglied des Hofes sowie einer Leibwache von acht Soldaten aus der königlichen Garde begleiten lassen würde, war der Regent einverstanden. Peter begann seine Besichtigung von Paris am 12. Mai frühmorgens, als er über die rue St. Antoine bis zum Place Royal ging, wo sich die aufgehende Sonne in den großen Fenstern der anliegenden Paläste spiegelte. Nachmittags sah er sich Place des Victoires und Place Vendôme an. Am folgenden Tag ging er auf das linke Ufer hinüber und besichtigte die Sternwarte, die berühmte Gobelin-Manufaktur und den Jardin des Plantes mit seinen 2500 Pflanzenarten. Eines Morgens fand er sich um sechs Uhr im Louvre ein, wo ihm der Marschall von Villars die Modelle der großen Festungsanlagen Vaubans zeigte. Danach ging er in den Tuileriengarten, zu dem an diesem Tag keine anderen Besucher Zutritt hatten.

Peter besichtigte auch das Hotel des Invalides, in dem täglich 4000 kriegsverletzte Soldaten verpflegt wurden. Er kostete die Suppe und den Wein, den die Soldaten bekamen, trank auf ihre Gesundheit, klopfte ihnen auf die Schulter und nannte sie seine »Kameraden«. Er bewunderte auch die berühmte Kuppel des Invalidendoms, der erst kurze Zeit zuvor fertiggestellt worden war und als architektonisches Wunder galt. Der Zar suchte auch Kontakt zu zahlreichen interessanten Persönlichkeiten. So traf er beispielsweise mit Prinz Rakoczy zusammen, dem ungarischen Rebellen gegen den Kaiser, den er einmal zum König Polens hatte ernennen wollen; er speiste mit dem Marschall von Estrées, der einen ganzen Tag lang mit ihm über die französische Marine sprach. Er besuchte den Direktor der Post, einen Sammler aller möglichen Kuriositäten und Erfindungen. Schließlich verbrachte er einen ganzen Vormittag im Münzhof und beobachtete die Prägung einer neuen Goldmünze. Zu seiner Überraschung erkannte er darauf sein eigenes Porträt sowie die Inschrift »Petrus Alexievitz, Tzar, Mag. Russ. Imperat.«. In der Sorbonne, wo Peter feierlich empfangen wurde, überreichte ihm eine Gruppe katholischer Theologen einen Plan zur Wiedervereinigung der Ost- und Westkirche. Diesen gab er in Rußland seinen Bischöfen weiter mit dem Auftrag, ihn gründlich zu studieren und ihm dann ihre Meinung darüber mitzuteilen. Er besuchte auch die Akademie der Wissenschaften und wurde am 22. Dezember 1717, ein halbes Jahr nach seiner Abreise aus Paris, zu deren Mitglied gewählt.

Der Zar wickelte sein Besichtigungsprogramm in stürmischem Tempo ab. Marschall Tessé und seine acht französischen Leibwachen taten ihr Bestes, um mit Peter mitzuhalten, was ihnen allerdings nicht immer glückte. Immer wieder verblüffte der Zar durch seine Neugier, seine Sprunghaftigkeit und seine Verachtung für alles hoheitliche Gepräge. Er wollte sich frei in der Stadt bewegen, ohne sich einem Zeremoniell unterwerfen zu müssen. Oft bestieg er darum eine Mietkutsche, statt auf das königliche Gefährt zu warten, das man ihm zur Verfügung gestellt hatte. Mehr als einmal kam es auch vor, daß ein französischer Besucher, der ein Mitglied der russischen Delegation im Hotel Lesdiguières aufgesucht hatte, beim Verlassen des Hauses seine Kutsche nicht mehr vorfand, denn der Zar pflegte in die nächstbeste Kutsche einzusteigen und in aller Ruhe damit wegzufahren. So entkam er oft Marschall Tessé und seinen Soldaten.

Im Hotel Lesdiguières bemühte sich Verton, einer der königlichen Haushofmeister, darum, daß die Russen immer festlich tafelten. Über ihn erfuhr man in der französischen Hauptstadt, was an der russischen Tafel vor sich ging. So schrieb Saint-Simon:

»Was Peter während zwei Mahlzeiten trinkt, ist völlig unglaublich, ohne an die Mengen von Bier, Limonade und anderen Getränken zu denken, die er zwischen den Mahlzeiten zu sich nimmt. Sein Gefolge trinkt sogar noch mehr. Mindestens ein oder zwei Flaschen Bier, manchmal noch mehr Wein, und nach dem Essen scharfe Getränke. Das war üblich bei jeder Mahlzeit. Er aß jeweils um elf Uhr morgens und um acht Uhr abends.«[1]

Peters Beziehungen zum Regenten waren ausgezeichnet, zum Teil deswegen, weil es Philipp amüsierte, sich bei seinem Gast beliebt zu machen. Eines Abends gingen die beiden Männer zusammen in die Oper, wo sie in der Königsloge saßen. Während der Vorstellung bekam der Zar Durst und fragte nach Bier. Auf einem Tablett reichte man ihm daraufhin einen großen Pokal. Philipp erhob sich, nahm das Tablett an und hielt es dem Zaren hin, der nach dem Pokal griff, dem Regenten dabei huldvoll zulächelte, das Bier trank und das Trinkgefäß anschließend wieder auf das Tablett zurückstellte, das der französiche Gastgeber immer noch hielt. Anschließend legte Philipp, wie ein Diener vor seinem Herrn stehend, eine Serviette auf einen Teller und reichte ihn dem Zaren, worauf Peter das Tuch nahm, sich den Mund und den Schnurrbart abtrocknete und es danach auf den Teller zurücklegte. Dieser Vorgang, bei dem der Regent Frankreichs sich wie ein Lakai verhielt, konnte vom Publikum mit großem Amüsement verfolgt werden. Beim vierten Akt wurde Peter müde, und er verließ die Loge, um zum Souper zu gehen. Als Philipp anbot, ihn zu begleiten, lehnte er ab und bestand darauf, daß sein Gastgeber bis zum Ende der Vorstellung bliebe.

Überall wurde der Zar mit großem Respekt empfangen. Für die meisten Mitglieder der königlichen Familie und des hohen Adels hatte er den Reiz des Besonderen. So auch für die inzwischen fünfundsechzigjährige Elisabeth Charlotte von der Pfalz, die Mutter des Regenten. Eines Tages brachte der Regent den Zaren zu ihr, nachdem er seinem Gast zuvor Palast und Park von St. Cloud gezeigt hatte. Madame, so lautete ihr offizieller Titel, empfing ihren Besucher im Palais Royal, wo sie zusammen mit ihrem Sohn wohnte, sie war entzückt. »Erhielt heute hohen Besuch, den meines Helden, des Zaren«, schrieb sie. »Ich finde, daß er gute Manieren hat ... und nicht im geringsten affektiert ist. Er hat ein gutes Urteilsvermögen. Zwar spricht er schlecht deutsch, macht sich aber dennoch ohne Schwierigkeiten verständlich; vor allem spricht er sehr frei. Er ist jedem gegenüber höflich und sehr beliebt.«[2]

Um nicht von ihrer Großmutter übertroffen zu werden, übersandte die skandalumwitterte Herzogin de Berry ihre Grüße an Peter und fragte an, ob er auch sie besuchen würde. Der Zar erklärte sich damit einverstanden und kam zu ihr in den Palais du Luxembourg; anschließend ging er mit ihr im Jardin du Luxembourg spazieren. Fragen der Etikette hinderten ihn daran, weitere Damen der Pariser Aristokratie kennenzulernen. Einige hohe Adlige weigerten sich nämlich, Peter aufzusuchen, wenn er nicht versprach, ihren Besuch zu erwidern. Der Zar fand dieses Ansinnen kleinlich und absurd und lehnte ab. Er interessierte sich offensichtlich mehr für die Verdienste als für die Abstammung der Leute.

Am 24. Mai, zwei Wochen nach seinem ersten Besuch in den Tuilerien, besuchte Peter den König ein zweites Mal. Er traf ein, bevor der Knabe aufgestanden war; darum hatte der Marschall von Villeroi noch Zeit, ihm die französischen Kronjuwelen zu zeigen. Nach der Besichtigung kam ihnen der König schon in der Suite des Marschalls entgegen. Es sollte absichtlich wie eine zufällige Begegnung und nicht wie ein offizieller Besuch aussehen. Der König hielt eine Rolle Papier in der Hand, überreichte sie dem Zaren und sagte, es handle sich um eine Karte seines Herrschaftsgebietes. Die Höflichkeit Ludwigs XV. entzückte Peter. Villeroi, der Madame de Maintenon über diese Begegnung berichtete, hatte denselben Eindruck: »Ich kann Ihnen nicht schildern, mit welcher Würde, Anmut und Höflichkeit der König den Besuch des Zaren entgegennahm. Ich muß Ihnen jedoch auch sagen, daß dieser Fürst, der als barbarisch gilt, keineswegs barbarisch ist. Er zeigte eine Würde und eine Großmut, die wir nicht erwartet hatten.«[3]

Am Abend fuhr Peter nach Versailles, wo man die königliche Suite für ihn hergerichtet hatte. Seine russischen Begleiter, denen Räume in seiner Nähe zugewiesen worden waren, hatten aus Paris mehrere junge Frauen mitgebracht, die sich nun in dem Appartement der puritanischen Madame de Maintenon einquartierten. Saint-Simon berichtete: »Bloudin, der Verwalter von Versailles, war äußerst empört darüber, diesen Tempel der Prüderie so entweiht zu sehen.«[4]

Am Morgen stand Peter früh auf. Als ihn sein offizieller Begleiter, der Herzog von Antin suchte, stellte er fest, daß der Zar schon im Park spazierengegangen war und in einem Boot auf dem großen Kanal ruderte. An diesem Tag besichtigte Peter die ganze Anlage von Versailles, einschließlich der großen Springbrunnen, auf die der Sonnenkönig besonders stolz gewesen war, und das Schlößchen Trianon. Mit dem Blick auf den kleineren Mittelbau, den Ludwig XIII. hatte errichten lassen, und die monumentalen Flügel, die Ludwig XIV. daran angefügt hatte, erklärte er, das Ganze gleiche »einer Taube mit Adlerflügeln«[5]. Der Zar kehrte rechtzeitig nach Paris zurück, um am folgenden Morgen die Pfingstsonntagsprozession sehen zu können. Tessé begleitete ihn nach Notre Dame, wo er, unter der großen Rosette der Kathedrale an einer Messe teilnahm, die Kardinal de Noailles hielt.

Ein Besuch in Fontainebleau, dem anderen großen königlichen Schloß außerhalb von Paris, verlief weniger angenehm für Peter. Der Gastgeber, der Graf von Toulouse, einer der legitimierten unehelichen Söhne Ludwigs XIV., hatte Peter eingeladen, an einem Jagdausflug teilzunehmen, und Peter willigte ein. Für adlige Franzosen war die Jagd die edelste Sportart, die man in der freien Natur betreiben konnte. Man galoppierte durch die Wälder, den Degen oder den Speer in der Hand, folgte nur dem Bellen der Hundemeute und dem Klang des Jagdhorns, bis der Hirsch, der Wolf oder das Wildschwein gestellt und erlegt worden war. Peter gefielen solche Vergnügungen nicht; da er außerdem das rasende Tempo dieser Art von Reiterei nicht gewohnt war, stürzte er beinahe vom Pferd. Zornig und gedemütigt kehrte er um und erklärte, dieser Sport mache ihm keinen Spaß. Später lehnte er es ab, mit dem Grafen zu speisen und aß statt dessen mit drei Leuten aus seinem Gefolge. Kurz danach verließ er Fontainebleau.

Als er per Schiff auf der Seine nach Paris zurückfuhr, kam er an Schloß Choisy vorbei und äußerte den Wunsch, das Schloß besichtigen zu dürfen. Zufällig begegnete er der Besitzerin des Schlosses, der Prinzessin Conti, die er bisher noch nicht kennengelernt hatte. Peter war so glücklich darüber, wieder auf einem Schiff zu sein, daß er nicht bereits im Osten von Paris ausstieg, um von dort in das Hotel Lesdiguières zurückzukehren, sondern flußabwärts unter den fünf Brücken von Paris weiterfuhr.

Am 3. Juni kam Peter noch einmal nach Versailles, um im Schloß Trianon zu übernachten und anschließend einige Tage im Schlößchen Marly zu verbringen, das Ludwig XIV. als Zuflucht vor der Versailler Etikette hatte bauen lassen. Von dort aus fuhr er zum Stift St. Cyr, wohin sich die Witwe Ludwigs XIV., Madame de Maintenon, zurückgezogen hatte. Alle waren überrascht gewesen, daß der Zar sie zu sehen wünschte. »Diese Frau hat allzuviel Verdienste um den König und das Reich«[6], erklärte er seinen Begleitern.

Es überraschte jedoch nicht, daß sich Madame de Maintenon durch den Besuch eines Mannes, über den ganz Paris sprach, sehr geschmeichelt fühlte. »Der Zar ... scheint mir ein sehr großer Mann zu sein, da er sich nach mir erkundigt hat«[7], schrieb sie kurz vor seinem Besuch. Als sie den Zaren empfing, hatte sie alle Vorhänge mit Ausnahme eines einzigen, der noch ein wenig Licht hereinließ, zugezogen, um im Dämmerlicht ihr Alter zu verbergen. Sie saß in ihrem Himmelbett und wartete. Als Peter den Raum betrat, ging er geradewegs auf die Fenster zu und schob die Vorhänge beiseite. Dann zog er auch die Vorhänge um das Himmelbett zurück, setzte sich ans Bettende und betrachtete Madame ohne ein Wort zu sagen. Beide schwiegen, bis der Zar wieder aufstand und fortging. »Ich denke, daß sie sehr überrascht und gekränkt gewesen sein muß; aber der Sonnenkönig lebt eben nicht mehr«[8], schrieb Saint-Simon. Einer Klosterschwester zufolge soll Peter jedoch gefragt haben, an welcher Krankheit Madame leide. »Mein Alter ist meine

Krankheit«, soll die Antwort gelautet haben. Danach hätte sie wissen wollen, warum er sie besucht habe, worauf der Zar geantwortet habe, er sei gekommen, »um alles Bemerkenswerte von Paris und Versailles zu sehen«[9]. Daraufhin sollen ihre Augen aufgeleuchtet haben.

Erst gegen Ende von Peters sechswöchigem Paris-Aufenthalt traf der Herzog von Saint-Simon den Zaren: »Ich betrat den Park, in dem der Zar gerade spazierenging. Marschall Tessé, der mich von weitem sah, kam auf mich zu und wollte mich vorstellen. Ich bat ihn, dies nicht zu tun und mich auch nicht anzumelden, da ich seinen Gast mit Muße beobachten wollte ... Aufgrund dieser Vorsichtsmaßnahme gelang es mir, meine Neugier hinreichend zu befriedigen. Ich fand ihn ziemlich umgänglich; er verhielt sich jedoch immer so, als ob er überall der Herr sei. Einmal betrat er eine Kanzlei, wo ihm der Herzog von Antin verschiedene Landkarten und Dokumente zeigte, zu denen er etliche Fragen stellte. Da fiel mir auch das bekannte Zucken in seinem Gesicht auf. Tessé erzählte mir, daß dieses Zucken mehrmals täglich auftrat, vor allem wenn der Zar nicht darauf achtete.«[10]

Am Schluß seines Aufenthalts besichtigte Peter noch einmal die Sternwarte, bestieg einen Turm von Notre Dame und ging in ein Krankenhaus, um der Operation eines berühmten Chirurgen beizuwohnen. Auf den Champs Elysées nahm er zu Pferd die Parade von zwei Regimentern der Maison du Roi, der königlichen Garde, ab; doch waren Hitze, Staub und das Gedränge der Menschen so groß, daß Peter die Soldaten kaum sehen konnte und die Parade bald wieder verließ.

Dann gab es eine Reihe von Abschiedsbesuchen. Am 18. Juni kam der Regent schon am Morgen in das Hotel Lesdiguières, um sich vom Zaren zu verabschieden. Noch einmal hatte er eine persönliche Unterredung mit ihm, bei der nur Kurakin als Dolmetscher zugegen war. Der Zar machte danach einen dritten Besuch in den Tuilerien und verabschiedete sich von Ludwig XV. Saint-Simon war entzückt: »Man konnte nicht mehr Geist und Anmut sowie Zärtlichkeit für den König zeigen als der Zar; und auch am folgenden Tag, als der König in das Hotel Lesdiguières kam, um dem Zaren eine gute Reise zu wünschen, lief alles mit großer Herzlichkeit ab.«[11]

Von beiden Seiten wurde dieser Besuch jetzt als Erfolg betrachtet. Saint-Simon faßte den Eindruck, den der Zar auf ihn gemacht hatte, folgendermaßen zusammen:

»Er war ein Monarch, der Bewunderung verdiente wegen seines außerordentlich großen Interesses, das sich auf alles erstreckte, was mit dem Regieren, dem Handel, der Erziehung, Polizeimethoden usw. zusammenhing. Seine Aufmerksamkeit galt jeder Einzelheit, die einem praktischen Zweck dienen konnte. Er hatte eine bemerkenswerte Intelligenz, eine klare Auffassungsgabe und großes Einfühlungsvermögen ...Er gab sich hoheitsvoll auf die prächtigste, stolzeste und entschiedenste Weise; sobald man jedoch seinen Vorrang anerkannt hatte, war er unendlich gütig und höflich ... Sein freundliches Auftreten bewirkte, daß man sich ihm gegenüber ungezwungen im Umgang verhalten konnte. Andererseits war er stark geprägt von der Tradition seines Landes. So waren seine Wünsche meist unvorhersehbar; er duldete keinen Aufschub und keinen Widerspruch. Seine Manieren bei Tisch bezeichnete man als unfein, die seiner Begleiter als noch weniger elegant. Bei allem, was er zu tun wünschte, wollte er frei und unabhängig sein ... Man könnte weiter fortfahren mit der Beschreibung dieses wahrhaft bedeutenden Mannes mit seinem bemerkenswerten Charakter und der seltenen Vielfalt außerordentlicher Begabungen, die ihn zu einem Monarchen machen, den man trotz der großen Mängel in seiner Erziehung und des Mangels an Kultur und Zivilisation in seinem Lande lange bewundern wird. Einen derartigen Ruf hat er sich überall in Frankreich erworben, wo man ihn als wahres Wunder betrachtet.«[12]

Am Nachmittag des 20. Juni verließ Peter Paris ohne Geleit. Er fuhr nach Nordosten und hielt in Reims an, wo er die Kathedrale besichtigte. Man zeigte ihm dort auch das Meßbuch, worauf seit Jahrhunderten die Könige Frankreichs bei ihrer Vereidigung geschworen hatten. Zum Erstaunen der französischen Priester konnte der Zar die geheimnisvolle Schrift dieses Meßbuches entziffern: Es war in Altkirchenslawisch abgefaßt und aller Wahrscheinlichkeit nach im 11. Jahrhundert von der Kiewer Prinzessin Anna Jaroslawna nach Frankreich gebracht worden. Anna Jaroslawna hatte Ludwig I. geheiratet und war Königin von Frankreich geworden.

Obwohl der Zar Schafirow, Dolgoruki und Tolstoi in Paris zurückgelassen hatte, damit sie Verhandlungen führten, kam außer einem bedeutungslosen Freundschaftsvertrag nichts politisch Bemerkenswertes zustande. Der Regent war zwar an dem vom Zaren vorgeschlagenen Bündnis zwischen Frankreich und Rußland interessiert, aber Abbé Dubois stand diesem Gedanken weiterhin feindselig gegenüber. Im Augenblick war der Antagonismus zwischen Georg I. von England und dem Zaren zu groß, um ein Bündnis mit beiden gleichzeitig zuzulassen; und Dubois zog England Rußland vor. Die Hoffnungslosigkeit von Peters Bemühungen um ein Bündnis wurde später deutlich, als Tessé enthüllte, daß Dubois die Engländer während der Verhandlungen mit den Russen ständig auf dem laufenden gehalten hatte. »Die Regierung«, gab Tessé später zu, »hatte nur die Absicht, den Zaren gut zu unterhalten, solange er sich im Lande aufhielt, ohne irgendwelche Beschlüsse zu fassen.«[13] Als der Gedanke an ein Bündnis beiseite gelegt worden war, wurde auch das Projekt einer Eheschließung, die dieses Bündnis hätte besiegeln sollen, fallengelassen. Peters Tochter Elisabeth blieb in Rußland, und Ludwig XV. heiratete schließlich die Tochter von Stanislaus Leszcynski, Karls polnischem Marionettenkönig.

Als Peter durch Frankreich fuhr, fiel ihm die große Armut der französischen Bauern auf. Der gewaltige Unterschied zwischen dem Luxus in der Hauptstadt und den ärmlichen Lebensverhältnissen auf dem Land überraschte ihn, und er stellte sich die Frage, wie lange sich das französische System wohl noch halten könne.

Von Reims aus fuhr Peter per Schiff die Maas hinunter, zuerst über Namur nach Lüttich, von wo aus er das Heilbad Spa aufsuchte. Das Gebiet um Spa, das heute belgisch ist, gehörte damals zum Teil den Niederlanden und zum Teil dem Hause Habsburg, und während seines Aufenthalts in diesem Raum wetteiferten kaiserliche und holländische Beamte darum, dem Zaren ihre Aufwartung machen zu dürfen. Peter blieb fünf Wochen in Spa und machte noch einmal eine Wasserkur; Katharina wartete auf ihn in Amsterdam.

Während seines Kuraufenthalts porträtierte der holländische Maler Karl Moor den Zaren. Dieses Gemälde und das beinahe zwei Jahrzehnte zuvor von Kneller in London angefertigte Bildnis waren Peters Lieblingsporträts.

Am 25. Juli setzte der Zar seine Schiffsreise fort, und am 2. August traf er in Amsterdam wieder mit Katharina zusammen. Danach blieb er noch einen Monat in Holland; am 2. September reiste er endgültig ab. Er fuhr mit einem Schiff rheinaufwärts über Nimwegen und Kleve nach Wesel und von dort aus auf dem Landweg weiter nach Berlin. Unterwegs ließ er Katharina wieder zurück. Peter und Katharina fuhren auf längeren Strecken oft getrennt, weil es schwierig war, genügend Pferde für das gesamte Gefolge zu finden, und weil Katharina nicht so schnell reisen mochte wie ihr Mann.

Zwei Tage nach Peters Ankunft in Berlin holte Katharina den Zaren wieder ein. Sie war zum erstenmal in der preußischen Hauptstadt, wo sie die Aufmerksamkeit auf sich zog. Nachdem man sie freundlich empfangen und zu ihren Ehren zahlreiche Festessen und Bälle veranstaltet hatte, fuhr das Zarenpaar gutgelaunt nach Rußland weiter. Im Oktober war der Zar wieder in St. Petersburg. Dort wurde er von einer persönlichen und politischen Tragödie heimgesucht, die ihm mehr zu schaffen machte als manches Unheil, das während seiner Herrschaft über sein Reich kam.

11   Die Erziehung des Thronfolgers

Am 11. Oktober kehrte Peter der Große nach St. Petersburg zurück. »Seine beiden Töchter, die Prinzessinnen Anna und Elisabeth, neun und acht Jahre alt, erwarteten ihn in spanischen Gewändern vor dem Palast«, berichtete Monsieur de La Vie, der französische Gesandte, »und sein Sohn, der junge Peter Petrowitsch, begrüßte ihn in seinem Zimmer, wo er auf einem Schaukelpferd ritt.«[1] Doch die Freude des Zaren über den Anblick seiner Kinder war schon bald verflogen. Die Regierung Rußlands hatte während seiner Abwesenheit nur sehr unvollkommen funktioniert, die Verwaltung war durch Mißwirtschaft, Eifersucht und Korruption nahezu wirkungslos geworden. Männer, die die Führer des Staates sein sollten, stritten sich wie Kinder und beschuldigten sich gegenseitig politischer und finanzieller Vergehen. Peter versuchte wieder Ordnung zu schaffen. Jeden Morgen um sechs Uhr mußte der Senat zusammentreffen, und der Zar hörte sich an, was die streitenden Parteien vorzubringen hatten. Als aber die Korruption zu große Ausmaße annahm, setzte der Zar einen besonderen Gerichtshof mit eigenen Untersuchungskommissionen ein, zu denen jeweils ein Major, ein Hauptmann und ein Leutnant der Garden gehörten. Die Untersuchungskommissionen und das Gericht sollten jeden einzelnen Fall überprüfen und gemäß »Vernunft und Billigkeit« rechtsprechen. »Und so geschah es«, schrieb Weber, »daß Mitglieder des ehrwürdigen Senats, der sich aus den Häuptern der angesehensten Familien Rußlands zusammensetzte, vor einem Leutnant als ihrem Richter erscheinen und Rechenschaft über ihr Verhalten ablegen mußten.«[2]

Diese Gerichtsverfahren waren aber nur das Vorspiel einer Auseinandersetzung, die noch viel ernsterer Natur war und die schließlich die Zukunft Rußlands bedrohte. Der Zar sah sich gezwungen, eine Entscheidung über seinen Sohn, den Zarewitsch Alexei, zu treffen.

Alexei war im Februar 1690 zur Welt gekommen, nicht lange nach der Hochzeit des damals achtzehnjährigen Zaren mit der strenggläubigen, introvertierten und melancholischen Jewdokija. Bei Alexeis Geburt war Peter noch stolz gewesen, er hatte die Ankunft des Prinzen mit Festbanketten und Feuerwerk gefeiert. Doch in den folgenden Jahren sah der Zar seinen Sohn immer seltener. Dieser wuchs in der Obhut seiner Frau auf, da Peter vom Schiffsbau, von Lefort und Anna Mons, den Asow-Feldzügen und der »Großen Gesandtschaft« in Anspruch genommen war. Da sein Verhältnis zu Jewdokija sehr gespannt war, zog er es vor, auch seinem Sohn aus dem Weg zu gehen. Die Kluft, die zwischen seinen Eltern entstanden war, blieb Alexei zwangsläufig nicht verborgen, und er merkte auch, daß ihn der Vater mit der Mutter verglich. Er gewann darum den Eindruck, daß ihn sein Vater ablehnte, weil er in ihm vielleicht sogar eine Bedrohung, einen Feind sah.

Als Alexei acht Jahre alt war, brach Peter plötzlich in die kleine Welt seines Sohnes ein. 1698, als er aus dem Westen zurückkehrte und Rache an den Strelitzen nahm, steckte er Jewdokija in ein Kloster. Alexei schickte er nach Preobraschenskoje und unterstellte ihn dort der Aufsicht seiner Schwester Natalja. Die Erziehung des Jungen, die bis dahin hauptsächlich aus Bibellektüre und religiöser Unterweisung bestanden hatte, übernahm jetzt der aus Danzig stammende Martin Neugebauer, der Peter von August dem Starken empfohlen worden war. Neugebauer hatte einen typisch deutschen Charakter – er war ordentlich und pünktlich – und geriet mit dem russischen Temperament seines Zöglings in Konflikt, wie ein Vorfall während einer Mahlzeit beweist. Der zwölfjährige Zarewitsch pflegte gewohnheitsmäßig mit Neugebauer, seinem früheren Lehrer Ninifor Wiasemski und mit Alexei Naryschkin zu speisen. Man aß Huhn, und als der Zarewitsch das erste Stück aufgegessen hatte, wollte er sich ein zweites nehmen. Naryschkin meinte, Alexei solle zuvor die Knochen zurück in die Schüssel legen; Neugebauer widersprach ihm, dies seien schlechte Manieren. Mit dem Blick auf Neugebauer flüsterte Alexei daraufhin Naryschkin etwas zu, und sofort erklärte Neugebauer, daß sich auch das Flüstern bei Tisch nicht ziemte. Darauf begannen die beiden Männer zu streiten, bis Neugebauer empört ausrief: »Keiner von euch versteht etwas! Wenn mir der Zarewitsch draußen begegnet, weiß ich, was ich tun werde!«[3] Die Russen seien allesamt Barbaren, Hunde und Schweine, schimpfte er weiter, und er würde die Entfernung aller Russen aus Alexeis Umgebung fordern. Neugebauer warf Messer und Gabel hin und stürzte aus dem Zimmer. Anstelle der Russen wurde er danach allerdings selbst entlassen. Da er in Rußland keine Anstellung fand, kehrte er schließlich nach Deutschland zurück, wurde Sekretär Karls XII. von Schweden, dem er viele Jahre als Ratgeber und Experte für russische Politik diente.

Inzwischen war der Zar Patkuls Rat gefolgt und hatte als Ersatz für Neugebauer einen deutschen Rechtswissenschaftler, den Baron Heinrich von Huyssen, ausgewählt. Der Plan, den ihm dieser für die Erziehung des künftigen Zaren vorlegte, fand Peters uneingeschränkte Zustimmung. Alexei sollte in Französisch, Deutsch, Latein, Mathematik, Geschichte und Geographie unterrichtet werden und ausländische Zeitungen lesen, ohne dabei die Bibel zu vernachlässigen. Außerdem sollte er mit Atlanten, Globen und mathematischen Instrumenten umzugehen lernen und sich im Fechten, Tanzen, Reiten und in verschiedenen Ballspielen üben. Da Alexei intelligent war, machte er bei allem gute Fortschritte. Huyssen berichtete in einem Brief an Leibniz: »Der Prinz besitzt eine gute Auffassungsgabe ... Er ist fügsam und lernbegierig und möchte durch Fleiß nachholen, was in seiner Erziehung bisher versäumt worden ist. Ich bemerke bei ihm eine starke Neigung zu Frömmigkeit, Gerechtigkeit, Aufrichtigkeit und moralischer Reinheit. Er liebt die Mathematik und fremde Sprachen und wünscht sich auch sehr, fremde Länder kennenzulernen. Besonders die französische und die deutsche Sprache möchte er gründlich erlernen, und er hat auch bereits ersten Unterricht im Tanzen und in der Fortifikationskunst erhalten, die ihm großes Vergnügen bereiteten. Der Zar hat ihm erlaubt, die Fasten nicht allzu streng einzuhalten, aus Sorge um seine Gesundheit und seine körperliche Entwicklung; aber aus Frömmigkeit lehnt der Prinz jede Vergünstigung auf diesem Gebiet ab.«[4]

Während dieser Jugendjahre stand Alexei auch unter dem Einfluß Menschikows, der vom Zaren 1705 zum offiziellen Hofmeister und Vormund des Zarewitschs ernannt worden war. Menschikow sollte über die Erziehung, die Finanzen und die Ausbildung des Thronerben die Oberaufsicht führen. Vielen schien der ziemlich ungebildete Vertraute von Peters Kriegs- und Liebesabenteuern ein ungeeigneter Garant für die Bildung und Führung des Thronfolgers zu sein. Aber der Zar hatte seinen Freund für diese Aufgabe erkoren, weil er ihm vertraute. Aber auch Menschikow war meistens beim Heer und kam daher seiner Aufgabe nur aus der Ferne nach. Pleyer, der österreichische Gesandte, schildert eine Episode (deren Augenzeuge er allerdings nicht war), bei der Menschikow Alexei an den Haaren über den Boden

geschleift haben soll, während Peter ohne zu protestieren zusah. Eine würde-
vollere Begegnung zwischen den beiden hat Withworth beobachtet, als
Menschikow einmal ein Essen zu Ehren des Thronfolgers gab, der »ein großer, gutaussehender Prinz von etwa siebzehn Jahren war, der ziemlich gut
Niederländisch sprach«[5]. Wie wir aus Alexeis Briefen an Menschikow wissen, betrachtete der Knabe den grobschlächtigen Mann, den sein Vater zu
seinem Aufseher bestimmt hatte, mit einer Mischung aus Furcht und Ekel:
Später machte Alexei Menschikow für viele seiner Fehler verantwortlich.
Nach seinem endgültigen Bruch mit dem Vater, als er in Wien Zuflucht
suchte, behauptete der Zarewitsch, Menschikow habe ihn zu einem Trinker
gemacht und sogar versucht, ihn zu vergiften.

Die Ursache allen Übels war aber nicht Menschikow, sondern die wider-
sprüchliche Haltung des Zaren selbst. Es gab Augenblicke, in denen er auf
seinen Sohn stolz war, dann war er ihm wieder lange Zeit vollkommen gleichgültig. Manchmal rief er ihn völlig unerwartet zu sich, damit er an einem
Ereignis, das für den zukünftigen Zaren von Bedeutung sein konnte, teilnahm. Als Peter 1702 mit fünf Garde-Bataillonen nach Archangelsk aufbrach, um den Hafen vor einem angeblichen schwedischen Angriff zu schützen, nahm er den zwölfjährigen Alexei mit. Mit dreizehn Jahren war der
Knabe während der Belagerung von Nienschanz Artillerieunteroffizier in
einem Artillerieregiment, ein Jahr später, mit vierzehn, nahm er an der Erstürmung Narwas teil.

Seine Erziehung war in großem Ausmaß durch die vom Zaren geführten
Kriege bestimmt worden. Als ab 1705 sein Lehrer Huyssen drei Jahre lang in
diplomatischer Mission im Ausland war, kümmerte sich niemand um den
Zarewitsch.

Später wies der Zar seinem Sohn auch selbständige militärische Aufgaben
zu. Im Alter von sechzehn Jahren wurde Alexei 1706 für fünf Monate nach
Smolensk geschickt, wo er Rekruten und Vorräte für das Heer beschaffen
sollte. Direkt nach seiner Rückkehr nach Moskau erhielt er den Auftrag, sich
um die Verteidigungsanlagen der Stadt zu kümmern. Diesen Befehl führte
der Zarewitsch nur langsam und widerwillig aus. Gegenüber seinem Beichtvater, dem Protopopen Ignatjew, äußerte er seine Zweifel am Wert einer
Befestigung Moskaus. »Wenn die Armee des Zaren die Schweden nicht bereits im Westen zum Stehen bringen kann«, sagte er einmal, »wird Moskau
sie auch nicht aufhalten.«[6] Als der Zar von dieser Bemerkung erfuhr, war er
sehr aufgebracht; sein Zorn ließ jedoch nach, als ihm mitgeteilt wurde, daß
die Mauern um Moskau und um den Kreml immerhin wesentlich verstärkt
worden waren.

Jedenfalls gelang es Peter nicht, seinen Sohn tatsächlich für den Krieg zu
interessieren. Wenn ihm militärische Aufgaben zugewiesen wurden, zeigte
sich Alexei meistens unwillig oder aber unfähig. Schließlich entzog Peter, der
sich abgewiesen fühlte und immer mehr vom Krieg in Anspruch genommen
wurde, seinem Sohn jede weitere Aufmerksamkeit. In Moskau und Preobra-

schenskoje überließ er ihn sich selbst. Diese Atempause kam dem Zarewitsch allerdings gelegen. Er liebte Moskau. Der stille, von leidenschaftlicher Religiosität erfüllte junge Mann hatte eine Vorliebe für die alte Stadt mit ihren unzähligen Kirchen und Klöstern, die mit Gold und Edelsteinen geschmückt waren und in denen der Geist der Geschichte atmete. In der alten Hauptstadt fand Alexei die Gesellschaft derer, die die alte Ordnung vorzogen, Reformen und Neuerungen des Zaren dagegen fürchteten. In Moskau lebten die Miloslawskis, die immer noch mit Sofia sympathisierten, die 1704 in ihrer Klosterzelle gestorben war. Es gab da die Lopuchins, die Brüder und die anderen Familienangehörigen der verstoßenen Jewdokija, für die Alexei die Chance verkörperte, eventuell wieder an die Macht zurückzukehren. Und es gab da die zahlreichen anderen alten Adelsfamilien, die darüber entrüstet waren, daß man sie zugunsten von Westeuropäern und russischen Emporkömmlingen übergangen hatte. Besonders zahlreich aber war noch der alte orthodoxe Klerus in Moskau vertreten, der in Alexei die letzte Chance zur Errettung der wahren Religion sah.

Jakob Ignatjew, Alexeis Beichtvater, war der Anführer eines Klerikerzirkels, der sich dem Zaretisch angeschlossen hatte. Ignatjew stammte aus Susdal, wo Alexeis Mutter in einem Kloster lebte. 1706 nahm der Pope den Zarewitsch mit dorthin. Über seine Schwester Natalja erfuhr der Zar von diesem Besuch und war sehr wütend auf Alexei; er warnte ihn davor, diesen Ort jemals wieder aufzusuchen.

Obwohl Alexei sich von seinem Vater in vieler Hinsicht unterschied, so war er doch wie dieser dem Trinken zugetan. Zusammen mit Ignatjew, einigen Mönchen und Popen und noch anderen Leuten gründete er eine »Gesellschaft«, die man durchaus mit dem Freundeskreis aus Peters Jugend vergleichen konnte. Alexeis Kameraden hatten zwar andere politische Vorstellungen als die »Fidele Gesellschaft«, ihre Vorliebe fürs Trinken und Feiern war jedoch die gleiche. Jedes Mitglied dieser »Gesellschaft« hatte einen Spitznamen wie zum Beispiel »Hölle«, »Wohltäter«, »Satan«, »Moloch«, »Kuh«, »Judas« oder »Heiliger Geist«. Die Gruppe hatte sogar eine Geheimschrift für ihre vertrauliche Korrespondenz.

Als sich der Höhepunkt des Krieges ankündigte, befahl Peter seinem Sohn im Herbst 1708, in der Moskauer Gegend fünf Regimenter zu rekrutieren und sie so schnell wie möglich in die Ukraine zu bringen. Alexei kam der Aufforderung nach und brachte die Soldaten Mitte Januar 1709 zu Peter und Scheremetew. Es waren gerade die schlimmsten Tage in jenem kältesten Winter seit Menschengedenken, und nachdem der Zarewitsch seine Mission erfüllt hatte, erkrankte er. Sein Zustand wurde ernst, und Peter verschob seine Abfahrt nach Woronesch um zehn Tage, bis sein Sohn außer Lebensgefahr war. Als es ihm dann wieder besser ging, fuhr Alexei seinem Vater nach Woronesch nach und von dort aus zurück nach Moskau. Als die Nachricht vom großen Sieg der Schlacht von Poltawa in Moskau eintraf, arrangierte er das Programm der Siegesfeier und fungierte anstelle seines Vaters als Gastgeber.

Nach der Schlacht von Poltawa traf Peter zwei Entscheidungen bezüglich seines Sohns: Alexei sollte eine westliche Erziehung erhalten und eine westeuropäische Prinzessin heiraten. Beides würde dabei helfen, ihn aus der altmoskowitischen Einflußsphäre herauszureißen, in die er geraten war. Die Kaiserin in Wien, die Peters Besuch in guter Erinnerung hatte, drängte darauf, man solle ihr Alexeis Erziehung anvertrauen; der Zarewitsch, versprach sie, würde vom Kaiser und von ihr selbst wie ihr eigenes Kind behandelt werden. Dieses Projekt wurde nie verwirklicht, ein anderer frühgefaßter Plan trug jedoch Früchte. Zwölf Jahre zuvor, bei Peters erstem Zusammentreffen mit August von Sachsen, hatte der Kurfürst versprochen, sich gegebenenfalls um die Erziehung von Peters Sohn zu kümmern. Jetzt kam der Zar auf dieses Angebot zurück und schickte Alexei in die schöne sächsische Hauptstadt Dresden, wo er unter der Aufsicht von Augusts Familie studieren sollte.

Schon früh hatte der Zar beschlossen, seinen Sohn eine deutsche Prinzessin heiraten zu lassen, um sich mit einer mächtigen deutschen Familie zu verbünden. Nach langen Verhandlungen fiel die Wahl auf Charlotte von Wolfenbüttel. Die Familie Charlottes, die eine Seitenlinie des Hauses Hannover war, hatte erstklassige verwandtschaftliche Beziehungen. Darüber hinaus hatte Charlottes Schwester Elisabeth den Erzherzog von Österreich geheiratet, der zum Zeitpunkt ihrer Eheschließung noch Anwärter auf den spanischen Thron war und später als Karl VI. Kaiser des Habsburger Reiches wurde. Da Charlotte damals unter der Aufsicht ihrer Tante, der Königin von Polen, am sächsischen Hof lebte, konzentrierten sich beide Projekte – Alexeis Erziehung und seine Verheiratung – auf Dresden. Charlotte war sechzehn Jahre alt und hochgewachsen. Wenn auch nicht sehr attraktiv, war sie jedenfalls nach der Etikette und den Vorstellungen eines westlichen Fürstenhofs erzogen. Das war genau die Frau, die der Zar für seinen Sohn suchte.

Alexei wußte, daß es Verhandlungen in dieser Richtung gab. Im Winter 1710 fuhr er auf Peters Anordnung hin nach Dresden und anschließend nach Karlsbad. In einem Dorf in der Nähe der sächsischen Hauptstadt traf er dabei zum erstenmal mit seiner späteren Braut zusammen. Die Begegnung verlief recht gut. In einem Brief, den Alexei nach dieser Begegnung an seinen Beichtvater Ignatjew schickte, schrieb er, daß Peter ihn gefragt habe, ob ihm Charlotte gefiele.

»Somit weiß ich, daß er mich nicht mit einer Russin, sondern mit einem ausländischen Mädchen seiner Wahl verheiraten will. Ich schrieb ihm, wenn es sein Wille sei, daß ich eine Ausländerin heirate, würde ich die Prinzessin heiraten, die ich getroffen habe, die mir gefällt und die ein guter Mensch ist. Ich bitte Dich, für mich zu beten, ob es der Wille Gottes ist, daß dies geschieht, oder, wenn nicht, ob es verhindert werden soll; denn es wird nur das geschehen, was Er will. Schreib mir, was Du diesbezüglich denkst.«[7]

Charlotte mochte den Zarewitsch; ihrer Mutter sagte sie, er scheine intelligent und liebenswürdig zu sein, und sie fühle sich geehrt, daß der Zar sie für seinen Sohn auserwählt habe. Die Werbung hatte schließlich Erfolg. Bei seinem zweiten Trogauer Besuch hielt Alexei offiziell bei der Königin von Polen um Charlottes Hand an.

Die Hochzeit wurde hinausgeschoben, bis auch der Zar an der Zeremonie teilnehmen konnte. In der Zwischenzeit studierte Alexei in Dresden; seine Ausbildung war so westlich, wie es sich sein Vater nur wünschen konnte. Er nahm Tanz- und Fechtstunden, entdeckte sein zeichnerisches Talent und verbesserte seine Kenntnisse in Deutsch und Französisch. Er suchte in Antiquariaten nach Büchern und kaufte alte Stiche und Medaillons, die er später mit nach Rußland nahm. Der Zar wäre jedoch weniger glücklich gewesen, wenn er gewußt hätte, daß sein Sohn einen großen Teil seiner Zeit damit verbrachte, Bücher über Kirchengeschichte und über die Beziehung zwischen geistlicher und weltlicher Macht sowie über die Vormachtstellung von Kirche oder Staat zu lesen. In einem Brief an Ignatjew bat er den Beichtvater, er solle ihm unbedingt einen Geistlichen seines Glaubens schicken:

»Er soll in der Lage sein, ein Geheimnis zu wahren, muß jung und unverheiratet und darf niemandem weiter bekannt sein. Sag ihm, er soll in größter Heimlichkeit zu mir kommen, soll alle Zeichen seines Standes ablegen, seinen Bart und sein Haar kurz scheren sowie eine Perücke und deutsche Kleider tragen. Er sollte als Kurier kommen und aus diesem Grund schreiben können. Laß ihn nichts mitbringen, was ihn als Priester ausweist, auch kein Meßbuch, nur ein paar Stückchen Kommunionbrot; ich habe alle erforderlichen Bücher bei mir. Hab Mitleid mit meiner Seele und laß mich nicht ohne Beichte sterben ... Beschwöre ihn, den Bart abzuschneiden. Es ist besser, eine kleine Sünde zu begehen, als meine Seele der ewigen Verdammung preiszugeben.«[8]

Ignatjew fand und schickte einen Popen, der dem Zarewitsch nicht nur die Beichte abnehmen konnte, sondern sich ihm und seinem kleinen russischen Kreis auch bei Trinkgelagen anschloß.

Alexei hielt sich also in Dresden auf, als sein Vater die Niederlage am Pruth erlitt. Da der Zar sich aber schnell von diesem Schlag erholte und alle seine Vorhaben bald weiterführte, konnte die Hochzeit am 14. Oktober 1711 stattfinden. Vier Tage nach seiner Hochzeit erhielt Alexei von seinem Vater den Befehl, Charlotte allein zu lassen und nach Thorn zu gehen, um dort die Beschaffung von Proviant für die russischen Soldaten zu überwachen, die in Pommern überwintern sollten. Auf Alexeis Bitte hin verschob Peter die Abreise noch einmal um ein paar Tage, dann aber brach der Sohn gehorsam auf. Sechs Wochen später reiste Charlotte ihrem Mann nach Thorn nach, das sich in einem trostlosen Zustand befand. Betrübt schrieb sie ihrer Mutter: »Die Häuser gegenüber unserem Haus sind halb abgebrannt und verlassen. Ich selbst lebe hier in einem Kloster.«[9] Charlotte beklagte sich weiter über den Mangel an Gesellschaft, da der Adel des Landes die Gewohnheit hatte, verstreut auf dem Lande und nicht in den Städten zu leben.

Im ersten halben Jahr ihrer Ehe erzählte Charlotte jedem, wie glücklich sie sei. Nur im Haushalt des Zarewitschs und seiner Gemahlin ging es chaotisch zu. Als Menschikow die beiden im April aufsuchte, war er erschüttert von der Armut, in der Alexei und Charlotte lebten. Er schrieb dem Zaren, er habe Charlotte in Tränen vorgefunden, weil sie kein Geld hatte, und er habe ihr fünftausend Rubel aus der Heereskasse geliehen, um ihre Situation zu verbessern. Peter schickte Geld, und zusammen mit Katharina besuchte er die kleine Hofhaltung, nachdem Alexei nach Pommern aufgebrochen war. In der Hoffnung, die Beziehung zwischen Vater und Sohn verbessern zu können, bat Charlotte einmal Katharina, sich beim Zaren als Fürsprecherin Alexeis zu verwenden.

Im Oktober 1712, am Ende ihres ersten Ehejahres, das ihr Mann hauptsächlich beim Heer zugebracht hatte, befahl der Zar Charlotte, schnellstens nach St. Petersburg zu kommen, sich dort einzurichten und auf ihren Mann zu warten. Das siebzehnjährige Mädchen war zutiefst erschrocken. Sie hatte schreckliche Dinge über die Russen gehört und fürchtete sich nun, ohne ihren Mann nach Rußland zu gehen. Deshalb flüchtete sie sich zu ihren Eltern.

Alexei reagierte nicht darauf; der Zar schrieb jedoch Charlotte und übte scharfe Kritik, fügte aber dennoch freundlich hinzu: »Wir hätten Deinen Wunsch, Deine Familie zu sehen, nie mißachtet, wenn Du uns nur zuvor davon informiert hättest.«[10] Charlotte entschuldigte sich und bat um Vergebung; und nachdem Peter sie besucht, ihr seinen Segen gegeben und einige tausend Gulden geschenkt hatte, willigte sie ein, binnen kurzem nach St. Petersburg zu fahren. Der alte Herzog von Wolfenbüttel schrieb damals an Leibniz: »Diese Woche ist der Zar bei uns gewesen ... Er war sehr freundlich zu der Zarewna, machte ihr große Geschenke und bat sie, bald abzureisen. Nächste Woche will sie nun wirklich aufbrechen und allem Anschein nach Europa für immer verlassen.«[11]

Als Charlotte im Frühjahr 1713 in St. Petersburg ankam, hatte Alexei die Hauptstadt schon wieder verlassen, um sich seinem Vater bei der Galeerenexpedition an der Küste Finnlands entlang anzuschließen. Erst gegen Ende des Sommers kehrte er in das kleine Haus am linken Newaufer zurück, in dem seine Frau lebte. Nach einem Jahr der Trennung war sich das Paar zunächst sehr zugetan, bald aber verschlechterte sich die Beziehung. Alexei begann wieder mit seinen Freunden zu trinken, und wenn er nach Hause kam, mißhandelte er seine Frau in Gegenwart der Bediensteten. Als er einmal sehr betrunken war, drohte er, sich an Kanzler Golowkin rächen zu wollen, weil er diese Ehe vermittelt hätte; eines Tages werde er den Söhnen des Kanzlers die Köpfe abschneiden und sie auf Pfählen aufspießen.

Manchmal erinnerte sich Alexei am folgenden Tag an solche schrecklichen Szenen und versuchte dann, sie durch Zärtlichkeit wiedergutzumachen. Charlotte bemühte sich auch, ihm zu verzeihen; aber jeder Rückfall vertiefte die Wunde, die in ihrem Herzen entstanden war. Nachdem er dann einen Winter lang maßlos getrunken hatte, wurde Alexei krank. Die Ärzte diagno-

577

stizierten Tuberkulose und verschrieben ihm eine Kur in Karlsbad. Charlotte, die im achten Monat schwanger war, erfuhr als letzte, daß ihr Mann
abreisen würde. Sie hörte erst davon, als er zur Tür hinausging, um sich in
eine Kutsche zu setzen. »Auf Wiedersehen. Ich gehe nach Karlsbad.«[12]
Mehr sagte er nicht zu ihr. Während der sechs Monate seiner Abwesenheit
bekam sie keine einzige Nachricht von ihm. Am 12. Juli 1714, fünf Wochen nach seiner Abreise, brachte sie eine Tochter zur Welt: Natalja.
Alexei reagierte auch nicht auf die Nachricht der Geburt. Im November
schrieb die verzweifelte neunzehnjährige Mutter ihren Eltern: »Der Zarewitsch ist noch nicht zurückgekehrt. Niemand weiß, wo er ist, ob er tot ist
oder ob er noch lebt. Ich bin in schrecklicher Unruhe. Alle Briefe, die ich
ihm in den letzten sechs oder acht Wochen geschrieben habe, wurden mir
aus Dresden und Berlin wieder zurückgeschickt, weil niemand weiß, wo er
ist.«[13]

Mitte Dezember 1714 kam Alexei aus Deutschland nach St. Petersburg zurück. Zunächst verhielt er sich noch korrekt gegenüber seiner Frau und
freute sich über seine Tochter. Etwas später jedoch, so berichtete Charlotte
ihren Eltern, verfiel er wieder in seine früheren Verhaltensweisen. Charlotte
sah ihn kaum noch. Der Grund dafür war Afrosinja, ein finnisches Mädchen,
das während des Krieges gefangengenommen und in das Haus von Alexeis
Lehrer Wiasemski aufgenommen worden war. In blinder Verliebtheit
brachte er sie am Ende sogar in sein eigenes Haus, wo sie von nun an als seine
Mätresse lebte.

Mit der Zeit behandelte Alexei Charlotte zunehmend schlechter. Er interessierte sich schließlich überhaupt nicht mehr für sie. In der Öffentlichkeit sah
man ihn nie mehr mit ihr, er ging ihr vielmehr aus dem Weg, soweit ihm das
möglich war. Sie wohnten zwar noch unter demselben Dach – er im rechten
Flügel des Hauses mit Afrosinja, Charlotte und ihre Tochter im linken Flügel
–, er schlief auch noch einmal in der Woche mit ihr in der Hoffnung, einen
Sohn zur Sicherung seiner Thronfolge zu zeugen. Er ließ sie aber ohne Geld,
kümmerte sich nicht um ihr Wohlergehen, und es war ihm gleichgültig, wenn
sich das gemeinsame Haus in heruntergekommenem Zustand befand und
Regen durchs Dach auf Charlottes Bett tropfte. Als der Zar vom Verhalten
seines Sohnes erfuhr, war er empört und machte ihm Vorwürfe, worauf
Alexei Charlotte wütend vorhielt, ihn bei seinem Vater verleumdet zu haben. Das traf jedoch nicht zu. Je mehr Alexeis Trinkgelage ausarteten und je
öfter er sich mit Afrosinja in aller Öffentlichkeit zeigte, zog sich Charlotte
resigniert zurück; sie weinte in ihrem Zimmer und hatte nur eine deutsche
Hofdame, die mit ihr nach Rußland gekommen war, als Freundin.

Im Laufe der Zeit verschlechterte sich Alexeis Gesundheitszustand; er war
jetzt auch fast ständig betrunken. Im April 1715 wurde er bewußtlos aus einer
Kirche weggetragen; er war so krank, daß man nicht wagte, ihn über die
Newa zu befördern, weswegen er die Nacht im Hause eines Fremden verbrachte. Charlotte fuhr zu ihm und schrieb später voller Mitleid: »Ich führe

seine Krankheit auf sein Fasten und auf die großen Mengen Branntwein zurück, die er täglich trinkt, denn er ist meistens betrunken.«[14]

Trotzdem gab es gelegentliche Augenblicke des Glücks. Alexei war stolz auf seine Tochter, und jedes Zeichen väterlicher Zuneigung beglückte Charlotte. Am 12. Oktober 1715 brachten Alexeis Bemühungen, einen Sohn zu zeugen, den gewünschten Erfolg. Charlotte nannte den Knaben Peter, so wie sie es ihrem Schwiegervater versprochen hatte. Doch diese Geburt, die Alexeis Anspruch auf den Thron sicherte, war der letzte Dienst, den die unglückliche Prinzessin aus Deutschland Rußland und ihrem Mann leisten konnte. Durch die Schwangerschaft und den Kummer geschwächt, war sie kurz vor ihrer Entbindung gestürzt. Vier Tage nach der Entbindung bekam sie hohes Fieber. Als sie erkannte, daß sie sterben würde, bat sie, den Zaren noch einmal sehen zu dürfen. Katharina konnte nicht kommen, aber Peter, der gerade wieder einmal selbst krank war, besuchte sie in einem Rollstuhl. Die Prinzessin nahm Abschied von ihrem Schwiegervater und empfahl ihre beiden Kinder und ihre Dienerschaft seinem Schutz. Am 21. Oktober weigerte sie sich, weitere Arzneien zu sich zu nehmen. »Quält mich nicht, sondern laßt mich in Frieden sterben; ich will nicht länger leben«[15], sagte sie ruhig und gefaßt. Sie starb in der Nacht zum 22. Oktober.

Es wurde nicht lange um Charlotte getrauert. Am Tag nach ihrer Beisetzung brachte auch Katharina einen Sohn zur Welt, so daß Peter innerhalb einer Woche zwei mögliche Thronfolger erhalten hatte – einen Enkel, Peter Alexejewitsch, und einen Sohn, Peter Petrowitsch. Stolz und Freude des Zaren über die Geburt dieses zweiten Sohnes ließen für die Trauer um die Frau seines erstgeborenen Sohnes keinen Raum. Acht Tage feierte der Zar das freudige Ereignis. Der neugeborene Prinz wurde am 6. November getauft; Paten waren der König von Dänemark und der König von Preußen. Nach der Taufe gab es ein Festmahl, dessen Höhepunkte von Weber folgendermaßen geschildert wurde: »Man stellte eine riesige Pastete auf den Tisch des Zaren, aus der, nachdem man sie angeschnitten hatte, eine wohlgeformte Zwergin herausstieg, die bis auf ihren Kopfschmuck und einige rote Bändchen am Körper völlig nackt war. Die Zwergin hielt eine wohlgesetzte Rede, füllte sich ein Glas mit Wein, den sie in der Pastete mitgebracht hatte, und trank auf das Wohl der Gäste.«[16] Auf dem Tisch der Damen wurde in ähnlicher Weise ein männlicher Zwerg serviert. Gegen Abend brach die Gesellschaft auf und fuhr auf die Newa-Inseln hinaus, wo zu Ehren des Neugeborenen ein prächtiges Feuerwerk stattfand.

Hierbei wurden der Tod Charlottes und die Geburt ihres Sohnes weitgehend vergessen. Der viel gefeierte und bewunderte Peter Petrowitsch, Sohn Peters und Katharinas, lebte aber nur dreieinhalb Jahre, während Peter Alexejewitsch, Charlottes Sohn, als Peter II. Rußlands Thron bestieg.

12 Väterliches Ultimatum

Im Herbst 1715, als der Sohn des Zarewitsch geboren wurde und seine Frau starb, war Alexei zwar erst fünfundzwanzig Jahre alt, aber physisch weit weniger leistungsfähig als sein Vater. Peter Bruce, ein ausländischer Offizier in russischen Diensten, beschrieb Alexei als »äußerst nachlässig bezüglich seiner Kleidung, aber großgewachsen und von stattlicher Figur«[1]. Er hätte eine dunkle Gesichtsfarbe, schwarzes Haar und schwarze Augen gehabt, heißt es bei Bruce weiter, sowie eine strenge Miene und eine laute Stimme; seine eng beieinander stehenden Augen hätten allerdings oft furchtsam gezuckt.

Alexei und Peter waren einander völlig entgegengesetzt. Alexei war intelligent, las gern, interessierte sich für theologische Themen und beherrschte mehrere Fremdsprachen. Er liebte aber das bequeme Leben und verspürte wenig Lust, in fremde Länder zu reisen, um sein Wissen praktisch zu verwerten. Peter war da anders. Er besaß keine so umfassende schulische Bildung. In einem Alter, in dem Alexei Bücher wie *Das göttliche Manna, Die Wunder Gottes* und *Imitatio Christi* von Thomas à Kempis las, hatte Peter Soldaten exerziert, Schiffe gebaut und Raketen abgefeuert. Dafür verfügte er aber über eine titanische Energie und eine brennende Neugier. Alexei war belesen und vorsichtig, Peter aktiv und kühn; der Sohn zog das Alte, der Vater das Neue vor. Als der Nachkömmling eines anderen Zaren – etwa seines Großvaters, Zar Alexeis, oder seines Onkels, Zar Fjodors, – hätte Alexei besser in die Zeit gepaßt, wäre die Geschichte seines Lebens vielleicht anders verlaufen; als Erbe Peters des Großen war er dagegen denkbar ungeeignet.

Früher hatte Alexei verzweifelt versucht, Peter zu gefallen, aber ein Gefühl der Unterlegenheit machte seine Bemühungen meistens zunichte. Je mehr Peter ihn schalt, desto unfähiger wurde er und desto mehr fürchtete und haßte er schließlich seinen Vater, die Freunde und die Lebensweise seines Vaters. Er zog sich von ihm zurück und wich ihm aus; und je mehr Peter dann darüber erzürnt war, desto schweigsamer und ängstlicher wurde Alexei. Es schien keinen Ausweg aus diesem Teufelskreis zu geben.

Um seine Ängste zu überwinden, trank Alexei schließlich immer mehr. Wollte er bestimmten Verantwortungen entgehen, denen er sich nicht gewachsen fühlte, gab er vor, krank zu sein. Als Alexei 1713, nach seinem Studienjahr in Dresden, nach Rußland zurückkehrte, fragte Peter ihn, was er in der Geometrie und Fortifikationskunst gelernt habe. Alexei erschrak, da er fürchtete, sein Vater könne ihn auffordern, eine Zeichnung anzufertigen, wozu er sich nicht in der Lage fühlte. Er flüchtete in sein Haus, nahm eine Pistole und versuchte, sich durch einen Schuß in die rechte Hand selbst zu verstümmeln. Er verfehlte zwar sein Ziel, da er beim Abfeuern der Waffe zitterte, aber durch die Explosion wurde seine rechte Hand ziemlich verbrannt. Als Peter fragte, was geschehen sei, antwortete Alexei, er habe einen Unfall gehabt.

Da Alexei kein Interesse an Soldaten oder Schiffen, an neuen Häusern, Hafenanlagen, Kanälen oder an den Reformen seines Vaters hatte, nahm er manchmal absichtlich Arzneien ein, die ihm Übelkeit verursachten, um ein Auftreten in der Öffentlichkeit oder andere Verpflichtungen zu umgehen. Als er einmal aufgefordert wurde, dem Stapellauf eines Schiffes beizuwohnen, sagte er einem Freund: »Es wäre mir lieber, ein Galeerensklave zu sein oder hohes Fieber zu haben, als dorthin gehen zu müssen.«[2] Ein anderes Mal erklärte er: »Ich bin kein Dummkopf, aber ich kann dennoch nicht arbeiten.« Seine Schwiegermutter, die Prinzessin von Wolfenbüttel, meinte: »Es ist völlig zwecklos, wenn sein Vater ihn zwingt, sich mit militärischen Angelegenheiten zu befassen, da er doch lieber einen Rosenkranz als eine Pistole in die Hand nehmen würde.«[3]

Einmal bekannte er seinem Beichtvater, er habe oft den Tod seines Vaters herbeigewünscht. Ignatjew erwiderte darauf: »Gott wird dir vergeben. Wir alle wünschen uns seinen Tod, weil die Menschen unter ihm eine so schwere Last zu tragen haben.«[4]

Unfreiwillig, aber unvermeidlich wurde Alexei zum Kristallisationspunkt des Widerstands gegen den Zaren. Für alle, die gegen Peter opponierten, war er die Hoffnung für die Zukunft. Der Klerus betete darum, daß Alexei der Kirche wieder ihre frühere Macht zurückgeben werde; das Volk hoffte, er werde die Belastungen durch Zwangsarbeit, Militärdienst und Steuern mildern, und der alte Adel vertraute darauf, daß Alexei ihm seine früheren Privilegien wieder einräumen und Emporkömmlinge wie Menschikow und Schafirow fortschicken werde. Sogar viele Adlige, denen Peter vertraute, empfanden Sympathie für den Zarewitsch, etwa die Golizyns, die Dolgorukis, Fürst Boris Kurakin und sogar Feldmarschall Boris Scheremetew. Fürst Jakob Dolgoruki warnte Alexei: »Sag nichts mehr, sie bespitzeln uns«[5], und Fürst Wassili Dolgoruki meinte: »Sie sind weiser als Ihr Vater; Ihr Vater ist weise, aber er hat keine Menschenkenntnis; Sie werden mehr Menschenkenntnis haben.«[6]

Trotz dieser Sympathiekundgebungen und der allgemeinen Unzufriedenheit über Peters Herrschaft wurde keine Verschwörung angestiftet. Die Anhänger Alexeis warteten die Nachfolge des Zarewitschs auf dem Thron ab, was angesichts des prekären Gesundheitszustands des Zaren nicht mehr lange dauern konnte. Alexander Kikin, einer der engsten Ratgeber Alexeis – ein Mann, der den Zaren auf der »Großen Gesandschaft« begleitet hatte und später bis in die Führung der Admiralität aufgestiegen war –, hatte dem Zarewitsch vertraulich geraten, er solle Rußland so bald wie möglich verlassen oder im Ausland bleiben, wenn er sich zufällig dort aufhielt: »Wenn Sie sich in Karlsbad erholt haben«, hatte Kikin zu Alexei gesagt, »schreiben Sie Ihrem Vater, daß Sie die Medikamente im nächsten Frühjahr noch einmal nehmen müssen. In der Zeit davor könnten Sie nach Holland gehen, und anschließend, nach der nächsten Kur, nach Italien. So können sie wenigstens zwei bis drei Jahre wegbleiben.«[7]

Immer wieder bemühte sich Peter, über Menschikow, in Briefen und in persönlichen Gesprächen sowie dadurch, daß er ihn für verschiedene öffentliche Aufgaben heranzog, Alexei für den Staat und die Reformen zu interessieren, aber alles war vergeblich gewesen.

Peters Meinung nach lehnte sein Sohn mehr und mehr alle Verantwortlichkeiten eines Thronerben ab und umgab sich mit Menschen, die das ablehnten, wofür sich der Zar einsetzte. Gegen das Privatleben seines Sohnes erhob der Zar dagegen keine Einwände. Er kümmerte sich beispielsweise weder um Alexeis Hang zum Trinken noch um die Spiele seiner kleinen »Exotischen Gesellschaft« noch darum, daß er ein finnisches Mädchen zu seiner Mätresse gemacht hatte. Peter war gegen alle nachsichtig, die sich bemühten, seine Befehle auszuführen; er geriet aber in Wut, wenn er auf Widerstand stieß. Im Winter 1715/16 beschloß er, diese Angelegenheit ein für allemal zu regeln. Er mußte diesen passiven, trägen und furchtsamen jungen Mann, der sich weder für den Krieg und das Militär noch für Schiffe oder das Meer interessierte, der keinen Sinn für Reformen hatte und nicht die geringsten Ansätze zeigte, das Lebenswerk seines Vaters fortzuführen, zu einem anderen Menschen machen. Leider war es jedoch dafür zu spät, weil Alexei in seinem Charakter und seinem Temperament bereits festgefahren war.

Am Tag der Beisetzung von Prinzessin Charlotte wurde dem Zarewitsch ein Brief ausgehändigt, den der Zar sechzehn Tage zuvor geschrieben hatte, noch vor der Geburt der beiden Knaben, die den Namen Peter erhielten. Dieser Brief enthüllt, welche Hoffnungen Peter auf Alexei setzte, wie verzweifelt er wünschte, daß sich der Zarewitsch endlich auf seine Aufgabe als zukünftiger Zar vorbereitete, und wie er zunehmend bestürzt darüber war, Alexei unfähig und unwillig zu erleben.

»Erklärung an meinen Sohn.

Es kann Dir nicht entgangen sein, in welchem Maße unser Volk vor Beginn des jetzigen Krieges unter den Schweden gelitten hat.

Dadurch, daß sie uns so viele für uns notwendige Orte am Meer weggenommen hatten, waren wir, was den Handel betrifft, von der übrigen Welt abgeschnitten ... Du weißt, was es uns gekostet hat, in der Kriegskunst die notwendigen Erfahrungen zu sammeln und den Vorsprung einzuholen, den unser unversöhnlicher Feind gewonnen hatte.

Wir unterzogen uns dieser Aufgabe voller Ergebenheit in den Willen Gottes und hatten keinen Zweifel daran, daß Er es war, der uns dieser Prüfung unterzog, bevor Er uns schließlich auf den richtigen Weg führte und wir danach erleben durften, daß derselbe Feind, der zuerst andere erzittern ließ, nun seinerseits vor uns zitterte. Diese Früchte verdanken wir, außer Gottes Hilfe, unserer eigenen Arbeit und der Mühe unserer treuen Untertanen.

Wenn ich mir aber meine Nachfolge vor Augen halte, vergehe ich fast vor Kummer über das, was die Zukunft bescheren wird, da ich erleben muß, daß

Du, mein Sohn, alle Mittel zurückweist, mit denen Du Dich in die Lage versetzen könntest, nach mir zu regieren. Ich behaupte, daß Deine Unfähigkeit gewollt ist, denn Du kannst Dich nicht damit entschuldigen, daß Du körperliche Mängel hättest oder Dir die Kräfte fehlten. Obwohl Deine Konstitution nicht die stärkste ist, kann man doch nicht sagen, sie sei insgesamt zu schwach.

Du willst nicht einmal zuhören, wenn man von Kriegen oder militärischen Übungen spricht, obwohl wir uns gerade durch sie aus dem Zustand der Bedeutungslosigkeit herausgehoben und uns bei Nationen bekannt gemacht haben, deren Achtung wir im Augenblick genießen.

Ich rede Dir nicht zu, Krieg ohne vernünftige Gründe zu führen; ich wünsche nur, daß Du Dich darum bemühst, die Kriegskunst zu erlernen. Denn es ist unmöglich, gut zu regieren, ohne die Regeln des Krieges zu kennen, und sei es zu keinem anderen Zweck als zur Verteidigung des eigenen Landes.

Ich könnte Dir viele Beispiele vor Augen führen, will aber nur die Griechen erwähnen (das Byzantinische Reich, dessen Hauptstadt Konstantinopel 1453 an die Türken fiel), mit denen wir durch dasselbe Glaubensbekenntnis vereint sind. Was verursachte deren Niedergang, wenn nicht die Tatsache, daß sie die Kriegskunst vernachlässigten? Müßiggang und Stillstand schwächten sie, machten sie Tyrannen untertan und führten sie schließlich in jene Sklaverei, in der sie nun seit langer Zeit leben. Du irrst Dich, wenn Du glaubst, es sei genug für einen Monarchen, gute Generäle zu haben. Alle richten ihre Blicke auf das Staatsoberhaupt, studieren dessen Vorlieben und passen sich ihnen an. Mein Bruder [Fjodor] liebte während seiner Herrschaft prächtige Kleider und große Equipagen. Das Volk war anfangs nicht besonders an diesen Dingen interessiert, aber die Vorliebe des Fürsten wurde bald die seiner Untertanen, denn man ahmte ihn gern nach. Wenn sich die Menschen nun so leicht Dinge angewöhnen, die das Vergnügen betreffen, werden sie dann nicht vielleicht sogar noch leichter den Gebrauch der Waffen verlernen, der für sie um so unangenehmer ist, je weniger sie zu ihm angehalten werden?

Du befaßt Dich nicht mit der Kriegskunst und wirst sie folglich nie erlernen. Wie willst Du dann anderen Befehle erteilen, und wie willst Du ihnen die richtige Belohnung zukommen lassen, die sie aufgrund von Pflichterfüllung verdienen, oder andere bestrafen, die ihre Pflicht vernachlässigt haben? Du willst nichts tun und wie ein junger Vogel leben, der nur seinen Schnabel aufmacht, um gefüttert zu werden.

Du sagst, daß die Schwäche Deines Gesundheitszustandes Dir nicht erlaubt, die Strapazen des Krieges zu ertragen. Diese Entschuldigung ist nicht zu billigen. Ich wünsche nicht, daß Du Dich Strapazen unterziehst, sondern daß Du Liebe zur Sache beweist, was durch Krankheit nicht verhindert werden kann. Frag die Leute, die sich noch an die Zeit meines Bruders erinnern. Er war bei weitem schwächer gebaut als Du. Er konnte nicht einmal mit dem zahmsten Pferd umgehen und war kaum in der Lage, es auch nur zu besteigen. Dennoch liebte er Pferde, und so kam es, daß es in unserem Land nie einen edleren Stall gegeben hat als den seinen.

An diesem Beispiel erkennst Du, daß der Erfolg nicht immer nur von Mühen, sondern vor allem vom Willen abhängt ...

Nach all diesen Vorhaltungen kehre ich jetzt zu meinem ursprünglichen Thema zurück.

Ich bin ein Mensch, und folglich muß ich sterben. Und wer soll nach mir vollenden, was ich erst zum Teil geschaffen habe? Ein Mann, der wie der faulste Leibeigene seine Begabung versteckt – das heißt, der sich weigert, das Beste aus dem zu machen, was Gott ihm anvertraut hat?

Erinnere Dich an Deine Starrköpfigkeit und an Deine üblen Neigungen und daran, daß ich Dich deswegen oft getadelt und viele Jahre lang fast gar nicht mit Dir gesprochen habe. Aber all das hat nichts genutzt und nichts bewirkt. Ich habe damit nur meine Zeit vergeudet. Du gibst Dir nicht die geringste Mühe, und Dein ganzes Vergnügen scheint darin zu bestehen, untätig und faul zu Hause zu sitzen. Dinge, derer Du Dich schämen müßtest (insoweit, als sie Dich schwächen), scheinen Dir das größte Vergnügen zu bereiten, und Du siehst nicht voraus, welche gefährlichen Folgen für Dich und für den ganzen Staat daraus entstehen können ...

Nachdem ich alle diese Schwierigkeiten in Betracht gezogen und über sie nachgedacht habe, halte ich es für richtig, Dir schriftlich diesen meinen letzten Willen mitzuteilen: Ich will noch ein wenig warten, um zu sehen, ob Du Dich bessern wirst. Wenn nicht, sollst Du wissen, daß ich Dich von der Thronfolge ausschließen werde, wie man sich ein nutzloses Glied abschneidet.

Glaub nicht, daß es sich nur um eine leere Drohung handelt, weil ich keinen anderen Sohn als Dich habe. Ich werde diese Absicht gewiß verwirklichen, wenn es Gott gefällt. Ich habe für mein Land und für das Wohlergehen meines Volkes mein Leben nicht geschont, warum sollte ich Dich schonen, dem beides gleichgültig ist? Ich würde mein Volk und mein Land lieber einem würdigen Fremden hinterlassen als meinem eigenen unwürdigen Sohn.

Peter«[8]

Alexeis Reaktion auf diesen Brief war genau das Gegenteil von dem, was sein Vater sich erhofft hatte. Der Zarewitsch eilte mit Peters Brief zu seinen engsten Vertrauten und bat sie um Rat. Kikin meinte, er solle wegen seiner schlechten Gesundheit auf seine Ansprüche auf den Thron verzichten. »Du wirst nur überleben, wenn du dich aus allem raushältst. Es ist ein Jammer, daß du nicht weggeblieben bist, als du in Karlsbad warst.«[9] Wiasemski, sein erster Lehrer, war ebenfalls der Meinung, er solle sich für außerstande erklären, die schwere Last der Krone zu tragen. Dann sprach Alexei noch mit Fürst Juri Trubezkoi, der ihm einen ähnlichen Rat gab: »Sie tun gut daran, die Thronfolge nicht anzustreben. Sie sind dafür nicht geeignet.«[10] Schließlich bat der Zarewitsch den Fürsten Wassili Dolgoruki, er solle sich bei seinem Vater dafür verwenden, daß er von sich aus auf den Thron verzichten dürfe, um danach sein restliches Leben auf einem Landgut verbringen zu können. Dolgoruki versprach ihm, er werde mit dem Zaren sprechen.

Drei Tage nachdem Alexei die Erklärung seines Vaters erhalten hatte, verfaßte Alexei folgende Antwort:

»Allergnädigster Herr und Vater,
ich habe das Schreiben gelesen, das mir Eure Majestät am 16. Oktober 1715, gleich nach dem Begräbnis meiner verstorbenen Gemahlin, übersandt haben.
Ich habe nichts darauf zu erwidern, als daß Ihr Wille geschehen möge, wenn Eure Majestät mich wegen meiner Unfähgiekeit von der russischen Thronfolge ausschließen wollen. Ich selbst bitte Sie sogar höchst untertänig darum, da ich mich dieser Aufgabe nicht gewachsen fühle. Mein Gedächtnis hat sehr nachgelassen, und ich brauche doch ein gutes Gedächtnis, um Rußland regieren zu können. Die Kraft meines Geistes sowie meines Körpers sind durch Krankheiten, die ich durchgemacht habe, sehr geschwächt, so daß ich nicht mehr in der Lage bin, so viele Völker zu regieren. Dazu bedarf es eines kräftigeren Mannes als mich.
Deshalb werde ich nach Euch (den Gott noch viele Jahre erhalten möge) keinen Anspruch auf die russische Krone erheben, selbst wenn ich keinen Bruder hätte. Doch jetzt habe ich einen Bruder, den Gott am Leben erhalten möge. Auch in der Zukunft will ich keinen Anspruch auf die Thronfolge erheben, wofür ich Gott zum Zeugen anrufe. Zum Beweis meiner Aufrichtigkeit schreibe und unterzeichne ich diesen Brief eigenhändig.
Ich vertraue Ihnen meine Kinder an und erbitte von Ihnen für mich selbst nichts als das, was ich zum Leben brauche, wobei ich alles dem Urteil und der Gnade Eurer Majestät überlasse.
Euer untertäniger Sklave und Sohn, Alexei« [11]

Nachdem der Zar Alexeis Brief erhalten hatte, traf er Fürst Wassili Dolgoruki, der ihn über sein Gespräch mit Alexei informierte. Peter schien einverstanden zu sein, darum äußerte sich Dolgoruki wie folgt gegenüber Alexei:
»Ich habe mit Ihrem Vater über Sie gesprochen. Ich glaube, er will Sie von der Thronfolge befreien; er scheint mit Ihrem Brief zufrieden zu sein. Indem ich mit Ihrem Vater sprach, habe ich Sie vor dem Richtblock gerettet.« [12]
Wenn sich Alexei durch diese Botschaft auch beruhigt fühlen konnte, so war es ihm sicher nicht angenehm zu hören, daß vom Schafott die Rede gewesen war.
In Wirklichkeit war Peter auch weit davon entfernt, zufrieden zu sein. Seine Mahnung an den Zarewitsch hatte eine unerwünschte Reaktion hervorgerufen; der Brief Alexeis, in dem von Unterwerfung und Verzicht die Rede war, erschien dem Zaren viel zu voreilig abgefaßt. Wie konnte ein ernsthafter Mann so leicht einen Thron aufgeben? War sein Verzicht ehrlich gemeint?

Und wenn er es war, konnte der Erbe eines so großen Reiches sich einfach zurückziehen und auf dem Land leben? Würde er als Bauer oder Landedelmann nicht zu einem Sammelpunkt der Opposition gegen seinen Vater werden – wenn auch unfreiwillig?

Einen Monat lang wog Peter diese Fragen ab und unternahm nichts. Dann trat ein Ereignis ein, das den Konflikt beinahe gelöst hätte. Der Zar nahm an einem Trinkgelage bei Admiral Apraxin teil, bei dem er einen ungewöhnlich heftigen Krampfanfall erlitt. Zwei Tage und zwei Nächte blieben seine obersten Minister und die Mitglieder des Senats in einem Raum neben seinem Schlafzimmer, bis sein Zustand am 2. Dezember so kritisch wurde, daß man ihm die Sterbesakramente verabreichte. Doch dann trat eine Wende zum Besseren ein, und Peter erholte sich langsam wieder. Drei Wochen lang mußte er das Bett hüten, erst an Weihnachten war er schließlich wieder so bei Kräften, daß er in die Kirche gehen konnte, wo man sah, daß er sehr schmal und blaß geworden war. Während dieser Krankheit besuchte Alexei seinen Vater nur ein einziges Mal, und dies tat er vielleicht auch nur deswegen, weil Kikin ihn gewarnt hatte, sich vor einer Falle zu hüten. Peter, so hielt es Kikin für möglich, könnte nur vorgeben, krank zu sein, oder jedenfalls seine Krankheit übertreiben, indem er sich die Letzte Ölung hatte geben lassen. Vielleicht wollte er nur sehen, wie seine Umgebung, insbesondere Alexei, auf sein scheinbar bevorstehendes Ableben reagierte.

Als der Zar wieder zu Kräften kam, überlegte er sich seinen nächsten Schritt. Alexei hatte zuvor vor Gott geschworen, niemals die Thronfolge anzustreben, aber Peter fürchtete für die Zeit nach seinem Tod den Einfluß der »Großbärte«, der Priester. Außerdem wünschte er sich tatsächlich noch immer die aktive Unterstützung eines Sohnes, der seine Aufgaben als Thronerbe voll wahrnahm. Darum beschloß er, Alexei müsse sich ihm anschließen oder völlig auf die Welt verzichten und in ein Kloster eintreten. Am 19. Januar 1716 erhielt der Zarewitsch einen zweiten Brief seines Vaters, in dem eine sofortige Antwort gefordert wurde:

»Mein Sohn,
meine letzte Krankheit hinderte mich bis heute daran, Dir zu erklären, welchen Entschluß ich nach Deinem Brief, den Du mir in Beantwortung meines ersten Briefes geschrieben hast, gefaßt habe. Ich antworte Dir jetzt, daß ich festgestellt habe, daß Du von nichts anderem als von der Nachfolge sprichst, gerade so, als ob ich Deine Einwilligung bräuchte, um in dieser Angelegenheit das zu tun, was doch nur von meinem Willen abhängt. Woher kommt es, daß Du in Deinem Brief nichts über jene Unfähigkeit sagst, die Du mit Absicht gepflegt hast, und über Deine Abneigung gegen die Regierungsgeschäfte, die ich in meinem Brief erwähnt habe; und daß Du statt dessen nur Deinen schlechten Gesundheitszustand hervorhebst? Ich habe Dir auch vorgehalten, welche Enttäuschungen mir Dein Verhalten viele Jahre lang bereitet hat, und Du gehst über diese Vorhaltungen schweigend hinweg, obwohl

mir so sehr an Deiner Antwort lag. Daher meine ich, daß väterliche Ermahnungen Dir überhaupt nichts bedeuten. Ich habe mich deswegen entschieden, Dir noch einmal einen Brief zu schreiben, der übrigens der letzte sein wird. Wenn Du meinen Rat, den ich Dir jetzt zu Lebzeiten gebe, mißachtest, wie könntest Du ihn nach meinem Tod hochschätzen?

Kann man sich auf Deinen Eid verlassen, wenn man sieht, daß Dein Herz unempfindlich ist? König David sagte: ›Alle Menschen sind Lügner.‹ Doch gesetzt den Fall, Du hättest im Augenblick tatsächlich die Absicht, Deine Versprechungen zu halten, könnten jene ›Großbärte‹ Dich nicht nach ihrem Belieben beeinflussen und Dich am Ende dazu verleiten, Deine Versprechungen nicht einzuhalten?

Weil sie wegen ihrer Ausschweifungen und ihrer Faulheit im Augenblick keine ehrenvollen Stellungen bekleiden dürfen, hoffen sie, daß sich ihre Lage eines Tages durch Dich verbessern wird, weil Du ihnen jetzt viel Sympathie entgegenbringst. Ich sehe nicht, daß Du Deine Verpflichtungen gegenüber Deinem Vater, dem Du Deine Existenz verdankst, ernst nimmst. Würdest Du ihm jemals bei seinen Unternehmungen und Strapazen beistehen, jetzt wo Du das Alter der Reife erreicht hast? Sicherlich nicht; und jedermann weiß das. Im Gegenteil, Du tadelst und verabscheust alles Gute, was ich auf Kosten meiner Gesundheit für mein Volk und dessen Wohlergehen tue. Und ich habe allen Grund zu glauben, daß Du es zerstören wirst, wenn Du mich überlebst. Und deswegen kann ich mich nicht dazu entschließen, Dich nach Deinem eigenen freien Willen wie ein Amphibienwesen, weder Fisch noch Fleisch, weiterleben zu lassen. Ändere also Dein Verhalten und arbeite mit Feuereifer daran, der Thronfolge würdig zu sein, oder werde ein Mönch. Ich kann keinen Frieden finden, bevor Du Dich nicht entschieden hast, vor allem jetzt nicht, wo meine Gesundheit immer mehr angegriffen ist. Antworte mir folglich nach Erhalt des Briefes, schriftlich oder mündlich! Wenn nicht, werde ich Dich als gemeinen Verbrecher behandeln.

Peter«[13]

Dieses Ultimatum traf den Zarewitsch wie ein Blitzschlag. Er sollte sich in den Sohn verwandeln, den Peter sich wünschte, oder Mönch werden! Alexei wußte, daß ihm ersteres keinesfalls möglich sein würde; er hatte es fünfundzwanzig Jahre lang versucht und war daran gescheitert. Aber ein Mönch werden? Das bedeutete, alles aufzugeben, einschließlich Afrosinja. Kikin riet ihm zynisch: »Werde ein Mönch, wie dein Vater befiehlt. Denk daran, daß einem das Pfaffenkäppchen nicht auf den Kopf genagelt wird. Man kann es immer wieder ablegen und wegwerfen«[14], und Alexei griff diesen Vorschlag bereitwillig auf. »Allergnädigster Herr und Vater«, schrieb er dem Zaren, »ich erhielt heute morgen Ihren Brief vom 19. Meine Krankheit hindert mich daran, Ihnen ausführlicher zu schreiben. Ich will also Mönch werden und erbitte Ihre gnädige Erlaubnis zu einem solchen Schritt. Euer Sklave und unwürdiger Sohn, Alexei.«[15]

Wiederum war Peter darüber bestürzt, wie schnell und widerstandslos sich Alexei seinem Willen untergeordnet hatte. Da er aber gerade seine zweite lange Reise in den Westen antreten wollte, schien ihm die Zeit bis zu seiner Abfahrt zu kurz, um ein so bedeutendes und kompliziertes Problem schnell lösen zu können. Zwei Tage vor seiner Abreise besuchte er Alexei und fand ihn zitternd im Bett liegen. Erneut fragte er seinen Sohn, wozu er sich entschieden habe, worauf ihm dieser schwor, er wolle mit Gottes und des Zaren Hilfe Mönch werden. In diesem Moment ließ sich Peter erweichen, da er nun glaubte, sein Ultimatum sei vielleicht doch zu streng gewesen und er sollte seinem Sohn mehr Zeit zum Überlegen gewähren. »Ein Mönch zu werden, ist für einen jungen Mann nicht einfach«, belehrte er ihn freundlich. »Denk ein bißchen länger darüber nach und überstürze nichts; schreib mir später, wofür du dich entschieden hast. Es wäre besser für dich, den geraden Weg zu gehen als ein Mönch zu werden, weshalb ich noch einmal sechs Monate warten will.«[16] Sobald Peter gegangen war, schlug Alexei seine Bettdecke zurück, stand auf und ging zu einem Fest.

Als der Zar St. Petersburg verlassen hatte, um zuerst nach Danzig und dann weiter nach Wesen zu reisen, war sein Sohn in hohem Maß erleichtert. Er blieb also weiterhin Thronfolger, und in den folgenden sechs Monaten brauchte er sich keine Sorgen zu machen. Bei einem Mann, der so sprunghaft und so oft krank war wie sein Vater, konnte sich in kürzester Zeit alles mögliche ereignen, und der Zarewitsch hatte zunächst einmal Zeit, seinen Vergnügungen nachzugehen.

Sechs Monate können aber auch im Nu vergehen, wenn man eine unangenehme Entscheidung vor sich herschiebt. Als der Herbst kam, war Peters Halbjahresfrist abgelaufen, doch der Zarewitsch hatte die geforderte Entscheidung noch immer nicht getroffen. Er hatte seinem Vater zwar geschrieben, aber seine Briefe bezogen sich immer nur auf seine Gesundheit und auf alltägliche Dinge. Schließlich, Anfang Oktober 1716, traf ein Brief des Zaren ein, der Alexei in Schrecken versetzte. Er war am 26. August in Kopenhagen geschrieben worden, wo die Vorbereitungen für die alliierte Invasion in Schonen zu Ende gingen. Der Brief war ein Ultimatum; der Zarewitsch sollte dem Kurier direkt seine Antwort mitgeben:

»Mein Sohn,
ich habe Deinen Brief vom 29. Juni und den zweiten vom 30. Juli erhalten. Da ich sehe, daß Du darin wieder von nichts anderem sprichst als von Deiner Gesundheit, schreibe ich Dir jetzt, um Dich daran zu erinnern, daß ich von Dir eine Entscheidung bezüglich der Nachfolge erbeten hatte, als ich Dir Lebewohl sagte. Du hattest mir damals geantwortet, daß Du aufgrund Deines labilen Gesundheitszustands nicht in der Lage wärest zu herrschen und daß Du Dich statt dessen lieber in ein Kloster zurückziehen würdest. Ich sagte Dir, Du sollst noch einmal ernsthaft darüber nachdenken und mir da-

nach schreiben, welchen Entschluß Du wirklich gefaßt hast. Ich habe in den vergangenen sieben Monaten gewartet, aber Du schreibst mir kein einziges Wort zu dieser Frage. Wähle nun nach Empfang meines Briefes den einen oder den anderen Weg. Falls Du Dich für den ersten entscheidest und Dich bemühen willst, der Thronfolge würdig zu werden, dann mach Dich bis in spätestens einer Woche hierher auf den Weg, so daß Du noch rechtzeitig ankommst, um an allen Operationen des Feldzugs teilnehmen zu können. Wenn Du Dich aber für den anderen Weg entscheidest, dann laß mich wissen, wo und wann – genau an welchem Tage – Du Deinen Entschluß ausführen wirst, damit mein Gemüt beruhigt ist und ich weiß, was ich von Dir zu erwarten habe. Laß mir Deine endgültige Antwort mit demselben Kurier zukommen, der Dir diesen Brief überbringt.

Teile mir im ersten Fall mit, an welchem Tag Du von Petersburg abreisen willst, und im zweiten, wann Du ins Kloster eintreten willst. Ich wiederhole, daß Du Dich unbedingt für eine Sache entscheiden mußt und ich nicht zulassen werde, daß Du nur Zeit gewinnst, um sie, wie gewöhnlich, in Faulheit zu verbringen.

Peter«[17]

Nachdem er diesen Brief bekommen hatte, kam Alexei zu einem Entschluß. Er entschied sich allerdings nicht für eine der beiden Möglichkeiten, die ihm Peter anbot, sondern er beschloß zu fliehen, um einen Ort zu finden, wo er nicht unter dem Einfluß der erdrückenden Persönlichkeit seines Vaters stand. Kikin hatte zwei Monate zuvor, als er aus St. Petersburg abgereist war, um Alexeis Tante, die Zarewna Maria, nach Karlsbad zu begleiten, dem Zarewitsch zugeflüstert: »Ich werde mich nach einem Versteck für dich umsehen«[18]; jetzt war Kikin aber noch nicht zurück, und Alexei wußte nicht, wohin er gehen sollte; er war jedoch entschlossen, der eisernen Hand zu entkommen, die jetzt nach ihm griff.

Alexei handelte rasch und raffiniert. Er ging zu Menschikow, erklärte, er wolle nach Kopenhagen aufbrechen, um sich seinem Vater anzuschließen, und benötige tausend Dukaten für die Reise. Außerdem suchte er den Senat auf und bat seine Freunde, seine Interessen weiterhin zu vertreten. Man gab ihm weitere zweitausend Rubel. In Riga lieh er sich schließlich noch fünftausend Goldrubel und zweitausend Rubel in anderen Münzen. Als Menschikow wissen wollte, was während seiner Abwesenheit mit Afrosinja geschehen solle, antwortete Alexei, er werde sie bis nach Riga mitnehmen und sie dann wieder nach St. Petersburg zurückschicken. »Du nimmst sie besser ganz mit«[19], schlug ihm Menschikow daraufhin vor.

Vor seiner Abreise vertraute Alexei seine wirklichen Absichten nur seinem Diener Afanassjew an. Unterwegs jedoch, ein paar Meilen vor Libau, begegnete er der Kutsche seiner Tante Maria Alexejewna, die von ihrer Kur in Karlsbad zurückkehrte. Obwohl Maria mit Alexei und dem alten System sympathisierte, hatte sie zuviel Angst vor Peter, um sich gegen ihn zu stellen.

Alexei saß mit ihr zusammen in ihrer Kutsche und erklärte ihr zunächst, er wolle dem Befehl seines Vaters gehorchen und sei auf dem Weg zu ihm. »Gut so«, erwiderte die Zarewna, »du mußt ihm gehorchen. So gefällt es Gott.« Da brach Alexei in Tränen aus, und unter Schluchzen gestand er seiner Tante jetzt, daß er vorhabe, sich an irgendeinem Ort vor seinem Vater zu verstecken. »Wohin könntest du gehen?« fragte die erschreckte Zarewna, »dein Vater würde dich überall finden.« Sie riet ihm abzuwarten, in der Hoffnung, daß Gott am Ende alle Probleme lösen würde. Sie berichtete auch, daß Kikin inzwischen in Libau eingetroffen sei, er könne ihm womöglich besseren Rat geben.

Als Alexei Kikin in Libau traf, riet ihm dieser, nach Wien zu fahren, da der Kaiser doch sein Schwager sei; diesen Vorschlag griff Alexei auf. Er fuhr mit seiner eigenen Kutsche zunächst bis Danzig weiter, wo er die Uniform eines russischen Offiziers anzog, um anschließend unter dem Namen Kochansko über Breslau und Prag nach Wien zu fahren. Nur drei russische Diener sowie Afrosinja, die als männlicher Page verkleidet war, begleiteten ihn. Vor seiner Weiterfahrt hatte ihm Kikin noch geraten: »Denk daran, wenn dir dein Vater jemanden schickt, der dich zur Heimkehr überreden soll, laß dich auf keinen Fall mit ihm ein. Der Zar wird dich öffentlich enthaupten lassen.«[21]

13   Die Flucht des Zarewitschs

Am Abend des 10. November 1716 lag Graf Schönborn, der Vizekanzler des kaiserlichen Hofs zu Wien, bereits in seinem Bett, als ein Diener in sein Zimmer trat, um ihm zu melden, der russische Thronfolger, der Sohn Zar Peters von Rußland, warte draußen in einem Empfangszimmer und wünsche ihn zu sprechen. Der überraschte Schönborn zog sich sofort wieder an, doch noch bevor er damit fertig war, stürmte der Zarewitsch bereits in sein Schlafzimmer. Er befand sich in einer völlig aufgelösten Verfassung. Er ging im Zimmer auf und ab und berichtete von seiner Lage. Er sei gekommen, meinte er schließlich, um den Kaiser zu bitten, ihn vor dem Tod zu bewahren. Der Zar, Menschikow und Katharina wollten ihn des Throns berauben, ihn in ein Kloster stecken und möglicherweise sogar ermorden lassen. »Ich bin zwar schwach«, schloß er, »aber ich habe genug Verstand, um regieren zu können. Außerdem«, fügte er hinzu, »es ist Gott, und nicht ein Mensch, der die Herrschaft über ein Königreich verleiht und einen Thronfolger erwählt.«[1]

Schönborn betrachtete den verzweifelten jungen Mann, dessen Blicke hin und her irrten, so als ob er damit rechnete, Häscher würden ihn bis in dieses Zimmer verfolgen. Mit einer beruhigenden Geste bot der Vizekanzler seinem Besucher einen Stuhl an. Alexei ließ sich auf den Stuhl fallen und bat um

ein Bier. Da Schönborn kein Bier hatte, schenkte er Alexei ein Glas Mosel-
wein ein und stellte ihm dann auf seine ruhige und freundliche Art einige
Fragen, um sich zu vergewissern, daß der junge Mann wirklich der Zarewitsch war.

Schließlich bedeutete Schönborn dem vor Erregung zitternden Prinzen, daß
man den Kaiser zwar nicht mitten in der Nacht stören, ihn aber am folgenden
Morgen informieren werde. Inzwischen sollte der Zarewitsch in sein Gasthaus – er war im »Schwarzen Adler« abgestiegen – zurückkehren und sich
dort verborgen halten, bis eine Entscheidung gefallen sei. Alexei erklärte
sich damit einverstanden, bedankte sich unter Tränen und verließ den Vizekanzler.

Alexeis Eintreffen in Wien brachte Kaiser Karl VI. in eine heikle Lage. Es
war gefährlich, sich zwischen Vater und Sohn zu stellen. Sollte es in Rußland
zu einem Aufstand oder einem Bürgerkrieg kommen, könnte niemand vor-
hersagen, welche Seite gewinnen würde; und wenn Österreich den Verlierer
unterstützt hätte, wer wüßte dann, wie sich der Sieger rächen würde? Man
sah es folglich als vorteilhaft an, Alexei nicht offiziell zu empfangen oder
überhaupt von seiner Anwesenheit offiziell Kenntnis zu nehmen. Andererseits wollte man aber auch den Appell Alexeis an seinen Schwager nicht zurückweisen. Dem Zarewitsch wurde darum empfohlen, sein Inkognito aufrechtzuerhalten; man würde ihn irgendwo im Habsburger Reich verbergen,
bis er sich entweder mit seinem Vater versöhnt hätte oder eine andere Entwicklung eingetreten wäre.

Zwei Tage später wurden Alexei und seine kleine Gruppe (zu der auch Afrosinja gehörte, die immer noch als Knabe verkleidet war) zu Schloß Ehrenberg im abgelegenen Tiroler Lechtal geleitet, wo man die notwendigen
Sicherheitsvorkehrungen für sie traf. Nicht einmal der Schloßkommandant
wurde eingeweiht; er glaubte, einen bedeutenden polnischen oder ungarischen Adligen als Gast zu haben. Die zur Garnison gehörenden Soldaten
wurden für die Dauer von Alexeis Aufenthalt dazu verpflichtet, das Schloß
nicht zu verlassen. Der Besucher wurde als Gast des kaiserlichen Hofes behandelt; man bediente ihn respektvoll und sorgte durch Zahlung von dreihundert Gulden monatlich großzügig für seinen Unterhalt. Alle Briefe, die
er schrieb oder an ihn adressiert waren, mußten abgefangen und der Hofkanzlei in Wien vorgelegt werden. Jeder, der dem Schloßtor nahe kam oder
mit den Wachen zu sprechen versuchte, sollte unverzüglich verhaftet werden.

Tief in den Alpen versteckt und von dicken Mauern umschlossen fühlte sich
Alexei endlich sicher. Afrosinja und seine russischen Diener waren bei ihm,
und er hatte auch viele Bücher mitgebracht. Nur auf einen Geistlichen seiner
Glaubensgemeinschaft mußte er verzichten, solange sein Inkognito aufrechterhalten werden sollte. In den folgenden fünf Monaten war er nur über den
Grafen Schönborn und die kaiserliche Hofkanzlei in Wien mit der Welt verbunden. Von Zeit zu Zeit übermittelte man ihm Nachrichten. »Die Leute

sagen allmählich, der Zarewitsch sei umgekommen«, lautete eine dieser Mitteilungen. »Den einen zufolge ist er vor der Strenge seines Vaters davongelaufen, nach Meinung anderer auf Befehl seines Vaters getötet worden. Noch andere sagen, Räuber hätten ihn auf einer Reise ermordet. Niemand weiß genau, was tatsächlich mit ihm geschehen ist. Ich füge als Kuriosität bei, was aus St. Petersburg geschrieben wurde. Es wird dem Zarewitsch geraten, sich im eigenen Interesse gut verborgen zu halten, da man aktive Nachforschungen nach ihm stellen wird, sobald der Zar aus Amsterdam zurückgekehrt ist.«[2]

Den Russen fiel das Verschwinden des Zarewitsch weniger schnell auf, als man hätte meinen können. Peter befand sich in Amsterdam, Katharina in Mecklenburg, und eine Reise dauerte zu jener Zeit lange und war mit vielen Unsicherheitsfaktoren verbunden. Man nahm an, Alexei reise über winterliche Straßen von St. Petersburg aus an der Ostsee entlang, um sich dem Teil des Heeres anzuschließen, der in Mecklenburg Winterquartier bezogen hatte; allein die Umstände einer solchen Reise konnten eine Verzögerung von Wochen plausibel machen. Aber mit der Zeit begann man sich Sorgen zu machen. Zweimal schrieb Katharina an Menschikow und fragte nach Alexei. Ein Diener des Zarewitschs, den Kikin seinem Herrn nachgeschickt hatte, hatte Alexeis Spur in Norddeutschland verloren. Er fuhr zu Katharina nach Mecklenburg und berichtete, er sei Alexei bis Danzig nachgereist, wo der Zarewitsch dann verschwunden sei. Etwa um diese Zeit schickte Graf Schönborn dem in Tirol versteckten Flüchtling einen Brief, den der österreichische Gesandte Pleyer im Januar aus St. Petersburg abgeschickt hatte:

»Da hier bisher niemand dem Kronprinzen besondere Aufmerksamkeit geschenkt hatte, machte sich auch niemand viele Gedanken über seine Abreise. Erst als die alte Prinzessin Maria (welcher Alexei seinen Wunsch zu fliehen eingestanden hatte) aus Karlsbad zurückkehrte und bei einem Besuch im Haus des Kronprinzen ausrief: ›Arme Waisenkinder, ihr seid ohne Vater und Mutter, wie leid ihr mir tut!‹, und als außerdem die Nachricht eintraf, der Zarewitsch sei nicht weiter als bis Danzig gekommen, zog man allmählich Erkundigungen nach ihm ein. Viele hochgestellte Persönlichkeiten ließen heimlich bei mir oder bei anderen Ausländern anfragen, ob wir nicht mit unserer Post irgendwelche Nachrichten über ihn erhalten hätten. Auch zwei seiner Diener kamen zu mir und stellten mir Fragen. Sie jammerten und erklärten, der Zarewitsch habe für seine Reise tausend Dukaten von ihnen genommen und in Danzig noch weitere zweitausend, und er habe ihnen einen Befehl geschickt, heimlich seine Möbel zu verkaufen, wodurch seine Schulden beglichen werden sollten; von diesem Zeitpunkt an hätten sie dann keine Nachricht mehr von ihm erhalten. Möglicherweise sei er inzwischen, so raunten sich viele zu, von Anhängern des Zaren ergriffen und in ein abgelegenes Kloster gebracht worden, wobei man nicht wissen könne, ob er tot oder lebendig sei. Nach Aussagen anderer ist er aber nach Ungarn oder in irgendein anderes Land des Kaisers gegangen.«[3]

Im Anschluß daran begann Pleyer, der Peter nicht mochte, zu übertreiben. »Alles ist hier reif für einen Aufstand«, berichtete er nach Wien. Pleyer schrieb auch, es gäbe eine Verschwörung, durch die Peter angeblich getötet, Katharina eingekerkert, Jewdokija befreit und Alexei auf den Thron gesetzt werden sollte. Des weiteren zählte er die Klagen von Adligen auf, mit denen er in Verbindung stand. »Hoch und niedrig sprechen von nichts anderem als von der Mißachtung, die man ihnen und ihren Kindern zeigt, indem man sie dazu zwingt, Seeleute und Schiffsbauer zu werden, obwohl sie bereits im Ausland gewesen sind, um Fremdsprachen zu lernen, und dafür bereits sehr viel Geld ausgegeben haben; und sie sagten, daß ihr Besitz durch die Steuern ruiniert werde sowie dadurch, daß man ihnen ihre Leibeigenen wegnehme, weil diese Festungen und Häfen bauen müßten!« Pleyers Brief, den Alexei Afrosinja zur Aufbewahrung anvertraute und der später in die Hände seiner Inquisitoren in Moskau geriet, sollte dem Zarewitsch noch großen Schaden zufügen.

Für Peter, der den Winter vor seinem Besuch in Paris in Amsterdam verbrachte, waren schon die Gerüchte, daß sein Sohn verschwunden sei, beunruhigend; aber als sie sich schließlich als wahr herausstellten, wurde er vom Zorn geradezu überwältigt. Der Zar befürchtete, daß sich durch den Widerstand des Thronfolgers alle jene aufrührerischen Elemente ermutigt fühlten, die darauf hofften, eines Tages die Reformen des Zaren rückgängig machen zu können. Es war folglich unbedingt erforderlich, den Zarewitsch zu finden. Im Dezember erhielt General Weyde, der die russische Armee in Mecklenburg befehligte, den Auftrag, in Norddeutschland nach ihm zu suchen. Für den Fall, daß sich der Flüchtige im Herrschaftsbereich des Kaisers aufhalten sollte, ließ Peter Abraham Wesselowski, seinen Regierungsvertreter in Wien, zu sich nach Amsterdam kommen. Er erteilte ihm den Auftrag, innerhalb der kaiserlichen Territorien nach dem Zarewitsch zu suchen, und händigte ihm einen Brief an Karl VI. aus, in dem er verlangte, daß Alexei unter militärischem Geleit zu seinem Vater zurückgeschickt werden müsse, wenn er im Habsburger Reich auftauchen sollte. Der Zar wies Wesselowski an, dem Kaiser den Brief erst dann auszuhändigen, wenn er Beweise dafür habe, daß sich der Zarewitsch tatsächlich auf kaiserlichem Gebiet aufhalte.

Wesselowski fuhr von Amsterdam nach Danzig, wo er sich auf die Fährte des Zarewitschs setzte. Er entdeckte, daß die Spur von Danzig hinunter nach Wien führte; ein Mann namens Kochanski, auf den die Beschreibung Alexeis paßte, war einige Monate zuvor auf diesem Weg von Posthaus zu Posthaus gereist. In Wien allerdings verlor sich die Spur; auch in Gesprächen mit Graf Schönborn, Prinz Eugen und sogar mit dem Kaiser selbst konnte er nichts erfahren. In Wien traf bald auch der Gardehauptmann Rumjanzew ein, ein persönlicher Adjutant des Zaren. Rumjanzew war fast so groß wie Peter selbst, und er sollte Wesselowski dabei helfen, Alexei gegebenenfalls mit Gewalt festzunehmen, um ihn nach Rußland zu bringen.

Ende März 1717 zeigten die Bemühungen Wesselowskis und Rumjanzews erste Ergebnisse. Ein Beamter der Hofkanzlei, den man bestochen hatte, ließ durchblicken, eine Suche in Tirol könnte eventuell erfolgversprechend sein. Rumjanzew fuhr nach Tirol und erfuhr aus dem Gerede der Leute dort, daß sich ein geheimnisvoller Fremder in Schloß Ehrenberg versteckt halte. Er schlich so nahe wie möglich an das Schloß heran und konnte schließlich einen Mann entdecken, den er als den Zarewitsch identifizierte. Wesselowski kehrte nach Wien zurück und überreichte dem Kaiser den Brief, den der Zar ihm mitgegeben hatte. Alexei sei in Ehrenburg eindeutig erkannt worden, trug Wesselowski vor, und es sei offensichtlich, daß er sich dort mit Kenntnis der kaiserlichen Regierung aufhalte. Seine kaiserliche Majestät werde deshalb respektvoll darum ersucht, der Bitte des Zaren in bezug auf seinen Sohn nachzukommen. Karl VI. zögerte, da er nicht wußte, wie er diese unerwünschte Schwierigkeit umgehen konnte. Also antwortete er Wesselowski, er zweifle an der Genauigkeit der Information aus Tirol, würde aber Nachforschungen anstellen. Anschließend schickte er unverzüglich einen Sekretär zum Zarewitsch, um ihm Peters Brief zu zeigen und ihn zu fragen, ob er jetzt bereit sei, zu seinem Vater zurückzukehren. Alexei erlitt einen hysterischen Anfall, lief von Zimmer zu Zimmer, weinte, rang die Hände, jammerte laut und ließ den Sekretär wissen, er werde eher alles andere tun als zurückzukehren. Daraufhin gab ihm der Sekretär den Beschluß des Kaisers bekannt: Da sein gegenwärtiges Versteck entdeckt worden sei und man die Bitten des Zaren nicht einfach zurückweisen könne, solle der Zarewitsch an einen anderen Zufluchtsort innerhalb des Reiches gebracht werden: nach Neapel, das vier Jahre zuvor durch den Vertrag von Utrecht an das Habsburger Reich gefallen war.

Dankbar willigte Alexei ein, und unter großer Geheimhaltung fuhr er über Innsbruck und Florenz nach Süditalien, wobei ihn wieder sein »Page« Afrosinja und seine Diener begleiteten, die unglücklicherweise nicht vermeiden konnten, unterwegs durch Trunkenheit Aufmerksamkeit auf sich zu ziehen. In seinen Briefen an Graf Schönborn meldete der kaiserliche Sekretär: »Bis nach Trient sind uns verdächtige Personen gefolgt; alles ging jedoch gut. Ich wandte alle möglichen Mittel an, um unsere Gesellschaft vor häufigem und exzessivem Trinken zu bewahren, aber es war vergeblich.«[4] Anfang Mai kam die Flüchtlingsgruppe in Neapel an, und nachdem sie in der Trattoria der »Drei Könige« eine Mahlzeit zu sich genommen hatte, rollte die Kutsche des Zarewitschs in den Schloßhof von St. Elmo ein. Innerhalb der massiven braunen Mauern und Türme dieser Festung sollte Alexei die nächsten fünf Monate verbringen. Hier begann er auch, nach Rußland zu schreiben. In Briefen an den Klerus und an den Senat teilte er mit, daß er noch lebe, und er erklärte, warum er geflohen sei. Im Laufe der Zeit verriet der schwellende Leib des »Pagen« schließlich dessen wirkliches Geschlecht. In einem Brief an Prinz Eugen bemerkte Graf Schönborn scherzend: »Zu guter Letzt ist unser kleiner Page als weibliche Person anerkannt worden. Man erklärte, sie sei eine Mätresse und als solche unentbehrlich.«[5]

Zum Unglück für die Liebenden hatte man sich jedoch getäuscht, als man glaubte, das Versteck bei Neapel sei geheim geblieben. Rumjanzew und sein Gefolge waren die »verdächtigen Personen«, die dem Sekretär auf der Reise nach Süden aufgefallen waren; sie hatten den Zarewitsch fast durch ganz Italien verfolgt. Sobald die Häscher Sicherheit darüber erlangt hatten, daß der Zarewitsch und sein Gefolge sich in der Festung St. Elmo aufhielten, eilte ein Kurier nach Norden, um den Zaren zu informieren. Der Bote traf Peter in Spa, wo er nach seinem Aufenthalt in Paris wieder einmal eine Kur machte.

Als der Zar die Nachricht aus Italien erhielt, war er aufs äußerste erzürnt. Neun Monate waren seit der Flucht des Zarewitschs vergangen, und während der Zar durch fremde Länder reiste und westeuropäische Höfe besuchte, hatte er die Demütigung ertragen müssen, die der Abfall seines Sohnes für ihn bedeutete. Jetzt wußte er außerdem, daß ihn der Kaiser bezüglich Alexeis Aufenthalt belogen hatte und, was durch den Umzug in ein neues Asyl in Neapel deutlich wurde, daß Österreich den Zarewitsch nicht ausliefern wollte. Erbost schrieb Peter noch einmal dem Kaiser und verlangte erneut die Herausgabe seines abtrünnigen Sohnes.

Als Überbringer dieser Forderung setzte Peter den geschicktesten Diplomaten ein, der damals in seinen Diensten stand: Peter Tolstoi. Der gerissene alte Fuchs war jetzt zweiundsiebzig Jahre alt. Er hatte überlebt, obwohl er ursprünglich die Zarewna Sofia unterstützt hatte. Später hatte er sich zwölf Jahre als russischer Gesandter in Konstantinopel behauptet. Jetzt erhielt er den schwierigsten Auftrag seines Lebens. Er sollte nach Wien gehen und vom Kaiser in Erfahrung bringen, warum er einem ungehorsamen Sohn Asyl gewährt hatte. Karl VI. gegenüber sollte er ferner mögliche Konsequenzen dieser unfreundlichen Handlungsweise durchblicken lassen und schließlich Alexei einen Brief Peters überreichen, in dem der Zar seinem Sohn Vergebung versprach, wenn er zurückkehrte. In seiner Brust verwahrte Tolstoi allerdings seinen tatsächlichen Befehl: Der Zarewitsch sollte nach Rußland zurückgebracht werden, gleichgültig mit welchen Mitteln.

Als Tolstoi in Wien eintraf, suchte er sogleich um eine Audienz beim Kaiser nach. Ihm überreichte er den Brief des Zaren, in dem dieser erklärte, er kenne den Aufenthaltsort seines Sohnes und er habe sowohl als Vater als auch als Monarch einen unanfechtbaren Anspruch auf die Auslieferung Alexeis. Karl hörte aufmerksam zu und sagte selbst nur wenig; schließlich versprach er, in Kürze zu antworten. Tolstoi suchte auch Alexeis Schwiegermutter, die Prinzessin von Wolfenbüttel, auf, die zufällig gerade ihre Tochter, die Kaiserin, in Wien besuchte. Er bat sie, sich für die Rückkehr des Flüchtigen zu verwenden. Sie willigte ein, denn sie wußte genau, daß Alexeis Sohn Peter Alexejewitsch aus der Thronfolge ausgeschlossen werden könnte, wenn sich der Zarewitsch dem Zaren nicht unterwarf. Am 18. August traten die Minister des Kaisers zusammen und debattierten über die Angelegenheit. Alexei konnte nicht ohne weiteres zu Peter zurückgeschickt werden; wenn sich die Großmutsbeteuerungen des Zaren später als falsch erweisen würden, könnte man Österreich vorwerfen, Alexeis Tod mitverschuldet zu haben. Andererseits stand eine große russische Armee in Polen und in Norddeutschland, und man traute dem Zaren durchaus zu, seine Truppen nicht mehr gegen Karl XII. einzusetzen, sondern nach Schlesien und Böhmen zu führen, wenn man seine Pläne durchkreuzte. Man einigte sich schließlich darauf, den Russen folgende Antwort zu übermitteln: Der Kaiser habe dem Zaren einen Dienst erwiesen. Er habe versucht, die Liebe zwischen Vater und Sohn zu erhalten, dadurch daß er nicht zugelassen hätte, daß Alexei in die Hände einer feindlichen Nation gefallen wäre. In seiner zweiten Unterredung mit Tolstoi legte der Kaiser dann außerdem Wert darauf, festzustellen, daß Alexei in Neapel kein Gefangener sei. Er sei immer frei gewesen, dorthin zu gehen, wohin er wolle. Gleichzeitig unterrichtete der Kaiser seinen Vizekönig in Neapel, daß der Zarewitsch tatsächlich zu nichts gezwungen werden dürfe und daß man Vorkehrungen treffen solle, um sicherzustellen, daß man den Flüchtling nicht ermordete.

Am 26. September 1717 wurde Alexei in den Palast des Vizekönigs geladen. Man führte ihn in einen Raum, in dem er zu seinem Entsetzen neben dem Vizekönig Tolstoi und Rumjanzew sah. Der Zarewitsch begann am ganzen Leibe zu zittern; man hatte ihm nichts von der Anwesenheit der Russen gesagt, weil man vermutete, daß er dann nicht gekommen wäre. Alexei wußte, daß der riesige Rumjanzew ein enger Vertrauter seines Vaters war, und er erwartete nun jeden Augenblick den plötzlichen Stich seines Degens. Tolstoi sprach in ruhigem Ton auf den Zarewitsch ein, und es gelang ihm allmählich, ihm den Eindruck zu vermitteln, er sei nur gekommen, um einen Brief Peters zu überbringen, die Vorstellung des Thronfolgers anzuhören und auf seine Antwort zu warten. Immer noch zitternd nahm der Zarewitsch den Brief entgegen und las ihn.

»Mein Sohn,

alle Welt kennt Deinen Ungehorsam und weiß, mit welcher Verachtung Du meine Befehle behandelt hast. Weder meine Bitten noch meine Drohungen haben Dich dazu bringen können, meinen Wünschen zu folgen. Indem Du mich getäuscht hast, als ich von Dir Abschied nahm, und Deinen Eid brachst, hast Du schließlich Deinen Ungehorsam auf die Spitze getrieben. Dann bist Du geflohen und hast Dich wie ein Verräter unter ausländischen Schutz gestellt. So etwas hat es noch nie zuvor gegeben; nicht in unserer Familie und auch nicht in irgendeiner der angesehenen Familien unseres Landes. Welches Unrecht und welches Leid hast Du damit Deinem Vater angetan, welche Schande hast Du damit über Dein Vaterland gebracht!

Ich schreibe Dir heute zum letztenmal und fordere Dich auf, das zu tun, was Dir die Herren Tolstoi und Rumjanzew in meinem Namen mitteilen werden. Solltest Du Angst vor mir haben, versichere ich Dir – und ich verspreche es vor Gott und Seinem Gericht –, daß ich Dich nicht bestrafen werde. Wenn Du Dich meinem Willen unterwirfst, indem Du mir gehorchst und zurückkehrst, werde ich Dich sogar noch mehr lieben als zuvor. Wenn Du Dich aber widersetzt, werde ich Dich als Vater, kraft der mir von Gott verliehenen Macht, in Ewigkeit verfluchen; und als Dein Gebieter werde ich Dich zum Verräter erklären. Für diesen Fall versichere ich Dir, daß ich Mittel und Wege finden werde, um Dich angemessen zu behandeln, wobei mir, wie ich hoffe, Gott beistehen wird.

Was die übrigen Fragen angeht, erinnere Dich daran, daß ich Dich zu nichts gezwungen habe. Ich habe Dir vielmehr die freie Wahl gelassen. Wenn ich Dich zu etwas hätte zwingen wollen, wäre es dann nicht in meiner Macht gelegen, dies auch zu tun? Ich brauchte nur zu befehlen, und man hätte mir gehorcht.

Peter«[6]

Nachdem Alexei den Brief gelesen hatte, erklärte er den beiden Gesandten, er habe sich unter den Schutz des Kaisers gestellt, weil sein Vater beschlossen habe, ihn von der Thronfolge auszuschließen und in ein Kloster zu sperren. Jetzt, da ihm sein Vater verzeihen wolle, würde er die Angelegenheit gern noch einmal überdenken; er könne aber nicht sofort antworten. Als Tolstoi und Rumjanzew zwei Tage später wiederkamen, bekundete Alexei, er fürchte sich immer noch davor, zu seinem Vater zu gehen, und wolle deshalb weiterhin die Gastfreundschaft des Kaisers in Anspruch nehmen. Nach diesen Worten änderte sich das Verhalten Tolstois. Er tobte vor Wut, rannte im Raum auf und ab und drohte, der Zar würde gegen das Habsburger Reich Krieg führen. Seinen Sohn würde Peter wie einen Verräter jagen und schließlich fassen – tot oder lebendig; es gäbe für ihn kein Entkommen, wohin er auch fliehen würde. Sie beide, Tolstoi und Rumjanzew, hätten Befehl, ihm auf den Fersen zu bleiben.

Alexei griff nach der Hand des Vizekönigs und zog ihn in ein Nebenzimmer, wo er ihn anflehte, ihm den Schutz des Kaisers zu gewähren. Graf Daun, der Anweisung erhalten hatte, die Gespräche zwischen dem Zarewitsch und seinen russischen Besuchern zu ermöglichen, gleichzeitig aber jede Gewaltanwendung zu verhindern, ahnte, in welchem Zwiespalt sich der Kaiser befand. In der Meinung, er könne diesem einen Gefallen tun, wenn es ihm gelänge, den Zarewitsch zur freiwilligen Rückkehr zu bewegen, versuchte er Alexei zu beruhigen, während er gleichzeitig begann, mit Tolstoi zusammenzuarbeiten.

Inzwischen zettelte Tolstoi eine Intrige an. Er bestach den Sekretär des Vizekönigs mit hundertsechzig Dukaten, damit er dem Zarewitsch eine falsche Information zuspielte: Der Kaiser habe beschlossen, den Sohn seinem zornigen Vater zurückzuschicken. Als Tolstoi dann wieder mit Alexei sprach, log er, es gäbe da einen weiteren Brief des Zaren, in dem dieser ankündigte, er wolle kommen und seinen Sohn mit Gewalt zurückholen. Außerdem werde die russische Armee bald nach Schlesien einmarschieren. Der Zar habe tatsächlich die Absicht, nach Italien zu kommen, drohte Tolstoi. »Und wenn er hier ist, wer kann ihn dann daran hindern, Sie zu sehen?« fragte er. Bei diesem Gedanken wurde Alexei bleich vor Angst.

Schließlich entdeckte Tolstoi den Schlüssel zu Alexeis Herz: Afrosinja. Nachdem er bemerkt hatte, daß der Zarewitsch von dieser Leibeigenen auf fast verzweifelte Weise abhängig war, ließ er den Vizekönig glauben, daß sie der Hauptgrund für den Bruch zwischen Vater und Sohn sei. Das Mädchen, so redete er ihm ein, würde Alexei noch in seiner Absicht bestärken, nicht zurückzukehren, weil ihr eigener Status in Rußland ungewiß sei. Auf Tolstois Drängen gab Graf Daun schließlich den Befehl, Afrosinja aus St. Elmo zu entfernen. Als Alexei davon hörte, gab er seinen Widerstand auf. Er schrieb Tolstoi und bat ihn, allein ins Schloß zu kommen, damit man eine Vereinbarung ausarbeiten könne. Zuvor, als er seine Schlacht schon beinahe gewonnen hatte, brachte Tolstoi sogar noch Afrosinja mit Geschenken und Versprechungen dahin, ihren Liebhaber zur Rückkehr zu drängen. Sie tat, was man von ihr verlangte, und bat Alexei unter Tränen, seinen letzten verzweifelten Fluchtgedanken aufzugeben: Er hatte daran gedacht, sich unter den Schutz des Papstes zu stellen.

Am Ende fühlte sich Alexei so sehr in die Enge getrieben, daß er sich nur noch unterwerfen konnte. Er sah sich vor der Wahl, entweder in Begleitung seiner Geliebten nach Rußland zurückzukehren und seinen Vater um Vergebung zu bitten, oder von Afrosinja getrennt zu werden und auch den Schutz des Kaisers zu verlieren, wonach er Tolstoi und Rumjanzew oder, noch schlimmer, dem Zaren selbst ausgeliefert wäre. Deshalb war abzusehen, welche Wahl er treffen würde, und als Tolstoi im Schloß eintraf, gab der Zarewitsch tatsächlich auf. Obwohl er immer noch Zweifel hegte, erklärte er dem Gesandten: »Ich will unter zwei Bedingungen zu meinem Vater zurückgehen: Er soll mir erlauben, ruhig in einem Landhaus zu leben, und er darf mir Afrosinja nicht wegnehmen.«[8] Peters Befehl eingedenk, er solle den Zarewitsch mit allen Mitteln nach Rußland zurückbringen, willigte Tolstoi sofort in die Bitten ein; er versprach Alexei, er werde persönlich dem Zaren schreiben und um die Erlaubnis bitten, daß Alexei Afrosinja heiraten dürfe. Voll Zynismus schrieb er Peter, diese Heirat würde beweisen, daß Alexei nicht aus ernsthaften politischen Gründen, sondern nur wegen einer leichtfertigen Liebe zu einem Bauernmädchen geflohen sei; und dies wiederum, fügte Tolstoi hinzu, müßte ihm auch die letzte Sympathie verscherzen, die der Kaiser seinem Schwager noch entgegenbringen mochte.

Alexei schrieb dem Zaren und bat ihn inständig um Vergebung. Am 17. November antwortete Peter: »Du bittest um Verzeihung. Sie wurde Dir bereits von Tolstoi und Rumjanzew mündlich und schriftlich zugesagt, und ich bestätige sie hiermit noch einmal, so daß Du ihrer völlig sicher sein kannst. Was gewisse andere Wünsche betrifft, über die mich Tolstoi unterrichtet hat [die Heirat mit Afrosinja], so werden sie Dir hier erfüllt werden.«[9] An Tolstoi schrieb Peter, er werde diese Eheschließung erlauben, wenn Alexei nach seiner Rückkehr immer noch darauf bestehe, allerdings müsse sie in Rußland selbst oder in einem der neu eroberten baltischen Länder stattfinden. Auch Alexeis Wunsch, auf einem Landgut leben zu dürfen, versprach Peter erfüllen zu wollen. »Vielleicht zweifelt er daran, ob ich ihm das erlauben werde«, schrieb der Zar an Tolstoi, »doch laß ihn selbst urteilen. Nachdem ich ihm ein so großes Vergehen verziehen habe, warum sollte ich zögern, ihm eine solche Kleinigkeit zu bewilligen?«[10]

Als Alexei sich einverstanden erklärt hatte, nach Rußland zurückzukehren, und er diesen Beschluß auch dem Kaiser schriftlich mitgeteilt hatte, durften die kaiserlichen Beamten ihn keinesfalls länger zurückhalten. Der Zarewitsch verließ also Schloß St. Elmo gemeinsam mit Tolstoi und Rumjanzew, und da er sich nun beruhigt hatte, machte er unterwegs noch einen Abstecher nach Bari zum Reliquienschrein des heiligen Nikolaus. Von dort aus ging er nach Rom, wo er vom Papst empfangen wurde. In gelöster Stimmung erreichte er Venedig, wo man ihm riet, Afrosinja zurückzulassen, da es in ihrem Zustand nicht ratsam sei, im Winter die Alpen zu passieren.

Die argwöhnischen Begleiter des Zarewitschs, Tolstoi und Rumjanzew sowie Wesselowski, der in der Nähe von Wien auf die drei Männer und ihr Gefolge wartete, empfanden die Fahrt durch die Hauptstadt Habsburgs wie ein Spießrutenlaufen. Alexei bat zudem darum, in Wien haltzumachen, um dem Kaiser für seine Gastfreundschaft danken zu können. Tolstoi befürchtete jedoch, es würde zu einem Sinneswandel kommen, durch den er um den Erfolg seiner Mission gebracht werden könnte. Darum arrangierte er es, daß Wesselowski die kleine Reisegruppe in einer einzigen Nacht durch Wien hindurchschleuste. Als der Kaiser von dieser Nacht-und-Nebel-Aktion erfuhr, waren der Zarewitsch und seine Begleiter bereits in Brünn in Mähren angelangt.

Karl VI. war beunruhigt und empört zugleich. Das, was in Neapel geschehen war, hatte ihm Gewissensbisse verursacht; um sich selbst zu beruhigen, hatte er seinen Schwager noch einmal sehen wollen. Er wollte sichergehen, daß der Zarewitsch tatsächlich freiwillig nach Rußland zurückkehrte, wobei er sich dies schon wünschte, da es auch für ihn eine Erleichterung bedeutete. Der Kaiser rief darum eilig den Staatsrat zusammen und entsandte einen Boten zu Graf Colloredo, dem Gouverneur von Mähren, mit dem Befehl, die russische Gruppe aufzuhalten, bis Alexei dem Gouverneur persönlich zugesichert habe, daß er frei und auf eigenen Wunsch reise.

Als Tolstoi sein Gasthaus von Soldaten umringt sah, leugnete er, daß sich der Zarewitsch bei ihm befände. Außerdem bedrohte er jedermann mit dem Degen, der sich Alexeis Zimmer nähern wollte, und versprach, ein solcher Vorfall werde die Rache des Zaren zur Folge haben. Bestürzt schickte Graf Colloredo einen Boten nach Wien und bat um neue Anweisungen; wieder erhielt er den Befehl, Tolstoi mit seiner Gruppe keinesfalls aus Brünn abreisen zu lassen, wenn er den Zarewitsch nicht vorher gesehen und mit ihm gesprochen hätte; wenn nötig, solle er Gewalt anwenden. Diesmal gab Tolstoi nach. Er erlaubte eine Unterredung mit dem Zarewitsch, doch konnte der Gouverneur Alexei nicht unter vier Augen sprechen, Tolstoi und Rumjanzew blieben im Zimmer. Unter diesen Umständen gab sich Alexei ziemlich schweigsam; er meinte nur, es liege ihm viel daran, zu seinem Vater zurückzukehren, und er habe nur deswegen nicht in Wien angehalten und den Kaiser besucht, weil ihm standesgemäße Kleidung und eine passende Kutsche gefehlt hätten. Das Spiel war also zu Ende; die diplomatischen Regeln waren eingehalten worden. Der Kaiser hatte seine Pflicht erfüllt; jetzt gab man Erlaubnis zur Weiterfahrt. Innerhalb weniger Stunden hatte Tolstoi neue Pferde besorgt, so daß die Russen weiterreisen konnten. Sie erreichten Riga und damit russisch besetztes Gebiet am 21. Januar 1718. Von dort wurde Alexei nach Twer bei Moskau gebracht, wo er auf eine Vorladung durch seinen Vater warten sollte.

Afrosinja war in Venedig zurückgeblieben, um erst bei besserem Wetter und in gemächlicherem Tempo weiterzureisen. Alexei schrieb ihr ständig und brachte seine Liebe und Besorgnis zum Ausdruck. Als er in Rußland eintraf, war es sein erster Gedanke, ihr einige weibliche Bedienstete und einen orthodoxen Priester zu schicken. Sein letzter Brief aus Twer war optimistisch: »Gott sei Dank geht alles gut. Ich hoffe, bald alles loszuwerden, um mit Dir, wenn es Gott gefällt, auf dem Land leben zu können, wo wir keine weiteren Sorgen haben werden.«[11]

Während Alexei auf diese Weise Afrosinja sein Herz ausschüttete, genoß sie ihren neuen Status als Favoritin beider – des Sohns und, da sie Tolstoi unterstützt hatte, des Vaters. Sie amüsierte sich in Venedig, fuhr in einer Gondel und kaufte sich ein Gewand für hundertsiebenundsechzig Dukaten sowie ein Kreuz, Ohrringe und einen Rubinring. Den meisten ihrer Briefe fehlte die Innigkeit, die ihr Geliebter so sehr zum Ausdruck brachte; sie waren von einem Sekretär geschrieben, wobei Afrosinja gewöhnlich nur ein paar Zeilen in großen unschönen Schriftzügen hinzufügte und Alexei bat, er solle ihr mit dem nächsten Boten Kaviar und Räucherfisch oder andere Delikatessen schicken.

In Rußland weckte die Nachricht von der Rückkehr des Zarewitschs gemischte Gefühle. Niemand wußte genau, wie man ihn aufnehmen sollte: War er noch der Thronfolger oder ein Verräter Rußlands, der jetzt außerhalb Moskaus darauf wartete, seinen Vater sehen zu dürfen? Der französische Handelsagent de la Vie äußerte Gefühle des Unbehagens: »Die Ankunft des Zarewitschs verursachte soviel Freude bei den einen wie Kummer bei den anderen. Bevor er zurückkehrte, hatten seine Parteigänger darauf hoffen können, daß es zu irgendeiner Revolution kommen werde. Jetzt hat sich die Lage völlig geändert. Vorsicht ist an die Stelle von Unzufriedenheit getreten, und überall verhält man sich still, während man auf den Ausgang der Angelegenheit wartet. Seine Rückkehr wird im allgemeinen mißbilligt, denn man glaubt, daß er dasselbe Schicksal erleiden wird wie seine Mutter.«[12] Vor allem diejenigen, die darauf gehofft hatten, der Sohn würde seinen Vater überleben und ihm nachfolgen, waren entsetzt. So äußerte Iwan Naryschkin: »Dieser Judas von einem Peter Tolstoi hat den Zarewitsch verraten.«[13] Und Fürst Wassili Dolgoruki fragte den Fürsten Gagarin: »Hast du gehört, daß dieser Narr von Zarewitsch hierherkommt, weil ihm sein Vater erlaubt hat, Afrosinja zu heiraten? Er wird ein Begräbnis statt einer Hochzeit haben!«[14]

14 Die Zukunft steht auf dem Spiel

Am 3. Februar 1718 versammelten sich morgens um neun Uhr die hohen Würdenträger Rußlands zu einer feierlichen Sitzung im großen Audienzsaal des Kreml. Minister und andere Regierungsbeamte, die höchsten Repräsentanten des Klerus und des Adels waren zusammengekommen, um Zeugen eines außerordentlichen historischen Ereignisses zu werden: der Absetzung des Zarewitsch und der Proklamation eines neuen Thronfolgers. Drei Bataillone des Preobraschensker Regiments waren zum Kreml beordert und mit geladenen Musketen rund um den Palast aufgestellt worden.
Peter der Große betrat als erster den Saal und nahm auf dem Thron Platz. Dann wurde Alexei hereingeführt: Er trug keinen Degen und kam folglich als Gefangener. So ging er geradewegs auf seinen Vater zu, fiel vor ihm auf die Knie, bekannte seine Schuld und bat um Vergebung. Peter befahl seinem Sohn aufzustehen und ließ sofort danach eine kurze schriftliche Erklärung Alexeis verlesen:

»Allergnädigster Herr und Vater! Ich bekenne noch einmal, daß ich die Pflichten eines Kindes und eines Untertans verletzt habe, indem ich geflohen bin und mich unter den Schutz des Kaisers begeben sowie ihn um Hilfe gebeten habe. Ich bitte Sie um Vergebung, lassen Sie Milde walten. Der demütigste und unfähigste Sklave, nicht würdig, sich selbst Sohn zu nennen. Alexei.«[1]

Danach trug der Zar vor, sein Sohn Alexei habe sich wiederholt seinen Befehlen widersetzt, habe seine Frau vernachlässigt und illegitime Beziehungen zu Afrosinja, einer Leibeigenen, unterhalten; er sei desertiert und schließlich in schändlicher Weise an einen ausländischen Hof geflohen. Der Zarewitsch bitte zwar um sein Leben, sei aber bereit, auf sein Erbe zu verzichten. Aus Barmherzigkeit, so fuhr Peter fort, habe er Alexei Vergebung zugesichert, allerdings unter der Bedingung, daß ihm die ganze Wahrheit über sein vergangenes Tun und alle Namen seiner Komplizen aufgedeckt würden. Alexei erklärte sich dazu bereit und folgte Peter in einen kleinen Nebenraum, wo er schwor, daß nur Alexander Kikin und Iwan Afanassjew, sein Kammerdiener, im voraus seine Fluchtabsichten gekannt hätten. Daraufhin kehrten Vater und Sohn in den Audienzsaal zurück, wo Vizekanzler Schafirow nun ein offizielles Dokument verlas. Darin wurden die Vergehen des Zarewitschs noch einmal aufgezählt, und es wurde erklärt, daß ihm vergeben worden sei, er auf den Thron verzichtet habe und daß fortan Katharinas Sohn, der zweijährige Zarewitsch Peter Petrowitsch, Thronfolger sei. Vom Palast aus ging die ganze Versammlung sodann zur Uspenski-Kathedrale, wo Alexei die Heilige Schrift und ein Kreuz küßte und vor diesen Heiligtümern den Eid ablegte, er werde nach dem Tod seines Vaters seinen Halbbruder als legitimen Nachfolger des Zaren anerkennen und niemals mehr versuchen, Ansprüche auf den Thron zu erheben. Zum Schluß gelobten alle Anwesenden Peter Petrowitsch die Treue. Noch in der Nacht wurde diese Erklärung veröffentlicht, und in den folgenden drei Tagen rief man alle Bürger Moskaus dazu auf, in die Kathedrale zu kommen und ebenfalls den nun erforderlichen neuen Treueid zu leisten. Gleichzeitig wurden Boten an Menschikow und den Senat in St. Petersburg geschickt, die den Befehl überbrachten, die gesamte Garnison, der Adel, die Stadtbevölkerung und die Bauern sollten sogleich auf Peter Petrowitsch als nunmehrigen Thronerben vereidigt werden.

Die öffentlichen Vereidigungen in Moskau und St. Petersburg hätten dann das Ende der Affäre sein können. Alexei hatte auf seinen Anspruch verzichtet; ein neuer Thronfolger war proklamiert; alles hätte also seine Ordnung haben können. Doch in Wahrheit war das Problem keineswegs gelöst; das schreckliche Drama hatte vielmehr erst begonnen.

Peters Erklärung während der Zeremonie im Kreml, er mache seine Vergebung davon abhängig, daß Alexei die Namen aller seiner Ratgeber und Vertrauten bekanntgebe, führte ein neues Element in die Auseinandersetzung zwischen Vater und Sohn ein. Man hatte es hier mit einem Bruch des Versprechens zu tun, das der Zar dem Zarewitsch nach Schloß St. Elmo hatte übermitteln lassen. Dort war Alexei durch Tolstoi bedingungslose Vergebung zugesagt worden, wenn er nach Rußland zurückkehren würde. Jetzt verlangte man von ihm, daß er alle seine »Komplizen« nannte und auch nicht die geringste Kleinigkeit der »Verschwörung« verheimlichte.

Die Frage, wie weit die Opposition gegen ihn und seine Regierung bereits um sich gegriffen hatte, quälte nun den Zaren, der nun dazu entschlossen war, zu erfahren, wer seiner Untertanen – und vielleicht sogar seiner Ratgeber und Freunde – insgeheim Partei für seinen Sohn ergriffen hatte. Er konnte nicht glauben, daß Alexei ohne Hilfe anderer und ohne konspirative Absicht geflohen war. Für Peter handelte es sich bei dem Konflikt mit seinem Sohn nicht mehr nur um ein familiäres Drama, sondern um eine politische Auseinandersetzung, bei der es um den Fortbestand der von ihm eingeführten Errungenschaften ging. Er hatte die Thronfolge auf einen anderen Sohn übertragen, aber Alexei blieb am Leben und war frei. Wie konnte Peter sicher sein, daß nach seinem Tod dieselben Adligen, die jetzt so bereitwillig den

Treueid für den neuen Zarewitsch Peter Petrowitsch unterzeichnet hatten, nicht ebenso bereitwillig ihre Gelöbnisse brechen und sich auf die Seite Alexeis stellen würden? Und vor allem, wie konnte er weiterhin die bekannten Gesichter um sich herum ertragen, wenn er nicht wußte, wem er fortan trauen konnte?

Von diesen Fragen gequält, beschloß Peter, den Dingen auf den Grund zu gehen. Die erste Untersuchung wurde sogleich in Preobraschenskoje durchgeführt. Hier sollte Alexei, wie er versprochen hatte, alle Hintergründe der Angelegenheit aufdecken. Zu diesem Zweck stellte Peter mit eigener Hand eine Liste von sieben Fragen auf, die Tolstoi dem Zarewitsch vorlegte, wobei er ihn noch einmal an die Drohung des Zaren erinnerte, eine einzige Auslassung oder Ausflucht bei seinen Antworten könnte ihn die Begnadigung kosten. Daraufhin schrieb Alexei einen weitschweifigen Bericht über die Ereignisse während der vergangenen vier Jahre. Obwohl er weiterhin behauptete, daß nur Kikin und Afanassjew über seine Flucht Bescheid gewußt hätten, nannte er nun auch eine ganze Anzahl anderer Personen, mit denen er über seine Beziehungen zu seinem Vater gesprochen hatte. Unter denen, die er erwähnte, befanden sich Peters Halbschwester, die Zarewna Maria Alexejewna; Abraham Lopuchin, der Bruder von Peters erster Frau Jewdokija und damit Alexeis Onkel; Peter Apraxin, der Bruder des General-Admirals; Michail Samarin; Semjon Naryschkin; Fürst Wassili Dolgoruki; Fürst Juri Trubezkoi; der Fürst von Sibirien; Wiasemski, der Hauslehrer des Zarewitschs, und schließlich sein Beichtvater Ignatjew.

Nur Afrosinja verschonte Alexei mit seinen Vorwürfen. »Sie trug meine Briefe in einer Schachtel, aber sie wußte nicht im geringsten, was darin geschrieben stand«[2], schrieb er. Alexei behauptete auch, Afrosinja habe seine Fluchtpläne im vorhinein nicht gekannt: »Ich wandte eine List an, um sie mitnehmen zu können, als ich den Entschluß zur Flucht gefaßt hatte. Ich sagte ihr, ich würde sie nur bis nach Riga mitnehmen, fuhr jedoch von dort aus mit ihr weiter, während ich sie und die übrigen Leute meines Gefolges in dem Glauben ließ, ich hätte Befehl, nach Wien zu gehen, um dort ein Bündnis gegen die Osmanische Pforte zu schließen, wobei ich verpflichtet wäre, inkognito zu reisen, damit die Türken nicht argwöhnisch würden. Das ist alles, was sie und meine Diener davon wußten!«

Nachdem ihm Alexei Namen genannt hatte, schrieb Peter eilige Befehle an Menschikow in St. Petersburg, wo die meisten der Beschuldigten lebten; nach Ankunft der Kuriere wurden sofort alle Stadttore geschlossen, damit niemand mehr die Stadt verlassen konnte. Bauern, die Lebensmittel auf den Markt gebracht hatten, mußten vor der Abfahrt ihre Schlitten durchsuchen lassen: Sie hätten ja einen der »Freunde Alexeis« versteckt haben können. Apotheker durften kein Arsen und keine anderen Gifte verkaufen, damit niemand versuchen konnte, sich umzubringen.

Um Mitternacht wurde Kikins Haus von fünfzig Gardesoldaten umstellt. Ein Offizier verschaffte sich Einlaß, fand ihn in seinem Bett, verhaftete und fesselte ihn mit Ketten und einem eisernen Halsband. Im Schlafrock und in Hausschuhen wurde er sofort weggeschleppt. Tatsächlich wäre Kikin beinahe entkommen. Da er wußte, daß er sich in Gefahr befand, hatte er eine der persönlichen Ordonnanzen des Zaren bestochen, ihm bei jedem Schritt, den Peter gegen ihn unternahm, eine Warnung zukommen zu lassen. Als Peter seine Befehle an Menschikow niederschrieb, stand diese Ordonnanz hinter seinem Herrn und las über dessen Schulter hinweg mit. Sofort verließ er das Haus und schickte einen reitenden Boten zu Kikin. Die Warnung traf in St. Petersburg ein – wenige Minuten nachdem Kikin verhaftet worden war.

Menschikow hatte auch Befehl erhalten, Fürst Wassili Dolgoruki zu verhaften. Dolgoruki war Generalleutnant, Ritter des Dänischen Elefantenordens und oberster Leiter der Untersuchungskommission, die von Peter zur Überprüfung veruntreuter Staatsgelder eingesetzt worden war. Er glaubte sich noch hoch in Peters Gunst, denn er hatte den Zaren gerade erst auf dessen achtzehnmonatiger Reise nach Kopenhagen, Amsterdam und Paris begleitet. Menschikow ließ auch Dolgorukis Haus von Soldaten umstellen und gab dem Fürsten dann seine Befehle bekannt. Dolgoruki händigte ihm seinen Degen aus und erklärte: »Ich habe ein gutes Gewissen und nur einen Kopf zu verlieren.«[3] Der Fürst wurde gefesselt und zur Peter-und-Paul-Festung gebracht, wo am gleichen Abend noch Peter Apraxin, Abraham Lopuchin, Michail Samarin und der Fürst von Sibirien eingeliefert wurden. Außerdem wurden alle Diener Alexeis sowie neun andere Personen verhaftet und zur Überstellung nach Moskau bereitgehalten.

Im Februar wurde der Kreis der Verdächtigten dann immer größer. Jeden Tag wurden in Moskau und in St. Petersburg weitere Personen festgenommen. Dossifei, der Bischof von Rostow und einer der berühmtesten und mächtigsten Geistlichen Rußlands, wurde gefangengenommen; ihn beschuldigte man, in seiner Kirche öffentlich für Jewdokija gebetet und den Tod Peters prophezeit zu haben. Auch Jewdokija und Peters einzige überlebende Halbschwester Maria wurden zur Vernehmung nach Moskau gebracht. Gegen seine erste Frau war Peter voller Argwohn. Sie hatte mit Alexei in Verbindung gestanden und konnte nur Vorteile daraus gewinnen, wenn ihr Sohn auf den Thron gelangen würde. Am selben Tag, an dem Alexei offiziell von der Thronfolge ausgeschlossen worden war, schickte Peter Gardehauptmann Gregor Pissarew ins Kloster Susdal, wo Jewdokija seit neunzehn Jahren lebte. Als Pissarew dort ankam, mußte er feststellen, daß Jewdokija den Nonnenschleier seit langem abgelegt hatte und wieder weltliche Kleidung trug. Auf dem Altar des Klosters fand er eine Tafel, die mit »Ein Gebet für den Zaren und die Zarin« überschrieben war und die sodann die Namen Peters und Jewdokijas nannte, als ob sich der Zar nie von seiner ersten Frau getrennt hätte. Zuletzt erfuhr Pissarew auch, daß Jewdokija einen Geliebten hatte, Major Stefan Glebow, den Hauptmann ihrer Garden.

Jewdokija, die jetzt vierundvierzig Jahre alt war, fürchtete sich bei dem Gedanken, wie ihr ehemaliger Ehemann auf all das reagieren würde, was Pissarew ihm nun zu melden hatte; und da man sie auch mit nach Moskau nahm, schickte sie einen Brief an Peter voraus, um ihn zu besänftigen. Der Brief lautete:

»Allergnädigster Gebieter,
vor vielen Jahren – in welchem Jahr weiß ich nicht mehr – trat ich ins Kloster ein, legte meine Gelübde ab, so wie ich es versprochen hatte, und nahm den Namen Helene an. Ein halbes Jahr lang trug ich den Nonnenschleier. Da ich jedoch nicht dazu berufen war, eine Nonne zu sein, gab ich diesen Stand wieder auf. Ich legte die Nonnenkleidung ab, lebte aber weiterhin im Kloster. Nun wurde mein Geheimnis von Grigor Pissarew entlarvt. Ich falle Ihnen zu Füßen, Herr, bitte Sie wegen meines Vergehens um Gnade und Vergebung und vertraue auf Ihre Großmut, damit ich nicht eines unnützen Todes sterben muß. Ich verspreche, wieder Nonne zu werden und es bis zu meinem Tod zu bleiben. Ich will für Sie zu Gott beten.
Ihre niedrigste Sklavin und ehemalige Frau Jewdokija.«[4]

Obwohl die ursprüngliche Beschuldigung gegen Jewdokija wenig Gewicht zu haben schien – die Kontakte zwischen Alexei und seiner Mutter waren selten und harmlos gewesen –, war Peter durch das Verhalten seiner früheren Frau beunruhigt, so daß er beschloß, den Verhältnissen in Susdal auf den Grund zu gehen. Glebow wurde verhaftet, zusammen mit Pater Andreas, dem Vorsteher des Klosters, und einer großen Anzahl von Nonnen.
Als die Gefangenen von St. Petersburg, Susdal und aus anderen Teilen des Landes nach Moskau gebracht wurden, warteten große Menschenmengen vor den Kremltoren, um einen Blick auf die Unglücklichen zu werfen und dabei die neuesten Gerüchte auszutauschen. Außerdem bildete die Ankunft vieler Kutschen mit hohen Adligen und Geistlichen, jeweils in Begleitung ihrer Dienerschaft, ein interessantes Schauspiel; Kirchenführer, Mitglieder des Hofes, zahlreiche Generäle und Verwaltungsoffiziere sowie ein großer Teil des russischen Adels waren zu einem außerordentlichen Gerichtshof zusammengerufen worden.
Die Kirchenführer waren zusammengetreten, um ein Urteil über ihren Amtsbruder Dossifei, den Bischof von Rostow, zu fällen. Nachdem dieser für schuldig befunden worden war, mußte er seine geistliche Kleidung ablegen, worauf man ihn den weltlichen Richtern zur Folter übergab. Seinen Bischofskollegen rief er zu: »Bin ich hier der einzige Schuldige? Seht in eure eigenen Herzen; was findet ihr dort? Geht zu den einfachen Menschen und hört, was sie sagen; worüber reden sie?«[5] Während der Folter bekundete Dossifei nur seine Sympathie für Alexei und Jewdokija. Geständnisse über widerrechtliche Handlungen konnten nicht aus ihm herausgepreßt werden. Aber gerade die Unangreifbarkeit der Antworten war es, die Peters Zorn

verstärkte und ihn noch entschlossener weiterforschen ließ – genau wie zwei Jahrzehnte zuvor bei dem Aufstand der Strelitzen.

Peter war die treibende Kraft bei den Untersuchungen. Anders als die vorausgegangenen Zaren trat er nicht als Richter auf, in prunkvoller Robe und mit dem Ausdruck unnahbarer Distanz auf seinem Thron sitzend, sondern als Hauptankläger und in westlicher Kleidung – Kniehosen, Gehrock, Strümpfe und Schnallenschuhe. Er verlangte jetzt, daß die geistlichen und weltlichen Würdenträger des Reichs die Urteile sprachen. So beschrieb er im großen Kremlsaal die Gefahr, der seine Regierung ausgesetzt gewesen war, brandmarkte das Verbrechen des Hochverrats. Peter selbst war es auch, der die Anklage gegen Dossifei vortrug; als er zu Ende gesprochen hatte, gab es für den Bischof von Rostow keine Rettung mehr.

Ende März gingen die Untersuchungen in Moskau zu Ende, und der Ministerrat, der als Außerordentlicher Gerichtshof getagt hatte, sprach seine Urteile. Kikin, Glebow und der Bischof von Rostow wurden zu einem langsamen qualvollen Tod verurteilt; andere sollten hingerichtet werden. Viele wurden öffentlich mit der Knute bestraft und anschließend verbrannt. Einige Frauen, darunter auch Nonnen aus Susdal, wurden ausgepeitscht und in Klöster am Weißen Meer verschickt. Jewdokija behandelte man milder; sie wurde in ein abgelegenes Kloster am Ladogasee gebracht, wo sie zehn Jahre lang unter strengster Bewachung leben mußte, bis ihr Enkel zum Zaren proklamiert wurde. Erst dann kehrte sie an den Hof zurück und verbrachte dort die restlichen Jahre ihres Lebens, bis sie 1731 starb. Die Zarewna Maria wurde für schuldig befunden, die Opposition gegen den Zaren begünstigt zu haben, wofür man sie drei Jahre lang in der Festung Schlüsselburg gefangenhielt. Sie wurde 1721 freigelassen und kehrte dann nach St. Petersburg zurück, wo sie 1723 starb.

Viele der Beschuldigten wurden auch freigesprochen oder milde bestraft. So wurde der Fürst von Sibirien lediglich nach Archangelsk verbannt, Michail Samarin sogar freigesprochen. Peter Apraxin hatte man vorgeworfen, dem Zarewitsch für seine Flucht dreitausend Rubel vorgestreckt zu haben. Als die Vernehmung ergab, daß Apraxin der Meinung gewesen war, Alexei würde zum Zaren reisen wollen, und daß er unter keinen Umständen von den Fluchtplänen des Zarewitschs gewußt haben konnte, ging er ebenfalls straffrei aus.

Fürst Wassili Dolgoruki, der seine Sympathie für den Zarewitsch nicht verleugnete, wurde durch die Fürsprache seiner Verwandten – vor allem die seines älteren Bruders Fürst Jakob, der den Zaren an die großen Verdienste der Familie Dolgoruki erinnerte – vor einer Hinrichtung bewahrt. Er wurde allerdings nach Kasan verbannt und verlor seinen Generalsrang; seinen dänischen Orden mußte er nach Kopenhagen zurückschicken. Bevor er St. Petersburg mit wenigen Habseligkeiten verließ, erlaubte man ihm noch, sich von der Zarin Katharina zu verabschieden. In einer langen Rede bemühte er sich, sein Verhalten im Falle Alexeis zu rechtfertigen, während er sich gleichzeitig darüber beklagte, daß er nun nichts mehr besäße als nur die Kleidung, die er gerade trug. Gutherzig wie immer schickte ihm Katharina später zweihundert Dukaten als Geschenk.

Die Hinrichtungen derer, die zu einem grausamen Tod verurteilt worden waren, fanden am 26. März auf dem Roten Platz unterhalb der Kremlmauer statt. Eine riesige Zuschauermenge, die von ausländischen Beobachtern auf 200 000 bis 300 000 Menschen geschätzt wurde, hatte sich eingefunden. Bischof Dossifei und drei anderen Verurteilten wurden die Glieder gebrochen, bevor man sie aufs Rad band, wo sie dann langsam und qualvoll starben. Ein noch grausameres Ende erwartete Hauptmann Glebow, den Geliebten Jewdokijas. Er wurde zuerst mit der Knute geschlagen und mit glühendem Eisen und glühenden Kohlen gequält, dann mußte er drei Tage lang auf einem Nagelbrett liegen. Trotz der Torturen weigerte er sich standhaft, irgendeinen Verrat einzugestehen. Zuletzt wurde er gepfählt. Man erzählt, Peter soll zu ihm getreten sein, als man ihm den spitzen hölzernen Pfahl langsam durch das Rektum in die Eingeweide trieb. Der Zar soll Glebow versprochen haben, ihn von seinen Qualen zu erlösen und ihn sofort töten zu lassen, wenn er sich schuldig bekennen würde. Glebow soll seinem Herrscher aber ins Gesicht gespuckt haben, worauf dieser die Folterstätte verlassen haben soll.

Auf ähnliche Weise wurde auch Kikin, der dem Zarewitsch geraten hatte, zum Kaiser nach Wien zu fliehen, langsam zu Tode gequält. Seine Folterungen unterbrach man immer wieder, setzte sie für einige Tage aus, damit er desto länger leiden mußte. Am zweiten Tag seiner Todesqualen suchte Peter auch ihn auf. Kikin, den man ans Rad gebunden hatte, bat den Zaren, ihm zu verzeihen und zu erlauben, Mönch zu werden. Peter lehnte ab, übte aber gewissermaßen Gnade, indem er ihn sofort enthaupten ließ.

Neun Monate später veranstaltete man auf dem Roten Platz eine zweite grausame Strafaktion. Fürst Schtscherbatow, der dem Zarewitsch freundlich gesinnt gewesen war, wurde öffentlich geknutet; danach schnitt man ihm die Zunge heraus und verstümmelte ihm die Nase. Drei weitere Männer wurden ausgepeitscht, darunter ein Pole, der Alexei als Dolmetscher gedient hatte. Anders als die Russen, die ihr Schicksal jeweils mit stoischer Duldsamkeit hinnahmen, weigerte sich der Pole heftig, seinen Rücken den Knutenschlägen auszusetzen; man riß ihm daraufhin die Kleidung mit Gewalt vom Leib. Abraham Lopuchin, Ignatjew, Afanassjew sowie zwei Bedienstete Alexeis mußten sterben. Sie wurden zunächst dazu verurteilt, aufs Rad gebunden zu werden, dann aber in einer Anwandlung von Gnade enthauptet. Der Pope starb als erster, danach Lopuchin und die anderen, wobei die Nachfolgenden jeweils ihren Kopf in die Blutlache legen mußten, die ihre Vorgänger auf dem Richtblock hinterlassen hatten.

Trotz dieses Blutvergießens war der Zar nicht davon überzeugt, daß die vermutete Verschwörung gegen ihn in ihrem vollen Ausmaß aufgedeckt worden war; er hielt das, was da geschah, aber dennoch für richtig und notwendig. Als ihm ein ausländischer Diplomat dazu gratulierte, daß er seine Feinde ausgemerzt hätte, nickte er zustimmend: »Wenn ein Feuer auf Stroh oder andere leicht brennbare Stoffe trifft, breitet es sich schnell aus«, meinte er, »liegen aber Eisen und Stein auf seinem Weg, erlischt es schließlich von allein.«[6]

Nach den Gerichtsverhandlungen und den blutigen Hinrichtungen in Moskau hoffte man in der Bevölkerung, daß die Affäre um den Zarewitsch nun abgeschlossen sei; die Hauptverantwortlichen der Verschwörung – wenn es eine solche überhaupt gegeben haben sollte – waren ja gefaßt und bestraft worden. Als Peter im März 1718 von Moskau nach St. Petersburg zurückfuhr, nahm er Alexei mit; die Tatsache, daß sie gemeinsam reisten, bestärkte die Auffassung, zwischen Vater und Sohn sei Friede eingekehrt. In Wahrheit war Peter aber immer noch von Argwohn und Angst erfüllt, und aufmerksame Beobachter stellten bei ihm eine große Unentschlossenheit fest. »Je mehr ich die konfuse politische Lage in Rußland betrachte«, schrieb de la Vie nach Paris, »desto weniger kann ich mir vorstellen, wie diese Wirren einmal enden sollen ... Die meisten Menschen ... hoffen nur auf das Ende seines [Peters] Lebens, um wieder in den Morast des Müßiggangs und der Unwissenheit zurückzusinken.« Das unmittelbare Dilemma für den Zaren lag darin, daß man zwar einerseits keine wirkliche Verschwörung entdeckt hatte, andererseits aber keineswegs sicher sein konnte, es beim Zarewitsch und allen, die dem Thron nahestanden, mit loyalen Untertanen zu tun zu haben. Vor allem war noch nichts geschehen, was Peters größtes Problem gelöst hätte. Ein Bericht Webers geht auf diesen Aspekt ausführlich ein:

»Jetzt stellt sich die Frage: Was soll zukünftig mit dem Zarewitsch geschehen? Man sagt, daß er in ein sehr weit entferntes Kloster geschickt würde. Das scheint mir nicht sehr wahrscheinlich, denn je weiter der Zar ihn fortschickt, desto mehr Möglichkeit gibt er dem ruhelosen Pöbel, ihn zu befreien. Ich glaube, daß er in der Nähe von St. Petersburg festgehalten werden wird. Ich will hier nicht darüber entscheiden, ob der Zar recht oder unrecht hatte, ihn von der Thronfolge auszuschließen und ihn als Vater zu verfluchen. Eines ist jedoch sicher: Der Klerus, der Adel und das einfache Volk respektieren den Zarewitsch wie einen Gott.«[7]

Webers Mutmaßung war richtig. Obwohl Alexei offiziell frei war, verlangte man von ihm, daß er in einem Haus neben Katharinas Palast wohnte, wo ihn der Zar kaum aus den Augen ließ. Zudem hatte der Zarewitsch inzwischen alle Hoffnung aufgegeben. Ohne Protest hatte er mitangesehen, wie seine Mutter, sein Lehrer, sein Beichtvater und alle seine Anhänger und Freunde verhaftet worden waren. Als sie verhört, gefoltert, ins Exil geschickt, ausgepeitscht und hingerichtet worden waren, hatte er unterwürfig daneben gestanden, dankbar, daß er selbst nicht bestraft wurde. Er schien nur noch an Afrosinja zu denken. Als er Katharina nach dem Ostergottesdienst Glück gewünscht hatte, wie es seinerzeit dem Brauch entsprach, fiel er vor ihr auf die Knie; er bat sie, sich bei seinem Vater dafür zu verwenden, daß er Afrosinja bald heiraten dürfte.

Die junge Frau traf am 15. April in St. Petersburg ein, doch anstatt, daß sie der ungeduldige Zarewitsch in die Arme nehmen konnte, wurde sie sofort verhaftet und zur Peter-und-Paul-Festung gebracht.[8] Unter ihren Habseligkeiten fand man die Entwürfe zweier Briefe, von Alexei verfaßt, als er sich in Neapel aufgehalten hatte. Einer der Briefe war an den russischen Senat, der andere an die Erzbischöfe der russisch-orthodoxen Kirche gerichtet. Dem Senat hatte Alexei geschrieben:

»Durchlauchtigste Herren Senatoren,
ich denke, daß Eure Exzellenzen nicht weniger als das gesamte Volk erstaunt sind, daß ich Rußland verlassen habe, um mich jetzt an einem noch geheimgehaltenen Ort aufzuhalten. Fortgesetzte Mißachtung meiner Person und unrechtmäßige Beschlüsse haben mich jedoch zu diesem Schritt gezwungen. Anfang des Jahres 1716 entschied man, mich in ein Kloster zu sperren, obwohl ich mir nichts hatte zuschulden kommen lassen. Jeder von Ihnen wird das bestätigen. Doch der barmherzige Gott rettete mich, indem er mich noch gerade rechtzeitig aus meinem geliebten Land wegführte, das ich auf keinen Fall verlassen hätte, wäre ich nicht in die erwähnte Notlage geraten.

Im Augenblick befinde ich mich wohl und bei guter Gesundheit. Ich genieße den Schutz einer sehr hochgestellten Persönlichkeit bis zu dem Augenblick, in dem mich Gott, mein Retter, in mein geliebtes Vaterland zurückrufen wird.

Ich bitte Sie, mich bis dahin nicht zu vergessen und niemandem zu glauben, der mich für tot erklärt oder mich auf andere Weise aus dem Gedächtnis der Menschen löschen will. Denn Gott beschützt mich, und meine jetzigen Wohltäter werden mich nicht im Stich lassen. Sie haben versprochen, mich nicht aufzugeben. Ich bin am Leben, und ich werde immer voller guter Wünsche sein für Eure Exzellenzen und für das ganze Land.«[9]

Der Brief an die Erzbischöfe lautete ähnlich, nur daß Alexei hinzugefügt hatte, der Gedanke, ihn in ein Kloster einzuschließen, sei »von denselben Leuten gekommen, die mit meiner Mutter in ähnlicher Weise verfahren sind«[10].

Es vergingen vier Wochen, bevor der nächste Akt des Dramas stattfand. Mitte Mai beschloß Peter, Alexei und Afrosinja getrennt zu verhören und sie dann einander gegenüberzustellen. In Schloß Monplaisir befragte Peter zuerst das Mädchen, dann seinen Sohn.

Und jetzt verriet Afrosinja den Zarewitsch, wodurch sie ihn endgültig ins Verderben riß. Als Antwort auf seine Liebe zu ihr, auf sein Bemühen, sie zu schützen, und seine Bereitschaft, den Thron aufzugeben, um sie heiraten und in Ruhe mit ihr leben zu können, legte Afrosinja ohne Folter ein Geständnis ab, das ihn auf verhängnisvolle Weise belastete. Sie beschrieb Einzelheiten ihres Alltags während der Zeit der gemeinsamen Flucht und brachte alle Ängste des Thronfolgers zur Sprache sowie dessen Verbitterung über den Vater, die er ihr gegenüber zu erkennen gegeben hatte. Alexei, so berichtete sie, habe dem Kaiser mehrmals geschrieben, um sich über den Zaren zu beklagen. Als er Pleyers Brief entnommen hätte, daß es Gerüchte über eine Meuterei unter den in Mecklenburg stationierten Soldaten gäbe und um Moskau herum der Aufruhr losgebrochen wäre, habe er heiter bemerkt: »Jetzt siehst du, wie Gott seine eigenen Wege geht.«[11] Aus einer Zeitung darüber informiert, daß der Zarewitsch Peter Petrowitsch krank wäre, hätte sich Alexei ebenfalls gefreut. Ständig wäre von seiner Thronfolge die Rede gewesen. Wenn er erst Zar wäre, so hätte er angekündigt, würde er St. Petersburg und alle ausländischen Eroberungen seines Vaters aufgeben und Moskau wieder zur Hauptstadt Rußlands machen; er würde Peters Höflinge entlassen und seine eigenen Anhänger einsetzen. Die Marine hätte er aufgeben, die Schiffe verrotten lassen und das Heer auf ein paar Regimenter reduzieren wollen. Nach Auffassung Alexeis dürfte Rußland gegen niemanden mehr Krieg führen und müßte sich auf die alten Grenzen zurückziehen. Schließlich wußte Afrosinja zu berichten, Alexei hätte die alten Rechte der Kirche wiederherstellen und dafür Sorge tragen wollen, daß sie zukünftig voll respektiert würden.

Ihre eigene Rolle rückte Afrosinja in ein für sie günstiges Licht. Nur auf ihr ständiges Drängen hin hätte Alexei schließlich eingewilligt, nach Rußland zurückzukehren. Außerdem, so erklärte sie, hätte sie ihn auf seiner Reise nach Wien nur deswegen begleitet, weil sie von ihm mit dem Messer bedroht worden wäre. Sie wäre auch immer mit Drohungen und Gewaltanwendungen dazu gezwungen worden, mit ihm zu schlafen.

Afrosinjas Aussagen schienen Peters Befürchtungen zu bestätigen. In einem späteren Brief an den Regenten von Frankreich schrieb er, sein Sohn hätte »seine Pläne nicht aufgegeben«, bis er mit den Briefen konfrontiert worden wäre, die man bei Afrosinja fand. »Durch diese Briefe wurden wir eindeutig informiert über die Pläne einer Verschwörung, über deren nähere Umstände seine Mätresse später ohne große Befragung ein öffentliches und freiwilliges Geständnis abgelegt hat.«[12]

Als nächstes ließ der Zar Alexei herbeiholen und stellte ihn den Anschuldigungen seiner Geliebten gegenüber. Diese Szene hat Nikolai Ge in einem berühmt gewordenen Gemälde festgehalten: In der Haupthalle des Schlößchens Monplaisir sitzt der Zar an einem Tisch. Die Stiefel, die man auf dem Bild sehen kann, sind übrigens heute noch im Kreml zu besichtigen. Er blickt ernst. Er hat eine Frage gestellt und wartet mit einer hochgezogenen Augenbraue auf die Antwort. Alexei steht vor ihm, hochgewachsen, mit schmalem Gesicht, in Schwarz gekleidet wie sein Vater. Sein Gesicht verrät Unruhe, Verdrossenheit und Groll. Der Zarewitsch blickt seinen Vater nicht an, sondern starrt vor sich auf den Fußboden, während er eine Hand auf den Tisch stützt.

Im Verlauf des Verhörs kämpfte Alexei gegen ein immer dichteres Netz von Beschuldigungen an: Er gab zu, dem Kaiser geschrieben und sich dabei über seinen Vater beklagt zu haben; er hätte den Brief aber nicht abgeschickt, versuchte er sich zu entschuldigen. Er gestand, dem Senat und den Erzbischöfen geschrieben zu haben, wäre aber von Österreich dazu gezwungen worden, das ihm andernfalls seinen Schutz entzogen hätte. Dann rief der Zar Afrosinja herein; für den Zarewitsch brach eine Welt zusammen, als das Mädchen nunmehr in seinem Beisein ihre Aussagen noch einmal wiederholte.[13] Jetzt gab Alexei doch zu, den Brief an den Kaiser abgeschickt zu haben. Er hätte zwar schlecht über seinen Vater gesprochen, aber er wäre bei der Abfassung des Briefes betrunken gewesen, versuchte er sich noch zu entschuldigen. Und er hätte zwar über die Thronfolge und seine Rückkehr nach Rußland gesprochen, dabei aber gemeint, diese Pläne erst nach einem natürlichen Tod seines Vaters verwirklichen zu wollen. Ausführlich berichtete er: »Ich glaubte, daß der Tod meines Vaters kurz bevorstand, als ich hörte, er leide an einer bestimmten Art von Epilepsie. Da man mir sagte, daß ältere Leute, die von dieser Krankheit befallen sind, nicht mehr lange leben, glaubte ich, er würde spätestens in zwei Jahren sterben. Ich dachte, daß ich nach seinem Tod vom Habsburger Reich aus nach Polen gehen sollte, und von da aus in die Ukraine, wo ich sicher sein konnte, daß man für mich Partei ergreifen würde, ebenso wie die Zarewna Maria in Moskau und der größere Teil der Erzbischöfe. Und was das einfache Volk betrifft, so hörte ich viele Leute sagen, daß sie mich lieben. Andererseits war ich entschlossen, auf keinen Fall zu Lebzeiten meines Vaters zurückzukehren, es sei denn, er würde mich – wie es wirklich geschehen ist – zurückrufen.«[14] Peter gab sich mit der Erklärung seines Sohnes nicht zufrieden. Er erinnerte sich daran, daß ihm Afrosinja berichtet hatte, Alexei habe sich gefreut, als die Gerüchte von einer Revolte beim russischen Heer in Mecklenburg bis zu ihm durchgedrungen waren. »Das läßt vermuten«, sagte der Zar, »daß du dich zu meinen Lebzeiten für die Aufständischen erklärt hättest, wenn die Soldaten in Mecklenburg wirklich rebelliert hätten.«[15]

Alexeis Antwort auf diese Frage war dann etwas wirr; jedenfalls war sie keine Ausrede mehr, weshalb sie ihm auch außerordentlich schadete: »Wenn diese Nachricht zugetroffen hätte und ich gerufen worden wäre, hätte ich mich den Unzufriedenen angeschlossen; andererseits hatte ich nicht die Absicht, mich ihnen anzuschließen, als ich nicht gerufen wurde. Im Gegenteil, wenn ich nicht gerufen worden wäre, hätte ich sogar Angst gehabt hinzugehen. Nur wenn sie es getan hätten, wäre ich gegangen. Ich glaubte aber, sie würden mich erst dann rufen, wenn du nicht mehr wärst, weil sie doch die Absicht hatten, dir das Leben zu nehmen; sie konnten dich doch nicht vom Thron vertreiben und dich dennoch leben lassen. Wenn sie mich zu deinen Lebzeiten gerufen hätten, wäre ich wahrscheinlich zu ihnen gegangen, wenn sie stark genug gewesen wären.«[16]

Ein paar Tage später wurde dem Zaren ein weiteres vernichtendes Beweisstück gegen seinen Sohn vorgelegt. Peter hatte Wesselowski beauftragt, den Kaiser zu befragen, warum man seinen Sohn gezwungen hätte, dem Senat und den Erzbischöfen zu schreiben. Die Antwort traf am 28. Mai ein. Die Erkundigungen des Zaren hatten dort zu einer peinlichen Situation geführt. Vizekanzler Graf Schönborn war in Gegenwart des gesamten Staatsrats vernommen worden, bevor Prinz Abraham Wesselowski antworten konnte, daß weder der Kaiser noch Graf Schönborn dem Zarewitsch jemals befohlen hätten, besagte Briefe zu schreiben. Die Wahrheit war tatsächlich, daß Alexei die Briefe von sich aus geschrieben, sie dann Graf Schönborn geschickt hatte, damit dieser sie nach Rußland weiterleitete. Schönborn wiederum hatte sie dann nicht weiterbefördert, so daß sie ihren Adressaten niemals zugegangen waren. Jedenfalls hatte der Zarewitsch aber die Unwahrheit gesagt.

Mehr brauchte Peter nicht zu hören; aufgrund der Auskunft aus Wien wurde der Zarewitsch verhaftet und in die Bastion Trubezkoi der Peter-und-Paul-Festung gebracht. Der Zar setzte zwei Gerichtshöfe ein, einen geistlichen und einen weltlichen, die zu entscheiden hatten, was mit dem Gefangenen geschehen sollte. In das geistliche Gericht wurden alle Führer der russischen Kirche berufen, in das weltliche alle Minister, Senatoren, Gouverneure, Generäle und viele Gardeoffiziere. Bevor die beiden Gerichtshöfe ihre Sitzungen eröffneten, verbrachte Peter eine Woche lang mehrere Stunden täglich in seiner Kapelle; er betete, Gott möge ihm zeigen, was zur Rettung seiner Ehre und zur Wohlfahrt des Staates erforderlich sei. Am 14. Juni nahm der Zar im Senatssaal, in dem die Gerichtsverhandlungen stattfinden sollten, an einem feierlichen Gottesdienst teil, bei dem ebenfalls um göttliche Anleitung gebetet wurde. Erst nach diesem Gottesdienst nahmen die geistlichen und weltlichen Richter an ihren Tischen Platz, worauf die Türen des Saals geöffnet und die Menschen draußen aufgefordert wurden, hereinzukommen. Der Prozeß sollte öffentlich sein. Nachdem der Zarewitsch, bewacht von vier jungen Offizieren, hereingeführt worden war, konnte das Verfahren eröffnet werden.

Als erstes erinnerte Peter die Versammelten daran, daß er in den vergangenen Jahren nie daran gedacht hätte, seinem Sohn die Thronfolge streitig zu machen; er hätte im Gegenteil versucht, »Alexei durch energische Ermahnungen zu veranlassen, seinen Anspruch selbst deutlich zu machen, etwa indem er sich darum bemühte, ihrer würdig zu werden«[17]. Aber der Zarewitsch wäre auf die Ermahnungen seines Vaters nicht eingegangen und hätte den Kaiser sogar um bewaffnete Unterstützung gebeten, um die Krone Rußlands an sich zu reißen. Alexei, so meinte Peter, hätte sich auch zu Lebzeiten seines Vaters an die Spitze der rebellischen Truppen in Mecklenburg gestellt, wenn diese ihn dazu aufgefordert hätten. »Daraus kann jedermann ersehen, daß er die Nachfolge mit Hilfe der Aufständischen anstrebte, und zwar zu Lebzeiten seines Vaters.« Außerdem habe Alexei während der Verhöre fortlaufend die Unwahrheit gesagt oder vermieden, die ganze Wahrheit einzugestehen. Da die vom Vater versprochene Vergebung aber an ein vollständiges und ehrliches Bekenntnis gebunden gewesen wäre, müßte er seine Zusage nun zurückziehen. Im Anschluß an Peters Anklagerede bekannte Alexei »seinem Vater und Herrn in Gegenwart aller anwesenden geistlichen und weltlichen Würdenträger, daß er aller ihm vorgehaltener Vergehen schuldig sei«.

Daraufhin bat Peter das geistliche Gericht – drei Metropoliten, fünf Bischöfe, vier Archimandriten und andere hohe Kirchenmänner –, man möge ihm raten, was er mit diesem neuen Absalom tun sollte, worauf die Kirchenführer einer direkten Antwort geschickt auswichen. Der Fall wäre ungeeignet für einen geistlichen Gerichtshof, argumentierten sie. Als Peter auf eine konkrete Antwort drängte, wiesen sie lediglich darauf hin, daß der Zar durch das Alte Testament gerechtfertigt wäre, wenn er seinen Sohn mit dem Tod bestrafen wollte, während es in den Lehren Christi auch viele Beispiele für eine Begnadigung gäbe, vor allem im Gleichnis vom verlorenen Sohn.

Da Peter mit dieser Aussage nicht zufrieden war, wandte er sich nun den hundertsiebenundzwanzig Mitgliedern des weltlichen Gerichts zu. Er beauftragte sie, über seinen Sohn ein gerechtes und objektives Urteil zu fällen, ohne ihm, dem Zaren, schmeicheln zu wollen: »Laßt euch nicht dadurch beeinflussen, daß ihr über den Sohn eures Herrschers richten sollt, denn wir schwören euch beim großen Gott und seinem Gericht, daß ihr absolut nichts zu befürchten habt.«[18] Der Gerichtshof sollte Alexei wie jeden anderen Untertan behandeln, der des Verrats beschuldigt würde, »in der erforderlichen Form und mit der notwendigen Untersuchung« – das hieß mit der Folter. Die Richter erklärten nun dem Zarewitsch, sein Verhalten habe sie schmerzlich getroffen; jetzt müßten sie ihre Befehle ausführen und ihn »ohne Ansehen seiner Person befragen und ohne darauf Rücksicht zu nehmen, daß er der Sohn ihres allergnädigsten Herrschers sei«[19]. Die erste Befragung fand am 19. Juni unter Folter statt. Alexei erhielt fünfundzwanzig Schläge mit der Knute, ließ sich jedoch durch diese Qualen zunächst kein weiteres Geständnis entringen. Erst nachdem fünfzehn weitere Knutenhiebe tiefe Wunden im Rücken hinterlassen hatten, gab Alexei zu, daß er seinem Beichtvater gegenüber geäußert hatte: »Ich wünsche mir den Tod meines Vaters.«[20] Er gestand seinem Befrager Tolstoi, er wäre sogar bereit gewesen, dem Kaiser Geld zu zahlen, damit dieser ihm Truppen zur Verfügung stellte, um seinen Vater vom russischen Thron zu stürzen.

Dieses Geständnis genügte. Noch am Abend desselben Tages, des 24. Juni, fällte das Hohe Gericht einstimmig und ohne Diskussion, »mit betrübtem Herzen und Tränen in den Augen«[21], sein Urteil. Alexei wurde zum Tode verurteilt wegen »Verschwörung, wie es sie ihresgleichen kaum jemals auf der Welt gegeben hatte, in Verbindung mit dem Plan zu einem abscheulichen doppelten Vatermord – gegen den Vater seines Landes und seinen leiblichen Vater«. Unter dem Urteil standen die Unterschriften der engsten Vertrauten und Helfer Peters: Auf Menschikows Namen folgten die Namen von General-Admiral Fjodor Apraxin, Kanzler Golowkin, Geheimrat Jakob Dolgoruki, Iwan Mussin-Puschkin und Tichon Streschnew, Senator Peter Apraxin, Vizekanzler Schafirow, Peter Tolstoi, Senator Dmitri Golizyn, General Adam Weyde und General Iwan Buturlin, Senator Michail Samarin, Fjodor Romondanowski, Alexei Saltikow, der Fürsten Matthäus Gagarin und Kirill Naryschkin, der Gouverneure von Sibirien und Moskau. Die Vollstreckung des Urteils bedurfte noch der Billigung des Zaren. Peter zögerte seine Unterschrift hinaus, bis er durch den plötzlich eingetretenen Tod seines Sohnes einer Entscheidung enthoben wurde.

Niemand weiß genau, wie Alexei wirklich starb. Damals riefen die Umstände seines Todes allerdings zahlreiche Gerüchte und Kontroversen hervor, zuerst in St. Petersburg, dann in ganz Rußland und Europa. Da Peter fürchtete, das geheimnisvolle Ableben seines Sohnes könnte im Ausland einen ungünstigen Eindruck erwecken, ließ er allen europäischen Höfen eine ausführliche offizielle Erklärung zukommen. Die größten Sorgen machte er sich in bezug auf den französischen Hof, den er erst kurz zuvor besucht hatte. Baron Schleinitz, seinem Gesandten in Paris, übermittelte er deshalb einen Brief, der an den Regenten und an den König weitergeleitet werden sollte. In diesem Schreiben hieß es unter anderem:

»Der weltliche Gerichtshof war gemäß allen göttlichen und menschlichen Gesetzen dazu verpflichtet, Alexei zum Tod zu verurteilen, mit der Maßgabe, daß es von Unserer Herrschermacht und Unserer väterlichen Güte abhing, ob Wir dem Verurteilten am Ende noch verzeihen oder aber das Urteil vollstrecken lassen wollten. Davon hatten Wir den Prinzen, unseren Sohn, unterrichtet.

Danach waren Wir unentschlossen, wie Wir in einer Angelegenheit von so großer Bedeutung entscheiden sollten. Auf der einen Seite machte Uns väterliche Milde in hohem Maße geneigt, Unserem Sohn sein frevelhaftes Tun zu vergeben, auf der anderen Seite waren Wir Uns bewußt, welches Unglück eventuell eintreten könnte, wenn Wir Unseren Sohn begnadigten. Mitten in dieser ungewissen und schmerzlichen Unruhe gefiel es dem Allmächtigen Gott, dessen Urteile immer gerecht sind, durch Seine göttliche Gnade Uns selbst und Unser Reich von allen Befürchtungen und Gefahren zu befreien und Unseren Sohn Alexei wieder zu sich zu nehmen. Nachdem er sich der großen Vergehen, die er gegen Uns und Unser Reich begangen hatte, bewußt geworden war und das Todesurteil vernommen hatte, erlitt er einen Schlaganfall. Als er sich von diesem Anfall noch einmal erholt und das volle Bewußtsein und die volle Sprechfähigkeit zurückerlangt hatte, bat er Uns um Unseren Besuch, worauf Wir Uns in Begleitung Unserer Minister und Senatoren trotz allen Unrechts, das er Uns angetan hatte, zu ihm begaben. Seine Augen standen voll Tränen, und er zeigte ehrliche Zeichen der Reue. Er sagte Uns, er wisse, daß der Zeitpunkt gekommen sei, in dem er für alle Handlungen seines Lebens Rechenschaft ablegen müsse. Alexei meinte weiter, er könne sich nicht mit Gott versöhnen, wenn er sich zuvor nicht mit seinem obersten Herrn und Vater versöhnte. Danach erklärte er sich noch einmal schuldig und legte die Beichte ab, bevor er die heiligen Sakramente empfing und Unseren Segen sowie Unsere Zusage erbat, ihm alle seine Verbrechen zu verzeihen. Und Wir verziehen ihm, wie es Unsere väterliche Pflicht und die christliche Religion verlangen.

Der plötzliche, unerwartete Tod Unseres Sohnes hat Uns in tiefe Trauer gestürzt. Wir fanden jedoch darin Trost, daß Wir glaubten, daß Uns die göttliche Vorsehung auf diese Weise von aller Sorge befreien und Unserem Reich Ruhe schenken wollte. Wir sahen Uns deshalb trotz allem verpflichtet, Gott zu danken und unser Schicksal in aller christlicher Demut auf Uns zu nehmen. Außerdem hielten Wir es für richtig, Ihnen von allen Geschehnissen durch besonderen Kurier Kenntnis zu geben, damit Sie hinreichend informiert sind und so Seine Allerchristlichste Majestät, König Ludwig XV., sowie Seine Königliche Hoheit, den Herzog von Orléans und Regenten des Königreichs, in geeigneter Form unterrichten können.

Für den Fall, daß jemand dieses Ereignis in einer abträglichen Weise darstellen möchte, haben Sie nun alles zur Hand, was notwendig ist, um alle ungerechten und unbegründeten Gerüchte zu zerstreuen und entschieden zu widerlegen.«[22]

Die Gesandten Weber und de la Vie akzeptierten die vom Zaren abgegebene Erklärung und berichteten ihren Monarchen, der Zarewitsch sei an einem Schlaganfall gestorben, wogegen andere Ausländer ihre Zweifel hatten. Bald gingen in Europa die unterschiedlichsten Gerüchte um. Pleyer, der zuerst ebenfalls Alexeis Tod als Folge eines Schlaganfalls dargestellt hatte, informierte seine Regierung drei Tage später dahingehend, daß man den Zarewitsch mit einem Schwert oder einer Axt enthauptet hätte (viele Jahre später verlautete sogar, Peter habe seinen Sohn mit eigener Hand hingerichtet). Man erzählte sich damals auch, eine Frau aus Narwa sei in die Festung gebracht worden, wo sie den Kopf des Hingerichteten wieder an seinen Körper hätte annähen müssen, damit er wie üblich aufgebahrt werden konnte. Der holländische Resident de Bie berichtete dagegen, Alexei sei verblutet, nachdem man seine Adern mit einer Lanzette geöffnet hätte. Später kursierten noch Gerüchte, Alexei sei von vier Gardeoffizieren, unter ihnen Rumjanzew, mit Kissen erstickt worden.

In den Tagesaufzeichnungen der St. Petersburger Garnison ist festgehalten, daß am 26. Juni, um etwa acht Uhr morgens, der Zar, Menschikow und acht weitere Personen in der Festung eingetroffen waren, um bei einer Befragung unter Folter zugegen zu sein – wer gefoltert werden sollte, wird nicht erwähnt. »Um elf Uhr vormittags verließen sie die Festung wieder«, heißt es weiter, und »am selben Tag um sechs Uhr abends starb der Zarewitsch Alexei Petrowitsch, der in der Bastion Trubezkoi festgehalten wurde.«[23] Menschikow schreibt in seinem Tagebuch, daß er an jenem Morgen zur Festung ging, wo er den Zaren traf, und zusammen mit ihm dann zu Zarewitsch Alexei gegangen sei, der sehr krank war, und daß sie sich dort eine halbe Stunde aufgehalten hätten. »Der Tag war hell und klar, es wehte ein leichter Wind. An jenem Tag schied der Zarewitsch Alexei Petrowitsch aus dieser Welt und ging ins ewige Leben über.«[24]

Tatsächlich benötigt man keine der mutmaßlichen Ursachen – Enthauptung, Verbluten, Ersticken oder auch Schlaganfall –, um Alexeis Tod erklären zu können. Die einfachste Erklärung ist die wahrscheinlichste: Vierzig Knutenhiebe hätten ausgereicht, um einen kräftigen, gesunden Mann zu töten; Alexei war nicht kräftig, weshalb er leicht den Verletzungen von vierzig Peitschenhieben erlegen sein kann.

Peters Zeitgenossen hielten den Zaren in jedem Fall verantwortlich für den Tod seines Sohnes. Andererseits, obgleich viele schockiert waren, war auch die Auffassung weit verbreitet, Alexeis Tod sei für Peter die beste Lösung seiner Probleme gewesen. So meldete Monsieur de la Vie nach Versailles: »Der Tod des Prinzen läßt keinen Grund zu zweifeln, daß alle Anfänge eines möglichen Aufstands oder einer Verschwörung nunmehr vollständig ausgemerzt sind. Nie hat ein Tod mehr dazu beigetragen, daß die öffentliche Ruhe wiederhergestellt und unsere Furcht vor schrecklichen Ereignissen vertrieben wurde.«[25]

Ein paar Tage danach fügte der Franzose hinzu: »Man kann das Verhalten des Zaren nicht hoch genug preisen.«

Den Vorwürfen, die man gegen ihn erhob, wich Peter nicht aus. Obwohl er meinte, es sei letztlich Gott gewesen, der Alexei das Leben genommen habe, leugnete er nie, daß er selbst seinen Sohn vor ein Gericht gestellt hatte, das dann das Todesurteil fällte. Zwar hatte er dieses Urteil nicht unterschrieben, aber er stimmte mit dem Richterspruch völlig überein. Der Zar bemühte sich auch nicht, falsche Trauer zu zeigen. Am Tag nach dem Tod des Zarewitschs wurde der Jahrestag der Schlacht von Poltawa gefeiert; in Anbetracht der Familientrauer wurden jedoch die Feierlichkeiten nicht aufgeschoben. Peter ließ ein Te Deum abhalten und nahm am Abend sogar an einem Festmahl und einem Ball teil. Zwei Tage später, am 29. Juni, wurde auf der Werft der Admiralität ein Vierundneunzig-Kanonen-Schiff vom Stapel gelassen, die *Lesnaja*, die nach den Plänen des Zaren gebaut worden war. Peter war mit allen seinen Ministern zugegen, und im Anschluß daran, so heißt es in einem Bericht, »wurde eifrig gefeiert«[26].

Obwohl Alexei als verurteilter Verbrecher gestorben war, wurden die Trauerfeiern seinem Rang gemäß abgehalten. Am Morgen nach seinem Tod wurde die Leiche aus dem Gefängnis gebracht, in einen Sarg gelegt und mit schwarzem Samt und einem goldbesticktem Leichentuch bedeckt. Danach wurde der Sarg unter dem Geleit Golowkins und anderer hoher Staatsbeamter in die Kirche der Heiligen Dreifaltigkeit gebracht und aufgebahrt, das Gesicht und die rechte Hand nach orthodoxer Sitte unbedeckt, damit Hand oder Stirn des Toten zum Abschied geküßt werden konnten. Am 30. Juni fanden die offizielle Trauerfeier und die Beisetzung statt. Einer Anweisung

Peters zufolge trug niemand Trauerkleidung; nur einige Frauen erschienen in Schwarz. Ausländische Gesandte hatte man zu diesem Begräbnis nicht eingeladen, wenngleich auch sie Anweisung erhalten hatten, keine Trauerkleidung zu tragen, da der Sohn des Herrschers als Verbrecher gestorben war. Der Priester hatte für seine Predigt die Worte Davids »O Absalom, mein, Sohn, mein Sohn!« gewählt, und einige der Anwesenden erinnerten sich später, daß Peter geweint habe. Nach dem Gottesdienst wurde der Sarg aus der Dreifaltigkeits-Kirche zurück zur Festung gebracht, wobei ihm Peter und Katharina und alle hohen Offiziere in einer Lichterprozession folgten. In der Kathedrale der Festung wurde der Sarg in der neuen Gruft der Zarenfamilie neben dem Sarg von Charlotte, der Frau des Zarewitschs, aufgestellt.

Ende dieses Jahres ließ Peter, wie zum Gedenken an einen Sieg, eine Medaille prägen, auf der sich Wolken teilen und ein Berggipfel von Sonnenstrahlen erhellt wird und die Inschrift zu lesen war: »Der Horizont hat sich gelichtet.«

Was kann man letzten Endes über diese Tragödie sagen? Handelte es sich einfach um eine Familienangelegenheit, um einen Zusammenstoß gegensätzlicher Persönlichkeiten, wobei ein dominierender Vater seinen armseligen und hilflosen Sohn peinigt und ihn schließlich tötet?

Peters Beziehung zu seinem Sohn wurde durch eine fatale Mischung aus politischen Zwängen und persönlichen Gefühlen bestimmt. Die Wurzel des Problems lag im Herrschaftsanspruch beider. Es gab zwei Monarchen – den auf dem Thron und den, der dessen Nachfolge anstrebte – mit unterschiedlichen Träumen und unterschiedlichen Zielsetzungen. Solange sich der regierende Monarch auf dem Thron befand, mußte der Sohn warten, wobei der Herrscher wußte, daß seine Träume nach seinem Tod nicht verwirklicht oder seine Ziele umgestoßen werden könnten.

Die Macht zur Verwirklichung der Träume lag allein im Besitz der Krone.

In früheren Zeiten war der Weg zum Königsthron nicht selten mit dem Blut von Familienangehörigen befleckt. Die Plantagenets, Tudors, Stuarts, Kapetinger, Valois und die Bourbonen, sie alle töteten ihre königlichen Verwandten aus Gründen der Staatsraison. Die legendäre Elisabeth I. von England hielt ihre Cousine und Königin von Schottland, Maria, siebenundzwanzig Jahre lang gefangen und ließ sie schließlich sogar enthaupten, da sie sie nicht als Thronfolgerin akzeptieren mochte. Marias Sohn, König Jakob VI. von Schottland, nahm den Tod seiner Mutter ohne Trauer zur Kenntnis, da er ihm doch den Weg als Elisabeths Erbe freimachte.

Nicht selten haben Könige in der Geschichte ihre Kinder umgebracht. Man muß schon bis in die Zeit der Griechen zurückgehen, deren Tragödien um düstere, halbmythologische Gestalten kreisten, oder ins kaiserliche Rom, wo nackter Ehrgeiz und Lasterhaftigkeit des Hofes alles möglich machten. In Rußland hatte zwar Iwan der Schreckliche seinen Sohn mit einer Eisenstange erschlagen, aber er hatte im Jähzorn gehandelt. Am Tod Alexeis ist die Tatsache, daß er das Ergebnis eines beherrschten, angeblich objektiven Gerichtsverfahrens war, besonders erschütternd. Daß der Zar bei den Folterungen seines Sohnes zugegen sein konnte, erscheint uns als die brutalste aller Gewalttätigkeiten in Peters Leben.

Für Peter hingegen stellte das Gerichtsverfahren einen durchaus gesetzmäßigen Schritt dar, den er zur Verteidigung seines Staates und seines Lebenswerks für legitim und für notwendig hielt. Daß das Verfahren mehr aufgrund politischer Notwendigkeit als durch persönliche Gefühle veranlaßt worden war, schien ihm offensichtlich zu sein. Er war überzeugt, als Vater sogar zuvicl Nachsicht mit ihm gehabt zu haben.

Die Vernehmungen hatten ergeben, daß es zahlreiche konspirative Gespräche sowie eine weitverbreitete Hoffnung auf Peters baldigen Tod gegeben hatte. Viele Menschen waren deswegen bestraft worden; war es möglich, die Randfiguren zu verurteilen und die Hauptperson ungeschoren davonkommen zu lassen? Alexei wurde also tatsächlich aus Gründen der Staatsraison verurteilt. Wie bei Elisabeth I. von England handelte es sich hier um die grausame Entscheidung eines Monarchen, seinen Staat so zu erhalten, wie er ihn geschaffen hatte.

Stellte Alexei tatsächlich eine Bedrohung für Peter dar? Angesichts des Charakters der beiden Männer wird man diese Frage verneinen müssen. Der Zarewitsch hatte weder den Wunsch noch die Kraft, einen Aufstand anzuführen. Mag sein, daß er seinem Vater auf den Thron nachfolgen wollte und dessen Tod herbeiwünschte, aber er hatte es nur vorgehabt, weil er glaubte, weit und breit in Rußland populär zu sein: »Von den einfachen Leuten habe ich gehört, daß mich viele lieben.« Alexei hätte sicher nicht alle von Peter eingeleiteten Reformen fortgeführt, und manche wären auch wieder rückgängig gemacht worden. Aber insgesamt hätte es keinen Rückschritt gegeben, denn Alexei war kein mittelalterlicher moskowitischer Prinz. Er war durchaus westlich erzogen, hatte im Westen studiert und war auch später noch mehrmals dorthin gereist; er hatte eine Prinzessin aus dem Westen geheiratet, und sein Schwager war der Kaiser des Heiligen Römischen Reiches. Rußland wäre nicht wieder zu den Kaftanen, den langen Bärten und dem Terem zurückgekehrt. Die Geschichte verlangsamt gelegentlich ihren Schritt, aber sie bewegt sich niemals zurück.

Als Alexei sein Geständnis ablegte und den Zaren um Vergebung bat, sah es so aus, als habe er das Urteil des Gerichtshofs und seines Vaters akzeptiert. Seine Geliebte Afrosinja hatte ihn verraten und verlassen, und sein Körper und sein Geist waren durch die Folter entscheidend geschwächt worden. Vielleicht war er nicht mehr in der Lage, weiterzuleben, und der erdrückenden Übermacht des Mannes erlegen, der sein Vater war.

15   Die letzte Offensive Karls XII.

Als Peter im September 1716 die alliierte Invasion nach Schweden absagte, konnte Karl XII. nicht wissen, ob der Plan der Landung damit endgültig aufgegeben oder nur bis zum Frühjahr verschoben worden war. Er blieb deshalb den Winter über im südlichsten Teil Schwedens, in Lund bei Malmö, gegenüber Kopenhagen. Das Haus, in dem er lebte, gehörte einem Professor; um dem Geschmack des Königs entgegenzukommen, hatte man einige Zimmer des Anwesens vergrößert und in den Farben Schwedens, blau und gelb, ausgemalt. Im Frühjahr grub man einen neuen Brunnen, pflanzte Gemüse und legte zwei Becken an, in denen Fische für Karls Tisch gehalten wurden.

In diesem Haus sollte Karl fast zwei Jahre lang leben und arbeiten. Im Sommer begann sein Tag um drei Uhr morgens, wenn die Sonne bereits aufgegangen und der Himmel voll Licht war. Bis sieben Uhr arbeitete er mit seinen Sekretären oder empfing Besucher. Dann bestieg er – bei jedem Wetter – das Pferd und war bis zwei Uhr nachmittags unterwegs, um die zahlreichen, entlang der Südküste Schwedens stationierten Regimenter zu besuchen und zu inspizieren. Das Mittagessen am Nachmittag war kurz und einfach. Die einzige Delikatesse, die er sich gönnte, war hausgemachte Marmelade, mit der er regelmäßig von seiner jüngeren Schwester Ulrike versorgt wurde, die das meiste davon selbst herstellte. Das Tafelgeschirr war aus Zinn, da man das königliche Silber schon lange verkauft hatte, um Geld für den Krieg zu bekommen. Um neun Uhr abends legte sich Karl auf einer Strohmatratze zum Schlafen nieder.

Im Verlauf dieser ruhigen Monate hatte Karl Zeit für seine nichtkriegerischen Interessen. Er besuchte Vorlesungen von Mathematik- und Theologie-Professoren an der Universität Lund und hatte Spaß an Diskussionen mit ihnen. Mit seinem Hofarchitekten Tessin plante er neue Paläste und öffentliche Gebäude, die in der Hauptstadt gebaut werden sollten, sobald Frieden war. Er entwarf neue Flaggen und Uniformen für einige seiner Regimenter, wobei er die Farbe grün verbot – vielleicht weil diese Farbe von Peters Soldaten getragen wurde. Die Leute in Schweden fanden, der König habe sich, verglichen mit dem eigensinnigen und ungestümen jungen Mann, der das Land einst mit seinen Jugendstreichen schockiert hatte, stark verändert; er war jetzt ein viel freundlicherer, heiterer Mensch, der mit seinen vierunddreißig Jahren gegenüber menschlichen Schwächen und Fehlern große Toleranz zeigte. Doch in einem entscheidenden Punkt hatte er sich nicht geändert: Karl XII. blieb entschlossen, den Krieg fortzuführen.

Aus diesem Grund hielten viele Schweden die Rückkehr des Königs für einen zweifelhaften Segen. Als Stralsund und Wismar fielen, waren sie beinahe erleichtert, weil sie glaubten, daß der Verlust dieser letzten Gebiete auf dem Kontinent das Ende des Krieges bedeuten würde. Ihr Verlangen nach Ruhm oder sogar nach kommerziellem Profit war längst einer überwältigenden Friedenssehnsucht gewichen. Der König, der diese Gefühle seiner Untertanen kannte, erklärte seine Pläne Ulrike gegenüber, die selbst zwischen der Sehnsucht nach Frieden und der Loyalität zu ihrem Bruder hin- und hergerissen wurde, einmal so: »Das alles bedeutet nicht, daß ich gegen den Frieden wäre. Ich bin für einen Frieden, der in den Augen der Nachwelt vertretbar ist. Die meisten Staaten halten Schweden jetzt für schwächer als früher. Wir dürfen uns daher nur noch auf uns selbst verlassen.«[1] Mehr Krieg bedeutete mehr Soldaten und mehr Geld, doch Schweden war verwüstet. Die Hälfte seiner Äcker wurde nicht bebaut, weil es keine Arbeiter gab; Fischereien waren aufgelassen. Der Handel mit dem Ausland war durch die Blockade der alliierten Flotten ruiniert; die Zahl der schwedischen Handelsschiffe fiel von 775 im Jahre 1697 auf 209 im Jahre 1718.

In dieser Lage trieben Karls Pläne für eine neue Offensive die Männer Schwedens, die dem Militärdienst entgehen wollten, in die Wälder. Sie wurden mitten im Gottesdienst aus Kirchen weggeschleppt, aus Bergwerken und öffentlichen Schenken geholt. Studenten und sogar Schulkinder wurden eingezogen. Manch einer schnitt sich einen Finger ab oder schoß sich ins Bein, um der Rekrutierung zu entgehen. Aber ein neuer Erlaß bestimmte, daß diese Leute mit dreißig Peitschenhieben zu bestrafen und dennoch einzuziehen seien. Wenn es einer fertigbrachte, sich völlig dienstuntauglich zu machen, wurde er mit sechzig Peitschenhieben bestraft und als Sträfling zur Zwangsarbeit geschickt. Als Folge davon bemerkte ein Holländer, der 1719 in Schweden herumreiste, daß ihn nur grauhaarige Männer, Frauen oder Knaben unter zwölf Jahren kutschierten. »In ganz Schweden habe ich keinen Mann zwischen zwanzig und vierzig gesehen«, schrieb er.[2] Bereits bestehende Steuern wurden erhöht und neue eingeführt. Die Steuer für Grund und Boden wurde verdoppelt und verdreifacht, die Postgebühren angehoben. Die Steuer auf Luxusgüter – Tee, Kaffee, Schokolade, Seide, Gold- und Silberschmuck, Pelzroben, elegante Hüte und Kutschen – machte sie praktisch unerschwinglich.

Es schien unmöglich, daß selbst ein König wie Karl aus dem erschöpften und mißmutigen Land die Reserven an Geld und Soldaten herausholen konnte, die er brauchte. Daß es trotzdem gelang, war dem Auftauchen eines außerordentlichen Mannes zu verdanken, der Karl sowohl als Verwaltungsexperte zu Hause als auch als Diplomat im Ausland diente. Es handelte sich um den brillanten, skrupellosen, vielgescholtenen und zuletzt unglückseligen Freiherrn Georg Heinrich von Görtz, einen tollkühnen internationalen Abenteurer ohne nationale Bindungen, dafür aber mit einem Geschmack an der Macht und einer Leidenschaft für Intrigen. Sein komplexer und beweglicher Verstand erlaubte es ihm, an mehreren divergierenden und sogar gegensätzlichen Projekten gleichzeitig zu arbeiten. Man hat von ihm gesagt, er habe

»zwanzigmal soviel wie Talleyrand oder Metternich erreicht, mit weniger als einem Zwanzigstel von deren Mitteln«[3].

Vier Jahre lang – von 1714 bis 1718 – hing der Schatten dieses mit königlicher Macht ausgestatteten Mannes über Schweden. Persönlich war Görtz eine eindrucksvolle Gestalt: groß und schlank, gutaussehend (trotz eines Glasauges – als Student hatte er bei einem Duell ein Auge verloren), charmant und ein glänzender Gesellschafter. Er stammte aus Süddeutschland, aus einer adligen fränkischen Familie, hatte an der Universität Jena studiert und sich dann, auf der Suche nach einer Stellung, die seiner Abenteuerlust entgegenkam, an den Hof des jungen Herzogs Friedrich IV. von Holstein-Gottorf begeben, jenes Freundes Karls aus übermütigen Tagen, der seine Schwester Hedwig Sophie geheiratet hatte. Kurz bevor der Herzog an Karls Seite in den Krieg zog, brachte Hedwig Sophie einen Sohn zur Welt, Karl Friedrich. Der Herzog wurde 1702 während der Schlacht von Klissow getötet und hinterließ seinen inzwischen zweijährigen Sohn als offiziellen Nachfolger und Georg Heinrich von Görtz als wirklichen Herrscher von Holstein-Gottorf. Bedeutsamer war aber, daß der kleine Karl Friedrich so lange erster Anwärter auf den schwedischen Thron war, bis Karl XII. heiratete und selbst einen Sohn bekam.

Görtz leitete in der Folgezeit die gesamte Politik des Herzogtums. Er reiste durch ganz Europa und besuchte den Zaren, Königin Anna, den König von Preußen und den Kurfürsten von Hannover. 1713 bemühte er sich darum, die Stellung des Herzogtums durch ein Bündnis mit Rußland zu stärken, und dieses Bündnis sollte durch eine Eheschließung zwischen dem inzwischen zwölfjährigen Herzog und Peters ältester Tochter, der fünfjährigen Anna, besiegelt werden. Görtz schlug einmal Menschikow vor, durch Holstein am unteren Ende der dänischen Halbinsel, einen Kanal zu bauen, damit russische Schiffe von der Ostsee in die Nordsee gelangen könnten, ohne den Sund passieren zu müssen und dänischen Zöllen oder Kanonen ausgeliefert zu sein.[4] Görtz war es auch, der arrangiert hatte, daß Magnus Stenbocks schwedische Armee nach dem Sieg bei Gadebusch, von sächsischen, dänischen und russischen Truppen verfolgt, in der holsteinischen Festung Tönning Zuflucht fand. Und als fünf Monate später die belagerte Armee nicht länger Widerstand leisten konnte, war es wieder Görtz, der die Bedingungen ihrer Kapitulation aushandelte.

Obwohl erfolgreich, hatte Görtz mit der Zeit das Gefühl, daß das kleine Herzogtum Holstein-Gottorf für seine Fähigkeiten ein zu kleiner Schauplatz war. Er hatte Karl XII., den legendären Onkel seines jungen Monarchen, seit langem bewundert, und als Karl im November 1714, nach seinem Ritt durch ganz Europa, in Stralsund auftauchte, beeilte er sich, ihn dort zu treffen. In einem einzigen langen Gespräch gewann er Karls Gunst und wurde sein privater Ratgeber. In kürzester Zeit verließ sich Karl völlig auf ihn. Er bewunderte die Energie dieses Mannes, seinen weiten Horizont, seine analytischen Fähigkeiten und seine Bereitschaft, wie Karl selbst großangelegte

Pläne und radikale Lösungen auch mit begrenzten Mitteln in Angriff zu nehmen. Nach Meinung Karls ging Görtz in der Innenpolitik und in der Diplomatie mit der gleichen Verwegenheit und Unbekümmertheit vor wie er selbst im Krieg.

Bis zu seinem Tod war Görtz für Karl unentbehrlich. Er hatte die Kontrolle über die schwedischen Staatsfinanzen und über alle anderen wichtigen innenpolitischen Ressorts; in der schwedischen Diplomatie wurde Görtz zur Stimme des Königs, wenn nicht gar zu seinem Gehirn. Im Februar 1716 bezeichnete er sich selbst als Direktor des schwedischen Handels und der schwedischen Finanzen. Görtz war tatsächlich der Premierminister Karls, obwohl er keinen offiziellen schwedischen Rang und Titel innehatte und nominell immer noch im Dienst von Karls Neffen, dem Herzog von Holstein-Gottorf, stand.

Görtz verstand es, mit Karl umzugehen. Bevor er in seinen Dienst trat, hatte er ihm das Versprechen abgenommen, daß Karl mit ihm stets persönlich und nicht über Mittelsmänner korrespondieren werde. Er wußte, daß es gut war, Karl nicht mit Detailfragen auf Gebieten zu belästigen, für die er sich nicht interessierte. Er entdeckte auch, daß er, wenn der König seinen mündlich vorgetragenen Argumenten nicht zustimmte, seine Ansichten durchsetzen konnte, indem er sie ihm klar und prägnant schriftlich vorlegte.

Als man in Schweden die geschickte und harte Hand des Baron von Görtz zu spüren begann, breitete sich in allen Schichten der Gesellschaft Haß auf den ausländischen Berater des Königs aus. Die Beamten haßten ihn, weil er außerhalb der normalen Verwaltungswege Macht ausübte. Die hessische Partei, die sich um Karls Schwester Ulrike und ihren Mann, Friedrich von Hessen bildete, haßte ihn, weil sie glaubte, er betreibe auf ihre Kosten die Thronfolge seines jungen holsteinischen Monarchen. Und alle übrigen Schweden haßten ihn, weil er mit Eifer und unerschöpflichem Erfindungsgeist immer mehr Soldaten und Geld aus der erschöpften Nation herauspreßte, damit Karl den Krieg fortführen konnte. Görtz ließ Papiergeld drucken und erhöhte wiederholt die Steuern. Man warf ihm vor, in seine eigene Tasche zu arbeiten, doch diese Beschuldigungen waren unbegründet – in Gelddingen war Görtz absolut ehrlich. Er opferte sogar sein eigenes kleines Einkommen, um bei der Mobilisierung schwedischer Ressourcen für den Krieg mehr Effizienz zu erreichen. Wegen seiner mächtigen Stellung wurde Görtz von wütenden Schweden »der Großwesir« genannt. Obwohl er nur eine Kreatur des Königs war, war er doch mit königlicher Macht ausgestattet. Görtz war so lange unbesiegbar, wie Karl hinter ihm stand.

Obwohl es Görtz' Innenpolitik war, die den Groll der Schweden auf sich zog, war er dem König als Diplomat noch viel nützlicher. Er war ein Meister dieser subtilen Kunst, und Karl ließ ihm freie Hand, sie in ganz Europa trickreich auszuüben. Görtz beurteilte die Lage Schwedens folgendermaßen: Da Schweden unmöglich alle seine Feinde besiegen konnte, mußte es mit diesem

oder jenem entweder Frieden schließen oder sogar ein Bündnis eingehen, um die anderen weiter bekämpfen zu können. Entweder konnte Karl mit Rußland Frieden schließen und seine kriegerischen Bemühungen auf Dänemark, Preußen und Hannover konzentrieren; oder er konnte sich mit Dänemark, Preußen und Hannover verständigen und dann den Zaren in der nördlichen Ostsee noch einmal angreifen. Görtz bevorzugte die erste Alternative – Frieden mit Rußland. Sie bedeutete, daß man die Provinzen Ingermanland, Karelien, Estland, Livland und womöglich Finnland opfern und eine größere russische Marine und Handelsflotte in der Ostsee dulden müßte. Aber dadurch wäre Karl frei, die verlorenen deutschen Provinzen Pommern, Bremen und Verden zurückzuerhalten, und es würde ihm möglicherweise erlauben, Mecklenburg und Norwegen zu erobern. Diese Vorliebe Görtz' mochte zum Teil darauf zurückzuführen sein, daß die Wiederherstellung schwedischer Macht in Norddeutschland für den Herzog von Holstein-Gottorf nützlich sein würde, aber Görtz war jetzt auch geneigt, Peters Macht und Entschlossenheit für viel größer zu halten als die seiner Verbündeten. Peter hatte seine eiserne Entschlossenheit, sich das »Fenster zur Ostsee« offenzuhalten und es noch zu erweitern, demonstriert. Die fortlaufende Vergrößerung der Flotte Rußlands, die ausgedehnten Operationen seiner Armee und des Zaren unerbittlicher Wille ließen Görtz annehmen, daß es auch bei einem enormen Einsatz schwedischer Kräfte nicht leicht sein würde, die Russen aus ihren befestigten Positionen entlang der Ostseeküste zu vertreiben.
In dieser Beurteilung stimmten jedoch die meisten schwedischen Politiker nicht mit Görtz überein. Sie waren nicht unglücklich darüber, daß Schweden seine einstigen deutschen Territorien verloren hatte, waren sie doch immer der Auffassung gewesen, daß seine Stellung im Reich Schweden nur schwächte. Wenn schon weiter Krieg geführt werden mußte, wollten sie lieber in Deutschland Frieden schließen und die Ostseeprovinzen zurückgewinnen. Das reiche livländische Ackerland, das man »die Kornkammer Schwedens« nannte, und der große Hafen Riga mit seinen üppigen Zöllen aus dem russischen Handel wären Posten, mit denen man die großen Vermögensverluste Schwedens durch den Krieg hätte direkt ausgleichen können.
Gleichgültig, welche Richtung die schwedische Offensive schließlich nehmen würde, von Bedeutung war, daß Görtz allein durch die Idee gesonderter Friedensverträge und neuer Bündnisse das Gleichgewicht der Kräfte im Ostseeraum wieder in Karls Hand gelegt hatte. Görtz nutzte im Verlauf der folgenden Monate die neue Situation geschickt aus, indem er durchblicken ließ, daß von Schweden in bezug auf neue Bündnisse und Konstellationen ab jetzt alles zu erwarten war. Er verhandelte mit allen Feinden Schwedens außer mit Dänemark, denn der Holsteiner wollte letzten Endes Dänemark die Rechnung für alles bezahlen lassen. Görtz spielte ein virtuoses Spiel. Über Nacht wurde durch seine Diplomatie Schweden von einem Opfer, das im Begriff stand, durch eine gegnerische Koalition überwältigt zu werden, zum Herrn der Ereignisse, der es sich aussuchen konnte, mit welchen der Alliierten er

Frieden schließen und welche er zum Ziel einer neuerlichen Offensive machen wollte. Niemals mehr seit Poltawa hatte Schweden in Europa eine solche Macht.

Görtz hatte bereits den Zusammenhalt der antischwedischen Allianz überprüft und ihn bemerkenswert schwach gefunden. Alle Verbündeten Peters machten sich wegen der zunehmenden Stärke Rußlands Sorgen, aber der schwächste Punkt der Koalition lag in dem persönlichen Gegensatz zwischen Peter und König Georg I. von England, der gleichzeitig Kurfürst von Hannover war. In Kenntnis dieser Tatsache begann Görtz gleichzeitig mit beiden zu verhandeln, denn er wußte, daß es seine Position bei beiden stärken würde, wenn der eine erfuhr, daß er auch mit dem anderen verhandelte. Er ging zuerst zu Peter, den er im Juni 1716 in Holland traf. Peter respektierte Görtz, obschon es ihm lächerlich vorgekommen war, wie Görtz damals, als er nur die Politik des winzigen Holstein machte, davon träumte, Königreiche und Mächte um seine Finger zu wickeln. Dem holsteinischen Gesandten Bassewith gegenüber hatte er einmal geäußert: »Ihr Hof, geleitet durch die großen Pläne Görtz', kommt mir vor wie ein Ruderboot mit dem Mast eines Kriegsschiffs – der geringste Seitenwind wird es zum Kentern bringen.«[5] Doch jetzt, da dieser Mann die Diplomatie Schwedens betrieb, lagen die Dinge anders. Peter und Görtz diskutierten bei ihrer Begegnung den Gedanken eines neuen Gleichgewichts in Nordeuropa, das sich auf ein von Frankreich garantiertes Bündnis zwischen Schweden und Rußland gründen sollte. Bei einem Friedensvertrag würde Rußland Finnland an Schweden zurückgeben, seine anderen Eroberungen aber alle behalten, während Schweden die Freiheit haben sollte, von Dänemark und Hannover so viel wie möglich zurückzugewinnen. Görtz wußte zwar, daß Karl nie so viel Territorien hergeben würde, wie Peter verlangte, er war jedoch erfreut darüber, daß sich der Zar überhaupt zu Verhandlungen bereit zeigte, und vor Beendigung ihrer Konferenz hatten sie sich darauf geeinigt, so bald wie möglich eine offizielle Friedenskonferenz auf den Alandinseln im Bottnischen Meerbusen zu veranstalten (Inseln hielt man damals für besser vor Spionen geschützt).

Die Nachricht von dieser Besprechung wurde von Görtz' Agenten gezielt über ganz Europa verbreitet. Sowohl Georg. I. von England als auch Friedrich IV. von Dänemark waren alarmiert, obschon Georg der Meinung war, Peter würde nie Frieden schließen, ohne Riga behalten zu können, während Karl XII. die Stadt niemals aufgeben würde. Trotzdem bemühten sich jetzt, wie es Görtz vorhergesehen hatte, alle Feinde Schwedens darum, mit Karl ins Gespräch zu kommen. Georg schickte einen Gesandten nach Lund und erklärte, wenn Schweden Bremen und Verden Hannover überlassen würde, wurde er Karl dabei helfen, die Russen aus der Ostsee zu vertreiben. Karl lehnte ab.

Solange die Invasion Schonens vor der Tür stand, konnte es keine direkten Verhandlungen zwischen Rußland und Schweden geben; sobald aber der Angriff verschoben worden war, verfolgte Görtz seinen Plan weiter. Im Sommer 1717 diskutierte er in Holland mit Fürst Kurakin darüber, und der Russe bestätigte ihm, der Zar sei bereit, einzusteigen. Peter wünschte tatsächlich, daß die Verhandlungen so bald wie möglich begännen, obwohl das wichtigste und gefährlichste Problem, vor dem Peter im Winter und Frühjahr 1718 stand, nicht die Verhandlungen mit Schweden waren, sondern die Beziehung zu seinem Sohn, ein Drama, das die Bemühungen um eine Beendigung des Krieges überschattete. Teilweise aus diesem Grund saßen sich beide Seiten erst im Mai am Verhandlungstisch gegenüber.

Die Alandinseln, eine Gruppe von 6500 kleinen Inseln aus rotem Granit im Bottnischen Meerbusen, sind mit Föhrenwäldern und saftigen Wiesen bedeckt. Auf Lövö errichtete man zwei große Scheunen, in denen die beiden Delegationen untergebracht werden sollten. Peter hatte ursprünglich vorgeschlagen, die Verhandlungen sollten informell, ohne Zeremonie und in bescheidenen Unterkünften durchgeführt werden; er hatte sogar vorgeschlagen, beide Seiten sollten zusammen in einem Haus wohnen, jede in einem Raum, aber ohne Wand dazwischen, damit man möglichst effektiv arbeiten könne. Das entsprach jedoch nicht den schwedischen Vorstellungen; Görtz traf ganz im Gegenteil mit einem Gefolge von Höflingen, Sekretären, Dienern und Soldaten und mit einem silbernen Tafelservice, das er sich vom Herzog von Holstein ausgeliehen hatte, auf Lövö ein.

Die schwedische Delegation wurde von Görtz und von Graf Gyllenborg, dem schwedischen Gesandten in London, geführt. An der Spitze der russischen Abordnung standen General James Bruce, ein Schotte, der sich auf dem finnischen Feldzug bewährt hatte, und der Rat für auswärtige Angelegenheiten, Andreas Ostermann. Ostermann, ein Westfale, den Vizeadmiral Cruys nach Rußland gebracht hatte, war einer der fähigsten Ausländer, die im Verlaufe von Peters Herrschaft in Rußland Karriere gemacht hatten. Er sprach Deutsch, Holländisch, Französisch, Italienisch und Latein so gut wie Russisch; er hatte Peter und Schafirow auf dem Pruth-Feldzug begleitet und bei den Verhandlungen mit dem Großwesir assistiert; 1714 war er nach Berlin gereist, um dabei zu helfen, die Preußen zu einer Allianz gegen Schweden zu überreden.

Jetzt, wo er sich mit Görtz messen mußte (obwohl Bruce der offizielle Führer der russischen Delegation war, verfügte doch Ostermann über die wirklich diplomatischen Fertigkeiten), stand er vor einer der großen Bewährungsproben seiner Laufbahn. Die Situation war nicht ohne Ironie: Zwei Deutsche – der in Westfalen geborene Ostermann und der aus Franken stammende Görtz – saßen am Verhandlungstisch, der eine für Rußland, der andere für Schweden. Görtz, einundfünfzig, war der ältere und erfahrenere von beiden, aber er vertrat die schwindende Macht Schwedens, während Ostermann, mit zweiunddreißig Jahren nicht weniger geschickt, die aufstrebende Macht Rußland repräsentierte.

Die Ausgangsposition der Verhandlungen, so wie sie beide Seiten verstanden, war, daß Görtz einen Frieden mit Rußland erreichen sollte, durch den

Schweden einige der an Peter verlorenen Gebiete zurückgewinnen und gleichzeitig freie Hand bekommen würde, um gegen seine Gegner in Norddeutschland vorzugehen. Peter war grundsätzlich verhandlungsbereit, weil er mehr schwedisches Gebiet erobert hatte, als er brauchte oder begehrte, und deshalb einen Teil davon zurückgeben wollte, um dafür einen Friedensvertrag einzuhandeln, der ihm sein Recht auf den Rest bestätigen würde. Trotz dieses allgemeinen Einverständnisses lagen die konkreten Vorschläge und Instruktionen, die die beiden Verhandlungsdelegationen von ihren Monarchen mitbekommen hatten, so weit auseinander, daß es eigentlich zu keinem Vertrag kommen konnte, es sei denn, es würde ein diplomatisches Wunder geschehen. So forderten Bruce und Ostermann als Vorbedingung für Verhandlungen die Aufgabe Kareliens, Estlands, Ingermanlands und Livlands durch Schweden; nur über Finnland westlich von Wyborg durften sie mit Görtz verhandeln. Görtz hatte von diesen Forderungen Peters bereits im vergangenen Sommer durch Kurakin erfahren. Da er jedoch wußte, wie Karl darauf reagieren würde, hatte er es bisher nicht gewagt, sie dem König vorzulegen. Seine Taktik lief darauf hinaus, Karl zuerst an den Verhandlungstisch zu bringen, und ihm dann schrittweise die Konzessionen schmackhaft zu machen, die nötig waren. Tatsächlich brachte Görtz bei seiner Ankunft auf Lövö von Karl unterschriebene Instruktionen mit, die die Friedenskonferenz sofort beendet haben würden, hätte er sie offen auf den Tisch gelegt. Denn Karl verlangte nicht nur, daß Rußland alle eroberten Provinzen in genau dem Zustand, in dem sie sich vor Kriegsbeginn befunden hatten, an Schweden zurückgeben müsse, sondern auch, daß es Schadenersatz an Schweden zahlen müsse, weil es einen »ungerechten Krieg« begonnen hatte.

Görtz spielte bei den Eröffnungssitzungen glänzend mit seinen schwachen Karten. Durch den fürstlichen Pomp, mit dem er sich umgeben hatte, durch die Nonchalance, mit der er auf die russischen Vorschläge reagierte, so als ob Karl und nicht Peter der Sieger wäre, schuf er sich eine psychologisch starke Ausgangsposition für den Vortrag seiner Forderungen. Außerdem nützte er geschickt die Tatsache, daß Schweden augenblicklich der Angelpunkt aller Diplomatie im Norden war. Bruce und Ostermann wußten, daß Karl gleichzeitig zur Konferenz auf den Alandinseln auch mit Georg I. verhandelte; und Görtz ließ durchblicken, daß diese Verhandlungen, die in ihrem Ergebnis nur antirussisch sein konnten, rasch einem günstigen Ausgang entgegensteuerten. Unter diesem Druck wichen die russischen Verhandlungsführer von ihren ursprünglichen Voraussetzungen ab, und Ostermann bot ein verändertes Abkommen an, nach dem Rußland ganz Livland und Finnland zurückgeben würde, während es Ingermanland, Karelien und Estland behalten dürfte. Am Ende dieser ersten Gesprächsrunde hatte sich der Streit um Reval zugespitzt. Die Schweden bestanden darauf, daß es zurückgegeben werden müsse, da es für die Beherrschung Finnlands unentbehrlich sei; die Russen weigerten sich ebenso hartnäckig, es zurückzugeben, weil sie behaupteten, ohne diesen Hafen, der den Eingang zum Finnischen Meerbusen kontrollierte, wären die Flotte des Zaren und der russische Handel Schwedens Gnade ausgeliefert.

Mitte Juni, bevor Görtz nach Schweden zurückkehrte, um sich mit Karl zu beraten, versprach ihm Ostermann auf Peters Anweisung privat ein persönliches Geschenk des Zaren für den Fall, daß ein Friedensvertrag zustande käme. Peter würde sich mit dem schönsten Zobel, den man je gesehen hatte, sowie mit 100000 Talern erkenntlich zeigen. Görtz erstattete Karl Bericht; doch wie zu erwarten war, lehnte der Schwedenkönig die vorgelegten Bedingungen als viel zu günstig für Rußland ab und schickte Görtz nach Lövö zurück, um weiterzuverhandeln.

Mitte Juli traf Görtz wieder am Verhandlungsort ein. Er brachte eine ganze Reihe neuer und erstaunlicher Vorschläge mit, die aber, wie sich später herausstellte, von ihm und nicht von Karl stammten. Wie er Ostermann privat erklärte, würde Schweden zunächst Ingermanland und Livland an Rußland abtreten und über Karelien und Estland später verhandeln. Der andere Bestandteil seines Plans war ein schwedisch-russisches Militärbündnis, in dem der Zar dem König helfen sollte, Norwegen, Mecklenburg, Bremen, Verden und sogar Teile von Hannover zu erobern. Für Peter würde dies Krieg mit Dänemark und Hannover bedeuten. Ostermanns erste Reaktion war, daß der Zar nicht als offener Verbündeter Schwedens in den Krieg ziehen werde; als Gegenleistung für territoriale Zugeständnisse der Schweden könnte er jedoch Karl 20000 Mann und acht Kriegsschiffe als »Hilfskräfte« zur Verfügung stellen. Interessanterweise fügte Ostermann hinzu, daß Peter für den Fall, daß ein solches Abkommen zustande käme, auf einer besonderen Vertragsklausel bestehen würde: Karl müsse versprechen, sich bei den Feldzügen keiner persönlichen Gefahr auszusetzen. Offensichtlich hing der Erfolg des Plans davon ab, daß der schwedische König selbst das Kommando führen konnte.

Erfreut fuhr Görtz zum König zurück, während Ostermann nach St. Petersburg ging, um sich mit dem Zaren zu beraten. Doch Görtz' Freude war kurz. In aller Ruhe lehnte Karl alles ab, was Görtz und Ostermann ausgehandelt hatten, mit der Begründung, daß er die Ostseeprovinzen nicht für so ungewisse und illusionäre Gewinne in Deutschland hergeben könne. Görtz ein wenig entgegenkommend, erklärte der König, er werde dem Zaren vielleicht gestatten, Karelien und Ingermanland zu behalten, die einmal zu Rußland gehört hatten; aber Peter müsse »selbstverständlich Livland, Estland und Finnland zurückgeben, die in einem ungerechten Krieg erobert worden sind«. »Gut«, bemerkte Görtz dazu bitter zu einem schwedischen Minister, »nur gibt es da eine kleine Schwierigkeit – der Zar wird diese Länder niemals zurückgeben.«[6] Noch einmal schickte Karl Görtz in die Verhandlungen, wobei er fast nichts anzubieten hatte. »Meine Mission ist es«, sagte Görtz bei seiner Abreise, »die Russen zu übertölpeln, wenn sie so große Tölpel sind, daß sie sich übertölpeln lassen.«

Görtz' Position wurde zunehmend prekärer. Sein Plan war von der Voraussetzung eines schnellen und annehmbaren Friedens entweder mit Rußland oder mit Hannover oder mit beiden ausgegangen, den die Mehrheit der Schweden akzeptierte; scheiterten die Verhandlungen, so würde man, wie er gut wußte, ihn persönlich für die Fortsetzung des Krieges verantwortlich machen. Als Görtz nach Lövö zurückkehrte, wurde ihm Peters Antwort auf seinen, von ihm selbst stammenden früheren Vorschlag mitgeteilt: Der Zar wollte von keiner seiner früheren Territorialforderungen ablassen, und er weigerte sich, sich mit Schweden gegen Friedrich IV. von Dänemark oder Friedrich Wilhelm von Preußen zu verbünden. Er würde aber Karl mit 20 000 russischen Soldaten und acht Kriegsschiffen unter schwedischer Flagge in einem Feldzug gegen Hannover unterstützen. Abschließend teilte Ostermann Görtz mit, der Zar sei der schwedischen Verzögerungsmanöver müde und werde die Konferenz abbrechen, wenn es nicht im Dezember zu einem Vertragsabschluß käme. Görtz gab sein Ehrenwort, daß er innerhalb von vier Wochen zurückkehren werde, und begab sich noch einmal zu Karl, der sich um diese Zeit mit seinem Heer in Norwegen befand.

Die vier Wochen verstrichen, doch Görtz kam nicht zurück. In den letzten Dezembertagen traf dann ein Kurier aus Stockholm ein, der die schwedische Delegation in Verwirrung und Schrecken versetzte: Görtz sei verhaftet worden, kein Schiff dürfe den Hafen von Stockholm verlassen, und jede Korrespondenz ins Ausland würde zurückgehalten. Zehn Tage vergingen ohne weitere Nachrichten. Am 3. Januar kam ein schwedischer Hauptmann in Lövö an, und am folgenden Morgen wurden Ostermann und Bruce von der schwedischen Delegation darüber informiert, daß Karl XII. bei der Belagerung einer Stadt in Norwegen getötet worden sei.

Bereits von Lövö aus hatte Ostermann Peter auf die möglicherweise größte Schwäche der Friedensverhandlungen auf den Alandinseln hingewiesen: Karl würde vielleicht nicht anwesend sein, um einen Vertrag zu unterzeichnen. Der König, so fürchtete Ostermann, »wird eines Tages entweder bei einer seiner tollkühnen Aktionen getötet werden, oder er wird sich bei einem Galopp den Hals brechen«[7]. Und Ostermanns Befürchtungen waren sehr begründet. Karl hatte im Sommer 1718, als Görtz zwischen ihm und den Alandinseln hin- und hereilte, um den Russen Angebote und Gegenangebote zu machen, gar nicht daran gedacht, mit Peter Frieden zu schließen. Um aus der Sackgasse herauszukommen, in der er sich damals befand, vertraute er – wie immer – mehr seinem Schwert als den diplomatischen Intrigen Görtz'. Für Karl waren die Gespräche auf Aland wichtig, als ein Mittel, Zeit zu gewinnen; durch die Verhandlungen sorgte er dafür, daß die Russen in diesem Sommer seine Küsten nicht angriffen und die Kraft seiner neuen Armee nicht durch Abwehrkämpfe aufgezehrt wurde.

In seiner eigenen Strategie ging Karl von der Tatsache aus, daß Rußland derzeit zu stark für ihn war – kein Frontalangriff gegen die Ostseeküste konnte den Zaren aus den eroberten Territorien vertreiben. Der erste Gegner war deshalb Dänemark. Er wollte zuerst das südliche Norwegen erobern und dann nach Seeland und Jütland übersetzen, um so Dänemark aus dem Krieg zu eliminieren. Von dort aus würde seine Armee nach Süden vordringen, um Bremen und Verden zurückzuerobern, und seinen 50 000 Schweden würden sich 16 000 Hessen anschließen, die sein Schwager Friedrich von Hessen stellen würde. An der Spitze dieser Streitmacht würde er dann seinen Gegnern entweder einen Friedensvertrag aufzwingen oder – wenn deren jeweilige Herrscher das vorzögen – in Hannover, Preußen oder Sachsen einfallen. Wäre die schwedische Position in Deutschland schließlich gesichert, könnte er wieder gegen Rußland marschieren – es sei denn, der Zar wünschte, die Länder zurückzugeben, die er sich unrechtmäßig angeeignet hatte. All das, so meinte Karl, könne »vierzig Jahre Krieg« bedeuten; es wäre jedoch »für Schweden viel schädlicher, in einen harten und ungewissen Frieden einzuwilligen, als einen langen Krieg außerhalb der eigentlichen schwedischen Grenzen zu führen«[8].

Karls erstes Ziel war also Norwegen, und 43 000 Soldaten waren für diesen Feldzug vorgesehen. Ein Invasionsheer stieß im August 1718 gegen Trondheim vor, während der König im Oktober gegen Christiania vorrückte. Seine Armee durchquerte das gebirgige, spärlich bevölkerte Gebiet westlich der schwedischen Grenze, durchwatete oder durchschwamm die Flüsse und stürmte die Stellungen, die die Norweger eilig zur Verteidigung der Gebirgspässe errichtet hatten. Am 5. November hatte der Hauptteil des Heeres Fredrikshald erreicht, eine stark verteidigte Festung an der Straße nach Christiania. Karl brachte seine schwere Artillerie heran, und es begann eine klassische Belagerung.

Von Beginn des Feldzugs an war sich Karl bewußt, daß diese Armee seine letzte war, deshalb setzte er alles, vor allem seine eigene Bequemlichkeit und Sicherheit, aufs Spiel, um seinen Soldaten verzweifelten Mut und die Bereitschaft zu verleihen, jedem Befehl unbedingt zu gehorchen. Er hatte sich vorgenommen, von seinen Offizieren und Soldaten nichts zu verlangen, was er nicht selbst zu tun bereit war. Wenn man sah, daß der König sich äußersten Gefahren aussetzte, würde jeder ihm folgen. So hatte er am 27. November persönlich zweihundert Grenadiere die Sturmleitern an den Mauern von Gyldenløve, einem Außenwerk der Festung Fredrikshald, hinaufgeführt; und auch danach blieb er bei den Soldaten an vorderster Front. Obwohl sich das Hauptquartier der schwedischen Armee in Tistedal befand, hielt sich Karl in einer kleinen Holzhütte bei Gyldenløve auf, gleich hinter den vordersten Gräben. Am Nachmittag des 30. November ritt Karl zurück ins Hauptquartier. In Tistedal bemerkten die Stabsoffiziere, daß der König besorgt und traurig schien und daß er nach der Durchsicht von Papieren einiges davon verbrannte. Danach wechselte er die Unterwäsche, zog eine saubere Uniform, neue Handschuhe und Stiefel an und schwang sich gegen vier Uhr nachmittags wieder in den Sattel. Er schwenkte zum Abschied den Hut und kehrte an die Front zurück. Als ihm sein Diener Hultman am Abend das Essen brachte, schien Karl entspannt. »Ihr Essen ist so gut, daß ich Sie zum Meisterkoch befördern werde«[9], scherzte er. Die unkomplizierte Beziehung zwischen den beiden erlaubte es dem Koch, zu erwidern: »Das möchte ich schriftlich haben, Sire.«

Nach dem Abendessen begab sich der König zum vordersten Spähergraben, um dort das Ausheben weiterer Angriffsgräben zu überwachen. Man arbeitete Nacht für Nacht, um durch die Dunkelheit vor dem Feind geschützt zu sein. Vierhundert Soldaten hatten bei der Dämmerung die Arbeit mit Spaten und Pickel begonnen. Sie benutzten Reisigbündel zur Tarnung. Die Norweger hängten brennende Pechkränze an die Festungsmauern und schossen mit ihren Kanonen Leuchtraketen in die Luft, um die Landschaft zu erhellen. In dieser Beleuchtung schossen Scharfschützen von den Mauern herab ununterbrochen auf die schwedischen Soldaten, die sich vor den Linien, in Schußweite der Musketen, abplagten. Die Norweger zielten genau; zwischen sechs Uhr und zehn Uhr abends töteten sie sieben Schweden und verwundeten fünfzehn.

Gegen neun Uhr dreißig abends wollte Karl, der sich mit einigen seiner Offiziere im tiefen vordersten Graben befand, an der Grabenwand hochklettern, um zu sehen, wie es draußen aussah. Er stieß sich mit dem Fuß zwei Stufen in die Erde und kletterte hoch, bis er sich mit den Armen auf die Brustwehr des Grabens stützen konnte. Mit Kopf und Schultern war er jetzt den Musketenkugeln ausgesetzt, die überall herumpfiffen. Seine Adjutanten unten im Graben, die dem König bis an die Knie reichten, machten sich Sorgen. »Dies ist kein geeigneter Platz für Eure Majestät«[10], warnte einer von ihnen und drängte ihn, herunterzukommen. Aber die, die den König besser kannten, brachten die anderen zum Schweigen: »Laßt ihn. Je mehr man ihn warnt, desto mehr bringt er sich in Gefahr.«

Die Nacht war finster und bewölkt, aber die Pechfeuer auf den Wällen und die norwegischen Leuchtraketen schafften doch etwas Licht. Karl lehnte, den Mantel um die Schultern, auf dem Grabenrand, den Kopf auf seine linke Hand gestützt. Die Soldaten, die draußen vor dem Graben arbeiteten, konnten ihn gut sehen. So blieb er lange, während seine Offiziere berieten, wie sie ihn herunterbrächten. Aber Karl war in guter Stimmung. »Habt keine Angst!«[11] rief er herunter und blieb weiter beobachtend dort, wo er war.

Plötzlich hörten die Männer unter ihm ein merkwürdiges Geräusch, so als ob »ein Stein mit großer Gewalt in den Schlamm geworfen würde«, oder wenn man »mit zwei Fingern fest auf die Handfläche schlägt«[12]. Karl hatte sich danach nicht bewegt, nur die Hand, mit der er seinen Kopf gestützt hatte, fiel herunter. Er blieb aber oben, gestützt von der Brustwehr. Schließlich wurde einem Offizier unten im Graben klar, daß etwas geschehen war. »Herr Jesus«, rief er aus, »der König ist getroffen worden!«[13] Nachdem man Karl heruntergehoben hatte, stellten die entsetzten Offiziere fest, daß er von einer Musketenkugel getroffen worden war. Die Kugel war in seine linke Schläfe eingedrungen, hatte den Schädel durchbohrt und war auf der rechten Seite des Kopfes wieder ausgetreten. Der König war sofort tot gewesen. Um sich Zeit zum Überlegen zu verschaffen, stellten die Offiziere zunächst an den Eingängen ihres Grabens Wachen auf. Dann holten sie eine Bahre, legten den Leichnam darauf und deckten ihn mit zwei Mänteln zu, damit man ihn nicht erkennen konnte. Ohne zu wissen, welch bedeutende Last auf ihrer Bahre lag, trugen zwölf Garden den toten König aus dem Graben heraus und eine Straße entlang nach hinten. Aber unterwegs stolperte einer der Soldaten, die Bahre neigte sich und der Mantel, der den oberen Teil der Leiche bedeckte, fiel herab. In diesem Augenblick teilten sich die Wolken und der Mond schien auf das Gesicht des Toten. Sofort erkannten die Soldaten mit Entsetzen ihren König.

Karls Tod wirkte sich unmittelbar und entscheidend nicht nur auf die Belagerung von Fredrikshald aus, sondern auch auf den gesamten Kriegsplan, in dem der norwegische Feldzug nur ein Prolog hatte sein sollen. Sogar die norwegischen Verteidiger von Fredrikshald hatten bemerkt, daß etwas geschehen war. »Sofort wurde alles still; und es blieb still, nicht nur die ganze Nacht hindurch, sondern auch noch am nächsten Tag«[14], berichtete einer später. Als sich die schockierten schwedischen Kommandeure im Hauptquartier von Tistedal versammelten, sah es in der Tat so aus, als könne man nichts mehr tun; ohne Karl, ohne seine Führung und Inspiration, schien sogar der ganze Krieg sinnlos. Zwei Tage später beendeten die Generäle offiziell den norwegischen Feldzug. Die Soldaten wurden aus den Gräben geholt, und die Planwagen, einer mit der Leiche des Königs, rumpelten durch die Berge zurück nach Schweden. So kehrte Karl XII. nach achtzehnjähriger Abwesenheit schließlich in seine Hauptstadt Stockholm zurück. Sein Leichnam wurde einbalsamiert und im Schloß Karlberg aufbewahrt. Karl war so lange fortgewesen und für so viele Kriegsbelastungen verantwortlich, daß die Bevölkerung im allgemeinen nicht um ihn trauerte. Die jedoch, die ihn persönlich gekannt hatten, waren untröstlich. Sein Neffe, Herzog Karl Friedrich von Holstein, schrieb an den Staatsrat in Stockholm: »Dieses fast unerträgliche Leid berührt mein Herz so sehr, daß ich nicht mehr schreiben kann.«[15] Der Lehrmeister und Waffenkamerad des Königs, Feldmarschall Rehnskjold, der bei einem Austausch von Offizieren vor kurzem nach Schweden zurückgekehrt war, sprach von »diesem unnachahmlichen König«, voller Klugheit, Mut, Charme und Freundlichkeit, der so jung gestorben sei. »Wir werden ihn vermissen, wenn der Erfolg kommt«, sagte Rehnskjold. »Ihn hier tot vor unseren Augen liegen zu sehen, bedeutet wirklichen Kummer.«[16] Die Trauerfeier fand in der Storkyrka statt, jener Kathedrale, in der Karl gekrönt worden war; danach überführte man seinen Leichnam in die Riddarholmskirche, die letzte Ruhestätte der schwedischen Könige und Königinnen. Karl liegt dort heute in einem schwarzen Marmorsarkophag, der mit einem bronzenem Löwenfell bedeckt ist, auf dem eine Krone und ein Zepter liegen. Auf der anderen Seite der Kirche, Karl gegenüber, steht der Marmorsarkophag mit den sterblichen Überresten des zweiten legendären Kriegshelden Schwedens, Gustav Adolf. Zu ihren Häuptern hängen Hunderte von Fahnen und Standarten, die von den beiden Königen im Verlauf ihrer Kriege erbeutet wurden und die jetzt verblassen und allmählich zu Staub verfallen.

16 König Georg dringt in die Ostsee ein

Peter stand bei einer Gruppe von Offizieren, als er die Nachricht vom Tode seines großen Gegenspielers erhielt. Seine Augen füllten sich mit Tränen; während er sie fortwischte, sagte er: »Mein lieber Karl, wie bedauere ich dich!«[1] Dann befahl er eine einwöchige Trauer für den russischen Hof.

Die Frage der Nachfolge wurden von den Schweden schnell gelöst. Hätte die ältere Schwester des Königs, Hedwig, die Herzogin von Holstein, noch gelebt, wäre sie ihm nachgefolgt; aber Hedwig war 1708 gestorben, und ihr Anspruch auf den Thron war auf ihren Sohn, den jungen Herzog Karl Friedrich, übergegangen, der beim Tod seines Onkels achtzehn Jahre zählte. Der zweite Bewerber um die schwedische Krone war Karls jüngere Schwester, Ulrike Eleonore, die jetzt dreißig Jahre alt und mit Friedrich, Herzog von Hessen, verheiratet war. Jahrelang, während der junge Karl Friedrich heranwuchs, waren die beiden Parteien verfeindet und jede hatte versucht, sich für den Fall, daß dem König etwas zustieß, eine günstige Position zu schaffen.

Karl hatte sich zu seinen Lebzeiten konsequent geweigert, zwischen seinem Neffen und seiner Schwester zu wählen und einen Nachfolger zu proklamieren. Möglicherweise hatte er geglaubt, eines Tages würde er doch noch heiraten und einen Nachfolger zeugen. Jedenfalls wollte er bis dahin die Zuneigung und Unterstützung beider. Er hielt sich den jungen Herzog in seiner Nähe und ließ es sich besonders angelegen sein, ihn in der Kriegskunst auszubilden. Er schrieb regelmäßig an Ulrike und machte ihren Ehemann zu einem seiner wichtigsten Ratgeber und Kommandeure. In der Zukunft würde noch genug Zeit sein, um eine Wahl zu treffen, die ihm auf schmerzliche Weise einen dieser geliebten Verwandten entfremden würde.

Friedrich von Hessen, Ulrikes Ehemann, war realistischer. Vor dem norwegischen Feldzug hatte er seiner Frau eine Liste mit allen Maßnahmen gegeben, die sie im Falle eines plötzlichen Tods Karls zu treffen hätte: Ulrike sollte sich sofort selbst zur Königin erklären, sich krönen lassen und alle, die sich ihr in den Weg stellten, rücksichtslos verhaften lassen. So geschah es. Karl Friedrich befand sich – wie Friedrich von Hessen – in Norwegen, als die tödliche Kugel den König traf, und Ulrike bestieg den Thron, ohne daß Widerspruch laut wurde. Anfangs war der junge Karl Friedrich zu sehr erschüttert, um Widerstand zu leisten oder sich überhaupt um diese Angelegenheit zu kümmern. Als er wieder zu sich kam und über seine Lage nachdenken konnte, waren die Ereignisse über ihn hinweggegangen. Danach gelang es dem älteren und erfahreneren Friedrich von Hessen leicht, seinen Neffen davon zu überzeugen, daß es seine Pflicht sei, Ulrike, der nunmehrigen Königin von Schweden, die Treue zu halten.

Sehr unvermittelte und drastische Folgen hatte der Tod des Königs für den Freiherrn von Görtz. Am Morgen nach Karls Tod schickte Friedrich von Hessen zwei Offiziere, die ihn »im Namen des Königs« verhaften sollten. Görtz, der gerade mit den neuesten Nachrichten von seinen Verhandlungen mit den Russen von den Alandinseln zurückgekehrt war, fragte überrascht: »Lebt der König noch?«[2] Man nahm ihm seine Papiere und sein Geld ab, und weil man fürchtete, er könne sich selbst das Leben nehmen, ließ man ihm nicht einmal Messer und Gabel. Er verbrachte die Nacht lesend und schrieb einen kurzen Brief an seine Verwandten, in dem er seine Unschuld beteuerte.

In den sechs Wochen, in denen Görtz eingesperrt war, wurden die Punkte der Anklage gegen ihn sehr sorgfältig ausgearbeitet, um sicherzustellen, daß es für ihn kein Entrinnen gab. Für den Fall, daß man ihm wegen Hochverrats vor dem regulären Hohen Gerichtshof Schwedens den Prozeß machte, fürchteten seine Gegner, er könne einen Freispruch erzwingen mit dem Argument, er sei kein schwedischer Untertan. Außerdem könnte Görtz wahrheitsgemäß behaupten, daß er als Diener des Königs und nicht des schwedischen Staates immer in Karls eigener, absoluter Autorität gehandelt habe. Schließlich könnte er vorbringen, daß er nichts zu seinem eigenen Vorteil getan hatte; denn er hatte sich auch nicht um eine einzige Münze persönlich bereichert.

Schweden war aber entschlossen, ihn zu vernichten. Man setzte deshalb für seinen Prozeß eine besondere außergerichtliche Kommission ein und warf ihm ein Verbrechen vor, das nach schwedischem Recht neu war: Er habe dem Volk die Zuneigung seines Königs abspenstig gemacht. Man beschuldigte ihn, das Vertrauen des Königs mißbraucht zu haben, indem er ihm zu Maßnahmen riet, die sich für Schweden schädlich auswirkten, so zum Beispiel zur Fortsetzung des Krieges. Görtz war von Anfang an verloren. Er protestierte vergeblich gegen die illegitime Sonderkommission. Sein Argument, er sei Ausländer und dürfe deswegen nicht vor ein schwedisches Gericht gestellt werden, wies man zurück, seine Bitte um Rechtsbeistand lehnte man als überflüssig ab. Man erlaubte ihm auch nicht, seine eigenen Zeugen zu berufen oder gegnerische Zeugen zu befragen. Man verbot ihm, seine Verteidigung schriftlich vorzubereiten oder Notizen mit in den Gerichtssaal zu bringen. Zur Vorbereitung seiner Erwiderung gab man ihm nur eineinhalb Tage Zeit, so daß er nur ein Fünftel des gegen ihn vorgelegten Beweismaterials lesen konnte. Es war unvermeidlich, daß man ihn schuldig sprach und einstimmig zur Enthauptung verurteilte. Als Zeichen besonderer Verachtung sollte sein Leichnam unter dem Schafott begraben werden. Görtz nahm den

Urteilsspruch mit Fassung entgegen, hat aber darum, man möge seinem Leichnam diese letzte Schande ersparen. Aber unbarmherzig gab Ulrike Befehl, das Urteil in allen Punkten zu vollstrecken. Tapfer und voll Würde bestieg Görtz das Schafott und sagte: »Ihr blutrünstigen Schweden, so nehmt denn den Kopf, nach dem es euch so lange dürstete.«[3] Als er sein Haupt auf den Richtblock legte, waren seine letzten Worte: »Herr, in Deine Hände befehle ich meinen Geist.« Sein Kopf fiel beim ersten Schlag, und sein Leichnam wurde auf der Stelle begraben.

Nach dem plötzlichen und gewaltsamen Ende Karls und seines Ratgebers Görtz erwarteten die Menschen in Schweden und anderswo ganz selbstverständlich, daß es zu einem radikalen Wandel kommen werde. Der Tod des Königs hatte tatsächlich zur sofortigen Beendigung des norwegischen Feldzugs und der großen Unternehmungen auf dem Kontinent, von denen Karl geträumt hatte, geführt. Doch seltsamerweise vergingen Wochen und Monate, ohne daß das Ende des Nordischen Krieges nähergerückt schien. Bei ihrer Thronbesteigung schrieb die neue Königin, Ulrike Eleonore, an Peter, daß sie Frieden wünschte, und der Zar erwiderte, er könne zwar seinen bisherigen Anspruch auf Livland nicht aufgeben, sei jetzt aber bereit, Schweden eine Million Rubel für die Überlassung dieser Provinz zu zahlen. Dieses Angebot lehnte Ulrike ab und stellte neue Forderungen. Daraufhin scheiterten die Friedensverhandlungen, und Bruce und Ostermann verließen die Konferenz auf den Alandinseln.

Wenn man sich in der schwedischen Monarchie mit Friedensverhandlungen zurückhielt, so lag es daran, daß man sich zunehmend Hoffnung machte, Schweden könne auf diplomatischem Wege einiges von dem zurückgewinnen, was es im Krieg verloren hatte. Schattenhaft, von St. Petersburg, das man bewußt nicht informierte, nur vage wahrgenommen, nahm im Ostseeraum eine gänzlich neue Bündnisstruktur Gestalt an. Görtz hatte an diesen Verhandlungen teilgenommen, und Karl XII. war damit einverstanden. Jetzt waren der Krieger und der Diplomat tot, doch das diplomatische Spiel ging weiter. Hauptspieler war jetzt der dickköpfige, eigensinnige Deutsche, König Georg I. von England – ein tapferer, schüchterner, manche sagten dummer Mensch, der jedoch, wenn er sich einmal etwas vorgenommen hatte, alles tat, um sein Ziel zu erreichen. Peter war ihm zwanzig Jahre zuvor auf seiner Gesandtschaftsreise und auch in den folgenden Jahren mehrmals begegnet. Er mochte ihn nicht besonders; aber er konnte ihn nie ignorieren. Denn in den letzten Jahren des Großen Nordischen Krieges lag – oder schien zumindest dort zu liegen – der Schlüssel zur Beendigung der Auseinandersetzung in Georgs plumpen Händen.

Am Morgen des 29. September 1714 lag der Nebel so dicht über der Themse, daß der neue König von England den Fluß nicht hinaufsegeln konnte, um in seiner neuen Hauptstadt an Land zu gehen. Statt dessen mußte sein Schiff, flankiert von englischen und holländischen Kriegsschiffen, unterhalb von

Greenwich vor Anker gehen, und Georg wurde durch den undurchdringlichen Wasserdunst an Land gerudert. Vor der Kolonnade von Wrens prächtigem Königlichen Marinehospital erwarteten ihn die hohen Adligen
Englands, Whigs und Tories gleichermaßen, in Samt und Seide. Der König
verließ sein Boot und begrüßte seine neuen Untertanen, eine Zeremonie, die
dadurch etwas erschwert war, daß der neue Monarch kein Englisch sprach
und nur wenige seiner Untertanen Deutsch konnten. Zum Herzog von Marlborough, der von Königin Anna und ihren Tory-Ministern gedemütigt worden war, zeigte sich König Georg bemüht liebenswürdig. »Mein lieber Herzog«, sagte er auf Französisch zu dem französisch sprechenden Marlborough,
»ich hoffe, Ihre Schwierigkeiten sind jetzt zu Ende.«[4]

Es war in England schon fast zur Routine geworden, daß ein ausländischer
Fürst den Thron bestieg. In wenig mehr als einem Jahrhundert geschah es
dreimal, als Jakob I., Wilhelm III. und jetzt Georg I. importiert worden
waren, um die protestantische Religion zu bewahren. Georg Ludwigs Anspruch auf den englischen Thron leitete sich von seiner Mutter her, einer
Enkelin Jakobs I., aber in Wahrheit kam er höchst ungern nach England. Als
Kurfürst von Hannover regierte er einen der führenden deutschen Staaten im
Heiligen Römischen Reich, mit blühender Landwirtschaft und Kleinindu-
strie. Hannover war zwar nach Größe und Bevölkerung nur ein Zehntel so
groß wie England, aber seine Armee war in elf Jahren Krieg gegen die Franzosen gestählt, und der Kurfürst hatte neben Marlborough und Prinz Eugen
als einer der wichtigsten militärischen Führer der Alliierten gedient. Mit den
Maßen europäischer Politik gemessen, war Hannover etwa genau so angesehen wie Dänemark, Preußen oder Sachsen. Es war ein blühender, stolzer
kleiner Staat.

Georg Ludwig nahm den englischen Thron aus ähnlichen Gründen an wie
der Prinz von Oranien vor sechsundzwanzig Jahren: Er wollte sich die Unterstützung Englands für seine eigenen Ambitionen auf dem Kontinent sichern.
Als Kurfürst von Hannover war Georg Ludwig eine bedeutende Persönlichkeit in Europa, aber als König von England würde er einer der obersten
Führer Europas und mächtiger sein als sein nomineller Souverän, der deutsche Kaiser.

Zwei Tage nach seiner Landung in Greenwich zog Georg I. öffentlich in Lon-
don ein, und die Engländer konnten einen Blick auf ihren neuen König werfen. Er war klein gewachsen, vierundfünfzig Jahre alt und besaß jene helle
Haut und die hervortretenden blauen Augen, die viele seiner königlichen
Nachfahren in den nächsten zwei Jahrhunderten kennzeichnen sollten. Zum
Soldaten, zum tapferen und fähigen, wenn nicht sogar brillanten Kommandeur erzogen, entsprachen seine Gewohnheiten denen der Armee, und sein
Geschmack war schlicht und bieder. Er mochte seine neuen Untertanen
nicht. Anders als die fügsamen Deutschen waren die Engländer stolz, empfindlich, streitsüchtig und hielten eigensinnig an der Vorstellung fest, daß
ihre Monarchen die Macht mit dem Parlament zu teilen hätten. Sooft er

konnte, verließ Georg England und fuhr nach Hannover; und war er einmal dort, kam er, zum Verdruß seiner englischen Minister, monatelang nicht wieder. Er zeigte seine Verachtung für seine neuen Untertanen, indem er sich absichtlich nicht die Mühe machte, ihre Sprache zu erlernen. Die Engländer liebten ihrerseits ihren neuen König nicht und beklagten sich über seine Langweiligkeit, seine Kälte, seine deutschen Minister und seine häßlichen Mätressen. Nur seine Religion gefiel ihnen, aber auch nur beinahe, denn er war Lutheraner, nicht Anglikaner.

In London vermied der König nach Möglichkeit jedes Zeremoniell. Er lebte in zwei Zimmern, wo ihm zwei türkische Diener aufwarteten, die er auf seinen Feldzügen als kaiserlicher General gefangengenommen hatte. Am liebsten war ihm die Gesellschaft seiner beiden deutschen Mätressen, von denen die eine groß, dünn und knochig, und die andere so korpulent war, daß man sie in London »der Turm und der Elefant«[5] nannte. Georg spielte gerne Karten und suchte oft das Haus eines Freundes auf, wo er mit seinen wenigen Freunden in privatem Kreis spielen konnte. Er liebte die Musik und war ein leidenschaftlicher Bewunderer Georg Friedrich Händels, der vor allem auf Drängen seines königlichen Schirmherren von Deutschland nach England auswanderte.

Der König haßte seinen Sohn. Seine Augen funkelten vor Zorn und sein Gesicht wurde purpurrot, wann immer der Prinz von Wales auftauchte. Wo er nur konnte, rüffelte er seinen Erben. Der Prinz reagierte mit Wutanfällen, aber es blieb ihm nichts anderes übrig, als zu warten. Unterdessen nahm ihm der König seine eigenen Kinder weg und verbot ihm, bei Hof zu erscheinen. Vermittlerin zwischen diesen beiden unversöhnlichen Männern war die Schwiegertochter des Königs, Karoline von Ansbach, Prinzessin von Wales, eine blauäugige, flachshaarige Schönheit von stattlicher Figur, großer Intelligenz und praktischem Verstand. Sie gehörte zu jener Art von Frauen, die der König aufs höchste bewunderte, und die Tatsache, daß sie mit seinem ungeliebten Sohn verheiratet war, verstärkte nur noch seine Antipathie gegen den jungen Mann.

Als er den englischen Thron bestieg, hatte Georg I. alle Absicht, die Großmacht England für die Interessen Hannovers zu nutzen. Er hatte schon lange begehrlich auf die von Schweden besetzten Herzogtümer Bremen und Verden geschaut, die die Mündungen von Elbe und Weser kontrollierten und auf diese Weise das hannoveranische Gebiet von der Nordsee abschnitten. Jetzt, wo das schwedische Reich kurz vor dem Zusammenbruch zu stehen schien, wollte er dabei sein, wenn man die Beute aufteilte. So kam es, daß 1715 Hannover – aber nicht England – dem antischwedischen Bündnis beitrat. Wassili Dolgoruki, Peters Gesandter in Kopenhagen, erläuterte dem Zaren diese verwirrende Situation so: »Obwohl der König von England Schweden den Krieg erklärt hat, tat er es doch nur als Kurfürst von Hannover; die englische Flotte kam lediglich in die Ostsee, um die englischen Handelsschiffe zu beschützen. Wenn die schwedische Flotte die russische Flotte

Eurer Majestät angreifen sollte, ist nicht davon auszugehen, daß die Engländer die Schweden angreifen werden.«[6]

Trotz dieser Einschätzung war Peter, der sich seit Jahren bemüht hatte, sowohl Hannover als auch England in den Krieg gegen Schweden hineinzuziehen, über diese Entwicklung der Lage sehr erfreut. Und als er hörte, daß der englische Admiral Sir John Norris mit achtzehn Linienschiffen und einhundertsechs Handelsschiffen in die Ostsee gekommen war, zeigte er sich überglücklich. Beim ersten kurzen Besuch, den Norris der Stadt Reval abstattete, befand sich der Zar gerade in Kronstadt; aber als er von dem Besuch hörte und erfuhr, Norris würde zurückkommen, jagte er mit einem russischen Geschwader nach Reval und erwartete den englischen Admiral mit neunzehn russischen Linienschiffen. Norris blieb drei Wochen, während der die Admirale und Offiziere der beiden Flotten einander mit einer Vielzahl von Galafestlichkeiten unterhielten. Auch Katharina und der Großteil von Peters Hofstaat waren zugegen und dinierten mit Norris auf dessen Flaggschiff. Während des Besuchs untersuchte Peter die englischen Schiffe von oben bis unten, und auch Norris durfte die russischen Einheiten ungehindert inspizieren. Er besichtigte drei neue russische Sechzig-Kanonen-Schiffe, von denen er meinte, sie seien »in jeder Weise gleichwertig mit den besten Schiffen dieser Größenordnung, die unser Land besitzt, und dabei hübscher ausgestattet«[7]. Am Ende des Besuches bot Peter Norris begeistert den Oberbefehl über die russische Marine an, und obwohl der Admiral ablehnte, verehrte ihm der Zar sein mit Edelsteinen besetztes Porträt.

Seitdem kam Norris bis zum Tode Karls XII. jeden Sommer (das heißt, bis einschließlich 1718) mit einem englischen Geschwader (und dem gleichen Auftrag) in die Ostsee: sich nicht mit den Schweden einzulassen, es sei denn, sie würden die englischen Schiffe angreifen. 1716 gehörte sein Geschwader mit zum alliierten Flottenverband, der die Invasion in Schonen decken sollte; und wenn die Schweden erschienen wären, hätten die Engländer das Feuer eröffnet. Aber die schwedische Flotte blieb im Hafen, und im September verschob Peter die Invasion.

Von London aus gesehen entstand durch Karls Tod im November 1718 in der Ostsee eine völlig neue Lage. Bis dahin war es Georgs Hauptinteresse gewesen, Bremen und Verden in hannoveranischen Besitz zu bringen, während der britischen Regierung am Schutz der britischen Handelsflotte und einem gesicherten Zufluß von Gütern aus dem Ostseeraum gelegen war. Beide Seiten befürchteten, Karl XII. könnte einen Aufstand der englischen Jakobiten gegen den hannoveranischen König unterstützen. Doch Karls Tod machte diese Befürchtungen gegenstandslos und ermöglichte es dem König und seinen Ministern, die eigentliche Veränderung im Norden neu einzuschätzen: der Niedergang des schwedischen Reichs und seine Verdrängung durch die zunehmende Macht Rußlands im Ostseeraum.

König Georg I. faßte daher einen Plan, der im Fall seines Gelingens sowohl England als auch Hannover Vorteile bringen würde; der englische Handel in der Ostsee und der kontinuierliche und unbehinderte Zustrom von Gütern aus diesem Raum wäre durch ihn gesichert, und auch die Zugehörigkeit von Bremen und Verden zu Hannover – nicht durch Eroberung, sondern durch formelle Abtretung seitens der schwedischen Krone – garantiert. Georg wollte Schweden gerade so stark erhalten, »daß der Zar in der Ostsee nicht zu mächtig würde«[8]. Das Mittel dazu sollte eine völlige Umkehrung des Bündnissystems im Ostseeraum sein. 1718 stand Schweden allein gegen eine ganze Reihe mächtiger Staaten: Rußland, Polen, Dänemark, Hannover und Preußen. Diese Anordnung würde nun umgekehrt werden. Zuerst wollte man Schweden veranlassen, mit allen seinen Feinden in der unteren Ostsee Frieden zu schließen; dann sollte eine allgemeine Allianz deutscher Staaten gegen den Zaren marschieren und ihn von der nördlichen Ostsee vertreiben. Der Frieden würde Schweden zunächst teuer zu stehen kommen: Seine sämtlichen deutschen Besitzungen sollten unter Hannover, Preußen, Dänemark und Polen aufgeteilt werden. Dafür würden sich diese Staaten aber mit Schweden verbünden und ihm dabei helfen, all die Gebiete zurückzugewinnen, die es an den Zaren verloren hatte. Schweden sollte Livland, Estland und Finnland zurückerhalten, und nur St. Petersburg, Narwa und Kronstadt aufgeben. Falls Peter diese Bedingungen ablehnte, würde man ihm noch härtere aufzwingen: Man würde ihm alle seine Eroberungen abnehmen und ihn außerdem zwingen, Smolensk und Kiew an Polen abzutreten. Kurz, Rußland, bis dahin offensichtlich der Gewinner des Krieges, der sein Territorium am meisten ausgeweitet hatte, würde jetzt zum Verlierer werden und für den Frieden bezahlen müssen. Hannover und Preußen, die erst später in den Krieg eingetreten waren und fast nicht gekämpft hatten, wären die wirklichen Gewinner.

Anfänglich war Georg I. mit seinem Plan glänzend erfolgreich. Durch eine geschickte Diplomatie zog er einen Verbündeten Peters nach dem anderen auf seine Seite, bestach oder erpreßte ihn, mit Schweden Frieden zu schließen. Sinnvollerweise machte Hannover den Anfang. Am 20. November 1719 unterzeichnete Georg I. als Kurfürst von Hannover einen formellen Friedensvertrag mit Schweden. Hannover erhielt von Schweden Bremen und Verden gegen eine Zahlung von einer Million Taler. Zwei Monate später unterzeichnete derselbe Georg, diesmal als König von England, ein Bündnis mit Schweden. England verpflichtete sich, Schweden für die Dauer des Krieges mit Rußland jährlich mit 300000 Talern zu unterstützen, ihm mit einer englischen Flotte in der Ostsee beizustehen und zu einem günstigen Friedensvertrag mit Rußland zu verhelfen.

König Friedrich Wilhelm von Preußen war der englische Vorschlag zunächst peinlich, da er sich als Freund des Zaren betrachtete und erst vor kurzem – im August 1718 – einen neuen Bündnisvertrag mit Rußland unterzeichnet hatte. Was ihn jedoch stark und letztendlich entscheidend in Versuchung brachte, war das schwedische Versprechen, den Hafen Stettin, der dem Königreich Zugang zum Meer verschaffen würde, sowie ein Stück von Vorpommern an

Preußen abzutreten. Um sein Gewissen zu beruhigen, führte Friedrich Wilhelm die Verhandlungen völlig offen. Er informierte die Russen über jede Einzelheit seiner Gespräche mit den Engländern und bemühte sich, Golowkin, und später Tolstoi, der von Peter eigens nach Berlin geschickt worden war, davon zu überzeugen, daß der neue Vertrag Rußland keinerlei Nachteile brächte. Sogar als am 21. Januar 1720 der Friedensvertrag zwischen Preußen und Schweden schließlich unterzeichnet wurde, gab der König noch eine Erklärung ab, er würde nie gegen Interessen oder Territorien seines Freundes Peter vorgehen.

Dänemark wurde durch den kombinierten Druck von englischem Geld und der Royal Navy dazu gebracht, mit Schweden Frieden zu schließen. Am 19. Oktober 1719 wurde ein Waffenstillstand und am 3. Juli 1720 der Schwedisch-Dänische Friedensvertrag unterzeichnet. Schweden erklärte sich bereit, für die Passage schwedischer Schiffe durch den Sund Zoll zu zahlen und den Herzog von Holstein-Gottorf in keiner Weise mehr zu unterstützen. König August schließlich, der mitgeholfen hatte, den Großen Nordischen Krieg anzustiften, und dessen Überredungskünste den Zaren bestimmt hatten, sich gegen Schweden zu stellen, unterzeichnete am 27. Dezember 1719 einen Friedensvertrag mit Schweden. Es gab keine Gebietsabtretungen, doch bestätigte Schweden August als König von Polen, während Stanislaus, der zweite Kandidat für diesen Titel, sich weiter »König« nennen und in Europa herumreisen durfte.

Gegenüber Rußland stellten König Georg I. und seine englischen Minister alle diese Veränderungen als bloßes Ergebnis englischer Friedensbemühungen im Norden dar. Doch die Russen waren nicht auf den Kopf gefallen. Im Sommer 1719 suchte Fjodor Wesselowski, der Gesandte des Zaren in London, General Lord James Stanhope auf, der die englische Außenpolitik leitete. Wesselowski erklärte Stanhope ohne Umschweife, daß jedes Bündnis zwischen England und Schweden, auch ein defensives, als englische Kriegserklärung an Rußland angesehen werden würde. Stanhope entrüstete sich, daß Rußland die Dienste besser nutzen sollte, die ihm England während des Krieges geleistet habe.

Das wichtigste Instrument zur Durchsetzung der neuen antirussischen Politik Englands sollte die Anwesenheit einer starken englischen Flotte in der Ostsee sein. Zum Kommandeur dieser Flotte hatte man denselben Admiral John Norris bestimmt, der bereits vier Jahre lang die englischen Geschwader in diesem Gebiet kommandiert hatte. Er mußte nun den Kurs ändern und die Freunde wechseln. Norris' geheime Anweisungen von Stanhope bedeuteten, er solle die Vermittlung Großbritanniens zwischen den kriegführenden Parteien Rußland und Schweden anbieten.

Im Juli 1719 segelte Admiral Norris' Flotte durch den Sund in die Ostsee, nahm Kurs auf Stockholm, drang in das Gebiet des Skargard ein und ankerte vor der schwedischen Hauptstadt. Norris ging mit Briefen für die schwedi-

sche Königin an Land, und am 14. Juli dinierte Ulrike an Bord seines Flaggschiffes. Bei dieser Gelegenheit informierte sie den Admiral davon, daß
Schweden das britische Angebot annehme.

Die Russen sahen die Ankunft dieser englischen Flotte natürlich mit Argwohn
und Besorgnis. Als Norris in der Ostsee auftauchte, ließ ihn Peter nach dem
Zweck seines Unternehmens fragen und verlangte von ihm die Zusicherung,
daß er keine feindlichen Absichten habe; andernfalls dürften sich die englischen Schiffe der russischen Küste nicht nähern. Die Absicht der Engländer
wurde den Russen deutlicher, als ihnen für den Zaren bestimmte Briefe von
Norris und Lord Carteret, dem englischen Gesandten in Stockholm, übermittelt wurden. In diesen Briefen wurde dem Zaren nahezu befohlen, mit Schweden Frieden zu schließen, und erklärt, daß sich die englische Flotte nicht nur
zum Schutz des englischen Handels, sondern auch zur »Unterstützung einer
Vermittlung« in der Ostsee aufhalte. Bruce und Ostermann, die die Sprache
des englischen Ministers und des Admirals als »ungewöhnlich und unverschämt«[9] empfanden, weigerten sich, die Briefe an den Zaren weiterzuleiten
und deuteten an, in einer Sache von solcher Wichtigkeit sei es wohl angebracht, daß König Georg selbst an Peter schreibe. Als Peter von den Briefen
hörte, war er empört. Er dachte nicht daran, die Vermittlung eines Monarchen
anzunehmen, der jetzt als Kurfürst von Hannover ein aktiver Verbündeter
Schwedens war. Um sein Mißfallen zu demonstrieren, befahl er sowohl James
Jefferyes, jetzt englischer Botschafter in Rußland, als auch Friedrich Christian
Weber, dem Vertreter Hannovers, St. Petersburg zu verlassen.

Während Georg I. hinter seinem Rücken seine komplizierten diplomatischen Manöver veranstaltete, fuhr Peter unbeirrt in dem Versuch fort, die
Schweden auf dem Schlachtfeld zu schlagen. Karl XII. war tot, und die Verhandlungen auf den Alandinseln waren ergebnislos geblieben; Schweden
mußte deshalb daran erinnert werden, daß der Krieg noch nicht vorüber war.
Das Hauptziel des russischen Feldzugs von 1719 sollte ein starker amphibi-
scher Angriff auf die schwedische Küste entlang des Bottnischen Meerbusens
sein. Seine Mittel sollten die gleichen sein, die sich bereits bei der Eroberung
Finnlands als außerordentlich wirkungsvoll erwiesen hatten: Galeerenflotten, die Tausende von Soldaten in das flache Küstengewässer bringen, wohin
die großen Schiffe nicht folgen konnten. Im Mai marschierten 50000 russische Soldaten aus ihren Winterquartieren zu den Sammelstellen in St. Petersburg und Reval, von wo aus sie über das Meer zu den westfinnischen Inseln,
der Ausgangsbasis für den Angriff, gebracht werden sollten. Apraxin erhielt
das Oberkommando über die russische Flotte, bestehend aus einhundert-
achtzig Galeeren und dreihundert Flachbooten, die von achtundzwanzig Linienschiffen begleitet wurden. Am 2. Juni fuhr Peter selbst mit einer Flottille
von dreißig Galeeren mit 5000 Soldaten nach Peterhof und Kronstadt.

In diesem Sommer konnte die russische Flotte schon einen Erfolg verzeichnen. Am 4. Juni hatte ein Geschwader von sieben russischen Kriegsschiffen

von Reval aus drei kleinere schwedische Schiffe auf dem offenen Meer abgefangen. Da ihnen die Russen an Schiffen und Geschützen weit überlegen waren, versuchten die Schweden, in den Skargard vor Stockholm zu fliehen, jene Inselgruppe, die die schwedische Hauptstadt zum Meer hin abschirmt. Die russischen Schiffe holten sie jedoch ein, und nach einem achtstündigen Seegefecht wurden alle drei schwedischen Schiffe, darunter die *Wachtmeister* mit zweiundfünfzig Kanonen, gekapert. Die Heimkehr des erfolgreichen russischen Geschwaders mit seiner Beute nach Reval hatte Peter zutiefst befriedigt. Nun hatte seine Marine im Gegensatz zur Galeerenoperation bei Hangö einen Sieg auf offenem Meer davongetragen.

Peter und das Kronstadter Geschwader mit den größten russischen Kriegsschiffen: der *Gangut* mit neunzig Kanonen, der *St. Alexander*, der *Neptun* und der *Reval* mit jeweils siebzig Kanonen und der *Moskau* mit vierundsechzig Kanonen, trafen am 30. Juni in Reval ein. Inzwischen war Admiral Norris mit einem Geschwader von sechzehn Linienschiffen schon in die Ostsee eingedrungen. Trotz der potentiellen Bedrohung durch diese englische Flotte segelten Peters Kriegsschiffe am 13. Juli in Richtung Schweden; ein paar Tage später folgten ihnen einhundertdreißig Galeeren, vollbeladen mit Soldaten. Am 18. Juli ankerte die gesamte russische Marinestreitmacht bei der Alandinsel Lemland und stach am Abend des 21. in See. Unterwegs zwangen Nebel und Windstille die größeren Schiffe zum Ankern, doch die Galeeren setzten mit Rudern ihre Fahrt fort und erreichten unter Apraxins Kommando am Nachmittag des 22. die ersten Inseln des Stockholmers Skargards.

In den folgenden fünf Wochen verwüsteten Apraxins Schiffe und seine 30 000 Soldaten die Ostküste Schwedens. Da sich zur See kein Gegner zeigte, teilte Apraxin seine Streitmacht und schickte Generalmajor Lacy mit einundzwanzig Galeeren und zwölf Schaluppen die Küste entlang nach Norden, während er sich selbst mit der Hauptstreitmacht nach Süden bewegte. Er setzte eine Abteilung Kosaken an Land, die Stockholm überfallen sollten, aber dieser Angriff wurde abgewehrt: Der Skargard bot Schwierigkeiten, seine engen Durchfahrten waren gut befestigt, und ein Geschwader von vier Kriegsschiffen und neun Fregatten im Stockholmer Hafen hielt die Russen auf Distanz. Sich weiter nach Süden bewegend, teilte Apraxin seine Schiffe noch einmal in kleinere Geschwader, die entlang der Küste operierten und dabei kleinere Orte, Fabriken und Eisenhütten niederbrannten sowie Küstenschiffe kaperten. Am 4. August erreichten die südlichen russischen Schiffe Nyköping und am 10. Norrköping, wo sie eine Anzahl schwedischer Handelsschiffe erbeuteten, von denen einige Kupfererz aus den nahegelegenen Bergwerken geladen hatten. Man schickte diese Schiffe heim nach Rußland. In einer Kanonengießerei erbeutete man dreihundert für die schwedische Armee bestimmte Geschütze, die man mitnahm. Am 14. August drehte Apraxins Flotte wieder nach Norden und nahm unterwegs die auf der Hinfahrt da und dort an der Küste abgesetzten Soldaten an Bord. Als er sich wieder auf der

Höhe des Stockholmer Skargards befand, versuchte er noch einmal einen Angriff auf die schwedische Hauptstadt, wurde jedoch wieder zurückgeschlagen. Am 21. August gelang es den Russen, sich trotz schweren Feuers mit einundzwanzig Schaluppen und einundzwanzig Galeeren eine Durchfahrt zu erzwingen, mußten sich aber dann zurückziehen.

Zur gleichen Zeit was Lacys Streitmacht mit ähnlich verheerendem Erfolg nach Norden an der Küste vorgedrungen. Er hatte Fabriken und Eisenhütten, Lagerhäuser und Mühlen zerstört und drei Städte niedergebrannt. Seine Soldaten hatten den Schweden drei kleinere Gefechte geliefert, von denen sie zwei gewannen. Als sie beim dritten zurückgeschlagen wurden, kehrte Lacy um. Die Russen hatten große Mengen an Eisen, Viehfutter und Proviant erbeutet, einiges davon auf ihre Schiffe verladen, den Rest ins Meer geworfen oder verbrannt. Am 29. August waren Lacy und Apraxin wieder auf den Alandinseln und machten sich am 31. auf die Heimfahrt, die Galeerenflotte nach Kronstadt und die Linienschiffe nach Reval.

In der Hoffnung, daß die Angriffe während des Sommers ihre Wirkung getan hatten, schickte Peter im Herbst Ostermann als Parlamentär nach Stockholm, um zu erkunden, ob die Schweden jetzt mehr geneigt wären, Frieden zu schließen. Ostermann brachte dem Zaren einen Brief, in dem Königin Ulrike sich bereit erklärte, Narwa, Reval und Estland abzutreten, in dem sie aber weiterhin die Rückgabe von ganz Finnland und Livland verlangte. In Stockholm, berichtete Ostermann, sei man über die russischen Überfälle verbittert und nicht bereit, über einen Frieden zu sprechen, solange Kosaken wenige Kilometer von ihrer Hauptstadt entfernt herumstreiften. Jedenfalls war in diesem Sommer der außerordentliche Wechsel in den Machtverhältnissen deutlich geworden. Vor zehn Jahren hatte Karl XII. über tausend Kilometer von Schweden entfernt in der Hitze und im Staub der Ukraine gekämpft, jetzt konnten Peters Kosaken die Türme der schwedischen Hauptstadt sehen.

17 Sieg

Zumindest nach außen hin schien der Frühling 1720 für Peters Position gegenüber Schweden eine schwerwiegende Verschlechterung zu bringen. Alle seine ehemaligen Verbündeten waren durch die Bemühungen Georgs I. von Rußland abgefallen. Gewaltige englische Marinegeschwader operierten in der Ostsee, um den Zaren zu behindern oder einzuschüchtern. Im März dieses Jahres, nachdem sie nur siebzehn Monate regiert hatte, überließ Ulrike Eleonore die Krone ihrem Mann, Friedrich von Hessen, der, ein entschiedener Gegner der Russen, den Krieg fortsetzen wollte.

Im Mai 1720 erschien Sir John Norris mit der bisher größten englischen Flotte in der Ostsee: einundzwanzig Linienschiffe und zehn Fregatten. Diesmal richteten sich seine Befehle eindeutig gegen Rußland. Am 6. April hatte Stanhope in London Wesselowski noch einmal Englands Vermittlerdienste zwischen Rußland und Schweden angeboten, und Wesselowski hatte schroff abgelehnt. Jedenfalls, so war Stanhope hernach fortgefahren, läge es bei den Russen, wie sie Norris, wenn er in der Ostsee erscheine, behandeln würden: Sie könnten ihn als Freund anerkennen, indem sie mit den Schweden Frieden schlössen, oder ihn sich zum Feind machen, wenn sie den Krieg weiterführten.

Norris kam am 23. Mai in Stockholm an und ging an Land, um weitere schriftliche Befehle vom jungen Lord Carteret entgegenzunehmen, der sich damals in besonderer Mission in Kopenhagen und in der schwedischen Hauptstadt aufhielt; Carterets Instruktionen waren gebührend patriotisch. Für den Fall, daß der Zar weiterhin die Vermittlung Englands ablehnen sollte, hieß es: »Jeder Engländer wird Ihnen zu Dank verpflichtet sein, wenn Sie die Flotte des Zaren vernichten können, was Sie zweifellos tun werden.«[1]

Bei seinem Aufenthalt in Stockholm erwies Norris auch dem neuen schwedischen König, Friedrich I., seine Reverenz. Friedrich bat den Admiral, zwischen der Halbinsel Hangö und den Alandinseln zu kreuzen, um das Eindringen russischer Galeeren in den Bottnischen Meerbusen und damit eine Wiederholung der verheerenden Überfälle auf die schwedische Küste, wie sie im vergangenen Sommer stattgefunden hatten, zu verhindern. Doch Norris zeigte genauso wenig Lust, mit Peters Galeeren in diesen gefährlichen Gewässern zusammenzustoßen, wie die schwedischen Admirale. Es gab dort Myriaden von Felsen und Riffen, es gab Nebel und unberechenbare Winde, und es fehlte an genauen Seekarten und an Lotsen. Ein Admiral, der sich mit großen Hochseeschiffen in so ein Labyrinth begäbe, würde die Hälfte seiner Schiffe durch Riffe verlieren und den Rest bei Windstille, wenn eine Legion russischer Galeeren die gelähmten Riesen angriffe. Deshalb schlug Norris sehr bestimmt vor, daß er mit seinen Schiffen versuche herauszufinden, ob man Reval angreifen könne, das jetzt, wie Kronstadt, eine Hauptbasis der russischen Ostseeflotte bildete. Mit einem kombinierten Flottenverband von zwanzig englischen und elf schwedischen Kriegsschiffen kreuzte Norris vor Reval, demonstrierte eindrucksvoll seine Stärke und übermittelte dem Zaren einen Brief, in dem er noch einmal Englands Vermittlerdienste anbot. Der Brief wurde ungeöffnet zurückgeschickt; Peter, der begriffen hatte, daß England jetzt offen auf die Seite seines Feindes übergegangen war, hatte Anweisung hinterlassen, keine weiteren Botschaften von Norris oder Carteret entgegenzunehmen. Apraxin forderte den englischen Admiral außerdem auf, er möge seine Schiffe außer Reichweite der russischen Küstenbatterien halten. Angesichts dieser Abfuhr und in der Überzeugung, Revals Verteidigung sei zu stark, verschwand Norris mit seiner Flotte hinter dem Horizont.

Als Norris vor Reval paradierte, hatten Apraxins Galeeren ihn bereits ausmanövriert und waren wieder an der schwedischen Küste gelandet. 8000 Mann, darunter auch Kosaken, zogen, ohne auf Widerstand zu stoßen, die Küste entlang und drangen bis zu fünfzig Kilometer ins Landesinnere vor, hinter sich Rauchwolken von brennenden Städten, Dörfern und Bauernhöfen zurücklassend. Als Norris, verzweifelt von Friedrich zur Hilfe gerufen, von Reval herbeieilte, um die russischen Galeeren abzufangen, waren diese schon wieder verschwunden. Sie waren zwischen den felsigen Inseln hindurchgeschlüpft und bewegten sich in den Küstengewässern vor Finnland, wohin ihnen Norris nicht zu folgen wagte. Als die Schweden einmal eine Ausnahme machten, passierte genau, was Norris befürchtet hatte. Eine schwedische Flottille von zwei Linienschiffen und vier Fregatten holte ein Geschwader von einundsechzig russischen Galeeren ein. Als man die Galeeren verfolgte, um auf Schußweite an sie heranzukommen, ehe sie das sichere Küstengebiet erreichen konnten, liefen alle vier schwedischen Fregatten auf Grund und wurden von den Russen gekapert. Der Zar freute sich über diesen Sieg zur See und die Ohnmacht der englischen Flotte. In einem Schreiben an Jaguschinski sagte er: »Unsere Seemacht hat unter dem Kommando von Brigadier von Mengden Schweden überfallen und ist wieder sicher an unsere Küsten zurückgekehrt. Es ist richtig, daß wir dem Feind keine großen Schaden zugefügt haben, doch Gott sei Dank geschah alles unter den Augen seiner Verbündeten, die nichts tun konnten, um es zu verhindern.«[2]

Rückblickend machen die Operationen der englischen Flotte einen etwas merkwürdigen Eindruck. Obwohl Norris' Schiffe voll unter Waffen auf der Ostsee kreuzten, feuerte kein einziges englisches Schiff je auf ein russisches. Wenn die mächtigen englischen Kriegsschiffe jemals Peters Galeerenflottillen auf offener See gestellt hätten, wäre es ihnen ein leichtes gewesen, die Russen aufgrund ihrer größeren Geschwindigkeit und der Überlegenheit ihrer Feuerkraft zu massakrieren. Doch trotz der Befehle, die Norris von seiner Regierung erhalten hatte, begnügten sich die Engländer damit, Schweden allein durch ihre Präsenz zu unterstützen: Sie zeigten ihre Flagge in schwedischen Häfen und kreuzten in der mittleren Ostsee. Es fällt schwer zu glauben, daß ein angriffslustiger englischer Admiral, dem die besten Matrosen der Welt unterstanden, nicht irgendeinen militärischen Erfolg hätte erringen können, wenn er gewollt hätte. Es kommt einem der Verdacht, Norris habe sich nicht auf einen Kampf mit den Schiffen des Zaren einlassen wollen, dessen Bewunderung und Großzügigkeit er persönlich genossen hatte, als sie sich fünf Jahre zuvor begegnet waren. Für Georg I. bildete das Versagen der englischen Ostseeflotte eine ernsthafte Verlegenheit. Trotz seiner Manöver, Rußland zu isolieren und ihm seine Verbündeten abspenstig zu machen, trotz des Aufgebots der britischen Flotte in der Ostsee hatten weder seine Diplomatie noch seine Flotte vermocht, Schweden zu helfen und Rußland zu schaden. Während die englischen Linienschiffe auf der Ostsee kreuzten oder in schwedischen Häfen vor Anker lagen, machten die russischen Galeerenflotten an der schwedischen Küste ihre Streifzüge und versorgten Truppen, die brannten und verwüsteten, wie es ihnen beliebte. In England lachten die Gegner der Königs über die Flotte, die zur Verteidigung Schwedens ausgelaufen war, der es aber offenbar nie gelang, zur rechten Zeit oder am rechten Ort zur Stelle zu sein.

In der Mitte des Sommers 1720 stand Georgs antirussische Politik kurz vor ihrem Scheitern. Die meisten Leute in England begriffen, daß man Peter und Rußland nicht besiegen konnte, ohne daß man größere Anstrengungen unternahm, als sie bereit waren, in Betracht zu ziehen. Wesselowski berichtete aus London, daß acht von zehn Parlamentsmitgliedern, Whigs wie Tories, der Auffassung waren, daß ein Krieg gegen Rußland den besten Interessen Englands zuwiderliefe. Peter hatte klugerweise immer deutlichgemacht, daß er nicht mit dem englischen Volk und der englischen Kaufmannschaft im Streit lag, sondern allein mit dem König. Obwohl er die diplomatischen Beziehungen mit England und Hannover abgebrochen und die Vertreter aus St. Petersburg ausgewiesen hatte, ließ er niemals zu, daß es auch in den Handelsbeziehungen zu einem Bruch kam. Vor seiner Abreise hatte Jefferyes versucht, die im Dienst des Zaren stehenden englischen Schiffsbauer und Marineoffiziere nach Hause zu beordern; doch da die meisten von ihnen Günstlinge Peters waren und in Rußland zahlreiche Privilegien genossen, kamen nur wenige der Aufforderung des englischen Gesandten nach. Ähnlich versicherte der Zar englischen Kaufleuten in Rußland, sie könnten gerne weiterhin unter seinem Schutz im Land bleiben. Wesselowski übermittelte eine ähnliche Botschaft an jene Handelsgesellschaften in London, die mit Rußland Geschäfte machten. Wenig später hob Peter seine Blockade gegen die schwedischen Häfen in der Ostsee auf und gab freie Durchfahrt für holländische und englische Handelsschiffe. Er betonte auf jede mögliche Weise, daß seine ablehnende Haltung nicht England galt, sondern allein der Politik des Königs, England für die Interessen Hannovers auszunutzen.

Im September 1720 schließlich war es völlig unwahrscheinlich geworden, daß es zu einem ernsthaften militärischen Engagement der Engländer im Ostseeraum kommen würde, denn in England war ein Ereignis eingetreten, das die Aufmerksamkeit von allen anderen Dingen ablenkte: die Pleite der Südsee-Kompanie. Aktien dieser Gesellschaft, die sich unter der Schirmherrschaft des Königs mit dem Südamerika- und dem Pazifikhandel befaßte, waren im Januar 1720 mit 128,5 notiert worden; im März waren sie auf 330, im April auf 550, im Juni auf 890 und im Juli auf 1000 gestiegen. Im September war die Seifenblase geplatzt, und die Aktien stürzten auf 175. Spekulanten aus allen Schichten der Gesellschaft waren ruiniert; es gab eine Welle von Selbstmorden, und ein Schrei der Entrüstung erhob sich gegen die Gesellschaft, die Regierung und den König.

In dieser Krise trat Sir Robert Walpole auf den Plan, rettete den König und sicherte sich seine Position für die nächsten zwanzig Jahre. Walpole war die lebendige Verkörperung des gebildeten englischen Landedelmanns des 18. Jahrhunderts. Sein privates Idiom war das des Viehstalls, und seine Rhetorik im Unterhaus war superb. Er war klein, wog einhundertdreißig Kilo, besaß einen großen Kopf, ein Doppelkinn und buschige schwarze Augenbrauen. Während Debatten pflegte er kleine rote Norfolk-Äpfel zu kauen. Walpole hatte in die Südsee-Kompanie investiert und Verluste erlitten, aber er hatte sich aus der Gesellschaft und auch aus der Regierung zurückgezogen, ehe es zu spät war. Nach der Pleite zurückgerufen, arbeitete er einen Plan aus, durch den das Vertrauen in die Gesellschaft wiederhergestellt werden sollte. Er transferierte große Pakete der Südsee-Aktien an die Bank von England und an die Ostindische Kompanie. Im Parlament verteidigte er die Regierung und die Krone heftig gegen die Vorwürfe des Skandals und gewann damit nicht nur die Dankbarkeit Georgs I., sondern auch Georgs II., die ihn beide mit mehr Macht ausstatteten, als je ein König einem Minister zugestanden hatte. Aus diesem Grunde wird Walpole oft als »der erste Premierminister« bezeichnet.

Nachdem Walpole Georg I. gerettet hatte, übernahm er die Leitung der englischen Politik. Bis in die Fingerspitzen ein Whig, glaubte er daran, daß man Kriege vermeiden und den Handel fördern müsse. Dieser neckische, gefährliche Halbkrieg gegen Rußland hatte in seinen Vorstellungen von zukünftigem englischen Wohlstand keinen Platz. Seiner Meinung nach konnten die an Schweden gezahlten Subsidien und die Kosten für die Entsendung der Flotte anders besser ausgegeben werden. Nachdem Walpole das Ruder übernommen hatte, bemühte sich England, den Krieg so bald wie möglich zu beenden. Der König war zwar verärgert, aber sogar er mußte einsehen, daß sein Plan, Peter von der Ostseeküste zu vertreiben, keinen Erfolg hatte.

Friedrich von Schweden brauchte nicht viel Zeit, um zu begreifen, wie die Dinge neuerdings standen. Desillusioniert von der Wirkungslosigkeit der Hilfe Georgs I. und sich dessen bewußt, daß eine Fortsetzung des Krieges weitere russische Angriffe auf seine Küsten bedeuten würde, entschloß er sich, der Tatsache ins Auge zu sehen, daß der Krieg verloren war. Diese Entscheidung wurde dadurch beschleunigt, daß Herzog Karl Friedrich von Holstein-Gottorf nach St. Petersburg gekommen war und dort um Asyl gebeten hatte. In Stockholm erfuhr man, daß der Herzog vom Zaren mit allen Ehren empfangen worden war und daß Peter ihm sogar eine seiner Töchter zur Frau angeboten hatte. Diese Aufmerksamkeit gegenüber Karl Friedrich, die für die Holsteinische Partei im Kampf um den schwedischen Thron eine Unterstützung bedeutete, war ein wohlüberlegter Schachzug Peters. Er bedeutete, daß der neue König Schwedens, Friedrich I., nur dann mit Ruhe auf seinem Thron sitzen würde, wenn er einen Friedensvertrag mit dem Zaren unterzeichnete, in dem sich die Russen mit seiner Thronbesteigung einverstanden erklärten.

Friedrich informierte Peter davon, daß er bereit sei, die Verhandlungen wieder aufzunehmen, und so begann am 28. April 1721 in der Stadt Nystad, auf der finnischen Seite des Bottnischen Meerbusens, eine zweite Friedenskonferenz. Wieder waren die Vertreter Rußlands Bruce, jetzt Graf, und Ostermann, jetzt Baron. Bei den Eröffnungssitzungen wunderten sich die Russen, daß die Schweden mit günstigeren Friedensbedingungen rechneten als bei den Verhandlungen auf Åland, und die Schweden waren verblüfft, als sie erfuhren, daß Peter jetzt die ständige Abtretung Livlands verlangte, während er zuvor mit einer »zeitweiligen« Besetzung auf vierzig Jahre zufrieden gewesen war. »Ich kenne meine Interessen«, erklärte der Zar jetzt, »ließe ich die Schweden in Livland, würde ich eine Schlange an meinem Busen nähren.«[3]

Englands neuer Wunsch nach Frieden im Norden hatte nicht die totale Aufgabe seines schwedischen Verbündeten zur Folge. Im April 1721 schrieb König Georg I. an König Friedrich I., daß man im Sommer, in Übereinstimmung mit den Vertragsvereinbarungen, wieder eine englische Flotte in die Ostsee entsenden würde. Aber Georg I. verband mit dieser Ankündigung die Bitte, Schweden möge sich um einen Frieden mit Rußland bemühen. Die Kosten für die Entsendung einer Flotte jeden Sommer seien unerschwinglich, erklärte Georg; die für das gegenwärtige Geschwader aufzubringende Summe betrüge an die 600000 Pfund. Ein paar Wochen später erschienen die zweiundzwanzig Linienschiffe von Admiral Norris, aber sie lagen in Stockholm-Skargard den ganzen Sommer über untätig vor Anker.

Als sich die Verhandlungen in Nystad wegen Livland festfuhren und kein Waffenstillstand zustandekam, schickte Peter seine Galeerenflotte noch einmal gegen die schwedische Küste. Unter Generalmajor Lacy landeten 5000 Soldaten einhundertsechzig Kilometer nördlich von Stockholm und griffen dort die befestigte Stadt Gefle an. Aber diese Stadt war für Lacys Streitmacht zu stark, weshalb sich die Russen nach Süden wandten, einen Schweif von Verwüstung hinter sich herziehend. Sundeval und zwei andere Städte wurden zusammen mit neunzehn Kirchspielen und fünfhundertsechs Dörfern niedergebrannt. Lacy zerschlug ein schwedisches Heer, das man gegen ihn aufbot, und seine Galeeren versenkten sechs schwedische Galeeren. Nachdem die Russen sechshundertvierzig Kilometer schwedischer Küste verwüstet hatten, erhielt Lacy am 24. Juni den Befehl, sich zurückzuziehen.

Lacys Überfall, obschon kleineren Ausmaßes als die Unternehmungen des vergangenen Sommers, schienen Schweden den Rest zu geben. Friedrich I. verzichtete endlich auf Livland, und die wichtigsten Artikel des Friedensvertrags überließen Peter jene Territorien, die er so lange begehrt hatte. Livland, Ingermanland und Estland wurden »auf Dauer« an Rußland abgetreten, ebenso Karelien bis Wyborg. Das übrige Finnland sollte Schweden zurückgegeben werden. Rußland erklärte sich bereit, als Entschädigung für Livland zwei Millionen Taler in Raten über vier Jahre zu zahlen; außerdem sollte Schweden das Recht haben, livländisches Getreide zollfrei einzukaufen. Alle Kriegsgefangenen auf beiden Seiten sollten freigelassen werden. Der Zar verpflichtete sich, nicht in die schwedische Innenpolitik einzugreifen, womit er Friedrichs Anspruch auf den Thron bestätigte.

Am 14. September 1721, als Peter von St. Petersburg nach Wyborg gefahren war, um die durch den Friedensvertrag vorgesehene neue Grenze zu besichtigen, traf dort ein Kurier aus Nystad mit der Nachricht ein, daß der Friedensvertrag am 10. September tatsächlich unterzeichnet worden war. Der Zar war überglücklich. Als ihm eine Abschrift des Vertrages übergeben wurde, schrieb er voll Freude: »Studenten der freien Künste beenden ihre Studien gewöhnlich nach sieben Jahren. Unsere Schule hat dreimal so lange gedauert. Sie wurde jedoch, Gott sei Dank, so gut abgeschlossen, wie es besser nicht möglich wäre.«[4]

Die Nachricht, daß nun, nach einundzwanzig Jahren Krieg, Friede war, wurde in Rußland mit großem Jubel aufgenommen. Peter war außer sich vor Aufregung, und die stattfindenden Siegesfeiern waren ausgedehnt und aufwendig. In St. Petersburg bemerkte man zuerst, daß etwas Außerordentliches geschehen sein mußte, denn am 15. September sah man die Fregatte des Zaren die Newa heraufsegeln, die von ihrem Besuch in Wyborg viel früher als erwartet zurückkehrte. Wiederholte Salutschüsse der drei kleinen Geschütze an Bord sowie Trompetenstöße und Trommelwirbel, als das Schiff näherkam, kündigten gute Nachrichten an. Schnell sammelte sich eine Menschenmenge am Kai des Dreifaltigkeitsplatzes, die von Minute zu Minute durch das Eintreffen weiterer Regierungsbeamter anschwoll, die wußten, daß es nur einen Grund für die Vorgänge auf dem eintreffenden Schiff geben konnte. Als Peter an Land kam und die Nachricht bestätigte, weinten und jubelten die Menschen. Peter ging vom Kai in die Dreifaltigkeits-Kirche, um zu beten und zu danken. Generaladmiral Apraxin und die anderen anwesenden höheren Offiziere und Minister, die wußten, welche Belohnung ihrem Herrn am besten gefallen würde, baten Peter im Anschluß an den Gottesdienst, seine Beförderung zum Admiral anzunehmen.

Inzwischen waren Fässer mit Bier und Wein in den Straßen aufgestellt worden, in denen sich die Menschen drängten. Peter bestieg ein Podium, das man auf dem Platz vor der Kirche provisorisch aufgebaut hatte, und rief der Menge zu: »Freut euch und dankt Gott, ihr orthodoxen Menschen, daß der allmächtige Gott diesem langen, einundzwanzig Jahre dauernden Krieg ein Ende gesetzt und uns einen glücklichen und ewigen Frieden mit Schweden gegeben hat!«[5] Dann nahm er ein Glas Wein und trank auf die russische Nation, während die Soldaten ihre Musketen abschossen und die Geschütze auf der Peter-und Paul-Festung einen Salut donnerten.

Einen Monat später veranstaltete Peter ein Maskenfest, das mehrere Tage dauerte. Er vergaß sein Alter und seine verschiedenen Krankheiten, tanzte auf Tischen und sang aus voller Brust. Als er bei einem Bankett plötzlich müde wurde, stand er vom Tisch auf, befahl seinen Gästen, nicht nach Hause zu gehen, während er sich selbst auf seiner Jacht, die draußen auf der Newa ankerte, zur Ruhe begab. Als er zurückkam, ging die Feierlichkeit mit Strömen von Wein und großem Getöse weiter. Eine ganze Woche lang liefen Tausende von Menschen in Masken und phantastischen Gewändern herum, aßen, tranken, spazierten durch die Straßen, ruderten auf der Newa, legten sich schlafen und standen auf, um von neuem zu beginnen.

Die Festlichkeiten erreichten ihren Höhepunkt, als Peter am 31. Oktober im Senat erschien und erklärte, daß er aus Dankbarkeit für Gottes Gnade, durch die Rußland der Sieg geschenkt worden sei, alle inhaftierten Verbrecher, mit Ausnahme der Mörder, begnadigen und alle Schulden an die Regierung sowie alle Rückstände an Steuern, die sich in den achtzehn Jahren seit Beginn des Krieges bis 1718 angesammelt hatten, erlasse. In derselben Sitzung beschloß der Senat, Peter den Titel »Peter der Große, Kaiser und Vater seines Landes« anzubieten. Diese Resolution, der sich der »Heiligste Regierende Synod« anschloß, wurde in Form einer schriftlichen Petition niedergelegt und dem Zaren von Menschikow und einer Delegation aus zwei Senatoren und den Erzbischöfen von Skow und Nowgorod überbracht. Peter versprach über die Petition nachzudenken.

Ein paar Tage zuvor war Campredon, der französische Gesandte, der mitgeholfen hatte, die Schweden zu einem Friedensschluß zu bewegen, an Bord einer schwedischen Fregatte in Kronstadt eingetroffen. Gegen alle Regeln des Protokolls ging der glückliche Zar selbst an Bord der Fregatte, umarmte den Gesandten und nahm ihn mit, um ihm die sechs großen russischen Kriegsschiffe zu zeigen, die gerade im Hafen lagen. Als Peter in die Hauptstadt zurückkehrte und auf den Straßen mitfeierte, behielt er den erstaunten Campredon noch die ganze Festwoche bei sich. In der Dreifaltigkeits-Kirche gab Peter Campredon einen Ehrenplatz und schob einen Adligen, der dem Franzosen die Sicht behinderte, abrupt beiseite. Während des Gottesdienstes dirigierte Peter die Liturgie und sang mit den Priestern.

Am Ende des offiziellen Gottesdienstes wurden der Versammlung die Bedingungen des Friedensvertrages und seine Ratifizierung vorgelesen. Peters bevorzugter Kirchenmann, Erzbischof Feofan Prokopowitsch, hielt eine Lobrede auf den Zaren; ihm folgte Kanzler Golowkin, der den Zaren direkt ansprach:

»Allein durch Ihre unermüdlichen Anstrengungen und Ihre Führung sind wir, Ihre loyalen Untertanen, aus der Dunkelheit der Unwissenheit auf die Bühne des Weltruhms hinausgetreten, sind sozusagen aus dem Nichts zu Jemand geworden und in die Gesellschaft politisch bedeutsamer Völker aufgenommen worden. Wie können wir Euch dafür und für den Gewinn eines so edlen und lohnenden Friedens unsere Dankbarkeit angemessen ausdrücken? Damit wir nicht vor der ganzen Welt beschämt dastehen, möchten wir Eure Majestät im Namen der russischen Nation und aller Ihrer Untertanen demütig bitten, uns gnädig zu sein und darin einzuwilligen, als kleines Zeichen unserer Anerkennung für die großen Segnungen, die Sie uns und der gesamten Nation gebracht haben, fortan den Titel ›Vater des Vaterlandes, Peter der Große, Herrscher über ganz Rußland‹ zu führen.«[6]

Mit einem kurzen Kopfnicken gab Peter kund, daß er die Titel annähme.[7]

»Vivat! Vivat! Vivat!« riefen die Senatoren. In und außerhalb der Kirche tobte die Menge, erklangen Trompeten und Trommeln, denen alle Kirchenglocken und Geschütze von St. Petersburg antworteten. Als sich der Tumult legte, antwortete Peter: »Durch unsere Kriegstaten sind wir aus der Dunkelheit ins Licht der Welt emporgestiegen, und diejenigen im Licht, die wir nicht kannten, haben jetzt Achtung vor uns. Ich wünsche, daß unsere ganze Nation erkennt, daß während des vergangenen Krieges und beim Abschluß dieses Friedensvertrages Gott seine Hand für uns im Spiel hatte. Es gehört sich deshalb, daß wir Gott mit all unserer Kraft danken. Doch während wir auf Frieden hoffen, dürfen wir militärisch nicht schwächer werden, damit uns nicht das Schicksal der griechischen Monarchie [das Kaiserreich von Byzanz] ereilt. Wir müssen uns um das allgemeine Wohlergehen und um den allgemeinen Nutzen bemühen, die Gott uns zu Hause und überall zum Vorteil unserer Nation gewähren möge.«[8]

Als Peter die Kirche verließ, führte er eine Prozession zum Senatspalast an, wo in einem großen Saal Tische für tausend Gäste aufgestellt waren. Dort gratulierten ihm Herzog Karl Friedrich von Holstein-Gottorf und die ausländischen Gesandten. Auf ein Festessen folgten ein weiterer Ball und ein Feuerwerk, das Peter selbst entworfen hatte. Wieder dröhnten die Kanonen, und Schiffe auf dem Fluß wurden illuminiert. Im Saal reichte man eine riesige Schale Wein – »ein wahrer Sorgenbecher«[9], wie ihn ein Teilnehmer nannte – auf den Schultern von zwei Soldaten unter den Gästen herum. Draußen sprudelten an vielen Straßenecken wahre Springbrunnen von Wein, und ganze Ochsen wurden auf einer Plattform gebraten. Peter kam aus dem Saal, säbelte die ersten Stücke selbst ab und verteilte sie unter die Menge. Dann erhob er seinen Becher auf die Gesundheit des russischen Volkes.

FÜNFTER TEIL

Das neue Rußland

1   Dienst am Staat

Im Jahre 1717 saß Peter eines Abends mit seinen Freunden beim Essen, und das Gespräch kreiste um Zar Alexei Michailowitsch, sowie die Leistungen und Mißerfolge seiner Regierung. Peter hatte die Kriege seines Vaters gegen Polen und dessen Auseinandersetzung mit dem Patriarchen Nikon erwähnt, da erklärte Graf Iwan Mussin-Puschkin plötzlich, die Leistungen des Zaren Alexei könnten in keiner Weise an die Peters heranreichen, und die meisten seiner Erfolge gingen in Wirklichkeit auf die Arbeit seiner Minister zurück. Peters Reaktion war eisig. »Ich kann es nicht ertragen, wenn du die Werke meines Vaters tadelst, die meinen aber lobst«[1], sagte er. Danach stand er auf, ging zum achtundsiebzigjährigen Fürsten Jakob Dolgoruki, den manche den »russischen Cato« nannten, und sagte: »Sieh nur, du schiltst mich mehr als alle anderen und setzt mir so hart mit deinen Widerreden zu, daß ich oft fast die Geduld darüber verliere; überlege ich es mir aber recht, so sehe ich, daß du mich und das Reich aufrichtig liebst und die Wahrheit sagst, wofür ich dir aus ganzem Herzen danke; nun will ich dich aber fragen, wie denkst du über meine und meines Vaters Werke; ich bin sicher, daß du mir ohne Heuchelei die Wahrheit sagen wirst.«

Dolgoruki blickte zu ihm auf und antwortete: »Geruhe, Herrscher, dich niederzusetzen; ich werde nachdenken.« Peter setzte sich neben ihn, und Dolgoruki schwieg eine Zeitlang, strich sich wie gewöhnlich über seinen langen Schnurrbart und sagte dann: »Deine Frage läßt sich nicht in Kürze beantworten, weil deine und deines Vaters Werke verschieden sind. Ein Zar muß drei Aufgaben erfüllen: Die wichtigste ist die innere Verwaltung und Rechtsprechung. Hierfür hatte dein Vater mehr Zeit übrig, während du noch nicht einmal Zeit gefunden hast, darüber nachzudenken, und darum hat dein Vater darin mehr geleistet als du. Wenn du dich aber in Zukunft damit befassen willst, so kann es sein, daß du sogar mehr erreichen wirst als dein Vater. Es ist an der Zeit, daß du darüber nachdenkst.

Die zweite Aufgabe des Zaren ist die Organisation des Heeres. Hier gebührt deinem Vater großes Lob, und er hat dem Reich großen Nutzen gebracht; durch Schaffung einer regelrechten Armee hat er dir den Weg gewiesen; doch nach ihm haben unvernünftige Leute das begonnene Werk zerstört, so daß du fast alles hast von neuem beginnen müssen. Aber obwohl ich viel darüber nachgedacht habe, weiß ich noch nicht, wem von euch beiden in dieser Hinsicht der Vorrang gebührt: Der Abschluß des Krieges wird uns das deutlich zeigen.

Zum dritten befaßt sich ein Zar gewöhnlich mit Flottenbau, auswärtigen Bündnissen, Beziehungen zum Ausland. Hierin hast du dem Reich viel mehr Nutzen gebracht und dir größere Ehren erworben als dein Vater, womit du, so hoffe ich, einverstanden sein wirst. Was vorhin aber gesagt wurde, daß viele Erfolge eines Herrschers auf die Leistungen seiner Minister zurückzuführen sind, entspricht jedoch nicht meiner Auffassung. Ich meine, daß kluge Herrscher auch kluge Ratgeber zu wählen und ihre Treue zu werten wissen. Darum kann ein weiser Herrscher keine törichten Männer um sich haben, weil er ja die Würdigkeit eines jeden zu beurteilen und gute Ratschläge wohl zu unterscheiden vermag.« Daraufhin stand Peter auf und umarmte Dolgoruki.

Die »innere Verwaltung und die Rechtssprechung« lagen Peter sehr am Herzen. Nach der Schlacht von Poltawa widmete er seine Aufmerksamkeit weniger der Organisation der Armee und dem Flottenbau als der grundlegenden Umgestaltung der Zivilverwaltung und der Kirche, der Modernisierung und Veränderung der wirtschaftlichen und sozialen Struktur des Landes sowie der Umlenkung der jahrhundertealten russischen Handelswege. In der zweiten Hälfte seiner Regierungszeit, zwischen 1711 und 1725, wurden grundlegende Reformen durchgeführt. Alexander Puschkin verglich diese Reformen mit den Dekreten früherer Jahre: »Die dauerhaften Gesetze wurden aus einer großzügigen Gesinnung heraus, voll von Weisheit und Freundlichkeit, geschaffen; die früheren Erlasse waren dagegen meist grausam und eigensinnig und schienen mit der Knute geschrieben zu sein.«[2]

Die Art und die Reihenfolge von Peters frühen Reformen wurden durch den Krieg und durch die Notwendigkeit, Geld zu beschaffen, diktiert. Eine Zeitlang wurde der Staat, wie Puschkin schrieb, in erster Linie auf der Grundlage von Erlassen regiert, die Peter hastig auf ein Stück Papier kritzelte. Vor Peter dem Großen hatte der Zar jeweils mit Unterstützung des Bojarenrats regiert, und die Durchführung der Beschlüsse war Aufgabe einer ganzen Anzahl von Regierungsämtern, den Prikasen, gewesen. An dieser Struktur hatte es auch zwischen 1689 und 1708 noch keine Veränderung gegeben. Der Zar nahm zu jener Zeit an den Versammlungen des Bojarenrats teil, wenn er sich in Moskau aufhielt, und delegierte seine Entscheidungsgewalt, wenn er abwesend war. So hatte Peter, als er 1697/98 auf der Großen Gesandtschaftsreise war, Fürst Fjodor Romodanowski zum Vorsitzenden des Rats gemacht. Als Peter älter wurde und die Zügel der Herrschaft fester in die Hand nahm, machte er nur noch wenig Gebrauch vom Bojarenrat und bekundete offen, daß er wenig davon hielt. 1707 gab er Anweisung, der Bojarenrat müsse Protokolle über seine Versammlungen anfertigen, die von allen Mitgliedern unterzeichnet werden müßten. »Und ohne dieses ist keine Angelegenheit zu erledigen, weil hierdurch eines jeden Narrheit an den Tag kommen kann«[3], hieß es in seiner Vorschrift.

Als 1708 Karl XII. auf Rußland zumarschierte, schien die Regierung nicht in der Lage zu sein, mit der Situation fertig zu werden. Um genügend Geld und Rekruten zu bekommen, ordnete Peter eine Dezentralisierung der Verwaltung an. Das Land wurde in acht riesige Regierungsbezirke oder Gouvernements – Moskau, Ingermanland (das später St. Petersburg genannt wurde), Kiew, Smolensk, Archangelsk, Kasan, Asow und Sibirien – eingeteilt, deren Gouverneure jeweils einige Kompetenzen erhielten, vor allem auf dem Gebiet der Steuererhebung und der Rekrutierung von Soldaten. Um die Bedeutung der neuen Regionalregierungen zu unterstreichen, hatte Peter seine höchsten Mitarbeiter zu Gouverneuren ernannt. Aber das neue System funktionierte nicht. Die meisten Gouverneure lebten in St. Petersburg, zu weit von den Gebieten entfernt, die sie regieren sollten. Einige von ihnen, wie zum Beispiel Menschikow und Apraxin, hatten zudem noch Pflichten innerhalb der Armee oder bei der Flotte zu erfüllen. Im Februar 1711 war Peter bereit, sein Scheitern einzugestehen. Menschikow schrieb er, daß die Gouverneure es bei der Durchführung ihrer Aufgaben »den Krebsen gleich täten«. Deshalb würde er »nicht mit Worten, sondern mit Händen gegen sie vorgehen«[4]. Dabei wurde auch Menschikow kritisiert. »Informiere mich, welche Waren du hast und wieviel davon bisher verkauft wurden, und wann und wofür das Geld ausgegeben worden ist«, befahl ihm der Zar in gequälter Stimmung, »denn wir wissen über deine Verwaltung nicht mehr als über die in einem fremden Land«.

Da die Provinzverwaltungen nicht funktionierten, blieb schließlich alles an Peter sowie an dem zerbröckelten Bojarenrat und den zunehmend wirkungslosen, sich in ihren Bereichen überschneidenden Prikasen hängen. Obwohl Peter sich darum bemühte, die Ineffizienz des Systems durch persönlichen Einsatz zu kompensieren, reichte seine Energie doch nicht aus. Enttäuscht und verzweifelt schrieb er deshalb an Katharina: »Ich kann den Staat nicht mit der linken Hand führen, so muß ich es mit meiner rechten, mit Feder und Schwert tun. Wie viele da sind, mir zu helfen, weißt du selbst.«[5]

Mit der Zeit begriff Peter, daß die Probleme zum Teil auf ihn selbst zurückzuführen waren. Die ganze Macht konzentrierte sich in seiner Person, was das Regieren insofern schwierig machte, da er meistens unterwegs war. Darüber hinaus war er durch die Kriege und die Außenpolitik so sehr in Anspruch genommen, daß er eigentlich keine Zeit mehr für die inneren Angelegenheiten des Landes erübrigen konnte. Um zu ermitteln, welche Gesetze überhaupt erforderlich waren, und diese Gesetze dann zu formulieren, durchzuführen und deren Übertretungen zu ahnden, brauchte er eine neue Institution, die wirkungsvoller war als der alte Bojarenrat.

Im Februar 1711, am Vorabend des Pruth-Feldzugs, wurde der Senat geschaffen, zunächst als eine provisorische Institution, die nur während Peters Abwesenheit arbeiten sollte. In dem kurzen Dekret, mit dem er eingesetzt wurde, heißt es: »Wir verordnen, daß im Falle Unserer Abwesenheit der Regierende Senat für die Verwaltung dazusein habe.«[6] Der Senat, bestehend aus neun Senatoren, sollte die Provinzialregierungen überwachen, als höchster Gerichtshof fungieren, alle Staatsausgaben beschließen und – vor allem – soviel Geld wie möglich eintreiben, »sintemalen das Geld die Arterie des Krieges ist«[7]. In einem weiteren Dekret wurde angeordnet, daß alle Beamten, zivile und geistliche, sowie alle Institutionen dem Senat in gleicher Weise gehorchen müßten wie dem Zaren – unter Anordnung der Todesstrafe.

Als Peter später vom Pruth zurückkehrte, löste er den Senat nicht wieder auf, sondern machte ihn allmählich zum Hauptorgan der Exekutive und der Legislative innerhalb der russischen Zentralregierung. Nichts konnte von nun an ohne Befehl beziehungsweise ohne Einwilligung des Senats getan werden. Doch die Macht des Senats war in Wahrheit überwiegend hohl, sein Gepränge überwiegend Fassade. Er blieb immer eine Körperschaft, die eigentlich nur den Willen des Autokraten ausführte. Er war lediglich ein Instrument, und seine Macht war in der Praxis ausschließlich die eines Bevollmächtigten. Seine Gerichtsbarkeit war zudem nur für innere Angelegenheiten zuständig, und alle Entscheidungen, die die Außenpolitik oder Fragen im Zusammenhang mit Krieg oder Frieden betrafen, waren dem Zaren vorbehalten. Der Senat unterstützte Peter, indem er dessen hastig niedergeschriebene Instruktionen interpretierte und ihnen die Form von Gesetzen verlieh. In den Augen des Volkes und nach seiner eigenen Einschätzung war der Senat nur Geschöpf und Diener eines unanfechtbaren Herrn, des Zaren.

Sein untergeordneter Status drückte sich auch in der Tatsache aus, daß keiner von Peters wichtigsten Mitarbeitern – Menschikow, Apraxin, Golowkin, Scheremetew – dem Senat angehörte. Diese »höchsten Herren« oder »Prinzipale« konnten dem Senat Anweisungen geben, »auf Befehl seiner Majestät«. Im Gegensatz dazu ließ Peter allerdings Menschikow wissen, daß er und die anderen dem Senat gehorchen müßten. In Wirklichkeit war es so, daß der Zar sowohl die Unterstützung seiner fähigen, loyalen Statthalter als auch die Hilfe einer mächtigen Zentralregierung benötigte. Er beließ die Situation absichtlich in der Schwebe, so daß in Rußland gleichzeitig zwei Verwaltungssysteme und -methoden bestanden, die oft geradezu gegeneinander arbeiteten. Zwangsläufig versuchten die »höchsten Herren« und »Prinzipale«, die neue regierende Körperschaft unter ihrer Kontrolle zu halten, und wehrten sich oft, sich ihr unterzuordnen.

Auch Peter war mit der Arbeit des Senats nicht immer zufrieden. Oft maßregelte er die Senatoren, und gelegentlich erklärte er ihnen sogar, sie hätten sich lächerlich gemacht, was doppelt strafbar sei, da sie die Person Seiner Majestät repräsentierten. Er ordnete an, die Senatoren sollten keine Zeit verschwenden und während ihrer Sitzungen ausschließlich über Dinge sprechen, die ihr Aufgabengebiet betrafen, sie sollten nicht schwätzen und scherzen, denn »ein Verlust an Zeit ist wie der Tod, er ist ebenso schwer zu ersetzen wie ein Leben, das geendet hat«[8]. Peter ordnete ferner an, daß keine der Senatsangelegenheiten inoffiziell, das heißt unter der Hand erledigt werden dürften, und er ließ jede Diskussion protokollieren. Obwohl der Zar den Senat im übrigen laufend antrieb, arbeitete dieser außerordentlich langsam. Bei einer Gelegenheit mußte er vom Monarchen aufgefordert werden, offenzulegen, »was hinsichtlich der betreffenden Erlasse geschehen ist, und was nicht zu Ende geführt ist und warum«[9]. Wiederholt drohte er den Senatoren mit Bestrafung. »Ihr habt nichts anderes zu tun als zu regieren«, wies er sie zurecht, »und wenn ihr sie nicht umsichtig führt, so werdet ihr vor Gott und später auch dem hiesigen Gericht nicht entgehen.«[10] Bei einer anderen Gelegenheit schrieb er einem Senatsmitglied: »Das war lächerlich, daß Ihr Euch bestechen ließt aus gewohnter Dummheit, und wenn Ihr zu mir kommt, so werde ich Euch ganz anders zur Rechenschaft ziehen.«[11]

Um dem Senat Disziplin beizubringen und ihn zu wirkungsvollerer Arbeit zu veranlassen, schuf Peter im November 1715 den übergeordneten Posten eines »Generalrevisors« oder »Erlaßaufsehers«, dessen Aufgabe es war, »zusammen mit dem Senat« doch »an einem besonderen kleinen Tisch«[12] zu tagen, dessen Erlasse zu notieren, darauf zu achten, pflichtvergessene Beamte bloßzustellen und zu bestrafen. Wassili Sotow, der im Ausland erzogene Sohn seines alten Hauslehrers, war der erste Generalrevisor. Allerdings hatte er nur wenig Erfolg in seinem Amt, und bald wußte er sich nur noch bei Peter darüber zu beklagen, daß der Senat seine Wünsche nicht berücksichtigte, die vorgeschriebenen drei Sitzungen pro Woche nicht abhielt und anderthalb Millionen Rubel staatlicher Einkünfte nicht einzutreiben imstande sei.

1720 wurden neue detaillierte Regeln aufgestellt, und als schließlich offensichtlich wurde, daß auch der Generalrevisor nicht imstande war, Ordnung im Senat zu halten, wurden Gardeoffiziere dazu bestimmt, die Senatoren zu überwachen. Wenn einer von ihnen sich gegen das Gesetz verging, sollten die Offiziere ihn verhaften und in die Peter-und-Paul-Festung sperren, bis der Vorfall dem Zaren gemeldet werden konnte.

Der Senat funktionierte nur aufgrund des Einflusses von Fürst Jakob Dolgoruki, des Ersten Senators, der Rußland über viele Jahrzehnte und in vielen Bereichen gedient hatte. Er war der erste russische Gesandte am Hof Ludwigs XIV. gewesen, und damals hatte er für den fünfzehnjährigen Peter ein Astrolabium erworben; anschließend hatte er elf Jahre in einem schwedischen Gefängnis verbringen müssen. 1712, mit dreiundsiebzig Jahren, war ihm die Flucht gelungen; er war nach Rußland heimgekehrt, wo man ihn zum Ersten Senator ernannt hatte. Wenn er seine Vorstellungen nicht mit Logik und Überzeugungskraft durchsetzen konnte, pflegte er den Gegner mit der Kraft seiner Stimme auf seine Seite zu bringen. Nur Menschikow, der immer in der Gunst des Zaren stand, konnte ihm dann die Stirn bieten.

Dolgoruki traute sich immer, Peter die Wahrheit zu sagen. Zu einem späteren Zeitpunkt zerriß er einmal einen Erlaß, weil er glaubte, der Zar habe sich nicht gründlich genug dessen Folgen überlegt. Dieser Erlaß befahl allen Landbesitzern der Gouvernements von St. Petersburg und Nowgorod, Leibeigene zum Ausheben des Ladogakanals bereitzustellen. Dolgoruki war an dem Tag, an dem Peter den Erlaß unterzeichnete, nicht im Senat gewesen, und als er am folgenden Morgen davon in Kenntnis gesetzt wurde, hielt er mit seinem Protest nicht zurück. Die anderen Senatoren bemerkten, nun sei es zu spät, Einwände zu machen, da der Zar das Papier schon unterzeichnet hätte. Daraufhin zerriß Dolgoruki das Edikt in einer Anwandlung von Abscheu. Erschrocken standen die anderen Senatoren auf und fragten, ob er wisse, was er getan hätte. »Ja«, bekannte Dolgoruki voll Leidenschaft, »ich weiß, was ich getan habe, und will es vor Gott, dem Zaren und dem ganzen Reich verantwoiten.«[13]

In diesem Augenblick betrat Peter den Senatssaal. Er war überrascht, die Männer stehend in aufgeregter Unterhaltung vorzufinden, und fragte nach dem Grund ihrer Erregung. Mit zitternder Stimme berichtete ihm einer, was geschehen war. Entrüstet wandte Peter sich daraufhin dem dreiundachtzigjährigen Dolgoruki zu und fragte ihn, was ihn zu einem »solch unerhörten Verbrechen gegen die Würde Seiner Majestät« bewogen habe. »Nichts als der Eifer um deine Ehre und deiner Untertanen Wohlfahrt«, antwortete Dolgoruki. Und er fuhr fort: »Nimm mir nicht übel, Peter Alexejewitsch, wenn ich deiner Klugheit zutraue, daß du dein Land nicht verheeren willst, so wie es Karl XII. mit dem seinen getan hat. Du hast dich bei diesem Befehl übereilt und nicht bedacht, in welchem Zustand sich die beiden Gouvernements befinden, die im Krieg mehr als alle übrigen Provinzen Rußlands gelitten haben; du hast nicht berücksichtigt, wie viele Menschen die Provinzen St. Petersburg und Nowgorod verloren haben. Was hindert dich, zum Bau des für deine Stadt St. Petersburg unentbehrlichen Kanals Arbeiter aus Provinzen zu verpflichten, die mehr Menschen als diese beiden entvölkerten Provinzen hergeben können, ohne darunter zu leiden oder den Verlust so hart zu empfinden? Außerdem hast du ja schwedische Gefangene, die du anstatt deiner eigenen Untertanen zu schwerer Arbeit abordnen kannst.«

Peter hörte sich Dolgorukis Appell ruhig an und wandte sich dann an die übrigen Senatoren. »Der Erlaß ist vorläufig aufgehoben; ich will diese Angelegenheit noch einmal überdenken und den Senat meine Entscheidung wissen lassen.« Bald darauf wurden für die Arbeiten am Ladogakanal schwedische Kriegsgefangene eingesetzt.

Aber trotz des Einsatzes von Dolgoruki arbeitete der Senat nicht so, wie Peter es sich wünschte; allmählich wurde offensichtlich, daß die von oben herab ausgeübte Gewalt oder die Androhung dieser Gewalt keinesfalls genügte, um einen ordentlichen Ablauf der Staatsgeschäfte zu sichern, daß sie oft sogar lähmend wirkte. Außerdem war der Senat überlastet; Ineffizienz, Streit unter seinen Mitgliedern und die mangelnde Bereitschaft, Verantwortung auf sich zu nehmen, verursachten einen immer größer werdenden Arbeitsrückstand, so daß zu einem bestimmten Zeitpunkt 16000 unerledigte Fälle und Entscheidungen anstanden.

So entschloß sich Peter 1722 dazu, ein neues Amt zu schaffen, das des Generalprokurators, der im Senat als Stellvertreter des Zaren fungieren sollte. »Dieser Beamte ist gleich wie unser Auge und wie der Sachwalter von des Reiches Angelegenheiten«, stellte Peter den neuen Generalprokurator den Senatoren vor. »Er kennt meine Absichten und Wünsche. Was er für das allgemeine Gut hält, sollt ihr tun. Und wenn es euch einmal so vorkommt, als wäre das, was er tut, gegen meinen Vorteil und gegen den Vorteil des Staates gerichtet, solltet ihr es trotzdem ausführen und, nachdem ihr mich unterrichtet habt, meine Befehle abwarten.«[14] Es war die Pflicht des Generalprokurators, die Arbeit des Senats zu beaufsichtigen. Obwohl er nicht stimmberech-tigtes Mitglied dieser Körperschaft war und also nicht mitentscheiden konnte, war er ihr Präsident, verantwortlich dafür, daß die Sitzungen ord-nungsgemäß abliefen, die Gesetzgebung in Gang kam und bis zur Beschluß-fassung vorangebracht wurde (er benutzte ein Stundenglas, um die Redezei-ten zu begrenzen). Wenn Behörden die Formulierung oder die Bedeutung eines Erlasses nicht verstanden oder Schwierigkeiten mit seiner Durchfüh-rung hatten, sollten sie den Generalprokurator benachrichtigen, der den Senat aufforderte, den Erlaß in einer verständlicheren Sprache abzufassen.

Peter vergab dieses Amt an Pawel Jaguschinski, einem seiner »Grünschnä-bel« niederer Abstammung. Jaguschinski war elf Jahre jünger als der Zar und als Sohn litauischer Eltern in Moskau geboren, wo sein Vater die Stelle eines Organisten an einer lutherischen Kirche innehatte. Peter mochte den jungen Mann von Anfang an, ließ ihn in sein Garderegiment eintreten und machte ihn zu seiner persönlichen Feldordonnanz. Danach wurde Jagu-schinski schnell befördert. Der Zar setzte ihn schließlich für verschiedene diplomatische Missionen ein und nahm ihn mit nach Paris, wo ihn die Franzo-sen als »Peters Favoriten« bezeichneten. Jaguschinski trank gern, war leicht erregbar und machte sich jede Woche neue Feinde, mit denen er sich aber immer wieder vertrug. Er zeichnete sich durch unbezweifelbare Redlichkeit und feste Entschlossenheit aus, Eigenschaften, die Peter bei vielen Senato-ren vermißte.

Bevor Jaguschinski zum Generalprokurator ernannt wurde, hatte Peter die Funktion des Senats geändert. Von 1711 bis 1718 war der Senat sowohl für die Gesetzgebung als auch für die Ausführung der Gesetze verantwortlich gewesen. Peter begriff jedoch bald, daß der Staat eine neue, vom Senat unab-hängige Exekutive benötigte, die ihm erlauben würde, sich auf die Fragen der Legislative zu konzentrieren. Darum versuchte er, eine neue Institution, das in Europa bereits übliche System der Kollegien oder Ministerien, einzu-führen.

Auf seinen Reisen und aus Berichten ausländischer Gesandter hatte der Zar erfahren, daß Kollegien die Basis der Regierungen von Dänemark, Preußen, Österreich und Schweden bildeten. In England gab es das halbautonome, kollegienartige Board of the Admirality, das mit der Verwaltung der königli-chen Marine betraut war. Das Kollegiensystem Schwedens galt als das beste in ganz Europa. Es hatte sich auch während der fünfzehnjährigen Abwesen-heit des Königs bewährt. Peter, der keine Skrupel kannte, auch bei einem Feind Anleihen zu machen, beschloß, die schwedischen Kollegien als Vor-bild für seine eigenen zu benutzen.

1718 war sein neues System fertig. Den alten Prikasen oder Regierungsäm-tern – davon gab es inzwischen fünfunddreißig – wurden neun neue Kollegien übergeordnet, für auswärtige Angelegenheiten, Staatseinkünfte, Staatsaus-gaben, Finanzkontrolle, Justiz, Krieg, Admiralität, Handel sowie Bergbau und Manufaktur. Die Präsidenten all dieser Kollegien sollten Russen sein (in

Wirklichkeit waren es vorwiegend Peters enge Freunde und Mitarbeiter), die Vizepräsidenten Ausländer. Es gab nur zwei Ausnahmen von dieser Regel: Zum Präsidenten des Kollegiums für Bergbau und Manufaktur wurde General Bruce ernannt, ein Schotte, und beim Kollegium für auswärtige Angelegenheiten waren sowohl der Präsident Golowkin als auch der Vizepräsident Schafirow Russen. Alle neun Kollegiumspräsidenten waren gleichzeitig Mitglieder des Senats, wodurch dieses Gremium eine Art von Ministerrat darstellte.

Um die Funktionsfähigkeit dieser aus dem Ausland übernommenen Institutionen zu gewährleisten, ließ Peter ausländische Fachleute kommen. Sogar schwedische Kriegsgefangene, die Russisch gelernt hatten, wurden zur Mitarbeit aufgefordert. (Weber war der Meinung, einige würden deswegen nicht gekommen sein, weil sie »glaubten, wegen dieser Tätigkeit könnte zu Hause gerichtlich gegen sie vorgegangen werden«.[15]) Zuletzt fanden sich jedoch genügend Ausländer für die zu vergebenden Aufgaben. Weber schilderte die fieberhafte Aktivität des Kollegiums für auswärtige Angelegenheiten: »Es gibt kaum ein Außenministerium auf der Welt, das Botschaften in so vielen Sprachen herausgibt. Sie haben Dolmetscher und Sekretäre für sechzehn Sprachen: Russisch, Latein, Polnisch, Hochniederländisch, Niederländisch, Englisch, Dänisch, Französisch, Italienisch, Spanisch, Griechisch, Türkisch, Chinesisch, Tatarisch, Kalmückisch und Mongolisch.«[16]

Trotz der Unterstützung durch die Ausländer begann das Kollegiensystem nur recht stockend zu funktionieren. Die ausländischen Juristen, Verwaltungsbeamten und anderen Experten hatten Sprachschwierigkeiten, das neue System ihren russischen Kollegen zu erklären, und die Übersetzer, die diese Schwierigkeiten überwinden sollten, kannten wiederum die schwedische Fachterminologie nicht. Noch schwieriger war es, das neue System und die neuen Prozeduren den Verwaltungsbeamten in den Provinzen zu erklären, während verständnislose Provinzbeamte Berichte in die Hauptstadt schickten, die wiederum in den neuen Ämtern von St. Petersburg nicht verstanden und oft nicht einmal gelesen werden konnten.

Hinzu kam, daß einige Kollegiumspräsidenten ihrer neuen Aufgabe ziemlich lustlos gegenüberstanden, so daß Peter sich gezwungen sah, diese Männer wie Kinder anzuleiten. Er befahl ihnen, jeden Dienstag und Donnerstag in ihren Kollegien zu erscheinen und dort wie auch im Senat ihrem Auftrag entsprechend aufzutreten. »Es sollte kein überflüssiges Reden oder Schwätzen geben, und man sollte sich nur zur gerade behandelten Sache äußern. Außerdem, wenn einer zu sprechen begonnen hat, darf ihn ein anderer nicht unterbrechen, sondern muß ihn ausreden lassen. Alle sollen sich wie anständige Leute und nicht wie Marktweiber verhalten.«[17]

Der Zar hatte gehofft, die Wirksamkeit des Senats dadurch zu steigern, daß er die Kollegienpräsidenten zu Mitgliedern dieses Gremiums machte; es herrschten jedoch bald solche Antagonismen und Eifersüchteleien unter ihnen, daß es zu den heftigsten Streitigkeiten und sogar Raufereien kam, wenn sie sich alle im selben Raum aufhielten und der Zar fehlte, um für Ordnung zu sorgen. Dolgoruki und Golizyn verachteten beispielsweise Menschikow, Schafirow und Jaguschinski wegen ihrer niedrigen Herkunft; Golowkin, der Präsident des Kollegiums für auswärtige Angelegenheiten, und Schafirow, der Vizepräsident dieser Behörde, haßten sich. Die Auseinandersetzungen wurden immer schärfer. Als Peter sich am Kaspischen Meer aufhielt, wurde ihm eine Resolution überbracht, in der Schafirow eines unerhörten und gesetzwidrigen Verhaltens im Senat bezichtigt wurde. Nach Peters Rückkehr wurde ein besonderes Gericht, das sich aus Senatoren und Generälen zusammensetzte, nach Preobraschenskoje einberufen, und dieses Gericht verurteilte Schafirow zum Tode. Am 16. Februar 1723 wurde der Senator in den Kreml gebracht. Man las ihm das Todesurteil vor, nahm ihm seine Perücke und seinen zerfetzten Schaffellmantel weg und ließ ihn das Schafott besteigen. Dort bekreuzigte sich der zum Tode Verurteilte mehrfach, kniete nieder und legte seinen Kopf auf den Richtblock, worauf der Scharfrichter die Axt erhob. In diesem Augenblick trat Peters Kabinettssekretär Makarow hinzu und verkündete, der Zar habe Schafirow in Anbetracht der langen Liste seiner Verdienste begnadigt und wolle ihn zur Bestrafung nun nach Sibirien verschicken. Schafirow erhob sich und stieg vom Schafott herab. Im Senat gratulierten ihm seine früheren Kollegen, die der erlebte Vorgang erschüttert hatte, zu seiner Begnadigung. Den Ärzten, die ihn zur Beruhigung seiner Nerven zur Ader ließen, soll Schafirow gesagt haben: »Es wäre besser gewesen, Sie hätten meine größte Ader geöffnet und mich von meinen Qualen erlöst.«[18] Später wurde auch seine Verbannung nach Sibirien noch einmal abgemildert; er wurde mit seiner Familie nach Nowgorod verschickt. Zwei Jahre später, nach Peters Tod, begnadigte Katharina Schafirow dann vollständig, und unter der Zarin Anna kehrte er schließlich sogar wieder in den Senat zurück.

Die Hoffnungen, die Peter in seine neue Verwaltungsbehörde gelegt hatte, blieben oft unerfüllt. Die neugeschaffenen Institutionen waren der russischen Praxis einfach fremd, und die neuen Beamten waren zudem meist unzureichend ausgebildet und motiviert. Schließlich trug der furchteinflößende und sprunghafte Charakter des Zaren auch nicht gerade dazu bei, die Initiative und Entscheidungsfreudigkeit seiner Untertanen zu stärken. Er befahl ihnen einerseits, Verantwortung auf sich zu nehmen und selbständig zu handeln; andererseits bestrafte er sie, wenn sie sich zu einem falschen Schritt entschlossen hatten. Verständlicherweise wurden sie deshalb mit der Zeit äußerst vorsichtig, »so wie ein Sklave, der seinen Herrn ertrinken sieht, sich aber nicht traut, ihn zu retten, bevor er sich nicht vergewissert hat, daß in seinem Vertrag steht, er habe den Herrn aus dem Wasser zu ziehen«[19].

Allmählich erkannte Peter den Wert einer Regierung auf der Basis von Gesetzen und Institutionen statt auf der Grundlage der willkürlichen Macht einzelner Menschen. Statt den Menschen nur zu befehlen, mußte man sie unterrichten, führen und überzeugen. »Es ist notwendig, erst einmal zu erklären, was die Interessen des Staates sind«, meinte er nun, »und sie dem Volk verständlich zu machen.« Nach 1716 enthielten seine Erlasse gewöhnlich eine Präambel, in der die Notwendigkeit des jeweiligen Gesetzes erklärt, historische Parallelen zitiert und auf seine Nützlichkeit hingewiesen wurde.

Alles in allem stellte Peters neues Regierungssystem jedoch eine Verbesserung dar. Rußland hatte sich verändert, und der Senat und die Kollegien führten den neuen Staat und die neue Gesellschaft wirkungsvoller, als es dem alten Bojarenrat und dem System der Prikasen möglich gewesen wäre. Sowohl der Senat als auch die Kollegien blieben bis zum Ende der Dynastie bestehen, wenn auch die Kollegien in Ministerien umgewandelt und der Senat in den »Obersten Geheimen Rat« umbenannt wurde. 1720 begann Trezzini am Newaufer der Wassilewski-Insel mit den Arbeiten an einem gewaltigen langgestreckten Gebäude aus rotem Backstein, in dem später die Ministerien und der Senat untergebracht werden sollten. Heute hat darin die Universität von Leningrad ihren Sitz. Es ist das größte erhaltene Gebäude aus der Zeit Peters des Großen.

Peters Reformen betrafen Individuen ebenso einschneidend wie ganze Institutionen, da die russische Gesellschaft doch noch auf der Verpflichtung jedes einzelnen zum Dienen beruhte, ähnlich der im mittelalterlichen Europa. Der Leibeigene schuldete seinen Dienst dem Landbesitzer, der Landbesitzer wiederum dem Zaren; und der Zar war weit davon entfernt, diese Verpflichtung aufzuheben oder auch nur zu lockern. Er wollte ein Maximum an Leistungen aus jeder Schicht der Gesellschaft herausholen, wobei niemand ausgenommen oder milder behandelt wurde. Der Zar verwandte einen großen Teil seiner Energie und Kraft darauf, sicherzustellen, daß jeder Russe so effektiv wie möglich arbeitete. Adlige, die als Offiziere in der neuen russischen Armee oder Marine ihren Dienst taten, mußten sich in modernen Waffen und in moderner Kriegsführung auskennen; wer seine Laufbahn in der immer größer werdenden, westlich orientierten Zentralregierung einschlagen wollte, mußte über die notwendige Ausbildung und Geschicklichkeit verfügen, um deren Anforderungen erfüllen zu können. Die Idee des Dienens wurde dahingehend erweitert, daß sie nun die Pflicht einschloß, sich auch zu bilden.

Mit diesem Programm begann der Zar 1696, kurz vor seiner großen Gesandtschaftsreise, als er ganz spontan junge Russen in den Westen schickte; nach dem Sieg von Poltawa realisierte er seine Absichten auf diesem Gebiet dann institutionalisierter als zuvor. Ab 1712 gab es einen Erlaß, nach dem alle Söhne von Landbesitzern sich beim Senat zu melden hätten. Man teilte sie in Altersgruppen auf; die jüngsten wurden nach Reval geschickt, wo sie das Schiffahrtswesen kennenlernen sollten, die mittleren kamen zur Ausbildung nach Holland, und die ältesten wurden sofort in die Armee aufgenommen. Nach 1714 war das Fangnetz noch feinmaschiger: Alle Adligen im Alter zwischen zehn und dreißig Jahren, die bis dahin noch nicht erfaßt waren oder bereits im Staatsdienst standen, mußten sich beim Senat zum Dienst während des Winters melden.

Es war Peters Absicht, die Armee ausschließlich von professionell ausgebildeten Adligen führen zu lassen, die im Alter von fünfzehn Jahren ihren fünfundzwanzigjährigen Dienst abzuleisten begannen. Jeder Adlige mußte sich durch Leistung von der untersten Stufe nach oben hochdienen. Im Februar 1714 verbot Peter kategorisch jede Berufung zum Offizier, wenn sich der Bewerber nicht emporgearbeitet hatte. Zu einer Zeit dienten dreihundert russische Fürstensöhne als einfache Soldaten, wobei sie sich mit dem üblichen Minimum an Lohn, Nahrung und Bequemlichkeit zufriedengeben mußten. Nach einem Bericht von Fürst Kurakin war es für die Petersburger Bevölkerung damals nichts Ungewöhnliches, einen Fürsten Golizyn oder einen Fürsten Gagarin mit einem Gewehr auf der Schulter vor seiner Kaserne Wache halten zu sehen.

Die jungen Männer wurden jedoch nicht nur in der Bedienung von Feuerwaffen und im Exerzieren unterwiesen. Schließlich waren die Regimenter nicht nur Schulen für Offiziere, sondern auch Akademien für Staatsbeamte der verschiedensten Bereiche. Einige der jungen Männer studierten das Artillerie-, andere das Ingenieurwesen, wieder andere die Navigationskunst; viele erlernten Fremdsprachen; einer wurde sogar nach Astrachan geschickt, wo er Kenntnisse auf dem Gebiet des Salzbergbaus erwerben sollte.

Obwohl die meisten jungen Adligen den Heeresdienst antraten, gab es innerhalb des Staatsdienstes bald eine beliebtere Laufbahn, die der Zivilverwaltung. Die Arbeit war hier weniger gefährlich, weniger mühselig und auch viel lukrativer. Der Zar bestimmte, daß höchstens ein Drittel aller Mitglieder einer Familie bei der Zivilverwaltung dienen durfte; zwei Drittel mußten sich dem Heer oder der Marine verpflichten.

Die Marine, in der die meisten Russen etwas völlig Fremdes und Widerwärtiges sahen, war weit unpopulärer als die Armee. Wenn ein Sohn eingezogen wurde, kämpfte sein Vater geradezu darum, daß er nicht in die Marine mußte. Dennoch war die Hochschule für Mathematik und Navigation, die 1715 von Moskau nach St. Petersburg verlegt wurde, gut besucht. »In diesem Sommer wurde die Marineakademie eröffnet«, schrieb Weber. »Ich glaube, daß es keine einzige adlige Familie innerhalb der Grenzen des riesigen russischen Reiches gab, die nicht einen oder zwei ihrer Söhne über zehn und unter achtzehn hierhingeschickt hat. Wir sahen in St. Petersburg ganze Schwärme dieser jungen Zöglinge aus allen Teilen Rußlands ankommen. An dieser Akademie studiert gegenwärtig die Blüte des russischen Adels, die in den kommenden vier Jahren in allen Wissensbereichen unterrichtet wird, die zur Seefahrt gehören. Darüber hinaus wird sie in Fremdsprachen, im Fechten sowie in anderen Sportarten ausgebildet.«[20]

Andererseits fanden sich die russischen Adligen nicht ohne weiteres damit ab, wie Peter über ihre Söhne oder über sie selbst verfügte. Obwohl Peter mit seinem ersten Erlaß von 1712 nur die Absicht verfolgt hatte, die Adligen vollständig zu erfassen, um sie für zukünftige Einsätze zu registrieren, wußte er, daß es nicht einfach war, die jungen Männer aus dem bequemen Leben in den Provinzen herauszureißen. Aus diesem Grund verband er mit seinem Erlaß die Drohung, jede Unterlassung einer Meldung würde mit Geldstrafen, körperlicher Züchtigung und Konfiszierung des Besitzes bestraft werden. Er kündigte außerdem an, daß jeder, der einen Adligen ausfindig machte, der sich der Meldepflicht entzog, alle Güter des Betreffenden zugesprochen bekommen würde, auch wenn der Informant »ein weggelaufener Leibeigener« sei.

Schulbildung war nach Peters Auffassung die erste Sprosse der Stufenleiter zum Staatsdienst. 1714, zur gleichen Zeit, als er seinen Plan zur Zwangsrekrutierung aller fünfzehnjährigen Adligen für das Heer verwirklichte, gab der Zar außerdem Anweisung, daß die jüngeren Brüder der Eingezogenen nach Erreichung des zehnten Lebensjahres in weltliche Schulen eintreten müßten. Fünf Jahre lang, bis sie zum Heeresdienst herangereift wären, sollten sie dort das Lesen und Schreiben und die Grundbegriffe der Arithmetik und Geometrie erlernen. Ein junger Adliger, der kein Zeugnis über den Abschluß dieser Ausbildung vorzeigen konnte, durfte nicht heiraten. Die Landbesitzer verübelten Peter diesen Eingriff in ihre alte Lebensweise sehr, und zwei Jahre später, 1716, mußte der Zar seinen Erlaß widerrufen. Auch sein Plan, eine Pflichtschule für Kinder der Mittelschicht einzuführen, traf auf so verbreiteten Widerstand und so viele Ausflüchte, daß der Zar gezwungen war, ihn aufzugeben.

Sobald junge Leute aus dem Adel oder aus anderen Schichten der Bevölkerung in den Staatsdienst eingetreten waren, sollte ihre Beförderung nur noch auf der Grundlage ihrer Verdienste erfolgen. Eine weitere und potentiell folgenreiche Reform, die gleichfalls das Ziel der Schaffung des »Verdienstadels« verfolgte, war die Abschaffung des althergebrachten moskowitischen Erbrechts. Bis dahin war es Brauch, daß ein Vater seinen Landbesitz gleichmäßig unter seinen Söhnen aufteilte. Das Ergebnis dieser ständigen Teilungen war die Verarmung des Landadels und das Versiegen einer wichtigen Steuerquelle. Peters Erlaß vom 14. März 1714 verfügte, daß ein Vater seinen unbeweglichen Besitz fortan ungeteilt auf einen Sohn vererben mußte – wobei dieser Sohn nicht der älteste zu sein brauchte. (Wenn es keine Söhne gab, sollten dieselben Regeln für Töchter gelten.) Peter hatte dieses System, bei dem der älteste Sohn sowohl den Titel als auch das Land erbte, während die jüngeren Söhne in die Armee oder die Marine eintreten oder irgendeinen anderen Beruf ausüben mußten, in England kennengelernt. Er verwarf jedoch das Recht der Primogenitur und setzte statt dessen das Erbrecht nach Verdienst ein, das ihm auch effizienter als das englische System zu sein schien: Der geeignetste Sohn sollte das Land ungeteilt erben, wodurch Reichtum und Ansehen der Familie erhalten bleiben würden (und die Erhebung von Steuern erleichtert wäre). So wäre besser für die Leibeigenen gesorgt, und die Söhne ohne Erbe könnten eine nützliche Betätigung im Staatsdienst aufnehmen. Unglücklicherweise war kein Erlaß Peters unpopulärer als dieser; er führte zu Familienstreitigkeiten und heftigen Fehden, und im Jahr 1730, fünf Jahre nach seinem Tod, wurde er wieder abgeschafft.

Während seines ganzen Lebens waren für Peter den Großen Leistung, Loyalität und Hingabe an den Staatsdienst die einzigen Kriterien, nach denen er Menschen auswählte, beurteilte und beförderte. Adliger oder »Pastetenverkäufer«, Russe, Schweizer, Schotte oder Deutscher, Orthodoxer, Katholik, Protestant oder Jude, der Zar überhäufte jeden mit Titeln, Reichtum, Zuneigung und Verantwortung, der bereit und fähig war zu dienen. Scheremetew, Dolgoruki, Golizyn und Kurakin waren berühmte Namen in Rußland, lange bevor ihre Träger in Peters Dienste traten, doch verdankten sie ihre Erfolge nicht ihrer Abstammung, sondern ihrer Leistung. Dafür, daß die Leistung ausschlaggebend war, gibt es genügend Beispiele: Menschikows Vater war ein kleiner Angestellter, Jaguschinskis Vater ein lutherischer Organist, Schafirows Vater ein konvertierter Jude und der von Kurbatow ein Leibeigener. Ostermann und Makarow begannen ihre Laufbahn als Sekretäre; Anton Devier, der erste Polizeichef von St. Petersburg, war portugiesischer Jude und fing als Kammerdiener an; der Zar hatte ihn aus Holland mitgenommen. Nikita Demidow war ein fleißiger, ungebildeter Schmied in Tula, bevor ihm der Zar aus Bewunderung für seine Energie und seine Leistungen Grundbesitz im Ural schenkte, wo er Bergwerke anlegen sollte. Abraham (oder Ibrahim) Hannibal war ein dunkelhäutiger Prinz aus Abessinien, der als Sklave nach Konstantinopel gebracht und schließlich Peter dem Großen als »Geschenk« überreicht worden war. Der Zar schenkte ihm die Freiheit und machte ihn zu seinem Patensohn; er schickte ihn zur Ausbildung nach Paris und beförderte ihn schließlich zum General der Artillerie.[21] Alle diese Männer begannen mit nichts, aber als sie starben, waren sie Fürsten, Grafen, Barone, und ihre Namen sollten fortan in der Geschichte untrennbar mit dem Namen Peters des Großen verbunden sein.

Gegen Ende seiner Herrschaft, im Jahr 1722, schuf Peter einen neuen Dienstadel durch Einführung der berühmten »Rangtabelle«. Die »Rangtabelle« besagte, daß sich alle jungen Männer, die in den Staatsdienst eintraten, einer Stufenleiter offizieller Ränge gegenübersahen, in den drei Bereichen Militär-, Zivil- oder Hofdienst. Jede der Stufenleitern hatte vierzehn Ränge, und jeder Rang besaß seine Entsprechung auf den beiden anderen Stufenleitern. Die jungen Männer mußten ihren Dienst auf der untersten Stufe beginnen; Beförderungen sollten keinesfalls von der Abstammung oder vom sozialen Status, sondern ausschließlich von der Leistung und der Dauer des Dienstes abhängen. Nach Einführung der »Rangtabelle« existierte der russische Geburtsadel praktisch nicht mehr; alle Ehren sowie Ämter standen jetzt jedermann offen. Die alten Adelstitel wurden zwar nicht formell abgeschafft, aber mit ihnen waren nun keine besonderen Privilegien oder Auszeichnungen mehr verbunden. Auch einfache Leute und Ausländer wurden fortan ermuntert, höhere Dienste anzustreben. Soldaten, Matrosen, Sekretäre und einfache Angestellte, die sich verdient gemacht hatten, konkurrierten mit den russischen Adligen. Einfache Leute, die die vierzehnte Stufe auf der militärischen Tabelle oder die achte auf der Tabelle des Zivil- oder Hofdienstes erreicht hatten, wurden in den erblichen Adelsstand erhoben, was sie dazu berechtigte, selbst Leibeigene zu besitzen und auf ihre Söhne das Recht zu vererben, auf der untersten Stufe der Rangtabelle in den Staatsdienst einzutreten. Diese Reform hatte Bestand, sie bildete trotz später vorgenommener geringfügiger Veränderungen und der unvermeidlichen Beeinträchtigungen durch einzelne Begünstigungen und Beförderungen infolge von Bestechungen die Grundlage der Klassenstruktur im russischen Kaiserreich bis zur Revolution des Jahres 1917.

Nach der Zahl der von Peter dem Großen herausgegebenen Erlasse zu urteilen, mußten die zahlreichen Verwaltungsreformen eigentlich dazu geführt haben, daß das russische Regierungssystem wie das Räderwerk einer Uhr funktionierte. Wenn es jedoch in Wirklichkeit nicht so funktionierte, war das nicht nur darauf zurückzuführen, daß das russische Volk zu langsam begriff oder daß es den Wandel ablehnte, sondern auch darauf, daß die Regierung damals auf allen Ebenen durch und durch korrupt war. Die Korruption schädigte nicht nur die Finanzlage des Staates, sondern auch seine Effizienz. Ihr war es zuzuschreiben, wenn die vom Ausland übernommenen Verwaltungssysteme nur sehr selten funktionierten. Im öffentlichen Leben waren Bestechung und Unterschlagung in Rußland von altersher gang und gäbe, und der öffentliche Dienst wurde zu einem Mittel privater Bereicherung. Russische Beamte erhielten im allgemeinen nur wenig oder gar keinen Lohn; es galt als selbstverständlich, daß sie ihren Lebensunterhalt mit Bestechungsgeldern bestritten. Auch zu Peters Zeiten war nur eine Handvoll Männer in der Regierung unbestechlich: Scheremetew, Repnin, Rumjanzew, Makarow, Ostermann und Jaguschinski. Die anderen waren zwar gegenüber Peter loyal, betrachteten jedoch den Staat als eine Kuh, die sie ziemlich hemmungslos melken konnten.

Die Folge davon war, daß die Mehrheit der Beamten weniger vom eigentlichen Sinn des Staatsdienstes als vom Streben nach persönlichem Vorteil motiviert wurde. Und so kennzeichneten überwiegend Habgier und Furcht den Charakter von Peters Beamtenschaft. Dabei gab es für die Staatsbediensteten die Chance, ungeheuer reich zu werden – der Reichtum Menschikows war ein Beispiel dafür. Es war aber auch durchaus möglich, daß sie als Gefolterte auf dem Schafott oder auf dem Rad endeten und für ihren auf fragwürdige Weise erworbenen Reichtum bezahlen mußten. Schließlich begriff der Zar, daß Gewalt keinen Wandel herbeiführen würde. »Ich kann gar nicht so schlecht mit meiner Drehbank umgehen«, sagte er einmal bedrückt, »aber ich kann Maulesel nicht mit einem Knüppel antreiben.«[22] Der Zar war entschlossen, alle Formen der Korruption zu unterdrücken, die den Staatsschatz in Mitleidenschaft zogen. 1713 wurden alle Bürger per Erlaß dazu aufgefordert, dem Zaren sofort jeden Fall von behördlicher Korruption zu melden, der ihnen bekannt wurde. Der Informant sollte mit dem Eigentum des Beschuldigten belohnt werden, wenn sich seine Anklage als berechtigt herausstellte. Nun schien es jedoch den meisten Leuten zu gefährlich zu sein, öffentlich eine Beschuldigung zu erheben, und es kam zu einer gewaltigen Flut anonymer Briefe, mit denen zudem oftmals nur eine private Rechnung beglichen werden sollte. Darauf gab Peter einen weiteren Erlaß heraus, in dem er die anonymen Briefe jener, die »unter einem Mantel der Tugend ihr Gift verspritzten«, scharf verurteilte. Er versprach tatsächlichen Informanten seinen Schutz und erklärte: »Jeder Untertan, der ein treuer Christ und ein ehrlicher Diener seines Herrschers und seines Vaterlandes ist, kann dem Zaren mündlich oder brieflich Anzeige erstatten, ohne irgendeinen Nachteil für sich befürchten zu müssen.«[23]

Schließlich traf ein anonymer Brief ein, in dem einige der höchsten Regierungsbeamten der Korruption in großem Umfang beschuldigt wurden. Der Verfasser wurde dazu überredet, sich zu melden, und es kam zu einer aufsehenerregenden gerichtlichen Untersuchung.

Im Laufe der Jahre hatte das Verfahren, nach dem alle Dörfer Proviant für die Armee zur Verfügung stellen und nach St. Petersburg und in andere Städte innerhalb der neu eroberten Territorien liefern mußten, große Transportprobleme verursacht. Um diesen Problemen abzuhelfen, boten sich Mittelsmänner an, die erforderlichen Transporte zu besorgen gegen das Recht, einen Teil des Proviants für sich behalten zu dürfen. Das verursachte aber unzählige Betrügereien. Zudem war eine ganze Anzahl von Persönlichkeiten der Regierung in das »Geschäft« verwickelt. Sie steckten mit den Transporteuren unter einer Decke und führten manchmal unter falschem Namen die Lieferungen selbst durch. Obwohl viele von diesem Skandal gewußt hatten, hatte sich zunächst niemand getraut, die Namen der betreffenden Adligen und hohen Beamten dem Zaren zu nennen. Zuletzt war aber der Ärger der betroffenen Bauern, die ihre knappen Vorräte hergeben mußten, damit sich andere daran bereichern konnten, so groß, daß ein Mann sich dazu entschloß, den Zaren zu informieren. Um sich selbst zu schützen, wollte er anonym bleiben, weswegen er unsignierte Briefe an Orten zurückließ, die Peter bekanntermaßen aufsuchte. Einer dieser Briefe gelangte so in die Hände des Zaren, der dem Verfasser nicht nur seinen Schutz, sondern auch eine große Belohnung anbot, wenn er sich meldete und beweisen konnte, was er behauptet hatte. Der Informant trat an die Öffentlichkeit und lieferte dem Zaren unanfechtbare Beweise dafür, daß dessen wichtigste Mitarbeiter in diese Affäre verwickelt waren.

Anfang 1715 begann dann eine große gerichtliche Untersuchung. In den Fall waren Fürst Menschikow, Admiral Apraxin, Fürst Matthäus Gagarin, Artilleriegeneral Bruce, der Vizegouverneur von St. Petersburg Korsakow, der erste Direktor der Admiralität Kikin, der erste Chef der Artillerie Sinawin, die Senatoren Opuchtin und Wolkonski sowie viele Zivilbeamte verwickelt. Die Untersuchung wurde sorgfältig durchgeführt und brachte viele Beweise zum Vorschein. Vor eine Kommission gestellt, verteidigten sich Apraxin und Bruce mit dem Argument, sie seien nur selten in St. Petersburg gewesen, hätten vielmehr die meiste Zeit zur See oder beim Heer verbracht und also nicht wissen können, was ihre Bediensteten hinter ihrem Rücken taten. Menschikow wurde außerdem der Veruntreuung von Geldern in Pommern beschuldigt, und man warf ihm weiter vor, er habe aus mehreren Regierungsverträgen einen ungesetzlichen Vorteil für sich persönlich gezogen, zudem über eine Million Rubel Regierungsgelder und sonstigen Regierungsbesitz vergeudet.

Da Menschikow so sehr verhaßt war und außerdem einer seiner erbittertsten Feinde, Fürst Jakob Dolgoruki, die Untersuchungskommission leitete, wurden die Beschuldigungen gegen ihn in so übertriebener und rachsüchtiger Form vorgetragen, daß es für Menschikow relativ leicht war, sie einzuschränken und sogar teilweise zu widerlegen. Aus seinen Ländereien bezog er ein sehr großes Einkommen. Häufig hatte er seine eigenen Einkünfte für Regierungszwecke ausgegeben, und ebenso häufig hatte er öffentliche Gelder für seine eigenen Bedürfnisse verwendet. Ein großer Teil der Unregelmäßigkeiten bestand darin, daß Gelder aus einem Bereich einem anderen zugeführt wurden, ohne daß man darüber Buch führte. Menschikow war beispielsweise seit der Gründung von St. Petersburg, das heißt seit über zehn Jahren, Gouverneur der Stadt. Während dieser ganzen Zeit hatte er keine Entlohnung erhalten, sondern vielmehr sogar wiederholt eigenes Geld für Regierungsangelegenheiten ausgegeben. Weil Peter große Paläste und aufwendige Empfänge nicht mochte, hatte Menschikow seinen großen Palast erbaut, um danach bei öffentlichen und diplomatischen Empfängen als Gastgeber zu fungieren, die jeweils riesige Summen kosteten. Diese Ausgaben wurden ihm oft nicht erstattet. Schließlich hatte er manchmal Geld aus seiner eigenen Tasche nehmen müssen, um in einer Notlage des Staates einzuspringen. Im Juli 1714 beispielsweise hatte Admiral Apraxin aus Finnland geschrieben, daß seine Soldaten am Verhungern seien. Da Peter abwesend war, verlangte Menschikow, daß der Senat von sich aus handelte, doch die Senatoren weigerten sich, irgendeine Verantwortung auf sich zu nehmen. Daraufhin besorgte Menschikow auf eigene Kosten Proviant im Wert von 200 000 Rubel, lud ihn auf Schiffe und schickte ihn Apraxin.

Es gab indessen auch Unregelmäßigkeiten, die nicht erklärt werden konnten. So fand man heraus, daß auf einem von ihm verwalteten öffentlichen Konto 144 788 Rubel und auf einem anderen 202 283 Rubel fehlten. Diese Summen wurden ihm schließlich als Geldstrafen auferlegt. Menschikow zahlte einen Teil dieser Strafen, zum Teil wurden sie ihm aber auch erlassen, nachdem er sich an den Zaren gewandt hatte.

Auch Apraxin und Bruce kamen mit – wenn auch schweren – Geldstrafen davon, da man ihre bisherigen Dienste für die Nation nicht unberücksichtigt lassen wollte. Andere an dem Skandal beteiligte Würdenträger wurden jedoch grausam bestraft. Die beiden überführten Senatoren Opuchtin und

Wolkonski, die auch das Ansehen des neu eingerichteten Senats befleckt hatten, wurden öffentlich mit der Knute gezüchtigt; ihre Zungen wurden zudem mit glühenden Eisen versengt, weil sie den geleisteten Eid gebrochen hatten. Auch Korsakow, der Vizegouverneur von St. Petersburg, wurde öffentlich ausgepeitscht. Drei weiteren Beschuldigten wurde nach dem Auspeitschen die Nase verstümmelt, dann kamen sie an den Galgen, während acht andere, die man geringerer Vergehen überführt hatte, sich auf den Boden legen mußten, wo sie von Soldaten mit Batogen geschlagen wurden. Als Peter den Soldaten befahl, aufzuhören, riefen sie:»Laß uns sie noch ein wenig länger schlagen, denn diese Diebe haben unser Brot gestohlen!«[24] Manch einer wurde auch nach Sibirien verbannt. Kikin, der ein Vertrauter Peters gewesen war, wurde ins Exil verbannt und zur Konfiszierung seines Eigentums verurteilt; als sich Katharina aber für ihn einsetzte, gab man ihm sowohl sein Amt als auch sein Eigentum zurück. Vier Jahre später stand Kikin noch einmal vor Gericht, diesmal wegen seiner Rolle bei der vermuteten Verschwörung des Zarewitschs Alexei, und diesmal verlor er seinen Kopf.

Anonyme Briefe und öffentliche Denunziationen konnten nur als ein recht unvollkommenes Mittel zur Ausrottung der Korruption angesehen werden, und so berief Peter im März 1711 offizielle Ankläger, die er »Fiskale« nannte. Die Fiskale sollten unter der Leitung eines Oberfiskals arbeiten, dessen Aufgabe darin bestand, alle Übeltäter zu überführen und sie, gleich welchen Ranges, dem Senat zu melden. Diese Art systematischer und offizieller Anklage war neu für Rußland. Das russische Gesetz hatte zwar zuvor erlaubt, daß jemand auf der Grundlage einer privaten Anschuldigung festgenommen und vor Gericht gestellt wurde, aber eine solche Anschuldigung war eine zweischneidige Waffe. Der Kläger mußte persönlich vor Gericht erscheinen und seine Vorwürfe beweisen, und wenn sich diese als falsch herausstellten, wurde er anstelle des Angeklagten gefoltert oder bestraft. Jetzt waren die Fiskale ständige Vertreter des Gesetzes. Natürlich häuften sich jetzt die Anklagen, und bald waren die fünfhundert eingesetzten Fiskale die meistgehaßten Männer in ganz Rußland. Sogar die Angehörigen des Senats, des offiziellen Auftraggebers dieser Behörde, fürchteten sich vor diesen eifrigen Ermittlern. Im April 1712 beklagten sich drei höhere Fiskale bei Peter darüber, daß Senatoren absichtlich die ihnen vorgelegten Berichte ignorierten und daß die Senatoren Jakob Dolgoruki und Gregor Plemjannikow sie sogar als »Antichristen« und »Schurken« bezeichnet hätten. Im gleichen Jahr wetterte der Metropolit Stefan Jaworski in einer Predigt gegen die Fiskale. Der Zar ließ sich jedoch nicht von seinem System abbringen, und die Fiskale setzten ihre verhaßte Arbeit fort.
Der tüchtigste unter ihnen war Alexei Nesterow, der schließlich Oberfiskal wurde. Er brachte sogar seinen eigenen Sohn vor Gericht. Nesterows berühmtestes Opfer wurde Matthäus Gagarin, seit 1708 Gouverneur von Sibirien. Da seine Provinz hinter dem Ural so weit von der Hauptstadt entfernt

lag, herrschte er fast wie ein Monarch. Zu seinen Aufgaben gehörte die Überwachung des Chinahandels, der über die Stadt Nertschinsk lief und Regierungsmonopol war. Nesterows Ermittler deckten auf, daß Gagarin die Regierung um Einkünfte betrog, indem er Privatleuten illegalen Handel erlaubte und selbst illegalen Handel betrieb. Auf diese Weise hatte er ein riesiges Vermögen angehäuft. Sein Tisch wurde jeden Tag für Dutzende von Gästen gedeckt, und neben seinem Bett hing eine Ikone der Heiligen Jungfrau, die mit Edelsteinen im Wert von 130000 Rubeln geschmückt war. Der Bericht über ihn fiel allerdings nicht nur negativ aus; im Gegenteil, Gagarin hatte zur Entwicklung Sibiriens wesentlich beigetragen, indem er Industrie und Handel förderte und die Mineralvorkommen erschließen ließ. Darüber hinaus war er in seinem Gouvernement wegen seiner milden Herrschaft äußerst beliebt. Als man ihn festnahm, richteten siebentausend schwedische Kriegsgefangene, die in Sibirien arbeiteten, ein Gnadengesuch an den Zaren.

1714 wurde Nesterows erster Bericht über Gagarins Betrug dem Zaren vorgelegt, der sich jedoch immer noch weigerte, den Fall zu verfolgen. 1717 verfügte Nesterow dann über ein stärker belastendes Dossier, und Peter ernannte zusätzlich eine Untersuchungskommission aus Gardeoffizieren. Gagarin wurde verhaftet und bekannte sich zu den Unregelmäßigkeiten und Gesetzeswidrigkeiten; er bat nur um Gnade sowie um die Erlaubnis, sein weiteres Leben zur Strafe in einem Kloster beenden zu dürfen. Der Zar war erbost darüber, daß man seine wiederholten Ermahnungen zur Ehrlichkeit mißachtet hatte und beschloß, ein Exempel zu statuieren. Gagarin wurde verurteilt und im September 1718 in St. Petersburg öffentlich gehängt.

Nesterow übte seine Macht fast zehn Jahre lang aus. Doch dann wurde der Oberfiskal selbst dabei ertappt, daß er – wenngleich in belanglosem Maße – Geschenke entgegennahm, was die Aufmerksamkeit seiner zahlreichen Feinde erregte. Man stellte nun auch ihn vor Gericht, das ihn dazu verurteilte, aufs Rad gebunden zu werden. Das Urteil wurde auf dem Platz gegenüber Trezzinis neuem Kollegiengebäude auf der Wassilewski-Insel vollstreckt. Nesterow war schon ein alter weißhaariger Mann. Der Zar sah zufällig zu einem Fenster des Kollegiengebäudes hinaus; er erkannte Nesterow, bekam Mitleid mit ihm und ließ ihn enthaupten, um ihm die Qualen zu verkürzen.

Der schlimmste Übeltäter, den sogar Nesterow nie gewagt hatte anzuklagen, war Menschikow. Immer wieder nutzte der Fürst die Nachsicht des Zaren aus. Er wußte, daß Peter ihn brauchte, denn er war sein Vertrauter, der Vermittler seiner Gedanken und Vollstrecker seiner Entscheidungen, sein engster Trinkkumpan, der Haushofmeister seines Sohnes, Kommandeur seiner Kavallerie; kurzum, er war seine rechte Hand. In der Öffentlichkeit achtete Menschikow genau darauf, den Zaren mit geradezu übertriebenem Respekt zu behandeln. Hinter dem Rücken des Zaren zeigte Menschikow allerdings ein anderes Gesicht. Untergebenen gegenüber kehrte er den Herrscher heraus, und Rivalen gegenüber war er geradezu unverschämt. Er hatte einen grenzenlosen Ehrgeiz, seine Manieren waren grob, er war ein unversöhnlicher Feind und wurde bitter gehaßt und von vielen gefürchtet.

Im Laufe von Peters Herrschaft nahm seine Macht ständig zu, und nach der Schlacht von Poltawa kannte sie kaum mehr Grenzen. Menschikow war Generalgouverneur von St. Petersburg, Erster Senator, Ritter des St.-Andreas-Ordens, Fürst des Heiligen Römischen Reiches; außerdem hatten ihm die Könige von Polen, Dänemark und Preußen weitere Titel und Orden verliehen. Gewöhnlich sagte man von ihm, er könne durch das ganze russische Reich, von Riga an der Ostsee bis nach Dernemt am Kaspischen Meer, reisen und dabei immer auf einem seiner Güter übernachten. Sein Palast an der Newa beherbergte einen glitzernden Hof mit Edelleuten, Kammerdienern und Pagen sowie mit Pariser Köchen, die Diners mit zweihundert Gerichten zubereiteten, um sie danach auf goldenen Tellern zu servieren. Wenn er in seiner fächerförmigen Kutsche, die an der Tür sein Wappen in Gold und auf dem Dach eine goldene Krone trug und von sechs mit rotgoldenen Schabrakken behängten Pferden gezogen wurde, durch die Straßen fuhr, begleiteten ihn stets livrierte Diener, Musikanten und eine Dragonereskorte, die ihm den Weg durch die Menge bahnte. Obwohl Peter ihn aus Zuneigung und Dankbarkeit mit enormen Reichtümern beschenkt hatte, war Menschikow unersättlich. Wenn ihm nicht genug Bestechungsgelder und Geschenke zuflossen, nahm er sich selbst hemmungslos, was er haben wollte. Trotz der hohen Geldstrafen, die ihm auferlegt wurden, blieb er ein reicher Mann, und nach jeweils kurzen Perioden der Ungnade genoß er immer wieder die Gunst des Zaren.

Oft genug übersah der Zar mit Absicht Menschikows Verfehlungen. Dem Senat lagen einmal Beweise dafür vor, daß sich der Fürst bei der Anschaffung von Proviant und Bekleidung für das Heer »beträchtliche Eigennützigkeiten und Geldschneidereien« hatte zuschulden kommen lassen. Man forderte eine Erklärung vom Fürsten, der sich jedoch weigerte, Rede und Antwort zu stehen. Die Senatoren stellten nun eine Liste mit den Hauptvergehen Menschikows zusammen und legten sie auf den Sitzungstisch vor den Platz des Zaren. Als Peter hereinkam, nahm er das Papier, überflog es schnell und legte es wieder auf den Tisch zurück, ohne ein Wort darüber zu verlieren. Schließlich wagte Tolstoi ihn zu fragen, was er vom Schriftstück hielt. »Nichts«, antwortete Peter, »als daß Menschikow wohl Menschikow bleiben wird.«[25]

Trotzdem hatte Peters Nachsicht ihre Grenzen. Nachdem er einmal vorübergehend Menschikows Güter in der Ukraine konfisziert und ihn zu einer Geldstrafe von 200 000 Rubel verurteilt hatte, schlug Menschikow damit zurück, daß er alle Brokat- und Seidenvorhänge und alle eleganten Möbel aus seinem Palast an der Newa entfernte. Als Peter ein paar Tage später zu Besuch kam, war er überrascht, das Haus fast leer vorzufinden. »Was bedeutet das?« fragte er. »Ach, Eure Majestät, ich war gezwungen, alles zu verkaufen, um mit dem Schatzamt ins reine zu kommen«, antwortete Menschikow. Peter sah ihn eine Minute lang schweigend an. »Ich weiß, was los ist!« brüllte er. »Keine solchen Spiele mit mir. Wenn ich in vierundzwanzig Stunden in dein Haus zurückkomme und es ist nicht so eingerichtet, wie es einem Durchlauchten Fürsten und Gouverneur von St. Petersburg angemessen ist, wird die Strafe verdoppelt!«[26]

Als Peter zurückkam, war der Palast noch prächtiger eingerichtet als vorher.

1711 erging Peters erste Warnung an Menschikow, nachdem der Fürst beschuldigt worden war, Polen ausgeplündert zu haben, als er in diesem Land den Oberbefehl über die russische Armee hatte. (Menschikow entschuldigte sich mit dem Argument, er habe doch nur Polen etwas weggenommen.) »Bessere dich, oder du wirst deinen Kopf einbüßen«, drohte ihm der Zar, und Menschikow gehorchte eine Zeitlang. 1715 beschuldigte man ihn erneut, und wieder kam er nur mit einer Geldstrafe davon. Nach dem Verfahren von 1715 besuchte Peter zwar weiterhin Menschikow und schrieb ihm sogar herzliche Briefe, aber er vertraute ihm nie wieder voll. In seinen Briefen vermied Menschikow jetzt die vertraulichen Anredeformen und wandte einen offizielleren und respektvolleren Ton an. Er genoß aber weiterhin die Fürsprache Katharinas. Der Zar gab zwar oft dem Flehen seiner Frau nach, warnte sie jedoch für die Zukunft: »Menschikow ist in Gottlosigkeit empfangen, in Sünden hat ihn seine Mutter geboren und in Spitzbuberei wird er sein Leben beschließen, und wenn er sich nicht bessert, wird er um einen Kopf kürzer gemacht werden.«[27]

Menschikow befand sich aber bald wieder in Schwierigkeiten. Schon Anfang Januar 1719 wurden neue Beschuldigungen gegen ihn erhoben. Zusammen mit Admiral Apraxin und Senator Jakob Dolgoruki wurde er vor ein Militärgericht gestellt und der Mißwirtschaft in Ingermanland sowie der Unterschlagung von 21000 Rubel beschuldigt, die für den Erwerb von Kavalleriepferden bestimmt waren. Menschikow gab zu, das Geld an sich genommen zu haben, brachte jedoch als Entschuldigung vor, daß ihm die Regierung noch 29000 Rubel schulde, die er bisher nicht hätte zurückbekommen können. Er habe deshalb dieses Geld, als es sich in seinen Händen befand, als teilweise Rückzahlung betrachtet. Der Gerichtshof erkannte dies als mildernden Umstand an, beschuldigte ihn aber immer noch wegen der Verletzung von Kriegsgesetzen. Sowohl Apraxin als auch er wurden dazu verurteilt, auf all ihre Güter und Ehrentitel zu verzichten, ihre Degen abzugeben und sich zudem nicht aus ihren Häusern zu entfernen, bis das Urteil rechtskräftig sei. Der Zar bestätigte zunächst das Urteil, hob es aber zu jedermanns Überraschung einen Tag später wieder auf in Anerkennung der früheren Verdienste der beiden Missetäter. Beide Männer wurden wieder in ihre vollen Ämter und Würden eingesetzt; sie mußten lediglich große Geldbußen zahlen. Peter konnte es sich nicht leisten, sie zu verlieren.

Diesmal sah es jedoch so aus, als sei Menschikow gezähmt. Der preußische

Gesandte schrieb kurz danach: »Der gute Fürst Menschikow ist ordentlich gerupft worden. Der Zar fragte ihn, wie viele Bauern er in Ingermanland besäße. Er gab an, es seien siebentausend, worauf Seine Majestät, die gut informiert war, erwiderte, diese siebentausend dürfe er behalten, er müsse aber alle, die über diese Zahl hinausgingen, abgeben – mit anderen Worten, achttausend weitere Bauern. Aus Angst und Unsicherheit vor dem, was ihm nun noch bevorstehen würde, wurde Menschikow krank und magerte ab. Schließlich wurde sein Kopf aber noch einmal gerettet; er wurde begnadigt, bis ihn der Satan wieder in Versuchung bringen wird.«[28]

Der Fürst fuhr tatsächlich fort, seinen Herrn zu täuschen, gemäß Peters Vorhersage, »daß Menschikow wohl Menschikow bleiben wird«. 1723 wurde er noch einmal angeklagt und vor eine Untersuchungskommission gestellt. Er hatte seinerzeit Masepas Güter bei Baturin erhalten und wurde jetzt beschuldigt, die Existenz von über 30000 Leibeigenen auf diesen Gütern verheimlicht zu haben. Menschikow verließ sich noch einmal auf die Fürsprache der Zarin und überreichte Katharina bei ihrer Krönung eine Petition, in der er die Schuld Masepa zuschob. Er erklärte, die Leibeigenen seien nicht registriert gewesen, als er die Güter übernommen hätte; und wiederum kam er glimpflich davon.

Überall herrschten Bestechung, Unterschlagung und Erpressung, und der Zar stellte fest, daß das Geld der Staatskasse »jedermann aus dem Ärmel rann«. Nachdem er erneut einen Senatsbericht über weitere Korruptionsfälle erhalten hatte, rief er Jaguschinski wütend zu sich und gab Anweisung, sofort jeden Beamten hinrichten zu lassen, der den Staat schädigte, und sei es auch nur um den Gegenwert für ein Stück Seil, wie man es zum Hängen brauche. Der Generalprokurator hatte die Feder bereits ergriffen, um Peters Befehl niederzuschreiben, hielt aber noch einmal inne und fragte: »Aber Peter Alexejewitsch, bedenke doch die Folgen solcher Erlasse.« »Schreib«, erwiderte der Zar wütend, »und so wie ich es gesagt habe!« Doch Jaguschinski unterbrach seinen Herrn noch einmal: »Aber gnädigster Herr, wollen Sie denn Kaiser ohne Bedienstete und Untertanen bleiben? Wir stehlen alle, nur einer mehr und merklicher als der andere.«[29] Peter mußte lachen, schüttelte resigniert seinen Kopf und ließ dann alles beim alten.

Trotzdem vertrat er seinen Standpunkt bis zu seinem Tode. Hie und da, wie bei Gagarin, statuierte er an einem berühmten Missetäter ein Exempel, in der Hoffnung, die kleineren damit abzuschrecken. Als Nesterow einmal fragte: »Soll man nur die Äste abhauen oder die Axt auch an die Wurzel legen?«, antwortete Peter: »Hau alles herunter bis aufs letzte.«[30] Es war eine hoffnungslose Aufgabe; Peter konnte die Ehrlichkeit nicht erzwingen. In diesem Sinn hatte Iwan Possoschkow, ein zeitgenössischer Bewunderer des Zaren, recht, als er schrieb: »Da gibt sich nun der mächtige Monarch die größte Mühe und erreicht doch nichts; er hat wenig Gehilfen; mit zehn Mann zieht er die Last bergauf, aber Millionen stemmen sich entgegen: wie könnte da sein Werk fortschreiten!«[31]

2 Gelenkte Wirtschaft

Vor der Regierungszeit Peters des Großen gab es in Rußland kaum Industrie. In den Städten gab es lediglich kleine Fabriken und Werkstätten für die Haushaltsgeräte und Werkzeuge, die vom Zaren, den Bojaren und den Kaufleuten benötigt wurden. Auf den Dörfern fertigten die Bauern alles, was sie brauchten, selbst an.

Nach seiner Rückkehr aus dem Westen im Jahr 1698 beschloß Peter, diese Gegebenheiten zu ändern, und in seinem ganzen weiteren Leben bemühte er sich mit allen Kräften darum, die Wirtschaft in Rußland anzukurbeln. Als das Land noch in den großen Krieg verwickelt war, gründete Peter Geschütz-gießereien, Pulvermühlen, Manufakturen für Musketen, Ledersättel und Pferdegeschirr, Webereien, in denen das Wolltuch für die Uniformen und die Segel für die Flotte gewebt wurden. 1705 arbeiteten die staatlichen Textilfabriken in Moskau und Woronesch so gut, daß der Zar Menschikow schreiben konnte: »Sie produzieren Tuch, und Gott verhilft uns zu ausgezeichneten Resultaten, so daß ich mir einen Kaftan daraus machen ließ.«[1]

Nach der Schlacht von Poltawa rückten andere Dinge in den Vordergrund. Da der Kriegsbedarf geringer geworden war, interessierte sich Peter nun zunehmend für Manufakturen, um die Abhängigkeit des Landes von ausländischen Importen zu reduzieren. Er wußte, daß große Geldsummen aus dem Land flossen, mit denen die Einfuhr von Seide, Samt, Borten, Porzellan und Kristall bezahlt wurde; darum ließ er Werkstätten für die Herstellung dieser Produkte in Rußland errichten. Um diese junge Industrie zu schützen, belegte er ausländische Seide und Stoffe fortan mit hohen Einfuhrzöllen, so daß sich deren Preis für die russischen Käufer oft verdoppelte. Im wesentlichen glich seine Politik derjenigen der übrigen europäischen Staaten seiner Zeit, der des sogenannten Merkantilismus. Er versuchte den Export zu steigern, um mehr ausländische Währung ins Land zu bekommen, und die Einfuhren zu senken, um dem Abfluß des inländischen Vermögens ins Ausland Einhalt zu gebieten.

Peters Politik der Industrialisierung Rußlands hatte noch einen zweiten wichtigen Zweck. Seine Steuereinnehmer holten bereits alles, was möglich war, aus dem Volk heraus, um den Krieg zu finanzieren. Die einzige langfristige Möglichkeit, an noch mehr Steuergelder zu kommen, lag in einer kräftigen Steigerung des Volksvermögens, wodurch gleichzeitig die Steuerkraft der Bevölkerung erhöht werden würde. Um diesem Ziel näherzukommen, nutzte der Zar seinerzeit jede Gelegenheit, die der Entwicklung der nationalen Wirtschaft dienlich sein konnte. Dabei sah er es als seine persönliche Aufgabe an, die Produktivität seines Landes zu fördern, während er gleichzeitig begriff, daß privater Unternehmergeist und private Initiative die wahren Quellen nationalen Wohlstands sind. Es war deshalb sein Ziel, eine Schicht russischer Unternehmer heranzubilden, die ihm bei seiner Aufgabe helfen sollten. Die Verwirklichung dieser Bemühungen wurden ihm allerdings nicht leichtgemacht. Russische Adlige sahen traditionsgemäß mit Verachtung auf jede Art von Tätigkeit im Handel und in der Industrie und waren meist entschlossen, ihr Geld nicht in Handelsunternehmen zu investieren. Peter mußte daher versuchen, sie durch Überzeugung und Gewalt für seine Pläne zu gewinnen. Er predigte die Bedeutung und die Notwendigkeit des Handels und machte aus Handel und Handwerk ehrbare Berufe – gleichrangig neben dem Dienst in der Armee, in der Marine oder in der Zivilverwaltung. Über das Kollegium für Bergbau und Manufaktur stellte die Regierung interessierten Unternehmern Gründungskapital in Form von Darlehen und Subventionen zur Verfügung. Sie garantierte Monopole, gewährte Steuervergünstigungen und baute gelegentlich auf Staatskosten Fabriken, die sie an private Unternehmer und Gesellschaften vermietete. 1712 wurde eine ganze Anzahl von Tuchfabriken errichtet, die von privaten Kaufleuten geführt werden sollten. »Und wenn sie es nicht wollen«, lautete der Befehl, »dann eben gegen ihren Willen; für die Fabrik ist aber das Geld mit Milde einzufordern, damit es ihnen angenehm sei, in dieser Sache ihr Gewerbe zu betreiben.«[2]

Nicht alle neuen Unternehmen florierten. Eine Seidengesellschaft, die Menschikow, Schafirow und Peter Tolstoi gegründet hatten, erhielt zwar großzügige Privilegien und Subventionen, brachte es aber dennoch fertig, bankrottzugehen. Zuvor hatte sich Menschikow mit seinen Partnern zerstritten und aus dem Geschäft zurückgezogen, er war durch Admiral Apraxin ersetzt worden. Nachdem die Gesellschaft ihr ganzes Anfangskapital aufgebraucht hatte, wurde sie schließlich für 20 000 Rubel an private Kaufleute verkauft. Menschikow hatte mehr Glück mit einer anderen Gesellschaft, die für den Fang von Walrossen und Kabeljau im Weißen Meer gegründet worden war.

Die erfolgreichste Partnerschaft zwischen dem Staat und privaten Unternehmern ergab sich auf dem Gebiete des Bergbaus und der Eisenindustrie. Bei Peters Thronbesteigung besaß Rußland nur zwanzig kleine staatliche und private Gießereien rund um Moskau, in Tula sowie in Olonez am Onegasee. Peter verkündete: »Unser russischer Staat verfügt über mehr Reichtümer als viele andere Länder und ist mit Metallen und Mineralien geradezu gesegnet«[3], und er begann schon früh, diese nationalen Ressourcen zu verwerten. Nach Beginn des Krieges wurden die Eisenwerke in Tula, die der Vater von Andreas Winius gegründet hatte und zum Teil der Krone und zum Teil dem Schmied Nikita Demidow gehörten, in großem Umfang erweitert, so daß sie die gesamte Armee mit Gewehren und Geschützen beliefern konnten. Tula wurde zu einem riesigen Arsenal. Nach der Schlacht von Poltawa schickte Peter Schürfer in den Ural, die nach weiteren Erzlagern suchen sollten, und 1718 gründete er das Kollegium für Bergbau und Manufaktur, das die Verpachtung und Entwicklung der neuen Erzlager zu leiten und zu überwachen hatte. Im September 1719 gab es einen Erlaß, der jedem Landbesitzer, der

Minerallager auf seinen Ländereien verheimlichte oder Probeschürfungen durch andere behinderte, die Bestrafung mit der Knute androhte. Es hatte sich nämlich herausgestellt, daß das Uralgebiet, vor allem die Gegend von Perm, außerordentlich reich an hochwertigem Eisenerz war. Um diese ertragreichen Vorkommen nutzen zu können, wandte sich Peter noch einmal an Nikita Demidow; gegen Ende seiner Herrschaft war im Ural bereits ein riesiger Bergwerk- und Industriekomplex aus einundzwanzig Eisen- und Kupferhütten entstanden, deren Mittelpunkt die Stadt Jekatarinburg (heute Swerdlowsk) bildete, so genannt nach Peters Frau Katharina. Neun dieser Werke gehörten dem Staat, zwölf Privatunternehmern – Demidow besaß allein fünf davon. Die Produktion dieser Werke nahm ständig zu, und schließlich kamen mehr als vierzig Prozent des russischen Eisens aus dem Ural. Noch während Peters Lebzeiten produzierte Rußland soviel Roheisen wie England, und unter der Herrschaft Katharinas der Großen löste Rußland Schweden als größten Eisenproduzenten in Europa ab. Die florierenden Bergwerke und Gießereien machten Rußland stark (16000 Geschütze standen zum Zeitpunkt von Peters Tod in den russischen Arsenalen) und Demidow ungeheuer reich. Nach der Geburt des Zarewitschs Peter Petrowitsch schenkte Demidow dem Kind 100000 Rubel – als »Taufgeld«. 1720 erhob der Zar Demidow zum Grafen.

Damit der Handel besser florierte, benötigte Rußland mehr umlaufendes Geld. Nach Peters Rückkehr von seiner ersten Reise in den Westen waren zwar neue Münzen geprägt worden, trotzdem blieben diese so rar, daß die Kaufleute in St. Petersburg, Moskau und Archangelsk fünfzehn Prozent Zinsen erhielten, wenn sie ihre Waren auf Kredit verkauften. Ein Grund für diese Geldknappheit lag in der tiefverwurzelten Gewohnheit aller Russen, vom Leibeigenen bis zum Adligen, jedes Geld, das sie in die Hände bekamen, so schnell wie möglich zu verstecken. Ein ausländischer Zeitgenosse berichtete: »Wenn ein Bauer einmal eine kleine Summe bekommt, versteckt er sie sogleich unter einem Misthaufen, wo das Geld dann ohne Nutzen für ihn und die Nation liegenbleibt. Der Adel, der nicht gern durch das Herzeigen seines Reichtums auffallen und sich bei Hof unbeliebt machen möchte, verschließt es gewöhnlich in Kisten und Kasten, wo es vermodert; und wer ganz gerissen ist, schickt es zu einer Bank nach London, Venedig oder Amsterdam. Da folglich alles Geld von Adligen wie von Bauern versteckt wird, kann es nicht zirkulieren, und das Land zieht keinen Nutzen aus ihm.« Zu Beginn des Krieges hieß es in einem vom Zaren herausgegebenen Erlaß: »Wenn jemand Geld vergräbt und von einem anderen denunziert wird, der das Geld zu heben weiß, so erhält der Angeber den dritten Teil dieses Geldes, und der Rest fällt dem Herrscher zu.«[4]

Eine weitere Ursache für die Geldknappheit lag in der Tatsache, daß es nicht genügend wertvolles Metall gab, um daraus Münzen prägen zu können. Gold- und Silberschmiede, die nach Rußland gekommen waren, kehrten oft aus diesem Grund vorzeitig wieder nach Hause zurück, und die neugeprägten Rubel waren aus besagtem Grund sowohl im Hinblick auf ihre Legierung als auch im Hinblick auf ihr geringes Gewicht mangelhaft. Peter kannte dieses Problem, und er machte sich deshalb Sorgen; da jedoch die Bergwerke nicht genug Silber förderten, war er gezwungen, eine fortlaufende Verschlechterung des Metallwerts des Geldes hinzunehmen. Um die Wirtschaft seines Landes zu schützen, verbot er 1714 den Export von Silber. 1718 wurden Kaufleute, die Rußland verlassen wollten, jeweils an der Grenze gründlich durchsucht, und alle Gold-, Silber- oder Kupfermünzen, die man bei ihnen fand, wurden konfisziert. Beim geringsten Verdacht eines Schmuggels pflegten die Zöllner Kutschen oder Schlitten reisender Kaufleute genauestens zu untersuchen; 1723 wurde diese Vorschrift noch dadurch verschärft, daß man jedem die Todesstrafe androhte, den man bei der Ausfuhr von Silber ertappte. Auf der anderen Seite wurde die Einfuhr von Gold und Silber nachdrücklich gefördert; auf diese Metalle gab es keinen Zoll. Wenn die Russen ihre Güter ins Ausland verkauften, durften sie kein russisches Geld in Zahlung nehmen, sie mußten sich stets ausländische Währung geben lassen.

Die im allgemeinen konservativ eingestellten Russen sträubten sich gegen alle Neuerungen, so daß Peter einmal gegenüber seinen Ministern äußerte: »Ihr wißt selbst, daß unser Volk alles Neue, auch wenn es gut und notwendig ist, nicht übernehmen will, es sei denn, man zwingt es dazu.«[5] Er entschuldigte sich auch niemals dafür, notfalls Gewalt anzuwenden. In einem Erlaß von 1723 erklärte er vielmehr: »Die Menschen in unserem Land sind wie Kinder, die nie damit anfangen wollen, das Alphabet zu erlernen, bis sie dazu vom Lehrer gezwungen werden. Es kommt ihnen am Anfang sehr hart vor, aber wenn sie es gelernt haben, sind sie dankbar. Dasselbe passiert bei der industriellen Produktion. Wir dürfen uns nicht damit zufriedengeben, nur etwas vorzuschlagen, wir müssen vielmehr auch entsprechend handeln und sogar Zwang ausüben.«[6]

Peters Methoden zur Ankurbelung des Handels waren strikt empirisch. Er versuchte dieses oder jenes, ordnete an und hob die Anordnung wieder auf. Seine ständigen Richtungswechsel, seine minuziösen Vorschriften ließen keinen Raum für eine Anpassung an örtliche Besonderheiten, sie verwirrten die russischen Kaufleute und Fabrikanten vielmehr in hohem Maße und setzten ihrer Initiative enge Schranken. Ostermann, der holländische Gesandte, der sich um die Unterschrift der Russen für einen neuen Handelsvertrag bemühte und enttäuscht war über die wiederholten Verzögerungen, sagte dem Zaren: »Unter uns will ich Ihnen die Wahrheit sagen: Wir haben nicht einen einzigen Mann, der sich in Handelsdingen auskennt.«[7] Als man 1717 einmal eine große Menge Eichenstämme aus Zentralrußland zum Ladogasee gebracht hatte, die eigentlich für den Bau der Ostseeflotte bestimmt waren, ließ man sie so lange am Ufer liegen, bis sie dort allmählich im Schlamm versanken – nur weil sich Peter in Deutschland und in Frankreich aufhielt und keine genauen Anweisungen für ihre Verwendung hinterlassen hatte.

Um die Lücke zwischen dem geradezu neuerungssüchtigen Zaren und seinen verständnislosen und unwilligen Untertanen zu schließen, gab es die Ausländer. Der Zar hatte bereits während seines ersten Besuches in Amsterdam und London mehr als tausend Ausländer angeheuert, und auch später hatten alle russischen Gesandten und Agenten an ausländischen Höfen den Auftrag, Handwerker und Techniker ausfindig zu machen und sie dazu zu überreden, in russische Dienste zu treten.

Ausländische Handwerker, ausländische Ideen und ausländische Maschinen und Materialien wurden in Rußland in allen Bereichen industrieller, kommerzieller und landwirtschaftlicher Aktivität eingesetzt. Weinstöcke, die aus Frankreich eingeführt worden waren, wurden in der Nähe von Astrachan gepflanzt; und der schließlich hier produzierte Wein war einem holländischen Reisenden zufolge »rot und ziemlich angenehm im Geschmack«[8]. Zwanzig Schafhirten aus Schlesien wurden nach Kasan geschickt, wo sie die Russen lehren sollten, die Schafe zu scheren und Wolle zu spinnen; man wollte nicht mehr englische Wolle kaufen, um die Armee einzukleiden. Peter sah, daß es in Preußen und Schlesien bessere Pferde gab als in Rußland, und so ließ er Gestüte einrichten und Hengste und Stuten einführen. Er beobachtete, daß die Bauern in Westeuropa das Korn mit langstieligen Sensen statt – wie die Russen – mit kurzen Sicheln ernteten, und gab Anweisung, daß von nun an auch sein Volk die Sense gebrauchen sollte. Bei St. Petersburg entstand eine Fabrik, die russischen Flachs in Leinen verarbeitete, der so gut war wie Leinen aus Holland. Der Flachs wurde in einer Werkstatt gesponnen, in der eine alte Holländerin acht russische Frauen im Gebrauch der Spinnmaschinen unterwies, die in Rußland seinerzeit noch kaum bekannt waren. Nicht weit davon entfernt lag eine Papiermühle, die von einem Deutschen betrieben wurde. Überall im Land zeigten Ausländer den Russen, wie man Glashütten, Brennöfen, Pulvermühlen, Salpeterwerke, Eisenhütten und Papiermühlen errichtete. Die ausländischen Fachleute genossen in Rußland zahlreiche Privilegien, wie zum Beispiel freies Wohnen und Steuerfreiheit für zehn Jahre. Wenn auch von lauter argwöhnischen und fremdenfeindlichen Russen umgeben, lebten sie jedenfalls unter dem persönlichen Schutz des Zaren, und Peter warnte seine Untertanen immer wieder davor, die Ausländer anzugreifen. Auch wenn ein Arbeiter aus dem Ausland sich etwas hatte zuschulden kommen lassen, behandelte Peter ihn meistens mit Nachsicht; gegebenenfalls schickte er ihn mit einem bestimmten Geldbetrag vorzeitig nach Hause zurück.

Mit der Anwerbung von Ausländern verfolgte Peter einen einzigen und klar umrissenen Zweck: Diese Spezialisten sollten ihm helfen, ein modernes Rußland zu schaffen. Und so lud er die Ausländer nach Rußland ein und gewährte ihnen die Privilegien unter einer einzigen Bedingung, die sich in jedem Vertrag wiederfand: Sie sollten »das russische Volk in geeigneter Form unterweisen und ihm nichts verheimlichen«. Gelegentlich versuchten ausländische Experten dennoch, die Geheimnisse ihres Gewerbes für sich zu behalten. So zerstörten einmal englische Tabakhersteller, die aus Rußland abreisten, ihre Werkstatt, um zu verhindern, daß die technische Einrichtung den Russen in die Hände fiel. Charles Withworth, der englische Gesandte in Rußland, billigte diesen Gewaltakt damals nicht nur, sondern er war sogar persönlich daran beteiligt:

»Das große Geheimnis, das die Moskowiter in Erfahrung bringen wollten, war die Flüssigkeit zur Aufbereitung und Färbung des Tabaks. Die russischen Arbeiter waren entlassen worden, und am selben Abend noch ging ich mit Mr. Parsons, meinem Sekretär, und vier meiner Bediensteten in die Tabakfabrik. Wir verbrachten den größten Teil der Nacht damit, verschiedene Instrumente und Materialien zu zerstören, wobei einige Geräte so stabil waren, daß wir großen Lärm machen mußten, als wir sie in Stücke schlugen. Da gab es Fässer, die noch zu einem Viertel mit jener Flüssigkeit gefüllt waren und die ich auslaufen ließ ... Ich zerstörte dann noch drei Maschinen, die zum Schneiden des Tabaks bestimmt waren, und ließ zwei weitere beiseite schaffen; einige Preßmaschinen, mit denen der Tabak verpackt wird, wurden zerlegt, ihre Schrauben gelöst, die hölzernen Teile zerbrochen, Kupferteile weggeschafft und über zwanzig kleine Siebe in Stücke geschnitten ... Am nächsten Tag kehrten meine Diener zurück und verbrannten alles, was Holz war.«[9]

Bei einer anderen Gelegenheit überlistete ein Russe jedoch einen geheimnistuerischen Ausländer. Peter hatte in der Nähe von St. Petersburg eine Werkstatt bauen lassen, in der Borten und Bänder hergestellt werden sollten, und junge russische Arbeiter eingestellt. Der Meister der Werkstatt war ein Ausländer. Nach Ablauf eines Jahres stellte Peter fest, daß einer der jungen Männer, der geschickteste unter ihnen, jede Art Band herstellen konnte, sobald das Material auf den Webstuhl gespannt worden war, daß jedoch weder er noch seine Gefährten ohne den Meister arbeiten konnten, weil dieser immer selbst die Webstühle bespannte und verboten hatte, daß ihm jemand bei dieser Verrichtung zusah. Peter trug dem jungen Mann auf, das Geheimnis des Meisters auszukundschaften, und versprach ihm eine Belohnung. Daraufhin bohrte dieser ein kleines Loch in die Decke der Werkstatt und legte sich auf den Bauch, um dem Meister zusehen zu können, wenn er die Webstühle bespannte. Als er die Technik des Einspannens begriffen hatte, meldete er sich beim Zaren, der in seinem Palast einen Webstuhl aufgestellt hatte. Als Peter sich überzeugt hatte, daß der Mann tatsächlich den gesamten Webvorgang beherrschte, küßte er ihn, gab ihm Geld und machte ihn zum neuen Meister.

Als Peter seine neue Hauptstadt an der Newa erbaute, war er entschlossen, mehr aus ihr zu machen als nur ein Zentrum für die neue Verwaltung und einen Paradeplatz für die Garderegimenter; St. Petersburg sollte vor allem ein großer Hafen und ein Handelszentrum werden. Um dem neuen Hafen die gewünschte Bedeutung zu verleihen, legte er alles daran, um den Handel von anderen Häfen, insbesondere von dem an der langen und umständlichen

Eismeerroute gelegenen Archangelsk, zur Newa umzulenken. Wegen des großen Widerstandes, den die an Archangelsk interessierten Kaufleute leisteten, mußte Peter großen Druck ausüben. Die Auseinandersetzungen dauerten bis 1722, bis der Zar endgültig verbot, weiterhin Güter über Archangelsk zu verschiffen, die nicht in dieser Provinz oder entlang der Düna hergestellt worden waren. Erst 1722 wurde St. Petersburg zum führenden Hafen auf russischem Boden, wenn auch der Petersburger Handel noch nicht so groß wie der von Riga war. Am Ende von Peters Herrschaft hatte sich der Wert des gesamten Seehandels vervierfacht. 1724 trafen 240 westliche Kaufmannsschiffe in St. Petersburg ein, 303 steuerten Riga an. 1725 suchten 914 ausländische Schiffe die russischen Ostseehäfen auf.

Es gelang Peter jedoch nicht, eine russische Handelsflotte zu schaffen. Er hatte gehofft, daß eines Tages russische Güter in russischen Kaufmannsschiffen in den Westen transportiert würden, aber diese Bemühungen scheiterten am Widerstand der westlichen Seefahrernation. Schon während der Zeit des Nowgoroder Staates hatten russische Kaufleute einmal den Wunsch gehabt, ihre Produkte auf eigenen Schiffen zu transportieren, aber die Kaufleute der Hanse hatten sich gegen sie verbündet und sie wissen lassen, daß sie russische Güter nur noch kaufen würden, wenn sie anschließend die Verschiffung selbst durchführen dürften. Später hatte ein unternehmungslustiger Kaufmann aus Jaroslawl einmal eine Ladung Pelze mit einem eigenen Schiff nach Amsterdam befördert, aber nachdem sich die holländischen Käufer abgesprochen hatten, konnte er nicht einen einzigen Pelz verkaufen, und er mußte seine Fracht nach Archangelsk zurücktransportieren lassen. Dort wurde sie ihm sofort zu einem guten Preis von dem holländischen Kaufmann abgekauft, dem das Schiff gehörte, auf dem die Pelze nach Rußland zurückgebracht worden waren.

Schon am Anfang seiner Regierungszeit beschloß Peter, diese Spielregeln zu verändern. Er beauftragte Apraxin, damals Gouverneur von Archangelsk, zwei kleine russische Schiffe bauen zu lassen, die mit russischen Waren unter russischer Flagge nach Westen segeln sollten. Peter nahm an, daß sich Holländer und Engländer am stärksten widersetzen würden, während man in Frankreich vielleicht die russische Flagge nicht respektieren würde. Er entschloß sich, die Schiffe nach Frankreich zu schicken, aber der Zar hatte schon teilweise kapituliert. Sie segelten unter der holländischen statt unter der russischen Flagge. Eines dieser Schiffe wurde von den Franzosen konfisziert, und es kam zu einem langen Streit, bevor es wieder zurückgegeben wurde. Peters Bemühungen zeitigten aber keinen Erfolg; Holländer und Engländer behielten das Monopol in der Rußlandfahrt, das sich auch auf die Abwicklung der Transporte in den russischen Häfen erstreckte.

Trotz dieses Scheiterns hegte Peter keinen Groll gegen ausländische Kapitäne oder Matrosen. Wenn ein ausländisches Schiff den Hafen von Kronstadt oder St. Petersburg anlief, ging Peter jedesmal an Bord des Schiffes, untersuchte die Decks, studierte seinen Bau und seine Takelage und interessierte sich für alle Neuerungen in der Konstruktion. Seine Besuche, vor allem auf holländischen Schiffen, waren so häufig und regelmäßig, daß die Schiffsbesatzungen, die alljährlich nach St. Petersburg kamen, seinen Besuch bereits ungeduldig erwarteten. Ein Zeitgenosse berichtete:»Er [der Zar] ließ sich von den Kapitänen mit einem Gläschen Branntwein, Wein, Käse und Zwieback bewirten und sprach mit ihnen über ihre Fahrt, insbesondere auf der Ostseestrecke; er war neugierig auf ihre Erfahrungen und ließ sich oft in eine weitläufige Unterhaltung ein. Die Kapitäne durften bei Hof erscheinen und an allen Festlichkeiten teilnehmen, ja, sie wurden sogar am Hof bewirtet. All das gefiel den ausländischen Seefahrern so sehr, daß sie äußerst gern nach St. Petersburg fuhren.«[10]

Nichts durfte diese guten Beziehungen trüben. Als 1719 neue Zollvorschriften für den Petersburger Hafen aufgestellt wurden, hieß es im ersten Entwurf, den man Peter vorlegte, Schiffe, die Schmuggelware transportierten oder zollpflichtige Waren verheimlichten, sollten konfisziert werden. Peter strich diesen Artikel mit der Begründung, es sei für den Hafen von St. Petersburg viel zu früh für eine solche drastische Aktion; er wollte sich die Freundschaft der Kapitäne und Kaufleute nicht vergällen. Auf die Frage, ob es ihm in St. Petersburg nicht besser gefalle als in Archangelsk, hatte einmal ein holländischer Kapitän unbekümmert mit »nein« geantwortet. Als der Zar ihn daraufhin irritiert fragte, warum, bemerkte der Kapitän seinen Fauxpas und reagierte schlagfertig. Er erklärte, in Archangelsk seien sie nach ihrer Ankunft immer mit leckeren Pfannkuchen bewirtet worden, was sie jetzt in St. Petersburg vermißten. »Well, Schipper«, antwortete Peter lachend, »dar is Rath vor; kommt morgen met all je Landslüden, de andere Schippers, by my nahert Hof, dar sall ick you doonen, dat hier niet mindere leckere Pannekoecken benen als tot Archangelsk.«[11]

Es war typisch für Peter, daß er mitten im Krieg, als er mit dem Aufbau einer neuen Armee, einer neuen Marine, einer neuen Hauptstadt und einer neuen nationalen Wirtschaftsstruktur begonnen hatte, auch die Schaffung eines neuen Kanalsystems in Angriff nahm. Diese Kanäle waren für Rußland äußerst wichtig. Die Entfernungen, die überwunden werden mußten, waren so groß, und es gab so wenig Straßen, daß Handelsgüter und Einzelreisende sich oft unüberwindbaren Schwierigkeiten gegenübersahen, wenn sie von einem Ort zum anderen gelangen wollten. Dieses Problem stand den Bemühungen Peters im Wege, Produkte aus dem tiefen Inneren seines riesigen Reiches zu den Seehäfen zu bringen, von wo sie ausgeführt werden konnten. Zuletzt war das Problem besonders akut geworden, da jetzt große Mengen von Getreide und anderen Lebensmitteln nach St. Petersburg transportiert werden mußten. Größtenteils hatte die Natur die Lösung bereits vorgezeichnet, denn sie hatte Rußland mit einem großartigen Netz von Flüssen ausgestattet. Selbst wenn Dnjepr, Don und Wolga nach Süden flossen, war es hier doch auch möglich, Güter nach Norden, stromaufwärts zu befördern. Was fehlte, war die Verknüpfung dieses weitgespannten Netzes natürlicher Wasserstraßen durch ein Kanalsystem, das die Flüsse an bestimmten Punkten miteinander verband.

Peter versuchte, die Wolga mit dem Don zu verbinden, wodurch – nach der Eroberung von Asow an der Donmündung – der größte Teil des Landes einen Zugang zum Schwarzen Meer gehabt hätte. Mehr als zehn Jahre lang mühten sich Tausende von Menschen damit ab, einen Kanal zu bauen und Schleusen zu errichten, doch als Rußland Asow wieder an die Türken zurückgeben mußte, wurde das Projekt aufgegeben. Die Gründung von St. Petersburg begründete eine zweite Vision: Ganz Rußland sollte einen Zugang zur Ostsee bekommen, dadurch, daß man die Wolga mit der Newa verband. Durch intensives Forschen entdeckten Peters Ingenieure in der Gegend von Twer und Nowgorod einen Nebenfluß der Wolga, der weniger als anderthalb Kilometer an einem anderen Fluß vorbeiführte, der über mehrere Seen und Flüsse bis in den Ladogasee floß. Diese Flüsse sollten bei Wyschni Wolotschjok durch einen kleinen Kanal miteinander verbunden werden. Zwanzigtausend Männer arbeiteten vier Jahre lang, um diesen Kanal mit den erforderlichen Schleusen zu erbauen, doch als man ihn schließlich fertiggestellt hatte, war das Kaspische Meer auf dem Wasserweg mit St. Petersburg, der Ostsee und dem Atlantischen Ozean verbunden. Von nun an fuhren flache Schiffe, beladen mit Getreide und Eichenholz sowie anderen Produkten aus Süd- und Zentralrußland und mit Gütern aus Persien und dem Fernen Osten, ständig Rußlands Flüsse hinauf und hinab.

Natürlich gab es auch auf diesem Gebiet Schwierigkeiten. Fürst Boris Golizyn, der das erste dieser Projekte beaufsichtigen mußte, murrte deshalb: »Gott ließ die Flüsse in einer Richtung fließen, und es ist eine Anmaßung des Menschen, wenn er sie in eine andere Richtung lenkt.«[12] Der Strom der Schiffstransporte wurde zwar immer wieder dadurch behindert, daß die Schleusen des Wyschni-Wolotschjok-Kanals versandeten und dann ausgeräumt werden mußten, aber dies war nur ein kleineres Problem, verglichen mit den Gefahren, denen man auf dem Ladogasee ausgesetzt war. Die Oberfläche dieses riesigen Binnensees, des größten Europas, wurde häufig mit einer derartigen Gewalt vom Wind aufgepeitscht, daß die Flußboote, die nur außerordentlich wenig Tiefgang haben durften, um den Wyschni-Wolotschjok-Kanal passieren zu können, oft eine Beute der Wellen wurden. Wenn die gefährlichen Sturmwinde aus dem Norden die plumpen Schiffe auf dem offenen See erfaßten, gingen sie entweder unter oder wurden gegen die Südküste des Sees getrieben, wo sie strandeten. Jedes Jahr sanken Hunderte von Flußschiffen, wobei ihre Ladung jeweils verlorenging. Aus diesem Grund ordnete Peter den Bau einer besonderen Flotte von Seeschiffen an, deren Rümpfe und Kiele tiefer gehen sollten als die der flachen Schleppkähne und die deshalb für die Überfahrt auf dem Ladogasee besser geeignet waren. Aber das Entladen und Wiederbeladen der Schiffe war viel zu teuer und zu zeitraubend, vor allem bei Frachten wie Getreide, Heu und Bauholz, so daß

Peter schließlich nach einer Möglichkeit suchte, die Überfahrt auf dem See zu vermeiden. 1718 beschloß er, einen Kanal durch das sumpfige Land entlang der Südküste des Ladogasees von Wolschow bis zum Beginn der Newa bei Schlüsselburg graben zu lassen. Dieses Bauwerk sollte insgesamt hundertfünf Kilometer lang sein.

Das Projekt wurde zunächst Menschikow anvertraut, der zwar nichts vom Ingenieurwesen verstand, sich aber Mühe gab, jede Aufgabe zu übernehmen, durch die er die Gunst Peters gewinnen konnte. Menschikow gab mehr als zwei Millionen Rubel aus und setzte das Leben von 7000 Arbeitern aufs Spiel, die aufgrund seiner schlechten Organisation größtenteils an Hunger und Krankheit starben. Es stand noch nicht fest, ob es besser sei, den Kanal hinter der Küstenlinie auszuheben oder den Versuch zu unternehmen, im Süden des Sees einen Streifen durch Deiche abzutrennen und diesen für die Schiffahrt zu sichern. Der Zar wollte das Projekt bereits aufgeben, als er dem deutschen Ingenieur Burkhard Christoph Graf von Münnich begegnete, der beim Erbauen von Deichen und Kanälen in Deutschland und Dänemark große Erfahrungen gesammelt hatte. Nachdem Münnich die Leitung des Kanalbaus übernommen hatte, schritt das Werk wesentlich schneller voran, und 1720 berichtete Weber: »Ich bin glaubwürdig darüber informiert, daß dieses Werk bereits soweit fortgeschritten ist, daß es im nächsten Sommer fertig sein wird. Sodann wird der Handel zwischen der Ostsee und dem Kaspischen Meer beziehungsweise zwischen ganz Rußland und Persien gesichert sein, obwohl es immer die Schwierigkeit geben wird, daß Schiffe, die aus Kasan kommen, fast zwei Jahre lang unterwegs sein können.«[13] Weber war ausgesprochen schlecht informiert, denn 1725, im Jahr von Peters Tod, waren erst dreißig Kilometer des großen Kanals (er war einundzwanzig Meter breit und fünf Meter tief) tatsächlich ausgehoben. Danach entzog Menschikow Münnich eine Zeitlang seine Gunst, so daß der Kanal erst 1732, unter der Herrschaft der Kaiserin Anna, fertiggestellt wurde. Münnich begleitete die Kaiserin bei einer Schiffsprozession über die ganze Länge des neuen Wasserwegs.

Heute stellt das große von Peter begonnene Kanalsystem Rußlands für die Sowjetunion ein gigantisches Verkehrswegenetz dar. Große Schiffe können über Kanäle und Flüsse vom Schwarzen und vom Kaspischen Meer bis zum Weißen Meer und zur Ostsee sowie in umgekehrter Richtung fahren.

Die großen Bauprojekte hatten aber viel Geld verschlungen. Obwohl Peter gegenüber seinen Beamten immer wieder darauf hinwies, daß Steuern »ohne ungebührliche Belastung des Volkes«[14] erhoben werden sollten, gewann seine ständige Forderung nach mehr Geld doch mehr und mehr die Oberhand über dieses Gefühl. Steuern belasteten jeden Gegenstand und jede Tätigkeit des russischen Alltags, und dennoch trieb der Staat nie genug Geld ein, um für seine steigenden Ausgaben aufkommen zu können. 1701 verschlangen die Armee und die Marine drei Viertel des Staatseinkommens,

1710 vier Fünftel und 1724, obwohl der Krieg vorüber war, immer noch zwei Drittel. Wenn das Geld knapp war, kürzte Peter die Löhne seiner Beamten drastisch, wobei nur diejenigen ausgenommen wurden, die am wichtigsten für das Reich waren: »ausländische Handwerker, Soldaten und Seeleute«. 1723 hatte der Staat so wenig Geld, daß manche Regierungsbeamte mit Pelzen bezahlt werden mußten.

Bis sich die Steuerkraft des Landes durch eine Ausweitung von Handel und Industrie einigermaßen hinreichend vergrößert hatte, lag die einzige Möglichkeit für die Regierung darin, dem schon schwer belasteten Volk noch mehr Steuern aufzuerlegen. Die wichtigste Steuer war bisher die Steuer auf die Höfe gewesen, der eine Zählung aus dem Jahre 1678, veranlaßt von Zar Fjodor, zugrunde lag. Diese Steuer wurde jedem Dorf und jedem Landbesitzer auferlegt, je nach der Zahl der zugehörigen Höfe und Häuser (damals lebten die Menschen sehr eng aufeinander, da möglichst viele Familienmitglieder unter einem Dach geringe Steuern bedeuteten). Da er annahm, daß die Bevölkerung zugenommen haben müsse, ordnete Peter 1710 eine neue Zählung an. Zu seinem Erstaunen ergab diese Erhebung allerdings, daß die Zahl der Haushalte innerhalb von dreißig Jahren zwischen einem Fünftel und einem Viertel abgenommen hatte. Das überraschende Ergebnis hatte mehrere Erklärungen: Einmal hatte Peter Hunderttausende von Männern für die Armee, die Schiffswerften in Woronesch, die Arbeiten an den Kanälen und für den Bau von St. Petersburg abgezogen, zum zweiten waren viele Tausende in die Wälder oder in die Grenzgebiete geflohen, um sich dem Zwangseinsatz zu entziehen. Schließlich deuteten diese niedrigen Zahlen aber auch darauf hin, wie hilflos die Regierung gegenüber den Einfällen des Adels und der Bauernschaft war, die sich beide bemühten, der Besteuerung zu entkommen. Die Bestechung der Kommissare, die die Häuser zählten, war da nur ein erster Schritt. Wenn er mißlang, entfernten die Bauern einfach ihre Häuser aus dem Gesichtskreis der Beamten. Russische Bauernhäuser bestanden seinerzeit zum größten Teil aus Baumstämmen oder Balken, die an den vier Ecken des Hauses ineinander verzahnt waren. So konnten die Bestandteile eines Hauses in wenigen Stunden auseinandergenommen und in den Wald geschleppt werden. Die Hauszähler und die Steuereintreiber kannten diesen Trick, aber sie konnten nichts dagegen tun.

Nach seiner Rückkehr aus Frankreich beschloß Peter, das Problem in anderer Form anzugehen, und er ersetzte die alte Hofsteuer durch die Kopfsteuer, die er in Frankreich kennengelernt hatte. Für jede »Seele«, das heißt jedes männliche Wesen, vom Kleinkind bis zum Großvater, sollte in jeder bäuerlichen Gemeinschaft, jedem Dorf, jeder Stadt eine Steuer bezahlt werden. Bevor allerdings die neue Steuer erhoben werden konnte, war noch einmal eine Zählung erforderlich. So wurde am 26. November 1718 angeordnet, daß jeder Russe männlichen Geschlechts, mit Ausnahme der Adligen, der Angehörigen des Klerus und gewisser privilegierter Kaufleute (die alle nach einem anderen Verfahren besteuert wurden), bei der Volkszählung erfaßt werden sollte. Wieder gab es starken Widerstand, doch 1722 war die Erfassung abgeschlossen und hatte 5 794 928 männliche Seelen ergeben. 1724 wurde dann zum erstenmal die Seelensteuer erhoben. Man verlangte von den Bauern entweder vierundsiebzig oder einhundertvierzehn Kopeken pro Jahr, je nachdem, ob sie auf privatem oder auf staatlichem Land arbeiteten. Die Steuer war im Hinblick auf ihren Ertrag ein großer Erfolg; sie brachte rund die Hälfte aller staatlichen Einnahmen und wurde deshalb fast zweihundert Jahre lang angewandt, bis sie Alexander III. 1887 abschaffte.

Zunächst einmal löste die Seelensteuer aber Peters Finanzprobleme, wenn sie auch zu Lasten der Bauern ging, die jetzt noch stärker ausgenommen und durch eine noch strengere Form der Leibeigenschaft als bisher ans Land gekettet wurden. Früher haben die russischen Bauern hinziehen können, wohin sie wollten, wodurch die Landbesitzer lediglich hin und wieder Schwierigkeiten bekamen, Arbeitskräfte zu finden. Zu einer Krise kam es erst in der Mitte des 16. Jahrhunderts, als Iwan der Schreckliche Kasan und Astrachan erobert hatte und sich danach weite Gebiete unbebauter Schwarzerde, die zuvor von Nomaden bevölkert waren, für eine russische Kolonisierung anboten. Zu Hunderttausenden gaben russische Bauern daraufhin die nördlicher gelegenen Waldgebiete auf und strömten in das neue flache und fruchtbare Land. Zahllose Bauernhöfe und Dörfer in Zentralrußland blieben unbewohnt zurück; ganze Provinzen wurden fast entvölkert. Nach 1550 gab es Dekrete, in denen den Bauern verboten wurde, ihr Land zu verlassen. Zu Peters Zeit waren über fünfundneunzig Prozent der Bevölkerung leibeigene Bauern; ein Teil davon arbeitete auf Staatsgütern, der andere für private Grundherrn. Alle waren lebenslänglich an das Land gebunden, auf dem sie arbeiteten.

Peters neue Seelensteuer lieferte die Bauern nun noch stärker den Landbesitzern aus. Nachdem die Volkszählung die Bevölkerung einer Region einmal erfaßt hatte, mußten die Landbesitzer und die regionalen Behörden dafür sorgen, daß die Steuer auf der Grundlage dieser Zählung eingetrieben wurde. Um den Landbesitzern behilflich zu sein, ihre Bauern im Auge zu behalten und die Steuern einzuziehen, ordnete Peter 1722 an, daß Leibeigene das Gut ihres Herrn nicht ohne dessen schriftliche Erlaubnis verlassen durften. Dieses Kontrollsystem war der Ursprung des inländischen Paßsystems, das noch heute in der Sowjetunion in Gebrauch ist. Die Macht, die schließlich jedem Landbesitzer gegeben war, Steuern einzuziehen, seine Leute zu überwachen, sie zur Arbeit anzuhalten, Übertretungen zu bestrafen, machte aus jedem von ihnen einen kleinen Monarchen; wenn einer dieser Herren sich nicht mehr durchsetzen konnte, wurde er sogar durch den Einsatz von Soldaten unterstützt, die über das ganze Land verteilt waren. Um die Kontrolle über die Bauern noch zu verschärfen, mußten Leibeigene, die ihr Gebiet verlassen wollten, zu manchen Zeiten nicht nur die schriftliche Erlaubnis ihres Grundherrn, sondern auch die der Armee einholen. Dennoch waren nicht alle russischen Leibeigenen ans Land gebunden. Der

Mangel an Arbeitskräften war einer der Hauptgründe dafür, daß es dem Staat so große Schwierigkeiten bereitete, russische Adlige und Kaufleute für die Gründung neuer Manufakturen zu gewinnen. Um dieses Hindernis zu überwinden, beschloß Peter im Januar 1721, daß auch Werkstätten- und Bergwerksbesitzer über Leibeigene verfügen durften, über Arbeiter also, die für immer an ihre Arbeitsstätte gebunden waren. Leibeigene, die das Land verlassen hatten, um in irgendeiner Werkstatt zu arbeiten, brauchten nicht zurückgeschickt zu werden, sondern mußten als Leibeigene dort bleiben, wo sie nun waren.

Peters Steuerpolitik war ein Erfolg für den Staat, wenn auch eine massive Belastung für das Volk. Als er starb, schuldete der russische Staat niemandem etwas. Peter hatte einundzwanzig Jahre lang Krieg geführt, eine Flotte aufgebaut, eine neue Hauptstadt gegründet und neue Häfen und Kanäle erbaut, und dies ohne eine einzige ausländische Anleihe oder Subvention. Der Zar nahm niemals Anleihen im Ausland auf, so daß auch noch zukünftige Generationen für seine Projekte hätten zahlen müssen, und er entwertete auch die Währung nicht dadurch, daß er wahllos Papiergeld herausgab wie Görtz in Schweden. Seine Zeitgenossen nahmen alle Lasten auf sich. Sie mühten sich ab, kämpften, leisteten Widerstand und fluchten. Aber sie gehorchten.

3   Gott am nächsten

In Sachen der Religion war Peter eher ein Mann des 18. als des 17. Jahrhunderts, eher Säkularist und Rationalist als Frömmler und Mystiker. Er sorgte sich mehr um den Handel und den nationalen Wohlstand als um Dogmen oder um Interpretationen der Heiligen Schrift; keiner seiner Kriege war ein Religionskrieg. Dennoch glaubte er an Gott. Er sah Gottes Hand in allen Dingen: im Leben und im Tod, im Sieg und in der Niederlage. Seine Briefe sind voll von Formeln wie »Dank sei Gott«, und jeder Sieg wurde sogleich mit einem Te Deum gefeiert. Er glaubte, daß Zaren gegenüber Gott mehr Verantwortung trugen als andere Menschen, da sie mit der Ausübung der Herrschaft betraut waren. Andererseits leitete er seine Auffassung der Monarchie nicht von einer theoretischen und philosophischen Idee ab wie etwa dem Gottesgnadentum der Könige. Was schien vernünftig? Was war praktisch? Was funktionierte am besten? Der beste Weg, Gott zu dienen, war der Meinung Peters des Großen nach der persönliche Einsatz für die Stärke und den Aufschwung Rußlands.

Peter ging gern in die Kirche. Als Kind wurde er mit der Bibel und der Liturgie vertraut gemacht, und als Zar bemühte er sich darum, sorgfältige Bibeldrucke über das ganze Reich zu verbreiten. Er liebte den Chorgesang, die einzige Musik der orthodoxen Kirche, und es war sein Leben lang seine Gewohnheit, sich vor Beginn des Gottesdienstes einen Weg durch die stehende Menge nach vorn zu bahnen und einen Platz im Chor einzunehmen, wo er dann mitsang. Beim orthodoxen Ritus gehen die Gläubigen während des Gottesdienstes in der Kirche herum, kommen und verlassen das Gotteshaus wieder, geben sich Zeichen, flüstern und lächeln einander zu. Das einzige, was Peter nicht zuließ, war laute Unterhaltung während des Gottesdienstes. Wenn er jemand entdeckte, der diese Vorschrift mißachtete, verlangte er sofort eine Geldstrafe von einem Rubel von ihm. Später ließ er für Leute, die sich während des Gottesdienstes ungebührlich aufführten, vor einer St. Petersburger Kirche einen Pranger errichten.

Gegenüber anderen christlichen Religionen zeigte der Zar eine größere Toleranz, als sie je zuvor im orthodoxen Rußland geübt worden war. So hatte Peter schon früh begriffen, daß er Ausländern erlauben mußte, nach ihrem eigenen Glauben zu leben, wenn er sie zur Arbeit in Rußland anwerben wollte, und diese Auffassung verstärkte sich 1697 während seines ersten Besuches in Amsterdam. Dort hatte er erlebt, wie es den Menschen aller Nationen erlaubt war, jede Form von Religion zu praktizieren, solange sie nicht die Landeskirche oder die Kirchen anderer Länder angriffen. Von einem Mitglied der Regierung erfuhr Peter damals, »es sei dem Staate gleichgültig, was ein ausländischer Einwohner glaube oder auf welche Art er seinen Gottesdienst verrichte, wenn er nur nicht wider die Landesgesetze handle«. Peter erwiderte darauf, »er glaube, daß diese Maxime und Gesinnung der Regierung nicht wenig zur Aufnahme des Handels, zur Bevölkerung Amsterdams durch Menschen aller Nationen und folglich zu den großen Einkünften des Staates beitrüge«[1]. Und er fügte hinzu, er wolle es in seiner neuen Stadt St. Petersburg einmal ebenso halten.

Er hielt sich in der Tat an diese Absicht, so gut er konnte. Er erlaubte, daß Ausländer in Rußland ihre eigenen Kirchenräte wählten, die dann über Eheschließungen und andere kirchliche Angelegenheiten bestimmen durften, ohne den russischen Gesetzen oder der Kontrolle durch die russische Kirche unterworfen zu sein. Während seiner Herrschaft erkannte Peter per Dekret die Gültigkeit der protestantischen und der katholischen Taufe an und erlaubte Eheschließungen zwischen russisch-orthodoxen Gläubigen und Mitgliedern anderer Religionen, vorausgesetzt, daß die Kinder orthodox erzogen werden sollten. Beide Gesetze kamen vor allem den schwedischen Kriegsgefangenen zugute, die sich in Rußland niedergelassen hatten und nun russische Frauen heiraten wollten. Tolerant war die staatliche Politik auch gegenüber Mitgliedern anderer Religionen, Christen sowie Nichtchristen, in anderen Teilen des russischen Reiches. In den baltischen Provinzen erlaubte Peter, daß die lutherische Kirche weiterhin Staatsreligion blieb. Diese Zusage wurde sogar als ein eigener Artikel in den Friedensvertrag von Nystadt aufgenommen. Im großen Khanat Kasan und in anderen Gebieten, in denen die Mehrheit der Bevölkerung moslemischen Glaubens war, machte Peter keinerlei Versuche, diese zum Christentum zu bekehren; er wußte, daß ein solcher Versuch wahrscheinlich scheitern würde und sogar Aufruhr auslösen könnte.

In nicht geringem Ausmaß war Peter sogar gegenüber den Altgläubigen tolerant, die von der offiziellen Kirche lauthals verurteilt und verfolgt wurden. Entscheidend für ihn war, ob ihr Glaube dem Staat half oder schadete; ihr Wunsch, sich mit zwei statt mit drei Fingern bekreuzigen zu dürfen, war ihm ziemlich gleichgültig. In den Jahren zuvor waren Tausende von Altgläubigen vor ihren Verfolgern geflohen und hatten in den Wäldern des nördlichen Rußlands neue Siedlungen gegründet. 1702, als Peter von Archangelsk aus mit fünf Gardebataillonen nach Süden marschierte, kam er einmal durch ihre Gegend. Da die Altgläubigen fürchteten, sie würden angegriffen werden, versammelten sie sich in ihren hölzernen Kirchen, versperrten die Türen und waren eher bereit, sich selbst zu verbrennen als ihren Glauben zu widerrufen. Aber Peter hatte gar nicht die Absicht, Zwang auf sie auszuüben. »Laßt sie leben, wie es ihnen gefällt«, meinte er nur und zog weiter nach Süden, um gegen die Schweden zu kämpfen. Als später bei Olonez in der Nähe ihrer Siedlungen Eisenerz entdeckt wurde, nahmen viele der Altgläubigen eine Arbeit in den neueingerichteten Bergwerken und Eisenhütten an und wurden gute Handwerker. »Laßt sie glauben, was sie wollen, denn wenn die Vernunft sie nicht von ihrem Aberglauben abbringt, kann weder Feuer noch Schwert sie davon abbringen. Es ist dann dumm, sie zu Märtyrern zu machen; sie sind dieser Ehre nicht wert, und sie wären so dem Staat auch nicht nützlich.«[2]

Die Altgläubigen lebten also weiterhin in ihren abgelegenen Regionen, sie zahlten ihre Steuern und führten ein untadeliges Leben. Mit der Zeit jedoch sah Peter in ihrem Rückzug in die Wälder nicht mehr in erster Linie einen Ausdruck ihres religiösen Konservatismus als vielmehr ein Zeichen ihrer politischen Opposition. Im Februar 1716 ordnete er deshalb an, daß die Altgläubigen registriert und gezählt, einer doppelten Besteuerung unterzogen werden müßten und fortan ein kleines Stück gelben Stoffes auf ihrem Rücken tragen müßten, das sie in der Öffentlichkeit lächerlich machen und von ihrem überholten Glauben abbringen sollte. Die unvermeidliche Folge davon war, daß die »Diskriminierten« ihr Kennzeichen stolz herzeigten und später sogar weiter wegzogen, um der Besteuerung zu entgehen. In seinen letzten Lebensjahren begann der Zar, die Altgläubigen nach Sibirien zu verschicken; gleich darauf nahm er diesen Befehl jedoch wieder zurück, denn, so meinte er, »dort gibt es schon genug von ihnen«[3]. 1724 wurde verfügt, daß alle Altgläubigen ein Kupfermedaillon tragen müßten, auf dem ein Bart abgebildet war – und für dieses Medaillon wurden sie kräftig zur Kasse gebeten.

Obwohl Peter eine Vielfalt religiöser Formen und Kulte in Rußland duldete, gab es einen christlichen Orden, den er nicht mochte: den der Jesuiten. (Andere Gemeinschaften katholischer Priester und Mönche waren in Rußland willkommen; die Franziskaner und Kapuziner besaßen sogar eigene Klöster.) Ursprünglich genossen auch die Jesuiten die Freiheit, in Moskau Gottesdienste abzuhalten und Rußland unbehindert zu durchqueren, wenn sie etwa an den Hof K'ang Hsis, des Kaisers der Mandschu-Dynastie in China, reisten. Mit der Zeit vermutete Peter jedoch, daß ihr religiöser Eifer eine Fassade war, hinter der sie sich um politischen Einfluß bemühten. Einen Beweis für die weltlichen Interessen der Jesuiten lag in Peters Augen in deren engen Beziehungen zum Kaiser in Wien, so daß er schließlich einen gegen sie gerichteten Erlaß herausgab: »Alle Jesuiten werden kraft dieser Urkunde ernstlich aufgefordert, das Herrschaftsgebiet des russischen Reichs zu verlassen, und zwar innerhalb von vier Tagen, nachdem ihnen dieser Beschluß mitgeteilt wurde. Die Welt kennt nämlich hinreichend ihre gefährlichen Machenschaften und weiß, wie geübt sie darin sind, sich in politische Dinge einzumischen.«[4] Peter verlangte jedoch nicht, daß die katholische Kirche in St. Petersburg geschlossen wurde. Sie sollte sich lediglich um Ersatzpriester bemühen; es durften jedoch weder Jesuiten noch andere Christliche sein, die den Schutz des habsburgischen Kaisers genossen.

Trotz seiner Toleranz für andere christliche Glaubensrichtungen zog der Zar nie irgendeine Konversion in Betracht. Als Peter 1717 Paris besuchte, schlugen dennoch einige Theologen der Theologischen Fakultät der Sorbonne eine Vereinigung der Kirchen von Rom und Moskau vor, bei der »auf beiden Seiten eine gewisse Mäßigung im Bereich der Doktrin eingehalten werden sollte«. Die politischen Folgen, die eine solche Vereinigung mit sich bringen würde, beunruhigten jedoch die protestantischen Gesandten in St. Petersburg. Nach einiger Zeit stellte Weber aber mit Befriedigung fest, daß der Vorschlag nur wenig Aussichten auf Verwirklichung besaß: »Es ist nicht wahrscheinlich, daß der Zar, nachdem er die Vormachtstellung des Patriarchentums in Rußland ausgeschaltet hat, nun eine noch viel größere Abhängigkeit vom Papst akzeptieren wird, wobei es überflüssig ist zu erwähnen, daß in bezug auf die Priesterehe, die in Rußland als geheiligt gilt, und in bezug auf andere kontroverse Punkte Schwierigkeiten bestehen und daß sich beide Kirchen über diese Dinge wahrscheinlich nie einigen werden.«[5]

Die russischen Priester sollten nach Auffassung des Zaren nicht nur für die Rettung der Seelen sorgen, sondern auch als Lehrer tätig werden. In Rußland gab es keine öffentlichen Schulen, und die Priester waren die einzigen Vermittler der Bildung. Allerdings schien der russische Klerus für diesen Zweck nicht besonders geeignet zu sein. Viele Popen waren hoffnungslos ungebildet und faul, manche waren außerdem abergläubisch wie ihre Pfarrkinder. Nur wenige konnten gut predigen, und es war sicher das beste, sich nicht nach ihrer Lebensart und Moral zu richten. Um diesen Mangel ein wenig abzumildern, schickte Peter eine ganze Reihe von Landgeistlichen nach Kiew und auf andere theologische Akademien, wo sie vorwiegend im freien Sprechen unterrichtet wurden.

Der im Volk weit verbreitete Aberglaube und dessen Ausnutzung durch skrupellose Leute, einschließlich einzelner Geistlicher, vermochten den Zaren geradezu in Wut zu versetzen. Die einfachen Leute glaubten beispielsweise, daß sie durch die Hilfe irgendeiner Ikone Christi, der Jungfrau Maria oder eines der vielen russischen Heiligen einen Vorteil erlangen könnten. Und dieser Glaube bildete einen fruchtbaren Boden für zahllose Scharlatane. In St. Petersburg ließ ein Pope das Volk glauben, daß er in seinem Hause ein wundertätiges Bild der Jungfrau Maria besitze; doch nur zahlungskräftigen Verehrern wurde der Zutritt erlaubt. »Obwohl er sein Geschäft mit großer Vorsicht, nur zur Nachtzeit, ausübte und auch sonst alle mögliche Vorsorge traf, indem er seine Besucher zur Geheimhaltung anhielt, erfuhr der Zar gleichwohl davon«, berichtete Weber. »Das Haus des Priesters wurde durchsucht, das wundertätige Bild konfisziert und dem Zaren gebracht, der sehen wollte, ob es in Gegenwart Seiner Majestät gleichfalls Wunder bewirken könne. Als die Wunder, wie erwartet, ausblieben, warf sich der Pope dem Zaren zu Füßen und bekannte ihm seinen Schwindel, worauf er in die Festung gebracht wurde, wo er schwere körperliche Strafen erhielt. Anschließend wurde er aus seinem Amt entfernt, denn man wollte seinen Brüdern eine Lehre erteilen.«[6]

Es war kein Wunder, daß die Schwindeleien Peter am meisten erbosten, die sich nicht mit seinen Plänen vereinbaren ließen. Einmal hatte ein Bauer, der sich nicht dazu zwingen lassen wollte, in St. Petersburg zu leben, die Prophezeiung gewagt, im kommenden September würde die Newa so hoch steigen, daß sogar eine alte hochragende Esche, die neben einer Kirche stand, unter Wasser stehen würde. Sogleich begannen die Menschen mit all ihrer Habe auf höher gelegenes Gebiet umzuziehen. Peter war über diese Störung im Entwicklungsprozeß seiner Stadt sehr aufgebracht und ließ den Baum sogleich fällen und den Bauer bis zum September ins Gefängnis sperren. Ende September, als es noch nicht das geringste Anzeichen für eine Überschwemmung gab, forderte er die Bevölkerung auf, zu der Stelle zu kommen, wo früher der Baum stand. Jetzt waren dort nur ein Baumstumpf und ein Gerüst zu sehen. Auch der angebliche Seher wurde dahin gebracht. Man band ihn an das Gerüst und schlug ihn fünfzigmal mit der Knute, womit die Menge vor der Torheit gewarnt wurde, falschen Propheten zu folgen.

Neben der Aufgabe, für Disziplin innerhalb der Priesterschaft zu sorgen und Scharlatanerie und Aberglauben auszurotten, setzte sich Peter auch das Ziel, die russischen Klöster zu mehr Frömmigkeit und zu einer nutzbringenderen Tätigkeit anzuhalten. Der Zar war vom klösterlichen Ideal der Armut, Gelehrsamkeit und Frömmigkeit sehr angetan. Als junger Mann hatte er das große Solowezki-Kloster am Weißen Meer besucht und 1712 das Alexander-Newski-Kloster in St. Petersburg gegründet. Es bedrückte ihn daher, in welchem Ausmaß sich die russischen Klöster inzwischen von ihrem Ideal entfernt hatten. Damals gab es mehr als 557 Klöster in Rußland, die mehr als 14 000 Mönche und 10 000 Nonnen beherbergten, wobei einige dieser Klöster über große Reichtümer verfügten. 1723 unterstanden den 151 Klöstern in der Umgebung Moskaus 242 198 Leibeigene männlichen Geschlechts. Troize, dem reichsten Kloster, gehörten 20394 Bauernhöfe – und ihre Zahl vergrößerte sich ständig, da russische Adlige und reiche Kaufleute den Klöstern gern Geld und Land vermachten, um etwas für ihr Seelenheil zu tun.

Die Klöster waren jedoch damals keine Stätte der Gelehrsamkeit; die Almosen, die vor ihren Mauern verteilt wurden, lockten nur Deserteure aus der Armee sowie entlaufene Leibeigene an, alles »rüstige und faule Bettler, Feinde Gottes und nutzlose Hände«[7]. In den Augen des Zaren waren Mönche nur verkommene Parasiten, die den Staat immer mehr bedrohten.

Kurz nach dem Tod des Patriarchen Adrian im Jahr 1700 begann Peter deshalb, die Klöster einer stärkeren Kontrolle zu unterziehen. Die weltlichen Angelegenheiten der Klöster wurden von nun an von einem Staatsamt, dem Klosterprimas, bearbeitet, dem ein Laie, der Bojare Iwan Mussin-Puschkin, vorstand. Das Geld und die Besitztümer der Klöster wurden fortan von diesem Amt verwaltet, »um den Mönchen und den Nonnen mehr Zeit für eine bessere Erfüllung ihrer religiösen Pflichten zu geben«[8].

Die Möglichkeiten, ins Kloster zu treten, wurden drastisch eingeschränkt: Die Gelübde durften nun weder von Adligen noch von Beamten noch von Minderjährigen noch von Analphabeten abgelegt werden. Zeitweise mußte sogar jeder, der in einen Orden eintreten wollte, die persönliche Erlaubnis des Zaren einholen. Auch wurden alle Klöster, in denen weniger als dreißig Mönche lebten, geschlossen und in Pfarrkirchen oder Schulen umgewandelt; die Mönche wurden in größere Klöster überführt.

Als Peter den Thron bestieg, hatte die Kirche in Rußland ihre eigene Verwaltung und Gerichtsbarkeit und kontrollierte ihre Finanzen selbst. Sie besteuerte die Bewohner ihrer großen Ländereien, warf sich zum Richter in Fragen der Ehe, des Ehebruchs, der Scheidung, der Testamentsvollstreckung und des Erbrechts sowie bei Streitigkeiten zwischen Eheleuten, Eltern und Kindern und Laien und Geistlichen auf. Obwohl der Patriarch Adrian, der sein Amt antrat, als Peter achtzehn Jahre alt war, keine so starke Persönlichkeit wie Nikon war, mischte er sich als Erzkonservativer ständig in das Privatleben des Zaren ein. So protestierte er dagegen, daß der Zar soviel Zeit mit Ausländern verbrachte, verlangte, daß dieser die westliche Kleidung wieder ablegte und mehr Zeit seiner Frau Jewdokija widmen sollte.

Überraschenderweise starb der Patriarch im Oktober 1700, gerade als die Russen Narwa belagerten. Peter hatte sich bis dahin noch keine Gedanken über einen möglichen Nachfolger gemacht; er wußte lediglich, daß es ein Mann sein sollte, der seine Befugnisse nicht überschreiten, sondern die Veränderungen durchführen sollte, die er an der Struktur und Autorität der Kirche vornehmen wollte. Einen Kandidaten, der diesen Vorstellungen entsprach, schien es zunächst aber nicht zu geben. Der Zar entschloß sich zu einem Kompromiß: Er behielt das Patriarchenamt bei, erklärte den Posten jedoch für »zeitweilig vakant«. Um die Kirche während des Interims nicht führungslos zu lassen, ernannte er einen »zeitweiligen« Patriarchatsverweser, dessen unklarer Status verhindern sollte, daß er die Macht auf sich konzentrierte. Peter war mit dieser Lösung sehr zufrieden und behielt lange Zeit dieses Arrangement bei. Wenn der Klerus ihn drängte – was häufig und nachdrücklich geschah –, einen neuen Patriarchen zu ernennen, antwortete Peter, er sei mit dem Krieg zu sehr beschäftigt, um über diese Angelegenheit gründlich genug nachdenken zu können.

Zum zeitweiligen Exarchen hatte Peter Stefan Jaworski, den zweiundvierzigjährigen Metropoliten von Rjasan, ausgewählt, einen ukrainischen Theologen, der an der Theologischen Hochschule in Kiew lehrte, die ein höheres Niveau als die moskowitische hatte. Jaworski war sowohl als Professor der Theologie als auch als Prediger in der großen Sophien-Kathedrale bekannt. Seine tiefe, sonore Stimme, seine eindrucksvolle Gestik, sein Talent, Gelehrsamkeit mit Anekdoten aufzulockern, vermochten es, die Zuhörerschaft entweder zum Lachen oder zum Weinen zu bringen. Mit der Verwaltung des Kirchenbesitzes sowie mit der Besteuerung der Bewohner kirchlicher Ländereien blieb jedoch weiterhin der Klosterprimas Mussin-Puschkin betraut. Damit floß der größte Teil des kirchlichen Einkommens weiter direkt in die Staatskasse, aus der dann die Angestellten der Kirche direkt bezahlt wurden.

Jaworski fühlte sich aber nicht wohl in seinem Amt. Er war nicht ehrgeizig und sehnte sich bald zurück nach dem ruhigeren Leben in Kiew. 1712 bat er den Zaren, ihn von der neuen Amtspflicht zu entbinden. Verzweifelt schreib er Peter: »Wie sollte ich aus Deinem Angesicht fliehen? Ich will nicht in ein fremdes Reich gehen, denn Dir ist von Gott die Macht verliehen. In Moskau oder in Rjasan – überall läßt Du Deine Macht fühlen, und es ist unmöglich, sich vor ihr zu verbergen.«[9] Da Peter keinen Ersatz für ihn hatte, lehnte er Jaworskis Bitte immer wieder ab. Der Exarch unterstützte daraufhin immer öfter seine Amtsbrüder bei ihren Auseinandersetzungen mit Zivilbehörden und begann dagegen zu protestieren, in welchem Ausmaß kirchliches Einkommen für die Finanzierung des Kriegs verwendet wurde. Sogar in seinen Predigten schlug er zuletzt einen Ton an, der Peter äußerst mißfiel: Er predigte gegen Ehemänner, die ihre Frauen dazu zwangen, in ein Kloster einzutreten, um für sich selbst die Freiheit zu gewinnen, erneut zu heiraten. Gegen wen dieser Angriff gerichtet war, durfte allen bekannt sein! 1712 sprach Jaworski am Gedenktag des heiligen Alexei davon, daß der Zarewitsch Alexei »unsere einzige Hoffnung« sei. Peter, der an diesem Gottesdienst nicht teilgenommen hatte, bekam eine Abschrift der Predigt. Er las sie sorgfältig durch und machte sich Notizen. Er wies Jaworski an, keine Vorwürfe mehr öffentlich zu erheben, bevor er sie nicht privat dem Zaren persönlich vorgebracht habe. Der Exarch entschuldigte sich, wobei er »mit Tränen, nicht mit Tinte schrieb«[10], und er blieb im Amt, obwohl ihm Peter eine Zeitlang das Predigen verbot.

Später bemühte sich der Zar, mit Hilfe von Feofan Prokopowitsch, die Kirche zu reformieren. Prokopowitsch, ein ukrainischer Theologe aus Kiew, war wesentlich jünger sowie gebildeter und einflußreicher als Jaworski. Er war ein moderner Mann des 18. Jahrhunderts, der nur zufällig Geistlicher geworden war und mit Peters Vorstellungen vollkommen übereinstimmte, wie die russische Kirche zu modernisieren sei. Im Vergleich zu anderen russischen Geistlichen war er sehr gebildet – er hatte Erasmus, Luther, Descartes, Galilei, Kepler, Bacon, Machiavelli, Hobbes und Locke gelesen. Er war als Waise unter der Obhut seines Onkels, des Rektors der Theologischen Hochschule von Kiew, erzogen worden, hatte die Jesuitenschulen in Polen und später das Jesuitenkollegium in Rom besucht. In Rom studierte Prokopowitsch dann auch Theologie, trat anschließend in einen katholischen Orden ein und war 1700, im Alter von zweiundzwanzig Jahren, bei der Krönung von Papst Clemens XI. zugegen. Der dreijährige Aufenthalt in Rom bedingte bei Prokopowitsch jedoch eine Antipathie gegen das Papsttum und die römische Kirche. Als er nach Kiew zurückkehrte, lehrte er an der Hochschule Philosophie, Rhetorik, Poetik, Literatur und Latein. Als erster führte er Arithmetik, Geometrie und Physik in den Lehrplan der Theologen ein. Er schrieb auch ein fünfaktiges Versdrama, das die Einführung des Christentums in Rußland im 10. Jahrhundert durch den Fürsten Wladimir von Kiew zum Gegenstand hatte. 1706 fuhr der Zar nach Kiew und hörte Prokopowitsch in der Sophien-Kathedrale predigen. In der Krise des Jahres 1708, als Masepa den Zaren verriet und zu Karl XII. übertrat, stellte sich Prokopowitsch auf die Seite Peters. »Alle Kirchenleute meiden uns. In ganz Kiew fand ich nur einen einzigen Mann, den Präfekten der Hochschule [Prokopowitsch], der zu uns steht«[11], berichtete Fürst Golizyn, der Gouverneur von Kiew, dem Zaren. 1709, nach dem Sieg von Poltawa, kehrte der Zar wieder nach Kiew zurück, wo ihn Prokopowitsch als »Seine Allerheiligste Majestät, den Zaren von All-Rußland« willkommen hieß und eine Festrede hielt, in der er ihn in den höchsten Tönen pries. 1711 begleitete Prokopowitsch Peter auf den katastrophalen Pruth-Feldzug, und kurz darauf wurde er im Alter von einunddreißig Jahren zum Rektor der Kiewer Hochschule für Theologie ernannt. 1716 holte ihn der Zar nach St. Petersburg.

Prokopowitsch unterstützte energisch Peters Versuche, die Kirche dem Staat unterzuordnen. Vockerodt, der Sekretär des preußischen Gesandten Mardefeld, stellte fest, er habe bei Prokopowitsch, abgesehen von dessen großer Bildung, »eine glühende Leidenschaft für den Vorteil des Landes, sogar zu Lasten der kirchlichen Interessen« gefunden.[12] Als am 6. April 1718, am Palmsonntag, die kirchlichen Oberhäupter dazu aufgefordert wurden, ihr Urteil über den Zarewitsch zu fällen, predigte Prokopowitsch von seiner Kanzel aus über die Macht und den Ruhm des Zaren und über die heilige Pflicht aller Untertanen, der weltlichen Macht zu gehorchen. »Die höchste irdische Autorität ist bewaffnet mit dem Schwert Gottes; sich ihr zu widersetzen, ist eine Sünde gegen Gott selbst«[13], offenbarte er. Er lehnte den Gedanken, der Klerus sei von der Loyalität dem Herrscher gegenüber befreit, schroff ab: »Der Klerus ist dem Staat untertan wie das Heer, die Zivilverwaltung, die Ärzte und die Handwerker. Er ist nur ein Stand innerhalb des Volkes und nicht ein eigener Staat.« Es war begreiflich, daß die übrigen Geistlichen Prokopowitsch des Opportunismus, der Heuchelei und des Ehrgeizes bezichtigten. Als Peter ihn zum Erzbischof von Pskow und Narwa ernannte, warf der Moskauer Klerus dem neuen Würdenträger vor, er vertrete häretische protestantische Lehrmeinungen. Auch Jaworski erhob diesen Vorwurf, bis Peter ihn nach Beweisen fragte; da der Exarch aber diese nicht vorbringen konnte, mußte er seine Beschuldigung zurückziehen.

Als der Krieg mit Schweden sich dem Ende zuneigte, überlegte Peter, welche dauerhafte Regierungsform für die Kirche geeignet sei. Jaworskis Berufung zum Exarchen, die ursprünglich nur als Provisorium gedacht war, dauerte inzwischen bereits achtzehn Jahre, und die Bischöfe hatten den Zaren im Lauf der Jahre wiederholt und eindringlich darum gebeten, einen neuen Patriarchen zu ernennen. Nach dem Tod des letzten Patriarchen war der Zar mehrfach ins Ausland gereist und hatte in katholischen und in protestantischen Ländern viele Institutionen der anderen Religionsgemeinschaften kennengelernt. Die Führung der katholischen Kirche hatte ein einzelner Mann, was sich für Peter nicht zur Nachahmung empfahl, aber in den protestantischen Ländern unterstanden die Kirchen einer Synode, und diese Einrichtung gefiel dem Zaren. Nachdem er seine Zivilverwaltung reformiert und Kollegien bzw. Ministerien geschaffen hatte, beschloß er nun, die Verwaltung der Kirche auf ähnliche Weise umzustrukturieren. 1718 beauftragte er Prokopowitsch, eine Kirchenverfassung zu entwerfen, die die Bezeichnung »Geistliches Reglement« erhalten und eine neue Organisationsstruktur der russisch-orthodoxen Kirche durchsetzen sollte. Prokopowitsch arbeitete mehrere Monate daran, und dieser Verfassungsentwurf wurde seine größte Leistung, wenngleich Peter jeden einzelnen Abschnitt dann las, korrigierte und manchmal völlig umschrieb.

1721 wurde dem »Geistlichen Reglement« Gesetzeskraft verliehen. Unwissenheit und Aberglaube sollten nicht nur bei den einfachen Gemeindemitgliedern, sondern auch beim Klerus ausgerottet werden. »Wenn das Licht der Bildung fehlt«, hieß es im Reglement, »kann die Kirche unmöglich gut verwaltet werden.«[14] Bischöfe erhielten den Auftrag, Ausbildungsstätten für Priester zu schaffen; innerhalb von vier Jahren wurden sechsundvierzig Lehrstätten eröffnet. Die Priester mußten fortan hinreichend theologisch ausgebildet sein. »Wer die Theologie lehren will, muß die Heilige Schrift kennen und alle Dogmen mit Belegen aus der Schrift erhärten können«, forderte das Reglement. Auf Prokopowitschs Veranlassung hin sollten Priester in Zukunft auch in Geschichte, Politik, Geographie, Arithmetik, Geometrie und Physik unterwiesen werden. Die Gemeindemitglieder sollten regelmäßig den Gottesdienst besuchen; wer nicht erschien oder in der Kirche laut sprach, dem drohte eine Geldstrafe.

Anstelle des Patriarchats trat jetzt eine Institution mit der Bezeichnung »Heiligster regierender Synod«. Der Synod war nach dem gleichen Modell wie die Kollegien der Zivilverwaltung aufgebaut; er hatte einen Präsidenten, einen Vizipräsidenten und acht weitere Mitglieder. Der Zar wollte ihn jedoch von den weltlichen Kollegien unterscheiden und ihn auch höherstellen als diese, etwa auf die gleiche Stufe wie den Senat. Wie dieser hatte auch der Synod einen zivilen Aufseher, den Oberprokurator des Synods, dessen Aufgabe es war, die Kirchenverwaltung zu überwachen, Streitigkeiten zu schlichten und gegen Nachlässigkeiten und Nichterscheinen in den Versammlungen vorzugehen. Faktisch wurde der Synod, der für alle geistlichen und organisatorischen Angelegenheiten der Kirche verantwortlich war, zu einem Ministerium für religiöse Angelegenheiten.

In den folgenden zwei Jahrhunderten wurde die russisch-orthodoxe Kirche dann nach den Vorschriften regiert, die im »Geistlichen Reglement« festgehalten worden waren. Die Kirche war keine vom Staat unabhängige Einrichtung mehr; der Zar übte in allen kirchlichen Angelegenheiten mit Ausnahme der Lehre unumschränkte Herrschaft aus; geweihte Priester mußten einen Eid ablegen, mit dem sie sich dazu verpflichteten, »beharrlich alle Macht, alle Rechte und Prärogativen zu verteidigen, welche der hohen Autokratie Seiner Majestät (und Seiner Nachfolger) zu eigen sind« [15]. Als Gegenleistung garantierte der Staat dem orthodoxen Glauben die Rolle einer Staatsreligion innerhalb des russischen Reiches.

Obwohl Jaworski ein entschiedener Gegner der neuen Einrichtung war, machte ihn Peter zum Präsidenten des Heiligen Synods, da er der Auffassung war, als Mitglied der neuen Institution sei er weit ungefährlicher. Trotz all seiner Einwände wurde Jaworski in dieses Amt eingesetzt, das er bis zu seinem Tod im Jahr 1722 innehatte.

Prokopowitsch wurde trotz seines verhältnismäßig jungen Alters – er war 1721 einundvierzig Jahre alt – die dritthöchste Position des Heiligen Synods eingeräumt: Er wurde zweiter Vizepräsident. Er überlebte Peter den Großen um zehn Jahre und nahm auch nach dessen Tod eine führende Stellung im Synod ein, bis er zum Erzbischof von Nowgorod ernannt wurde.

Der Zar hatte durch die Institution des Synods dafür gesorgt, daß die Kirchenverwaltung der Staatsregierung unterstand und daß die Gefahr einer zweiten konkurrierenden Macht gebannt war. Diese Reform führte auch tatsächlich einige Verbesserungen in der Ausbildung und Disziplin der Geistlichen herbei, wenngleich russische Dorfpopen das ganze 18. und 19. Jahrhundert hindurch nie Vorbilder von Gelehrsamkeit werden sollten. Erstaunlich war jedoch die Tatsache, daß das »Geistliche Reglement« auf keinen nennenswerten Widerstand weder innerhalb der Kirche noch unter der Bevölkerung stieß. Das war zum großen Teil darauf zurückzuführen, daß sich der Zar nicht in jene Bereiche eingemischt hatte, auf die es der russischen Kirche am meisten ankam: das geheiligte Ritual und das Dogma. Für Peter war nur die Frage von Bedeutung, wer die Kirche leitete; die Form der Liturgie interessierte ihn nicht, und deshalb nahm er keine Änderung auf diesem Gebiet vor.

Mit der Zeit wirkte sich jedoch die staatliche Kontrolle über die Kirche nachteilig aus. Gemeindemitglieder konnten in der Pracht des orthodoxen Gottesdienstes und seines Chorgesangs sowie in der herzlichen Gemeinschaft mit den übrigen Gläubigen Heil für ihre Seele und Trost für menschliches Leid finden, aber eine Kirche, die sich nur noch mit internen geistlichen Angelegenheiten befaßte und sich nicht gegen die Regierungen erhob, wenn diese die christlichen Werte oder die soziale Gerechtigkeit mißachteten, verlor bald die Unterstützung des Volkes. Die gläubigen Bauern und die einfachen Leute wurden auf ihrer Suche nach der wahren Religion allmählich immer mehr von den Altgläubigen und von anderen Sekten angezogen, und die gebildeten Schichten lehnten die Kirche weiterhin wegen ihres konservativen Antiintellektualismus und wegen ihrer sklavischen Unterstützung des jeweiligen Regimes ab. Statt geistige Führung zu sein, lehnte sich die Kirche fortan nur noch an die Regierung an, so daß später der Sturz des Zarentums mit dem der Kirchenverwaltung einherging. 1918 wurde dann der Heilige Synod zusammen mit den anderen Regierungseinrichtungen des Zarenreichs abgeschafft. Lenin führte wieder das Patriarchat ein, das jedoch noch stärker vom Staat kontrolliert wurde als der Heilige Synod.

4   Kaiser in St. Petersburg

Der neue Kaiser »erledigt an einem Vormittag mehr Angelegenheiten als ein Haus voller Senatoren in einem Monat«[1], bemerkte seinerzeit ein Ausländer. Selbst im Winter, wenn die Sonne in St. Petersburg nicht vor neun Uhr morgens aufgeht, stand Peter um vier Uhr auf und nahm – wobei er noch seine Nachtmütze und einen wallenden alten chinesischen Morgenmantel trug – sofort Berichte entgegen oder besprach sich mit seinen Ministern. Nach einem leichten Frühstück ging er um sechs Uhr zur Admiralität, arbeitete dort mindestens eine Stunde, manchmal zwei, und ging dann in den Senat. Er kehrte gegen zehn Uhr nach Hause zurück, wo er bis zum Mittagessen um elf eine Stunde lang an seiner Drehbank arbeitete. Nach dem Essen legte er sich regelmäßig zu einem zweistündigen Mittagsschlaf nieder, den er zu halten pflegte, wo immer er sich aufhielt. Nachmittags um drei Uhr unternahm er einen Spaziergang durch die Stadt, oder er arbeitete mit Makarow, seinem Privatsekretär. Er trug immer ein Täfelchen oder einen Notizblock in der Tasche, um sofort Gedanken oder Vorschläge aufschreiben zu können, die ihm während des Tages einfielen; und wenn er kein Täfelchen zur Hand hatte, kritzelte er seine Notizen auf den Rand des erstbesten Stücks Papier, das er finden konnte. Am Abend besuchte er Freunde in deren Häusern oder ging auf eine der neuen öffentlichen Versammlungen, die er nach seiner Rückkehr aus Frankreich eingeführt hatte.

Natürlich gab es in dieser Tagesordnung Veränderungen. Es gab Zeiten, in denen er sich kaum im Haus aufhielt, und andere, zu denen er das Haus kaum verließ – im Winter 1720 blieb er beispielsweise fünf Monate lang täglich vierzehn Stunden in seiner Kanzlei, als er an den Entwürfen zu seinem neuen Seereglement arbeitete. Bei solchen Arbeiten stand der Zar an einem Schreibpult aus Walnußholz, das eigens für ihn in England angefertigt worden war. Die Schreibfläche dieses Pults lag einen Meter fünfundsechzig über dem Boden.

Wenn er zum Essen ging, brachte Peter den Appetit eines Seemanns mit. Er zog herzhafte und einfache Kost vor. Seine Lieblingsgerichte waren Krautsuppe, Grütze, Spanferkel mit saurer Sahne, kalter Braten mit Gurken oder gesalzenen Zitronen, Salzfleisch, Schinken und Gemüse. Zum Dessert nahm er statt Süßigkeiten lieber Obst und Käse, vor allem Limburger. Er aß keinen Fisch, weil ihm dieser angeblich nicht bekam. An Fastentagen lebte er von Vollkornbrot und Früchten. Vor dem Essen trank er ein wenig Anisbranntwein, danach Kwaß oder ungarischen Rotwein. Wenn er mit seiner Kutsche ausfuhr, nahm er immer ein wenig kalten Proviant mit, da er jederzeit Hunger bekommen konnte. Wenn er außer Haus aß, hatte eine Ordonnanz immer seinen hölzernen Löffel mit dem Elfenbeingriff sowie sein Messer und seine Gabel mit grünen Horngriffen dabei, denn Peter benutzte nie ein anderes Besteck als sein eigenes.

Keinerlei Zeremoniell begleitete Peters private Mahlzeiten. Er und Katharina speisten oft allein, wobei Peter in Hemdsärmeln am Tisch saß und nur ein Page und eine ausgewählte Kammerjungfer den beiden aufwarteten. Wenn er mehrere Minister oder Generäle zu Tisch hatte, bedienten sein Oberküchenmeister, eine Ordonnanz und zwei Pagen; sie hatten strikte Anweisung, sich zurückzuziehen, sobald der Nachtisch serviert und jedem Gast eine Flasche Wein vorgesetzt war. »Ich mag nicht, daß sie mich beobachten, wenn ich frei heraus rede«, erklärte er einmal dem preußischen Gesandten. »Die Mietlinge, die Lakaien sehen einem bei der Tafel nur in den Mund, lauern auf alles, was man spricht, verstehen es krumm und erzählen es krumm wieder.«[2] Niemals wurden mehr als sechzehn Plätze an Peters Tisch gedeckt, die beliebig eingenommen werden durften, je nachdem, wer zuerst kam. Einmal, als er und die Zarin sich bereits gesetzt hatten, sagte er: »Meine Herren, nehmen Sie bitte Platz, soweit der Tisch reicht. Die übrigen wollen bitte nach Hause gehen und mit ihren Ehefrauen speisen.«[3]

Bei öffentlichen Essen liebte es der Zar, Musik zu hören. Wenn er in der Admiralität saß, wo es die Marineverpflegung von Rauchfleisch und Bier gab, spielte auf dem Mittelturm eine Kapelle von Querflöten und Trommeln. Speiste er in seinem Palast mit Generälen und Ministern, spielte eine Soldatenkapelle auf Trompeten, Oboen, Waldhörnern, Fagotten und Trommeln Militärmusik.

Peters Koch war ein Sachse namens Johann Velten, der nach Rußland gekommen war, um beim dänischen Gesandten in Dienst zu treten. Peter lernte seine Kochkünste 1704 kennen und überredete Velten, zu ihm zu kommen, zuerst als einer seiner Köche, dann als Chefkoch und schließlich als Oberküchenmeister. Velten war ein heiterer und fröhlicher Mensch, und Peter mochte ihn sehr, obwohl er ihn nicht selten züchtigte. (»Sein spanisches Rohr tanzte oft auf meinem Buckel«, erzählte Velten später.) Zu einem solchen Vorfall kam es einmal, als Velten Peter einen Limburger zum Nachtisch serviert hatte, der dem Zaren besonders gut schmeckte. Peter aß ein Stück davon und holte dann ein Maßband aus seiner Tasche, mit dem er den Rest Käse sorgfältig abmaß. Das Ergebnis notierte er sich auf seiner Schreibtafel. Dann rief er Velten und sagte: »Verwahre mir diesen Käse und gib niemandem davon, denn ich will ihn selbst aufessen.«[4] Als der Käse tags darauf wieder aufgetragen wurde, schien er viel kleiner zu sein. Peter holte seinen Meßstab hervor, maß das Käsestück und verglich das Ergebnis mit der Notiz auf seiner Schreibtafel. Und siehe da: der Käse war tatsächlich kleiner. Peter ließ Velten kommen, legte ihm seine Aufzeichnungen vor, wies auf den Unterschied hin und verprügelte den Oberküchenmeister mit seinem Stock. Dann setzte er sich und aß zusammen mit einem Gläschen Wein den Käse auf.

Peter hatte eine Abneigung gegen Pomp, und er lebte schlicht und sparsam. Er bevorzugte alte Kleider, getragene Schuhe und Stiefel, und Strümpfe, die von seiner Frau und seinen Töchtern mehrfach ausgebessert und gestopft waren. Er trug erst gegen Ende seines Lebens eine Perücke, als er damit begann, sich im Sommer gegen die Hitze die Haare scheren zu lassen und man ihm aus seinen eigenen Haaren eine Perücke anfertigte. Im Sommer sah man ihn nie mit einem Hut; in den kälteren Monaten trug er den schwarzen Dreispitz des Preobraschensker Regiments und einen alten Umhang, in dessen weite Taschen er gewöhnlich Regierungsunterlagen und andere Dokumente stopfte. Er besaß elegante lange Mäntel nach westlicher Mode, mit weiten Ärmeln und weiten Aufschlägen – einen grünen und einen hellblauen mit Silberstickerei, einen braunsamtenen mit Goldverzierung, einen grauen mit roter und einen roten mit goldener Stickerei –, aber er zog sie kaum jemals an. Um Katharina eine Freude zu machen, trug er zu ihrer Krönung einen Rock, den sie selbst mit Gold- und Silberstickerei verziert hatte, obwohl er meinte, das Geld für das Kleidungsstück wäre besser für den Unterhalt einiger Soldaten ausgegeben worden.

Peters Vorliebe für Einfachheit äußerte sich auch in der Größe und dem Aufwand seines Hofstaats. Er hatte keine Kammerherrn und Lakaien; seine persönlichen Bediensteten waren lediglich zwei Diener und sechs Denschtschiken oder Ordonnanzen, die ihm abwechselnd paarweise aufwarteten. Die Denschtschiken waren junge Männer aus guten Familien, meist niederer Adel oder Kaufleute, die dem Zaren für die verschiedensten Dienste zur Verfügung standen: Sie dienten als Boten, servierten bei Tisch, ritten hinter seiner Kutsche her oder bewachten ihn, wenn er schlief. Wenn Peter auf Reisen war, hielt er seinen Mittagsschlaf auf Stroh und benutzte den Bauch eines Denschtschiken als Kopfkissen. Ein Denschtschike, so berichtete ein Ehemaliger, »war verpflichtet, in dieser Stellung geduldig auszuhalten und sich nicht zu bewegen, damit er seinen Herrn nicht weckte; denn so munter und freundlich dieser nach einem guten Schlaf zu sein pflegte, so launisch und erregbar war er, wenn sein Schlaf gestört worden war«[5]. Denschtschik zu werden konnte die erste Sprosse auf der Leiter zum Erfolg sein; sowohl Menschikow als auch Jaguschinski waren einmal Denschtschiken gewesen. Gewöhnlich behielt Peter einen solchen Jungen etwa zehn Jahre bei sich und versetzte ihn dann in die militärische oder zivile Verwaltung. Manche hatten keine größeren Ambitionen. Von einem jungen Denschtschiken, Wassili Pospelew, hieß es: »Er war ein armer junger Bursche im Chor des Zaren, und da der Zar selbst ein Sänger ist und fast an jedem Festtag in der Kirche unter den einfachen Chorsängern stand und mit ihnen sang, fand er solches Gefallen an ihm, daß er kaum noch ohne ihn sein konnte. Er packte ihn wohl hundertmal am Tag am Kopf und küßte ihn und ließ die höchsten Minister stehen und warten, während er geht und mit ihm redet.«[6]

Es war Peters Überzeugung, daß Prachtentfaltung und Äußerlichkeiten nichts mit Größe zu tun hatten. Er erinnerte sich stets an die Schlichtheit der königlichen Paläste in England und Holland und an die Zurückhaltung und Bescheidenheit, in der Wilhelm III. lebte, zu seiner Zeit Herrscher über zwei der reichsten Nationen Europas. Peter legte auch keinen Wert auf bombastische Schmeicheleien. Als einmal zwei Holländer in überschwenglichen Worten auf seine Gesundheit tranken, lachte er nur, schüttelte den Kopf und sagte: »Dat was goed, ick dank u Schipper.«[7] Im Umgang mit Menschen aus allen Schichten war Peter frei und ungeniert. Nur selten hielt er sich ans Protokoll. Er haßte lange, offizielle Bankette; diese Dinge, sagte er, seien erfunden worden, »um die Großen und Reichen für ihre Sünden zu bestrafen«[8]. Bei Festessen gab er den Ehrenplatz stets an Romodanowski oder an Menschikow ab und setzte sich ans untere Ende des Tisches, um flüchten zu können. Wenn er ausfuhr, geschah es in einer kleinen, offenen zweirädrigen Kutsche, in der nur zwei Personen Platz hatten. (Ein Ausländer erklärte verächtlich, daß kein angesehener Moskauer Kaufmann einen Fuß in ein so erbärmliches Fahrzeug setzen würde.) Im Winter benutzte er einen einfachen Schlitten für ein Pferd; der einzige Begleiter saß neben ihm. Peter ging jedoch immer noch am liebsten zu Fuß. Dabei sah er mehr, und er konnte stehenbleiben und etwas länger betrachten. Jeden, dem er begegnete, sprach er an.

Peters Gewohnheit, sich frei unter seinem Volk zu bewegen, war nicht ganz ungefährlich. Es gab genügend Gründe für einen Attentäter, ihn anzugreifen. Es glaubten tatsächlich nicht wenige, er sei der Antichrist. Als Peter einmal in seinem Sommerpalast an der Fontanka eine Konferenz abhielt, hatte sich ein Fremder in das Vorzimmer eingeschlichen. Er trug eine farbige Tasche in der Hand, wie sie Sekretäre und Schreiber benutzten, um dem Zaren Papiere zur Unterschrift zu überbringen. Der Mann wartete ruhig und zog keinerlei Verdacht auf sich, bis Peter heraustrat und die Minister an die Tür begleitete. In diesem Augenblick stand der Fremde auf, zog etwas aus seiner Tasche, hielt es aber hinter ihr verborgen und bewegte sich auf Peter zu. Niemand hinderte ihn, da man glaubte, er sei eine Ordonnanz oder der Diener eines Ministers. Im letzten Augenblick trat ein Denschtschik auf ihn zu und ergriff ihn am Arm. Es kam zu einem kleinen Handgemenge, und als Peter sich umdrehte, fiel ein »entsetzlich großes und scharfes Messer von einer viertel Elle« zu Boden. Peter fragte den Mann, was er mit dem Messer vorgehabt habe. »Dich zu ermorden«, erwiderte der Fremde. »Und warum? Habe ich dir etwas zuleide getan?« wollte der Zar wissen. »Nein, mir hast du nichts Böses getan, aber unseren Brüdern und unserer Religion«[9], erwiderte der Mann, der sich als Altgläubiger bekannte.

Mörder schreckten Peter nicht, aber es gab Dinge, vor denen er zitterte: Küchenschaben. Wenn er sich auf Reisen befand, betrat er nie ein Haus, ehe man ihm nicht versicherte, daß es darin keine derartigen Insekten gab, und ehe sein Zimmer von seinen eigenen Bediensteten sorgfältig ausgekehrt worden war. Das ist auf eine Episode zurückzuführen, die ihm als Gast in einem Landhaus passierte. Als man sich zu Tisch gesetzt hatte, fragte der Zar seinen Gastgeber, ob er je Schaben im Haus gehabt hätte. »Nicht viele«, antwortete der Gastgeber, »und um sie zu verjagen, habe ich eine lebendig hier an die Wand gespießt.«[10] Und er wies mit dem Finger auf die Stelle ganz in der Nähe des Zaren, wo das Insekt aufgespießt war und sich noch krümmte. Mit einem Schrei sprang Peter vom Tisch auf, gab seinem Gastgeber einen gewaltigen Stoß und rannte aus dem Haus.

Sein stürmisches Temperament und die Gewohnheit, Untergebene mit einem Stock oder mit den Fäusten zu disziplinieren, legte Peter sein Leben lang nicht ab. Niemand in der Nähe des Zaren war dagegen gefeit, obwohl er schnell wieder ruhig wurde, sobald die Schläge ausgeteilt waren. Ein typischer Fall passierte in St. Petersburg, als Peter einmal zusammen mit Anton Devier, dem Generalpolizeimeister der Stadt, in seinem kleinen Einspänner durch die Stadt fuhr. Devier war auch für den Zustand der Straßen und Brükken in der Hauptstadt verantwortlich. Als Peters Karriole an jenem Tag eine kleine Brücke über den Mojkakanal passierte, bemerkte er, daß einige Bretter fehlten und andere locker geworden waren. Er hielt sein Fahrzeug an, sprang heraus und ließ den Denschtschik, der sie begleitete, die Brücke sofort in Ordnung bringen. Während die Bretter wieder befestigt wurden, prügelte Peter Devier mit dem Stock und sagte zu ihm: »Das ist die Strafe für Nachlässigkeit. Sie wird dich lehren, deine Rundgänge zu machen und dafür zu sorgen, daß alles sicher und in Ordnung ist.«[11] Als die Brücke repariert war, wandte sich Peter an Devier und sagte freundlich: »Steig ein, Bruder, und setz dich.«

Und beide fuhren weg, als wenn nichts geschehen wäre. Peters Schläge trafen ohne Unterschied. Groß und klein. Als seine Jacht einmal einen ganzen Tag lang zwischen Kronstadt und St. Petersburg in der Flaute lag, ging der Zar nach dem Mittagessen in seine Kabine hinunter, um zu schlafen. Bevor seine zwei Stunden um waren, wurde er durch Lärm an Deck aufgeweckt. Wütend kam er nach oben und fand das Deck leer, bis auf einen kleinen schwarzen Pagen, der ruhig auf der Leiter saß. Peter packte den Jungen, prügelte ihn mit dem Stock und sagte: »Das wird dich lehren, still zu sein und mich nicht zu stören, wenn ich schlafe.«[12] Der Junge war jedoch völlig unschuldig; der Leibarzt des Zaren, ein Ingenieur und zwei andere Offiziere hatten den Lärm verursacht und sich schnell aus dem Staub gemacht und versteckt, als sie Peter die Treppe heraufkommen hörten. Als Peter wieder nach unten gegangen war, kamen sie aus ihren Verstecken und drohten dem Jungen, ihn noch einmal zu verprügeln, wenn er dem Zaren die Wahrheit sagen würde. Als Peter nach einer Stunde wieder auf Deck kam, war er ausgeschlafen und aufgeräumt. Er wunderte sich, daß der Junge immer noch weinte, und fragte ihn nach dem Grund. »Weil du mich grausam und ungerecht geschlagen hast«, antwortete der Junge und nannte ihm diejenigen, die den Lärm verursacht hatten. »Nun gut«, erwiderte Peter, »da du diesmal unschuldig Schläge bekommen hast, so soll dir dein nächster Streich vergeben sein.« Als Peter ein paar Tage später den Jungen wieder prügeln wollte, erinnerte ihn dieser an sein Versprechen. »Das ist wahr«, sagte Peter, »ich erinnere mich und verzeihe dir diesmal, da du deine Schläge vorausbekommen hast.«

Die Ausbrüche des Zaren konnten fürchterlich sein. Eines Tages arbeitete er in der Dreherei des Sommerpalastes an einem großen Kronleuchter aus Elfenbein, zusammen mit seinem Drechslermeister Nartow und einem jungen Lehrling, den Peter wegen seiner Fröhlichkeit und Offenheit gern hatte. Der Lehrling hatte den Auftrag, dem Zaren ruhig den Hut abzunehmen, wenn er sich setzte und es vergaß. Als der Lehrling diesmal hastig nach dem Hut griff, riß er Peter an den Haaren. Peter sprang voll Zorn auf und lief dem Jungen nach, während er drohte, ihn zu töten. Der Junge entkam, weil er sich versteckte. Am folgenden Tag kehrte Peter an die Drehbank zurück, sein Zorn war vergessen. »Der verdammte Junge hat mich brav gezaust«, scherzte er, »aber er hat mir weher getan, als er wollte. Ich bin sehr froh, daß er schneller war als ich.«[13] Es vergingen noch ein paar Tage und Peter fiel auf, daß der Lehrling immer noch nicht an die Arbeit zurückgekehrt war. Er trug Nartow auf, nach ihm zu suchen und ihm zu versichern, daß er ohne Angst zurückkehren könne. Der Junge war jedoch nicht zu finden, nicht einmal mit Hilfe der Polizei. Er war aus St. Petersburg geflohen, zuerst in ein kleines Dorf am Ladogasee und dann nach Wologda an der Düna, wo er sich als Waise ausgab und von einem Glaser aufgenommen wurde, der ihn sein Handwerk lehrte. Erst zehn Jahre später, nach Peters Tod, wagte der junge Mann seinen wirklichen Namen zu nennen und nach St. Petersburg zurückzukehren. Nartow erzählte ihm von der Vergebung des Zaren und stellte ihn wieder an. Er arbeitete während der ganzen Regierungszeit der Kaiserinnen Anna und Elisabeth am Hof.

Peter versuchte im Laufe der Zeit, seinen Jähzorn zu zügeln, und wenn ihm dies auch nie völlig gelang, so war er sich doch dessen als einer Schwäche bewußt. »Ich weiß, daß ich meine Fehler habe und leicht die Beherrschung verliere«, sagte er, »und will es daher keinem, der mir vertraut ist, übelnehmen, wenn er es mir sagt und mit mir deswegen schimpft, wie meine Katharina.« [14]

Tatsächlich konnte Katharina am besten – und manchmal als einzige – mit Peters Zornesausbrüchen fertig werden. Sie fürchtete sich nicht vor ihm, und er wußte das. Als sie einmal wiederholt auf ein Thema zurückkam, das ihn ärgerte, bekam er einen Wutanfall und zerschmetterte einen hübschen venezianischen Spiegel, wobei er ominös schrie: »So kann ich auch den schönsten Gegenstand in meinem Palast zerstören!« Katharina verstand die Drohung, schaute ihm aber ruhig in die Augen und sagte: »Und hat der Palast dadurch an Schönheit gewonnen?« [15] Sie war klug und widersetzte sich ihrem Mann nie direkt, sondern versuchte ihn dahinzubringen, die Angelegenheit aus einem anderen Blickwinkel zu sehen. Einmal benutzte sie seine Lieblingshündin Lisette, um seinen Zorn zu besänftigen. Dieses Tier, ein fahlgelber italienischer Windhund, lief ihm zu Hause überallhin nach, und während seines Mittagschlafs lag es zu seinen Füßen. Einmal hielt Peter ein Mitglied des Hofes der Korruption für schuldig, und der betreffende Mann befand sich in höchster Gefahr, mit der Knute bestraft zu werden. Jedermann außer dem Zaren – Katharina eingeschlossen – war von der Unschuld des Unglücklichen überzeugt, doch alle bisherigen Gnadenappelle hatten den Zaren nur noch erboster gemacht. Um in seiner Umgebung wieder Ruhe zu haben, hatte er schließlich allen, auch der Zarin, untersagt, ihm noch irgendeine Bittschrift zu diesem Fall vorzulegen oder über ihn auch nur zu sprechen. Katharina gab jedoch nicht auf. Sie verfaßte eine kurze, pathetische Petition im Namen von Lisette, in der sie starke Beweise für die Unschuld des Angeklagten vorbrachte und wegen der unverbrüchlichen Treue des Hundes zu seinem Herrn diesen um Gnade bat. Das Schreiben befestigte sie an Lisettes Halsband. Als Peter aus dem Senat heimkehrte, sprang die treue Hündin wie immer erfreut an ihrem Herrn hoch. Dieser entdeckte das Papier, las es, lächelte müde und sagte: »Nun, Lisette, nachdem *du* noch nie zuvor gebeten hast, will ich dir deine Bitte gewähren.« [16]

Obwohl Peter alle Förmlichkeiten haßte, gab es doch einige Zeremonien, die ihm große Freude bereiteten, und einige andere, die er pflichtbewußt als Verpflichtungen des Staatsoberhauptes akzeptierte. Vor allem liebte er den Stapellauf eines neuen Schiffes. Im allgemeinen sparsam, gab er bei derartigen Gelegenheiten große Summen aus; und die Menschen strömten dann zur Admiralität, um von der Freigebigkeit des Zaren zu profitieren. Der Anlaß verlangte, daß an Bord des neuen Schiffes ein großes Festessen abgehalten wurde, und man konnte den Zaren dann aufgeregt und mit strahlendem Gesicht im Mittelpunkt des Getriebes erleben, begleitet von seiner Familie, einschließlich seiner Töchter und sogar der alternden Zarin Praskowaja, die sich nie einen Stapellauf und die dazugehörigen Ströme von Alkohol entgehen ließ. Derartige Feierlichkeiten endeten unvermeidlich damit, daß der alte General-Admiral Apraxin in Tränen ausbrach, weil er doch ein einsamer Mann sei, und daß der mächtige Fürst Menschikow betrunken und reglos unter dem Tisch lag, worauf die Diener nach seiner Frau, Prinzessin Darja, und deren Schwester schickten, die ihn mit Riechsalz, Massagen und kaltem Wasser wiederbelebten, um »dann vom Zaren die Erlaubnis zu bekommen, ihn pflegen und mit nach Hause nehmen zu dürfen«.

Das gesellschaftliche Leben in St. Petersburg kreiste um Hochzeiten, Taufen, Einweihungen und Begräbnisfeierlichkeiten. Peter und die Mitglieder seiner Familie waren immer bereit, sich als Trauzeugen zur Verfügung zu stellen. Peter war häufig Taufpate und hielt dann die Kinder von einfachen Soldaten, Handwerkern und niedrigeren Beamten über den Taufstein. Er tat das gern, doch konnte eine Familie, die er so auszeichnete, keineswegs mit einem üppigen Patengeschenk rechnen. Sein Geschenk bestand gewöhnlich in einem Kuß für die Mutter und einem Rubel für das Kind, den er nach altrussischem Brauch unter das Taufkissen steckte. Wenn er bei Hochzeiten als Zeremonienmeister fungierte, erfüllte er seine Pflichten aufs genaueste, legte dann seinen Marschallstab weg, ging zum Tisch, nahm sich ein Stück Braten und begann zu essen.

Der Winter brachte kaum eine Pause in Peters unermüdliche Aktivitäten. An Tagen, an denen Jefferyes nach London schrieb, daß »man seine Nase kaum zur Tür hinausstrecken konnte, ohne Gefahr zu laufen, sie in der Kälte zu verlieren«[17], fuhren Peter, Katharina und Mitglieder des Hofes sechzig Kilometer bis zum Dorf Dudderkoff, wo sie sich – wie der verwunderte Gesandte berichtete – »damit vergnügten, mit Schlitten in großer Geschwindigkeit einen steilen Berg hinunterzufahren, eine Unterhaltung, die sie *Katat* nennen«[18]. Ein anderer Wintersport, das Segeln auf dem Eis, lockte den Zaren sogar noch mehr. »Im Winter, wenn sowohl die Newa als auch die Bucht zugefroren sind, läßt er seine Schiffe ... auf geniale Weise für das Segeln auf dem Eis herrichten«, schrieb Perry. »Jeden Tag, an dem es eine Brise gibt, segelt und laviert er über das Eis, wobei Segel und Wimpel genauso flattern wie auf dem Wasser.«[19]

In den Sommermonaten machte es Peter Freude, den Sommergarten für Empfänge und Feiern zu öffnen. Der Jahrestag der Schlacht von Poltawa, der 28. Juni, war immer denkwürdig: Die Preobraschensker Garden in Flaschengrün und die Semenowsker Garden in Dunkelblau marschierten auf einem Feld in der Nähe auf, und Peter reichte seinen Soldaten persönlich Bier und Wein in hölzernen Bechern, um mit ihnen auf den Sieg zu trinken. Katharina und ihre Töchter Anna und Elisabeth, alle in eleganten Kleidern, mit Juwelen- und Perlenschmuck im Haar, empfingen, umgeben vom Hofstaat, in der Mitte des Gartens Gäste, im Hintergrund Le Blonds plätschernde Springbrunnen und Kaskaden. In der Nähe standen wie zwei kleine steife Wachspuppen Peters Enkelkinder, Peter und Natalja, die verwaisten Kinder des Zarewitschs Alexei. Nachdem sie ihre Reverenz erwiesen hatten, ließen sich die Gäste an hölzernen Tischen nieder, die unter Bäumen aufgestellt waren, und niemand trank dort mit mehr Hingabe nach Herzenslust als die bärtigen Bischöfe und andere Geistliche. Bei einer dieser Gelegenheiten schlug die Fröhlichkeit – vor allem bei den Ausländern und den Damen – in Panik um, als sie sahen, wie sich ihnen sechs muskulöse Garden mit Eimern voll Kornschnaps näherten, mit dem allen Ernstes Toasts ausgebracht werden sollten. Da an allen Eingängen Wachen postiert waren, damit sich niemand entfernen konnte, rannte alles zum Fluß, wo mehrere Galeeren vertäut lagen. Die Bischöfe jedoch machten keinen Versuch zu fliehen; sie saßen an ihren Tischen, rochen nach Rettich und Zwiebeln und lächelten übers ganze Gesicht, während sie Toast um Toast mittranken. Zu späterer Stunde baten die Zarin und die Prinzessinnen die Gesellschaft an Bord der Galeeren zum Tanz, und Feuerwerk erhellte den Himmel über dem Fluß. Manche tanzten und tranken bis zum Morgen, andere fielen im Garten müde um und schliefen ein, wo sie gerade waren.

Mitglieder der Zarenfamilie und auch treue Diener des Kaisers wurden mit großem Pomp begraben. So schied man von Romodanowski, der 1717 starb und dessen Ämter auf seinen Sohn übergingen. Scheremetew folgte 1719 im Alter von siebenundsechzig Jahren, einige Jahre nachdem er eine gebildete junge Witwe aus England geheiratet hatte. Jakob Dolgoruki trug man 1720 im Alter von einundachtzig Jahren zu Grabe. Gegenüber altgewordenen loyalen Ausländern, die viele Jahre – in manchen Fällen den größten Teil ihres Lebens – in seinem Dienst gestanden hatten, bewies Peter besondere Großzügigkeit. Noch im Amt belohnte er sie mit Gütern; setzten sie sich zur Ruhe, zahlte er ihnen Pensionen, die auf ihre Witwen oder auf verwaiste Kinder übergingen. Peter wollte auch nicht, daß das Einkommen dieser Leute sich verringerte, wenn sie sich zur Ruhe setzten. Als einmal ein Ausländer nach dreißigjährigem Dienst in den Ruhestand trat, schlug das Finanzkollegium vor, ihm die Hälfte seines bisherigen Gehalts als Pension zu zahlen. Peter antwortete entrüstet: »Was denkt ihr, soll ein Mann, der seine besten Jahre in meinem Dienst verbrachte, im Alter Not leiden? Nein, gebt ihm sein volles Gehalt, solange er lebt, und verlangt dafür nichts, da er nicht mehr arbeiten kann; zieht ihn aber in Sachen seines Amtes zu Rate und macht euch seine Erfahrungen zunutze. Wer würde wohl seine besten Jahre opfern, wenn er weiß, daß er im Alter zur Armut verurteilt, und wenn er verbraucht ist, von dem vernachlässigt wird, dem er seine Jugend geopfert hat.«[20]

Für einen so ungeduldigen und energiegeladenen Mann wie Peter war es schwer, sich zu erholen. »Was tut ihr zu Hause?« fragte er einmal in die Runde. »Ich weiß nicht, wie ich zu Hause sein könnte, ohne etwas zu tun.«[21] Er mied den Lieblingssport vieler Monarchen, die Jagd. Obwohl sein Vater jeden freien Augenblick mit der Falkenjagd zugebracht hatte und Frankreichs Hoheiten mit Lust in den Wäldern Hirsche verfolgten, mochte Peter diesen Sport nicht. Als er einmal zu einer Jagdpartie in der Nähe Moskaus eingeladen wurde, sagte er: »Jagt, meine Herren, jagt soviel ihr wollt und führt Krieg gegen die wilden Tiere. Was mich betrifft, ich kann mich auf diese Weise nicht amüsieren, solange ich Feinden aus dem Ausland begegnen und zu Hause fortwährend mit widerspenstigen Untertanen fertig werden muß.«[22] Peters Lieblingsspiel war das Schachspiel, und er führte stets ein zusammenlegbares Schachbrett aus Leder mit sich, um überall und jederzeit spielen zu können. Er hatte nichts gegen Glücksspiele und spielte selbst ein holländisches Kartenspiel um Geld, aber hauptsächlich, um die Kamerad-schaft und Unterhaltung der Kapitäne und Schiffsbauer zu genießen, mit denen er spielte. Für seine Soldaten im Heer und in der Marine schuf er eine strenge Regel: Niemand konnte mehr verlieren als einen Rubel. Wirkliche Spieler hatten seiner Meinung nach kein Interesse an etwas wirklich Nütz-lichem und dachten an nichts anderes, als daran, wie sie einander schröpfen könnten.

Peter erholte sich am besten, wenn er mit seinen Händen arbeitete: wenn er auf der Werft der Admiralität die Axt schwang, wenn er an seiner Drehbank irgendeinen Gegenstand aus Holz oder Elfenbein drechselte oder wenn er in einer Schmiede Eisen hämmerte. Der Kaiser besuchte gerne Eisengieße-reien: Er liebte das Atmen der Blasebälge, das Aufleuchten des Metalls im Feuer und den Klang der Hämmer auf den Ambossen. Und er beherrschte die Grundkenntnisse des Schmiedehandwerks. Einmal hatte er vier Wochen lang bei einem Schmiedemeister namens Werner Müller gearbeitet. Er arbei-tete schwer, 720 Pfund Eisenstangen schmiedete er an einem Tag. Als er nach seinem Lohn fragte, wollte ihm Müller mehr geben als üblich, doch Peter nahm nur den normalen Lohn eines Schmiedes an und kaufte sich dafür ein Paar neue Schuhe. Danach zeigte er jedem stolz diese Schuhe und sagte: »Die habe ich mir im Schweiß meines Angesichts mit Hammer und Amboß verdient.«[23]

Immer war es jedoch Peters größtes Vergnügen, auf dem Wasser zu sein. Sogar wenn er sich an Land befand, galt die Regel, daß beim Abfeuern von drei Kanonenschüssen von der Peter-und-Paul-Festung alle Schiffe, die sich gerade zwischen der Festung und dem Winterpalast auf der Newa befanden, Übungen für ihre Besatzungen abhalten mußten. Sie mußten die Segel his-sen, die Anker heben und hin und her manövrieren. Der Zar stand dabei an einem Fenster des Winterpalastes und sah aufmerksam und mit Freude zu. Im Sommer verbrachte er so viel Zeit wie möglich an Bord eines Bootes oder Schiffes. Er genoß allgemeine Ausflüge zu dritt, die er durch den Aushang besonderer Fahnen an den Straßenkreuzungen der Stadt ankündigte. Am festgesetzten Tag versammelten sich dann alle Bürger, die ein Boot besaßen, vor der Festung auf dem Fluß. Auf Peters Signal hin setzte sich die Flottille flußabwärts in Bewegung, der Zar an der Spitze, sein eigenes Schiff steuernd. Viele der Adligen brachten Musiker mit, und bald erklangen Trompeten- und Oboenklänge übers Wasser. Vor der Newamündung bogen die Schiffe gewöhnlich in einen kleinen Kanal ein, der zu Katharinas kleinem Landschlößchen, Jekaterinhof, führte. Dort setzten sich die Gäste an die Tische, die unter Obstbäumen bereitgestellt waren, und löschten ihren Durst mit einem Glas Tokajer.

Peters größte Freude war das Segeln im Finnischen Meerbusen zwischen St. Petersburg und Kronstadt. Bei schönem Wetter dort draußen, wenn die Sonne aus dem tiefblauen Himmel auf ihn herabschien, die Wellen sanft gegen die Bootswände schlugen und seine Hand das Ruder führte, war der Zar zufrieden. Er hatte von dort einen schönen Blick auf die Küste, wo auf den Rücken der waldigen Hügel ein Sommerpalast nach dem anderen zu entstehen begann. Wenn er über die Bucht und St. Petersburg zurückfuhr, sah er zuerst die Flußmündung und die sie umgebenden Wälder, hinter den Baumwipfeln die funkelnden Türme und Dächer der Kirchen, dann die Paläste und Gebäude an den Ufern entlang. Nach einem solchen Tag kehrte Peter immer bedauernd wieder an Land und zu seinem Alltag zurück.

So sehr Peter die Einfachheit liebte, so sehr schätzte Katharina den Luxus. In den späten Jahren seiner Herrschaft schuf der Zar seiner Frau einen glänzenden Hof, der zu seinem eigenen Lebensstil in starkem Kontrast stand. Die Zarin liebte Kleider und Juwelen, vielleicht, um in deren Glanz die Erinnerung an ihre niedrige Herkunft zu vergessen. Ihre Pagen trugen grüne Uniformen mit roten Aufschlägen und Goldstickereien, ihre private Musikkapelle war grün uniformiert. Die Lieblingsgefährtin der Zarin war erstaunlicherweise Matrena Balk, eine Schwester von Anna Mons, der früheren deutschen Mätresse Peters. Zu ihren Hofdamen gehörte auch eine Tochter von Pastor Glück, der Katharina einst als Waise aufgenommen hatte; ferner Barbara Arsenejewa, die Schwester von Darja Arsenejewa, der Frau Menschikows und früheren Freundin Katharinas; Anisja Tolstoja, die Katharina kannte, seitdem sie Peter zum erstenmal begegnet war; Prinzessin Cantemir von der Moldau; Gräfin Ostermann, die Frau des Vizekanzlers, Gräfin Anna Golowkina, die Tochter des Kanzlers und zweite Frau Jaguschinskis; die Tochter Anton Deviers, des Generalpolizeimeisters von St. Petersburg; und Mary Hamilton, eine Verwandte der schottischen Ehefrau Artemon Matwejews.

Die freimütigste dieser Damen war Katharinas innigste Freundin, die alte Fürstin Anastasia Golizyna, die die Zarin auf ihrer Reise nach Kopenhagen und nach Amsterdam begleitet hatte. Sie war in die Affäre um den Zarewitsch Alexei verwickelt gewesen und öffentlich ausgepeitscht worden. Bald danach hatte sie jedoch ihre Stellung am Hofe zurückgewinnen können.

Im April 1719 traf Peter und Katharina ein entsetzlicher Schicksalsschlag. Der frühe Tod des Zarewitschs Alexei hatte das Problem von Peters Nachfolge, wenn auch grausam, gelöst. Nun gab es noch zwei weitere männliche Kinder aus seiner Linie: Peter Petrowitsch, der Sohn Peters und Katharinas, und Peter Alexejewitsch, der Enkel Peters und Sohn Alexeis und Prinzessin Charlottes. Aber der Onkel, Peter Petrowitsch, war nie so gesund wie sein vier Wochen älterer Neffe. Peter Petrowitsch war der Augapfel seiner Eltern, und man gab sich die größte Mühe mit seiner Gesundheit und seiner Erziehung. Von Zeit zu Zeit erschien er bei höfischen Festen und ritt auf einem kleinen Pony; aber er war in seiner Entwicklung zurück und oft krank. Mit der Zeit fiel er auf allen Gebieten der kindlichen Entwicklung weiter und weiter hinter seinem aktiven und agressiven Neffen, dem kleinen Großherzog Peter Alexejewitsch, zurück.

Im Februar 1718, als Peter Petrowitsch zwei Jahre alt war, und Peter seinen Sohn Alexei von der Thronfolge ausgeschlossen hatte, war dem kleinen Sohn Peters und Katharinas von Adel und Geistlichkeit Rußlands als Thronfolger der Treueid geleistet worden. Aber vierzehn Monate später, im Alter von dreieinhalb Jahren, folgte der kleine Junge seinem Halbbruder Alexei ins Grab nach.

Der Tod dieses Lieblingssohnes, auf den Peter seine ganzen Hoffnungen für die Zukunft der Dynastie gesetzt hatte, überwältigte ihn. Er rannte mit dem Kopf so fest gegen eine Wand, daß er einen Anfall erlitt; dann schloß er sich für drei Tage und Nächte in seinem Zimmer ein und weigerte sich, herauszukommen oder auch nur mit irgend jemandem durch die Tür zu sprechen. Während dieser Zeit lag er auf seinem Bett und aß nichts. Die Regierungsgeschäfte kamen zum Stillstand, der Krieg mit Schweden wurde ignoriert, Botschaften und Briefe blieben ohne Antwort. Katharina, die gegen ihren eigenen Schmerz kämpfte, bekam Angst vor der obsessiven Niedergeschlagenheit ihres Mannes, sie klopfte wiederholt an seine Tür und rief nach ihm. Doch sie erhielt keine Antwort. Sie zog sich weinend zurück und rief den Fürsten Jakob Dolgoruki zu Hilfe. Der alte Ersatzsenator beruhigte die verängstigte Zarin und rief den gesamten Senat vor Peters Schlafzimmer zusammen. Dolgoruki klopfte an die Tür. Keine Antwort. Dolgoruki klopfte noch einmal und rief Peter zu, er sei mit dem ganzen Senat gekommen, das Land brauche den Zaren. Wenn Peter die Tür nicht sofort öffnen würde, sähe er sich genötigt, sie aufzubrechen und Seine Majestät mit Gewalt herauszuholen, um den Thron zu retten.

Da ging die Tür auf, und ein bleicher und eingefallener Zar stand vor ihnen. »Was ist los? Warum stört ihr meine Ruhe?« fragte er. »Weil deine Zurückgezogenheit und deine maßlose und unnütze Trauer der Grund für die Unordnung sind, die im Lande herrscht«, antwortete Dolgoruki.

Peter ließ den Kopf sinken. »Du hast recht«, sagte er dann und ging mit den Senatoren zu Katharina hinüber. Er umarmte sie zärtlich und sagte: »Wir haben es uns zu sehr zu Herzen genommen. Wir wollen nicht mehr länger aufbegehren gegen Gottes Willen.«[24]

Nach dem Tod des kleinen Peter Petrowitsch hatten Peter und Katharina nur noch drei Töchter. 1721 waren Anna und Elisabeth dreizehn beziehungsweise zwölf Jahre alt, Natalja drei. Die beiden älteren Mädchen zogen be-

reits die Aufmerksamkeit ausländischer Diplomaten auf sich, die nach nütz-
lichen Partien Ausschau hielten. »Prinzessin Anna«, schrieb Bergholz, dessen Herr, der Herzog von Holstein, diese Tochter Peters schließlich heiraten
sollte, »ist eine Brünette und so bezaubernd wie ein Engel. Sie besitzt einen
zarten Teint, schöne Arme und eine Figur wie ihr Vater. Für ein Mädchen ist
sie ziemlich groß, neigt sogar ein wenig zur Magerkeit und ist nicht ganz so
lebhaft wie ihre jüngere Schwester Elisabeth, die sich ebenso kleidet wie sie.
Als ich die beiden sah, waren ihre Kleider aus hübschem, zweifarbigem Stoff,
ohne Gold und Silber, und ihr Haar war nach der neuesten französischen
Mode mit Perlen und Edelsteinen geschmückt, daß es dem besten französischen Friseur Ehre gemacht hätte.«[25]

Drei Jahre später, als Anna sechzehn war, lobte Baron Mardefeldt ihre
Reize, der preußische Minister und geschickte Miniaturmaler, der Porträts
aller Mitglieder der kaiserlichen Familie auf Elfenbein gemalt hat. Er schrieb
über Anna: »Ich glaube nicht, daß es heute in Europa eine Prinzessin gibt,
die ihrer majestätischen Schönheit den Rang streitig machen könnte. Sie ist
größer als alle anderen Damen ihres Hofes, aber ihre Taille ist so schlank, so
graziös, ihre Gesichtszüge sind so perfekt, daß ein antiker Bildhauer nichts
zu wünschen übrig gehabt hätte. Ihr Verhalten ist nicht affektiert, vielmehr
ausgeglichen und heiter. Allen anderen Vergnügungen zieht sie das Lesen
geschichtlicher und philosophischer Werke vor.«[26]

Von der fünfzehnjährigen Elisabeth sagte der spanische Gesandte, der Herzog von Liria: »Sie ist eine Schönheit, wie ich noch keine gesehen habe. Sie
besitzt eine erstaunlich schöne Haut, leuchtende Augen, einen perfekten
Mund, einen Hals und eine Brust von seltener Weiße. Sie ist groß gewachsen,
ihr Temperament sehr lebhaft; man spürt, daß sie ein großes Maß an Intelligenz und Liebenswürdigkeit, aber auch Ehrgeiz besitzt.«[27]

Anna und Elisabeth erhielten die Erziehung europäischer Prinzessinnen, die
vor allem Fremdsprachen, höfische Umgangsformen und Tanz umfaßte. Als
Peter ihre Erzieher fragte, ob Französisch notwendig sei, ob nicht die deutsche Sprache umfassend genug sei, um sich in ihr vollständig auszudrücken,
antworteten sie ihm, daß er recht habe, daß aber dennoch alle zivilisierten
Menschen, einschließlich der Deutschen, Französisch lernen wollten. Anna,
die begabtere der beiden, lernte offenbar auch ein wenig Italienisch und
Schwedisch.

Viele Jahre später erzählte Kaiserin Elisabeth, welch großes Interesse ihr
Vater an der Erziehung seiner Töchter genommen habe. Er sei häufig zu
ihnen ins Zimmer gekommen, um zu sehen, wie sie ihre Zeit verbrachten,
berichtete sie, und »öfters wollte er Rechenschaft darüber, was ich im Laufe
des Tages gelernt oder gelesen hatte. Wenn er zufrieden war, gab er mir Empfehlungen und einen Kuß oder manchmal ein Geschenk«[28]. Elisabeth erinnerte sich auch, wie sehr Peter es bedauerte, daß seine eigene Schulbildung
vernachlässigt worden war. »Ich erinnere mich«, sagte sie, »wie mein seliger
Herr Vater bei so mancher Gelegenheit zu sagen pflegte, er wollte einen

Finger aus der Hand missen, wenn man ihn in der Jugend zum Lernen angehalten hätte, denn er sähe nun täglich, was ihm fehle und was er in der Jugend
hätte lernen sollen.«

Die dritte Tochter, die 1718 geborene Prinzessin Natalja, erlebte die wirkliche Schulzeit nicht mehr. Ihrem Äußeren nach war sie eine Mischung aus
beiden Eltern, mit ihrem breiten Gesicht, ihren schwarzen Haaren, das sie,
wie ihre Mutter, auf der Stirn gelockt trug, ihren schwarzen Augen und dem
kleinen Rosenmund. Sie starb 1725. Von den zwölf Kindern Katharinas und
Peters, sechs Knaben und sechs Mädchen, wurden nur Anna und Elisabeth
älter als sieben.

Eine der bekanntesten Figuren der russischen Gesellschaft jener Zeit war die
gichtgeplagte alte Zarin Praskowaja, die Witwe von Peters Halbbruder und
Co-Zaren Iwan V. Seit 1696 verwitwet, stand sie immer treu zu Peter und
hatte ihm sogar zwei ihrer drei Töchter, Anna und Katharina gegeben, damit
er sie zur Unterstützung seiner Außenpolitik an europäische Fürsten verhei-
rate. Obwohl sie ihr eigenes Landhaus, den Ismailowksi-Palast außerhalb
Moskaus, allen anderen Orten bei weitem vorzog, war sie pflichtbewußt nach
St. Petersburg umgezogen. Dort wurde sie in ihrem Stuhl zu Banketten und
Bällen getragen und hatte ihren Platz stets an der Seite der Zarin Katharina.
Von dort aus beobachtete sie alles, was um sie herum vor sich ging, und
kommentierte es beißend. Ihr Wunsch, dem Zaren zu entsprechen, ging sogar so weit, daß sie mit ihm nach Olonez reiste, um dort eine Kur mit eisen-
haltigem Wasser zu machen, obschon man in ihrer Umgebung der Meinung
war, daß ihre Gesundheit nach dieser Kur schlechter war als vorher. Als
die Praskowaja älter wurde, wurde sie auch reizbarer und stritt sich öfter
mit ihren älteren Töchtern, die beide nach Rußland zurückgekehrt waren.
Katharina, die fröhliche und lebhafte Herzogin von Mecklenburg, lebte seit
1722 wieder ganz in Rußland, und Anna, die Herzogin von Kurland, kam
häufig zu Besuch, bis sie 1730 endgültig zurückkehrte, um zur Kaiserin Anna
gekrönt zu werden.

1718 gründete Peter eine neue Art von Abendveranstaltung, die »Assembleen«, die während des langen Petersburger Winters zwei- bis dreimal in
der Woche abgehalten wurden. Er verfolgte mit dieser Einrichtung vor allem die Absicht, die Begegnung zwischen den Geschlechtern zu ermöglichen und Petersburg die Atmosphäre gesellschaftlichen Lebens zu verleihen, wie er sie in den Salons von Paris erlebt hatte. Da dies für Rußland
eine Neuheit war, gab Peter Vorschriften heraus, in denen er seinen Untertanen genau erklärte, welchen Sinn die Veranstaltungen hätten und wie sie
abgehalten werden sollten. Der schulmeisterliche Ton dieser Regeln ist typisch für Peter:

Reglement zur Abhaltung von Assembleen in Petersburg.
Assemblee ist ein französischer Begriff, der im Russischen nicht durch ein

Wort wiedergegeben werden kann: Er bedeutet, daß mehrere Menschen zu-
sammenkommen, entweder zur Unterhaltung oder um über ihre Angelegenheiten zu sprechen. Bei einer solchen Gelegenheit können sich Freunde treffen, um miteinander über geschäftliche Dinge oder anderes zu reden, oder
sich nach Neuigkeiten zu erkundigen und so ihre Zeit zu verbringen. Wie wir
die Assembleen abhalten wollen, kann man dem Folgenden entnehmen:
1. Derjenige, in dessen Haus am Abend eine Assemblee stattfinden soll, soll
allen Teilnehmern beiderlei Geschlechts eine schriftliche Einladung oder
eine andere entsprechende Ankündigung zukommen lassen.
2. Die Assemblee soll nicht vor vier oder fünf Uhr nachmittags beginnen und
nicht länger als bis zehn Uhr abends dauern.
3. Der Hausherr ist nicht verpflichtet, seinen Gästen entgegenzugehen, sie
hinauszugeleiten oder sie zu unterhalten; aber wenn er auch nicht verpflichtet ist, sie zu bedienen, soll er doch Stühle, Kerzen, Getränke und alles, was
sonst noch erforderlich sein mag, bereitstellen und auch für allerlei Spiele,
und was dazu gehört, sorgen.
4. Es gibt keine bestimmte Zeit, zu der man kommen oder gehen müßte; es
genügt, sich auf der Assemblee zu zeigen.
5. Es bleibt jedem überlassen, sich zu setzen oder herumzugehen oder zu
spielen, ganz wie es ihm beliebt; auch soll niemand einen anderen stören oder
Anstoß nehmen an dem, was dieser tut; wer gegen diese Regel verstößt, muß
zur Strafe einen Großen Adler [eine Schale mit Wein oder Branntwein] trinken. Im übrigen genügt es, beim Kommen und beim Gehen zu grüßen.
6. Zugang zu den Assembleen sollen Personen von Rang, wie zum Beispiel
Adlige und höhere Offiziere, haben, desgleichen bekannte Kaufleute und
Handwerksmeister (worunter vor allem Schiffsbauer zu verstehen sind) sowie Angestellte der Regierungsämter und deren Frauen und Kinder.
7. Für die Bediensteten der Gäste soll ein eigener Raum bereitgestellt werden, damit genügend Platz bleibt für die eigentlichen Gäste der Assemblee.[29]

Obwohl der Gastgeber nichts anderes anzubieten brauchte als Tee oder kaltes Wasser, hinderte ihn doch niemand daran, ein großes Abendessen und
reichlich Getränke aufzutischen. Aber niemand wurde dazu gezwungen, zu
trinken, wie überhaupt auf den Assembleen starkes Trinken und Trunkenheit als unschicklich galten – anders als bei Peters berühmt-berüchtigten
Männergelagen. Peter führte selbst die Liste der Gastgeber und bestimmte,
wer an der Reihe war; und obwohl er sich immer noch weigerte, offizielle
Feste in seinem eigenen Palast abzuhalten, war er stets bereit, den Gastgeber
für eine Assemblee zu machen, wenn er an der Reihe war.
Es dauerte nicht lange, und die Gesellschaft von St. Petersburg strömte zu
diesen Empfängen. Im einen Raum tanzte man, in einem anderen spielte
man Karten; in einem dritten rauchte eine Gruppe von Männern peinlich
ihre langen Tonpfeifen und trank aus irdenen Krügen, und in einem vierten

plauderten Männer und Frauen, scherzten und lachten und waren miteinander vergnügt, wie es bisher in Rußland nicht üblich gewesen war. Peter war stets zugegen. Aufgeräumt und redselig ging er von Raum zu Raum, oder er saß an einem Tisch, rauchte seine lange holländische Pfeife, schlürfte ungarischen Wein und überlegte sich den nächsten Zug in einem Dame- oder Schachspiel. Nicht jede Assemblee verlief jedoch ruhig. Einmal wurden Fürst Grigori Dolgoruki und der jüngere Fürst Romodanowski, die von einem Scheidungsprozeß her alte Feinde waren, beim Essen handgreiflich miteinander; bei einer anderen Gelegenheit kletterte ein Gast auf den Tisch und trat in eine Pastete. Im allgemeinen war der aufmerksame kaiserliche Mentor jedoch mit dem Niveau des Benehmens zufrieden. Er hatte das Wunder vollbracht, das gesellschaftliche Leben des alten Rußland mit dem Westeuropas zu legieren.

Die meisten Damen der Petersburger Gesellschaft, die einmal an Peters gemischten Gesellschaften teilgenommen hatten, ergriffen begierig die neue Gelegenheit. Statt zurückgezogen in ihren Häusern zu leben, eröffnete sich ihnen jetzt ein neues, aufregenderes Leben. Für junge, unverheiratete Mädchen gab es jetzt Gelegenheit, eine große Auswahl junger lediger Männer kennenzulernen. Es war ein Vergnügen, sich in aller Öffentlichkeit schön kleiden, anmutig tanzen und seinen Charme spielen lassen zu können. Man fing an, extravagante Kleider in prächtigen Farben und gewagtem Schnitt zu tragen und, wie Bergholz berichtete, »alle Damen benutzten ebensoviel Rouge wie die Franzosen«[30]. Anders als die Damen an westlichen Höfen waren die Russinnen jedoch noch nicht bereit, viele Stunden für extravagante Frisuren aufzuwenden. »Es fällt ihnen noch zu schwer, etwas von ihrer geliebten Bequemlichkeit zu opfern«, schrieb Bergholz. »Russische Frauen denken viel zu viel an ihre Bequemlichkeit und frisieren sich sehr ungern.«

Mit dem Aufkommen westlicher Umgangsformen beeilten sich die russischen Mütter, ihre Töchter in deutschem oder französischem Stil zu erziehen. »Man muß gerechterweise sagen«, heißt es bei Bergholz, »daß die Eltern an nichts sparen, um ihre Kinder gut erziehen zu lassen, so daß man mit Überraschung die großen Veränderungen beobachtet, die im Verlaufe einer so kurzen Zeit bei dieser Nation vor sich gegangen sind. Man findet keine Spur mehr von jenen groben Manieren, die noch vor kurzem so unangenehm auffielen.« Einige dieser jungen Damen waren durch besondere, etwas paradoxe Umstände zur ihrer westlichen Erziehung gekommen. 1718 wurde General Trubezkoi, der mit seiner Frau und seinen Töchtern als Kriegsgefangener in Stockholm festgehalten wurde, gegen Feldmarschall Rehnskjold ausgetauscht. Als die Familie aus Schweden heimkehrte, hatten die drei Töchter des Generals, die »von ihren zartesten Jahren an mit ihrem Vater in Stockholm gelebt hatten, durch eine gute Erziehung so sehr gewonnen, daß sie bei ihrer Rückkehr nach Rußland allen anderen Damen ihres Landes fortan weit voraus waren«.

Aber nicht nur die Damen, sondern auch die Herren von St. Petersburg hatten es eilig, sich schön zu machen. Statt sich mit einem guten – dem traditionellen – Gewand zu begnügen, das man bei festlichen Anlässen trug und vom Vater auf den Sohn weitervererbte, bestellten sich russische Adlige jetzt mehrere neue kostbare und goldbestickte Röcke. Ein Ausländer, der eine Gruppe von Russen in Pelzen beobachtete, die an einem kalten Winterabend zu Besuch in ein Haus kamen, berichtete: »Wenn man in ein Haus kommt, ziehen dir einige Bedienstete sofort die Pelzschuhe und den Mantel aus; es ist auch amüsant zu sehen, was für elegante Herren in Silber, Gold, Purpur und edlen Steinen aus den groben äußeren Hüllen schlüpfen, wie farbenfrohe Schmetterlinge, die plötzlich aus ihren winterlichen Verkrustungen brechen.«

Den extravaganten Kleidern gesellten sich bald andere Extravaganzen hinzu. Wohlhabende Russen hielten sich ganze Regimenter von Bediensteten und kleideten sie in prächtige Livreen. Sie kauften exquisite Möbel, elegante Kutschen und seltene ausländische Weine. Auf Banketten, Bällen und anderen Abendunterhaltungen zeigte man seinen Reichtum, den freilich nur allzuoft die Verschwendung sehr schnell aufzehrte. Verschuldungen und Ruhm waren nicht selten, und verarmte Offiziere und Beamte, die um neue Stellungen mit ansehnlichem Gehalt bettelten, sah man häufig in Regierungsbüros.

Ein anderes Ergebnis der plötzlichen Emanzipation der russischen Frauen nach Jahrhunderten der Absonderung war eine allgemeine Lockerung der Sitten, oder, wie Fürst Michail Schtscherbatow es später nannte, »ein Verfall der Moral«. Peters persönliches Verhalten in diesem Bereich liegt im dunkeln. Anna Mons und Katharina waren zu verschiedenen Zeiten seine Mätressen gewesen, und Katharinas Hofdamen Mary Hamilton und Maria Cantemir sollen ebenfalls seine Gunst genossen haben. Einige Schriftsteller des 18. Jahrhunderts schrieben ausgelassene Geschichten von Katharinas Reisen durch Europa, umgeben von einem Gefolge von Damen, die alle ihr Kind von Peter in den Armen halten. Man vermutet, Peter sei nicht besonders keusch gewesen, und die Geschichten über eine Liaison mit einer Schauspielerin in London oder einer Dame in Paris mögen der Wahrheit entsprechen. Es ist jedoch unzweifelhaft, daß diese Affären, wenn sie tatsächlich stattgefunden haben, nur Episoden waren, bei denen sich Peter wenig dachte und denen er keine Bedeutung beimaß. Katharina verstand dies, und sie neckte ihn häufig in ihren Briefen. Peters gutmütige Versicherungen, daß keine andere Frau an »einem alten Kerl wie mir« interessiert sei, waren wohl nicht immer für bare Münze zu nehmen.

Katharina durfte ihn auf diesem Gebiet necken, andere durften es nicht. 1716, in Kopenhagen, wandte sich König Friedrich IV. an ihn, lächelte verschmitzt und hob eine Augenbraue, als er sagte: »Mein Bruder, ich höre, daß auch du eine Mätresse hast.« Da verdunkelte sich Peters Blick, und er schoß zurück: »Mein Bruder, meine Huren kosten nicht viel. Aber die deinen kosten dich Tausende von Pfund, die man besser verwenden könnte.«[31]

Peters moralische Einstellung in den Beziehungen zwischen Mann und Frau gründete sich im wesentlichen auf eine utilitaristische Sozialethik. Er war nachsichtig gegenüber allem, was der Gesellschaft nicht schadete. Prostituierte genossen »in Rußland vollkommene Freiheit«, wie Weber berichtete, mit Ausnahme einer einzigen, die »einige hundert Preobraschensker Garden ›gepfeffert‹ hatte, so daß diese nicht mehr pflichtgemäß mit den übrigen marschieren konnten, sondern in St. Petersburg zur ärztlichen Behandlung zurückbleiben mußten«[32]. Diese Frau wurde mit der Knute bestraft, weil sie staatliche Interessen verletzt hatte. Ansonsten lehnte es der Zar ab, die Keuschheit zu schützen oder Ehebruch bestrafen zu lassen. Als man ihm berichtete, Kaiser Karl V. habe Ehebruch unter Todesstrafe gestellt, sagte er: »Ist das die Möglichkeit? Ich hätte diesem großen Kaiser mehr Klugheit zugetraut. Zweifellos bildete er sich ein, daß sein Volk zu zahlreich sei. Wir müssen Unordnungen und Verbrechen bestrafen, aber wir sollten das Leben des Volkes so viel wie möglich schonen.«[33] Er ermutigte unverheiratete Frauen, wenn sie schwanger waren, ihre Kinder auszutragen. Als er einmal auf ein hübsches Mädchen traf, das aus der Gesellschaft der anderen ausgeschlossen worden war, weil es einen unehelichen Sohn hatte, sagte er: »Ich verbiete, daß man sie aus der Gesellschaft mit anderen Frauen und Mädchen ausschließt.«[34] Peter nahm den Sohn des Mädchens unter seinen persönlichen Schutz.

An Peters Hof gab es viele Männer und Frauen, die von seiner toleranten Einstellung zu diesen Dingen profitiert hatten oder durch sie gerettet worden waren. Er ermutigte Jaguschinski, sich von seiner ersten Frau, die ihn unglücklich machte, scheiden zu lassen und die Gräfin Golowkin zu heiraten, nach Bergholz »eine der angenehmsten und besterzogenen Damen Rußlands«[35]. Obschon pockennarbig im Gesicht, besaß die Gräfin eine herrliche Figur, sprach fließend Französisch und Deutsch, tanzte hervorragend und war stets gut gelaunt. Fürst Repnin erhielt vom Zaren zwar nicht die Erlaubnis, seine finnische Mätresse zu seiner vierten Ehefrau zu machen (die orthodoxe Kirche erlaubt nur drei aufeinanderfolgende Ehefrauen), doch legitimierte Peter deren Kinder unter dem Namen Repninski. Als sein Lieblingsdenschtschik Wassili Pospelew eine Flötistin heiratete, nahm Peter nicht nur an der Hochzeitsfeier der beiden teil, sondern war auch am folgenden Morgen bei der Taufe ihres Kindes anwesend. Er unterstützte Generalpolizeimeister Anton Devier beim Prozeß um die Hand von Menschikows Schwester. Nachdem der Fürst eine Verbindung der beiden abgelehnt hatte, da er auf eine bessere Partie hoffte, bekam seine Schwester dennoch ein Kind von Devier. Der angehende Vater appellierte daraufhin noch einmal an Menschikow, mit der Begründung, daß das Kind legitim geboren werden sollte; doch Menschikow antwortete ihm damit, daß er ihn die Treppe hinunterwarf. Da schaltete sich Peter zugunsten Deviers ein, und die Hochzeit kam zustande. Allerdings schickte Menschikow seinen Schwager nach dem Tod des Zaren nach Sibirien ins Exil.

War Peter auch tolerant gegenüber sexuellen Verfehlungen, so war er doch unerbittlich in bezug auf kriminelle Handlungen. Eine Abtreibung oder die Tötung eines unerwünschten Kindes nach dessen Geburt wurde mit dem Tode bestraft. Das dramatischste Beispiel für die Unverrückbarkeit von Peters Standpunkt in dieser Sache bildete der Fall der Mary Hamilton. Diese junge Frau, eine der Lieblingshofdamen der Zarin, war, in der Sprache jener Zeit, »der galanten Lebensart ergeben«. Die Folge dieser Galanterie waren drei illegitime Schwangerschaften. Die beiden ersten Kinder tötete sie, ohne daß irgend jemand am Hofe Verdacht schöpfte, die Leiche des dritten jedoch wurde entdeckt und die Mutter verhaftet. Im Gefängnis gestand sie auch die beiden anderen Kindsmorde. Als man sie zum Tode verurteilte, war sie völlig überrascht, da sie geglaubt hatte, aufgrund ihrer Freundschaft mit der Zarin und der Gunst des Zaren begnadigt zu werden. Am Tag ihrer Hinrichtung erschien sie in einem weißen seidenen Kleid mit schwarzen Borten auf dem Schafott. Peter stieg auf das Gerüst zu ihr und sagte ihr leise etwas ins Ohr. Die Verurteilte und die meisten Zuschauer meinten, sie würde nun in letzter Minute begnadigt werden. Statt dessen gab ihr der Zar einen Kuß und sagte traurig: »Ich kann nicht das Gesetz verletzen, um dich zu retten. Nimm die Strafe daher mutig auf dich und bete zu Gott mit gläubigem und reuigem Herzen, damit er dir deine Sünden vergibt.«[36] Mary Hamilton kniete nieder und betete, der Zar ging von ihr weg, und der Scharfrichter schlug zu.

In den letzten Jahren seiner Herrschaft versuchte Peter, einige der kulturellen Einrichtungen der zivilisierten Gesellschaft nach St. Petersburg zu bringen: Museen, eine Gemäldesammlung, eine Bibliothek und sogar einen Zoo. Wie fast alles, was in Rußland durch Bemühungen des Zaren neu geschaffen worden war, spiegelten auch diese Einrichtungen sehr stark seinen persönlichen Geschmack wider. Peter fand nur wenig Gefallen am Theater (seine Vorliebe reichte nur bis zu den groben Maskeraden seiner Scheinsynode) und gar keines an der Instrumentalmusik. Die einzigen Theatervorstellungen, zu denen die russische Gesellschaft seiner Zeit Zugang hatte, waren die, welche seine Schwester Natalja arrangierte. Sie hatte sich ein eigenes kleines Theater geschaffen, indem sie ein großes leerstehendes Haus mit einer Bühne, einem Zuschauerraum und Logen ausstattete. Weber, der dort eine Vorstellung besuchte, war nicht gerade begeistert. »Die Schauspieler und Schauspielerinnen, zehn an der Zahl, waren alle gebürtige Russen, die niemals im Ausland gewesen waren, so daß man sich ihr Können leicht vorstellen kann«[37], schrieb er. Das Stück, das er sah, eine von der Prinzessin selbst verfaßte Tragödie in Russisch, war eine moralistische Geschichte von einem Aufstand in Rußland und dessen schrecklichen Folgen. Und wenn Weber die Schauspieler schon schlecht gefunden hatte, so fand er das Orchester noch schlechter. »Das Orchester bestand aus sechzehn Musikern, alles Russen«, schrieb er, »die man Musik wie auch andere Wissenschaften mit Hilfe von Batogen lehrte.«

Sogar dieses kleine Theater verschwand, als Prinzessin Natalja 1716 starb. Später gründete die Herzogin von Mecklenburg ein kleines Theater in Ismailowo bei Moskau, das sie selbst leitete, mit Hofdamen und – für die männlichen Rollen – Dienern als Schauspielern. Trotz der Entfernung von Moskau kamen viele zu den Vorstellungen, obgleich manche auch aus anderen Motiven. Bergholz beispielsweise beschwerte sich darüber, daß man ihm bei seinem ersten Besuch seine Schnupftabaksdose gestohlen habe und daß bei einer anderen Gelegenheit die seidenen Taschentücher aus den Taschen mehrerer holsteinischer Herren verschwunden seien. Einmal wollte Peter eine Gruppe von Berufsschauspielern aus Hamburg nach Petersburg holen, aber sie kamen nie an. Zwei oder drei Jahre lang existierte auch ein kleines erbärmliches Theater am Ufer des Mojkakanals, auf dem man schlechte Imitationen französischer Stücke und deutscher Farcen zur Aufführung brachte. Aber da der Zar nicht interessiert war, zeigten auch andere wenig Interesse. Wie Peter waren auch ihnen volkstümlichere Belustigungen, wie Jonglieren und Seiltanzen, lieber. Ein besonderer Liebling des Zaren war der seinerzeit berühmte deutsche Kraftmensch Samson, der 1719 nach Rußland kam. Als sich Peter über die Leute ärgerte, besonders Kleriker, die behaupteten, Samson vollbringe seine Kunststücke mit Hilfe von Magie, Hexerei oder Tricks und nicht mit eigener Kraft, stellte er sich zu Samson auf die Bühne und forderte auch einige höhere Geistliche auf, nach oben zu kommen und die Vorführung aus nächster Nähe zu beobachten. Samson legte sich zuerst so auf zwei Stühle, daß nur sein Kopf und seine Füße abgestützt waren. Dann stellte Peter einen Amboß auf seine Brust und zerschlug auf ihm einige große Eisenstücke mit einem Schmiedehammer. Als nächstes nahm Samson einen Stock zwischen seine Zähne, den der Zar ihm mit beiden Händen zu entreißen versuchte. Es gelang ihm aber weder den Stock noch Samson von der Stelle zu bewegen. Die Kraft des Kraftmenschen, verkündete Peter den Anwesenden triumphierend, komme einzig und allein aus seinem Körper.

Während seines zweiten Besuchs im Westen, 1716/17, besuchte Peter ernsthaft und regelmäßig wissenschaftliche Sammlungen und öffentliche und private Gemäldegalerien und brachte zahlreiche Bilder mit nach Hause. In der Hoffnung, daß russische Bilder eines Tages nicht mehr nur das Werk von Ausländern sein würden, schickte er eine Anzahl junger russischer Künstler nach Holland und Italien in die Lehre. Noch stolzer war der Zar auf seine neuen wissenschaftlichen Sammlungen. 1717 hatte er die komplette Sammlung des berühmten holländischen Anatomen Professor Ruyschs gekauft, dessen Vorlesungssaal und Sezierraum er zwanzig Jahre zuvor oft besucht hatte. Mit der Sammlung, die in vierzig Jahren zustande gekommen war, kam auch ein illustrierter Katalog, der *Thesaurus Anatomicus,* nach Rußland. Peter erwarb auch die Sammlung des holländischen Apothekers Seba, die alle bekannten Land- und Seetiere, Vögel, Reptilien und Insekten Ost- und

Westindiens umfaßte. Diese beiden berühmtesten Sammlungen bildeten den Grundstock des Museums der Akademie der Wissenschaften, das Peter in einem großen Steingebäude auf der Wassilewski-Insel, gegenüber der Admiralität, einrichtete. Es war seine Gewohnheit, dieses Museum zwei- oder dreimal in der Woche frühmorgens, ehe er zur Admiralität ging, zu besuchen und die Ausstellungsstücke zu studieren. Er liebte den Aufenthalt dort schließlich so sehr, daß er einmal eine Audienz für den österreichischen Gesandten dort abhielt. Als ihn der Kanzler fragte, ob der Sommerpalast nicht angemessener wäre, erwiderte Peter: »Der Gesandte ist bei mir akkreditiert, nicht bei einem meiner Paläste.«[38] Er empfing den Gesandten an einem der folgenden Morgen um fünf Uhr früh im Museum.

Auf Peters Drängen war das Museum der Öffentlichkeit zugänglich, und man sorgte für Führer, die den Besuchern die Ausstellungsstücke erklärten. Als Jaguschinski vorschlug, man solle zur Bestreitung der Kosten einen Rubel Eintritt fordern, wandte Peter ein, daß dadurch die Menschen vom Besuch abgehalten würden. Er meinte statt dessen, man müsse nicht nur freien Eintritt gewähren, sondern die Leute sogar anlocken, indem man ihnen im Namen des Zaren eine Schale Kaffee oder ein Glas Wein zur Erfrischung anböte. Die Kosten dafür wurden aus Peters Tasche gezahlt.

Den im Ausland erworbenen Sammlungen fügte man seltene Funde aus Rußland hinzu, wie zum Beispiel Elefantenzähne aus der Nähe von Woronesch, von denen Peter glaubte, es seien Überreste vom Zug Alexanders des Großen; auch Altertümer, die man unter den Ruinen eines heidnischen Tempels am Kaspischen Meer gefunden hatte – Statuen, Gefäße und einige Pergamente in einer unbekannten Sprache. Als Goldgräber in der Nähe von Samarkand gruben, fanden sie eine Anzahl antiker Messingfiguren und schickten sie durch den Fürsten Gagarin an den Zaren. Zu diesen Figuren gehörten Götterbilder, Minotauren, Ochsen, Gänse, deformierte alte Männer und junge Frauen. Die Mäuler der Götterstatuen hatten Schaniere, so daß man sie bewegen konnte. Peter, der immer ein waches Auge auf religiösen Aberglauben hatte, spekulierte, daß sich »wahrscheinlich die Priester diese Vorrichtung zunutze gemacht haben, um durch den Mund der Götter sprechend dem Volk Vorschriften zu machen«[39].

Peter versuchte auch, das Wissen seiner Untertanen durch den Gebrauch von Büchern und Bibliotheken zu vergrößern. Der Zar hatte sein ganzes Leben lang Bücher gesammelt, vor allem bei seinen Besuchen in Deutschland, Frankreich, Holland und in anderen Ländern des Westens. Seine persönliche Bibliothek umfaßte Werke eines breiten Themenkreises, darunter Militär- und Marinewesen, Wissenschaft, Geschichte, Medizin, Jurisprudenz und Religion. Peters Bücher wurden zuerst im Sommerpalast aufbewahrt; als es dann immer mehr wurden, brachte man sie in den Winterpalast, nach Peterhof und an andere Plätze. Nach seinem Tod wurde seine Bibliothek der Kern der Bibliothek der russischen Akademie der Wissenschaften. 1722 ließ Peter in den wichtigsten Klöstern Rußlands nach alten Manuskripten, Chroniken und Büchern suchen; man sollte, was man fand, nach Moskau schicken, von wo das Material nach Petersburg in Peters Privatbüro gelangte. Nach dem Tod des Zaren wurden die meisten dieser unschätzbaren Dokumente ebenfalls in die Bibliothek der Akademie der Wissenschaften überführt.

Peter hatte den Zoo von Paris bewundert und gleich nach seiner Rückkehr aus Frankreich in St. Petersburg eine Menagerie errichtet. Affen, Löwen und Leoparden und sogar ein Elefant aus Indien wurden herangeschafft, aber alle Tiere hatten Schwierigkeiten, die eisigen Wintermonate zu überleben; obwohl Peter für den Elefanten ein spezielles Haus hatte erbauen lassen, in dem Tag und Nacht ein Feuer brannte, lebte das Tier nur ein paar Jahre. Eine andere Art von Ausstellung bot die Kolonie der Samojeden, eines Stammes wilder Lappländer, die jeden Winter von der Nordmeerküste herabkamen, um mit ihren Rentieren und Hunden auf dem Eis der Newa zu kampieren. Dort lebten sie innerhalb einer Umzäunung in Nachbildungen ihrer Heimatdörfer und nahmen von den neugierigen Zuschauern Almosen. Die Russen trauten sich allerdings nicht zu nah an die Samojeden heran, da man von ihnen sagte, sie würden »Fremde ins Gesicht und in die Ohren beißen«[40].

Die von Peter aufgestellten Sammlungen wie die Gebäude, die sie beherbergten, waren aus der unersättlichen Neugier des Zaren und aus seinem Wunsch entstanden, seinen Untertanen weiterzugeben, was er gelernt hatte. Jede Reise in Rußland und, noch mehr, ins Ausland führte zum Erwerb weiterer Kuriositäten, Instrumente, Bücher, Modelle, Gemälde und Tiere. Auch wenn Peter auf Reisen in einer noch so kleinen Stadt ankam, wollte er sehen, was es dort an Bemerkenswertem oder Außerordentlichem gab. Erklärte man ihm, es gäbe nichts Besonderes, erwiderte er: »Wer weiß, vielleicht nur in euren Augen, nicht aber in meinen; ich will alles sehen.«[41]

Eine der außerordentlichsten seiner Erwerbungen war der große Globus von Gottorf. Als er 1713 das Herzogtum Gottorf bereiste, hatte Peter dieses bemerkenswerte wissenschaftliche und mechanische Gerät entdeckt. Es war ein riesiger, hohler Globus von elfeinhalb Fuß Durchmesser, der 1664 für den regierenden Herzog von Holstein angefertigt worden war. Außen zeigte der Globus eine sphärische Karte der Erdoberfläche, während innen eine Himmelskarte zu sehen war. Interessierte konnten über eine Leiter ins Globusinnere klettern und sich dann um einen runden Tisch auf eine Bank setzen, auf der zehn bis zwölf Personen Platz hatten. Mit Hilfe einer Winde drehte sich der Himmel sodann rund um die Zuschauer. Verständlicherweise war Peter von diesem erstaunlichen Instrument fasziniert, und als man es ihm als Staatsgeschenk anbot, nahm er es hocherfreut an, wobei er erklärte, daß ihm das Volk von Holstein nichts Interessanteres hätte schenken können. Menschikow, der die russische Armee in Deutschland befehligte, erhielt den Auftrag, persönlich über die Verpackung und Verladung des Globus zu wachen. Von den Schweden holte man für den reibungslosen Schiffstransport über die Ostsee nach Reval eine Sondergenehmigung ein, und im Winter 1715 wurde die gewaltige Kugel dann auf Schlitten und Rollen über den Schnee nach St. Petersburg gebracht. Da der Globus so groß war und Peter ihn nicht auseinandernehmen lassen wollte, mußte an vielen Stellen die Straße verbreitert, Zweige abgesägt oder ganze Bäume gefällt werden, damit der Transport passieren konnte. Als das Wunderwerk eintraf, stellte Peter es in dem Haus auf, das er für den jetzt toten Elefanten hatte errichten lassen, und betrachtete es jeden Tag viele Stunden.

Peters bedeutendster und dauerhaftester Beitrag zum geistigen Leben Rußlands war die Gründung der Akademie der Wissenschaften, einer Einrichtung, die noch heute nach zweihundertfünfzig Jahren die wichtigste intellektuelle Institution Rußlands ist. Das Projekt war von Leibniz vorgeschlagen worden, der in Berlin bereits die Preußische Akademie der Wisssenschaften gegründet hatte, jedoch 1716, noch ehe Peter sich an dieses Projekt wagte, gestorben war. Das Interesse des Zaren wurde weiter verstärkt, als man ihn nach seinem Besuch in Paris in die Französische Akademie aufnahm. In dem Brief, mit dem er diese Ehre akzeptierte, äußerte er sich mit fast kindlicher Freude: »Wir sind hocherfreut, daß Sie Uns auf diese Weise geehrt haben, und Wir möchten Ihnen versichern, daß Wir die Position, die Sie Uns übertragen haben, mit großer Freude annehmen, und daß es Unser glühendster Wunsch ist, Uns eifrig zu bemühen, um so viel wie möglich zur Wissenschaft beizutragen und so zu beweisen, daß Wir ein würdiges Mitglied Ihrer Vereinigung sind.«[42] Als ersten Beitrag schickte das neue Mitglied eine neue Karte des Kaspischen Meeres. Er unterzeichnete seinen Brief mit »Herzlich der Ihre, Peter I.«.

Am 28. Januar 1724, ein Jahr vor seinem Tod, gab der Zar den Erlaß heraus, mit dem die Petersburger Akademie gegründet wurde. Es war bezeichnend, daß diesem Dokument auch eine Erläuterung beigegeben war, so daß die Russen auch verstünden, was hier gegründet wurde:

»Gewöhnlich bedient man sich zweier Arten von Einrichtungen, um Künste und Wissenschaften zu organisieren. Die eine ist bekannt als Universität, die andere als Akademie der Künste und Wissenschaften. Eine Universität ist eine Verbindung von Gelehrten, die junge Leute ausbilden ... eine Akademie hingegen ist eine Verbindung gebildeter und befähigter Leute, die Forschung betreiben und Erfindungen machen.«[43]

Da es in Rußland jedoch nur wenige Gelehrte gab, würden – so hieß es in dem Erlaß weiter – die Akademiker der russischen Akademie neben der Forschung auch lehren. Jährliche fünfundzwanzigtausend Rubel, die man an Zöllen in den Ostseehäfen einnahm, wurden zur Finanzierung der Institution festgesetzt.

Peter starb, ehe die Akademie zu arbeiten begann, aber im Dezember 1724 öffnete sie ihre Tore. Siebzehn Wissenschaftler aus Frankreich, Deutschland und der Schweiz hatte man nach Rußland gebracht: Philosophen, Mathematiker, Historiker, einen Astronomen, Doktoren der Anatomie, der Jurisprudenz und der Chemie, viele von ihnen hervorragende Gelehrte ihrer Zeit. Unglücklicherweise gab es jedoch noch keine russischen Studenten, die für den Universitätsunterricht qualifiziert gewesen wären, so daß man auch acht deutsche Studenten importieren mußte. Aber auch so war die Zuhörerschaft der Vorlesungen kleiner, als es die Statuten der Akademie vorschrieben, weswegen die Gelehrten gelegentlich gegenseitig ihre Vorlesungen besuchen mußten.

Welche Ironie darin lag, daß ein Land, dem es weitgehend an Elementar- und Sekundarschulen fehlte, eine funktionierende Gelehrtenakademie besaß, entging den Zeitgenossen nicht; doch Peter hatte, wie immer den Blick auf die Zukunft gerichtet, alle Einwände beiseitegeschoben. Er erklärte metaphorisch: »Ich habe große Mengen von Getreide zu ernten, aber ich verfüge über keine Mühle; auch ist nicht Wasser in der Nähe, um eine Mühle zu bauen. Aber es gibt genügend Wasser in einiger Entfernung. Nun werde ich nicht Zeit haben, einen Kanal zu bauen, denn die Dauer meines Lebens ist ungewiß. Deshalb baue ich zuerst die Mühle und gebe nur noch die Anweisung, mit dem Bau des Kanals zu beginnen. So zwinge ich meine Nachfolger, Wasser für die fertige Mühle herbeizuschaffen.«[44]

5   Am Kaspischen Meer

Nach der Unterzeichnung des Vertrages von Nystad hatte Rußland endlich Frieden. Jetzt, so schien es, könnten die ungeheuren Energien, die bisher in die Feldzüge von Asow bis Kopenhagen geflossen waren, endlich für Rußland selbst verwendet werden. Peter wollte nicht als Eroberer oder Krieger in die Geschichte eingehen; er sah sich als Reformer. Doch die Feiern in St. Petersburg, mit denen der Friede von Nystad bejubelt wurde, waren noch in vollem Gang, als Peter seiner Armee befahl, sich für einen Feldzug zu rüsten. Im kommenden Frühjahr sollte sie in den Kaukasus marschieren, gegen Persien, und noch einmal würde der Kaiser sie persönlich anführen.

Obwohl seine Ankündigung überraschend kam, war der Marsch nach Süden keine plötzliche Laune des Zaren. Sein ganzes Leben hindurch hatte Peter Berichte über den Orient gehört, über das Reich von Kathei, über den Reichtum des Großmoguls von Indien, über die Einträglichkeit des Handels, der über Karawanenstraßen quer durch Sibirien nach China und von Indien durch Persien nach dem Westen lief. Reisende, die durch Rußland kamen, hatten derartige Geschichten erzählt, und sie waren lange genug in der Ausländervorstadt geblieben, um die Phantasie des jungen Zaren zu beflügeln. Sie kamen auch von Witsen, Bürgermeister von Amsterdam und Experte in der Geographie des Fernen Ostens, der sich mit Peter bei dessen erstem

Aufenthalt in Holland viele Stunden lang unterhalten hatte. Nun wollte Peter seine Jugendträume endlich verwirklichen.

Er hatte bereits versucht, mit China in engere Verbindung zu treten, indem er den bestehenden Handel mit Tee, Pelzen und Seide erweiterte und eine ständige russische Vertretung in Peking errichtete. Doch die Chinesen waren stolz und argwöhnisch. Die militante Mandschu-Dynastie war auf dem Gipfel ihrer Macht. Der große Kaiser K'ang Hsi, der 1661 im Alter von sieben Jahren den Thron bestiegen hatte und bis zu seinem Tod, 1722, regierte, hatte mit allen seinen Nachbarn Frieden geschlossen und eine Herrschaft begonnen, die sich durch die Förderung der Malerei und der Porzellanmanufaktur, der Dichtung und der allgemeinen Bildung auszeichnete. Wörterbücher und Enzyklopädien, die mit Unterstützung des Kaisers veröffentlicht wurden, blieben maßgeblich für viele Generationen. K'ang Hsi duldete zwar Ausländer an seinem Hof, aber trotzdem kamen Peters Bemühungen um verbesserte Beziehungen zu China nur langsam voran. 1715 wurde ein russischer Priester, der Archimandrit Hilarion, in Peking empfangen und erhielt den Rang eines Mandarins fünfter Klasse. Peter ernannte den Hauptmann Lew Ismailow von den Preobraschensker Garden zu einem außerordentlichen Gesandten in Peking und gab ihm als Geschenk für den Kaiser vier elfenbeinerne Teleskope mit, die er selbst angefertigt hatte. Ismailow wurde am chinesischen Hof freundlich und respektvoll empfangen, aber er überspannte den Bogen. Er bat um die Aufhebung aller Restriktionen im Handel zwischen China und Rußland, um die Erlaubnis zum Bau einer russischen Kirche in Peking und um die Genehmigung zur Errichtung russischer Konsulate in allen wichtigen Städten Chinas, um den Handel zu fördern. Darauf antworteten die Chinesen überheblich: »Unser Kaiser handelt nicht und hat keine Basare. Ihr schätzt eure Kaufleute sehr. Wir verachten den Handel. Nur arme Leute und Dienstboten verkehren deswegen mit uns, und der Handel mit euch bringt uns keinerlei Vorteil. Wir haben genug russische Waren, auch wenn eure Leute sie nicht zu uns bringen.«[1] Ismailow reiste wieder ab, und danach wurden russische Handelskarawanen stärker behindert als zuvor. 1722 starb K'ang Hsi, und sein Sohn Yung Cheng war noch feindlicher gegen Christen insgesamt eingestellt. So kam es, daß der Weg des russischen Chinahandels in Peters letzten Lebensjahren eher schmaler als breiter wurde.

Ganz im Norden, entlang den einsamen Küsten des Ochotskischen Meeres und des Nördlichen Pazifiks, gab es niemanden, der das russische Vordringen bremste. So wurden zur Zeit Peters sowohl die Halbinsel Kamtschatka als auch die Kurilen von Rußland beansprucht. 1724, kurz vor seinem Tod, ließ Peter den Marinekapitän Vitus Bering, einen gebürtigen Dänen, zu sich kommen, um ihm die Führung einer Expedition an den äußersten Rand des eurasischen Kontinents, mehr als tausendfünfhundert Kilometer über Kamtschatka hinaus, aufzutragen. Er sollte feststellen, ob es eine Landverbindung zwischen Eurasien und Nordamerika gab. Bering stieß auf eine Meerenge von fünfundachtzig Kilometern Breite und nur dreiundvierzig Metern Tiefe, die später nach ihm benannt wurde.

Ein Jahr vor Berings Expedition hatte Peter zwei Fregatten ans andere Ende der Erde geschickt, die seine brüderlichen Grüße »an den berühmten König und Besitzer der wunderbaren Insel Madagaskar«[2] überbringen sollten. Die Bewohner dieses großen Eilands standen in dem Ruf, besonders unfreundlich gegenüber westlichen Besuchern zu sein: Französische Händler und Kolonisten waren 1764 massakriert worden, und während des größten Teils des 18. Jahrhunderts setzten höchstens westliche Piraten, wie Kapitän Kidd, ihren Fuß auf die Insel. Mit der Aussendung seiner Expedition wollte Peter aber gar nicht auf Madagaskar Fuß fassen. Seine Schiffe sollten dort lediglich Station machen und, wenn möglich, einen Vertrag abschließen, danach aber zu ihrem wirklichen Ziel, Indien, weitersegeln. Peter träumte von einem Handelsabkommen mit dem Großmogul, und er wollte auch ein wenig Teakholz, um daran seine Schreinerkünste zu erproben. Wie es so geht, erreichten seine Schiffe weder Madagaskar noch Indien; sie verließen nie die Ostsee. Eine Fregatte schlug nach ein paar Tagen leck, so daß beide Schiffe nach Reval zurückkehrten. Peter war enttäuscht, aber er starb, bevor er das Projekt noch einmal in Angriff nehmen konnte.

Es war ohnehin nicht der Seeweg nach Indien, sondern die Landverbindung über Persien und Zentralasien, was ihn lockte. Die Karawanen aus Zentralasien kamen von Indien über den Khaiber-Paß, passierten Kabul, zogen durch den Hindukusch und durchquerten Tausende von Kilometern der Kasachen- und Kalmücken-Steppen, bevor sie Astrachan und die untere Wolga erreichten. Zu Peters Zeit gab es unter diesen Steppenvölkern mehr Unruhe als gewöhnlich. Zwei rivalisierende moslemische Khane, die Herrscher von Chiwa und Buchara, kämpften um die Vorherrschaft, und jeder von beiden bat die Russen gelegentlich um Hilfe. Wegen des Krieges mit Schweden war es Peter nicht möglich gewesen, auf diese Bitten einzugehen, doch sein Interesse an den Steppengebieten war geweckt worden.

Auch durch Berichte über Goldfunde war Peters Interesse an den Gebieten im Osten und Süden Rußlands erregt worden. Es gab Goldkiesel in den Flüssen Sibiriens, Goldadern entlang den Küsten des Kaspischen Meeres, Goldsand in den Steppen Zentralasiens – so erzählte man sich jedenfalls in St. Petersburg. 1714, 1716 und 1719 schickte Peter Expeditionen nach Sibirien und Zentralasien, die nach dem wertvollen Metall suchen sollten. Sie endeten erfolglos, wenn auch die erste Expedition auf ihrem Rückmarsch am Zusammenfluß von Irtysch und Om ein Fort errichtete, aus dem später die Stadt Omsk entstand.

Die Expedition von 1716 endete in spektakulärer Tragik. Da Peter von Goldfunden am Amu-Darja gehört hatte, dem Fluß, der durch das Land des Khans von Chiwa floß, beschloß er, dem neuen Khan zu seiner Thronbesteigung Glückwünsche zu senden und ihm russischen Schutz anzubieten, wenn er die Oberhoheit des Zaren anerkennen würde. Unterwegs sollte die Expedition auch ein Fort an der Mündung des Amu-Darja bauen, den Fluß in seinem Verlauf auskundschaften und Kaufleute und Ingenieure bis zu seiner Quelle und übers Gebirge bis nach Indien senden. Diese Berichte in Händen und der Gefolgschaft der Khane von Buchara und Chiwa versichert, hätte Peter mit der Entwicklung eines ständigen Handelsweges beginnen können, was letztlich sein Ziel war.

Unglücklicherweise bestimmte Peter jedoch den falschen Mann zum Anführer dieser Expedition. Fürst Alexander Bekowitsch Tscherkasski war als tscherkassischer Moslemprinz namens Devlet Kisden Mirza geboren. Der frühere Besitz seines Vaters im Kaukasus gehörte zum Reich des Schah von Persien. Als der Schah eines Tages zufällig die schöne Frau von Tscherkasskis Vater zu Gesicht bekam, gab er seinem Vasallen den Befehl, ihm dieses herrliche Stück Eigentum zu überlassen. Tscherkasskis Vater weigerte sich und floh mit seiner Familie zum Schutz nach Moskau. Dort konvertierte der Sohn zum Christentum, wurde Hauptmann bei den Garden und diente als Offizier in Astrachan und an der kaukasischen Grenze. Peter, der glaubte, daß Tscherkasskis Herkunft ihn für Verhandlungen mit den moslemischen Khans besonders geeignet mache, ließ ihn zu letzten Instruktionen nach Riga kommen und schickte ihn auf den Weg.

Im Sommer 1716 verließ Tscherkasski Astrachan mit 4000 regulären Soldaten, etlichen Abteilungen Kosaken, Ingenieuren und Landvermessern. Er errichtete zwei Forts an der Ostseite des Kaspischen Meeres, die seit langem als das Territorium des Khans von Chiwa galt. Obwohl ihm berichtet wurde, daß der Khan über diese Aktion erzürnt war, begann Tscherkasski im Frühjahr 1717 mit seinem Marsch nach Chiwa, vierhundertachtzig Kilometer durch eine leere, wasserlose Halbwüste. Hundertsechzig Kilometer vor Chiwa erschien die Armee des Khans, und es kam zu einer dreitägigen Schlacht. Tscherkasski siegte, der Khan bat um Frieden, den er und seine Ältesten beim Koran zu halten schworen. Dann lud er den Eroberer nach Chiwa ein, wobei er ihm vorschlug, die Russen sollten sich, bequemlichkeitshalber und um leichter versorgt werden zu können, in fünf Abteilungen aufteilen, von denen jede in einer anderen Stadt stationiert werden sollte. Tscherkasski war so töricht einzuwilligen, und kurz danach zog der Khan mit seiner Armee von Stadt zu Stadt und zwang die russischen Abteilungen eine nach der anderen zur Kapitulation. Alle Offiziere wurden getötet und die Soldaten in die Sklaverei verkauft. Tscherkasski selbst wurde in das Zelt des Khans gebracht, wo man ein rotes Tuch als Zeichen für Blut und Tod auf dem Boden ausgebreitet hatte. Tscherkasski weigerte sich, vor dem Khan auf dem Tuch niederzuknien, woraufhin ihm dessen Wächter mit dem Krummsäbel die Waden aufschlitzten und ihn so gegen seinen Willen vor ihrem Herrn zu Boden streckten. Dann wurde der glücklose Tscherkasski enthauptet; man stopfte ihn aus und stellte ihn in einem Hof des Khanpalastes zur Schau.

Als Peters Hoffnungen auf die Eröffnung eines Handelsweges nach Indien durch Zentralasien zerstört waren, verstärkte er alle Anstrengungen, um den

Weg durch Persien zu gewinnen. Er bemühte sich, den Schah zu überreden, den lukrativen Seidenhandel so umzulenken, daß er von Persien nach Norden in den Kaukasus nach Astrachen und von dort über die russischen Flüsse nach Petersburg lief, statt weiterhin der traditionellen Route von Persien nach Westen, über die Türkei ans Mittelmeer, zu folgen. Peter glaubte, daß es nicht schwierig sein würde; seine Beziehungen zu dem herrschenden Schah waren stets freundlich gewesen. Der Monarch in Isfahan, der damaligen Hauptstadt Persiens, war, nach einem Bericht Webers aus dem Jahr 1715, »ein vierzigjähriger Prinz von sehr trägem Charakter, der sich ganz seinen Vergnügungen hingab und seine Differenzen mit Türken, Indern oder anderen Nachbarn durch seine Gouverneure oder durch Geld lösen ließ; der, obwohl er sich Schah-in-Schah oder Kaiser der Kaiser nannte, die Türken fürchtete ... und der es, obwohl die Türken ihm in achtzig Jahren mehrere Königreiche, wie Medien, Asyrien, Babylon und Arabien, weggenommen hatten, stets vermied, gegen die Pforte Krieg zu führen«[3].

Peter betreute einen seiner aggressivsten »Grünschnäbel«, den jungen Artemius Wolynski, damit, die gewünschten Vereinbarungen mit dem Schah auszuhandeln. Wolynski hatte als Dragoner in der Armee und als diplomatischer Assistent Schafirows bei den Verhandlungen mit den Türken gedient. Seine Instruktionen, von Peters eigener Hand, lauteten, daß er den »wahren Zustand des persischen Reiches, seine Streitkräfte, seine Festungen und Grenzen«[4] erforschen solle. Er sollte insbesondere auch in Erfahrung bringen, »ob es nicht einen Fluß gibt, der von Indien her ins Kaspische Meer fließt«.

Wolynski traf im März 1717 in Isfahan ein und stand binnen kurzem unter Hausarrest. Dies hatte nichts mit seinem persönlichen Verhalten zu tun; der Schah und seine Wesire hatten vielmehr von Tscherkasskis Festungsbau am Ostufer des Kaspischen Meeres und von seinem unglücklichen Feldzug gegen den Khan von Chiwa gehört. Wolynskis Ankunft deuteten sie zutreffend als den ersten Vorstoß des auf Expansion bedachten russischen Zaren gegen Persien. Damit Wolynski die allgemeine Schwäche und Verwundbarkeit Persiens nicht auskundschaften konnte, durfte er sein Haus nicht verlassen. Aber die Perser konnten den Gesandten dennoch nicht darin hindern, sich ein persönliches Urteil zu bilden, als er am Hof empfangen worden war. »Hier gibt es keinen Führer«, berichtete Wolynski, »der über seinen Untertanen stünde; vielmehr herrschen sie über ihn; und ich bin sicher, daß man nirgendwo auf der Welt, weder unter gewöhnlichen Herrschern noch gar unter gekrönten Häuptern, einen größeren Dummkopf als ihn finden kann. Aus diesem Grund tut der Schah überhaupt nichts selbst, sondern legt alles seinem Wesir vor, der dümmer ist als jede Kuh, der aber beim Schah in solcher Gunst steht, daß er auf alles hört, was aus seinem Mund kommt, und alles tut, was er gebietet.«[5]

Trotz der Restriktionen seiner Bewegungsfreiheit gelang es Wolynski, einen Vertrag abzuschließen, durch den russische Händler das Recht erhielten, in ganz Persien Rohseide einzukaufen und mit ihr zu handeln. Außerdem sah er genug, um Peter melden zu können, daß der Verfall des persischen Staates sehr weit fortgeschritten sei und die Provinzen des Schahs am Kaspischen Meer reif seien, erobert zu werden. Als Wolynski wieder heimreiste, suchte ihn heimlich ein Emissär des Fürsten von Georgien auf und bat, der Zar möge doch nach Süden marschieren und den Christen helfen, die auf der Südseite der schneebedeckten kaukasischen Gipfel lebten.

Bei seiner Rückkehr wurde Wolynski zur Belohnung für seine diplomatische Leistung zum Gouverneur von Astrachan und zu einem der Generaladjutanten des Zaren ernannt. Von Astrachan aus drängte er Peter unermüdlich, die Gelegenheit zu ergreifen, die der Zerfall des persischen Reiches bot. Er schilderte nicht nur, welche Beute selbst eine kleine Armee machen könnte, sondern warnte auch ständig, daß, wenn der Zar den Kaukasus nicht eroberte, der Sultan dies sicher tun würde. Peter schob die Entscheidung hinaus, bis der Krieg mit Schweden vorüber war. Dann, fast im gleichen Augenblick, als der Frieden von Nystad unterzeichnet wurde, kam es zu einem Zwischenfall, der sich als Vorwand für eine Intervention anbot. Kaukasische Gebirgsbewohner, die sich Rußland als Verbündete gegen die Perser bereits angeboten hatten, beschlossen, nicht länger zu warten, und unternahmen einen Angriff auf den persischen Handelsplatz Schemaha. Zunächst waren die russischen Kaufleute in der Stadt unbesorgt, denn es war ihnen versprochen worden, daß Läden und Warenlager nicht angerührt würden. Aber die Bergbewohner plünderten ohne Unterschied bei Persern und Russen, töteten einige Russen und raubten ihnen Waren im Wert einer halben Million Rubel. Wolynski schrieb Peter sogleich, daß sich hier eine ausgezeichnete Gelegenheit zum Handeln biete, mit der Begründung, man wolle den russischen Handel schützen und dem Schah helfen, in seinen Ländern die Ordnung wiederherzustellen. Peter erhörte Wolynskis Beschwörungen. Er antwortete:

»Ich habe Deinen Brief erhalten, in dem Du mir über den Zwischenfall von Dauk Bek berichtest und schreibst, daß genau jetzt die Gelegenheit gekommen sei für das, was Du vorbereiten solltest. Auf diese Deine Meinung antworte ich, daß es sehr offensichtlich ist, daß wir uns diese Gelegenheit nicht entgehen lassen sollten. Wir haben einem beträchtlichen Teil unserer Streitkräfte an der Wolga Befehl gegeben, in Winterquartiere zu gehen, von denen aus sie im Frühjahr nach Astrachan marschieren werden.«[6]

Wolynski drängte auch, daß es an der Zeit sei, die christlichen Fürsten in Georgien und anderswo im Kaukasus gegen ihren persischen Oberherrn zu mobilisieren. Aber in dieser Sache war Peter vorsichtiger. Er wollte keine Wiederholung seiner Erfahrungen mit den christlichen Fürsten in den osmanischen Provinzen Walachei und Moldau zwölf Jahre zuvor. Sein Interesse galt jetzt lediglich dem Seidenhandel, dem Landweg nach Indien und der friedlichen Kontrolle der Westküste des Kaspischen Meeres. Deshalb lehnte er es ab, irgendeine religiöse Proklamation zu erlassen oder diesen neuen Feldzug in der Pose des Befreiers zu unternehmen. Er schrieb vielmehr an

Wolynski: »In bezug auf das, was Du über den Fürsten von Georgien und über andere Christen schreibst, so mache jedem Hoffnung, der uns in dieser Angelegenheit gelegen kommt. Fange jedoch, mit Rücksicht auf den Wankelmut dieser Leute, nichts mit ihnen an, bevor nicht unsere Truppen angekommen sind und wir nach bestem Plan vorgehen können.«[7]

Während Peter in Moskau auf den Beginn des Frühjahrs wartete, kamen weitere Berichte aus Persien, die seine Besorgnis erregten. Der Schah war angesichts einer Erhebung der Afghanen abgesetzt worden; neuer Herrscher war der dritte Sohn des Schahs, Tahmasp Mirza, der jetzt gegen den afghanischen Aufrührer Mahmud um seinen Thron kämpfte. Es bestand nun tatsächlich die Gefahr, daß die Türken, die ganz offensichtlich am westlichen Kaukasus etwas vorhatten, den Zusammenbruch der Autorität in Persien dazu benutzen könnten, auch gleich den östlichen Kaukasus zu erobern, das heißt, genau die Provinzen am Kaspischen Meer, die Peter sich zu holen vorgenommen hatte.

Am 3. Mai 1722 setzte Peter seine Garderegimenter von Moskau aus in Marsch und folgte selbst zehn Tage später mit Katharina, Admiral Apraxin, Tolstoi und anderen. In Kolomna an der Oka schifften sie sich auf Galeeren ein und segelten die Oka und die Wolga hinunter nach Astrachan. Die Fahrt dauerte, obwohl flußabwärts, wegen der Schneeschmelze bei Hochwasser einen ganzen Monat, weil Peter seine unersättliche Neugier nicht bändigen konnte. Er hielt in jeder Stadt Inspektion, besichtigte Interessantes, nahm Petitionen entgegen und erkundigte sich nach der Verwaltung und den Steuern. Nichts entging seiner Aufmerksamkeit, und jeden Tag flossen Dekrete aus seiner Feder, in denen es darum ging, die Hütten von Bauern zu verbessern oder die Konstruktion der Flußschiffe auf der Wolga zu ändern. Nach Kasan, der alten Hauptstadt des Tatarenreiches, die Iwan der Schreckliche einst erobert hatte, kam Peter als erster Zar seit Iwan, und es drängte ihn, nicht nur die dortigen Schiffswerften, Kirchen und Klöster zu besichtigen, sondern auch die Stadtviertel, die noch von Tataren bewohnt wurden. In Saratow begegnete er Ayuk Khan, dem siebzigjährigen Kalmückenführer, dessen Frau von Katharina auf der kaiserlichen Galeere mit einer goldenen, diamantenbesetzten Uhr beschenkt wurde. Der Khan reagierte auf die Freundlichkeit prompt damit, daß er dem Zaren fünftausend kalmückische Reiter für seinen Feldzug zur Verfügung stellte.

In Astrachan verbrachte Peter einen ganzen Monat, um letzte Vorbereitungen für den Feldzug zu treffen. Eine Armee von 61 000 Mann sammelte sich: 22 000 russische Infanteristen, 9000 Kavalleristen und 5000 Marinesoldaten, Hilfstruppen von 20 000 Kosaken und 5000 Kalmücken. Währenddessen sah Peter beim Fischen der großen, bis über fünf Meter langen Belugas zu, deren köstlichen grauen Kaviar die Russen nicht verkauften, sondern für sich behielten, und beim Fang des ebenfalls großen Störs, dessen weniger schmackhaften schwarzen Kaviar sie in großen Mengen nach Europa exportierten.

Am 18. Juli schiffte er sich mit der russischen Infanterie in Astrachan ein und segelte dreihundertzwanzig Kilometer an der Westküste des Kaspischen Meeres entlang, während die riesige Masse von Kavallerie über Land durch die öde Terek-Steppe geschickt wurde. Das Meer war stürmisch, und die Fahrt dauerte eine ganze Woche; schließlich landete man in einer kleinen Bucht nördlich der Stadt Derbent. Peter erreichte als erster den seichten Sand, wenn auch nur auf einem Brett sitzend, das von vier Seeleuten gezogen wurde. Sogleich bestimmte er, daß jeder seiner Offiziere, der nicht schon zuvor einmal im Kaspischen Meer gebadet hatte, das jetzt tun sollte. Einige der älteren Offiziere, die nicht schwimmen konnten, kamen dem Befehl nur widerwillig nach. Er selbst ging glücklich ins Wasser, aber anstatt zu schwimmen, ließ er sich lieber mit seinem Brett aufs Wasser setzen.

Als die russische Kavallerie eintraf, rückte man auf Derbent vor, obwohl Soldaten und Tiere auf ihrem Ritt über Land stark an »Wassermangel und schlechtem Gras« gelitten hatten. Man zog auf dem schmalen Landstreifen zwischen Gebirge und Meer die Küste entlang, doch es gab nur ein einziges Mal bewaffneten Widerstand. Ein Fürst hatte drei Kosaken, die mit einem Brief Peters zu ihm gekommen waren, auf brutale Weise ermorden lassen: »Man hatte ihnen die Brust aufgeschnitten, während sie noch lebten, und ihnen die Herzen herausgerissen.«[7]

Die Russen übten sofort Vergeltung und brannten das feindliche Dorf bis auf den Grund nieder. Peter war überrascht vom individuellen Mut, den diese Bergbewohner zeigten. »Solange sie zusammen sind, leisten sie keinen Widerstand, sondern laufen weg«, sagte er, »während der einzelne sich so verzweifelt wehrt, daß er mit seinem Dolch zu kämpfen beginnt, nachdem er schon seine Muskete weggeworfen hat und man meint, er wolle sich ergeben.«[8]

Ansonsten wurden der russische Zar und Katharina als hochgeehrte Gäste empfangen. In Tarku brachte der moslemische Fürst beim Besuch des russischen Lagers auch seine Frauen und Konkubinen mit. Die moslemischen Frauen saßen mit gekreuzten Beinen »auf karmesinroten Samtkissen, die auf persische Teppiche gelegt waren«[9], in Katharinas Zelt, worauf – nach einem Bericht von Hauptmann Peter Bruce – Katharina alle russischen Offiziere einlud, gruppenweise in ihr Zelt zu kommen, »um ihre Neugier in bezug auf diese unvergleichlich schönen und liebenswürdigen Kreaturen zu befriedigen«[10]. Peter und Katharina besuchten eine Messe in einer Kapelle, die die Preobraschensker Garden gebaut hatten. Anschließend legte jeder der Teilnehmer einen Stein an diesem Ort nieder, so daß eine Pyramide entstand, die an die Messe erinnerte, die hier für den Zaren Rußlands gehalten worden war.

Peters erstes wichtiges Ziel war die Stadt Derbent, die angeblich von Alexander dem Großen gegründet worden war. Derbent war nicht nur ein bedeutender Handelsplatz, es verfügte auch über eine wichtige strategische Position an der Nord-Südstraße entlang des Kaspischen Meeres. An dieser Stelle rückten die Berge besonders nah an die Meeresküste heran, und die Stadt, die an diesem engen Durchgang errichtet worden war, kontrollierte alle Bewegungen in nördlicher oder südlicher Richtung, weshalb sie das »eiserne Tor des Ostens« genannt wurde. Derbent ergab sich kampflos; als Peter anrückte, erwartete ihn der Gouverneur der Stadt, um ihm »auf einem Kissen aus persischem Brokat die goldenen Schlüssel der Stadt und der Zitadelle«[11] zu überreichen.

Jetzt, wo Derbent besetzt war, faßte Peter einen seiner typisch weitreichenden Pläne. Er wollte an der Küste entlang weiter nach Süden ziehen und Baku, zweihundertvierzig Kilometer von Derbent entfernt, erobern. Dann wollte er weiter südlich, an der Mündung des Flusses Kura, eine neue Stadt gründen, die ein wichtiges Zentrum der zukünftigen Handelsroute zwischen Indien, Persien und Rußland werden sollte. Wenn das getan war, wollte er den Kura aufwärts bis zur georgischen Hauptstadt Tiflis ziehen, um dort das geplante Bündnis mit dem christlichen Fürsten Wachtang zu befestigen. Schließlich wollte Peter von Tiflis aus wieder – diesmal in nördlicher Richtung – den Kaukasus überschreiten und durch das Land der Terek-Kosaken nach Astrachan zurückkehren. »Damit werden wir«, schrieb er dem Senat, »in diesem Gebiet Fuß gefaßt haben.«[12]

Doch leider kehrten sich die Ereignisse gegen Peter. Der persische Gouverneur von Baku lehnte es ab, eine russische Garnison aufzunehmen, was bedeutete, daß die Stadt durch einen größeren militärischen Einsatz hätte eingenommen werden müssen. Nun schien Peters Armee zwar groß genug zu sein, um jeden militärischen Widerstand zu brechen, doch machte er sich Sorgen wegen des Nachschubs. Eine Versorgungsflotte, die von Astrachan kommen sollte, war in einen gewaltigen Sturm geraten und traf nie in Derbent ein; und die Vorräte, über die man am Ort verfügte, schwanden um so schneller dahin, je länger die Armee blieb. Außerdem verlangte die Augusthitze, die in diesem Gebiet besonders stark war, ihren Zoll an Menschen und Pferden. Die Soldaten hatten Melonen und sonstige Früchte, für die der Kaukasus berühmt war, in solchen Mengen zu sich genommen, daß sie krank wurden, und viele Regimenter waren bald sehr stark dezimiert. Um mit der glühenden Hitze fertig zu werden, hatte sich Peter seinen Kopf scheren lassen und trug jetzt tagsüber einen breitrandigen Hut auf seinem bloßen Schädel. In der Kühle des Abends setzte er eine Perücke auf, die aus seinen eigenen abgeschnittenen Haaren angefertigt worden war. Katharina ahmte ihren Ehemann nach und ließ sich ebenfalls ihr Kopfhaar abschneiden; nachts bedeckte sie ihren Kopf mit dem Hut eines Grenadiers. Mehr als Peter um die Soldaten besorgt, die unter der drückenden Hitze litten, wagte sie es sogar einmal, den militärischen Befehlen ihres Mannes zuwiderzuhandeln. Der Zar hatte befohlen, die Armee solle weitermarschieren, und sich dann selbst in sein Zelt zurückgezogen, um zu schlafen. Als er wieder aufwachte, sah er die Soldaten immer noch im Lager. Welcher General es gewagt hätte, sich über seine Befehle hinwegzusetzen, wollte er zornig wissen. »Ich«, sagte Katharina, »weil deine Leute sonst durch Hitze und Durst gestorben wären.«[13]

Angesichts der schlechten Situation, in der sich seine Armee befand, wurde Peter unruhig. Er war von seiner nächsten russischen Basis in Astrachan weit entfernt, seine Nachschublinie über das Meer funktionierte nicht, eine Menge möglicherweise feindlicher Stämme bewohnte die Nordhänge des Gebirges, und dauernd bestand die Gefahr, daß die Türken – anders als die Perser ein ernsthafter militärischer Gegner – losmarschierten, um ihre Interessen im Kaukasus zu schützen. Peter wollte die Erfahrung vom Pruth nicht noch einmal machen, und so traf ein Kriegsrat die Entscheidung zum Rückzug. In Derbent wurde eine Garnison zurückgelassen, der Hauptteil des Heeres aber zog sich auf dem Land und zu Wasser nach Astrachan zurück.

Peter traf am 4. Oktober an der Wolgamündung und in Astrachan ein. Er blieb einen Monat und kümmerte sich um das Wohlergehen seiner Soldaten, organisierte die Pflege der Kranken und Winterquartiere für die übrigen. Eine Zeitlang war er auch selbst ernsthaft krank; er litt an Harnzwang und Harnsteinen. Ehe er Astrachan verließ, machte er klar, daß er trotz Abbruchs des Sommerfeldzugs die russischen Ambitionen am Kaspischen Meer nicht aufgeben werde. Im November bekam eine aus Marine- und Infanterie gemischte Expeditionstruppe den Auftrag, den Hafen von Rescht, achthundert Kilometer entfernt an der Südküste des Kaspischen Meeres, zu erobern, und im Juli des nächsten Sommers nahm eine russische Streitmacht Baku ein und sicherte dadurch die ganze Westküste des Binnenmeers für Rußland. Verhandlungen mit dem hilflosen Schah ergaben, daß Persien Derbent zusammen mit drei Provinzen des östlichen Kaukasus an Rußland abtrat. Peter bedeutete seinen persischen Verhandlungspartnern, wenn der Schah diese Provinzen nicht an Rußland übergeben werde, das sein Freund sei, würde er sie gewiß an die Türken verlieren, die seine Feinde seien. Der Schah war außerstande, dieser russischen Logik etwas entgegenzusetzen. Die Auflösung des persischen Reiches und Peters Feldzug am Kaspischen Meer drohten noch einmal einen Zusammenstoß zwischen Rußland und dem Osmanischen Reich zu provozieren. Die Hohe Pforte war von jeher am Transkaukasus – das heißt, an den persischen Provinzen Georgien und Armenien im Süden des mächtigen Gebirges – besonders interessiert gewesen. Dabei begehrten die Türken diese Gebiete nicht deshalb, weil sie christlich waren, sondern weil sie an türkisches Gebiet grenzten und am Schwarzen Meer lagen. Der Sultan hatte nichts dagegen, daß sich Peter die persischen Provinzen am Kaspischen Meer, das heißt, im östlichen Teil des Kaukasus, nahm, doch sollte er nicht bis ans Schwarze Meer vordringen, welches, nachdem die Russen Asow wieder an die Türkei zurückgegeben hatten, wieder das Privatmeer des Sultans war. Schließlich regelten der Zar und der Sultan die Angelegenheit auf freundschaftliche Weise, indem sie die kaukasischen Provinzen Persiens untereinander aufteilten. Lästigerweise akzeptierten die Perser diese Regelung nicht und kämpften in den nachfolgenden Jahren immer wieder gegen ihre beiden mächtigen Nachbarn. 1732 gab Kaiserin Anna die kaspischen Provinzen wieder an Persien zurück, da sie der ständigen Verluste, die die Russen dort erlitten (bis zu fünfzehntausend Soldaten starben jedes Jahr an dem ungewohnten Klima) müde war. Erst unter der Herrschaft Katharinas der Großen wurde der nördliche Kaukasus zur russischen Provinz erklärt, und erst 1813, als Katharinas Enkel, Alexander I., regierte, gab Persien auch die Küstengebiete am Kaspischen Meer, durch die Peter der Große auf seinem letzten Feldzug marschiert war, endgültig ab.

6   Dämmerung

Es fiel schon Schnee, als Peter und Katharina Ende November 1722 von Astrachan aus wieder nach Moskau zurückkehrten. Unterwegs wurde die Kälte grimmiger. Etwa hundertfünfzig Kilometer unterhalb von Zarizyn war die Wolga bereits zugefroren, und Peters Schiffe konnten nicht weiterfahren. Man fand nur unter größten Schwierigkeiten passende Schlitten für die kaiserliche Reisegesellschaft, und die Fahrt auf dem Landweg dauerte einen ganzen Monat.

Peter blieb bis Anfang März 1723 in Moskau und lud, bevor er nach St. Petersburg aufbrach, seine Freunde zu einem denkwürdigen Schauspiel ein: Er brannte das Holzhaus in Preobraschenskoje nieder, in dem er die ersten geheimen Pläne für den Krieg gegen Schweden aufgestellt hatte. Zwischen den Brettern und in den Kammern legte er leicht brennbare Chemikalien und Feuerwerkskörper aus und steckte das Haus dann in Brand. Leuchtend bunte Flammen brachen aus dem brennenden Gebäude hervor; später, als nur noch schwarze, qualmende Holzreste übrig waren, wandte sich Peter an den Herzog von Holstein, den Neffen Karls XII., und sagte: »So ist der Krieg: glänzende Siege, auf die Zerstörung folgt. Aber mit diesem Haus, in dem ich meine ersten Kriegspläne gegen Schweden ausgearbeitet habe, möge auch jeder Gedanke gegen das schwedische Königreich untergehen. Möge Schweden immer ein treuer Verbündeter meines Reiches sein.«[1]

In der wärmeren Jahreszeit verbrachte Peter die meiste Zeit überwiegend in Peterhof. Auf Empfehlung seiner Ärzte trank er Mineralwasser und betätigte sich körperlich, indem er Gras mähte und mit einem Rucksack auf dem Rücken wanderte. Noch immer bereitete ihm aber das Segeln das größte Vergnügen. Der preußische Gesandte berichtete, daß ihn sogar seine Minister manchmal nicht erreichen konnten: »Der Zar war so sehr mit seinen Villen und mit dem Segeln beschäftigt, daß niemand ihn zu stören wagte.«[2]

Im Juni 1723 begab sich Peter mit seinem ganzen Hof nach Reval, wo ein eleganter rosafarbener Palast für Katharina und ein kleines Haus mit drei Räumen für den Zaren gebaut worden waren. Katharinas Palast war von einem weitläufigen Garten umgeben, der mit Springbrunnen, Wasserbassins und Statuen geschmückt war. Als der Zar im Garten spazierenging, war er überrascht, ganz allein zu sein; schließlich entdeckte er die Ursache für die Ruhe ringsum: Das Haupteingangstor zum Garten war verschlossen, und ein Wachsoldat stand davor und verweigerte der Öffentlichkeit den Zutritt. Peter hob sofort dieses Verbot auf und erklärte, er hätte nie einen so großen und teuren Garten für sich und seine Frau anlegen lassen. Am folgenden Tag schickte er Trommler durch die Stadt, die verkünden mußten, daß der Garten allen zugänglich war.

Im Juli segelte Peter mit seiner Flotte zu Manövern auf die Ostsee hinaus. Er kehrte erst im August wieder nach Kronstadt zurück, wo man eine Feier zu Ehren jenes kleinen Schiffes veranstaltet hatte, das damals Peter und Karsten Brant in Ismailowo gefunden hatten und in dem der Zar seinen ersten Segelunterricht auf der Jausa erhielt. Man hatte dieses Schiff, das inzwischen als der »Großvater der russischen Marine« bekannt war, nun nach Kronstadt gebracht. Dort ging Peter an Bord, übernahm das Steuer und fuhr mit vier älteren Admiralen und mit der kaiserlichen Standarte an zweiundzwanzig russischen Linienschiffen und zweihundert Galeeren vorbei. Auf ein Signal Peters feuerten die Geschütze aller Schiffe Salutschüsse ab. Dichter Rauch stieg auf, und nur die Spiere der größeren Schiffe waren noch zu sehen. Der Flottenparade folgte ein Fest, das zehn Stunden dauerte, und der Zar verkündete, daß jeder, der diesen Tag nicht betrunken beschließen würde, seine Freundschaft nicht verdiene. Auch die Damen waren bei diesem Fest zugegen; die Prinzessinnen Anna und Elisabeth servierten ungarischen Wein. Die Herzogin von Mecklenburg war schließlich tatsächlich betrunken, und auch andere angesehene Persönlichkeiten verschmähten den Wein nicht; zunächst weinten sie, umarmten und küßten sie sich; später stritten und prügelten sie sich sogar. Auch Peter, der jetzt viel weniger trank als in seiner Jugend, genoß diesmal sehr viel Alkohol.

Im Herbst wurde dann noch ein öffentliches Maskenfest zu Ehren des zweiten Jahrestages des Friedens von Nystad veranstaltet. Peter war zuerst als katholischer Kardinal, dann als lutherischer Pastor – er hatte sich die benötigte Halskrause vom Pastor in St. Petersburg ausgeliehen – und schließlich als Regimentstrommler maskiert, der die Trommel fast so gut wie ein berufsmäßiger Trommler schlug.

Um seinen Organismus nach diesem Bacchanalien wieder zu reinigen, machte Peter um diese Zeit mehrfach Trinkkuren mit dem erst kürzlich entdeckten »Eisenwasser« von Olonez. Er fuhr im Winter dorthin, wenn er mit dem Schlitten über den See gleiten konnte, manchmal in Begleitung Katharinas; und er war der Auffassung, daß dieses russische Mineralwasser besser als das war, das er beispielsweise in Deutschland getrunken hatte. Diese Auffassung wurde aber nicht von jedermann geteilt; manch einer machte sich viel eher Sorgen, daß das ständige Trinken dieses schwer eisenhaltigen Wassers der Gesundheit des Zaren mehr schaden als helfen würde. Peter war übrigens nicht bereit, den Anweisungen seiner Ärzte zu folgen. So trank er nicht nur bis zu einundzwanzig Gläser Mineralwasser an einem Vormittag, sondern aß auch ein Dutzend Feigen und einige Pfund Kirschen, obwohl ihm verboten worden war, während seiner Kur rohes Obst, Gurken, Zitronen oder Limburger Käse zu essen. Während der Kur arbeitete Peter jeden Tag mehrere Stunden an seiner Drehbank und stellte Gegenstände aus Holz und Elfenbein her. Wenn er sich kräftig genug fühlte, besuchte er eine Schmiede in der Nachbarschaft und fertigte Eisenstangen und Eisenbleche an.

Als Anna und Elisabeth ins heiratsfähige Alter kamen (Anna war 1722 vierzehn und Elisabeth dreizehn Jahre alt), hielt der Zar wie jeder umsichtige Monarch seiner Zeit Ausschau nach guten Partien für seine Töchter. Seit seinem Besuch in Frankreich war es sein Wunsch, eine seiner Töchter, wahrscheinlich Elisabeth, zu gegebener Zeit mit Ludwig XV. zu verheiraten. Aus einer Verbindung mit dem Haus Bourbon würde Rußland großen Vorteil ziehen, außerdem wäre Frankreich ein sehr nützlicher Verbündeter in Westeuropa, der die feindselige Haltung Englands ausgleichen würde. Wenn die Eheschließung mit dem König nicht möglich wäre, dann hoffte Peter, Elisabeth wenigstens mit einem französischen Prinzen verheiraten zu können und daß die beiden dann eines Tages König und Königin von Polen werden würden. Sofort nach der Unterzeichnung des Friedens von Nystad und nach seiner Ernennung zum Kaiser brachte Peter das Thema zur Sprache. Campredon, der französische Gesandte in St. Petersburg, gab den Vorschlag mit einem eigenen Vermerk weiter: »Um die Zarin gänzlich für uns zu gewinnen, wäre es wünschenswert, eine Eheschließung zwischen der jüngeren Tochter des Zaren, die sehr liebenswert ist und eine hübsche Figur hat, und irgendeinem französischen Prinzen herbeizuführen, der dann durch die Macht des Zaren leicht und sicher König von Polen werden könnte.«[3]
Philipp, Herzog von Orleans und Regent von Frankreich, war nicht abgeneigt. Polen wäre für Frankreich ein nützlicher Verbündeter. Wenn der Zar tatsächlich seinen Einfluß dafür verwenden würde, einen französischen Prinzen auf den polnischen Thron zu setzen, würde sich eine Ehe mit der Tochter Peters für Frankreich lohnen. Andererseits hatte Philipp gewisse Bedenken: Da waren zum einen die zweifelhafte Herkunft der Zarin Katharina, zum anderen die geheimnisvollen Umstände der Eheschließung Peters. Aber der Regent kämpfte gegen seine Zweifel an und schlug sogar seinen eigenen Sohn, den jungen Herzog von Chartres zum Bräutigam – und damit zum König von Polen – vor. Als Peter aus Persien zurückkehrte und hörte, daß Frankreich den Herzog von Chartres vorgeschlagen hatte, lächelte er zufrieden. »Ich kenne ihn und schätzte ihn sehr«[4], sagte er zu Campredon.
Unglücklicherweise stand den verhandelnden Parteien ein Hindernis im Weg, das sie nicht beseitigen konnten: August von Sachsen, der jetzt dreiundfünfzig Jahre alt war, saß noch immer auf dem polnischen Thron. Der Zar hatte auch nicht die Absicht, August den Starken tatsächlich vom Thron zu stoßen. Er machte daher den Vorschlag, der Herzog von Chartres solle seine Tochter Elisabeth sofort heiraten und dann den Tod Augusts abwarten. Die

Franzosen zogen dagegen vor, mit der Eheschließung zu warten, bis man den Herzog von Chartres zum König von Polen gewählt hätte. Der Zar war jedoch mit dieser Lösung nicht einverstanden. Was würde passieren, fragte er, wenn August noch fünfzehn Jahre lang lebte? Campredon beteuerte, daß dies nicht sehr wahrscheinlich sei. »Der König von Polen braucht nur eine neue lebhafte Mätresse, um uns dem gewünschten Ereignis näherzubringen«[5], meinte er.

Schließlich machte sich Campredon Peters Auffassung zu eigen und versuchte, die französische Regierung zu einer sofortigen Eheschließung zu überreden. In den Briefen, die er nach Paris schrieb, rühmte er Elisabeths Eigenschaften. »Es gibt nur Angenehmes an der Prinzessin«, berichtete er. »Man kann tatsächlich behaupten, daß sie ihrer Figur, ihrer Haut, ihren Augen und ihren Händen nach zu urteilen eine Schönheit ist. Wenn sie überhaupt Fehler hat, so betreffen diese ihre Erziehung und ihre Manieren; aber ich bin sicher, sie ist so intelligent, daß diese Fehler mit Hilfe einer geschickten und erfahrenen Person, die ihr zu diesem Zweck zur Verfügung gestellt werden sollte, wenn die Verbindung zustande kommen sollte, leicht behoben werden können.«[6]

Die Verbindung kam aber dann aufgrund der Einwände von Peters altem Feind, Georg I. von England, doch nicht zustande. Der französische Regent und sein erster Minister, Abbé Dubois, hatten die Freundschaft mit England zum Angelpunkt der französischen Außenpolitik gemacht. So nah standen sich jetzt die beiden früheren Feinde, daß Dubois Campredons Depeschen aus St. Petersburg im Original Georg I. übermittelte, und Georg schickte sie mit eigenhändigen Randbemerkungen wieder zurück. Georg I. wünschte keinesfalls, daß der russische Einfluß noch größer wurde. Eine Zeitlang vermied es Dubois, auf Campredons Botschaften zu antworten. Als er schließlich ein Schreiben nach Moskau absandte, war es nur, um mitzuteilen, daß England Einwände erhoben hätte und daß der Gesandte weitere Instruktionen abwarten sollte. Vor Ende des Jahres 1723 waren dann sowohl Dubois als auch der Regent gestorben, und Ludwig XV. war als König von Frankreich großjährig geworden; der Herzog von Chartres heiratete schließlich eine deutsche Prinzessin. Peters Tochter Elisabeth dagegen ging offiziell nie eine Ehe ein (obwohl es möglich ist, daß sie insgeheim ihren charmanten Liebhaber Alexei Rasumowski geheiratet hat); statt Königin von Polen zu werden, herrschte sie einundzwanzig Jahre lang als Zarin von Rußland.

Peters Pläne für seine älteste Tochter, Prinzessin Anna, ließen sich dagegen verwirklichen. Bereits Jahre zuvor hatte Freiherr von Görtz dem Zaren den Vorschlag unterbreitet, sein junger Herr, Herzog Karl Friedrich, solle sich mit Anna verheiraten. Herzog Karl Friedrich war der einzige Neffe des kinderlosen Karls XII. gewesen, der den jungen Mann eindeutig bevorzugt hatte, so daß viele in Schweden noch immer der Meinung waren, er würde später anstelle seiner Tante Ulrike Eleonore und ihres Ehemannes Friedrich von Hessen seine Nachfolge antreten. 1721 reiste Karl Friedrich heimlich nach Rußland, in der Hoffnung, Peters Unterstützung für seinen Anspruch auf den schwedischen Thron zu erhalten und diesen durch eine Eheschließung mit einer der Töchter des Zaren zu besiegeln. Kaum war er in Rußland, erwies er sich Peter auch schon als sehr nützlich. Für Ulrike Eleonore und Friedrich war die Anwesenheit des jungen Mannes in St. Petersburg eine stillschweigende Drohung, die für sie einen weiteren Anreiz bildete, mit Rußland schnellstens Frieden zu schließen. In den Friedensvertrag von Nystad aus dem Jahr 1721 war eine Klausel eingebaut, derzufolge die Russen die Ansprüche Karl Friedrichs auf den schwedischen Thron nicht unterstützen durften. Trotz dieser Enttäuschung blieb Herzog Karl Friedrich jedoch weiterhin in Rußland. Katharina mochte ihn und lud ihn zu allen öffentlichen Feierlichkeiten ein. Sein Haus wurde zum Treffpunkt vieler schwedischer Offiziere, die inzwischen russische Frauen geheiratet hatten, mit diesen aber nicht nach Schweden zurückkehren durften.

Karl Friedrich hoffte indessen weiterhin darauf, Prinzessin Anna heiraten zu dürfen. Seine Chancen stiegen wieder, als 1724 ein russisch-schwedisches Verteidigungsbündnis unterzeichnet wurde. In diesem Zusammenhang erhielt er den Titel einer königlichen Hoheit zugesprochen sowie eine Pension aus Schweden, und Rußland und Schweden erklärten sich außerdem bereit, Dänemark zu veranlassen, das im Krieg eroberte Territorium an Holstein zurückzugeben. Die Position des Herzogs war jetzt also günstig, und im Dezember 1724 forderte ihn Ostermann auf, einen Heiratsvertrag aufzusetzen. Bestandteil des Vertrages, so wurde vereinbart, sollte die Ernennung Karl Friedrichs zum Generalgouverneur von Riga sein.

Die Verlobung wurde mit großem Prunk gefeiert. Am Vorabend spielte das Orchester des Herzogs unter den Fenstern des Winterpalastes eine Serenade. Am nächsten Tag wurde die Verlobung mit einem Gottesdienst in der Dreifaltigkeits-Kirche und einem Essen besiegelt. Der Zar steckte selbst den Brautleuten die Ringe an. Abends gab es noch einmal ein festliches Essen und anschließend einen Ball und ein Feuerwerk. Während des Balls weigerte sich Peter zu tanzen, da er sich nicht gut fühlte, Katharina dagegen ließ sich vom jungen Karl Friedrich zu einer Polonaise auffordern.

Anna und ihr Ehemann siedelten nach Holstein über. Schon vier Jahre nach der Eheschließung starb Anna im Alter von zwanzig Jahren. Sie brachte aber noch kurz vor ihrem Tod einen Sohn zur Welt, der den Namen Karl Ulrich Peter erhielt. 1741, als dieser Junge dreizehn Jahre alt war, übernahm zwar zunächst seine Tante Elisabeth die Krone; da sie aber unverheiratet war, holte sie ihren Neffen als ihren designierten Nachfolger nach Rußland zurück. 1762 trat Karl Ulrich Peter, der zuvor seinen Namen in Peter Fjodorowitsch geändert hatte, als Peter III. die Nachfolge Elisabeths an. Sechs Monate später allerdings wurde er schon wieder von den Anhängern seiner deutschen Frau abgesetzt und danach ermordet. Die Frau Peters III. bemächtigte sich selbst des Thrones und wurde zur Zarin Katharina II. gekrönt; sie wurde später als Katharina die Große bekannt. Der Sohn, die Enkel und die weiteren Nachkommen Peters II. und Katharinas der Großen sollten den russischen Thron bis 1917 innehaben.

Peters Bemühungen, seine beiden Töchter mit ausländischen Prinzen zu verheiraten, legen den Gedanken nahe, daß er keine der beiden zu einer Nachfolgerin machen wollte. Tatsächlich hatte noch nie zuvor eine Frau auf dem russischen Thron gesessen. Aber nach dem Tod Peter Petrowitschs im Jahr 1719 gab es nur einen einzigen männlichen Erben im Hause Romanow, und das war Peter Alexejewitsch, der Sohn des Zarewitschs Alexei, den viele Russen als den legitimen Erben ansahen. Peter war sich durchaus bewußt, daß gerade die Traditionalisten ihre ganze Hoffnung auf den Großfürsten setzten. Diese Hoffnung wollte Peter der Große vereiteln.
Aber wenn es nicht Peter Alexejewitsch sein sollte, wer sollte dann die Nachfolge antreten? Je mehr Peter der Große über diese Frage nachdachte, desto öfter kreisten seine Gedanken um die Person, die ihm am nächsten stand: Katharina. Ihm imponierte die erstaunliche Energie und bemerkenswerte Anpassungsfähigkeit Katharinas; obwohl sie den Luxus liebte, verlor sie auch unter primitiven Lebensbedingungen niemals ihre gute Laune. Auch wenn sie schwanger war, begleitete sie den Zaren auf seinen Reisen, und er bekannte ihr oft, daß sie eine größere Ausdauer habe als er. Peter und Katharina freuten sich über ihre Töchter und trauerten um den Tod der anderen Kinder. Sie waren glücklich, wenn sie zusammen sein konnten, und bedrückt, wenn sie getrennt waren. »Gott sei Dank ist es hier im allgemeinen lustig«, schrieb Peter seiner Frau 1719 aus Reval, »aber wenn ich in mein Landhaus komme und Du bist nicht da, fühle ich mich sehr traurig.«[7] Ein anderes Mal schrieb er ihr: »Aber wenn Du sagst, daß es traurig ist, allein spazierenzugehen, auch wenn der Garten schön ist, glaube ich Dir, denn mir geht es genauso; bitte Gott nur darum, daß dies der letzte Sommer ist, den wir getrennt verbringen, und daß wir in Zukunft immer zusammen sind.«
Während einer der längeren kriegsbedingten Abwesenheiten Peters hatte Katharina für ihren Mann für eine Überraschung gesorgt, die ihn besonders erfreute: Fünfundzwanzig Kilometer südwestlich von St. Petersburg hatte sie heimlich ein Landhaus bauen lassen. Das zweistöckige, aus Stein gebaute Haus war von Gärten und Obstbäumen umgeben und lag auf einer Anhöhe, von der man auf eine weite Ebene hinabsehen konnte, die sich bis zur Newa und zur Stadt hin erstreckte. Als Peter zurückkehrte, berichtete sie ihm, sie habe eine zwar unbewohnte, aber sehr freundliche Gegend in der Nähe von St. Petersburg gefunden, »wo er gewiß ein Lusthaus und einen Landhof anlegen würde, wenn er sie sehen würde«[8].
Peter versprach ihr sogleich, daß er dort ein Haus nach ihren Wünschen bauen lassen werde, »wenn er die Lage so reizend finden sollte, wie sie ihm beschrieben worden wäre«. Am folgenden Morgen brachen Peter und Ka-

tharina in Begleitung einer größeren Gesellschaft zu einer Spazierfahrt in die bezeichnete Gegend auf, wobei ein »Küchen- und Kellerwagen« mit Vorräten sowie ein Zelt, unter dem man essen wollte, mitgenommen wurden. Als man das Ziel der Fahrt erreicht hatte, stand Peter plötzlich vor einem neuerbauten Haus, und er war völlig überrascht, als Kathrina ihm unter der Tür erklärte; »Hier ist die Gegend, von der ich mit Eurer Majestät gesprochen habe, und dies ist das Landhaus, das ich für meinen Herrn habe bauen lassen.« Peter war außer sich vor Freude, umarmte und küßte Katharina und sagte: »Ich sehe wohl, sie hat mir an ihrem Bau zeigen wollen, daß es auch trockene schöne Gegenden nahe Petersburg gibt, die bebaut zu werden verdienen.« Katharina führte ihn anschließend durch das Haus, und man kam schließlich in ein großes Speisezimmer, in dem eine herrlich gedeckte Tafel stand. Peter trank den ersten Pokal auf die Gesundheit der Baumeisterin, unmittelbar darauf erhob Katharina ihr Glas auf den Herrn des neuen Hauses. Als Katharina das Glas an ihre Lippen führte, feuerten elf Geschütze, die im Garten versteckt waren, eine Salve ab. Als es Abend wurde, bekannte Peter, das sei der schönste Tag, an den er sich erinnern könne. Der Ort wurde Zarskoje Selo – Zarendorf – genannt, und später erteilte Zarin Elisabeth dem Architekten Rastrelli den Auftrag, an dieser Stelle einen großen neuen Palast zu bauen. Der herrliche Katharinen-Palast, der noch heute hier zu sehen ist, wurde zu Ehren ihrer Mutter, Zarin Katharina I., so genannt.

Peters Hochachtung für Katharina war besonders darauf zurückzuführen, daß sie ihn auf dem Pruth- und Persien-Feldzug begleitet hatte. Durch die öffentliche Eheschließung und die Gründung des St.-Katharinen-Ordens hatte er bereits offenbart, was er für sie empfand. Im Februar 1722, bevor er mit Katharina in den Kaukasus fuhr, erließ er ein Dekret zur Thronfolgefrage. Darin wurde festgelegt, daß die alte Regel, derzufolge der Thron des Großfürsten von Moskau und Zaren von Rußland vom Vater auf den Sohn oder gelegentlich auch vom älteren auf den jüngeren Bruder weitergegeben werden müsse, nicht mehr gültig sei. Von nun an habe jeder regierende Herrscher die absolute Macht, seinen Nachfolger zu bestimmen. »So werden Kinder oder Kindeskinder nicht mehr versucht sein, in die Sünde Absaloms zu verfallen«, schloß er sein Dekret, und alle Beamten und Untertanen mußten einen Eid darauf ablegen, daß sie die jeweilige Wahl des Zaren annehmen würden.

Dieser revolutionäre Erlaß war nur die Vorstufe zu einem noch sensationelleren Akt: Peters Erklärung, daß er beschlossen habe, Katharina zur Zarin zu krönen. Im Dekret vom 15. November 1723 heißt es:

»Unsere geliebteste Gemahlin, Gefährtin und Zarin Katharina war für Uns immer ein großer Rückhalt, und dies nicht nur in gewöhnlichen Zeiten, sondern auch während vieler militärischer Unternehmungen, wenn sie weibliche Schwäche ablegte und freiwillig bei Uns war und Uns in jeder Weise geholfen hat ... Als Anerkennung für diese Mühen Unserer Gemahlin haben Wir beschlossen, daß sie kraft der höchsten Macht, die Uns von Gott verliehen ist, gekrönt werden soll, was, so Gott es will, in diesem Winter offiziell in Moskau geschehen wird.«[10]

Peter schlug einen gefährlichen Weg ein. Katharina war eine litauische Magd gewesen und als Gefangene nach Rußland gekommen. Sollte sie jetzt die Zarenkrone tragen und auf dem Thron der russischen Zaren sitzen? Obwohl das Manifest, das ihre Krönung proklamierte, sie nicht als Thronfolgerin nannte, verkündete Peter der Große am Abend vor der Krönung vor Senatoren und kirchlichen Würdenträgern, daß seine Frau ausdrücklich gekrönt werden sollte, damit auch sie den Staat regieren dürfe. Peter wartete auf Einwände, aber es wurden keine erhoben.

Die Krönungsfeierlichkeiten sollten auf prunkvollste Weise begangen werden. Peter erteilte den Befehl, daß bei der Ausstattung des Festes nicht gespart werden dürfe. Aus Paris ließ er einen Krönungsmantel kommen, und ein Petersburger Juwelier erhielt den Auftrag, eine neue Zarenkrone anzufertigen, die prächtiger sein sollte als jede, die zuvor von einem russischen Herrscher getragen worden war. Die Feier sollte übrigens nicht in der neuen Hauptstadt, sondern in Moskau im Kreml stattfinden, gemäß den Traditionen der alten Zaren also. Stefan Jaworski, der Vorsitzende des Heiligen Synods, sowie der unermüdliche Peter Tolstoi wurden sechs Monate zuvor nach Moskau geschickt, um die Vorbereitungen für die Feier zu treffen. Der Senat, die Mitglieder des Heiligen Synods und jeder Beamte und Adlige von Rang sollten anwesend sein.

Als Peter Anfang März abreisen wollte, wurde er durch eine schmerzhafte Erkrankung der Harnblase aufgehalten; er fuhr nach Olonez, um dort Heilung zu suchen. Am 22. März schließlich brach er mit Katharina in Richtung Moskau auf. Am Morgen des 7. wurde mit einem Signalschuß, der vom Kreml abgefeuert wurde, der Beginn der Krönungsfeierlichkeiten eingeleitet. An einer Prozession außerhalb des Kreml nahmen zehntausend Soldaten der kaiserlichen Garden und eine Schwadron teil. Um zehn Uhr, als die Glocken aller Kirchen Moskaus läuteten und alle Geschütze erdröhnten, erschienen Peter und Katharina oben auf der Roten Treppe, begleitet von allen hohen Beamten des Reiches, den Mitgliedern des Senats, den Generälen der Armee und den übrigen hohen Offizieren. Die Zarin trug ein purpurfarbenes, mit Gold besticktes Gewand, dessen Schleppe so lang war, daß sie von fünf Hofdamen getragen werden mußte. Peter erschien in einem himmelblauen, mit Silber bestickten Uniformrock und roten Seidenstrümpfen. Das Paar sah zu der großen Menschenmenge auf dem Kathedralenplatz hinab, von der Stelle aus, von der der zehnjährige Peter und seine Mutter zweiundvierzig Jahre zuvor den aufständischen Strelitzen gegenübergestanden hatten. Dann schritt das kaiserliche Paar die Rote Treppe hinab und ging zur Uspenski-Kathedrale. In der Mitte der Kirche war ein Podest errichtet worden, auf dem unter einem Baldachin aus Samt und Gold zwei mit Edelsteinen besetzte Stühle standen.

An der Tür der Kathedrale wurde das Herrscherpaar von Jaworski, Feofan

Prokopowitsch und anderen hohen Würdenträgern empfangen. Jaworski reichte ihnen das Kreuz zum Kuß und brachte sie dann zu ihren Thronsitzen. Nachdem Peter und Katharina nebeneinander Platz genommen hatten, begann der Gottesdienst. Auf dem Höhepunkt der Feierlichkeit stand Peter auf, und Jaworski reichte ihm die neue Zarenkrone. Peter nahm sie und verkündete, zur Versammlung gewandt, laut und deutlich: »Es ist Unsere Absicht, Unsere geliebte Gefährtin zu krönen.«[11] Dann setzte er Katharina die Krone persönlich aufs Haupt. Er überreichte ihr auch den Reichsapfel, behielt aber bezeichnenderweise das Zepter, das Zeichen der höchsten Macht, zurück. Die Krone war mit 2564 Perlen, Brillanten und anderen Edelsteinen besetzt, und ein taubeneigroßer Rubin saß unmittelbar unter dem Brillantenkreuz auf dem Scheitel der Krone.

Als Peter Katharina die Krone aufsetzte, flossen ihr Tränen der Rührung über die Wangen; sie kniete vor ihm nieder und wollte seine Hand küssen. Da er ihr jedoch die Hand entzog, versuchte sie, seine Knie zu umarmen. Schließlich hob er sie auf. Im Anschluß an den Krönungsakt erklangen feierliche Gebete, donnerten Geschütze und läuteten erneut die Glocken aller Kirchen Moskaus.

Nach dem Gottesdienst kehrte Peter in den Palast zurück, um auszuruhen, während Katharina mit ihrer schweren Krone auf dem Kopf allein die Prozession von der Uspenski-Kathedrale zur Erzengel-Michael-Kathedrale anführte. Dort betete sie, wie es der Tradition entsprach, an den Gräbern der verstorbenen früheren Zaren. Der Kaisermantel, der mit Hunderten goldener doppelköpfiger Adler bestickt war, wog so schwer auf Katharinas Schultern, daß sie mehrmals anhalten und ausruhen mußte. Während sie voranschritt, folgte ihr Menschikow in kurzem Abstand und streute Gold- und Silbermünzen unter die Zuschauer. Als die Prozession wieder am Fuß der Roten Treppe ankam, erwartete der Herzog von Holstein die Zarin, um sie in den Terempalast zu geleiten, wo ein großartiges Festessen stattfand. Und wieder verteilte Menschikow Geschenke, diesmal Medaillen, die auf der Vorderseite Porträts von Peter und Katharina und auf der Rückseite ein Bild der Krönung Katharinas durch Peter den Großen zeigten. Unter dem Bild stand: »Gekrönt in Moskau 1724«. In der Stadt feierte man noch tagelang weiter. Auf dem Roten Platz briet man zwei große Ochsen, die mit Wild und Geflügel gefüllt waren, und nicht weit davon sprudelten zwei Brunnen, von denen der eine Rotwein, der andere Weißwein spendete.

Katharinas Machtbefugnisse sowie Peters Pläne blieben anfangs unklar. Als Zeichen dafür, daß sie kaiserliche Gewalt besaß, erlaubte Peter seiner Frau, Peter Tolstoi zum Grafen zu ernennen, einen Titel, den danach alle Tolstois einschließlich des großen Erzählers Leo Tolstoi trugen. Auf Katharinas Befehl hin wurde Jaguschinski zum Ritter des St.-Andreas-Ordens und Prinz Wassili Dolgoruki, der immer noch wegen seiner Solidarisierung mit dem Zarewitsch Alexei im Exil lebte, an den Hof zurückgeholt. Die Befugnisse der Zarin waren aber auf jeden Fall begrenzt. So untersagte Peter ihr die

Begnadigung des früheren Vizekanzlers Schafirow, der wie Dolgoruki im Exil lebte. Eigentlich wußte niemand genau, was Peter tatsächlich beabsichtigte, und es ist möglich, daß er noch auf seinem Sterbebett selbst unentschlossen war. Gewiß war nur, daß er Katharinas Position sichern wollte – entweder als Regentin für eine seiner Töchter oder als regierende Zarin. Peter wußte, daß der Thron Rußlands nicht einfach als Belohnung für Treue und gute Dienste vergeben werden konnte. Der Träger der Krone mußte eine mit Energie, Klugheit und Erfahrung ausgestattete Persönlichkeit sein, während Katharinas Vorzüge von anderer Art waren. Andererseits war sie jetzt gesalbt worden, und Campredon, der französische Gesandte, zog daraus den Schluß, daß Peter sie jetzt »als Regentin und Herrscherin nach dem Tod ihres Mannes«[12] anerkannt wissen wollte.

Nach ihrer Krönung bemühten sich die Leute mehr als je zuvor, die Gunst des Herrschers über Katharina zu erlangen. Nur wenige Wochen nach ihrer Krönung kam es jedoch beinahe zu einer Katastrophe. Zu Katharinas Gefolge gehörte damals ein gutaussehender junger Mann namens Wilhelm Mons, der jüngere Bruder von Anna Mons, der ehemaligen Mätresse Peters des Großen. Mons, ein in Rußland geborener Deutscher, war ein lebenslustiger und ehrgeiziger junger Mann. Er hatte sich mit Geschick seine Dienstherren ausgesucht, hatte hart gearbeitet und war bis in die Position eines Kammerherrn und Sekretärs sowie Vertrauten Katharinas aufgestiegen. Katharina schätzte seine Gesellschaft, denn er war, mit den Worten eines französischen Beobachters, »einer der bestgewachsenen und attraktivsten jungen Männer, die ich je gesehen habe«[13]. Seine Schwester Matrena war ähnlich erfolgreich gewesen. Sie hatte Generalmajor Fjodor Balk, den Gouverneur von Riga, geheiratet und war gleichfalls Hofdame und engste Vertraute der Zarin geworden.

Botschaften, Petitionen und sonstige Bitten wurden von Katharina mit größter Wahrscheinlichkeit günstig aufgenommen, wenn sie über Wilhelm Mons oder Matrena Balk zu ihr gelangten; ohne deren Unterstützung war es dagegen so gut wie unmöglich, daß derartige Gesuche die Zarin überhaupt erreichten. Und die Tatsache, daß man wußte, daß Katharina einen großen Einfluß auf ihren Mann hatte, machte den Weg über die beiden Mons besonders interessant und wertvoll. Minister der russischen Regierung, ausländische Gesandte, auch ausländische Fürsten und sogar Mitglieder der kaiserlichen Familie traten an den ehrgeizigen Wilhelm Mons heran, eine Petition in der einen und ein Bestechungsgeld in der anderen Hand. Niemand kam sich dafür zu hochgestellt vor – weder die Zarin Praskowaja und ihre Töchter, noch der Herzog von Holstein, noch Fürst Menschikow, noch Fürst Repnin, noch Graf Tolstoi – oder zu niedrig – wie jener Bauer, der in sein Dorf zurückkehren sollte und Mons angeblich bestach, um in St. Petersburg bleiben zu dürfen. Mons staffelte seine »Gebühren« nach der Bedeutung des von ihm geleisteten Dienstes und je nach den Vermögensverhältnissen des Bittstellers. Neben den Geldern, die Mons und seine Schwester mit diesen Aktivitä-

738

ten verdienten, erhielten sie Güter, Leibeigene und auch Geld direkt von der Zarin. Da sich schließlich die höchsten Persönlichkeiten Rußlands vor Wilhelm Mons verneigten und sogar Menschikow ihn »Bruder« nannte, entschied Mons irgendwann, der Name Mons sei zu schlicht für ihn, und er änderte ihn in Mons de la Croix um. Zuvorkommend nannte ihn fortan jeder bei seinem neuen Namen – mit Ausnahme Peters des Großen, der weder über die Namensänderung noch über die neue Bedeutung von Wilhelm Mons informiert war.

Man sagte, daß der Zar noch mehr in bezug auf Wilhelm Mons nicht gewußt haben soll. In St. Petersburg und bald danach in ganz Europa munkelte man, daß der hübsche junge Kammerherr der Geliebte der Zarin sei. Schauerlich-schöne Geschichten waren in Umlauf, darunter die, daß Peter seine Frau während einer Mondnacht in einer kompromittierenden Situation in ihrem Garten vorgefunden habe. Es wurden hierfür allerdings nie irgendwelche Beweise angeführt. Die Geschichte von der Mondnacht im Garten ist auch deshalb unwahrscheinlich, weil Peter zum erstenmal im November von den an Mons bezahlten Bestechungsgeldern erfuhr, zu einer Zeit also, zu der Gärten in Rußland meist schon unter tiefem Schnee liegen. Wichtig ist jedoch die Tatsache, daß Katharinas Charakter gegen eine solche Liaison spricht. Die Zarin war zwar warmherzig, großzügig und sinnlich, sie war jedoch auch intelligent, und sie kannte Peter. Selbst wenn ihre Gefühle für ihn sich inzwischen abgekühlt haben sollten, hätte sie immerhin gewußt, wie gefährlich es war, sich auf ein Verhältnis mit Mons einzulassen, und daß es dem Zaren sicher nicht verborgen geblieben wäre. Es ist möglich, daß Mons sich gewünscht haben mag, seine Laufbahn damit zu krönen, daß er sich die ehelichen Rechte des Kaisers anmaßte; weniger wahrscheinlich ist es hingegen, daß sich Katharina in eine solche Torheit habe verwickeln lassen.

Dennoch mutet es einen merkwürdig an, daß Peter der Große so lange keine Kenntnis von der Korruption Mons gehabt haben soll. Als er aber schließlich die Wahrheit entdeckte, nahm er eine schnelle und glühende Rache an ihm. Man weiß nicht genau, wer ihn informiert hat. Manche glauben, es sei Jaguschinski gewesen, der sich durch die Ambitionen des Wilhelm Mons herausgefordert gefühlt hätte. Andere sagen, der Informant sei einer von Mons' Untergebenen gewesen. Sobald Peter jedenfalls Bescheid wußte, verbot er, daß noch irgend jemand bei ihm für diesen Verbrecher um Gnade bat. Dann wartete er ab, während die Spannung und die Besorgnis, die seine Anordnung hervorgerufen hatte, immer mehr stiegen. Am Abend des 8. November kehrte er ohne ein Zeichen von Verärgerung in den Palast zurück, speiste mit Katharina und seinen Töchtern und führte auch ein belangloses Gespräch mit Wilhelm Mons. Dann erklärte er, er fühle sich müde, und fragte, wie spät es sei. Katharina schaute auf eine Dresdner Uhr, die er ihr einmal geschenkt hatte, und erwiderte: »Neun Uhr.« Peter nickte: »Dann ist es Zeit für jeden, zu Bett zu gehen.«[14] Alle erhoben sich un gingen in ihre Zimmer; Mons ging nach Hause. Als er sich ausgezogen hatte und vor dem Schlafengehen noch eine Pfeife rauchte, trat plötzlich General Uschakow bei ihm ein und verhaftete ihn unter der Beschuldigung der Annahme von Bestechungsgeldern. Uschakow beschlagnahmte seine Papiere, versiegelte sein Zimmer und führte ihn in Ketten ab. Am folgenden Tag wurde er dem Zaren vorgeführt. Die Verlesung des offiziellen Untersuchungsprotokolls erschütterte ihn so sehr, daß er in Ohnmacht fiel; erst als er wieder zu sich gekommen war, gab er alles zu, was man ihm vorwarf. Mons bekannte, Bestechungsgelder genommen und unerlaubten Nutzen aus den Gütern der Kaiserin gezogen zu haben; und er gestand außerdem, daß seine Schwester Matrena Balk auch darin verwickelt sei. Diejenigen, die Mons selbst bestochen oder von einer Bestechung durch andere erfahren hatten, wurden aufgefordert, sich zu melden. Wer wissentlich etwas verschwieg, dem wurde eine schwere Bestrafung angedroht.

Mons war verloren – jede einzelne Beschuldigung gegen ihn reichte schon aus, um ihn zum Tode zu verurteilen –, und am 14. November wurde das Todesurteil über ihn gefällt. Katharina glaubte jedoch nicht, daß er tatsächlich sterben müßte. Zunächst schrieb sie darum ein paar Zeilen an Matrena Balk, sie solle sich wegen ihres Bruders keine Sorgen machen, dann ging sie zu Peter, um für ihren Kammerherrn um Gnade zu bitten. Sie hatte aber in diesem Fall ihren Mann falsch eingeschätzt. Wenn der Zar aus Zorn Gagarin und Nesterow getötet und Menschikow und Schafirow gedemütigt hatte, würde er sich bestimmt nicht überreden lassen, einen Wilhelm Mons zu schonen. Mons wurde nicht begnadigt. In der Nacht vor der Hinrichtung ging Peter in Mons' Zelle, um ihm zu sagen, daß er es bedaure, einen so talentierten Mann zu verlieren; er müsse aber wegen seines Verbrechens bestraft werden.

Am 16. November 1724 wurden Wilhelm Mons und Matrena Balk auf Schlitten zum Hinrichtungsplatz gebracht. Mons verhielt sich tapfer, er grüßte hie und da Freunde, die er in der Menge entdeckte. Nachdem er das Schafott bestiegen hatte, zog er in aller Ruhe seinen schweren Pelzmantel aus, hörte sich noch einmal die Verlesung des Todesurteils an und legte den Kopf auf den Richtblock. Anschließend erhielt seine Schwester elf Knutenhiebe, die jedoch so leicht ausfielen, daß sie keine Verletzungen davontrug. Dann wurde sie auf Lebenszeit nach Tobolsk in Sibirien verbannt. Ihr Mann, General Balk, bekam die Erlaubnis, eine andere Frau zu heiraten.

Es überraschte nicht, daß die Angelegenheit Mons die Beziehungen zwischen Peter und Katharina verschlechterte. Obwohl weder von Mons noch von seinen Anklägern jemals ihr Name erwähnt worden war und niemand es gewagt hatte, sie zu beschuldigen, ebenfalls Bestechungsgelder angenommen zu haben, wurde doch verbreitet angenommen, daß sie die Aktivitäten ihres Sekretärs gekannt und über sie hinweggesehen hätte. Am Vorabend von Mons' Hinrichtung gab der Zar einen Erlaß heraus, der verkündete, daß alle Offiziere in Anbetracht der Verfehlungen, die der Hof der Zarin ohne deren Wissen begangen habe, in Zukunft keine weiteren Befehle oder Anordnungen der Kaiserin mehr annehmen dürften. Zur gleichen Zeit verbot er Katharina, über ihre Geldmittel frei zu verfügen.

Katharina ertrug diese Schicksalsschläge mutig. An dem Tag, an dem Mons hingerichtet wurde, bestellte sie ihren Tanzlehrer und übte mit ihren beiden älteren Töchtern das Menuett. Sie verbarg ihre Gefühle, da sie wußte, daß jede Art von Interesse am Schicksal des Verurteilten sie selbst in höchste Gefahr bringen konnte. Andererseits vergab sie Peter jedoch nicht so ohne weiteres, und einen Monat nach der Hinrichtung stellte ein Beobachter fest: »Sie sprechen kaum mehr miteinander; sie essen nicht mehr gemeinsam und sie schlafen nicht zusammen.«[15] Mitte Januar nahm jedoch die Spannung wieder ab. »Die Zarin hat einen langwährenden und tiefen Kniefall vor dem Zaren getan, um Vergebung für ihre Verfehlungen zu erlangen«, schrieb nun derselbe Beobachter. »Die Unterredung dauerte drei Stunden, und sie speisten sogar zusammen.«[16]

Ob diese Versöhnung von Dauer war, können wir heute nicht sagen. Schon während der Mons-Affäre war der Zar leidend gewesen, und sein Zustand hatte sich danach immer mehr verschlechtert. Weniger als einen Monat nach Katharinas Kniefall war Peter tot.

Nach dem Frieden von Nystad und der Krönung Katharinas stand Peter in den Augen der Öffentlichkeit auf dem Höhepunkt seiner Macht. Doch für viele Russen und vor allem für die, die ihm nahestanden, gab es beunruhigende Zeichen. Die Ernte war zwei Jahre hintereinander schlecht ausgefallen; Getreide mußte vom Ausland eingeführt werden, und dennoch reichte es nicht für die Bevölkerung aus. Die höchsten Würdenträger des Landes waren der Korruption beschuldigt worden. Schafirow hatte man zum Tode verurteilt, wenn auch anschließend begnadigt und ins Exil geschickt; inzwischen war auch Menschikow als Präsident des Kriegskollegiums abgesetzt worden. Und nichts schien mehr voranzugehen, wenn Peter nicht anwesend war und sich nicht um die betreffende Angelegenheit kümmerte. In seinem Palast in Preobraschenskoje versäumten es die Bediensteten sogar, Holz für den Winter zu besorgen, wenn der Kaiser es ihnen nicht ausdrücklich befahl.

Dieser allmähliche Verfall des Staates verlief parallel zur Verschlechterung von Peters Gesundheitszustand. Manchmal arbeitete er noch mit jener Energie und jenem Enthusiasmus, die man bei ihm kannte. Eines der Projekte, die er beispielsweise noch so anging, war die Planung eines großen, neuen Gebäudes, das die Akademie der Wissenschaften beherbergen sollte; und er dachte auch an die Errichtung einer neuen Universität in der Hauptstadt. Die meiste Zeit war er jedoch verstimmt und apathisch. Dann saß er geistig abwesend da, seufzte und weigerte sich, etwas zu unternehmen. Niemand wagte, ihn in solchen Augenblicken anzusprechen, auch dann nicht, wenn es um dringende Probleme ging. Mardefeldt, der preußische Gesandte, schickte damals eine Beschreibung der in Petersburg herrschenden Atmosphäre an

König Friedrich Wilhelm: »Kein Ausdruck ist stark genug, um Ihrer Majestät die richtige Vorstellung von der unerträglichen Fahrlässigkeit und Verwirrung zu geben, mit der hier die bedeutendsten Angelegenheiten behandelt werden, so daß weder ausländische Gesandte noch russische Minister wissen, an wen sie sich wenden sollen. Die Antworten, die wir von den russischen Ministern bekommen, sind nur Seufzer, und sie geben selbst zu, verzweifelt zu sein über die Schwierigkeiten, die sie in bezug auf jeden Vorschlag haben. Diese Stimmung wird nicht vorgetäuscht, sie entspricht vielmehr der Wahrheit. Hier wird nichts mehr als wichtig angesehen, bis es nicht am Rand des Abgrunds steht.«[17]

Peter der Große litt an einer schweren Krankheit, zudem wurde sein immer schwächer werdender Körper von den bekannten Krämpfen befallen. 1724 war Peter erst zweiundfünfzig Jahre alt, aber die außerordentliche Anspannung aller Kräfte im Krieg, die ständige Ruhelosigkeit, das übermäßige Trinken in der Jugend hatten seine ehemals glänzende Konstitution angegriffen, so daß er bereits wie ein alter Mann war.

Seit Jahren schon litt Peter der Große an einer Infektion der Harnwege, und im Sommer 1722 traten die Symptome dieser Krankheit unter der drückenden Hitze des persischen Feldzugs besonders stark in Erscheinung. Die Ärzte diagnostizierten Harnzwang und Harnsteine, eine Erkrankung des Harnleiters und der Blase, die durch Muskelkrämpfe oder durch eine Infektion hervorgerufen werden kann. Im Winter 1722/23 kamen die Schmerzen in der Harnröhre wie gesagt wieder. Zunächst sprach Peter nur mit seinem Kammerdiener darüber, und er trank und zechte weiter wie gewöhnlich. Bald jedoch wurde der Schmerz so stark, daß er seine Ärzte konsultieren mußte. In den folgenden zwei Jahren kamen und gingen die Schmerzen. Schließlich befolgte er den Rat der Ärzte, nahm Medikamente ein und trank nur noch ein wenig Kwaß und ganz selten ein Glas Branntwein. An manchen Tagen hatte er heftige Schmerzen und konnte kaum die Regierungsgeschäfte erledigen; danach gab es dann immer wieder eine Zeit der Besserung, in der er seinen Pflichten nachgehen konnte.

Anfang des Sommers 1724 machte sich die Erkrankung erneut bemerkbar, und diesmal waren die Schmerzen schlimmer als zuvor. Peters Leibarzt Dr. Blumentrost konsultierte den englischen Chirurgen Dr. Horn. Um einen Durchgang für den Harn zu schaffen, führte Dr. Horn mehrmals vergeblich einen Katheter ein, ohne bis zur Blase durchzukommen; er erreichte nur, daß etwas Blut und Eiter abging. Schließlich gelang es ihm, die Mündung der Blase so weit zu öffnen, daß ein Glas voll Urin abgezogen werden konnte. Peter der Große unterzog sich diesen Eingriffen ohne Betäubung, er hielt sich lediglich mit jeder Hand an den assistierenden Ärzten fest. Er versuchte, ruhig zu bleiben, aber die Schmerzen waren so heftig, daß er beinahe deren Arme zerquetschte. Schließlich ging ein großer Stein ab, und der Schmerz ließ nach. Nach einer Woche konnte er wieder normal Wasser lassen. Er mußte jedoch noch mehrere Wochen das Bett hüten, und erst Ende September konnte er wieder aufstehen und allmählich den normalen Lebensrhythmus aufnehmen.

Anfang Oktober ließ er seine Jacht auf der Newa vor seinem Fenster vertäuen, so daß er sie sehen konnte; und ein paar Tage später ging er trotz der Warnungen seiner Ärzte hinaus. Er fuhr zuerst nach Peterhof, um die neuen Springbrunnen zu sehen, die im Park angebracht worden waren. Anschließend begab er sich, obwohl ihn seine Ärzte unbedingt davon abbringen wollten, auf eine lange und mühselige Inspektionsfahrt. In Schlüsselburg nahm er an den Feiern zum Jahrestag der Eroberung der Festung vor zweiundzwanzig Jahren teil; dann fuhr er zu den Eisenhütten von Olonez weiter, wo er eigenhändig ein Eisenblech von über hundert Pfund Gewicht schmiedete. Zuletzt besichtigte er noch die Arbeiten am Ladogakanal, die jetzt unter der Leitung von General von Münnich schnell vorankamen.

Die Fahrt dauerte fast den ganzen Monat Oktober, und während dieser Zeit erlitt Peter immer wieder einen Rückfall. Er verlangsamte aber das Tempo seiner Besichtigungsfahrt nicht. Am 5. November kehrte er nach St. Petersburg zurück, beschloß aber, sofort mit dem Schiff zu einer anderen Eisenhütte und einer Munitionsfabrik in Systerbeck am Finnischen Meerbusen zu fahren. Das Wetter war typisch für den frühen Winteranfang im Norden Europas: grauer Himmel, starker Wind und eiskaltes Wasser. Als nach Verlassen der Newamündung die kaiserliche Jacht sich dem Fischerdorf Lachta näherte, bemerkte Peter in einiger Entfernung ein Schiff mit zwanzig Soldaten und Matrosen, das vergeblich gegen Wind und Wellen anzukämpfen versuchte. Bald darauf strandete das Schiff. Sein Kiel steckte im Sand fest, und die Wellen schlugen nun so hart gegen seine Bordwände, daß das kleine Fahrzeug zu kentern drohte. Die Insassen konnten offensichtlich nicht schwimmen und schienen unfähig, sich irgendwie in Sicherheit zu bringen. Peter ließ ein Rettungsboot zur Unglücksstelle schicken, doch gelang es seinen Matrosen nicht, das gestrandete Schiff wieder freizubekommen. Peter wurde schließlich ungeduldig und gab Anweisung, ihn selbst dorthin zu bringen. Da das Wasser aber an der Stelle nicht tief war, konnte er jedoch nicht nahe genug herankommen, so daß er am Ende in das eiskalte Wasser sprang, das ihm bis zur Hüfte reichte, und sich zum gestrandeten Schiff hinüberkämpfte. Als er näherkam, faßte auch die verzweifelte Besatzung wieder Mut, so daß es ihr nun gelang, Taue aufzufangen, die ihr von dem Rettungsboot aus zugeworfen wurden, und mit Hilfe einiger Matrosen, die dem Zaren gefolgt und ebenfalls ins Wasser gesprungen waren, wurde das Schiff am Ende von der Sandbank weggezogen. Die gerettete Mannschaft wurde an Land gebracht und in den nächstliegenden Bauernhäusern versorgt.

Als Peter wieder seine Jacht erreichte, zog er trockene Kleidung an, bevor er in Lachta vor Anker ging. Die Unterkühlung im eiskalten Wasser schien ihm nicht geschadet zu haben. Er freute sich darüber, das gestrandete Schiff und seine Besatzung gerettet zu haben, und blieb über Nacht in Lachta. Während der Nacht bekam er jedoch heftige Fieberanfälle, und innerhalb weniger

Stunden hatte er erneut Schmerzen im Unterleib. Er sagte deshalb die für den folgenden Tag vorgesehene Fahrt nach Systerbeck ab und segelte nach St. Petersburg zurück, wo er sich zu Bett legte.

Danach erholte er sich jedoch wieder. Weihnachten fühlte er sich sogar wieder soweit gesund, daß er mit seinen Freunden am traditionellen Umzug der Weihnachtssinger durch die vornehmen Häuser von St. Petersburg teilnehmen konnte. Neujahr wohnte er dem üblichen prächtigen Feuerwerk bei, und am Tag der Heiligen Drei Könige wagte er sich zum Fest der Wasserweihe auf die gefrorene Newa hinaus, wobei er sich allerdings wiederum erkältete. Er nahm auch noch einmal an einer Feier der »Saufsynode« teil, die zusammengetreten war, um einen Nachfolger für den kürzlich verstorbenen Schein-Papst Buturlin zu wählen. Die Wahl eines neuen Schein-Papstes machte die Einberufung eines Konklaves der »Kardinäle« unter dem Vorsitz von Bacchus erforderlich, und Peter schloß persönlich die »Kardinäle« in ein Zimmer ein und verbot ihnen herauszukommen, bevor sie nicht einen neuen »Papst« gewählt hätten. Um die richtige Entscheidung treffen zu können, mußte jeder »Kardinal« jede Viertelstunde einen großen Löffel voll Whisky trinken. Der Wahlvorgang zog sich über die ganze Nacht hin; das Konklave löste sich erst am folgenden Morgen auf, nachdem es einen unbekannten Offizier zum Papst gewählt hatte. Am Abend dieses Tages wurde der neugewählte Würdenträger dann mit einem Festmahl gefeiert, bei dem es Fleisch von Bären, Wölfen, Füchsen, Katzen und Ratten zu essen gab.

Mitte Januar schien die Entfremdung zwischen Peter und Katharina, zu der es wegen der Mons-Affäre gekommen war, behoben zu sein. Gemeinsam gingen sie zu einer Harlekinade, mit der die Hochzeit eines Dieners seiner eigenen Denschtschiken gefeiert wurde. Peter ging auch noch zu Versammlungen von Peter Tolstoi und Admiral Cruys. Am 16. Januar fesselte die Krankheit ihn jedoch erneut ans Bett. Dr. Blumentrost konsultierte noch einmal seine Kollegen, darunter auch Dr. Horn, und bei den folgenden Untersuchungen stellte man fest, daß Peters Blase so schwer entzündet war, daß man einen Wundbrand befürchten mußte. Da die Ärzte kein Mittel gegen eine so weit fortgeschrittene Entzündung kannten, wurden eilige Kuriere zu zwei berühmten Spezialisten, Dr. Boerhaave in Leiden und Dr. Stahl in Berlin, geschickt, die man verzweifelt um Rat bat.

Ein letztes Mal schien sich Peters Zustand zum Besseren zu wenden. Obwohl er das Bett hüten mußte, arbeitete er wieder und rief Ostermann und andere Minister zu sich, um mit ihnen eine ganze Nacht lang zu sprechen. Am 22. Januar empfing er den Herzog von Holstein und versprach ihm, er werde ihn, sobald er gesund sei, nach Riga begleiten. Am folgenden Tag erlitt er dann einen schweren Rückfall, so daß man einen Priester kommen ließ, der ihn mit den Sterbesakramenten versah. Tolstoi, Apraxin und Golowkin durften an sein Krankenbett kommen, und in ihrer Gegenwart ordnete Peter die Begnadigung und Freilassung aller Gefangenen an, mit Ausnahme der Mörder, und er erließ auch eine Amnestie für junge Adlige, die bestraft worden waren, weil sie sich nicht zum Militärdienst gemeldet hatten. Er forderte Apraxin und die anderen Minister außerdem auf, nach seinem Tod allen Ausländern in St. Petersburg ihren Schutz zu gewähren.

Am Abend des 26. Januar fühlte sich Peter dann zwar ein wenig kräftiger, so daß die Ärzte davon sprachen, er würde wohl ein wenig aufstehen und im Zimmer auf- und abgehen dürfen. Hoffnungsvoll stand Peter auf und aß ein wenig Haferschleimsuppe. Sofort darauf bekam er jedoch so heftige Krämpfe, daß alle Anwesenden glaubten, nun sei das Ende gekommen. Die Minister, die Senatsmitglieder, die höheren Gardeoffiziere und andere hohe Beamte wurden eilig in den Palast gerufen, um für den Fall des Todes zur Verfügung zu stehen. Peter litt unter so starken Schmerzen, daß Ostermann ihn bat, nur noch an sich selbst zu denken und alle Regierungsgeschäfte zu vergessen. Peter schrie immer wieder laut auf, wenn der Schmerz besonders heftig war, und brachte wiederholt zum Ausdruck, daß er seine Sünden bereue. Noch zweimal erhielt er an diesem Tag die Sterbesakramente. Am 27. kam Feofan Prokopowitsch zu ihm, und in seiner Gegenwart bekannte Peter: »Herr, ich glaube, ich hoffe ...«, bald danach sagte er so leise, als würde er zu sich selbst reden: »Ich hoffe, Gott wird mir meine Sünden vergeben, wegen des Guten, das ich für mein Volk zu tun bemüht war.«[18]

Während dieser schweren Stunden wich Katharina nicht von Peters Seite. Sie flüsterte ihm zu, vielleicht würde es ihm helfen, mit Gott Frieden zu schließen, wenn er auch noch Menschikow vergab. Der Fürst betrat das Zimmer, und Peter gewährte ihm zum letztenmal Verzeihung. Am 27. Januar, um zwei Uhr nachmittags, verlangte Peter nach einer Schreibtafel; möglicherweise wollte er Anweisungen wegen seiner Nachfolge niederschreiben. Er kritzelte noch mühsam die Worte »Gebt alles ...«[19], dann glitt der Stift aus seiner Hand. Da er nicht mehr schreiben konnte, wollte er nun diktieren und ließ seine Tochter Anna herbeirufen. Doch bevor sie kam, begann er im Fieberwahn zu phantasieren.

Er kam nicht wieder zu Bewußtsein. Im Koma stöhnte und wälzte er sich nur noch. Katharina kniete neben ihm und betete ununterbrochen, er möge von seinen Qualen erlöst werden. Am 28. Januar 1725 um sechs Uhr morgens, gerade als sie betete: »O Herr, ich bitte dich, öffne dein Paradies, um diese große Seele bei dir aufzunehmen«[20], ging der dreiundfünfzigjährige Peter der Große in die Ewigkeit ein.

7   Epilog

Die Todesursache ist nie vollständig geklärt worden. Professor Hermann Boerhaave hatte von Dr. Horn und Dr. Blumentrost einen Bericht über die Krankheitssymptome des Kaisers erhalten, doch bevor er sein Rezept ausschreiben konnte, war ein zweiter Kurier mit der Nachricht eingetroffen, daß der Patient inzwischen verstorben sei. Boerhaave war bestürzt. »Myn Gott! is het mogelyk dat sie deze grotte Man hebben sterven laaten, die men med Medezynen vor vyf Copekes heft cureren konnen!«[1] soll er ausgerufen haben. Später sprach er ausführlich mit seinem Neffen, Dr. Kauw-Boerhaave, dem Leibarzt der Kaiserin Elisabeth, über die Erkrankung Peters. Wenn man dessen Leiden nicht so lange verheimlicht und ihn eher konsultiert hätte, so meinte Boerhaave, wäre die Krankheit heilbar gewesen. Boerhaave sprach mit seinem Neffen jedoch nicht darüber, welche Diagnose er gestellt und welche Medikamente er verordnet hätte. Man darf dem Optimismus des Professors jedoch mit einer gewissen Vorsicht begegnen, da er den Patienten nie gesehen hatte und da die Autopsie ergab, daß die Blase bereits stark vom Wundbrand befallen und ihr Schließmuskel so verhärtet war, daß man ihn nur mit Schwierigkeiten durchschneiden konnte.

Die Frage der Nachfolge wurde rasch zugunsten Katharinas gelöst. Als Peter im Sterben lag, waren die Günstlinge des Zaren, darunter Menschikow, Jaguschinski und Tolstoi – alles Männer, die viel zu verlieren hatten, wenn der alte Adel wieder an die Macht käme –, endgültig übereingekommen, Katharina zu unterstützen. In diesem Kreis ging man außerdem davon aus, daß den Garderegimentern die letzte Entscheidung bezüglich der Nachfolge zukommen würde, weswegen man diese Truppen in die Hauptstadt beorderte und in der Nähe des Palastes aufstellen ließ. Man erinnerte die Garden daran, daß Katharina sie auf verschiedenen Feldzügen begleitet hatte, und zahlte eilig im Namen der Kaiserin alle Rückstände. Die Garderegimenter waren dem Kaiser immer ergeben gewesen, und auch Katharina war seit langem bei Offizieren und Soldaten beliebt; auf die neuen Anreize hin, die man ihnen nun bot, sagten sie ihr bereitwillig ihre Unterstützung zu.

Doch auch mit diesen Vorkehrungen war die Thronbesteigung der litauischen Magd, der ehemaligen Mätresse und Ehefrau des Autokraten noch lange nicht gesichert. Ein anderer möglicher Kandidat war der neunjährige Großfürst Peter Alexejewitsch, der Sohn des Zarewitschs Alexei. Nach russischer Tradition stand ihm als dem Enkel des verstorbenen Zaren und nächsten direkten männlichen Erben der Thron zu, und die große Mehrheit des Adels und der Geistlichkeit sowie ein großer Teil des Volkes wünschten sich ihn auch als Zaren. Mit Hilfe des Großfürsten hofften alte Adelsfamilien, wie zum Beispiel die Dolgorukis und die Golizyns, ihren Einfluß zurückgewinnen und Peters Reformen rückgängig machen zu können.

Zur Konfrontation zwischen den beiden Richtungen kam es in der Nacht vom 27. Januar, wenige Stunden vor dem Tod des Kaisers, als der Senat und andere führende Staatsmänner zusammentraten, um über Peters Nachfolge zu beraten. Fürst Dmitri Golizyn, der viele Jahre im Ausland verbracht hatte und für die Teilung der Macht zwischen dem Monarchen und der Aristokratie eintrat, schlug einen Kompromiß vor: Der junge Peter Alexejewitsch sollte Kaiser, Katharina hingegen Regentin werden, und der Senat sollte ihr beistehen. Peter Tolstoi, dessen Name aufs engste mit der Verfolgung und dem Tod Alexeis verbunden war und der deswegen die Thronbesteigung durch den Sohn Alexeis besonders fürchten mußte, entgegnete, daß die Herrschaft eines Minderjährigen gefährlich sei. Seiner Meinung nach benötigte der Staat einen starken, erfahrenen Herrscher, und aus diesem Grunde habe der Kaiser seine Frau auf dieses Amt vorbereitet und sie schließlich gekrönt. Gerade als Tolstoi sprach, bekundeten mehrere Offiziere der Preobraschensker und der Semenowsker Garden, die in den Raum eingedrungen waren, lautstark ihre Parteinahme für Katharina, und im selben Augenblick erklang aus dem Hof unterhalb des Versammlungsraums Trommelwirbel. Die Staatsmänner eilten an die Fenster. Obwohl es schon dunkel geworden war, konnten sie noch die dichten Reihen der Garden erkenne, die rund um das Gebäude Aufstellung genommen hatten. Fürst Repnin, der Kommandeur der Petersburger Garnison und Mitglied der Partei der Aristokraten, geriet in Wut und fragte, warum die Soldaten ohne seine Befehle aufmarschiert wären. »Was ich getan habe, Euer Exzellenz«, erwiderte der Kommandeur mit eiserner Ruhe, »geschah auf ausdrücklichen Befehl unserer höchsten Herrin, der Sie und ich jeder treue Untertan verpflichtet sind, unverzüglich und bedingungslos zu gehorchen.«[2] Und die Soldaten riefen: »Unser Vater ist tot, unsere Mutter aber lebt noch!«[3] Unter diesen Umständen wurde Apraxins Vorschlag, »daß Ihre Majestät zum Autokraten mit allen Hoheitsrechten ihres verstorbenen Ehegefährten erklärt werden solle«[4], ohne weitere Verzögerung angenommen.

Am folgenden Morgen betrat die zweiundvierzigjährige Witwe weinend den Versammlungsraum, wobei sie sich auf den Arm des Herzogs von Holstein stützte. Sie sei jetzt »eine Witwe und Waise«, schluchzte sie, bevor Apraxin vor ihr niederkniete und ihr die Entscheidung des Senats bekanntgab. Alle Anwesenden brachten sogleich danach Hochrufe aus, in die die Garden draußen einstimmten. Am selben Tag noch wurde eine öffentliche Erklärung herausgegeben, in der dem Reich und der Welt mitgeteilt wurde, daß der neue russische Autokrat eine Frau sei, Kaiserin Katharina I.

Peters Leichnam wurde einbalsamiert und in einem Raum des Palastes aufgebahrt, in dem Gobelins hingen, die Peter bei seinem Besuch in Paris geschenkt worden waren. Über einen Monat lang durfte das Volk an ihm vorbeidefilieren und ihm die letzte Ehre erweisen. Am 8. März schließlich wurde der Sarg während eines Schneesturms zur Kathedrale der Peter-und-Paul-Festung überführt. Katharina ging an der Spitze des Trauerzugs, gefolgt von hundertfünfzig Hofdamen und einer langen Prozession von staatlichen Würdenträgern, Diplomaten und Offizieren, die trotz des Schnees alle barhäuptig gingen. Feofan Prokopowitsch hielt den Trauergottesdienst. Er verglich Peter den Großen mit Moses, Salomon, Samson, David und Kaiser Konstantin. »O Russen«, rief er aus, »was sehen wir? Was tun wir? Es ist Peter der Große, den wir zu Grabe tragen!«[5]

Katharina herrschte nur kurze Zeit. Als sie den Thron bestieg, erklärte sie zunächst, sie wolle Peters Politik und Reformen weiterführen. Sodann konzentrierte sie ihre Herrschaft schnell auf jenen Bereich, auf den es am meisten ankam. Sie hob die Verpflichtung der Armee, am Ladogakanal mitarbeiten zu müssen, auf, sorgte für rechtzeitige Bezahlung der Soldaten, ließ neue Uniformen anfertigen und zahlreiche Militärparaden abhalten. Ansonsten blieb sie weiterhin freundlich, offen und großzügig – letzteres so sehr, daß die Ausgaben des Hofes sich in Kürze verdreifachten. Sie erwähnte weiterhin häufig ihre einfache Herkunft und ließ allen Mitgliedern ihrer Familie etwas von ihrem eigenen Glück zukommen. Sie fand heraus, daß ihr Bruder Karl Skawronski als Stallknecht in einer Poststation in Kurland diente, und brachte ihn nach St. Petersburg, wo sie ihn ein wenig Bildung erwerben ließ und ihn anschließend zum Grafen Skawronski ernannte. Auch ihre beiden Schwestern und deren Familien ließ sie in die Hauptstadt übersiedeln. Die ältere Schwester hatte einen litauischen Bauern namens Simon Heinrich geheiratet, die jüngere einen polnischen namens Michail Jefim. Beide Familien erhielten Anwesen in St. Petersburg, und ihre Namen wurden in Hendrikow und Jefimowski geändert. Katharinas ebenso großzügige Tochter, die spätere Kaiserin Elisabeth, sollte ihre Onkel, die früheren Bauern, schließlich sogar in den Grafenstand erheben.
Der wahre Regent des Staates während Katharinas Herrschaft war aber Menschikow. Am 8. Februar 1726, ein Jahr nach ihrer Thronbesteigung, wurde ein neues Regierungsgremium, der »Oberste Geheime Rat« geschaffen, der »Ihrer Majestät die schwere Last der Regierung erleichtern« sollte. Die sechs Mitglieder dieses Rates – Menschikow, Apraxin, Golowkin, Ostermann, Tolstoi und Dmitri Golizyn – übten offiziell die Macht im Staat aus. Menschikow beherrschte jedoch dieses Gremium ebenso wie den Senat, der inzwischen in seinen Funktionen eingeschränkt worden war. Wurde in einem der beiden Gremien Widerspruch gegen seine Ansichten erhoben, stand er einfach auf und erklärte, daß er die Kaiserin vertrete.
Menschikows Politik zeugte von Besonnenheit. Er hatte beispielsweise erkannt, daß die Steuern die Bauernschaft erdrückten; darum sagte er Katharina: »Die Bauern und das Heer gehören zusammen wie Körper und Seele; man kann das eine nicht ohne das andere haben.«[7] Dementsprechend stimmte die Kaiserin einer Reduzierung der Seelensteuer um ein Drittel und einer gleichzeitigen Verringerung der Heeresstärke um ebenfalls ein Drittel zu. Darüber hinaus wurden alle Steuerrückstände annulliert. Menschikows Macht war allerdings nicht unbegrenzt. Katharinas Favorit Karl Friedrich

von Holstein heiratete am 21. Mai 1725 ihre Tochter Anna, und im Februar des folgenden Jahres wurde der Herzog trotz Menschikows Widerstand in den Obersten Geheimen Rat berufen.

Katharina starb bereits zwei Jahre und drei Monate nach ihrer Thronbesteigung; sie erlag einer Reihe von Fieberanfällen. Als im November 1726 infolge eines heftigen Sturmes die Newa Hochwasser führte, war die Kaiserin gezwungen, nur mit einem Nachtgewand bekleidet, aus dem Palast zu fliehen, wobei sie »kniehoch durch das Wasser«[8] waten mußte. Am 21. Februar 1727 wohnte sie der Wasserweihe auf der gefrorenen Newa bei und blieb anschließend stundenlang draußen in der kalten Winterluft, um die Parade von zwanzigtausend Soldaten abzunehmen. Danach lag sie mit Fieber und häufigem Nasenbluten zwei Monate lang im Bett. Kurz nachdem sie sich erholt hatte, erlitt sie einen erneuten Zusammenbruch. Wenige Stunden vor ihrem Tod ernannte sie den jungen Großfürsten Peter Alexejewitsch zu ihrem Nachfolger, dem alle Mitglieder des Obersten Geheimen Rates, die als Regenten fungierten, zur Seite stehen sollten. Auch ihre beiden Töchter – Anna, die jetzt siebzehnjährige Herzogin von Holstein, und Elisabeth, die jetzt sechzehn war – wurden als Mitregenten in den Rat aufgenommen.

Ironischerweise war die Thronbesteigung Peters II., auf die der alte Adel und die Tradionalisten ihre Hoffnung setzten, von Menschikow in die Wege geleitet worden – und zwar aus eigennützigen Motiven heraus. Als Katharina noch lebte, hatte er bereits die Chancen ihrer beiden Töchter Anna und Elisabeth gegen diejenigen Peters abgewogen und war zu dem Schluß gekommen, daß der Großfürst die stärkere Persönlichkeit war. Menschikow wechselte also die Seiten und benutzte seinen außerordentlich starken Einfluß dazu, die Kaiserin zu der Entscheidung zu bringen, die sie schließlich traf. Dabei hatte Menschikow seine eigene Familie nicht außer acht gelassen. Bevor er Katharina riet, Peter zum neuen Kaiser zu ernennen, holte er sich ihre Zustimmung, den elfjährigen Knaben mit seiner sechzehnjährigen Tochter Maria verheiraten zu dürfen.

Menschikows plötzlicher Kurswechsel überraschte und erschreckte andere Mitglieder des alten Favoritenkreises, insbesondere Peter Tolstoi. Der jetzt Zweiundachtzigjährige erkannte deutlich, daß Peter II. unvermeidlich mit dem Mann abrechnen würde, der seinen Vater einst aus Italien in den Tod gelockt hatte. Tolstoi wandte sich an andere Mitglieder des Kreises um Unterstützung gegen Menschikows Politik, fand jedoch nur wenige Freunde. Ostermann hatte sich bereits dem Fürsten angeschlossen, Jaguschinski hielt sich in Polen auf, die anderen wollten lieber abwarten und zusehen. Nur Anton Devier, Menschikows Schwager, und General Iwan Buturlin widersetzten sich Menschikow. Es war jedoch bereits zu spät. Katharina lag im Sterben, und Menschikow hatte dafür gesorgt, daß sie nur von Leuten seines Vertrauens umgeben war. Aus dieser unangreifbaren Stellung heraus holte er schließlich zum Schlag gegen seine Gegner aus. Devier, an dem er sich schon deswegen rächen wollte, weil er seine Schwester zu heiraten gewagt hatte, wurde verhaftet, geknutet und nach Sibirien geschickt. Tolstoi wurde auf eine Walfängerinsel im Weißen Meer verbannt, wo er 1729 im Alter von vierundachtzig Jahren starb.

Sobald Katharina gestorben und Peter II. zum Kaiser ausgerufen worden war, beeilte sich Menschikow, die Früchte seiner Saat zu ernten. Schon eine Woche nach der Thronbesteigung verlegte er den Wohnsitz des jungen Kaisers vom Winterpalast in seinen eigenen Palast auf der Wassilewski-Insel, und zwei Wochen danach wurde die Verlobung Peters mit Maria Menschikowa gefeiert. In den Obersten Geheimen Rat rückten Menschikows neue aristokratische Verbündete, die Dolgorukis und die Golizyns, nach. Dann ließ der Fürst die alte Zarin Jewdokija, die Großmutter des neuen Kaisers, aus der abgelegenen Festung Schlüsselburg ins Neue-Jungfrauen-Kloster bei Moskau bringen, wo sie mehr Annehmlichkeiten hatte.

Der Herzog von Holstein, den Katharina gegen Menschikows Willen in den Obersten Geheimen Rat aufgenommen hatte, verstand den Wink und bat um die Erlaubnis, Rußland zusammen mit seiner Frau, Prinzessin Anna, verlassen und nach Kiel zurückkehren zu dürfen. Menschikow war sehr erfreut über diese Entscheidung und versüßte ihnen die Abreise sogar noch mit einer großzügigen russischen Pension. In Kiel starb Prinzessin Anna am 28. Mai 1728, kurz nachdem sie einen Sohn, den zukünftigen Zar Peter III., zur Welt gebracht hatte. Um die Geburt ihres Sohnes zu feiern, hatte man einen Ball gegeben, dem ein Feuerwerk folgte, und obwohl das Wetter feucht und kalt war, bestand die glückliche junge Mutter darauf, auf einen offenen Balkon hinauszutreten, um besser zusehen zu können. Als sich ihre Hofdamen besorgt zeigten, lachte sie nur und meinte: »Ich bin Russin, denkt daran, und bin ein viel rauheres Klima gewöhnt als dieses hier.« Zehn Tage später starb sie.

Der neue Zar Peter II. war stattlich und für sein Alter großgewachsen. Ostermann, dem inzwischen die alleinige Verantwortung für die russische Außenpolitik oblag, war außerdem Peters Hauslehrer. Sein lebhafter Schüler interessierte sich aber nicht sehr für Bücher; er ritt lieber aus und ging auf die Jagd. Als ihm Ostermann einmal wegen seiner Faulheit Vorhaltungen machte, erwiderte der elfjährige Monarch: »Mein lieber Andrei Iwanowitsch, ich mag Sie, und als mein Außenminister sind Sie unentbehrlich für mich, aber ich muß Sie bitten, sich in Zukunft nicht mehr darum zu kümmern, wie ich mir die Zeit vertreibe.«[10] Peters engste Vertraute waren seine Schwester Natalja, die ein Jahr älter war als er, seine blonde achtzehnjährige Tante Großfürstin Elisabeth, die sich nicht für das Regieren interessierte, sondern nur ans Reiten, Jagen und Tanzen dachte, und der neunzehnjährige Fürst Iwan Dolgoruki.

Im Sommer 1727 stand Menschikow allein auf dem Gipfel der Macht. »Nicht einmal Peter der Große«, berichtete der sächsische Gesandte damals, »war so gefürchtet, noch wurde ihm so gehorcht.«[11] Er war jetzt der unbestrittene Herrscher Rußlands und der zukünftige Schwiegervater des Zaren; alle zukünftigen russischen Monarchen würden sein Blut in ihren Adern haben. Da er sich seiner Überlegenheit sicher wähnte, wurde sein Verhalten mit der Zeit unerträglich; auf herrische Weise erteilte er seine Befehle – auch an den Zaren. Einmal nahm er Peter einen Geldbetrag, den der Junge bekommen hatte, und züchtigte ihn sogar, weil er das Geld angenommen hatte. Dann beschlagnahmte er einen Silberteller, den Peter seiner Schwester Natalja geschenkt hatte. Gereizt fuhr der Junge Menschikow an: »Es wird sich noch herausstellen, wer hier der Zar ist, Sie oder ich.«[12]

Im Juli 1727 widerfuhr Menschikow dann das Mißgeschick, krank zu werden. Während er die Zügel der Macht kurzfristig lockern mußte, zogen Peter, Natalja und Elisabeth nach Peterhof um. Immer mehr Leute stellten am Hof fest, daß der Staat auch ohne Eingreifen des Fürsten zufriedenstellend gelenkt wurde. Als Menschikow wieder gesund war, fuhr er nach Peterhof, aber zu seiner Verwunderung wandte ihm Peter nun den Rücken zu. Zu seinen gleichfalls erstaunten Freunden sagte der junge Zar: »Ihr seht, ich lerne endlich, wie man ihm die Zügel anlegt.«[13] Einen Monat später, im September 1727, kam es zu Menschikows Sturz. Der Fürst wurde verhaftet, seiner Ämter enthoben und mußte alle seine Auszeichnungen ablegen. Zusammen mit seiner Familie – einschließlich seiner Tochter Maria – wurde er auf ein Gut in die Ukraine verbannt. Allerdings verließ Menschikow St. Petersburg mit vier sechsspännigen Kutschen und sechzig Gepäckwagen.

Peter II. kam nun unter den Einfluß Dolgorukis. Fürst Alexei Dolgoruki, der Vater von Peters Freund Iwan, und Fürst Wassili Dolgoruki wurden in den Obersten Geheimen Rat berufen, und Ende 1729 gab man die Verlobung des Zaren mit Katharina, der siebzehnjährigen Tochter des Fürsten Alexei, bekannt. Die Dolgorukis wirkten nun auf den endgültigen Sturz Menschikows hin. Im April 1728 beschuldigte man ihn verräterischer Beziehungen zu Schweden, konfiszierte seine enormen Besitztümer und verbannte ihn und seine Familie nunmehr nach Beresow, das im Tundragürtel Nordsibiriens lag. An diesem fernen Ort starb er im November 1729 im Alter von sechsundfünfzig Jahren; seine Tochter Maria folgte ihm ein paar Wochen später ins Grab.

Unter Peter II. gewann Moskau seine frühere Rolle als Zentrum der russischen Politik allmählich wieder zurück. Nach seiner Krönung im Januar 1728 weigerte sich Peter, nach St. Petersburg zurückzugehen: »Was soll ich an einem Ort, an dem es nichts als Salzwasser gibt?«[14] Natürlich blieb der Hof bei ihm, und innerhalb weniger Monate zogen eine ganze Anzahl Regierungsämter wieder in die alte Hauptstadt zurück. Doch sollte die Herrschaft Peters II. nur ein paar Monate länger dauern als die Katharinas I. Anfang Januar 1730 erkrankte der vierzehnjährige Zar an Pocken. Sein Zustand verschlechterte sich schnell, und am 11. Januar 1730, dem Tag, der für seine Hochzeit festgesetzt worden war, starb er.

Der Tod kam so schnell und unerwartet, daß der junge Zar nicht mehr dazu kam, gemäß der von seinem Großvater vorgesehenen Prozedur seinen Nachfolger zu ernennen. Folglich oblag es dem Obersten Geheimen Rat, dessen stärkste Persönlichkeit jetzt Fürst Dmitri Golizyn war, einen Herrscher zu wählen. Die vergnügungssüchtige Prinzessin Elisabeth wurde als zu leichtfertig eingeschätzt, und von Katharina von Mecklenburg, der ältesten Tochter Zar Iwans V. und der Zarin Praskowaja, glaubte man, sie stehe zu sehr unter dem Einfluß ihres Mannes, des Herzogs von Mecklenburg. Die Wahl fiel deshalb auf Anna Iwanowna, die zweite Tochter Iwans V., Herzogin von Kurland, die wenige Monate nach ihrer Hochzeit im Jahr 1711 Witwe geworden war. Das Angebot, das man Anna machte, enthielt viele Einschränkungen. Sie sollte sich nicht verheiraten und auch nicht selbst ihren Nachfolger bestimmen dürfen; in allen Fragen, die Krieg und Frieden, die Erhebung von Steuern und die Verwendung der Steuereinnahmen, die Zuteilung von Grundbesitz und die Ernennung von Offizieren über dem Rang eines Obersten betrafen, mußte die Zustimmung des Staatsrats eingeholt werden. Anna willigte in alle diese Bedingungen ein und kam nach Rußland. Aber nachdem sie sich der Unterstützung der Garderegimenter und des Dienstadels versichert hatte, zerriß sie die ihr abgenötigte Wahlkapitulation, hob die von Peter angeordnete Einerbfolge auf, schaffte den Obersten Geheimen Rat wieder ab und festigte erneut die Machtstellung des Autokraten. Da sie fast achtzehn Jahre lang in Kurland gelebt hatte, fühlte sich die neue Kaiserin zum Westen hingezogen, weshalb der Hof wieder nach St. Petersburg zurückkehrte. Drei Deutsche hatten eine führende Stellung in ihrer Regierung: Ernst Johann von Biron, ihr Günstling und der erste Minister in Kurland, den sie zum russischen Grafen ernannte; Ostermann, der weiterhin die Außenpolitik leitete, und Münnich, der Erbauer des Ladogakanals, der die Führung der Armee übernahm und Feldmarschall wurde.

Zarin Anna starb 1740 und hinterließ den Thron dem Enkel ihrer älteren Schwester Katharina von Mecklenburg. Dieses Kind, Iwan VI. Antonowitsch, erbte den Thron im Alter von zwei Monaten und wurde im Alter von fünfzehn Monaten wieder abgesetzt, um die restlichen zweiundzwanzig Lebensjahre als heimlicher Staatsgefangener zu verbringen. Nachfolgerin Iwans wurde Elisabeth Petrowna, die jetzt einunddreißig Jahre alt und immer noch vergnügungssüchtig war. Sie hatte sich mit Hilfe der Garderegimenter des Throns bemächtigt, vor allem deswegen, weil sie fürchtete, von den Anhängern Iwans VI. in ein Kloster geschickt zu werden. Elisabeths Herrschaft dauerte einundzwanzig Jahre (1741–1762). Anschließend folgte eine kurze Regierungszeit Peters III. Fjodorowitsch und dann die vierunddreißigjährige Herrschaft Katharinas II. der Großen.

Die Änderung des Erbfolgerechts durch Peter I., nach der jeder Herrscher seinen Nachfolger selbst bestimmen konnte, führte also zu einer Anomalie in der russischen Geschichte: Seit den fernen Tagen des Kiewer Fürstentums hatte keine Frau in Rußland geherrscht; nach dem Tod Peters des Großen im Jahr 1725 regierten in einundsiebzig Jahren vier Kaiserinnen in fast ununterbrochener Folge: Peters Frau (Katharina I.), seine Nichte (Anna), seine Tochter (Elisabeth) und die Frau seines Enkels (Katharina die Große). Die

Regierungszeiten seiner männlichen Nachfolger (seiner Enkel Peters II., Peters III. und des Urenkels seines Bruders, Iwans VI.) lagen zwar jeweils zwischen denen der Frauen, doch ihre Herrschaftszeit umfaßte insgesamt nur vierzig Monate. Nach dem Tod Katharinas der Großen wurde ihr Sohn Paul Zar. Er widerrief noch an seinem Krönungstag das Dekret Peters des Großen zur Thronfolge und ersetzte es durch die erneute Einführung des Erbrechts der Primogenitur in der männlichen Linie. Danach waren wieder alle Herrscher Rußlands Männer: Pauls Söhne Alexander I. und Nikolaus I., sein Enkel Alexander II., sein Urenkel Alexander III. und sein Ururenkel Nikolaus II.

Unmittelbar nach dem Tod Peters des Großen begannen die Russen, alle Gegenstände, die in irgendeiner Beziehung zu seinem Leben standen, liebevoll zu sammeln und auszustellen: die Kleidung, die er am Hofe trug, die blaugrüne Uniform des Preobraschensker Regiments, die er in Poltawa getragen hatte, seinen Hut, seine großen schwarzen Stiefel, Schuhe, die abgetragen, aber neu besohlt waren, seine Degen, seinen Stock mit dem Elfenbeinknauf, seine Nachtmütze, seine mehrfach gestopften Strümpfe, sein Schreibpult, seine zahnärztlichen und chirurgischen Instrumente, seine Navigationsgeräte, seine Drehbank, seinen Sattel und seinen Steigbügel. Seine Lieblingshündin Lisette und das Pferd, das er in der Schlacht von Poltawa geritten hatte, wurden ausgestopft und ausgestellt. Rastrelli schuf sogar eine lebensgroße Wachsfigur des sitzenden Peter, die mit den Gewändern, die der Kaiser bei Katharinas Krönung getragen hatte, bekleidet wurde. Aus dem Haar, das sich Peter anläßlich des Feldzugs zum Kaspischen Meer abschneiden ließ, fertigte man eine Perücke an und setzte diese der Wachsfigur auf. Alle diese Erinnerungsstücke können heute noch in der Eremitage oder in anderen russischen Museen besichtigt werden.

Der Verlust Peters war für die Menschen, die ihm nahegestanden hatten, unersetzlich. Andrei Nartow, der junge Drechslermeister, mit dem Peter in seinen letzten Lebensjahren fast täglich zusammengearbeitet hatte, erklärte: »Obwohl Peter der Große nicht mehr bei uns ist, lebt sein Geist dennoch in unseren Seelen fort, und wir, die wir das Glück gehabt hatten, in der Nähe dieses Monarchen zu sein, werden als seine Getreuen sterben.«[15] Nepljujew, der junge Marineoffizier, den Peter als Gesandten nach Konstantinopel geschickt hatte, schrieb: »Dieser Monarch hat unser Vaterland in eine Linie mit den anderen gebracht, hat erkennen gelehrt, daß auch wir Menschen sind, mit einem Wort, worauf man in Rußland auch blicken mag, entstand durch ihn, und was hinfort auch entstehen mag, es wird aus dieser Quelle entspringen.«[16]

Im Laufe des 18. Jahrhunderts wurde die Verehrung Peters fast zum Kult, Michail Lomonossow, Rußlands erster Gelehrter von Rang, nannte Peter einen »gottähnlichen Menschen«, und er schrieb: »Ich sehe ihn überall, bald in eine Wolke aus Staub, Rauch und Flammen gehüllt, bald schweißgebadet nach einer mühseligen Arbeit. Ich weigere mich zu glauben, daß es nur einen Peter und nicht deren mehrere gab.«[17] Gawril Derschawin, Rußlands bedeutendster Dichter des 18. Jahrhunderts, fragte: »War Gott es nicht, der in ihm niederstieg?«[18] Die zielstrebige Kaiserin Katharina die Große hatte die Absicht, sich so sehr wie möglich mit ihrem großen russischen Vorgänger zu identifizieren; deswegen gab sie beim französischen Bildhauer Etienne Falconet eine große Statue Peters in Auftrag. Ein Felsblock von eintausendsechshundert Tonnen Granit wurde ans Newaufer geschleppt, er sollte dem Denkmal als Sockel dienen. Mit einem Lorbeerkranz auf dem Kopf und in einen Umhang gehüllt, reitet der Kaiser auf einem feurigen, sich hoch aufbäumenden Hengst, der mit seinen Hufen eine Schlange zertritt; sein rechter Arm weist gebieterisch über den Fluß zur Peter-und-Paul-Festung und in die Zukunft. Mit Alexander Puschkins Verserzählung *Der eherne Reiter* fand dieses Denkmal für alle Zeiten Eingang in die Literatur.

Es gab natürlich auch negative Urteile über Peter den Großen. Die Hoffnung der einfachen Menschen, daß sein Tod für sie eine Minderung jener schweren Lasten bringen würde, die die Dienstpflicht und die Besteuerung bisher für sie bedeutet hatten, kam besonders stark in einem volkstümlichen Holzschnitt mit der Überschrift »Die Mäuse begraben den Kater« zum Ausdruck. Dieses Bild zeigt einen großen Kater mit den allgemein bekannten Gesichtszügen, der auf einem Schlitten festgeschnürt ist, die gefesselten Pfoten nach oben, und der von einer Schar feiernder Mäuse weggezogen wird. Im 19. Jahrhundert tadelten Traditionalisten, die an den Eigenwert der moskowitischen Kultur glaubten, Peter dafür, daß er westliche Ideen und Reformen in Rußland eingeführt hatte. »Wir sind [unter Peters Herrschaft] zu Weltbürgern geworden«, urteilte der konservative Historiker Nikolai Karamsin, »haben aber in einigen Fällen aufgehört, Bürger von Rußland zu sein – durch Peters Schuld!«[19] Im Laufe der Zeit kam es zu einer umfangreichen historischen und philosophischen Debatte zwischen zwei Richtungen: den Slawophilen, die die Verwestlichung und die Zerstörung der alten russischen Kultur und Einrichtung beklagten, und den »Westlern«, die Peter bewunderten und rühmten, weil er die Vergangenheit überwunden und dem Fortschritt die Tore geöffnet hatte. Einer Äußerung des bedeutenden Literaturkritikers Wissarion Belinski zufolge war Peter der Große »das außerordentlichste Phänomen nicht nur in unserer Geschichte, sondern in der Geschichte der Menschheit ... eine Gottheit, die uns ins Leben rief und die dem alten Rußland den Atem des Lebens eingehaucht hat, jenem Rußland, das schon immer riesengroß war und das doch in tödlichem Schlummer hingestreckt lag«[20].

Die sowjetischen Historiker haben ein gespaltenes Verhältnis zu Peter dem Großen. Sie stellen ihn sowohl als unbedeutend (Individuen spielen keine Rolle in der historischen Revolution) und als ausbeuterischen Autokraten dar, der »einen Nationalstaat der Landbesitzer und Kaufleute« errichtete, als auch als Nationalhelden, der Rußland gegen die Feinde von außen verteidigte. Diese ambivalente Haltung ist auch im Kriegsmuseum von Poltawa zu erkennen. Vor dem Museum steht eine große Statue des Kaisers, und auch die ausgestellten Gegenstände betonen die Bedeutung Peters. Doch erklärende Texte und Katalog schreiben den Sieg den Anstrengungen der »Brudervölker der Russen und Ukrainer« zu.

Peter der Große hatte eine durchaus realistische Einschätzung seiner Person. Ostermann gab ein Gespräch zwischen einem ausländischen Gesandten und Peter wieder, in dem dieser fragte, wie man ihn im Ausland einschätzte. »Man sagt viel Rühmliches über Eure Majestät«, erwiderte der Gesandte. »Man bewundert vornehmlich Eurer Majestät Verstand und Klugheit bei den zwar mühsam, aber glücklich ausgeführten Unternehmungen und hegt überall die größte Hochachtung für dieselben.«

»Gut, gut«, erwiderte Peter ungeduldig, »so schmeichelt man in Anwesenheit des Monarchen. Ich verlange aber auch zu hören, was man von mir in meiner Abwesenheit und außerhalb des Reiches erzählt, also die Kehrseite der Medaille kennenzulernen. Darum bitte ich dich, mir alles unverhohlen zu erzählen, mag es auch lauten wie es wolle . . .«

Der Gesandte verbeugte sich tief und antwortete: »Wenn Euer Majestät es also befehlen, so will ich Ihnen alles sagen, was ich Übles von Ihnen gehört habe. Man sagt nämlich, Euer Majestät müßten ein gewaltiger und strenger Herr sein, der mit seinen Untertanen schonungslos umgehe, harte Strafen verhänge und keine Vergebung kenne.«

»Nein, nein, mein Freund«, fiel ihm Peter lächelnd ins Wort, »du willst nicht geradeheraus sagen, was du von mir gehört haben mußt, nämlich, daß ich ein grausamer Herrscher und ein Tyrann sei. Das sagen die Leute außer Landes von mir. Aber wer sind diese Leute? Meistens wohl solche, die die Zustände nicht kennen, die anfangs in meinem Reich herrschten. Diese Menschen ahnen nicht, wie viele von meinen Untertanen meinen besten Absichten die abscheulichsten Hindernisse in den Weg gelegt und mich unvermeidlich in die Notwendigkeit versetzt haben, mit aller Strenge, niemals aber grausam, noch weniger tyrannisch, gegen sie zu verfahren. Daneben hat es mir auch an verständigen und tapferen Söhnen des Vaterlandes nie gefehlt, die meine guten Absichten erkannt, sie redlich und standhaft zu fördern geholfen und dafür alle Erkenntlichkeit und Wohltaten von mir empfangen haben.«[21]

Die Diskussion über Peter und seine Reformen dauert heute noch an. Man hat ihn idealisiert, verdammt und sich immer wieder mit seiner Persönlichkeit auseinandergesetzt, und dennoch bleibt er rätselhaft. Eine Eigenschaft, die niemand bestritt, war seine außergewöhnliche Energie. »Ewiges Arbeitstier auf dem Thron Rußlands«[22], nannte ihn Puschkin. »Wir leben in einem goldenen Zeitalter«, schrieb Peter einmal an Menschikow, und »ohne nur einen einzigen Augenblick zu verlieren, widmen wir unsere ganze Energie dem Werk.«[23] Er war wie eine Naturgewalt, und deshalb wird es wohl nie ein endgültiges Urteil über ihn geben. Wie sollte man auch das endlose Wogen des Ozeans oder die elementare Gewalt des Sturms fassen?

STAMMBAUM DER DYNASTIE ROMANOW

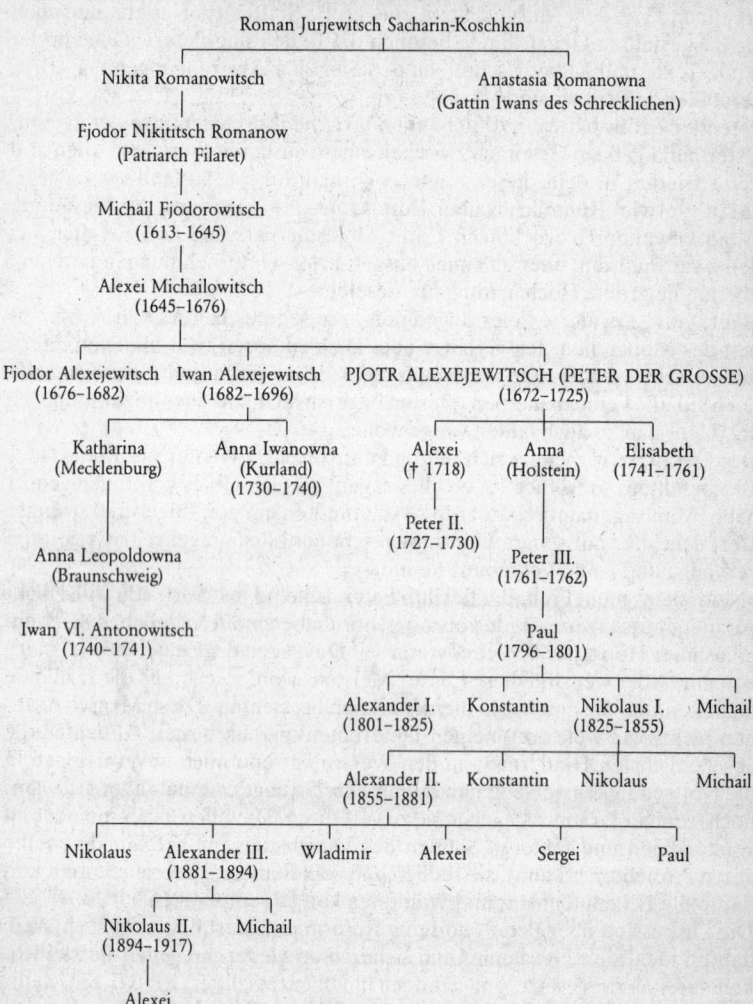

Roman Jurjewitsch Sacharin-Koschkin

Nikita Romanowitsch

Anastasia Romanowna
(Gattin Iwans des Schrecklichen)

Fjodor Nikititsch Romanow
(Patriarch Filaret)

Michail Fjodorowitsch
(1613–1645)

Alexei Michailowitsch
(1645–1676)

Fjodor Alexejewitsch
(1676–1682)

Iwan Alexejewitsch
(1682–1696)

PJOTR ALEXEJEWITSCH (PETER DER GROSSE)
(1672–1725)

Katharina
(Mecklenburg)

Anna Iwanowna
(Kurland)
(1730–1740)

Alexei
(† 1718)

Anna
(Holstein)

Elisabeth
(1741–1761)

Peter II.
(1727–1730)

Anna Leopoldowna
(Braunschweig)

Peter III.
(1761–1762)

Iwan VI. Antonowitsch
(1740–1741)

Paul
(1796–1801)

Alexander I.
(1801–1825)

Konstantin

Nikolaus I.
(1825–1855)

Michail

Alexander II.
(1855–1881)

Konstantin

Nikolaus

Michail

Nikolaus

Alexander III.
(1881–1894)

Wladimir

Alexei

Sergei

Paul

Nikolaus II.
(1894–1917)

Michail

Alexei

Die Jahreszahlen geben die Regierungsdauer an

Auswahlbibliographie

Adlerfeld, M. Gustavus: *The Military History of Charles XII.*, 3 Bde. London 1740.

Anderson, Matthew Smith: *Peter the Great*. London 1978.

Avvakum: *The Life of the Archpriest Avvakum by Himself*, übersetzt von Jane Harrison und Hope Mirrlees. London, hg. von Leonard und Virginia Woolf, The Hogarth Press, 1924.

Awwakum: *Das Leben des Protopopen Awwakum von ihm selbst niedergeschrieben*, übersetzt und kommentiert von Rudolf Jagoditsch. Berlin, 1930.

Bain, R. Nisbet: *Charlex XII. and the Collapse of the Swedish Empire*. New York 1895.

Bain, R. Nisbet: *The Pupils of Peter the Great*. London 1897.

Bell, John: *Travels from St. Petersburg in Russia to Various Parts in Asia*. Edinburgh 1806.

Bengtsson, Frans G.: *The Life of Charles XII*. London 1960.

Billington, James H.: *The Icon and the Axe*. New York 1966.

Bogoslovskij: Michail Michajlowič, *Petr I: Materialy dlja biografii* (Peter I.: Materialien für eine Biographie), 5 Bde. Leningrad, 1940–1948.

Bowen, Marjorie: *William Prince Orange*. New York 1928.

Browning, Oscar: *Charles XII. of Sweden*. London 1899.

Bruce, Peter Henry: *Memories*. London 1782.

Burnet, Gilbert: *History of His Own Time*, 6 Bde. Edinburgh 1753.

Carr, Frank G. G.: *Maritime Greenwich*. London 1969.

Chance, James Frederick: *George I. and the Northern War*.

Churchill, Winston S.: *Marlborough: His Life and Times*. 6 Bde. New York 1933–1938.

Collins, Samuel: *Moskovitische Denkwürdigkeiten*. Übersetzt und hg. von Wilhelm Graf, Leipzig 1929.

Cracraft, James: »Feofan Prokopovich« in: *The Eighteenth Century in Russia*. Hg. von J. G. Garrard, Oxford 1973.

Cracraft, James: *The Church Reform of Peter the Great*. London 1971.

Crull, Jodocus: *The Ancient and Present State of Muscovy*. London 1698.

De Grunwald, Constantin: *Peter the Great*. London 1956.

Dmytryshyn, Basil, Hrsg.: *Modernization of Russia under Peter I. and Catherine II.* New York 1974.

Florinskij, Michael T.: Russia: *A History and an Interpretation*. 2 Bde. New York 1953.

Gasiorowska, Xenia: *The Image of Peter the Great in Russian Fiction*. Madison 1979.

Gooch, George, Peabody: *Louis XV.: The Monarchy in Decline*. London 1956.

Gordon, Alexander: *History of Peter the Great*, 2 Bde. Aberdeen 1755.

Gordon, Patrick: *Passages from the Diary of General Patrick Gordon of Auchleuchries in the Years 1635–1699*. Aberdeen 1859.

Graham, Stephen: *Peter the Great*. New York 1929.

Grey, Ian: *Peter the Great. Emperor of All Russia*. Philadelphia 1960.

Hatton, Ragnhild Marie: *Charles XII. of Sweden*. London 1968.

Hatton, Ragnhild Marie: *Europe in the Age of Louis XIV.* London 1969.

Jefferyes, James: *Captain James Jefferyes's Letters from the Swedish Army, 1707–1709*. Hg. von Ragnhild Hatton, Stockholm 1954.

Kljutschewskij, Wassilij Ossipowitsch: *Geschichte Rußlands*, 4 Bde. Stuttgart 1925–1926.

Korb, Johann Georg: *Tagebuch der Reise nach Rußland*. Graz 1968.

Le Brun, Cornelius: *Observations in Russia*, in: Weber, Friedrich Christian: *The Present State of Russia*, 2 Bde. London 1723, Bd. 2.

Maland, David: *Europe in the Seventeenth Century.* London 1966. *Manifesto of the Criminal Process of the Czarewitz Alexei Petrowitz*, in: Weber, Friedrich Christian: *The Present State of Russia*, 2 Bde. London 1723, Bd. 2.

Marsden, Christopher: *Palmyra of the North: The First Days of St. Petersburg.* London 1942.

Mitchell, Rosemond Joscelyne und Leys, Mary Dorothy Rose: *A History of London Life.* London 1968.

Mitford, Nancy: *Frederick the Great.* New York 1964.

O'Brien, C. Bickford: *Russia Under Two Tsars, 1682–1689: The Regency of Sophia.* Berkeley 1952.

Pares, Bernard: *A History of Russia.* New York 1960.

Paulus von Aleppo: *The Travels of Macarius, Patriarch of Antioch, written by his son, Paul, Archdeacon of Aleppo, 1652–1660.* London 1936.

Pepys, Samuel: *The Diary of Samuel Pepys*, 3 Bde. Hg. von Robert Latham und William Matthews. Berkeley 1970.

Perry, John: *The State of Russia Under the Present Tsar.* London 1716.

Pipes, Richard: *Rußland vor der Revolution, Staat und Gesellschaft im Zarenreich.* München 1977.

Pis'ma i bumagi Imperatora Petra Velikago (Briefe und Aufzeichnungen Zar Peters des Großen). 12 Bde. St. Petersburg/Leningrad 1887–1977.

Plumb, John Harold: *The First Four Georges.* London 1968.

Poltava: k 250 letiju Poltavskogo srazhenija, Sbornik statei (Poltawa: Eine Sammlung von Aufsätzen zum zweihundertfünfzigsten Jahrestag der Schlacht). Moskau 1959.

Povest' vremennych let po Lavrent' evskomu spisku. Unter dem Titel »The Russian Primary Chronicle« ins Englische übersetzt u. hg. von Samuel H. Cross und Olgerd P. Sherbowitz-Wetzor. Cambridge/Mass. 1953.

Relation fidèle de ce qui s'est passé au sujet du Jugement rendu contre le Prince Alexei, et des circonstances de sa mort. Aus der Bibliothek des Palazzo San Donata, Florenz.

Saint-Simon, Louis de Rouvroy, Duc de: *Memoires*, 6 Bde. Paris 1965.

Sbornik, I. R. I. O.: (Imperatorskoe russkago istoriceskago obscestava). Sammelbände der Kaiserlichen Russischen Historischen Gesellschaft, 148 Bde. St. Petersburg/Petrograd 1867–1916.

Scheltema, M. J.: *Anecdotes historiques sur Pierre le Grand et sur Pierre le Grand et sur ses voyages en Hollande et à Zaandam.* Lausanne 1842.

Schuyler, Eugene: *Peter the Great.* 2 Bde. New York 1884.

Solvev, Sergej Michajlovic: *Istorija Rossii s drevnejsich vremen* (Geschichte Rußlands von den ältesten Zeiten), 15 Bde. Moskau 1959–1966.

Stählin, Jacob von: *Originalanekdoten von Peter dem Großen.* Leipzig 1785, Neudruck München 1968.

Sumner, Benedict Humphrey: *Peter the Great and the Emergence of Russia.* New York 1965.

Sumner, Benedict Humphrey: *Peter the Great and the Ottoman Empire.* Hamden, Conn. 1965.

Ustrjalov, Nikolaj Vasilevic, *Istorija tsarstvovanja Petra Velikago* (Die Geschichte der Herrschaft Peters des Großen), 6 Bde. St. Petersburg, 1858 bis 1863.

Voyce, Arthur: *Moscow and the Roots of Russian Culture.* Norman 1964.

Weber, Friedrich Christian, *The Present State of Russia*, 2 Bde. London 1723.

Waliszewski, Kazimierez: *Peter the Great.* New York 1897

Williams, Basil: *The Whig Supremacy: 1714–1760.* Oxford 1962.

Wilson, Francesca: Muscovy: *Russia Through Foreign Eyes, 1553–1900.* London 1970.

Withworth, Charles: *An Account of Russia as It Was in 1710.* Strawberry Hill 1758.

Wolf, John Baptist: *Louis XIV.* London 1968.

Ziegler, Gilette: *Der Hof Ludwigs XIV. in Augenzeugenberichten.* Düsseldorf 1964.

Anmerkungen

I,1

1 Perry, John: *The State of Russia Under the Present Tsar*. Printed for Benjamin Tooke at the Middle Temple Gate 1716, S. 263.

2 Paulus von Aleppo: *The Travels of Macarius: Extracts from the Diary of the Travels of Macarius, Patriarch of Antioch, written by his son, Paul, Archdeacon of Aleppo, 1652–1660*. London 1936, S. 63.

3 Mit Ausnahme von Peter II., dessen Gebeine sich im Kreml befinden, und von Nikolaus II., dem letzten Zaren, der am 16. Juli 1918 in Jekatarinburg (heute Swerdlowsk) ermordet wurde.

4 Paulus von Aleppo: a. a. O. S. 26.

5 O'Brien, C. Bickford: *Russia Under Two Tsars, 1682–1689: The Regency of Sophia*. Berkeley 1952, S. 6.

6 Collins, Samuel: *Moskowitische Denkwürdigkeiten*. Übersetzt und herausgegeben von Wilhelm Graf. Leipzig 1929, S. 59.

7 Paulus von Aleppo: a. a. O. S. 88.

8 Collins, Samuel: a. a. O. S. 23.

9 Ebda., S. 56.

10 Crull, Jodocus: *The Ancient and Present State of Muscovy*. London 1698, S. 170.

11 Collins, Samuel: a. a. O. S. 61.

12 Ebda., S. 61.

13 Als das englische Parlament König Karl I. 1649 enthaupten ließ, war Zar Alexei darüber so entsetzt, daß er alle englischen Kaufleute aus Rußland auswies – eine Entscheidung, die holländischen und deutschen Kaufleuten große Vorteile brachte. Als später König Karl II. im Exil lebte, sandte Alexei ihm Geld. Außerdem ließ er ihm seine liebevollsten Wünsche für »die unglückliche Witwe jenes glorreichen Märtyrers, König Karls I.«, übermitteln. Zitiert nach: Wilson, Francesca: *Muscovy: Russia Through Foreign Eyes, 1553–1900*. London 1970, S. 66.

14 Weber, Friedrich Christian: *The Present State of Russia*, 2 Bde. London 1723, Bd. 1, S. 120.

I,2

1 Stählin, Jacob von: *Originalanekdoten von Peter dem Großen*. Leipzig 1785. Neuauflage München 1968, S. 11 f.

2 Voyce, Arthur: *Moscow and the Roots of Russian Culture*. Norman 1964, S. 93.

3 Schuyler, Eugene: *Peter the Great*, 2 Bde. New York 1884, Bd. 1, S. 16.

4 Im Jahr 1771 ließ Katharina die Große diese Sommerresidenz abreißen, genau hundert Jahre, nachdem sie errichtet worden war.

5 Schuyler, Eugene: a. a. O. Bd. 1, S. 17.

6 Bogoslovskij, Michail Michajlovič: *Petr I: Materialy dlja biografii* (Peter I.: Materialien für eine Biographie), 5 Bde. Leningrad 1940–1948, Bd. 1, S. 30.

7 Kljutschewskij, Wassilij Ossipowitsch: *Geschichte Rußlands*, 4 Bde. Stuttgart 1925 bis 1926, S. 2.

8 Ebda., S. 3.

9 Schuyler, Eugene: a. a. O. Bd. 1, S. 37.

10 Diese Treppe wurde bei feierlichen Anlässen mit einem roten Teppich ausgelegt.

I,3

1 Korb, Johann Georg: *Tagebuch der Reise nach Rußland*. Hg. v. Gerhard Korb. Graz 1968, S. 197f.
2 De Grunwald, Constantin: *Peter the Great*, aus dem Französischen übersetzt von Viola Garvin. London 1956, s. 21.
3 Collins, Samuel: a. a. O. S. 6.
4 O'Brien, C. Bickford: a. a. O. S. 49.
5 Ebda., S. 21.
6 Schuyler, Eugene: a. a. O. Bd. 1, S. 38.
7 Ebda., S. 38.

I,4

1 Schuyler, Eugene, a. a. O. Bd. 1, S. 44.
2 Ustrjalov, Nikolaj Vasilevič: *Istorija tsarstvovanja Petra Velikago* (Die Geschichte der Herrschaft Peters des Großen). St. Petersburg 1858–1863, Bd. 1, S. 24.
3 Schuyler, Eugene: a. a. O. Bd. 1, S. 35.
4 Ebda., S. 49.
5 Ebda., S. 49.
6 Ebda., S. 50.
7 Ebda., S. 50.
8 Ebda., S. 54.
9 Ebda., S. 60.
10 Bogoslovskij, Michail Michajlovič: a. a. O. Bd. 1, S. 44.
11 Schuyler, Eugene: a. a. O. Bd. 1, S. 61.
12 Ebda., S. 62.
13 Ebda., S. 62.
14 Bei der Doppelkrönung Iwans und Peters wurde die Monomach-Krone zum letztenmal verwendet. Die Nachfolger Peters im 18. und 19. Jahrundert nahmen alle den Titel Kaiser oder Kaiserin an, und viele von ihnen besaßen neue, größere extra angefertigte Kronen. Die größte war die Kaiserkrone von Rußland, von Katharina der Großen in Auftrag gegeben, die zur Krönung der letzten sieben russischen Monarchen benutzt worden ist. Dennoch behielt die Krone von Monomach für Rußland weiterhin einen großen Symbolwert; obwohl sie später niemals wieder auf den Kopf eines Herrschers gesetzt wurde, trug man sie dennoch bei jeder Krönungsprozession mit, um so die ungebrochene Linie darzustellen, die vom neuen Herrscher bis zum Oströmischen Kaiserreich in Konstantinopel zurückreichte.
15 Eine erstaunliche Parallele zu Peters Haß auf Moskau findet sich in der Abneigung Ludwigs XIV. gegen Paris. 1648, als Ludwig zehn Jahre alt war, brach der Aufstand des Pariser Parlaments, die »Fronde« genannt, gegen das absolutistische französische Königtum aus. Truppen, die die Erhebung unterdrücken sollten, wandten sich schließlich ebenfalls gegen die Krone. Nach der Verhaftung eines führenden Sprechers des Parlaments brachen in Paris Barrikadenkämpfe aus; auch der damals noch minderjährige König und seine Mutter wurden von der Pariser Bevölkerung bedroht. Auf dem Höhepunkt der Krise mußte Ludwig nachts von Paris nach Saint Germain fliehen, wo er die Nacht auf einem Strohbett verbrachte. Zahlreiche Biographien Ludwigs XIV. betonen, welchen gewaltigen und langanhaltenden Eindruck dieses Ereignis auf den Knaben gemacht haben muß. Ludwig verachtete fortan Paris und betrat nur noch selten die Stadt. Er erbaute das Schloß von Versailles, das sozusagen zur eigentlichen Hauptstadt Frankreichs wurde.

1 Billington, James H.: *The Icon and the Axe.* New York 1966, S. 133.
2 Das Tagebuch von Paulus von Aleppo: *The Travels of Macarius* (Die Reisen des Makarius) ist ein außerordentlich wehmütiger Katalog von Klagen über das beschwerliche Leben im Rußland des 17. Jahrhunderts. Am schlimmsten empfanden sie offenbar Länge und äußere Umstände des russischen Gottesdienstes, den sie als Vertreter der Kirche zu besuchen hatten. »Alle ihre Kirchen sind ohne einen Sitzplatz«, beklagte sich Paulus. »Es gibt keinen einzigen Sitzplatz, nicht einmal für den Bischof. Man sieht die Leute während des Gottesdienstes wie Felsen dastehen, bewegungslos, oder sich bei ihren Andachtsübungen ununterbrochen verneigend, Gott helfe uns bei der Länge ihrer Gebete und Gesänge und Messen ... Die Gewohnheit hat sie unempfindlich werden lassen gegenüber der Anstrengung ... Wir verließen die Kirche stets auf schwankenden Beinen nach so langem Stehen ... Wir waren dann ein paar Tage lang geschwächt durch Rückenschmerzen und Schmerzen in den Beinen ... Wir litten unter der strengen Kälte, die ausgereicht hätte, uns zu töten, da wir auf dem steinernen Fußboden stehen mußten. Am meisten überraschte uns, daß auch die Knaben und Kleinkinder der hohen Offiziere barhäuptig und bewegungslos dabeistanden, ohne das geringste Zeichen von Ungeduld zu verraten.« Während eines Gottesdienstes wurden die Namen aller Soldaten, die während der vergangenen zwei Jahre im Kampf gegen die Polen gefallen waren, verlesen: »Der Erzdiakon las sie äußerst langsam, während die Sänger ununterbrochen das ›Ewige Erinnerung‹ sangen, bis wir vor Müdigkeit fast hingefallen wären und unsere Beine eingefroren zu sein schienen.« Abschließend bemerkte Paulus: »Jeder, der sein Leben um fünf oder zehn Jahre verkürzen möchte, sollte nach Moskau gehen und sich dort als frommer Mensch betätigen.«
Zitiert nach: Paulus von Aleppo: a. a. O. S. 19f. 26, 29, 64, 68, 70.
3 Paulus von Aleppo: a. a. O. S. 30.
4 Ebda., S. 32.
5 Ebda., S. 74.
6 Ebda., S. 36.
7 Ebda., S. 35.
8 Ebda., S. 85.
9 Ebda., S. 118.
10 Ebda., S. 119.
11 Billington, James H.: a. a. O. S. 145.
12 Paulus von Aleppo: a. a. O. S. 37.
13 Während der ausländerfeindlichen Aufstände von 1649 waren sechs Wagenladungen Musikinstrumente entdeckt und verbrannt worden. Ein derartiges Vorurteil gegen Musikinstrumente war weder neu, noch wurde es revidiert. Noch immer erlaubt die russisch-orthodoxe Kirche keine Instrumentalmusik in ihren Gottesdiensten, da sie der Überzeugung ist, man solle Gott nur mit der menschlichen Stimme loben. Eine Folge dieser Praxis sind die herrlichen A-cappella-Chöre der russischen Kirche.
14 Billington, James H.: a. a. O. S. 141.
15 De Grunwald, Constantin: a. a. O. S. 63.
16 Awwakum: *Das Leben des Protopopen Awwakum von ihm selbst niedergeschrieben.* Berlin 1930, S. 48.
17 Ebda., S. 22.
18 Ebda., S. 21.

1 Bogoslovskij, Michail Michajlovič: a. a. O. Bd. 1, S. 53–55.
2 Wie groß und kräftig Peter zu diesem Zeitpunkt war, läßt sich daran ermessen, daß ihn die Schweden für einen Sechzehnjährigen hielten, obwohl er erst elf Jahre alt war.
3 Bogoslovskij, Michail Michajlovič: a. a. O. Bd. 1, S. 103.
4 Schuyler, Eugene: a. a. O. Bd. 1, S. 112.
5 Die Herkunft dieses berühmten Schiffes, das Peter »den Großvater der russischen Marine« nannte, ist unbekannt. Peter war der Meinung, es sei ein englisches Schiff; einer Überlieferung zufolge soll es ursprünglich ein Geschenk Königin Elisabeths I. an Iwan den Schrecklichen gewesen sein. Nach einer anderen Darstellung wurde es während der Regierungszeit des Zaren Alexei von holländischen Zimmerleuten in Rußland gebaut. Entscheidend ist aber die Tatsache, daß es sich um ein kleines Segelschiff westlicher Bauart handelte. Peter entschloß sich dazu, dieses Schiff für die Nachwelt aufzubewahren. 1707 wurde es in den Kreml gebracht und in einem Gebäude in der Nähe des Glockenturms Iwan der Große aufbewahrt. 1722, als der Krieg mit Schweden vorüber war, ließ Peter das Schiff von Moskau nach St. Petersburg bringen. Da es anderthalb Tonnen wog, mußte es streckenweise über einen Knüppeldamm aus Baumstämmen geschleppt werden; Peter hatte detaillierte Anordnungen erlassen: »Bringt das Schiff nach Schlüsselburg. Seid behutsam dabei, damit es nicht beschädigt wird. Geht deshalb nur bei Tag weiter, haltet nachts an. Wenn die Straße schlecht ist, seid besonders vorsichtig.« (Zentralmuseum der Kriegsmarine, Leningrad). Am 30. Mai 1723, an Peters 51. Geburtstag, fuhr das berühmte Schiff die Newa hinunter und in den Finnischen Meerbusen hinein, wo es den Kriegsschiffen der russischen Ostseeflotte begegnen sollte. Ab August wurde es dann in einem besonderen Gebäude der Peter- und Paul-Festung ausgestellt, wo es über zweihundert Jahre lang blieb. Heute ist das Schiff das bedeutendste Ausstellungsstück im Zentralmuseum der Kriegsmarine der UdSSR, das in der ehemaligen Börse an der Spitze der Wassiljewski-Insel in Leningrad eingerichtet ist.
6 Pis'ma i bumagi Imperatora Petra Verlikago (Briefe und Aufzeichnungen Zar Peters des Großen). 12 Bde. St. Petersburg/Leningrad 1887–1977, Bd. 1, Nr. 7.

1 Schuyler, Eugene: a. a. O. Bd. 1, S. 170.
2 De Grunwald, Constantin: a. a. O. S. 64.
3 Es ist wichtig zu vermerken, daß dieser erste russische Krieg gegen die Türkei von keiner der Absichten geleitet wurde, die man der russischen Politik in diesem Raum im allgemeinen unterstellt. Er wurde weder durch einen Drang nach einem eisfreien Hafen motiviert, noch handelte es sich bei der Auseinandersetzung um einen heiligen Kreuzzug mit dem Ziel, Konstantinopel von den Ungläubigen zu befreien. Es handelte sich vielmehr um einen Krieg, den Rußland aufgrund einer unangenehmen Verpflichtung aus dem Vertrag mit Polen nur ungern geführt hat. Tatsächlich griff Rußland die Türkei damals zum erstenmal nicht an, um Konstantinopel zu erobern, sondern um einen unanfechtbaren Anspruch auf Kiew zu haben.
4 Eine Folge der damaligen Entscheidung Sofias, im Süden des Landes einen Krieg zu führen, wirkt sich noch auf unsere heutige Welt aus. So weit der Beschluß, die Tataren anzugreifen, inzwischen auch zurückliegen mag, er hatte auf den noch heute andauernden Grenzstreit zwischen der Sowjetunion und China entscheidenden Einfluß. Nachdem sich Sofia und Golizyn dazu entschlossen hatten, gegen die Tataren vorzugehen, wurden alle anderen territorialen Ambitionen eingeschränkt. Der russische Vormarsch in Richtung auf den Pazifik kam abrupt zum Stillstand. In der Mitte des 17. Jahrhunderts hatten russische Soldaten, Jäger und Kaufleute das

Becken des Amur erreicht, dort, wo der Fluß einen weiten Bogen um das Gebiet der heutigen Mandschurei macht; danach hatten an der Grenze die Soldaten, die dem zunehmendem chinesischen Druck ausgesetzt waren, viele Jahre hindurch verzweifelte Appelle nach Moskau gesandt, man möge Verstärkung schicken. Aber Sofia, die ihre Verpflichtungen im Osten einschränken wollte, schickte keine Verstärkung, sondern eine diplomatische Gesandtschaft unter Führung von Fjodor Golowin. Der Diplomat sollte einen Friedensvertrag mit der Mandschu-Dynastie erarbeiten. Die entsprechenden Verhandlungen fanden auf dem russischen Grenzposten Nertschinsk am oberen Amur statt. Golowin befand sich in einer schlechten Position. Zum einen hatte Sofia befohlen, unbedingt Frieden zu schließen, zum anderen führten die Chinesen eine große Flotte schwer bewaffneter Dschunken heran, und über 17000 Soldaten umstellten die russische Festung. Schließlich mußte Golowin ein Papier unterschreiben, das das ganze Amur-Becken China zusprach. Die Russen behaupteten später, der Vertrag sei nicht unter gerechten Bedingungen, sondern unter dem Druck einer höchst bedrohlichen chinesischen Militärmacht abgeschlossen worden. Zwischen 1856 und 1860 wurde der Spieß umgedreht, Rußland gewann damals 984000 Quadratkilometer dieses Gebiets von einem inzwischen ohnmächtigen China zurück. Nicht alle Russen billigten diese Annektion; schließlich war der Vertrag von Nertschinsk hundertachtzig Jahre lang eingehalten worden. Aber Zar Nikolaus I. bestätigte die Eroberung und erklärte:»Wo die russische Fahne einmal gehißt worden ist, darf sie niemals mehr eingezogen werden.« – Dies ist der Kern des sowjetisch-chinesischen Grenzstreits: Bis heute noch argumentieren die Russen, das Gebiet am Amur sei ihnen während der Regentschaft Sofias unrechtmäßig weggenommen worden, und diese Tatsache sei, wie 1972 auch die *Iswestija* betonte, Grundlage für die russische Diplomatie der Mitte des 19. Jahrhunderts gewesen, die den Vertrag mit feindlichen Mitteln revidieren und die endgültig russisch-chinesische Grenze im Fernen Osten festlegen sollte. Die Chinesen dagegen argumentieren, der Vertrag von Nertschinsk sei rechtmäßig gewesen und die Russen hätten ihnen das Gebiet im 19. Jahrundert schlichtweg gestohlen. Heute ist das Territorium de facto russisch, während es auf chinesischen Landkarten als chinesisch eingezeichnet ist. Am Amur, an dieser seit der damaligen Zeit heiß umkämpften Grenze, stehen sich heute russische und chinesische Soldaten gegenüber.

5 Ustrjalov, Nikolaj Vasilevič: a. a. O. Bd. 1, S. 138.
6 Schuyler, Eugene: a. a. O. Bd. 1, S. 166.
7 Ebda., S. 173.
8 Ebda., S. 158.
9 De Grunwald, Constantin: a. a. O. S. 71.
10 Bogoslovskij, Michail Michajlovič: Bd. 1, S. 80.
11 Ebda., S. 80.

I,8

1 Schuyler, Eugene: a. a. O. Bd. 1, S. 175.
2 Ebda., S. 176.
3 Das Kloster heißt heute Sagorsk, nach der Industriestadt, die unterhalb seiner Mauern entstanden ist. Zu ihm pilgern heute, wie schon seit Jahrhunderten, die Menschen aus ganz Rußland. Als eines der reichsten Ansammlungen sakraler Architektur in der Sowjetunion ist es auch zu einer Sehenswürdigkeit für Touristen geworden. Auch heute noch strahlt Troize etwas von der Schönheit und Größe seiner Vergangenheit aus.
4 Schuyler, Eugene: a. a. O. Bd. 1, S. 179.
5 Ebda., S. 179.
6 Ustrjalov, Nikolaj Vasilevič: a. a. O. Bd. 2, S. 70.

7 Schuyler, Eugene: a. a. O. Bd. 1, S. 180.
8 Ebda., S. 181.
9 Ebda., S. 182.
10 Peter I. von Rußland: a. a. O. Bd. 1, Nr. 10.
11 O'Brien, C. Bickford: a. a. O. S. IX.
12 Weber, Friedrich Christian: a. a. O. Bd. 1, S. 138.

I,9

1 Schuyler, Eugene: a. a. O. Bd. 1, S. 197.
2 Der Begriff »nemzi« = »Deutsche« wurde in Rußland ursprünglich auf alle Ausländer angewandt. Deswegen erhielt auch die Ausländervorstadt, die schon zur Zeit von Zar Alexei von Westeuropäern verschiedener Nationen bewohnt wurde, den Namen »Nemezkaja Sloboda«, wörtlich »Deutsche Siedlung«.
3 De Grunwald, Constantin: a. a. O. S. 77.
4 Grey, Ian: *Peter the Great Emperor of All Russia.* Philadelphia 1960, S. 199.
5 *Povest' vremennych let po lavrent' eyskomu spisku.* Unter dem Titel »The Russian Primary Chronicle« ins Englische übersetzt u. hrsg. v. Samuel H. Cross und Olgerd P. Sherbowitz-Wetzor. Cambridge/Mass. 1953, S. 97.
6 Schuyler, Eugene: a. a. O. Bd. 1, S. 281.
7 Ebda., S. 219.

I,10

1 Schuyler, Eugene: a. a. O. Bd. 1, S. 227.
2 *Pis'ma i bumagi Imperatora Petra Verlikago* (Briefe und Aufzeichnungen Zar Peters des Großen), a. a. O. Bd. 1, Nr. 14.
3 Ebda., Nr. 21.
4 Ein paar Jahre später kam Peter auf seine an ein Wunder grenzende Rettung zurück, um seine Absicht, in den Westen zu reisen, besser vor traditionell gesinnten Russen vertreten zu können. Als er mit ein paar Leuten im Hause von Boris Scheremetew speiste, eröffnete er, er habe auf dem Höhepunkt des Sturms dem heiligen Petrus, seinem Namenspatron, versprochen, er würde, wenn er mit dem Leben davonkäme, nach Rom fahren und am Grab des Apostels Dankgebete sprechen. – Peters Reise nach Rom fand allerdings nie statt. Der Zar befand sich 1698 zwar unterwegs nach Rom, er wurde aber durch die Nachricht des Aufstands der Strelitzen nach Moskau zurückgerufen.
5 Zusammen mit ihren Kanonen und ihrem kostbaren Mobiliar brachte die *Heilige Prophezeiung* noch ein weiteres Geschenk aus dem Westen nach Rußland mit. Als das Schiff in Archangelsk vor Anker ging, wehte die rot-weiß-blaue Fahne Hollands über ihrem Heck. Peter beschloß seine eigene Marineflagge in Anlehnung an diese Fahne zu gestalten. Er übernahm die holländische Aufteilung – drei breite horizontale Streifen, oben rot, in der Mitte weiß und unten blau – und veränderte nur die Reihenfolge der Farben. Bei der russischen Flagge war weiß oben, dann folgten rot und blau. Diese Marineflagge wurde bald zur Flagge des russischen Reiches (im Unterschied zur kaiserlichen Standarte des Zaren, dem Doppeladler), und sie blieb es bis zum Sturz der Dynastie im Jahr 1917.
6 *Pis'ma i bumagi Imperatora Petra Velikago* (Briefe und Aufzeichnungen Zar Peters des Großen), a. a. O., Bd. 1, Nr. 29.
7 Schuyler, Eugene: a. a. O. Bd. 1, S. 240.

I,11

1 Schuyler, Eugene: a. a. O. Bd. 1, S. 240.
2 Sumner, Benedict Humphrey: *Peter the Great and the Ottoman Empire.* Hamden, Conn. 1965, S. 17.

3 Ustrjalov, Nikolaj Vasilevič: a. a. O. Bd. 2, S. 228.
4 Schuyler, Eugene: a. a. O. Bd. 1, S. 245.
5 *Pis'ma i bumagi Imperatora Petra Velikago* (Briefe und Aufzeichnungen Zar Peters des Großen), a. a. O., Bd. 1, Nr. 38.
6 Schuyler, Eugene: a. a. O. Bd. 1, S. 245.
7 Gordon, Patrick: *Passages from the Diary of General Patrick Gordon of Auchleuchries in the Years 1635–1699*. Aberdeen 1859, S. 184.
9 *Pis'ma i bumagi Imperatora Petra Velikago* (Briefe und Aufzeichnungen Zar Peters des Großen), a. a. O. Bd. 1, Nr. 72.
10 Schuyler, Eugene: a. a. O. Bd. 1, S. 258.
11 *Pis'ma i bumagi Imperatora Petra Velikago* (Briefe und Aufzeichnungen Zar Peters des Großen), a. a. O. Bd. 1, Nr. 99.
12 Ebda., Nr. 108.
13 Schuyler, Eugene: a. a. O. Bd. 1, S. 258.
14 Ebda., S. 261.
15 *Pis'ma i bumagi Imperatora Petra Velikago* (Briefe und Aufzeichnungen Zar Peters des Großen), a. a. O. Bd. 1, Nr. 99.
16 Bogoslovskij, Michail Michajlovič: a. a. O. Bd. 1, S. 367.

II,1

1 Ustrjalov, Nikolaj Vasilevič: a. a. O. App. XI, S. 640.
2 Gooch, George Peabody: *Louis XV: The Monarchy in Decline*. London 1956, S. 2.
3 Ebda., S. 3.
4 Zitiert nach: Ziegler, Gilette: *Der Hof Ludwigs XIV. in Augenzeugenberichten*. Düsseldorf 1964, S. 148.
5 *Sbornik, I. R. I. O.* (Imperatorskoe russkago istoričeskago obščestva). Sammelbände der Kaiserlichen Russischen Historischen Gesellschaft. 148 Bde. St. Petersburg/Petrograd 1867–1916, Bd. 34, S. 17. Die offensichtliche Unverschämtheit der Russen ging auf eine Regelung zurück, die für alle russischen Auslandsmissionen galt. Russische Gesandte erhielten wenig oder gar keinen Lohn, statt dessen Güter, in erster Linie Pelze, die in Europa sehr gefragt waren. Da sie aus dem Erlös dieser Waren ihren Lohn bekamen, war es nur natürlich, daß sie sich darum bemühten, ihr Gepäck zollfrei über die Grenzen zu bringen.

II,2

1 Eine Kontreskarpe ist ein mit einem Glacis bedeckter Weg.
2 Solovev, Sergej Michajlovič: *Istorija Rossii s drevnejšich vremen* (Geschichte Rußlands von den ältesten Zeiten), 15 Bde. Moskau 1959–1966, Bd. 8, S. 285.
3 Grey, Ian: a. a. O. S. 101.
4 Ebda.
5 Bogoslovskij, Michail Michajlovič: a. a. O. Bd. 2, S. 101.
6 Sophie starb vor Königin Anna, und sowohl ihr hannoveranischer als auch ihr englischer Titel gingen an ihren Sohn Georg Ludwig über, der in Personalunion als Kurfürst von Hannover und als König Georg I. von England herrschte.
7 Bogoslovskij, Michail Michajlovič: a. a. O. Bd. 2, S. 115f.
8 Schuyler, Eugene: a. a. O. Bd. 1, S. 286.
9 Ebda., S. 285.
10 Ebda.

II,3

1 Schuyler, Eugene: a. a. O. Bd. 1, S. 289.
2 Ebda.

II,4

1 Bowen, Marjorie: *William Prince of Orange.* New York 1928, S. 166.
2 Churchill, Winston S.: *Marlborough: His Life and Times,* 6 Bde. New York 1933 bis 1938, Bd. 1, S. 86.
3 Ebda., S. 257.
4 Scheltema, M. J.: *Anecdotes historiques sur Pierre le Grand et sur ses voyages en Hollande et à Zaandam.* Lausanne 1842, S. 159.
5 Ebda., S. 142.
  Ebda., S. 110.

II,5

1 Mitchell, Rosemond Joscelyne und Leys, Mary Dorothy Rose: *A History of London Life.* London 1968, S. 163.
2 Kljutschewskij, Wassilij Ossipowitsch: a. a. O. S. 23.
3 Burnet, Gilbert: *History of His Own Time,* 6 Bde. Edinburgh 1753, Bd. 4, S. 322.
4 Ebda.
5 Grey, Ian: a. a. O. S. 120.
6 Carr, Frank G. G.: *Maritime Greenwich.* London 1969, S. 18.
7 Stählin, Jacob von: a. a. O. S. 25.
8 Grey, Ian: a. a. O. S. 458.
9 Kljutschewskij, Wassili Ossipowitsch: a. a. O. S. 23.
10 Grey, Ian: a. a. O. S. 459.
11 Ebda.
12 Peter konnte zu seinem Bedauern später nie wieder auf diesem prächtigen Schiff segeln. Es wurde zunächst in Amsterdam mit Peters Instrumenten und Kuriositäten beladen, die er auf seiner Reise gekauft hatte, und nach Archangelsk zurückgeschickt. Von dort aus sollte es von Franz Timmermann über das Fluß- und Seennetz des nördlichen Rußlands nach Jaroslawl gebracht und die Wolga hinuntergefahren werden. Eines Tages, wenn sein Wolga-Don-Kanal fertiggestellt sein würde, hoffte Peter das Schiff über den Don nach Asow hinunterzubringen und mit ihm auf dem Schwarzen Meer zu segeln. Doch die *Royal Transport* hatte mehr als zwei Meter Tiefgang, Timmermann konnte sie deshalb nicht einmal bis an die Wolga bringen. Man schaffte sie nach Archangelsk zurück, wo sie fünfzehn Jahre lang liegenblieb. 1715, als Rußland bereits eine Macht auf der Ostsee geworden war, ließ Peter die *Royal Transport* wieder instandsetzen und gab Anordnung, sie um das Nordkap herum zur Ostsee zu bringen. Das Schiff gelangte zwar noch bis in die Ostsee, ging aber dort in einem Sturm vor der schwedischen Küste unter.
13 Perry, John: a. a. O. S. 165 und 164.

II,6

1 Schuyler, Eugene: a. a. O. Bd. 1, S. 311.
2 Ebda., S. 312.
3 Bogoslovskij, Michail Michajlovič: a. a. O. Bd. 2, S. 4 75.
4 Waliszewski, Kazimierz: *Peter the Great.* New York 1897, S. 98.
5 De Grunwald, Constantin: a. a. O. S. 93.
6 Schuyler, Eugene: a. a. O. Bd. 1, S. 316.
7 *Sbornik, I. R. I. O.* : a. a. O. Bd. 39, S. 222.
8 Bei einer anderen Gelegenheit leistete sich August einen ähnlichen derben Scherz. Er begleitete Friedrich Wilhelm von Preußen und dessen sechzehnjährigen Sohn, den zukünftigen Friedrich den Großen, bei einem Besichtigungsgang durch seinen Dresdner Palast. Sie betraten dort ein Schlafzimmer und bewunderten gerade die

gemalte Decke, als der Vorhang um das Bett sich hob und den Blick auf ein nacktes Mädchen freigab. Entsetzt stürzte der sittenstrenge und prüde Friedrich Wilhelm aus dem Raum und zog seinen Sohn hinter sich her. August entschuldigte sich; aber noch während desselben Besuches schickte er dieses Mädchen dem jungen Friedrich zur Unterhaltung. Dieser nahm die Gabe aus Höflichkeit entgegen, obwohl seine Vorliebe eigentlich nicht den Frauen galt.

9 Bogoslovskij, Michail Michajlovič: a. a. O. Bd. 2, S. 558f.
10 Korb, Johann Georg: a. a. O. S. 76.

II,7

1 Korb, Johann Georg: a. a. O. S. 76.
2 Maland, David: *Europe in the Seventeenth Century.* London 1966, S. 435.
3 Ustrjalov, Nikolaj Vasilevič: a. a. O. Bd. 2, S. 193f.
4 Perry, John: a. a. O. S. 196.
5 Korb, Johann Georg: a. a. O. S. 76f.
6 Ebda., S. 80.
7 Ebda., S. 88.
8 Ebda., S. 112.
9 Perry, John: a. a. O. S. 198.
10 *Sbornik, I. R. I. O.:* a. a. O. Bd. 39, S. 60.
11 Als sich Peter dazu entschied, den Julianischen Kalender, der damals in England in Gebrauch war, einzuführen, paßte er Rußland dem Westen an, kurz bevor der Westen wiederum seinen Kalender änderte. So nahm England 1752 den Gregorianischen Kalender an, während Rußland nun eine zweite Änderung ablehnte. Aus diesem Grund hinkte der russische Kalender bis zur Russischen Revolution hinter dem Westen her, im 18. Jahrhundert elf Tage, im 19. zwölf, im 20. dreizehn. Erst 1918 übernahm die Sowjet-Regierung den Gregorianischen Kalender, der heute fast in der ganzen Welt Gültigkeit hat.
12 Perry, John: a. a. O. S. 235.
13 Dmytryshyn, Basil, Hg.: *Modernization of Russia Under Peter I and Catherine II.* New York 1974, S. 10.

II,8

1 Korb, Johann Georg: a. a. O. S. 65.
2 Schuyler, Eugene: a. a. O. Bd. 1, S. 324.
3 Gordon, Patrick: a. a. O. S. 190.
4 *Pis'ma i bumagi Imperatora Petra Velikago* (Briefe und Aufzeichnungen Zar Peters des Großen), a. a. O. Bd. 1, Nr. 252.
5 Perry, John: a. a. O. S. 217.
6 Ebda., S. 218.
7 Wolf, John Baptist: *Louis XIV.* London 1968, S. 173.
8 Pepys, Samuel: *The Diary of Samuel Pepys,* 3 Bde. Hg. von Robert Latham und William Matthews. Berkeley 1970, Bd. 1, S. 265.
9 Korb, Johann Georg: a. a. O. S. 107.
10 Ebda., S. 83f.
11 Ebda., S. 69.
12 Ebda., S. 160.
13 Ebda., S. 87.
14 Ebda., S. 87.
15 Ebda., S. 85.
16 Ebda., S. 83.
17 Burnet, Gilbert: a. a. O. Bd. 4, S. 324.

II,9

1 Korb, Johann Georg: a. a. O. S. 179.
2 Ebda., S. 178.
3 Ebda., S. 91.
4 Ebda., S. 91.
5 Ebda., S. 79.
6 Ebda., S. 79.
7 Ebda., S. 104.
8 Ebda., S. 85.
9 Ebda., S. 97.
10 Ebda., S. 99.
11 Ebda., S. 99.
12 Ebda., S. 101 f.
13 Ebda., S. 112.
14 Ebda., S. 112.
15 Ebda., S. 115.
16 Ebda., S. 116.
17 Ebda., S. 109.
18 Ebda., S. 81.
19 Ebda., S. 131.
20 Ebda., S. 131.

II,10

1 *Pis'ma i bumagi Imperatora Petra Velikago* (Briefe und Aufzeichnungen Zar Peters des Großen), a. a. O. Bd. 1, Nr. 255.
2 Ebda., Nr. 256.
3 Korb, Johann Georg: a. a. O. S. 116.
4 Ebda., S. 117.
5 Ebda., S. 118.
6 *Pis'ma i bumagi Imperatora Petra Velikago* (Briefe und Aufzeichnungen Zar Peters des Großen), a. a. O. Bd. 6, Nr. 2081.
7 Gordon, Patrick: a. a. O. S. 193.
8 Vgl.: Korb, Johann Georg: a. a. O. S. 204.
9 De Grunwald, Constantin: a. a. O. S. 98.
10 Ebda., S. 93.
11 Ebda., S. 93.
12 Ustrjalov, Nikolaj Vasilevič: a. a. O. Bd. 3, S. 551 f.

III,1

1 Nachfolgerin Gustav Adolfs wurde die sechsjährige Christine, sein einziges Kind. Christine regierte Schweden von 1644–1654. Sie stand morgens um fünf Uhr auf, um zu lesen. Ausländische Gelehrte, Musiker, Philosophen, einschließlich des französischen Philosophen Descartes, wurden durch Berichte über ihre Begabung und ihre Großzügigkeit an den schwedischen Hof gelockt. Mit achtundzwanzig Jahren dankte sie plötzlich ab, unter dem Vorwand, krank zu sein und der Last der Herrschaft nicht mehr gewachsen zu sein. Der wirkliche Grund für ihre Abdankung lag jedoch in ihrer heimlichen Konversion zum römisch-katholischen Glauben, der im protestantischen Schweden als illegal galt. Der Thron ging danach an Christines Vetter, der als König Karl X. gekrönt und Großvater Karls XII. wurde. Christine brach sogleich nach ihrer Abdankung nach Rom auf, wo sie noch vier-

unddreißig Jahre lebte, als Freundin von vier Päpsten, als großzügige Kunstmäzenin und als Geliebte des Kardinals Azzolini.

2 Adlerfeld, M. Gustavus: *The Military History of Charles XII.,* 3 Bde. London 1740, Bd. 2, S. 367.
3 Hatton, Ragnhild Marie: *Europe in the Age of Louis XIV.* London 1969, S. 109.
4 Schuyler, Eugene: a. a. O. Bd. 1, S. 369.
5 Ebda., S. 369.
6 Die in Rawa getroffene Vereinbarung zwischen Peter und August war lediglich ein überschwenglicher Ausdruck ihrer freundschaftlichen Gefühle. Es gab zu jener Zeit noch keinen konkreten Plan, weder für ein Bündnis noch für einen Feldzug.
7 Bogoslovskij, Michail Michajlovič: a. a. O. Bd. 4, S. 366.
8 Schuyler, Eugene: a. a. O. Bd. 1, S. 376.
9 Bogoslovskij, Michail Michajlovič: a. a. O. Bd. 4, S. 405 f.
10 Schuyler, Eugene: a. a. O. Bd. 1, S. 377 f.
11 Grey, Ian: a. a. O. S. 171.
12 Pis'ma i bumagi Imperatora Petra Velikago (Briefe und Aufzeichnungen Zar Peters des Großen), a. a. O. Bd. 1, Nr. 325.

III,2

1 Wolf, John Baptist: a. a. O. S. 211.
2 Hatton, Ragnhild Marie: *Charles XII of Sweden.* London 1968, S. 116.

III,3

1 Hatton, Ragnhild Marie: *Charles XII of Sweden,* a. a. O. S. 118.
2 Bain, R. Nisbet: *Charles XII and the Collapse of the Swedish Empire.* New York 1895, S. 55.
3 Hatton, Ragnhild Marie: *Charles XII of Sweden,* a. a. O. S. 118.
4 Ebda., S. 129.

III,4

1 Ustrjalov, Nikolaj Vasilevič: a. a. O. Bd. 4, ii, App. ii, Nr. I.
2 Schuyler, Eugene: a. a. O. Bd. 1, S. 396.
3 Hatton, Ragnhild Marie: *Charles XII of Sweden,* a. a. O. S. 151.
4 Bain, R. Nisbet: *Charles XII and the Collapse of the Swedish Empire,* a. a. O. S. 75.
5 Bengtsson, Frans G.: *The Life of Charles XII.* London 1960, S. 87.
6 Ebda., S. 87.
7 Ebda., S. 87.
8 Schuyler, Eugene, a. a. O. Bd. 1, S. 397.
9 Ebda., S. 397.
10 Ebda., S. 398.
11 Ebda., S. 402.
12 Ebda., S. 403.

III,5

1 De Grunwald, Constantin: a. a. O. S. 108.
2 Withworth, Charles: *An Account of Russia as It Was in 1710.* Strawberry Hill 1758, S. 72.
3 Sumner, Benedict Humphrey: *Peter the Great and the Emergence of Russia.* New York 1965, S. 58.

4 Ebda., S. 58.
5 Pis'ma i bumagi Imperatora Petra Velikago (Briefe und Aufzeichnungen Zar Peters des Großen), a. a. O. Bd. 1, S. 369.
6 Ustrjalov, Nikolaj Vasilevič: a. a. O. Bd. 4, i, S. 70.
7 Pis'ma, in bumagi Imperatora Petra Velikago (Briefe und Aufzeichnungen Zar Peters des Großen) a. a. O. Bd. 1, S. 374.
8 Ebda., Nr. 370.
9 Sumner, Benedict Humphrey: Peter the Great and the Emergence of Russia, a. a. O. S. 57.
10 Ustrjalov, Nikolaj Vasilevič: a. a. O. Bd. 4, ii, App. ii, Nr. 94, 207.
11 Ebda., Nr. 83, 201.
12 Sumner, Benedict Humphrey: Peter the Great and the Emergence of Russia, a. a. O. S. 61.
13 Ustrjalov, Nikolaj Vasilevič: a. a. O. Bd. 4, i, S. 106f.
14 Pis'ma i bumagi Imperatora Petra Velikago (Briefe und Aufzeichnungen Zar Peters des Großen), a. a. O. Bd. 2, Nr. 452.
15 Schuyler, Eugene: a. a. O. Bd. 1, S. 424.

III,6

1 Als die Admiralität zu Beginn des 19. Jahrhunderts aus Stein und Zement völlig neu aufgebaut wurde, behielt man ihre rechtwinklige Form, den zentralen Turm und die Schiffswetterfahne als charakteristische Merkmale bei.
2 Sbornik, I. R. I. O.: a. a. O. Bd. 50, S. 2.
3 De Grunwald, Constantin: a. a. O. S. 170.
4 Sbornik, I. R. I. O.: a. a. O. Bd. 50, S. 401.
5 Ebda., Bd. 60, S. 348 f.
6 Weber, Friedrich Christian: a. a. O. Bd. 1, S. 191.
7 Ustrjalov, Nikolaj Vasilevič: a. a. O. Bd. 4, i, S. 274.
8 Schuyler, Eugene: a. a. O. Bd. 2, S. 6.
9 Grey, Ian: a. a. O. S. 277.

III,7

1 Ustrjalov, Nikolaj Vasilevič: a. a. O. Bd. 4, i, S. 208.
2 Kliutschewskij, Wasilij: a. a. O. S. 48.
3 Korb, Johann Georg: a. a. O. S. 128.
4 Sbornik, I. R. I. O.: a. a. O. Bd. 39, S. 125.
5 Gab es sonst noch etwas? Bei Withworth heißt es: »Manche Leute waren der Ansicht, daß ihre Vertraulichkeit eher der Liebe als der Freundschaft glich, da sie sich häufig stritten und dann wieder versöhnten.« (Withworth, Charles: a. a. O. S. 64). In Wirklichkeit gibt es jedoch keinerlei Beweise für eine homosexuelle Beziehung zwischen Peter und Menschikow.
6 De Grunwald, Constantin: a. a. O. S. 196.
7 Schuyler, Eugene: a. a. O. Bd. 1, S. 437.
8 Ebda., S. 439.
9 Ebda., S. 439.
10 Gordon, Alexander: History of Peter the Great, 2 Bde. Aberdeen 1755, Bd. 2, S. 258.
11 Aus Peters und Katharinas Verbindung sind folgende Kinder hervorgegangen: Peter (* 1704, † 1707); Paul (* 1705, † 1707); Katharina (* 1707, † 1708); Anna (* 1708, † 1728); Elisabeth (* 1709, † 1762); Natalja (* 1713, † 1715); Margarita (* 1714, † 1715); Peter (* 1715, † 1719); Paul (* und † 1717); Natalja (* 1718, † 1725); Peter (* und † 1723); Paul (* und † 1724).

III,8

1 Weber, Friedrich Christian: a. a. O. Bd. 1, S. 224.
2 Perry, John: a. a. O. S. 244.
3 Le Brun, Cornelius: *Observations in Russia,* in: Weber, Friedrich Christian: a. a. O. Bd. 2, S. 408.
4 Weber, Friedrich Christian: a. a. O. Bd. 1, S. 114.
5 Perry, John: a. a. O. S. 279.
6 Iwan der Schreckliche hatte alle Juden aus Rußland verbannt. Juden, die auf ihre Religionszugehörigkeit verzichteten, war es jedoch möglich, im kaiserlichen Rußland gesellschaftlich aufzusteigen.
7 Schuyler, Eugene: a. a. O. Bd. 2, S. 139.
8 Solovev, Sergej Michajlovič: a. a. O. Bd. 8, S. 76.
9 Stählin, Jacob von: a. a. O. S. 176.
10 Solovev, Sergej Michajlovič: a. a. O. Bd. 8, S. 334.
11 Ebda., S. 88.
12 Schuyler, Eugene: a. a. O. Bd. 2, S. 157.
13 Ebda., S. 158.
14 Ebda., S. 159.
15 Ebda., S. 161.
16 *Pis'ma i bumagi Imperatora Petra Velikago* (Briefe und Aufzeichnungen Zar Peters des Großen), a. a. O. Bd. 6, Nr. 2068.
17 Solovev, Sergej Michajlovič: a. a. O. Bd. 8, S. 183.
18 *Pis'ma i bumagi Imperatora Petra Velikago* (Briefe und Aufzeichnungen Zar Peters des Großen), a. a. O. Bd. 7 i, Nr. 2553.

III,9

1 Adlerfeld, M. Gustavus: a. a. O. Bd. 2, S. 13.
2 *Sbornik, I. R. I. O.:* a. a. O. Bd. 39, S. 56.
3 Adlerfeld, M. Gustavus: a. a. O. Bd. 1, S. 168.
4 Schuyler, Eugene: a. a. O. Bd. 2, S. 18.
5 Ebda., S. 19.
6 Hatton, Ragnhild Marie: *Charles XII of Sweden,* a. a. O. S. 199.
7 *Pis'ma i bumagi Imperatora Petra Velikago* (Briefe und Aufzeichnungen Zar Peters des Großen), a. a. O. Bd. 3, Nr. 788.
8 Ebda., Nr. 862.
9 Ebda., Nr. 864.
10 Ebda., Nr. 1005.
11 Adlerfeld, M. Gustavus: a. a. O. Bd. 2, S. 218.
12 Schuyler, Eugene: a. a. O. Bd. 2, S. 44.
13 Ebda., S. 50.
14 Bengtsson, Frans G.: a. a. O. S. 232.
15 Hatton, Ragnhild Marie: *Charles XII of Sweden,* a. a. O. S. 215.
16 Schuyler, Eugene: a. a. O. Bd. 2, S. 55.
17 Ebda., S. 55.
18 Ustrjalov, Nikolaj Vasilevič: a. a. O. Bd. 4, i, S. 424.
19 *Pis'ma i bumagi Imperatora Petra Velikago* (Briefe und Aufzeichnungen Zar Peter des Großen), a. a. O. Bd. 5, Nr. 1690–93.
20 Schuyler, Eugene: a. a. O. Bd. 2, S. 60.

III,10

1 Hatton, Ragnhild Marie: *Charles XII of Sweden,* a. a. O. S. 225.
2 Churchill, Winston S.: a. a. O. Bd. 5, S. 252.
3 Adlerfeld, M. Gustavus: a. a. O. Bd. 2, S. 329.
4 Churchill, Winston S.: a. a. O. Bd. 5, S. 252.
5 Hatton, Ragnhild Marie: *Charles XII of Sweden,* a. a. O. S. 226.
6 Browning, Oscar: *Charles XII of Sweden,* London 1899, S. 357.
7 Hatton, Ragnhild Marie: *Charles XII of Sweden,* a. a. O. S. 210.
8 *Pis'ma i bumagi Imperatora Petra Velikago* (Briefe und Aufzeichnungen Zar Peters des Großen), a. a. O. Bd. 5, Nr. 1490.
9 Ebda., IV, i Nr. 1401.
10 Grey, Ian: a. a. O. S. 271.
11 Ebda., S. 271.
12 *Pis'ma i bumagi Imperatora Petra Velikago* (Briefe und Aufzeichnungen Zar Peters des Großen), a. a. O. Bd. 5, Nr. 1551.
13 Solovev, Sergej Michajlovič: a. a. O. Bd. 8, S. 256.
14 Schuyler, Eugene: a. a. O. Bd. 2, S. 66.
15 Ebda., S. 66.
16 Sumner, Benedict Humphrey: *Peter the Great and the Emergence of Russia,* a. a. O. S. 61.
17 Ebda., S. 61.
18 Schuyler, Eugene: a. a. O. Bd. 2, S. 66.
19 Bengtsson, Frans G.: a. a. O. S. 242.
20 Ebda., S. 242.

III,11

1 *Sbornik, I. R. I. O.:* a. a. O. Bd. 39, S. 80.
2 Schuyler, Eugene: a. a. O. Bd. 2, S. 76.
3 *Sbornik, I. R. I. O.:* a. a. O. Bd. 93, S. 448 f.
4 Solovev, Sergej Michajlovič: a. a. O. Bd. 8, S. 199.
5 Bengtsson, Frans G.: a. a. O. S. 253.
6 Ebda., S. 253.
7 Ebda., S. 256.
8 Hatton, Ragnhild Marie: *Charles XII of Sweden,* a. a. O. S. 255.

III,12

1 Jefferyes war Soldat und Diplomat. Sein Vater hatte lange Zeit im Dienst Karls XI. gestanden, sein älterer Bruder kam bei der Niederlage der Schweden in Narwa ums Leben. Jefferyes, in Stockholm geboren, war zunächst Sekretär beim englischen Gesandten in Schweden. 1707 trat er als »Freiwilliger« in die schwedische Armee ein, eine Umschreibung, die die schwedischen Minister gewählt hatten, damit Karl, der grundsätzlich keine ausländischen Diplomaten in seiner Armee haben wollte, den Engländer zum Militärdienst zuließ. Jefferyes hatte den Auftrag, die Invasion Karls in Rußland zu beobachten und Meldung nach Whitehall zu erstatten. Er wurde in Poltawa gefangengenommen, durfte aber nach England zurückkehren. 1719 kam er noch einmal kurz als Gesandter König Georgs I. nach Rußland zurück. Die letzten zwanzig Jahres eines Lebens verbrachte er in Irland.
2 Jefferyes, James: *Captain James Jefferyes's Letters from the Swedish Army, 1707–1709,* hg. von Ragnhild Marie Hatton, Stockholm 1954, S. 47.
3 Ebda. S. 51.
4 *Pis'ma i bumagi Imperatora Petra Velikago* (Briefe und Aufzeichnungen Zar Peters des Großen), a. a. O. Bd. 8 i, Nr. 2612, 2619.

772

5 Jefferyes, James: a. a. O. S. 61.
6 Pis'ma i bumagi Imperatora Petra Velikago (Briefe und Aufzeichnungen Zar Peters des Großen), a. a. O. Bd. 8i, Nr. 2681.
7 Poltava: k 250 letiju Poltavskogo srazhenija, Sbornik statei (Poltawa: Eine Sammlung von Aufsätzen zum zweihundertfünfzigsten Jahrestag der Schlacht). Moskau 1959, S. 39.

III,13

1 Jefferyes, James: a. a. O. S. 63.
2 Hatton, Ragnhild Marie: Charles XII of Sweden, a. a. O. S. 271.
3 Jefferyes, James: a. a. O. S. 63.
4 Solovev, Sergej Michajlovič: a. a. O. Bd. 8, S. 241.
5 Ebda., S. 245.
6 Schuyler, Eugene: a. a. O. Bd. 3, S. 107.
7 Solovev, Sergej Michajlovič: a. a. O. Bd. 8, S. 252.

III,14

1 Bengtsson, Frans G.: a. a. O. S. 317.
2 Ebda., S. 319.

III,15

1 Hatton, Ragnhild Marie: Charles XII of Sweden, a. a. O. S. 285.
2 Schuyler, Eugene: a. a. O. Bd. 2, S. 114.
3 Solovev, Sergej Michajlovič: a. a. O. Bd. 8, S. 270.
4 Adlerfeld, M. Gustavus: a. a. O. Bd. 2, S. 118.

III,16

1 Bengtsson, Frans G.: a. a. O. S. 366.
2 Hatton, Ragnhild Marie: Charles XII of Sweden, a. a. O. S. 299.
3 Bengtsson, Frans G.: a. a. O. S. 370.
4 Bain, R. Nisbet: Charles XII and the Collapse of the Swedish Empire, a. a. O. S. 189.

III,17

1 Bain, R. Nisbet: Charles XII and the Collapse of the Swedisch Empire, a. a. O. S. 189.
2 Ebda., S. 190.
3 Solovev, Sergej Michajlovič: a. a. O. Bd. 8, S. 274.
4 Bengtsson, Frans G.: a. a. O. S. 375.
5 Ebda., S. 382.
6 Hatton, Ragnhild Marie: Charles XII of Sweden, a. a. O. S. 305.
7 Ebda., S. 305.

III,18

1 Pis'ma i bumagi Imperatora Petra Velikago (Briefe und Aufzeichnungen Zar Peters des Großen), a. a. O. Bd. 9i, Nr. 3318.
2 Schuyler, Eugene: a. a. O. Bd. 2, S. 126.
3 Annas Hochzeit wurde ein Jahr später in St. Petersburg gefeiert. Unglücklicher-

weise trank ihr neunzehnjähriger Bräutigam während der Hochzeit so viel, daß er erkrankte und auf der Hochzeitsreise starb. Anna blieb Herzogin von Kurland bis 1730, als man sie nach St. Petersburg kommen ließ und zur Zarin von Rußland ernannte.

4 De Grunwald, Constantin: a. a. O. S. 113.
5 *Pis'ma i bumagi Imperatora Petra Velikago* (Briefe und Aufzeichnungen Zar Peters des Großen), a. a. O. Bd. 10, Nr. 3793.
6 Ebda., Nr. 3818.
7 Ebda., Nr. 4059.

IV,1

1 Türkei, Griechenland, Bulgarien, Rumänien, Jugoslawien, Ungarn, Albanien, Syrien, Libanon, Jordanien, Israel, Aden, Kuwait, Ägypten, Sudan, Libyen, Irak, Jemen, Tunesien, Algerien, Zypern; zur Sowjetunion gehören heute noch große Teile der Ukraine, die Krim, der Kaukasus, Armenien und Georgien.

IV,2

1 Schuyler, Eugene: a. a. O. Bd. 2, S. 173.
2 Ebda., S. 173.
3 Ebda., S. 176.
4 Ebda., S. 176.
5 Ebda., S. 177.
6 Hatton, Ragnhild Marie: *Charles XII of Sweden*, a. a. O. S. 313.
7 Sumner, Benedict Humphrey: *Peter the Great and the Emergence of Russia*, a. a. O. S. 37.
8 Ebda., S. 38.
9 Bengtsson, Frans G.: a. a. O. S. 411.
10 Schuyler, Eugene: a. a. O. Bd. 2, S. 187.
11 Ebda., S. 187.
12 Solovev, Sergej Michajlovič: a. a. O. Bd. 8, S. 374 f.
13 Zitiert nach: Schuyler, Eugene: a. a. O. Bd. 2, S. 189.
14 Ebda., S. 190.
15 Sumnar, Benedict Humphrey: *Peter the Great and the Ottoman Empire*, a. a. O. S. 45.
16 Ebda., S. 46.

IV,3

1 Schuyler, Eugene: a. a. O. Bd. 2, S. 193.
2 Sumner, Benedict Humphrey: *Peter the Great and the Ottoman Empire*, a. a. O. S. 44.
3 Bengtsson, Frans G.: a. a. O. S. 414.
4 Ebda., S. 418.
5 Ebda., S. 419.
6 Schuyler, Eugene: a. a. O. Bd. 2, S. 202.
7 *Sbornik, I. R. I. O.:* a. a. O. Bd. 61, S. 74.
8 Schuyler, Eugene: a. a. O. Bd. 2, S. 204.

IV,4

1 Schuyler, Eugene: a. a. O. Bd. 1, S. 216.
2 Ebda., S. 230.
3 Ebda., S. 230.

4 *Sbornik, I. R. I. O.:* a. a. O. Bd. 61, S. 143 ff.
5 Schuyler, Eugene: a. a. O. Bd. 2, S. 226.
6 Stählin, Jacob von: a. a. O. S. 82.
7 Schuyler, Eugene: a. a. O. Bd. 2, S. 237.
8 »FW malte es in seinen Schmerzen.«
9 Mitford, Nancy: *Frederick the Great.* New York 1964, S. 47.
10 Schuyler, Eugene: a. a. O. Bd. 2, S. 235, Fußnote.
11 Ebda., S. 229.
12 Ebda., S. 229.
13 Ebda., S. 241.

IV,5

1 Schuyler, Eugene: a. a. O. Bd. 2, S. 245.
2 Ebda., S. 245.

IV,6

1 Bain, R. Nisbet: *Charles XII and the Collapse of the Swedish Empire,* a. a. O.
   S. 198.
2 Hatton, Ragnhild Marie: *Charles XII of Sweden,* a. a. O. S. 356.
3 Ebda., S. 357.
4 Ebda., S. 358.
5 Bengtsson, Frans G.: a. a. O. S. 428.
6 Hatton, Ragnhild Marie: *Charles XII of Sweden,* a. a. O., S. 363.
7 Ebda., S. 364.
8 Ebda., S. 364.
9 Bain, R. Nisbet: *Charles XII and the Collapse of the Swedish Empire,* a. a. O.
   S. 218.

IV,7

1 Weber, Friedrich Christian: a. a. O. Bd. 1, S. 318.
2 De Grunwald, Constantin: a. a. O. S. 161.
3 Schuyler, Eugene: a. a. O. Bd. 2, S. 430.
4 Auch der zweite Winterpalast wurde wieder abgerissen, heute der fünfte an dieser
   Stelle, der als das berühmte Eremitage-Museum zum Mittelpunkt der Stadt geworden ist.
5 Stählin, Jacob von: a. a. O. S. 117.
6 Sumner, Benedict Humphrey: *Peter the Great and the Emergence of Russia,* a. a. O.
   S. 59.
7 Marsden, Christopher: *Palmyra of the North: The First Days of St. Petersburg.*
   London 1942, S. 65.
8 Stählin, Jacob von: a. a. O. S. 183.
9 *Sbornik, I. R. I. O.:* a. a. O. Bd. 49, S. 372.

IV,8

1 Schuyler, Eugene: a. a. O. Bd. 2, S. 282.
2 Ebda., S. 287.
3 Ebda., S. 288.
4 Solovev, Sergej Michajlovič: a. a. O. Bd. 9, S. 44.
5 Schuyler, Eugene: a. a. O. Bd. 2, S. 289.

   6 Ebda., S. 290.
   7 Solovev, Sergej Michajlovič: a. a. O. Bd. 9, S. 53.
   8 Ebda., S. 53.
   9 Schuyler, Eugene: a. a. O. Bd. 2, S. 294.
  10 Ebda., S. 297.
  11 Solovev, Sergej Michajlovič: a. a. O. Bd. 9, S. 57.
  12 Ebda., S. 57.
  13 Schuyler, Eugene: a. a. O. Bd. 2, S. 299.

IV,9

   1 Gooch, George Peabody: a. a. O. S. 26; Wolf, John Baptist: a. a. O. S. 618.
   2 Gooch, George Peabody: a. a. O. S. 31.
   3 Schuyler, Eugene: a. a. O. Bd. 2, S. 305.
   4 Ebda., S. 307, Fußnote.
   5 Cracraft, James: *The Church Reform of Peter the Great.* London 1971, S. 6, Fuß-
      note.
   6 Schuyler, Eugene: a. a. O. Bd. 2, S. 310.
   7 Saint-Simon, Louis de Rouvroy, Duc de: *Mémoires,* 6 Bde. Paris 1965, Bd. 5,
      S. 667.
   8 Solovev, Sergej Michajlovič: a. a. O. Bd. 9, S. 68.
   9 Schuyler, Eugene: a. a. O. Bd. 2, S. 312.

IV,10

   1 Saint-Simon, Louis de Rouvroy, Duc de: a. a. O. Bd. 5, S. 667.
   2 Schuyler, Eugene: a. a. O. Bd. 2, S. 312.
   3 *Sbornik, I. R. I. O.:* a. a. O. Bd. 34, S. XXV.
   4 Saint-Simon, Louis de Rouvroy, Duc de: a. a. O. Bd. 5, S. 671.
   5 Marsden, Christopher: a. a. O. S. 35.
   6 Stählin, Jacob von: a. a. O. S. 35.
   7 Schuyler, Eugene: a. a. O. Bd. 2, S. 315, Fußnote.
   8 Saint-Simon, Louis de Rouvroy, Duc de: a. a. O. Bd. 5, S. 672.
   9 Stählin, Jacob von: a. a. O. S. 35.
  10 Saint-Simon, Louis de Rouvroy, Duc de: a. a. O. Bd. 5, S. 673.
  11 Ebda., S. 674.
  12 Ebda., S. 665, S. 675.
  13 Schyler, Eugene: a. a. O. Bd. 2, S. 318.

IV,11

   1 *Sbornik, I. R. I. O.:* a. a. O. Bd. 34, S. 255.
   2 Weber, Friedrich Christian: a. a. O. Bd. 1, S. 193.
   3 Schuyler, Eugene: a. a. O. Bd. 2, S. 261.
   4 Ebda., S. 261.
   5 *Sbornik, I. R. I. O.:* a. a. O. Bd. 39, S. 43.
   6 Solovev, Sergej Michajlovič: a. a. O. Bd. 9, S. 117.
   7 Schuyler, Eugene: a. a. O. Bd. 2, S. 266.
   8 Ebda., S. 266.
   9 Ebda., S. 268.
  10 Solovev, Sergej Michajlovič: a. a. O. Bd. 9, S. 125.
  11 Schuyler, Eugene: a. a. O. Bd. 2, S. 237.
  12 Ebda., S. 269.
  13 Ebda., S. 270.
  14 Ebda., S. 270.

15 Weber, Friedrich Christian: a. a. O. Bd. 1, S. 107.
16 Ebda., S. 108.

IV,12

1 Bruce, Peter Henry: *Memories*. London 1782, S. 101.
2 *Manifesto of the Criminal Process of the Czarewitz Alexei Petrowitz*, in: Weber, Friedrich Christian: a. a. O. Bd. 2, S. 141.
3 Schuyler, Eugene: a. a. O. Bd. 2, S. 271.
4 Solovev, Sergej Michajlovič: a. a. O. Bd. 9, S. 114.
5 Ustrjalov, Nikolaj Vasilevič: a. a. O. Bd. 6, S. 54.
6 Schuyler, Eugene: a. a. O. Bd. 2, S. 272.
7 *Manifesto of the Criminal Process of the Czarewitz Alexei Petrowitz:* a. a. O. S. 120.
8 Ebda., S. 97–102.
9 Ebda., S. 116.
10 Ebda., S. 118.
11 Ebda., S. 102.
12 Ebda., S. 115.
13 Ebda., S. 103.
14 Ebda., S. 116.
15 Ebda., S. 105.
16 Ustrjalov, Nikolaj Vasilevič: a. a. O. Bd. 6, S. 52.
17 *Manifesto of the Criminal Process of the Czarewitz Alexei Petrowitz:* a. a. O. S. 107 f.
18 Ebda., S. 114.
19 Ustrjalov, Nikolaj Vasilevič: a. a. O. Bd. 6, S. 53.
20 Ebda., S. 54.
21 *Manifesto of the Criminal Process of the Czarewitz Alexei Petrowitz:* a. a. O. S. 126.

IV,13

1 Ustrjalov, Nikolaj Vasilevič: a. a. O. Bd. 6, S. 64–69.
2 *Manifesto of the Criminal Process of the Czarewitz Alexei Petrowitz:* a. a. O. S. 135.
3 Schuyler, Eugene: a. a. O. Bd. 2, S. 329.
4 Ustrjalov, Nikolaj Vasilevič: a. a. O. Bd. 6, S. 87.
5 Ebda., S. 383.
6 *Manifesto of the Criminal Process of the Czarewitz Alexei Petrowitz:* a. a. O. S. 108.
7 Ustrjalov, Nikolaj Vasilevič: a. a. O. Bd. 6, S. 116.
8 Ebda., S. 117.
9 Solovev, Sergej Michajlovič: a. a. O. Bd. 9, S. 165 f.
10 Ebda., S. 166.
11 Ustrjalov, Nikolaj Vasilevič: a. a. O. Bd. 6, S. 437.
12 *Sbornik, I. R. I. O.:* a. a. O. Bd. 34, S. 304.
13 Solovev, Sergej Michajlovič: a. a. O. Bd. 9, S. 168.
14 Ebda., S. 168.

IV,14

1 *Manifesto of the Criminal Process of the Czarewitz Alexei Petrowitz:* a. a. O. S. 110.
2 Ebda., S. 117.

3 Weber, Friedrich Christian: a. a. O. Bd. 1, S. 204.
4 Graham, Stephen: *Peter the Great*. New York 1929, S. 269.
5 Schuyler, Eugene: a. a. O. Bd. 2, S. 340.
6 Weber, Friedrich Christian: a. a. O. Bd. 1, S. 220.
7 Schuyler, Eugene: a. a. O. Bd. 2, S. 341.
8 Das Schicksal ihres Kindes ist unbekannt. In einigen Berichten heißt es, es sei in Riga geboren worden, während der Rückreise Afrosinjas. Andere Darstellungen besagen, daß sie das Kind in der Festung zur Welt brachte. Auf jeden Fall ist von dem Kind später nichts mehr bekannt geworden.
9 *Manifesto of the Criminal Process of the Czarewitz Alexei Petrowitz:* a. a. O. S. 136.
10 Ebda., S. 139.
11 Ebda., S. 143.
12 *Relations fidèle de ce qui s'est passé au sujet du Jugement rendu contre le Prince Alexei, et des circonstances de sa mort.* Aus der Bibliothek des Palazzo San Donato, Florenz, S. 5.
13 Afrosinja wurde begnadigt und freigelassen: Peter erlaubte ihr, einen Teil des Eigentums seines Sohnes zu behalten. Sie lebte noch dreißig Jahre in St. Petersburg, wo sie einen Gardeoffizier heiratete.
14 *Manifesto of the Criminal Process of the Czarewitz Alexei Petrowitz:* a. a. O. S. 150.
15 Ebda., S. 154.
16 Ebda., S. 154.
17 Ebda., S. 158.
18 Ebda., S. 165.
19 Ebda., S. 169.
20 Ebda., S. 189.
21 Ebda., S. 200.
22 *Relation fidèle de ce qui s'est passé au sujet du Jugement rendu contre le Prince Alexei, et des circonstances de sa mort:* a. a.. S. 8.
23 Solovev, Sergej Michajlovič: a. a. O. Bd. 9, S. 188.
24 Schyler, Eugene: a. a. O. Bd. 2, S. 345, Fußnote.
25 *Sbornik, I. R. I. O.:* a. a. O. Bd. 34, S. 354.
26 Waliszewski, Kazimierz: a. a. O. S. 541.

IV,15

1 Hatton, Ragnhild Marie: *Charles XII of Sweden,* a. a. O. S. 375.
2 Bain, R. Nisbet: *Charles XII and the Collapse of the Swedish Empire,* a. a. O. S. 305.
3 Ebda., S. 278.
4 Einhundertsiebenundvierzig Jahre später, im Jahr 1887, wurde der Nord-Ostsee-Kanal gebaut.
5 Schuyler, Eugene: a. a. O. Bd. 2, S. 250.
6 Ebda., S. 406.
7 Sumner, Benedict Humphrey: *Peter the Great and the Emergence of Russia,* a. a. O. S. 103.
8 Hatton, Ragnhild Marie: *Charles XII of Sweden,* a. a. O. S. 475.
9 Ebda., S. 502.
10 Bain, R. Nisbet: *Charles XII and the Collapse of Swedish Empire,* a. a. O. S. 298.
11 Bengtsson, Frans G.: a. a. O. S. 476.
12 Hatton, Ragnhild Marie: *Charles XII of Sweden,* a. a. O. S. 503.
13 Ebda., S. 503.

14 Ebda., S. 497.
15 Ebda., S. 520.
16 Ebda., S. 521.

IV,16

1 Stählin, Jacob von: a. a. O. S. 142.
2 Schuyler, Eugene: a. a. O. Bd. 2, S. 408.
3 Ebda., S. 409.
4 Plumb, John Harold: *The First Four Georges.* London 1968, S. 40.
5 Williams Basil: *The Whig Supremacy: 1714–1760.* Oxford 1962, S. 152, Fußnote.
6 Solovev, Sergej Michajlovič: a. a. O. Bd. 9, S. 40.
7 Chance, James Frederick: *George I and the Northern War.* London 1909, S. 92.
8 Sumner, Benedict Humphrey: *Peter the Great and the Emergence of Russia,* a. a. O. S. 105.
9 Solovev, Sergej Michajlovič: a. a. O. Bd. 9, S. 270.

IV,17

1 Chance, James Frederick: a. a. O. S. 361.
2 Solovev, Sergej Michajlovič: a. a. O. Bd. 9, S. 273.
3 Sumner, Benedict Humphrey: *Peter the Great and the Emergence of Russia,* a. a. O. S. 106.
4 Schuyler, Eugene: a. a. O. Bd. 2, S. 424.
5 Grey, Ian: a. a. O. S. 379.
6 Solovev, Sergej Michajlovič: a. a. O. Bd. 9, S. 321.
7 In Europa wurde der neue russische Titel – Peter nannte sich bereits seit 1710 bei verschiedenen Anlässen »Kaiser« oder »Imperator« – nur in Etappen anerkannt. Nur Holland und Preußen erkannten Peter sofort als Kaiser von Rußland an. Andere Staaten zögerten vor allem deswegen, weil sie den Kaiser des Heiligen Römischen Reiches nicht herausfordern wollten, der auf die Einzigartigkeit seines Titels bedacht war. Schweden erkannte Peter 1723 als Kaiser, das Osmanische Reich Anna 1739 als Kaiserin an. König Georg I. lehnte es ab, seinem alten Feind den Kaisertitel zuzuerkennen, und England zögerte die Anerkennung bis 1742, fünfzehn Jahre nach dem Tod des Königs, hinaus. Im selben Jahr billigte der deutsche Kaiser seinem russischen Kollegen die Gleichrangigkeit zu. Frankreich und Spanien akzeptierten den Kaisertitel 1745, Polen 1764. Er war von 1721 bis zur Abdankung von Kaiser Nikolaus II. im Jahr 1917 in Gebrauch.
8 Grey, Ian: a. a. O. S. 380.
9 Schuyler, Eugene: a. a. O. Bd. 2, S. 426.

V,1

1 Kljutschewskij, Wassilij Ossipowitsch: a. a. O. Bd. 4, S. 43 f.
2 Gasiorowska, Xenia: *The Image of Peter the Great in Russian Fiction.* Madison 1979, S. 21.
3 Kljutschewskij, Wassilij Ossipowitsch: a. a. O. Bd. 4, S. 157.
4 Ebda., S. 169.
5 Sumner, Benedict Humphrey: *Peter the Great and the Emergence of Russia,* a. a. O. S. 112.
6 Kljutschewskij, Wassilij Ossipowitsch: a. a. O. Bd. 4, S. 170.
7 Ebda., S. 133.
8 Schuyler, Eugene: a. a. O. Bd. 2, S. 349.

9   Kljutschewskij, Wassilij Ossipowitsch: a. a. O. Bd. 4, S. 171.
10 Ebda., S. 171.
11 Ebda., S. 186.
12 Ebda., S. 187.
13 Stählin, Jacob von: a. a. O. S. 200f.
14 Kljutschewskij, Wassilij Ossipowitsch: a. a. O. Bd. 4, S. 188.
15 Weber, Friedrich Christian: a. a. O. Bd. 1, S. 267.
16 Ebda., S. 46.
17 Schuyler, Eugene: a. a. O. Bd. 2, S. 352.
18 Solovev, Sergej Michajlovič: a. a. O. Bd. 9, S. 464.
19 Sumner, Benedict Humphrey: *Peter the Great and the Emergence of Russia,* a. a. O.
    S. 122.
20 Weber, Friedrich Christian: a. a. O. Bd. 1, S. 180.
21 Hannibal war Puschkins Urgroßvater mütterlicherseits. Der Dichter hat ihm in
    seiner Erzählung *Der Mohr Peters des Großen* (von der nur ein Fragment von
    vierzig Seiten fertiggestellt wurde) ein Denkmal gesetzt.
22 Sumner, Benedict Humphrey: *Peter the Great and the Emergency of Russia,*
    a. a. O. S. 113.
23 Solovev, Sergej Michajlovič: a. a. O. Bd. 8, S. 491.
24 Schuyler, Eugene: a. a. O. Bd. 2, S. 360.
25 Stählin, Jacob von: a. a. O. S. 49.
26 Bain, R. Nisbet: *The Pupils of Peter the Great,* London 1897, S. 46.
27 Kljutschewskij, Wassilij Ossipowitsch: a. a. O. Bd. 4, S. 208.
28 *Sbornik, I. R. I. O.:* a. a. O. Bd. 15, S. 200.
29 Stählin, Jacob von: a. a. O. S. 90.
30 Kljutschewskij, Wassilij Ossipowitsch: a. a. O. Bd. 4, S. 209.
31 Ebda., S. 80.

V,2

1   Schuyler, Eugene: a. a. O. Bd. 2, S. 375.
2   Kljutschewskij, Wassilij Ossipowitsch: a. a. O. Bd. 4, S. 124.
3   Solovev, Sergej Michajlovič: a. a. O. Bd. 8, S. 474.
4   Klutschewskij, Wassilij Ossipowitsch: a. a. O. Bd. 4, S. 125.
5   Sumner, Benedict Humphrey: *Peter the Great and the Emergence of Russia,* a. a. O.
    S. 144.
6   Ebda., S. 144.
7   Schuyler, Eugene: a. a. O. Bd. 2, S. 372.
8   Le Brun, Cornelius: a. a. O. S. 421.
9   *Sbornik, I. R. I. O.:* Bd. 39, S. 137.
10 Stählin, Jacob von: a. a. O. S. 62.
11 Ebda., S. 63 (»Nun, Kapitän, dem kann abgeholfen werden; kommt morgen mit
    allen euren Landsleuten, den anderen Schiffern, zu mir zu Hofe, da werde ich euch
    zeigen, daß es hier nicht weniger leckere Pfannkuchen gibt als in Archangelsk.«)
12 Perry, John: a. a. O. S. 7.
13 Weber, Friedrich Christian: a. a. O. Bd. 1, S. 290.
14 Florinskij, Michael T.: *Russia: A History and an Interpretation,* 2 Bde. New York
    1953, Bd. 1, S. 358.

V,3

1   Stählin, Jacob von: a. a. O. S. 99.
2   Sumner, Benedict Humphrey: *Peter the Great and the Emergence of Russia,* a. a. O.
    S. 127.

3 Schuyler, Eugene: a. a. O. Bd. 2, S. 401.
4 Weber, Friedrich Christian: a. a. O. Bd. 1, S. 268.
5 Ebda., S. 282.
6 Ebda., S. 235.
7 Sumner, Benedict Humphrey: *Peter the Great and the Emergence of Russia,* a. a. O. S. 133.
8 Schuyler, Eugene: a. a. O. Bd. 2, S. 145.
9 Cracraft, James: *The Church Reform of Peter the Great,* a. a. O. S. 1; Grey, Ian: a. a. O. S. 486.
10 Grey, Ian: a. a. O. S. 398.
11 Cracraft, James: »Feofan Prokopovich« in: *The Eighteenth Century in Russia.* Hrsg. von J. G. Garrad, Oxford 1973, S. 90.
12 Ebda., S. 92.
13 Ebda., S. 93.
14 Ebda., S. 90.
15 Pipes, Richard: a. a. O. S. 248.

V,4

1 Bell, John: *Travels from St. Petersburg in Russia to Various Parts of Asia.* Edinburgh 1806, S. 562.
2 Stählin, Jacob von: a. a. O. S. 84.
3 Bell, John: a. a. O. S. 566.
4 Stählin, Jacob von: a. a. O. S. 158.
5 Ebda., S. 133.
6 Schuyler, Eugene: a. a. O. Bd. 2, S. 434.
7 Stählin, Jacob von: a. a. O. S. 136 (»Das war gut, ich danke euch, Schiffer.«).
8 De Grunwald, Constantin: a. a. O. S. 174.
9 Stählin, Jacob von: a. a. O. S. 89.
10 Ebda., S. 52.
11 Ebda., S. 66.
12 Ebda., S. 126 f.
13 Ebda., S. 154.
14 Ebda., S. 152.
15 Schuyler, Eugene: a. a. O. Bd. 2, S. 503.
16 Stählin, Jacob von: a. a. O. Bd. 59, S. 480.
17 *Sbornik, I. R. I. O.:* a. a. O. Bd. 59, S. 480.
18 Ebda., S. 358.
19 Perry, John: a. a. O. S. 263.
20 Stählin, Jacob von: a. a. O. S. 104.
21 Anderson, Matthew Smith: *Peter the Great.* London 1978, S. 157.
22 Stählin, Jacob von: a. a. O. S. 66.
23 Ebda., S. 15.
24 Ebda., S. 178 f.
25 Schuyler, Eugene: a. a. O. Bd. 2, S. 438.
26 *Sbornik, I. R. I. O.:* a. a. O. Bd. 15, S. 239 f.
27 Ebda., S. 239 f.
28 Stählin, Jacob von: a. a. O. S. 171 f.
29 Weber, Friedrich Christian: a. a. O. Bd. 1, S. 186 ff.
30 Schuyler, Eugene: a. a. O. Bd. 2, S. 444.
31 Ebda., S. 323.
32 Weber, Friedrich Christian: a. a. O. Bd. 1, S. 277.
33 Stählin, Jacob von: a. a. O. S. 194.
34 Ebda., S. 196.

35 De Grunwald, Constantin: a. a. O. S. 198.
36 Stählin, Jacob von: a. a. O. S. 160.
37 Weber, Friedrich Christian: a. a. O. Bd. 1, S. 188.
38 Stählin, Jacob von: a. a. O. S. 56.
39 Weber, Friedrich Christian: a. a. O. Bd. 1, S. 112.
40 Ebda., S. 27.
41 Stählin, Jacob von: a. a. O. S. 80.
42 Dmytryshyn, Basil: a. a. O. S. 13.
43 Ebda., S. 14.
44 Sumner, Benedict Humphrey: *Peter the Great and the Emergence of Russia,* S. 181.

V,5

1 Schuyler, Eugene: a. a. O. Bd. 2, S. 458.
2 Sumner, Benedict Humphrey: *Peter the Great and the Emergence of Russia,* a. a. O. S. 152.
3 Weber, Friedrich Christian: a. a. O. Bd. 1, S. 92.
4 Ebda., S. 100.
5 Schuyler, Eugene: a. a. O. Bd. 2, S. 464.
6 Solovev, Sergej Michajlovič: a. a. O. Bd. 9, S. 374.
7 Bruce, Peter Henry: a. a. O. S. 277.
8 Schuyler, Eugene: a. a. O. Bd. 2, S. 472.
9 Bruce, Peter Henry: a. a. O. S. 273.
10 Ebda., S. 271, S. 273 f.
11 Bell, John: a. a. O. S. 553.
12 Solovev, Sergej Michajlovič: a. a. O. Bd. 9, S. 379.
13 *Sbornik, I. R. I. O.:* a. a. O. Bd. 49, S. 287.

V,6

1 Schuyler, Eugene: a. a. O. Bd. 2, S. 485.
2 Ebda., S. 486.
3 *Sbornik, I. R. I. O.:* a. a. O. Bd. 40, S. 304.
4 Schuyler, Eugene: a. a. O. Bd. 2, S. 495.
5 Ebda., S. 496. Tatsächlich lebte August noch zehn Jahre. Er starb 1733 im Alter von dreiundsechzig Jahren.
6 *Sbornik, I. R. I. O.:* a. a. O. Bd. 49, S. 324.
7 Solovev, Sergej Michajlovič: a. a. O. Bd. 8, S. 519.
8 Stählin, Jacob von: a. a. O. S. 119.
9 Bain, R. Nisbet: *The Pupils of Peter the Great,* a. a. O. S. 59.
10 Grey, Ian: a. a. O. S. 431.
11 Bain, R. Nisbet: *The Pupils of Peter the Great,* a. a. O. S. 62.
12 De Grunwald, Constantin: a. a. O. S. 210.
13 Ebda., S. 211.
14 *Sbornik, I. R. I. O.:* a. a. O. Bd. 3, S. 391.
15 Ebda., S. 394.
16 Ebda., S. 396.
17 Schuyler, Eugene: a. a. O. Bd. 2, S. 488.
18 Bain, R. Nisbet: *The Pupil of Peter the Great,* a. a. O. S. 68.
19 Pares, Bernard: *A History of Russia.* New York 1960, S. 225.
20 *Sbornik, I. R. I. O.:* a. a. O. Bd. 3, S. 399.

1 Stählin, Jacob von: a. a. O. S. 216. (»Mein Gott, ist es möglich, daß man diesen großen Mann hat sterben lassen, den man mit Medizin für fünf Kopeken hätte heilen können.«)
2 Bain, R. Nisbet: *The Pupils of Peter the Great*, a. a. O. S. 76.
3 *Sbornik, I. R. I. O.:* a. a. O. Bd. 3, S. 400; auch Bd. 52, S. 430.
4 Bain, R. Nisbet: *The Pupils of Peter the Great*, a. a. O. S. 77.
5 Cracraft, James: *The Church Reform of Peter the Great*, a. a. O. S. 304.
6 Bain, R. Nisbet: *The Pupils of Peter the Great*, a. a. O. S. 85.
7 Pares, Bernard: a. a. O. S. 230.
8 *Sbornik, I. R. I. O.:* a. a. O. Bd. 3, S. 454.
9 Bain, R. Nisbet: *The Pupils of Peter the Great*, a. a. O. S. 125.
10 Ebda., S. 139.
11 *Sbornik, I. R. I. O.:* a. a. O. Bd. 3, S. 478.
12 Ebda., S. 491.
13 Ebda., S. 490.
14 Bain, R. Nisbet: *The Pupils of Peter the Great*, a. a. O. S. 148.
15 Kljutschewskij, Wassilij Ossipowitsch: a. a. O. Bd. 4, S. 213.
16 Ebda., S. 217.
17 Ebda., S. 213.; De Grunwald, Constantin: a. a. O. S. 215.
18 Kljutschewskij, Wassilij Ossipowitsch: a. a. O. Bd. 4, S. 213.
19 Ebda., S. 214.
20 Florinskij, Michael T.: a. a. O. Bd. 1, S. 428.
21 Stählin, Jacob von: a. a. O. S. 169f.
22 De Grunwald, Constantin: a. a. O. S. 179.
23 Ebda., S. 179.

Bildnachweis

Eremitage-Museum, Leningrad: 2 oben, 3 unten, 4 unten, 6 links oben, 6 rechts oben, 6 links unten, 7, 12 unten; Russisches Museum, Leningrad: 2 unten, 3 oben, 4 oben, 10 unten, 11 unten, 16; British Museum, London: 10 oben; Royal Collection, Kensington Palace, London: 1; Tretjakow-Galerie, Moskau: 13 oben; National Portrait Gallery, London: 14 unten; Nationalmuseum, Stockholm: 15.

Personenregister

Burnet, Gilbert (engl. Bischof) 193, 234, 668
Buturlin, Iwan (russ. General) 99, 115, 118, 124, 126 f., 299, 533, 558, 614, 744, 749

Calf, Cornelius 318
Cantcmir, Demetrius 491–493, 500
Campredon (franz. Gesandter: Schweden) 649, 731 f., 738
Carbonari, Dr. (Peters Leibarzt) 28, 240, 300
Carlowitz, Georg von 265 f., 268
Carmarthen, Lord s. Osborne, Peregrine Marquis von C.
Carteret, John (engl. Gesandter) 646
Cäsar, Julius 29, 280, 284
Charlotte Christine von Wolfenbüttel (Frau v. Alexei Petrowitsch) 464, 489, 503, 575–579, 582, 585, 617, 707
Chlopfa, Maria 27
Chowanski, Iwan 46, 54, 56 f.
Christiane v. Ansbach Bayreuth (Frau v. August d. Starken) 209, 362
Clemens XI. (Papst) 693
Coehoorn, Menno van 175
Colbert (franz. Finanzminister) 177
Collins, Samuel 17–19, 39
Condé, Louis II. de (franz. Feldherr) 153, 178 f., 270
Corneille, Pierre 154, 280, 563
Cromwell, Oliver (engl. Lord-Protektor) 27, 109, 111, 189, 271
Cross, Laetitia 191
Croy, Herzog von s. Karl Eugen, Herzog von Croy
Cruys, Cornelius (russ. Admiral) 186, 198, 246, 250, 468, 505, 518, 535, 625, 744

Dahlberg Eric (schwed. Feldmarschall) 160–162
Damad, Ali Pascha (osman. Großwesir) 502
Darja Arsenejewa, Menschikows Frau 331–333, 385, 703, 706
Daun, Leopold (österr. Feldmarschall) 597 f.
Demidow, Nikita (russ. Montanunternehmer) 141, 665, 675 f.
De Neuville 80–82
Descartes, René 154, 693
Derschawin, Gawril (russ. Dichter) 754
Devier, Anton (portug.-russ. General u. Polizeimeister) 665, 700, 706, 713, 749

Diaghilew, Sergei 325
Dinglinger, Johann Melchior 503, 536
Dolgoruki, Alexei 751
Dolgoruki, Boris 87
Dolgoruki, Grigori (russ. Diplomat) 546, 711
Dolgoruki, Iwan 750 f.
Dolgoruki, Jakob (russ. Diplomat u. General) 74, 90, 116, 157, 159, 228, 299, 365 f., 385, 581, 606, 613 f., 653 f., 657 f., 661, 668 f., 672, 693, 704, 707
Dolgoruki, Juri 44 f., 350 f.
Dolgoruki, Michail 50
Dolgoruki, Wassili (russ. Diplomat u. Feldmarschall) 351, 364, 462, 544, 558, 569, 581, 584, 601, 603 f., 606, 636, 737, 751
Dositheus (Patriarch v. Jerusalem) 131, 482
Dossifei, Bischof von Rostow 604–607
Dostojewski, Fjodor 325
Dryden, John 154
Dubois, Guillaume (franz. Premierminister) 558, 569, 732
Dyck, Anthonis van 150, 154, 556

Eleonore Magdalene v. d. Pfalz (Frau v. Leopold I., Kaiser von Österreich) 204 f., 214
Elisabeth Charlotte von der Pfalz (Frau v. Philipp II., Herzog v. Anjou) 151 f., 565
Elisabeth I. von England 92, 189, 617 f.
Elisabeth Petrowna, Zarin u. Kaiserin (Tochter Peters I.) 155, 336, 465, 535, 541, 544, 557, 569 f., 701, 703, 707 f., 730–733, 735, 739, 748–752
Elisarow, Larion 95
Ehrenskjold, Johann Eriksson 520
Eugen, Prinz von Savoyen 202 f., 205 f., 267, 270, 274, 375, 593 f., 635
Evelyn, John 154, 192

Farquharson, Henry 195, 346
Feodosia, Alexejewna 320
Fjodor III. Alexejewitsch, Zar 15, 24, 32–36, 41 f., 44–46, 51–53, 57, 65, 68, 71, 74, 79, 85, 105, 111, 142, 214, 580, 583
Flam, Jan 126
François Louis de Bourbon, Fürst de Conti 164, 209
Friedrich I., König von Preußen 136, 163–166, 462, 464, 507–509

788

Natalja Petrowna, Tochter Peters d. Gr. 707, 709

Nesterow, Alexei 669f., 673, 740

Netschajew, Iwan 99–101

Neugebauer, Martin 486, 571f.

Newski, Alexander 262

Newton, Isaac 154, 195

Nijinski, Waslaw 325

Nikolaus I., Zar und Kaiser 753

Nikolaus II., Zar und Kaiser 753

Nikon, Patriarch 59–69, 222, 653, 691

Norris, (Sir) John 549–551, 637, 639–644, 647

Novi, Alvesio 15

Nummers, Admiral 314, 317

Odojewski, Jakob 53

Ogilvie, George (schott.-russ. Feldmarschall) 352f., 357–361, 388

Olearius, Adam 114

Osborne, Peregrine Marquis von Carmarthen 191, 194f., 197, 343

Ostermann, Andreas (Heinrich) (russ. Reichskanzler u. Staatsmann) 342, 544f., 558, 625–628, 634, 640, 642, 646f., 665f., 677, 733, 744f., 748–750, 752, 755

Pasius von Alexandria 64

Patkul, Johann Reinhold von (russ. Diplomat) 262–266, 299, 305f., 317, 352, 364–368, 572

Paul I. Petrowitsch, Kaiser, Sohn Katharinas d. Gr. 753

Paulus von Aleppo 61, 63f.

Pawlowa, Anna 325

Peter Alexejewitsch, Sohn des Zarewitsch Alexei s. Peter II.

Peter Michailow, Deckname Peters d. Gr.

Peter Petrowitsch, Sohn Peters d. Gr. 544, 570, 579, 582, 602f., 610, 676, 706f., 734

Peter II. 189, 333, 579, 582, 595, 703, 707, 734, 746f., 749–751, 753

Peter III. Fjodorowitsch (Karl Ulrich Peter) 336, 733, 750, 752f.

Pepys, Samuel 154, 228

Perry, John 195, 198, 215, 339f., 703

Petipa, Marius 325

Philipp II., Herzog v. Orléans, Regent v. Frankreich 555–557, 560, 565, 610, 615, 731f.

Philipp II., König von Spanien 176, 322

Philipp V., König v. Spanien, Herzog von Anjou 305, 528

Piper, Carl (schwed. Minister) 313, 355, 369, 373, 425, 428, 435, 437, 440, 442, 453, 455f., 465, 468

Pissarew, Gregor 640f.

Pleyer, Otto (österr. Diplomat) 135, 384, 572, 592f., 610, 615

Polozki, Simeon 41, 81

Poniatowski, Stanislaus (russ. Diplomat i. schwed. Dienst) 435, 486f., 494, 497f., 502

Pool, Gerrit 174, 186

Pospelew, Wassili 699, 713

Possoschkow, Iwan 673

Praskowaja, Zarin (Frau v. Iwan V.) 70, 137, 216, 320, 334, 543f., 702, 709, 738, 752

Prokopowitsch, Feofan, Erzbischof 649, 692–695, 735f., 745, 748

Prosorowski, Peter (russ. Schatzmeister) 90, 105, 114, 159, 228

Pugatschow, Jemeljan 347

Pulcheria von Byzanz, Kaiserin 92

Puschkin, Alexander 325, 539, 654, 754f.

Racine, Jean-Baptiste 154, 280, 563

Radiejowski (Kardinal u. Primas v. Polen) 308

Rakoszi, Francis 375, 564

Rasin, Stenka 347, 350

Rastrelli, Bartolomeo 535, 541, 735

Rasumowski, Alexei (Liebhaber d. Zarin Elisabeth Petrowna) 732

Rehnskjold, Carl Gustav 287, 292, 295f., 360f., 388, 390, 397, 402, 423, 434, 436f., 440–450, 452–456, 465, 631, 711

Rembrandt 154, 176

Repnin, Nikita (russ. General-Feldmarschall) 45, 106, 267, 289, 302, 357f., 395–399, 436, 449, 494, 546, 666, 713, 738, 746

Richelieu, Armand Jean du Plessis 149

Rigaud, Hyacinthe 154

Rimski-Korsakow, Nikolai A. 325

Robinson, John (engl. Gesandter) 369f.

Rönne, Karl Ewald 358, 434, 436, 439, 444, 494f., 497

Romodánowski, Fjodor (russ. Diplomat u. Generalgouverneur v. Moskau) 45, 77, 90, 106, 114f., 117f., 124, 126f., 134, 139, 159, 206, 212, 215, 217, 225,

Tscherkasski, Alexander Bekowitsch 722f.

Tscherkassi, Michail 48, 50, 91, 114, 212, 228

Turenne, Henri de La Tour d'Auvergne 153, 178, 270f.

Turgenjew, Jakob 116, 213

Ukrainzew, Jemilian 106, 251, 253f.

Ulrike Eleonore, Königin von Schweden (Schwester Karls XII.) 279, 286, 373, 485, 620, 622, 632–634, 640, 642, 732

Urusow, Fjodor 45, 47, 90, 106

Uschakow (General) 740

Van Pamburg 253

Vauban, Louis de 161, 175, 273f.

Velázques, Diego Rodriguez 154

Vellinck, Otto von 296

Velten, Johann (Peters Koch) 697

Vendôme, Louis Joseph de Bourbon, Herzog (franz. Feldherr) 153, 270

Vermeer, Jan 154, 176

Villars, Louis (Marschall von Frankreich) 153, 564

Villiers, Elisabeth 182, 368

Voltaire 147, 269

Wachtmeister (schwed. Admiral) 515

Walpole, (Sir) Robert (engl. Premierminister) 654f.

Wattrang (Admiral) 521

Weber, Friedrich Christian (hannov. Gesandter) 338f., 533f., 571, 579, 608, 615, 640, 660, 663, 683, 690, 712, 714, 723

Wesselowski, Abraham (russ. Gesandter in Wien) 593f., 599, 612

Wesselowski, Fjodor (russ. Diplomat) 639, 645

Weyde, Adam (russ. Brigadegeneral) 267, 289, 299f., 593, 614

Wiasemski, Ninifor (Lehrer von Zarewitsch Alexei) 571, 578, 584, 603

Wilhelm I., König von Oranien, der Schweiger 177

Wilhelm III. König von Oranien 110, 142, 177–183, 186, 190f., 194, 196f., 285, 305, 372, 635, 699

Winius, Andreas (holl.-russs. Oberpostmeister) 106f., 110, 123, 126, 140–142, 246, 304, 675

Withworth, Charles (engl. Diplomat) 216, 303, 320, 328, 353, 376, 384f., 501, 505, 573, 679

Witsen, Nicholas (Bürgermeister von Amsterdam) 123, 126, 142, 173f., 183f., 186, 719

Witt, Cornelius de (Bürgermeister von Dortrecht) 178

Witt, Johann de (holl. Ratspensionär) 178

Wladimir, Fürst von Kiew 693

Wolkonski (russ. Senator) 667, 669

Wolynski, Artemius (russ. Staatsmann) 723–725

Wosnizin, Prokop (russ. Minister) 144, 158, 184, 206f., 251

Wren, Christopher (engl. Architekt) 188, 192, 194

Yung Cheng (Sohn von K'ang Hsi, Kaiser von China) 720

Zickler, Iwan (Strelitzen-Oberst) 97, 159f., 225

Zyprian, Pater s. Naryschkin, Kirill

Fischer Taschenbuch Verlag

Das Zeitalter des Absolutismus und der Aufklärung 1648–1779

Herausgegeben und verfaßt von
Günter Barudio
Fischer Weltgeschichte Band 25

Dieser Band der Fischer Weltgeschichte behandelt den historischen Werdegang Europas 1648 bis 1779 – das Zeitalter des Absolutismus und der Aufklärung. Der Verfasser, Günter Barudio, konzentrierte sich dabei vor allem auf das Verhältnis von Recht und Macht, Eigentum und Verfassung. Der Leser wird anhand von sechs repräsentativen Fällen, denen noch ein Exkurs beigegeben ist, in die Mechanismen einer Machtstruktur eingeführt, aus deren Wirkungen das entstanden sein soll, was noch immer häufig der »moderne Staat« genannt wird. Dieser aber verdankt als »Verfassungsstaat« und Garant der »Menschenrechte« seine vertraglichen Grundlagen einem Zustand, den die absolutistisch gesinnten Fürsten während und nach dem Dreißigjährigen Krieg zugunsten ihrer Dynastien radikal und oft unter dramatischen Umständen verändern, bis sich die ständischen Kräfte unter dem Einfluß der Aufklärung wieder an eine besitzgebundene Freiheit erinnern, deren Sicherung gegen die »absoluten Herren« oft auf revolutionäre Weise erzwungen werden muß.

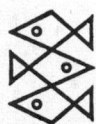

Fischer Taschenbuch Verlag

Günter Barudio
**Gustav Adolf –
der Große**
Eine politische
Biographie
724 Seiten. Geb.
Mit 21 Abbildungen
und zwei Karten
(auch lieferbar als
Fischer Taschenbuch
Band 4358)

Das Leben des Schweden-
königs Gustav Adolf
(1594–1632) ist Teil
unserer politischen Kultur.
Als Mensch und Staats-
mann erinnert er uns
dauernd an den Wert frei-
heitlicher Errungen-
schaften und wirkt im
Ringen um den Rechts-
staat, bei der Sicherung
von Gewissensfreiheit
und im Kampf um die
Festigung des Parlamen-
tarismus hochaktuell.
Sein reiches und mühe-
volles Leben bietet
uns in schwieriger Zeit
wichtige Handrei-
chungen aus der Epoche
des »Teutschen Krieges«
(1618–1648).
Erzogen im Recht und
vertraut mit der Macht
schlug dieser König sein
Leben für die Freiheit
Schwedens und der
Teutschen in die Schanze.

S. Fischer

Günter Barudio
**Der Teutsche Krieg
1618–1648**
704 Seiten, Geb.

In seiner breit angelegten
wissenschaftlichen Mono-
graphie entwirft Günter
Barudio ein in vielen Bereichen neues Bild von jenem
Bürgerkrieg europäischen
Ausmaßes.
Prolog und Vorgeschichte
stimmen auf die historische
Dimension und auf die politische Ausgangslage dieser
»dunkelsten Epoche«
(Peuckert) unserer Ge-
schichte der Neuzeit ein.
Barudios Darstellung be-
richtet vom Sturz friedlie-
bender Staatsmänner, von
Erbstreitigkeiten der Für-
stenhäuser, von den Sicher-
heitsinteressen der Nach-
barn des »Heiligen Rei-
ches«; sie beschreibt die
Hoffnungen der Konver-
tierten und Condottieri, die
Habgier »hoher Herren«
und den Widerstand der
»niederen Stände«.
Barudio schildert plastisch
und reich an Bildern den
Mut und die Verzweiflung
von Belagerten und Belagerern. Er ruft die Gewissens-
not der Gelehrten, das Leid
der Vertriebenen, den
Patriotismus der Poeten ins
Gedächtnis zurück und ana-
lysiert die »Kriegskünste«
der Zeit.

S. Fischer

Fischer Weltgeschichte

Fischer Taschenbuch Verlag

Fischer Weltgeschichte

Fischer Taschenbuch Verlag

fi 40 / 2b

Exempla historica
Epochen der Weltgeschichte in Biographien
in 70 Bänden

Die Konstituierung der neuzeitlichen Welt

Fischer Taschenbuch Verlag